Diccionario de
INFORMATICA

Georges A. NANIA

Diccionario de INFORMATICA

Inglés	Español	Francés
Español	Inglés	Inglés
Francés	Francés	Español

TERCERA EDICION

editorial Paraninfo

1992

Revisado por:
FRANCISCO SANCHIS LLORCA
con la colaboración de
JOAQUIN MANGADA SANZ

© FEUTRY EDITEUR, París (Francia)

© de la edición española Editorial Paraninfo, S.A.
Magallanes, 25 - 28015 Madrid
Teléfono: 4463350 - Fax: 4456218

© de la traducción española Editorial Paraninfo, S.A., Madrid (España)

Título original francés:
DICTIONNAIRE D'INFORMATIQUE

Impreso en España
Printed in Spain

ISBN: 2-903988-01-3 (Edición francesa)
ISBN: 84-283-1412-8 (Edición española, rústica)
ISBN: 84-283-1413-6 (Edición española, cartoné)

Depósito legal: M. 24.606.—1992

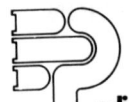 editorial Paraninfo sa Magallanes, 25 - 28015 MADRID   (07217/46/96)

Artes Gráficas BENZAL, S.A., Virtudes, 7 - 28010 MADRID

PROLOGO

Me complace prologar este diccionario multilingüe en el ámbito de la Informática, que supone una gran novedad, cubriendo una importante laguna que existía para la comunicación entre los técnicos de informática de diferentes países.

Este esfuerzo editorial debe llevar consigo también una mejor utilización de nuestro léxico, buscando su adaptabilidad en mayor o menor modo, según sea posible, a las raíces de nuestro idioma, evitando las deformaciones que se están produciendo en los lenguajes por una introducción desordenada de la terminología informática en diferentes idiomas.

No podemos olvidar que la informática, la electrónica, las comunicaciones y, en general, el mundo de la información, se están introduciendo de modo notable en nuestra sociedad, transformando radicalmente nuestras vidas e incidiendo en muchos de sus aspectos, como son el hogar, el estudio, el trabajo, la ciencia, la guerra y la paz.

Hoy sería ya muy difícil para la mayoría de los pueblos prescindir de esta pequeña informatización de nuestra sociedad que se ha producido en las dos décadas pasadas. Sin embargo, esta información que hoy nos parece grande, es insignificante frente a la que esperamos en los próximos años.

Por todo ello, esfuerzos como el que se ha desarrollado para confeccionar este diccionario son totalmente meritorios y merecen nuestra felicitación, agradecimiento y respaldo.

RAFAEL PORTAENCASA BAEZA
Rector de la Universidad
Politécnica de Madrid

INTRODUCCION

El *Diccionario de Informática* contiene unos 11.000 términos y frases que aparecen frecuentemente en los campos de la ciencia informática, tratamiento de textos, proceso y transferencia de datos. Cada término o frase está expresado en tres idiomas: inglés, español y francés y cualquiera de ellos puede ser identificado si se tiene un conocimiento práctico de alguno de los tres idiomas.

Este diccionario multilingüe ha sido estudiado para facilitar la labor de aquellas personas y organizaciones involucradas o interesadas en determinado aspecto relacionado con el lenguaje de la informática, bien por necesidades cotidianas en la elaboración de datos o para recurrir a un lenguaje más técnico en el intercambio internacional, de gestión, educativo o a nivel oficial. Es igualmente de gran utilidad como instrumento de trabajo para fabricantes de equipos en la rama informática, en el desarrollo de nuevos programas, en la programación de proyectos, en el análisis de sistemas, en traducciones, en escritos técnicos, en educación, en bibliotecas corporativas, en agencias instrumentales, en institutos de investigación y en firmas de consulta.

Esta excepcional fuente de referencias sobre el lenguaje de la informática es fruto de la ingente labor de Georges Nania, Jefe de la División de Computadoras y Tratamiento de Textos del Banco de Roma, en Niza (Francia). Ha sido cuidadosamente revisado en sus diferentes modalidades idiomáticas para ofrecer al lector todos los términos y expresiones más recientes y frecuentes de esta ciencia.

El Diccionario ha sido dividido en tres secciones para facilitar su rápido y fácil acceso a partir de uno de los tres idiomas que comprende. Las acepciones o equivalencias en los otros dos idiomas figuran siempre en el mismo bloque. De esta forma, y basándose en la idea matriz o frase que se desea traducir, se puede localizar su equivalente en inglés, español o francés, indistintamente.

Además, ofrece una ventaja muy peculiar: al principio del Diccionario, se recopilan en riguroso orden alfabético abreviaturas y acrónimos más usuales en lengua inglesa para sintetizar parte del lenguaje introducido en informática(*). Se trata, pues, de uno de los índices más completos de aquellas siglas inglesas que figuran en la mayoría de los manuales de operadores, especificaciones y ediciones técnicas sobre la ciencia y aplicación de la Informática.

El Diccionario de Informática es un instrumento indispensable para quien dedica sus esfuerzos profesionales en este campo y desea estar al día sobre las innovaciones en el área de la comunicación, como consecuencia del desarrollo y evolución constantes de la Informática.

(*) **Advertencia a la edición española.**
Las abreviaturas inglesas se recogen también en la definición correspondiente a cada idioma.
En algunos casos, estas siglas se repiten dentro del mismo bloque, debido a sus diferentes matices de traducción y al sistema de fotocomposición programada empleado para alfabetizar cada sección idiomática del Diccionario.

INTRODUCTION

The *Multilingual Dictionary of Computer Terminology* contains about 11.000 terms and phrases, of both a general and technical nature, that you will encounter in the fields of computer science, data processing, microprocessing, and data transmission. Each of the entries is expressed in three languages —English, Spanish, and French. Any term or phrase can be identified instantly if you have a working knowledge of any *one* of the three languages.

This multilingual dictionary is designed for use by individuals and organizations involved or interested in any aspect of computer application, from everyday word-processing needs to the most technical language of international business, operations management, education, and government. It is an invaluable resource tool for equipment manufacturers serving the computer field, software developers, programmers, systems analysts, translators, technical writers, educators, corporate libraries, government agencies, research institutes, and consulting firms; and it is basic to the day-to-day needs of all organizations processing computerized information. Compiled by Georges Nania, head of the Computer and Data Processing Division of the Bank of Rome in Nice, France, this authoritative reference has been thoroughly researched to provide the latest and most up-to-date translations of all computer terms and expressions.

This dictionary consists of three sections for quick and easy accessibility. The first section is an alphabetized list of terms and expressions in English, with translations in the other two languages listed immediately below the English term.

As a special feature of this dictionary, an index of English computer abbreviations and acronyms is provided at the beginning of the book. The most complete index of its kind, this list gives, at a glance, the derivation of the most widely used abbreviations and acronyms in computer terminology.

The *Multilingual Dictionary of Computer Terminology* will prove to be an indispensable aid in helping you keep up with the demands of multilingual communication and computer applications.

INTRODUCTION

Le *Dictionnaire d'Informatique* rassemble quelques 11.000 termes et expressions, d'ordre à la fois général et technique, se rapportant aux domaines de l'informatique, du traitement de texte, microprocessing et transfert de données. Les entrées sont en trois langues, en anglais, espagnol et français. Avec la connaissance d'une de ces langues, il est donc facile et rapide d'identifier le terme ou l'expression voulue.

Ce dictionnaire multilingue est spécialement conçu pour ceux dont les besoins recouvrent divers aspects de l'informatique, qu'il s'agisse du traitement de texte en général ou de la langue très technique du commerce international, de la gestion, de l'enseignement et du gouvernement. Il est aussi de grande utilité pour les fabricants d'équipement utilisé en informatique, concepteurs de logiciel, programmeurs, analystes de systèmes, traducteurs, auteurs d'ouvrages techniques, enseignants, bibliothèques d'entreprises, organismes d'état, instituts de recherche et agences consultantes. Il est indispensable aux sociétés se spécialisant dans le traitement de texte. Cet unique outil de référence a été composé par Georges Nania, chef du Département Informatique et Traitement de Texte de la Banque de Rome à Nice, France, et a été soigneusement révisé afin d'offrir des traductions récentes et courantes pour les termes et expressions d'informatique.

La division de ce dictionnaire en trois parties rend son utilisation facile et rapide. La première partie présente les termes et expressions par ordre alphabétique et en anglais, suivis de traductions dans les deux autres langues, ce qui permet de trouver facilement la traduction d'un terme à partir d'une des autres langues sélectionnées.

Ce dictionnaire a aussi l'avantage d'offrir un index des abréviations et acronymes d'informatique en langue anglaise. Situé au début du dictionnaire, cet index et l'un des plus complets et donne très rapidement la dérivation des abréviations et acronymes les plus courants dans le domaine de la terminologie informatique.

Le Dictionnaire d'Informatique est un outil indispensable. Il vous permettra de vous maintenir au courant des nouveautés dans les domaines des communications en langues multiples et des applications de l'informatique.

ABBREVIATIONS · ABREVIATURAS · ABRÉVIATIONS

Abrev.	Inglés	Español	Francés
A.C.	Alternating current	Corriente alterna	Courant alternatif
A.C.K.	Acknowledge character	Carácter acuse de recepción	Caractère accusé de réception
A.C.R.	Automatic Call Recording	Registro de llamada automática	Enregistrement d'appel automatique
A.C.T.	Accounting Control Table	Tabla de control contable	Table de contrôle comptable
A.C.U.	Automatic Calling Unit	Dispositivo de llamada automática	Dispositif d'appel automatique
A.D.A.	Automatic Data Acquisition	Adquisición automática de los datos	Saisie automatique des données
A.D.C.	Analog-to-Digital Converter	Convertidor analógico-numérico	Convertisseur analogique-numérique
A.D.P.	Automatic Data Processing	Proceso automático de los datos	Traitement automatique des données
A.D.P.E.	Automatic Data Processing Equipment	Equipo de proceso automático de los datos	Matériel de traitement automatique des données
A.D.P.S.	Automatic Data Processing System	Sistema de proceso automático de datos	Système de traitement automatique des données
A.D.U.	Automatic Dialing Unit	Dispositivo automático de selección	Dispositif automatique de sélection
A.F.	Audio Frequency	Frecuencia acústica	Fréquence acoustique
A.L.U.	Arithmetic and Logical Unit	Unidad aritmética y lógica	Unité arithmétique et logique
A.M.	Amplitude modulation	Modulación de amplitud	Modulation d'amplitude
A.R.	Address Register	Registro de direcciones	Registre d'adresses
A.R.U.	Audio Response Unit	Unidad con respuesta vocal	Unité à réponse vocale

Abrev.	Inglés	Español	Francés
A.S.R.	Automatic Send-Receive	Emisor-receptor automático	Emetteur-récepteur automatique
A.S.S.	Assembler language	Lenguaje ensamblador	Langage assembleur
B.C.C.	Block Check Character	Carácter de control por bloques	Caractère de contrôle par blocs
B.C.D.	Binary Coded Decimal	Decimal codificado en binario	Décimal codé en binaire
B.C.O.	Binary Coded Octal	Octal codificado binario	Octal codé binaire
B.D.A.M.	Basic Direct Access Method	Método de acceso directo de base	Méthode d'accès direct de base
B.E.L.	Bell character	Carácter de llamada	Caractère d'appel
B.I.S.A.M.	Basic Indexed Sequential Access Method	Método de acceso de base a los ficheros secuenciales con índice	Méthode d'accès de base aux fichiers séquentiels indexés
B.I.T.	Binary Digit	Dígito binario	Chiffre binaire
B.K.F.	Blocking Factor	Factor de bloqueo	Facteur de blocage
B.O.F.	Beginning of File	Principio de fichero	Début de fichier
B.O.S.	Basic Operating System	Sistema de trabajo de base	Système de travail de base
B.P.A.M.	Basic Partitioned Access Method	Método de acceso de base a los conjuntos de datos compartimentados	Méthode d'accès de base aux ensembles de données cloisonnées
B.P.I.	Bits per Inch	Bits por pulgada	Bits par pouce
B.P.S.	Bits per Second	Bits por segundo	Bits par seconde
B.R.	Base Register	Registro de base	Registre de base
B.S.A.M.	Basic Sequential Access Method	Método de acceso secuencial de base	Méthode d'accès séquentiel de base
B.S.F.	Backspace File	Regreso al principio del fichero	Retour au début du fichier
B.T.A.M.	Basic Telecommunication Access Method	Método de acceso en telecomunicación	Méthode d'accès de base en télécommunication
B.T.L.	Beginning Tape Label	Etiqueta de principio de cinta	Etiquette de début de bande
C & C	Command and Control	Mando y control	Commande et contrôle

Abrev.	Inglés	Español	Francés
C.A.D.	Computer Aided Design	Concepción automatizada	Conception automatisée
C.A.N.	Cancel character	Carácter de anulación	Caractère d'annulation
C.A.S.	Computer Accounting System	Sistema de contabilidad mecanográfica	Système de comptabilité mécanographique
C.A.W.	Channel Address Word	Palabra de dirección del canal	Mot d'adresse du canal
C.C.B.	Command Control Block	Bloque de control de canal	Bloc de contrôle de canal
C.C.P.	Communications Control Program	Programa de control de las comunicaciones	Programme de contrôle des communications
C.C.U.	Channel Control Unit	Unidad de mando de canal	Unité de commande de canal
C.C.W.	Channel Command Word	Palabra de mando de canal	Mot de commande de canal
C.D.V.	Check Digit Verification	Control de los indicativos numéricos	Contrôle des indicatifs numériques
C.E.S.	Communications Errors Statistics	Estadísticas de los errores de comunicaciones	Statistiques des erreurs de communications
C.H.P.S.	Characters per Second	Caracteres por segundo	Caractères par seconde
C.I.L.	Core Image Library	Biblioteca imágenes-memoria de núcleos	Bibliothèque images-mémoire à tores
C.O.M.	Computer Output Microfilm	Microfilme de salida de ordenador	Microfilm de sortie d'ordinateur
C.P.	Card Punch	Perforador de fichas	Perforateur de cartes
C.P.A.	Critical Path Analysis	Análisis del camino crítico	Analyse du chemin critique
C.P.B.	Channel Program Block	Bloque del programa de canal	Bloc du programme de canal
C.P.M.	Critical Path Method	Método del camino crítico	Méthode du chemin critique
C.P.S.	Card Programming System	Sistema de programación con fichas	Système de programmation à cartes
C.P.U.	Central Processing Unit	Unidad central de proceso	Unité centrale de traitement
C.R.	Carriage Return	Vuelta del carro	Retour du chariot
C.R.C.	Cyclic Redundancy Check	Control cíclico por redundancia	Contrôle cyclique par redondance

Abrev.	Inglés	Español	Francés
C.R.O.	Cathode Ray Oscillograph	Osciloscopio de rayos catódicos	Oscilloscope à rayons cathodiques
C.R.T.	Cathode Ray Tube	Válvula de rayos catódicos	Tube à rayons cathodiques
C.R.T.	Visu (n.f.)	Visual, Representación visual	Visu
C.S.E.C.T.	Control Section	Sección de control	Section de contrôle
C.S.W.	Channel Status Word	Palabra de estado del canal	Mot d'état du canal
C.U.B.	Control Unit Busy	Unidad de control ocupada	Unité de contrôle occupée
C.U.E.	Control Unit End	Fin sobre unidad de control	Fin sur unité de contrôle
D.A.C.	Digital-to-Analog Converter	Convertidor/digital analógico	Convertisseur numérique/analogique
D.A.C.	Digital-to-Analog-Converter	Convertidor numérico/analógico	Convertisseur numérique/analogique
D.A.S.	Data Acquisition System	Sistema de adquisición de los datos	Système de saisie des données
D.A.S.D.	Direct Access Storage Device	Unidad de memoria de acceso directo	Unité de mémoire à accès direct
D.A.T.	Dynamic Address Translation	Traducción dinámica de dirección	Traduction dynamique d'adresse
D.C.	Direct Current	Corriente continua	Courant continu
D.C.B.	Data Control Block	Bloque de verificación de datos	Bloc de vérification de données
D.C.E.	Data Communications Equipments	Equipo de transmisiones de datos	Matériel de transmission de données
D.C.F.	Direct Control Feature	Dispositivo de control directo	Dispositif de contrôle direct
D.C.I.	Disk Core Image	Imagen-memoria sobre disco	Image-mémoire sur disque
D.C.I.P.	Disk Cartridge Initialization Program	Programa de inicialización de cartucho de disco	Programme d'initialisation de cartouche de disque
D.C.O.M.	Disk Communications Area	Zona de comunicación sobre disco	Zone de communication sur disque
D.C.W.	Data Control Word	Palabra de verificado de datos	Mot de vérification de données

Abrev.	Inglés	Español	Francés
D.D.	Data Definition	Definición de datos	Définition de données
D.D.A.	Digital Differential Analyzer	Analizador diferencial numérico	Analyseur différentiel numérique
D.D.C.	Direct Digital Control	Mando numérico directo	Commande numérique directe
D.D.D.	Direct Distance Dialing	Llamada a distancia directa	Appel à distance directe
D.D.L.	Data Description Language	Lenguaje de descripción de datos	Langage de description de données
D.D.S.	Digital Data System	Sistema de datos numéricos	Système à données numériques
D.D.T.	Data Description Table	Tabla de descripción de datos	Table de description de données
D.E.L.	DeLete Character	Carácter de borradura	Caractère d'effacement
D.L.	Diode Logic	Lógica de diodos	Logique à diodes
D.L.E.	Data Link Escape Character	Carácter de cambio del medio de transmisión de datos	Caractère de changement du moyen de transmission de données
D.M.L.	Data Manipulation Language	Lenguaje de manipulación de los datos	Langage de manipulation des données
D.M.S.	Data Management System	Sistema de gestión de los datos	Système de gestion des données
D.N.C.	Direct Numerical Control	Mando numérico directo	Commande numérique directe
D.O.S.	Disk Operating System	Sistema de trabajo con discos	Système d'exploitation à disques
D.P.	Data Processing	Proceso de los datos	Traitement des données
D.P.C.	Data Processing Center	Centro de proceso de los datos	Centre de traitement des données
D.P.M.	Data Processing Machine	Máquina de proceso de datos	Machine de traitement de données
D.P.S.	Data Processing System	Sistema de proceso de datos	Système de traitement de données
D.S.	Data Set	Conjunto de datos	Ensemble de données
D.S.A.	Dynamic Storage Area	Zona de memoria dinámica	Zone de mémoire dynamique

Abrev.	Inglés	Español	Francés
D.S.C.	Disk Storage Controller	Controlador de memoria de discos	Contrôleur de mémoire à disques
D.S.C.B.	Data Set Control Block	Bloque de control del conjunto de datos	Bloque de contrôle de l'ensemble de données
D.S.L.	Data Set Label	Etiqueta de un conjunto de datos	Etiquette d'un ensemble de données
D.T.	Data Transmission	Transmisión de datos	Transmission de données
D.T.C.	Data Transmission Channel	Canal de transmisión de datos	Canal de transmission de données
D.T.E.	Data Terminal Equipment	Equipo terminal de proceso de datos	Equipement terminal de traitement de donnéss
D.T.L.	Diode Transistor Logic	Lógica de diodos y transistores	Logique à diodes et transistors
D.T.U.	Display Terminal Unit	Unidad terminal de visualización	Unité terminale de visualisation
E.A.	Effective Address	Dirección efectiva	Adresse effective
E.A.M.	Electrical Accounting Machine	Máquina contable eléctrica	Machine comptable électrique
E.B.R.	Electron Beam Recording	Registro con haces de electrones	Enregistrement à faisceaux d'électrons
E.C.B.	Event Control Block	Bloque de control de suceso	Bloc de contrôle d'événement
E.C.C.	Error Correction Code	Código corrector de errores	Code correcteur d'erreurs
E.C.R.	Electronic Cash Register	Caja registradora electrónica	Caisse enregistreuse électronique
E.D.P.	Electronic Data Processing	Proceso electrónico de los datos	Traitement électronique des données
E.D.P.E.	Electronic Data Processing Equipment	Equipo electrónico de proceso de los datos	Matériel électronique de traitement des données
E.D.P.S.	Electronic Data Processing System	Sistema electrónico de proceso de los datos	Système électronique de traitement des données
E.M.	End of Medium	Fin de soporte	Fin de support
E.O.B.	End of Block	Fin de bloque	Fin de bloc
E.O.C.	End of Card	Fin de fichas	Fin de cartes

Abrev.	Inglés	Español	Francés
E.O.D.	End of Data	Fin de datos	Fin de données
E.O.F.	End of File	Fin de fichero	Fin de fichier
E.O.J.	End of Job	Fin de trabajo	Fin de travail
E.O.L.	End of Line	Fin de línea	Fin de ligne
E.O.M.	End of Message	Fin de mensaje	Fin de message
E.O.P.	End of Program	Fin de programa	Fin de programme
E.O.R.	End of Record	Fin de registro	Fin d'enregistrement
E.O.T.	End of Transmission	Fin de transmisión	Fin de transmission
E.P.	Emulator Program	Programa emulador	Programme émulateur
ERR	Error	Error	Erreur
E.S.C.	EsCape Character	Carácter de cambio de código	Caractère de changement de code
E.S.D.	External Symbol Dictionary	Diccionario de los símbolos externos	Dictionnaire des symboles externes
E.T.	Electrical Typewriter	Máquina de escribir eléctrica	Machine à écrire électrique
E.T.B.	End of Transmission Block	Fin de bloque de transmisión	Fin de bloc de transmission
E.T.X.	End of Text	Fin de texto	Fin de texte
F.E.	Format Effector	Carácter de paginación	Caractère de mise en page
F.E.T.	Field Effector Transistor	Transistor con efecto de campo	Transistor à effet de champ
F.I.F.O.	First in-First Out	Primero entrado; primero salido	Premier entré; premier sorti
F.M.	Frequency Modulation	Modulación de frecuencia	Modulation de fréquence
F.S.	File Separator	Separador de ficheros	Séparateur de fichiers
F.S.B.	Forward Space Block	Salto de bloque siguiente	Saut au bloc suivant
F.S.F.	Forward Space File	Salto al fichero siguiente	Saut au fichier suivant
F.S.K.	Frequency Shift Keying	Modulación por desplazamiento de frecuencia	Modulation par déplacement de fréquence

Abrev.	Inglés	Español	Francés
G.C.R.	Group Coded Record	Registro por grupos de de caracteres	Enregistrement par groupes de caractères
G.D.O.A.	Graphic Data Output Area	Zona de salida gráfica	Zone de sortie graphique
G.D.S.	Graphic Data Set	Conjunto de datos gráficos	Ensemble de données graphiques
G.I.G.O.	Garbage in-Garbage Out	A datos inexactos; resultados erróneos	A données inexactes; résultats erronés
G.J.P.	Graphic Job Processor	Procesador de trabajos sobre unidad gráfica	Processeur de travaux sur unité graphique
G.P.	Universal	Universal	Universel
G.P.C.	General Purpose Computer	Calculador polivalente	Calculateur polyvalent
H.F.	High Frequency	Alta frecuencia	Haute fréquence
H.S.M.	High-Speed Memory	Memoria rápida	Mémoire rapide
H.S.P.	High-Speed Printer	Impresora rápida	Imprimante rapide
H.S.R.	High-Speed Reader	Lector rápido	Lecteur rapide
H.T.L.	High-Threshold Logic	Lógica con umbral elevado	Logique à seuil élevé
I.A.L.	International Algebraic Language	Lenguaje algebraico internacional	Langage algébrique international
I.B.G.	InterBlock Gap	Espacio entre bloques	Espace entre blocs
I.C.	Integrated Circuit	Circuito integrado	Circuit intégré
I.C.A.	Integrated Communications Adapter	Adaptador de transmisión integrado	Adaptateur de transmission intégré
I.O.C.S.	Input/Output Control System	Sistema de control de las entradas/salidas	Système de contrôle des entrées/sorties
I.D.P.	Integrated Data Processing	Proceso integrado de la información	Traitement intégré de l'information
I.L.C.	Instruction Length Code	Código de longitud de la instrucción	Code de longueur de l'instruction
I.L.S.	Interrupt Level Subroutine	Subprograma de nivel de interrupción	Sous-programme de niveau d'interruption
I.L.S.W.	Interrupt Level Status Word	Palabra de estado de nivel de interrupción	Mot d'état du niveau d'interruption

Abrev.	Inglés	Español	Francés
INFO	Information	Información	Information
I.O.	Input/Output	Entrada/salida	Entrée/Sortie
I.O.B.	Input/Output Block	Bloque de entrada/salida	Bloc d'entrée/sortie
I.O.C.	Input/Output Controller	Controlador de las entradas/salidas	Contrôleur des entrées/sorties
I.O.S.	Input/Output Supervisor	Supervisor de entrada/salida	Superviseur d'entrée/sortie
I.R.B.	Interrupt Request Block	Bloque de petición de interrupción	Bloc de demande d'interruption
I.S.	Information Separator	Separador de informaciones	Séparateur d'informations
I.S.A.M.	Indexed Sequential Access Method	Método de acceso secuencial indexado	Méthode d'accès sequentiel indexé
I.S.F.M.S.	Indexed Sequential File Management System	Sistema de gestión del fichero secuencial indexado	Système de gestion du fichier séquentiel indexé
I.S.S.	Interrupt Service Subroutine	Rutina de tratamiento de las interrupciones	Routine de traitement des interruptions
I.T.P.S.	Internal TeleProcessing System	Sistema de teleproceso interno	Système de télétraitement interne
J.C.B.	Job Control Block	Bloque de gestión de los trabajos	Bloc de gestion des travaux
J.C.L.	Job Control Language	Lenguaje de control de los trabajos	Langage de contrôle des travaux
J.C.P'	Job Control Program	Programa de control de los trabajos	Programme de contrôle des travaux
J.C.T.	Job Control Table	Tabla de control de los trabajos	Table de contrôle des travaux
J.E.S.	Job Entry Subsystem	Subsistema de introducción de los trabajos	Sous-système d'introduction des travaux
J.F.C.B.	Job File Control Block	Bloque de control de los ficheros de trabajo	Bloc de contrôle des fichiers de travail
J.I.S.	Job Information Station	Estación de información sobre los trabajos	Poste d'information sur les travaux
K.S.D.S.	Key Sequenced Data Set	Conjunto de datos en secuencia por clave	Ensemble de données en séquence par clé
K.W.D.S.	Key Word Data Sequence	Conjunto de datos en secuencia por claves	Ensemble de données en séquence par clés

Abrev.	Inglés	Español	Francés
K.W.I.C.	Key-Word in Context	Palabra clave en su contexto	Mot clé dans le contexte
K.W.I.T.	Key-Word in Title	Palabra clave en el título	Mot clé dans le titre
K.W.O.C.	Key-Word Out of Context	Palabra clave fuera de su contexto	Mot clé en dehors de son contexte
L.A.	Line Adapter	Adaptador de línea	Adaptateur de ligne
L.C.B.	Line Control Block	Bloque de control de las líneas	Bloc de contrôle des lignes
L.C.S.	Large Capacity Storage	Memoria de gran capacidad	Mémoire de grande capacité
L.E.D.	Light Emitting Diode	Diodo electroluminiscente	Diode électroluminiscente
L.F.	Line Feed	Adelantamiento de una interlínea	Avancement d'un inter-ligne
L.I.A.	Label Information Area	Zona de información sobre las etiquetas	Zone d'information sur les étiquettes
L.I.F.O.	Last in-First Out	Ultimo entrado; primer salido	Dernier entré; premier sorti
L.P.	Linear Programming	Programación lineal	Programmation linéaire
L.P.M.	Lines per Minute	Líneas por minuto	Lignes par minute
L.P.S.	Line Procedure Specifi-cations	Especificaciones de proce-dimiento de línea	Spécifications de procédu-re de ligne
L.R.C.	Longitudinal Redundancy Check	Control longitudinal por redundancia	Contrôle longitudinal par redondance
L.S.B.	Least Significant Bit	Bit menos significativo	Bit le moins significatif
L.S.C.	Least Significant Character	Carácter menos significativo	Caractère le moins signifi-catif
L.S.I.	Large Scale Integration	Integración de gran escala	Intégration à grande échelle
L.S.P.	Least Significant Position	Posición menos significativa	Position la moins significative
L.U.	Logical Unit	Unidad lógica	Unité logique
L.U.B.	Logical Unit Block	Bloque de unidad lógica	Bloc d'unité logique
M.A.C.	Multiple Access Computer	Calculador con acceso múltiple	Calculateur à accès mul-tiple
M.A.L.	Macro-Assembly Language	Lenguaje macroensamblador	Langage macro-assembleur

Abrev.	Inglés	Español	Francés
M.A.P.	Macro-Assembly Program	Programa macroensamblador	Programme macro-assembleur
M.C.H.	Machine Check Handle	Tratamiento de los errores de máquina	Traitement des erreurs de machine
M.C.P.	Message Control Program	Programa de gestión de los mensajes	Programme de gestion des messages
M.C.S.	Multiple Character Set	Juego múltiple de caracteres	Jeu multiple de caractères
M.D.R.	Magnetic Document Reader	Lector de documentos magnéticos	Lecteur de documents magnétiques
M.F.	Modulation Frequency	Frecuencia de modulación	Fréquence de modulation
M.F.C.U.	Multi-Function Card Unit	Unidad con fichas con funciones múltiples	Unités à cartes à fonctions multiples
M.F.H.	Magnetic Film Handler	Desarrollador de filme magnetico	Dérouleur de film magnétique
M.I.C.	Message Identification Code	Código de identificación de mensaje	Code d'identification de message
M.I.C.R.	Magnetic Ink Character Recognition	Reconocimiento de caracteres con tinta magnética	Reconnaissance de caractères à encre magnétique
M.I.T.	Master Instruction Tape	Cinta maestra de instrucciones	Bande maîtresse d'instructions
M.L.	Machine Language	Lenguaje máquina	Langage machine
M.L.C.	Magnetic Ledger Card	Ficha con pista magnética	Carte à piste magnétique
M.L.P.	Multiple Line Printing	Impresión sobre varias líneas	Impression sur plusieurs lignes
MODEM	MOdulator/DEModulator	Modulador/demodulador	Modulateur/démodulateur
M.P.C.	Multi-Purpose Computer	Ordenador universal	Ordinateur universel
M.P.P.	Message Processing Program	Programa de proceso de mensajes	Programme de traitement de messages
M.P.S.	Mathematical Programming System	Sistema de programación matemática	Système de programmation mathématique
M.S.	Master Scheduler	Programador principal	Programmeur principal
M.S.B.	Most Significant Bit	Bit más significativo	Bit le plus significatif
M.S.D.	Most Significant Digit	Dígito más significativo	Chiffre le plus significatif

Abrev.	Inglés	Español	Francés
M.S.G.	Message	Mensaje	Message
M.S.I.	Medium Scale Integration	Integración a media escala	Intégration à moyenne échelle
M.S.P.	Most Significant Position	Posición más significativa	Position la plus significative
M.S.T.	Monolithic Systems Technology	Técnica de los sistemas monolíticos	Technique des systèmes monolithiques
M.T.	Magnetic Tape	Cinta magnética	Bande magnétique
M.T.B.F.	Mean Time Between Failures	Tiempo medio entre averías	Temps moyen entre pannes
M.T.B.O.	Mean Time Between Overhauls	Periodicidad media de las revisiones	Periodicité moyenne des révisions
M.T.C.	Magnetic Tape Controller	Controlador de cinta magnética	Contrôleur de bande magnétique
M.T.T.F.	Mean Time to Failure	Tiempo medio hasta la avería	Temps moyen jusqu'à la panne
M.T.T.M.	Mean Time to Maintain	Tiempo medio de manutención	Temps moyen de manutention
M.T.T.R.	Mean Time to Repair	Tiempo medio de reparación	Temps moyen de réparation
M.T.U.	Magnetic Tape Unit	Unidad con cinta magnética	Unité à bande magnétique
N.A.K.	Negative AcKnowledge character	Carácter acuse de recepción negativo	Càractère accusé de réception négatif
N.C.	Numerical Control	Mando numérico	Commande numérique
N.C.P.	Network Control Program	Programa de gestión de la red	Programme de gestion du réseau
N.D.R.O.	Non-Destructive Read Out	Lectura no destructiva	Lecture non destructive
N.I.P.	Nucleus Initialization Program	Programa de inicialización del núcleo	Programme d'initfalisation du noyau
N.L.	New Line	Nueva línea	Nouvelle ligne
N.R.Z.	Non-Return to Zero	No regreso a cero	Non retour à zéro
N.U.L.	Null character	Carácter nulo	Caractère nul
O. & M.	Organization and Methods	Organización y métodos	Organisation et méthodes

Abrev.	Inglés	Español	Francés
O.C.R.	Optical Character Recognition	Reconocimiento óptico de los caracteres Lector óptico de caracteres	Reconnaissance optique des caractères Lecteur optique des caractères
O.L.R.T.	On-Line Real Time	Enlace en tiempo real	Liaison en temps réel
O.M.R.	Optical Mark Reading	Lectura óptica de marcas	Lecture optique de marques
O.P.M.	Operations Per Minute	Operaciones por minuto	Opérations par minute
O.R.	Operational Research	Busca operacional	Recherche opérationnelle
O.R.S.	Optimal Real Storage	Memoria real óptima	Mémoire réelle optimale
O.S.	Operating System	Sistema de trabajo	Système de travail
P.A.	Process Automation	Procedimiento automatizado	Procédure automatisée
P.A.M.	Pulse Amplitude Modulation	Modulación de impulsiones en amplitud	Modulation d'impulsions en amplitude
P.A.T.	Peripheral Assignment Table	Tabla de asignación de los periféricos	Table d'affectation des périphériques
P.C.	Printed Circuit	Circuito impreso	Circuit imprimé
P.C.A.M.	Punch Card Accounting Machine	Máquina contable con fichas perforadoras	Machine comptable à cartes perforées
P.C.B.	Process Control Block	Bloque de control del proceso	Bloc du contrôle du processus
P.C.I.	Program Controlled Interruption	Interrupción mandada por programa	Interruption commandée par programme
P.C.M.	Punched Card Machine	Máquina con fichas perforadas	Machine à cartes perforées
P.C.P.	Primary Control Program	Programa de control principal	Programme du contrôle principal
P.C.R.	Peripheral Control Routine	Programa de gestión de los periféricos	Programme de gestion des périphériques
P.C.U.	Peripheral Control Unit	Unidad de mando de los periféricos	Unité de commande des périphériques
P.D.A.	Parallel Data Adapter	Adaptador de vía de transmisión en paralelo	Adaptateur de voie de transmission en parallèle

Abrev.	Inglés	Español	Francés
P.D.M.	Pulse Duration Modulation	Modulación de impulsiones en duración	Modulation d'impulsions en durée
P.D.S.	Partitioned Data Set	Conjunto de datos compartimentado	Ensemble de données compartimenté
P.E.	Phase encoding	Codificación en fases	Codage en phases
P.E.R.	Program Event Recording	Grabación acontecimientos del programa	Enregistrement d'événements de programme
P.E.R.T.	Program Evaluation and Review Technique	Técnica de evaluación y de revisión de los programas	Technique d'évaluation et de révision des programmes
P.F.R.	Punch Feed Read	Lectura antes de perforación	Lecture avant perforation
P.G.T.	Page Table	Tabla de las páginas	Table des pages
P.I.	Programmed Instruction	Instrucción programada .	Instruction programmée
P.I.A.	Peripheral Interface Adapter	Adaptador de acoplamiento con un periférico	Adaptateur de liaison avec un périphérique
P.L.	Programming Language	Lenguaje de programación	Langage de programmation
P.L.M.	Pulse Duration Modulation	Modulación de impulsos en duración	Modulation d'impulsions en durée
P.M.	Phase Modulation	Modulación de fase·	Modulation de phase
P.O.L.	Problem Oriented Language	Lenguaje orientado al problema	Langage orienté au problème
P.O.S.	Point Of Sale	Punto de venta	Point de vente
P.P.I.	Pulses Per Inch	Impulsiones por pulgada	Impulsions par pouce
P.P.M.	Pulse Phase Modulation	Modulación de impulsiones en fase	Modulation d'impulsions en phase
P.R.F.	Pulse Repetition Frequency	Frecuencia de repetición de las impulsiones	Fréquence de répétition des impulsions
P.R.R.	Pulse Repetition Rate	Tasa de repetición de las impulsiones	Taux de répétition des impulsions
P.R.T.	Printer	Impresora	Imprimante
P.S.T.	Program Synchronization Table	Tabla de sincronización de los programas	Table de synchronisation des programmes

Abrev.	Inglés	Español	Francés
P.S.W.	Program Status Word	Palabra de estado del programa	Mot d'état du programme
P.T.	Punched Tape	Cinta perforada	Bande perforée
P.T.M.	Pulse Time Modulation	Modulación de impulsiones en el tiempo	Modulation d'impulsions dans le temps
P.T.P.	Point To Point	Punto por punto	Point par point
P.U.B.	Physical Unit Block	Bloque de la unidad física	Bloc de l'unité physique
P.W.M.	Pulse Width Modulation	Modulación de impulsiones en duración	Modulation d'impulsions en durée
Q.A.	Question/Answer	Cuestión/respuesta	Question/réponse
Q.C.	Quality Control	Control de calidad	Contrôle de qualité
Q.C.B.	Queue Control Block	Bloque de gestión de las filas de espera	Bloc de gestion des files d'attente
Q.I.S.A.M.	Queued Indexed Sequential Access Method	Método de acceso secuencial indexado con filas de espera	Méthode d'accès séquentiel indexé avec files d'attente
Q.M.	Queue Manager	Gestionador de las filas de espera	Gesteur des files d'attente
Q.S.A.M.	Queued Sequential Access Method	Método de acceso secuencial con filas de espera	Méthode d'accès séquentiel avec files d'attente
Q.T.A.M.	Queued Telecommunication Access Method	Método de acceso a las telecomunicaciones con filas de espera	Méthode d'accès aux télécomunications avec files d'attente
R.A.M.	Random Access Storage	Memoria con acceso selectivo	Mémoire à accès sélectif
R.A.M.	Random Access Memory	Memoria con acceso al azar	Mémoire vive
R.A.P.	Resource Allocation Processor	Programa de asignación de los recursos	Programme d'affectation des ressources
R.A.S.	Random Access Storage	Memoria con acceso selectivo	Mémoire à accès sélectif
R.B.E.	Remote Batch Entry	Sumisión de trabajos a distancia por lotes	Soumission de travaux à distance par lots
R.C.S.	Reloadable Control Storage	Memoria de control recargable	Mémoire de contrôle rechargeable

Abrev.	Inglés	Español	Francés
R.D.C.	Read Data Check	Error de datos en lectura	Erreur de données en lecture
R.E.S.	Remote Entry Services	Servicios de introducción de trabajos a distancia	Service d'introduction de travaux à distance
R.G.	Report Generator	Generador de estados	Générateur d'états
R.J.E.	Remote Job Entry	Introducción de trabajos a distancia	Introduction de travaux à distance
R.L.D.	Relocation Dictionary	Diccionario de las traslaciones	Dictionnaire des translations
R.O.M.	Read Only Memory	Memoria de sola lectura	Mémoire à simple lecture
R.O.M.	Read Only Memory	Memoria muerta	Mémoire morte
R.O.S.	Read Only Storage	Memoria de sola lectura	Mémoire à simple lecture
R.P.G.	Report Program Generator	Generador de programas de edición	Générateur de programmes d'édition
R.P.S.	Rotational Position Sensing	Detección de posición angular	Détection de position angulaire
R.S.	Record Separator	Separador de registros	Séparateur d'enregistrements
R.T.	Real Time	Tiempo real	Temps réel
R.T.L.	Resistor Transistor Logic	Lógica con resistencias y transistores	Logique à résistences et transistors
R.T.O.S.	Real Time Operating System	Sistema de funcionamiento en tiempo real	Système de fonctionnement en temps réel
R.T.S.	Remote Terminal Supervisor	Supervisor de terminales a distancia	Superviseur de terminaux à distance
R.U.	Request/response Unit	Unidad de petición-respuesta	Unité de demande-réponse
R.W.	Read/Write	Lectura-escritura	Lecture-écriture
R.W.M.	Read/Write Memory	Memoria de lectura-escritura	Mémoire de lecture-écriture
R.Z.	Return to Zero	Regreso a cero	Retour à zéro
S.A.C.	Storage Access Channel	Canal de acceso a la memoria	Canal d'accès à la mémoire
S.A.K.	Stop AcKnowledge	Acuse de recepción y parada	Accusé de réception et arrêt
S.A.M.	Sequential Access Method·	Método de acceso secuencial	Méthode d'accès séquentiel

Abrev.	Inglés	Español	Francés
S.B.T.	Six Bit Transcode	Código transmisión con seis bits	Code transmission à six bits
S.C.P.	System Control Programming	Programación de control del sistema	Programmation de contrôle du système
S.C.T.	Step Control Table	Tabla de control de las etapas	Table de contrôle des étapes
S.D.A.	Source Data Acquisition	Recogida de datos de fuente	Saisie de données de source
S.D.R.	Statistical Data Recorder	Registrador de datos estadísticos	Enregistreur de données statistiques
S.G.T.	SeGment Table	Tabla de los segmentos	Table des segments
S.I.	Shift-In Character	Carácter de código normal	Caractère de code normal
S.I.S.	Shared Information Service	Servicio informática común	Service informatique commun
S.L.C.	Set Location Counter	Inicialización del contador de posiciones	Initialisation du compteur de positions
S.L.I.H.	Second Level Interrupt Handler	Segundo nivel de gestión de las interrupciones	Second niveau de gestion des interruptions
S.L.T.	Solid Logic Technology	Tecnología de los circuitos lógicos transistorizados	Technologie des circuits logiques transistorisés
S/N	Signal to Noise Ratio	Relación señal/ruido	Rapport signal/bruit
S.O.H.	Start Of Heading	Principio de encabezamiento	Début d'en-tête
S.O.M.	Start Of Message	Principio de mensaje	Début de message
S.O.R.	Start Of Record	Principio de registro	Début d'enregistrement
S.P.	Space Character	Carácter espacio	Caractère espace
S.P.I.	Single Program Initiator	Inicialización de un programa único	Initialisation d'un programme unique
S.P.V.	Storage Protect Violation	Violación de la protección de la memoria	Violation de la protection de la mémoire
S.Q.A.	System Queue Area	Zona de las filas de espera del sistema	Zone des files d'attente du système
S.S.L.	Source Statement Library	Biblioteca-lenguaje fuente	Bibliothèque-langage source
S.T.R.	Synchronous Transmitter/ Receiver	Emisor/receptor sincrónico	Emetteur/récepteur synchrone

Abrev.	Inglés	Español	Francés
S.T.R.A.M.	Synchronous Transmit Receive Access Method	Método de acceso en emisión/recepción sincrónica	Méthode d'accès en émission/réception synchrone
S.T.X.	Start of Text	Principio de texto	Début de texte
S.U.B.	SuBstitute character	Carácter de sustitución	Caractère de remplacement
S.Y.N.	SyNchronous idle character	Carácter de sincronización	Caractère de synchronisation
SYSGEN	SyStem GENeration	Generación de sistema	Génération de système
SYSIN	SyStem INput	Fichero standard de entrada	Opération d'entrée
SYSLOG	SyStem LOG	Diario del sistema	Journal du système
SYSOUT	SyStem OUTput	Fichero standard de salida	Opération de sortie
SYSRES	Resident System	Sistema residente	Système résidant
T.C.B.	Task Control Block	Bloque de control de las tareas	Bloc de contrôle des tâches
T.C.C.	Task Control Character	Carácter de control de las tareas	Caractère de contrôle des tâches
T.C.U.	Transmission Control Unit	Unidad de control de las transmisiones	Unité de contrôle des transmissions
T.D.	Transmitter-Distributor	Distribuidor/emisor	Distributeur/émetteur
T.D.M.	Time Division Multiplexing	Multiplexión en tiempo compartido	Multiplexage en temps partagé
T.I.C.	Transfer-in Channel	Transferencia en el canal	Transfert dans le canal
T.L.A.B.	Translation Look-Aside Buffer	Repertorio de las páginas activas	Répertoire des pages actives
T.M.	Tape Mark	Marca sobre cinta	Marque sur bande
T.O.S.	Tape Operating System	Sistema de trabajo sobre cinta	Système de travail sur bande
T.P.	Teleprocessing	Teleproceso	Télétraitement
T.P.S.	Tape Processing System	Sistema de proceso para cintas	Système de traitement pour bandes
T.S.	Time Sharing	Tiempo compartido	Temps partagé
T.S.O.S.	Time Sharing Operating System	Sistema de trabajo en tiempo compartido	Système de travail en temps partagé

Abrev.	Inglés	Español	Francés
T.S.S.	Time Sharing System	Sistema en tiempo compartido	Système en temps partagé
T.T.Y.	Teletype	Telescriptor	Téléscripteur
T.U.	Tape Unit	Unidad con cinta	Unité à bande
U.C.S.	Universal Character Set	Juego de caracteres universales	Jeu de caractères universels
U.C.W.	Unit Control Word	Palabra de control de la unidad	Mot de contrôle de l'unité
U.D.C.	Universal Decimal Classification	Clasificación decimal universal	Classement décimal universel
U.D.S.	Universal Data Set	Juego de datos universales	Jeu de données universelles
U.E.	Unit Exception	Anomalía de la unidad	Anomalie sur l'unité
U.H.F.	Ultra-High Frequency	Ultra alta frecuencia	Ultra haute fréquence
U.H.L.	User Header Label	Etiqueta-principio del utilizador	Etiquette-début de l'utilisateur
U.L.C.	Universal Logic Circuit	Circuito lógico universal	Circuit logique universel
U.S.	Unit Separator	Separador de unidades	Séparateur d'unités
U.T.L.	User Trailer Label	Etiqueta-fin del utilizador	Etiquette-fin de l'utilisateur
V.D.U.	Visual Display Unit	Visual, representación visual	Visu
V.D.U.	Visual Display Unit	Unidad de visualización	Unité de visualisation
V.F.	Voice Frequency	Frecuencia vocal	Fréquence vocale
V.F.U.	Vertical Format Unit	Unidad con cinta piloto	Unité à bande pilote
V.H.F.	Very High Frequency	Frecuencia muy alta, o bien, Muy alta frecuencia	Très haute fréquence
V.L.F.	Very Low Frequency	Muy baja frecuencia	Très basse fréquence
V.M.	Virtual Memory	Memoria virtual	Mémoire virtuelle
V.M.S.	Virtual Memory System	Sistema con memoria virtual	Système à mémoire virtuelle
V.P.	Verifying Punch	Perforadora verificadora	Perforatrice vérificatrice

Abrev.	Inglés	Español	Francés
V.R.C.	Vertical Redundancy Check	Control vertical por re-dundancia	Contrôle vertical par redondance
V.S.	Virtual Storage	Memoria virtual	Mémoire virtuelle
V.S.A.M.	Virtual Storage Access Method	Método de acceso a una memoria virtual	Méthode d'accès à une mé-moire virtuelle
V.T.	Vertical Tabulation Character	Carácter de tabulación vertical	Caractère de tabulation verticale
V.T.A.M.	Virtual Telecommunications Access Method	Método de acceso virtual por telecomunicaciones	Méthode d'accès virtuel par télécommunications
V.T.O.C.	Volume Table Of Contents	Indice del volumen	Table des matières du volume
W.D.	Wiring Diagram	Esquema de cableado	Schéma de câblage
W.D.C.	Write Data Check	Error de datos en escritura	Erreur de données en écri-ture
W.P.M.	Words Per Minute	Palabras por minuto	Mots à la minute
X.A.	Transmission Adapter	Adaptador de transmisión	Adaptateur de transmission
X.I.C.	Transmission Interface Converter	Convertidor de acoplamien-to mutuo de transmisión	Convertisseur d'interface de transmission

XXX

**Inglés
Español
Francés**

A

Abacus
Abaco
Abaque

Abend (Abnormal End)
Fin anormal
Fin anormale

Aberration
Aberración
Aberration

Abnormal
Anormal
Anormal

Abnormal condition
Anomalía
Anomalie

Abnormal exit
Salida anormal
Sortie anormale

Abort
Abandono, Cancelación
Abandon

(to) Abort
Abandonar, Cancelar
Abandonner

Abort routine
Programa de abandono
Programme d'abandon

Aborting procedure
Procedimiento de abandono
Procédure d'abandon

Above platen device
Dispositivo de alimentación de
    papel
Dispositif d'alimentation de papier

Abrasivness
Abrasividad
Abrasivité

Abscissa
Abcisa
Abscisse

Absolute
Absoluto - Real
Absolu - Réel

Absolute address
Dirección absoluta
Adresse absolue

Absolute addressing
Direccionamiento absoluto
Adressage absolu

Absolute addressing
Direccionamiento absoluto
Adressage réel

Absolute code
Código absoluto-
Code absolu

Absolute coding
Codificación absoluta
Codage absolu

Absolute data
Datos absolutos
Données absolues

Absolute error
Error absoluto
Erreur absolue

Absolute instruction
Instrucción absoluta
Instruction absolue

Absolute language
Lenguaje absoluto
Langage absolu

Absolute program loader
Cargador de programa absoluto
Chargeur de programme absolu

Absolute programming
Programación absoluta
Programmation absolue

Absolute value
Valor absoluto
Valeur absolue

Absolute value computer
Ordenador de valor absoluto
Calculateur en valeur absolue

Absolute value representation
Representación en valor absoluto.
Représentation en valeur absolue

Absolute vector
Vector absoluto
Vecteur absolu

Absolutely
En valor absoluto
En valeur absolue

Absorbency
Absorbencia
Absorptivité

Abstract
Abstracto
Abstrait

Abstract
Resumido
Résumé

(to) Abstract
Resumir
Résumer

Abstract code
Código abstracto
Code abstrait

Abstract symbol
Símbolo abstracto
Symbole abstrait

Abstractor
Analista
Analyste

Absurdity check
Comprobación de verosimilitud
Contrôle de vraisemblance

Abuk
Zona-dirección
Zone-adresse

A.C.
Corriente alterna
Courant alternatif

A.C. Dump
Corte de corriente
Coupure de courant

A.C. Line
Línea de corriente alterna
Ligne de courant alternatif

Accelerated card feed
Alimentación acelerada en fichas
Alimentation accélérée en cartes

Acceleration
Aceleración
Accélération

Acceleration time
Tiempo de aceleración
Temps d'accélération

(to) Accept
Admitir
Admettre

Accept stacker
Casilla de recepción
Case de réception

Acceptance
Recepción
Réception

Acceptance check
Control de recepción
Contrôle de réception

Acceptance test
Ensayo de recepción
Essai de réception

Accepting station
Estación de recepción
Poste de réception

(to) Access
Acceder
Accéder

Access
Acceso
Accès

Access arm
Brazo de acceso
Bras d'accès

Access code
Código de acceso
Code d'accès

Access conflict
Conflicto de acceso
Conflit d'accès

Access control
Control de acceso
Contrôle d'accès

Access cycle
Ciclo de acceso
Cycle d'accès

Access level
Nivel de acceso
Niveau d'accès

Access line
Línea de acceso
Ligne d'accès

Access mechanism
Mecanismo de acceso
Mécanisme d'accès

Access method
Método de acceso
Méthode d'accès

Access mode
Modo de acceso
Mode d'accès

Access time
Tiempo de acceso
Temps d'accès

Accessibility
Accesibilidad
Accessibilité

Accessible
Accesible
Accessible

Accession
Consulta, Acceso
Consultation

Accession number
Número de referencia
Numéro de référence

Accession rate
Velocidad de consulta
Vitesse de consultation

Accessory equipment
Equipo accesorio
Matériel auxiliaire

Account
Cuenta
Compte

Account card
Ficha de cuenta
Fiche de compte

Account form
Impreso de extracto de cuenta
Imprimé de relevé de compte

Account number
Número de cuenta
Numéro de compte

Account status
Posición de cuenta
Position de compte

Accountancy
Contabilidad
Comptabilité

Accountant
Contable
Comptable

Accounting
Contabilidad
Comptabilité

Accounting check digit
Dígito de control contable
Chiffre de contrôle comptable

Accounting computer
Ordenador contable
Calculateur comptable

Accounting control
Control contable
Contrôle comptable

Accounting control table; A.C.T.
Tabla de control contable
Table de contrôle comptable

Accounting department
Departamento de contabilidad
Service comptabilité

Accounting detail card
Ficha movimiento
Carte mouvement

Accounting documents
Documentos contables
Documents comptables

Accounting form
Estado contable
Etat comptable

Accounting machine
Máquina contable
Machine comptable

Accounting procedure
Procedimientos contables
Procédures comptables

Accounting routine
Rutina de contabilidad del tiempo
  máquina
Sous-programme de calcul du
  temps machine

Accounting table
Tabla de contabilización
Table de comptabilisation

Accounts payable
Cuentas a pagar
Sommes à payer

Accounts receivable
Cuentas a cobrar
Sommes à percevoir

(to) Accumulate
Acumular
Accumuler

Accumulated error
Error acumulado
Erreur cumulée

Accumulated total
Total acumulado
Total cumulé

Accumulated total punching
Total acumulado perforado
Total cumulé perforé

Accumulated value
Valor acumulado
Valeur cumulée

Accumulating counter
Contador totalizador
Compteur totalisateur

Accumulating register
Registro de acumulación
Registre de cumul

Accumulation
Acumulación
Accumulation

Accumulative card
Ficha de acumulación
Carte de cumul

Accumulative error
Error de acumulación
Erreur de cumul

Accumulative total
Total de acumulación
Total de cumul

Accumulatively
Acumulativamente
Cumulativement

Accumulator
Acumulador
Accumulateur

Accumulator jump instruction
Instrucción de salto emitida por el
    acumulador
Instruction de saut émise par
    l'accumulateur

Accumulator shift instruction
Instrucción de desplazamiento del
    ʼ acumulador
Instruction de décalage émise par
    l'accumulateur

Accumulator register
Registro acumulador
Registre accumulateur

Accumulator transfer instruction
Instrucción de transferencia del
    acumulador
Instruction de transfert émise par
    l'accumulateur

Accuracy
Precisión
Précision

Accuracy control character
Carácter de control de precisión
Caractère de contrôle de précision

Accuracy control system
Sistema de control de precisión
Système de contrôle de précision

Accurate
Preciso
Précis

A.C.K.
Carácter acuse de recepción
Caractère accusé de réception

(to) Acknowledge
Acusar recepción
Accuser réception

Acknowledge character; A.C.K.
Carácter acuse de recepción
Caractère accusé de réception

Acknowledgment
Acuse de recibo
Accusé de réception

Acknowledgment signal
Señal de acuse de recepción
Signal d'accusé de réception

Acoustic
Acústico
Acoustique

Acoustic coupler
Acoplador acústico
Coupleur acoustique

Acoustic delay line
Línea de retardo acústico
Ligne à retard acoustique

Acoustic memory
Memoria acústica
Mémoire acoustique

Acoustic storage
Memoria acústica
Mémoire acoustique

Acoustic treatment
Insonorización
Insonorisation

Acoustically
Acústicamente
Acoustiquement

Acoustically coupled
Acoplado acústicamente
Couplé acoustiquement

Acoustics
(La) Acústica
(L') Acoustique

Acousting coupling
Acoplamiento acústico
Couplage acoustique

(to) Acquire
Recoger
Saisir

Acquisition
Recogida
Saisie

A.C.R.
Registro de llamada automática
Enregistrement d'appel
    automatique

Acronym
Sigla
Sigle

Act
Acción
Action

A.C.T.
Tabla de control contable
Table de contrôle comptable

(to) Act upon data
Efectuar un tratamiento
Effectuer un traitement

Action
Intervención
Intervention

Action chart
Diagrama funcional
Diagramme fonctionnel

Action code
Código de intervención
Code d'intervention

Action indicator
Indicativo de intervención
Indicatif d'intervention

Action message
Mensaje de intervención
Message d'intervention

Action routine
Subprograma de intervención
Sous-programme d'intervention

Action specification
Especificación de intervención
Spécification d'intervention

Action statement
Sentencia de acción
Clause de décision

(to) Activate
Accionar
Actionner

(to) Activate
Poner en servicio
Mettre en service

Activation
Activación
Mise en activité

Active
Activo
Actif

Active
En actividad
En cours d'activité

Active element
Elemento activo
Elément actif

Active file
Fichero activo
Fichier actif

Active file table
Tabla de los ficheros activos
Table des fichiers actifs

Active line
Línea activa
Ligne active

Active page
Página activa
Page active

Active page queue
Cola de las páginas activas
File d'attente des pages actives

Active program
Programa en curso de ejecución,
    Programa activo
Programme en cours d'exécution

Active store
Memoria activa
Mémoire active

Active transducer
Transductor activo
Transducteur actif

Activity
Actividad
Activité

Activity factor
Factor de actividad
Facteur d'activité

Activity ratio
Tasa de actividad
Taux d'activité

Actual
Real
Réel

Actual address
Dirección real
Adresse réelle

Actual code
Código real
Code réel

Actual coding
Codificación real
Codage réel

Actual decimal point
Coma decimal real
Virgule décimale réelle

Actual instruction
Instrucción real
Instruction réelle

Actual key
Indicativo real
Indicatif réel

Actual length
Longitud real
Longueur réelle

Actual parameter
Parámetro efectivo
Paramètre effectif

Actual stock
Existencias actuales
Stock actuel

Actual time
Tiempo verdadero, Tiempo actual,
    Tiempo real
Temps réel

Actual total
Total efectivo
Total effectif

Actual value
Valor real
Valeur réelle

Actuarial tables
Tablas actuariales
Tables actuarielles

(to) Actuate
Poner en servicio
Mettre en service

Actuating
Puesta en servicio
Mise en service

Actuating machine
Mecanismo de puesta en servicio
Mécanisme de mise en service

Actuation
Activación
Mise en activité

Actuator
Dispositivo de activación
Dispositif de mise en activité

A.C.U.
Dispositivo de llamada automática
Dispositif d'appel automatique

Acyclic
Acíclico
Acyclique

Acyclic feeding
Alimentación acíclica
Alimentation acyclique

A.D.A.
Adquisición automática de los
    datos
Saisie automatique des données

(to) Adapt
Adaptar
Adapter

Adaptability
Adaptabilidad
Faculté l'adaptation

Adaptative
Adaptable
Adaptable

Adaptative control system
Sistema con control adaptable
Système à contrôle adaptable

Adaptator
Adaptador
Adaptateur

Adapter
Adaptador
Adaptateur

Adapting
Adaptación
Adaptation

Adaptor
Adaptador
Adaptateur

A.D.C.
Convertidor analógico-numérico
Convertisseur analogique-
  numérique

(to) Add
Adicionar
Additionner

(to) Add
Acumular, Sumar
Totaliser

Add
Adición
Addition

Add instruction
Instrucción de adición
Instruction d'addition

Add listing machine
Adicionadora impresora
Additionneuse imprimante

Add on facility
Posibilidad de agregación
Possibilité d'adjonction

Add operation
Operación de adición
Opération d'addition

(to) Add over
Adicionar un dígito demasiado
  grande
Additionner un chifre trop élevé

(to) Add short
Adicionar un dígito demasiado
  pequeño
Additionner un chifre trop faible

Add time
Tiempo de adición
Temps d'addition

Addend
Segundo sumando
Second terme d'une somme

Adder
Adicionador
Additionneur

Adder circuit
Circuito adicionador
Circuit additionneur

Adder-subtracter
Adicionador-sustractor
Additionneur-soustracteur

Adding
Adición
Addition

Adding counter
Circuito adicionador
Circuit additionneur

Adding counter
Contador aditivo
Compteur additif

Adding lister
Adicionadora impresora
Additionneuse imprimante

Adding machine
Sumadora
Machine à additionner

Addition
Adición
Addition

Addition circuit
Circuito adicionador
Circuit additionneur

Addition record
Registro aditivo
Enregistrement additif

Addition table
Tabla de adición
Table d'addition

Addition without carry
Adición sin acarreo
Addition sans report

Additional character
Carácter suplementario
Caractère supplémentaire

Additive
Aditivo
Additif

Address
Dirección
Adresse

(to) Address
Direccionar, Dirigir
Adresser

Address assignment
Asignación de dirección
Affectation d'adresse

Address code
Código de dirección
Code d'adresse

Address computation
Cálculo de dirección
Calcul d'adresse

Address constant
Dirección constante
Adresse constante

Address conversion
Conversión de dirección
Conversion d'adresse

Address decoder
Decodificador de dirección
Décodeur d'adresse

Address development
Cálculo de dirección
Calcul d'adresse

Address field
Campo de dirección
Zone d'adresse

Address file
Fichero de direcciones
Fichier d'adresses

Address format
Formato de dirección
Format d'adresse

Address generation
Generación de dirección
Génération d'adresse

Address manipulation
Tratamiento de las direcciones
Traitement des adresses

Address modification
Modificación de dirección
Modification d'adresse

Address modifier
Modificador de dirección
Modificateur d'adresse

Address part
Parte de dirección
Partie d'adresse

Address portion
Parte de dirección
Partie d'adresse

Address printing
Impresión de dirección
Impression d'adresse

Address range register
Registro de las gamas de
    direcciones
Registre des gammes d'adresses

Address reference
Referencia de dirección
Référence d'adresse

Address register; A.R.
Registro de direcciones
Registre d'adresses

Address selection
Selección de direcciones
Sélection d'adresses

Address space
Espacio de dirección
Espace d'adresse

Address space identifier
Identificador del espacio de
    dirección
Identificateur d'espace d'adresse

Address substitution
Sustitución de dirección
Substitution d'adresse

Address syllable
Dirección compuesta
Adresse composée

Address track
Pista de direcciones
Piste d'adresses

Address translation
Traducción de dirección
Traduction d'adresse

Addressability
Posibilidad de dirección
Possibilité d'adressage

Addressable
Direccionable
Adressable

Addressable memory
Memoria direccionable
Mémoire adressable

Addressed
Direccionado
Adressé

Addressed system
Sistema direccionado
Système adressé

Addressee
Destinatario
Destinataire

Addressing
Direccionamiento
Adressage

Addressing characters
Caracteres de direccionamiento
Caractères d'adressage

Addressing level
Nivel de direccionamiento
Niveau d'adressage

Addressing machine
Máquina para direcciones
Machine à adresser

Addressing mode
Modo de direccionamiento
Mode d'adressage

Addressing system
Sistema de direccionamiento
Système d'addressage

Addressless
Sin dirección
Sans adresse

Addressless instruction
Instrucción sin dirección
Instruction sans adresse

Addressless instruction format
Formato de instrucción sin
    dirección
Format d'instruction sans adresse

Addrout file
Fichero de direcciones
    seleccionadas
Fichier d'adresses sélectionnées

Addrout sort
Selección de direcciones
Sélection d'adresses

Add-subtract time
Tiempo de adición-sustracción
Temps d'addition-soustraction

Adjacency matrix
Matriz de incidencia
Matrice d'incidence

Adjacent
Adyacente
Adjacent

Adjacent channel
Canal adyacente
Canal adjacent

Adjacent channel interference
Interferencia de canal adyacente
Interférence de canal adjacent

Adjacent vertex
Vértice adyacente
Sommet adjacent

(to) Adjust
Ajustar
Ajuster

Adjustable
Ajustable
Ajustable

Adjustable
Regulable
Réglable

Adjustable extent
Dimensión ajustable
Dimension ajustable

Adjustable point
Coma ajustable
Virgule déplaçable

Adjustment
Ajuste, Adaptación
Ajustage

Adjustment minus
Rectificación negativa
Rectification négative

Adjustment plus
Rectificación positiva
Rectification positive

Administrative
Administrativo
Administratif

Administrative data processing
Proceso de los datos de gestión
Traitement des données de
   gestion

Administrative information
Información de gestión
Information de gestion

Administrative operator
Operador de gestión
Opérateur de gestion

Administrative terminal system
Sistema de terminales de gestión
Système de terminaux de gestion

Admittance
Admitancia
Admittance

A.D.P.
Proceso automático de los datos
Traitement automatique des
   données

A.D.P.E.
Equipo de proceso automático de
   los datos
Matériel de traitement
   automatique des données

A.D.P.S.
Sistema de proceso automático de
   datos
Système de traitement
   automatique des données

A.D.U.
Dispositivo automático de
   selección
Dispositif automatique de
   sélection

(to) Advance
Progresar
Progresser

Advance
Progresión
Progression

Advanced feed tape
Cinta con agujeros de arrastre
   adelantados
Bande à trous d'entraînement
   avancés

Advanced system
Sistema evolucionado
Système évolué

Advancement
Adelantamiento, Alimentación
Avancement

Advent
Advenimiento
Avènement

Adverse
Contrario
Contraire

Aerial
Antena
Antenne

Aerial cable
Cable aéreo
Câble aérien

A.F.
Frecuencia acústica
Fréquence acoustique

Ageing
Envejecimiento
Vieillissement

Agenda call card
Ficha de llamada de agenda
Carte d'appel d'agenda

Aggregate
Global
Global

Aggregate channel data rate
Alcance global de los canales
Portée globale des canaux

Aggregate expression
Expresión estructurada
Expression structurée

Aggressive
Agresivo
Agressif

Agreement
Contrato
Contrat

Aids
Ayudas
Aides

Air
Aire
Air

Air blower
Ventilador
Ventilateur

Air conditioned equipment
Equipo de aire acondicionado
Installation d'air conditionné

Air conditioning
Acondicionamiento de aire
Conditionnement d'air

Ajustment
Ajuste
Adaptation

Aleatory
Aleatorio
Aléatoire

Alert
Alerta
Alerte

Alert recovery
Reanudación después de incidente
Reprise après incident

Algebra
Álgebra
Algèbre

Algebraic
Algebraico
Algébrique

Algebraic function
Función algebraica
Fonction algébrique

Algebraic language
Lenguaje algebraico
Langage algébrique

Algebraic sign
Signo algebraico
Signe algébrique

Algebrically
Algebraicamente
Algébriquement

Algol
Lenguaje algorítmico
Langage algorithmique

ALGORITHM

8

Algorithm
Algoritmo
Algorithme

Algorithm translation
Traducción algorítmica
Traduction algorithmique

Algorithmic
Algorítmico
Algorithmique

Algorithmic language
Lenguaje algorítmico
Langage algorithmique

Algorithmic routine
Programa algorítmico
Programme algorithmique

Algorithmically
De manera algorítmica
De façon algorithmique

Alias
Etiqueta equivalente (adicional)
Etiquette équivalente

(to) Align
Alinear
Aligner

(to) Align by decimal point
Alinear por la coma decimal
Aligner sur la virgule décimale

Aligned edge
Borde de alineamiento
Bord d'alignement

Aligner
Dispositivo de alineamiento
Dispositif d'alignement

Aligner area
Zona de alineamiento
Zone d'alignement

Aligning pin
Taca de alineamiento
Broche d'alignement

Alignment
Alineamiento
Alignement

Alignment chart
Plantilla, Normógrafo
Normographe

Alike
Semejante
Semblable

All blank word
Palabra con blancos
Mot espace

All monolithic storage
Memoria enteramente monolítica
Mémoire entièrement
  monolithique

All ones word
Palabra compuesta sólo de unos
Mot ne comportant que des 1

(to) Alleviate
Aligerar
Alléger

(to) Allocate
Asignar
Affecter

Allocation
Asignación
Affectation

(in) Allocation
En curso de asignación
En cours d'affectation

Allocation factor
Factor de asignación
Facteur d'affectation

Allocation of data sets
Asignación de conjuntos de datos
Affectation d'ensembles de
  données

Allocation organization program
Programa de organización de las
  asignaciones
Programme d'organisation des
  affectations

Allocation recovery
Recuperación de asignación
Substitution d'affectation

(to) Allot
Atribuir
Attribuer

Allotment
Atribución
Attribution

(to) Allow
Conceder, Permitir
Allouer

(to) Allow for
Prever
Prévoir

Allowance
Autorización
Autorisation

All-purpose
Universal
Universel

All-purpose computer
Ordenador polivalente
Calculateur polyvalent

All-purpose meter
Multímetro, polímetro
Multimètre

All-relay system
Sistema enteramente con relés
Système tout à relais

Alpha
Alfa
Alpha

Alpha type-in
Mensaje alfabético de entrada
Message alphabétique d'entrée

Alphabet
Alfabeto
Alphabet

Alphabetic(al)
Alfabético
Alphabétique

Alphabetic(al) character
Carácter alfabético
Caractère alphabétique

Alphabetic(al) character set
Juego de caracteres alfabéticos
Jeu de caractères alphabétiques

Alphabetic(al) character subset
Juego parcial de caracteres
  alfabéticos
Jeu partiel de caractères
  alphabétiques

Alphabetic(al) code
Código alfabético
Code alphabétique

Alphabetic(al) coded character set
Juego de caracteres codificados
  alfabéticos
Jeu de caractères codés
  alphabétiques

Alphabetic(al) coding
Codificación alfabética
Codage alphabétique

Alphabetic(al) data
Datos alfabéticos
Données alphabétiques

Alphabetic(al) data code
Código de datos alfabéticos
Code de données alphabétiques

Alphabetic(al) field
Campo alfabético
Zone alphabétique

Alphabetic(al) item
Dato alfabético
Donnée alphabétique

Alphabetic(al) shift
Desplazamiento alfabético
Décalage alphabétique

Alphabetic(al) signal
Señal alfabética
Signal alphabétique

Alphabetic(al) string
Tira o cadena alfabética
Suite alphabétique

Alphabetic(al) word
Palabra alfabética
Mot alphabétique

Alphanumeric(al)
Alfanumérico
Alphanumérique

Alphanumeric(al) character
Carácter alfanumérico
Caractère alphanumérique

Alphanumeric(al) character set
Juego de caracteres alfanuméricos
Jeu de caractères
 alphanumériques

Alphanumeric(al) character subset
Juego parcial de caracteres
 alfanuméricos
Jeu partiel de caractères
 alphanumériques

Alphanumeric(al) code
Código alfanumérico
Code alphanumérique

Alphanumeric(al) coded character set
Juego de caracteres codificados
 alfanuméricos
Jeu de caractères codés
 alphanumériques

Alphanumeric(al) coding
Codificación alfanumérica
Codage alphanumérique

Alphanumeric(al) data
Datos alfanuméricos
Données alphanumériques

Alphanumeric(al) data code
Código de datos alfanuméricos
Code de données
 alphanumériques

Alphanumeric(al) field
Campo alfanumérico
Zone alphanumérique

Alphanumeric(al) information
Información alfanumérica
Information alphanumérique

Alphanumeric(al) instruction
Instrucción alfanumérica
Instruction alphanumérique

Alphanumeric(al) item
Dato alfanumérico
Donnée alphanumérique

Alphanumeric(al) machine
Máquina alfanumérica
Machine alphanumérique

Alphanumeric(al) sorting
Selección alfanumérica
Tri alphanumérique

(to) Alter
Modificar
Modifier

Alteration
Modificación
Modification

Alternate
Alternativo
Alternatif

Alternate area
Zona de alternación
Zone d'alternance

Alternate device
Dispositivo de substitución
Dispositif de remplacement

Alternate function key (multifunction key)
Tecla con doble función
Touche à double fonction

Alternate function switch (multifunction switch)
Botón con doble función
Bouton à double fonction

Alternate operation
Funcionamiento alternado
Fonctionnement alterné

Alternate path
Camino alternativo
Circuit de remplacement

Alternate routing
Vía de sustitución
Voie de remplacement

Alternate sector
Sector de sustitución
Secteur de remplacement

Alternate sequence table card
Ficha-tabla para secuencia
 alternada
Carte-table pour séquence
 alternative

Alternate tape
Cinta alternativa
Alternance des bandes

Alternate track
Pista de sustitución
Piste de remplacement

Alternate track assignment program
Programa de asignación de las
 pistas alternativas
Programme d'affectation des
 pistes de remplacement

Alternate unit
Unidad de sustitución
Unité de remplacement

Alternating
Alternativo
Alternatif

Alternating current; A.C.
Corriente alterna
Courant alternatif

Alternating current dump
Corte de la corriente alterna
Coupure de courant alternatif

Alternating operation
Funcionamiento alterno
Fonctionnement alternatif

Alternation
Alternancia
Alternance

Alternation gate
Puerta O
Porte OU

Alternation switch
Inversor
Inverseur

Alternative denial
Operación NO-Y
Opération NON-ET

Alternative denial gate
Puerta NO-Y
Porte NON-ET

A.L.U.
Unidad aritmética y lógica
Unité arithmétique et logique

A.M.
Modulación de amplitud
Modulation d'amplitude

(to) Amalgamate
Fusionar
Fusionner

Amalgamation
Fusión
Fusion

Ambient
Ambiente
Ambiant

Ambient noise
Ruido ambiental
Bruit ambiant

Ambiguous
Ambiguo
Ambigü

Ambiguous reference
Referencia ambigua
Référence ambigue

Ambiguity
Ambigüedad
Ambiguïté

Ambiguity error
Error de ambigüedad
Erreur d'ambiguïté

Amendment file
Fichero movimientos
Fichier mouvements

Amendment record
Registro de movimientos
Enregistrement de mouvements

Amendment tape
Cinta de movimientos
Bande mouvements

Ammeter
Amperímetro
Ampèremètre

Amount
Importe, Cantidad
Montant

Amount due
Saldo
Solde

Amount of space available
Volumen del espacio disponible
Volume de l'espace disponible

Amplification
Amplificación
Amplification

Amplification factor
Factor de amplificación
Facteur d'amplification

Amplifier
Amplificador
Amplificateur

Amplifier
Amplificador de corriente continua
Amplificateur à courant continu

Amplifier circuit
Circuito amplificador
Circuit amplificateur

Amplifier gain
Ganancia de un amplificador
Gain d'un amplificateur

Amplifier tube
Tubo amplificador
Tube amplificateur

Amplifier valve
Válvula amplificadora
Lampe amplificatrice

Amplitude
Amplitud
Amplitude

Amplitude distortion
Distorsión de amplitud
Distorsion d'amplitude

Amplitude modulation; A.M.
Modulación de amplitud
Modulation d'amplitude

Amplitude modulation detector
Detector de modulación de
  amplitud
Détecteur de modulation
  d'amplitude

Analog
Analógico
Analogique

Analog adder
Adicionador analógico
Additionneur analogique

Analog channel
Canal analógico
Canal analogique

Analog comparator
Comparador analógico
Comparateur analogique

Analog computer
Calculador analógico
Calculateur analogique

Analog controller
Controlador analógico
Contrôleur analogique

Analog data
Datos analógicos
Données analogiques

Analog demodulation
Demodulación analógica
Démodulation analogique

Analog device
Dispositivo analógico
Dispositif analogique

Analog divisor
Divisor analógico
Diviseur analogique

Analog integration
Integración analógica
Intégration analogique

Analog multiplier
Multiplicador analógico
Multiplicateur analogique

Analog network
Red analógica
Réseau analogique

Analog representation
Representación analógica
Représentation analogique

Analog to-digital converter; A.D.C.
Convertidor analógico-digital
Convertisseur analogique-
numérique

Analog transmission
Transmisión analógica
Transmission analogique

Analyser (Br.)
Analizador
Analyseur

Analyzer (Amer.)
Analizador
Analyseur

Analysis
Análisis
Analyse

Analysis by net return
Análisis de los rendimientos netos
Analyse des rendements nets

Analyst
Analista
Analyste

Analytical function generator
Generador de funciones analíticas
Générateur de fonctions
analytiques

Anchorage
Adherencia, Anclaje
Adhérence

Ancillary
Auxiliar
Auxiliaire

Ancillary equipment
Equipo accesorio
Matériel auxiliaire

AND
Y (Intersección lógica)
ET (Intersection logique)

(to) And
Hacer una intersección lógica
Faire une intersection logique

AND circuit
Circuito Y
Circuit ET

AND element
Elemento Y
Elément ET

And element
Intersector
Intersecteur

AND gate
Puerta Y
Porte ET

(to) And into
Introducir por intersección lógica
Introduire par intersection logique

AND NOT operation
Operación Y-NO
Opération ET-NON

AND operation
Operación Y
Opération ET

AND operator
Operador Y
Opérateur ET

Angle
Esquina, Angulo
Angle

Angle modulation
Modulación de ángulo
Modulation d'angle

(to) Annotate
Anotar
Annoter

Annotation
Anotación
Annotation

Annular
Anular
Annulaire

Annular magnet
Imán anular
Aimant annulaire

Annunciator
Anunciador
Annonciateur

(to) Answer
Responder
Répondre

Answer
Respuesta
Réponse

Answer lamp
Lámpara de respuesta
Lampe de réponse

Answer signal
Señal de respuesta
Signal de réponse

Answerback
Respuesta devuelta
Réponse en retour

Answerback unit
Unidad de respuesta en retorno
Unité de réponse en retour

Answering jack
Conector de respuesta
Jack de réponse

Antiblocking
Antiatasco, Antibloqueo
Anti-bourrage

(to) Anticipate
Anticipar
Anticiper

Anticipation
Previsión
Prévision

Anticipatory buffering
Almacenamiento previo a la
utilización
Mémorisation préalable à
l'utilisation

Anticoincidence circuit
Circuito de anticoincidencia
Circuit de non-équivalence

Anticoincidence element
Elemento de no coincidencia
Elément de non-équivalence

Anticoincidence gate
Puerta de anticoincidencia
Porte de non-équivalence

Anticoincidence operation
Operación de anticoincidencia
Opération de non-équivalence

Antijamming
Antiatasco, Antibloqueo
Anti-bourrage

Any mode
Con cualquier modalidad
Multi-possibilités

Aperiodic
Aperiódico
Apériodique

Aperture card
Ficha con ventana
Fiche à fenêtre

Aperture card
Ficha con microfilm
Fiche à microfilm

Aperture plate
Placa agujereada
Plaque à trous

Apostrophe
Apóstrofo
Apostrophe

Apparatus
Aparato
Appareil

Apparent
Aparente
Apparent

Apparent power
Potencia aparente
Puissance apparente

Append
Añadir
Ajouter

Applicability
Aplicabilidad
Applicabilité

Applicable
Aplicable
Applicable

Application audit
Verificación contable de una
aplicación
Vérification d'une application

Application library
Biblioteca de los programas de
aplicación
Bibliothèque des programmes
d'application

Application package
Paquete de los programas de
aplicación
Ensemble des programmes
d'application

Application processing program
Programa de proceso de las
aplicaciones
Programme de traitement des
applications

Application program
Programa de aplicación
Programme d'application

Application program-image
Programa-imagen de aplicación
Programme-image d'application

Application programmer
Programador de aplicaciones
Programmeur d'applications

**Application programming
language**
Lenguaje de programación de
aplicaciones
Langage de programmation
d'applications

Application required language
Lenguaje requerido para una
aplicación
Langage requis pour une
application

Application routine
Subrutina de aplicación
Sous-programme d'application

Application software
Conjunto de programas de
aplicación
Ensemble de programmes
d'application

Application study
Estudio de aplicación
Etude d'application

(to)Apply
Aplicar
Appliquer

(to) Apply
Poner
Apposer

(to) Apply power to
Poner en tensión
Mettre sous tension

Appointments
Suministros, Equipos
Aménagements

(to) Apportion
Repartir
Répartir

Apportionment
Repartición
Répartition

Appraisal
Estimación
Estimation

(to) Appraise
Estimar
Estimer

Aptitude test
Prueba de capacidad
Essai d'aptitude

A.R.
Registro de direcciones
Registre d'adresses

Arbitrary function generator
Generador de funciones arbitrarias
Générateur de fonctions arbitraires

Architecture
Descripción de los sistemas
Description des systèmes

Archival records
Registros, Archivos
Archives

Archival storage
Archivo
Mise aux archives

Area
Zona, Campo
Zone

Area search
Búsqueda por zona
Recherche par zone

Area variable
Zona variable
Zone variable

Argument
Argumento
Argument

Argument list
Lista de los argumentos
Liste des arguments

Arithmetic(al)
Aritmérico
Arithmétique

Arithmetic(al) address
Dirección aritmética
Adresse arithmétique

Arithmetic(al) and logical unit;
A.L.U.
Unidad aritmética y lógica
Unité arithmétique et logique

Arithmetic(al) check
Control aritmético
Contrôle arithmétique

Arithmetic(al) computer
Calculador aritmético
Calculateur arithmétique

Arithmetic(al) constant
Constante aritmética
Constante arithmétique

Arithmetic(al) conversion
Conversión aritmética
Conversion arithmétique

Arithmetic(al) data
Datos aritméticos
Données arithmétiques

Arithmetic(al) element
Elemento aritmético
Elément arithmétique

Arithmetic(al) expression
Expresión aritmética
Expression arithmétique

Arithmetic(al) instruction
.Instrucción aritmética
Instruction arithmétique

Arithmetic(al) operation
Operación aritmética
Opération arithmétique

Arithmetic(al) operator
Operador aritmético
Opérateur arithmétique

Arithmetic(al) organ
Organo aritmético
Organe arithmétique

Arithmetic(al) overflow
Desbordamiento aritmético
  superior
Dépassement arithmétique positif

Arithmetic(al) point
Coma
Virgule

Arithmetic(al) primary
Unidad aritmética irreducible,
  Primario aritmético
Unité arithmétique irréductible

Arithmétic(al)product
Producto aritmético
Produit arithmétique

Arithmetic(al) register
Registro aritmético
Registre arithmétique

Arithmetic(al) relation
Relación aritmética
Rapport arithmétique

Arithmetic(al) section
Sección aritmética
Section arithmétique

Arithmetic(al) shift
Desplazamiento aritmético
Décalage arithmétique

Arithmetic(al) sort
Clasificación aritmética
Tri arithmétique

Arithmetic(al) statement
Instrucción aritmética
Instruction arithmétique

Arithmetic(al) sum
Total aritmético
Total arithmétique

Arithmetic(al) term
Expresión aritmética
Expression arithmétique

Arithmetic(al) underflow
Desbordamiento aritmético inferior
Dépassement arithmétique négatif

Arithmetic(al) unit
Unidad aritmética
Unité arithmétique

Arm
Brazo
Bras

Arm contention
Conflicto a nivel del brazo de
  acceso
Conflit au niveau du bras d'accès

Around the clock
Durante las veinticuatro horas
Vingt-quatre heures sur vingt-
  quatre

(to) Arrange
Disponer, Colocar
Disposer

(to) Arrange in sequence
Ordenar en secuencias
Ordonner en séquences

Arrangement
Disposición, Colocación
Disposition

(to) Array
Alinear
Aligner

Array
Conjunto
Ensemble

Array
Juego
Jeu

Array
Matriz, Vector
Matrice

Array
Tabla (Matriz)
Tableau (Matrice)

Array element
Elemento de una matriz (tabla)
Elément d'un ensemble

Array expression
Expresión con matrices (tablas)
Expression avec ensembles

Array name
Nombre del vector o matriz
Nom de l'ensemble

Array of structures
Conjunto de estructuras
Ensemble de structures

Array pitch
Paso longitudinal
Pas longitudinal

Arrow diagram
Gráfico
Graphique

Artificial
Artificial
Artificiel

Artificial intelligence
Inteligencia artificial
Intelligence artificielle

Artificial language
Lenguaje artificial
Langage artificiel

Artificial line
Línea artificial
Ligne artificielle

Artificial load
Carga ficticia
Charge fictive

A.R.U.
Unidad con respuesta vocal
Unité à réponse vocale

Arun
Palanca
Levier

Ascending
Creciente
Croissant

Ascending order
Orden creciente
Ordre croissant

Ascending sequence
Secuencia creciente
Séquence croissante

Askew
Al sesgo
De biais

Askew
De través
De travers

Asped card
Ficha de búsqueda
Carte de recherche

A.S.R.
Emisor-receptor automático
Emetteur-récepteur automatique

ASS
Lenguaje ensamblador
Langage assembleur

(to) Assemble
Ensamblar, Agrupar
Assembler

(to) Assemble and go
Ensamblar y ejecutar
Assembler et démarrer

Assembled card deck
Paquete de fichas-programa en
  lenguaje máquina
Paquet de cartes-programme en
  langage machine

Assembler
Ensamblador, Montador
Assembleur

Assembler language; BAL
Lenguaje ensamblador
Langage assembleur

Assembler program
Programa ensamblador
Programme assembleur

Assembling phase
Fase de ensamblaje, Fase de
  montaje
Phase d'assemblage

Assembling time
Tiempo de ensamblaje
Temps d'assemblage

Assembly
Ensamblaje
Assemblage

Assembly line
Línea de ensamblaje
Ligne d'assemblage

Assembly list(ing)
Lista de ensamblaje
Liste d'assemblage

Assembly process
Ensamblaje
Assemblage

Assembly program
Programa de ensamblaje
Programme d'assemblage

Assembly routine
Rutina de ensamblaje
Routine d'assemblage

Assembly run
Fase de ensamblaje, Fase de
  montaje
Phase d'assemblage

Assembly system
Sistema de ensamblaje
Système d'assemblage

Assembly time
Tiempo de ensamblaje
Temps d'assemblage

Assembly unit
Unidad de ensamblaje
Unité d'assemblage

(to) Assign
Asignar
Affecter

Assignable
Asignable
Affectable

Assignment
Asignación
Affectation

Assignment statement
Instrucción de asignación
Instruction d'affectation

Associative storage
Memoria asociativa
Mémoire associative

(to) Assume
Suponer
Assumer (Revétir)

Assumed decimal point
Coma decimal implícita
Virgule décimale implicite

Assumed option
Opción implícita
Option implicite

Asterisk
Asterisco
Astérisque

Asterisk protection
Protección mediante asteriscos
Protection par astérisques

Asymmetric input / output
Entrada / salida asimétrica
Entrée / sortie asymétrique

Asymmetrical
Asimétrico
Asymètrique

Asymmetrical distortion
Distorsión asimétrica
Distorsion asymétrique

**Asymmetrical multiprocessing
  system**
Sistema multiprocesador
  asimétrico
Système de multi-traitement
  asymétrique

**Asymmetrical sideband
  transmission**
Transmisión con banda lateral
  asimétrica
Transmission à bandes latérales
  asymétriques

Asynchronous
Asíncrono
Asynchrone

Asynchronous computer
Calculador asíncrono
Calculateur asynchrone

Asynchronous data transmission
Transmisión de datos asíncrona
Transmission de données
  asynchrone

Asynchronous device
Dispositivo asíncrono
Dispositif asynchrone

Asynchronous entry point
Punto de entrada o asíncrono
Point d'entrée asynchrone

Asynchronous flow
Flujo asíncrono
Débit asynchrone

Asynchronous machine
Máquina asíncrona
Machine asynchrone

Asynchronous mode
Modo asíncrono
Mode asynchrone

Asynchronous operation
Operaclón asíncrona
Opération asynchrone

Asynchronous request
Petición asíncrona
Demande asynchrone

Asynchronous transmission
Transmisión asíncrona
Transmission asynchrone

Asynchronous working
Trabajo asíncrono
Travail asynchrone

Asynchronously
De manera asíncrona
De façon asynchrone

Asyndetic
Desunido
Asyndétique

At sign
Signo B
Signe B

(to) Attach
Conectar
Connecter

Attachment
Conexión
Connexion

Attachment base
Conexión de base
Connexion de base

Attachment point
Punto de conexión
Point de connexion

Attempt
Ensayo
Essai

Attempt
Tentativa
Tentative

(to) Attempt
Tentar
Tenter

Attendance
Presencia
Présence

Attendance recorder
Registrador de presencia
Pendule de pointage

Attendance time
Tiempo de presencia
Temps de présence

Attended operation
Funcionamiento vigilado
Fonctionnement surveillé

Attended station
Estación vigilada
Poste surveillé

Attended time
Tiempo vigilado
Temps surveillé

Attention device
Dispositivo de llamada de atención
Dispositif d'appel d'attention

Attention interruption
Interrupción de llamada de
  atención
Interruption d'appel d'attention

Attention signal
Señal de atención
Signal d'attention

(to) Attenuate
Atenuar
Atténuer

Attenuation
Atenuación
Atténuation

Attenuation coefficient
Coeficiente de atenuación
Coefficient d'atténuation

Attenuation distortion
Distorsión de atenuación
Distorsion d'atténuation

Attenuation equalizer
Compensador de atenuación
Compensateur d'atténuation

Attenuation pad
Tampón amortiguador
Tampon amortisseur

Attenuator
Atenuador
Atténuateur

Attribute
Atributo
Attribut

Audible alarm
Alarma sonora
Alarme sonore

Audible tone signal
Señal sonora
Signal sonore

Audio amplifier
Amplificador de audio,
  Amplificador baja frecuencia
Amplificateur basse fréquence

Audio frequency; A.F.
Audio frecuencia, Frecuencia
  audible
Fréquence acoustique

Audio line
Línea acústica
Ligne acoustique

Audio response message
Mensaje con respuesta audible
Message à réponse vocale

Audio response unit; A.R.U.
Unidad con respuesta audible
Unité à réponse vocale

Audio tape
Cinta sonora, Cinta de audio
Bande sonore

Audio tones
Señales acústicas
Signaux acoustiques

Audit
Verificación
Vérification

(to) Audit
Verificar
Vérifier

Audit list
Lista de verificación
Liste de vérification

Audit roll
Cinta de verificación
Bande de vérification

Audit trail
Pista de verificación contable
Piste de vérification

Auditing
Verificación contable interna
Vérification interne

Augend
Primer sumando
Premier terme d'une somme

(to) Augment
Aumentar
Augmenter

Augmenter
Aumentador
Augmentateur

Aural reception
Recepción
Réception acoustique

Aural signal
Señal acústica
Signal acoustique

Auto duplication
Duplicación automática
Duplication automatique

(to) Auto-abstract
Hacer un resumen automático
Faire un résumé automatique

(to) Auto index
Hacer automáticamente un índice
Etablir automatiquement un index

Auto(matic) abstract
Resumen automático
Résumé automatique

Auto-answer(ing)
Respuesta automática
Réponse automatique

Autocode
Autocódigo
Autocode

Autocoder
Autocodificador
Autocodeur

Autocorrection
Autocorrección
Autocorrection

Autocorrelation
Autocorrelación
Autocorrelation

Auto-dup.
Duplicación automática
Duplication automatique

Auto-dup indicator
Indicador de duplicación
   automática
Indicateur de duplication
   automatique

Auto-fill character
Generación automática de
   caracteres
Génération automatique de
   caractères

Auto-index
Índice automático
Index automatique

Automated
Automatizado
Automatisé

Automated data medium
Soporte de datos automatizado
Support de données automatisé

Automated management
Gestión automatizada
Gestion automatisée

**Automated production
   management**
Gestión de producción
   automatizada
Gestion de production
   automatisée

Automatic
Automático
Automatique

Automatic call recording; A.C.R.
Registro de llamada automática
Enregistrement d'appel
   automatique

Automatic calling
Llamada automática
Appel automatique

Automatic calling unit; A.C.U.
Dispositivo de llamada automática
Dispositif d'appel automatique

Automatic carriage
Carro automático
Chariot automatique

Automatic check(ing)
Comprobación automática
Contrôle automatique

Automatic code
Código automático
Code automatique

Automatic coding
Codificación automática
Codage automatique

Automatic computer
Calculador automático
Calculateur automatique

Automatic control
Control automático
Contrôle automatique

Automatic controller
Controlador automático
Contrôleur automatique

Automatic data acquisition; A.D.A.
Adquisición automática de los
   datos
Saisie automatique des données

Automatic data processing
Proceso automático de datos
Traitement automatique des
   données

Automatic data processing equipment; A.D.P.E.
Equipo de proceso automático de los datos
Matériel de traitement automatique des données

Automatic data processing system; A.D.P.S.
Sistema de proceso automático de datos
Système de traitement automatique des données

Automatic data switching center
Centro de conmutación automática de datos
Centre de commutation automatique des données

Automatic dialling unit; A.D.U.
Dispositivo automático de llamada, Dispositivo automático de marcado de números
Dispositif automatique de sélection

Automatic dictionary
Diccionario automático
Dictionnaire automatique

Automatic drafting machine
Máquina automática para dibujar
Machine à dessiner automatique

Automatic duplication
Duplicación automática
Duplication automatique

Automatic ejection
Expulsión automática
Ejection automatique

Automatic equipment
Equipo automático
Matériel automatique

Automatic error correction
Corrección automática de los errores
Correction automatique des erreurs

Automatic error detection
Detección automática de los errores
Détection automatique des erreurs

Automatic exchange
Intercomunicación automática
Intercommunication automatique

Automatic feed
Alimentación automática
Alimentation automatique

Automatic feed punch
Perforador con alimentación automática
Perforateur à alimentation automatique

Automatic gain control
Control automático de la ganancia
Contrôle automatique du gain

Automatic information processing
Proceso automático de la información
Traitement automatique de l'information

Automatic interrupt
Interrupción automática
Interruption automatique

Automatic key generation
Generación automática de claves
Génération automatique des indicatifs

Automatic line selection
Selección automática de línea
Sélection automatique de ligne

Automatic message switching
Conmutación automática de mensajes
Commutation automatique de messages

Automatic message switching center
Centro de conmutación automática de mensajes
Centre de commutation automatique de messages

Automatic monitoring of the system
Vigilancia automática del sistema
Contrôle automatique du système

Automatic numbering transmitter
Numerador automático
Numéroteur automatique

Automatic operation
(El) Automatismo
(L') Automatisme

Automatic operation
Operación automática
Opération automatique

Automatic paper tape punch
Perforador automático de cinta de papel
Perforateur automatique de bande de papier

Automatic polling
Llamada selectiva automática
Appel sélectif automatique

Automatic program interrupt
Interrupción automática del programa
Interruption automatique du programme

Automatic programming
Programación automática
Programmation automatique

Automatic punch
Perforador automático
Perforateur automatique

Automatic punching
Perforación automática
Perforation automatique

Automatic Repeating
Tecla de repetición
Touche de répétition

Automatic repetition
Repetición automática
Répétition automatique

Automatic request for repetition
Petición automática de repetición
Demande automatique de répétition

Automatic reset
Restablecimiento automático
Rétablissement automatique

Automatic routine
Rutina automática
Routine automatique

Automatic send / receive unit
Unidad emisora-receptora automática
Unité émettrice / réceptrice automatique

Automatic send-receive; A.S.R.
Emisor-receptor automático
Emetteur-récepteur automatique

Automatic send-receive set
Conjunto emisor-receptor automático
Ensemble émetteur-récepteur automatique

Automatic sequence controlled calculator
Calculador automático con secuencias controladas, Calculador lógico
Calculateur automatique à séquences contrôlées

Automatic sequential operation
Funcionamiento secuencial automático
Fonctionnement séquentiel automatique

Automatic signalling
Transmisión automática de señales
Transmission automatique de signaux

Automatic skip
Salto automático
Saut automatique

Automatic stop
Parada automática
Arrêt automatique

Automatic storage
Memoria automática
Mémoire automatique

Automatic switching center
Centro de conmutación automática
Centre de commutation automatique

Automatic switching control
Control automático de las conmutaciones
Contrôle automatique des commutations

Automatic switching equipment
Equipo de conmutación automática
Matériel de commutation automatique

Automatic system
Sistema automático
Système automatique

Automatic tape punch
Perforador automático de cinta
Perforateur automatique de bande

Automatic tape relay
Transición intermedia automática por cinta
Transition automatique par bande

Automatic telegraphy
Telegrafía automática
Transmission automatique

Automatic teleprinter service
Enlace automático por medio de teleimpresora
Liaison automatique par téléimprimante

Automatic telex exchange
Centro telex automático
Centrale télex automatique

Automatic testing
Prueba automática
Contrôle automatique

Automatic totalling
Totalización automática
Totalisation automatique

Automatic transaction recorder
Grabador automático de los movimientos
Enregistreur automatique des mouvements

Automatic transmission
Transmisión automática
Transmission automatique

Automatic transmitter
Transmisor automático
Transmetteur automatique

Automatic type setting
Composición automática
Composition automatique

Automatic typewriter
Máquina de escribir automática
Machine à écrire automatique

Automatic verifier
Verificador automático
Vérificateur automatique

Automatic volume contractor
Compresor automático de volumen
Compresseur automatique de volume

Automatic volume expander
Extensor automático de volumen
Extenseur automatique de volume

Automatic volume recognition
Reconocimiento automático del volumen
Reconnaissance automatique du volume

Automatically programmed tools
Máquinas herramientas con programa automático
Machines-outils à programme automatique

Automatics
(El) Automatismo
(L') Automatisme

Automation
Automatización
Automation

Automation theory
Teoría de autómatas
Théorie des automates

Automatization
Automatización
Automatisation

(to) Automatize
Automatizar
Automatiser

Automonitor
Autocontrolador
Auto-contrôleur

Autonomous working
Funcionamiento autónomo
Fonctionnement autonome

Autopolling
Llamada selectiva automática
Appel sélectif automatique

Autoverification
Verificación
Vérification automatique

Auxiliary
Auxiliar
Auxiliaire

Auxiliary card counter
Cuenta-fichas auxiliar
Compte-cartes auxiliaire

Auxiliary data
Datos auxiliares
Données auxiliaires

Auxiliary directory
Repertorio auxiliar
Répertoire auxiliaire

Auxiliary duplication
Duplicación auxiliar
Duplication auxiliaire

Auxiliary equipment
Equipo accesorio
Matériel auxiliaire

Auxiliary equipment operator
Operador de equipo auxiliar
Opérateur sur matériel auxiliaire

Auxiliary forms handling equipment
Equipo auxiliar de tratamiento de formularios
Matériel auxiliaire de traitement

Auxiliary hopper
Almacén de alimentación auxiliar
Magasin d'alimentation auxiliaire

Auxiliary operation
Operación auxiliar
Opération auxiliaire

Auxiliary route
Vía auxiliar
Voie auxiliaire

Auxiliary routine
Rutina auxiliar
Routine auxiliaire

Auxiliary station
Estación auxiliar
Poste auxiliaire

Auxiliary storage management
Gestión de memoria auxiliar
Gestion de la mémoire auxiliaire

Auxiliary storage unit
Unidad con almacenamiento auxiliar
Unité à mémoire auxiliaire

Auxiliary store
Memoria auxiliar
Mémoire auxiliaire

Availability
Disponibilidad
Disponibilité

Availability ratio
Tasa de disponibilidad
Taux de disponibilité

Available
Disponible
Disponible

Available machine time
Tiempo máquina disponible
Temps machine disponible

Available page queue
Cola de páginas disponibles
Suite de pages disponibles

Available point
Posición disponible
Position disponible

Available power
Potencia disponible
Puissance disponible

Available time
Tiempo disponible
Temps disponible

Average access time
Tiempo medio de acceso
Temps moyen d'accès

Average calculating operation
Operación de cálculo medio
Opération de calcul moyenne

Average cost
Coste medio
Coût moyen

Average data transfer rate
Velocidad media de transferencia de los datos
Vitesse moyenne de transfert des données

Average deviation
Desvío medio
Ecart moyen

Average edge line
Línea de contorno media
Ligne de contour moyenne

Average effectiveness level
Nivel medio de eficacia
Niveau moyen d'efficacité

Average information rate
Velocidad media de la información
Vitesse moyenne de l'information

Average inventory level
Nivel medio de las existencias
Niveau moyen des stocks

Average operation time
Tiempo medio de trabajo
Temps moyen de travail

Average queue time
Tiempo medio de espera
Temps moyen d'attente

Average transformation content
Volumen medio de transformación
Volume moyen de transformation

Average transformation rate
Velocidad media de transformación
Vitesse moyenne de transformation

Average transmission rate
Velocidad media de transferencia
Vitesse moyenne de transfert

(to) Avoid
Evitar
Eviter

(to) Await
Esperar
Attendre

Awaiting repair time
Tiempo de espera por reparación
Temps d'attente pour réparation

B

B. box
Registro de índice
Registre d'index

B. Line
Registro de índice
Registre d'index

B. register
Registro de índice
Registre d'index

Back and forth
Retroceso
Retour arrière

Back circuit
Circuito de retroceso
Circuit de retour arrière

Back end computer
Ordenador principal
Calculateur principal

Back of a card
Reverso de una ficha
Verso d'une carte

(to) Back off
Retrasar
Retourner en arrière

Back scheduling
Ordenador hacia atrás
Ordonnancement en arrière

Back stop
Tope de no retroceso
Butée de non retour arrière

Back tabulation
Tabulación hacia atrás
Tabulation en arrière

Background
Segundo plano
Arrière plan

Background area
Zona de fondo
Zone de fond

Background job
Trabajo de segundo plano
Travail d'arrière plan

Background noise
Ruido de fondo
Bruit de fond

Background printing
Impresión del fondo, Impresión no
  prioritaria
Impression du fond

Background processing
Proceso de segundo plano
Traitement d'arrière plan

Background program
Programa secundario
Programme secondaire

Background reflectance
Reflexibilidad del fondo
Réflexibilité du fond

Backgrounding
Proceso de segundo plano
Traitement d'arrière plan

Backing drum
Tambor auxiliar
Tambour auxiliaire

Backing file
Fichero auxiliar
Fichier auxiliaire

Backing storage
Memoria auxiliar
Mémoire auxiliaire

Backlevel program
Programa no actualizado
Programme non mis à jour

Backlighted
Pulsador luminoso
Bouton poussoir lumineux

Backlog
Trabajo atrasado, Relación de
  pedidos sin servir
Travail arriéré

Backslash
Juego
Jeu

Backspace
Espacio hacia atrás
Espace arrière

(to) Backspace
Retroceder
Rétrograder d'un espace

Backspace block
Regresión de una longitud de
  bloque
Régression d'une longueur de bloc

Backspace character
Carácter de retroceso de un
  espacio
Caractère de régression d'un
  espace

Backspace file; B.S.F.
Regreso al principio del fichero
Retour au début du fichier

Backspace key
Tecla de retroceso
Touche de retour en arrière

Back up
De reserva
De réserve

Back-up
Copia de seguridad
Copie de secours

Back-up computer
Ordenador de reserva
Calculateur de réserve

Back-up copy
Copia de reserva
Copie de réserve

Back-up facilities
Instalaciones de seguridad
Installations de secours

Back-up procedure
Procedimiento de reemplazo
Procédure de remplacement

Back-up storage
Memoria de reserva
Mémoire de réserve

Back-up tape
Cinta de reserva
Bande de réserve

Backward chain
Encadenamiento inverso
Chaînage inverse

Backward channel
Vía de vuelta
Voie de retour

Backward sort
Clasificación decreciente
Tri décroissant

Badge
Ficha
Jeton

Badge
Símbolo
Symbole

Badge reader
Lector de fichas
Lecteur de jetons

Balance
Balance
Balance

(to) Balance
Balancear, Equilibrar
Balancer

Balance (due)
Saldo
Solde

Balance counter
Totalizador-sustractor
Totalisateur-soustracteur

Balance error
Error de compensación
Erreur de compensation

Balanced
Equilibrado
Equilibré

Balanced circuit
Circuito equilibrado
Circuit équilibré

Balanced error
Error compensado
Erreur compensée

Balancing network
Red de equilibrado
Réseau d'equilibrage

Ballast cell
Célula de equilibrado
Cellule d'equilibrage

Band
Tira, Cinta, Banda
Bande

Bandwidth
Anchura de cinta
Largeur de bande

Bank
Banco
Banque

Bar
Barra
Barre

Bar
Bastoncillo
Bâtonnet

Bar chart
Diagrama de Gantt, Diagrama de
barras
Diagramme de Gantt

Bar code
Código de barras
Code à bâtonnets

Bar code reader / sorter
Lector / clasificador de códigos
con trazos
Lecteur / trieur de codes á
bâtonnets

Bar code scanner
Analizador de códigos de barras
Analyseur de codes à bâtonnets

Bar coded document
Documento codificado en código
de barras
Document codé en code à
bâtonnets

Bar font
Placa de caracteres con trazos
Police de caractères à bâtonnets

Bar printer
Impresora con barras
Imprimante à bâtonnets

Base
Base
Base

Base address
Dirección de base
Adresse de base

Base address register
Registro de direcciones de base
Registre d'adresses de base

Base cluster
Grupo de base
Groupe de base

Base element
Elemento de base
Elément de base

Base film
Soporte, Medio
Support

Base frequency
Frecuencia de base
Fréquence de base

Base group
Grupo de base
Groupe de base

Base item
Dato de base
Donnée de base

Base location
Posición de la dirección de base
Position de l'adresse de base

Base mass storage volume
Volumen de la memoria de masa
de base
Volume de la mémoire de masse
de base

Base notation
Indicación de base
Indication de base

Base number
Número de base
Nombre de base

Base point
Posición de la coma
Position de la virgule

Base register; B.R.
Registro de base
Registre de base

Base version
Versión de base
Version de base

Base volume
Volumen de base
Volume de base

Baseband
Banda de base
Bande de base

Based storage allocation
Asignación de memoria basada
(con apuntador)
Affectation enregistrée en
mémoire

Basic
De base, Básico
De base

Basic access method
Método de acceso básico
Méthode d'accès de base

Basic assembler
Ensamblador, Montador
Assembleur de base

Basic coding
Codificación de base
Codage de base

Basic control mode
Modo básico de control
Mode de contrôle de base

Basic controller
Controlador de base
Contrôleur de base

**Basic direct access method;
B.D.A.M.**
Método básico de acceso directo
Méthode d'accès direct de base

Basic functions
Funciones de base
Fonctions de base

**Basic indexed sequential access
method; B.I.S.A.M.**
Método de acceso básico a los
ficheros secuenciales indexados
Méthode d'accès de base aux
fichiers séquentiels indexés

Basic information unit
Unidad de información básica
Unité d'information de base

Basic instruction
Instrucción de base
Instruction de base

Basic language
Lenguaje de base
Langage de base

Basic link unit
Unidad de enlace de base
Unité de liaison de base

Basic linkage
Enlace de base
Liaison de base

Basic machine
Máquina de base
Machine de base

Basic machine cycle
Ciclo de base de la máquina
Cycle de base de la machine

Basic mode
Modo básico
Mode de base

Basic operating system; B.O.S.
Sistema de trabajo de base
Système de travail de base

**Basic Partitioned Access Method;
B.P.A.M.**
Método de acceso básico a los
conjuntos de los particionados
Méthode d'accès de base aux
ensembles de données
cloisonnées

**Basic Sequential Access Method;
B.S.A.M.**
Método básico de acceso
secuencial
Méthode d'accès séquentiel de
base

**Basic Telecommunication Access
Method; B.T.A.M.**
Método de acceso básico en
telecomunicación
Méthode d'accès de base en
télécommunication

Batch file
Fichero de trabajo
Fichier de travail

Batch header
Cabecera de lote
En tête de lot

Batch process(ing)
Proceso por lotes
Traitement par lots

(to) Batch process
Procesar por lotes
Traiter par lots

Batch processing mode
Modo de proceso por lotes
Mode de traitement par lots

Batch separator
Separador de lotes
Séparateur de lots

Batch sort
Clasificación por lotes
Tri par lots

Batch total
Total por lotes
Total par lots

Batched communications
Comunicaciones agrupadas
Communications groupées

Batch(ed) job
Trabajo por lotes
Travail groupé

Batching
Agrupamiento en lotes
Groupage en lots

Batten card
Ficha de control visual
Carte de contrôle visuel

Batten check
Comprobación visual
Contrôle visuel

Baud
Baudio
Baud

Baudot code
Código Baudot
Code Baudot

B.C.C.
Carácter de control por bloques
Caractère de contrôle par blocs

B.C.D.
Decimal codificado en binario
Décimal codé en binaire

B.C.O.
Octal codificado binario
Octal codé binaire

B.D.A.M.
Método de acceso directo de base
Méthode d'accès direct de base

Beam
Haz
Faisceau

Beam
Rayo
Rayon

Beam store
Memoria de haces
Mémoire à faisceaux

Beat
Batimiento
Battement

Bed
Camino de la ficha
Chemin de la carte

Beefed up version
Versión mejorada
Version améliorée

Beep
Señal sonora
Signal sonore

Begin block
Bloque de principio
Bloc de début

Begin date
Fecha de inicio
Date d'initiation

Beginning
Principio
Début

Beginning file label
Etiqueta de principio de fichero
Etiquette de début de fichier

Beginning number
Número de principio
Numéro de début

Beginning of file; B.O.F.
Principio de fichero
Début de fichier

Beginning of information marker
Marca de principio de información
Marque de début d'information

Beginning of tape; B.O.T.
Principio de cinta
Début de bande

Beginning of tape marker
Marca de principio de cinta
Marque de début de bande

Beginning of tape reflective marker
Marca reflectora de principio de cinta
Marque réfléchissante de début de bande

Beginning of tape sensor
Detector de principio de cinta
Détecteur de début de bande

Beginning of tape slot
Muesca de principio de cinta
Encoche de début de bande

Beginning page number
Número de la primera página
Début de numérotation de pages

Beginning tape label; B.T.L.
Etiqueta de principio de cinta
Etiquette de début de bande

B.E.L.
Carácter de llamada
Caractère d'appel

Bell
Timbre
Sonnerie

Bell character; B.E.L.
Carácter de llamada
Caractère d'appel

Belt
Correa
Courroie

Benchmark
Punto de referencia
Point de référence

Benchmark problem
Problema tipo
Problème type

B.H. Curve
Curva de magnetización
Courbe de magnétisation

Bias
Desvío
Déviation

Bias
Polarización
Polarisation

Bias check
Comprobación de los márgenes
Contrôle par les marges

Dias distortion
Distorsión disimétrica
Distorsion dissymétrique

Bias test(ing)
Comprobación de los márgenes
Contrôle par les marges

Bi-conditional gate
Puerta NI exclusivo
Porte NI exclusif

Bi-conditional operation
Operación bicondicional
Opération bi-conditionnelle

Bid
Petición
Demande

Bid indicator
Indicador de petición
Indicateur de demande

Bi-directional flow
Transferencia bilateral
Transfert bilatéral

Bill
Factura
Facture

(to) Bill
Facturar
Facturer

Billi
Giga
Giga

Billicycle
Kilomegaciclo
Kilomégacycle

Billing
Facturación
Facturation

Billing computer
Ordenador contable
Calculateur comptable

Billing tape
Cinta de facturación
Bande de facturation

Bin card
Ficha de existencias
Carte stock

Binary
Binario
Binaire

Binary adder
Adicionador binario
Additionneur binaire

Binary arithmetic
Aritmética binaria
Arithmétique binaire

Binary arithmetic(al) operation
Operación aritmética binaria
Opération arithmétique binaire

Binary boolean operation
Operación booleana binaria
Opération booléenne binaire

Binary card
Ficha binaria
Carte binaire

Binary cell
Célula binaria
Cellule binaire

Binary character
Carácter binario
Caractère binaire

Binary character decimal
Carácter decimal binario
Caractère décimal binaire

Binary code
Código binario
Code binaire

Binary coded
Codificado en binario
Codé en binaire

Binary coded address
Dirección codificada en binario
Adresse codée en binaire

Binary coded character
Carácter codificado en binario
Caractère codé en binaire

Binary coded decimal; B.C.D.
Decimal codificado en binario
Décimal codé en binaire

Binary coded decimal code
Código decimal codificado en
binario
Code décimal codé en binaire

Binary coded decimal digit
Dígito codificado en binario
Chiffre décimal codé en binaire

Binary coded decimal notation
Notación decimal codificada en
binario
Notation décimale codée en
binaire

Binary coded decimal representation
Numeración decimal codificada en
binario
Numération décimale codée en
binaire

Binary coded decimal system
Sistema decimal codificado en
binario
Système décimal codé en binaire

Binary coded digit
Dígito codificado en binario
Chiffre codé en binaire

Binary coded notation
Notación codificada en binario
Notation codée en binaire

Binary coded octal; B.C.O.
Octal codificado binario
Octal codé binaire

Binary coding
Codificación binaria
Codage binaire

Binary column
Columna binaria
Colonne binaire

Binary configuration
Configuración binaria
Configuration binaire

Binary core
Núcleo magnético biestable
Tore magnétique bistable

Binary counter
Contador binario
Compteur binaire

Binary deck
Paquete de fichas binarias
Paquet de cartes binaires

Binary digit
Dígito binario
Chiffre binaire

Binary digit characters
Caracteres en dígitos binarios
Caractères en chiffres binaires

Binary dump
Vaciado en binario
Vidage en binaire

Binary element
Elemento binario
Elément binaire

Binary element string
Serie de elementos binarios
Suite d'éléments binaires

Binary format
Formato binario
Forme binaire

Binary half adder
Semisumador binario
Demi-additionneur binaire

Binary image
Imagen binaria
Image binaire

Binary incremental representation
Representación incremental
binaria
Représentation incrémentielle
binaire

Binary item
Dato binario
Donnée binaire

Binary mode
Modo binario
Mode binaire

Binary notation
Notación binaria
Notation binaire

Binary number
Número binario
Nombre binaire

Binary number system
Sistema en números binarios
Système en nombres binaires

Binary numeral
Número binario
Nombre binaire

Binary numeration
Numeración binaria
Numération binaire

Binary numeration system
Sistema de numeración binaria
Système de numération binaire

Binary one
Uno binario
Un binaire

Binary operation
Operación binaria
Opération binaire

Binary operator
Operador binario
Opérateur binaire

Binary pair
Par binario
Couple binaire

Binary pattern
Combinación binaria
Combinaison binaire

Binary picture data
Datos en modo binario
Données en mode binaire

Binary point
Coma binaria
Virgule binaire

Binary position
Posición binaria
Position binaire

Binary punch
Perforación binaria
Perforation binaire

Binary punched card
Ficha perforada en binario
Carte perforée en binaire

Binary representation
Representación binaria
Représentation binaire

Binary representation in fixed words
Representación binaria en palabras fijas
Représentation binaire en mots fixes

Binary scale
Escala binaria
Gamme binaire

Binary search
Búsqueda binaria
Recherche binaire

Binary shift
Desplazamiento binario
Décalage binaire

Binary sort
Clasificación binaria
Tri binaire

Binary symmetric channel
Canal simétrico binario
Canal symétrique binaire

Binary synchronous communication
Comunicación binaria síncrona
Communication binaire synchrone

Binary synchronous transmission
Transmisión binaria síncrona
Transmission binaire synchrone

Binary unit
Unidad binaria
Unité binaire

Binary variable
Variable binaria
Variable binaire

Binary weight
Peso binario
Poids binaire

Binary zero
Cero binario
Zéro binaire

Binary-to decimal conversion
Conversión binario / decimal
Conversion binaire / décimal

Binary-to decimal converter
Convertidor de binario a decimal
Convertisseur binaire / décimal

Binder hole card
Ficha con perforación para encuadernación
Carte à perforation pour reliure

Bindery edge
Margen para encuadernación
Marge pour reliure

Bindery punching
Perforación para encuadernación
Perforation pour reliure

Binding
Máquina para encuadernar
Machine à relier

Bionics
(La) Biónica
(La) Bionique

Bipolar
Bipolar
Bipolaire

Bipolar transmission
Transmisión bipolar
Transmission bipolaire

Biprocessor
Biprocesador
Biprocesseur

Biquinary
Biquinario
Biquinaire

Biquinary code
Código biquinario
Code biquinaire

Biquinary coded decimal number
Número decimal codificado en biquinario
Nombre décimal codé en biquinaire

Biquinary notation
Notación biquinaria
Notation biquinaire

Biquinary number
Número biquinario
Nombre biquinare

B.I.S.A.M.
Método de acceso de base a los ficheros secuenciales con índice
Méthode d'accès de base aux fichiers séquentiels indexés

Bistable
Biestable
Bistable

Bistable circuit
Circuito biestable
Circuit bistable

Bistable magnetic core
Núcleo magnético biestable
Tore magnétique bistable

Bistable multivibrator
Multivibrador biestable
Multivibrateur bistable

Bistable trigger circuit
Circuito de disparo biestable
Circuit à déclenchement bistable

B.I.T.
Dígito binario
Chiffre binaire

Bit box
Cajetín de confetis
Boîte à confettis

Bit combination
Combinación binaria
Combinaison binaire

Bit configuration
Configuración binaria
Configuration binaire

Bit density
Densidad binaria
Densité binaire

Bit error rate
Tasa de errores de los bits
Taux d'erreurs sur les bits

Bit location
Posición de un bit
Position d'un bit

Bit manipulation
Modificación de la representación
   binaria
Modification de la représentation
   binaire

Bit packing density
Densidad de grabación en bits
Densité d'enregistrement en bits

Bit parallel form
En paralelo por bit
En parallèle par bit

Bit pattern
Configuración binaria
Configuration binaire

Bit phase
Sincronización de bits
Synchronisation de bits

Bit position
Posición binaria
Position binaire

Bit rate
Flujo binario
Débit binaire

Bit sampling
Muestra de bits
Echantillonnage de bits

Bit serial form
En serie por bit
En série par bit

Bit stream
Señal binaria
Signal binaire

Bit string
Tira o cadena de bits
Suite de bits

Bits per inch; B.P.I.
Bits por pulgada
Bits par pouce

B.K.F.
Factor de bloqueo
Facteur de blocage

Black box
Caja negra
Boîte noire

Blank
Blanco
Blanc

(to) Blank
Borrar
Effacer

Blank
Virgen
Vierge

Blank after printing
Puesta a cero después de
   reimpresión
Remise à zéro après impression

Blank card
Ficha virgen
Carte vierge

Blank character
Carácter blanco, Carácter espacio
Caractère espace

Blank coil
Carrete de cinta virgen
Bobine de bande vierge

Blank column
Columna virgen
Colonne vierge

Blank column detector
Detector de columnas vírgenes
Détecteur de colonnes vierges

Blank deleter
Supresor de espacios
Suppresseur d'espaces

(to) Blank fill
Llenar con espacios
Remplir d'espaces

Blank filled
Llenado con espacios
Rempli d'espaces

Blank form
Formulario virgen
Formule vierge

Blank instruction
Instrucción ficticia
Instruction fictive

Blank line
Línea vacía
Ligne vide

(to) Blank out
Sustituir con espacios
Remplacer par des espaces

Blank segment
Segmento vacío
Segment vide

Blank spool
Bobina virgen
Bobine vierge

Blank support
Soporte virgen
Support vierge

Blank tape
Cinta virgen
Bande vierge

Blanking
Supresión
Suppression

Blanking pulse
Impulso de supresión
Impulsion de suppression

Bleed
Empapamiento, Drenaje
Imbibition

(to) Blink
Parpadear
Clignoter

Block
Bloque
Bloc

(to) Block
Agrupar (Bloquear)
Grouper (Bloquer)

Block cancel character
Carácter de anulación de bloque
Caractère d'annulation de bloc

Block check
Comprobación por bloques
Contrôle par bloc

Block check character; B.C.C.
Carácter de control por bloques
Caractère de contrôle par blocs

Block control unit
Unidad de control por bloques
Unité de contrôle par blocs

Block count
Recuento de bloques
Comptage de blocs

(to) Block diagram
Hacer un organigrama de bloques
Faire un organigramme par blocs

Block diagram
Organigrama por bloques
Organigramme par blocs

Block diagramming
Establecimiento de un
    organigrama por bloques
Etablissement d'un organigramme
    par blocs

Block error rate
Tasa de errores de los bloques
Taux d'erreurs sur les blocs

Block gap; I.B.G.
Espacio entre bloques (cinta)
Espace entre blocs

Block ignore character
Carácter de omisión de bloque
Caractère d'omission de bloc

Block length
Longitud de bloque
Longueur de bloc

Block loading
Carga por bloques
Chargement par blocs

Block mark
Marca de bloque
Marque de bloc

Block multiplexor channel
Canal multiplexor por bloque
Canal multiple par bloc

Block of coding
Secuencia de los bloques
Séquence des blocs

Block serial number
Número de orden del bloque
Numéro d'ordre du bloc

Block serial number checking
Comprobación de los números de
    orden de los bloques
Contrôle des numéros d'ordre des
    blocs

Block serial number writing
Escritura de los números de orden
    de los bloques
Ecriture des numéros d'ordre des
    blocs

Block size
Longitud de bloque
Longueur de bloc

Block sort
Clasificación por bloques
Tri par blocs

Block transfer
Transferencia por bloques
Transfert par blocs

Block variable
Bloque de longitud variable
Bloc de longueur variable

Blockette
Parte de bloque
Partie de bloc

Blocking
Bloqueo en bloques
Groupage en blocs

Blocking circuit
Circuito de bloqueo
Circuit de blocage

Blocking factor; B.K.F.
Factor de bloqueo
Facteur de blocage

Blower
Ventilador
Ventilateur

Board
Cuadro
Tableau

Bobbin core
Núcleo bobinado
Tore bobiné

B.O.F.
Principio de fichero
Début de fichier

Bolster
Soporte
Support

Bonding
Enlace
Liaison

(to) Book
Inscribir
Inscrire

Book
Libro
Livre

Book-keeping
Contabilidad
Comptabilité

Book-keeping equipment
Equipo contable
Matériel comptable

Book-keeping machine
Máquina contable
Machine comptable

Book-keeping operator
Operador mecanográfico
Opérateur mécanographique

Booklet
Folleto
Notice

Book-value
Valor contable
Valeur comptable

Boolean
Booleano; lógico
Booléen

Boolean add
Adición booleana, Unión
Addition booléenne

Boolean algebra
Álgebra booleana
Algèbre booléenne

Boolean calculator
Calculador booleano, Calculador
    lógico
Calculateur booléen

Boolean calculus
Cálculo booleano, Lógico
Calcul booléen

Boolean connective
Operador booleano
Opérateur booléen

Boolean logic
Lógica booleana
Logique booléenne

Boolean operation
Operación booleana
Opération booléenne

Boolean operation table
Tabla de operaciones booleanas
Table d'opérations booléennes

Boolean operator
Operador booleano
Opérateur booléen

Boolean variable
Variable booleana
Variable booléenne

Boosting
Sobretensión
Survoltage

(to) Bootstrap
Introducir las instrucciones
    iniciales
Introduire les instructions initiales

Bootstrap
Secuencia de instrucciones
    iniciales
Séquence d'instructions initiales

Bootstrap card
Ficha de autocarga
Carte d'amorçage

Bootstrap input program
Programa de introducción de las
    instrucciones iniciales
Programme d'introduction des
    instructions initiales

Bootstrap loader
Autocargador
Chargeur d'instructions initiales

Bootstrap routine
Subprograma de introducción de
    las instrucciones iniciales
Sous-programme d'introduction
    des instructions initiales

Bootstrapping
Introducción de las instrucciones
    iniciales
Introduction des instructions
    initiales

Border punched card
Ficha con perforación marginal
Carte à perforation marginale

(to) Borrow
Tomar prestado
Emprunter

Borrow
Acarreo negativo
Report négatif

B.O.S.
Sistema de trabajo de base
Système de travail de base

Both
Ambos
Tous les deux à la fois

Both-way circuit (two way circuit)
Circuito utilizado en los dos
    sentidos
Circuit utilisé dans les deux sens

**Both-way communication (two-
    way communication)**
Comunicación en los dos sentidos
Communication dans les deux
    sens

**Both-way operation (two-way
    operation)**
Operación en los dos sentidos
Opération dans les deux sens

Bottom
Fondo
Fond

Bottom of the line
Valor inferior de la gama
Bas de gamme

Bottom surface
Cara inferior
Face inférieure

Bouncing ball terminal
Terminal dotado de máquina de
    escribir con esfera
Terminal doté de machine à écrire
    à boule

Bound(ary)
Límite
Limite

(to) Bound
Limitar
Limiter

Boundary alignment
Límite de alineamiento
Limite d'alignement

Box
Caja
Boîte

B.P.A.M.
Método de acceso de base a los
    conjuntos de datos
    compartimentados
Méthode d'accès de base aux
    ensembles de données
    cloisonnées

B.P.I.
Bits por pulgada
Bits par pouce

B.P.S. (Bits Per Second)
Bits por segundo
Bits par seconde

B.R.
Registro de base
Registre de base

Brackboard storage
Memoria auxiliar
Mémoire auxiliaire

(to) Bracket
Poner entre paréntesis
Mettre entre parenthèses

Brackets
Paréntesis
Parenthèses

(to take a) Branch
Hacer una bifurcación
Exécuter un branchement

(to) Branch
Enlazar
Raccorder

Branch address
Dirección de bifurcación
Adresse de branchement

(to) Branch back to
Reenviar a
Renvoyer à

Branch cable
Cable de bifurcación
Câble de branchement

Branch instruction
Instrucción de bifurcación
Instruction de branchement

(to) Branch off
Desenlazar, Desconectar
Déconnecter

(to) Branch out of a loop
Salir de un bucle
Sortir d'une boucle

Branch point
Punto de bifurcación
Point de branchement

Branch table
Tabla de bifurcación
Table de branchement

Branching
Bifurcación
Branchement

Branching
Derivación
Dérivation

Bread construction
Montaje experimental, Prototipo
Montage expérimental

Breadboard
Montaje experimental, Prototipo
Montage expérimental

(to) Break
Interrumpir
Interrompre

Break character
Carácter de separación
Caractère de séparation

Breakdown
Interrupción
Interruption

(to) Breakdown
Averiarse
Tomber en panne

Breaker
Disyuntor
Disjoncteur

Break-in period
Período de rodaje
Période de rodage

Breakpoint
Punto de interrupción
Point d'interruption

Breakpoint instruction
Instrucción de punto de
    interrupción
Instruction de point d'interruption

Breakpoint switch
Inversor de punto de interrupción
Inverseur de point d'interruption

Breakpoint symbol
Símbolo de punto de interrupción
Symbole de point d'interruption

Breakthrough
Discontinuidad del entintado
Discontinuité d'encrage

Breakpoint halt
Parada en un punto de
    interrupción
Arrêt à un point d'interruption

(to) Break-up into
Descomponer, Desglosar
Décomposer

Bridge limiter
Limitador con puente
Limiteur à pont

Bridge memory
Memoria modular
Mémoire modulaire

(to) Brief
Resumir
Résumer

Brightness
Reflexibilidad media
Réflexibilité moyenne

(to) Bring from memory
Extraer de la memoria
Extraire de la mémoire

(to) Bring in
Introducir
Introduire

(to) Bring in memory
Introducir en la memoria
Introduire en mémoire

(to) Bring on the air
Poner en servicio
Mettre en service

(to) Bring out
Evidenciar
Mettre en évidence

Broadband
Banda ancha
Bande large

Broadband canal
Canal de banda ancha
Canal à bande large

(to) Broadcast
Difundir
Diffuser

Broadcast
Difusión
Diffusion

Broadcast addressing
Direccionamiento general
Adressage général

Broken tape indicator
Indicador de ruptura de cinta
Indicateur de rupture de bande

Brush
Escobilla
Brosse

Brush assembly
Conjunto portaescobillas
Ensemble porte-balais

Brush compare check
Control por medio de comparación
    de escobillas
Contrôle par comparaison de
    balais

Brush set
Juego de escobillas de lectura
Jeu de brosses de lecture

Brush station
Estación de lectura por medio de
    cepillos
Poste de lecture par balais

Brush type reader
Lector con escobillas
Lecteur à brosse

Brute force approach
Aproximación elemental,
    Aproximación combinatoria
Approximation élémentaire

B.S.A.M.
Método de acceso secuencial de
    base
Méthode d'accès séquentiel de
    base

B.S.F.
Regreso al principio del fichero
Retour au début du fichier

B.T.A.M.
Método de acceso en
    telecomunicación
Méthode d'accès de base en
    télécommunication

B.T.L.
Etiqueta de principio de cinta
Etiquette de début de bande

Bubble
Burbuja
Bulle

Bubble memory
Memoria de burbujas
Mémoire à bulles

Bucket
Compartimiento
Compartiment

(to) Buffer
Poner en memoria intermedia
Mettre en mémoire intermédiaire

Buffer (storage)
Memoria intermedia
Mémoire intermédiaire

Buffer amplifier
Amplificador intermedio
Amplificateur intermédiaire

Buffer area
Zona intermedia
Zone intermédiaire

Buffer control
Gestión de las zonas intermedias
Gestion des zones intermédiaires

Buffer control routine
Subprograma de gestión de las
   zonas intermedias
Sous-programme de gestion des
   zones intermédiaires

Buffer stack
Zona intermedia
Zone intermédiaire

Buffered
Dotado de memoria intermedia
Doté de mémoire intermédiaire

Buffered card punch
Perforador de fichas con memoria
   intermedia
Perforateur de cartes à mémoire
   intermédiaire

Buffered computer
Ordenador dotado de memoria
   intermedia
Calculateur doté de mémoire
   intermédiaire

Buffered peripheral
Periférico dotado de memoria
   intermedia
Périphérique doté de mémoire
   intermédiaire

Buffering
Puesta en memoria intermedia
Mise en mémoire intermédiaire

Bug
Defecto, Error
Défaut

Bug free
Exento de error
Exempt d'erreur

Bug ridden
Lleno de errores
Plein d'erreurs

Bug shooting
Búsqueda de errores
Recherche d'erreurs

Buggy
Que contiene errores
Qui contient des erreurs

(to) Build
Constituir
Constituer

(to) Build around
Articular
Articuler

(to) Build into
Incorporar a
Incorporer à

(to) Build up
Acumular
Accumuler

Built-in
Incorporado
Incorporé

Built-in automatic check
Vigilancia automática incorporada
Contrôle automatique incorporé

Built-in check
Control incorporado
Contrôle incorporé

Bulk eraser
Desmagnetizador
Démagnétiseur

Bulk of information
Volumen de la información
Volume de l'information

Bulk (date) Storage (facilities)
Memoria de gran capacidad
Mémoire de grande capacité

Bulk storage device
Aparato dotado de memoria de
   gran capacidad
Appareil doté de mémoire de
   grande capacité

Bulk storage unit
Unidad dotada de memoria de
   gran capacidad
Unité dotée de mémoire de
   grande capacité

(to) Bump
Expulsar
Ejecter

Bump
Memoria aneja
Mémoire annexe

(to) Bump from core
Expulsar de la memoria
Ejecter de la mémoire

Bumped operation
Operación de vaciamiento antes
   del acabado
Opération de vidage avant
   achèvement

(to) Bundle
Integrar
Intégrer

Buried cable
Cable subterráneo
Câble souterrain

(to) Burst
Separar las hojas
Séparer les feuilles

Burst forms
Impresos separados
Imprimés séparés

Burst mode
Modo ráfaga
Mode continu

Burst transmission
Transmisión por grupos
Transmission par groupes

Burstable
Separable en hojas
Séparable en feuilles

Burster
Separadora de hojas
Rupteuse

Burster imprinter
Separadora impresora
Rupteuse imprimante

Bursting
Separación de hojas
Séparation de feuilles

Bus
Canal
Canal

Bus
Vía
Voie

Business application
Utilización comercial
Utilisation commerciale

Business compiler
Compilador de programas de
    gestión
Compilateur de programmes de
    gestion

Business (oriented) computer
Ordenador de gestión
Ordinateur de gestion

Business computing
Informática de gestión
Informatique de gestion

Business data
Datos de gestión
Données de gestion

**Business (oriented) data
    processing**
Proceso de los datos de gestión
Traitement des données de
    gestion

Business form
Impreso mecanográfico
Imprimé mécanographique

Business language
Lenguaje de gestión
Langage de gestion

**Business (oriented) language
    processor**
Compilador de programas en
    lenguaje de gestión
Compilateur de programmes en
    langage de gestion

Business machine
Máquina de gestión
Machine de gestion

Business programmer
Programador de gestión
Programmeur de gestion

Busy
Ocupado
Occupé

Busy hour
Hora punta
Heure de pointe

Busy loop
Ciclo de espera
Cycle d'attente

Busy test
Ensayo de ocupación
Essai d'occupation

Busy tone
Señal de ocupado
Signal d'occupation

Button
Botón
Bouton

Buzz-word
Palabra de moda
Mot à la mode

By-pass
Cortocircuito
Court-circuit

(to) By-pass
Cortocircuitar
Court-circuiter

By-product
Subproducto
Sous-produit

Byte
Octeto, Grupo de 8 bits
Groupe de 8 bits

Byte mode
Modo byte a byte, Modo
    discontinuo
Mode discontinu

C

C. & C.; Command and control
Mando y control
Commande et contrôle

Cabinet
Armario
Armoire

Cabinet skin
Cubierta exterior
Carter extérieur

Cache storage
Memoria de pequeña capacidad con acceso rápido, Memoria cache
Mémoire de petite capacité à accès rapide

C.A.D. (Computer Aided Design)
Concepción automatizada
Conception automatisée

(to) Calculate
Calcular
Calculer

Calculated address
Dirección calculada
Adresse calculée

Calculating operation
Operación de cálculo
Opération de calcul

Calculating punch
Calculadora perforadora
Calculatrice perforatrice

Calculating speed
Velocidad de cálculo
Vitesse de calcul

Calculating time
Tiempo de cálculo
Temps de calcul

Calculating unit
Unidad de cálculo
Unité de calcul

Calculation specifications
Especificaciones de cálculo
Spécifications de calcul

Calculation specifications sheet
Hoja de especificaciones de cálculo
Feuille de spécifications de calcul

Calculator
Calculadora
Machine à calculer

Calculus
Cálculo
Calcul

Calendar version
Versión calendario
Version calendrier

(to) Calibrate
Calibrar
Calibrer

Calibration
Calibración
Calibrage

(to) Call
Llamar
Appeler

Call
Llamada
Appel

Call directing code
Código de llamada selectiva
Code d'appel sélectif

(to) Call for
Pedir, Llamar
Demander

(to) Call for
Llamar, Hacer pedido
Faire appel

Call for procedure
Llamada de procedimiento
Appel de procédure

(to) Call in
Volver a llamar
Rappeler

Call instruction
Instrucción de llamada
Instruction d'appel

Call number
Número de llamada, Número telefónico
Numéro d'appel

Call word
Palabra de llamada
Mot d'appel

Called party
Llamada
Demandé

Calling band
Cinta de llamada
Bande d'appel

Calling channel
Vía de llamada
Voie d'appel

Calling circuit
Circuito de llamada
Circuit d'appel

Calling frequency
Frecuencia de llamada
Fréquence d'appel

Calling party
Parte que llama, Solicitante
Demandeur

Calling program
Programa de llamada
Programme d'appel

Calling sequence
Secuencia de llamada
Séquence d'appel

Call-out list
Catálogo, Lista de piezas
Nomenclature

Call(ing) signal
Indicativo de llamada
Indicatif d'appel

Camp-on
Puesta en espera
Mise en attente

Camp-on
Puesta en atención
Mise en garde

(to) Can
Registrar
Enregistrer

C.A.N.
Carácter de anulación
Caractère d'annulation

(to) Cancel
Anular
Annuler

(to) Cancel
Borrar
Effacer

Cancel character; C.A.N.
Carácter de anulación
Caractère d'annulation

Cancel indicator
Indicador de anulación
Indicateur d'annulation

Cancel key
Tecla de anulación
Touche d'annulation

Cancel prior assignment
Asignación que anula la
    precedente
Affectation qui annule la
    précédente

Cancellation
Anulación
Annulation

Canned routine
Subrutina lista para el uso
Sous-programme prêt à l'emploi

Cap
Cubierta
Couvercle

Capacitor
Condensador
Condensateur

Capacitor storage
Memoria con condensadores
Mémoire à condensateurs

Capacitor store
Memoria con condensadores
Mémoire à condensateurs

Capacity
Capacidad
Capacité

Capacity record
Registro de capacidad
Enregistrement de capacité

Capacity resources
Recursos de capacidad
Ressources de capacité

Capital letter
Letra mayúscula
Lettre majuscule

Capstan
Cabestrante
Cabestan

Capture
Recogida
Saisie

(to) Capture
Recoger
Saisir

Car
Carro
Chariot

Carbon backed paper
Papel carbón
Papier carboné

Carbon interleave
Carbón intercalado
Carbone intercalaire

Carbon interleaved forms or set
Legajo de impresos con carbón
    intercalado
Liasse d'imprimés à carbone
    intercalé

Carbon loaded stationery
Papel carbón
Papier carboné

Carbon paper
Papel carbón
Papier carbone

Carbon rewind
Reenrollamiento del papel carbón
Réenroulement du papier carbone

Carbon rewind spindle
Módulo receptor de papel carbón
Module récepteur de papier
    carbone

Carbon saver
Dispositivo de recuperación del
    papel carbón
Dispositif de récupération du
    papier carbone

Carbon saving device
Dispositivo de recuperación del
    papel carbón
Dispositif de récupération du
    papier carbone

Carbonized paper
Papel de copias (con carbón)
Papier carboné

Carbonized stationery
Papel de copias (con carbón)
Papier carboné

Carbonless paper
Papel autocopiante
Papier autocopiant

Card
Ficha
Carte

Card
Ficha
Fiche

Card aligner
Dispositivo de alineamiento de las
    fichas
Dispositif d'alignement des cartes

Card back
Reverso de una ficha
Verso d'une carte

Card bed
Pista de arrastre de las fichas
Piste d'entraînement des cartes

Card bin
Casilla para fichas
Case à cartes

Card box
Caja para fichas
Boîte à cartes

Card capacity
Capacidad de una ficha
Capacité d'une carte

Card chips
Confetis
Confettis

Card chute
Canal de recepción de las fichas
Goulotte de réception des cartes

Card code
Código ficha
Code carte

Card collator
Intercaladora de fichas
Interclasseuse de cartes

Card column
Columna de ficha
Colonne de carte

Card column selector knob
Botón selector de columna de ficha
Bouton sélecteur de colonne de carte

Card conditioner
Reacondicionador de fichas
Reconditionneur des cartes

Card controlled calculator
Calculador controlado con fichas
Calculateur à cartes

Card core-image format
Formato memoria-imagen sobre ficha
Format mémoire-image sur carte

Card count
Recuento de fichas
Comptage de cartes

Card counter
Contador de fichas
Compteur de cartes

Card cycle
Ciclo de una ficha
Cycle d'une carte

Card data format
Formato de datos sobre ficha
Format de données sur carte

Card deck
Paquete de fichas
Paquet de cartes

Card design
Diseño de una ficha
Dessin d'une carte

Card dialling
Sistema de llamada telefónica con fichas
Système d'appel téléphonique à cartes

Card drive
Arrastre de las fichas
Entraînement des cartes

Card edge
Borde de ficha
Bord de carte

Card face
Cara anterior de una ficha
Recto d'une carte

Card feed(ing)
Alimentación en fichas
Alimentation en cartes

Card feed attachment
Dispositivo de alimentación en fichas
Dispositif d'alimentation en cartes

Card feed knife
Cuchilla de alimentación de fichas
Couteau d'alimentation de cartes

Card field
Campo de ficha
Zone de carte

Card file
Fichero en fichas
Fichier sur cartes

Card-filing cabinet
Mueble para fichas
Meuble à cartes

Card form
Impreso de dibujo de ficha
Imprimé de dessin de carte

Card format
Formato de ficha
Format de carte

Card gauge
Calibre de ajuste de las fichas
Jauge de cadrage des cartes

Card gripper
Pinza de eyección de fichas
Pince d'ejection de cartes

Card groover
Perforadora de muescas de fichas
Encocheuse de cartes

Card handling
Arrastre de las fichas
Entraînement des cartes

Card handling mechanism
Mecanismo de arrastre de las fichas
Mécanisme d'entraînement des cartes

Card holder
Caja para fichas
Boîte à cartes

Card hopper
Almacén para fichas
Magasin à cartes

Card image
Imagen de ficha
Image de carte

Card image file
Fichero en imágenes de ficha
Fichier en images de carte

Card index cabinet
Mueble para fichas
Meuble à cartes

Card indexing
Indexación en fichas
Mise sur cartes

Card interpreter
Intérprete de fichas
Traducteur de cartes

Card layout
Disposición o diseño de la ficha
Tracé de carte

Card leading edge
Borde superior de una ficha
Bord supérieur d'une carte

Card lever
Palanca de fichas
Levier de cartes

Card loader
Cargador de fichas
Chargeur de cartes

Card machine; UR
Máquina de fichas
Machine à cartes

Card magazine
Almacén para fichas
Magasin à cartes

Card mounted film image
Imagen de filme montada sobre ficha con ventana
Image de film montée sur carte à fenêtre

Card operated equipment
Equipo de fichas
Matériel à cartes

Card operating system
Sistema de trabajo con fichas
Système de travail à cartes

Card oriented computer
Ordenador con fichas
Ordinateur à cartes

Card path
Camino de la ficha
Chemin de la carte

Card pocket
Casilla para fichas
Case à cartes

Card print assembly
Dispositivo de impresión sobre
fichas
Dispositif d'impression sur cartes

Card printer
Impresora sobre fichas
Imprimante sur cartes

Card printing
Impresión sobre fichas
Impression sur cartes

Card program calculator
Calculador con fichas-programa
Calculateur à cartes-programme

Card programmed calculating
Cálculo por fichas-programa
Calcul par cartes-programme

Card programming system; C.P.S.
Sistema de programación con
fichas
Système de programmation à
cartes

Card prover
Clasificadora de fichas
Trieuse de cartes

Card proving machine
Seleccionadora de fichas
Trieuse de cartes

Card puller
Extractora de fichas
Extractice de cartes

Card pulling
Extracción de fichas
Extraction de cartes

Card punch; C.P.
Perforación de fichas
Perforateur de cartes

Card punch unit
Perforadora de fichas
Perforatrice de cartes (machine)

Card puncher
Perforista de fichas
Perforatrice de cartes (personne)

Card punching
Perforación de fichas
Perforation de cartes

Card punching rate
Velocidad de perforación de fichas
Vitesse de perforation de cartes

Card pusher plate
Prensafichas
Presse-cartes

Card rack
Compartimiento para fichas
Compartiment à cartes

Card ram
Prensafichas
Presse-cartes

Card read station
Estación de lectura de fichas
Poste de lecture de cartes

Card reader punch
Lector-perforador de fichas
Lecteur-perforateur de cartes

Card reader unit
Lector de fichas
Lecteur de cartes

Card receiver
Receptor de fichas
Récepteur de cartes

Card reconditioner
Reacondicionador de fichas
Reconditionneur des cartes

Card record
Imagen de ficha
Image de carte

Card reference strip
Etiqueta de referencia de la ficha
Etiquette de référence de la carte

Card reproducer
Reproductora de fichas
Reproductrice de cartes

Card reversing device
Dispositivo de inversión de las
fichas
Dispositif de retournement des
cartes

Card row
Línea de ficha
Ligne de carte

Card run
Pasaje de fichas
Passage de cartes

Card sensor lever
Palanca de presencia de ficha
Levier de présence de carte

Card set
Fichas en continuo
Cartes en continu

Card sorter
Seleccionadora de fichas
Trieuse de cartes

Card sorting machine
Clasificadora de fichas
Trieuse de cartes

Card speed
Velocidad de paso de las fichas
Vitesse de passage des cartes

Card stack
Pila de fichas
Pile de cartes

Card stacker
Casilla de recepción de las fichas
Case de réception des cartes

Card stacking
Recepción de fichas
Réception des cartes

Card system
Sistema con fichas
Système à cartes

Card system format
Formato del sistema con fichas
Format du système à cartes

Card track
Camino de la ficha
Chemin de la carte

Card trailing edge
Borde inferior de una ficha
Bord inférieur d'une carte

Card transceiver
Emisor / receptor con fichas
Emetteur / récepteur à cartes

Card transfer
Transferencia de fichas
Transfert de cartes

Card tray
Compartimiento para fichas
Compartiment pour fiches

Card truck
Carro portafichas
Chariot porte-cartes

Card type
Tipo de ficha
Type de carte

Card verifier
Verificadora de fichas
Vérificatrice de cartes

Card verifying
Verificación de fichas
Vérification de cartes

Card weight
Prensafichas
Presse-cartes

Card work area
Zona de trabajo de registro sobre
    fichas
Zone de travail d'enregistrement
    sur cartes

Card wreck / Jam
Atascamiento de fichas, Atasco de
    fichas
Bourrage de cartes

Card-filing cabinet
Mueble para fichas
Meuble à cartes

Card conditioner
Reacondicionador de fichas
Reconditionneur des cartes

Cards per minute
Fichas por minuto
Cartes par minute

Card-to card
Ficha por ficha
Carte par carte

Card-to disk conversion
Conversión fichas / disco
Conversion cartes / disque

Card-to magnetic tape converter
Convertidor fichas / cinta
    magnética
Convertisseur cartes / bande
    magnétique

Card-to tape
Ficha / cinta
Carte / bande

Card-to tape conversion
Conversión de fichas a cinta
Conversion cartes / bande

Card-to tape converter
Convertidor fichas/cinta
Convertisseur cartes/bande

Caret
Acento circunflejo (ˆ)
Symbole (ˆ) (Signe d'omission)

Carriage
Carro
Chariot

Carriage channel selection
Selección de canales de la cinta
    piloto
Sélection de canaux de la bande
    pilote

Carriage clutch
Embrague del carro
Embrayage du chariot

Carriage control tape
Cinta piloto
Bande pilote

Carriage length
Longitud del carro
Longueur du chariot

Carriage return character
Carácter de vuelta del carro
Caractère de retour du chariot

Carriage return; C.R.
Vuelta del carro
Retour du chariot

Carriage return signal
Señal de vuelta del carro
Signal de retour de chariot

Carriage tape
Cinta de control del carro
Bande de contrôle du chariot

Carrier
Soporte, Medio
Support

Carrier system
Sistema de corrientes portadoras
Système à courants porteurs

Carrier wave
Onde portadora
Onde porteuse

(to) Carry
Ejecutar
Exécuter

(to) Carry
Hacer un acarreo
Faire un report

Carry
Acarreo
Report

Carry complete signal
Señal de acarreo completo
Signal de report complet

(to) Carry in
Introducir
Introduire

(to) Carry out
Ejecutar
Exécuter

Carry time
Tiempo de acarreo
Temps de report

Cart
Carro
Chariot

Cartridge
Cartucho, Cargador
Chargeur

C.A.S.
Sistema de contabilidad
    mecanográfica
Système de comptabilité
    mécanographique

Cascade control
Control en cascada
Contrôle en cascade

Cascaded carry
Acarreo en cascada
Report en cascade

Cash register
Caja registradora
Caisse enregistreuse

Cash register tape
Cinta de caja registradora
Bande de caisse enregistreuse

Cassette
Casete
Cassette

Cassette carrier
Carro portacasetes
Chariot porte-cassettes

Cassette recorder
Grabador de casete
Enregistreur à cassette

(to) Cast out nines
Hacer la prueba de los nueve
Faire la preuve par neuf

Casting out nines
Prueba de los nueves
Preuve par neuf

Casual
Accidental
Accidentel

Casual
Ocasional
Occassionnel

Catalog
Catálogo
Catalogue

(to) Catalog
Catalogar
Cataloguer

Catalogued data set
Conjunto de datos catalogados
Ensemble de données cataloguées

Catalogued procedure
Procedimiento catalogado
Procédure cataloguée

Catch all sequence entry
Especificación de secuencia global
Spécification de séquence globale

Cathode
Cátodo
Cathode

Cathode ray
Rayo catódico
Rayon cathodique

Cathode ray oscilloscope; C.R.O.
Osciloscopio de rayos catódicos
Oscilloscope à rayons cathodiques

Cathode ray storage
Memoria con rayos catódicos
Mémoire à rayons cathodiques

Cathode ray tube
Válvula de rayos catódicos
Tube à rayons cathodiques

Cathode ray tube device
Dispositivo con rayos catódicos
Unité à rayons cathodiques

Cathode ray tube display
Unidad de visualización con rayos
catódicos
Unité de visualisation à rayons
cathodiques

Cathode ray tube storage
Memoria con tubo catódico
Mémoire à tube cathodique

Cathode screen
Pantalla catódica
Ecran cathodique

(to) Cause
Provocar
Provoquer

Caution
Precaución
Précaution

C.A.W.
Palabra de dirección del canal
Mot d'adresse du canal

C.C.B.
Bloque de control de canal
Bloc de contrôle de canal

C.C.P.
Programa de control de las
comunicaciones
Programme de contrôle des
communications

C.C.U.
Unidad de mando de canal
Unité de commande de canal

C.C.W.
Palabra de mando de canal
Mot de commande de canal

C.D.V.
Control de los indicativos
numéricos
Contrôle des indicatifs numériques

(to) Cease
Cesar
Cesser

Ceiling
Techo
Plafond

Cell
Célula
Cellule

Cell area
Superficie elemental de análisis
Surface élémentaire d'analyse

Cellar
Memoria de apilamiento
Mémoire à empilage

(to) Center
Centrar
Centrer

Center cutting
Corte longitudinal
Coupe longitudinale

Center feed tape
Cinta con perforación central de
arrastre
Bande à perforation centrale
d'entraînement

(to) Center slit
Cortar longitudinalmente
Couper longitudinalement

Center slitter
Cuchilla para corte longitudinal
Couteau pour coupe longitudinale

Center slitting
Corte longitudinal
Coupe longitudinale

Central computer
Ordenador central
Ordinateur central

Central control unit
Unidad central de control
Unité centrale de commande

Central data base
Fichero central
Fichier central

Central memory
Memoria central
Mémoire centrale

Central office
Central telefónica
Centrale téléphonique

Central processing unit; C.P.U.
Unidad central de proceso
Unité centrale de traitement

Central processor
Unidad central de proceso
Unité centrale de traitement

Central processor limited
Limitado por la velocidad de la
    unidad central
Limité par la vitesse de l'unité
    centrale

Central storage
Memoria central
Mémoire centrale

Central subsystem
Subsistema central
Sous-système central

Centralized data processing
Proceso centralizado de los datos
Traitement centralisé des données

Certification
Certificación
Certification

Certified tape
Cinta certificada
Bande certifiée

C.E.S.
Estadísticas de los errores de
    comunicaciones
Statistiques des erreurs de
    communications

Chad
Confetis
Confettis

Chad box
Depósito para confetis
Bac à confettis

Chad duct
Conducto de confetis
Conduit de confetis

Chad tape
Cinta con confetis desprendidos
Bande à confettis détachés

Chadded paper tape
Cinta de papel con confetis
    desprendidos
Bande de papier à confettis
    détachés

Chadded tape
Cinta con confetis desprendidos
Bande à confettis détachés

Chadless tape
Cinta con confetis sin desprender
Bande à confettis non détachés

Chain
Cadena, Tira
Chaîne

Chain
Tren
Train

Chain code
Código en cadena
Code en chaîne

Chain command flag
Indicador de encadenamiento de
    los comandos
Indicateur de chaînage des
    commandes

Chain data flag
Indicador de encadenamiento de
    los datos
Indicateur de chaînage des
    données

Chain image
Imagen de la cadena
Image de la chaîne

Chain image area
Zona-imagen de la cadena
Zone-image de la chaîne

Chain image data card
Ficha datos-imágenes de la cadena
Carte données-images de la chaîne

Chain order
Orden de encadenamiento
Ordre de chaînage

Chain printer
Impresora con cadena
Imprimante à chaîne

Chained file
Fichero encadenado
Fichier chaîné

Chained list
Lista encadenada
Liste chaînée

Chained procedure
Procedimiento encadenado
Procédure chaînée

Chained record
Registro encadenado
Enregistrement chaîné

Chained sequential file
Fichero en secuencias
    encadenadas
Fichier en séquences chaînées

Chaining
Encadenamiento
Enchaînement

Chaining search
Búsqueda en cadena
Recherche en chaîne

Change
Cambio
Changement

(to) Change
Cambiar
Changer

(to) Change
Cambiar, Evolucionar
Evoluer

Change dump
Vaciado de las zonas cambiadas
Vidage des zones mouvementées

Change file
Fichero movimientos
Fichier mouvements

Change out
Intercambiar
Remplacement

Change out
Sustitución
Remplacement

Change over
Transición
Transition

Change over contact unit
Unidad de contacto con permuta
Unité de contact à permutation

Change priority value
Cambio de prioridad
Changement de priorité

Change record
Registro de los movimientos
Enregistrement des mouvements

Change tape
Cinta de movimientos
Bande mouvements

Changer sign
Invertidor de signo
Inverseur de signe

Channel
Canal
Canal

(to) Channel
Canalizar
Canaliser

Channel
Vía
Voie

Channel adapter
Adaptador de canal
Adaptateur de canal

Channel address word; C.A.W.
Palabra de dirección del canal
Mot d'adresse du canal

Channel capacity
Capacidad del canal
Capacité du canal

Channel chaining check
Error de encadenamiento en el
   canal
Erreur de chaînage dans le canal

Channel command word; C.C.W.
Palabra de mando de canal
Mot de commande de canal

Channel control block; C.C.B.
Bloque de control de canal
Bloc de contrôle de canal

Channel control unit; C.C.U.
Unidad de control de canal
Unité de commande de canal

Channel entry
Entrada de canal
Entrée de canal

Channel program
Programa de canal
Programme de canal

Channel program block; C.P.B.
Bloque del programa de canal
Bloc du programme de canal

Channel program translation
Traducción del programa de canal
Traduction du programme de
   canal

Channel retry
Repetición de las operaciones de
   canal
Répétition des opérations de canal

Channel scheduler
Programador de canal
Programmeur de canal

Channel selector
Selector de canal
Sélecteur de canal

Channel separation
Separación de canal
Séparation de canal

Channel status table
Tabla de estado del canal
Table d'état du canal

Channel status word; C.S.W.
Palabra de estado de canal
Mot d'état du canal

Channel-to channel adapter
Adaptador canal-canal
Adaptateur canal-canal

**Channel-to channel connexion
   (Br.) connection (Amer.)**
Enlace canal-canal
Liaison canal-canal

Chapter
Capítulo
Chapitre

Chapter
Segmento
Segment

Character
Carácter
Caractère

Character array
Conjunto de caracteres
Ensemble de caractères

Character boundary
Límite de carácter
Limite de caractère

Character buffered
Carácter dotado de tampón
Caractère doté de tampon

Character check
Comprobación por carácter
Contrôle par caractère

Character code
Código de caracteres
Code à caractères

Character cylinder
Cilindro portacaracteres
Cylindre porte-caractères

Character density
Densidad en caracteres
Densité en caractères

Character design
Diseño de carácter
Dessin de caractère

Character edge
Borde de carácter
Bord de caractère

Character emitter
Emisor de caracteres
Emetteur de caractères

Character error rate
Tasa de errores de los caracteres
Taux d'erreurs sur les caractères

(to) Character fill
Llenar con caracteres
Remplir de caractères

Character font
Placa de caracteres
Police de caractères

Character generator
Generador de caracteres
Générateur de caractères

Character modifier
Modificador de carácter
Modificateur de caractère

Character oriented computer
Ordenador de caracteres
Ordinateur à caractères

Character outline
Contorno de un carácter
Contour d'un caractère

Character phase
Fase de colocación de los
   caracteres
Phase de mise en place des
   caractères

Character position
Carácter de posicionamiento
Caractère de positionnement

Character reader
Lector de caracteres
Lecteur de caractères

Character reading
Lectura de caracteres
Lecture de caractères

Character recognition
Reconocimiento de caracteres
Reconnaissance de caractères

Character recognition device
Dispositivo de reconocimiento de
   caracteres
Dispositif de reconnaissance de
   caractères

Character repertoire
Repertorio de los caracteres
Répertoire des caractères

Character set
Juego de caracteres
Jeu de caractères

Character signal
Señal de carácter
Signal de caractère

Character spacing
Espacio entre caracteres
Espace entre caractères

Character string
Tira o cadena de caracteres
Suite de caractères

Character stroke
Segmento de carácter
Segment de caractère

Character stroke subroutine
Subprograma de segmento de
   carácter
Sous-programme de segment de
   caractère

Character subset
Subconjunto de caracteres
Sous-ensemble de caractères

Character transfer rate
Velocidad de transferencia de los
   caracteres
Vitesse de transfert des caractères

Character wheel
Rueda de impresión
Roue d'impression

Characteristic
Característico
Caractéristique

Characteristic distortion
Distorsión característica
Distorsion caractéristique

Characteristic overflow
Desbordamiento superior de la
   característica
Dépassement positif de la
   caractéristique

Characteristic underflow
Desbordamiento negativo de la
   característica
Dépassement négatif de la
   caractéristique

Characters per second; C.H.P.S.
Caracteres por segundo
Caractères par seconde

(to) Charge time to
Cargar el tiempo máquina
Imputer le temps machine

Chart
Esquema
Schéma

Chart
Esquema, Gráfico
Schéma, Graphique

(to) Chart
Dibujar, Trazar un diagrama
Tracer un diagramme

Charting template
Normógrafo para trazar diagramas
Normographe de traçage de
   diagrammes

Chatter
Ruido parásito
Bruit parasite

Check(ing)
Control
Contrôle

(to) Check
Controlar
Contrôler

Check
Error
Erreur

(to) Check again
Controlar de nuevo
Recontrôler

(to) Check against
Verificar por comparación
Vérifier par comparaison

Check bit
Bit de control
Bit de contrôle

Check box
Casilla de control
Case de contrôle

Check card
Ficha de control
Carte de contrôle

Check code
Código de control
Code de contrôle

Check character
Carácter de control
Caractère de contrôle

Check digit
Dígito de control
Chiffre de contrôle

Check digit verifier
Verificador de los dígitos de
   comprobación
Contrôleur des indicatifs
   numériques

**Check digit verification
   attachment**
Verificación de los dígitos de
   comprobación
Dispositif de contrôle des indicatifs
   numériques

Check digit verification; C.D.V.
Verificación de los dígitos de
   comprobación
Contrôle des indicatifs numériques

Check field
Campo de control
Zone de contrôle

Check indicator
Indicador de control
Indicateur de contrôle

Check list
Lista de control
Liste de contrôle

Check number
Número de control
Numéro de contrôle

(to) Check out
Verificar y poner a punto
Vérifier et mettre au point

Check out routine
Rutina de ensayo
Routine d'essai

Check position
Posición de control
Position de contrôle

Check problem
Problema de control
Problème de contrôle

Check punch
Perforación de control
Perforation de contrôle

(to) Check punch
Verificar la perforación
Vérifier la perforation

Check reading
Lectura de control
Lecture de contrôle

Check register
Registro de control
Registre de contrôle

Check row
Hilera de control
Rangée de contrôle

Check sorter
Clasificadora de cheques
Trieuse de chèques

Check sum
Total de control
Total de contrôle

Check symbol
Símbolo de control
Symbole de contrôle

Check total
Total de control
Total de contrôle

Check totaling
Comprobación por totalización
Contrôle par totalisation

Check window
Visor de control
Viseur de contrôle

Check word
Palabra de control
Mot de contrôle

Checking circuitry
Circuitos de control
Circuits de contrôle

Checking factor
Factor de control, Factor de
comprobación
Facteur de côntrole

Checking program
Programa de control
Programme de contrôle

Check(ing) out
Verificación y puesta a punto
Vérification et mise au point

(to) Checkpoint
Tomar un punto de control
Marquer un point de contrôle

Checkpoint
Punto de control
Point de contrôle

Checkpoint dump
Vaciado de los puntos de control
Vidage des points de contrôle

Checkpoint file
Fichero de los puntos de control
Fichier des points de contrôle

Checkpoint record
Registro de los puntos de control
Enregistrement des points de
contrôle

Checkpoint recovery
Devolución a un punto de control
Renvoi à un point de contrôle

Checkpoint recovery routine
Subprograma de devolución a un
punto de control
Sous-programme de renvoi à un
point de contrôle

Checkpoint restart
Reanudación después punto de
control
Reprise après point de contrôle

Checkpoint restart facility
Posibilidad de reanudación
después punto de control
Possibilité de reprise après point
de contrôle

Check-point routine
Subprograma de registro de los
puntos de control
Sous-programme d'enregistrement
des points de contrôle

Checkpoint tape
Cinta de registro de los puntos de
control
Bande d'enregistrement des points
de contrôle

Checkpoint(ed) program
Programa provisto de puntos de
control
Programme pourvu de points de
contrôle

Check(ing) routine
Rutina de control
Routine de contrôle

Chinese binary
Binario por columna
Binaire par colonne

Chinese binary code
Código binario por columna
Code binaire par colonne

Chip
Confetis
Confettis

Chip box
Cajetín de confetis
Boîte à confettis

Chip tray
Cajetín de confetis
Boîte à confettis

Chips
Confetis
Confettis

(to) Chop off
Truncar
Tronquer

Chopped
Discontinuo
Discontinu

Chopper
Interruptor periódico
Interrupteur périodique

Chopper-stabilized amplifier
Amplificador estabilizado con
interruptor
Amplificateur stabilisé à
interrupteur

Chopping
Supresión
Suppression

C.H.P.S.
Caracteres por segundo
Caractères par seconde

Chute
Conducto
Conduit

Chute blade
Lámina de guía
Lame de guidage

C.I.L.
Biblioteca imágenes-memoria de
 núcleos
Bibliothèque images-mémoire à
 tores

Cinching
Incidente técnico sobre cinta
 magnética
Incident technique sur bande
 magnétique

(to) Cipher
Cifrar
Chiffrer

Cipher
Dígito
Chiffre

Ciphering
Cifrado
Chiffrage

Circuit
Circuito
Circuit

Circuit assurance mode
Modo de identificación del circuito
Mode d'identification du circuit

Circuit card
Placa de circuitos
Plaque de circuits

Circuit grade
Tipo de circuito
Type de circuit

Circuit noise level
Nivel de ruido del circuito
Niveau de bruit du circuit

Circuit skew
Distorsión en el circuito
Distorsion dans le circuit

Circuit switching
Conmutación de circuitos
Commutation de circuits

Circuitry
Conjunto de circuitos
Ensemble de circuits

Circular shift
Desplazamiento circular
Décalage circulaire

(to) Circulate
Proceder a un desplazamiento
 circular
Procéder à un décalage circulaire

Circulating register
Registro circulante
Registre circulant

Circulating storage
Memoria circulante
Mémoire circulante

Clamping circuit
Circuito de limitación
Circuit de limitation

Clamping device
Dispositivo de fijación
Dispositif de blocage

Clared condition
Estado de referencia
Etat de référence

Class test
Análisis de clase; de prueba
Analyse de classe

(to) Classify
Clasificar
Classifier

Clause
Cláusula
Clause

Cleaning
Limpieza
Nettoyage

(to) Clear
Borrar
Effacer

Clear
Restaurar
Remise à blanc

Clear area
Zona de no marcar
Zone à ne pas marquer

Clear bande
Cinta blanca
Bande blanche

Clear button
Botón de borrado
Bouton d'effacement

(to) Clear to binary zero
Rellenar con ceros binarios
Remplir de zéros binaires

Clear to send
Listo para emitir
Prêt à émettre

Clearing
Borrado
Effacement

Clerical duties
Trabajos administrativos
Travaux administratifs

Clerical operation
Operación manual
Opération manuelle

Clock
Reloj
Horloge

Clock belt
Cinta de sincronización
Bande de synchronisation

Clock card
Ficha de tiempos
Fiche de pointage

Clock cycle
Ciclo de reloj
Cycle rythmeur

Clock disk
Disco de sincronización
Disque de synchronisation

Clock frequency
Frecuencia del reloj de ritmo
Fréquence de l'horloge de rythme

Clock hours
Horas efectivas
Heures effectives

Clock pulse generator
Generador de impulsiones
 ritmadas
Générateur d'impulsions rythmées

Clock setting
Posición del reloj de ritmo
Position de l'horloge de rythme

Clock signal
Señal del reloj de ritmo
Signal de l'horloge de rythme

Clock track
Pista de base de tiempo
Piste de base de temps

Clocking
Sincronización, Puesta en fase
Synchronisation

Clogging
Obstrucción
Obstruction

(to) Close
Cerrar
Fermer

Closed letter
Letra (carácter) cerrada
Lettre (caractère) fermée

Closed loop
Ciclo cerrado
Cycle fermé

Closed loop control
Control en ciclo cerrado
Contrôle en cycle fermé

Closed routine
Rutina cerrada
Programme fermé

Closed shop operation
Operación en sala cerrada
Opération en salle fermée

Closed subroutine
Subrutina cerrada
Sous-programme fermé

Closing
Cierre
Clôture

Closing balance
Balance de cierre
Balance de clôture

Closing balance
Balance de cierre
Situation finale

Closing time
Hora de cierre
Heure de fermeture

Closure
Cierre
Clôture

(to) Cluster
Agrupar
Grouper

Clustering
Agrupamiento
Groupage

Clutch
Embrague
Embrayage

Clutch access time
Tiempo de embrague
Délai d'enclenchement

Clutch decision point
Punto de decisión de embrague
Point de décision d'enclenchement

Clutch disengaging
Desembrague
Débrayage

Clutch disk
Disco de embrague
Disque d'embrayage

Clutch point
Punto de embrague
Point d'embrayage

(to) Coalesce
Fusionar
Fusionner

Coating
Revestimiento
Revêtement

Coaxial cable
Cable coaxial
Câble coaxial

Cobol
Lenguaje común a los problemas
  de gestión
Langage commun aux problèmes
  de gestion

Code
Código
Code

(to) Code
Codificar, Cifrar
Coder

Code character
Carácter de código
Caractère de code

Code chart
Tablero de codificación
Tableau de codage

Code check
Comprobación de código
Contrôle de code

(to) Code check
Verificar la codificación
Vérifier le codage

Code checking time
Tiempo de verificación de la
  codificación
Temps de vérification du codage

Code conversion
Conversión de código
Conversion de code

Code converter
Convertidor de código
Convertisseur de code

Code directing characters
Caracteres de direccionamiento
Caractères d'acheminement

Code disk
Disco codificador
Disque codeur

Code element
Elemento de código
Elément de code

Code element unit
Unidad de elemento de código
Unité d'élément de code

Code extention character
Carácter de cambio de código
Caractère de changement de code

Code hole
Perforación de código
Perforation de code

Code line
Línea de programa
Ligne de programme

Code pattern
Combinación de perforaciones
Combinaison de perforations

Code position
Posición de perforación
Position de perforation

Code set
Conjunto de elementos de código
Ensemble d'éléments de code

Code sheet
Hoja de programación
Feuille de programmation

Code track
Pista de información
Piste d'information

Code translation
Conversión de código
Conversion de code

Code translator
Convertidor de código
Convertisseur de code

Code value
Valor de un código
Elément d'un code

Code wheel
Disco codificador
Disque codeur

Codec
Codificador-decodificador
Codificateur-décodificateur

Coded
Codificado
Codé

Coded arithmetic data
Datos aritmético-codificados
Données arithmétiques codées

Coded character
Carácter codificado
Caractère codé

Coded decimal
Decimal codificado
Décimal codé

Coded decimal digit
Dígito decimal codificado
Chiffre décimal codé

Coded decimal notation
Numeración decimal codificada
Numération décimale codée

Coded image
Imagen codificada
Image codée

Coded in Cobol; in Fortran
Codificado en Cobol; en Fortran
Codé en Cobol; en Fortran

Coded notation
Numeración codificada
Numération codée

Coded number
Número codificado
Nombre codé

Coded program
Programa codificado
Programme codé

Coded representation
Representación codificada
Représentation codée

Coded stop
Parada programada
Arrêt programmé

Coder
Codificador
Codeur

Codification
Codificación
Codage

(to) Codify
Codificar, Cifrar
Coder

Coding
Codificación
Codage

Coding
Programación
Programmation

Coding check
Verificación de la codificación
Vérification du codage

Coding error
Error de codificación
Erreur de codage

Coding form
Hoja de programación
Feuille de programmation

Coding line
Línea de programación
Ligne de programmation

Coding process
Codificación
Codage

Coding scheme
Esquema de codificación
Schéma de programmation

Coding sequence
Secuencia de programación
Séquence de programmation

Coding sheet
Hoja de programación
Feuille de programmation

Coefficient
Coeficiente
Coefficient

Coil
Carrete, Bobina
Bobine

Coincidence circuit
Circuito de coincidencia
Circuit de coïncidence

Coincidence element
Elemento de coincidencia
Elément de coïncidence

Coincidence error
Error de coincidencia
Erreur de coïncidence

Coincidence gate
Puerta de coincidencia
Porte de coïncidence

(to) Cold restart
Arrancar de nuevo en frío
Redémarrer à froid

(to) Cold start
Arrancar en frío
Démarrer à froid

Cold start program
Programa de arranque en frío
Programme de démarrage à froid

(to) Collate
Intercalar
Interclasser

Collating
Intercalación
Interclassement

Collating machine
Intercaladora
Interclasseuse

Collating sequence
Secuencia de intercalación
Séquence d'interclassement

Collation
Intercalación
Interclassement

Collation file
Fichero de intercalación
Fichier d'interclassement

Collation sequence
Secuencia de intercalación
Séquence d'interclassement

Collation tape
Cinta de intercalación
Bande d'interclassement

Collator
Intercaladora
Interclasseuse

(to) Collect
Recoger
Collecter

Collection
Recogida
Collecte

Collector
Recogedor
Collecteur

Column
Columna
Colonne

Column binary
Binario por columna
Binaire par colonne

Column binary card
Ficha binaria por columna
Carte binaire par colonne

Column binary code
Código binario por columna
Code binaire par colonne

**Column binary data
   representation**
Representación de datos binarios
   por columnas
Représentation de données
   binaires par colonnes

Column binary mode
Modo binario por columna
Mode binaire par colonne

Column headings
Cabecera de columnas
En-têtes de colonnes

Column indicator
Indicador de columna
Indicateur de colonne

Column marker
Regleta graduada
Règle graduée

Column one leading
Columna de unos en cabeza
Colonne un en tête

Column punch
Perforador por columna
Perforateur par colonne

Column split
Separación de columna
Séparation de colonne

Columnwise
En el sentido de las columnas
Dans le sens des colonnes

C.O.M.
Microfilme de salida de ordenador
Microfilm de sortie d'ordinateur

Comb
Peine
Peigne

Combination of punchs
Combinación de perforaciones
Combinaison de perforations

Combinational circuit
Circuito combinacional
Circuit combinatoire

Combinational logic element
Elemento lógico combinacional
Elément logique combinatoire

Combinatorial
Combinatorio
Combinatoire

(to) Combine
Combinar
Combiner

Combined read-write head
Cabeza de lectura-escritura
   combinadas
Tête de lecture-écriture combinées

Comma
Coma
Virgule

Comma delimiter
Coma de separación
Virgule de séparation

Command
Mando
Commande

Command
Directiva
Directive

Command address
Dirección del comando
Adresse de la directive

Command and control
Mando y control
Commande et contrôle

Command chaining
Encadenamiento de mandos
Chaînage de commandes

Command character
Carácter de mando
Caractère de commande

Command code
Código de mando
Code de commande

Command key
Indicativo de mando
Indicatif de commande

Command language
Lenguaje de mando
Langage de commande

Command scheduler
Programador de mandos
Programmeur de commandes

Command signal
Señal de mando
Signal de commande

Command statement
Instrucción de mando
Instruction de commande

Comment
Comentario
Commentaire

Comments card
Ficha comentarios
Carte commentaires

Commercial computer
Ordenador de gestión
Ordinateur de gestion

Commercial language
Lenguaje de gestión
Langage de gestion

Commercial programmer
Programador de gestión
Programmeur de gestion

Common area
Zona común
Zone commune

Common block
Bloque común
Bloc commun

Common buffer
Tampón intermedio común
Tampon intermédiaire commun

**Common business oriented
language**
Lenguaje común a los problemas
de gestión
Langage commun aux problèmes
de gestion

Common denominator
Denominador común
Dénominateur commun

Common field
Zona común
Zone commune

Common language
Lenguaje común
Langage commun

Common logic
Lógica común
Logique commune

Common network
Red común
Réseau commun

Common segment
Segmento común
Segment commun

Common service area
Zona común de servicio
Zone commune de service

Common storage area
Zona común de memoria
Zone commune de mémoire

(to) Communicate
Comunicar
Communiquer

Communication
Comunicación
Communication

Communication
Transmisión
Transmission

Communication adapter
Adaptador de línea
Adaptateur de ligne

Communication area
Zona de comunicación
Zone de communication

Communication center
Centro de comunicación
Centre de communication

Communication channel
Canal de comunicación
Canal de communication

Communication control character
Carácter de control de
comunicación
Caractère de contrôle de
communication

Communication controller
Controlador de comunicación
Contrôleur de communication

Communication devices
Dispositivos de comunicación
Appareils de communication

Communication facility
Posibilidad de comunicación
Possibilité de communication

Communication identifier
Identificador de comunicación
Identificateur de communication

Communication line
Línea de comunicación
Ligne de communication

Communication line adapter
Adaptador de línea de
comunicación
Adaptateur de ligne de
communication

Communication link
Enlace en comunicación
Liaison en communication

Communication network
Red de comunicaciones
Réseau de communications

Communication processor
Unidad de gestión de las
comunicaciones
Unité de gestion des
communications

Communication terminal
Terminal de comunicación
Terminal de communication

Communication theory
Teoría de las comunicaciones
Théorie des communications

**Communications control program;
C.C.P.**
Programa de control de las
comunicaciones
Programme de contrôle des
communications

Communications control unit
Unidad de control de las
comunicaciones
Unité de contrôle des
communications

**Communications errors statistics;
C.E.S.**
Estadística de los errrores de
comunicaciones
Statistiques des erreurs de
communications

Communications file
Fichero de las comunicaciones
Fichier des communications

**Communications input-output
control system**
Sistema de control de las
entradas-salidas por
comunicaciones
Système de contrôle des entrées /
sorties par communications

**Communications oriented
computer**
Ordenador de comunicaciones
Ordinateur de communications

Communications path
Circuito de comunicaciones
Circuit de communications

Communications processing
Proceso de las comunicaciones
Traitement des communications

Communications scanner
Analizador de comunicaciones
Analyseur de communications

Commutator pulse
Impulso de conmutación
Impulsion de commutation

Compac(ting)
Compresión
Compression

(to) Compact
Comprimir
Compresser

Compact system
Sistema compacto
Système compact

Compaction
Compresión
Compression

Compactness
Compacidad
Compacité

Compactness
Densidad
Densité

Compactness of the system
Compacidad del sistema
Compacité du système

Compander
Compresor - Extensor
Compresseur - Extenseur

Company image
Imagen de la marca
Image de marque

Comparand
Término de comparación
Terme de comparaison

Comparative
Comparativo
Comparatif

Comparator
Comparador
Comparateur

(to) Compare
Comparar
Comparer

Compare equal
Igualdad
Egalité

Compare unequal
Desigual
Inégalité

(to) Compare with
Comparar a
Comparer à

Comparing control change
Cambio de control por
  comparación
Changement de contrôle par
  comparaison

Comparing unit
Comparador
Comparateur

Comparison
Comparación
Comparaison

Comparison error
Error de comparación
Erreur relevée par comparaison

Comparison station
Estación de comparación
Poste de comparaison

Comparison test
Ensayo de comparación
Essai de comparaison

Compartment
Compartimiento
Compartiment

Compatibility
Compatibilidad
Compatibilité

Compatible
Compatible
Compatible

Compendious
Conciso
Concis

Compendium
Colección
Recueil

(to) Compensate for
Compensar
Compenser

Compensating error
Error de compensación
Erreur de compensation

Compensating network
Red compensadora
Réseau compensateur

Compensator
Compensador
Compensateur

Competitive analysis
Análisis de la competencia
Analyse comparative

Competitiveness
Competitividad
Compétitivité

Compilation
Compilación
Compilation

Compilation run
Pasada de compilación
Passage de compilation

Compilation time
Tiempo de compilación
Temps de compilation

(to) Compile
Compilar
Compiler

Compile and go
Compilación y lanzamiento
Compilation et lancement

Compile and run
Compilación y ejecución
Compilation et exécution

Compile duration
Duración de la compilación
Durée de compilation

Compile phase
Fase de compilación
Phase de compilation

(to) Compile statistics
Hacer estadísticas
Faire des statistiques

Compile time
Tiempo de compilación
Temps de compilation

Compiler
Compilador
Compilateur

Compiler diagnostics
Diagnósticos del compilador
Diagnostics du compilateur

Compiling
Compilación
Compilation

Compiling computer
Ordenador de compilación
Calculateur de compilation

Compiling duration
Duración de la compilación
Durée de compilation

Compiling program
Programa de compilación
Programme de compilation

Compiling routine
Rutina de compilación
Routine de compilation

Compiling time
Tiempo de compilación
Temps de compilation

Complement
Complemento
Complément

(to) Complement
Completar
Compléter

Complement base
Base del complemento
Base du complément

Complementary
Complementario
Complémentaire

Complementary operation
Operación complementaria
Opération complémentaire

Complementary operator
Operador complementario
Opérateur complémentaire

Complement-on ten
Complemento a diez
Complément à dix

Complement-on-nine
Complemento a nueve
Complément à neuf

Complement-on-one
Complemento a uno,
    Complemento restringido
Complément à un

Complement-on-two
Complemento a dos
Complément à deux

Complete
Completo
Complet

(to) Complete
Completar
Compléter

Complete carry
Acarreo completo
Report complet

Complete operation
Operación completa
Opération complète

Completion
Terminación
Achèvement

Completion code
Código de acabado
Code d'achèvement

Completion macro instruction
Macroinstrucción de acabado
Macro-instruction d'achèvement

Component
Componente
Composant

Component error
Error debido a un componente
Erreur due à un composant

Componentry
Conjunto de componentes
Ensemble de composants

Components
Conjunto de componentes
Ensemble de composants

Compound
Complejo
Complexe

Compound condition
Condición compuesta
Condition composée

Compound statement
Sentencia compuesta
Proposition composée

Comprehensive
Comprensivo
Compréhensif

(to) Compress
Comprimir
Compresser

(to) Compress
Comprimir
Comprimer

Compressed deck
Paquete de fichas reducido
Paquet de cartes réduit

Compression
Compresión
Compression

Compression
Condensación
Condensation

Compressor
Compresor
Compresseur

Comptometer
Calculadora
Machine à calculer

Comptometer operator
Operador de calculadora
Opérateur de machine à calculer

Compulsory
Obligatorio
Obligatoire

Computable
Calculable
Calculable

Computation center
Centro de cálculo
Centre de calcul

Computational ability
Capacidad de cálculo
Capacité de calcul

Computational error
Error de cálculo
Erreur de calcul

Computational load
Volumen de cálculo
Volume de calcul

Computational power
Potencia de cálculo
Puissance de calcul

(to) Compute
Calcular
Calculer

Compute bound
Subordinado al tiempo de cálculo
Subordonné au temps de calcul

Compute limited
Limitado por el tiempo de cálculo
Limité par le temps de calcul

Compute mode
Modo de cálculo
Mode de calcul

Computer
Calculador
Calculateur

Computer
Ordenador
Ordinateur

Computer acceptable
Asimilable por ordenador
Assimilable par ordinateur

Computer accounting
Contabilidad mecanográfica
Comptabilité mécanographique

**Computer accounting system;
C.A.S.**
Sistema de contabilidad
   mecanográfica
Système de comptabilité
   mécanographique

Computer age
Era de los ordenadores
Ere des ordinateurs

Computer aided design
Diseño automatizado
Dessin automatisé

Computer aided instruction
Enseñanza automatizada,
   Enseñanza Asistida por
   Ordenador; E.A.O.
Instruction automatisée

**Computer aided production
control**
Gestión de producción ayudada
   por ordenador
Gestion de production assistée par
   ordinateur (G.P.A.O.)

Computer aided teaching
Enseñanza automatizada
Enseignement automatisé

Computer analyst
Analista en informática
Analyste en informatique

Computer application
Aplicación informática
Application de l'ordinateur

Computer assisted
Ayudado por un ordenador
Avec le concours d'un ordinateur

Computer assisted instruction
Enseñanza automatizada,
   Enseñanza Asistida por
   Ordenador; E.A.O.
Instruction automatisée

Computer assisted learning
Estudio automatizado
Etude automatisée

Computer assisted management
Gestión automatizada
Gestion automatisée

Computer backed
Dirigido por ordenador
Géré par ordinateur

Computer based
Dirigido por ordenador
Géré par ordinateur

Computer based instruction
Enseñanza automatizada,
   Enseñanza Asistida por
   Ordenador; E.A.O.
Instruction automatisée

Computer bound
Subordinado a la velocidad del
   ordenador
Subordonné à la vitesse de
   l'ordinateur

Computer center
Centro de proceso
Centre de traitement

Computer code
Código máquina
Code machine

Computer compatible
Asimilable por varios tipos de
   ordenadores
Assimilable par différents types
   d'ordinateurs

Computer configuration
Configuración del ordenador
Configuration de l'ordinateur

Computer console
Pupitre de ordenador
Pupitre d'ordinateur

Computer console operator
Operador de pupitre de ordenador
Opérateur de pupitre d'ordinateur

Computer consultant
Consultor en informática
Conseiller en informatique

Computer controlled network
Red dirigida por ordenador
Réseau géré par ordinateur

Computer course
Curso de informática
Cours d'informatique

Computer department
Departamento informática
Service informatique

Computer dependent language
Lenguaje propio de un ordenador
   específico
Langage propre à un ordinateur

Computer design
Estructura del proceso
Structure du traitement

Computer directed
Dirigido por ordenador
Dirigé par ordinateur

Computer drawn
Producido por ordenador
Etabli par ordinateur

Computer driven
Dirigido por ordenador
Dirigé par ordinateur

Computer efficiency
Rendimiento del ordenador
Rendement de l'ordinateur

Computer engineer
Ingeniero en informática
Ingénieur en informatique

Computer engineering
Informática (como ciencia)
Génie informatique

Computer equipment
Equipo de proceso
Matériel de traitement

Computer feed
Alimentado por ordenador
Alimenté par ordinateur

Computer file
Fichero mecanográfico
Fichier mécanographique

Computer forms
Impresos mecanográficos
Imprimés mécanographiques

Computer generated
Producido por ordenador
Etabli par ordinateur

Computer graphics
Tecnología de gráficos
Infographie

Computer independent
Independiente del tipo de
    ordenador
Indépendant du type d'ordinateur

Computer independent language
Lenguaje independiente del tipo
    de ordenador
Langage indépendant du type
    d'ordinateur

Computer instruction
Instrucción máquina
Instruction machine

Computer instruction set
Repertorio de instrucciones
    máquina
Répertoire d'instruction machine

Computer language
Lenguaje máquina
Langage machine

Computer letter
Letra impresa por ordenador
Lettre imprimée par ordinateur

Computer limited
Limitado por la velocidad del
    ordenador
Limité par la vitesse de
    l'ordinateur

Computer log
Diario máquina
Journal machine

Computer machinery
Equipo de proceso
Matériel de traitement

Computer managed
Dirigido por ordenador
Géré par ordinateur

Computer managed instruction
Enseñanza controlada por
    ordenador
Instruction contrôlée par
    ordinateur

Computer meter
Contador de máquina
Compteur de machine

Computer network
Red de ordenadores
Réseau d'ordinateurs

Computer operation
Operación máquina
Opération machine

Computer oriented language
Lenguaje orientado hacia la
    máquina
Langage orienté vers la machine

Computer output
Salida de ordenador
Sortie d'ordinateur

Computer output microfilm C.O.M.
Microfilme de salida de ordenador
Microfilm de sortie d'ordinateur

Computer personnel
Personal de informática
Personnel informaticien

Computer prepared
Producido por ordenador
Etabli par ordinateur

Computer produced
Producido por ordenador
Etabli par ordinateur

Computer produced report
Informe mecanográfico
Etat mécanographique

Computer program
Programa de ordenador
Programme d'ordinateur

Computer programmer
Programador
Programmeur

Computer ready form
Impreso utilizable por ordenador
Imprimé exploitable par ordinateur

Computer ribbon
Cinta de ordenador
Ruban d'ordinateur

Computer room
Sala de ordenador
Salle d'ordinateur

Computer routine
Subprograma de ordenador
Sous-programme d'ordinateur

Computer science
Informática (como ciencia)
Génie informatique

Computer scientist
Especialista en informática
Spécialiste en informatique

Computer section
Sección mecanográfica
Section mécanographique

Computer service center
Centro de proceso de la
    información
Centre de traitement de
    l'information

Computer simulated
Simulado por ordenador
Simulé par ordinateur

Computer store
Memoria de ordenador
Mémoire d'ordinateur

Computer stored
Almacenado por ordenador
Mémorisé par ordinateur

Computer stored data
Datos almacenados por ordenador
Données mémorisées par
    ordinateur

Computer system
Sistema de proceso
Système de traitement

Computer system center
Centro de proceso de la
    información
Centre de traitement de
    l'information

Computer tape
Cinta de ordenador
Bande d'ordinateur

Computer time
Tiempo máquina
Temps machine

Computer typesetting
Composición automática
Composition automatique

Computer usable form
Impreso utilizable por ordenador
Imprimé exploitable par ordinateur

Computer word
Palabra máquina
Mot machine

Computer written
Escrito por ordenador
Ecrit par ordinateur

Computerese
Jerga de la informática
Jargon de l'informatique

(to) Computerize
Automatizar
Automatiser

Computerized data
Datos mecanográficos
Données mécanographiques

Computerized drafting machine
Ordenador de dibujo
Ordinateur de dessin

Computerized file
Fichero automático
Fichier automatique

Computerized report
Informe mecanografiado
Rapport mécanographié

Computerized typesetting
Composición automatizada
Composition automatisée

Computing
Cálculo
Calcul

Computing amplifier
Amplificador calculador
Amplificateur calculateur

Computing center
Centro de cálculo
Centre de calcul

Computing efficiency
Capacidad de cálculo
Capacité de calcul

Computing equipment
Equipo mecanográfico
Matériel mécanographique

Computing machine
Calculadora
Machine à calculer

Computing network
Red Informática
Réseau informatique

Computing power
Capacidad de cálculo
Capacité de calcul

Computing room
Sala de cálculo
Salle de calcul

Computing speed
Velocidad de cálculo
Vitesse de calcul

Computing time
Tiempo de cálculo
Temps de calcul

Computor
Calculador
Calculateur

(to) Concatenate
Concatenar, Yuxtaponer
Enchaîner

Concatenation
Encadenamiento
Enchaînement

Concentration
Concentración
Concentration

Concentrator
Concentrador
Concentrateur

Concentric cable
Cable coaxial
Câble coaxial

Concept
Concepto
Concept

Concepts and facilities
Generalidades y funciones
Généralités et fonctions

Conceptual
Teórico
Théorique

**Conceptual modelling (Br.);
    modeling (Amer.)**
Modelos de concepción
Modèles de conception

Concurrency
Simultaneidad
Simultanéité

Concurrent
Simultáneo
Simultané

Concurrent conversion
Conversión simultánea
Conversion simultanée

Concurrent jobs
Trabajos simultáneos o
    concurrentes
Travaux simultanés

Concurrent operation
Operación simultánea
Opération simultanée

Concurrent processing
Proceso simultáneo o concurrente
Traitement simultané

Concurrent working
Funcionamiento simultáneo
Fonctionnement simultané

Concurrently
Simultáneamente
Simultanément

Condensed instruction code
Código de instrucciones en forma
    condensada
Code d'instruction sous forme
    condensée

Condensed keyboard
Teclado reducido
Clavier réduit

Condensing routine
Rutina de compresión
Routine de compression

Condition
Condición
Condition

(to) Condition
Acondicionar
Conditionner

Condition code
Código condición
Code condition

Condition indicator
Indicador de condición
Indicateur de condition

Condition name
Nombre de condición
Nom de condition

Condition name test
Prueba del nombre de condición
Analyse du nom de condition

Condition prefix
Prefijo de condición
Préfixe de condition

Conditional
Condicional
Conditionnel

Conditional assignment
Asignación condicional
Affectation conditionnelle

Conditional branch
Salto (o bifurcación) condicional
Saut (ou branchement)
   conditionnel

Conditional branch instruction
Instrucción de salto (o bifurcación)
   condicional
Instruction de saut (ou
   branchement) conditionnel

Conditional breakpoint
Punto de interrupción condicional
Point d'interruption conditionnel

Conditional breakpoint instruction
Instrucción de punto de
   interrupción condicional
Instruction de point d'interruption
   conditionnel

Conditional control transfer
Transferencia de control
   condicional
Transfert de contrôle conditionnel

**Conditional control transfer
instruction**
Instrucción de transferencia de
   control condicional
Instruction de transfert de contrôle
   conditionnel

Conditional implication operation
Inclusión condicional
Inclusion conditionnelle

Conditional jump
Bifurcación condicional
Branchement conditionnel

Conditional jump instruction
Instrucción de bifurcación
   condicional
Instruction de branchement
   conditionnel

Conditional operation
Operación condicional
Opération conditionnelle

Conditional stop instruction
Instrucción de parada condicional
Instruction d'arrêt conditionnel

Conditional test
Ensayo condicional
Essai conditionnel

Conditional transfer
Transferencia condicional
Transfert conditionnel

Conditional transfer instruction
Instrucción de transferencia
   condicional
Instruction de transfert
   conditionnel

Conditionally required
Requerido en algunas condiciones
Requis dans certaines conditions

Conditioning
Acondicionamiento
Conditionnement

Conductive
Conductor
Conducteur

Conductive pencil
Lápiz conductor
Crayon conducteur

Conductor
Conductor
Conducteur

Confidence check
Control de seguridad
Contrôle de sécurité

Configuration
Configuración
Configuration

Configuration dependent
Dependiente de la configuración
Dépendant de la configuration

Configuration independent
Independiente de la configuración
Indépendant de la configuration

(to) Configure
Configurar
Configurer

Conflicting
Incompatibilidad
Incompatibilité

Congestion
Sobrecarga
Surcharge

Conjunction
Conjunción
Conjonction

(to) Connect
Conectar
Connecter

Connect(ion)
Conexión
Connexion

Connect time
Tiempo de establecimiento de una
   conexión
Temps d'établissement d'une
   connexion

Connection box
Cuadro de conexiones
Boîtier de connexions

Connective elements
Elementos conectivos
Eléments connectifs

Connector
Conector
Connecteur

Consecutive numbering
Numeración progresiva
Numérotage progressif

Conservation of space
Economía de espacio
Economie d'espace

Consistency check
Comprobación de consistencia
Contrôle de conformité

Consistent
Coherente
Cohérent

Console
Pupitre
Pupitre

Console desk
Pupitre de mando
Pupitre de commande

Console display register
Registro de visualización del
pupitre
Registre de visualisation du
pupitre

Console entry switches
Conmutadores de entrada del
pupitre
Commutateurs d'entrée du pupitre

Console error log sheet
Hoja de grabación de los errores
Feuille de signalement des erreurs

Console keyboard
Teclado de pupitre
Clavier de pupitre

Console log book
Registro cronológico de máquina
Registre de machine

Console operating log
Diario máquina
Journal machine

Console operator
Operador de pupitre
Pupîtreur

Console printer
Impresora de pupitre
Imprimante de pupitre

Console run sheets
Hojas de diario máquina
Feuilles de journal machine

Console switch
Conmutador de pupitre
Déviateur de pupitre

Console typewriter
Máquina de escribir de pupitre
Machine à écrire de pupitre

Console typewriter log
Diario de máquina de escribir de
pupitre
Journal de machine à écrire de
pupitre

(to) Consolidate
Agrupar
Regrouper

Consolidation
Agrupamiento
Regroupement

Constant area
Zona constante
Zone constante

Constant data
Datos constantes
Données constantes

Constant factor
Factor constante
Facteur constant

Constants
Constantes
Constantes

(to) Construct
Constituir
Constituer

Construction
Constitución
Constitution

Consulting firm
Sociedad de servicios y de
consulta en informática
Société de services et de conseil
en informatique (S.S.C.I.)

Contact alignment
Alineamiento de contactos
Alignement de contacts

Contact pin
Patilla de contacto
Broche de contact

Container
Caja
Boîte

Container
Contenedor
Coffret

Content
Contenido
Contenu

Contention
Contención
Contestation

Contextual declaration
Declaración contextual
Déclaration contextuelle

Contiguous
Contiguo
Contigu

Contingency
Eventualidad
Eventualité

Contingency table
Tabla de las eventualidades
Table des éventualités

Continuation
Continuación
Continuation

Continuation card
Ficha de continuación
Carte de continuation

Continuation file
Fichero de continuación
Fichier de continuation

Continuation indicator
Indicador de continuación
Indicateur de continuation

Continuation line
Línea de continuación
Ligne de continuation

(to) Continue reappear
Imprimir varias veces
seguidamente
Imprimer plusieurs fois de suite

Continuous cards
Fichas en continuo
Cartes en continu

Continuous form
Impreso en continuo
Imprimé en continu

Continuous form burster
Separadora de impresos continuos
Rupteuse d'imprimés en continu

Continuous form guillotine
Guillotina para impresos continuos
Massicot pour imprimés en
continu

Continuous operation
Funcionamiento en continuo
Fonctionnement en continu

Continuous process
Proceso continuo
Processus continu

Continuous recording medium
Soporte de registro continuo
Support d'enregistrement en
 continu

**Continuous sprocket holed
 stationery**
Papel en continuo con perforación
 de arrastre
Papier en continu avec perforation
 d'entraînement

Continuous stationery
Formularios en papel continuo
Formulaires en papier continu

Continuous stationery set
Legajo de papel en continuo
Liasse de papier en continu

**Continuous system modeling
 program**
Programa de simulación de
 sistemas continuos
Programme de simulation en
 système continu

Continuous tabulating card forms
Fichas mecanográficas en
 continuo
Cartes mécanographiques en
 continu

Continuous wage envelopes
Sobres-Paga en continuo
Enveloppes-paie en continu

Contour analysis
Verificación de los contornos
Vérification des contours

(to) Control
Controlar
Contrôler

(to receive) Control
Estar lanzado (activo)
Etre lancé

Control block
Bloque de control
Bloc de contrôle

Control board
Cuadro de mando
Tableau de commande

Control break
Ruptura de control
Rupture de contrôle

Control brush
Escobilla de control
Balai de contrôle

Control card
Ficha de control
Carte de contrôle

Control card specifications
Especificaciones para la ficha de
 control
Spécifications pour la carte de
 contrôle

Control change
Cambio de control
Changement de contrôle

Control character
Carácter de mando
Caractère de commande

Control circuitry
Circuitos de mando
Circuits de commande

Control console
Pupitre de mando
Pupitre de commande

Control counter
Contador de control
Compteur de contrôle

Control cycle
Ciclo operatorio
Cycle opératoire

Control data
Datos de control
Données de contrôle

Control data field
Campo de datos de control
Zone de données de contrôle

Control deck
Paquete de fichas de control
Paquet de cartes de contrôle

Control device
Dispositivo de control
Dispositif de contrôle

Control electronics
Circuitos de mandos electrónicos
Circuits de commandes
 électroniques

Control field
Campo de control
Zone de contrôle

Control field line
Línea de zona de control
Ligne de zone de contrôle

Control format item
Elemento de control del formato
Article de contrôle du format

Control function
Función de control
Fonction de contrôle

Control grid
Rejilla de control
Grille de contrôle

Control group
Grupo de control
Groupe de contrôle

Control holes
Perforaciones de control
Perforations de contrôle

Control information
Información de control
Information de contrôle

Control key
Tecla de mando
Touche de commande

Control knob
Botón de mando
Bouton de commande

Control language
Lenguaje de gestión
Langage de gestion

Control level
Nivel de control
Niveau de contrôle

Control level indicator
Indicador de nivel de control
Indicateur de niveau de contrôle

Control light
Lámpara de señalización
Lampe témoin

Control line
Línea de mando
Ligne de commande

Control loop
Ciclo de control
Cycle de contrôle

Control message display
Unidad de visualización de los
 mensajes de control
Unité de visualisation des
 messages de contrôle

Control method
Método de control
Méthode de contrôle

Control mode
Modo de control
Mode de contrôle

Control operation
Operación de control
Opération de contrôle

Control panel
Panel de mando
Panneau de commande

Control panel hub chart
Plano de las conexiones del panel
Liste des connexions du panneau

Control path
Camino de control
Parcours de contrôle

Control program
Programa de control
Programme de contrôle

Control program options
Opciones del programa de control
Options du programme de
  contrôle

Control punch(ing)
Perforación de control
Perforation de contrôle

Control record
Registro de control
Enregistrement de contrôle

Control record card
Ficha do rogiotro do control
Carte d'enregistrement de contrôle

Control register
Registro de control
Registre de contrôle

Control relationship
Interdependencia
Interdépendance

Control routine
Subprograma de gestión
Sous-programme de gestion

Control section; C.S.E.C.T.
Sección de control
Section de contrôle

Control sequence
Secuencia de control
Séquence de contrôle

Control sheet
Hoja de control
Feuille de contrôle

Control signal
Señal de mando
Signal de commande

Control slip
Ficha de control
Fiche de contrôle

Control software
Conjunto de programas de control
Ensemble de programmes de
  contrôle

Control specification
Especificación de control
Spécification de contrôle

Control statement
Especificación de control
Spécification de contrôle

Control station
Estación de mando
Poste de commande

Control storage
Memoria de control
Mémoire de contrôle

Control switch
Conmutador de mando
Commutateur de commande

Control symbol
Símbolo de control
Symbole de contrôle

Control table
Tabla de control
Table de contrôle

Control tape
Cinta de control
Bande de contrôle

(to give) Control to
Lanzar (un programa)
Lancer (un programme)

Control totals
Totales de control
Totaux de contrôle

Control transfer
Transferencia de control
Transfert de contrôle

Control transfer instruction
Instrucción de transferencia de
  control
Instruction de transfert de contrôle

Control unit busy; C.U.B.
Unidad de control ocupada
Unité de contrôle occupée

Control unit end; C.U.E.
Fin sobre unidad de control
Fin sur unité de contrôle

Control volume
Volumen de control
Volume de contrôle

Control word
Palabra de control
Mot de contrôle

Controlled memory
Memoria controlada
Mémoire contrôlée

Controlled voltage
Tensión estabilizada
Tension stabilisée

Controller
Controlador
Contrôleur

Controller
Órgano de control
Organe de contrôle

Control(ler) unit
Unidad de control
Unité de contrôle

Convenience outlet
Toma auxiliar
Prise auxiliaire

Conventional
Convencional
Conventionnel

Conventional equipment
Equipo convencional
Matériel conventionnel

**Conventional punched card
equipment**
Equipo convencional con fichas
perforadas
Matériel conventionnel à cartes
perforées

Conventional telegraph word
Palabra telegráfica convencional
Mot télégraphique conventionnel

Conversation
Conversación
Conversation

Conversation
Diálogo
Dialogue

Conversational
Conversacional
Conversationnel

Conversational
Conversacional; dialogado
De dialogue; dialogue

Conversational
Dialogado
Dialogué

Conversational compiler
Compilador conversacional
Compilateur conversationnel

Conversational mode
Modo de comunicación
conversacional
Dialogué

Conversational mode
Modo conversacional
Mode conversationnel

Conversational mode
Modo de comunicación por
conversación
Mode dialogué

Conversational processing
Proceso conversacional
Traitement conversationnel

(to) Converse
Dialogar
Dialoguer

Conversion
Conversión
Conversion

Conversion code
Código de conversión
Code de conversion

Conversion device
Dispositivo de conversión
Dispositif de conversion

Conversion equipment
Equipo de conversión
Matériel de conversion

Conversion process
Proceso de conversión
Processus de conversion

Conversion program
Programa de conversión
Programme de conversion

Conversion routine
Rutina de conversión
Routine de conversion

Conversion table
Tabla de conversión
Table de conversion

(to) Convert
Convertir
Convertir

(to) Convert back
Reconvertir
Reconvertir

Converter
Convertidor
Convertisseur

(to) Convey
Encaminar
Acheminer

Coordinate memory
Memoria con coordenadas
Mémoire à coordonnées

Coordinate storage
Memoria con coordenadas
Mémoire à coordonnées

(to) Copy into a register
Memorizar en un registro
Mémoriser dans un registre

Copy
Copia
Copie

(to) Copy
Copiar
Copier

Copy
Ejemplar
Exemplaire

Copy check
Comprobación por medio de
duplicación
Contrôle par duplication

Copy tape
Duplicado de cinta
Duplicata de bande

Copying
Duplicación
Duplication

Cordless plug
Caballete de conexión
Cavalier de connexion

Cordonnier check
Comprobación visual
Contrôle visuel

Cordonnier system
Sistema visual
Système visuel

Core
Núcleo
Tore

Core array
Matriz de núcleos
Matrice à tores

Core bank
Banco de memorias de núcleos
Banque de mémoires à tores

Core communications area
Zona de comunicaciones en
memoria de núcleos
Zone de communications en
mémoire à tores

Core dump
Vaciado de memoria de núcleos
Vidage de la mémoire à tores

Core dump program
Programa de vaciamiento de la
memoria de núcleos
Programme de vidage de la
mémoire à tores

Core dump routine
Subprograma de vaciamiento de
la memoria de núcleos
Sous-programme de vidage de la
mémoire à tores

Core image buffer
Zona intermedia imagen-memoria
de núcleos
Zone intermédiaire image-
mémoire á tores

Core image library; C.I.L.
Biblioteca imágenes-memoria de
núcleos
Bibliothèque images-mémoire à
tores

**Core image library service
program**
Programa de servicio de la
biblioteca imágenes-memoria
de núcleos
Programme de service de la
bibliothèque images-memoire à
tores

Core image loader
Cargador imágenes-memoria de
núcleos
Chargeur images-mémoire à tores

Core load
Carga de la memoria de núcleos
Charge de la mémoire à tores

Core map
Plano de la memoria de núcleos
Plan de la mémoire à tores

Core matrix
Matriz de núcleos
Matrice à tores

Core memory
Memoria de núcleos
Mémoire à tores

Core memory resident
Residente en la memoria de
núcleos
Résidant dans la mémoire à tores

Core plane
Plano de núcleos
Plan de tores

Core size
Capacidad de la memoria de
núcleos
Capacité de la mémoire à tores

Core stack
Bloque de memoria de núcleos
Bloc de mémoire à tores

Core storage
Memoria de núcleos
Mémoire à tores

Core storage image
Imagen de la memoria de núcleos
Image de la mémoire à tores

Core storage position
Posición de la memoria de núcleos
Position de la mémoire à tores

Core storage unit
Unidad de memoria de núcleos
Unité de mémoire à tores

Core usage
Atasco en memoria de núcleos
Encombrement en mémoire à
tores

Core-to core communication
Comunicación entre memorias de
núcleos
Communication entre mémoires à
tores

Corner
Esquina, Angulo
Angle

Corner cut
Corte de esquina
Coupe d'angle

Corner cut card
Ficha con esquina cortada
Carte à angle coupé

Cornering station
Estación de cambio de dirección
Poste de changement de direction

(to) Correct
Corregir
Corriger

Correct card
Ficha de corrección
Carte de correction

Correction
Corrección
Correction

Corrective action
Operación de corrección
Opération de correction

Corrective maintenance time
Tiempo de correctivo
Temps de réparation

Correlation
Correlación
Corrélation

Correlation matrix
Matriz de correlación
Matrice de corrélation

Correspondance defining
Definición por correspondencia
Définition par correspondance

Cost accounting
Contabilidad de costes
Comptabilité des prix de revient

Cost analysis
Análisis de costes
Analyse des coûts

Cost per unit
Coste unitario
Coût unitaire

Costing
Evaluación de costes
Evaluation des prix des revient

Cost-performance ratio
Relación rendimiento-precio
Rapport performance-prix

Count
Cuenta
Compte

(to) Count
Contar
Compter

Count conditional statement
Instrucción con recuento
condicional
Instruction avec comptage

Count controlled loop
Ciclo controlado por contador
Cycle contrôlé par compteur

Count down
Cuenta al revés
Compte à rebours

(to) Count down
Contar al revés
Compter à rebours

Count down counter
Contador regresivo
Compteur régressif

(to) Count down counter
Contar al revés
Décompter à rebours

Count field
Campo de recuento
Zone de comptage

(to) Count in
Incluir
Inclure

(to) Count mode n
Contar en módulo n
Compter en module n

(to) Count out
Excluir
Exclure

Count up
Recuento progresivo
Comptage progressif

(to) Count up
Contar progresivamente
Compter progressivement

Count up counter
Contador progresivo
Compteur progressif

Count value
Valor de un contador
Valeur d'un compteur

Counter
Contador
Compteur

Counter entry
Entrada a un contador
Entrée à un compteur

Counter exit
Salida de un contador
Sortie d'un compteur

Counter wheel
Rueda de contador
Roue de compteur

(to) Countercheck
Contraverificar
Contre-vérifier

Counting
Recuento
Comptage

Counting sorter
Clasificadora-contadora
Trieuse-compteuse

(to) Couple
Acoplar
Coupler

Coupling
Acoplamiento
Couplage

Coupling coefficient
Coeficiente de acoplamiento
Coefficient de couplage

Course
Desarrollo
Déroulement

Cover
Cubierta
Carter

C.P.
Perforador de fichas
Perforateur de cartes

C.P.A.
Análisis del camino crítico
Analyse du chemin critique

C.P.B.
Bloque del programa de canal
Bloc du programme de canal

C.P.M.
Método del camino crítico
Méthode du chemin critique

C.P.S.
Sistema de programación con fichas
Système de programmation à cartes

C.P.U.
Unidad central de proceso
Unité centrale de traitement

C.R.
Vuelta del carro
Retour du chariot

Cradle
Soporte
Support

Crash cost
Coste
Coût

Crash course
Curso acelerado
Cours accéléré

Crash numbering
Numeración progresiva
Numérotage progressif

C.R.C.
Control cíclico por redundancia
Contrôle cyclique par redondance

Creation
Creación
Création

Creation date
Fecha de creación
Date de création

Credibility
Credibilidad
Crédibilité

Credibility check
Comprobación de verosimilitud
Contrôle de vraisemblance

Credit checking
Comprobación de solvencia
Contrôle de solvabilité

Creep
Pérdidas acumulativas
Pertes cumulatives

(to) Cripple
Cortar la corriente
Couper le courant

Crippled leapfrog test
Prueba parcial de funcionamiento interno
Preuve partielle de fonctionnement interne

Crippled mode
Modo de funcionamiento parcial
Mode de fonctionnement partiel

(to) Crisscross
Entrecruzar
Entrecroiser

Criterion
Constante de comparación
Constante de comparaison

Critical path
Camino crítico
Chemin critique

Critical path analysis; C.P.A.
Análisis del camino crítico
Analyse du chemin critique

Critical path method; C.P.M.
Método del camino crítico
Méthode du chemin critique

Critical stock level
Nivel crítico de existencias
Seuil de réapprovisionnement

C.R.O.
Osciloscopio con rayos catódicos
Oscilloscope à rayons cathodiques

(to) Cross add
Adicionar horizontalmente
Additionner horizontalement

Cross bar switch
Conmutación por barras cruzadas
Commutation à barres croisées

(to) Cross check
Contraverificar
Contre-vérifier

Cross check
Verificación cruzada
Contre-vérification

Cross checking
Vigilancia cruzada
Contrôle croisé

(to) Cross reference
Establecer correspondencias
Etablir des correspondances

Cross reference list(ing)
Lista de las correspondencias
Liste des correspondances

Cross reference table
Tabla de referencias cruzadas
Table de correspondances

Cross stalk
Interferencia
Interférence

Cross tabulation
Tabulación cruzada
Tabulation en croix

Cross talk
Diafonía, Interferencia
Diaphonie

Cross talk attenuation
Atenuación por interferencia
Atténuation diaphonique

Crossed variable
Variables cruzadas
Variables croisées

(to) Crossfoot
Hacer una operación horizontal
Faire une opération horizontale

Crossfoot(ing)
Operación horizontal
Opération horizontale

Crossfoot error
Error de operación horizontal
Erreur d'opération horizontale

Crossfoot key
Tecla X
Touche X

Crossfooter
Contador de operaciones
   horizontales
Compteur d'opérations
   horizontales

Crossfooting check
Verificación horizontal
Vérification horizontale

Cross(foot(ing)) total
Total horizontal
Total horizontal

(to) Crowd
Condensar
Condenser

C.R.T.
Visual, Representación visual
Visu

C.R.T.
Válvula de rayos catódicos
Tube à rayons cathodiques

Crude
Bosquejo
Ebauche

Crunch
Hoja de diario máquina
Feuille de journal machine

Crutch
Soporte
Support

Cryogenic
Criogénico
Cryogénique

Cryogenic computer
Ordenador criogénico
Calculateur cryogénique

Cryogenic storage
Memoria criogénica
Mémoire cryogénique

Cryogenics
(La) Criogenia
(La) Cryogénie

C.S.E.C.T.
Sección de control
Section de contrôle

C.S.W.
Palabra de estado del canal
Mot d'état du canal

C.U.B.
Unidad de control ocupada
Unité de contrôle occupée

Cubicle
Arcón
Caisson

Cue
Carácter indicador
Caractère indicateur

(to) Cue
Intercalar
Intercaler

C.U.E.
Fin sobre unidad de control
Fin sur unité de contrôle

(to) Cumulate
Acumular, Sumar
Totaliser

(to) Cumulate
Acumular
Cumuler

Cumulative costs
Costes acumulativos
Coûts cumulatifs

Cumulative error
Error acumulativo
Erreur cumulative

Cumulative index
Índice acumulativo
Index cumulatif

Cumulative total
Total cumulativo
Total cumulatif

Cumulatively
Cumulativamente
Cumulativement

Cupping of tape
Curvatura de la cinta
Courbure de la bande

Currency symbol
Símbolo monetario
Symbole monétaire

Current
En curso de ejecución, Actual
En cours d'exécution

(to be) Current
Actualizado
Etre à jour

Current account
Cuenta corriente
Compte courant

Current address
Dirección usual (actual)
Adresse usuelle

Current date
Fecha del día
Date du jour

Current generation
Última generación
Dernière génération

Current instruction counter
Contador de la instrucción en
curso
Compteur de l'instruction en cours

Current instruction register
Registro de la instrucción en curso
Registre de l'instruction en cours

Currently
Trabajo en curso
Travail en cours

Cursor
Cursor
Curseur

Cursor
Tecla de repetición
Touche de répétition

Curtate
Porción horizontal de una ficha
Portion horizontale d'une carte

Curve
Curva
Courbe

Curve fitting
Ajuste de la curva
Ajustement de la courbe

Curve follower
Lector de curvas
Lecteur de courbes

Curve plotter
Trazador (de curvas)
Traceur de courbes

Custom designed
Adaptado al usuario
Adapté à la demande

Custom form
Impreso especial
Imprimé spécial

Custom made
Modelo bajo pedido
Modèle sur demande

Customer
Usuario
Utilisateur

Customer base
Clientela de base
Clientèle de base

Customer developed program
Programa escrito por el usuario
Programme écrit par l'utilisateur

Customer file
Fichero de clientes
Fichier de clients

Customer service
Servicio al cliente
Service clientèle

Customizable
Adaptable al utilizador
Adaptable à l'utilisateur

Customization
Adaptación al utilizador
Adaptation à l'utilisateur

(to) Customize
Adaptar al usuario
Adapter à l'utilisateur

Customized keyboard
Teclado personalizado
Clavier personnalisé

Customizing procedure
Procedimiento de adaptación
Procédure d'adaptation

(to) Cut off
Interrumpir
Interrompre

(to) Cut out
Recortar
Découper

Cut-down version
Versión reducida
Version réduite

(to) Cut-in
Intervenir
Intervenir

Cut-off
Interrupción
Interruption

Cut-off date
Fecha del cierre contable
Date de l'arrêté comptable

Cut(ing)-over
Transición
Transition

Cut-over date
Fecha de puesta en servicio
Date de mise en service

Cut-over period
Período de funcionamiento en
paralelo
Période de fonctionnement en
parallèle

Cut-price
A precio reducido
A prix réduit

Cut-rate version
Versión a precio reducido
Version à prix réduit

Cutter
Cuchilla
Couteau

Cutting
Recorte
Découpe

Cybernatician
Especialista en cibernética
Spécialiste en cybernétique

Cybernetics
(La) Cibernética
(La) Cybernétique

Cycle
Ciclo
Cycle

(to) Cycle
Funcionar de manera cíclica
Fonctionner de façon cyclique

Cycle count
Recuento de ciclos
Comptage de cycles

Cycle counter
Contador de ciclos
Compteur de cycles

Cycle criterion
Número de ciclos
Nombre de cycles

(to) Cycle down
Cortar progresivamente
Couper progressivement

Cycle index counter
Contador de ciclos
Compteur de cycles

Cycle reset
Reinicialización de contador de ciclos
Reinitialisation du compteur de cycles

Cycle shift
Desplazamiento circular
Décalage circulaire

(to) Cycle shift
Desplazar circularmente
Décaler circulairement

Cycle steal
Robo de ciclo
Vol de cycle

Cycle stealing
Trabajo en robo de ciclo
Exploitation en vol de cycle

(to) Cycle through
Girar sobre un ciclo
Tourner sur une boucle

Cycle time
Duración de un ciclo
Durée d'un cycle

(to) Cycle up
Poner en servicio
Mettre en service

Cycles per second
Ciclos por segundo
Cycles par seconde

Cyclic binary code
Código cíclico binario
Code cyclique binaire

Cyclic code
Código cíclico
Code cyclique

Cyclic feed
Alimentación cíclica
Alimentation cyclique

Cyclic redundancy check; C.R.C.
Control cíclico por redundancia
Contrôle cyclique par redondance

Cyclic shift
Desplazamiento cíclico
Décalage cyclique

Cyclic storage
Memoria cíclica
Mémoire cyclique

Cyclic store
Memoria cíclica
Mémoire cyclique

Cyclical inventory
Inventario permanente
Inventaire permanent

Cycling
Iteración
Itération

Cylinder
Cilindro
Cylindre

Cylinder index
Índice de los cilindros
Index des cylindres

Cylinder overflow area
Zona de desbordamiento del cilindro
Zone de débordement du cylindre

Cylinder record availability chain
Cadena de los registros disponibles de un cilindro
Chaîne des enregistrements disponibles d'un cylindre

D

D.A.C.
Convertidor digital / analógico
Convertisseur numérique /
   analogique

D.A.C.
Convertidor numérico/analógico
Convertisseur numérique/
   analogique

Dagger operation
Operación NO-O
Opération NON-OU

Daily work log
Plano de trabajo diario
Plan de travail journalier

Damping
Amortiguación
Amortissement

D.A.S.
Sistema de adquisición de los
   datos
Système de saisie des données

D.A.S.D.
Unidad de memoria de acceso
   directo
Unité de mémoire à accès direct

D.A.T.
Traducción dinámica de dirección
Traduction dynamique d'adresse

Data
Dato
Donnée

Data
Datos
Données

Data acquisition
Adquisición de datos
Saisie de données

**Data acquisition and control
   system**
Sistema de adquisición y control
   de los datos
Système de saisie et de contrôle
   des données

Data acquisition system; D.A.S.
Sistema de adquisición de los
   datos
Système de saisie des données

Data acquisition terminal
Terminal de adquisición de los
   datos
Terminal de saisie des données

Data adapter unit
Unidad adaptadora de los datos
Unité d'adaptation des données

Data analysis display unit
Unidad de video de análisis de los
   datos
Unité vidéo d'analyse des données

Data array
Conjunto de datos
Ensemble de données

Data bank
Banco de datos
Banque de données

Data base
Base de datos
Base de données

Data bit
Bit de datos
Bit de données

Data buffering
Almacenamiento intermedio de los
   datos
Mémorisation provisoire des
   donnés

Data capture
Adquisición de los datos
Saisie des données

Data capturing device
Dispositivo de adquisición de
   datos
Dispositif de saisie de données

Data card
Ficha datos
Carte données

Data carrier
Soporte de datos
Support de données

Data carrier store
Memoria con soporte movible
Mémoire à support amovible

Data cartridge
Cargador de datos
Chargeur de données

Data cell
Célula de almacenamiento de
   datos
Cellule de mémoire de données

Data cell drive
Unidad con celdas magnéticas
Unité à cellules

Data center
Centro de datos
Centre de données

Data (processing) center
Centro de proceso
Centre de traitement

Data channel control
Control del canal de datos
Contrôle du canal de données

Data channel multiplexor
Multiplexor de canales de datos
Multiplexeur de canaux de
   données

Data collection
Recogida de la información
Collecte de données

Data collection and analysis
Recogida y análisis de los datos
Collecte et analyse des données

Data collection equipment
Equipo de recogida de datos
Matériel de collecte de données

Data collection terminal
Terminal de recogida de datos
Terminal de collecte de données

Data collector
Unidad de recogida de datos
Unité de collecte de données

Data communication channel
Canal de transmisión de datos
Canal de transmission de données

Data communication controller
Controlador de transmisión de
   datos
Contrôleur de transmission de
   données

Data communication exchange
Intercambio en transmisión de datos
Echange en transmission de données

Data communication processor
Ordenador de transmisión de datos
Ordinateur de transmission de données

Data communication terminal
Terminal de comunicación de datos
Terminal de transmission de données

Data communications equipment; D.C.E.
Equipo de comunicaciones de datos
Matériel de transmissions de données

Data compaction
Compresión de datos
Compression de données

Data compression
Compresión de datos
Compression de données

Data concentrator
Concentrador de datos
Concentrateur de données

Data control
Verificación de los datos
Vérification des données

Data control block; D.C.B.
Bloque de verificación de datos
Bloc de vérification de données

Data control unit
Unidad de verificación de datos
Unité de vérification de données

Data control word; D.C.W.
Palabra de control de datos
Mot de vérification de données

Data conversion
Conversión de datos
Conversion de données

Data coupler
Acoplador de datos
Coupleur de données

Data deck
Paquete de fichas datos
Paquet de cartes données

Data definition; D.D.
Definición de datos
Définition de données

Data definition statement
Instrucción de definición de datos
Instruction de définition de données

Data delimiter
Separador de datos
Séparateur de données

Data delimiter card
Ficha de delimitación de datos
Carte de délimitation de données

Data density
Densidad de grabación de datos
Densité d'enregistrement de données

Data description
Descripción de datos
Description de données

Data description language; D.D.L.
Lenguaje de descripción de datos
Langage de description de données

Data description table; D.D.T.
Tabla de descripción de datos
Table de description de données

Data dictionary
Diccionario de los datos
Dictionnaire des données

Data directed transmission
Transmisión dirigida por datos
Transmission dirigée par données

Data disk
Disco de datos
Disque de données

Data dispersal
Difusión de datos
Diffusion de données

Data display unit
Unidad de visualización de datos
Unité de visualisation de données

Data dissemination
Difusión de datos
Diffusion de données

Data division
División de los datos
Division des données

Data element
Elemento de datos
Elément de données

Data element descriptor
Bloque descriptivo de elemento de datos
Bloc descriptif d'élément de données

Data encoder
Grabador de datos
Enregistreur de données

Data encoding device
Unidad de registro de datos
Unité d'enregistrement de données

Data entry
Entrada de datos
Introduction de données

Data entry device
Unidad de introducción de datos
Unité d'introduction de données

Data entry keyboard
Teclado de introducción de datos
Clavier d'introduction de données

Data error
Error de datos
Erreur de données

Data evaluation
Evaluación de datos
Evaluation des données

Data event control block
Bloque de control de suceso de datos
Bloc de contrôle d'événement de données

Data field
Zona de datos
Zone de données

Data file
Fichero de datos
Fichier de données

Data file tape
Cinta de fichero de datos
Bande de fichier de données

Data flow
Flujo de datos
Circulation de données

Data flow diagram
Organigrama de datos
Organigramme de données

Data flow sheet
Hoja de organigrama de datos
Feuille d'organigramme de
données

Data flowchart
Organigrama de datos
Organigramme de données

Data format
Formato de los datos
Format des données

Data gathering
Recogida de la información
Collecte de données

Data handling
Manipulación de los datos
Manipulation des données

Data handling capacity
Capacidad de manipulación de los
datos
Capacité de manipulation des
données

Data handling equipment
Equipo de manipulación de datos
Matériel de manipulation de
données

Data input
Entrada de datos
Introduction de données

Data input device
Unidad de introducción de datos
Unité d'introduction de données

Data inscriber
Grabador de datos
Enregistreur de données

Data integrity
Protección de los datos
Protection des données

Data interchange utility
Conversión de datos
Conversion de données

Data item
Datos o artículos
Données

Data key
Tecla de datos
Touche de données

Data layout
Formato de los datos
Format des données

Data level
Nivel de los datos
Niveau des données

Data library
Biblioteca de datos
Bibliothèque de données

Data link
Medio de transmisión de datos
Moyen de transmission de
données

Data link control
Control del medio de transmisión
de datos
Contrôle du moyen de
transmission de données

Data link escape character; D.L.E.
Carácter de cambio del medio de
transmisión de datos
Caractère de changement du
moyen de transmission de
données

Data logger
Registrador cronológico de datos
Enregistreur chronologique de
données

Data logging
Registro cronológico de datos
Enregistrement chronologique de
données

Data management
Gestión de los datos
Gestion des données

Data management system; D.M.S.
Sistema de gestión de datos
Système de gestion des données

Data manipulation
Manipulación de los datos
Manipulation des données

**Data manipulation language;
D.M.L.**
Lenguaje de manipulación de los
datos
Langage de manipulation des
données

Data master
Datos constantes
Données constantes

Data matrix
Matriz de datos
Matrice de données

Data media converter
Convertidor de soportes de datos
Convertisseur de supports de
données

Data medium
Soporte de datos
Support de données

Data mode
Modo de datos
Mode de données

Data modem
Modulador-demodulador de datos
Modulateur-démodulateur de
donnés

Data movement
Transferencia de datos
Transfert de données

Data names
Nombres de los datos
Noms de données

Data (communication) net(work)
Red de transmisión de datos
Réseau de transmission de
données

Data originating equipment
Equipo emisor de datos
Matériel émetteur de données

Data origination
Emisión de datos
Emission de données

Data originator
Emisor de datos
Emetteur de données

Data output
Salida de datos
Sortie de donées

Data overrun
Sobrecarga de datos
Surcharge de données

Data path
Camino de los datos
Chemin des données

Data plotter
Trazador de gráficos
Traceur de graphiques

Data preparation
Preparación de los datos
Préparation des données

Data preparation equipment
Equipo de preparación de datos
Matériel de préparation des
données

Data preparation room
Sala de preparación de los datos
Salle de préparation des données

Data preparation section
Sección de preparación de los
datos
Section de préparation des
données

Data processing
Proceso de datos
Traitement des données

Data processing (world)
(La) Informática
(L') Informatique

Data processing card
Ficha de proceso de los datos
Carte de traitement des données

Data processing center; D.P.C.
Centro de proceso de datos
Centre de traitement des données

Data processing department
Departamento de proceso de los
datos
Service de traitement des données

Data processing department organization
Organización del servicio de
proceso de los datos
Organisation du service de
traitement des données

Data processing equipment
Equipo de proceso de datos
Matériel de traitement des
données

Data processing facilities
Instalaciones de proceso de los
datos
Installations de traitement des
données

Data processing field
Campo de la informática
Domaine de l'informatique

Data processing machine; D.P.M.
Máquina de proceso de datos
Machine de traitement de données

Data processing run
Fase de proceso de datos
Phase de traitement de données

Data processing sequence
Secuencia de proceso de datos
Séquence de traitement de
données

Data processing step
Unidad de proceso de datos
Unité de traitement de données

Data processing system; D.P.S.
Sistema de proceso de datos
Système de traitement de données

Data processing task
Trabajo de proceso de datos
Travail de traitement de données

Data processor
Unidad de proceso de datos
Unité de traitement de données

Data purification
Validez de los datos
Validation des données

Data (transfer) rate
Velocidad de transferencia de los
datos
Vitesse de transfert des données

Data receiver
Receptor de datos
Récepteur de données

Data record(ing)
Grabación de datos
Enregistrement de données

Data recorder
Grabador de datos
Enregistreur de données

Data recording medium
Soporte de registro de datos
Support d'enregistrement de
données

Data reduction
Reducción de datos
Réduction de données

Data reduction center
Centro de reducción de datos
Centre de réduction de données

Data reliability
Fiabilidad de los datos
Fiabilité des données

Data representation
Representación de datos
Représentation de données

Data retrieval
Búsqueda de datos
Recherche des données

Data safety
Protección de los datos
Protection des données

Data security and privacy
Seguridad y secreto de los datos
Sécurité et secret des données

Data selection
Selección de datos
Sélection de données

Data set control block; D.S.C.B.
Bloque de control del conjunto de
datos
Bloc de contrôle de l'ensemble de
données

Data set; D.S.
Conjunto de datos
Ensemble de données

Data set label; D.S.L.
Etiqueta de un conjunto de datos
Etiquette d'un ensemble de
données

Data sheet
Hoja-documento
Feuille-document

Data sheet field
Campo de registro de datos
Zone d'enregistrement de données

Data signal
Señal de datos
Signal de données

Data signalling rate
Velocidad de transmisión de los
datos
Vitesse de transmission des
données

Data sink
Recogedor de datos
Collecteur de données

Data source
Fuente de datos
Source de données

Data speed
Velocidad de circulación de los
    datos
Vitesse de circulation des données

Data station
Estación de datos
Poste de données

Data station console
Pupitre de estación de datos
Pupitre de poste de données

Data storage
Memorización, Almacenamiento
    de los datos
Mémorisation des données

Data storage medium
Soporte de almacenamiento de los
    datos
Support de mémorisation des
    données

Data stream
Flujo de datos
Débit de données

Data structure
Estructura de los datos
Structure des données

Data tape
Cinta de datos
Bande de données

Data terminal
Terminal de proceso de datos
Terminal de traitement de
    données

Data terminal equipment; D.T.E.
Equipo terminal de proceso de
    datos
Equipement terminal de traitement
    de données

Data terminal unit
Unidad terminal de proceso de
    datos
Unité terminale de traitement de
    données

Data track
Pista de datos
Piste de données

Data transceiver
Receptor / emisor de datos
Récepteur / émetteur de données

Data transcriber
Grabador de datos
Enregistreur de données

Data transcription department
Departamento de transcripción de
    los datos
Service de transfert des données

Data transfer
Transferencia de datos
Transfert de données

Data transfer speed
Velocidad de transferencia de los
    datos
Vitesse de transfert des données

**Data transfer to and from
    peripherals**
Transferencia de datos entre
    periféricos
Transfert de données entre
    périphériques

Data transmission
Transmisión de datos
Transmission de données

Data transmission channel; D.T.C.
Canal de transmisión de datos
Canal de transmission de données

Data transmission control unit
Unidad de control de transmisión
    de datos
Unité de contrôle de transmission
    de données

Data transmission equipment
Equipo de transmisión de datos
Matériel de transmission de
    données

Data transmission terminal
Terminal de comunicación de
    datos
Terminal de transmission de
    données

Data transmission trap
Interrupción en transmisión de
    datos
Déroutement en transmission de
    données

Data transmission unit
Unidad de transmisión de datos
Unité de transmission de données

Data transmitter
Transmisor de datos
Transmetteur de données

Data use identifier
Identificador del uso de los datos
Identificateur de l'emploi des
    données

Data validity
Validez de los datos
Validité des données

Data vetting run
Pasada para puesta a punto de los
    datos
Passage pour mise au point des
    données

Data word
Palabra de datos
Mot de données

Datacom(munications)
Teleinformática
Télématique

Datamation
Proceso automático de datos
Traitement automatique des
    données

Date
Fecha
Date

Date compiled
Fecha de compilación
Date de compilation

Date written
Fecha de redacción
Date de rédaction

Dating routine
Programa de registro de la fecha
Programme d'enregistrement de la
    date

Dating subroutine
Subprograma de registro de la
    fecha
Sous-programme d'enregistrement
    de la date

Datum
Dato
Donnée

D.C.
Corriente continua
Courant continu

D.C. Amplifier
Amplificador de corriente continua
Amplificateur à courant continu

D.C. Dump
Corte de corriente continua
Coupure de courant continu

D.C.B.
Bloque de verificación dè datos
Bloc de vérification de données

D.C.E.
Equipo de transmisiones de datos
Matériel de transmissions de
   données

D.C.F.
Dispositivo de control directo
Dispositif de contrôle direct

D.C.I.
Imagen-memoria sobre disco
Image-mémoire sur disque

D.C.I.P.
Programa de inicialización de
   cartucho de disco
Programme d'initialisation de
   cartouche de disque

D.C.O.M.
Zona de comunicaciones sobre
   disco
Zone de communication sur
   disque

D.C.W.
Palabra de verificado de datos
Mot de vérification de données

D.D.
Definición de datos
Définition do donnéoa

D.D.A.
Analizador diferencial numérico
Analyseur différentiel numérique

D.D.C. (Direct Digital Control)
Mando numérico directo
Commande numérique directe

D.D.D.
Llamada a distancia directa
Appel à distance direct

D.D.L.
Lenguaje de descripción de datos
Langage de description de
   données

D.D.S.
Sistema de datos numéricos
Système à données
   numériques

D.D.T.
Tabla de descripción
   de datos
Table de description
   de données

(to) De-activate
Desconectar
Déconnecter

Dead center
Punto muerto
Point mort

Dead end
Extremidad final inutilizable
Bout final inutilisable

Dead halt
Parada definitiva
Arrêt définitif

Dead letter queue
Cola de los mensajes no
   distribuidos
File d'attente des messages non
   distribués

Dead stop
Parada definitiva
Arrêt définitif

Dead time
Tiempo muerto
Temps mort

Deadlock
Situación insoluble
Situation insoluble

Deadly embrace
Bloqueo fatal
Blocage fatal

Deal
Cantidad
Quantité

Debatable time
Tiempo no imputable
Temps non imputable

(to) Deblock
Desbloquear
Débloquer

Deblocking
Desbloqueo
Déblocage

(to) Debug
Buscar y corregir los errores
Rechercher et corriger les erreurs

Debugging
Búsqueda y corrección de los
   errores
Recherche et correction des
   erreurs

Debugging aid routine
Rutina de ayuda a la búsqueda y
   corrección de los errores
Routine d'aide à la recherche et
   correction des erreurs

Debugging package
Paquete-programa de busca y
   corrección de los errores
Paquet-programme de recherche
   et correction des erreurs

Debugging phase
Fase de depuración
Phase de recherche et correction
   des erreurs

Debugging processor
Unidad de búsqueda de los
   errores
Unité de recherche et correction
   des erreurs

Debugging routine
Subprograma de busca y
   corrección de los errores
Sous-programme de recherche et
   correction des erreurs

Debugging run
Pasada de depuración
Passage pour recherche et
   correction des erreurs

Decade
Década
Décade

Decade counter
Contador de décadas
Compteur à décades

Decal
Etiqueta
Coupon adhésif

Decay time
Tiempo de extinción
Temps d'extinction

Deceleration
Deceleración
Décélération

Deceleration time
Tiempo de deceleración
Temps de décélération

Decentralized data processing
Proceso de los datos
    descentralizados
Traitement des données
    décentralisé

Decibel
Decibelio
Décibel

Decimal
Decimal
Décimal

Decimal coded digit
Dígito codificado en decimal
Chiffre codé en décimal

Decimal comma
Coma decimal
Virgule décimale

Decimal digit
Dígito decimal
Chiffre décimal

Decimal digit position
Posición del dígito decimal
Position du chiffre décimal

Decimal form
Forma decimal
Forme décimale

Decimal metic circuits
Circuitos aritméticos / decimales
Circuits arithmétiques / décimaux

Decimal notation
Notación decimal
Notation décimale

Decimal number
Número decimal
Nombre décimal

Decimal numbering system
Sistema decimal de numeración
Système décimal de numération

Decimal numeral
Dígito decimal
Chiffre décimal

Decimal numeration
Numeración decimal
Numération décimale

Decimal overflow
Desbordamiento en capacidad
    decimal
Dépassement en capacité décimale

Decimal place
Posición decimal
Position décimale

Decimal point
Coma decimal
Virgule décimale

Decimal point alignment
Alineamiento sobre la coma
    decimal
Alignement sur la virgule décimale

Decimal representation
Representación decimal
Représentation décimale

Decimalization
Conversión a decimal
Conversion en décimal

(to) Decimalize
Convertir en decimal
Convertir en décimal

Decimal-to binary conversion
Conversión decimal a binario
Conversion décimal / binaire

(to) Decipher
Descifrar
Déchiffrer

Decipherment
Descifrado
Déchiffrage

Decision
Decisión
Décision

Decision box
Casilla de decisión
Case de décision

Decision criterion
Criterio de decisión
Critère de décision

Decision element
Elemento de decisión
Elément de décision

Decision flowchart
Organigrama de decisión
Organigramme de décision

Decision instruction
Instrucción de decisión
Instruction de décision

Decision making
Toma de decisión
Prise de décision

Decision making ability
Poder de decisión
Pouvoir de décision

Decision mechanism
Órgano de decisión
Organe de décision

Decision plan
Plan de decisión
Plan de décision

Decision table
Tabla de decisión
Table de décision

Decisión theory
Teoría de decisión
Théorie de décision

Decision tree
Árbol de decisión
Arbre de décision

Deck
Paquete de fichas
Paquet de cartes

Deck arrangement
Composición de un paquete de
    fichas
Composition d'un paquet de cartes

Deck set-up
Composición de un paquete de
    fichas
Composition d'un paquet de cartes

Declaration
Declaración
Déclaration

Declarative statement
Instrucción de declaración
Instruction de déclaration

(to) Declare
Declarar
Déclarer

Declining balance
Disminución lineal
Diminution rectiligne

(to) Declutch
Desenlazar, Desconectar
Déconnecter

Declutching
Desconexión
Déconnexion

(to) Decode
Decodificar
Décoder

Decode matrix
Matriz de decodificación
Matrice de décodage

Decoder
Decodificador
Décodeur

Decoding
Decodificación
Décodage

Decoding circuit
Circuito decodificador
Circuit décodeur

Decoding routine
Subprograma decodificador
Sous-programme décodeur

(to) Decollate
Separar las hojas
Déliasser

Decollating
Separación de las hojas
Déliassage

Decollating machine
Separadora de hojas
Déliasseuse

Decollation
Separación de las hojas
Déliassage

Decollator
Separadora de hojas
Déliasseuse

Decrease
Disminución
Diminution

Decreasing order
Orden decreciente
Ordre décroissant

(to) Decrement
Disminuir
Diminuer

Decrement
Disminución
Diminution

(to) Decrement by one
Disminuir en una unidad
Diminuer d'une unité

(to) Decrement to
Volver a
Ramener à

Decrementation
Regresión
Régression

Dedicaded core locations
Posiciones reservadas en memoria
Positions réservées en mémoire

Dedicaded line
Línea particular
Ligne particulière

Dedicaded message
Mensaje privilegiado
Message privilégié

Dedicaded use
Uso dedicado
Emplois spéciaux

(to) Deduct
Deducir, restar
Déduire (soustraire)

Deduction card
Ficha de deducción
Carte de déduction

(to) Deem
Juzgar
Juger

Deenergization
Desexcitación
Désexcitation

(to) Deenergize
Desexcitar
Désexciter

Default assignment
Asignación por defecto
Affectation par défaut

Default attribute
Atributo por defecto
Attribut par défaut

Default option
Opción por defecto
Option par défaut

Default directory
Directorio por defecto
Répertoire par défaut

Default value
Valor por defecto
Valeur par défaut

Defective cylinder table
Tabla de los cilindros defectuosos
Table des cylindres défectueux

Defective track
Pista defectuosa
Piste défectueuse

(to) Defer
Diferir, Retardar
Différer

Deferred addressing
Direccionamiento diferido
Adressage différé

Deferred printing
Impresión diferida
Impression différée

Deferred restart
Reanudación después punto de
  control
Reprise différée

Deferred restart
Reanudación diferida
Reprise différée

Deffered entry
Entrada diferida
Entrée différée

(to) Define
Definir
Définir

Definer
Indicador de zona
Indicateur de zone

Defining base
Indicación de base
Indication de base

Definition
Definición
Définition

(to) Deflect
Desviar
Dévier

Deflection yoke
Bobina de desvío
Bobine de déviation

Degaussing comb
Peine desmagnetizador
Peigne démagnétiseur

Degradation
Degradación
Dégradation

(to) Degrade
Degradar
Réduire

(to) Degrade gracefully
Ofrecer un proceso en modalidad
reducida
Offrir un traitement réduit

Dehumidifier
Deshumidificador
Déshumidificateur

D.E.L.
Carácter de borradura
Caractère d'effacement

Delay
Atraso
Retard

(to) Delay
Atrasar
Retarder

Delay line
Línea de retardo
Ligne à retard

Delay line buffer storage
Memoria intermedia con línea de
retardo
Mémoire intermédiaire à ligne à
retard

Delay line register
Registro con líneas de retardo
Registre à ligne à retard

Delay line storage
Memoria con línea de retardo
Mémoire à ligne à retard

Delay unit
Unidad de retardo
Unité à retard

Delayed
Atrasado
Retardé

Delayed data flow path
Trayecto de salida de datos
diferido
Trajet de sortie de données différé

Delayed response
Respuesta diferida
Réponse différée

Delayed spacing
Espaciado diferido
Interligne différé

(to) Deleave
Separar las hojas
Déliasser

Deleaver
Separadora de hojas
Déliasseuse

Deleaving
Separación de las hojas
Déliassage

Deleaving machine
Separadora de hojas
Déliasseuse

(to) Delete
Borrar
Effacer

Delete character; D.E.L.
Carácter de borrado
Caractère d'effacement

Delete code character
Carácter código de borrado
Caractère code d'effacement

Delete function
Función de borradura
Fonction d'effacement

Deleted suggestion
Sugestión eliminada
Suggestion éliminée

Deletion
Eliminación
Elimination

Deletion file
Fichero de las supresiones
Fichier des suppressions

Deletion record
Registro de supresión
Enregistrement des suppressions

(to) Delimit
Delimitar, Encuadrar
Délimiter

Delimiter
Delimitador
Délimiteur

Delimiter
Separador
Séparateur

Delimiter character
Carácter de separación
Caractère de séparation

Delimiter statement
Orden de separación
Ordre de séparation

Delimiting comma
Coma de separación
Virgule de séparation

(to) Delink
Separar
Séparer

Delivery date
Fecha de entrega
Date de livraison

Delivery Hopper
Depósito de entrega
Magasin de livraison

Delivery schedule
Calendario de las entregas
Calendrier des livraisons

Delivery spool
Carrete alimentador
Bobine débitrice

Delivery time
Tiempo de entrega
Délai de livraison

Demagnetization
Desmagnetización
Démagnétisation

(to) Demagnetize
Desmagnetizar
Démagnétiser

Demand paging
Paginación por petición
Pagination sur demande

Demand processing
Proceso al pedido
Traitement sur demande

Demand reading or writing
Lectura o escritura sobre demanda
Lecture ou enregistrement sur
    demande

(to) Demarcate
Delimitar, Encuadrar
Délimiter

Demarcation
Delimitación, Encuadre
Délimitation

Demarcation character
Carácter de delimitación
Caractère de délimitation

Demodifier
Demodificador
Démodificateur

(to) Demodulate
Demodular
Démoduler

Demodulation
Demodulación
Démodulation

Demodulator
Demodulador
Démodulateur

Demonstration card
Ficha de demostración
Carte de démonstration

Demonstration deck
Paquete de fichas de demostración
Paquet de cartes de démonstration

Demonstration form
Impreso de demostración
Imprimé de démonstration

Demonstration program
Programa de demostración
Programme de démonstration

Demonstrator
Demostrador
Démonstrateur

Demultiplexing
Desmultiplexión
Démultiplexage

Denominator
Denominador
Dénominateur

Density
Densidad
Densité

(to) Deny access to
Impedir el acceso a
Empêcher l'accès à

(to) Depart from
Alejarse de
S'écarter de

Dependability
Fiabilidad
Fiabilité

Dependent segment
Segmento subordinado
Segment subordonné

Dependent variable
Variable dependiente
Variable dépendante

Depletion
Agotamiento
Epuisement

(to) Deposit
Poner en reserva
Mettre en réserve

(to) Depress
Apretar una tecla
Appuyer sur une touche

Depression
Depresión
Abaissement

Depression
Hundimiento
Enfoncement

(to) Dequeue
Retirar de una cola de espera
Retirer d'une file d'attente

Dequeuing
Extracción de una cola de espera
Retrait d'une file d'attente

Derived from
Derivado de; Obtenido a partir de
Obtenu à partir de

Descending
Decreciente
Décroissant

Descending order
Orden decreciente
Ordre décroissant

Descending sequence
Secuencia descendente
Séquence décroissante

Describer
Descriptor
Descripteur

Descriptive abstract
Resumen descriptivo
Résumé descriptif

Descriptive parameter
Parámetro descriptivo
Paramètre descriptif

Descriptor
Descriptor
Descripteur

Design and analysis
Diseño y análisis
Etude et analyse

Design automation
Automatización del diseño
Automatisation du dessin

Design file
Fichero de estructura
Fichier de structuration

Design review
Examen de diseño
Examen de projet

(to) Designate
Indicar
Indiquer

Designation
Indicación
Indication

Designation holes
Perforaciones funcionales
Perforations fonctionnelles

Designation punching
Perforación funcional
Perforation fonctionnelle

Designator
Indicador
Indicateur

Desk
Escritorio
Table-bureau

Desk calculating machine
Calculadora de sobremesa
Machine à calculer de bureau

Desk calculator
Calculadora de sobremesa
Machine à calculer de bureau

Desk check(ing)
Control al pupitre
Contrôle au pupitre

(to) Desk check
Comprobar al pupitre
Contrôler au pupitre

Desk debugging
Estación de interrogación
Poste d'interrogation

Desk inquiry unit
Unidad de interrogación
Unité d'interrogation

Desk sized computer
Ordenador de despacho
Ordinateur de bureau

Desk top calculator
Calculador de sobremesa
Calculateur de bureau

Desk top computer
Ordenador de despacho
Ordinateur de bureau

Deskew
Corrección de no alineación
Correction du désalignement

Desmount message
Mensaje de desmontaje
Message de démontage

Destination field
Campo de destino
Zone de destination

Destination file
Fichero de destino
Fichier de destination

Destination terminal
Terminal receptor
Terminal récepteur

Destructive addition
Adición con borrado
Addition avec effacement

Destructive reading
Lectura destructiva
Lecture avec effacement

Detachable
Amovible
Amovible

Detachable plugboard
Panel amovible
Panneau amovible

Detacher
Ruptor
Rupteur

Detail accumulation
Acumulación de detalles
Cumul de détails

Detail card
Ficha de detalles
Carte détails

Detail entry
Registro de detalles
Enregistrement de détails

Detail file
Fichero movimientos
Fichier mouvements

Detail flowchart
Organigrama de detalle
Organigramme de détails

Detail line
Línea de detalles
Ligne de détails

Detail output
Salida de datos-detalles
Sortie de données-détails

Detail printing
Impresión de detalles
Impression de détails

Detail record
Artículo-detalle
Article-détail

Detail tape
Cinta de movimientos
Bande mouvements

Detailed flowchart
Organigrama detallado
Organigramme détaillé

(to) Detect
Detectar
Détecter

Detection
Detección
Détection

Detector
Sensor, Detector
Détecteur

Detent
Órgano de posicionado
Organe de positionnement

(to) Determinate
Determinar
Déterminer

(to) Detract from
Disminuir
Diminuer

(to) Detune
Desajustar, Reducir las
    posibilidades de un aparato
Réduire les possibilités d'un
    appareil

(to) Develop
Desarrollar
Développer

Development
Desarrollo
Développement

Development time
Tiempo de ejecución
Temps d'exécution

Deviation
Desvío
Déviation

Device
Dispositivo
Dispositif

Device
Mecanismo
Mécanisme

Device control character
Carácter de mando de dispositivo
Caractère de commande de
    dispositif

Device control unit
Unidad de control de dispositivo
Unité de commande de dispositif

Device controller
Dispositivo de control
Dispositif de contrôle

Device dependent
Dependiente de un dispositivo
Dépendant d'un dispositif

Device end significant
Espera de fin sobre un dispositivo
Attente de fin sur un dispositif

Device independent
Independiente de un dispositivo
Indépendant d'un dispositif

(to) Diagnose
Diagnosticar
Diagnostiquer

Diagnosis
Diagnosis
Diagnose

Diagnostic
Diagnóstico
Diagnostic

Diagnostic check
Comprobación por diagnóstico
Contrôle par diagnostic

Diagnostic check
Ensayo de diagnóstico
Test de diagnostic

Diagnostic layout area
Zona de control por diagnóstico
Zone de contrôle par diagnostic

Diagnostic message
Mensaje de diagnóstico
Message de diagnostic

Diagnostic program
Programa de diagnóstico
Programme de diagnostic

Diagnostic programming
Programación de diagnósticos
Programmation de diagnostics

Diagnostic routine
Rutina de diagnóstico
Routine de diagnostic

**Diagnostic storage display
program**
Programa de visualización de los
diagnósticos memorizados
Programme de visualisation des
diagnostics mémorisés

Diagnostics
(La) Diagnóstica
(La) Diagnostique

Diagnotor
Programa de diagnóstico
Programme de diagnostic

Diagonal mark
Signo
Signe

Diagram
Diagrama
Diagramme

(to) Diagram
Representar con gráfico,
Esquematizar
Représenter par graphique

Diagrammatically
Esquemáticamente
Schématiquement

Diagramming template
Plantilla, Trazador de organigrama
Traceur d'organigramme

Dial
Cuadrante
Cadran

(to) Dial
Marcar un número telefónico
Composer un numéro au cadran

(to) Dial a computer
Llamar a un ordenador marcando
un número
Appeler un ordinateur par cadran

Dial gauge
Comparador (medidor) de
cuadrante
Comparateur à cadran

(to) Dial into
Introducir por dial, Marcar un
número
Introduire par cadran

Dial number
Número de llamada, Número
telefónico
Numéro d'appel

Dial tone·
Tonalidad
Tonalité

Dial up
Enlace desde cuadrante
Liaison par cadran

Dialling code
Código de selección
Code de sélection

Dialling
Marcar el disco de teléfono
Appel par cadran

Dialling number
Número de selección; Número
telefónico
Numéro de sélection

Dialling signal
Señal de selección o llamada
Signal de sélection

Dialogue
Diálogo
Dialogue

Diamond-shaped box
Rombo, bloque de decisión
Losange

Dichotomizing search
Búsqueda dicotómica
Recherche dichotomique

Dichotomy
Dicotomía
Dichotomie

Dictating machine
Dictáfono
Dictaphone

Dictionary
Diccionario
Dictionnaire

Dictionary code
Diccionario de los códigos
Dictionnaire des codes

Die
Matriz, Molde
Matrice

Difference
Diferencia
Différence

Differential amplifier
Amplificador diferencial
Amplificateur différentiel

Differential analyser
Analizador diferencial
Analyseur différentiel

Differential delay
Atraso diferencial
Retard différentiel

Differential equation
Ecuación diferencial
Equation différentielle

Differential gear
Engranaje diferencial
Engrenage différentiel

Differential modulation
Modulación diferencial
Modulation différentielle

Differential preamplifier
Preamplificador diferencial
Préamplificateur différentiel

Differentiating amplifier
Amplificador diferenciador
Amplificateur différentiateur

Differentiating circuit
Circuito diferenciador
Circuit différenciateur

Differentiator
Diferenciador
Différentiateur

Digit
Dígito
Chiffre

Digit compression
Compresión de los dígitos
Compression des chiffres

Digit delay device
Dispositivo de retardo de dígitos
Dispositif retardateur de chiffres

Digit delay element
Elemento de retardo de dígitos
Elément retardateur de chiffres

Digit emitter
Emisor de dígitos
Emetteur de chiffres

Digit filter
Selector de dígitos
Sélecteur de chiffres

Digit key
Tecla de dígito
Touche de chiffre

Digit place
Posición de dígito
Position de chiffre

Digit portion
Porción numérica
Portion numérique

Digit pulse
Impulso de dígito
Impulsion de chiffre

Digit punch
Perforación numérica
Perforation numérique

Digit row
Línea numérica
Ligne numérique

Digit select key
Tecla de selección numérica
Touche de sélection numérique

Digit selection
Selección numérica
Sélection numérique

Digit selector
Selector de dígitos
Sélecteur de chiffres

Digit transfer bus
Vía de transferencia de dígitos
Voie de transfert de chiffres

Digit transfer trunk
Vía de transferencia de dígitos
Voie de transfert de chiffres

Digital
Numérico
Numérique

Digital adder
Adicionador numérico
Additionneur numérique

Digital and analog output basic
Dispositivo de salidas numéricas y
analógicas
Dispositif de sorties numériques et
analogiques

Digital comparator
Comparador numérico
Comparateur numérique

Digital computer
Ordenador digital
Calculateur numérique

Digital data
Datos numéricos
Données numériques

Digital data system; D.D.S.
Sistema de datos numéricos
Système à données numériques

Digital differential analyser; D.D.A.
Analizador diferencial numérico
Analyseur différentiel numérique

Digital display unit
Unidad de visualización digital
Unité à affichage numérique

Digital divider
Divisor numérico
Diviseur numérique

Digital incremental plotter
Trazador incremental numérico
Traceur incrémentiel numérique

Digital integrator
Integrador numérico
Intégrateur numérique

Digital keyboard
Teclado numérico
Clavier numérique

Digital output printer
Impresora digital
Imprimante numérique

Digital plotter
Trazador numérico
Traceur numérique

Digital representation
Representación numérica
Représentation numérique

Digital signal
Señal numérica
Signal numérique

Digital sort
Clasificación numérica
Tri numérique

Digital subset
Subconjunto numérico
Sous-ensemble numérique

Digital subtracter
Sustractor numérico
Soustracteur numérique

Digital tabulator
Tabuladora numérica
Tabulatrice numérique

Digital tape transport
Desarrollo de cinta numérica
Dérouleur de bande numérique

(to) Digitalize
Convertir en dígitos
Convertir en chiffres

Digitally
Numéricamente
Numériquement

Digitally controlled
Controlado numéricamente
Contrôlé numériquement

Digital-to analog converter
Convertidor digital / analógico
Convertisseur numérique /
analogique

Digit(al) clock
Reloj digital
Horloge numérique

Digitization
Conversión en dígitos
Conversion en chiffres

(to) Digitize
Convertir en dígitos
Convertir en chiffres

Digitizer
Convertidor analógico-digital
Convertisseur analogique-
numérique

Diminished radix complement
Complemento restringido a la
base
Complément à la base restreint

Diode
Diodo
Diode

Diode logic; D.L.
Lógica de diodos
Logique à diodes

Diode transistor logic; D.T.L.
Lógica de diodos y transistores
Logique à diodes et transistors

Direct access
Acceso aleatorio, Acceso directo
Accès aléatoire, Accès direct

Direct access device
Dispositivo con acceso directo
Dispositif à accès direct

Direct access file organization
Organización de ficheros con
acceso directo
Organisation des fichiers à accès
direct

Direct access storage
Memoria de acceso directo
Mémoire à accès direct

**Direct access storage device;
D.A.S.D.**
Unidad de memoria de acceso
directo
Unité de mémoire à accès direct

Direct address
Dirección directa
Adresse directe

Direct addressing
Direccionamiento directo
Adressage direct

Direct allocation
Asignación directa
Affectation directe

Direct code
Código directo
Code direct

Direct coding
Codificación directa
Programmation directe

Direct control
Control directo
Contrôle direct

Direct control feature; D.C.F.
Dispositivo de control directo
Dispositif de contrôle direct

Direct current amplifier; D.C.
Amplificador de corriente continua
Amplificateur à courant continu

Direct current; D.C.
Corriente continua
Courant continu

Direct display
Visualización directa
Affichage direct

Direct distance dialling; D.D.D.
Llamada directa a distancia
Appel à distance direct

Direct files
Fichero con acceso directo
Fichier à accès direct

Direct in line
Línea de acceso directo
Ligne d'accès direct

Direct insert subroutine
Subprograma con introducción
directa
Sous-programme à introduction
directe

Direct instruction
Instrucción con operando directo
Instruction à opérande directe

Direct numerical control; D.N.C.
Mando numérico directo
Commande numérique directe

Direct output
Salida directa
Sortie directe

Direct outward dialling
Toma directa a la red
Prise directe au réseau

Direction of sort
Sentido de la clasificación
Sens du tri

Directly coupled amplifier
Amplificador con acoplamiento
directo
Amplificateur à couplage direct

Directory
Repertorio, Directorio
Répertoire

(to) Disable
Poner fuera de servicio, Desactivar
Mettre hors service

(to) Disable a condition
Invalidar algunas condiciones
Invalider certaines conditions

Disable request instructions
Instrucciones de anulación de
toma en carga
Instructions d'annulation de prise
en charge

Disabled condition
Condición desactivada
Condition désaffectée

Disabling condition prefix
Prefijo de condición desafectada
Préfixe de condition désaffectée

(to) Disallow
Invalidar
Invalider

(to) Disassemble
Desmontar
Démonter

Disassembly
Desmontaje
Démontage

Disaster continue routine
Rutina de reanudación del trabajo
   después de incidente
Routine de poursuite du travail
   après incident

Disaster dump
Vaciado después de incidente
Vidage après incident

(to) Discard
Abandonar, Cancelar
Abandonner

(to) Disconnect
Desconectar
Déconnecter

Disconnect
Desconexión
Déconnexion

(to) Discontinue
Suspender (parar)
Suspendre (arrêter)

Discontinuous binary number
Número binario discontinuo
Nombre binaire discontinu

Discount
Rebaja, Descuento
Rabais

Splice
Enlace
Raccordement

Discrepancy
Diferencia
Différence

Discrepancy
Desvío
Ecart

Discrete aggregation period
Período de agregación parcial
Période d'agrégation partielle

Discrete components
Componentes discretos
Composants discrets

Discrete data
Datos discretos
Données discrètes

Discrete representation
Representación discreta
Représentation discrète

Discretely
Discretamente
Discrètement

Discrimination instruction
Instrucción condicional
Instruction conditionnelle

Discriminent analysis
Análisis discriminante
Analyse discriminante

(to) Disenable
Impedir
Empêcher

(to) Disinstall
Retirar del servicio
Retirer du service

Disjoint
Separado
Séparé

Disjunction
Separación
Séparation

Disk
Disco
Disque

Disk array
Pila de discos
Pile de disques

Disk based
Sistema con discos
Système à disques

Disk block
Bloque de discos
Bloc de disques

Disk capacity
Capacidad de un disco
Capacité d'un disque

Disk cartridge
Cartucho de disco
Chargeur de disque

Disk cartridge initialization program
Programa de inicio del cargador
   de disco
Programme d'initialisation du
   chargeur de disque

Disk cartridge initialization program; D.C.I.P.
Programa de inicialización de
   cartucho de disco
Programme d'initialisation de
   cartouche de disque

Disk communications area; D.C.O.M.
Zona de comunicaciones sobre
   disco
Zone de communications sur
   disque

Disk control unit
Unidad de control de discos
Unité de contrôle de disques

Disk copy dump program
Programa de vaciamiento
   mediante duplicación de disco
Programme de vidage par
   duplication du disque

Disk core image format
Formato imagen-memoria sobre
   disco
Format image-mémoire sur disque

Disk core image; D.C.I.
Imagen-memoria sobre disco
Image-mémoire sur disque

Disk device
Dispositivo con discos
Dispositif à disques

Disk driver program
Programa de gestión de los discos
Programme de gestion des
   disques

Disk dump
Vaciado de disco
Vidage de disque

Disk file
Fichero en disco
Fichier sur disques

Disk handler
Unidad con discos
Unité à disques

Disk initial program loader
Cargador de programa inicial
   sobre disco
Chargeur de programme initial sur
   disque

Disk initialization program
Programa de inicio de disco
Programme d'initialisation de
   disque

Disk operating system; D.O.S.
Sistema de trabajo con discos
Système d'exploitation à disques

Disk organisation (Br.) Disk organization (Amer.)
Organización con discos
Organisation sur disques

Disk pack
Pila de discos
Pile de disques

Disk pack canister
Tapadera de pila de discos
Couvercle de pile de disques

Disk pack drive
Unidad con discos
Unité à disques

Disk programming system
Sistema de programación con discos
Système de programmation sur disques

Disk resident
Residente sobre disco
Résidant sur disque

Disk sort
Clasificación sobre disco
Tri sur disque

Disk sort program
Programa de clasificación sobre disco
Programme de tri sur disque

Disk speed
Velocidad de los discos
Vitesse des disques

Disk stack
Pila de discos
Pile de disques

Disk storage
Memoria con discos
Mémoire à disques

Disk storage controller; D.S.C.
Controlador de memoria de discos
Contrôleur de mémoire à disques

Disk storage file
Fichero-carrete de disco
Fichier-mémoire à disque

Disk storage subsystem
Subsistema de memoria de discos
Sous-système de mémoire à disques

Disk storage unit
Unidad de memoria de discos
Unité de mémoire à disques

Disk support shaft
Eje portadiscos
Arbre porte-disques

Disk system
Sistema con discos
Système à disques

Disk system format
Formato del sistema con discos
Format du système à disques

Disk unit
Unidad con discos
Unité à disques

Disk utility programs
Programas utilitarios para sistema con discos
Programmes utilitaires pour systèmes à disques

Disk work area
Zona de trabajo sobre disco
Zone de travail sur disque

Diskette
Disco flexible, Disquete
Disque souple

Diskette flexible or floppy disk
Disquete, Disco flexible
Disquette

Diskette
Minidisco, Disquete
Minidisque

(to) Dismount
Desmontar
Démonter

Disordered
No ordenado
Non ordonné

(to) Dispatch
Distribuir
Distribuer

Dispatcher
Distribuidor
Distributeur

Dispatching
Distribución
Distribution

(to) Dispense
Distribuir
Distribuer

Dispenser
Distribuidor
Distributeur

Dispersal
Difusión
Diffusion

(to) Disperse
Difundir
Diffuser

Dispersion
Difusión
Diffusion

Displacement
Desplazamiento
Déplacement

(to) Display
Presentar visualmente, Visualizar
Afficher

(to) Display
Visualizar
Visualiser

Display
Representación visual
Visuel (n.m.)

Display (console)
Consola, Pupitre de mando
Console de visualisation

Display board
Tablero
Cadran de visualisation

Display console
Pupitre de visualización
Pupitre de visualisation

Display control
Control de visualización
Contrôle de visualisation

Display device; V.D.U.; C.R.T.
Visual, Representación visual
Visu (n.f.)

Display light
Lámpara de señalización
Voyant de signalisation

Display option
Opción de visualización
Visualisation en option

Display panel
Panel de señalización
Panneau de signalisation

Display screen
Pantalla de visualización
Ecran de visualisation

Display station
Estación de visualización
Poste de visualisation

Display terminal unit; D.T.U.
Unidad terminal de visualización
Unité terminale de visualisation

Display tube
Tubo catódico
Tube cathodique

Display unit
Unidad de visualización
Unité de visualisation

(to) Dissect
Descomponer, Desglosar
Décomposer

Distance
Distancia
Distance

Distorted signal
Señal deformada
Signal déformé

(to) Distribute
Distribuir
Distribuer

Distributed computing
Cálculo distribuido
Calcul réparti

Distributed processing
Proceso repartido
Traitement réparti

Distribution
Distribución
Distribution

Distributor
Distribuidor
Distributeur

(to) Disturb
Perturbar
Déranger

Disturbance
Perturbación
Dérangement

Disturbance
Perturbación
Perturbation

Diversity
Diversidad
Diversité

(to) Divide
Dividir
Diviser

(to) Divide A into B
Dividir B por A
Diviser B par A

Dividend
Dividendo
Dividende

Division
División
Division

Division subroutine
Subprograma de división
Sous-programme de division

Divisor
Divisor
Diviseur

D.L.
Lógica de diodos
Logique à diodes

D.L.E.
Carácter de cambio del medio de
  transmisión de datos
Caractère de changement du
  moyen de transmission de
  données

D.M.L.
Lenguaje de manipulación de los
  datos
Langage de manipulation des
  données

D.M.S.
Sistema de gestión de los datos
Système de gestion des données

D.N.C.
Mando numérico directo
Commande numérique directe

Document
Documento
Document

Document alignment
Alineamiento de documentos
Alignement de documents

Document carriage
Carro portadocumentos
Chariot porte-documents

Document cut form printer
Impresora de documentos en
  hojas separadas
Imprimante de documents en
  feuilles séparées

Document design
Diseño del documento
Tracé de document

Document feeder
Dispositivo de alimentación de
  documentos
Dispositif d'alimentation de
  documents

Document handler
Lector de documentos
Lecteur de documents

Document information retrieval
Búsqueda de información
  documental
Recherche d'information
  documentaire

Document leading edge
Borde delantero de documento
Bord avant de document

Document reader
Lector de documentos
Lecteur de documents

Document reference edge
Borde de referencia de un
  documento
Bord de référence d'un document

Document retrieval
Búsqueda documental
Recherche documentaire

Document sorter
Clasificadora de documentos
Trieuse de documents

Document sorting
Selección de documentos
Sélection de documents

Document speed
Velocidad de tratamiento de los
  documentos
Vitesse de traitement des
  documents

Document tractor
Dispositivo accionador de los
 documentos
Dispositif d'entrainement des
 documents

Document transportation
Arrastre de los documentos
Entrainement des documents

Document viewer
Lector de documentos sobre
 microfilme
Lecteur de documents sur
 microfilm

Documentation
Documentación
Documentation

Documentation book
Manual de documentación
Notice de documentation

Docuterm
Nombre de documento
Nom de document

Donor
Dador
Donneur

Do-nothing instruction
Instrucción ficticia, Instrucción
 nula
Instruction factice

Dormant file
Fichero inactivo
Fichier inactif

Dormant state
Estado de inactividad
Etat d'inactivité

D.O.S.
Sistema de trabajo con discos
Système d'exploitation à disques

Dot cycle
Frecuencia de puntos
Fréquence de points

Dot printer
Impresora por puntos
Imprimante par points

Dot printing
Impresión por puntos
Impression par points

Dotted line
Trepado, Línea punteada
Ligne pointillée

Double and cross checking
Doble comprobación cruzada
Double contrôle croisé

Double buffered word channel
Canal con tampón de dos palabras
Canal avec tampon de deux mots

Double buffering
Utilización de doble tampón
Utilisation de double tampon

Double current transmission
Transmisión por doble corriente
Transmission par double courant

Double document test
Control de alimentación de dos
 documentos
Contrôle d'alimentation de deux
 documents

Double entry book-keeping
Contabilidad por partida doble
Comptabilité en partie double

Double error
Error doble
Erreur double

Double feed
Doble alimentación
Double alimentation

Double length
Doble longitud
Double longueur

Double length number
Número en longitud doble
Nombre en longueur double

Double length numeral
Número en longitud doble
Nombre en longueur double

Double length working
Trabajo en longitud doble
Travail en longueur double

Double modulation
Doble modulación
Double modulation

Double precision
Doble precisión
Double précision

Double precision arithmetic
Aritmética de doble precisión
Arithmétique en double précision

Double precision hardware
Unidad aritmética (circuito) en
 doble precisión
Unité arithmétique en double
 précision

Double precision number
Número en doble precisión
Nombre en double précision

Double precision quantity
Cantidad en doble precisión
Quantité en double précision

Double processing system
Sistema de doble proceso
Système de double traitement

Double pulse reading
Lectura por doble impulsión
Lecture par double impulsion

Double-ended amplifier
Amplificador simétrico
Amplificateur symétrique

Down time
Tiempo improductivo
Temps improductif

Downgraded version
Versión reducida
Version réduite

Downward compatibility
Compatibilidad decreciente
Compatibilité décroissante

D.P.
Proceso de los datos
Traitement des données

D.P.C.
Centro de proceso de los datos
Centre de traitement des données

D.P.M.
Máquina de proceso de datos
Machine de traitement de données

D.P.S.
Sistema de proceso de datos
Système de traitement de données

Drawer
Cajón
Tiroir

Drawing
Dibujo
Dessin

Drawing rate
Velocidad de trazado
Vitesse de traçage

Drift
Deriva
Dérive

Drift error
Error de deriva
Erreur de dérive

Drift failure
Fallo, Avería progresiva
Défaillance progressive

Drift-corrected amplifier
Amplificador de compensación de
   deriva
Amplificateur à compensation de
   dérive

Drifting character
Carácter móvil
Caractère mobile

Drifting string
Cadena de caracteres móviles
Chaine de caractères mobiles

Drive
Dispositivo accionador, Unidad
Dispositif d'entrainement

Drive belt
Correa de transmisión
Courroie de transmission

Drive capstan
Garrucha motriz
Poulie motrice

Drive impulse
Impulso de transmisión
Impulsion de transmission

Drive key
Pico de arrastre
Picot d'entrainement

Drive pulse
Impulso de mando
Impulsion de mise en marche

Drive winding
Hilo de mando
Fil de mise en marche

Drive wire
Hilo de mando
Fil de mise en marche

Driving chain
Cadena de transmisión
Chaîne de transmission

(to) Drop
Caer
Tomber

Drop dead halt
Parada definitiva
Arrêt définitif

(to) Drop from synchronism
Desincronizarse
Se désynchroniser

Drop shipment
Expedición directa
Expédition directe

Drop-in
Introducción de señales parásitas
Introduction de signaux parasites

Drop-out
Defecto de registro
Défaut d'enregistrement

Drum
Tambor
Tambour

Drum bound
Subordinado a la velocidad del
   tambor
Subordonné à la vitesse du
   tambour

Drum dump
Vaciado del tambor
Vidage du tambour

Drum file
Fichero en tambor
Fichier sur tambour

Drum mark
Marca sobre un tambor
Marque sur un tambour

Drum memory
Memoria de tambor
Mémoire à tambour

Drum printer
Impresora de tambor
Imprimante à tambour

Drum speed
Velocidad del tambor
Vitesse du tambour

Drum store
Memoria de tambor
Mémoire à tambour

Drum unit
Unidad de tambor
Unité à tambour

Dry running
Proceso simulado
Traitement simulé

D.S.
Conjunto de datos
Ensemble de données

D.S.A.
Zona de memoria dinámica
Zone de mémoire dynamique

D.S.C.
Controlador de memoria de discos
Contrôleur de mémoire à disques

D.S.C.B.
Bloque de control del conjunto de
   datos
Bloc de contrôle de l'ensemble de
   données

D.S.L.
Etiqueta de un conjunto de datos
Etiquette d'un ensemble de
   données

D.T.
Transmisión de datos
Transmission de données

D.T.C.
Canal de transmisión de datos
Canal de transmission de données

D.T.E.
Equipo terminal de proceso de
   datos
Equipement terminal de traitement
   de données

D.T.L.
Lógica de diodos y transistores
Logique à diodes et transistors

D.T.U.
Unidad terminal de visualización
Unité terminale de visualisation

Dual
Doble
Double

Dual capstan drive
Arrastre por doble polea
Entrainement par double poulie

Dual card
Ficha con doble función
Carte à double fonction

Dual card path
Doble camino de la ficha
Double chemin de la carte

Dual carriage feature
Dispositivo con doble carro
Dispositif à double chariot

Dual channel
Doble canal
Double canal

Dual channel controller
Controlador bicanal
Contrôleur bi-canal

Dual control
Doble comprobación
Double contrôle

Dual controller
Doble controlador
Double contrôleur

Dual density
Doble densidad
Double densité

Dual density controller
Controlador con doble densidad
Contrôleur à double densité

Dual feed device
Dispositivo con doble alimentación
Dispositif à double entrainement

Dual form feed
Alimentación de impresos dobles
Alimentation d'imprimés doubles

Dual job stream
Doble fila de trabajos
Double file de travaux

Dual operation
Operación dual
Opération parallèle

Dual paper feed printer
Impresora con doble alimentación
  de papel
Imprimante à double alimentation
  de papier

Dual processor computer
Ordenador biprocesador
Ordinateur bi-processeur

Dual speed
Doble velocidad
Double vitesse

Dual track tape
Cinta con dos pistas
Bande à deux pistes

Dualling
Dualidad
Dualité

Dub
Copia
Copie

Dub
Reproducción
Reproduction

Ducol
Sistema de perforación doble por
  columna
Système de perforation double par
  colonne

Ducol punched card system
Sistema Ducol de perforación de
  fichas
Système Ducol de perforation de
  cartes

Duct
Conducto
Conduit

Dummy
Ficticio
Fictif

Dummy activity
Actividad ficticia
Activité fictive

Dummy answer
Respuesta ficticia
Réponse fictive

Dummy entry
Entrada ficticia
Entrée fictive

Dummy instruction
Instrucción ficticia
Instruction fictive

Dummy match field
Campo de control ficticio
Champ de contrôle muet

(to) Dummy up
Simular
Simuler

(to) Dump
Hacer un volcado o vaciado
Faire un vidage

(to take a) Dump
Proceder a un vaciamiento
Procéder à un vidage

Dump(ing)
Vaciado
Vidage

Dump and restart
Vaciado y reanudación
Vidage et reprise

Dump check
Comprobación de vaciado
Contrôle de vidage

Dump point
Punto de vaciamiento
Point de vidage

Dump subroutine
Subprograma de vaciamiento
Sous-programme de vidage

Dump tape
Cinta de volcado
Bande de vidage

Duodecimal
Duodecimal
Duodécimal

Duodecimal number
Número duodecimal
Nombre duodécimal

Duodecimal number system
Sistema con números
  duodecimales
Système à nombres duodécimaux

(to) Dup
Reproducir
Reproduire

Duplex apparatus
Aparato duplex
Appareil duplex

Duplex channel
Canal duplex
Canal duplex

Duplex circuit
Línea duplex
Ligne duplex

Duplex computer system
Sistema con dos ordenadores
Système à ordinateurs en double

Duplex console
Pupitre común a dos ordenadores
Pupitre commun à deux
  ordinateurs

Duplex line
Línea duplex
Ligne duplex

Duplex operation
Trabajo en duplex
Travail en duplex

Duplex system
Sistema duplex
Système duplex

Duplex telex call
Comunicación duplex en telex
Communication télex en duplex

Duplexing
Transmisión en duplex
Transmission en duplex

Duplicate
Doble
Double

(to) Duplicate
Duplicar
Reproduire

(to) Duplicate punch
Reproducir mediante perforación
Reproduire par perforation

Duplicate record
Doble de registro
Double d'enregistrement

Duplicated record
Registro duplicado
Enregistrement reproduit

Duplicating
Duplicación
Duplication

Duplicating card punch
Perforador duplicador de fichas
Perforateur duplicateur de cartes

Duplication
Duplicación
Duplication

Duplication check
Comprobación por medio de
  duplicación
Contrôle par duplication

Duplication factor
Factor de duplicación
Facteur de duplication

Duration
Duración
Durée

Dust resistant cartridge
Cartucho hermético al polvo
Chargeur hermétique à la
  poussière

Dyadic boolean operation
Operación booleana diádica
Opération booléenne diadique

Dyadic operation
Operación diádica
Opération diadique

Dynamic
Dinámico
Dynamique

Dynamic access
Acceso dinámico
Accès dynamique

Dynamic address translation
Traducción dinámica de dirección
Traduction dynamique d'adresse

Dynamic allocation
Asignación dinámica
Affectation dynamique

Dynamic allocation of memory
Asignación dinámica de memoria
Affectation dynamique de
  mémoire

Dynamic area
Zona dinámica
Zone dynamique

Dynamic check
Control dinámico
Contrôle dynamique

Dynamic device reconfiguration
Reconfiguración dinámica de las
  unidades
Reconfiguration dynamique des
  unités

Dynamic dump
Vaciado dinámico
Vidage dynamique

Dynamic error
Error dinámico
Erreur dynamique

Dynamic flow diagram
Organigrama dinámico
Organigramme dynamique

Dynamic memory
Memoria dinámica
Mémoire dynamique

Dynamic memory relocation
Reposicionado dinámico de la
  memoria
Remise en place dynamique de la
  mémoire

Dynamic print-out
Impresión dinámica
Impression dynamique

Dynamic program loading
Cargamento dinámico de
  programas
Chargement dynamique de
  programmes

Dynamic programming
Programación dinámica
Programmation dynamique

Dynamic range
Alcance dinámico
Portée dynamique

Dynamic relocation
Reposicionado dinámico
Remise en place dynamique

Dynamic stop
Parada dinámica
Arrêt dynamique

Dynamic storage allocation
Asignación dinámica de la
  memoria
Mise en place dynamique de la
  mémoire

Dynamic storage area; D.S.A.
Zona de memoria dinámica
Zone de mémoire dynamique

Dynamic subroutine
Subrutina dinámica
Sous-programme dynamique

Dynamic test
Ensayo dinámico
Essai dynamique

Dynamicizer (Br.) Dynamiciser (Amer.)
Convertidor paralelo / serie
Convertisseur parallèle / série

E

E.A.
Dirección efectiva
Adresse effective

E.A.M.
Máquina contable eléctrica
Machine comptable électrique

Earnings card
Ficha ganancias
Carte gains

Ease of erasure
Facilidad de borrado
Tolérance d'effacement

E.B.R.
Registro con haces de electrones
Enregistrement à faisceaux
d'électrons

E.C.B. (Event Control block)
Bloque de control de suceso
Bloc de contrôle d'événement

E.C.C.
Código corrector de errores
Code correcteur d'erreurs

Eccles Jordan circuit
Circuito de Eccles Jordan
Circuit d'Eccles Jordan

Echo attenuation
Atenuación de eco
Atténuation d'écho

Echo check(ing)
Comprobación por eco
Contrôle par écho

Echo mode
Modo eco
Mode échc

Echo suppressor
Supresor de eco
Suppresseur d'écho

Echo testing
Comprobación por eco
Contrôle par écho

Econometrics
(La) Econometría
(L') Econométrie

Economical storing
Almacenamiento con ahorro de
espacio
Recherche de gain de place

E.C.R.
Caja registradora electrónica
Caisse enregistreuse électronique

Edge
Borde
Bord

Edge
Margen
Marge

Edge card
Ficha con perforación marginal
Carte à perforation marginale

Edge connector
Conector lateral
Connecteur latéral

Edge cutter
Cortamárgenes
Coupe-marges

Edge punch read
Lectura de perforaciones
marginales
Lecture de perforations marginales

Edge trimmer
Cortamárgenes
Coupe-marges

Edge-coded card
Ficha codificada sobre los bordes
Carte codée sur les bords

Edge-notched card
Ficha con muescas marginales
Carte à encoches marginales

Edge-perforated
Perforado sobre el borde
Perforé sur le bord

Edge-perforated card
Ficha perforada sobre el borde
Carte perforée sur le bord

Edge-punched card
Ficha perforada sobre el borde
Carte perforée sur le bord

(to) Edit
Editar
Editer

Edit code
Código de impresión
Code d'impression

(to) Edit into a line
Insertar en una línea
Insérer dans une ligne

Edit mask
Máscara de edición
Masque d'édition

Edited result
Resultado después de impresión
Résultat après impression

Editing
Edición
Edition

Editing character
Carácter de edición
Caractère d'edition

Editor
Editor
Editeur

E.D.P.
Proceso electrónico de los datos
Traitement électronique des
données

E.D.P.E.
Equipo electrónico de proceso de
los datos
Matériel électronique de
traitement des données

E.D.P.M.
Máquina electrónica de proceso de
los datos
Machine électronique de
traitement des données

E.D.P.S.
Sistema electrónico de proceso de
los datos
Système électronique de
traitement des données

(to) Effect
Efectuar
Effectuer

Effective Address; E.A.
Dirección efectiva
Adresse effective

Effective data transfer rate
Velocidad efectiva de transferencia
de los datos
Vitesse effective de transfert des
données

Effective instruction
Instrucción efectiva
Instruction effective

Effective language
Lenguaje de ejecución
Langage d'exécution

Effective speed
Velocidad efectiva
Vitesse effective

Effective time
Tiempo efectivo
Temps effectif

Effective transmission rate
Velocidad efectiva de transmisión
Vitesse effective de transmission

Effectivity
Entrada en vigor
Entrée en vigueur

Effector
Carácter de ajuste
Caractère de mise en page

Efficiency
Eficiencia
Efficacité

Efficiency factor
Factor de rendimiento
Facteur de rendement

Efficient
Eficiente
Performant

Eight bit alphanumeric code
Código alfanumérico de ocho bits
Code alphanumérique à huit bits

Eight bit byte
Octeto
Octet

Eight bit decimal code
Código decimal de ocho bits
Code décimal à huit bits

Eight channel code
Código de ocho canales
Code à huit canaux

Eight level code
Código de ocho niveles
Code à huit niveaux

Eight level tape
Cinta de ocho pistas
Bande à huit niveaux

Eighty column card
Ficha de ochenta columnas
Carte à quatre vingts colonnes

(to) Eject
Expulsar
Ejecter

Ejection
Expulsión
Ejection

Ejection track
Pista de eyección
Piste d'éjection

Elapsed time
Tiempo transcurrido
Temps passé

**Electric(al) accounting machine;
E.A.M.**
Máquina contable eléctrica
Machine comptable électrique

**Electric(al) accounting machine
equipment**
Equipo electromecanográfico
Matériel électromécanographique

Electric(al) communications
Comunicaciones eléctricas
Communications électriques

Electric(al) current
Corriente eléctrica
Courant électrique

Electric(al) delay line
Línea de retardo eléctrica
Ligne à retard électrique

Electric(al) pulse
Impulso eléctrico
Impulsion électrique

Electric(al) typewriter; E.T.
Máquina de escribir eléctrica
Machine à écrire électrique

Electromagnet
Electroimán
Electro-aimant

Electromagnetic
Electromagnético
Electromagnétique

Electromagnetic delay line
Línea de retardo electromagnética
Ligne à retard électromagnétique

Electromechanical
Electromecánico
Electromécanique

Electromechanical computer
Ordenador electromecánico
Calculateur électromécanique

Electromechanical counter
Contador electromecánico
Compteur électromécanique

Electromechanical recorder
Grabador electromecánico
Enregistreur électromécanique

Electron beam recording; E.B.R.
Grabado con haces de electrones
Enregistrement à faisceaux
   d'électrons

Electronic
Electrónico
Electronique

Electronic accounting machine
Máquina contable electrónica
Machine comptable électronique

Electronic analog computer
Calculador analógico electrónico
Calculateur analogique
   électronique

Electronic brain
Cerebro electrónico
Cerveau électronique

Electronic calculating punch
Calculador perforador electrónico
Calculateur perforateur
   électronique

Electronic cash register; E.C.R.
Caja registradora electrónica
Caisse enregistreuse électronique

Electronic circuitry
Circuitos electrónicos
Circuits électroniques

Electronic clock
Reloj electrónico
Horloge électronique

Electronic component
Componente electrónico
Composant électronique

Electronic computer
Ordenador electrónico
Calculateur électronique

Electronic computer center
Centro de cálculo electrónico
Centre de calcul électronique

Electronic control
Mando electrónico
Commande électronique

Electronic Data Processing
Proceso electrónico de los datos
Traitement électronique des
  données

Electronic data processing center
Centro de proceso electrónico de
  datos
Centre de traitement électronique
  des données

**Electronic data processing
  equipment; E.D.P.E.**
Equipo electrónico de proceso de
  datos
Matériel électronique de
  traitements des données

**Electronic data processing
  machine; E.D.P.M.**
Máquina electrónica de proceso de
  datos
Machine électronique de
  traitement des données

**Electronic data processing
  system; E.D.P.S.**
Sistema electrónico de proceso de
  datos
Système électronique de
  traitement des données

Electronic data processor
Ordenador electrónico
Ordinateur électronique

Electronic differential analyser
Analizador diferencial electrónico
Analyseur différentiel électronique

Electronic digital computer
Ordenador electrónico digital
Calculateur numérique
  électronique

Electronic relay
Relé electrónico
Relais électronique

Electronic storage
Almacenamiento electrónico
Mémoire électronique

Electronic switch
Conmutador electrónico
Commutateur électronique

Electronics
(La) Electrónica
(L') Electronique

Electrostatic
Electrostático
Electrostatique

Electrostatic printer
Impresora electrostática
Imprimante électrostatique

Electrostatic storage
Almacenamiento electrostático
Mémoire électrostatique

Electrostrictive effect
Efecto de electrostricción
Effet d'électrostriction

Element
Elemento
Elément

Element error rate
Tasa de errores de los elementos
Taux d'erreurs sur les éléments

Elementary
Elemental
Elémentaire

Elementary items
Datos elementales
Données élémentaires

Elementary statistics
Estadísticas elementales
Statistiques élémentaires

Eleven position
Posición once
Position onze

Eleven punch
Perforación once
Perforation onze

Elimination
Eliminación
Elimination

E.M.
Fin de soporte
Fin de support

Embedded
Intercalado
Intercalé

Embedded blank
Espacio intercalado
Espace intercalé

Emergency
Estado de emergencia
Etat d'urgence

Emergency by-pass
Procedimiento de emergencia
Procédure d'urgence

Emergency route
Vía de emergencia
Voie de secours

Emergency switch
Interruptor de emergencia
Interrupteur de secours

(to) Emit into a line
Inyectar en una línea
Injecter dans une ligne

Emitter
Emisor
Emetteur

Emitter pulse
Impulso de emisión
Impulsion d'émission

Emitter spot
Contacto emisor
Contact émetteur

(to) Emphasize
Acentuar, Destacar
Accentuer

(to) Emphasize
Subrayar
Souligner

Empty
Vacío
Vide

Empty medium
Soporte virgen
Support vierge

(to) Emulate
Emular
Emuler

Emulation
Emulación
Emulation

Emulation mode
Modo emulación
Mode émulation

Emulator
Emulador
Emulateur

Emulator circuits
Circuitos emuladores
Circuits émulateurs

Emulator program; E.P
Programa emulador
Programme émulateur

(to) Enable
Habilitar
Valider

Enable pulse
Impulso de habilitación
Impulsion de validation

Enabled condition
Condición habilitada
Condition validée

Enabling condition prefix
Prefijo de condición de
   habilitación
Préfixe de condition de validation

Enabling signal
Señal de permiso
Signal de validation

(to) Encipher
Codificar, Cifrar
Coder

(to) Encode
Codificar, Cifrar
Coder

Encoded question
Pregunta o consulta codificada
Question codée

End
Fin
Fin

End around carry
Acarreo circular
Report circulaire

End around shift
Desplazamiento circular
Décalage circulaire

End field indicator
Indicador de fin de campo
Indicateur de fin de zone

End instrument
Dispositivo terminal
Appareil terminal

End mark
Marca de fin
Marque de fin

End of area flag
Indicativo de fin de zona
Indicatif de fin de zone

End of block; E.O.B.
Fin de bloque
Fin de bloc

End of block signal
Señal de fin de bloque
Signal de fin de bloc

End of call signal
Señal de fin de llamada
Signal de fin de conversion

End of card; E.O.C.
Fin de fichas
Fin de cartes

End of data; E.O.D.
Fin de datos
Fin de données

End of data marker
Indicador de fin de datos
Indicateur de fin de données

End of field
Fin de campo
Fin de zone

End of field marker
Indicador de fin de campo
Indicateur de fin de zone

End of field spot
Marca de fin de zona
Marque de fin de zone

End of file
Fin de fichero
Fin de fichier

End of file card
Ficha de fin de fichero
Carte de fin de fichier

End of file indicator
Indicador de fin de fichero
Indicateur de fin de fichier

End of file label
Etiqueta de fin de fichero
Etiquette de fin de fichier

End of file marker
Marca de fin de fichero
Marque de fin de fichier

End of file routine
Rutina de fin de fichero
Routine de fin de fichier

End of file spot
Indicativo de fin de fichero
Indicatif de fin de fichier

End of form
Fin de impresos
Fin d'imprimés

End of job card
Ficha de fin de trabajo
Carte de fin de travail

End of job; E.O.J.
Fin de trabajo
Fin de travail

End of line; E.O.L.
Fin de línea
Fin de ligne

End of medium character
Carácter de fin de soporte
Caractère de fin de support

End of medium; E.M.
Fin de soporte
Fin de support

End of message character
Carácter de fin de mensaje
Caractère de fin de message

End of message; E.O.M.
Fin de mensaje
Fin de message

End of program; E.O.P.
Fin de programa
Fin de programme

End of record; E.O.R.
Fin de registro
Fin d'enregistrement

End of record word
Palabra de fin de registro
Mot de fin d'enregistrement

End of reel
Fin de carrete
Fin de bobine

End of reel mark
Marca de fin de carrete
Marque de fin de bobine

End of reel sentinel
Avisador de fin de bobina
Avertisseur de fin de bobine

End of run routine
Rutina de fin de fase
Routine de fin de phase

End of run
Fin de fase
Fin de phase

End of tape
Fin de cinta
Fin de bande

End of tape label
Etiqueta de fin de cinta
Etiquette de fin de bande

End of tape marker
Indicador de fin de cinta
Indicateur de fin de bande

End of tape routine
Rutina de fin de cinta
Routine de fin de bande

End of tape sensor
Detector de fin de cinta
Détecteur de fin de bande

End of tape sentinel
Avisador de fin de cinta
Avertisseur de fin de bande

End of text character
Carácter de fin de texto
Caractère de fin de texte

End of text; E.T.X.
Fin de texto
Fin de texte

End of transmission block; E.T.B.
Fin de bloque de transmisión
Fin de bloc de transmission

End of transmission block character
Carácter de fin de bloque de transmisión
Caractère de fin de bloc de transmission

End of transmission character
Carácter de fin de transmisión
Caractère de fin de transmission

End of transmission; E.O.T.
Fin de transmisión
Fin de transmission

End of volume condition
Condición de fin de volumen
Condition de fin de volume

End position
Última posición
Dernière position

End printing
Impresión en el extremo de la ficha
Impression en bout de carte

End result
Resultado final
Résultat final

End user
Usuario final
Dernier utilisateur

End value
Valor límite
Valeur limite

Ending field mark
Marca de fin de zona
Marque de fin de zone

Ending file label
Etiqueta de fin de fichero
Etiquette de fin de fichier

Ending label
Etiqueta de fin
Etiquette de fin

Ending status
Estado final
Etat final

Ending tape label
Etiqueta de fin de cinta
Etiquette de fin de bande

Endless
Continuo
Continu

Endless form
Impreso en continuo
Imprimé en continu

Endless print chain
Cadena de impresión sin fin
Chaîne d'impression en continu

Endless tape
Cinta sin fin
Bande sans fin

(to) Endorse
Endosar
Endosser

Endorsing unit
Unidad de endoso
Unité d'endossement

Endorser
Endosante
Endosseur

Endurance test
Ensayo de resistencia
Essai de résistance

Endwise feed
Alimentación columna por columna
Alimentation colonne par colonne

Energization
Activación (Puesta en tensión)
Excitation (Mise sous tension)

Energization
Puesta en tensión
Mise sous tension

(to) Energize
Excitar (Poner en tensión)
Exciter (Mettre sous tension)

(to) Energize
Poner en tensión
Mettre sous tension

Energy level diagram
Diagrama energético
Diagramme énergétique

Engaged
Ocupado
Occupé

Engaged channel
Canal ocupado
Canal occupé

Engaged signal
Señal de ocupado
Signal d'occupation

Engaged test
Ensayo de ocupación
Essai d'occupation

Engine
Máquina
Machine

Engineer
Técnico
Technicien

Engineering calculations
Cálculos técnicos
Calculs techniques

Engineering change
Modificación técnica, Actualización
de un circuito o programa
Modification technique

Engineering change level
Nivel de modificación técnica,
Nivel de actualización de un
circuito o programa
Niveau de modification technique

Engineering level
Nivel técnico
Niveau technique

Enhancement
Utilización racional
Utilisation rationnelle

(to) Enqueue
Colocar en colas
Mettre en file d'attente

Enqueuing
Colocación en cola
Mise en file d'attente

Enquiry
Interrogación, Consulta
Interrogation

Enquiry station
Estación de interrogación
Poste d'interrogation

(to) Ensure
Introducir
Introduire

(to) Enter
Introducir
Introduire   •

Entrance
Entrada
Entrée

Entry
Entrada
Entrée

Entry address
Dirección de introducción
Adresse d'introduction

Entry block
Bloque de introducción
Bloc d'introduction

Entry condition
Condición de introducción
Condition d'introduction

Entry data
Datos de entrada
Données d'entrée

Entry hub
Ojo de entrada
Plot d'entrée

Entry instruction
Instrucción de introducción
Instruction d'introduction

Entry marker
Cursor
Curseur

Entry name
Nombre del punto de entrada
Nom du point d'entrée

Entry point
Punto de entrada
Point d'entrée

Entry time
Tiempo de registro de las entradas
Temps d'enregistrement des
entrées

Environment
Ambiente
Environnement

Environmental (conditions)
Condiciones de ambiente
Conditions ,d'environnement

Environmental chamber
Sala climatizada
Salle climatisée

Environmental control
Control de climatización
Contrôle de la climatisation

E.O.B.
Fin de bloque
Fin de bloc

E.O.C.
Fin de fichas
Fin de cartes

E.O.D.
Fin de datos
Fin de données

E.O.F.
Fin de fichero
Fin de fichier

E.O.J.
Fin de trabajo
Fin de travail

E.O.L.
Fin de línea
Fin de ligne

E.O.M.
Fin de mensaje
Fin de message

E.O.P.
Fin de programa
Fin de programme

E.O.R.
Fin de registro
Fin d'enregistrement

E.O.T.
Fin de transmisión
Fin de transmission

E.P.
Programa emulador
Programme émulateur

Epitome
Abreviado
Abrégé

Epitome
Resumen
Résumé

Equal
Igual
Egal

Equal comparison
Igualdad
Egalité

Equal sign
Signo igual
Signe égal

Equal zero indicator
Indicador de igual a cero
Indicateur de égal à zero

Equality circuit
Circuito de igualdad
Circuit d'égalité

Equality unit
Comparador de igualdades
Comparateur d'égalités

Equalization
Igualación
Egalisation

(to) Equalize
Igualar
Egaliser

(to) Equate
Igualar
Egaliser

Equation
Ecuación
Equation

Equation solver
Máquina para resolver las
  ecuaciones
Machine à résoudre les équations

Equipment
Equipo
Equipement

Equipment compatibility
Compatibilidad de los equipos
Compatibilité des matériels

Equipment failure
Avería de máquina
Panne de machine

Equivalence
Equivalencia
Equivalence

Equivalence element
Elemento de equivalencia
Elément d'équivalence

Equivalence gate
Puerta de equivalencia
Porte d'équivalence

Equivalence operation
Operación de equivalencia
Opération d'équivalence

Equivalent
Equivalente
Equivalent

Equivalent binary digits
Dígitos binarios equivalentes
Chiffres binaires équivalents

Equivalent circuit
Circuito equivalente
Circuit équivalent

Equivalent network
Red equivalente
Réseau équivalent

Equivalent-to element
Elemento de equivalencia
Elément d'équivalence

Equivocal
Equívoco
Equivoque

Erasability
Posibilidad de borrado
Possibilité d'effacement

Erasable
Borrable
Effaçable

Erasable storage
Memoria borrable
Mémoire effaçable

Erase
Borrado
Effacement

(to) Erase
Borrar
Effacer

Erase character
Carácter de borrado
Caractère d'effacement

Erase counts
Número de borrados
Nombre d'effacements

Erase gap
Espacio de borrado
Espace d'effacement

Erase head
Cabeza de borrado
Tête d'effacement

Erasement
Borrado
Effacement

Erasing
Borrado
Effacement

Erasing field
Campo de borradura
Zone d'effacement

Erasing head
Cabeza de borrado
Tête d'effacement

Erasure
Borrado
Effacement

Erasure current
Corriente de borrado
Courant d'effacement

Ergonomicist
Ergonomista
Ergonomiste

Ergonomics
(La) Ergonomía
(L') Ergonomie

Ergonomist
Ergonomista
Ergonomiste

ERR
Error
Erreur

Erratic
Intermitente
Intermittent

Erroneous
Erróneo
Erroné

Erroneous bit
Bit erróneo
Bit erroné

Erroneous block
Bloque erróneo
Bloc erroné

Error
Error
Erreur

(to be in) Error
Estar en error
Etre en erreur

Error analysis routine
Rutina de análisis de los errores
Routine d'analyse des erreurs

Error burst
Grupo de errores
Groupe d'erreurs

Error card
Ficha errónea
Carte erronée

Error character
Carácter de anulación
Caractère d'annulation

Error checking circuitry
Circuitos de control de los errores
Circuits de contrôle des erreurs

Error checking code
Código de control de los errores
Code de contrôle des erreurs

Error checking routine
Rutina de control de los errores
Routine de contrôle des erreurs

Error code
Código de error
Code d'erreur

Error condition
Caso de error
Cas d'erreur

Error control character
Carácter de control de los errores
Caractère de contrôle des erreurs

Error correcting code; E.C.C.
Código corrector de errores
Code correcteur d'erreurs

Error correcting system
Sistema corrector de errores
Système correcteur d'erreurs

Error correction routine
Rutina de corrección de los errores
Routine de correction des erreurs

Error count
Número de errores
Nombre d'erreurs

**Error detecting and feedback
   system**
Error detector de errores con
   realimentación
Système détecteur d'erreur avec
   demande de répétition

Error detecting code
Código detector de errores
Code détenteur d'erreurs

Error detecting system
Sistema detector de errores
Système détecteur d'erreurs

Error detection
Detección de errores
Détection d'erreurs

Error detection routine
Programa de detección de los
   errores
Programme de détection des
   erreurs

Error diagnostic
Diagnóstico de errores
Diagnostic d'erreurs

Error flag
Indicador de error
Indicateur d'erreur

Error free
Exento de error
Exempt d'erreur

Error interrupt
Interrupción a consecuencia de
   error
Interruption par suite d'erreur

Error list
Lista de los errores
Liste des erreurs

Error logging
Registro cronológico de los
   errores
Enregistrement des erreurs

Error message
Mensaje de error
Message d'erreur

Error notched
Muesca de error
Encoche d'erreur

Error producing
Generador de errores
Générateur d'erreur

Error prone
Proclive a errores
Sujet à erreur

Error range
Hilera de errores
Rangée d'erreurs

Error rate
Tasa de errores
Taux d'erreurs

Error rate of a translation
Tasa de errores de una traducción
Taux d'erreurs d'une traduction

Error rate of keying
Tasa de errores de tecleo
Taux d'erreurs d'une manipulation

Error ratio
Tasa de errores
Taux d'erreurs

Error recovery
Reanudación después de error
Reprise après erreur

Error recovery routine
Programa de reanudación después
   de error
Programme de reprise après
   erreur

Error report
Lista de los errores
Liste des erreurs

Error return
Regreso en caso de error
Retour en cas d'erreur

Error routine
Rutina de proceso en caso de
   error
Routine de traitement en cas
   d'erreur

Error signal
Señal de error
Signal d'erreur

Error supported
Error tolerado
Erreur tolérée

Error tag
Etiqueta de error
Etiquette d'erreur

Error tape
Cinta de registro de los errores
Bande d'enregistrement des
   erreurs

E.S.C.
Carácter de cambio de código
Caractère de changement de code

Escalation
Equilibrado
Equilibrage

Escape character; E.S.C.
Carácter de cambio de código
Caractère de changement de code

Escape code
Cambio de código
Changement de code

Escapement
Cambio
Changement

E.S.D.
Diccionario de los símbolos
  externos
Dictionnaire des symboles
  externes

(to) Establish
Establecer
Etablir

Estimate
Evaluación
Evaluation

E.T.
Máquina de escribir eléctrica
Machine à écrire électrique

E.T.B.
Fin de bloque de transmisión
Fin de bloc de transmission

E.T.X.
Fin de texto
Fin de texte

(to) Evaluate
Evaluar
Evaluer

Evaluating a new system
Evaluación de un nuevo sistema
Evaluation d'un nouveau système

Evaluation
Evaluación
Evaluation

(to) Even
Igualar
Egaliser

Even
Par
Par

Even / odd check
Control de paridad / imparidad
Contrôle de parité / imparité

Even / odd pair
Pareja par / impar
Un pair; l'autre impair

Even number
Número par
Nombre pair

Even parity
Paridad, Par
Parité

Even parity bit
Bit de paridad
Bit de parité

Even parity code
Código de control de paridad
Code de contrôle de parité

Even parity check
Control de paridad
Contrôle de parité

Evenly
Igualmente
A parité

Evenness
Igualdad
Egalité

Event
Acontecimiento
Evénement

Event data
Datos del tipo suceso
Données du type événement

Evidence
Evidencia
Evidence

Evolutionary
Evolutivo
Evolutif

(to) Exceed
Desbordar, Extralimitar
Dépasser

Except for
Excepto
Excepté

Except gate
Puerta O exclusivo
Porte OU exclusif

Exception line
Línea de excepción
Ligne d'exception

Exception notice
Noticia de proceso por excepción
Notice de traitement par exception

Exception principle system
Sistema de proceso por excepción
Système de traitement par
  exception

Exception processing
Proceso por excepción
Traitement par exception

Excess
Exceso
Excès

Excess fifty code
Código por exceso de cincuenta
Code majoré de cinquante

Excess fifty representation
Representación por exceso de
  cincuenta
Représentation majorée de
  cinquante

Excess three code
Código de exceso de tres
Code majoré de trois

Excess time
Tiempo residual
Temps résiduel

Exchange
Cambio
Echange

(to) Exchange
Cambiar
Echanger

Exchangeable
Intercambiable
Interchangeable

Exchangeable disk storage
Memoria con discos
  intercambiables
Mémoire à disques
  interchangeables

Exchangeable disk storage unit
Unidad de memoria con discos
  intercambiables
Unité de mémoire à disques
  interchangeables

Exclamation point
Punto de admiración
Point d'exclamation

Exclusion
Exclusión
Exclusion

Exclusion OR element
Elemento O exclusivo
Elément OU exclusif

Exclusion OR operation
Operación O exclusivo
Opération OU exclusif

Exclusion OR operator
Operador O exclusivo
Opérateur OU exclusif

Executable statement
Instrucción de ejecución
Instruction d'exécution

(to) Execute
Ejecutar
Exécuter

Execute channel program
Ejecución del programa de canal
Exécution du programme canal

Execute cycle
Ciclo de ejecución
Cycle d'exécution

Execute phase
Fase de ejecución
Phase d'exécution

Execution
Ejecución
Exécution

Execution cycle
Ciclo de ejecución
Cycle d'exécution

Execution instruction
Instrucción de ejecución
Instruction d'exécution

Execution time
Tiempo de ejecución
Temps d'exécution

Executive program
Programa de ejecución
Programme d'exécution

Executive system
Sistema de control
Système d'exécution

Exhausted
Saturado
Saturé

Exhaustive
Completo
Complet

Exit
Salida
Sortie

(to) Exit
Salir
Sortir

Exit hub
Eje de salida
Plot de sortie

Exit point
Punto de salida
Point de sortie

Exotic
Particular
Particulier

Expandability
Extensibilidad
Extensibilité

Expandable
Extensible
Extensible

Expander
Extensor
Extenseur

Expansibility
Extensibilidad
Extensibilité

Expansible
Extensible
Extensible

(to) Expedit
Acelerar
Accélérer

(to) Explain
Explicar
Expliquer

Explanation
Explicación
Explication

Explicit
Explícito
Explicite

Explicit address
Dirección explícita
Adresse explicite

Explicit function
Función explícita
Fonction explicite

(to) Explode
Descomponer, Desglosar
Décomposer

Explosion
Descomposición
Décomposition

Exponent
Exponente
Exposant

Exponential
Exponencial
Exponentiel

Exponential decline
Disminución exponencial
Diminution exponentielle

Exponential equation
Ecuación exponencial
Equation exponentielle

Exponential function
Función exponencial
Fonction exponentielle

Exponential scheduling
Programación exponencial
Programmation exponentielle

(to) Exponentiate
Elevar a potencia
Elever à une puissance

Exponentiated
Elevado a una potencia
Elevé à une puissance

Exponentiation
Elevación a potencia
Elévation à une puissance

Expression
Expresión
Expression

(to) Extend
Ampliar
Etendre

(to) Extend
Prolongar
Prolonger

Extended binary coded decimal
interchange code
Código decimal codificado en
binario ampliado
Code décimal codé en binaire
étendu

Extended mnemonic code
Código mnemónico ampliado
Code mnémonique étendu

Extended precision floating point
Coma flotante con precisión
    ampliada
Virgule flottante à précision
    étendue

Extension
Extensión
Extension

Extent
Extensión (Alcance)
Etendue (Portée)

Exterior label
Etiqueta exterior
Etiquette extérieure

External
Externo
Externe

External arithmetic
Función de cálculo externo
Fonction de calcul externe

External connector
Conector exterior
Connecteur extérieur

External decimal item
Dato decimal externo
Donnée décimale externe

External delay
Atraso por consecuencia externa
Retard pour raison externe

External floating point item
Dato en coma flotante externa
Donnée en virgule flottante
    externe

External indicator
Indicador externo
Indicateur externe

External interrupt system
Sistema de interrupción externo
Système d'interruption externe

External medium
Soporte externo
Support externe

External page address
Dirección externa de página
Adresse externe de page

External page table
Tabla de las páginas externas
Table des pages externes

External power loss
Pérdida de tensión externa
Baisse de tension extérieure

External priority
Prioridad externa
Priorité externe

External procedure
Procedimiento externo
Procédure externe

External reference
Referencia externa
Référence externe

External storage
Memoria externa
Mémoire externe

External symbol dictionary; E.S.D.
Diccionario de los símbolos
    externos
Dictionnaire des symboles
    externes

Externally stored program
Programa sobre soporte externo
Programme sur support externe

(to) Extract
Extraer
Extraire

Extract
Extracto
Extrait

Extraction instruction
Instrucción de extracción
Instruction d'extraction

Extractor
Extractor
Extracteur

Extraneous ink
Tinta en exceso
Encre excédentaire

(to) Extrapolate
Extrapolar
Extrapoler

Extrapolation
Extrapolación
Extrapolation

F

F Format
Formato en longitud fija
Format en longueur fixe

Face
Cara de una ficha
Face d'une carte

Face down
Cara boca abajo
Face dirigée vers le bas

Face down and twelve row first
Cara boca abajo y línea de los
  doce en adelante
Face dirigée vers le bas et ligne
  des douze en avant

Face down feed
Alimentación cara boca abajo
Alimentation face en dessous

Face up feed
Alimentación cara boca arriba
Alimentation face en dessus

Facet
Faceta
Facette

Facetted classification
Clasificación a facetas
Classification à facettes

Facilities
Instalaciones
Installations

Facility
Función
Fonctions

Facsimile posting machine
Transcriptora
Transcriptrice

Factor
Factor
Facteur

Factor analysis
Análisis de factores
Analyse de facteurs

Failure
Fallo, Avería
Défaillance

Failure
Incidente
Incident

Failure
Avería
Panne

Failure logging
Registro cronológico de los
  errores de máquina
Enregistrement chronologique des
  erreurs de machine

Fallback circuit
Circuito de seguridad
Circuit de sécurité

False add
Adición sin acarreo
Addition sans report

False ceiling
Falso techo
Faux plafond

False code
Carácter inválido
Caractère invalide

False code check
Comprobación de carácter inválido
Contrôle de caractère invalide

False floor
Falso suelo
Faux plancher

(to) Fan
Ventilar
Aérer

(to) Fan
Ventilar
Ventller

Fan-in
Factor de entrada
Facteur d'entrée

Fanning
Ventilación, Aireación
Aération

Fanning
Ventilación
Ventilation

Fan-out
Factor de salida
Facteur de sortie

Far-end crosstalk
Telediafonía
Télédiaphonie

Fast
Rápido
Rapide

Fast access
Acceso rápido
Accès rapide

Fast access store
Memoria con acceso de alta
  velocidad
Mémoire à accès rapide

Fast core format
En forma rápida
En forme rapide

Fast forward
Adelantamiento rápido
Avancement rapide

Fast moving
Movimiento rápido
Mouvement rapide

(to) Fasten
Fijar (Atar)
Fixer (Attacher)

Father tape
Cinta de segunda generación
Bande de deuxième génération

Fault
Fallo, Avería
Défaillance

Fault
Incidente
Incident

Fault finding
Detección de avería
Détection de panne

Fault finding test
Ensayo de detección de avería
Essai de détection de panne

Fault isolation
Localización de avería
Localisation de panne

Fault locating test
Ensayo de localización de avería
Essai de localisation de panne

Fault time
Duración de la avería
Durée de la panne

Fault tolerant
Resistente a los fallos
Insensible aux défaillances

Faulty
Defectuoso
Défectueux

Faulty circuit
Circuito defectuoso
Circuit défectueux

Faulty connection
Conexión defectuosa
Connexion défectueuse

Faulty hardware media
Componentes defectuosos de la
    unidad
Composants défectueux de l'unité

Faulty signal
Señal errónea
Signal erroné

Fax
Facsímile
Fac-similé

F.E.
Carácter de paginación
Caractère de mise en page

Feasibility
Factibilidad
Réalisation

Feasibility study
Estudio de que es factible
Etude de réalisation

Feasible
Realizable
Réalisable

Feature
Dispositivo
Dispositif

Feed(ing)
Alimentación
Alimentation

(to) Feed
Alimentar
Alimenter

Feed alert
Señal de incidente de alimentación
Signal d'incident d'alimentation

Feed check
Error de alimentación
Erreur d'alimentation

Feed failure
Defecto de alimentación
Défaut d'alimentation

Feed finger
Palpador
Palpeur

Feed hole
Perforación de arrastre
Perforation d'entraînement

Feed hopper
Almacén de alimentación
Magasin d'alimentation

(to) Feed in
Introducir
Introduire

(to) Feed into a take-up reel
Alimentar una bobina de salida
Enrouler sur une bobine
    d'alimentation

Feed knife
Cuchilla de alimentación
Couteau d'alimentation

(to) Feed past
Adelantar
Faire avancer

Feed pin
Pico de arrastre
Picot d'entraînement

Feed pitch
Paso de arrastre
Pas d'entraînement

Feed rate
Velocidad de alimentación
Vitesse d'entraînement

Feed reel
Carrete de alimentación
Bobine d'alimentation

Feed roll
Rodillo de alimentación
Rouleau d'alimentation

Feed sprocket
Tambor de alimentación con púas
Tambour d'alimentation

Feed track
Pista de arrastre
Piste d'entraînement

Feed tray
Almacén de alimentación
Magasin d'alimentation

Feed unit
Unidad de alimentación
Unité d'alimentation

Feedback
Realimentación, Reacción
Réaction

Feedback amplifier
Amplificador realimentado
Amplificateur à réaction

Feedback control
Control por reacción
Contrôle par réaction

Feedback control signal
Señal de control por
    realimentación
Signal de contrôle par réaction

Feedback impedance
Impedancia de reacción
Impédance de réaction

Feedback loop
Circuito de realimentación
Circuit à réaction

Feeder bin
Almacén de alimentación
Magasin d'alimentation

Feeder cable
Cable de alimentación
Câble d'alimentation

Feeding device
Dispositivo de alimentación
Dispositif d'alimentation

Feeler pin
Palpador de lectura
Palpeur de lecture

Female programmer
Programadora
Programmeuse

(to) Fence
Separar
Séparer

Fence bit
Bit de separación
Bit de séparation

Fenceable
Separable
Séparable

Fencing
Separación
Séparation

Ferrite
Ferrita
Ferrite

Ferrite bead
Núcleo de ferrita
Tore de ferrite

Ferrite bead memory
Memoria de núcleos de ferrita
Mémoire à tores de ferrite

Ferrite core
Núcleo de ferrita
Tore de ferrite

Ferrite core storage
Memoria de núcleos de ferrita
Mémoire à tores de ferrite

Ferrite rod
Varilla de ferrita
Bâtonnet de ferrite

Ferroelectric
Ferroeléctrico
Ferroélectrique

Ferromagnetic
Forromagnético
Ferromagnétique

Ferromagnetics
Ferromagnetismo
Ferromagnétisme

F.E.T.
Transistor con efecto de campo
Transistor à effet de champ

Fetch program
Programa de búsqueda
Programme de recherche

(to) Fetch
Investigar
Rechercher

Fiber optic
Fibra óptica
Optique à fibre

Fibonacci search
Búsqueda de Fibonacci
Recherche de Fibonacci

Fiche reader
Lector de fichas
Lecteur de fiches

Fickle
Inestable
Instable

Field / record relationship
Relación zona / registro
Relation zone / enregistrement

Field breakdown
Subdivisión de campo
Subdivision de zone

Field definer
Indicador de zona
Indicateur de zone

Field definition
Definición de campo
Délimitation de zone

Field description specifications
Especificaciones de descripción de
los campos
Spécifications de description des
zones

Field effect transistor
Transistor con efecto de campo
Transistor à effet de champ

Field erasing
Borrado de campo
Effacement de zone

Field indicator
Indicador de zona
Indicateur de zone

Field length
Longitud de campo
Longueur de zone

Field mark
Marca de zona
Marque de zone

Field name
Nombre de zona
Nom de zone

Field oriented data
Datos organizados en campos
Données organisées en zones

Field padding
Relleno de zona
Remplissage de zone

Field selection
Selección de zona
Sélection de zone

Field strings
Tiras de campos
Suite de zones

Field valid Bit
Indicador de zona válida
Indicateur de zone valide

Field width
Anchura de campo
Longeur de champ

Field within the area
Campo en el interior de una zona
Sous-zone à l'intérieur d'une zone

F.I.F.O.
Primero entrado; primero salido
Premier entré; premier sorti

Figurative
Figurativo
Figuratif

Figurative constant
Constante figurativa
Constante figurative

Figure
Dígito
Chiffre

Figures shift
Inversión de dígitos
Inversion de chiffres

(to) File
Archivar
Classer

File
Fichero
Fichier

File activity ratio
Tasa de actividad de un fichero
Taux d'activité d'un fichier

(to) File away
Archivar
Mettre aux archives

File batching
Agrupamiento de ficheros
Groupage de fichiers

File blocking
Agrupamiento de ficheros
Groupage de fichiers

File building routine
Rutina de constitución de ficheros
Sous-programme de constitution
de fichiers

File code
Código fichero
Code fichier

File compression
Compresión de fichero
Compression de fichier

File conditioning
Acondicionamiento de un fichero
Conditionnement d'un fichier

File conditioning indicator
Indicador de acondicionamiento
de un fichero
Indicateur de conditionnement
d'un fichier

File consolidation
Fusión de ficheros
Fusion de fichiers

File control table
Tabla de gestión de fichero
Table de gestion de fichier

File conversion
Conversión de fichero
Conversion de fichier

File delete program
Programa de borrado de fichero
Programme d'effacement de fichier

File description specifications
Especificaciones de descripción
del fichero
Spécifications de description du
fichier

File design
Diseño del fichero
Définition du fichier

File designer
Analista
Analyste

File feed
Cargamento del fichero
Chargement du fichier

File gap
Espacio entre ficheros
Espace entre fichiers

File girl
Archivador
Archiviste

File growth
Aumento del volumen del fichero
Augmentation du volume du
fichier

File handler
Programa de gestión de ficheros
Programme de gestion de fichiers

File identification
Identificación de fichero
Identification de fichier

File label
Etiqueta de fichero
Etiquette de fichier

File layout
Disposición o diseño del fichero
Tracé de fichier

File maintenance
Actualización de fichero
Mise à jour de fichier

File management system
Sistema de gestión de un fichero
Système de gestion d'un fichier

File map
Plano de fichero
Plan de fichier

File mark
Marca de fichero
Marque de fichier

File name
Nombre del fichero
Nom de fichier

File opening routine
Rutina de apertura de fichero
Routine d'ouverture de fichier

File print
Impresión de un fichero
Impression d'un fichier

File processing
Proceso de un fichero
Traitement d'un fichier

File protection
Protección de un fichero
Protection d'un fichier

File protection ring
Anillo de protección de fichero
Anneau de protection de fichier

File record design
Diseño del registro de un fichero
Définition de l'enregistrement d'un
fichier

File reel
Carrete fichero
Bobine fichier

File reel connector
Conector de carrete de fichero
Connecteur de bobine de fichier

File reference
Referencia de un fichero
Référence d'un fichier

File scan
Exploración de un fichero
Examen d'un fichier

File separator character
Carácter de separación de ficheros
Caractère de séparation de fichiers

File separator; F.S.
Separador de ficheros
Séparateur de fichiers

File sharing
Utilización en común de ficheros
Utilisation en commun de fichiers

File size
Tamaño de un fichero
Volume d'un fichier

File store
Memoria de fichero
Mémoire à fichier

File table
Tabla de ficheros
Table de fichiers

File tape
Cinta de fichero
Bande de fichier

File tape reel
Fichero en cinta
Bobine de bande de fichier

File translation
Conversión de fichero
Conversion de fichier

File translation table
Tabla de conversión de fichero
Table de conversion de fichier

File type
Tipo de fichero
Type de fichier

File unit
Unidad de ficheros
Unité à fichiers

File update
Actualización de fichero
Mise à jour de fichier

File vault
Local de archivos
Local d'archives

Filing
Clasificación
Classement

Filing
Ordenamiento
Rangement

Filing clerk
Archivador
Archiviste

Filing department
Departamento de archivo
Service des archives

Filing space
Espacio de ordenamiento
Espace de rangement

(to) Fill
Llenar
Remplir

(to) Fill
Llenar
Garnir (Remplir)

Fill character
Carácter de relleno
Caractère de remplissage

(to) Fill with
Llenar con
Remplir par

Filler
Zona de relleno
Zone de remplissage

Filler bit
Bit de relleno
Bit de remplissage

Filling
Relleno
Garni (Rempli)

Film
Filme (Película)
Film (Pellicule)

Film file
Fichero en filme
Fichier sur film

Film magazine
Cargador de filme
Chargeur de film

Film optical scanning device
Dispositivo de lectura óptica de
      filme
Dispositif de lecture optique de
      film

Film reader
Lector de filme
Lecteur de film

Film recorder
Grabador sobre filme
Enregistreur sur film

Filter
Filtro
Filtre

(to) Filter
Filtrar
Filtrer

(to) Filter out
Eliminar por filtración
Éliminer par filtrage

Final
Final
Final

Final result
Resultado final
Résultat final

Final total
Total general
Total général

Finality
Finalidad
Finalité

Finder
Sensor, Detector
Détecteur

Fine index
Índice detallado
Index détaillé

Finish node
Nudo final
Noeud final

Firmware
Microprogramación
Microprogrammation

First generation computer
Ordenador de primera generación
Calculateur de première
      génération

First item list
Indicación de grupo
Indication de groupe

First level address
Dirección de primer nivel
Adresse de premier niveau

First level interrupt handler
Gestión de las interrupciones al
      primer nivel
Gestion des interruptions au
      premier niveau

First remove subroutine
Subprograma de primer nivel
Sous-programme de premier
      niveau

First time computer user
Recién llegado a la informática
Nouveau venu à l'informatique

First in first out; F.I.F.O.
Primero entrado; primero salido
Premier entré; premier sorti

(to) Fit
Ajustar
Ajuster

(to) Fit
Rectificar
Rectifier

(to) Fit
Ajustar
Régler

Fitting
Adaptación
Adaptation

Fitting
Ajuste
Ajustage

Five channel code
Código de cinco canales
Code à cinq canaux

Five level code
Código de cinco niveles
Code à cinq niveaux

Five-bit byte
Quinteto
Quintet

(to) Fix
Fijar (Atar)
Fixer (Attacher)

(to) Fix up
Instalar
Installer

Fixed area
Campo fijo
Zone fixe

Fixed block
Bloque fijo
Bloc fixe

Fixed block length
Longitud fija de bloque
Longueur fixe de bloc

Fixed blocking
Bloqueo fijo
Blocage fixe

Fixed cycle operation
Operación con número fijo de
   ciclos
Opération à nombre fixe de cycles

Fixed data
Datos constantes
Données constantes

Fixed decimal arithmetic
Aritmética en coma fija
Arithmétique en virgule fixe

Fixed disk
Disco fijo
Disque fixe

Fixed disk store
Memoria con discos fijos
Mémoire à disques fixes

Fixed field
Campo fijo
Zone fixe

Fixed form coding
Codificación con zonas fijas
Codage à zones fixes

Fixed head disks
Discos con cabeza fija
Disques à tête fixe

Fixed index word
Palabra de índice fijo
Mot d'index fixe

Fixed length record
Registro en longitud fija
Enregistrement en longueur fixe

Fixed length record system
Sistema de registro en longitud
   fija
Système d'enregistrement en
   longueur fixe

Fixed length word
Palabra de longitud fija
Mot de longueur fixe

Fixed location equivalence table
Tabla de equivalencia de las
   posiciones de la zona libre
Table d'équivalence des positions
   de la zone libre

Fixed page
Página fija
Page fixe

Fixed point
Coma fija
Virgule fixe

Fixed point calculation
Cálculo en coma fija
Calcul en virgule fixe

Fixed point computer
Ordenador de coma fija
Calculateur en virgule fixe

Fixed point data
Datos en coma fija
Données en virgule fixe

Fixed point items
Datos en coma fija
Données en virgule fixe

Fixed point number
Número en coma fija
Nombre en virgule fixe

Fixed point part
Mantisa, Fracción
Mantisse

Fixed point representation
Representación en coma fija
Représentation en virgule fixe

Fixed program computer
Calculador con programa fijo
Calculateur à programme fixe

Fixed radix notation
Notación con base fija
Notation à base fixe

Fixed radix numeration
Numeración con base fija
Numération à base fixe

Fixed ratio code
Código con relación fija
Code à rapport fixe

Fixed routine
Rutina fija
Programme fixe

Fixed storage
Memoria permanente
Mémoire permanente

Fixed type bar
Barra de impresión fija
Barre d'impression fixe

Fixed word length
Longitud fija de palabra
Longueur fixe de mot

(to) Flag
Indicar
Indiquer

Flag
Marca
Marque

Flag bit
Bit indicador
Bit indicateur

Flag byte
Octeto indicador
Octet indicateur

Flange
Flanco
Flasque

Flangeless
Sin flanco, Sin cubierta lateral
Sans flasque

Flat cable
Cable plano
Câble ruban

Flaw
Defecto, Error
Défaut

Flexibility
Flexibilidad
Flexibilité

Flexible or floppy disk
Disco flexible, Disquete
Disque souple

Flimsy
Ficha intercalada
Carte intercalée

(to) Flip
Alternar
Alterner

Flip chart
Tablero con hojas arrancables
Tableau à feuilles détachables

(to) Flip off
Pasar sobre 'off'
Passer sur 'off'

(to) Flip on
Pasar sobre 'on'
Passer sur 'on'

Flip-flop
Alternancia
Alternance

Flipper
Subprograma de carga
Sous-programme de chargement

Float-faced screen
Pantalla llana
Ecran plat

Floating
Flotante
Flottant

Floating address
Dirección relativa
Adresse relative

Floating character
Carácter móvil
Caractère mobile

Floating decimal arithmetic
Aritmética decimal con coma
  flotante
Arithmétique décimale à virgule
  flottante

Floating floor
Falso suelo
Faux plancher

Floating head
Cabeza flotante
Tête flottante

Floating point
Coma flotante
Virgule flottante

Floating point arithmetic
Aritmética en coma flotante
Arithmétique en virgule flottante

Floating point base
Base con coma flotante
Base à virgule flottante

Floating point computation
Cálculo en coma flotante
Calcul en virgule flottante

Floating point computer
Ordenador de coma flotante
Calculateur en virgule flottante

Floating point data
Datos en coma flotante
Données en virgule flottante

Floating point items
Datos en coma flotante
Données en virgule flottante

Floating point number
Número en coma flotante
Nombre en virgule flottante

Floating point operation
Operación en coma flotante
Opération en virgule flottante

Floating point package
Programas en coma flotante
Programmes en virgule flottante

Floating point radix
Base con coma flotante
Base à virgule flottante

Floating point representation
Representación en coma flotante
Représentation en virgule flottante

Floating point routine
Rutina en coma flotante
Programme en virgule flottante

Floating string
Tira o cadena de caracteres
  móviles
Suite de caractères mobiles

Floor
Suelo
Plancher

Floppy disk
Disquete, Disco flexible
Disquette

Flow
Circulación, Flujo
Circulation

(to) Flow
Fluir
Circuler

Flow capacity
Capacidad de circulación
Capacité de circulation

Flow diagram
Organigrama de flujo
Organigramme de circulation

Flow diagramming
Establecimiento de organigrama
Etablissement d'organigramme

Flow direction
Sentido de enlace
Sens de liaison

(to) Flow in
Llegar a
Arriver à

(to) Flow out
Salir
Sortir

Flow path
Circuito de proceso
Circuit de traitement

Flow process diagram
Organigrama de los sistemas de
  proceso
Organigramme des systèmes de
  traitement

Flowchart
Organigrama
Organigramme

(to) Flowchart
Trazar un organigrama
Tracer un organigramme

Flowchart connector
Conector de organigrama
Connecteur d'organigramme

Flowchart symbol
Símbolo de organigrama
Symbole d'organigramme

Flowcharter
Plantilla, Trazador de organigrama
Traceur d'organigramme

Flowcharting
Establecimiento de organigrama
Etablissement d'organigramme

Flowcharting worksheet
Hoja de organigrama
Feuille d'établissement
    d'organigramme

Flowline
Línea de enlace
Ligne de liaison

Fluid logic
Lógica de fluidos
Logique à fluides

Fluidics
(La) Fluídica, Fluidez
(La) Fluidique

Flux
Flujo
Flux

Flying spot
Punto de luz móvil
Spot mobile

Flying spot scanner
Analizador con rayo de luz
Analyseur à spot mobile

F.M.
Modulación de frecuencia
Modulation de fréquence

Focusing
Concentración
Concentration

Foil
Tira reflectora
Réflechissant

(to) Fold
Plegar
Plier

Folding machine
Máquina plegadora
Machine à plier

Follower character
Carácter complementario
Caractère complémentaire

Font
Conjunto de caracteres
Ensemble de caractères

Footage
Longitud en pies
Longueur en pieds

Forbidden
Prohibido
Interdit

Forbidden character
Carácter prohibido
Caractère interdit

Forbidden character code
Código de carácter prohibido
Code de caractères interdits

Forbidden combination
Combinación prohibida
Combinaison interdite

Forbidden combination code
Código de combinación prohibida
Code de combinaison interdite

Forbidden digit
Dígito prohibido
Chiffre interdit

Forbidden digit check
Comprobación de dígito prohibido
Contrôle de chiffre interdit

(to) Force
Forzar
Forcer

Forced control field
Campo de control obligatorio
Zone de contrôle obligatoire

Forced display
Visualización sistemática
Visualisation systématique

Forced sequence
Secuencia obligatoria
Séquence obligatoire

Forecast
Previsión
Prévision

Foreground
Primer plano
Premier plan

Foreground area
Zona de primer plano
Zone de premier plan

**Foreground (operation or)
    processing**
Proceso de primer plano
Traitement de premier plan

Foreground program
Programa del primer plano
Programme de premier plan

Foregrounding
Proceso de primer plano
Traitement de premier plan

Form
Impreso, Formulario
Formulaire (imprimé)

Form depth
Altura del impreso
Hauteur de l'imprimé

Form feed(ing)
Alimentación de impresos
Alimentation d'imprimés

Form feed character
Carácter de alimentación de
    impresos
Caractère d'alimentation
    d'imprimés

Form feedout
Alimentación de impresos
Alimentation d'imprimés

Form number
Número de impreso
Numéro d'imprimé

Form separator
Separadora de impresos
Déliasseuse d'imprimés

Form set
Legajo de impresos
Liasse d'imprimés

Form skew
Desalineación del impreso
Désalignement de l'imprimé

Form skip
Salto del impreso, Espaciado del
    impreso
Ejection de l'imprimé

Form stop
Parada por fin de impresos
Arrêt pour fin de papier

Format
Formato, modelo
Format, modèle

(to) Format
Preparar la edición
Préparer l'édition

Format a disk
Formatear un disco
Formatter un disque

Format control
Control de formato
Contrôle de format

Format control word
Palabra de control de formato
Mot de contrôle de format

Format description
Descripción de formato
Description de tracé

Format document
Documento de control de formato
Document de contrôle de format

Format effector; F.E.
Carácter de paginación
Caractère de mise en page

Format error
Error de formato
Erreur de format

Format load operation
Operación de carga de los
  impresos
Opération de chargement des
  imprimés

Format sheet
Hoja-modelo
Feuille-modèle

Format tape
Cinta de control del formato
Bande de contrôle du format

Format write command
Mando de escritura con
  paginación
Commande d'écriture avec mise
  en page

Formating
Paginación
Mise en page

Formating character
Carácter de ajuste
Caractère de mise en page

Formatless
Formato no impuesto
Format non imposé

Forms adjusting lever
Palanca de ajuste de los impresos
Levier d'ajustage des imprimés

Forms cart
Receptor de impresos
Récepteur d'imprimés

Forms decollator
Separador de impresos
Séparateur d'imprimés

Forms file
Fichero de los impresos
Fichier des imprimés

Forms flash
Trazado preimpreso
Tracé pré-imprimé

Forms handling equipment
Equipo de preparación de los
  impresos
Matériel de préparation des
  imprimés

Forms pack
Legajo de impresos
Liasse d'imprimés

Forms stacker
Receptor de impresos
Récepteur d'imprimés

Forms tracking
Recuento de impresos
Comptage d'imprimés

Forms tractor
Mecanismo de arrastre de los
  impresos
Mécanisme d'entraînement des
  imprimés

Forms writing equipment
Equipo de impresión sobre
  impresos
Matériel d'impression sur
  imprimés

Formula
Fórmula
Formule (mathématique)

Formula translator
Lenguaje Fortran
Langage Fortran

FORTRAN (FORmula TRANslation)
Lenguaje FORTRAN
Fortran

Fortuitous distortion
Distorsión fortuita
Distorsion fortuite

Forward channel
Vía de ida
Voie d'allée

Forward routing chain
Encadenamiento cronológico de
  las operaciones
Chaînage chronologique des
  opérations

Forward scheduling
Ordenación cronológica
Ordonnancement chronologique

Forward sort
Clasificación creciente
Tri croissant

(to) Forward space
Hacer un salto o espacio adelante
Faire un saut en avant

Forward space block; F.S.B.
Salto al bloque siguiente
Saut au bloc suivant

Forward space file; F.S.F.
Salto al fichero siguiente
Saut au fichier suivant

Forward tape speed
Velocidad de desarrollo de la cinta
Vitesse de déroulement de la
  bande

Forward-backward counter
Contador progresivo-regresivo
Compteur progressif-régressif

Fount (Br.) Font (Amer.)
Conjunto de caracteres
Ensemble de caractères

Fount change character (Br.) Font
  change character (Amer.)
Carácter de cambio de caracteres
Caractère de changement de
  caractères

Four address
Con cuatro direcciones
A quatre adresses

Four address code
Código con cuatro direcciones
Code à quatre adresses

Four address instruction
Instrucción con cuatro direcciones
Instruction à quatre adresses

Four function desk calculator
Calculador de sobremesa con
cuatro funciones
Calculateur de table à quatre
fonctions

Four plus one address
Con cuatro direcciones más una
A quatre adresses plus une

Four wire channel
Canal con cuatro hilos
Canal à quatre fils

Four wire circuit
Circuito con cuatro hilos
Circuit à quatre fils

Four-bit byte
Cuarteto
Quartet

Fraction
Fracción
Fraction

Fractional part
Mantisa, Fracción
Mantisse

Fragment
Fragmento
Fragment

(to) Fragment
Fragmentar
Fragmenter

Fragmenting
Fragmentación
Fragmentation

Frame
Chasis, Armazón
Châssis

Frame
Columna transversal
Colonne transversale

(to) Frame
Delimitar, Encuadrar
Délimiter

Frame bit
Bit de delimitación
Bit de délimitation

Frame grounding circuit
Circuito de puesta a la masa
Circuit de mise à la masse

Framing
Delimitación, Encuadre
Délimitation

Framing bits
Bits de delimitación
Bits de délimitation

Framing quote
Extremidades de delimitación
Extrémités de délimitation

France
Trama
Trame

Free
Disponible
Disponible

Free
Libre
Libre

Free field
Campo libre
Zone libre

Free float
Deslizamiento libre
Glissement libre

Free format
Formato libre
Format libre

Free motion
Marcha en vacío
Marche à vide

Free running multivibrator
Multivibrador astable
Multivibrateur astable

Free running speed
Velocidad normal de
funcionamiento
Vitesse normale de
fonctionnement

Free standing
Autónomo
Autonome

Freeze mode
Estado de interrupción
Etat d'interruption

Frequency
Frecuencia
Fréquence

Frequency band
Banda de frecuencia
Bande de fréquence

Frequency derived channel
Vía derivada en frecuencia
Voie dérivée en fréquence

Frequency descrimination
Selección de una frecuencia
Sélection d'une fréquence

Frequency deviation
Desvío de frecuencia
Déviation de fréquence

Frequency distortion
Distorsión de frecuencia
Distorsion de fréquence

Frequency diversity
Diversidad de frecuencia
Diversité de fréquence

Frequency doubling recording
Grabado con doble frecuencia
Enregistrement à double
fréquence

Frequency drift
Variación de frecuencia
Variation de fréquence

Frequency meter
Frecuenciómetro
Fréquencemètre

Frequency modulation; F.M.
Modulación de frecuencia
Modulation de fréquence

Frequency range
Gama de frecuencias
Gamme de fréquences

Frequency response
Respuesta en frecuencia
Réponse en fréquence

Frequency shift
Desplazamiento de frecuencia
Déplacement de fréquence

Frequency shift keying; F.S.K.
Modulación por desplazamiento
de frecuencia
Modulation par déplacement de
fréquence

Frequency shift telegraphy
Telegrafía por desplazamiento de
frecuencia
Télégraphie par déplacement de
fréquence

Frequency spectrum designation
Designación del espectro de
frecuencias
Désignation du spectre de
fréquences

Frequency swing
Desvío periódico de frecuencia
Déviation de fréquence

Frequency table
Tabla de frecuencias
Table de fréquences

Frequency tolerance
Tolerancia de frecuencia
Tolérance de fréquence

Frequency translation
Transposición de frecuencia
Transposition de fréquence

Free running multivibrator
Multivibrador astable
Multivibrateur astable

From address
Dirección emisora, Dirección de
origen
Adresse émettrice

From date
Fecha de entrada en vigor
Date d'entrée en vigueur

From file
Fichero de llamada
Fichier d'appel

Front ender
Ordenador frontal
Calculateur frontal

Front feed
Alimentación frontal
Alimentation frontale

Front feed carriage
Carro de alimentación frontal
Chariot à alimentation frontale

Front-end computer
Ordenador frontal
Calculateur frontal

Front-end machine
Aparato frontal
Appareil frontal

Front-end processor
Ordenador frontal
Ordinateur frontal

Frozen date
Fecha de congelación
Date de figeage

F.S.
Separador de ficheros
Séparateur de fichiers

F.S.B.
Salto de bloque siguiente
Saut au bloc suivant

F.S.F.
Salto al fichero siguiente
Saut au fichier suivant

F.S.K.
Modulación por desplazamiento
de frecuencia
Modulation par déplacement de
fréquence

(to) Fulfill
Cumplir
Accomplir

Full
Completo
Complet

Full
Lleno
Plein

Full adder
Adicionador completo
Additionneur complet

Full drive pulse
Impulsión de mando de intensidad
integral
Impulsion de commande
d'intensité intégrale

Full keyboard
Teclado completo
Clavier complet

Full minutes
En minutos enteros
En minutes entières

Full name
Nombre completo
Nom en entier

Full read pulse
Impulsión de mando de lectura
integral
Impulsion de commande de
lecture intégrale

Full speed
Velocidad máxima
Vitesse maximale

Full subtracter
Sustractor completo
Soustracteur complet

Full table
Tabla completa
Table complète

Full text
Texto integral
Texte intégral

Full write pulse
Impulsión de mando de registro
integral
Impulsion de commande
d'enregistrement intégral

(to) Fullfill
Realizar
Réaliser

Full-duplex
Duplex integral
Duplex intégral

Full-duplex operation
Trabajo en duplex completo
Travail en duplex intégral

Full-duplex service
Servicio duplex integral
Service duplex intégral

Fully tested program
Programa a punto
Programme au point

Fully-perforated tape
Cinta perforada con confetis
desprendidos
Bande perforée à confettis
détachés

Function
Función
Fonction

(to) Function
Funcionar
Fonctions

Function character
Carácter de función
Caractère de fonction

Function chart
Organigrama de función
Organigramme de fonction

Function code
Código de función
Code de fonction

Function generator
Generador de funciones
Générateur de fonctions

Function hole
Perforación de control
Perforation de contrôle

Function key
Tecla de función
Touche de fonction

Function keyboard
Teclado de función
Clavier de fonction

Function part
Parte en función
Partie en fonction

Function table
Tabla de funciones
Table de fonctions

Functional
Funcional
Fonctionnel

Functional character
Carácter funcional
Caractère fonctionnel

Functional code
Código funcional
Code fonctionnel

Functional design
Concepción funcional
Conception fonctionnelle

Functional diagram
Esquema funcional
Schéma fonctionnel

Functional message
Mensaje funcional
Message fonctionnel

Functional section
Sección funcional
Section fonctionnelle

Functional symbol
Símbolo funcional
Symbole fonctionnel

Functional test
Prueba de funcionamiento
Essai de fonctionnement

Functional unit
Unidad funcional
Unité fonctionnelle

Functor
Elemento lógico
Elément logique

Fundamental operation
Operación de base
Opération de base

(to) Furnish
Proveer, Suministrar
Fournir

Fuse
Fusible
Fusible

G

(to) Gain
Ganar
Gagner

Gain
Ganancia
Gain

Game
Juego
Jeu

Games theory
Teoría de los juegos
Théorie des ensembles

Gang
Equipo
Equipe

Gang punch
Perforadora en serie
Perforatrice en série

(to) Gang punch
Perforar en serie
Perforer en série

Gang punching
Perforación en serie
Perforation en série

Gantt chart
Diagrama de Gantt, Diagrama de
   barras
Diagramme de Gantt

Gap
Espacio
Espace

Gap
Intervalo
Intervalle

Gap character
Carácter espacio (o de separación)
Caractère espace

Gap digits
Dígitos de separación
Chiffres de séparation

Gap scatter
Desalineamiento
Désalignement

(to) Garb
Deformar
Déformer

Garbage
Datos sin significación;
   desperdicio
Données sans signification

Garbage collection
Recuperación de las posiciones
   inutilizadas
Récupération des positions
   inutilisées

Garbled
Deformado
Déformé

Garbling
Deformación
Déformation

Gash
Muesca
Entaille

Gash
Hendidura
Fente

Gate
Puerta
Porte

(to) Gather
Agrupar
Regrouper

(to) Gather write
Escribir agrupando
Ecrire en regroupant

Gather writing
Escritura con agrupamiento
Ecriture avec regroupement

Gathering
Agrupamiento
Regroupement

G.C.R.
Registro por grupos de caracteres
Enregistrement par groupes de
   caractères

G.D.O.A.
Zona de salida gráfica
Zone de sortie graphique

G.D.S.
Conjunto de datos gráficos
Ensemble de données graphiques

General
General
Général

General accounting
Contabilidad general
Comptabilité générale

General ledger
Diario general
Registre général

General program
Programa general
Programme général

General purpose character
Carácter polivalente
Caractère polyvalent

General purpose computer; G.P.C.
Ordenador de características
   generales
Calculateur polyvalent

**General purpose function
   generator**
Generador de funciones generales
Générateur de fonctions
   polyvalentes

General purpose; G.P.
Universal
Universel

General purpose program
Programa de uso general
Programme à usage général

General purpose register
Registro de uso general
Registre à usage général

General purpose storage
Memoria de uso general
Mémoire à usage général

General register
Diario general
Registre général

General routine
Rutina principal
Routine principale

General storage
Memoria principal
Mémoire principale

Generalized routine
Rutina generalizada
Routine généralisée

(to) Generate
Generar
Générer

Generate and go
Generación y lanzamiento
Génération et lancement

Generated address
Dirección generada
Adresse générée

Generating program
Programa generador
Programme générateur

Generation
Generación
Génération

Generation data group
Generación de conjuntos de datos
Génération d'ensembles de
données

Generation number
Número de generación
Numéro de génération

Generation phase
Fase de generación
Phase de génération

Generation routine
Programa generador
Programme générateur

Generator
Generador
Générateur

Geneva drive mechanism
Mecanismo de arrastre en cruz de
Malta
Mécanisme d'entraînement en
croix de Malte

Gibberish total
Total incoherente
Total incohérent

Gigacycle
Gigaciclo
Gigacycle

**G.I.G.O. (Garbage In; Garbage
Out)**
A datos inexactos; resultados
erróneos
A données inexactes; résultats
erronés

(to) Give
Dar
Donner

(to) Give off
Emitir
Emettre

(to) Give up
Renunciar
Renoncer

G.J.P.
Procesador de trabajos sobre
unidad gráfica
Processeur de travaux sur unité
graphique

Glide
Deslizamiento
Glissement

Glitches
Señales deformadas
Signaux déformés

Glitching
Deformación
Déformation

Globe shaped
Esfera con caracteres de impresión
Boule d'impression

Glossary
Glosario
Glossaire

(to) Glow
Lucir, Brillar
Luire

(to) Go and Stream
Entrar en servicio
Entrer en service

(to) Go into
Examinar
Examiner

(to) Go off
Apagar
S'éteindre

(to) Go on
Continuar
Continuer

(to) Go on
Perseguir
Poursuivre

(to) Go out
Terminar
Terminer

(to) Go over
Verificar
Vérifier

(to) Go through
Ejecutar en totalidad
Exécuter en totalité

Golf ball printer
Impresora con esfera
Imprimante à boule

Golf ball typewriter
Máquina de escribir con esfera
Machine à écrire à boule

Goneh element
Elemento gunoh
Elément gunh

Goneh state
Estado gunoh
Etat gunh

Gothic font
Caracteres lineales
Caractères linéaux

Governor
Regulador
Régulateur

G.P.
Universal
Universel

G.P.C.
Calculador polivalente
Calculateur polyvalent

(to) Grab
Recoger
Saisir

Graceful degradation
Degradación progresiva;
degradación relativa
Dégradation relative

Grade
Tipo (Grado)
Type (Degré)

Gradual
Progresivo
Progressif

Grand total
Total general
Total général

Grand total key
Tecla de total general
Touche de total général

Grandfather cycle
Ciclo de conservación en tres
    generaciones
Cycle de conservation sur trois
    générations

Grandfather tape
Cinta de primera generación
Bande de première génération

Graph(ic)
Gráfico
Graphique

(to) Graph
Representar con gráfico,
    Esquematizar
Représenter par graphique

Graph follower
Lector de gráficos
Lecteur de graphiques

Graph plotter
Trazador de gráficos
Traceur de graphiques

Graph theory
Teoría de grafos
Théorie des graphes

Graphic character
Carácter gráfico
Caractère graphique

**Graphic data output area;
    G.D.O.A.**
Zona de salida gráfica
Zone de sortie graphique

Graphic data processing
Proceso gráfico de los datos
Traitement graphique des données

Graphic data set; G.D.S.
Conjunto de datos gráficos
Ensemble de données graphiques

Graphic display unit
Unidad de visualización gráfica
Unité de visualisation graphique

Graphic input / output
Entrada / salida gráfica
Entrée / sortie graphique

Graphic job control operations
Operaciones de control de los
    trabajos sobre unidad gráfica
Opérations de contrôle des
    travaux sur unité graphique

Graphic job processor; G.J.P.
Procesador de trabajos sobre
    unidad gráfica
Processeur de travaux sur unité
    graphique

Graphic panel
Panel de visualización gráfica
Panneau de visualisation
    graphique

Graphic processing unit
Unidad de proceso gráfico
Unité de traitement graphique

Graphic solution
Solución gráfica
Solution graphique

Graphic subset
Subconjunto gráfico
Sous-ensemble graphique

Graphic support package
Paquete de programas de soporte
    gráfico
Ensemble de sous-programmes
    graphiques

Graphic symbol
Símbolo gráfico
Symbole graphique

Graphic tablet
Tablilla gráfica
Tablette graphique

Graphic terminal
Terminal gráfico
Terminal graphique

Graphical output terminal
Terminal de salida gráfica
Terminal de sortie graphique

(to) Graphitize
Poner en forma de gráfico
Mettre sous forme de graphique

Graticula
Retícula
Réticule

Gray code
Código de Gray
Code Gray

Grid
Rejilla
Grille

(to) Grind in
Rectificar
Rectifier

(to) Grind out
Salir
Sortir

Grooving machine
Máquina para hacer muescas
Encocheuse

Gross index
Índice general
Index général

Gross-to net requirements
Cálculos de las necesidades netas
Calculs des besoins nets

(to) Ground
Poner a masa
Mettre à la masse ..

Ground
Tierra (Masa)
Terre (Masse)

Ground bus
Cable de puesta a tierra
Câble de mise à la terre

Ground conductor
Hilo de tierra
Fil de terre

Ground connection
Toma de tierra
Prise de terre

Ground noise
Ruido de fondo
Bruit de fond

Grounding
Puesta a masa
Mise à la masse

Group
Grupo
Groupe

Group addressing
Direccionamiento de grupo
Adressage de groupe

Group allocation
Asignación de grupos
Affectation de groupes

Group code
Código de grupos
Code de groupes

Group coded recording; G.C.R.
Grabación por grupos de
caracteres
Enregistrement par groupes de
caractères

Group control change
Ruptura de control
Rupture de contrôle

Group indicate
Indicación de grupo
Indication de groupe

Group item
Dato compuesto
Donnée composée

Group link
Enlace de grupos
Liaison de groupes

Group mark
Delimitación de grupo
Délimitation de groupe

Group marker
Marca de grupo
Marque de groupe

Group printing
Impresión por grupos
Impression par groupes

Group section
Sección de grupo
Section de groupe

Group separator character
Carácter de separación de grupos
Caractère de séparation de
groupes

Group theory
Teoría de los grupos
Théorie des groupes

(to) Groupe
Agrupar
Grouper

Grouped
Agrupado
Groupé

Grouped records
Artículos agrupados
Articles groupés

Grouping
Agrupamiento
Groupage

Grouping of records
Agrupamiento de artículos
Groupage d'articles

(to) Grow
Crecer
Croître

Growth
Crecimiento
Croissance

Growth path
Curva de crecimiento
Courbe de croissance

Growth rate
Velocidad de crecimiento
Vitesse de croissance

Guard
Dispositivo de protección
Dispositif de protection

(to) Guard
Proteger
Protéger

Guard band
Banda de protección
Bande de protection

Guard signal
Señal de guarda
Signal de garde

Guide
Guía
Guide

Guide edge
Borde de referencia
Bord de référence

Guide line
Línea de referencia
Ligne de référence

Guide margin
Marginador
Margeur

Guide pin
Patilla de alineamiento
Broche d'alignement

Guillotine
Guillotina
Massicot

Gulp
Grupo de multipletos
Groupe de multiplets

H

Half adder
Semisumador
Demi-additionneur

Half adjust
Redondeo
Arrondissement

Half adjusted
Redondeado
Arrondi

Half duplex
Semiduplex
Semi-duplex

Half duplex channel
Canal semiduplex
Canal semi-duplex

Half duplex circuit
Circuito semiduplex
Circuit semi-duplex

Half duplex operation
Funcionamiento en semi-duplex
Fonctionnement en semi-duplex

Half duplex service
Servicio semiduplex
Service semi-duplex

Half subtracter
Semirrestador
Demi-soustracteur

Half word
Media palabra
Demi-mot

(to) Half-adjust
Redondear
Arrondir

Half pulse
Impulsión de semi-intensidad
Impulsion de semi-intensité

Halt
Parada
Arrêt

(to) Halt
Parar
Arrêter

Halt indicator
Indicador de parada
Indicateur d'arrêt

Halt instruction
Instrucción de parada
Instruction d'arrêt

Hammer
Martillo
Marteau

Hammer assembly
Mecanismo de los martillos
Mécanisme des marteaux

Hammer bank
Fila de martillos
Rangée de marteaux

Hammer firing
Activación de los martillos
Excitation des marteaux

Hamming code
Código de Hamming
Code de Hamming

Hamming distance
Distancia de Hamming
Distance de Hamming

Hand calculator
Calculadora mecánica, Calculadora
  manual
Machine à calculer mécanique

Hand coded patchwork
Secuencia de corrección
Séquence de correction

Hand feed
Alimentación manual
Alimentation manuelle

Hand feed punch
Perforadora con alimentación
  manual
Perforatrice à alimentation
  manuelle

Hand held calculator
Calculador de bolsillo
Calculatrice de poche

Hand marked document
Documento con marcas
Document porteur de marques

Hand printed
Escrito en caracteres de imprenta
Ecrit en caractères d'imprimerie

Hand printed character reader
Lector de caracteres manuscritos
Lecteur de caractères manuscrits

Hand pulling
Extracción manual
Extraction manuelle

Hand punch
Perforadora manual
Perforatrice manuelle

(to) Hand sort
Clasificar manualmente
Trier manuellement

Hand written
Manuscrito
Manuscrit

Hand written instruction
Instrucción manuscrita
Instruction manuscrite

(to) Handle
Manipular
Manipuler

Handling
Manipulación
Manipulation

Handling costs
Costes de tratamiento
Coûts de traitement

Handling error routine
Rutina de tratamiento de los
  errores
Routine de traitement des erreurs

Handset
Conjunto microrreceptor telefónico
Combiné téléphonique

Handshake message
Mensaje de diálogo
Message de dialogue

Hands-on
Mandos manuales
Commandes manuelles

Handwheel
Botón
Bouton

(to) Hang up
Pararse
S'arrêter

(to) Hang up in a loop
Girar sobre un ciclo
Tourner sur un cycle

Hang-up
Parada imprevista
Arrêt imprévu

Hard copy
Documento impreso
Document imprimé

Hard copy
Copia impresa
Fac-sim

Hard copy
Copia legible, Tirada
Tirage

Hard copy device or terminal
Unidad terminal de impresión
Unité terminale d'impression

Hard copy terminal
Terminal de impresión
Terminal d'impression

Hardware
Equipo
Equipement

Hardware
Componentes físicos; máquinas y
    equipo
Matériel

Hardware address
Dirección física
Adresse automatique

Hardware bring-up tests
Microprogramas de control de los
    circuitos máquina
Micro-programmes de contrôle ·
    des circuits machine

Hardware check
Vigilancia cableada
Contrôle câblé

Hardware configuration
Configuración del equipo
Configuration du matériel

Hardware device
Dispositivo automático
Dispositif automatique

Hardware failure
Incidente de máquina
Incident de machine

Hardware register
Registro interno
Registre interne

(to) Hardwire
Cablear
Câbler

Hardwired
Cableado
Câblé

Harmonic distortion
Distorsión armónica
Distorsion harmonique

Hash
Aleatorización
Information parasite

Hash coding
Direccionamiento calculado,
    Codificación Hash
Adressage calculé

Hash sign
Signo B
Signe B

Hash total
Total de control
Total de contrôle

Head
Cabeza
Tête

Head assembly
Bloque de la cabeza
Bloc de la tête

Head carrying arm
Brazo portacabezas
Bras porte-têtes

Head crash
Incidente de la cabeza de lectura
Incident de la tête de lecture

Head gap
Entrehierro
Entrefer

Head of form
Parte superior de la hoja
Haut du feuillet

Head per-track disk memory
Memoria sobre discos con cabezas
    fijas
Mémoire sur disques à têtes fixes

Head stack
Grupo de cabezas de lectura /
    escritura
Groupe de têtes de lecture /
    écriture

Head switching
Conmutación de las cabezas
Commutation des têtes

Header card
Ficha de cabeza
Carte de tête

Header label
Etiqueta de cabeza
Etiquette de tête

Header line
Línea de encabezamiento
Ligne d'en-tête

Header record
Registro de los encabezamientos
Enregistrement des en-têtes

Header specifications
Especificaciones de las cabeceras
Spécifications des en-têtes

Header statements
Especificaciones de las cabeceras
Spécifications des en-têtes

Header table
Tabla de cabeceras
Table des en-têtes

Heading
Cabecera
En-tête

Heading card
Ficha de cabecera
Carte d'en tête

Heading line
Línea de encabezamiento
Ligne d'en-tête

Heading record
Registro de los encabezamientos
Enregistrement des en-têtes

Heading routine
Rutina de inicio
Routine d'initialisation

Heat
Calor
Chaleur

Heat sink
Disipador térmico
Dissipateur thermique

Hesitation
Pausa
Pause

Heuristic
Heurístico
Heuristique

Heuristic approach
Método heurístico
Méthode heuristique

Heuristic program
Programa heurístico
Programme heuristique

Heuristic programming
Programación heurística
Programmation heuristique

Heuristic routine
Rutina heurística
Routine heuristique

Heuristics
(La) Heurística
(L') Heuristique

Hexadecimal
Hexadecimal
Hexadécimal

Hexadecimal digit
Dígito hexadecimal
Chiffre hexadécimal

Hexadecimal notation
Notación hexadecimal
Notation hexadécimale

Hexadecimal number
Número hexadecimal
Nombre hexadécimal

Hexadecimal number system
Sistema hexadecimal de
  numeración
Système hexadécimal de
  numération

H.F.
Alta frecuencia
Haute fréquence

Hierarchical direct organization
Organización jerárquica directa
Organisation hiérarchique directe

**Hierarchical sequential
  organization**
Organización jerárquica secuencial
Organisation hiérarchique
  séquentielle

Hierarchical storage
Memoria jerárquica
Mémoire hiérarchique

Hierarchy
Jerarquía
Hiérarchie

High
Alto
Haut

High activity file
Fichero con tasa de movimiento
  elevado
Fichier à taux de mouvement
  élevé

High delimiter
Delimitador superior
Délimiteur supérieur

High density tape
Cinta de alta densidad
Bande à haute densité

High frequency; H.F.
Alta frecuencia
Haute fréquence

High level programming language
Lenguaje de programación de alto
  nivel
Langage de programmation
  évolué

High low bias test
Control de las tolerancias
Contrôle des tolérances

High main storage
Las direcciones más elevadas de
  la memoria
Adresses les plus élevées de la
  mémoire

High order
Orden el más elevado
Ordre le plus élevé

High order bit
Bit del orden más elevado
Bit d'ordre le plus élevé

High order digit
Dígito de orden más elevado
Chiffre d'ordre le plus élevé

High order position
Posición más significativa
Position la plus significative

High performance channel
Canal de alto rendimiento
Canal à haute performance

High performance equipment
Equipo de alto rendimiento
Matériel à haute performance

High rate terminal
Terminal con rendimiento elevado
Terminal à rendement élevé

Higher level indicator
Indicador de nivel superior
Indicateur de niveau supérieur

Highest significant position
Posición más significativa
Position la plus significative

High-gain amplifier
Amplificador con ganancia elevada
Amplificateur à gain élevé

High(er) level language
Lenguaje evolucionado
Langage évolué

High(er) order language
Lenguaje evolucionado
Langage évolué

High-speed
Rápido
Rapide

High-speed carry
Acarreo rápido
Report rapide

High-speed memory; H.S.M.
Memoria de alta velocidad
Mémoire rapide

High-speed plotter
Trazador rápido
Traceur rapide

High-speed printer; H.S.P.
Impresora rápida
Imprimante rapide

High-speed reader; H.S.R.
Lector rápido
Lecteur rapide

High-speed rewind
Rebobinado rápido
Rebobinage rapide

High-speed storage
Memoria con acceso de alta
  velocidad
Mémoire à accès rapide

High-speed store
Memoria con acceso rápido o a
  alta velocidad
Memoire à accès rapide

High-speed terminal
Terminal rápido
Terminal rapide

High-threshold logic; H.T.L.
Lógica con umbral elevado
Logique à seuil élevé

Highway
Vía principal
Voie principale

Histogram
Histograma
Histogramme

History
Histórico
Historique

History card
Ficha histórica
Carte historique

History file
Fichero histórico
Fichier historique

History tape
Cinta histórica
Bande historique

Hit
Correspondencia
Correspondance

Hit on the fly printer
Impresora al vuelo
Imprimante à la volée

Hit on the run printer
Impresora al vuelo
Imprimante à la volée

Hit ratio
Tasa de aciertos
Taux de mouvement

(to) Hitch
Conectar
Connecter

Hitch
Incidente
Incident

(to) Hold
Conservar
Conserver

(to) Hold down
Mantener
Maintenir

Hold facility
Capacidad de conservación
Capacité de conservation

Hold instruction
Instrucción de conservación
Instruction de conservation

Hold mode
Modo de conservación
Mode de conservation

Holding beam
Haz regenerador
Faisceau régénérateur

Holding circuit
Circuito regenerador
Circuit régénérateur

Holding gun
Cañón regenerador
Canon régénérateur

Hole
Agujero
Trou

Hole count check
Control del número de
  perforaciones
Contrôle du nombre de
  perforations

Hole pattern
Combinación de perforaciones
Combinaison de perforations

Hole site
Posición de perforación
Position de perforation

Hollerith card
Ficha Hollerith
Carte Hollerith

Hollerith code
Código Hollerith
Code Hollerith

Hollerith coded card
Ficha codificada en código
  Hollerith
Carte codée en code Hollerith

Hollerith equipment
Equipo con fichas Hollerith
Matériel à cartes Hollerith

Hologram
Holograma
Hologramme

Holographic
Holográfico
Holographique

Holographic memory
Memoria holográfica
Mémoire holographique

Holography
Holografía
Holographie

Home address
Dirección pista
Adresse piste

Home position
Posición inicial
Position initiale

Home record
Registro directo
Enregistrement direct

Home-loop
Autónomo
Autonome

Homeostasis
Homeostasis
Homéostasie

Homogeneous
Homogéneo
Homogène

(to) Hook into
Conectar
Connecter

(to) Hook up
Interconectar
Interconnecter

Hook up
Interconexión
Interconnexion

Hoot stop
Parada con señal sonora
Arrêt avec signal sonore

Hopper
Almacén de alimentación
Magasin d'alimentation

Hopper full
Capacidad de un depósito de
  alimentación
Capacité d'un magasin
  d'alimentation

Hopper posts
Depósitos del almacén de
  alimentación
Plateaux du magasin
  d'alimentation

Hopper side plate
Pared lateral del almacén de
  alimentación
Flasque latérale du magasin
  d'alimentation

Horizontal
Horizontal
Horizontal

Horizontal feed
Alimentación horizontal
Alimentation horizontale

Horizontal flowcharting
Establecimiento de organigrama
  horizontal
Etablissement d'organigramme
  horizontal

Horizontal parity check
Control de paridad longitudinal
Contrôle de parité longitudinale

Horizontal skip character
Carácter de espaciado horizontal
Caractère d'espacement horizontal

Horizontal tabulation
Tabulación horizontal
Tabulation horizontale

Horizontal tabulation character
Carácter de tabulación horizontal
Caractère de tabulation horizontale

Host computer
Ordenador central
Ordinateur central

Host processor
Ordenador central
Ordinateur central

Hot job
Trabajo urgente
Travail urgent

Hot line
Línea en tensión
Ligne sous tension

(to) House
Alojar
Loger

Housekeeping
Preparación previa
Préparation préalable

Housekeeping area
Zona de arreglo
Zone d'aménagement

Housekeeping check
Verificación de la preparación
Vérification de la préparation

Housekeeping instructions
Instrucciones de preparación
Instructions de préparation

Housekeeping operations
Operaciones preparadas
Opérations préparatoires

Housekeeping procedure
Procedimiento preparatorio
Procédure préparatoire

Housekeeping program
Programa preparatorio
Programme préparatoire

Housekeeping routine
Rutina preparatoria
Routine préparatoire

Housekeeping run
Fase preparatoria
Phase préparatoire

H.S.M.
Memoria rápida
Mémoire rapide

H.S.P.
Impresora rápida
Imprimante rapide

H.S.R.
Lector rápido
Lecteur rapide

H.T.L.
Lógica con umbral elevado
Logique à seuil élevé

Hub
Cubo
Moyeu

Human readable
Legible a simple vista
Lisible à oeuil nu

Humidity
Humedad
Humidité

Hunting
Inestabilidad
Instabilité

Hybrid
Híbrido
Hybride

Hybrid coil
Bobina híbrida
Bobine hybride

Hybrid computers
Ordenadores híbridos
Calculateurs hybrides

Hybrid integred circuit
Circuito integrado híbrido
Circuit intégré hybride

Hybrid interface
Acoplamiento mutuo
  híbrido
Interface hybride

Hybrid system
Sistema híbrido
Système mixte

Hypertape drive
Unidad con cinta de alta
  prestación
Unité à bande de haute
  performance

Hyphen
Guión
Trait d'union

(to) Hyphenate
Poner un guión
Mettre un trait d'union

Hyphenation
Separación de una palabra con un
  guión
Séparation d'un mot par un trait
  d'union

Hysteresis
Histéresis
Hystérisis

Hysteresis loop
Ciclo de histéresis
Cycle d'hystérisis

Hysteresis loss
Pérdida por histéresis
Perte par hystérisis

I

I.A.L.
Lenguaje algebraico internacional
Langage algébrique international

I.B.G.
Espacio entre bloques
Espace entre blocs

I.C.
Circuito integrado
Circuit intégré

I.C.A.
Adaptador de transmisión
    integrado
Adaptateur de transmission
    intégré

I.D.C.S.
Sistema de control de las
    entradas/salidas
Système de contrôle des entrées/
    sorties

Ideal print center line
Eje ideal de la línea de impresión
Axe idéal de la ligne d'impression

Identification
Identificación
Identification

Identification file
Identificación de fichero
Identification de fichier

Identification label
Etiqueta de identificación
Etiquette d'identification

Identifier
Identificador
Identificateur

(to) Identify
Identificar, Reconocer
Identifier

Identifying code
Código de identificación
Code d'identification

Identifying field
Campo de identificación
Zone d'identification

Identity element
Elemento de identidad
Elément d'identité

Identity gate
Circuito de identidad
Circuit d'identité

Identity unit
Dispositivo de identidad
Dispositif d'identité

Idiomatic feature
Inscripción-máquina
Inscription-machine

Idiot terminal
Terminal sin posibilidad de
    cálculo, Terminal sin programa
Terminal sans possibilité de calcul

Idle
Inactividad
Inactivité

Idle burst transmission
Emisión de una ráfaga de
    caracteres de relleno
Emission de groupes de caractères
    neutres

Idle character
Carácter neutro
Caractère neutre

Idle period
Período de inactividad
Période d'inactivité

Idle state
Estado de inactividad
Etat d'inactivité

Idle time
Tiempo de inactividad
Temps d'inactivité

I.D.P.
Proceso integrado de la
    información
Traitement intégré de l'information

If and only if operation
Operación de equivalencia
Opération d'équivalence

If then operation
Operación de implicación
    condicional
Opération d'implication
    conditionnelle

Ignorate interrupt
Interrupción ignorada
Interruption ignorée

(to) Ignore
Omitir voluntariamente
Omettre volontairement

Ignore character
Carácter de omisión
Caractère d'omission

I.L.C.
Código de longitud de la
    instrucción
Code de longueur de l'instruction

Illegal
Prohibido
Interdit

Illegal character
Carácter prohibido
Caractère interdit

Illegal code
Código prohibido
Code interdit

Illegal command check
Comprobación de carácter
    prohibido
Contrôle de caractère interdit

Illegally
Ilegalmente
Illégalement

I.L.S.
Subprograma de nivel de
    interrupción
Sous-programme de niveau
    d'interruption

I.L.S.W.
Palabra de estado de nivel de
    interrupción
Mot d'état du niveau d'interruption

Image
Imagen
Image

Image construction area
Zona de construccion de la
    imagen
Zone de construction de l'image

Image dissector
Analizador de imagen
Analyseur d'image

Image processing
Tratamiento de las imágenes
Traitement des images

Immediate
Inmediato
Immédiat

Immediate access
Acceso inmediato
Accès immédiat

Immediate access storage
Memoria con acceso inmediato
Mémoire à accès immédiat

Immediate address
Dirección inmediata
Adresse immédiate

Immediate addressing
Direccionamiento inmediato
Adressage immédiat

Immediate instruction
Instrucción inmediata
Instruction immédiate

Immediate processing
Proceso inmediato
Traitement immédiat

Imminent orders
Órdenes inminentes
Ordres imminents

Impact printer
Impresora con percusión
Imprimante à percussion

Impactless printer
Impresora sin percusión
Imprimante sans percussion

Impedance
Impedancia
Impédance

Impending
Inminente
Imminent

Imperative macro instruction
Macroinstrucción imperativa
Macro-instruction impérative

Imperative statement
Instrucción imperativa
Instruction impérative

(to) Impinge on
Aparecer sobre
Apparaître sur

(to) Implement
Poner en aplicación, Realizar
Mettre en application

Implementation
Puesta en aplicación, Realización
Mise en application

Implication
Implicación
Implication

Implicit
Implícito
Implicite

Implicit function
Función implícita
Fonction implicite

Implied addressing
Direccionamiento con progresión
    automática adelantada
Adressage à progression
    automatique avancée

(to) Implode
Condensar
Condenser

(to) Implode into memory
Condensar en memoria
Condenser en mémoire

(to) Imply
Implicar
Impliquer

(to) Impress
Imprimir
Imprimer

Impression control level
Palanca de control de la impresión
Levier de contrôle de l'impression

(to) Imprint
Imprimir
Imprimer

Imprinted
Impreso, Formulario
Imprimé

Imprinter
Impresora
Imprimante

Improper character
Carácter prohibido
Caractère interdit

Improper code
Código prohibido
Code interdit

Improper command check
Comprobación de comando
    impropio
Contrôle de caractère interdit

(to) Improve
Mejorar
Améliorer

(to) Improve
Perfeccionar
Perfectionner

Improvement
Mejora
Amélioration

Improving
Perfeccionamiento
Perfectionnement

(to) Impulse
Enviar un impulso
Envoyer une impulsion

Impulse
Impulsión
Impulsion

Impulsing signal
Señal de impulsión
Signal d'impulsion

Impulsion noise
Ruido de impulso
Bruit d'impulsion

Impurity
Impureza
Impureté

Imput data
Datos de entrada
Données en entrée

In bulk
En masa
En bloc

In tape
Cinta de entrada
Bande d'entrée

In time
A tiempo
A temps

In transit storage
Memoria en tránsito
Mémoire en transit

Inaccuracy
Falta de precisión
Manque de précision

Inaccurate
Poco preciso
Peu précis

Inactive
Inactivo
Inactif

(to) Inactive
Poner fuera de circuito,
    Desconectar
Mettre hors circuit

Inactive file
Fichero inactivo
Fichier inactif

Inadequate
Inadecuado
Inadéquat

Incentive
Estimulante
Stimulant

Inception
Comienzo
Commencement

Inception
Principio
Début

Inceptive
Inicial
Initial

(to) Inch
Adelantar paso a paso
Avancer pas à pas

Incident
Incidente
Incident

Incidental time
Tiempo de actividades accesorias
Temps d'activités accessoires

(to) Include
Incluir
Inclure

Include all time
Tiempo de inclusión total
Temps d'inclusion totale

Include line
Línea de inclusión
Ligne d'inclusion

Inclusion
Inclusión
Inclusion

Inclusive
Inclusivo
Inclusif

Inclusive OR
O inclusive
Ou inclusif

Inclusive OR operation
Operación o inclusivo
Opération ou inclusif

Inclusive OR operator
Operador o inclusivo
Opérateur ou inclusif

Inclusive segments
Segmentos inclusive
Segments inclusifs

Incoming call
Llamada de entrada
Appel d'entrée

Incoming circuit
Circuito de entrada
Circuit d'entrée

Incoming data
Datos de entrada
Données en entrée

Incoming record
Registro de las entradas
Enregistrement des entrées

Incoming traffic
Tráfico en recepción
Trafic en réception

Incoming trunk lines
Líneas de red de entrada
Lignes de réseau en arrivée

Incomplete
Incompleto
Incomplet

Incomplete program
Programa incompleto
Programme incomplet

Incomplete routine
Subrutina incompleta
Sous-programme incomplet

Inconsistency
Incompatibilidad
Incompatibilité

Inconsistent
Incoherente
Incohérent

(to) Increase
Acrecentar
Accroître

(to) Increase
Incrementar
Incrémenter

(to) Increase by one
Aumento de una unidad
Augmenter d'une unité

Increasing
Aumento
Augmentation

Increasing order
Orden creciente
Ordre croissant

Increment
Incremento
Incrément

(to) Increment
Incrementar
Incrémenter

Increment
Paso de progresión, Incremento
Pas de progression

(to) Increment by one
Aumento de una unidad
Augmenter d'une unité

Incremental
Incremental
Incrémentiel

Incremental bar printer
Impresora con barra horizontal
Imprimante à barre horizontale

Incremental computer
Ordenador incremental
Calculateur incrémentiel

Incremental integrator
Integrador incremental
Intégrateur incrémentiel

Incremental movement
Movimiento incremental
Mouvement incrémentiel

Incremental operations
Operaciones incrementadas
Opérations incrémentielles

Incremental plotter
Trazador incremental
Traceur incrémentiel

Incremental representation
Representación incremental
Représentation incrémentielle

Incremental step
Trazador incremental
Traceur incrémentiel

Incrementally
Progresión regular
Progression régulière

Incrementation
Incremento
Incrément

Incrementing
Creciente
Croissant

Indemnity
Indemnización
Indemnité

Independent
Independiente
Indépendant

Independent overflow area
Zona de desbordamiento
  independiente
Zone de débordement
  indépendante

**Independent sector designating
  device**
Dispositivo de indicación de sector
  independiente
Dispositif d'indication de secteur
  indépendant

**Independent sideband
  transmission**
Transmisión con banda lateral
  independiente
Transmission à bandes latérales
  indépendantes

Independent variable
Variable independiente
Variable indépandante

(to) Index
Establecer un índice
Etablir un index

Index
Índice
Index

Index card
Ficha índice
Carte index

Index entry
Entrada de índice
Rubrique d'index

Index point
Punto de índice
Point d'index

Index position
Posición de índice
Position d'index

Index register
Registro de índice
Registre d'index

Index track
Pista de índice
Piste d'index

Index word
Palabra de índice
Mot d'index

Indexed
Indexado
Indexé

Indexed address
Dirección indexada
Adresse indexée

Indexed file
Fichero indexado
Fichier indexé

**Indexed organisation (Br.) Indexed
  organization (Amer.)**
Organización indexada
Organisation indexée

Indexed sequential
Secuencial indexado
Séquentiel indexé

**Indexed sequential access
  method; I.S.A.M.**
Método de acceso secuencial
  indexado
Méthode d'accès séquentiel indexé

Indexed sequential file
Fichero secuencial indexado
Fichier séquentiel indexé

**Indexed sequential file
  management system; I.S.F.M.S.**
Sistema de gestión del fichero
  secuencial indexado
Système de gestion du fichier
  séquentiel indexé

Indexed storage
Memoria indexada
Mémoire indexée

Indexing
Indexación
Indexation

(to) Indicate
Indicar
Indiquer .

Indication
Indicación
Indication

Indicative
Indicativo
Indicatif

Indicative information
Información indicativa
Information indicative

Indicator
Indicador
Indicateur

Indicator chart
Tabla de los indicativos
Table des indicatifs

Indicator light
Lámpara de señalización
Lampe de signalisation

Indicator summary form
Hoja recapitulativa de los
  indicativos
Feuille récapitulative des indicatifs

Indirect
Indirecto
Indirect

Indirect address
Dirección indirecta
Adresse indirecte

Indirect addressing
Direccionamiento indirecto
Adressage indirect

Indirect control
Control indirecto
Contrôle indirect

Individual
Individual
Individuel

Individual field
Campo individual
Zone individuelle

Individual line
Línea individual
Ligne individuelle

Individual trunk
Línea individual
Ligne individuelle

(to) Induce
Inducir
Induire

Inductance
Inductancia
Inductance

Induction
Inducción
Induction

Induction coil
Bobina de inducción
Bobine d'induction

Inductor
Inductor
Inducteur

Industrial control computer
Ordenador de control industrial
Calculateur de contrôle industriel

Industrial data processing
Informática industrial
Informatique industrielle

Industrial electronics
Electrónica industrial
Electronique industrielle

Ineffective time
Tiempo no utilizado
Temps non utilisé

Infeed
Entrada
Entrée

(to) Infer
Deducir - (Concluir)
Déduire - (Conclure)

Inference
Inferencia
Inférence

(to) Infile
Archivar
Classer

Infinite capacity
Capacidad ilimitada
Capacité illimitée

Infix notation
Notación infija
Notation infixée

Inflexibility
Falta de flexibilidad
Manque de souplesse

Inflexible
Rígido
Rigide

INFO
Información
Information

Information
Información
Information

Information bank
Banco de informaciones
Banque d'informations

Information bearing signal
Señal portadora de información
Signal porteur d'information

Information bit
Bit de información
Bit d'information

Information carrier
Soporte de información
Support d'information

Information carrying medium
Soporte portador de
informaciones
Support porteur d'informations

Information channel
Canal de transmisión de
informaciones
Canal de transmission
d'informations

Information department
Departamento informática
Service informatique

Information engineer
Ingeniero en informática
Ingénieur en informatique

Information feedback
Realimentación de la información
Retour d'information

Information feedback system
Sistema de realimentación de la
información
Système correcteur d'erreurs par
retour de l'information

Information flow
Flujo de la información
Circulation de l'information

Information flow analysis
Análisis de flujo de la información
Analyse de la circulation de
l'information

Information gathering
Recogida de la información
Collecte de l'information

Information handling
Tratamiento de la información
Traitement de l'information

Information link
Enlace de transmisión de la
información
Liaison de transmission de
l'Information

Information moving instruction
Instrucción de transferencia de la
información
Instruction de transfert de
l'information

Information network
Red Informática
Réseau informatique

Information packing density
Densidad de grabación de la
información
Densité d'enregistrement de
l'information

Information processing
Tratamiento de la información
Traitement de l'information

Information processing center
Centro de proceso de la
información
Centre de traitement de
l'information

Information processing system
Sistema de proceso de la
información
Système de traitement de
l'information

Information processing utility
Conjunto de proceso de la
información
Ensemble de traitement de
l'information

Information processing world
Campo de la informática
Domaine de l'informatique

Information retrieval
Búsqueda de la información
Recherche de l'information

Information retrieval service
Servicio de búsqueda de la
información
Serveur

Information retrieval system
Sistema de búsqueda de la
información
Système de recherche de
l'information

Information retrieval techniques
Técnicas de búsqueda de la
información
Techniques de recherche de
l'information

Information science
Informática (como ciencia)
Génie informatique

Information science
(La) Informática
(L') Informatique

Information separator; I.S.
Separador de informaciones
Séparateur d'informations

Information storage capacity
Capacidad de almacenamiento de
la información
Capacité de mémorisation de
l'information

Information storage medium
Soporte de almacenamiento de la
información
Support de mémorisation de
l'information

Information system
Sistema informativo
Système informatique

Information technologist
Técnico en informática
Technicien en informatique

Information theory
Teoría de la información
Théorie de l'information

Information transfer
Transferencia de informaciones
Transfert d'informations

Information word
Palabra de información
Mot d'information

Informational
Relativo a la información
Relatif à l'information

Informationally
Desde el plano de la informática
Sur le plan de l'informatique

Informative halt
Parada por información
Arrêt pour information

Ingress
Entrada
Entrée

(to) Inhabit
Alojar
Loger

(to) Inhabit n bytes
Ocupar n octetos
Occuper n octets

Inherent
Inherente
Inhérent

Inherent error
Error inherente
Erreur inhérente

Inherent memory
Memoria inherente
Mémoire inhérente

Inherent store
Memoria inherente
Mémoire inhérente

Inherited
Heredado
Hérité

Inherited error
Error heredado
Erreur héritée

(to) Inhibit
Impedir
Empêcher

Inhibit audible signal
Supresión de señal sonora
Suppression du signal sonore

Inhibit pulse
Impulso de inhibición
Impulsion d'interdiction

Inhibiting
Inhibición
Interdiction

Inhibiting signal
Señal de inhibición
Signal d'interdiction

Inhibit(ing) wire
Hilo de inhibición
Fil d'interdiction

In-house
Interno
Interne

In-house software
Programas propios
Logiciel particulier à l'utilisateur

Initial
Inicial
Initial

Initial condition
Condición inicial
Condition initiale

Initial instructions
Instrucciones iniciales
Instructions initiales

Initial orders
Órdenes iniciales
Ordres initiaux

Initial program loader
Cargador de programa inicial
Chargeur de programme initial

Initial program loading
Cargamento del programa inicial
Chargement du programme initial

Initial start character
Carácter de inicio
Caractère d'initialisation

Initialization
Inicialización
Initialisation

Initialization deck
Paquete de inicialización
Paquet d'initialisation

(to) Initialize
Inicializar
Initialiser

Initialize tape utility program
Programa utilitario de inicio de
  cinta
Programme utilitaire
  d'initialisation de bande

(to) Initialize to a value
Inicializar a un valor
Initialiser à une valeur

Initializing instruction
Instrucción de inicialización
Instruction d'initialisation

(to) Initiate
Lanzar, Arrancar
Démarrer

Initiate button
Botón de activación
Bouton de démarrage

Initiate key
Interruptor de lanzamiento
Interrupteur de démarrage

Initiation
Inicialización
Initialisation

Initiation status
Estado de inicio
Etat d'initialisation

Initiator
Iniciador
Initiateur

(to) Inject
Inyectar
Injecter

Ink
Tinta
Encre

Ink bleed
Empapado de tinta
Imbibé d'encre

Ink jet printer
Impresora con chorro de tinta
Imprimante à jet d'encre

Ink recorder
Grabador con tinta
Enregistreur à encre

Ink reflectance
Reflexibilidad de la tinta
Réflexibilité de l'encre

Ink ribbon
Cinta entintada
Ruban encreur

Ink roller
Rodillo tintador
Rouleau encreur

Ink smudge
Mancha de tinta
Bavochure d'encre

Ink squeezeout
Entintadora compacta
Encrage compact

Inked ribbon
Cinta entintada
Ruban encré

Inking
Entintado
Encrage

In-line
En línea
En ligne

In-line coding
Secuencia de programa en línea
Séquence de programme en ligne

In-line processing
Programación en línea
Programmation en ligne

In-line sequence
Secuencia en línea
Séquence en ligne

In-line subroutine
Subrutina en línea
Sous-programme en ligne

Inner
Interno
Interne

Inner upright guides
Guías verticales internas
Guides verticaux internes

Inoperable
Inutilizable
Inutilisable

Inoperable condition
Estado de inactividad
Etat d'inactivité

Inoperative
Inactivo
Inactif

In-plant
En el mismo sitio
Sur place

Input
Entrada
Entrée

(to) Input
Introducir
Introduire

Input / Output; I.O.
Entrada / Salida
Entrée / Sortie

Input / output area
Zona de entrada / salida
Zone d'entrée / sortie

Input / output block; I.O.B.
Bloque de entrada / salida
Bloc d'entrée / sortie

Input / output bound
Limitado por la velocidad de las
  entradas / salidas
Limité par la vitesse des entrées /
  sorties

Input / output buffer
Tampón de entrada / salida
Tampon d'entrée / sortie

Input / output channel
Canal de entrada / salida
Canal d'entrée / sortie

Input / output control
Control de las entradas / salidas
Contrôle des entrées / sorties

**Input / output control system;
  I.D.C.S.**
Sistema de control de las entradas
  / salidas
Système de contrôle des entrées /
  sorties

Input / output controller; I.O.C.
Controlador de las entradas /
 salidas
Contrôleur des entrées / sorties

Input / output devices
Dispositivos de entrada / salida
Appareils d'entrée / sortie

Input / output interrupt
Interrupción de las entradas /
 salidas
Interruption des entrées / sorties

**Input / output interrupt
 identification**
Identificación de la interrupción de
 las entradas / salidas
Identification d'l'interruption des
 entrées / sorties

Input / output interrupt indicators
Indicadores de interrupción de las
 entradas / salidas
Indicateurs d'interruption des
 entrées / sorties

Input / output library
Biblioteca de las rutinas de
 entradas / salidas
Bibliothèque des routines
 d'entrées / sorties

Input / output limited
Limitado por la velocidad de las
 entradas / salidas
Limité par la vitesse des entrées /
 sorties

Input / output medium
Soporte de las entradas / salidas
Support des entrées / sorties

Input / output operations
Operaciones de entrada / salida
Opérations d'entrée / sortie

Input / output register
Registro de entrada / salida
Registre d'entrée / sortie

Input / output routine
Rutina de entrada / salida
Routine d'entrée / sortie

Input / output scheduling
Programación de las entradas /
 salidas
Programmation des entrées /
 sorties

Input / output supervisor; I.O.S.
Supervisor de entrada / salida
Superviseur d'entrée / sortie

Input / output switching
Conmutación de los canales de
 entrada / salida
Commutation des canaux d'entrée
 / sortie

Input / output system
Sistema de las entradas / salidas
Système des entrées / sorties

Input / output trunk
Vía de entrada / salida
Voie d'entrée / sortie

Input / output typewriter
Máquina de escribir de entrada /
 salida
Machine à écrire d'entrée / sortie

Input / output units
Unidades de entrada / salida
Unités d'entrée / sortie

Input / output verb
Verbo de entrada / salida
Verbe d'entrée / sortie

Input activity
Proceso de entrada
Processus d'entrée

Input area
Zona de entrada
Zone d'entrée

Input auditing
Verificación de los datos a la
 entrada
Vérification des données à l'entrée

Input block
Bloque de entrada
Bloc d'entrée

Input bound
Limitado por la velocidad de las
 entradas
Limité par la vitesse des entrées

Input buffer
Tampón de entrada
Tampon d'entrée

Input card
Ficha de entrada
Carte d'entrée

Input channel
Canal de entrada
Canal d'entrée

Input circuit
Circuito de entrada
Circuit d'entrée

Input deck
Paquete de fichas en entrada
Paquet de cartes en entrée

Input devices
Dispositivos de entrada
Appareils d'entrée

Input document
Documento de entrada
Document à l'entrée

Input editing
Preparación de los datos de
 entrada
Préparation des données d'entrée

Input equipment
Equipo de entrada
Matériel d'entrée

Input feeder
Almacén de alimentación de las
 entradas
Magasin d'alimentation des
 entrées

Input file
Fichero de entrada
Fichier d'entrée

Input format
Formato de entrada
Format d'entrée

Input header label
Etiqueta de la cabecera de entrada
Etiquette de début des entrées

Input hopper
Almacén de alimentación de las
 entradas
Magasin d'alimentation des
 entrées

Input impedance
Impedancia de entrada
Impédance d'entrée

Input instruction code
Código de instrucción de entrada
Code d'instruction d'entrée

Input job stream
Secuencia de los trabajos en
    entrada
Séquence des travaux en entrée

Input keyboard
Teclado de entrada
Clavier d'entrée

Input limited
Limitado por la duración de las
    entradas
Limité par la durée des entrées

Input loading
Carga de entrada
Charge d'entrée

Input magazine
Almacén de alimentación de las
    entradas
Magasin d'alimentation des
    entrées

Input medium
Soporte de entrada
Support d'entrée

Input message
Mensaje de entrada
Message d'entrée

Input paper bin
Depósito de alimentación de papel
Alimentation des entrées sur
    support papier

Input preparation equipment
Equipo de preparación de las
    entradas
Matériel de préparation des
    entrées

Input preparation section
Sección de preparación de las
    entradas
Section de préparation des entrées

Input program
Programa de entrada
Programme d'entrée

Input reader
Lector de entrada
Lecteur d'entrée

Input record
Registro de entrada
Enregistrement d'entrée

Input register
Registro de entrada
Registre d'entrée

Input request
Petición de entrada
Demande d'entrée

Input routine
Rutina de entrada
Routine d'entrée

Input section
Sección de entrada
Section d'entrée

Input specifications
Especificaciones de entrada
Spécifications d'entrée

Input speed
Velocidad de entrada
Vitesse d'entrée

Input spool
Bobina de entrada
Bobine d'entrée

Input stack
Pila de entrada
Pile d'entrée

Input stacker
Almacén de alimentación de las
    entradas
Magasin d'alimentation des
    entrées

Input station
Estación de recogida de los datos
    en entrada
Poste de saisie des données en
    entrée

Input stream
Flujo de entrada
Séquence d'entrée

Input tape
Cinta de entrada
Bande d'entrée

Input tape
Cinta de las entradas
Bande des entrées

Input trailer label
Etiqueta de fin de cinta de las
    entradas
Etiquette de fin de bande des
    entrées

Input transaction
Movimiento en entrada
Mouvement en entrée

Input units
Unidades de entrada
Unités d'entrée

Input work area
Zona de entrada de los trabajos
Zone d'entrée des travaux

Input work queue
Cola de los trabajos en entrada
File d'attente des travaux en
    entrée

(to) Inquire
Interrogar, Consultar
Interroger

Inquirer
Interrogador
Interrogateur

Inquiry
Interrogación, Consulta
Interrogation

Inquiry display terminal
Terminal de interrogación con
    visualización
Terminal d'interrogation avec
    visualisation

Inquiry request
Petición de interrogación
Demande d'interrogation

Inquiry response terminal
Terminal de interrogación /
    respuesta
Terminal d'interrogation / réponse

Inquiry terminal
Terminal de interrogación
Terminal d'interrogation

Inquiry unit
Unidad de interrogación
Unité d'interrogation

(to) Inscribe
Inscribir
Inscrire

Inscriber
Dispositivo de inscripción
Dispositif d'inscription

(to) Insert
Insertar
Insérer

Insert
Inserción
Insertion

(to) Insert tab stops
Colocar los topes de tabulación
Placer les taquets de tabulation

Insertion
Inserción
Insertion

Insertion track
Pista de inserción
Piste d'insertion

Inside
Interno
Intérieur

Inside plant
En el mismo sitio
Sur place

Insignificant
No significativo
Non significatif

(to) Install
Instalar
Installer

Installation
Instalación
Installation

Installation cycle
Ciclo de instalación
Cycle d'installation

Installation date
Fecha de instalación
Date d'installation

Installation dependent
Dependiente de la instalación
Dépendant de l'installation

Installation of computers
Instalación de los ordenadores
Installation des ordinateurs

Installation time
Tiempo de instalación
Temps d'installation

Installed base
Parque de máquinas
Parc de machines

Instance
Caso (Ejemplo)
Cas (Exemple)

Instant
Rápido, Urgente
Urgent

Instantaneous access
Acceso instantáneo
Accès instantané

Instantaneous data transfer
Transferencia instantánea de los
datos
Transfert instantané des données

Instantaneous frequency
Frecuencia instantánea
Fréquence instantanée

Instantaneous storage
Memoria de acceso instantáneo
Mémoire à accès instantané

Instantenous transmission rate
Velocidad de transmisión
instantánea
Vitesse de transmission
instantanée

(to) Instruct
Instruir
Instruire

Instruction
Instrucción
Instruction

Instruction address
Dirección de la instrucción
Adresse de l'instruction

Instruction address counter
Contador de direcciones de
instrucción
Compteur d'adresses d'instruction

Instruction address register
Registro de dirección de
instrucción
Registre d'adresse d'instruction

Instruction area
Zona de instrucción
Zone de l'instruction

Instruction card
Ficha instrucciones
Carte instructions

Instruction character
Carácter de instrucción
Caractère d'instruction

Instruction code
Código de instrucción
Code d'instruction

Instruction complement
Complemento de instrucción
Complément d'instructions

Instruction control
Control de instrucciones
Contrôle des instructions

Instruction counter
Contador de instrucciones
Compteur d'instructions

**Instruction counter control
register**
Registro de control del contador
de instrucciones
Registre de contrôle du compteur
d'instructions

Instruction cycle
Ciclo de instrucción
Cycle d'instruction

Instruction decoding
Decodificación de la instrucción
Décodage de l'instruction

Instruction fetching
Toma de carga de la instrucción
Prise en charge de l'instruction

Instruction format
Formato de instrucción
Format de l'instruction

Instruction lenght code; I.L.C.
Código de longitud de la
instrucción
Code de longueur de l'instruction

Instruction manual
Manual de instrucciones
Notice d'instructions

Instruction modification
Modificación de la instrucción
Modification de l'instruction

Instruction register
Registro de instrucciones
Registre d'instructions

Instruction repertory
Repertorio de instrucciones
Répertoire d'instructions

Instruction set
Conjunto de instrucciones
Série d'instructions

Instruction storage
Almacenamiento de las
instrucciones
Stockage des instructions

Instruction tape
Cinta instrucciones
Bande instructions

Instruction timing
Tiempo de toma en carga de la instrucción
Temps de prise en charge de l'instruction

Instruction word
Palabra instrucción
Mot instruction

Instructional computer
Ordenador de enseñanza
Ordinateur d'enseignement

Instructor
Instructor
Instructeur

(to) Insulate
Aislar
Isoler

Insulated
Aislado
Isolé

Integer
Número entero
Nombre entier

Integer constant
Constante entera
Constante entière

Integral
Integral
Intégral

Integral number
Número entero
Nombre intégral

(to) Integrate
Integrar
Intégrer

Integrated
Integrado
Intégré

Integrated adapter
Adaptador integrado
Adaptateur intégré

Integrated circuit; I.C.
Circuito integrado
Circuit intégré

Integrated communications adapter; I.C.A.
Adaptador integrado de transmisión
Adaptateur de transmission intégré

Integrated data processing
Proceso integrado de la información
Traitement intégré de l'information

Integrated emulator
Emulador integrado
Emulateur intégré

Integrated storage control
Control de disco integrado
Contrôle de disque intégré

Integrated system
Sistema integrado
Système intégré

Integrating amplifier
Amplificador integrador
Amplificateur intégrateur

Integrating circuit
Circuito integrador
Mécanisme intégrateur

Integrating gear
Mecanismo integrador
Mécanisme intégrateur

Integration
Integración
Intégration

Integrator
Integrador
Intégrateur

Integrity
Integridad
Intégrité

Intelligence
Inteligencia
Intelligence

Intelligence bit
Bit de información
Bit d'information

Intelligence hole
Perforación significativa
Perforation significative

Intelligent terminal
Terminal programable
Terminal programmable

Intensity
Intensidad
Intensité

(to) Interact with
Dialogar con
Dialoguer avec

Interactive
Interactivo
Interactif

Interactive mode
Modo interactivo
Mode interactif

Interactive terminal
Terminal interactivo
Terminal interactif

Interactiveness
Interactividad
Interactivité

Interblock condition
Bloqueo interbloques
Blocage inter-blocs

Interblock gap
Espacio entre bloques (cinta)
Espace entre blocs

Interblock space
Espacio entre bloques (cinta)
Espace entre blocs

(to) Intercalate
Intercalar
Intercaler

(to) Intercept
Interceptar
Intercepter

Interchange
Permutación
Permutation

(to) Interchange
Permutar
Permuter

Interchangeable
Intercambiable
Interchangeable

Interchangeable control panel
Panel de control intercambiable
Panneau de contrôle interchangeable

Interchangeable disk storage
Memoria con discos
    intercambiables
Mémoire à disques
    interchangeables

Interchangeable type bar
Barra de impresión intercambiable
Barre d'impression
    interchangeable

Interchannel
Intercanal
Intercanal

Intercomputer
Intercalculador
Intercalculateur

(to) Interconnect
Interconectar
Interconnecter

Interconnectability
Posibilidad de interconexión
Possibilité d'interconnexion

Interconnectable
Interconectable
Interconnectable

Interconnection
Interconexión
Interconnexion

Intercycle
Ciclo operatorio
Cycle opératoire

Interface
Acoplamiento mutuo, Interfaz
Interface

Interface
Junción, Unión
Jonction

Interface channel
Canal de acoplamiento mutuo
Canal d'interface

Interface control check
Error de control de acoplamiento
    mutuo
Erreur de contrôle d'interface

Interface routine
Rutina de acoplamiento mutuo
Routine d'interface

(to) Interfere
Interferir
Interférer

(to) Interfere with
Interferir con
Interférer avec

(to) Interfere with
Perturbar
Perturber

Interference
Interferencia
Interférence

Interference suppressor
Antiparásitas
Antiparasites

Interfering signal
Señal parásita
Signal parasite

(to) Interfile
Intercalar
Intercaler

Interfix
Interunión
Interunion

(to) Interfold
Plegar
Plier

Interior label
Etiqueta interna
Etiquette intérieure

(to) Interlace
Entrelazar
Entrelacer

Interlacing
Entrelazamiento
Entrelacement

Interleaved carbon
Papel carbón intercalado
Papier carbone intercalé

Interleaved carbon set
Legajo de impresos con papel
    carbón intercalado
Liasse carbonée

Interleaved stationery
Legajo de impresos con papel
    carbón intercalado
Liasse carbonée

Interleaving
Intercalación
Intercalation

Interlock
Bloqueo
Blocage

(to) Interlock
Bloquear
Bloquer

Interlude
Rutina preliminar
Routine préliminaire

Intermediate block check(ing)
Comprobación intermedia de
    bloque
Contrôle intermédiaire de bloc

Intermediate center
Centro intermedio
Centre intermédiaire

Intermediate control change
Cambio de control de orden
    intermedio
Changement de contrôle d'ordre
    intermédiaire

Intermediate control cycle
Ciclo de control de orden
    intermedio
Cycle de contrôle d'ordre
    intermédiaire

Intermediate control data
Datos de control de nivel
    intermedio
Données de contrôle d'ordre
    intermédiaire

Intermediate distribution frame
Repartidor intermedio
Répartiteur intermédiaire

Intermediate language
Lenguaje de nivel intermedio
Langage de niveau intermédiaire

Intermediate memory
Memoria intermedia
Mémoire intermédiaire

Intermediate result
Resultado intermedio
Résultat intermédiaire

Intermediate subcarrier
Subportadora intermedia
Sous-porteur intermédiaire

Intermediate total
Total intermedio
Total intermédiaire

Intermittent
Intermitente
Intermittent

Intermittent fault / failure
Incidente intermitente
Incident intermittent

Internal
Interno
Interne

Internal arithmetic
Aritmética interna
Arithmétique interne

Internal audit
Control interno
Contrôle interne

Internal chaining switch
Invertidor interno de
encadenamiento
Inverseur interne de chaînage

Internal decimal item
Dato decimal interno
Donnée décimale interne

Internal device error count
Contador interno de los errores de
la unidad
Compteur interne des erreurs de
l'unité

Internal floating point item
Dato en coma flotante interna
Donnée en virgule flottante interne

Internal format
Formato interno
Format interne

Internal interrupt system
Sistema interno de interrupción
Système interne d'interruption

Internal name
Denominación interna
Dénomination interne

Internal power loss
Pérdida de tensión interna
Baisse de tension interne

Internal procedure
Procedimiento interno
Procédure interne

Internal processing
Proceso interno
Traitement interne

Internal storage
Memoria interna
Mémoire interne

**Internal teleprocessing system;
I.T.P.S.**
Sistema de teleproceso interno
Système de télétraitement interne

Internal timer
Reloj interno
Horloge interne

Internal timer backup storage
Memoria complementaria del reloj
interno
Mémoire complémentaire de
l'horloge interne

Internally stored program
Programa registrado interiormente
Programme enregistré
intérieurement

**International algebraic language;
I.A.L.**
Lenguaje algebraico internacional
Langage algébrique international

Interpolator
Interpolador
Interpolateur

(to) Interpole
Interpolar
Interpoler

(to) Interpose
Interponer
Interposer

Interpretive programming
Programación interpretativa
Programmation interprétative

Interpretive routine
Rutina interpretativa
Routine interpretative

Interpretive trace program
Programa interpretativo y de traza
Programme interprétatif et
d'impression du parcours

Interrecord gap
Espacio entre registros
Espace entre enregistrements

Interregister transfer
Transferencia registro / registro
Transfert registre / registre

(to) Interrogate
Interrogar, Consultar
Interroger

Interrogating pulse
Impulso de interrogación
Impulsion d'interrogation

Interrogating typewriter
Máquina de escribir de
interrogación o consulta
Machine à écrire d'interrogation

(to) Interrupt
Interrumpir
Interrompre

Interrupt
Interrupción
Interruption

Interrupt control routine
Rutina de control de las
interrupciones
Routine de vérification des
interruptions

Interrupt handling
Tratamiento de las interrupciones
Traitement des interruptions

Interrupt level
Nivel de las interrupciones
Niveau des interruptions

Interrupt level subroutine; I.L.S.
Subprograma de nivel de
interrupción
Sous-programme de niveau
d'interruption

**Interrupt level status word;
I.L.S.W.**
Palabra de estado del nivel de
interrupción
Mot d'état du niveau d'interruption

Interrupt mask
Máscara de interrupción
Masque d'interruption

Interrupt mode
Estado de interrupción
Etat d'interruption

Interrupt processing routine
Rutina de tratamiento de las
interrupciones
Programme de traitement des
interruptions

Interrupt request block; I.R.B.
Bloque de petición de interrupción
Bloc de demande d'interruption

Interrupt service subroutine; I.S.S.
Rutina de tratamiento de las
  interrupciones
Routine de traitement des
  interruptions

Interrupt servicing routine
Subprograma de tratamiento de
  las interrupciones
Sous-programme de traitement
  des interruptions

Interrupt signal
Señal de interrupción
Signal d'interruption

Interrupt trap
Desviador de interrupción
Déviateur d'interruption

Interrupting procedure
Procedimiento de interrupción
Procédure d'interruption

Interruption
Interrupción
Interruption

Interruption code
Código de interrupción
Code d'interruption

Interruption enabled
Interrupción permitida
Interruption voulue

Intersection
Intersección
Intersection

(to) Intersperse
Intercalar
Intercaler

Interspersed
Intercalado
Intercalé

Interspersed gang punching
Multiperforación con matrices
  intercaladas
Multiperforation à matrices
  intercalées

Interstage punching
Perforación intercalada
Perforation intercalée

Intersystem communications
Comunicaciones entre sistemas
Communications entre systèmes

Interval
Intervalo
Intervalle

Interval
Paso de progresión, Incremento
Pas de progression

Interval timer
Contador de intervalos
Compteur d'intervalles

Intervening
Intermedio
Intermédiaire

Intervention required condition
Condición de intervención
  requerida
Condition d'intervention
  demandée

Intra storage transfer
Transferencia entre memorias
Transfert entre mémoires

Intrinsic availability
Disponibilidad intrínseca
Disponibilité intrinsèque

Intrinsic semi-conductor
Semiconductor intrínseco
Semi-conducteur intrinsèque

(to) Introduce
Introducir
Introduire

Introduction
Introducción
Introduction

Invalid
Inválido
Invalide

Invalid address
Dirección inválida
Adresse invalide

Invalid code
Código inválido
Code invalide

(to) Invalidate
Invalidar
Invalider

(to take a) Inventory
Hacer un inventario
Faire un inventaire

Inventory
Inventario
Inventaire

Inventory availability
Disponibilidad de las
  existencias
Disponibilité des stocks

Inventory control
Verificación de las
  existencias
Vérification des stocks

Inventory file
Fichero de existencias
Fichier des stocks

Inventory management
Gestión de las existencias
Gestion des stocks

Inventory position
Situación de las existencias
Situation des stocks

Inventory turnover
Rotación de las existencias
Rotation des stocks

Inversion
Inversión
Inversion

(to) Invert
Invertir
Inverser

Inverted file
Fichero invertido
Fichier inversé

Inverted filing
Clasificación invertida
Classement inversé

Inverter
Invertidor
Inverseur

Inverting amplifier
Amplificador con inversión de
  signo
Amplificateur à inversion
  de signe

(to) Investigate
Investigar
Rechercher

Invigilator
Dispositivo de alarma
Dispositif d'alarme

Invoice
Factura
Facture

(to) Invoice
Facturar
Facturer

Invoice machine
Máquina facturadora
Machine à facturer

Invoicing
Facturación
Facturation

(to) Invoke
Llamar
Appeler

Invoked procedure
Procedimiento llamado
Procédure demandée

Invoking
Llamada
Appel

(to) Involve
Implicar
Impliquer

Involved
Implicado
Impliqué

Inward
Interno
Interne

I.O.
Entrada/salida
Entrée/sortie

I.O.B.
Bloque de entrada/salida
Bloc d'entrée/sortie

I.O.C.
Controlador de las entradas/
    salidas
Contrôleur des entrées/sorties

Ionization
Ionización
Ionisation

I.O.S.
Supervisor de entrada/salida
Superviseur d'entrée/sortie

I.R.B.
Bloque de petición de
    interrupción
Bloc de demande
    d'interruption

Irretrievable
Inaccesible
Inaccessible

Irreversible
Irreversible
Irréversible

Irreversible magnetic process
Magnetización irreversible
Magnétisation irréversible

Irreversible process
Proceso irreversible
Processus irréversible

I.S.
Separador de informaciones
Séparateur d'informations

I.S.A.M.
Método de acceso secuencial
    indexado
Méthode d'accès séquentiel
    indexé

I.S.F.M.S.
Sistema de gestión del fichero
    secuencial indexado
Système de gestion du fichier
    séquentiel indexé

Isochronous
Isócrono
Isochrone

Isochronous modulation
Modulación isócrona
Modulation isochrone

Isochronous restitution
Restitución isócrona
Restitution isochrone

(to) Isolate
Localizar
Localiser

Isolated locations
Posiciones localizadas
Positions localisées

Isolating circuit
Circuito de localización
Circuit de localisation

Isolation
Localización
Localisation

I.S.S.
Rutina de tratamiento de las
    interrupciones
Routine de traitement des
    interruptions

(to) Issue
Emitir
Emettre

Issue
Salida
Sortie

Issue card
Ficha de salida
Carte de sortie

Issuing
Emisor
Emetteur

Item
Artículo, Elemento, Pieza
Article

Item
Dato
Donnée

Item
Datos
Données

Item advance
Progresión por artículo
Progression par article

Item card
Ficha artículo
Carte article

Item file
Fichero de los artículos
Fichier des articles

Item of data
Elemento de datos
Données d'articles

Item size
Tamaño de artículo
Grandeur d'article

Itemization
Detalle
Détail

(to) Itemize
Detallar
Détailler

(to) Iterate
Efectuar iteraciones
Effectuer des itérations

Iteration
Iteración
Itération

Iteration count
Número de iteraciones
Nombre d'itérations

Iteration factor
Factor de iteración
Facteur d'itération

Iterative
Iterativo
Itératif

Iterative operation
Operación iterativa
Opération itérative

Iterative process
Proceso iterativo
Processus itératif

Iterative program
Programa iterativo
Programme itératif

I.T.P.S.
Sistema de teleproceso interno
Système de télétraitement interne

J

J F C B (Job File Control Block)
Bloque de control de los ficheros
de trabajo
Bloc de contrôle des fichiers de
travail

Jack
Banana de conexión
Fiche de connexion

Jack panel
Panel de conexiones
Panneau de connexions

(to) Jackplug
Conectar con banana
Connecter par fiche

Jackplug
Banana de conexión
Fiche de connexion

Jackplugging
Conexión con banana
Connexion par fiche

Jam
Atascamiento
Bourrage

Jam circuit
Circuito antiatascamiento
Circuit anti-bourrage

Jam proof
Protegido contra los atascos
Protégé contre les bourrages

Jammed cards
Fichas bloqueadas
Cartes bloquées

Jamming
Atascamiento de fichas, Atasco de
fichas
Bourrage de cartes

Japanese abacus
Abaco japonés
Abaque japonais

J.C.B.
Bloque de gestión de los trabajos
Bloc de gestion des travaux

J.C.L.
Lenguaje de control de los
trabajos
Langage de contrôle des travaux

J.C.P.
Programa de control de los
trabajos
Programme de contrôle des
travaux

J.C.T.
Tabla de control de los trabajos
Table de contrôle des travaux

(to) Jeopardise
Arriesgar
Risquer

Jerk
Sacudida
Saccade

J.E.S.
Subsistema de introducción de los
trabajos
Sous-système d'introduction des
travaux

J.I.S. (Job Information Station)
Estación de información sobre los
trabajos
Poste d'information sur les travaux

(to) Jitter
Estar inestable
Etre instable

Jitter
Inestabilidad de una señal
Instabilité d'un signal

Job
Trabajo
Travail

Job accounting
Contabilización de los trabajos
Comptabilisation des travaux

Job assembly
Preparación de los trabajos
Préparation des travaux

Job class
Clase de trabajo
Classe de travail

Job control block; J.C.B.
Bloque de control de los trabajos
Bloc de gestion des travaux

Job control file
Fichero de gestión de los
trabajos
Fichier de gestion des
travaux

Job control languaje; J.C.L.
Lenguaje de control de los
trabajos
Language de contrôle des
travaux

Job control program; J.C.P.
Programa de control de los
trabajos
Programme de contrôle des
travaux

Job control statement
Orden de control de los
trabajos
Ordre de contrôle des
travaux

Job control table; J.C.T.
Tabla de control de los trabajos
Table de contrôle des travaux

Job entry subsystem; J.E.S.
Subsistema de introducción de los
trabajos
Sous-système d'introduction des
travaux

Job flow control
Control del desarrollo de los
trabajos
Contrôle du déroulement des
travaux

Job information block table
Tabla de los bloques de
información sobre los trabajos
Table des blocs d'information sur
les travaux

Job information stations; J.I.S.
Estación de información sobre los
trabajos
Poste d'information sur les
travaux

Job library
Biblioteca de los trabajos
Bibliothèque des travaux

Job management
Gestión de los trabajos
Gestion des travaux

Job mix
Mezcla de trabajos
Groupe de travaux

Job oriented
Concebido en función de los
   trabajos
Conçu en fonction des travaux

Job oriented terminal
Terminal concebido en función de
   los trabajos
Terminal conçu en fonction des
   travaux

Job pack area
Zona de etapa de trabajo
Zone d'étape de travail

Job progress report
Informe de progreso de los
   trabajos
Etat d'avancement des travaux

Job scheduler
Programador de trabajos
Programmateur de travaux

Job scheduling
Programación de los trabajos
Programmation des travaux

Job sequence
Secuencia de trabajo
Séquence de travail

Job sequency
Encadenamiento de los trabajos
Enchaînement des travaux

Job setup
Preparación del trabajo
Organisation du travail

Job stack
Flujo de trabajos
Suite de travaux

Job statement
Orden de principio de trabajo
Ordre de début de travaux

Job step
Etapa de trabajo
Etape de travail

Job step timing
Cronometrado de las etapas de
   trabajo
Chronométrage des étapes de
   travail

Job stream
Flujo de trabajos
Suite de travaux

Job stream file
Fichero de los trabajos
Fichier des travaux

Job table
Mesa de trabajo
Table de travail

Jogging
Batido de las fichas (para
   alineamiento)
Battage des cartes (pour
   alignement)

(to) Joggle
Batir las fichas
Battre les cartes

Joggler
Batidor de fichas
Batteur de cartes

Joggler
Placa para batir las fichas
Plaque pour battre les cartes

Joggling plate
Placa para batir las fichas
Plaque pour battre les cartes

Join-gate
Circuito no-o
Circuit non-ou

Joining
Junción, Unión
Jonction

(to) Joint
Juntar
Joindre

Joint denial
Operación NO-O
Opération NON-OU

Joint use
Utilización en común
Utilisation en commun

Journal number
Número de diario
Numéro de journal

Journal printing
Impresión del diario
Impression du journal

Journal roll reader
Lector de cinta diario
Lecteur de bande journal

Journal tape
Cinta diario
Bande journal

Journal tape mode
Modo de cinta diario
Mode de bande journal

(to) Journalize
Registrar en un diario
Enregistrer dans un journal

Juke-box storage
Memoria con discos
Mémoire à disques

Jump
Bifurcación
Branchement

(to) Jump
Efectuar una bifurcación;
   un salto
Effectuer un branchement;
   un saut

(to) Jump back
Volver atrás
Revenir en arrière

Jump instruction
Instrucción de bifurcación
   (de salto)
Instruction de branchement
   (de saut)

(to) Jump into a subroutine
Bifurcarse sobre un
   subprograma
Se brancher sur un sous
   programme

Jump operation
Operación de bifurcación
Opération de branchement

(to) Jump out of a subroutine
Salir de un subprograma
Sortir d'un sous-programme

Jumper
Banana de conexión
Fiche de connexion

Jumper wire
Hilo de ficha de conexión
Fil de fiche de connexion

Junction
Junción, Unión
Jonction

Junction box
Caja de derivación
Boîte de dérivation

Junior character
Carácter menos significativo
Caractère le moins significatif

(to) Junk
Desechar
Mettre au rebut

Justification
Alineamiento
Alignement

Justification
Justificación
Justification

Justified left
Alineado a la izquierda
Aligné à gauche

Justified right
Alineado a la derecha
Aligné à droite

(to) Justify
Justificar
Justifier

Juxtaposition
Yuxtaposición
Juxtaposition

K

Karnaugh map
Cuadro de Karnaugh
Tableau de Karnaugh

(to) Keep current
Tener actualizado
Tenir à jour

(to) Keep from
Abstenerse de
S'abstenir de

(to) Keep on
Continuar
Continuer

(to) Keep pace with
Mantener el mismo ritmo
Maintenir la même allure

Key
Clave
Clé

Key
Indicativo
Indicatif

Key
Tecla
Touche

Key change
Cambio de indicativo
Changement d'indicatif

Key character
Carácter clave
Caractère clé

Key data
Dato clave
Donnée clé

Key depression
Opresión de una tecla
Enfoncement d'une touche

Key encoder
Grabador con teclado
Enregistreur à clavier

Key entry area
Zona de entrada desde teclado
Zone d'entrée par clavier

Key field
Campo clave
Zone clé

(to) Key in
Introducir por teclado, Teclear
Introduire par clavier

Key length
Longitud de la clave
Longueur de la clé

Key (depression) rate
Velocidad de pulsaciones
Vitesse de frappe

Key sending
Envío de señales al teclado
Envoi de signaux au clavier

Key slot
Ranura
Rainure

Key verifier
Verificador
Vérificateur

(to) Key verify
Verificar
Vérifier

Key-based
Dotado de teclado
Doté de clavier

Keyboard
Teclado
Clavier

(to) Keyboard
Introducir por teclado, Teclear
Introduire par clavier

Keyboard accounting machine
Máquina contable con teclado
Machine comptable à clavier

Keyboard computer
Calculador con teclado
Calculateur à clavier

Keyboard console
Pupitre con teclado
Pupitre à clavier

Keyboard data entry unit
Unidad de introducción de datos
   con teclado
Unité d'introduction de données à
   clavier

Keyboard device
Aparato con teclado
Appareil à clavier

Keyboard display terminal
Terminal de visualización con
   teclado
Terminal de visualisation à clavier

Keyboard display unit
Unidad de visualización con
   teclado
Unité de visualisation à clavier

Keyboard entry
Introducción desde teclado
Introduction par clavier

Keyboard entry and inquiry
Introducción e interrogación desde
   teclado
Introduction et interrogation par
   clavier

Keyboard inquiry
Interrogación desde teclado
Interrogation par clavier

Keyboard inquiry device
Aparato de interrogación de
   teclado
Appareil d'interrogation par clavier

Keyboard layout
Configuración del teclado
Configuration du clavier

Keyboard selection
Selección desde teclado
Sélection par clavier

Keyboard typing punch
Perforadora impresora con teclado
Perforatrice imprimante à clavier

Key-controlled
Accionado por teclado
Actionné par clavier

Key-driven
Accionado por teclado
Actionné par clavier

Key-driven computer
Calculador comandado por teclado
Calculateur actionné par clavier

Keyed direct access
Acceso directo por claves
Accès direct par clé

Keying
Introducción desde teclado
Introduction par clavier

Keying equipment
Equipo de introducción desde
  teclado
Matériel d'introduction par clavier

Keying speed
Velocidad de introducción desde
  teclado
Vitesse d'introduction par clavier

Keying-in
Introducción desde teclado
Introduction par clavier

Keylock
Cerradura de seguridad
Serrure de sécurité

Keymask
Máscara
Masque

Key(board) perforator
Perforadora con teclado
Perforatrice à clavier

(to) Keypunch
Perforar desde un teclado
Perforer à l'aide d'un clavier

Keypunch (machine)
Perforadora con teclado
Perforatrice à clavier

Keypunch center
Centro de perforación
Centre de perforation

Keypunch department
Oficina de perforación
Atelier de perforation

Keypunch department
Departamento de perforación
Service de perforation

Keypunch desk
Tabla de perforación
Table de perforation

Keypunch error rate
Tasa de errores de perforación
Taux d'erreurs de perforation

Keypunch instructor
Monitora de perforistas
Monitrice de perforatrices

Keypunch leader
Jefe perforista
Chef perforatrice

Keypunch school
Escuela de perforación
Ecole de perforation

Keypunch section
Sección de perforación
Section de perforation

Keypunch supervisor
Responsable de la perforación
Responsable de la perforation

Keypuncher
Perforista
Perforatrice (personne)

Keypunch(ing) error
Error de perforación
Erreur de perforation

Keypunching
Perforación desde un teclado
Perforation à l'aide d'un clavier

Keypunch(ing) room
Sala de perforación
Salle de perforation

Key-sequenced data set; K.S.D.S.
Conjunto de datos en secuencia
  por claves
Ensemble de données en
  séquence par clés

Keyset
Teclado
Clavier

Keystroke
Pulsación de una tecla
Frappe d'une touche

Keystroking
Pulsación
Frappe

Keystroking error
Error de tecleo
Erreur de frappe

Keystroking error rate
Tasa de errores de pulsaciones
Taux d'erreurs de frappe

Keystroking rate
Velocidad de pulsaciones
Vitesse de frappe

Key-verified
Verificado desde teclado
Vérifié par clavier

Key-word
Palabra clave
Mot clé

Key-word in context; K.W.I.C.
Palabra clave en su contexto
Mot clé dans son contexte

Keyword in title; K.W.I.T.
Palabra clave en el título
Mot clé dans le titre

Key-word macro instruction
Macroinstrucción con palabras
  clave
Macro-instruction à mot clé

Key-word out of context; K.W.O.C.
Palabra clave fuera de su contexto
Mot clé en dehors de son contexte

Key-word parameter
Parámetro con palabra clave
Paramètre à mot clé

Kick back
Efecto retroactivo
Effet rétroactif

(to) Kick out
Extraer de
Extraire de

(to) Kill
Suprimir
Supprimer

Kilobaud
Kilobaudio
Kilobaud

Kilocycle
Kilociclo
Kilocycle

Kilomega
Kilomega
Kiloméga

Kilomegacycle
Kilomegaciclo
Kilomégacycle

Kinetic
Cinética
Cinétique

Kit
Conjunto de piezas
Ensemble de pièces

Knife
Cuchilla
Couteau

Knob
Botón
Bouton

K.S.D.S.
Conjunto de datos en secuencia
  por clave
Ensemble de données en
  séquence par clé

**K.W.D.S. (Key Word Data
Sequence)**
Conjunto de datos en secuencia
  por claves
Ensemble de données en
  séquence par clés

K.W.I.C. (Key Word In Context)
Palabra clave en su contexto
Mot clé dans le titre

K.W.I.T. (Key Word in Title)
Palabra clave en el título
Mot clé dans le titre

**K.W.O.C. (Key Word Out of
Context)**
Palabra clave fuera de su
  contexto
Mot clé en dehors de son
  contexte

L

L C B (Line Control Block)
Bloque de control de las líneas
Bloc de contrôle des lignes

L.A.
Adaptador de línea
Adaptateur de ligne

(to) Label
Etiquetar
Etiqueter

Label
Etiqueta
Etiquette

Label checking
Verificación de las etiquetas
Vérification des étiquettes

Label checking routine
Subprograma de verificación de
  las etiquetas
Sous-programme de vérification
  des étiquettes

Label handling routine
Subprograma de proceso de las
  etiquetas
Sous-programme de traitement
  des étiquettes

Label information area; L.I.A.
Zona de información sobre las
  etiquetas
Zone d'information sur les
  étiquettes

Label information coding sheet
Hoja de programación de las
  etiquetas
Feuille de programmation des
  étiquettes

Label prefix
Prefijo-etiqueta
Préfixe-étiquette

Label processing routine
Subprograma de proceso de las
  etiquetas
Sous-programme de traitement
  des étiquettes

Label writting
Escritura de las etiquetas
Ecriture des étiquettes

Labelled file
Fichero con etiqueta
Fichier étiqueté

Labelled tape
Cinta con etiqueta
Bande étiquetée

Labelling
Etiquetas (empleo)
Etiquetage

Labelling routine
Rutina de empleo de etiquetas
Routine d'étiquetage

(to) Lace
Perforar en rejilla
Perforer en grille

Lace punching
Perforación en rejilla
Perforation en grille

Laced card
Ficha rejilla
Carte grille

Lack
Falta
Manque

Lack
Penuria
Pénurie

(to) Lag
Etiquetar
Etiqueter

Lag
Atraso
Retard

Land pattern
Disposición física (Modelo) del
  circuito
Modèle de circuit

Language
Lenguaje
Langage

Language conversion program
Programa de conversión de
  lenguaje
Programme de conversion de
  langage

Language processor
Compilador
Compilateur

Language translation
Traducción de lenguaje
Traduction de langage

Language translator
Traductor de lenguaje
Traducteur de langage

Lap phasing
Superposición
Superposition

Large
Grande
Grand

Large capacity storage; L.C.S.
Memoria de gran capacidad
Mémoire de grande capacité

Large scale computer
Ordenador de gran capacidad
Ordinateur de grande capacité

Large scale integration; L.S.I.
Integración a gran escala
Intégration à grande échelle

Large size characters
Caracteres gran formato
Caractères grand format

Laser memory
Memoria con láser
Mémoire à laser

Last
Último
Dernier

Last in; first out; L.I.F.O.
Último entrado; primer salido
Dernier entré; premier sorti

(to) Latch
Bloquear
Bloquer

(to) Latch trip
Desbloquear
Débloquer

Latched
Bloqueado
Bloqué

Late
Tardío
Tardif

Latency
Espera
Attente

Latency time
Tiempo de espera
Temps d'attente

Lateral
Lateral
Latéral

Lateral adjustment knob
Botón de reglajé lateral
Bouton de réglage latéral

Lateral displacement
Desplazamiento lateral
Déplacement latéral

Lateral parity
Paridad transversal
Parité transversale

Lateral parity check
Control de paridad transversal
Contrôle de parité transversale

Lateral parity track
Vía de paridad transversal
Voie de parité transversale

Latter
Último
Dernier

(to) Launch
Lanzar
Lancer

Launching
Lanzamiento
Lancement

Law
Ley
Loi

Layer
Capa
Couche

(to) Layout
Disponer, Colocar
Disposer

Layout
Disposición, Colocación
Disposition

Layout form
Formulario de formatos
Présentation de l'imprimé

Layout sheet
Hoja de disposición física
Présentation de la feuille

L.C.S.
Memoria de gran capacidad
Mémoire de grande capacité

Lead(ing) end
Principio de cinta
Début de bande

Leader
Jefe
Chef

Leader card
Ficha de cabeza
Carte de tête

Leader connector
Conector macho
Connecteur mâle

Leading
En cabeza
De tête

Leading character
Carácter de cabeza
Caractère de tête

Leading edge
Borde delantero
Bord avant

Leading position
Posición inicial
Position initiale

Leading zero
Cero en cabeza
Zéro en tête

Leading zero suppression
Supresión de los ceros de cabeza
Suppression des zéros de tête

Leapfrog test
Ensayo selectivo
Essai sélectif

Learning machine
Máquina para enseñanza
Machine d'enseignement

Leased line
Línea alquilada
Ligne en location

Least significant bit; L.S.B.
Bit menos significativo
Bit le moins significatif

Least significant character; L.S.C.
Carácter menos significativo
Caractère le moins significatif

Least significant position; L.S.P.
Posición menos significativa
Position la moins significative

L.E.D.
Diodo electroluminiscente
Diode électroluminiscente

Ledger
Libro mayor
Grand livre

Ledger card
Ficha extracto de cuenta
Carte extrait de compte

Ledger card auto reader
Lector automático de fichas
Lecteur automatique de cartes

Ledger card device
Dispositivo de lectura de fichas
Dispositif de lecture des cartes

Left carriage
Carro de izquierda
Chariot de gauche

Left justified
Alineado a la izquierda
Aligné à gauche

(to) Left justify
Alinear a la izquierda
Aligner à gauche

Left shift
Desplazamiento a la izquierda
Décalage à gauche

Left zero control
Control de los ceros a la izquierda
Contrôle des zéros de gauche

Leftward
Hacia la izquierda
Vers la gauche

Legible
Legible
Lisible

Length
Longitud
Longueur

Length wise
Longitudinalmente
Longitudinalement

(to) Lengthen
Alargar
Allonger

Let
Alquiler
Location

Letter
Letra
Lettre

Letterpress
Tipografía
Typographie

Lettering guide
Plantilla, Normógrafo
Normographe

Letters shift
Inversión de letras
Inversion de lettres

Level
Nivel
Niveau

(to) Level
Nivelar
Niveler

Level compensator
Compensador de nivel
Compensateur de niveau

Level diagram
Diagrama de nivel
Hypsogramme

Level indicator
Indicador de nivel
Indicateur de niveau

(to) Level load
Equilibrar la carga
Equilibrer la charge

Level of priority
Grado de prioridad
Degré de priorité

Level table
Tabla de los niveles
Table des niveaux

Levelness
Paridad de niveles
Parité de niveaux

Lever
Palanca
Levier

Lexicon
Léxico
Lexique

L.F.
Adelantamiento de una interlínea
Avancement d'un interligne

L.I.A.
Zona de información sobre las
   etiquetas
Zone d'information sur les
   étiquettes

Liability
Responsabilidad
Résponsabilité

Librarian
Bibliotecario
Bibliothécaire

Librarian program
Programa de gestión de la
   biblioteca
Programme de gestion de la
   bibliothèque

Library
Biblioteca
Bibliothèque

Library disk
Disco biblioteca
Disque bibliothèque

Library maintenance programs
Programas de actualización de la
   biblioteca
Programmes de mise à jour de la
   bibliothèque

Library member
Miembro de biblioteca; libro
Membre-bibliothèque

Library number
Número de la biblioteca
Numéro de la bibliothèque

Library of data
Biblioteca de datos
Bibliothèque de données

Library of disk packs
Discoteca
Discothèque

Library program
Programa de biblioteca
Programme de bibliothèque

Library release
Puesta en servicio de una
   biblioteca
Mise en service d'une bibliothèque

Library routine
Programa de biblioteca
Programme de bibliothèque

Library subroutine
Subrutina de biblioteca
Sous-programme de bibliothèque

Library tape
Cinta biblioteca
Bande bibliothèque

Library work area
Zona de trabajo de la biblioteca
Zone de travail de la bibliothèque

Lid
Cubierta
Couvercle

Life
Vida
Vie

Life test
Ensayo de duración
Test de durée

Life time
Duración
Durée

L.I.F.O.
Ultimo entrado; primer salido
Dernier entré; premier sorti

Light beam
Pincel luminoso
Pinceau lumineux

Light emitting diode; L.E.D.
Diodo electroluminiscente
Diode électroluminiscente

Light gun
Pincel luminoso
Pinceau lumineux

Light pen
Marcador luminoso
Photostyle

Light pen
Pincel luminoso
Pinceau lumineux

Light sensor
Marcador luminoso
Marqueur lumineux

Likeliness
Verosimilitud
Vraisemblance

Likely
Verosímil
Vraisemblable

(to) Liken
Comparar a
Comparer à

Limit
Límite
Limite

(to) Limit
Limitar
Limiter

Limited
Limitado
Limité

Limited capacity
Capacidad limitada
Capacité limitée

Limited integrator
Integrador reducido
Intégrateur réduit

Limiter
Limitador
Limiteur

Line
Línea
Ligne

Line adapter; L.A.
Adaptador de línea
Adaptateur de ligne

Line bid
Petición de línea
Demande de ligne

Line character
Carácter transmitido
Caractère transmis

Line concentration
Concentración de líneas
Concentration de lignes

Line control
Gestión de líneas
Gestion de lignes

Line control unit
Unidad de gestión de las líneas
Unité de gestion des lignes

Line discipline
Gestión de líneas
Gestion de lignes

Line driver
Amplificador de potencia
Amplificateur de puissance

Line feed character
Carácter de adelantamiento de una
  interlínea
Caractère d'avancement d'un
  interligne

Line feed code
Código de cambio de línea
Code de changement de ligne

Line feed; L.F.
Alimentación de una línea
Avancement d'un interligne

Line finder
Buscador de línea
Chercheur de ligne

Line for line
Línea a línea
Ligne par ligne

Line hit
Perturbación de línea
Perturbation de ligne

Line length
Longitud de línea
Longueur de ligne

Line link
Enlace en línea
Liaison en ligne

Line Loop
En línea
En ligne

Line management
Gestión de líneas
Gestion de lignes

Line noise
Ruido de línea
Bruit de ligne

Line number
Número de línea
Numéro de ligne

Line polling
Barrido de líneas
Balayage de lignes

Line (at a time) printer
Impresora línea a línea
Imprimante ligne par ligne

Line (at a time) printing
Impresión línea a línea
Impression ligne par ligne

**Line procedure specifications;
  L.P.S.**
Especificaciones de procedimiento
  de línea
Spécifications de procédure de
  ligne

Line repeater
Repetidor de línea
Répétiteur de ligne

Line servicing
Gestión de líneas
Gestion de lignes

Line side
Lado línea
Côté ligne

Line signal
Señal de transmisión
Signal de transmission

Line skew
Inclinación de la línea
Inclinaison de la ligne

Line space lever
Palanca de interlínea
Levier d'interligne

Line spacing
Interlineamiento
Interlinéage

Line speed
Velocidad (de impresión) de una
  línea
Vitesse (d'impression) d'une ligne

Line switching
Conmutación de líneas
Commutation de lignes

Line time out
Tiempo de espera en línea
Délai d'attente en ligne

(to) Line up
Alinear
Mettre en ligne

Linear
Lineal
Linéaire

Linear detection
Detección lineal
Détection linéaire

Linear equation
Ecuación lineal
Equation linéaire

Linear optimatization
Optimización lineal
Optimisation linéaire

Linear program
Programa lineal
Programme linéaire

Linear programming; L.P.
Programación lineal
Programmation linéaire

Linear programming system
Sistema de programación lineal
Système de programmation
   linéaire

Linear regression
Regresión lineal
Régression linéaire

Linear unit
Unidad lineal
Unité linéaire

**Linearisation (Br.) Linearization
(Amer.)**
Linealización
Linéarisation

Linearity
Linealidad
Linéarité

Linearity error
Error de linealidad
Erreur de linéarité

Linearly
En forma lineal
En forme linéaire

Lines per minute; L.P.M.
Líneas por minuto
Lignes par minute

(to) Link
Ensamblar, Agrupar
Assembler

Link
Ligadura
Lien

(to) Link
Enlazar
Réunir

Link address
Dirección de encadenamiento
Adresse de chaînage

Link group
Grupo de enlaces
Groupe de liaisons

Link library
Biblioteca de programas montados
Bibliothèque de programmes
   assemblés

Link management
Supervisión de los enlaces
Supervision des liaisons

Link pack area
Zona permanente de programa
Zone permanente de programme

Link word
Palabra de encadenamiento
Mot de chaînage

Linkage
Enlace
Liaison

Linkage edit
Edición de enlaces
Edition de liens

Linkage editor
Montador (editor) de enlaces
Editeur de liens

Linkage editor control dictionary
Diccionario de control del
   montador de enlaces
Dictionnaire de contrôle de
   l'éditeur de liens

Linkage editor program
Programa montador de enlaces
Programme éditeur de liens

Linkage field
Campo de encadenamiento
Zone de chaînage

Linkage loader
Cargador del editor de enlaces
Chargeur d'éditeurs de liens

Linked sequential file
Fichero secuencial encadenado
Fichier séquentiel chaîné

Linked subroutine
Subrutina encadenada
Sous-programme chaîné

Linker
Ensamblador, Montador
Assembleur

Linking
Enlace
Liaison

Lint
Felpa
Peluche

Liquid crystal
Cristal líquido
Cristal liquide

List
Lista
Liste

(to) List
Listar
Lister

List deck
Juego de listas
Jeu de listes

List device
Aparato para listar
Appareil à lister

List directed transmission
Transmisión dirigida por lista
Transmission dirigée par liste

List of input
Lista (de los datos) en entrada
Liste (des données) en entrée

List price
Lista de precios, Catálogo
Catalogue-prix

List processing
Tratamiento de listas
Traitement de listes

List speed
Velocidad (de impresión) de una
   lista
Vitesse (d'impression) d'une liste

List structure
Estructura de lista
Structure de liste

(to) Listen
Escuchar
Ecouter

LISTING 144

Listing
Listado
Listage

Listing tape
Cinta de listado
Bande de listage

Literal
Literal
Littéral

Live test
Ensayo real
Essai réel

Live wire
Hilo con tensión
Fil sous tension

L.M.
Módulo de carga
Module de chargement

Load
Carga
Charge

(to) Load
Cargar
Charger

Load and go
Carga y ejecución
Chargement et exécution

Load card
Ficha de carga
Carte de chargement

Load distribution
Reparación de la carga
Répartition de la charge

Load graph
Gráfico de la carga
Graphique de la charge

Load key
Tecla de carga
Touche de chargement

Load levelling
Nivelación de la carga
Nivellement de la charge

Load list
Lista de carga
Liste de chargement

Load module; L.M.
Módulo de carga
Module de chargement

Load point
Punto de carga
Point de chargement

Load projections
Previsiones de las cargas
Prévisions des charges

Load sharing
Repartición de la carga
Répartition de la charge

Load sheet
Declaración de la carga
Manifeste de chargement

Load smoothing
Nivelación de la carga
Nivellement de la charge

Load system disk program
Programa de carga del sistema
sobre disco
Programme de chargement du
système sur disque

Load system program
Programa de carga del sistema
Programme de chargement du
système

Load time
Tiempo de carga
Temps de chargement

Load unit switches
Unidad de conmutaciones de las
cargas
Unité de commutations des
charges

Loadable
Cargable
Chargeable

Loaded circuit
Circuito cargado
Circuit chargé

Loader
Cartucho, Cargador
Chargeur

Loading
Carga - Cargamento
Chargement

Loading cycle
Ciclo de carga
Cycle de chargement

Loading error
Error de carga
Erreur de chargement

Loading procedure
Procedimiento de carga
Procédure de chargement

Loading process
Carga - Cargamento
Chargement

Loading routine
Rutina de carga
Routine de chargement

Load(ing) program
Programa de carga
Programme de chargement

Load(ing) tray
Rampa de carga
Rampe de chargement

Lobby
Instalación interna
Installation intérieure

Lobby configuration
Configuración interna
Configuration intérieure

Local
Local
Local

Local call
Comunicación local
Communication locale

Local loop
Línea de abonado
Ligne d'abonné

Local mode
Modo local
Mode locale

Local store
Memoria especializada
Mémoire spécialisée

Local terminal
Terminal local
Terminal local

Locally
Localmente
Localement

Locally produced subroutines
Subrutinas hechas localmente
Sous-programmes faits localement

(to) Locate
Localizar
Localiser

Locate mode
Modo localización
Mode localisation

Locating angle plate
Escuadra de posicionamiento
Equerre de positionnement

Location
Posición
Position

Location counter
Contador de posiciones
Compteur de positions

Location equivalence table
Tabla de equivalencia de
posiciones
Table d'équivalence de positions

Location symbol
Símbolo de posición
Symbole de position

Locator data
Datos del tipo localizador
Données du type localisateur

Locator variable
Variable del tipo localizador
Variable du type localisateur

Lock(ing)
Bloqueo
Blocage

(to) Lock
Bloquear
Bloquer

Lock / unlock
Bloqueo / desbloqueo
Blocage / déblocage

Lock code
Código clave
Code clé

Lock out
Bloqueo
Blocage

Locking knob
Botón de bloqueo
Bouton de blocage

Lockword
Palabra de bloqueo
Mot de blocage

Locus
Lugar geométrico
Lieu géométrique

(to) Log
Registrar en un diario
Enregistrer dans un journal

Log
Diario
Journal

Log(ging-in)
Procedimiento de principio de
registro
Procédure de début
d'enregistrement

Log function
Función de registro cronológico
Fonction d'enregistrement

Logarithm
Logaritmo
Logarithme

Logarithmic
Logarítmico
Logarithmique

Logarithmic decrement
Decremento logarítmico
Décrément logarithmique

Logarithmic tables
Tablas logarítmicas
Tables logarithmiques

Logger
Registrador cronológico
Enregistreur chronologique

Logging
Registro (grabación) cronológico
Enregistrement chronologique

Logging data
Registro cronológico de datos
Enregistrement chronologique de
données

Logging-on
Procedimiento de principio de
registro
Procédure de début
d'enregistrement

Logging-out
Procedimiento de fin de registro
Procédure de fin d'enregistrement

Logic(al)
Lógico
Logique

Logic analysis
Análisis lógico
Analyse logique

**Logic controlled sequential
computer**
Ordenador con secuencia
controlada por lógica
Ordinateur à séquence contrôlée
par logique

Logic design
Estructura lógica
Structure logique

Logic engineer
Ingeniero en lógica
Ingénieur logicien

Logic network
Red lógica
Réseau logique

Logical add
Unión lógica, Suma lógica
Réunion logique

Logical circuit
Circuito lógico
Circuit logique

Logical comparison
Comparación lógica
Comparaison logique

Logical connector
Operador lógico
Opérateur logique

Logical data base
Base lógica de datos
Base logique de données

Logical data path
Camino lógico de los datos
Chemin logique des données

Logical decision
Decisión lógica
Décision logique

Logical design
Estructura lógica
Structure logique

Logical difference
Diferencia lógica
Différence logique

Logical error
Error lógico
Erreur logique

Logical expression
Expresión lógica
Expression logique

Logical function
Función lógica
Fonction logique

Logical multiply
Multiplicación lógica
Multiplication logique

Logical or circuit
Circuito o lógico
Circuit ou logique

Logical product
Intersección lógica
Intersection logique

Logical record
Registro lógico
Enregistrement logique

Logical sum
Suma lógica
Somme logique

Logical to physical device translation table
Tabla de correspondencia (traducción) dispositivo lógico / aparato físico
Table de correspondance appareils logiques / appareils physiques

Logical unit; L.U.
Unidad lógica
Unité logique

Logical unit block; L.U.B.
Bloque de unidad lógica
Bloc d'unité logique

Logical variable
Variable lógica
Variable logique

Logic(al) (flow)chart
Organigrama lógico
Organigramme logique

Logic(al) diagram
Organigrama lógico
Organigramme logique

Logic(al) element
Elemento lógico
Elément logique

Logician
Técnico en lógica
Logicien

Logic(al) instruction
Instrucción lógica
Instruction logique

Logic(al) operation
Operación lógica
Opération logique

Logic(al) operator
Operador lógico
Opérateur logique

Logic(al) shift
Desplazamiento lógico
Décalage logique

Logic(al) symbol
Símbolo lógico
Symbole logique

(to) Log-in
Empezar el procedimiento de registro
Entamer la procédure d'enregistrement

Logistics
(La) Logística
(La) Logistique

Log(ging)-off
Procedimiento de fin de registro
Procédure de fin d'enregistrement

(to) log-off
Terminar el procedimiento de registro
Terminer la procédure d'enregistrement

(to) Log-on
Entrar en comunicación
Entrer en communication

Longitudinal
Longitudinal
Longitudinal

Longitudinal check
Control longitudinal
Contrôle longitudinal

Longitudinal check character
Carácter de control longitudinal
Caractère de contrôle longitudinal

Longitudinal parity check
Control de paridad longitudinal
Contrôle de parité longitudinale

Longitudinal perforation
Perforación longitudinal
Perforation longitudinale

Longitudinal redundancy check character
Carácter de control longitudinal por redundancia
Caractère de contrôle longitudinal par redondance

Longitudinal redundancy check; L.R.C.
Control longitudinal por redundancia
Contrôle longitudinal par redondance

(to) Look
Mirar
Regarder

(to) Look for
Buscar
Chercher

(to) Look up
Buscar en una tabla
Chercher dans une table

Look up
Búsqueda en una tabla
Recherche dans une table

Look up
Inmovilización
Immobilisation

Look up table
Tabla de búsqueda
Table de recherche

Look-ahead
Preanálisis
Pré-analyse

Loop
Anillo
Boucle

Loop
Ciclo
Cycle

(to) Loop
Hacer un ciclo
Faire une boucle

Loop(ing)
Iteración
Itération

Loop check(ing)
Comprobación de bucle
Contrôle par comparaison

Loop stop
Parada sobre un ciclo
Arrêt sur une boucle

(to) Lose Synchronism
Perder el sincronismo
Détruire le synchronisme

Loss
Pérdida
Perte

Loss of information
Pérdida de información
Perte d'information

Loss of significant digits
Pérdida de dígitos significativos
Perte de données significatives

Lot
Lote
Lot

Loud
Ruidoso
Bruyant

Loud speacker
Altavoz
Haut-parleur

Loudness
Tono, Nivel sonoro
Niveau sonore

Low
Débil, Bajo
Faible

Low delimiter
Delimitador inferior
Délimiteur inférieur

Low density tape
Cinta de baja densidad
Bande à basse densité

Low end of a range
Valor inferior de la gama
Bas de gamme

Low frequency
Baja frecuencia
Basse fréquence

Low level code
Código del más bajo nivel
Code de plus bas niveau

Low level language
Lenguaje de bajo nivel
Langage non évolué

Low level modulation
Modulación de baja potencia
Modulation de faible puissance

Low order bit
Bit del orden menor
Bit d'ordre moindre

Low order position
Posición de orden menor
Position d'ordre moindre

Low paper condition
Proximidad de fin de papel
Approche de fin de papier

Low rate terminal
Terminal lento
Terminal lent

Low speed storage
Memoria lenta
Mémoire lente

Low speed unit
Unidad lenta
Unité lente

Low tape condition
Proximidad de fin de cinta
Approche de fin de bande

Low tape supply
Agotamiento próximo de la
  cinta
Épuisement de la bande

Low usage item
Artículo de poco movimiento
Article peu mouvementé

Lower
Número de orden más bajo
Numéro d'ordre le moins
  élevé

Lower area of core storage
Zona inferior de la memoria
  central
Zone inférieure de la mémoire
  centrale

Lower case
Casilla inferior
Case inférieure

Lower curtate
Parte inferior
Partie inférieure

Lower disk
Disco inferior
Disque inférieur

Lower level indicator
Indicador de nivel inferior
Indicateur de niveau inférieur

Lower storage
Parte inferior de la memoria
Partie inférieure de la mémoire

Lows
Bajas frecuencias
Basses fréquences

Lozenge
Rombo, bloque de decisión
Losange

L.P.
Programación lineal
Programation linéaire

L.P.M.
Líneas por minuto
Lignes par minute

L.P.S.
Especificaciones de procedimiento
  de línea
Spécifications de procédure de
  ligne

L.R.C.
Control longitudinal por
  redundancia
Contrôle longitudinal par
  redondance

L.S.B.
Bit menos significativo
Bit moins significatif

L.S.C.
Carácter menos significativo
Caractère le moins significatif

L.S.I.
Integración de gran escala
Intégration à grande échelle

L.S.P.
Posición menos significativa
Position moins significative

L.U.
Unidad lógica
Unité logique

L.U.B.
Bloque de unidad lógica
Bloc d'unité logique

Lukasiewicz notation
Notación polaca sin paréntesis
Notation préfixée

M

M S B (Most Significant Bit)
Bit más significativo
Bit le plus significatif

M T (Magnetic Tape)
Cinta magnética
Bande magnétique

M.A.C.
Calculador con acceso múltiple
Calculateur à accès multiple

Machinable
Procesable por máquina
Exploitable par machine

Machine
Máquina
Machine

(to) Machine
Tratar mecánicamente
Traiter mécaniquement

Machine acceptable
Asimilable por máquina
Assimilable par machine

Machine accounting
Contabilidad mecanográfica
Comptabilité mécanographique

Machine accounting department
Departamento mecanográfico
Service mécanographique

Machine address
Dirección máquina
Adresse machine

Machine based
Mecanizado
Mécanisé

Machine check
Error máquina
Erreur machine

Machine check handler
Tratamiento de los errores de
máquina
Traitement des erreurs de machine

Machine checking
Verificación por máquina
Vérification par machine

Machine code
Código máquina
Code machine

Machine code instruction
Instrucción de código máquina
Instruction de code machine

Machine coding
Codificación de máquina
Codage machine

Machine configuration
Configuración de máquina
Configuration de machine

Machine cycle
Ciclo máquina
Cycle machine

Machine direction
Sentido de marcha de la máquina
Sens de marche de la machine

Machine error
Error de máquina
Erreur de machine

Machine faiiure
Fallo de máquina
Panne de machine

Machine fault
Incidente de máquina
Incident de machine

Machine file
Fichero mecanográfico
Fichier mécanographique

Machine instruction
Instrucción máquina
Instruction machine

Machine instruction code
Código de instrucción máquina
Code d'instruction machine

Machine interruption
Interrupción de máquina
Interruption de machine

Machine language code
Código en lenguaje máquina
Code en langage machine

Machine language; M.L.
Lenguaje máquina
Langage machine

Machine learning
Aprendizaje de la máquina
Apprentissage de la machine

Machine load
Carga de una máquina
Charge d'une machine

Machine loading schedule
Programa de carga de una
máquina
Programme de charge d'une
machine

Machine log
Diario máquina
Journal machine

Machine logic
Lógica de máquina
Logique de machine

Machine operator
Operador
Opérateur

Machine oriented language
Lenguaje orientado hacia la
máquina
Langage orienté vers la machine

Machine pass
Pasada en máquina
Passage en machine

Machine population
Parque de máquinas
Parc de machines

Machine prepared report
Informe mecanográfico
Etat mécanographié

Machine processable
Procesable por máquina
Exploitable par machine

Machine processable form
Documento procesable por
máquina
Document exploitable par machine

Machine readable data
Datos procesables por máquina
Données exploitables par machine

Machine readable medium
Soporte legible por máquina
Support exploitable par machine

Machine readable method
Método procesable por máquina
Méthode exploitable par machine

Machine recognizable
Asimilable por máquina
Assimilable par machine

Machine script
Información en código máquina
Information en code machine

Machine sensible
Detectable por máquina
Détectable par machine

Machine sensible address
Dirección detectable por máquina
Adresse détectable par machine

Machine sensible information
Información detectable por
  máquina
Information détectable par
  machine

Machine spoilt work time
Tiempo perdido por consecuencia
  de incidente de máquina
Temps perdu en raison d'incident
  de machine

Machine stored
Almacenado por máquina
Enregistré par machine

Machine time
Tiempo máquina
Temps machine

Machine time usage
Utilización del tiempo máquina
Utilisation du temps machine

Machine translation
Traducción mecánica
Traduction mécanique

Machine usable chart
Tablero de utilización del tiempo
  máquina
Tableau d'utilisation du temps
  machine

Machine usable medium
Soporte procesable por máquina
Support exploitable par machine

Machine word
Palabra máquina
Mot machine

Machine word length
Longitud de la palabra máquina
Longueur du mot machine

Machine-independent
Independiente del tipo de máquina
Indépendant du type de machine

Machine-independent language
Lenguaje independiente del tipo
  de máquina
Langage indépendant du type de
  machine

Machines room
Sala máquinas
Salle machines

Macro definition
Definición de macroinstrucción
Définition de macro-instruction

Macro directory
Repertorio de las
  macroinstrucciones
Répertoire des macro-instructions

Macro flowchart
Organigrama de
  macroprogramación
Organigramme de macro-
  programmation

Macro generating program
Programa macrogenerador
Programme macro-générateur

Macro generator
Macrogenerador
Macro-générateur

Macro instruction
Macroinstrucción
Macro-instruction

Macro library
Biblioteca de las
  macroinstrucciones
Bibliothèque des
  macroinstructions

Macro library service program
Programa de servicio de la
  biblioteca de las
  macroinstrucciones
Programme de service de la
  bibliothèque des macro-
  instructions

Macro program
Macroprograma
Macro-programme

Macro programming
Macroprogramación
Macro-programmation

Macro statement
Macroinstrucción
Macro-instruction

Macro-assembler
Macroensamblador
Macro-assembleur

Macro-assembly language; M.A.L.
Lenguaje macroensamblador
Langage macro-assembleur

Macro-assembly program; M.A.P.
Programa macroensamblador
Programme macro-assembleur

Macro-call
Llamada de macroinstrucción
Appel de macro-instruction

Macro-code
Macrocódigo
Macro-code

Macro-coding
Macrocodificación
Macro-codage

Mag card
Ficha magnética
Fiche magnétique

Magnetic
Magnético
Magnétique

Magnetic band
Cinta magnética
Bande magnétique

Magnetic bubble storage
Memoria con burbujas magnéticas
Mémoire à bulles magnétiques

Magnetic bull storage
Memoria con bolas magnéticas
Mémoire à bulles magnétiques

Magnetic card
Ficha magnética
Carte magnétique

Magnetic card file
Fichero en fichas magnéticas
Fichier sur cartes magnétiques

Magnetic card store
Memoria con fichas magnéticas
Mémoire à cartes magnétiques

Magnetic cell
Célula magnética
Cellule magnétique

Magnetic character
Carácter magnético
Caractère magnétique

Magnetic character reader
Lector de caracteres magnéticos
Lecteur de caractères magnétiques

Magnetic character recognition
Reconocimiento de caracteres
magnéticos
Reconnaissance de caractères
magnétiques

Magnetic character sorter
Clasificadora de caracteres
magnéticos
Trieuse de caractères magnétiques

Magnetic clutch
Embrague magnético
Embrayage magnétique

Magnetic core
Núcleo magnético
Tore magnétique

Magnetic core plane
Plano de núcleos magnéticos
Plan de tores magnétiques

Magnetic core storage
Memoria con núcleos magnéticos
Mémoire à tores magnétiques

Magnetic core storage plane
Plano de la memoria con núcleos
magnéticos
Plan de la mémoire à tores
magnétiques

Magnetic core storage unit
Unidad de memoria con núcleos
magnéticos
Unité de mémoire à tores
magnétiques

Magnetic data inscriber
Grabador de datos magnéticos
Enregistreur de données
magnétiques

Magnetic delay line
Línea de retardo magnética
Ligne à retard magnétique

Magnetic disk
Disco magnético
Disque magnétique

Magnetic disk drive
Dispositivo accionador, Unidad de
disco magnético
Dispositif d'entraînement de
disque magnétique

Magnetic disk file
Fichero en disco magnético
Fichier sur disque magnétique

Magnetic disk storage
Memoria con discos magnéticos
Mémoire à disques magnétiques

Magnetic disk storage unit
Unidad de memoria con discos
magnéticos
Unité de mémoire à disques
magnétiques

**Magnetic document reader;
M.D.R.**
Lector de documentos magnéticos
Lecteur de documents
magnétiques

Magnetic drum
Tambor magnético
Tambour magnétique

Magnetic drum store
Memoria con tambor magnético
Mémoire à tambour magnétique

Magnetic field
Campo magnético
Champ magnétique

Magnetic film
Filme magnético
Film magnétique

Magnetic film file
Fichero en filme magnético
Fichier sur film magnétique

Magnetic film handler; M.F.H.
Procesador de filme magnético
Dérouleur de film magnétique

Magnetic film store
Memoria con filme magnético
Mémoire à film magnétique

Magnetic film unit
Unidad con filme magnético
Unité à film magnétique

Magnetic flux
Flujo magnético
Flux magnétique

Magnetic head
Cabeza magnética
Tête magnétique

Magnetic induction
Inducción magnética
Induction magnétique

Magnetic ink
Tinta magnética
Encre magnétique

Magnetic ink character
Carácter con tinta magnética
Caractère à encre magnétique

Magnetic ink character reader
Lector de caracteres con tinta
magnética
Lecteur de caractères à encre
magnétique

**Magnetic ink character
recognition; M.I.C.R.**
Reconocimiento de caracteres con
tinta magnética
Reconnaissance de caractères à
encre magnétique

Magnetic ink document reader
Lector de documentos con tinta
magnética
Lecteur de documents à encre
magnétique

**Magnetic ink document reader /
sorter**
Lector / ordenador de documentos
con tinta magnética
Lecteur / trieur de documents à
encre magnétique

Magnetic intensity
Intensidad magnética
Intensité magnétique

Magnetic ledger card; M.L.C.
Ficha con pista magnética
Carte à piste magnétique

Magnetic memory plate
Placa de memoria magnética
Matrice de mémoire magnétique

Magnetic reader
Lector magnético
Lecteur magnétique

Magnetic readout
Lectura magnética
Lecture magnétique

Magnetic recorder
Grabador magnético
Enregistreur magnétique

Magnetic recording
Grabación magnética
Enregistrement magnétique

Magnetic recording head
Cabeza de registro magnético
Tête d'enregistrement magnétique

Magnetic recording medium
Soporte de registro magnético
Support d'enregistrement
magnétique

Magnetic shift register
Registro de desplazamiento
magnético
Registre à décalage magnétique

Magnetic storage
Almacenamiento magnético
Mémoire magnétique

Magnetic storage medium
Soporte de memoria magnética
Support de mémoire magnétique

Magnetic strip
Tira magnética
Ruban magnétique

Magnetic strip device
Dispositivo con lámina magnética
Dispositif à ruban magnétique

Magnetic stripe card
Ficha con pista magnética
Carte à piste magnétique

Magnetic stripe reader
Lector de fichas con pista
magnética
Lecteur de cartes à piste
magnétique

Magnetic stripe recording
Registro sobre lámina magnética
Enregistrement sur piste
magnétique

Magnetic tape; M.T.
Cinta magnética
Bande magnétique

Magnetic tape cartridge
Contenedor de cinta magnética
Cartouche de bande magnétique

Magnetic tape certifier
Certificador de cinta magnética
Certifieur de bande magnétique

Magnetic tape cleaner
Limpiador de cinta magnética
Nettoyeur de bande magnétique

Magnetic tape cluster
Grupo de cintas magnéticas
Dérouleur de bande magnétique

Magnetic tape computer
Calculador con cinta magnética
Calculateur à bande magnétique

Magnetic tape controller; M.T.C.
Controlador de cinta magnética
Contrôleur de bande magnétique

Magnetic tape converter
Convertidor de cintas magnéticas
Convertisseur de bandes
magnétiques

Magnetic tape drive
Mecanismo de arrastre de cinta
magnética
Mécanisme d'entraînement de la
bande magnétique

Magnetic tape encoder
Grabador sobre cinta magnética
Enregistreur sur bande
magnétique

Magnetic tape file
Fichero en cinta magnética
Fichier sur bande magnétique

Magnetic tape group
Grupo de desenrolladores de cinta
magnética
Groupe de dérouleurs de bande
magnétique

Magnetic tape handler
Mecanismo de arrastre de cinta
magnética
Mécanisme d'entraînement de la
bande magnétique

Magnetic tape head
Cabeza para cinta magnética
Tête pour bande magnétique

Magnetic tape inscriber
Grabador sobre cinta magnética
Enregistreur sur bande
magnétique

Magnetic tape library
Biblioteca sobre cintas magnéticas
Bibliothèque sur bandes
magnétiques

Magnetic tape limited
Limitado por la velocidad de la
cinta magnética
Limité par la vitesse de la bande
magnétique

Magnetic tape memory
Memoria con cinta magnética
Mémoire à bande magnétique

Magnetic tape reader
Lector de cinta magnética
Lecteur de bande magnétique

Magnetic tape recorder
Magnetofón
Magnétophone

Magnetic tape reel
Carrete de cinta magnética
Bobine de bande magnétique

Magnetic tape station
Estación con cinta magnética
Poste à bande magnétique

Magnetic tape storage
Memoria con cinta magnética
Mémoire à bande magnétique

Magnetic tape subsystem
Subsistema con cinta magnética
Sous-système à bande
magnétique

Magnetic tape tester
Comprobador de cinta magnética
Testeur de bande magnétique

**Magnetic tape transmission
terminal**
Terminal de transmision con cinta
magnética
Terminal de transmision à bande
magnétique

Magnetic tape transport
Arrastre de la cinta magnética
Entraînement de la bande
magnétique

Magnetic tape truck
Carro para cintas magnéticas
Chariot pour bandes magnétiques

Magnetic tape unit; M.T.U.
Unidad de cinta magnética
Unité à bande magnétique

Magnetic thin film
Filme magnético delgado
Film magnétique mince

Magnetic thin film storage
Memoria con filme magnético
delgado
Mémoire à film magnétique mince

Magnetic track
Pista magnética
Piste magnétique

Magnetic wire
Hilo magnético
Fil magnétique

Magnetic wire storage
Memoria con hilo magnético
Mémoire à fil magnétique

Magneting sensing
Detección magnética
Détection magnétique

Magnetizable
Magnetizable
Magnétisable

Magnetization
Magnetización
Magnétisation

(to) Magnetize
Magnetizar
Magnétiser

Magnetized head
Cabeza magnetizada
Tête magnétisée

Magnetized ink character
Carácter con tinta magnética
Caractère à encre magnétisée

Magnetizing head
Cabeza de magnetización
Tête de magnétisation

Magnetostriction
Magnetostricción
Magnétostriction

**Magnetostrictive acoustic delay
line**
Línea de retardo acústico a
magnetostricción
Ligne à retard acouctiquo ò
magnétostriction

Magnetostrictive delay line
Línea de retardo a
magnetostricción
Ligne à retard à magnétostriction

Magnifier
Amplificador
Amplificateur

(to) Magnify
Amplificar
Amplifier

Magnitude
Magnitud
Grandeur

Mag(netic) stripe
Pista magnética
Piste magnétique

Magtape
Cinta magnética
Bande magnétique

Mail
Correo
Courrier

Mailing list
Lista de difusión, lista de
direcciones de envío
Liste de diffusion

Main computer
Ordenador principal
Calculateur principal

Main distributing frame
Repartidor de entradas
Répartiteur d'entrées

Main file
Fichero maestro
Fichier principal

Main file tape
Cinta de fichero principal
Bande de fichier principal

Main frame
Unidad principal
Unité principale

Main job
Trabajo principal
Travail principal

Main keyboard
Teclado principal
Clavier principal

Main line switch
Interruptor general
Interrupteur général

Main memory
Memoria principal
Mémoire principale

Main menu
Menú principal
Menu principal

Main path
Camino principal
Chemin principal

Main program
Programa principal
Programme principal

Main routine
Rutina principal
Routine principale

Mains
Sector
Secteur

Mains failure
Fallo de energía (sector)
Panne de secteur

Mains supply
Alimentación sector
Alimentation secteur

(to) Maintain
Actualizar
Mettre à jour

Maintainability
Facilidad de mantenimiento
Maintenabilité

Maintenance
Mantenimiento
Maintenance

Maintenance agreement
Contrato de mantenimiento
Contrat de maintenance

Maintenance contract
Contrato de mantenimiento
Contrat de maintenance

Maintenance control
Control de mantenimiento
Contrôle de maintenance

Maintenance log
Diario de mantenimiento
Journal de maintenance

Maintenance of programs
Actualización de los programas
Mise à jour des programmes

Maintenance program
Programa de manutención
Programme de maintenance

Maintenance programmer
Programador de los
mantenimientos
Programmeur des maintenances

Maintenance schedule
Calendario de mantenimiento
Calendrier des maintenances

Maintenance time
Tiempo de mantenimiento
Temps de maintenance

Major block diagram
Diagrama de bloques
Schéma fonctionnel principal

Major control change
Cambio de control de primer nivel
Changement de contrôle de
 premier niveau

Major control cycle
Ciclo de control de primer nivel
Cycle de contrôle de premier
 niveau

Major control data
Datos de control de nivel superior
Données de contrôle de premier
 niveau

Major control field
Campo de control de primer nivel
Zone de contrôle de premier
 niveau

Major cycle
Ciclo mayor
Cycle majeur

Major key
Clave primaria, Clave mayor
Indicatif majeur

Major total
Total de nivel superior
Total de niveau supérieur

Majority
Mayoría
Majorité

Majority carriers
Portadores mayoritarios
Eléments majoritaires

Majority elements
Portadores mayoritarios
Eléments majoritaires

(to) Make good
Remediar a
Remédier à

(to) Make null
Borrar
Effacer

Make time
Tiempo de cerradura
Temps de fermeture

(to) Make up
Generar
Générer

(to) Make use of
Hacer uso de
Faire usage de

Make-break operation
Operación trabajo-descanso
Opération travail-repos

M.A.L.
Lenguaje macroensamblador
Langage macro-assembleur

(to) Malfunction
Mal funcionamiento
Mal fonctionner

Malfunction
Mal funcionamiento
Mauvais fonctionnement

Malfunction report
Informe de malfuncionamiento
Rapport de mauvais
 fonctionnement

Malfunction routine
Rutina en caso de
 malfuncionamiento
Routine en cas de mauvais
 fonctionnement

Management
Gestión
Gestion

Management by exception
Gestión por excepción
Gestion par exception

Management information system
Sistema integrado de gestión
Système intégré de gestion

Management science
Técnicas de gestión
Techniques de gestion

Management tool
Instrumento de gestión
Instrument de gestion

Managerial
De gestión
De gestion

Mandatory
Obligatorio
Obligatoire

(to) Manipulate
Manipular
Manipuler

Manipulated data
Datos tratados
Données traitées

Manipulated variable
Variable tratada
Variable traitée

Manipulation
Tratamiento
Traitement

Manipulation rate
Velocidad de tratamiento
Vitesse de traitement

Manipulative statements
Instrucciones de tratamiento
Instructions de traitement

Man-machine communications
Diálogo hombre-máquina
Dialogue homme-machine

Mantissa
Mantisa, Fracción
Mantisse

Manual control
Control manual
Contrôle manuel

Manual exchange
Central manual
Centrale manuelle

Manual input
Introducción manual
Introduction manuelle

Manual input unit
Unidad de introducción manual
Unité à introduction manuelle

Manual operation
Operación manual
Opération manuelle

Manual perforator
Perforador manual
Perforateur manuel

Manual system
Sistema manual
Système manuel

Manufacturing
Fabricación
Fabrication

Many for one
Instrucción única
Instruction unique

(to) Map
Dibujar, Proyectar
Projeter

Map
Tabla de referencias cruzadas
Table de correspondances

M.A.P.
Programa macroensamblador
Programme macro-assembleur

Mapping
Representación de las
    correspondencias
Représentation des
    correspondances

Margin
Margen
Marge

Margin stop
Marginador
Margeur

Marginal checking
Comprobación marginal
Contrôle des marges

Marginal punched binder
Encuadernación de hojas con
    perforación marginal
Reliure pour feuilles à perforation
    marginale

Marginal punching
Perforación marginal
Perforation marginale

Marginal testing
Comprobación marginal
Contrôle des marges

Marginally punched
·Perforado sobre los márgenes
Perforé sur les marges

Marginally punched set
Legajo de papel continuo
    perforado sobre los márgenes
Liasse en continu perforée sur les
    marges

Margin(al) notched card
Ficha con muescas marginales
Carte à encoches marginales

Margin(al) perforated card
Ficha con perforación marginal
Carte à perforation marginale

Mark
Marca
Marque

(to) Mark
Marcar
Marquer

Mark density
Densidad de las marcas
Densité des marques

(to) Mark out
Trazar
Tracer

Mark reader
Lector de marcas
Lecteur de marques

Mark reading
Lectura de marcas
Lecture de marques

(to) Mark scan
Leer ópticamente
Lire optiquement

Mark coanning
Lectura óptica de marcas
Lecture optique de marques

Mark scanning document
Documento con marcas ópticas
Document à marques optiques

Mark sensing
Lectura de marcas
Lecture de marques

Mark sensing reproducer
Reproductora de marcas
Reproductrice de marques

Mark to space ratio
Relación pleno / vacío
Rapport plein / vide

Marked data
Datos referencia
Données repères

Marked document
Documento referencia
Document repère

Marker
Marcador
Marqueur

(to) Market
Comercializar
Commercialiser

Market survey
Estudio de mercado
Etude de marché

Markov chain
Cadena de Markov
Chaîne de Markov

(to) Marshall
Ordenar
Classer

Marshalling sequence
Secuencia de clasificación
Séquence de classement

Mask
Máscara
Masque

(to) Mask
Enmascarar
Masquer

Mask matching
Comparación de máscaras
Comparaison de masques

(to) Mask out
Eliminar por máscara
Eliminer par masque

Mask register
Registro de enmascaramaiento
Registre de masquage

Masking
Enmascaramiento
Masquage

Mass data
Masa (volumen) de datos
Données de masse

Mass memory
Memoria de masa
Mémoire de masse

Mass storage
Memoria de masa
Mémoire de masse

Mass storage device
Dispositivo de almacenamiento de
    masa
Dispositif doté de mémoire de
    masse

(to) Massage
Degradar
Réduire

Master answer sheet
Hoja de referencia
Feuille de référence

Master card
Ficha maestra
Carte maîtresse

Master cartridge
Cartucho principal
Cartouche principale

Master clock
Reloj principal
Horloge principale

Master computer
Ordenador principal
Ordinateur principal

Master control program
Programa maestro
Programme superviseur

Master control routine
Rutina principal de control
Routine principale de contrôle

Master data
Datos de base
Données de base

Master disk
Disco principal
Disque principal

Master file
Fichero maestro
Fichier principal

Master file item
Elemento de fichero maestro
Elément de fichier principal

Master file record
Registro del fichero maestro
Enregistrement du fichier principal

Master file tape
Cinta de fichero principal
Bande de fichier principal

Master form
Matriz, Molde
Matrice

Master index
Índice maestro
Index principal

Master information
Información maestra
Information majeure

Master input file
Fichero maestro de entrada
Fichier permanent d'entrée

Master instruction tape; M.I.T.
Cinta maestra de instrucciones
Bande maîtresse d'instructions

Master library tape
Cinta de biblioteca principal
Bande de bibliothèque principale

Master output file
Nuevo fichero permanente
Nouveau fichier permanent

Master program
Programa principal
Programme principal

Master program file
Fichero maestro de los programas
Fichier général des programmes

Master record
Registro maestro
Enregistrement principal

Master routine
Rutina principal
Routine principale

Master scheduler; M.S.
Programador principal
Programmeur principal

Master scheduling routine
Rutina de programación principal
Routine de programmation
  principale

Master slave system
Sistema con ordenadores principal
  y esclavo
Système à ordinateur principal et
  asservi

Master station
Estación principal
Poste principal

Master switch
Interruptor general
Interrupteur général

Master tape
Cinta principal
Bande principale

Master terminal
Terminal maestro
Terminal pilote

Master unit
Unidad principal
Unité principale

Match
Correspondencia
Correspondance

(to) Match
Igualar
Egaler

(to) Match
Igualar
Egaliser

Match condition
Comparación
Comparaison

Match(ing) field
Campo de comparación
Zone de comparaison

Matching device
Dispositivo de comparación
Dispositif de comparaison

Matching error
Error de correspondencia
Erreur de correspondance

Matching record
Artículo correspondiente
Article correspondant

Matching record indicator
Indicador de registro coincidente
Indicateur d'article correspondant

Matchless
Sin equivalente
Sans équivalent

Material implication
Implicación material
Implication matérielle

Math
(La) Matemática
(La) Mathématique

Math set
Conjunto de caracteres
  matemáticos
Ensemble de caractères
  mathématiques

Mathemathical model
Modelo matemático
Exemple mathématique

Mathematic symbolism
Simbolismo matemático
Symbolisme mathématique

Mathematical
Matemático
Mathématique

Mathematical analysis
Análisis matemático
Analyse mathématique

Mathematical check
Control matemático
Contrôle mathématique

Mathematical logic
Lógica matemática
Logique mathématique

Mathematical mating
Adaptable a la matemática
Adaptable à la mathématique

Mathematical programming
Programación matemática
Programmation mathématique

**Mathematical programming
system; M.P.S.**
Sistema de programación
  matemática
Système de programmation
  mathématique

Mathematical subroutine
Subrutina matemática
Sous-programme mathématique

Matrix
Matriz, Vector
Matrice

Matrix algebra
Algebra matricial
Algèbre matricielle

Matrix analysis
Análisis matricial
Analyse matricielle

Matrix coefficient
Coeficiente matricial
Coefficient matriciel

Matrix equation
Ecuación matricial
Equation matricielle

Matrix inversion
Inversión de matriz
Inversion de matrice

Matrix memory
Memoria matricial
Mémoire matricielle

Matrix notation
Notación matricial
Notation matricielle

Matrix printer
Impresora con matriz
Imprimante à matrice

Matrix storage
Memoria con matriz
Mémoire à matrice

Matrix store
Memoria con matriz
Mémoire à matrice

Maximal
Máximo
Maximal

Maximum access time
Tiempo máximo de acceso
Temps maximum d'accès

M.C.H.
Tratamiento de los errores de
  máquina
Traitement des erreurs de machine

M.C.P.
Programa de gestión de los
  mensajes
Programme de gestion des
  messages

M.C.S.
Juego de caracteres
Jeu multiple de caractères

M.D.R.
Lector de documentos magnéticos
Lecteur de documents
  magnétiques

Mean repair time
Tiempo medio de reparación
Temps moyen de réparation

Mean time between calls
Tiempo medio entre llamadas
Temps moyen entre appels

**Mean time between failures;
M.T.B.F.**
Tiempo medio entre averías
Temps moyen entre pannes

Mean time between overhauls
Periodicidad media de las
  revisiones
Périodicité moyenne des révisions

Mean time to failure; M.T.T.F.
Tiempo medio hasta la avería
Temps moyen jusqu'à la panne

Mean time to maintain; M.T.T.M.
Tiempo medio de mantenimiento
Temps moyen de manutention

Mean time to repair; M.T.T.R.
Tiempo medio de reparación
Temps moyen de réparation

Meaning
Significación
Signification

Means
Medio
Moyen

Measurement record
Registro estadístico
Enregistrement statistique

Measuring instrument
Aparato de medida
Appareil de mesure

Mechanical
Mecánico
Mécanique

Mechanical desk calculator
Calculadora mecánica, Calculadora
  manual
Machine à calculer mécanique

Mechanical differential analyser
Analizador diferencial mecánico
Analyseur différentiel mécanique

Mechanical scanner
Analizador mecánico
Analyseur mécanique

Mechanical translation
Traducción automática
Traduction automatique

Mechanically produced
Producido mecánicamente
Produit mécaniquement

Mechanism
Mecanismo
Mécanisme

Mechanizability
Posibilidad de mecanización
Possibilité de mécanisation

Mechanization
Mecanización
Mécanisation

(to) Mechanize
Mecanizar
Mécaniser

Media conversion
Cambio de soportes
Changement de supports

Media strip
Tira mediana
Bande médiane

Medium
Soporte, Medio
Support

Medium scale integration; M.S.I.
Integración a media escala
Intégration à moyenne échelle

Medium-sized computer
Ordenador de media potencia
Ordinateur de moyenne puissance

Meet operation
Operación Y
Opération ET

Megabit
Megabit
Mégabit

Melting point
Punto de fusión
Point de fusion

Member
Miembro
Membre

Memorization
Memorización, Almacenamiento
Mémorisation

(to) Memorize
Memorizar
Mémoriser

Memory
Memoria
Mémoire

Memory address register
Registro de dirección de memoria
Registre d'adresse de mémoire

Memory bank
Banco de memoria
Banque de mémoire

Memory buffer register
Registro intermedio de memoria
Registre intermédiaire de mémoire

Memory capacity
Capacidad de memoria
Capacité de mémoire

Memory core
Núcleo de memoria
Tore de mémoire

Memory cycle
Ciclo de memoria
Cycle de mémoire

Memory diagram
Organigrama de memoria
Organigramme de mémoire

Memory dump
Vaciado de la memoria
Vidage de la mémoire

Memory fill
Relleno de la memoria
Remplissage de la mémoire

Memory guard
Protección de la memoria
Protection de la mémoire

Memory layout
Topograma de la memoria
Topogramme de la mémoire

Memory map
Mapa de la memoria
Plan de la mémoire

Memory overflow
Desbordamiento de capacidad de
almacenamiento
Dépassement de capacité de la
mémoire

Memory power
Potencia de la memoria
Puissance de la mémoire

Memory print
Impresión de la memoria
Impression de la mémoire

Memory print out
Impresión del contenido de la
memoria
Impression du contenu de la
mémoire

Memory protect device
Dispositivo de protección de la
memoria
Dispositif de protection de la
mémoire

Memory register
Registro de memoria
Registre de mémoire

Memory size
Tamaño de la memoria
Capacité de la mémoire

Memory size
Capacidad de memoria
Capacité de mémoire

Memory unit
Unidad de memoria
Unité de mémoire

Mercury delay line
Línea de retardo con mercurio
Ligne à retard à mercure

Mercury memory
Memoria con mercurio
Mémoire à mercure

Mercury store
Memoria con mercurio
Mémoire à mercure

Mercury tank
Depósito de mercurio
Réservoir à mercure

Merge
Fusión
Fusion

(to) Merge
Fusionar
Fusionner

Merge generator
Generador de fusión
Générateur de fusion

Merge key
Indicativo de fusión
Indicatif de fusion

Merge level
Nivel de fusión
Niveau de fusion

Merge routine
Rutina de fusión
Routine de fusion

(to) Merge with
Confundir con
Confondre avec

Merging
Fusión
Fusion

Merging sort
Clasificación por intercalación
Tri par interclassement

Message
Mensaje
Message

Message accumulation
Acumulación de mensajes
Accumulation de messages

Message control
Control de mensaje
Contrôle de message

Message control program; M.C.P.
Programa de gestión de los
   mensajes
Programme de gestion des
   messages

Message exchange unit
Unidad de conmutación de
   mensajes
Unité de commutation de
   messages

Message handling
Tratamiento de los mensajes
Traitement des messages

Message Identification code;
   M.I.C.
Código de identificación de
   mensaje
Code d'identification de message

Message logging
Registro cronológico de los
   mensajes
Enregistrement chronologique des
   messages

Message process program
Programa de proceso de los
   mensajes
Programme de traitement des
   messages

Message process program; M.P.P.
Programa de proceso de mensajes
Programme de traitement de
   messages

Message processing region
Región de proceso de los
   mensajes
Région de traitement des
   messages

Message queuing
Puesta en cola de los mensajes
Mise en file d'attente des
   messages

Message routine
Rutina de encaminamiento de los
   mensajes
Sous-programme d'acheminement
   des messages

Message routing
Encaminamiento de los mensajes
Acheminement des messages

Message switching
Conmutación de los mensajes
Commutation des messages

Message switching center
Centro de conmutación de los
   mensajes
Centre de commutation des
   messages

Message switching system
Sistema de conmutación de los
   mensajes
Système de commutation des
   messages

Message text statement
Registro de mensaje
Enregistrement de message

Messmotor
Motor integrador
Moteur intégrateur

Meter
Contador
Compteur

Meter reader
Lector de contador
Lecteur de compteur

Meter reading
Lectura de contador
Lecture de compteur

Meter reading day
Día de lectura del contador
Jour de relevé de compteur

Meter time
Tiempo registrado por el contador
Temps enregistré au compteur

Metering
Grabación de la medida de un
   contador
Enregistrement au compteur

Metering panel
Panel de control de contador
Panneau de contrôle de compteur

Metering unit
Unidad de control del contador
Unité de contrôle du compteur

Method
Método
Méthode

Method study
Estudio de los métodos
Etude des méthodes

M.F.
Frecuencia de modulación
Fréquence de modulation

M.F.C.U.
Unidad con fichas con funciones
   múltiples
Unité à cartes à fonctions
   multiples

M.F.H.
Desarrollador de filme magnético
Dérouleur de film magnétique

M.I.C.
Código de identificación de
   mensaje
Code d'identification de message

M.I.C.R.
Reconocimiento de caracteres con
   tinta magnética
Reconnaissance de caractères à
   encre magnétique

Micro
Micro
Micro

Micro-assembler
Microensamblador
Micro-assembleur

Microbrunding
Microensamblaje
Micro-assemblage

Micro-circuit
Microcircuito
Micro-circuit

Micro-code
Microcódigo
Micro-code

Micro-coding
Microcodificación
Micro-codage

Micro-computer
Microcalculador
Micro-calculateur

Micro-copier
Microcopiadora
Micro-copieuse

Micro-electronic
Microelectrónico
Micro-électronique

Micro-fiche
Microficha
Micro-fiche

Micro-fiche file
Fichero en microfichas
Fichier sur micro-fiches

Micro-fiche reader
Lector de microfichas
Lecteur de micro-fiches

Micro-fiche viewer
Visualizador de microfichas
Visionneuse de micro-fiches

Micro-film
Microfilme
Micro-film

(to) Microfilm
Microfilmar
Micro-filmer

Microfilm printer
Impresora sobre microfilme
Imprimante sur micro-film

Microfilm strip
Tira de microfilme
Bande sur micro-film

Microfilm viewer
Visualizador de microfilme
Visionneuse de micro-film

Micro-instruction
Microinstrucción
Micro-instruction

Micro-miniaturization
Microminiaturización
Micro-miniaturisation

Micro-module
Micromódulo
Micro-module

Microprocessor
Microprocesador
Microprocesseur

Microprogram
Microprograma
Micro-programme

(to) Microprogram
Microprogramar
Micro-programmer

Microprogramming
Microprogramación
Microprogrammation

Micro-punch
Microperforador
Micro-perforateur

Microsecond
Microsegundo
Microseconde

Microwave
Microonda
Micro-onde

Microwave channel
Canal de microondas
Canal à micro-ondes

Middle of the line
Centro de línea
Milieu de ligne

Middle scale integration
Integración a media escala
Intégration à moyenne échelle

Middleware
Conjunto de programas adaptados
    a la configuración
Logical adapté à la configuración

Midicomputer
Ordenador de media potencia
Ordinateur de moyenne puissance

Migration
Transferencia
Transfert

Millisecond
Milisegundo
Milliseconde

Mill time
Tiempo de proceso
Temps de traitement

Millionth of a second
Millonésima de segundo
Millionième de seconde

Mills
Milésimas
Millièmes

Mini disk
Minidisco, Disquete
Minidisque

Mini reel
Minicarretes
Mini-bobine

Miniaturization
Miniaturización
Miniaturisation

(to) Miniaturize
Miniaturizar
Miniaturiser

Miniaturized circuit
Circuito miniaturizado
Circuit miniaturisé

Minicomputer
Minicalculador
Mini-calculateur

Minimization
Minimización
Minimisation

(to) Minimize
Minimizar
Minimiser

Minimum access code
Código con tiempo de acceso
    mínimo
Code à temps d'accés minimum

Minimum access coding
Codificación con tiempo de acceso
    mínimo
Codage à temps d'accès minimum

Minimum configuration
Configuración mínima
Configuration minimale

Minimum delay coding
Codificación con tiempo de acceso
  mínimo
Codage à temps d'accès minimum

Minimum latency coding
Codificación con tiempo de acceso
  mínimo
Codage à temps d'accès minimum

Minimum run time
Tiempo mínimo de ejecución
Temps minimum d'exécution

Minnow disk
Disquete, Disco flexible
Disquette

Minor control change
Cambio de control de nivel inferior
Changement de contrôle de niveau
  inférieur

Minor control data
Datos de control de nivel inferior
Données de contrôle de niveau
  inférieur

Minor cycle
Ciclo menor
Cycle mineur

Minor failure
Fallo, Avería menor
Défaillance mineure

Minor key
Indicativo menor
Indicatif mineur

Minor total
Total de nivel inferior
Total de niveau inférieur

Minuend
Minuendo
Nombre duquel on soustrait

Minus sign
Signo menos
Signe moins

Minus zone
Zona menos
Zone moins

Misalignment
Defecto de alineación
Défaut d'alignement

Misalignment
Desalineamiento
Désalignement

(to) Miscalculate
Hacer un error de cálculo
Faire une erreur de calcul

Miscalculation
Error de cálculo
Erreur de calcul

Miscellaneous information
Información varia; información
  miscelánea
Informations diverses

Miscoding
Error de programación
Erreur de programmation

Miscount
Error de recuento
Erreur de comptage

(to) Miscount
Hacer un error de recuento
Faire une erreur de comptage

Misfeed(ing)
Defecto de alimentación
Défaut d'alimentation

(to) Misfile
Hacer un error de clasificación
Faire une erreur de classement

Misfiling
Error de clasificación
Erreur de classement

(to) Mishandle
Hacer una falsa maniobra
Faire une fausse manoeuvre

Mishandling
Falsa maniobra
Fausse manoeuvre

Misidentifying
Error de identificación
Erreur d'identification

Misinformation
Información errónea
Information erronée

(to) Misinterpret
Mala interpretación
Mal interpréter

Mislabelled tape
Cinta mal etiquetada
Bande mal étiquetée

Mismatch(ing)
Error de comparación
Erreur d'assortissement

(to) Mismatch
Hacer un error de comparación
Faire une erreur d'assortiment

(to) Misnumber
Numerar incorrectamente
Numéroter incorrectement

(to) Misplace
Hacer un error de clasificación
Faire une erreur de classement

Misplaced
Desclasificado
Déclassé

Misplacement
Error de clasificación
Erreur de classement

(to) Missort
Hacer un error de clasificación
Faire une erreur de tri

Mistake
Error
Erreur

Mistaken
Mal clasificado
Mal classé

Mistaken
Erróneo, Desordenado
Mal rangé

M.I.T.
Cinta maestra de instrucciones
Bande maîtresse d'instructions

Mix
Mezcla
Mélange

(to) Mix
Mezclar
Mélanger

Mixed base
Base múltiple
Base multiple

Mixed base notation
Numeración con base múltiple
Numération à base multiple

Mixed labels
Etiquetas múltiples
Etiquettes multiples

Mixed mode arithmetic
Aritmética de modo mixto
Arithmétique à base multiple

Mixed number
Número mixto
Nombre mixte

Mixed radix notation
Numeración con base mixta
Numération à base mixte

Mixed sequencing
Secuencia intercalada
Séquence intercalée

Mixer
Mezclador
Mélangeur

M.L.
Lenguaje máquina
Langage machine

M.L.C.
Ficha con pista magnética
Carte à piste magnétique

M.L.P.
Impresión sobre varias líneas
Impression sur plusieurs lignes

Mnemonic
Mnemónico
Mnémonique

Mnemonic code
Código mnemónico
Code mnémonique

Mnemonic operation code
Código de operación mnemónica
Code d'opération mnémonique

Mnemonic symbol
Símbolo mnemónico
Symbole mnémonique

Mnemonics
(La) Mnemónica
(La) Mnémonique

Mobile
Amovible
Amovible

Mock
Ficticio
Factice

Mock up
Maqueta
Maquette

Mode
Modo
Mode

Mode change
Cambio de modo
Changement de mode

Mode of operation
Modo de operación
Mode de travail

Model
Modelo
Modèle

Model application
Modelo de aplicación
Modèle d'application

Model building
Construcción de modelos
Construction de modèles

MODEM (MODulator / DEModulator)
Modem (Modulador / demodulador)
Modem (Modulateur / démodulateur)

Modification
Modificación
Modification

Modifier
Modificador
Modificateur

Modifier register
Registro modificador
Registre modificateur

(to) Modify
Modificar
Modifier

Modular
Modular
Modulaire

Modular computer
Ordenador modular
Ordinateur modulaire

Modular construction
Construcción modular
Construction modulaire

Modular design system
Sistema de diseño modular
Système de conception modulaire

Modular processing
Programación modular
Programmation modulaire

Modularity
Modularidad
Modularité

Modularization
Modularización
Modularisation

(to) Modularize
Modularizar
Modulariser

Modulation
Modulación
Modulation

Modulation code
Código de modulación
Code de modulation

Modulation coherence
Coherencia de modulación
Cohérence de modulation

Modulation element
Elemento de modulación
Elément de modulation

Modulation factor
Factor de modulación
Facteur de modulation

Modulation frequency; M.F.
Frecuencia de modulación
Fréquence de modulation

Modulation rate
Cadencia de modulación
Rapidité de modulation

Modulator
Modulador
Modulateur

MODulator/DEModulator (MODEM)
Modulador/demodulador (modem)
Modulateur/démodelateur (modem)

Module
Módulo
Module

Module N check
Comprobación módulo N
Contrôle module N

Module N residue
Resto (de una división) módulo N
Reste (d'une division) module N

Modulo two sum
Suma módulo dos
Somme modulo deux

Monadic boolean operator
Operador booleano monádico;
(unario)
Opérateur booléen à une seule
opérande

Monadic operation
Operación monádica
Opération à une seule opérande

Monitor
Monitor - Dispositivo de vigilancia
Moniteur - Dispositif de
surveillance

(to) Monitor
Vigilar
Surveiller

Monitor printer
Impresora de control
Imprimante de contrôle

Monitor system
Sistema de control
Système de contrôle

Monitor typewriter
Máquina de escribir de control
Machine à écrire de contrôle

Monitor unit
Unidad de control
Unité de contrôle

Monitoring
Vigilancia
Surveillance

Monolithic
Monolítico
Monolithique

Monolithic circuit
Circuito monolítico
Circuit monolithique

Monolithic integrated circuit
Circuito integrado monolítico
Circuit intégré monolithique

Monolithic storage
Memoria monolítica
Mémoire monolithique

**Monolithic systems technology;
M.S.T.**
Técnica de los sistemas
monolíticos
Technique des systèmes
monolithiques

Monoprogramming
Monoprogramación
Monoprogrammation

Monostable
Monoestable
Monostable

Monostable circuit
Circuito monoestable
Circuit monostable

Monostable multivibrator
Multivibrador monoestable
Multivibrateur monostable

Monte Carlo method
Método de Monte-Carlo
Méthode de Monte-Carlo

Mosaic printer
Impresora por puntos
Imprimante par points

Most significant bit
Bit más significativo
Bit le plus significatif

Most significant character
Carácter más significativo
Caractère le plus significatif

Most significant digit; M.S.D.
Dígito más significativo
Chiffre le plus significatif

Most significant position; M.S.P.
Posición más significativa
Position la plus significative

Motion
Desplazamiento
Déplacement

Motion
Movimiento
Mouvement

Motor generator
Motor generador
Moteur générateur

(to) Move
Transferir
Transférer

Move
Transferencia
Transfert

(to) Move forward
Progresar
Progresser

(to) Move in
Introducir
Introduire

Move instruction
Instrucción de transferencia
Instruction de transfert

Move mode
Modo de movimiento, Modo
transferencia
Mode transfert

(to) Move out
Extraer
Extraire

Move time
Tiempo de transferencia
Temps de transfert

Movement
Movimiento
Mouvement

Moving character set
Bloque móvil de caracteres
Bloc mobile de caractères

M.P.C.
Ordenador universal
Ordinateur universel

M.P.P.
Programa de proceso de mensajes
Programme de traitement de
messages

M.P.S.
Sistema de programación
matemática
Système de programmation
mathématique

M.S.
Programador principal
Programmeur principal

M.S.B. (Most significant bit)
Bit más significativo
Bit le plus significatif

M.S.D.
Dígito más significativo
Chriffre le plus significatif

MSG
Mensaje
Message

M.S.I.
Integración a media escala
Intégration à moyenne échelle

M.S.P.
Posición más significativa
Position la plus significative

M.S.T.
Técnica de los sistemas
monolíticos
Technique des systèmes
monolithiques

M.T.
Cinta magnética
Bande magnétique

M.T.B.F.
Tiempo medio entre averías
Temps moyen entre pannes

M.T.B.O.
Periodicidad media de las
revisiones
Périodicité moyenne des révisions

M.T.C.
Controlador de cinta magnética
Contrôleur de bande magnétique

M.T.T.F.
Tiempo medio hasta la avería
Temps moyen jusqu'à la panne

M.T.T.M.
Tiempo medio de manutención
Temps moyen de manutention

M.T.T.R.
Tiempo medio de reparación
Temps moyen de réparation

M.T.U.
Unidad con cinta magnética
Unité à bande magnétique

Muddle of cards
Atascamiento de fichas, Atasco de
fichas
Bourrage de cartes

Multi access systems
Sistemas de acceso múltiple
Systèmes à accès multiple

Multi channel
Multicanal
Multi-canal

Multi channel signal
Señal multicanal
Signal multi-canal

Multi channel system
Sistema multicanal
Système multi-canal

Multi computer
Multicalculador
Multi-calculateur

Multi computing
Multicálculo
Multi-calcul

Multi cycle feeding
Alimentación con ciclos múltiples
Alimentation à cycles multiples

Multi file reel
Carrete multifichero
Bobine multi-fichier

Multi file tape
Cinta multifichero
Bande multi-fichier

Multi font reader
Lector de diferentes tipos de
caracteres
Lecteur de différents types de
caractères

Multi function card unit; M.F.C.U.
Unidad de fichas con funciones
múltiples
Unité à cartes à fonctions
multiples

Multi function module
Módulo con funciones múltiples
Module à fonctions multiples

Multi function terminal
Terminal con funciones múltiples
Terminal à fonctions multiples

Multi level addressing
Direccionamiento multinivel
Adressage multi-niveau

Multi line controller
Controlador multilínea
Contrôleur multi-ligne

Multi part forms
Legajo de impresos
Liasse d'imprimés

Multi part set
Legajo de impresos
Liasse d'imprimés

Multi pass compiler
Compilador de múltiples pasadas
Compilateur multi-passages

Multi pass program
Programa que necesita varias
pasadas
Programme qui nécessite
plusieurs passages

Multi pin connector
Conector de patillas múltiples
Connecteur multi-broches

Multi precision arithmetic
Aritmética de precisión múltiple
Arithmétique à précision multiple

(to) Multi process
Trabajar en multiproceso
Travailler en multi-traitement

Multi processing system
Sistema de multiproceso
Système de multi-traitement

Multi processor
Multiprocesador
Multi-processeur

Multi program computer
Ordenador que trabaja en
multiprogramación
Ordinateur qui travaille en multi-
programmation

Multi program operation
Funcionamiento en
multiprogramación
Fonctionnement en multi-
programmation

Multi program working
Trabajo en multiprogramación
Travail en multi-programmation

**Multi programming executive
system**
Sistema de trabajo en
multiprogramación
Système de travail en multi-
programmation

(to) Multi punch
Hacer perforaciones múltiples
Faire des perforations multiples

Multi punching
Multiperforación
Multi-perforation

Multi purpose computer; M.P.C.
Ordenador universal
Ordinateur universel

Multi purpose language
Lenguaje universal
Langage universel

Multi read feeding
Alimentación (de fichas) con
    lectura múltiple
Alimentation (de cartes) à lecture
    múltiple

Multi reel file
Fichero multicarrete
Fichier à bandes multiple

Multi sequential system
Sistema con secuencias múltiples
Système à séquences multiples

Multi station
Multiestación
Multi-poste

Multi tape memory
Memoria con cinta múltiple
Mémoire a bande multiple

Multi task operation
Operación multitarea
Opération multi-tâche

Multi task processing
Proceso multitarea
Traitement multi-tâche

Multi tasking
Multitarea
Multi-tâche

Multi terminal
Multiterminal
Multi-terminal

Multi user
Para varios utilizadores
Pour plusieurs utilisateurs

Multi volume file
Fichero multivolumen
Fichier multi-volume

Multi way
Vías múltiples
Voies multiples

Multi word field
Campo de varias palabras
Zone de plusieurs mots

Multi(ple) address instruction
Instrucción con dirección múltiple
Instruction à adresse multiple

Multi(ple) address message
Mensaje con dirección múltiple
Message à adresse multiple

Multi(ply) defined symbol
Símbolo definido varias veces
Symbole défini plusieurs fois

Multidrop
Derivación múltiple
Dérivation multiple

Multidrop circuit
Circuito multipunto
Circuit multipoint

Multidrop link
Línea multipunto
Ligne multipoint

Multidrop network
Red con derivaciones múltiples
Réseau à dérivations multiples

Multilingual
Capaz de utilizar varios lenguajes
Capable d'utiliser plusieurs
    langages

Multiple access
Acceso múltiple
Accès multiple

Multiple access computer; M.A.C.
Calculador con acceso múltiple
Calculateur à accès multiple

Multiple address
Dirección múltiple
Adresse multiple

Multiple address code
Código con dirección múltiple
Code à adresse multiple

Multiple arithmetic
Cálculo con varios resultados
Calcul avec plusieurs résultats

Multiple byte mode
Modo (de transferencia) por
    grupos de octetos
Mode (de transfert) par groupes
    d'octets

Multiple character set; M.C.S.
Juego múltiple de caracteres
Jeu multiple de caractères

Multiple connector
Conector múltiple
Connecteur multiple

Multiple file
Fichero múltiple
Fichier multiple

Multiple file tape
Cinta de múltiples ficheros
Bande de fichier multiple

Multiple groups
Grupos múltiples
Groupes multiples

Multiple keyboard system
Sistema con teclado múltiple
Système à clavier multiple

Multiple length arithmetic
Aritmética en longitud múltiple
Arithmétique en longueur multiple

Multiple length number
Número en longitud múltiple
Nombre en longueur multiple

Multiple length working
Funcionamiento en longitud
    múltiple
Fonctionnement en longueur
    multiple

Multiple line printing; M.L.P.
Impresión sobre varias líneas
Impression sur plusieurs lignes

Multiple precision
Precisión múltiple
Précision multiple

Multiple punching
Perforación múltiple
Perforation multiple

Multiple regression
Regresión múltiple
Régression multiple

Multiple selection
Selección múltiple
Sélection multiple

Multiple shift working
Trabajo a varias rotaciones
Travail en plusieurs rotations

Multiple spread card feature
Dispositivo con fichas múltiples
Dispositif à cartes multiples

Multiple system
Multiprocesador
Multiprocesseur

Multiple tape lister
Impresora multicinta
Imprimante multi-bande

Multiple use card
Ficha de utilización múltiple
Carte à usage multiple

(to) Multiplex
Multiplexar
Multiplexer

Multiplex(or)
Multiplexor
Multiplexeur

Multiplex data station
Estación multiplex (de transmisión de datos)
Station multiplex (de transmission) de données

Multiplex data terminal
Terminal multiplex (de transmisión) de datos
Terminal multiplex (de transmission) de données

Multiplex system
Sistema multiplex
Système multiplex

Multiplexing
Multiplexado
Multiplexage

Multiplexor channel
Canal multiplexor
Canal multiplexeur

Multiplicand
Multiplicando
Multiplicande

Multiplication
Multiplicación
Multiplication

Multiplication table
Tabla de multiplicación
Table de multiplication

Multiplication time
Tiempo de multiplicación
Temps de multiplication

Multiplier
Multiplicador
Multiplicateur

Multiplier quotient
Multiplicador-cociente
Multiplicateur-quotient

Multiplier register
Registro multiplicador
Registre multiplicateur

(to) Multiply
Multiplicar
Multiplier

Multiply operation
Operación de multiplicación
Opération de multiplication

Multiplying punch
Calculador perforador
Calculateur perforateur

Multipoint circuit
Circuito multipunto
Circuit multipoint

Multipoint link
Enlace multipunto
Liaison multipoint

Multipoint network
Red con derivaciones múltiples
Réseau à dérivations multiples

Multiprocessing
Multiproceso
Multitraitement

Multiprocessor
Multiprocesador
Multiprocesseur

Multiprogramming
Multiprogramación
Multiprogrammation

Multirange amplifier
Amplificador multiganancia
Amplificateur multi-gain

Multivibrator
Multivibrador
Multivibrateur

Mute
Mutilado
Mutilé

(to) Mutilate
Deteriorar
Détériorer

Mutilated
Deteriorado
Détérioré

Mutilation
Deterioro
Détérioration

Mutual key
Clave común
Critère commun

N

N address code
Código de N direcciones
Code à N adresses

N Address instruction format
Formato de instrucción de N
  direcciones
Format d'instruction à N adresses

N Ary digit
Dígito N áreas
Chiffre N aires

N Core per bit storage
Memoria con N núcleos por bit
Mémoire à N tores par bit

N Level address
N niveles de direccionamiento
N niveaux d'adressage

N Level logic
Lógica con N niveles
Logique à N niveaux

N Plus one address instruction
Instrucción de N direcciones más
  una
Instruction à N adresses plus une

N Way switch
Conmutador con varias
  direcciones
Commutateur à plusieurs
  directions

N.A.K.
Carácter acuse de recepción
  negativo
Caractère accusé de réception
  négatif

Name
Nombre
Nom

Name table
Tabla de las etiquetas
Table des étiquettes

NAND element
Elemento NO-Y
Elément NON-ET

NAND operation
Operación NO-Y
Opération NON-ET

NAND operator
Operador NO-Y
Opérateur NON-ET

Nanosecond
Nanosegundo
Nanoseconde

Naperian
Neperiano
Népérien

Naperian logarithm
Logaritmo neperiano
Logarithme népérien

Narrative
Comentario
Commentaire

Native mode
Modo natural
Mode naturel

Natural function generator
Generador de funciones naturales
Générateur de fonctions naturelles

Natural language
Lenguaje natural
Langage naturel

Natural logarithm
Logaritmo natural
Logarithme naturel

Natural sequence
Secuencia natural
Séquence naturelle

Naught
Cero
Zéro

N.C.
Mando numérico
Commande numérique

N.C.P.
Progŕama de gestión de la red
Programme de gestion du réseau

N.D.R.O.
Lectura no destructiva
Lecture non destructive

Needle
Aguja
Aiguille

Needle sort
Selección con aguja
Tri à l'aiguille

Needle sorted
Clasificado con aguja
Trié à l'aiguille

(to) Negate
Negar, Hacer una inversión
Faire une inversion

Negater
Invertidor
Inverseur

Negation
Negación
Négation

Negation element
Elemento de negación
Elément de négation

**Negative acknowledge character;
  N.A.K.**
Carácter acuse de recepción
  negativo
Caractère accusé de réception
  négatif

Negative exponent
Exponente negativo
Exposant négatif

Negative indication
Indicación de signo negativo
Indication de signe négatif

Negative indicator
Indicador de signo negativo
Indicateur de signe négatif

Negative number
Número negativo
Nombre négatif

Negator
Elemento NO
Elément NON

NEITHER-NOR operation
Operación NO-O
Opération NON-OU

(to) Nest
Imbricar
Imbriquer

(to) Nest
Incluir
Inclure

Nested
Imbricado
Imbriqué

Nesting
Anidamiento
Emboîtement

Nesting loops
Ciclos encajados
Boucles emboîtées

Nesting subroutines
Subrutina unidades
Sous-programmes emboîtés

Net control station
Estación de coordinación de la red
Station de coordination du réseau

Network
Red
Réseau

Network address
Dirección red
Adresse réseau

Network addressable unit
Unidad direccionable de la red
Unité adressable du réseau; NAU

Network analog
Simulador de red
Simulateur de réseau

Network analysis
Análisis de red
Analyse de réseau

Network analyzer
Analizador de red
Analyseur de réseau

Network control processor
Ordenador de gestión de red
Ordinateur de gestion de réseau

Network control program; N.C.P.
Programa de gestión de la red
Programme de gestion du réseau

Network integrated data processing system
Sistema de proceso con redes integradas
Système de traitement à réseaux intégrés

Network terminal
Terminal de red
Terminal de réseau

Network tracing
Traza de las redes
Traçage des réseaux

Neutral zone
Zona neutra
Zone neutre

New account
Cuenta nueva
Nouveau compte

New computer user
Nuevo llegado a la informática
Nouveau venu à l'informatique

New customer
Nuevo cliente
Nouveau client

New line; N.L.
Nueva línea
Nouvelle ligne

New master file
Nuevo fichero permanente
Nouveau fichier permanent

Next higher order position
Posición siguiente de orden superior
Position suivante d'ordre supérieur

Next to last page
Penúltima página
Avant dernière page

Nexus
Nexo
Lien

Nickel delay line
Línea de retardo de níquel
Ligne à retard à nickel

Nine edge leading
Línea de los nueve en cabeza
Ligne des neuf en tête

Nine's complement
Complemento a nueve
Complément à neuf

Nines complement
Complemento a nueve
Complément à neuf

Ninety column card
Ficha de noventa columnas
Carte à quatre vingt dix colonnes

N.I.P.
Programa de inicialización del núcleo
Programme d'initialisation du noyau

N.L.
Nueva línea
Nouvelle ligne

No address instruction
Instrucción sin dirección
Instruction sans adresse

No charge machine fault time
Tiempo de parada no imputable debido a una avería de máquina
Temps d'arrêt non imputable dû à une panne de machine

No charge non-machine fault time
Tiempo de parada no imputable no debido a una avería de máquina
Temps d'arrêt non imputable non dû à une panne de machine

No charge option
Opción no imputable
Option non imputable

No echo error
Error por falta de eco
Erreur par manque d'écho

No home record
Registro indirecto
Enregistrement indirect

No notching instruction
Instrucción de no operación
Instruction de non opération

No op instruction
Instrucción de no operación
Instruction de non opération

No op(eration) command
Mando de no operación
Commande de non opération

No record fund condition
Condición de búsqueda infructuosa
Condition de recherche infructueuse

Nocal subprogram
Subprograma Nocal
Sous-programme Nocal

Node
Nudo
Noeud

Node splitting
Duplicación de nudos
Duplication de noeuds

Noise
Ruido parásito
Bruit parasite

Noise generator
Generador de ruido parásito
Générateur de bruit parasite

Noise reducer
Reductor de ruido parásito
Réducteur de bruit parasite

Noisy digit
Dígito de resonancia
Chiffre de résonance

Noisy mode
Modo de resonancia
Mode de résonance

Nominal cost
Valor nominal
Valeur nominale

Nominal frequency
Frecuencia nominal
Fréquence nominale

Nominal speed
Velocidad nominal
Vitesse nominale

Non addressable
No direccionable
Non adressable

Non arithmetic shift
Desplazamiento no aritmético
Décalage non arithmétique

Non audio line
Línea no audible
Ligne non audible

Non automatizable
No automatizable
Non automatisable

Non based
Sin referencia
Sans référence

Non blank
No virgen
Non vierge

Non buffered
No dotado de tampón
Non doté de tampon

Non concurrent
No simultáneo
Non simultané

NON conjunction
Operación NO-Y
Opération NON-ET

Non continuous
No consecutivo
Non consécutif

Non control
Esclavo
Asservi

Non crossbarred
No conmutable
Non commutable

Non data information
Información que no hay que
    procesar
Information à ne pas traiter

Non dedicated
No especializado
Non spécialisé

Non destructive read(out);
    N.D.R.O.
Lectura no destructiva
Lecture non destructive

NON disjunction
Operación NO-O
Opération NON-OU

Non dynamic area
Zona estática
Zone statique

Non equivalence
No equivalencia
Non équivalence

Non equivalence circuit
Circuito de no equivalencia
Circuit de non équivalence

Non equivalence element
Elemento de no equivalencia
Elément de non équivalence

Non equivalence operation
Operación de no equivalencia
Opération de non équivalence

Non erasable store
Memoria no borrable
Mémoire non effaçable

Non hit condition
Sin correspondencia
Sans correspondance

Non impact printer
Impresora sin percusión
Imprimante non à percussion

Non linear optimization
Optimización no lineal
Optimisation non linéaire

Non linear programming
Programación no lineal
Programmation non linéaire

Non locking shift character
Tecla de carácter mayúsculo sin
    bloqueo
Touche de caractère majuscule
    sans blocage

Non numeric
No numérico
Non numérique

Non numeric character
Carácter no numérico
Caractère non numérique

Non numeric literal
Constante no numérica
Constante non numérique

Non operable
No en estado de funcionar
Non en état de fonctionner

Non operation(al) instruction
Instrucción de no operación
Instruction de non opération

Non oriented graph
Gráfico no orientado
Graphique non orienté

Non overlap mode
Modo sin recubrimiento
Mode sans chevauchement

Non overridable
Con prioridad absoluta
A priorité absolue

Non pageable
No paginable
Non paginable

Non pageable dynamic area
Zona dinámica no paginable
Zone dynamique non paginable

Non printing calculating machine
Calculadora sin impresora
Machine à calculer non
    imprimante

Non printing character
Carácter que no se imprime
Caractère qui ne s'imprime pas

Non printing model
Versión no impresora
Version non imprimante

Non privileged instruction
Instrucción no privilegiada
Instruction non privilégiée

Non process run out
Vaciado sin proceso
Vidage sans traitement

Non productive work
Trabajo improductivo
Travail improductif

Non ready
No preparado
Non prêt

Non real time
No en tiempo real
Non en temps réel

Non recoverable error
Error irrecuperable
Erreur irrémédiable

Non recovery
No recuperable
Non corrigible

Non reflective ink
Tinta no reflectora
Encre non reflexible

Non reproducing codes
Códigos de no reproducción
Codes de non reproduction

Non resettable
No borrable
Non effaçable

Non resident program
Programa no residente en
   memoria
Programme non résidant en
   mémoire

Non resident routine
Rutina no residente en memoria
Routine non résidante en mémoire

Non return to reference recording
Grabación sin regreso a un nivel
   de referencia
Enregistrement sans retour à un
   niveau de référence

Non return to zero; N.R.Z.
Sin retorno
Non retour à zéro

Non return to zero recording
Grabación sin regreso a cero
Enregistrement sans retour à zéro

Non simultaneous transmission
Transmisión no simultánea
Transmission non simultanée

Non standard
Especial
Spécial

Non standard character set
Juego de caracteres no standard
Jeu de caractères spéciaux

Non standard format file
Fichero de formato especial
Fichier de format spécial

Non switched line
Línea no conmutada
Ligne non commutée

Non text message
Mensaje sin texto
Message sans texte

Non unique
No único
Non unique

Non volatile storage
Memoria no volátil
Mémoire non volatile

Non word size
Longitud diferente de la palabra
Longueur différente du mot

Non zero
Diferente de cero
Différent de zéro

Non-destructive addition
Adición no destructiva
Addition non destructive

Non-print code
Código de no impresión
Code de non impression

Non-print instruction
Instrucción de no impresión
Instruction de non impression

Non-sequential queue
Cola no secuencial
File d'attente non séquentielle

Nor circuit
Circuito no-o
Circuit non-ou

NOR element
Elemento NO-O
Elément NON-OU

NOR gate
Puerta NO-O
Porte NON-OU

NOR operation
Operación NO-O
Opération NON-OU

Normal binary
Binario puro
Binaire pur

Normal control field
Campo normal de control
Zone normale de contrôle

Normal mode
Modo normal
Mode normal

Normal sequence
Secuencia normal
Séquence normale

Normal stage punching
Perforación en posición normal
Perforation en position normale

Normalization
Normalización
Normalisation

(to) Normalize
Normalizar
Normaliser

Normalized expression
Expresión normalizada
Expression normalisée

Normalized form
Impreso normalizado
Imprimé normalisé

Nòt
No
Non

NOT AND
NO-Y
NON-ET

NOT AND element
Elemento NO-Y
Elément NON-ET

NOT AND operation
Operación NO-Y
Opération NON-ET

Not capable bit
Bit de no disponibilidad
Bit d'indisponibilité

Not circuit
No circuito, Circuito de negación
Circuit non

NOT element
Elemento NO
Elément NON

NOT gate
Puerta NO
Porte NON

NOT operation
Operación NO
Opération NON

Not operator
Operador no
Opérateur non

Not ready
No pronto
Non prêt

Not ready condition
Condición de no listo
Condition non prêt

Not recoverable
No recuperable
Irrémédiable

Notation
Notación
Notation

Notch
Muesca
Encoche

(to) Notch
Hacer muescas
Encocher

Notch coding
Muesca variable
Encochement

Notice
Folleto
Notice

Nought output signal
Señal de salida cero
Signal de sortie zéro

▾ **Nought state**
Estado cero
Etat zéro

N.R.Z.
No regreso a cero
Non retour à zéro

Nucleus
Núcleo
Noyau

Nucleus initialization program; N.I.P.
Programa de inicio del núcleo
Programme d'initialisation du noyau

N.U.L.
Carácter nulo
Caractère nul

Null
Nulo
Nul

Null character; N.U.L.
Carácter nulo
Caractère nul

Null instruction
Sentencia nula
Instruction nulle

Null representation
Representación nula
Représentation nulle

Null statement
Sentencia nula
Instruction nulle

Null string
Cadena vacía
Chaîne vide

Nullification
Anulación
Annulation

(to) Nullity
Anular
Annuler

Number
Número
Nombre

(to) Number
Numerar
Numéroter

Number base
Base de numeración
Base de numérotation

Number cruncher
Calculadora
Machine à calculer

Number crunching
Cálculo
Calcul

Number of moves
Número de transferencias
Nombre de transferts

Number sign
Signo B
Signe B

Number system
Sistema de numeración
Système de numération

Numbering
Numeración
Numérotage

Numbering machine
Numerador
Numéroteur

Numbering system
Sistema de numeración
Système de numérotage

Numeral
Numeral
Numéral

Numeral system
Sistema numeral
Système numéral

Numoration
Numeración
Numération

Numeration system
Sistema de numeración
Système de numération

Numeric(al)
Numérico
Numérique

Numeric character
Carácter numérico
Caractère numérique

Numeric character set
Juego de caracteres numéricos
Jeu de caractères numériques

Numeric character subset
Juego parcial de caracteres
numéricos
Jeu partiel de caractères
numériques

Numeric coded character set
Juego de caracteres codificados
numéricos
Jeu de caractères codés
numériques

Numeric coding
Codificación numérica
Codage numérique

Numeric punch(ing)
Perforación numérica
Perforation numérique

Numeric representation
Representación numérica
Représentation numérique

Numeric word
Palabra numérica
Mot numérique

Numerical analysis
Análisis numérico
Analyse numérique

Numeric(al) code
Código numérico
Code numérique

Numerical control; N.C.
Mando numérico
Commande numérique

Numerical control tape
Cinta de mando numérico
Bande de commande numérique

Numeric(al) data
Datos numéricos
Données numériques

Numerical data code
Código de datos numéricos
Code de données numériques

Numerical field
Campo numérico
Zone numérique

Numerical form
Forma numérica
Forme numérique

Numerical information
Información numérica
Information numérique

Numerical integration
Integración numérica
Intégration numérique

Numerical literal
Constante numérica
Constante numérique

Numerical machine
Máquina numérica
Machine numérique

Numerical position
Posición numérica
Position numérique

Numerical shift mode
Modo de desplazamiento
numérico
Mode de décalage numérique

Numerical shifts
Desplazamientos numéricos
Décalages numériques

Numerical sorting
Clasificación numérica
Tri numérique

Numerical tape
Cinta de mando numérico
Bande de commande numérique

Numerical value
Valor numérico
Valeur numérique

Numerically
Numéricamente
Numériquement

Numerics
Dígitos
Chiffres

O

O & M; Organization and methods
Organización y métodos
Organisation et méthodes

O M Man
Organizador
Organisateur

(to) Obey
Ejecutar
Exécuter

Object
Objeto
Objet

Object code
Código objeto
Code objet

Object computer
Ordenador objeto, Ordenador final
  (meta)
Calculateur objet

Object configuration
Configuración objeto
Configuration objet

Object deck
Paquete de fichas objeto
Paquet de cartes objet

Object language
Lenguaje objeto
Langage objet

Object machine
Máquina objeto
Machine objet

Object module
Módulo objeto
Module objet

Object program
Programa objeto
Programme objet

Object routine
Rutina objeto
Routine objet

Oblique stroke
Signo '/'
Signe '/'

Obsolescence
Obsolescencia
Obsolescence

(to) Obsolete
Hacer obsoleto, Poner fuera de
  uso
Mettre hors d'usage

O.C.R.
Lector óptico de caracteres
Lecteur optique de caractères

O.C.R.
Reconocimiento óptico de los
  caracteres
Reconnaissance optique des
  caractères

Odd
Impar
Impair

Odd even check
Control de paridad
Contrôle de parité

Odd (ones) parity
Imparidad
Imparité

Odd parity bit
Bit de imparidad
Bit d'imparité

Odd parity check
Control de imparidad
Contrôle d'imparité

Off center
Descentrado
Excentré

Off circuit
Fuera de circuito
Hors circuit

Off host
Semiautónomo
Semi-autonome

Off line
Fuera línea
Hors ligne

Off line correction
Corrección fuera línea
Correction hors ligne

Off line equipment
Equipo autónomo, Equipo fuera de
  línea
Matériel autonome

Off line operation
Operación fuera de línea,
  Operación automática
Opération autonome

Off line processing
Proceso autónomo
Traitement autonome

Off line storage
Memoria fuera de línea
Mémoire non connectée

Off line units
Unidades autónomas, Unidades
  fuera de línea
Unités autonomes

Off line working
Funcionamiento autónomo
Fonctionnement autonome

Off punch
Perforación desalineada
Perforation désalignée

Off the shelf
Disponible en almacén
Disponible en stock

Office automation
Automatización de oficinas
Bureautique

Off-line
Autónomo
Autonome

Off-line
Desenchufado
Non connecté

Offset
Desplazamiento
Décalage

Offset
Desplazamiento
Décalé

(to) Offset
Desplazar
Décaler

Offset reproducing
Reproducción con desplazamiento
Reproduction à décalage

Offsetting
Compensación
Compensation

Old master file
Antiguo fichero maestro
Ancien fichier permanent

O.L.R.T.
Enlace en tiempo real
Liaison en temps réel

Omit line
Línea de exclusión
Ligne d'exclusion

Omit set
Serie de líneas de exclusión
Série de lignes d'exclusion

Omitted card
Ficha excluida
Carte exclue

O.M.R.
Lectura óptica de marcas
Lecture optique de marques

On chip computer
Ordenador monoplaca
Ordinateur monoplaque

On going
En curso
En cours

On hand inventory
Existencias disponibles
Stock disponible

On line
Conectado, Directo, En línea
Connecté

On line central file
Fichero central en línea
Fichier central en ligne

On line data reduction
Reducción de datos conectada
Réduction de données connectées

On line equipment
Equipo conectado, Equipo en línea
Matériel connecté

On line operation
Operación en línea
Opération en cours

On line processing
Proceso en curso
Traitement en cours

On line real time; O.L.R.T.
Enlace en tiempo real
Liaison en temps réel

On line real time operation
Operación de enlace en tiempo
real
Opération de liaison en temps réel

On line storage
Memoria en línea
Mémoire connectée

On line units
Unidades conectadas, Unidades en
línea
Unités connectées

On line working
Funcionamiento en curso
Fonctionnement en cours

On the fly
Al vuelo
A la volée

On the fly printer
Impresora al vuelo
Imprimante à la volée

On the fly printing
Impresión al vuelo
Impression à la volée

On the job training
Formación sobre el trabajo
Formation sur le travail

On time
A la hora
A l'heure

On trial
En prueba
A l'essai

One
Uno
Un

One address
A una dirección
A une adresse

One address instruction
Instrucción con una dirección
Instruction à une adresse

One address instruction format
Formato de instrucción con una
dirección
Format d'instruction à une adresse

One ahead addressing
Direccionamiento con progresión
automática
Adressage à progression
automatique

One condition
Condición uno
Condition un

One core per bit store
Memoria con un núcleo por bit
Mémoire à un core par bit

One digit adder
Sumador de un dígito
Semi-additionneur

One digit subtracter
Semisustractor
Semi-soustracteur

One for one
Uno por uno
Un pour un

One for one assembler
Ensamblador uno a uno
Assembleur un pour un

One for one translator
Traductor uno por uno
Traducteur un pour un

One gate
Puerta 'uno'
Porte 'un'

One level code
Código con un nivel
Code à un niveau

One level signal
Señal con un nivel
Signal à un niveau

One level subroutine
Subrutina con un nivel
Sous-programme á un niveau

One line typewriter
Máquina de escribir en línea
Machine à écrire connectée

One over one address instruction
Instrucción con una dirección más
una
Instruction à une adresse plus une

One pass compiler
Compilador de una pasada
Compilateur monopassage

One plus one address
Dirección una más una
Adresse une plus une

One plus one address instruction
Instrucción de dirección una más
    una
Instruction d'adresse une plus une

One shot circuit
Circuito monoestable
Circuit monostable

One shot multivibrator
Multivibrador monoestable
Multivibrateur monostable

One shot operation
Funcionamiento paso a paso
Fonctionnement pas à pas

One time job
Trabajo único
Travail unique

One up
Sobre una línea
Sur une ligne

One way
Unidireccional
Unidirectionnel

One's complement
Complemento a uno,
    Complemento restringido
Complément à un

One-to-one correspondance
Correspondencia uno a uno
Correspondance un pour un

One-to zero ratio
Relación uno a cero
Rapport un à zéro

One-to-one assembler
Ensamblador uno a uno
Assembleur un pour un

One-to-one translater
Traductor uno por uno
Traducteur un pour un

On-line
En línea
En ligne

Op. amp.; Operational amplifier
Amplificador operacional
Amplificateur opérationnel

Op code
Código de operación
Code d'opération

(to) Open
Abrir
Ouvrir

(to) Open a file
Abrir un fichero
Ouvrir un fichier

Open circuit
Circuito abierto
Circuit ouvert

Open ended
Extensible
Extensible

Open endedness
Posibilidad de evolución
Possibilité d'évolution

Open loop
Circuito abierto
Circuit ouvert

Open loop control
Control en circuito abierto
Contrôle en circuit ouvert

Open routine
Rutina abierta
Routine ouverte

Open shop
Sala abierta
Porte ouverte

Open shop operation
Operación en sala abierta
Opération «porte ouverte»

Open subroutine
Subrutina abierta
Sous-programme ouvert

Opening
Abertura
Ouverture

Opening a file
Apertura de un fichero
Ouverture d'un fichier

Opening balance
Balance de apertura
Situation d'overture

Operable
Utilizable
Utilisable

Operand
Operando
Opérande

(to) Operate
Funcionar
Fonctionner

Operating area
Zona de trabajo
Zone de travail

Operating costs
Costes de ejecución
Coûts d'exécution

Operating delays
Atrasos de ejecución
Retards d'exécution

Operating environment
Condiciones de ejecución
Conditions d'exécution

Operating instructions
Instrucciones de ejecución
Instructions d'exécution

Operating mode
Modo de ejecución, Modo de
    funcionamiento
Mode d'exécution

Operating parameters
Parámetros de operación
Paramétres d'exécution

Operating personnel
Personal de operación
Personnel d'exécution

Operating power
Potencia de ejecución
Puissance d'exécution

Operating procedure
Procedimiento de ejecución
Procédure d'exécution

Operating ratio
Tasa de utilización efectiva
Taux d'utilisation effective

Operating register
Registro de ejecución
Registre d'éxécution

Operating state
Estado de funcionamiento
Etat de fonctionnement

Operating system
Sistema operativo
Système d'exploitation

Operating system; O.S.
Sistema de trabajo
Système de travail

Operating tape
Cinta de ejecución
Bande d'exécution

Operating time
Tiempo de funcionamiento
Temps de fonctionnement

Operating unit
Unidad de ejecución
Unité d'exécution

Operation
Operación
Opération

Operation code
Código de operación
Code d'opération

Operation code field
Zona de código de operación
Zone du code d'opération

Operation control
Control de las operaciones
Contrôle des opérations

Operation cycle
Ciclo de ejecución
Cycle d'exécution

Operation decoder
Decodificador de operación
Décodeur d'opération

Operation dispatch list
Lista de ejecución de las
operaciones
Liste d'exécution des opérations

Operation duration
Duración de la operación
Durée de l'opération

Operation grouping
Agrupamiento de las operaciones
Groupage des opérations

Operation interruption
Interrupción de la operación
Interruption de l'opération

Operation monitor
Dispositivo de vigilancia del
funcionamiento
Dispositif de surveillance du
fonctionnement

Operation number
Número de la operación
Numéro de l'opération

Operation register
Registro de operaciones
Registre d'opérations

Operation routing
Ciclo de operación
Cycle de l'opération

Operation sequencing
Puesta en secuencias de las
operaciones
Mise en séquences des opérations

Operation time
Tiempo de ejecución
Temps d'exécution

Operational
Operacional
Opérationnel

Operational amplifier
Amplificador operacional
Amplificateur opérationnel

Operational character
Carácter operacional
Caractère opérationnel

Operational environment
Condiciones de funcionamiento
Conditions de fonctionnement

Operational flexibility
Flexibilidad de utilización
Souplesse d'utilisation

Operational instruction
Instrucción operacional
Instruction opérationnelle

Operational program
Programa operacional
Programme opérationnel

Operational research; O.R.
Investigación operativa
Recherche opérationnelle

Operations analysis
Análisis de las operaciones
Analyse des opérations

Operations per minute; O.P.M.
Operaciones por minuto
Opérations par minute

Operations queue
Cola de las operaciones
File d'attente des opérations

Operations staff
Personal encargado del
funcionamiento
Personnel préposé au
fonctionnement

Operative
Operacional
Opérationnel

Operator
Operador
Opérateur

Operator action
Intervención del operador
Intervention de l'opérateur

Operator command
Directiva del operador
Directive de l'opérateur

Operator connected call
Comunicación establecida por el
operador
Communication établie par
l'opérateur

Operator console
Pupitre del operador
Pupitre de l'opérateur

Operator console panel
Panel del pupitre del operador
Panneau du pupitre de l'opérateur

Operator guidance
Guía operador
Guide opérateur

Operator initiated interrupt
Interrupción provocada por el
operador
Interruption provoquée par
l'opérateur

Operator intervention
Intervención del operador
Intervention de l'opérateur

O.P.M.
Operaciones por minuto
Opérations par minute

Opportunity
Oportunidad
Opportunité

Opposite control field
Campo de control opuesto
Zone de contrôle opposé

Opposite sequence
Secuencia opuesta
Séquence opposée

Optical
Óptico
Optique

Optical bar code reader
Lector óptico de códigos con
   trazos
Lecteur optique de codes à
   bâtonnets

Optical character reader; O.C.R.
Lector óptico de caracteres
Lecteur optique de caractères

Optical character recognition;
O.C.R.
Reconocimiento óptico de los
   caracteres
Reconnaissance optique des
   caractères

Optical disk
Disco óptico
Disque optique

Optical mark reader
Lector óptico de marcas
Lecteur optique de marques

Optical mark reading; O.M.R.
Lectura óptica de marcas
Lecture optique de marques

Optical memory
Memoria óptica
Mémoire optique

Optical reader
Lector óptico
Lecteur optique

Optical scanner
Analizador óptico
Analyseur optique

Optical scanning
Exploración óptica
Analyse optique

Optical scanning station
Estación de análisis óptica
Poste d'analyse optique

Optical tachometer
Tacómetro óptico
Tachymètre optique

Optical type fount (Br.) font
(Amer.)
Conjunto de caracteres ópticos
Ensemble de caractères optiques

Optically
Ópticamente
Optiquement

Optically coupled
Acoplado ópticamente
Couplé optiquement

Optically read characters
Caracteres para lector óptico
Caractères pour lecteur optique

Optimal real storage; O.R.S.
Memoria real óptima
Mémoire réelle optimale

Optimation
Optimización
Optimisation

Optimization
Optimización
Optimisation

(to) Optimize
Optimizar
Optimiser

Optimizer
Optimizador
Optimiseur

Optimum code
Código optimizado
Code optimum

Optimum coding
Codificación óptima
Codage optimum

Optimum programming
Programación óptima
Programmation optimum

Option
Opción
Option

Optional
Opcional, Facultativo
Facultatif

Optional changing
Cambio facultativo
Changement facultatif

Optional device
Dispositivo opcional
Dispositif facultatif

Optional features
Opciones facultativas
Options facultatives

Optional halt
Parada opcional
Arrêt facultatif

Optional halt instruction
Instrucción de parada facultativa
Instruction d'arrêt facultatif

Optional programming material
Elemento de programa opcional
Elément de programme facultatif

Optional programming package
Conjunto de programas opcionales
Ensemble de programmes
   facultatifs

Optional stop
Parada opcional
Arrêt facultatif

Optional stop instruction
Instrucción de parada facultativa
Instruction d'arrêt facultatif

Optionally
Sobre opción
Sur option

(to) Or
Hacer una reunión lógica
Faire une réunion logique

O.R.
Busca operacional
Recherche opérationnelle

Or circuit
Circuito O
Circuit OU

OR element
Elemento O
Elément OU

OR else operation
Operación O exclusivo
Opération OU exclusif

OR gate
Puerta O
Porte OU

(to) Or into
Introducir por reunión
Introduire par réunion

OR operation
Operación O
Opération OU

OR operator
Operador O
Opérateur OU

(to) Order
Ordenar
Ordonner

Order
Orden, Pedido
Ordre

Order code
Código operación
Code opération

Order entry
Registro de los pedidos, Entrada
de pedidos
Enregistrement des commandes

Order format
Formato de instrucción
Format d'instruction

Order management
Gestión de los pedidos
Gestion des commandes

Order number
Número de orden
Numéro d'ordre

Order of appearence
Orden de llegada
Ordre d'arrivée

Order of precedence
Orden de prioridad
Ordre de priorité

Order of presence
Orden de presencia
Ordre de présence

Order point
Nivel crítico de existencias
Seuil de réapprovisionnement

Order progress
Progresión de los pedidos
Progression des commandes

Order quantity
Cantidad de reaprovisionamiento
Quantité de réapprovisionnement

Order structure
Estructura de la instrucción
Structure de l'instruction

Order wire
Circuito de servicio
Circuit de service

Ordered
Ordenado
Ordonné

Ordered sequence or set
Secuencia de datos ordenados
Séquence de données ordonnées

Ordering
Clasificación
Classement

Ordering by merging
Clasificación por intercalado
Classement par interclassement

Ordering field
Campo de clasificación
Zone de classement

Orderless sequence
Secuencia no ordenada
Séquence non ordonnée

Orderly
En orden
En ordre

Orderly halt
Parada programada
Arrêt programmé

Ordinate
Ordenada (de una curva)
Ordonnée (d'une courbe)

Organization
Organización
Organisation

Organization and methods
Organización y métodos
Organisation et méthodes

Organization chart
Esquema de organización
Schéma d'organisation

(to) Organize
Organizar
Organiser

Orientation
Orientación
Orientation

Oriented
Orientado
Orienté

Oriented graph
Gráfico orientado
Graphe orienté

Origin
Origen
Origine

Original address
Dirección de origen
Adresse d'origine

Original document
Documento original
Document original

Original language
Lenguaje original
Langage original

(to) Originate
Generar
Générer

Originate mode
Modo emisión
Mode émission

Originating department
Departamento emisor
Service émetteur

Originating point
Punto de emisión
Point d'émission

Originating tape
Cinta emisora
Bande émettrice

Originating terminal
Terminal emisor
Terminal émetteur

Origination
Creación
Création

Originator
Creador
Créateur

Originator
Emisor
Emetteur

O.R.S.
Memoria real óptima
Mémoire réelle optimale

O.S.
Sistema de trabajo
Système de travail

Oscillator
Oscilador
Oscillateur

Oscilloscope
Osciloscopio
Oscilloscope

Out of alignment
Desalineado
Désaligné

Out of bounds
Fuera de límites
Hors limites

Out of contact
Desconectado
Déconnecté

Out of house; outside
Exterior
Extérieur

Out of line coding
Codificación fuera línea
Séquence hors ligne

Out of order
Desclasificado
Déclassé

Out of paper arm
Palpador de fin de papel
Palpeur de fin de papier

Out of sequence line
Línea fuera secuencia
Ligne en location

Out of service time
Tiempo fuera servicio
Temps hors service

Out of step
Desincronizado
Désynchronisé

Out of stock condition
Falta de existencias
Rupture de stock

Out of stock item
Artículo sin existencias
Article en rupture de stock

Out of tape sensor
Detector de fin de cinta
Détecteur de fin de bande

Out of use
Fuera uso
Hors d'usage

Out plant
Exterior
Extérieur

Out plant system
Sistema exterior
Système extérieur

Out station
Estación de salida
Poste terminal

Out tape
Cinta de salida
Bande de sortie

Outage
Interrupción
Interruption

Outer
Exterior
Extérieur

Outer face
Lado externo
Côté extérieur

Outfeed
Lado salida
Côté sortie

Outfeed tractor
Tractor del lado de salida
Entraîneur côte sortie

Outgoing circuit
Circuito de salida
Circuit de sortie

Outgoing traffic
Tráfico en salida
Trafic en sortie

Outlet
Enchufe, Toma de corriente
Prise de courant

Output channel
Canal de salida
Canal de sortie

Output circuit
Circuito de salida
Circuit de sortie

Output data
Datos en salida
Données en sortie

Output devices
Unidades de salida
Unités de sortie

Output editing
Edición de los resultados
Edition des résultats

Output equipment
Equipo de salida
Matériel de sortie

Output file
Fichero de salida
Fichier de sortie

Output format specifications
Especificaciones del formato de
    salida
Spécifications du format de sortie

Output format
Formato de salida
Format de sortie

Output format specifications sheet
Hoja de especificaciones del
    formato de salida
Feuille des spécifications du
    format de sortie

Output header label
Etiqueta de principio de cinta de
    salida
Etiquette de début de bande de
    sortie

Output hopper
Casilla de recepción de salida
Case de réception à la sortie

Output impedance
Impedancia de salida
Impédance de sortie

Output indicator
Indicador de salida
Indicateur de sortie

Output limited
Limitado a la salida
Limité à la sortie

Output listing
Lista de salida
Liste de sortie

Output magazine
Almacén de recepción a la salida
Magasin de réception à la sortie

Output medium
Soporte de salida
Support de sortie

Output message
Mensaje de salida
Message de sortie

Output pocket
Casilla de recepción de salida
Case de réception à la sortie

Output power
Potencia de salida
Puissance de sortie

Output printer
Impresora de salida
Imprimante de sortie

Output process
Salida
Sortie

Output program
Programa de salida
Programme de sortie

Output punch
Perforador de salida
Perforateur de sortie

Output report
Informe de salida
Rapport en sortie

Output routine
Rutina de salida
Routine de sortie

Output routine generator
Generador de rutinas de salida
Générateur de routines de sortie

Output section
Sección de salida
Section de sortie

Output specifications
Especificaciones de emisión
Spécifications d'émission

Output speed
Velocidad de salida
Vitesse de sortie

Output stacker
Casilla de recepción de salida
Case de réception à la sortie

Output stream
Flujo de resultados en salida
Débit de résultats en sortie

Output table
Tabla de salida
Table de sortie

Output tape
Cinta de salida
Bande de sortie

Output tractor
Tractor superior
Entraîneur supérieur

Output trailer label
Etiqueta de fin de cinta de salida
Etiquette de fin de bande de sortie

Output typewriter
Máquina de escribir receptora
Machine à écrire réceptrice

Output units
Unidades de salida
Unités de sortie

Output work queue
Cola de los trabajos en salida
File d'attente des travaux en sortie

Output writer
Editor de salida
Editeur de sortie

Outside
Exterior
Extérieur

(to) Outsort
Extraer por clasificación
Extraire par tri

Outstanding
En suspenso, Pendiente
En suspens

Overall
Global
Global

Overall block diagram
Organigrama general
Organigramme général

Overcrowded
Sobrecargado
Surchargé

Overdraft
Descubierto (bancario)
Découvert

Overdraw
Desbordamiento
Dépassement

(to) Overdraw
Desbordar, Extralimitar
Dépasser

Overfilling
Relleno excesivo
Remplissage excessif

Overflow
Desbordamiento de capacidad
Dépassement de capacité

(to) Overflow
Desbordar en capacidad
Dépasser en capacité

Overflow area
Zona de desbordamiento
Zone de dépassement

Overflow bucket
Zona de desbordamiento
Zone de dépassement

Overflow indicator
Indicador de desbordamiento de
  capacidad
Indicateur de dépassement de
  capacité

Overflow line
Línea de desbordamiento de
  capacidad
Ligne de dépassement de capacité

Overflow position
Posición de desbordamiento de
  capacidad
Position de dépassement de
  capacité

Overflow record
Registro excedentario
Enregistrement excédentaire

Overflow register
Registro de desbordamiento de
  capacidad
Registre de dépassement de
  capacité

Overflow route
Vía de desbordamiento
Voie de dépassement

Overflow skip
Salto al principio de la hoja
  siguiente
Passage au début du feuillet
  suivant

Overflow stacking
Recepción con alternación de las
  casillas
Réception avec alternance des
  cases

Overflow tape
Cinta utilizada en alternación
Bande utilisée en alternance

Overflow track
Pista de desbordamiento en
  capacidad
Piste de dépassement en capacité

Overhead
Tiempo-sistema
Temps-système

Overhead bit
Bit suplementario
Bit supplémentaire

Overkill
Desbordamiento
Dépassement

(to) Overlap
Superponer
Superposer

Overlap(ing)
Superposición
Superposition

Overlap time
Tiempo de sobreposición
Temps de superposition

Overlay
Segmento de superposición
Segment de superposition

(to) Overlay
Superponer
Superposer

Overlay tape
Cinta con segmentos de
  superposición
Bande avec segments de
  superposition

Overlayable
Que puede ser superpuesto
Superposable

Overload
Sobrecarga
Surcharge

(to) Overload
Sobrecargar
Surcharger

Overload level
Nivel límite de sobrecarga
Niveau limite de surcharge

(to) Overprint
Sobreimprimir
Surimprimer

Overprinting
Sobreimpresión
Surimpression

Overpunch(ing)
Perforación fuera texto
Perforation hors texte

(to) Overpunch
Perforar fuera texto
Perforer hors texte

Overriding
Primordial
Primordial

Overrun
Desbordamiento de capacidad
Dépassement de capacité

Overs
Excedentes
Excédents

Overshoot
Desbordamiento
Débordement

(to) Overshoot
Desbordar
Déborder

Overstock
Existencias excesivas
Stocks excessifs

Overtime
Desbordamiento del tiempo
Dépassement du temps

Overvoltage
Sobretensión
Surtension

(to) Overwrite
Superponer la escritura
Superposer les écritures

Own
Propio
Propre

Own coding
Secuencia añadida por el utilizador
Séquence ajoutée par l'utilisateur

P

P C B (Process Control Block)
Bloque de control del proceso
Bloc de contrôle du processus

P. Counter
Contador de instrucciones
Compteur d'instructions

P Pulse
Impulso de posición
Impulsion de position

P Sequence
Secuencia de instrucciones
Séquence d'instructions

P.A.
Procedimiento automatizado
Procédure automatisée

Pac
Biblioteca de programas
Bibliothèque de programmes

Pacing
Regulación (de tráfico)
Régulation (de trafic)

(to) Pack
Condensar
Condenser

Pack
Paquete de fichas
Paquet de cartes

(to) Pack up
Cesar de funcionar
Cesser de fonctionner

Package
Paquete de programas, Conjunto
de programas
Ensemble de programmes

Package
Programa-producto
Progiciel

Package
Programa-producto
Programme-produit

Packaging density
Densidad de condensación
Densité de condensation

Packed
Condensado
Condensé

Packed decimal
Decimal condensado, Decimal
empaquetado
Décimal condensé

(in) Packed form(at)
En forma condensada
En forme condensée

Packed numeric field
Campo numérico en forma
condensada
Zone numérique en forme
condensée

Packed switched network
Red de conmutación de paquetes
Réseau de commutation par lots

Packet
Conjunto de datos
Ensemble de données

Packing
Compacidad
Compacité

Packing density
Densidad de compacidad
Densité de compacité

Packing factor
Factor de compacidad
Facteur de compacité

(to) Pad
Llenar
Garnir (Remplir)

Pad(ing) character
Carácter de relleno
Caractère de remplissage

Padded
Relleno
Garni (Rempli)

Padding
Relleno
Remplissage

Padding byte
Byte de relleno
Byte de remplissage

(to) Page
Paginar
Paginer

Page
Página
Page

Page break
Cambio de página
Changement de page

Page change
Cambio de página
Changement de page

Page change hole
Perforación de cambio de página
Perforation de changement de
page

Page data set
Conjunto de datos constituidos en
páginas
Ensemble de données constituées
en pages

Page directory
Índice de las páginas
Index des pages

Page ejection
Salto de página
Saut de page

Page footing line
Línea de pie de página
Ligne de bas de page

(to) Page in
Cargar una página
Charger une page

Page migration
Transferencia de página
Transfert de page

(to) Page out
Descargar una página
Evacuer une page

Page (at-a-time) printer
Impresora página por página
Imprimante page par page

Page reader
Lector de páginas
Lecteur de pages

Page table; P.G.T.
Tabla de las páginas
Table des pages

Page teleprinter
Teleimpresora página por página
Téléimprimante page par page

Page turning
Cambio de página
Changement de page

Pageable
Paginable
Paginable

Paged file
Fichero organizado en páginas
Fichier organisé en pages

Paged program
Programa organizado en páginas
Programme organisé en pages

Page-in
Carga de página
Chargement de page

Paging
Paginación
Pagination

Paging system
Sistema de paginación
Système de pagination

Pairing
Emparejado
Appariement

P.A.M.
Modulación de impulsiones en
   amplitud
Modulation d'impulsions en
   amplitude

Panel
Panel
Panneau

Paper
Papel
Papier

Paper
Tractor del papel
Entraîneur du papier

Paper advance mechanism
Mecanismo de avance del papel
Mécanisme d'avancement du
   papier

Paper bin
Soporte de alimentación de papel
Plateau d'alimentation du papier

Paper control tape
Cinta piloto
Bande pilote

Paper cutter
Guillotina
Massicot

Paper drill
Perforador
Perforateur

Paper drilling machine
Máquina de perforar el papel
Machine à perforer le papier

Paper drive
Arrastre del papel
Entraînement du papier

Paper feed
Adelantamiento del papel
Avancement du papier

Paper feed control
Mando de avance del papel
Commande d'avancement du
   papier

Paper feed mechanism
Mecanismo de avance del papel
Mécanisme d'avancement du
   papier

Paper guide
Guía papel
Guide papier

Paper hold down plate
Placa prensa papel
Plaque presse-papier

Paper input basket
Canasta de alimentación del papel
Corbeille d'alimentation du papier

Paper jam
Atascamiento de papel
Bourrage de papier

Paper jogger
Impulsador del papel
Taqueuse

Paper low (condition)
Fin próximo de papel
Fin de papier

Paper low sensor
Detector de proximidad del fin del
   papel
Détecteur de fin de papier

Paper out arm
Palpador de fin de papel
Palpeur de fin de papier

Paper out condition
Fin próximo de papel
Fin de papier

Paper release lever
Palanca de liberación del papel
Levier de dégagement du papier

Paper shredder
Máquina destructora de
   documentos
Machine à détruire les documents

Paper shredding machine
Máquina destructora de
   documentos
Machine à détruire les documents

Paper slew
Salto del papel
Saut du papier

Paper slipping rate
Velocidad de salto del papel
Vitesse de saut du papier

Paper (motion) speed
Velocidad de movimiento del
   papel
Vitesse de défilement du papier

Paper stacker
Recogedor de papel
Récepteur de papier

Paper tape
Cinta de papel
Bande de papier

Paper tape code
Código de cinta de papel
Code de bande de papier

Paper tape file
Fichero en cinta de papel
Fichier sur bande de papier

Paper tape perforator
Perforador de cinta de papel
Perforateur de bande de papier

Paper tape punch(ing)
Perforación de cinta de papel
Perforation de bande de papier

Paper tape reader
Lector de cinta de papel
Lecteur de bande de papier

Paper tape reproducer
Reproductora de cinta de papel
Reproductrice de bande de papier

Paper tape splicer
Encoladora de cinta de papel
Colleuse de bande de papier

Paper tape spooler
Bobinadora de cinta de papel
Bobineuse de bande de papier

Paper tape verifier
Verificadora de cinta de papel
Vérificatrice de bande papier

Paper tape verifying
Verificación de cinta de papel
Vérification de bande de papier

Paper tape winder
Bobinadora de cinta de papel
Bobineuse de bande de papier

Paper tape-to card converter
Convertidor cinta de papel a fichas
Convertisseur bande de papier /
  cartes

Paper track
Camino del papel
Chemin du papier

Paper tractor
Tractor de papel
Entraîneur du papier

Paper trimmer
Guillotina
Massicot

Paper trow
Salto del papel
Saut du papier

Paper trow character
Carácter de salto del papel
Caractère de saut du papier

Parachore
Memoria real óptima
Mémoire réelle optimale

Paragraph name
Nombre de párrafo
Nom de paragraphe

Paragraph
Párrafo
Paragraphe

Parallel / serial
Paralelo / serie
Parallèle / série

Parallel
Paralelo
Parallèle

Parallel access
Acceso paralelo
Accès parallèle

Parallel adder
Adicionador paralelo
Additionneur parallèle

Parallel addition
Adición paralela
Addition parallèle

Parallel arithmetic
Aritmética paralela
Arithmétique parallèle

Parallel computer
Ordenador paralelo
Calculateur parallèle

Parallel data adapter; P.D.A.
Adaptador de vía de transmisión
  en paralelo
Adaptateur de voie de
  transmission en parallèle

Parallel feed
Alimentación en paralelo
Alimentation en parallèle

Parallel full subtracter
Sustractor paralelo
Soustracteur parallèle

Parallel half adder
Semisumador paralelo
Demi-additionneur parallèle

Parallel half subtracter
Semirrestador paralelo
Demi-soustracteur parallèle

Parallel mode transmission
Modo de transmisión en paralelo
Mode de transmission en parallèle

Parallel operation
Operación paralela
Opération parallèle

Parallel printer
Impresora paralela
Imprimante parallèle

Parallel printing
Proceso paralelo
Traitement parallèle

Parallel programming
Programación paralela
Programmation parallèle

Parallel running
Trabajo en paralelo
Travail en parallèle

Parallel search storage
Memoria de búsqueda paralela
Mémoire de recherche parallèle

Parallel store
Memoria paralela
Mémoire parallèle

Parallel to serial converter
Convertidor paralelo / serie
Convertisseur parallèle / série

Parallel transfer
Transferencia paralela
Transfert parallèle

Parallel transmission
Transmisión paralela
Transmission parallèle

Parallel work-flow
Desarrollo de los trabajos en
  paralelo
Déroulement des travaux en
  parallèle

Parallelization
Puesta en paralelo
Mise en parallèle

Parameter
Parámetro
Paramètre

Parameter card
Ficha parámetro
Carte paramètre

Parameter list
Lista de los parámetros
Liste des paramètres

Parameter medium
Soporte de parámetros
Support de paramètres

Parameter oscillator
Oscilador paramétrico
Oscillateur paramétrique

Parameter word
Palabra parámetro
Mot paramètre

Parameterless
Sin parámetro
Sans paramètre

Parametric
Paramétrico
Paramétrique

Parasitic
Parásito
Parasite

Parasitic current
Corriente parásita
Courant parasite

Parasitic effect
Efecto parásito
Effet parasite

Parasitic signal
Señal parásita
Signal parasite

Parasitic suppressor
Antiparásitos
Anti-parasites

Parentheses free notation
Notación polaca sin paréntesis
Notation préfixée

(to) Parenthesize
Poner entre paréntesis
Mettre entre parenthèses

Parity
Paridad, Par
Parité

Parity bit
Bit de paridad
Bit de parité

Parity check
Control de paridad
Contrôle de parité

Parity check bit
Bit de control de paridad
Bit de contrôle de parité

Parity error
Error de paridad
Erreur de parité

Parity hole
Perforación de paridad
Perforation de parité

Part
Porción
Partie

(to) Part
Separar
Séparer

Part and parcel of
Porción integrante
Partie intégrante

Part list
Catálogo, Lista de piezas
Nomenclature

Partial
Parcial
Partiel

Partial carry
Acarreo parcial
Report partiel

Partial completion
Terminación parcial
Achèvement partiel

Partial disturbed one output signal
Señal de salida o en selección
    parcial con perturbación
Signal de sortie 'un' en sélection
    partielle avec perturbation

Partial disturbed response signal
Señal de respuesta en selección
    parcial con perturbación
Signal de réponse en sélection
    partielle avec perturbation

**Partial disturbed zero output
    signal**
Señal de salida cero en selección
    parcial con perturbación
Signal de sortie zéro en sélection
    partielle avec perturbation

Partial drive pulse
Impulso de arrastre parcial
Impulsion d'entraînement partiel

Partial network
Red parcial
Réseau partiel

Partial product
Producto parcial
Produit partiel

Partial read
Lectura parcial
Lecture partielle

Partial read pulse
Impulso de lectura parcial
Impulsion de lecture partielle

Partial result
Resultado parcial
Résultat partiel

Partial sum
Suma parcial
Somme partielle

**Partial undisturbed one output
    signal**
Señal de salida 'un' en selección
    parcial sin perturbación
Signal de réponse en sélection
    partielle sans perturbation

**Partial undisturbed response
    signal**
Señal de respuesta en selección
    parcial sin perturbación
Signal de réponse en sélection
    partielle sans perturbation

**Partial undisturbed zero output
    signal**
Señal de salida cero en selección
    parcial sin perturbación
Signal de sortie zéro en sélection
    partielle sans perturbation

Partial write pulse
Impulso parcial de escritura
Impulsion partielle d'écriture

Partially
Parcialmente
Partiellement

Particulars
Particularidades
Particularités

Partition
Partición
Partition

(to) Partition
Segmentar
Segmenter

Partitioned
Particionado
Compartimenté

Partitioned data sed; P.D.S.
Conjunto de datos particionado
Ensemble de données
    compartimenté

Partitioned file
Fichero particionado
Fichier compartimenté

Partitioned organization
Organización particionada
Organisation compartimentée

Partitioning
Fraccionamiento
Fractionnement

Parts explosion
Explosión o listado de piezas
Rupture de nomenclature

Party line
Línea compartida
Ligne partagée

Pass
Pasada
Passage

(to) Pass
Pasar
Passer

Pass band
Banda pasante
Bande passante

Pass information
Información intermedia
Information intermédiaire

(to) Pass on
Transmitir
Transmettre

(to) Pass through a loop
Recorrer un ciclo
Parcourir une boucle

Pass time
Tiempo de circulación
Temps de défilement

Passive
Pasivo
Passif

Passive circuit
Circuito pasivo
Circuit passif

Passive element
Elemento pasivo
Elément passif

Password
Palabra de paso
Mot de passe

P.A.T.
Tabla de asignación de los
    periféricos
Table d'affectation des
    périphériques

Patch
Corrección
Correction

Patch area
Zona de corrección
Zone de correction

Patch card
Ficha de corrección
Carte de correction

Patch panel
Cuadro de conexiones
Tableau de correction

Patch routine
Rutina de corrección
Routine de correction

Patchboard
Cuadro de conexiones
Tableau de connexions

Patchcord
Conector
Connecteur

Path
Rama
Branche

Path
Camino
Chemin

(to) Path
Corregir
Corriger

Pattern of punchs
Combinación de perforaciones
Combinaison de perforations

Pattern recognition
Reconocimiento de formas
Reconnaissance de structures

Pattern sensitive fault
Incidente detectado por una
    determinada disposición de los
    datos
Incident détecté de par une
    certaine disposition des
    données

Pause control
Tecla de parada
Touche d'arrêt

Pay out reel
Carrete alimentador
Bobine débitrice

Payroll program
Programa de cálculo de la nómina
Programme de calcul de la paie

P.C.
Circuito impreso
Circuit imprimé

P.C.A.M.
Máquina contable con fichas
    perforadas
Machine comptable à cartes
    perforées

P.C.I.
Interrupción mandada por
    programa
Interruption commandée par
    programme

P.C.M.
Máquina con fichas perforadas
Machine à cartes perforées

P.C.P.
Programa de control principal
Programme de contrôle principal

P.C.R.
Programa de gestión de los
    periféricos
Programme de gestion des
    périphériques

P.C.U.
Unidad de mando de los
    periféricos
Unité de commande des
    périphériques

P.D.A.
Adaptador de vía de transmisión
    en paralelo
Adaptateur de voie de
    transmission en parallèle

P.D.M.
Modulación de impulsiones en
    duración
Modulation d'impulsions en durée

P.D.S.
Conjunto de datos
    compartimentado
Ensemble de données
    compartimenté

P.E.
Codificación en fases
Codage en phases

Peak
Máximo
Maximum

Peak current
Corriente de cresta
Courant de crête

Peak speed
Velocidad máxima
Vitesse maximale

Peak voltage
Tensión de cresta
Tension de crête

Pecker
Palpador
Palpeur

Peek a boo check
Comprobación visual
Contrôle visuel

Peek a boo system
Sistema de control visual
Système de contrôle visuel

Peephole mask
Máscara perforada
Masque perforé

Pen
Pluma
Plume

Pencil
Lápiz
Crayon

Pending
En suspenso, Pendiente
En suspens

Penetration of hammers
Intensidad de impresión
Intensité d'impression

Peopleware
Personal de informática
Personnel informaticien

P.E.R. (Program Event Recording)
Grabación acontecimientos del
    programa
Enregistrement d'événements de
    programme

P.E.R. (Program Event Recording)
Registro de acontecimientos de
    programa
Enregistrement d'événements de
    programme

(to) Perforate
Perforar
Perforer

Perforated
Perforado
Perforé

Perforated continuous form
Papel perforado en continuo
Papier perforé en continu

Perforated tape
Cinta perforada
Bande perforée

Perforated tape punch
Perforador de cinta
Perforateur de bande

Perforated tape reader
Lector de cinta perforada
Lecteur de bande perforée

Perforated tape retransmitter
Retransmisor con cinta perforada
Retransmetteur à bande perforée

Perforated tape teletypewriter
Teleimpresora con cinta perforada
Téléimprimante à bande perforée

Perforation
Perforación
Perforation

Perforation rate
Velocidad de perforación
Vitesse de perforation

Perforator
Perforador
Perforateur

(to) Perform
Ejecutar
Exécuter

Performance
Performance
Performance

Performance / cost ratio
Relación rendimiento / coste
Rapport rendement / coût

Performance analysis
Análisis de los rendimientos
Analyse des rendements

Performance evaluation
Evaluación de los rendimientos
Evaluation des rendements

Perfs
Perforaciones
Perforations

Period
Período
Période

Peripheral
Periférico
Périphérique

Peripheral assignment table;
    P.A.T.
Tabla de asignación de los
    periféricos
Table d'affectation des
    périphériques

Peripheral bound
Subordinado a la velocidad de los
    periféricos
Subordonné à la vitesse des
    périphériques

Peripheral buffer
Tampón de periférico
Tampon de périphérique

Peripheral computer
Ordenador periférico
Ordinateur périphérique

Peripheral control routine; P.C.R.
Programa de gestión de los
    periféricos
Programme de gestion des
    périphériques

Peripheral control unit P.C.U.
Unidad de control de los
    periféricos
Unité de commande des
    périphériques

Peripheral device
Unidad periférica
Unité périphérique

Peripheral equipment
Equipo periférico
Matériel périphérique

Peripheral equipment operator
Operador de equipo periférico
Opérateur sur matériel
    périphérique

Peripheral gear
Equipo periférico
Equipement périphérique

Peripheral interface adapter; P.I.A.
Adaptador de acoplamiento con
 un periférico
Adaptateur de liaison avec un
 périphérique

Peripheral interface channel
Canal de acoplamiento con un
 periférico
Canal de liaison avec un
 périphérique

Peripheral limited
Limitado por la velocidad de los
 periféricos
Limité par la vitesse des
 périphériques

Peripheral processor
Unidad de proceso periférica
Unité de traitement périphérique

Peripheral subsystem
Subsistema periférico
Sous-système périphérique

Peripheral transfer
Transferencia periférica
Transfert périphérique

Peripheral units
Unidades periféricas
Unités périphériques

Peripherals
Unidades periféricas
Unités périphériques

Permanent
Permanente
Permanent

Permanent connection
Enlace permanente
Liaison permanente

Permanent data
Datos permanentes, Datos
 estáticos
Données permanentes

Permanent error
Error permanente
Erreur permanente

Permanent fault
Defecto permanente
Défaut permanent

Permanent file
Fichero permanente
Fichier permanent

Permanent memory
Memoria permanente
Mémoire permanente

Permanently
Permanentemente
En permanence

Permanently stored
Almacenado permanentemente
Mémorisé en permanence

Permutation
Permutación
Permutation

Permutation index
Índice de permutación
Index de permutation

P.E.R.T.
Técnica de evaluación y de
 revisión de los programas
Technique d'évaluation et de
 révision des programmes

P.F.R.
Lectura antes de perforación
Lecture avant perforation

P.G.T.
Tabla de las páginas
Table des pages

Phantom circuit
Circuito fantasma
Circuit fantôme

Phase
Fase
Phase

Phase bar
Tecla de fase
Touche de phase

Phase distortion
Distorsión de fase
Distorsion de phase

Phase encoded recording
Grabación en modulación de fase
Enregistrement en modulation de
 phase

Phase encoding; P.E.
Codificación de fase
Codage en phases

Phase equalizer
Compensador de fase
Compensateur de phase

(to) Phase in
Sincronizar, Colocar
 progresivamente
Mettre en place progressivement

Phase inversion modulation
Modulación por inversión de fase
Modulation par inversion de phase

Phase light
Indicador (luz) de fase
Indicateur de phase

Phase locked oscillator
Oscilador con bloque de fase
Oscillateur à blocage de phase

Phase modulation; P.M.
Modulación de fase
Modulation de phase

Phase modulation recording
Grabación en modulación de fase
Enregistrement en modulation de
 phase

(to) Phase out
Retirar progresivamente
Retirer progressivement

Phase sequence
Secuencia de fases
Séquence de phases

Phasing
Sincronización, Puesta en fase
Synchronisation

Phoneme
Fonema
Phonéme

Photocell
Célula fotoeléctrica
Cellule photoélectrique

Photocell matrix
Matriz fotoeléctrica
Matrice photoélectrique

Photocell print control
Control de impresión mediante
 célula fotoeléctrica
Contrôle d'impression par cellule
 photoélectrique

Photoelectric
Fotoeléctrico
Photoélectrique

Photoelectric cell
Célula fotoeléctrica
Cellule photoélectrique

Photoelectric reader
Lector fotoeléctrico
Lecteur photoélectrique

Photogravure
Fotograbado
Photogravure

Photosensing
Lectura fotoeléctrica
Lecture photoélectrique

Photosensor
Detector fotoeléctrico
Détecteur photoélectrique

Phototypeseting
Fotocomposición
Photocomposition

Photovoltaic cell
Célula fotovoltaica
Cellule photovoltaique

Phrase
Expresión
Expression

Physical
Físico
Physique

Physical end of tape
Fin efectivo de la cinta
Fin effective de la bande

Physical inventory
Inventario
Inventaire

Physical unit block; P.U.B.
Bloque de la unidad física
Bloc de l'unité physique

P.I.
Instrucción programada
Instruction programmée

P.I.A.
Adaptador de acoplamiento con
    un periférico
Adaptateur de liaison avec un
    périphérique

(to) Pick
Escoger
Choisir

Picker arm
Brazo de alimentación
Bras d'alimentation

Picker belt
Correa de alimentación
Courroie d'alimentation

Picker knife
Cuchilla de alimentación
Couteau d'alimentation

Picosecond
Picosegundo
Picoseconde

Picture
Imagen
Image

Piece of information
Elemento de información
Elément d'information

Piezoelectric
Piezoeléctrico
Piezoélectrique

Piezoelectric effect
Efecto piezoeléctrico
Effet piezoélectrique

Pigeon hole
Perforación de selección
Perforation de tri

Pile up
Apilamiento
Empilage

Pilot hole
Agujero de guía
Trou de guidage

Pilot light
Lámpara de visualización
Lampe témoin

Pin
Patilla
Broche

Pin board
Panel con patillas
Panneau à broches

Pin feed
Alimentación por patillas
Entraînement par ergots

Pin feed label
Etiquetas en continuo con arrastre
    por púas
Etiquettes en continu à
    entraînement par ergot

Pin feed margin
Banda marginal de arrastre por
    púas
Bande marginale d'entraînement
    par ergots

Pin feed tractor
Tractor con patillas
Entraîneur par ergots

Pin (feed) hole
Perforación de arrastre por patillas
Perforation d'entraînement par
    ergots

Pin wheel
Rueda con patillas
Roue à ergots

Pin wheel feed
Alimentación por rueda con
    patillas
Entraînement par roue à ergots

Ping-pong
Alternancia
Alternance

(to) Ping-pong
Alternar
Alterner

(to) Pinpoint
Localizar
Localiser

Pip
Punto luminoso
Point lumineux

Pitch
Separación
Pas (Ecartement)

P.L.
Lenguaje de programación
Langage de programmation

Place
Ubicación
Emplacement

(to) Place
Colocar
Mettre en place

Placement
Ubicación
Emplacement

Plain writing
Escritura en claro
Ecriture en clair

(to) Plan
Planificar
Planifier

Plane
Plano (unido)
Plan (uni)

Planning
Planificación
Planification

(to) Plant
Implantar
Implanter

Plastic template
Plantilla, Normógrafo
Normographe

Plate
Placa
Plateau

Plated through hole
Agujero metalizado
Trou métallisé

Plated wire memory
Memoria con hilo metalizado
Mémoire à fil métallisé

Platen
Cilindro
Cylindre

Platen release lever
Palanca de liberación del cilindro
Levier de dégagement du cylindre

Plausibility
Plausibilidad
Plausibilité

Plausibility check
Comprobación de verosimilitud
Contrôle de vraisemblance

(to) Playback
Duplicar
Reproduire

Playback head
Cabeza de reproducción
Tête de reproduction

Playing
Duración (de una cinta)
Durée (d'une bande)

Plight
Condición
Condition

P.L.M.
Modulación de impulsiones en
   duración
Modulation d'impulsions en durée

(to) Plot
Trazar
Tracer

Plot tape
Cinta para reproducir
Bande à reproduire

Plotter
Trazador (de curvas)
Traceur de courbes

Plotting
Trazado, dibujo
Traçage

Plotting board
Mesa de trazado
Table de traçage

Plotting scale
Papel milimetrado
Papier millimetré

Plotting speed
Velocidad de trazado
Vitesse de traçage

(to) Plug
Conectar
Connecter

Plug
Ficha
Fiche

Plug cord
Hilo de conexión
Fil de connexion

Plug socket
Enchufe, Toma de corriente
Prise de courant

Plugboard
Cuadro de conexiones
Tableau de connexions

Pluggable
Conectable, Enchufable
Connectif

Plus sign
Signo más
Signe plus

Ply
Ejemplar
Exemplaire

Ply form (six)
Legajo en seis ejemplares
Liasse en six exemplaires

P.M.
Modulación de fase
Modulation de phase

Pneumatic computer
Ordenador neumático
Ordinateur pneumatique

(to) Pocket
Enviar en un sobre
Envoyer dans une case

Pocket
Casilla
Case

Pocketing
Envío en un sobre
Envoi dans une case

Point
Punto
Point

Point location
Posición del punto
Position du point

Point mode display
Visualización por puntos
Affichage par points

Point of invocation
Punto de llamada
Point d'appel

Point of origination
Punto de creación
Point de création

Point of sale
Punto de venta
Point de vente

(to) Point out
Señalar
Signaler

Point to point circuit
Circuito punto a punto
Circuit point par point

Point to point link
Enlace punto por punto
Liaison point par point

Point to point network
Red punto por punto
Réseau point par point

Point to point; P.T.P.
Punto por punto
Point par point

Point to point transmission
Transmisión punto a punto
Transmission point par point

Pointer
Apuntador
Pointeur

P.O.L.
Lenguage orientado al problema
Langage orienté au problème

Polarity
Polaridad
Polarité

Polarity trap
Enderezador antirregreso
Redresseur anti-retour

Polarized return to zero recording
Grabación polarizada con regreso
a cero
Enregistrement polarisé avec
retour à zéro

(to) Police
Vigilar
Surveiller

Polish notation
Notación polaca
Notation polonaise

(to) Poll
Llamar
Appeler

Poll list
Lista de llamadas selectivas
Liste d'appels

Polling
Llamada selectiva, Llamada cíclica
Appel cyclique

Polymorphic system
Sistema polimorfo
Système polymorphe

Polynominal regression
Regresión polinominal
Régression polynominale

Polyphase
Polifásico
Polyphasé

Polyphase sort
Clasificación polifásica
Tri polyphase

Polyvalence
Polivalencia
Polyvalence

Polyvalent
Polivalente
Polyvalent

Polyvalent notation
Notación polivalente
Notation polyvalente

Polyvalent number
Número polivalente
Nombre polyvalent

Pool
Equipo
Equipe

Pool
Grupo
Groupe

(to) Pool
Poner en común
Mettre en commun

Pooling
Puesta en común
Mise en commun

Poop
Impulsión
Impulsion

Poor contact
Falso contacto
Faux contact

Population
Parque
Parc

Pop-up list
Lista directa
Liste directe

Portability
Portabilidad
Portabilité

Port-a-punch card
Ficha de perforación manual (con
punzón)
Carte type perfostyl

P.O.S.
Punto de venta
Point de vente

Position
Posición
Position

(to) Position
Posicionar
Positionner

Positional notation
Notación de posición
Notation de position

Positional representation
Representación posicional
Représentation de position

Positioning arm
Brazo de posicionado
Bras de positionnement

Positive exponent
Exponente positivo
Exposant positif

Positive indicator
Indicador positivo
Indicateur positif

Possibility
Posibilidad
Possibilité

Possible
Posible
Possible

Possibly
Eventual
Eventuel

(to) Post
Inscribir
Inscrire

(to) Post edit
Edición posterior
Post éditer

Post printing
Postimpresión
Post marquage

Posting
Registro
Enregistrement

Posting card
Ficha de registro
Carte d'enregistrement

Posting error
Error de registro
Erreur d'enregistrement

Posting interpreter
Traductora-transcriptora
Traductrice-reporteuse

Posting machine
Aparato de registro
Appareil d'enregistrement

(to) Postlew
Hacer un salto después de
impresión
Faire un saut après impression

Postlew
Salto después de impresión
Saut après impression

Post-mortem dump
Vaciado post-mortem
Vidage post-mortem

Post-mortem program
Programa post-mortem
Programme post-mortem

Post-mortem routine
Rutina post-mortem
Routine post-mortem

Postprocessing
Postproceso
Post-traitement

Postprocessor
Postprocesador
Postprocesseur

Postpunch station
Estación después de perforación
Poste après perforation

Postwrite
Después de la escritura
Après écriture

Postwrite disturb pulse
Impulsión de perturbación
después de escritura
Impulsion de perturbation après
écriture

Potency
Potencia
Puissance

Potential
Potencial
Potentiel

Potentiometer
Potenciómetro
Potentiomètre

Potentiometer loading
Carga de potenciómetro
Charge de potentiomètre

Pound sign
Signo
Signe

Power
Potencia
Puissance

Power drain
Consumo eléctrico
Consommation électrique

Power dump
Corte de corriente
Coupure de courant

Power failure
Interrupción de corriente
Panne de courant

Power off
Fuera de tensión
Hors tension

Power on
En tensión
Sous tension

Power on time
Tiempo de puesta en tensión
Temps de mise sous tension

Power pack
Grupo de alimentación
Groupe d'alimentation

Power supply
Fuente de energía
Source d'énergie

Power up sequence
Secuencia de puesta en tensión
Séquence de mise sous tension

Powering up
Puesta en tensión
Mise sous tension

P.P.I.
Impulsiones por pulgada
Impulsions par pouce

P.P.M.
Modulación de impulsiones en
fase
Modulation d'impulsions en phase

Practicable
Realizable
Réalisable

Practical
Práctico
Pratique

Pragmatics
Pragmatismo
Pragmatisme

Preamplifier
Preamplificador
Pré-amplificateur

Preanalysis
Análisis preliminar
Analyse préliminaire

Pre-billing
Prefacturación
Pré-facturation

Pre-calculation
Precálculo
Pré-calcul

Precedance
Prioridad
Priorité

Precedence table
Tabla de las prioridades
Table des priorités

Pre-checking
Precontrol
Pré-contrôle

Precision
Precisión
Précision

Pre-coded
Precodificado
Pré-codé

(to) Pre-collate
Clasificar previamente
Classer préalablement

Pre-compiler
Precompilador
Pré-compilateur

Pre-compiling
Precompilación
Pré-compilation

Predecessor event
Acontecimiento precedente
Evénement précédent

Predefined process
Proceso predefinido
Processus pré-défini

Predicate
Predicado
Prédicat

(to) Pre-edit
Preeditar
Prééditer

Preferred arrangements
Arreglos preferenciales
Arrangements préférentiels

Prefix
Prefijo
Préfixe

Prefix notation
Notación polaca sin paréntesis
Notation préfixée

Prefix operator
Operador de prefijo
Opérateur de préfixe

Prefix switches
Conmutadores de prefijos
Commutateurs de préfixes

Prefix trigger
Invertidor de prefijo
Inverseur de préfixe

Pre-invoicing
Prefacturación
Pré-facturation

Pre-invoice
Prefactura
Pré-facture

Pre-keying
Preperforación
Pré-perforation

Preliminary
Preliminar
Préliminaire

Preliminary study
Estudio preliminar
Etude préliminaire

(to) Pre-load
Precargar
Pré-charger

Prenumbering
Matriculación
Immatriculation

Preparation
Preparación
Préparation

Preplaned application
Aplicación preprogramada
Application pré-programmée

(to) Pre-position
Preposicionar
Pré-positionner

Pre-printed
Preimpreso
Pré-imprimé

Pre-printed form
Formulario preimpreso
Formulaire pré-imprimé

Pre-printing
Preimpresión
Pré-impression

(to) Pre-process
Preprocesar
Pré-traiter

Pre-processing
Preproceso
Pré-traitement

Pre-processor
Preprocesador
Pré-processeur

Pre-production model
Modelo de pre-serie
Modèle de pré-série

Pre-programmed
Preprogramado
Pré-programmé

Pre-punch(ing)
Preperforación
Pré-perforation

(to) Pre-punch
Preperforar
Pré-perforer

Pre-punch station
Estación de preperforación
Poste de pré-perforation

Pre-punched
Preperforado
Pré-perforé

Prerequisite
Previo
Préalable

Pre-read
Lectura previa
Lecture préalable

Pre-read head
Cabeza de lectura previa
Tête de lecture préalable

(to) Pre-record
Preregistrar
Pré-enregistrer

Pre-scored card
Ficha preperforada
Carte pré-enconchée

Presence bit
Bit de presencia
Bit de présence

(to) Preserve
Proteger
Protéger

Preset
Predefinido
Pré-défini

(to) Preset
Predefinir
Pré-définir

Preset parameter
Parámetro predefinido
Paramètre pré-défini

Preslew
Salto antes de impresión
Saut avant impression

Presort(ing)
Clasificación previa
Tri préalable

(to) Press
Apretar, Pulsar
Appuyer sur (Enfoncer)

(to) Press again
Apoyar de nuevo
Appuyer de nouveau

Press button
Pulsador
Bouton poussoir

Pressure
Presión
Pression

Pressure blocked
Comprimido
Comprimé

Pressure roller
Rodillo de presión
Rouleau à pression

Pre-store
Prememoria
Pré-mémoire

(to) Prestore
Prememorizar
Pré-mémoriser

Presumptive address
Dirección supuesta
Adresse supposée

Presumptive instruction
Instrucción supuesta
Instruction supposée

Pretested
Verificado con anterioridad
Pré-vérifié

(to) Prevent
Impedir
Empêcher

Preventive
Preventivo
Préventif

Preventive maintenance
Mantenimiento preventivo
Maintenance préventive

Preventive maintenance time
Tiempo de mantenimiento
   preventivo
Temps de maintenance préventive

Previous
Previo
Préalable

Previous balance
Saldo precedente
Solde précédent

Prewired
Precableado
Pré-câblé

Prewired circuit
Circuito precableado
Circuit pré-câblé

Prewiring
Precableado
Pré-cablage

P.R.F.
Frecuencia de repetición de las
   impulsiones
Fréquence de répétition des
   impulsions

Primary console
Pupitre principal
Pupitre principal

Primary control program; P.C.P.
Programa de control principal
Programme du contrôle principal

Primary failure
Fallo, Avería importante
Défaillance importante

Primary feed path
Línea de alimentación primaria
Ligne d'alimentation primaire

Primary initialization
Inicialización primaria
Initilisation primaire

Primary instruction
Instrucción primaria
Instruction primaire

Primary key
Clave primaria, Clave mayor
Indicatif majeur

Primary route
Vía principal
Voie principale

Primary storage
Memoria principal
Mémoire principale

Prime
Primero
Premier

Prime data area
Zona de datos primaria
Zone de données primaire

Prime shift
Primer turno
Premier roulement

Prime time
Duración del primer turno
Durée du premier roulement

Primitive
Primitivo
Primitif

Print(ing)
Impresión
Impression

(to) Print
Imprimir
Imprimer

(to) Print a card
Ficha de imprimir
Carte à imprimer

Print area
Zona de impresión
Zone d'impression

Print bar
Barra de impresión
Barre d'impression

Print barrel
Cilindro de impresión
Cylindre d'impression

Print bound
Subordinado a la velocidad de
   impresión
Subordonné à la vitesse
   d'impression

Print chain
Cadena de impresión
Chaîne d'impression

Print check
Error de impresión
Erreur d'impression

Print code
Código de impresión
Code d'impression

Print control character
Carácter de mando de impresión
Caractère de commande
   d'impression

Print drum
Tambor de impresión
Tambour d'impression

Print hammer
Martillo de impresión
Marteau d'impression

Print head
Cabeza de impresión
Tête d'impression

Print holidays
Ausencia de impresión
Absence d'impression

Print line
Línea de impresión
Ligne d'impression

Print member
Elemento de impresión
Elément d'impression

(to) Print out
Salir sobre impresora
Sortir sur imprimante

Print position
Posición de impresión
Position d'impression

Print ribbon
Cinta entintada de impresora
Ruban d'impression

Print roll
Rollo de impresión
Rouleau d'impression

Print row
Línea de impresión
Ligne d'impression

Print skew
Impresión no alineada
Impression non alignée

Print span
Anchura de la línea de impresión
Largeur de la ligne d'impression

Print tape
Cinta de impresora
Bande d'imprimante

(to) Print totals only
Imprimir únicamente los totales
Imprimer uniquement les totaux

Print unit
Unidad de impresión
Unité d'impression

Print wheel
Rueda de impresión
Roue d'impression

Print wheel printer
Impresora con cilindro
Imprimante à cylindre

Print yoke
Bloque de impresión
Bloc d'impression

Printed
Impreso, Formulario
Imprimé

Printed circuit board
Placa de circuito impreso
Plaque à circuit imprimé

Printed circuit; P.C.
Circuito impreso
Circuit imprimé

Printed form
Impreso
Formulaire (imprimé)

Printed form
Impreso, Formulario
Imprimé

Printer bound
Subordinado a la velocidad de la
impresora
Subordonné à la vitesse de
l'imprimante

Printer file
Fichero de impresora
Fichier d'imprimante

Printer listing
Lista de impresora
Liste d'imprimante

Printer output
Salida de impresora
Sortie d'imprimante

Printer perforator
Perforador-impresor
Perforateur-imprimeur

Printer; PRT
Impresora
Imprimante

Printer ribbon
Cinta entintada de impresora
Ruban d'imprimante

Print(ing) format
Formato de impresión
Format d'impression

Printing calculating machine
Calculadora impresora
Machine à calculer imprimante

Printing calculator
Calculadora impresora
Machine à calculer imprimante

Printing card punch
Perforadora impresora
Perforatrice imprimante

Printing digitizer
Convertidor impresor
Convertisseur imprimeur

Printing equipment
Equipo de impresión
Matériel d'impression

Printing keyboard perforator
Perforador-impresor con teclado
Perforateur-imprimeur à clavier

Printing model
Modelo de impresión
Modèle d'impression

Printing pin
Aguja, Aguja impresora
Aiguille d'imprimante

Printing punch
Perforador-impresor
Perforateur-imprimeur

Printing rate
Velocidad de impresión
Vitesse d'impression

Printing reperforator
Reperforador impresor
Reperforateur imprimeur

Printing routine
Rutina de impresión
Routine d'impression

Printing speed
Velocidad de impresión
Vitesse d'impression

Printing station
Estación de impresión
Poste d'impression

Printing stylus
Estilete, Aguja de impresión
Aiguille d'impression

Printing width
Anchura de la línea de impresión
Largeur de la ligne d'impression

Printout
Salida de impresora
Sortie d'imprimante

Priority
Prioridad
Priorité

Priority indicator
Indicador de prioridad
Indicateur de priorité

Priority order
Orden de prioridad
Ordre de priorité

Priority processing
Proceso por prioridad
Traitement par priorité

Priority program
Programa prioritario
Programme prioritaire

Priority rating
Escala de las prioridades
Echelle des priorités

Priority scheduler
Programador de prioridades
Programmeur de priorités

Priority scheduling
Programación de prioridades
Programmation de priorités

Priority scheme
Esquema de prioridades
Schéma de priorités

Private data file
Fichero confidencial
Fichier confidentiel

Private line
Línea privada
Ligne privée

Probability
Probabilidad
Probabilité

Probability theory
Teoría de las probabilidades
Théorie des probabilités

(to) Probe
Sondar
Sonder

Problem
Problema
Problème

Problem definition
Definición de problema
Définition de problème

Problem description
Descripción de problema
Description de problème

Problem oriented language; P.O.L.
Lenguage orientado al problema
Langage orienté au problème

Problem program
Problema programa
Problème programme

Problem solving language
Lenguaje de proceso
Langage de traitement

Procedural error
Error de procedimiento
Erreur de procédure

Procedural step
Fase de procedimiento
Phase de procédure

Procedure
Procedimiento
Procédure

Procedure analysis
Análisis de los procedimientos
Analyse des procédures

Procedure branching verb
Verbo de control del
    procedimiento
Verbe de contrôle de la procédure

Procedure control
Control de procedimiento
Contrôle de procédure

Procedure division
División 'procedimientos'
Division 'procédures'

Procedure name
Nombre del procedimiento
Nom de la procédure

Procedure oriented language
Lenguaje de procedimiento
Langage de procédure

Procedure override statement
Mando de modificación de
    procedimiento
Commande de modification de
    procédure

(to) Proceed
Proceder
Procéder

Proceed-to-select signal
Señal de invitación a seleccionar
Signal d'invitation à numéroter

Proceed-to-send signal
Señal de invitacion a transmitir
Signal d'invitation à transmettre

Process
Proceso
Processus

(in) Process
En curso de ejecución, Actual
En cours d'exécution

(to) Process
Procesar
Traiter

Process automation
Proceso automatizado
Traitement automatisé

Process automation; P.A.
Procedimiento automatizado
Procédure automatisée

Process chart
Organigrama de proceso
Organigramme de traitement

Process control
Control de proceso
Contrôle de processus

Process control block
Bloque de control del proceso
Bloc de contrôle de processus

Process control computer
Ordenador de control de procesos
Calculateur de contrôle de
    processus

Process flowchart
Organigrama de proceso
Organigramme de traitement

Process limited
Limitado por la velocidad de
    proceso
Limité par la vitesse de traitement

(to) Process records
Proceder a los registros
Procéder aux enregistrements

Processing
Proceso
Traitement

Processing area
Lugar de proceso
Lieu de traitement

Processing capability
Posibilidad de proceso
Possibilité de traitement

Processing center
Centro de proceso
Centre de traitement

Processing cycle
Ciclo de proceso
Cycle de traitement

Processing efficiency
Rendimiento de proceso
Rendement de traitement

Processing flexibility
Flexibilidad de proceso
Souplesse de traitement

Processing medium
Soporte de proceso
Support de traitement

Processing mode
Modo de proceso
Mode de traitement

Processing power
Potencia de proceso
Puissance de traitement

Processing program
Programa de proceso
Programme de traitement

Processing program table
Tabla de los programas de
proceso
Table des programmes de
traitement

Processing requirements
Requisitos de proceso
Impératifs de traitement

Processing sequence
Secuencia de proceso
Séquence de traitement

Processing site
Lugar de proceso
Lieu de traitement

Processing step
Fase de proceso
Phase de traitement

Processing system
Sistema de proceso
Système de traitement

Processing time
Tiempo de proceso
Temps de traitement

Processing unit
Unidad de proceso
Unité de traitement

Processor
Procesador en programación
Processeur

Processor
Unidad de proceso
Unité de traitement

Processor bound
Subordinado a la velocidad de la
unidad de proceso
Subordinné à la vitesse de l'unité
de traitement

Processor check
Error de la unidad de proceso
Erreur de l'unité de traitement

Processor controller
Controlador de la unidad de
proceso
Contrôleur de l'unité de traitement

Processor error interrupt
Interrupción debida a la unidad de
proceso
Interruption due à l'unité de
traitement

Processor limited
Limitado por la velocidad de la
unidad de proceso
Limité par la vitesse de l'unité de
traitement

Processor section
Órgano de la unidad de proceso
Organe de l'unité de traitement

Processor storage
Memoria de la unidad de proceso
Mémoire de l'unité de traitement

Procurement lade time
Tiempo global de carga
Délai global d'obtention

Product
Producto
Produit

Product planning
Planificación de los productos
Planification des produits

Production
Producción
Production

Production control
Control de producción
Contrôle de production

Production control department
Departamento de control de la
producción
Service de contrôle de la
production

**Production information and
control system**
Sistema de información y de
gestión de la producción
Système d'information et de
gestion de la production

Production job
Trabajo productivo
Travail productif

Production planning
Planificación de la producción
Planification de la production

Production program
Programa de producción
Programme de production

Production rate
Cadencia de producción
Cadence de production

Production run(ning)
Fase de producción
Phase de production

Productive time
Tiempo de trabajo
Temps de travail

Program
Programa
Programme

(to) Program(me)
Programar
Programmer

Program address counter
Contador de direcciones del
programa
Compteur d'adresses du
programme

Program bank
Banco de programas
Banque de programmes

Program bug
Error en un programa
Erreur dans un programme

Program cards
Fichas de programación
Cartes de programmation

Program (ming) (flow)chart
Organigrama de programación
Organigramme de programmation

Program check
Error de programa
Erreur de programme

Program checkout
Depuración del programa
Mise au point du programme

Program compatibility
Compatibilidad de programas
Compatibilité de programmes

Program compilation
Compilación de programa
Compilation de programme

Program compiler
Compilador de programa
Compilateur de programme

Program control
Control de programa
Contrôle de programme

Program control card
Ficha de control de programa
Carte de contrôle de programme

Program control unit
Unidad de control de programa
Unité de contrôle de programme

Program controlled
Controlado por programa
Contrôle par programme

Program controlled interruption; P.C.I.
Interrupción controlada por programa
Interruption commandée par programme

Program controller
Controlador de programa
Contrôleur de programme

Program counter
Contador de programa
Compteur de programmes

Program cycle
Ciclo de programa
Cycle de programme

Program deck
Paquete de fichas-programa
Paquet de cartes-programme

Program definition
Definición de programa
Définition de programme

Program description
Descripción de programa
Description de programme

Program development time
Tiempo de realización de un programa
Temps de réalisation d'un programme

Program documentation
Documentación de los programas
Documentation des programmes

Program drum
Tambor de programa
Tambour de programme

Program error
Error de programa
Erreur de programme

Program evaluation and review technique; P.E.R.T.
Técnica de evaluación y de revisión de los programas
Technique d'évaluation et de révision des programmes

Program event recording
Grabador de acontecimientos de programa
Enregistreur d'événements de programme

Program file
Fichero de programas
Fichier de programmes

Program flow
Desarrollo del programa
Déroulement du programme

Program flow diagram
Organigrama de flujo del programa
Organigramme de déroulement du programme

Program form
Impreso para programación
Imprimé pour programmation

Program generator
Generador de programas
Générateur de programmes

Program identification code
Código de identificación del programa
Code d'identification du programme

Program in operation
Programa en curso de ejecución, Programa activo
Programme en cours d'exécution

Program indicator code
Código indicador de programa
Code indicateur de programme

Program instruction
Instrucción de programa
Instruction de programme

Program interrupt(ion)
Interrupción de programa
Interruption de programme

Program interruption element
Elemento de interrupción de programa
Elément d'interruption de programme

Program languages
Lenguajes de programación
Langages de programmation

Program level
Nivel de un programa
Niveau d'un programme

Program library
Biblioteca de programas
Bibliothèque de programmes

Program line
Línea de programación
Ligne de programmation

Program listing
Lista de los programas
Liste des programmes

Program load
Carga del programa
Chargement du programme

Program loop
Ciclo de programa
Cycle de programme

Program maintenance
Mantenimiento de los programas
Maintenance des programmes

Program maintenance program
Programa de manutención de los
    programas
Programme de maintenance des
    programmes

Program mask
Máscara de programa
Masque de programme

Program modification
Modificación de programa
Modification de programme

Program module
Módulo de programa
Elément de programme

Program monitor
Programa de control
Programme de contrôle

Program name
Nombre del programa
Nom du programme

Program overlay
Superposición de programas
Superposition de programmes

Program package
Paquete de programas, Conjunto
    de programas
Ensemble de programmes

Program parameter
Parámetro de programa
Paramètre de programme

Program priority
Prioridad de programa
Priorité de programme

Program product
Producto-programa
Produit-programme

Program profile
Perfil del programa
Profil du programme

Program proving
Ensayo de programa
Essai de programme

Program register
Registro de programa
Registre de programme

Program relocation
Recolocación del programa
Remise en place du programme

Program reset
Recolocación del programa
Remise en place du programme

Program run
Pasada (ejecución) de programa
Passage de programme

Program scheduling
Planificación de los programas
Planification des programmes

Program segment
Segmento de programa
Segment de programme

Program selection
Selección de programa
Sélection de programme

Program sensitive error
Error detectable por programa
Erreur décelable par programme

Program sensitive fault
Incidente detectable por programa
Incident décelable par programme

Program sequence
Secuencia de programa
Séquence de programme

Program specification
Especificación de programa
Spécification de programme

Program start key
Tecla de arranque del programa
Touche de départ du programme

Program state alternative
Alternativa relativa al estado del
    .programa
Alternative relative à l'état du
    programme

Program status register
Registro de estado del programa
Registre d'état du programme

Program status word; P.S.W.
Palabra de estado del programa
Mot d'état du programme

Program step
Paso de programa
Pas de programme

Program stop
Parada del programa
Arrêt du programme

Program storage
Memoria de programa
Mémoire à programme

Program store
Memoria de programa
Mémoire à programme

Program support
Soporte de programa
Support de programme

**Program synchronization table;
P.S.T.**
Tabla de sincronización de los
    programas
Table de synchronisation des
    programmes

Program tape
Cinta de programa
Bande de programme

Program test cycle
Ciclo de ensayo del programa
Cycle d'essai du programma

Program testing
Ensayo de programa
Essai de programme

Program testing time
Tiempo de ensayo de un
    programa
Temps d'essai d'un programme

Program unit
Unidad de programa
Unité à programme

Program write up
Descripción (impresa) del
    programa
Description du programme

Programmable
Programable
Programmable

Programmable buffered terminal
Terminal programable dotado de
    memoria intermedia
Terminal programmable doté de
    mémoire intermédiaire

Programmable terminal
Terminal programable
Terminal programmable

Programmed
Programado
Programmé

Programmed check
Comprobación programada
Contrôle programmé

Programmed dump
Vaciado programado
Vidage programmé

Programmed instruction; P.I.
Instrucción programada
Instruction programmée

Programmed learning
Enseñanza programada
Etude programmée

Programmed logic
Lógica programada
Logique programmée

Programmed marginal check
Control de los márgenes
    programados
Contrôle des marges programmé

Programmed stop
Parada programada
Arrêt programmé

Programmed switch
Conmutación programada
Commutation programmée

Programmer
Programador
Programmeur

Programmer defined micro
Microinstrucción de programador
Micro-instruction de programmeur

Programmer trainee
Programador en prácticas
Elève programmeur

Programmetry
Programetría
Programmetrie

Programming
Programación
Programmation

Programming aids
Ayudas a la programación
Aides à la programmation

Programming department
Departamento de programación
Service de programmation

Programming error
Error de programación
Erreur de programmation

Programming form
Hoja de programación
Feuille de programmation

Programming language; P.L.
Lenguaje de programación
Langage de programmation

Programming support
Soporte de programación
Support de programmation

Programming system
Sistema de programación
Système de programmation

Programming team
Equipo de programación
Equipe de programmation

Programming team leader
Jefe de equipo de programación
Chef d'équipe de programmation

Programming technique
Técnica de programación
Technique de programmation

Programming temporary fix
Reparación provisional de un
    programa
Modifications momentanées de
    programmation

Programming unit
Unidad de programación
Unité de programmation

Program(ming) sheet
Hoja de programación
Feuille de programmation

Progress
Desarrollo
Déroulement

(to be in) Progress
En curso de ejecución
Etre en cours d'exécution

Progress report
Informe de desarrollo de los
    trabajos
Rapport de déroulement des
    travaux

Progress status
Estado del progreso de los
    trabajos
Etat de déroulement des travaux

Progressive total
Total progresivo
Total progressif

(to) Prohibit
Prohibir
Interdire

Project
Proyecto
Projet

Project control system
Sistema de control de proyectos
Système de contrôle de projets

Project leader
Jefe de proyectos
Chef de projets

Project management system
Sistema de gestión de los
    proyectos
Système de gestion des projets

(to) Prompt
Sugerir, Solicitar una entrada
Suggérer

Proof machine
Máquina de control
Machine de contrôle

Proof total
Total de control
Total de contrôle

Propagated
Propagado
Propagé

Propagated error
Error propagado
Erreur propagée

Propagated time
Tiempo propagado
Temps propagé

(to) Propel
Propulsar
Propulser

Proper
Particular
Particulier

Proper
Propio
Propre

Proportional
Proporcional
Proportionnel

Prorated
Prorrateo
Calculé 'prorata temporis'

Prospection
Eventual
Eventuel

(to) Protect
Proteger
Protéger

Protected
Protegido
Protégé

Protected locations
Posiciones protegidas
Positions protégées

Protection
Protección
Protection

Protection character
Carácter de protección
Caractère de protection

Protection key
Indicativo de protección
Indicatif de protection

Protection number
Número de protección
Numéro de protection

Protective
Símbolo de protección
Symbole de protection

Protective printing
Impresión de símbolos de
    protección
Impression de symboles de
    protection

Prototype statement
Instrucción prototipo
Instruction prototype

Protractor
Transportador de dibujo
Rapporteur de dessin

(to) Prove
Hacer un ensayo
Faire un essai

(to) Provide
Proveer
Pourvoir

(to) Provide
Prever
Prévoir

Proving
Prueba de funcionamiento
Essai de fonctionnement

Proving time
Tiempo de ensayo
Temps d'essai

P.R.R.
Tasa de repetición de las
    impulsiones
Taux de répétition des impulsions

P.R.T.
Impresora
Imprimante

Pseudo code
Pseudocódigo
Pseudo-code

Pseudo data
Datos ficticios
Données fictives

Pseudo instruction
Pseudoinstrucción
Pseudo-instruction

Pseudo operation
Pseudooperación
Pseudo-opération

Pseudo random sequence
Secuencia de números
    pseudoaleatorios
Séquence de nombres pseudo-
    aléatoires

Pseudo register
Pseudoregistro
Pseudo-registre

Pseudo-variable
Pseudo-variable
Pseudo-variable

P.S.T.
Tabla de sincronización de los
    programas
Table de synchronisation des
    programmes

P.S.W.
Palabra de estado del programa
Mot d'état du programme

P.T.
Cinta perforada
Bande perforée

P.T.M.
Modulación de impulsiones en el
    tiempo
Modulation d'impulsions dans le
    temps

P.T.P.
Punto por punto
Point par point

P.U.B.
Bloque de la unidad física
Bloc de l'unité physique

(to) Pull
Extraer
Extraire

**Pulse Amplitude Modulation
P.A.M.**
Modulación de impulsos en
    amplitud
Modulation d'impulsions en
    amplitude

Pulse counter
Contador de impulsos
Compteur d'impulsions

Pulse duration
Duración de impulso
Durée de l'impulsion

Pulse duration modulation; P.D.M.
Modulación de duración de
    impulsos
Modulation d'impulsions en durée

Pulse frequency
Frecuencia de impulsos
Fréquence d'impulsions

Pulse frequency modulation
Modulación de impulsos en
    frecuencia
Modulation d'impulsions en
    fréquence

Pulse generator
Generador de impulsos
Générateur d'impulsions

Pulse integrator
Integrador de impulsos
Intégrateur d'impulsions

Pulse length
Duración de impulso
Durée de l'impulsion

Pulse length modulation; P.L.M.
Modulación de duración de
impulsos
Modulation d'impulsions en durée

Pulse metering system
Sistema de recuento por impulsos
Système de comptage par
impulsions

Pulse modulated transmission
Transmisión modulada por
impulsos
Transmission modulée par
impulsions

Pulse modulated wave
Onda modulada por impulsos
Onde modulée par impulsions

Pulse modulation
Modulación por impulsiones
Modulation par impulsions

Pulse modulator
Modulador de impulsos
Modulateur d'impulsions

Pulse number modulation
Modulación de impulsos en
número
Modulation d'impulsions en
nombre

Pulse pair
Par de impulsiones
Paire d'impulsions

Pulse phase modulation; P.P.M.
Modulación de impulsos en fase
Modulation d'impulsions en phase

Pulse position modulation
Modulación de impulsos en
posición
Modulation d'impulsions en
position

Pulse power output
Potencia de salida de las
impulsiones
Puissance de sortie des impulsions

Pulse regenerator
Regenerador de impulsos
Régénérateur d'impulsions

Pulse repeater
Repetidor de impulsos
Répétiteur d'impulsions

Pulse repetition frequency; P.R.F.
Frecuencia de repetición de los
impulsos
Fréquence de répétition des
impulsions

Pulse repetition rate; P.R.R.
Tasa de repeticion de los impulsos
Taux de répétition des impulsions

Pulse rise time
Duración de establecimiento de
impulso
Durée d'établissement de
l'impulsion

Pulse selection circuit
Circuito de selección por impulso
Circuit de sélection à impulsions

Pulse shape
Forma de los impulsos
Forme des impulsions

Pulse signal
Señal de impulsión
Signal d'impulsion

Pulse spacing
Espacio entre impulsos
Espacement entre impulsions

Pulse spectrum
Espectro de impulsos
Spectre d'impulsions

Pulse standardization
Normalización de los impulsos
Standardisation des impulsions

Pulse string
Tira o cadena de impulsos
Suite d'impulsions

Pulse test
Ensayo por impulsión
Essai par impulsions

Pulse time modulation; P.T.M.
Modulación de impulsos en el
tiempo
Modulation d'impulsions dans le
temps

Pulse train
Tren de impulsos
Train d'impulsions

Pulse train generator
Generador de trenes de impulsos
Générateur de trains d'impulsions

Pulse transformer
Transformador de impulsos
Transformateur d'impulsions

Pulse transmission system
Sistema de transmisión mediante
impulsos
Système de transmission par
impulsions

Pulse transmitter
Emisor de impulso
Emetteur d'impulsions

Pulse triple
Triple impulso
Triple impulsion

Pulse width
Duración de impulso
Durée de l'impulsion

Pulse width modulation; P.W.M.
Modulación de duración de
impulsos
Modulation d'impulsions en durée

Pulses per inch; P.P.I.
Impulso por pulgada
Impulsions par pouce

Punch(ing)
Perforación
Perforation

(to) Punch
Perforar
Perforer

Punch alert
Incidente de perforación
Incident de perforation

Punch area
Campo de perforación
Zone de perforation

Punch block
Bloque de perforación
Bloc de perforation

**Punch card accounting machine;
P.C.A.M.**
Máquina contable con fichas
perforadas
Machine comptable à cartes
perforées

Punch card machinery
Equipo con fichas perforadas
Matériel à cartes perforées

Punch card unit
Perforación de fichas
Perforateur de cartes

Punch cardshop
Oficina de perforación
Atelier de perforation

Punch check
Vigilancia de perforación
Contrôle de perforation

Punch code
Código de perforación
Code de perforation

Punch column
Columna de perforación
Colonne de perforation

Punch feed
Pista de perforación
Piste de perforation

Punch feed read; P.F.R.
Lectura antes de perforación
Lecture avant perforation

Punch feed read station
Estación de lectura antes de
perforación
Poste de lecture avant perforation

Punch head
Cabeza de perforación
Tête de perforation

Punch hole
Agujero de perforación
Trou de perforation

Punch knife
Punzón de perforación
Poinçon de perforation

Punch operator
Perforista
Perforatrice (personne)

Punch room supervisor
Monitora de sala de perforación
Monitrice de salle de perforation

Punch tape code
Código de perforación de cinta
Code de perforation de bande

Punch tape; P.T.
Cinta perforada
Bande perforée

Punch(ed) card
Ficha perforada
Carte perforée

Punch(ed) card department
Departamento mecanográfico
Service mécanographique

Punch(ed) card file
Fichero en fichas perforadas
Fichier sur cartes perforées

Punch(ing) die
Matriz de perforación
Matrice de perforation

Punched
Perforado
Perforé

Punched card calculator
Calculadora con fichas perforadas
Machine à calculer à cartes
perforées

Punched card computer
Ordenador con fichas perforadas
Ordinateur à cartes perforées

Punched card duplicating
Duplicación de fichas perforadas
Duplication de cartes perforées

Punched card equipment
Equipo con fichas perforadas
Matériel à cartes perforées

Punched card equipment operator
Operador de equipo con fichas
perforadas
Opérateur sur matériel à cartes
perforées

Punched card interpreter
Intérprete de fichas perforadas
Interprète de cartes perforées

Punched card machine; P.C.M.
Máquina con fichas perforadas
Machine à cartes perforées

Punched card machinery
Equipo con fichas perforadas
Equipement à cartes perforées

Punched card operator
Operador mecanográfico
Opérateur mécanographique

Punched card reader
Lector de fichas perforadas
Lecteur de cartes perforées

Punched card sorter
Clasificadora de fichas perforadas
Trieuse de cartes perforées

Punched card verifier
Verificadora de fichas perforadas
Vérificatrice de cartes perforées

Punched paper tape
Cinta de papel perforada
Bande de papier perforée

Punched tag
Etiqueta perforada
Etiquette perforée

Punched tape reader
Lector de cinta perforada
Lecteur de bande perforée

Puncher
Perforador
Perforateur

Puncher
Perforista
Perforatrice (personne)

Punching block
Bloque de perforación
Bloc de perforation

Punching error
Error de perforación
Erreur de perforation

Punching field
Campo de perforación
Zone de perforation

Punching instructions
Instrucciones de perforación
Instructions de perforation

Punching key
Indicativo de perforación
Indicatif de perforation

Punching key
Indicativo de protección
Indicatif de protection

Punching machine
Perforadora
Perforatrice (machine)

Punching mechanism
Mecanismo de perforación
Mécanisme de perforation

Punching rate
Velocidad de perforación
Vitesse de perforation

Punching section
Sección de perforación
Section de perforation

Punchings
Perforaciones
Perforations

Punchless
No perforado
Non perforé

Punch(ing) position
Posición de perforación
Position de perforation

Punch(ing) room
Sala de perforación
Salle de perforation

Punch(ing) station
Estación de perforación
Poste de perforation

Punch(ing) track
Pista de perforación
Piste de perforation

Punch(ing) unit
Unidad de perforación
Unité de perforation

Punctuation bit
Bit de puntuación
Bit de ponctuation

Punctuation symbol
Signo de puntuación
Signe de ponctuation

Punctuation
Puntuación
Ponctuation

Pure binary numeration
Numeración en binario puro
Numérotation en binaire pure

(to) Purge
Eliminar
Eliminer

Purge date
Fecha límite de validez
Date limite de validité

Purpose
Fin
But

Push
Empuje
Poussée

(to) Push
Empujar
Pousser

Push button
Pulsador
Bouton poussoir

Push down dialling
Llamada mediante pulsador
Appel par bouton poussoir

Push down list
Lista LIFO, Lista apilada
Liste inversée

Push down store
Memoria de pila
Mémoire à liste inversée

Push-pull amplifier
Amplificador en contrafase
Amplificateur en contre phase

Push-up list
Lista de introducción directa
Liste à introduction directe

Push-up storage
Memoria con lista de introducción
    directa
Mémoire à introduction directe

Put-in operation
Puesta en servicio
Mise en service

P.W.M.
Modulación de impulsiones en
    duración
Modulation d'impulsions en durée

Q

Q.A.
Cuestión / respuesta
Question / réponse

Q.C.
Control de calidad
Contrôle de qualité

Q.C.B.
Bloque de gestión de las filas de
espera
Bloc de gestion des files d'attente

Q.I.S.A.M.
Método de acceso secuencial
indexado con filas de espera
Méthode d'accès séquentiel indexé
avec files d'attente

Q.M.
Gestionador de las filas de espera
Gesteur des files d'attente

Q.S.A.M.
Método de acceso secuencial con
filas de espera
Méthode d'accès séquentiel avec
files d'attente

Q.T.A.M.
Método de acceso a las
telecomunicaciones con filas de
espera.
Méthode d'accès aux
télécommunications avec files
d'attente

Quad
Cuarta
Quarte

Quadded cable
Cable de cuartas
Câble à quartes

Quadratic programming
Programación cuadrática
Programmation quadratique

Quadruplex system
Sistema cuadruplex
Système quadruplex

Qualifier
Calificador
Qualificateur

Qualification of names
Calificación de los nombres
Qualification des noms

Qualified
Calificado
Qualifié

Qualified name
Nombre calificado
Nom qualifié

(to) Qualify
Calificar
Qualifier

Quality
Calidad
Qualité

Quality assurance
Garantía de calidad
Garantie de qualité

Quality control; Q.C.
Control de calidad
Contrôle de qualité

Quality index
Índice de calidad
Indice de qualité

Quantification
Cuantificación
Quantification

Quantitative information
Información cuantjficada
Masse d'informations

Quantity
Cantidad
Quantité

Quantity factor
Factor de cantidad
Facteur de quantité

Quantity on hand
Existencias
Stocks

Quantity on order
Cantidad de pedido
Quantité en commande

Quantity ordered
Cantidad pedida
Quantité commandée

Quantization
Cuantificación
Quantification

Quantization distortion
Distorsión de cuantificación
Distorsion de quantification

(to) Quantize
Cuantificar
Quantifier

Quantizer
Cuantificador
Quantificateur

Quantum
Cuanto
Quantum

Quarter
Cuarto
Quart

Quartz delay line
Línea de retardo de cuarzo
Ligne à retard à quartz

Quasi instruction
Pseudoinstrucción
Pseudo-instruction

(to) Querry
Interrogar, Consultar
Interroger

Querry
Interrogación, Consulta
Interrogation

Question / answer; Q.A.
Pregunta / respuesta
Question / réponse

Question length
Longitud de la pregunta
Longueur de réponse

Question mark
Carácter de interrogación
Point d'interrogation

Questionable
Cuestionable
Contestable

Queue
Cola
File d'attente

(to) Queue
Colocar en colas
Mettre en file d'attente

Queue control block; Q.C.B.
Bloque de gestión de las colas
Bloc de gestion des files d'attente

Queue manager; Q.M.
Gestionador de las colas
Gesteur des files d'attente

Queue time
Tiempo de espera en cola
Temps d'attente en file

Queued
Puesto en cola
Mise en file d'attente

Queued access
Acceso de cola de espera
Accès par file d'attente

Queued access method
Método de acceso con colas
Méthode d'accès aves files
d'attente

Queued indexed sequential access method; Q.I.S.A.M.
Método de acceso secuencial
indexado con colas
Méthode d'accès séquentiel indexé
avec files d'attente

Queued sequential access method; Q.S.A.M.
Método de acceso secuencial con
colas
Méthode d'accès séquentiel avec
files d'attente

Queued sequential method
Método secuencial con colas.
Méthode séquentielle avec files
d'attente

Queued telecommunications access method; Q.T.A.M.
Método de acceso a las
telecomunicaciones con colas
Méthode d'accès aux
télécommunications avec files
d'attente

Queuing
Colocación en cola
Mise en file d'attente

Queuing problem
Problema de colas
Problème de mise en file d'attente

Queuing theory
Teoría de colas
Théorie de mises en file d'attente

Quibinary code
Código quibinario
Code quibinaire

Quick
Rápido
Rapide

Quick access storage
Memoria con acceso de alta
velocidad
Mémoire à accès rapide

Quiesced state
Sin trabajos en curso
Sans travaux en cours

Quiescent
En pausa
Au repos

Quieted
Insonorizado
Insonorisé

Quinary
Quinario
Quinaire

Quintet
Quinteto
Quintet

Quintuple
Quíntuplo
Quintuple

Quite
Completamente
Complément

Quotation mark
Comillas
Guillemets

Quote
Cima
Sommet

Quotient
Cociente
Quotient

R

Rack
Armazón
Bâti

Radial
Radial
Radial

Radial attachment
Conexión en paralelo
Connexion en parallèle

Radial transfer
Transferencia radial
Transfert radial

Radix
Base
Base

Radix complement
Complemento a la base
Complément à la base

Radix minus-one complement
Complemento a la base menos
  uno
Complément à la base moins un

Radix notation
Notación de base
Notation de base

Radix number
Base de numeración
Base de numération

Radix numeration
Numeración de base
Numération de base

Radix point
Coma
Virgule

(to) Raise
Elevar
Elever

(to) Raise to a power
Elevar a potencia
Elever à une puissance

Raised floor
Falso suelo
Faux plancher

Raised letters
Letras en relieve
Lettres en relief

R.A.M.
Memoria con acceso selectivo
Mémoire à accès sélectif

R.A.M.
Memoria de acceso al azar
Mémoire vive

Random access
Acceso aleatorio, Acceso directo
Accès aléatoire, Accès direct

Random access
Acceso selectivo
Accès sélectif

Random access device
Aparato de acceso selectivo
Appareil à accès sélectif

Random access memory; R.A.M.
Memoria con acceso selectivo
Mémoire à accès sélectif

Random access memory; R.A.M.
Memoria de acceso al azar
Mémoire vive

Random access storage; R.A.S.
Memoria con acceso selectivo
Mémoire à accès sélectif

Random check
Comprobación por sonda
Contrôle par sondage

Random (access) file
Fichero de acceso al azar
Fichier à accès sélectif

Random number
Número aleatorio
Nombre aléatoire

Random number generator
Generador de números aleatorios
Générateur de nombres aléatoires

(in) Random order
En un orden cualquiera
Dans un ordre quelconque

Random processing
Proceso no ordenado
Traitement non ordonné

(in) Random sequence
En secuencia no ordenada (al azar)
En séquence non ordonnée

Randomly
Aleatoriamente
Aléatoirement

Randomly arranged
Dispuesto en un orden cualquiera
Disposé dans un ordre quelconque

Random numbers sequence
Secuencia de números aleatorios
Séquence de nombres aléatoires

Range
Gama
Gamme

(to) Rank
Poner en orden
Mettre en ordre

R.A.P.
Programa de asignación de los
  recursos
Programme d'affectation des
  ressources

Rapid access loop
Ciclo de acceso rápido
Cycle à accès rapide

Rapid access storage
Memoria con acceso de alta
  velocidad
Mémoire à accès rapide

R.A.S.
Memoria con acceso selectivo
Mémoire à accès sélectif

Raster
Trama
Trame

Rate
Tasa
Taux

Rate
Velocidad
Vitesse

Rated speed
Velocidad nominal
Vitesse nominale

Ratio
Relación (Proporción)
Rapport (Proportion)

Raw data
Datos no procesados
Données non traitées

R.B.E.
Sumisión de trabajos a distancia
   por lotes
Soumission de travaux à distance
   par lots

R.C.S.
Memoria de control recargable
Mémoire de contrôle rechargeable

R.D.C.
Error de datos en lectura
Erreur de données en lecture

(to) Reach normal termination
Alcanzar el fin normal
Terminer l'exécution normale

(to) Reactivate
Relanzar
Relancer

Reactivation
Relanzamiento
Relance

Read(ing)
Lectura
Lecture

(to) Read
Leer
Lire

Read after write check
Comprobación por lectura después
   de escritura
Contrôle par lecture après écriture

Read alert
Incidente de lectura
Incident de lecture

(to) Read back
Releer
Relire

Read back check
Comprobación por repetición de
   lectura
Contrôle par relecture

(to) Read backward
Hacer una lectura hacia atrás
Faire une lecture arrière

Read board
Tabla de lectura
Table de lecture

Read cell
Célula de lectura
Cellule de lecture

(to) Read check
Comprobar por relectura
Contrôler par relecture

Read data check; R.D.C.
Error de datos en lectura
Erreur de données en lecture

Read error
Error de lectura
Erreur de lecture

(to) Read into storage
Leer en memoria
Envoyer en mémoire

Read mostly storage
Memoria de sola lectura
Mémoire de simple lecture

Read only access
Acceso de sólo lectura
Accès pour simple lecture

Read only control storage
Memoria de control de sola lectura
Mémoire de contrôle de simple
   lecture

Read only memory; R.O.M.
Almacenamiento de sola lectura
Mémoire à simple lecture

Read only storage; R.O.S.
Almacenamiento de sola lectura
Mémoire à simple lecture

Read output
Salida de lectura
Sortie de lecture

Read output signal
Señal de salida de lectura
Signal de sortie de lecture

Read punch unit
Lector / perforador
Lecteur / perforateur

Read roller
Cilindro de lectura
Cylindre de lecture

Read system
Sistema de lectura
Système de lecture

Read time
Tiempo de lectura
Temps de lecture

Read while writing
Lectura y escritura simultáneas
Lecture et écriture simultanées

Read wire
Hilo de lectura
Fil de lecture

Reader
Lector
Lecteur

Reader-interpreter
Lector-intérprete
Lecteur interprète

Reader-sorter
Lector-seleccionador
Lecteur-trieur

Read(ing) head
Cabeza de lectura
Tête de lecture

Read(ing)-in
Memorización, Almacenamiento
Mémorisation

(to) Read-in
Memorizar
Mémoriser

Reading brush
Escobilla de lectura
Balai de lecture

Reading date
Fecha de lectura del contador
Date de relevé de compteur

Reading track
Pista de lectura
Piste de lecture

Reading while writing
Lectura y escritura simultáneas
Lecture et écriture simultanées

Read-only memory; R.O.M.
Memoria inalterable
Mémoire morte

Read(ing)-out
Extracción
Extraction

(to) Read-out
Extraer
Extraire

Read(ing) pulse
Impulso de lectura
Impulsion de lecture

Read(ing) rate
Velocidad de lectura
Vitesse de lecture

Read(ing) speed
Velocidad de lectura
Vitesse de lecture

Read(ing) station
Estación de lectura
Poste de lecture

Read-write channel
Canal de lectura-escritura
Canal de lecture-écriture

Read-write check
Comprobación de lectura-escritura
Contrôle de lecture-écriture

Read-write check indicator
Indicador de control de lectura-
  escritura
Indicateur de contrôle de lecture-
  écriture

Read-write head
Cabeza de lectura-escritura
Tête de lecture-écriture

Read-write memory; R.W.M.
Memoria de lectura-escritura
Mémoire de lecture-écriture

Read-write; R.W.
Lectura-escritura
Lecture-écriture

(to) Ready
Preparår, Poner en estado de
  funcionamiento
Apprêter

Ready
Pronto
Prêt

Ready condition
Estado de disponibilidad
Etat de disponibilité

Ready time
Tiempo de disponibilidad
Temps de disponibilité

Real constant
Constante real
Constante réelle

Real storage
Memoria real
Mémoire réelle

Real storage address
Dirección de memoria real
Adresse de mémoire réelle

Real time clock
Reloj en tiempo real
Horloge en temps réel

Real time computer
Ordenador utilizado en tiempo real
Ordinateur utilisé en temps réel

Real time control
Control en tiempo real
Contrôle en temps réel

Real time input
Introducción en tiempo real
Introduction en temps réel

Real time input / output
Entrada / salida en tiempo real
Entrée / sortie en temps réel

**Real time operating system;
R.T.O.S.**
Sistema de funcionamiento en
  tiempo real
Système de fonctionnement en
  temps réel

Real time operation
Funcionamiento en tiempo real
Fonctionnement en temps réel
.

Real time operation
Operación en tiempo real
Opération en temps réel

Real time output
Salida en tiempo real
Sortie en temps réel

Real time processing
Proceso en tiempo real
Traitement en temps réel

Real time remote inquiry
Interrogación a distancia en
  tiempo real
Interrogation à distance en temps
  réel

Real time; R.T.
Tiempo verdadero, Tiempo actual,
  Tiempo real
Temps réel

Real time simulation
Simulación en tiempo real
Simulation en temps réel

Real time working
Funcionamiento en tiempo real
Fonctionnement en temps réel

(to) Reallocate
Reasignar
Re-affecter

Reallocation
Reasignación
Re-allocation

(to) Rearrange
Reordenar
Re-ordonner

Reasonability check
Comprobación lógica
Contrôle logique

Reasonableness check
Comprobación de verosimilitud
Contrôle de vraisemblance

(to) Reassemble
Reensamblar
Re-assembler

Reassembly
Reensamblado
Re-assemblage

Reassignment
Reasignación
Re-affectation

(to) Reassign
Reasignar
Re-affecter

(to) Rebuilt
Reconstruir
Reconstruire

(to) Recalculate
Recalcular
Recalculer

(to) Recalibrate
Reposicionar
Repositionner

Recap(ping)
Recapitulación
Récapitulation

(to) Recap
Recapitular
Récapituler

Receipt
Recepción
Réception

Receipt card
Ficha de recepción
Carte de réception

(to) Receive
Recibir
Recevoir

Receiver
Receptor
Récepteur

Receiver response time
Tiempo de respuesta de un
receptor
Temps de réponse d'un récepteur

Receiving
Recepción
Réception

Receiving data
Datos receptores
Données réceptrices

Receiving margin
Margen de recepción
Marge de réception

Receiving register
Registro receptor
Registre récepteur

Receiving terminal
Terminal receptor
Terminal récepteur

Recertification
Recertificación
Re-certification

(to) Recertify
Recertificar
Re-certifier

(to) Recode
Recodificar
Re-coder

Recognition
Reconocimiento
Reconnaissance

Recognizable
Identificable
Identifiable

(to) Recognize
Identificar, Reconocer
Identifier

Recompilation
Recompilación
Re-compilation

(to) Recompile
Recompilar
Re-compiler

Recompiling
Recompilación
Re-compilation

Recomplementation
Recomplementación
Re-complémentation

Recomplementing
Recomplementación
Re-complémentation

Recomputation
Recálculo
Re-calcul

(to) Recompute
Recalcular
Re-calculer

(to) Recondition
Reacondicionar
Re-conditionner

Reconditioning
Reacondicionamiento
Re-conditionnement

Reconfiguration
Modificación de la configuración
Modification de la configuration

(to) Reconfigure
Modificar la configuración
Modifier la configuration

(to) Reconstruct
Reconstituir
Reconstituer

Reconstruction
Reconstitución
Reconstitution

Reconversion
Reconversión
Reconversion

(to) Reconvert
Reconvertir
Reconvertir

Record
Registro
Enregistrement

(to) Record
Registrar
Enregistrer

Record address
Dirección de registro
Adresse d'enregistrement

Record address file
Fichero de direcciones de registro
Fichier d'adresses
d'enregistrement

Record and field definition form
Hoja de definición de los registros
y de las zonas
Feuille de définition des
enregistrements et des zones

Record blocking
Bloqueo de registros
Groupage d'enregistrements

Record code
Código de registro
Code d'enregistrement

Record count
Número de registros
Nombre d'enregistrements

Record format
Formato de registro
Format d'enregistrement

Record gap
Espacio entre registros
Espace entre enregistrements

Record layout
Disposición o diseño del registro
Tracé d'enregistrement

Record layout form
Hoja para trazado de registro
Feuille pour tracé d'enregistrement

Record lenght
Longitud de registro
Longueur d'enregistrement

Record mark
Marca de registro
Marque d'enregistrement

Record oriented transmission
Transmisión mediante registros
Transmission par enregistrements

Record overflow
Desbordamiento de grabación
Dépassement d'enregistrement

Record separator character
Carácter de separación de
registros
Caractère de séparation
d'enregistrements

Record separator; R.S.
Separador de registros
Séparateur d'enregistrements

Record type
Tipo de registro
Type d'enregistrement

Record type specifications
Especificaciones del tipo de
registro
Spécifications du type
d'enregistrement

Recordable
Registrable
Enregistrable

Recorded key
Clave registrada
Clé enregistrée

(to) Recorder
Registrar
Enregistrer

Recorder
Grabador
Enregistreur

Record(ing) head
Cabeza de registro
Tête d'enregistrement

Recording
Registro
Enregistrement

Recording channel
Canal de registro
Canal d'enregistrement

Recording density
Densidad de grabación
Densité d'enregistrement

Recording medium
Soporte de registro
Support d'enregistrement

Recording mode
Modo de registro
Mode d'enregistrement

Recording position
Posición de registro
Position d'enregistrement

Recording surface
Superficie de registro
Surface d'enregistrement

Recordings track
Pista de registro
Piste d'enregistrement

Records
Registros, Archivos
Archives

(to) Recover
Restablecer
Rétablir

Recovery
Restablecimiento
Rétablissement

Recovery from fallback
Restablecimiento después de
incidente
Rétablissement après incident

Recovery point
Punto de restablecimiento
Point de rétablissement

Recovery procedure
Proceso de restablecimiento
Procédure de rétablissement

(to) Recreate
Reconstituir
Reconstituer

Recreation
Reconstitución
Reconstitution

Rectangular
Rectangular
Rectangulaire

Rectangular hole
Perforación rectangular
Perforation rectangulaire

Rectangular integration
Integración rectangular
Intégration rectangulaire

Rectifiable
Rectificable
Rectifiable

Rectification
Rectificación
Rectification

Rectifier
Rectificador
Redresseur

Recurring
Iterativo
Itératif

Recursion
Recursividad
Récurrence

Recursive
Recurrente
Récurrent

Recursive function
Función recurrente
Fonction récurrente

Recursive process
Proceso recursivo
Processus récurrent

Recursivity
Recursividad
Récurrence

(to) Redial
Recomponer un número
Recomposer un numéro

(to) Redirect
Reencaminar
Re-acheminer

(to) Redo a flowchart
Rehacer un organigrama
Refaire un organigramme

(to) Redraw a flowchart
Volver a dibujar
Refaire un organigramme

Red-tape operations
Operaciones auxiliares
Opérations auxiliaires

Reduced type font
Juego reducido de caracteres
Jeu réduit de caractères

Reduction
Reducción
Réduction

Reduction ratio
Relación de reducción
Rapport de réduction

Redundancy
Redundancia
Redondance

Redundancy check
Comprobación por redundancia
Contrôle par redondance

Redundant
Redundante
Redondant

Redundant character
Carácter redundante
Caractère redondant

Redundant check
Comprobación redundante
Contrôle redondant

Redundant code
Código redundante
Code redondant

Reel
Carrete, Bobina
Bobine

(to) Reel
Enrollar
Bobiner

Reel file number
Número de orden de carrete
Numéro d'ordre de bobine

Reel flange
Pestaña (saliente) del carrete
Disque de bobine

Reel hub
Cubo portacarrete
Moyeu porte-bobine

Reel label
Etiqueta de carrete
Etiquette de bobine

Reel number
Número de carrete
Número de bobine

Reel serial number
Número de orden de carrete
Numéro d'ordre de bobine

Reel size
Diámetro de la bobina
Diamètre de bobine

Reel truck
Carro portabobinas
Chariot porte-bobines

Reeler control
Control de cinta
Contrôle de bande

Reeling
Arrollamiento
Bobinage

(to) Reenter
Reintroducir
Re-introduire

Reenterable
Reentrante
Rentrant

Re-enterable program
Programa reentrante
Programme rentrant

Reentrant
Reentrante
Rentrant

Reentrant coding
Codificación reentrante
Codage rentrant

Re-entrant program
Programa reentrante
Programme rentrant

Reentrant subroutine
Subrutina reentrante
Sous-programme rentrant

Reentry
Reintroducción
Re-introduction

Re-entry point
Punto de reintroducción
Point de reintroduction

Reinsertion
Reintroducción
Re-introduction

(to) Refan
Ventilar de nuevo
Aérer de nouveau

(to) Refeed
Realimentar
Re-alimenter

(to) Refer to
Referirse a
Se référer à

(to) Reference
Atribuir una referencia
Attribuer une référence

Reference
Referencia
Référence

Reference address
Dirección de referencia
Adresse de référence

Reference axis
Eje de referencia
Axe de référence

Reference edge
Borde de referencia
Bord de référence

Reference field
Campo de referencia
Zone de référence

Reference level
Nivel de referencia
Niveau de référence

Reference listing
Lista de referencia
Liste de référence

Reference record
Registro de referencia
Enregistrement de référence

Reference supply
Tensión de referencia
Tension de référence

Reference symbol
Símbolo de referencia
Symbole de référence

Reference table
Tabla de referencia
Table de référence

Reference tape
Cinta de referencia
Bande de référence

Reference time
Instante de referencia
Instant de référence

Refetching
Reextracción
Re-extraction

(to) Refile
Reclasificar
Reclasser

Refiling
Reclasificación
Reclassement

Reflectance
Reflexibilidad
Réflexibilité

Reflected
Reflejado
Réfléchi

Reflected binary code
Código binario reflejado, Código de Gray
Code binaire réfléchi

Reflective
Tira reflectora
Réfléchissant

Reflective foil
Marca reflectora
Marque réfléchissante

Reflective load point marker
Marca reflectora de principio de cinta
Marque réfléchissante de début de bande

Reflective strip
Tira reflectora
Bande réfléchissante

(to) Refold
Replegar
Replier

(to) Reformat
Reponer en forma
Remettre en forme

Reformatting
Reproducción en nuevo formato
Reproduction en nouveau format

Refresh
Regeneración
Régénération

(to) Refresh
Regenerar
Régénérer

Refresh memory
Memoria regenerativa
Mémoire régénérative

Refresh rate
Velocidad de regeneración
Vitesse de régénération

Refresher
Perfeccionamiento
Perfectionnement

Refresher course
Curso de perfeccionamiento
Cours de perfectionnement

(to) Refurbish
Reconstruir
Reconstruire

Refurbishing
Reconstitución
Reconstitution

(to) Regenerate
Regenerar
Régénérer

Regeneration
Regeneración
Régénération

Regeneration period
Período de regeneración
Période de régénération

Regenerative feedback
Realimentación regenerativa
Re-alimentation régénérative

Regenerative reading
Lectura regenerativa
Lecture régénérative

Regenerative storage
Memoria regenerativa
Mémoire régénérative

Regenerative tracks
Pistas regenerativas
Pistes régénératives

(to) Regeneratively read
Hacer una lectura no destructiva
Faire une lecture non destructive

Regenerator
Regenerador
Régénérateur

Regional address
Dirección de región
Adresse de région

(to) Register
Registrar
Enregistrer

Register
Registro
Registre

Register capacity
Capacidad de registro
Capacité de registre

Register designator
Indicador de registro
Indicateur de registre

Register display unit
Unidad de visualización de los registros
Unité de visualisation des registres

Register length
Longitud de registro
Longueur de registre

(to) Regress
Retroceder
Régresser

Regression
Regresión
Régression

Regrouping
Agrupamiento
Regroupement

Regrouping converter
Convertidor de agrupamiento
Convertisseur de regroupement

Regular binary
Binario puro
Binaire pur

Regulating pilot
Onda piloto de regulación
Onde pilote de régulation

Regulation
Regulación
Régulation

Regulator
Regulador
Régulateur

Reinitialization
Reinicialización
Reinitialisation

(to) Reinitialize
Reiniciar
Re-initialiser

(to) Reinitiate
Reiniciar
Re-initialiser

Reinitiation
Reinicialización
Re-initialisation

(to) Reinsert
Reintroducir
Re-introduire

Reinsertion
Reinserción
Re-introduction

(to) Reissue
Reemitir
Re-émettre

(to) Reject
Rechazar
Rejeter

Reject bin
Casilla de rechazo
Case de rebut

Reject pocket
Casilla de rechazo
Case de rebut

Reject rate, ratio
Tasa de rechazos
Taux de rebut

Reject stacker
Casilla de rechazo
Case de rebut

Reject tape
Cinta de errores
Bande d'erreurs

Rejection
Rechazo
Rebut

Rejection gate
Circuito de rechazo
Circuit de rebut

(to) Rejoggle
Rebatir (las fichas)
Rebattre (les cartes)

(to) Rekey
Reintroducir
Re-introduire

(to) Relabel
Reetiquetar
Re-étiquetter

Related facilities
Relaciones entre operaciones
Rapports entre opérations

Related tables
Tablas relacionadas
Rapports entre tables

Relation test
Prueba de relación
Analyse de rapport

Relational expression
Expresión de relación
Expression de relation

Relational operator
Operador de relación
Opérateur de relation

Relative
Relativo
Relatif

Relative address
Dirección relativa
Adresse relative

Relative addressing
Direccionamiento relativo
Adressage relatif

Relative code
Código relativo
Code relatif

Relative coding
Codificación relativa
Codage relatif

Relative error
Error relativo
Erreur relative

Relative level
Nivel relativo
Niveau relatif

Relay
Relé
Relais

Relay amplifier
Amplificador-relé
Amplificateur-relais

Relay automatic system
Sistema automático con relé
Système automatique à relais

Relay calculator
Calculador con relés
Calculateur à relais

Relay center
Centro relé
Centre relais

Relay computer
Calculador con relés
Calculateur à relais

(to) Release
Lanzar
Lancer

Release
Liberación
Libération

(to) Release
Liberar
Libérer

Telex network
Red telex
Réseau télex

Reliability
Seguridad de funcionamiento
Sûreté de fonctionnement

(to) Relink
Reencadenar
Re-enchaîner

(to) Reload
Recargar
Recharger

Reloadable control storage; R.C.S.
Memoria de control recargable
Mémoire de contrôle rechargeable

Relocatability
Posibilidad de cambio de dirección
Possibilité de changement
    d'adresse

Relocatable
Reposicionable
Translatable

Relocatable address
Dirección reposicionable
Adresse translatable

Relocatable area
Zona reposicionable
Zone de translation

(in) Relocatable form
En forma reposicionable
Sous forme translatable

Relocatable library
Biblioteca reposicionable
Bibliothèque translatable

Relocatable program
Programa reposicionable
Programme translatable

Relocatable program loader
Cargador de programa trasladable
Chargeur de programme
    translatable

(to) Relocate
Reposicionar
Translater

Relocation
Reposicionado
Translation

Relocation constant
Constante de traslación
Constante de translation

Relocation dictionary; R.L.D.
Diccionario de las traslaciones
Dictionnaire des translations

Remainder
Resto
Reste

Remedial maintenance
Mantenimiento de reparación
Maintenance de dépannage

Remote access
Acceso remoto a distancia
Accès à distance

Remote attachment
Enlace a distancia
Liaison à distance

Remote batch
Teletratamiento por lotes
Télétraitement par lots

Remote batch entry; R.B.E.
Sumisión de trabajos a distancia
por lotes
Soumission de travaux à distance
par lots

Remote batch entry
Entrada a distancia por lotes
Introduction à distance par lots

Remote batch processing
Proceso a distancia por lotes
Traitement à distance par lots

Remote calculator
Ordenador remoto
Calculateur de télégestion

Remote communications terminal
Terminal de telegestión
Terminal de télégestion

Remote computer
Ordenador remoto
Calculateur de télégestion

Remote computing
Proceso a distancia
Traitement à distance

Remote computing system
Sistema de proceso a distancia
Système de traitement à distance

**Remote computing system
language**
Lenguaje para sistema de proceso
a distancia
Langage pour système de
traitement à distance

Remote concentrator
Concentrador a distancia
Concentrateur à distance

Remote console
Pupitre de proceso a distancia
Pupitre de traitement à distance

Remote control
Telecomando
Télécommande

Remote control equipment
Equipo telecomandado
Matériel télécommandé

Remote control signal
Señal de telecomando
Signal de télécommande

Remote controlled
Telecomandado con operación
remota
Télécommandé

Remote data station
Estación de datos a distancia
Poste de données à distance

Remote data terminal
Terminal de datos a distancia
Terminal de données à distance

Remote debugging
Puesta a punto a distancia
Mise au point à distance

Remote entry services; R.E.S.
Servicios de introducción de
trabajos a distancia
Services d'introduction de travaux
à distance

Remote inquiry
Interrogación a distancia
Interrogation à distance

Remote inquiry station
Estación de interrogación a
distancia
Poste d'interrogation à distance

Remote job entry; R.J.E.
Entrada de trabajos a distancia
Introduction de travaux à distance

Remote measuring
Telemedida
Télémesure

Remote peripheral
Periférico a distancia
Périphérique à distance

Remote (data) processing
Proceso a distancia
Traitement à distance

Remote processor
Teleprocesador
Téléprocesseur

Remote signalling
Teleseñalización
Télésignalisation

Remote station
Estación a distancia
Poste à distance

**Remote terminal supervisor;
R.T.S.**
Supervisor de terminales a
distancia
Superviseur de terminaux à
distance

Remote termine device
Terminal a distancia
Terminal à distance

Remote testing
Ensayo a distancia
Essai à distance

Remote(ly) operated
Telecomandado con operación
remota
Télécommandé

Removability
Amovilidad
Amovibilité

Removable
Amovible
Amovible

Removable disk storage unit
Unidad de memoria con discos
    intercambiables
Unité de mémoire à disques
    interchangeables

Removable plugboard
Cuadro de conexiones removibles
Tableau de connexion amovible

(to) Remove
Desplazar
Déplacer

(to) Remove
Levantar
Enlever

Rename function
Función de cambio de nombre
Fonction de changement de nom

Rental equipment
Equipo de alquiler
Matériel de location

Rental value
Valor del alquiler
Valeur locative

Renting
Alquiler
Location

(to) Reorder
Reordenar
Reordonner

Re-order level
Nivel crítico de existencias
Seuil de réapprovisionnement

Re-order point
Punto de reaprovisionamiento
Point de réapprovisionnement

Repair
Reparación
Réparation

Repair man
Reparador
Réparateur

Repair (delay) time
Tiempo de correctivo
Temps de réparation

(to) Repatch
Corregir de nuevo
Corriger de nouveau

Repatching
Nueva corrección
Nouvelle correction

Repeatedly
Repetidamente
A plusieurs reprises

Repeater
Repetidor
Répétiteur

Repeating coil
Bobina repetidora
Translateur

Reperforator
Reperforador
Re-perforateur

Repertoire
Repertorio, Directorio
Répertoire

Repertory
Repertorio, Directorio
Répertoire

Repetition
Repetición
Répétition

Repetition factor
Factor de repetición
Facteur de répétition

Repetition instruction
Instrucción de repetición
Instruction de répétition

Repetition rate
Frecuencia de repetición
Fréquence de répétition

Repetitive
Repetitivo
Répétitif

Repetitive addressing
Direccionamiento repetitivo
Adressage répétitif

Repetitive operation
Operación repetitiva
Opération répétitive

Repetitively
De manera repetitiva
De façon répétitive

Repetitiveness
De carácter repetitivo
A caractère répétitif

Replaceable
Reemplazable
Reemplaçable

Replacement
Sustitución
Remplacement

(to) Replay
Repasar una cinta
Repasser une bande

(to) Replenish
Reaprovisionar
Réapprovisionner

Replenishment
Reaprovisionamiento
Réapprovisionnement

Replenishment lead time
Tiempo de reaprovisionamiento
Délai de réapprovisionnement

Replenishment order
Pedido de reabastecimiento
Commande de
    réapprovisionnement

Replication factor
Factor de repetición
Facteur de répétition

Report
Informe (Estado)
Rapport (Etat)

Report deck
Paquete de fichas de imprimir
Paquet de cartes à imprimer sous
    forme d'état

Report description form
Impreso de descripción de un
    informe
Imprimé de description d'un état

Report file
Fichero de los estados de imprimir
Fichier d'états à imprimer

Report footing line
Última línea de un informe
Dernière ligne d'un état

Report format form
Impreso de descripción de un
    informe
Imprimé de description d'un état

Report generation
Generación de estados
Génération d'états

Report generator; R.G.
Generador de estados
Générateur d'états

Report heading
Cabecera de informe
En-tête d'état

Report item
Elemento de informe
Elément d'état

Report layout
Presentación de un estado
Présentation d'un état

Report program
Programa de edición
Programme d'édition

Report program generator; R.P.G.
Lenguaje, Generador de
programas de edición
Générateur de programmes
d'édition

Report writer
Editor de informes
Editeur d'état

Report writing
Edición de informes
Edition d'état

Reporting
Producción de Informes
Production d'états

(to) Reposition
Reposicionar
Re-positionner

Repositioning
Reposición
Re-positionnement

Representation
Representación
Représentation

(to) Reprint
Reimprimir
Re-imprimer

(to) Reprocess
Procesar de nuevo
Traiter de nouveau

(to) Reproduce
Reproducir
Reproduire

Reproduce and interpret program
Programa de reproducción e
interpretación
Programme de reproduction et
interprétation

Reproducer
Reproductora
Reproductrice

Reproducing
Reproducción
Reproduction

Reproducing punch
Perforadora reproductora
Perforatrice reproductrice

Reproduction code
Código de reproducción
Code de reproduction

(to) Reprogram
Reprogramar
Re-programmer

Reprogramming
Reprogramación
Re-programmation

Reprographic
Reprográfico
Reprographique

Reprography
Reprografía
Reprographie

(to) Repunch
Reperforar
Re-perforer

Repunching
Reperforación
Re-perforation

Request(ing)
Petición
Demande

(to) Request
Pedir, Llamar
Demander

(to) Request control
Pedir la intervención
Demander à intervenir

(to) Request control information
Pedir la introducción de una
información
Demander l'introduction d'une
information

Request control routine
Subprograma de petición de
intervención
Sous-programme de demande
d'intervention

Request for control
Petición de intervención
Demande d'intervention

Request pending
Petición en espera
Demande en attente

Request to send
Petición de emitir
Demande d'émettre

Requesting program
Programa solicitante
Programme demandeur

Requestor
Parte que llama, Solicitante
Demandeur

Request-response unit; R.U.
Unidad de petición-respuesta
Unité de demande-réponse

(to) Requeue
Recolocar en cola
Remettre en file d'attente

Required
Obligatorio
Obligatoire

Requirements
Necesidades
Besoins

Requirements planning
Planificación de las necesidades
Planification des besoins

(to) Reread
Releer
Re-lire

Reread
Relectura
Re-lecture

(to) Rerecord
Registrar de nuevo
Enregistrer de nouveau

(to) Reroute
Reencaminar
Re-acheminer

Rerun
Reanudación
Reprise

Rerun routine
Subprograma de reanudación
Sous-programme de reprise

R.E.S.
Servicios de introducción de
trabajos a distancia
Services d'introduction de travaux
à distance

(to) Rescan
Releer
Re-lire

(to) Reschedule
Replanificar
Re-planifier

Rescheduling
Replanificación
Re-planification

Research
Búsqueda
Recherche

(to) Research
Investigar
Rechercher

Research establishment
Centro de investigación
Centre de recherches

(to) Resequence
Reponer en orden
Remettre en ordre

Resequencing
Reordenado
Remise en ordre

(to) Reserialize
Renumerar
Re-numéroter

Reservation
Reserva
Réservation

(to) Reserve
Reservar
Réserver

Reserve circuit
Circuito de reserva
Circuit de réserve

Reserved area
Zona reservada
Zone réservée

Reserved word
Palabra reservada
Mot réservé

(to) Reset
Restablecer
Rétablir

Reset
Restauración
Rétablissement

(to) Reset cycle
Restaurar un ciclo
Rétablir un cycle

Reset pulse
Impulso de restauración
Impulsion de rétablissement

Resident
Residente
Résidant

Resident access method
Método de acceso residente en
memoria
Méthode d'accès résidante en
mémoire

Resident disk
Disco residente
Disque résidant

Resident image
Imagen residente
Image résidante

Resident input reader
Lector de entrada residente
Lecteur d'entrée résidant

Resident monitor
Supervisor residente
Superviseur résidant

Resident output writer
Editor de salida residente
Editeur de sortie résidant

Resident program
Programa residente
Programme résidant

Resident reader
Lector residente
Lecteur résidant

Resident routine
Rutina residente
Routine résidante

Resident system
Sistema residente
Système résidant

Residential course
Curso a tiempo pleno
Cours à temps complet

Residual error
Error residual
Erreur résiduelle

Residual error ratio
Tasa de errores residuales
Taux d'erreurs résiduelles

Residual value
Valor residual
Valeur résiduelle

Residue
Resto
Reste

Residue check
Vigilancia en base al resto
Contrôle basé sur le reste

Resistance
Resistencia
Résistance

Resistance-coupled amplifier
Amplificador de acoplamiento por
resistencias
Amplificateur à couplage par
résistances

Resistor
Resistencia
Résistance

Resistor capacitor transistor logic
Lógica con resistencia;
condensadores y transistores
Logique à résistences;
condensateurs et transistors

Resistor-transistor logic; R.T.L.
Lógica con resistencias y
transistores
Logique à résistences et
transistors

(to) Resite
Sustituir, Cambiar de sitio
Replacer

Resolution
Resolución
Résolution

Resolution error
Error de resolución
Erreur de résolution

Resolver
Separador
Séparateur

Resolving potentiometer
Potenciómetro con variación
 sinusoidal
Potentiomètre à variation
 sinusoidal

(to) Resort
Reordenar
Reclasser

Resorting
Reordenación
Reclassement

**Resource allocation processor;
 R.A.P.**
Programa de asignación de los
 recursos
Programme d'affectation des
 ressources

Response
Respuesta
Réponse

Response duration
Duración de respuesta
Durée de réponse

Response set
Grupo de respuestas
Groupe de réponses

Response time
Tiempo de respuesta
Temps de réponse

(to) Respool
Rebobinar
Rebobiner

(to) Restack
Recolocar
Remettre en place

(to) Restart
Reanudar
Reprendre

Restart
Reanudación
Reprise

Restart address
Dirección de reanudación
Adresse de reprise

Restart point
Punto de reanudación
Point de reprise

Restart routine
Rutina de reanudación
Routine de reprise

(to) Restore
Reconstituir
Reconstituer

(to) Restore
Restaurar
Restaurer

Restricted file
Fichero reservado a determinados
 usuarios
Fichier réservé à certains
 utilisateurs

Restricted set
Juego reducido
Jeu réduit

Result
Resultado
Résultat

Result file
Fichero resultados
Fichier résultats

(to) Retain
Conservar
Conserver

Retention
Conservación
Conservation

Retention date
Fecha de conservación
Date de conservation

Retention period
Período de conservación
Période de conservation

Retransmission
Retransmisión
Retransmission

(to) Retransmit
Retransmitir
Retransmettre

Retransmitter
Retransmisor
Retransmetteur

Retrievability
Posibilidad de recuperación
Possibilité de récupération

Retrievable
Recuperable
Récupérable

Retrieval
Recuperación, Búsqueda
Récupération

Retrieval time
Tiempo de recuperación
Temps de récupération

(to) Retrieve
Recuperar
Récupérer

(to) Retrofit
Poner en nivel
Mettre de niveau

(to) Retry
Repetir
Répéter

Retry
Repetición
Répétition

Return
Regreso
Retour

(to) Return
Volver, Regresar
Retourner

Return address
Dirección de retorno
Adresse de renvoi

Return code
Código de retorno
Code de renvoi

Return instruction
Instrucción de retorno
Instruction de renvoi

Return to bias recording
Grabado con regreso al estado
 determinado de antemano
Enregistrement avec retour à l'état
 prédéterminé

Return to zero; R.Z.
Regreso a cero
Retour à zéro

(to) Retype
Recomponer
Recomposer

Reusable
Reusable
Re-utilisable

Reusable subroutine
Subrutina reutilizable
Sous-programme réutilisable

(to) Reverse
Invertir
Inverser

Reverse code dictionary
Diccionario de los códigos
   inversos
Dictionnaire des codes inverses

Reverse interrupt
Interrupción por inversión
Interruption par inversion

(in) Reverse order
En orden inverso
Dans l'ordre inverse

Reverse reading
Lectura inversa
Lecture inverse

(in)Reverse sequence
En secuencia inversa
En séquence inverse

Reverse sequence
Secuencia opuesta
Séquence opposée

Reverse slant
Barra oblicua inversa ″
Barre oblique inverse ″

Reversible counter
Contador reversible
Compteur réversible

Reversible magnetic process
Proceso magnético reversible
Processus magnétique réversible

Reversible process
Proceso reversible
Processus réversible

Reversing lever
Palanca de inversión
Levier d'inversion

Revolution
Rotación
Rotation

Revolver tracks
Pistas regenerativas
Pistes régénératives

Rewind(ing)
Rebobinado y descarga
Rebobinage

(to) Rewind
Rebobinar
Rebobiner

Rewind speed
Velocidad de rebobinado
Vitesse de rebobinage

Rewind spool
Carrete receptor
Bobine réceptrice

(to) Rewrite
Reescribir
Re-écrire

Rewriting
Reescritura
Re-écriture

R.G.
Generador de estados
Générateur d'états

Ribbon
Cinta
Ruban

Ribbon drive
Mecanismo de arrastre de la cinta
Mécanisme d'entraînement du
   ruban

Ribbon guide
Guía cinta
Guide ruban

Ribbon lint
Deshilachado de la cinta
Effilochure du ruban

Ribbon path diagram
Gráfico del camino de la cinta
Graphique du parcours du ruban

Ribbon reverse lever
Palanca de inversión de marcha de
   la cinta
Levier d'inversion de marche du
   ruban

Ribbon shift
Cambio de cinta
Changement de ruban

Ribbon spool
Alimentadora de cinta
Bobine de ruban

(to) Riffle
Ventilar
Ventiler

Riffling
Ventilación
Ventilation

Riffling
Aireación
Aération

Right adjust
Alineamiento a la derecha
Alignement à droite

Right justified
Alineado a la derecha
Aligné à droite

(to) Right justify
Alinear a la derecha
Aligner à droite

Right shift
Desplazamiento a la derecha
Décalage à droite

Rightmost
De peso menor
De poids mineur

Rim
Flanco
Flasque

Ring
Anillo
Anneau

Ring counter
Contador en anillo
Compteur à anneau

Ring shift
Desplazamiento circular
Décalage circulaire

Ripple through carry
Acarreo simultáneo
Report simultané

Rise time
Tiempo de subida
Temps de montée

R.J.E.
Introducción de trabajos a
distancia
Introduction de travaux à distance

R.L.D.
Diccionario de las traslaciones
Dictionnaire des translations

Robot
Robot
Robot

Robotics
Robótica
Robotique

Robotization
Automatización
Automatisation

(to) Robotize
Automatizar
Automatiser

(to) Rock the tape back and forth
Mover la cinta alternativamente en
ambos sentidos
Faire défiler la bande
alternativement dans les deux
sens

Role indicator
Indicador de función
Indicateur de fonction

Roll(er)
Rodillo
Rouleau

Rollback
Reanudación
Reprise

(to) Rollback
Efectuar una nueva pasada
Effectuer un nouveau passage

Rollback routine
Rutina de reanudación
Routine de reprise

Rolled out
Soporte exterior
Support extérieur

Roller
Cilindro
Cylindre

Roll-feed paper
Rodillo de alimentación de papel
Rouleau d'alimentation de papier

R.O.M.
Memoria de sola lectura
Mémoire à simple lecture

R.O.M.
Memoria muerta
Mémoire morte

Room
Sala
Salle

Root
Raíz
Racine

Root phase
Fase de base
Phase de base

Root segment
Segmento de base
Segment de base

R.O.S.
Memoria de sola lectura
Mémoire à simple lecture

Rotary dial
Cuadrante rotativo
Cadran rotatif

Rotate
Permutación circular
Permutation circulaire

(to) Rotate
Permutar
Permuter

Rotation of tapes
Rotación de las cintas
Alternance des bandes

Rotational delay
Demora de rotación
Temps de rotation

Rotational position sensing; R.P.S.
Detección de posición angular
Détection de position angulaire

Round
Redondeado
Arrondi

(to) Round
Redondear
Arrondir

Round brackets
Paréntesis
Parenthèses

Round cornered card
Ficha con esquinas redondeadas
Carte à coins arrondis

(to) Round down
Redondear a la unidad inferior
Arrondir à l'unité inférieure

Round-off
Redondeado
Arrondi

(to) Round-off
Redondear
Arrondir

Round-off error
Error de redondeo
Erreur d'arrondi

(to) Round-up
Redondear a la unidad superior
Arrondir à l'unité supérieure

(to) Route
Encaminar
Acheminer

Route
Itinerario
Itinéraire

Routine
Rutina
Routine

Routine
Subrutina
Sous-programme

Routine check
Comprobación por rutina
Contrôle par routine

Routine library
Biblioteca de los subprogramas
Bibliothèque des sousprogrammes

Routine maintenance
Rutina de mantenimiento
Routine de maintenance

Routine maintenance time
Tiempo de rutina de
mantenimiento
Temps de routine de maintenance

Routing
Encaminamiento
Acheminement

Routing indicator
Indicador de encadenamiento
Indicateur d'acheminement

Routing time
Tiempo de encaminamiento
Temps d'acheminement

Row
Hilera
Rangée

Row binary
Binario por fila
Binaire par rangée

Row binary card
Ficha binaria por hilera
Carte binaire par rangée

Row binary code
Código binario por fila
Code binaire par rangée

Row binary data representation
Representación de datos binarios
    por hilera
Représentation de données
    binaires par rangée

Row parity check
Control de paridad transversal
Contrôle de parité transversale

Row pitch
Interlínea
Interligne

Row punch
Perforador por hilera
Perforateur par rangée

R.P.G.
Generador de programas de
    edición
Générateur de programmes
    d'édition

R.P.S.
Detección de posición angular
Détection de position angulaire

R.S.
Separador de registros
Séparateur d'enregistrements

R.T.
Tiempo real
Temps réel

R.T.L.
Lógica con resistencias y
    transistores
Logique à résistances et
    transistors

R.T.O.S.
Sistema de funcionamiento en
    tiempo real
Système de fonctionnement en
    temps réel

R.T.S.
Supervisor de terminales a
    distancia
Superviseur de terminaux à
    distance

R.U.
Unidad de petición-respuesta
Unité de demande-réponse

Rub-out character
Carácter de borrado
Caractère d'effacement

Run
Pasada en máquina
Passage en machine

(to) Run
Proceder a una pasada en
    máquina
Procéder à un passage en machine

Run book
Documentación de las fases
Documentation des phases

Run chart
Diagrama de ejecución
Organigramme des phases

Run diagram
Diagrama de ejecución
Organigramme des phases

Run duration
Duración de la fase
Durée des phases

Run phase
Fase de ejecución
Phase d'exécution

Run sheet
Hoja de trabajo
Feuille de travail

Runaway slewing
Salto ininterrumpido del papel
Saut ininterrompu du papier

Runding error
Error de redondeo
Erreur d'arrondi

Runnability
Posibilidad de ejecución
Possibilité d'exécution

(in) Runnable form
En forma ejecutable
Sous forme exécutable

Running accumulator
Acumulador circulante
Accumulateur circulant

Running state
Estado de marcha
Etat de marche

(to) Runt-out
Terminar una fase
Terminer une phase

Run-out
Fin de fase
Fin de phase

Run(ning) time
Tiempo de ejecución
Temps d'exécution

R.W.
Lectura-escritura
Lecture-écriture

R.W.M.
Memoria de lectura-escritura
Mémoire de lecture-écriture

R.Z.
Regreso a cero
Retour à zéro

S

S S L (Source Statement Library)
Biblioteca-lenguaje fuente
Bibliothèque-langage source

S.A.C.
Canal de acceso a la memoria
Canal d'accès à la mémoire

(to) Safe store
Memorizar
Mémoriser

Safety
Seguridad
Sécurité

Safety device
Dispositivo de seguridad
Dispositif de sécurité

Safety factor
Factor de seguridad
Facteur de sécurité

Safety interlock
Circuito de seguridad
Circuit de sécurité

Safety ring
Anillo de seguridad
Bague de sécurité

Safety stock
Existencias de seguridad
Stock de sécurité

S.A.K.
Acuse de recepción y parada
Accusé de réception et arrêt

(to) Salvage
Recuperar
Récupérer

S.A.M.
Método de acceso secuencial
Méthode d'accès séquentiel

Sample
Muestra
Echantillon

(to) Sample
Tomar una muestra
Echantillonner

Sample coding
Ejemplo de programación
Modèle de programmation

Sample data
Datos de ensayo
Données d'essai

Sampling rate
Frecuencia de muestreo
Fréquence d'échantillonnage

Sampling theory
Teoría de muestras
Théorie de l'échantillonnage

Sand blast
Enarenar
Sablage

Satellite computer
Ordenador satélite
Calculateur satellite

Satellite processor
Procesador satélite
Processeur satellite

Saturated field
Campo de saturación
Champ de saturation

Saturation
Saturación
Saturation

(to) Save
Preservar
Préserver

S.B.T.
Código transmisión con seis bits
Code transmission à six bits

Scalar quantity
Cantidad escalar
Grandeur scalaire

Scale
Escala
Echelle

(to) Scale
Graduar
Graduer

Scale coefficient
Coeficiente de graduación
Coefficient de graduation

Scale factor
Factor de escala
Facteur de graduation

Scale model
Modelo reducido
Modèle réduit

Scale of two
Escala binaria
Echelle binaire

Scale switch
Selector de sensibilidad
Sélecteur de sensibilité

Scaled down version
Versión reducida
Version réduite

Scaler
Contador de impulsos
Compteur d'impulsions

Scaling factor
Factor de escala
Facteur de graduation

(to) Scan
Explorar
Explorer

Scan period
Período de exploración
Période d'exploration

Scan rate
Frecuencia de exploración
Fréquence d'exploration

Scannable
Analizable
Analysable

Scanner
Analizador
Analyseur

Scanner disk
Disco analizador
Disque analyseur

Scanning
Exploración
Exploration

Scarce
Escaso
Rare

(to) Scatter
Difundir
Diffuser

(to) Scatter
Fraccionar
Fractionner

Scatter / gather
Dispersión / agrupamiento
Diffusion / regroupement

Scatter diagram
Organigrama de difusión
Organigramme de diffusion

Scatter loading
Carga dispersa
Chargement fractionné

Scatter reading
Lectura fraccionada
Lecture fractionnée

Schedule
Plano
Plan

(to) Schedule
Planificar
Planifier

Schedule
Programa
Programme

Schedule of performance
Planificación de los trabajos
Planification des travaux

Schedule of services
Calendario de los trabajos
Calendrier des travaux

Scheduled
Planificado
Planifié

Scheduled engineering time
Tiempo de intervención
    planificado
Temps d'intervention planifié

Scheduled maintenance
Mantenimiento planificado
Maintenance planifiée

Scheduled operation
Operación planificada
Opération planifiée

Scheduled requirements
Necesidades planificadas
Besoins planifiés

Scheduler
Programador
Programmeur

Scheduling
Planificación
Planification

Scheduling
Programación
Programmation

Schematic
Esquemático
Schématique

Schematic diagram
Organigrama esquemático
Organigramme schématique

Scheme
Esquema
Schéma

School
Escuela
Ecole

Scientific
Científico
Scientifique

Scientific application
Aplicación científica
Application scientifique

Scientific compiler
Compilador científico
Compilateur scientifique

Scientific computation
Cálculo científico
Calcul scientifique

Scientific computer
Ordenador científico
Ordinateur scientifique

Scientific data processing
Tratamiento de datos científicos
Traitement de données
    scientifiques

Scientific language
Lenguaje científico
Langage scientifique

**Scientific oriented language
    processor**
Compilador de programas
    científicos
Compilateur de programmes
    scientifiques

Scientific programmer
Programador científico
Programmeur scientifique

Scope
Osciloscopio
Oscilloscope

Scope attribute
Atributo de validez
Attribut de validité

S.C.P.
Programación de control del
    sistema
Programmation de contrôle du
    système

(to) Scramble
Perturbar (una emisión)
Brouiller (une emission)

Scrap
Desperdicio
Déchet

(to) Scrap
Desechar
Mettre au rebut

Scrap allowance
Proporción permitida de chatarra
Rebut autorisé

Scrap rate
Tasa de rechazos
Taux de rebut

(to) Scratch
Borrar
Effacer

Scratch area
Zona de trabajo
Zone de travail

Scratch date
Fecha de expiración
Date d'expiration

Scratch device
Dispositivo de trabajo
Appareil de travail

Scratch disk
Disco de trabajo
Disque de travail

Scratch file
Fichero de trabajo
Fichier de travail

Scratch (pad) memory
Almacenamiento de trabajo
Mémoire de travail

Scratch pool
Grupo de cintas de trabajo
Groupe de bandes de travail

Scratch tape
Cinta de trabajo
Bande de travail

Scratch volume
Volumen de trabajo
Volume de travail

Screen
Pantalla
Ecran

(to) Screen
Seleccionar
Selectionner

Screener
Explorador
Sérigraphe

Screening
Filtración
Filtrage

(to) Scribe
Marcar
Marquer

Script
Información en código máquina
Information en code machine

Scroll
Rollo de papel
Rouleau de papier

Scrolling
Desfile, Pasada secuencial
Défilement

Scrutinize
Escudriñar
Scruter

S.C.T.
Tabla de control de las etapas
Table de contrôle des étapes

S.D.A.
Recogida de datos de fuente
Saisie de données de source

S.D.R.
Registrador de datos estadísticos
Enregistreur de données
    statistiques

Search
Búsqueda
Recherche

Search card
Ficha de búsqueda
Carte de recherche

Search cycle
Ciclo de búsqueda
Cycle de recherche

(to) Search in
Consultar
Consulter

Search key
Indicativo de búsqueda
Indicatif de recherche

Search time
Tiempo de búsqueda
Temps de recherche

Search word
Palabra de búsqueda
Mot de recherche

Searching process
Operación de búsqueda
Opération de recherche

Searching storage
Memoria asociativa
Mémoire associative

Second
Segundo
Second

Second generation computer
Ordenador de segunda generación
Ordinateur de deuxième
    génération

Second level address
Dirección de segundo nivel
Adresse de deuxième niveau

Second level addressing
Direccionamiento de segundo
    nivel
Adressage de deuxième niveau

**Second level interrupt handler;
    S.L.I.H.**
Segundo nivel de gestión de las
    interrupciones
Second niveau de gestion des
    interruptions

Second level message
Mensaje de segundo nivel
Message de deuxième niveau

Second level message member
Miembro mensaje de segundo
    nivel
Membre message de deuxième
    niveau

Second order subroutine
Subprograma de segundo nivel
Sous-programme de deuxième
    niveau

Secondary
Secundario
Secondaire

Secondary failure
Fallo, Avería menor
Défaillance mineure

Secondary feed path
Línea de alimentación secundaria
Ligne d'alimentation secondaire

Secondary hopper
Depósito secundario
Magasin secondaire

Secondary index
Índice secundario
Index secondaire

Secondary line
Línea auxiliar
Ligne auxiliaire

Secondary memory
Memoria auxiliar
Mémoire auxiliaire

Secondary route
Vía auxiliar
Voie auxiliaire

Section
Sección
Section

(to) Section
Segmentar
Segmenter

Sector
Sector
Secteur

Sector break card
Ficha de delimitación de sector
Carte de délimitation de secteur

Secure
Protegido
Protégé

(to) Secure
Proteger
Protéger

Security base plate
Plataforma de protección
Plateforme de protection

Security enclosure
Protección reforzada
Protection renforcée

Security lock
Clave de seguridad
Clé de sécurité

Security protected tape
Cinta protegida por una
    contraseña
Bande protégée par un mot de
    passe

Seed
Semilla
Germe cristallin

Seek
Búsqueda física
Recherche physique

(to) Seek
Investigar
Rechercher

Seek address
Dirección de búsqueda
Adresse de recherche

Seek area
Zona de búsqueda
Zone de recherche

Seesaw
Inversión
Inversion

Seesaw circuit
Circuito inversor
Circuit inverseur

Segment
Segmento
Segment

(to) Segment
Segmentar
Segmenter

Segment mark
Marca de segmento
Marque de segment

Segment name table
Tabla de los nombres de
    segmentos
Table des noms de segments

Segment set
Grupo de segmentos
Groupe de segments

Segment table; S.G.T.
Tabla de los segmentos
Table des segments

Segmentation
Segmentación
Segmentation

Segmented program
Programa segmentado
Programme segmenté

Segmented word feature
Dispositivo de palabra
    segmentada
Dispositif de mot segmenté

Segmenting
Segmentación
Segmentation

(to) Segmentize
Segmentar
Segmenter

Segregating unit
Unidad de selección
Unité de sélection

Seizing signal
Señal de toma
Signal de prise

(to) Select
Seleccionar
Selectionner

(to) Select into a pocket
Enviar a una casilla de
    clasificación
Envoyer dans une case de
    classement

Select out
Selección en salida
Sélection en sortie

Selected cell
Célula seleccionada
Cellule sélectionnée

Selecting
Selección
Sélection

Selecting circuit
Circuito de selección
Circuit de sélection

Selection
Selección
Sélection

Selection card
Ficha de selección
Carte de sélection

Selection check
Control de selección
Contrôle de sélection

Selection code
Código de selección
Code de sélection

Selection control
Control de selección
Contrôle de sélection

Selection ratio
Relación de selección
Rapport de sélection

Selective calling
Llamada selectiva
Appel sélectif

Selective digit emitter
Emisor / selector de dígitos
Emetteur / sélecteur de chiffres

Selective dump
Vaciado selectivo
Vidage sélectif

Selective ringing
Llamada selectiva
Appel sélectif

Selective stacker
Casilla de selección
Case de sélection

Selective trace program
Programa de traza selectiva
Programme d'analyse sélective

Selective trace routine
Subrutina de traza
Sous-programme d'analyse
    sélective

Selectivity
Selectividad
Sélectivité

Selector
Selector
Sélecteur

Selector card
Ficha selectiva
Carte sélective

Selector channel
Canal selector
Canal sélecteur

Self-adapting
Autoadaptativo
Auto-adaptateur

Self-adaptive
Autoadaptable
Auto-adaptable

Self-check field
Campo autocontrolado
Zone auto-contrôlée

Self-check number verification
Verificación por dígito-clave de
   protección
Vérification par chiffre-clé de
   protection

Self-checking
Autocontrol
Auto-contrôle

Self-checking code
Código de autocontrol
Code d'auto-contrôle

Self-checking number
Número con dígito-clave de
   protección
Nombre à chiffre-clé de protection

Self-complementing
Autocomplementación
Auto-complementation

Self-contained
Incorporado
Incorporé

Self-correcting code
Código autocorrector
Code auto-correcteur

Self-defining term
Término autodefinido
Terme auto-défini

Self-demarcating code
Código autodelimitado
Code auto-délimité

Self-recording program
Programa que se autograba
Programme auto-translatable

Self-relocatable program
Programa autoposicionable
Programme auto-translatable

Self-resetting loop
Ciclo de autorestauración
Boucle à auto-rétablissement

Self-triggered program
Programa con lanzamiento
   automático
Programme à lancement
   automatique

Semanteme
Semantema
Sémantème

Semantic error
Error semántico
Erreur sémantique

Semantic matrix
Matriz semántica
Matrice sémantique

Semantics
(la) Somántica
(la) Sémantique

Semaphore
Semáforo
Sémaphore

**Semi-automatic message
   switching center**
Centro semiautomático de
   conmutación de mensajes
Centre semi-automatique de
   commutation de messages

Semi-automatic switching center
Centro semiautomático de
   conmutación
Centre semi-automatique de
   commutation

Semi-automatic system
Sistema semiautomático
Système semi-automatique

Semicolon
Punto y coma
Point virgule

Semi-conductor
Semiconductor
Semi-conducteur

Semi-conductor memory
Memoria con semiconductores
Mémoire à semi-conducteurs

Semi-duplex operation
Funcionamiento en semi-duplex
Fonctionnement en semi-duplex

Semi-perforated tape
Cinta semiperforada
Bande semi-perforée

(to) Send
Enviar
Envoyer

Send / receive unit
Unidad emisora / receptora
Appareil récepteur / émetteur

(to) Send back
Volver, Regresar
Retourner

(to) Send back out
Emitir
Emettre

Sender
Emisor
Emetteur

Sending data
Datos emisores
Données émettrices

Sending field
Campo emisor
Champ émetteur

Sending station
Estación emisora
Station émettrice

Senior character
Carácter más significativo
Caractère le plus significatif

(to) Sense
Detectar
Détecter

Sense byte
Octeto de análisis
Octet d'analyse

Sense line
Línea de lectura
Ligne de lecture

Sense probe
Lápiz emisor de señal
Crayon émetteur

Sense signal
Señal de lectura
Signal de lecture

Sense switch
Conmutador (detectable por
  programa)
Déviateur

Sense winding
Hilo de lectura
Fil de lecture

Sense wire
Hilo de lectura
Fil de lecture

Sensing
Detección
Détection

Sensing arm
Palpador
Palpeur

Sensing device
Sensor, Detector
Détecteur

Sensing finger
Palpador
Palpeur

Sensing station
Estación de lectura
Poste de lecture

Sensitivity
Sensibilidad
Sensibilité

Sensor
Sensor, Detector
Détecteur

Sentence
Frase
Phrase

Separate
Separado
Séparé

Separating
Separación
Séparation

Separating blank character
Carácter blanco (espacio) de
  separación
Caractère espace de séparation

Separating character
Carácter de separación
Caractère de séparation

Separator
Separador
Séparateur

Separator belt
Correa de separación
Courroie de séparation

Separator card
Ficha de separación
Carte de séparation

Separator character
Carácter separador
Caractére séparateur

Separator wheel
Rueda del separador
Roue du séparateur

Septenary number
Número septenario
Nombre septénaire

(to) Sequence
Poner en secuencia
Mettre en séquence

Sequence
Secuencia
Séquence

Sequence
Secuencia
Suite

Sequence access storage
Memoria con acceso secuencial
Mémoire à accès séquentiel

Sequence break
Ruptura de secuencia
Rupture de séquence

Sequence characteristic
Características de una secuencia
Caractéristique d'une séquence

Sequence chart
Organigrama de funcionamiento
  secuencial
Organigramme de fonctionnement
  séquentiel

Sequence check(ing)
Control de secuencia
Contrôle de séquence

(to) Sequence check
Comprobar una secuencia
Contrôler une séquence

Sequence checking routine
Rutina de control de una
  secuencia
Routine de contrôle d'une
  séquence

Sequence control
Control de secuencia
Contrôle de séquence

Sequence control counter
Contador de control de secuencias
Compteur de contrôle de
  séquences

Sequence control register
Registro de control de secuencias
Registre de contrôle de séquences

Sequence counter
Contador de secuencias
Compteur de séquences

Sequence error
Error de secuencia
Erreur de séquence

Sequence field
Campo de secuencia
Zone de séquence

Sequence information
Información de secuencia
Information de séquence

Sequence key
Indicativo de secuencia
Indicatif de séquence

Sequence key field
Zona de la clave de secuencia
Zone de l'indicatif de séquence

Sequence number
Número de secuencia
Numéro de séquence

Sequence of events
Serie de acontecimientos
Série d'événements

Sequence of operations
Secuencia de operaciones
Séquence d'opérations

Sequence register
Registro de secuencias
Registre de séquences

Sequence specifications
Especificaciones de secuencia
Spécifications de séquence

Sequence-controlled calculator
Calculador de secuencia
   controlada
Calculateur à séquence contrôlée

Sequenced string
Tira o cadena ordenada
Suite ordonnée

Sequencing
Puesta en secuencia
Mise en séquence

Sequencing by merging
Clasificación mediante
   intercalación
Rangement par interclassement

Sequential
Secuencial
Séquentiel

Sequential access
Acceso secuencial
Accès séquentiel

Sequential access method; S.A.M.
Método de acceso secuencial
Méthode d'accès séquentiel

Sequential access storage
Memoria con acceso secuencial
Mémoire à accès séquentiel

Sequential computer
Ordenador secuencial
Calculateur séquentiel

Sequentially ordered file
Fichero secuencial
Fichier séquentiel

Sequentially organized file
Fichero secuencial
Fichier séquentiel

Serial
En serie
En série

Serial / parallel
Serie / paralelo
Série / parallèle

Serial access
Acceso en serie
Accès en série

Serial access
Acceso secuencial
Accès séquentiel

Serial addition
Adición en serie
Addition en série

Serial arithmetic
Aritmética en serie
Arithmétique en série

Serial by bit
En serie por bit
En série par bit

Serial by character
En serie por carácter
En série par caractère

Serial by word
En serie por palabra
En série par mot

Serial computer
Ordenador en serie
Calculateur en série

Serial feed
Alimentación en serie
Alimentation en série

Serial flow
Desarrollo en serie (de los
   trabajos)
Déroulement en série (des
   travaux)

Serial full adder
Adicionador en serie
Additionneur en série

Serial full subtracter
Sustractor en serie
Soustracteur en série

Serial half-adder
Semiadicionador en serie
Semi-additionneur en série

Serial half-subtractor
Semisustractor en serie
Semi-soustracteur en série

Serial input / output channel
Canal de entrada / salida en serie
Canal d'entrée / sortie en série

Serial memory
Memoria en serie
Mémoire en série

Serial number
Número de serie
Numéro de série

Serial numbering station
Estation de numeración progresiva
Poste de numérotation progressive

Serial operation
Funcionamiento en serie
Fonctionnement en série

Serial printer
Impresora en serie
Imprimante en série

Serial processing
Proceso en serie
Traitement en série

Serial programming
Programación en serie
Programmation en série

Serial punch
Perforador en serie
Perforateur en série

Serial punching
Perforación en serie
Perforation en série

Serial reader
Lector en serie
Lecteur en série

Serial storage
Memoria en serie
Mémoire en série

Serial synchronous transmission
Transmisión síncrona en serie
Transmission synchrone en série

Serial transfer
Transferencia en serie
Transfert en série

Serial transmission
Transmisión en serie
Transmission en série

Serialization
Numeración progresiva
Numérotation progressive

Serial(ly) numbered
Numerado progresivamente
Numéroté progressivement

:2 (to) Serialize
Numerar progresivamente
Numéroter progressivement

Serializer
Numerador
Numéroteur

Serially re-usable program
Programa reutilizable en serie
Programme réutilisable en série

Serial-to parallel converter
Convertidor serie / paralelo
Convertisseur série / parallèle

(to) Serve
Ser útil a
Etre utile à

Server
Servicio de búsqueda de la
    información
Serveur

Service
Servicio
Service

(to) Service
Asegurar el servicio
Assurer le service

Service bits
Bits de servicio
Bits de service

Service bureau
Sociedad de servicios y de
    consulta en informática
Société de services et de conseil
    en informatique (S.S.C.I.)

Service call
Intervención para reparación
Intervention pour réparation

Service center
Centro de reparación
Centre de réparation

Service hours
Horas de utilización
Heures d'utilisation

Service life
Tiempo de utilización
Temps d'utilisation

Service manual
Manual de mantenimiento
Notice de manutention

Service operations
Operaciones de mantenimiento
Opération de manutention

Service program
Programa de servicio
Programme de service

Service routine
Rutina de servicio
Routine de service

Serviceability
Facilidad de servicio
Disponibilité au service

Serviceability ratio
Tasa de disponibilidad del servicio
Taux de disponibilité au service

Serviceable time
Tiempo de disponibilidad al
    servicio
Temps de disponibilité au service

Servicing
Mantenimiento y reparación
Manutention et réparation

Servicing time
Tiempo de mantenimiento y
    reparación
Temps de manutention et
    réparation

Servomechanism
Servomecanismo
Servomécanisme

Session
Sesión
Session

Set
Conjunto
Ensemble

Set
Juego
Jeu

Set location counter; S.L.C.
Inicialización del contador de
    posiciones
Initialisation du compteur de
    positions

Set mark
Marcado
Repére

Set mode
Determinación de modo
Détermination de mode

Set point
Punto de consigna
Point de consigne

Set pulse
Impulso de mando
Impulsion de mise en marche

Set theory
Teoría de los juegos
Théorie des ensembles

(to) Set zero
Poner a cero, Anular
Mettre à zéro

Setting
Posicionamiento
Positionnement

Setting time
Tiempo de posicionamiento
Temps de positionnement

Setting up
Constitución
Constitution

(to) Settle
Saldar
Solder

Settlement
Establecimiento
Etablissement

Setup
Preparación, Montaje
Montage

(to) Setup
Proceder al montaje
Procéder au montage

Setup diagram
Esquema de montaje
Schéma de montage

Setup hours
Tiempo de montaje
Temps de montage

Setup time
Tiempo de montaje
Temps de montage

Seven stroke coded magnetic character
Carácter magnético codificado a siete barras
Caractère magnétique codé à sept bâtonnets

Seven track compatibility
Compatibilidad siete pistas
Compatibilité sept pistes

Sexadecimal
Hexadecimal
Hexadécimal

Sexadecimal notation
Numeración hexadecimal
Numération héxadécimale

Sextet
Sexteto
Sextet

S.G.T.
Tabla de los segmentos
Table des segments

Shaft
Árbol, Eje
Arbre

Shaft position encoder
Codificación de posición angular
Codeur de position angulaire

(to) Shake
Sacudir
Secouer

Shake down
Rodaje
Rodage

Shake down period
Período de rodaje
Période de rodage

Shaping circuit
Circuito de puesta en forma
Circuit de mise en forme

Sharable
Compartible
Utilisable en commun

(to) Share
Compartir, Utilizar en común
Utiliser en commun

Shared data base
Base de datos compartida
Données de base utilisées en commun

Shared device
Unidad compartida
Unité utilisée en commun

Shared direct access device
Unidad de acceso directo compartida
Unité à accès direct utilisée en commun

Shared files system
Sistema de ficheros compartidos
Système à fichiers communs

Shared information service; S.I.S.
Servicio informático común
Service informatique commun

Shared information system
Sistema informático común
Système informatique commun

Shared line
Línea compartida
Ligne partagée

Shared memory
Memoria compartida
Mémoire utilisée en commun

Sharing
Utilización en común
Utilisation en commun

Sheet
Hoja
Feuille

Sheet feed
Alimentación en hojas
Alimentation en feuilles

Shield
Pantalla
Cache

(to) Shield
Apantallar,
Cacher

Shift
Desplazamiento
Décalage

(to) Shift
Desplazar
Décaler

Shift byte
Octeto de pasaje mayúsculas / minúsculas
Octet de passage majuscules / minuscules

Shift leader
Jefe de equipo
Chef d'équipe

Shift lock key
Tecla fija mayúscula
Touche fixe majuscules

Shift register
Registro de desplazamiento
Registre à décalage

Shifted character set conversion
Cambio de juego de caracteres
Changement de jeu de caractères

(to) Shift-in
Introducir por desplazamiento
Introduire par décalage

Shift-in character; S.I.
Carácter de código normal
Caractère de code normal

(to) Shift-out
Eliminar por desplazamiento
Eliminer par décalage

Shift-out character
Carácter de código especial
Caractère de code spécial

(to) Ship
Expedir
Expédier

Shipment
Expedición
Expédition

Shipping
Expedición
Expédition

(to) Shoot troubles
Buscar las averías
Rechercher les pannes

Shooting
Reparación
Dépannage

Shop
Almacén
Magasin

Shop days
Días laborables
Jours ouvrables

Short
Corto
Court

Short card
Ficha reducida
Carte réduite

Short circuit
Cortocircuito
Court-circuit

Short range loading procedure
Procedimiento de carga a breve
término
Procédure de chargement à brève
échéance

Short table
Tabla incompleta
Table incomplète

Short word
Palabra incompleta
Mot incomplet

Shortage
Penuria
Pénurie

Shortage cost
Coste de escasez
Coût de la pénurie

(to) Shorten
Abreviar-Acortar
Abréger-Raccourcir

Shorthand notation
Notación abreviada
Notation abrégée

Shredder
Máquina destructora de
documentos
Machine à détruire les documents

Shredding machine
Máquina destructora de
documentos
Machine à détruire les documents

Shrinkage allowance
Proporción permitida de
encogimiento
Rebut autorisé

Shrinkage factor
Coeficiente de contracción
Coefficient de rebut

Shunt
Derivación
Dérivation

(to) Shunt-out
Cortocircuitar
Court-circuiter

(to) Shut (down)
Interrumpir
Interrompre

Shut down
Interrupción
Interruption

Shuttle carriage
Carro lanzadera
Chariot navette

(to) Shuttle in and out
Introducir y extraer
alternativamente
Introduire et extraire
alternativament

Shuttle printer
Impresora con lanzadera
Imprimante à navette

S.I.
Carácter de código normal
Caractère de code normal

Side
Lado
Côté

Side casting
Flanco
Flasque latérale

Side circuit
Circuito combinatorio
Circuit combinant

Sideband
Banda lateral
Bande latérale

Sideways feed(ing)
Alimentación línea por línea
Alimentation ligne par ligne

(to) Sight
Observar
Observer

Sight check
Comprobación visual
Contrôle visuel

(to) Sight check
Comprobar visualmente
Contrôler visuellement

Sign
Signo
Signe

(to) Sign
Poner signo
Signer

Sign bit
Bit de signo
Bit de signe

Sign changer
Invertidor de signo
Inverseur de signo

Sign character
Carácter de signo
Caractère de signe

Sign check
Vigilancia de signo
Contrôle de signe

Sign check indicator
Indicador de control de signo
Indicateur de contrôle de signe

Sign digit
Dígito de signo
Chiffre de signe

Sign field
Campo de signo
Zone de signe

(to) Sign in
Ejecutar el procedimiento de
principio de proceso
Exécuter la procédure de début de
traitement

(to) Sign off
Ejecutar el procedimiento de fin de
proceso
Exécuter la procédure de fin de
traitement

(to) Sign on
Conectarse
Se connecter

Sign-on procedure
Procedimiento de enlace
Procédure de liaison

(to) Sign out
Ejecutar el procedimiento de fin de
proceso
Exécuter la procédure de fin de
traitement

Sign position
Posición de signo
Position de signe

Sign reverser
Invertidor de signo
Inverseur de signe

Sign-reversing amplifier
Amplificador con inversión de
signo
Amplificateur à inversion de signe

Sign test
Prueba de signo
Analyse de signe

Signal
Indicativo
Indicatif

Signal
Señal
Signal

(to) Signal
Señalar
Signaler

Signal / noise ration; S.N.
Relación señal / ruido
Rapport signal / bruit

Signal attenuation
Atenuación de señales
Atténuation de signaux

Signal conditioning
Acondicionamiento de señales
Conditionnement de signaux

Signal conversion equipment
Equipo de conversión de señales
Equipement de conversion de
signaux

Signal distance
Distancia entre señales
Distance entre signaux

Signal element
Elemento de señal
Elément de signal

Signal lamp
Indicador luminoso
Voyant lumineux

Signal level
Nivel de señal
Niveau de signal

Signal light
Indicador luminoso
Voyant lumineux

Signal normalization
Normalización de las señales
Normalisation des signaux

Signal regeneration
Regeneración de las señales
Régénération des signaux

Signal transformation
Transformación de señal
Transformation de signal

Signalling
Señalamiento
Signalisation

Signalling
Señalización
Signalisation

Signalling rate
Velocidad de transmisión de las
señales
Vitesse de transmission des
signaux

Signed field
Campo con signo
Zone marquée

Significance
Significación
Signification

Significant
Significado
Significatif

**Significant conditions of a
modulation**
Condiciones significativas de una
modulación
Conditions significatives d'une
modulation

**Significant conditions of a
restitution**
Condiciones significativas de una
restitución
Conditions significatives d'une
restitution

Significant digits
Dígitos significativos
Chiffres significatifs

Significant instants
Instantes significativos
Instants significatifs

Significant interval
Intervalo significativo
Intervalle significatif

Signing on
Procedimiento de identificación
Procédure d'identification

Signless
Sin signo
Sans signe

Simple buffering
Utilización de tampón único
Utilisation de tampon unique

Simple parity check
Control de paridad simple
Contrôle de parité simple

Simplex channel
Canal simplex
Canal simplex

Simplex circuit
Circuito simplex
Circuit simplex

Simplex line
Línea simplex
Ligne simplex

Simplex mode
Modo simplex
Mode simplex

(to) Simulate
Simular
Simuler

Simulated job environment
Condiciones de simulación de
trabajo
Conditions de simulation de travail

Simulating program
Programa de simulación
Programme de simulation

Simulation
Simulación
Simulation

Simulation routine
Rutina de simulación
Routine de simulation

Simulator
Simulador
Simulateur

Simulator program
Programa simulador
Programme simulateur

Simultaneity
Simultaneidad
Simultanéité

Simultaneous
Simultáneo
Simultané

Simultaneous access
Acceso simultáneo
Accès simultané

Simultaneous carry
Acarreo simultáneo
Report simultané

Simultaneous computer
Ordenador simultáneo
Calculateur simultané

Simultaneous input / output
Entrada / salida simultáneas
Entrée / sortie simultanées

Simultaneous mode of working
Modo de funcionamiento
  simultáneo
Mode de fonctionnement
  simultané

Simultaneous operation
Operación simultánea
Opération simultanée

Simultaneous transmission
Transmisión simultánea
Transmission simultanée

Single
Simple
Simple

Single address
Una sola dirección
Une seule adresse

Single address code
Código con una dirección
Code à une adresse

Single address instruction
Instrucción con una dirección
Instruction à une adresse

Single address message
Mensaje con una dirección
Message à une adresse

Single channel
Monocanal
Monocanal

Single channel controller
Controlador monocanal
Contrôleur monocanal

Single character printer
Impresora carácter por carácter
Imprimante caractère par caractère

Single circuit
Circuito semiduplex
Circuit semi-duplex

Single column duodecimal coding
Codificación duodecimal sobre
  una columna
Codage duodécimal sur une
  colonne

Single crystal
Monocristal
Monocristal

Single current transmission
Transmisión por simple corriente
Transmission par simple courant

Single-ended amplifier
Amplificador con salida simple
Amplificateur à sortie simple

Single error
Error simple
Erreur simple

Single file reel
Carrete monofichero
Bobine monofichier

Single length
Longitud simple
Longueur simple

Single level address
Dirección con un nivel
Adresse à un niveaux

Single level assembly
Conjunto con un nivel
Ensemble à un niveau

Single level explosion
Descomposición con un nivel
Décomposition à un niveau

Single line controller
Controlador unilínea
Contrôleur uniligne

Single part set
Papel simple (sin copias)
Papier simple exemplaire

Single ply
Papel simple (sin copias)
Papier simple exemplaire

Single precision
Simple precisión
Simple précision

Single processor system
Sistema monoprocesador
Système monoprocesseur

Single program initiation; S.P.I.
Inicialización de un programa
  único
Initialisation d'un programme
  unique

Single program mode
Modo programa único
Mode programme unique

Single reel file
Fichero monocarrete
Fichier monobobine

Single shot circuit
Circuito monoestable
Circuit monostable

Single shot multivibrator
Multivibrador monoestable
Multivibrateur astable

Single shot operation
Funcionamiento paso a paso
Fonctionnement pas à pas

Single sideband transmission
Transmisión sobre banda lateral
  única
Transmission sur bande latérale
  unique

Single space
Espaciado simple
Simple interligne

Single spacing
Simple interlínea
Simple interligne

Single spindle drive
Unidad de discos con un eje
Unité à disques monopile

(to) Single step
Ir paso a paso, Desarrollar paso a
  paso
Dérouler pas à pas

Single step
Paso a paso
Pas à pas

Single step operation
Funcionamiento paso a paso
Fonctionnement pas à pas

Single task
Tarea única
Tâche unique

Single unit subsystem
Subsistema con un solo aparato
Sous-système à un seul appareil

Single way
Unidireccional
Unidirectionnel

Singly
Separadamente
Séparément

S.I.S.
Servicio informática común
Service informatique commun

Site
Ubicación
Emplacement

Site
Lugar
Endroit

(to) Site
Implantar
Implanter

Siting
Implantación
Implantation

Six bit alphanumeric code
Código alfanumérico con seis bits
Code alphanumérique à six bits

Six bit byte
Sexteto
Sextet

Six bit transcode; S.B.T.
Código transmisión con seis bits
Code transmission à six bits

Six high disk pack
Paquete de seis discos
Chargeur de six disques

Six ply form
Legajo en seis ejemplares
Liasse en six exemplaires

Size
Formato
Format

Skeletal code
Código esquemático
Code schématique

Skeleton coding
Codificación esquemática
Codage schématique

Sketch
Croquis, Esquema
Croquis

Skew
Oblicuo, Desviado
Biais

(to) Skew
Desviar, Segar
Mettre en biais

Skew
Oblicuidad
Obliquité

Skip
Salto
Saut

(to) Skip
Saltar
Sauter

Skip bar
Lengüeta de salto
Languet de saut

Skip character
Carácter de salto
Caractère de saut

Skip instruction
Instrucción de salto
Instruction de saut

Slant
Oblicuo - Signo ' / '
Oblique - Signe ' / '

Slash
Barra de fracción - Signo '/'
Barre de fraction - Signe '/'

Slash
Signo '/'
Signe '/'

Slash mark
Barra de fracción - Signo '/'
Barre de fraction - Signe '/'

Slashed b
Barrado - Signo b
Barré - Signe b

(to) Slave
Esclavizar
Asservir

Slave application
Aplicación en modo esclavo
Application en mode asservi

Slave computer
Ordenador esclavo
Ordinateur asservi

Slave mode
Modo esclavo
Mode asservi

Slave output
Salida esclava
Sortie asservie

Slave station
Estación esclava
Station asservie

Slave system
Sistema esclavo
Système asservi

S.L.C.
Inicialización del contador de
    posiciones
Initialisation du compteur de
    positions

(to) Slew
Saltar, Girar
Faire sauter

Slew(ing)
Salto
Saut

Slew character
Carácter de salto
Caractère de saut

Slew control brush
Escobilla de control de salto
Balai de commande de saut

Slew hole
Perforación de salto
Perforation de saut

Slew rate
Velocidad de salto
Vitesse de saut

Slide
Deslizamiento
Glissement

Slide bar
Guía (Conducto)
Guide (Glissière)

Slide contact
Cursor
Curseur

Slide rule
Regla de cálculo
Règle à calculer

Slider
Cursor
Curseur

S.L.I.H.
Segundo nivel de gestión de las
   interrupciones
Second niveau de gestion des
   interruptions

Slip
Ficha
Fiche

(to) Slit
Cortar longitudinalmente
Couper longitudinalement

Slitter
Cuchilla
Couteau

Slot
Ranura
Elément de trame

Slot group
Grupo de casillas
Groupe de cases

Slot number
Número de casilla
Número de case

Slotted hole
Agujero con ranura
Trou ouvert

Slotting punch
Máquina para hacer muescas
Encocheuse

Slow
Lento
Lent

(to) Slow (down)
Aminorar
Ralentir

Slow access storage
Memoria de acceso lento
Mémoire à accès lent

Slow moving
Con escasa tasa de movimiento
A faible taux de mouvement

Slow speed peripheral
Periférico lento
Périphérique lent

Slow storage
Memoria lenta
Mémoire lente

(to) Slow up
Parar
Arrêter

S.L.T.
Tecnología de los circuitos lógicos
   transistorizados
Technologie des circuits logiques
   transistorisés

Small letter; lower case letter
Letra minúscula
Lettre minuscule

Small scale
Pequeña escala
Petite échelle

Small scale computer
Calculador de pequeña escala
Calculateur à petite échelle

Small scale integration
Integración de pequeña escala
Intégration à petite échelle

Small scheduler
Programador reducido
Programmeur réduit

(to) smooth
Alisar
Lisser

Smoothing
Alisado
Lissage

Smoothness
Lisura
Lissé

Smudge
Rebaba, Mancha
Bavochure

(to) Smudge
Manchado, Manchar
Maculage

Smudge proof
A prueba de manchas
Anti-maculage

Smudge resistance
Resistencia a la maculación
Résistance au maculage

Smudging
Manchado, Manchar
Maculage

S.N.
Relación señal / ruido
Rapport signal / bruit

Snapshot dump
Vaciado dinámico selectivo
Vidage dynamique sélectif

Snapshot printout
Impresión selectiva
Impression sélective

Snapshot program
Programa de análisis selectivo
Programme d'analyse sélective

Sneak feed
Alimentación intempestiva
Alimentation intempestive

Socket
Enchufe, Toma de corriente
Prise de courant

Soft copy
Presentación sonora o visual
Présentation sonore ou visuelle

Software
Programas y sistemas de
   programación
Logiciel

Software
Programas, Equipo lógico
Programmes

Software bug
Error de programación
Erreur de programmation

Software driver
Programa de gestión
Programme de gestion

Software engineer
Ingeniero de programación
Ingénieur de programmation

Software house
Sociedad de servicios y de
   consulta en informática
Société de services et de conseil
   en informatique (S.S.C.I.)

Software package
Paquete de programas, Conjunto
   de programas
Ensemble de programmes

Software program
Programa software
Programme logiciel

Software tape
Cinta de programa
Bande de programme

Software writer
Escritura de programas
Ecriture de programmes

S.O.H.
Principio de encabezamiento
Début d'en-tête

Solid logic technology, S.L.T.
Tecnología de los circuitos lógicos
   transistorizados
Technologie des circuits logiques
   transistorisés

Solid state components
Componentes con
   semiconductores
Composants à semi-conducteurs

Solid state computer
Ordenador transistorizado
Calculateur transistorisé

Solid state device
Dispositivo con semiconductores
Dispositif à semi-conducteurs

Solidus
Barra oblicua '/'
Barre oblique '/'

(to) Solve
Resolver
Résoudre

S.O.M.
Principio de mensaje
Début de message

Son file or tape
Cinta o fichero hijo, Cinta
   actualizada
Bande mise à jour

Sonic delay line
Línea de retardo acústico
Ligne à retard acoustique

Sophistication
Elaboración
Elaboration

S.O.R.
Principio de registro
Début d'enregistrement

Sort(ing)
Clasificación, Ordenación
Tri

(to) Sort
Clasificar
Trier

Sort / collate program
Programa de clasificación / fusión
Programme de tri / fusion

Sort / merge
Clasificadora / fusión
Tri / fusion

Sort / merge program
Programa de clasificación / fusión
Programme de tri / fusion

Sort brush
Escobilla de selección
Balai de tri

Sort control field
Zona de control de clasificación
Zone de contrôle de tri

Sort field
Campo de clasificación
Zone de tri

Sort file
Fichero de clasificación
Fichier de tri

Sort (control) key
Indicativo de ordenación
Indicatif de tri

(to) Sort out
Eliminar
Eliminer

Sort pass
Pasada para ordenación
Passage pour tri

Sort position
Posición de clasificación
Position de tri

Sort program generator
Generador de programas de
   clasificación
Générateur de programmes de tri

Sort sequence
Secuencia de clasificación
Séquence de tri

Sorter
Clasificadora
Trieuse

Sorter / reader
Clasificadora / lectora
Trieuse / lectrice

Sorter pocket
Casilla de ordenación
Case de tri

Sorting needle
Aguja de clasificación
Aiguille de tri

Sorting pocket
Casilla de ordenación
Case de tri

Sorting procedure
Procedimiento de ordenación
Procédure de tri

Sorting rod
Aguja de clasificación
Aiguille de tri

Sorting routine
Rutina de clasificación
Programme de tri

Sorting table
Tabla de clasificación
Table de tri

Sort(ing) routine generator
Generador (de programas) de
   clasificación
Générateur (de programmes) de tri

Sound insulation
Aislamiento sonoro
Isolation phonique

Sound proof
Insonoro
Insonore

Sound proofing
Insonorización
Insonorisation

Sound pulse
Impulso sonoro
Impulsion sonore

Source
Fuente
Source

Source block
Bloque emisor
Bloc émetteur

Source code
Código fuente
Code source

Source coding
Codificación fuente
Codage source

Source computer
Ordenador fuente
Ordinateur source

Source data
Datos fuente
Données de source

Source data acquisition; S.D.A.
Recogida de datos de fuente
Saisie de données de source

Source data automation
Automatización de los datos de la
  fuente
Automatisation des données de
  source

Source data collection
Recogida de datos de fuente
Saisie de données de source

Source data collection equipment
Equipo de recogida de datos
  fuente
Matériel de saisie de données de
  source

Source deck
Paquete de fichas en lenguaje
  fuente
Paquet de cartes en langage
  source

Source document
Documento fuente
Document source

Source information
Información fuente
Information de source

Source language
Lenguaje fuente
Langage source

Source library
Biblioteca (de programas) fuente
Bibliothèque (de programmes)
  source

Source machine
Máquina fuente
Machine source

Source member
Miembro fuente
Membre source

Source module
Módulo fuente
Module source

Source program
Programa fuente
Programme source

Source program library
Biblioteca (de programas) fuente
Bibliothèque (de programmes)
  source

Source recording
Grabación fuente
Enregistrement source

Source statement library
Biblioteca de instrucciones fuente
Bibliothèque d'instructions source

S.P.
Carácter espacio
Caractère espace

Space
Espacio
Espace

(to) Space
Espaciar
Espacer

Space
Intervalo
Intervalle

(to) Space backward
Hacer un espaciado hacia atrás
Faire un espacement arrière

Space bar
Barra de espaciado
Barre d'espacement

Space character; S.P.
Carácter espacio
Caractère espace

Space code
Código de espaciado
Code d'espacement

Space diversity
Diversidad en el espacio
Diversité dans l'espace

Space diversity reception
Recepción por diversidad en el
  espacio.
Réception par diversité dans
  l'espace

(to) Space fill
Hacer espaciados
Faire des espacements

(to) Space forward
Hacer un espaciado hacia adelante
Faire un espacement en avant

(to) Space pad
Hacer espaciados
Faire des espacements

Space suppression
Supresión de espacios
Suppression d'espaces

Spacing
Espaciado
Espacement

Span
Intervalo
Intervalle .

Spanned record
Registro dividido
Enregistrement morcelé

(to) Spawn
Crear
Créer

Special
Especial
Spécial

Special character
Carácter especial
Caractère spécial

Special device
Dispositivo especial
Dispositif spécial

Special feature
Dispositivo especial
Dispositif spécial

Special purpose
Especializado
Spécialisé

Special purpose character
Carácter especializado
Caractère spécialisé

Special purpose computer
Ordenador especializado
Calculateur spécialisé

Special sign
Signo especial
Signe spécial

Special symbol
Símbolo especial
Symbole spécial

Specialization
Especialización
Spécialisation

(to) Specialize
Especializar
Spécialiser

Specialized
Especializado
Spécialisé

Specific
Específico
Spécifique

Specific address
Dirección especifica
Adresse spécifique

Specific addressing
Direccionamiento específico
Adressage spécifique

Specific code
Código específico
Code spécifique

Specific coding
Codificación específica
Codage spécifique

Specific program
Programa específico
Programme spécifique

Specific routine
Rutina específica
Routine spécifique

Specification
Especificación
Spécification

Specification sheet
Hoja de especificaciones
Feuille de spécifications

Specification statement
Instrucción de organización
Instruction d'organisation

Specifications line
Línea de especificaciones
Ligne de spécifications

(to) Specify
Especificar
Spécifier

Specs
Especificaciones
Spécifications

Spectral analysis
Análisis espectral
Analyse spectrale

Spectral response
Respuesta espectral
Réponse spectrale

Spectrum
Espectro
Spectre

Speech line
Línea telefónica
Ligne téléphonique

Speed
Velocidad
Vitesse

Speed reducing feed
Reductor de velocidad de
    alimentación
Réducteur de vitesse
    d'alimentation

(to) Speed up
Acelerar
Accélérer

S.P.I.
Inicialización de un programa
    único
Initialisation d'un programme
    unique

Spigot
Espiga, Grifo
Ergot

Spill file
Fichero auxiliar
Fichier auxiliaire

Spindle
Eje
Axe

(to) Splice
Enlazar
Raccorder

Splice
Enlace
Raccordement

Splicer
Empalmadora
Colleuse

Splicing block
Empalmadora
Colleuse

Splicing tape
Cinta adhesiva
Bande adhésive

Split(ting)
Fraccionamiento
Fractionnement

(to) Split
Fraccionar
Fractionner

Split control field
Campo de control fraccionado
Zone de contrôle fractionnée

Split field light
Indicador luminoso en dos partes
Voyant en deux parties

Split keyboard
Teclado fraccionable
Clavier fractionnable

Split platen
Cilindro en dos partes
Cylindre en deux parties

Split register
Registro fraccionable
Registre fractionnable

Split wire
Conector múltiple
Fiche multiple

Split word operation
Operación sobre parte de palabra
Opération sur partie de mot

Split work area
Zona de trabajo fraccionada
Zone de travail fractionnée

Spool
Carrete, Bobina
Bobine

(to) Spool
Enrollar
Bobiner

Spooler
Bobinadora
Bobineuse

Spooling
Arrollamiento
Bobinage

Sporadic fault
Avería esporádica
Panne sporadique

Spot
Punto
Point

Spot carbon
Papel carbón a zonas
Carbone zoné

Spot check
Comprobación por sonda
Contrôle par sondage

(to) Spot check
Hacer una comprobación por
sondeo
Faire un contrôle par sondage

Spot mark
Punto de referencia
Point de repère

Spot punch
Pinza de perforación
Pince de perforation

Spot (hand) punch
Perforadora agujero por agujero
Poinçonneuse trou par trou

Sprocket channel
Canal de arrastre
Canal d'entraînement

Sprocket hole channel
Canal de arrastre
Canal d'entraînement

Sprocket hole margin
Agujeros marginales de arrastre
Trous marginaux d'entraînement

Sprocket hole tear strip
Tira marginal con agujeros de
arrastre
Bande marginale à trous
d'entraînement

Sprocket holes
Agujeros de arrastre
Trous d'entraînement

Sprocket pulse
Impulso de arrastre
Impulsion d'entraînement

Sprocket (punched) margin
Margen perforado de arrastre
Marge perforée d'entraînement

Sprocket punched
Con perforación de arrastre
Avec perforation d'entraînement

Sprocket punching
Perforación de arrastre
Perforation d'entraînement

Sprocket wheel
Rueda dentada
Roue dentée

Sprocketless
Sin perforación de arrastre
Sans perforation d'entraînement

Spurious
Parásito
Parasite

S.P.V.
Violación de la protección de la
memoria
Violation de la protection de la
mémoire

S.Q.A.
Zona de las filas de espera del
sistema
Zone des files d'attente du
système

Square brackets
Corchetes
Crochets

Square root
Raíz cuadrada
Racine carrée

Square-law detection
Detección parabólica
Détection parabolique

Squareness ratio
Tasa de rectangularidad
Taux de rectangularité

Squid
Clavija doble
Cheville double

Stability
Estabilidad
Stabilité

(to) Stack
Apilar
Empiler

Stack
Pila
Pile

Stack pointer
Indicador de pila
Indicateur de pile

Stackable
Apilable
Empilable

Stacked job processing
Proceso por programas agrupados
Traitement par programmes
groupés

Stacker
Casilla de recepción
Case de réception

Stacker plate
Placa de recogida
Plateau de réception

Stacking bin
Casilla de recepción
Case de réception

Stacking drum
Tambor de recogida
Tambour de réception

Stacking platform
Plataforma de recogida
Plateforme de réception

Staff
Equipo
Equipe

Stage
Fase
Phase

(to) Stagger
Escalonar
Echelonner

Stalled program
Programa bloqueado
Programme bloqué

(to be) Stalled in a loop
Bloqueado sobre un ciclo
Etre bloqué sur une boucle

Stand-alone
Independiente
Indépendant

Stand-alone program
Programa autónomo
Programme autonome

Stand-alone unit
Unidad autónoma
Unité autonome

Standard
Estándar
Standard

Standard card
Ficha normalizada
Carte normalisée

Standard error correction routine
Rutina estándar de corrección de
   los errores
Routine standard de correction des
   erreurs

Standard form
Formato normalizado
Format normalisé

Standard interface
Acoplamiento mutuo estándar
Interface standard

Standard label
Etiqueta estándar
Etiquette standard

Standard routine
Rutina estándar
Routine standard

Standard size card
Ficha de formato normalizado
Carte de format normalisé

Standard subroutine
Subrutina estándar
Sous-programme standard

Standard tape
Cinta estándar
Bande standard

Standard word
Palabra estándar
Mot standard

Standardization
Normalización
Normalisation

(to) Standardize
Normalizar
Normaliser

Standby
De reserva
De réserve

Standby application
Aplicación con sistema de reserva
Application avec système de
   réserve

Standby block
Bloque de reserva
Bloc de réserve

Standby equipment
Equipo de reserva
Matériel de réserve

Standby register
Registro de reserva
Registre de réserve

Standing-on-nines carry
Acarreo bloqueado en nueve
Report bloqué à neuf

Standstill
Inmovilización, Reposo
Immobilisation

(to) Start
Lanzar, Arrancar
Démarrer

Start(ing)
Lanzamiento, arranque
Démarrage

Start bit
Bit de lanzamiento
Bit de démarrage

Start button
Botón de lanzamiento
Bouton de démarrage

Start dialling signal
Señal de invitacion a transmitir
Signal d'invitation à transmettre

Start element
Elemento de lanzamiento o
   arranque
Elément de démarrage

Start key
Interruptor de lanzamiento
Interrupteur de démarrage

Start node
Nudo inicial
Noeud initial

Start of heading character
Carácter de principio de
   encabezamiento
Caractère de début d'en-tête

Start of heading; S.O.H.
Principio de encabezamiento
Début d'en-tête

Start of message; S.O.M.
Principio de mensaje
Début de message

Start of record; S.O.R.
Principio de registro
Début d'enregistrement

Start of text; S.T.X.
Principio de texto
Début de texte

Start of text character
Carácter de principio de texto
Caractère de début de texte

Start signal
Señal de lanzamiento
Signal de démarrage

Start time
Tiempo de lanzamiento
Temps de démarrage

Starting position
Posición de lanzamiento
Position de démarrage

Starting value
Valor inicial
Valeur initiale

Start-of block sign
Señal de principio de bloque
Signal de début de bloc

Start-stop adapters
Adaptadores asíncronos (Start-
    Stop)
Adaptateurs arythmiques

Start-stop apparatus
Aparato asíncrono (Start-stop)
Appareil arythmique

Start-stop data transmission
Transmisión arrítmica de datos
Transmission arythmique de
    données

Start-stop mode
Modo arrítmico
Mode arythmique

Start-stop transmission
Transmisión asíncrona,
    transmisión start-stop
Transmission arythmique

Start(ing)-up
Lanzamiento, arranque
Démarrage

(to) Start-up
Lanzar, Arrancar
Démarrer

Start-up day
Día de lanzamiento
Jour de démarrage

State
Estado (Condición)
Etat (Condition)

Statement
Instrucción
Instruction

Statement card
Ficha instrucciones
Carte instructions

Statement code
Código de instrucción
Code d'instruction

Statement date
Fecha de extracto de cuenta
Date d'extrait de compte

Statement number
Número de la instrucción
Numéro de l'instruction

Statement of account
Extracto de cuenta
Extrait de compte

Statement of work
Estado de los trabajos
Etat des travaux

Static
Estático
Statiquè

Static check
Comprobación estática
Contrôle statique

Static data
Datos permanentes, Datos
    estáticos
Données permanentes

Static dump
Vaciado estático
Vidage statique

Static error
Error estático
Erreur statique

Static magnetic cell
Célula magnética estática
Cellule magnétique statique

Static printout
Impresión estática
Impression statique

Static storage
Memoria estática
Mémoire statique

Static subroutine
Subrutina estática
Sous-programme statique

Static test
Comprobación estática
Contrôle statique

(to) Staticize
Convertir de serie en paralelo
Convertir de série en parallèle

Staticizer
Convertidor de serie en paralelo
Convertisseur de série en parallèle

Staticizing
Conversión serie / paralelo
Conversion série / parallèle

Station
Estación
Station

Station selection
Selección de estación
Sélection de poste

Stationery store
Papelería
Economat

Statistical data recorder; S.D.R.
Grabador de datos estadísticos
Enregistreur de données
    statistiques

Statistical
Estadístico
Statistique

Statistical report
Informe estadístico
Etat statistique

Statistical tape
Cinta de estadísticas
Bande statistiques

Statistician
Estadístico (persona)
Statisticien

Status
Estado (Condición)
Etat (Condition)

Status updating
Actualización de la situación
Mise à jour de la situation

Status word
Palabra de estado
Mot d'état

(to) Step; down from...to
Retraer de...a
Ramener de...à

(to) Step
Adelantar paso a paso
Faire avancer pas à pas

Step
Paso
Pas

Step by step
Paso a paso
Pas à pas

Step by step operation
Funcionamiento paso a paso
Fonctionnement pas à pas

Step by step program
Programa paso a paso
Programme pas à pas

Step by step switch
Conmutador paso a paso
Commutateur pas à pas

Step by step system
Sistema paso a paso
Système pas à pas

Step control table; S.C.T.
Tabla de control de las etapas
Table de contrôle des étapes

Step counter
Contador de fases
Compteur de phases

Step in
En sincronismo
En synchronisme

Step input / output table
Tabla de las entradas / salidas por
    paso
Table des entrées / sorties pour
    une étape

Step mode
Modo paso a paso
Mode pas à pas

Step size
Paso (tamaño)
Pas de progression

(to) Step through a program
Ejecutar un programa paso a paso
Exécuter un programme pas à pas

Step wise feature
Progresividad, Posibilidad del paso
    a paso
Possibilité du pas à pas

Step wise regression
Regresión paso a paso
Régression pas à pas

Stepped addressing
Direccionamiento con progresión
    automática adelantada
Adressage à progression
    automatique avancée

Stepped-start-stop system
Sistema arrítmico acompasado
Système artythmique cadencé

Stepper
Motor paso a paso
Moteur pas à pas

Stepping
Progresión
Progression

Stepping motor
Motor paso a paso
Moteur pas à pas

Sticker
Etiqueta reflectiva
Etiquette réfléchissante

Stochastic
Estocástico
Stochastique

Stock
Existencias
Stock

Stock card
Ficha de existencias
Carte stock

Stock control
Gestión de las existencias
Gestion des stocks

Stock control tape
Cinta de control de las existencias
Bande de contrôle des stocks

Stock file
Fichero de existencias
Fichier des stocks

Stock issue card
Ficha de salida de las existencias
Carte de sortie des stocks

Stock item
Artículo de existencias
Article de stock

Stock management
Gestión de las existencias
Gestion des stocks

Stock on hand
Existencias disponibles
Stock disponible

Stock on order
Encargo en espera
Commande en attente

Stock position
Situación de las existencias
Situation des stocks

Stock receipt card
Ficha de entrada en las existencias
Carte d'entrée en stock

Stock room
Almacén
Magasin

Stock status report
Informe de las existencias
Etat des stocks

Stockout
Condición de fin de existencias
Condition de rupture de stock

Stop
Parada
Arrêt

(to) Stop
Parar
Arrêter

Stop acknowledge; S.A.K.
Acuse de recepción y parada
Accusé de réception et arrêt

Stop bit
Bit de parada
Bit d'arrêt

Stop code
Código de parada
Code d'arrêt

(to) Stop dead
Bloquearse
Se bloquer

Stop element
Elemento de parada
Elément d'arrêt

Stop instruction
Instrucción de parada
Instruction d'arrêt

Stop time
Tiempo de parada
Temps d'arrêt

Stoppage
Interrupción
Interruption

Stopped state
Estado de parada
Etat d'arrêt

Storability
Posibilidad de memorización
Possibilité de mémorisation

Storable
Memorizable, Almacenable
Mémorisable

Storage
Memoria
Mémoire

Storage (protect) violation; S.P.V.
Violación de la protección de la memoria
Violation de la protection de la mémoire

Storage access channel; S.A.C.
Canal de acceso a la memoria
Canal d'accès à la mémoire

Storage accounting
Recuento de las zonas de memoria
Comptage des zones de mémoire

Storage allocation
Asignación de memoria
Affectation de mémoire

Storage area
Zona de memoria
Zone de mémoire

Storage block
Bloque de memoria
Bloc de mémoire

Storage buffer
Memoria intermedia
Mémoire intermédiaire

Storage cell
Célula de almacenamiento
Cellule de mémoire

Storage, core
Memoria intermedia
Mémoire intermédiaire

Storage core
Núcleo de memoria
Tore de mémoire

Storage cycle
Ciclo de memoria
Cycle de mémoire

Storage density
Densidad de almacenamiento
Densité de mémoire

Storage device
Dispositivo de almacenamiento
Dispositif de mémoire

Storage disposition
Disposición de almacenamiento
Disposition de la mémoire

Storage dump
Vaciamiento del almacenamiento
Vidage de la mémoire

Storage exchange
Intercambio (de datos) en memoria
Echange (de données) en mémoire

Storage fill
Relleno de memoria
Garnissage de mémoire

Storage initialization
Inicialización de la memoria
Initialisation de la mémoire

Storage key
Indicativo (de protección) de la memoria
Indicatif (de protection) de la mémoire

Storage keyboard
Teclado de memoria
Clavier de mémoire

Storage location
Posición de la memoria
Position de la mémoire

Storage map
Topograma de la memoria
Topogramme de la mémoire

Storage medium
Soporte de memoria
Support de mémoire

Storage operation
Operación de memoria
Opération de mémoire

Storage print
Impresión de la memoria
Impression de la mémoire

Storage protection
Protección de la memoria
Protection de la mémoire

Storage requirement
Necesidad de memoria
Encombrement en mémoire

Storage stack
Bloque de memoria
Bloc de mémoire

Storage swap
Cambio de programa en memoria
Changement de programme en mémoire

Storage unit
Unidad de memoria
Unité de mémoire

Storage vault.
Local de archivos
Local d'archives

Storage volume
Volumen de la memoria
Volume de la mémoire

Store
Memoria
Mémoire

(to) Store
Memorizar
Mémoriser

Store and display
Puesta en memoria y visualización
Mise en mémoire et visualisation

(to) Store away
Ordenar
Ranger

(to) Store back
Registrar de nuevo en memoria
Re-enregistrer en mémoire

Store capacity
Tamaño de la memoria
Capacité de la mémoire

Store cycle time
Duración del ciclo de memoria
Durée du cycle de mémoire

Store dump
Vaciado de la memoria
Vidage de la mémoire

Store mark
Marca de memoria
Marque de mémoire

Stored
Almacenado, Memorizado
Mémorisé

Stored permanently
Almacenado en memoria
Résidant en mémoire

Stored program
Programa almacenado
Programme mémorisé

Stored program computer
Calculador con programa
   almacenado
Calculateur à programme
   mémorisé

Stored routine
Subrutina almacenada
Sous-programme mémorisé

Storing
Memorización, Almacenamiento
Mémorisation

S.T.R.
Emisor / receptor sincrónico
Emetteur / récepteur synchrone

Straight
Recto
Droit

Straight binary
Binario puro
Binaire pur

Straight coding
Codificación rectilínea
Codage rectiligne

Straight line decline
Disminución rectilínea
Diminution rectiligne

Straight line depreciation
Depreciación lineal
Dépréciation constante

(to) Straighten
Rectificar
Rectifier

S.T.R.A.M.
Método de acceso en emisión /
   recepción sincrónica
Méthode d'accès en émission /
   réception synchrone

Stray
Dispersión
Dispersion

Strays
Interferencias
Interférences

Stream
Cadena, Tira
Chaîne

Stream
Tren
Train

Stream oriented transmission
Transmisión dirigida por flujo
Transmission en continu

(to) Strike
Golpear
Frapper

Striking hammer
Martillo de impresión
Marteau d'impression

String
Cadena, Tira
Chaîne

String
Serie
Série

String break
Ruptura de cadena
Rupture de chaîne

String building
Constitución de cadena
Constitution de chaîne

String generation phase
Fase de clasificación interna
Phase de classement intérieur

String length
Longitud de cadena
Longueur de chaîne

String manipulation
Tratamiento de las cadenas
Traitement des chaînes

String merging phase
Fase de clasificación externa
Phase de classement extérieur

Stringency level
Nivel de prioridad
Niveau de priorité

Strip
Tira, Cinta, Banda
Bande

(to) Strip
Vaciar
Vider

(to) Strip off
Eliminar
Eliminer

Stripped down version
Versión reducida
Version réduite

(to) Strobe
Permitir el paso de una parte de
   señal
Permettre le passage d'une partie
   de signal

Strobe pulse
Impulso que permite el paso de
   una parte de señal
Impulsion qui permet le passage
   d'une partie de signal

Stroke
Golpe, Toque
Frappe

Stroke
Trazo
Trait

Stroke analysis
Análisis por trazos elementales
Analyse par traits élémentaires

Stroke centerline
Línea mediana de un segmento
Ligne médiane d'un segment

Stroke edge
Borde de segmento
Bord de segment

(to) Stroke in
Introducir por teclado, Teclear
Introduire par clavier

Stroke width
Anchura de segmento
Largeur de segment

Stroke written
Escrito con teclado
Enregistrer par clavier

Structure expression
Expresión con estructura
Expression avec structure

Structured programming
Programación estructurada
Programmation structurée

Stub
Talón
Talon

Stub card
Ficha de talón
Carte à talon

Stub edge
Lado de encuadernación
Côté reliure

Study
Estudio
Etude

S.T.X.
Principio de texto
Début de texte

Style
Estilo
Style

Stylus
Estilete
Stylet

Stylus input device
Dispositivo de entrada por punzón
Dispositif d'entrée par stylet

Stylus printer
Impresora con estilete
Imprimante à stylet

S.U.B.
Carácter de sustitución
Caractère de remplacement

Sub account
Subcuenta
Sous-compte

Sub assembly
Subconjunto
Sous-ensemble

Sub band
Subcinta
Sous-bande

Sub center
Subcentro
Sous-centre

Sub directory, subdirectory
Subdirectorio
Sous-répertoire

Sub channel
Subcanal
Sous-çanal

Sub deck
Juego parcial
Jeu partiel

Sub expression
Parte de expresión
Partie d'expression

Sub field
Subzona
Sous-zone

Sub file
Parte de fichero
Partie de fichier

Sub key
Subindicativo
Sous-indicatif

(to) Sub out
Subtratar
Sous-traiter

Subarea
Subzona
Sous-zone

Subcarrier
Subportadora
Sous-porteur

(to) Subdivise
Subdividir
Subdiviser

Subdivision
Subdivisión
Subdivision

Subject instruction
Instrucción indicada
Instruction indiquée

Subject program
Programa indicado
Programme indiqué

Sublist
Sub-lista
Sous-liste

Subloop
Subciclo
Sous-cycle

Sublot
Sub-lote
Sous-lot

Subminiature
Subminiatura
Subminiature

Subnet
Subred
Sous-réseau

Subordinate
Subordinado
Subordonné

Subpool
Subgrupo
Sous-groupe

Subprogram
Subrutina
Sous-programme

Subprogram library
Biblioteca de los subprogramas
Bibliothèque des sous-
programmes

Subroutine
Subrutina
Sous-programme

Subroutine call
Llamada de un subprograma
Appel d'un sous-programme

Subroutining
Diseño o codificación de un
subprograma
Mise sous forme de sous-
programme

Subscriber
Abonado
Abonné

Subscriber line
Línea de abonado
Ligne d'abonné

Subscript
Subíndice
Indice inférieur

(to) Subscript
Poner un índice inferior
Mettre un indice inférieur

Subscript expression
Expresión con subíndices
Expression d'indice inférieur

Subsequence counter
Contador auxiliar
Compteur auxiliaire

Subsequent
Consecutivo
Consécutif

Subset
Subconjunto
Sous-ensemble

Subsidary
Subsidiario
Subsidiaire

Substatus
Estado secundario
Etat secondaire

Substitute character; S.U.B.
Carácter de sustitución
Caractère de remplacement

Substitute mode
Modo de sustitución
Mode de remplacement

Substitute time
Tiempo de sustitución
Temps de remplacement

Substitute track
Pista de sustitución
Piste de remplacement

Substrate
Substrato
Substrat

Substring
Subcadena
Sous-chaîne

Substructure
Subestructura
Sous-structure

Subsystem
Subsistema
Sous-système

Subtotal
Subtotal
Sous-total

Subtotal key
Tecla de subtotal
Touche de sous-total

(to) Subtract
Sustraer
Soustraire

Subtracter
Sustractor
Soustracteur

Subtraction
Sustracción
Soustraction

Subtrahend
Sustraendo
Quantité à soustraire

Subunit
Subunidad
Sous-unité

Successful
Exito
Aboutissement

Successfully
Con éxito
Aboutissement satisfaisant

Successor event
Acontecimiento sucesivo
Evénement successif

Suite of programs
Sucesión de programas
Succession de programmes

Suite of runs
Sucesión de fases
Succession de phases

(to) Sum
Sumar
Additionner

(to) Sum
Sumar, Incluir, Juntar
Ajouter

Sum
Suma
Somme

Sum check digit
Dígito de control por totalización
Chifre de contrôle par totalisation

Sum total
Total general
Total général

Sum(mation) check
Comprobación por totalización
Contrôle par totalisation

Sumless
Incalculable
Incalculable

Summarization
Totalización
Totalisation

(to) Summarize
Resumir
Résumer

Summarized explosion
Descomposición acumulativa
Décomposition cumulative

Summarized where used
Lista de las utilizaciones
    acumuladas
Liste des utilisations cumulées

Summary
Resumen
Résumé

Summary
Sumario
Sommaire

Summary card
Ficha sumaria
Carte récapitulative

Summary chart
Diagrama recapitulativo
Tableau récapitulatif

Summary data field
Campo de datos con totalización
Champ de données avec
    totalisation

(to) Summary punch
Hacer una perforación sumaria
Faire une perforation récapitulative

Summary punch
Perforadora sumaria
Perforatrice récapitulative

Summary punching
Perforaciones recapitulativas
Perforations récapitulatives

Summary report
Informe recapitulativo
Etat récapitulatif

Summation
Totalización
Totalisation

Summation counter
Contador totalizador
Compteur totalisateur

Summer
Adicionador analógico
Additionneur analogique

Summing amplifier
Amplificador de totalización
Amplificateur de totalisation

Summing integrator
Integrador adicionador
Intégrateur additionneur

Super scale computer
Ordenador de gran potencia
Calculateur de grande puissance

Superconductivity
Superconductividad
Superconductivité

Superconductor
Superconductor
Superconducteur

Supergroup
Grupo secundario
Groupe secondaire

Supergroup allocation
Asignación de grupos secundarios
Affectation de groupes
    secondaires

Supergroup link
Enlace de grupos secundarios
Liaison de groupes secondaires

Supergroup reference pilot
Onda piloto de grupo secundario
Onde pilote de groupe secondaire

Supergroup section
Sección de grupo secundario
Section de groupe secondaire

Superposed circuit
Circuito superpuesto
Circuit superposé

Superscript
Exponente
Indice supérieur

(to) Supersede
Sustituir
Remplacer

Supervising system
Sistema supervisor
Système superviseur

Supervision
Supervisión
Supervision

Supervision channel
Canal de supervisión
Canal de supervision

Supervision state
Estado de supervisión
Etat de supervision

Supervisor
Supervisor
Superviseur

Supervisor lock
Bloqueo del supervisor
Verrouillage du superviseur

Supervisor mode
Modo supervisor
Mode superviseur

Supervisory terminal
Terminal de supervisión
Terminal de supervision

Supervisory channel
Canal de supervisión
Canal de supervision

Supervisory control
Control de supervisión
Contrôle de supervision

Supervisory instruction
Instrucción de supervisión
Instruction de supervision

Supervisory printer
Impresora de supervisión
Imprimante de supervision

Supervisory program
Programa supervisor
Programme superviseur

Supervisory signal
Señal de supervisión
Signal de supervision

Supervisory state
Estado de supervisión
Etat de supervision

Supervisory typewriter
Máquina de escribir de
    supervisión
Machine à écrire de supervision

Supplementary
Suplementario
Supplémentaire

Supplementary maintenance
Mantenimiento suplementario
Manutention supplémentaire

Supplementary maintenance time
Tiempo de mantenimiento
    suplementario
Temps de manutention
    supplémentaire

(to) Supply
Alimentar
Alimenter

Supply
Abastecimiento
Approvisionnement

(to) Supply
Proveer, Suministrar
Fournir

Supply reel
Carrete alimentador
Bobine débitrice

Supply roll
Rodillo alimentador de cinta
Rouleau de bobine débitrice

Supply voltage
Tensión de alimentación
Tension d'alimentation

(to) Support
Dar apoyo
Prendre en charge

Support
Soporte
Soutien

Support program
Programa de soporte
Programme de soutien

Suppress(ion)
Supresión
Suppression

(to) Suppress
Suprimir
Supprimer

Suppressed carrier transmission
Transmisión con supresión de
onda portadora
Transmission à suppression
d'onde porteuse

Suppressor
Supresor
Suppresseur

Surface analysis
Examen de la pista
Examen de la piste

Surge
Sobretensión
Surtension

(to) Survey
Vigilar
Surveiller

Surveying monitor
Dispositivo de vigilancia
Dispositif de surveillance

Swap(ing)
Intercambiar
Remplacement

Swap(ing)
Sustitución
Remplacement

(to) Swap
Sustituir
Remplacer

(to) Swap back and forth
Introducir y extraer
alternativamente
Introduire et extraire
alternativement

Swap file
Fichero de substitución
Fichier de remplacement

Swap time
Tiempo de sustitución
Temps de remplacement

Swap-in
Introducción
Introduction

(to) Swap-in
Introducir
Introduire

Swap-out
Extracción
Extraction

(to) Swap-out
Extraer
Extraire

Swapping routine
Subprograma de sustitución
Sous-programme de
remplacement

(to) Sway
Oscilar
Osciller

(to) Switch on
Conectar, Poner en circuito
Mettre en circuit

(to) Switch
Conmutar
Commuter

Switch
Interruptor
Interrupteur

(to) Switch
Conmutar
Intervertir

(to) Switch back
Volver a
Revenir à

Switch core
Núcleo de conmutación
Tore de commutation

Switch disk
Disco de evacuación
Disque d'évacuation

Switch drum
Tambor de evacuación
Tambour d'évacuation

(to) Switch in
Insertar
Insérer

Switch insertion
Introducción por conmutador
Introduction par commutateur

(to) Switch off
Poner fuera de circuito,
Desconectar
Mettre hors circuit

(to) Switch over
Conmutar
Commuter

Switch point
Punto de conmutación
Point de commutation

Switch room
Sala de conmutación
Salle de commutation

Switchable
Conmutable
Commutable

Switchboard
Cuadro de conmutaciones
Tableau de commutations

Switched line
Línea conmutada
Ligne commutée

Switched message network
Red conmutada de cambio de
mensajes
Réseau commuté d'échange de
messages

Switched network
Red conmutada
Réseau commuté

Switching
Conmutación
Commutation

Switching center
Centro de conmutaciones
Centre de commutations

Switching circuit
Circuito de conmutación
Circuit de commutation

Switching control pilot
Onda piloto de conmutación
Onde pilote de commutation

Switching function
Función de conmutación
Fonction de commutation

Switching network
Red de conmutación
Réseau de commutation

Switching pulse
Impulso de conmutación
Impulsion de commutation

Switching relay
Relé de conmutación
Relais de commutation

Switching signal
Señal de conmutación
Signal de commutation

Switching space
Espacio de conmutación
Espace de commutation

Switching speed
Velocidad de conmutación
Vitesse de commutation

Switching theory
Teoría de las conmutaciones
Théorie des commutations

Switching threshold
Umbral de conmutación
Seuil de commutation

Switching time
Tiempo de conmutación
Temps de commutation

Switching-over
Conmutación
Commutation

Syllable
Sílaba
Syllabe

Symbiont
Programa de gestión
Programme de gestion

Symbol
Símbolo
Symbole

Symbol analysis
Análisis de símbolos
Analyse de symboles

Symbol reference
Referencia de los símbolos
Référence des symboles

Symbol string
Tira de símbolos
Chaîne de symboles

Symbol table
Tabla de los símbolos
Table des symboles

Symbol test
Prueba de símbolos
Analyse de symboles

Symbol-controlled move
Transferencia controlada por
símbolo
Transfert contrôle par symbole

Symbolic
Simbólico
Symbolique

Symbolic address
Dirección simbólica
Adresse symbolique

Symbolic addressing
Direccionamiento simbólico
Adressage symbolique

Symbolic analysis
Análisis simbólico
Analyse symbolique

**Symbolic assembly language
listing**
Lista de lenguajes ensambladores
simbólicos
Liste de langages assembleurs
symboliques

Symbolic assembly system
Sistema de ensamblaje simbólico
Système d'assemblage
symbolique

Symbolic capability
Posibilidad de utilizar los símbolos
Possibilité d'utiliser les symboles

Symbolic code
Código simbólico
Code symbolique

Symbolic coding
Codificación simbólica
Codage symbolique

Symbolic debugging
Depuración simbólica
Mise au point symbolique

Symbolic instruction
Instrucción simbólica
Instruction symbolique

Symbolic language
Lenguaje simbólico
Langage symbolique

Symbolic logic
Lógica simbólica
Logique symbolique

Symbolic name
Nombre simbólico
Nom symbolique

Symbolic notation
Notación simbólica
Notation symbolique

Symbolic number
Número simbólico
Nombre symbolique

Symbolic program
Programa simbólico
Programme symbolique

Symbolic programming
Programación simbólica
Programmation symbolique

Symbolic reference table
Tabla de las referencias simbólicas
Table des références symboliques

Symbolic table
Tabla simbólica
Table symbolique

Symbolic tag
Etiqueta simbólica
Etiquette symbolique

Symmetric difference
Diferencia simétrica
Différence symétrique

Symmetric difference gate
Puerta de diferencia simétrica
Porte de différence symétrique

Symmetrical
Simétrico
Symétrique

**Symmetrical cyclically magnetized
condition**
Magnetización cíclica simétrica
Magnétisation cyclique symétrique

S.Y.N.
Carácter de sincronización
Caractère de synchronisation

Sync(hronization)
Sincronización, Puesta en fase
Synchronisation

Sync bits
Bits de sincronización
Bits de synchronisation

Sync check
Control de sincronización
Contrôle de synchronisation

Sync check word
Palabra de control de
    sincronización
Mot de contrôle de
    synchronisation

Sync pattern
Secuencia de sincronización
Séquence de synchronisation

Sync signal
Señal de principio de cinta
Signal de début de bande

Synchronization bits
Bits de sincronización
Bits de synchronisation

(to) Synchronize
Sincronizar
Synchroniser

Synchronizer
Sincronizador
Synchroniseur

Synchronizing
Sincronización, Puesta en fase
Synchronisation

Synchronizing character
Carácter de sincronización
Caractère de synchronisation

Synchronizing pilot
Onda piloto de sincronización
Onde pilote de synchronisation

Synchronizing pulse
Impulso de sincronización
Impulsion de synchronisation

Synchronous
Síncrono
Synchrone

Synchronous computer
Ordenador síncrono
Calculateur synchrone

Synchronous data transmission
Transmisión síncrona de datos
Transmission synchrone de
    données

Synchronous idle character; S.Y.N.
Carácter de sincronización
Caractère de synchronisation

Synchronous machine
Máquina síncrona
Machine synchrone

Synchronous mode
Modo síncrono
Mode synchrone

Synchronous operation
Funcionamiento síncrono
Fonctionnement synchrone

Synchronous system
Sistema síncrono
Système synchrone

Synchronous transmission
Transmisión síncrona
Transmission synchrone

**Synchronous transmit / receive
    access method; S.T.R.A.M.**
Método de acceso a emisión /
    recepción sincrónica
Méthode d'accès en émission /
    réception synchrone

**Synchronous transmitter /
    receiver; S.T.R.**
Emisor / receptor síncrono
Emetteur / récepteur synchrone

Synchronous working
Funcionamiento síncrono
Fonctionnement synchrone

Synergic
Sinérgico
Synergique

Synergy
Sinergia
Synergie

Syntactical
Sintáxico
Syntaxique

Syntax
Sintaxis
Syntaxe

Synthesis
Síntesis
Synthèse

Synthetic address
Dirección sintética
Adresse synthétique

Synthetic addressing
Direccionamiento sintético
Adressage synthétique

Synthetic language
Lenguaje sintético
Langage synthétique

SYSGEN
Generación de sistema
Génération de système

SYSIN
Fichero standard de entrada
Opération d'entrée

SYSLOG
Diario del sistema
Journal du système

SYSOUT
Fichero standard de salida
Opération de sortie

SYSRES
Sistema residente
Système résidant

System
Sistema
Système

System area
Zona del sistema
Zone du système

System check
Control de sistema
Contrôle de système

System configuration
Configuración de sistema
Configuration de système

System (operator) console
Pupitre de mando del sistema
Pupitre de commande du système

System control panel
Panel de control del sistema
Panneau de contrôle du système

**System control programming;
    S.C.P.**
Programación de control de
    sistema
Programmation de contrôle du
    système

System check out
Vigilancia de puesta en marcha
Contrôle de mise en marche du
    système

System directory
Directorio del sistema
Répertoire du système

System disk
Disco del sistema
Disque système

System documentation
Documentación del sistema
Documentation du système

System evaluation
Evaluación del sistema
Evaluation du système

System flowchart
Organigrama del sistema
Organigramme du système

System generation
Generación de sistema
Génération de système

System input
Introducción del sistema
Introduction du système

System input device
Dispositivo de entrada al sistema
Dispositif d'introduction du
    système

System library
Biblioteca (de programas) del
    sistema
Bibliothèque (de programmes) du
    système

System loader
Cargador de sistema
Chargeur du système

System log
Diario del sistema
Journal du système

System logical input device
Unidad lógica de introducción del
    sistema
Unité logique d'introduction du
    système

System logical output device
Unidad lógica de salida del
    sistema
Unité logique de sortie du système

System logical punch device
Unidad lógica de perforación del
    sistema
Unité logique de perforation du
    système

System maintained
Dirigido por sistema
Géré par système

System management
Gestión del sistema
Gestion du système

System output
Salida del sistema
Sortie du système

System output device
Dispositivo de salida del sistema
Dispositif de sortie du système

System output tape
Cinta de salida del sistema
Bande de sortie du système

System overhead
Tiempo-sistema
Temps-système

System pack
Bloque (o disco) sistema
Bloc système

System programmer
Programador de sistema
Programmeur de système

System queue area; S.Q.A.
Zona de las colas del sistema
Zone des files d'attente du
    système

System reliability
Fiabilidad del sistema
Fiabilité du système

System residence
Residencia del sistema
Résidence du système

System residence unit
Unidad de residencia del sistema
Unité de résidence du système

System structure
Estructura del sistema
Structure du système

System tape
Cinta del sistema
Bande du système

System test
Ensayo de sistema
Essai de système

Systematic error checking code
Código de control de los errores
Code de contrôle des erreurs

Systems analysis
Análisis de sistemas
Analyse de systèmes

Systems approach
Método de estudio de los sistemas
Méthode d'accès aux systèmes

Systems definition
Definición de los sistemas
Définition des systèmes

Systems description
Descripción de los sistemas
Description des systèmes

Systems design
Concepción de sistemas
Conception de systèmes

Systems designer
Analista de sistemas
Analyste de systèmes

Systems documentation
Documentación de los sistemas
Documentation des systèmes

Systems flowchart
Organigrama de sistemas
Organigramme de systèmes

Systems integrator
Integrador de sistemas
Intégrateur de systèmes

Systems reference library
Biblioteca de referencia de los
    sistemas
Bibliothèque de référence des
    systèmes

Systems specialist
Especialista en sistemas
Spécialiste en systèmes

Systems specification
Especificación de los sistemas
Spécification des systèmes

Systems study
Estudio de sistemas
Etude de systèmes

T

T D (Transmitter-Distributor)
Distribuidor / emisor
Distributeur / émetteur

T type
Prueba T
Test T

Tab(ulating)
Tabulación
Tabulation

(to) Tab(ulate)
Tabular
Tabuler

Tab card
Ficha perforada
Carte perforée

Tab equipment; UR
Equipo de fichas
Matériel à cartes

Tab gear
Equipo clásico
Matériel classique

Tab man
Operador de tabuladora
Mécanographe

Tab operator
Operador de tabuladora
Mécanographe

Tab reader
Lector de fichas
Lecteur de cartes

Tab setting
Posición o lugar de tabulación
Poste de tabulation

Tab speed
Velocidad de tabulación
Vitesse de tabulation

Tabbing
Tabulación
Tabulation

Tab-card
Caja para fichas
Boîte à cartes

Tab-card box
Caja para fichas
Boîte à cartes

Tab-card check
Ficha cheque
Carte-chèque

Tab-card set
Juego de fichas
Jeu de cartes

Tab-card storage
Memoria sobre fichas
Mémoire sur cartes

Tab-card truck
Carro para fichas
Chariot à cartes

Tab(ulating) forms
Impresos mecanográficos
Imprimés mécanographiques

Tab(-control) key
Tabulador
Tabulateur

Tab(ulating) label
Etiqueta en continuo
Etiquette en continu

Table
Tabla
Table

Table block
Subdivisión de tabla
Subdivision de table

Table card
Ficha-tabla
Carte-tablo

Table handling
Tratamiento de las tablas
Traitement des tables

Table input file
Fichero de introducción de las
   tablas
Fichier d'introduction des tables

Table item
Elemento de tabla
Elément de table

Table look-up
Consulta de tabla
Consultation de table

(to) Table look-up
Consultar una tabla
Consulter une table

Table look-up instruction
Instrucción de consulta de tabla
Instruction de consultation de
   table

Table of correspondence
Tabla de correspondencia
Table de correspondance

Table top debugging
Depuración en mesa
Mise au point de l'organigramme

Tab(ulating) machine
Tabuladora
Tabulatrice

Tab(ulating) room
Sala de mecanografía
Salle de mécanographie

Tab(ulating) stop
Tope de tabulación
Taquet de tabulation

Tabular
Tabular
Tabulaire

Tabular language
Lenguaje tabular
Langage tabulaire

(in) Tabulated form
En forma de tabla
Sous forme de table

Tabulating card
Ficha mecanográfica
Carte mécanographique

Tabulating card computer
Ordenador con fichas
Ordinateur à cartes

Tabulating department
Departamento mecanográfico
Service mécanographique

Tabulating equipment
Equipo mecanográfico
Matériel mécanographique

Tabulating machine operator
Operador de tabuladora
Mécanographe

Tabulating supervisor
Jefe de mecanografía
Chef de la mécanographie

Tabulation
Tabulación
Tabulation

Tabulation character
Carácter de tabulación
Caractère de tabulation

Tabulation sequential format
Formato de tabulación
Format de tabulation

Tabulator
Tabulador
Tabulateur

Tag
Etiqueta
Etiquette

Tag bit
Bit de referencia
Bit de référence

Tag converting unit
Unidad de lectura de etiquetas
Unité de lecture d'étiquettes

Tag format
Formato de etiqueta
Format d'étiquette

Tag punch machine
Perforadora de etiquetas
Perforatrice d'étiquettes

Tag reader
Lector de etiquetas
Lecteur d'étiquettes

Tag sort
Selección de etiquetas
Tri d'étiquettes

Tagging
Asignación
Affectation

(to) Tailor
Adaptar especialmente
Adapter spécialement

Tailor made
Adaptado especialmente, Hecho a
medida
Adapté spécialement

Tailoring
Adaptación especial
Adaptation spéciale

(to) Take a branch
Hacer una bifurcación
Faire un branchement

(to) Take a checkpoint
Constituir un punto de
reanudación
Constituer un point de reprise

(to) take a Checkpoint
Tomar un punto de control
Enregistrer un point de contrôle

(to) Take a dump
Efectuar un vaciado
Effectuer un vidage

(to) Take a total
Totalizar
Totaliser

(to) Take an interrupt
Proceder a una interrupción
Procéder à une interruption

Takedown
Desmontaje
Démontage

Takedown time
Tiempo de desmontaje
Temps de démontage

Take-up reel
Carrete receptor
Bobine réceptrice

Take-up spool
Carrete receptor
Bobine réceptrice

Tally
Lista de control
Liste de contrôle

Tally reader
Lector de lista de control
Lecteur de liste de contrôle

Tally roll
Rollo de lista de control
Rouleau de liste de contrôle

Tally roll reader
Lector de rollo de lista de control
Lecteur de rouleau de liste de
contrôle

(to) Tally up
Contar progresando
Compter en progressant

Tally word
Palabra de recuento
Mot de comptage

Tandem system
Sistema en tandem
Système en tandem

Tank
Depósito
Réservoir

Tape
Tira, Cinta, Banda
Bande

(to) Tape
Registrar sobre cinta
Enregistrer sur bande

Tape alternation
Cinta alternativa
Alternance des bandes

Tape based
Concebido para cintas
Conçu pour bandes

Tape bound
Subordinado a la velocidad de las
cintas
Subordonné à la vitesse des
bandes

Tape break sensor
Detector de ruptura de cinta
Détecteur de rupture de bande

Tape cable
Cable plano
Câble ruban

Tape cartridge
Cartucho, Cargador de cinta
Chargeur de bande

Tape certifier
Certificador de cinta
Certifieur de bande

Tape channel
Canal de cinta
Canal de bande

Tape checker / duplicator
Verificador / duplicador de cinta
Vérificateur / duplicateur de bande

Tape cleaner
Dispositivo limpiador de cinta
Dépoussiereur de bande

Tape cluster
Grupo de unidades de cinta
Groupe de dérouleurs de bande

Tape code
Código de cinta
Code de bande

Tape comparator
Comparador de cintas
Comparateur de bandes

Tape connector
Conector de cinta
Raccordeur de bande

Tape container
Receptáculo de cinta
Boîte de bande

Tape control
Control de cinta
Contrôle de bande

Tape control unit
Controlador de cinta
Contrôleur de bande

Tape copy
Duplicado de cinta
Duplicata de bande

Tape core
Núcleo de cinta
Tore de bande

Tape data pooler
Concentrador de datos sobre cinta
Concentrateur de données sur
    bande

Tape deck
Desarrollo medio
Dérouleur

Tape density
Densidad de grabación sobre cinta
Densité d'enregistrement sur
    bande

Tape depressor
Prensacinta
Presse-bande

Tape dispenser
Distribuidor de cinta
Distributeur de bande

Tape drive
Unidad de cinta, Procesador
Dérouleur de bande

Tape driven
Mandado por cinta
Commandé par bande

Tape dump
Vaciado de cinta
Vidage de bande

Tape duplication
Duplicación de cinta
Duplication de bande

Tape encoder
Aparato de registro sobre cinta
Appareil d'enregistrement sur
    bande

Tape eraser
Aparato para el borrado de los
    registros sobre cinta
Appareil d'effacement des
    enregistrements sur bande

Tape error
Error sobre cinta
Erreur sur bande

Tape feed
Alimentación de cinta
Alimentation de bande

Tape feed
Velocidad de desarrollo de la cinta
Vitesse de déroulement de la
    bande

Tape feed code
Código de alimentación de cinta
Code d'alimentation de bande

Tape feed switch
Conmutador de alimentación de
    cinta
Commutateur d'alimentation de
    · bande

Tape feeding
Alimentación de la cinta
Avancement du papier

Tape file
Fichero en cinta
Fichier sur bande

Tape format
Estructura de cinta
Structure de bande

Tape frame
Columna de cinta
Colonne de bande

Tape group
Grupo de unidades de cinta
Groupe de dérouleurs de bande

Tape guide
Guía-cinta
Guide-bande

Tape handler
Unidad de cinta, Procesador
Dérouleur de bande

Tape handling time
Tiempo de desarrollo de la cinta
Temps de déroulement de la
    bande

(to) Tape in
Introducir por cinta
Introduire par bande

Tape input
Entrada por cinta
Entrée par bande

Tape labelling routine
Subprograma de escritura de las
    etiquetas de cintas
Sous-programme d'écriture des
    étiquettes de bandes

Tape labels
Etiquetas de cinta
Etiquettes de bande

Tape leader
Principio de cinta
Début de bande

Tape level sensor
Detector de nivel de la cinta
Détecteur de niveau de la bande

Tape library
Biblioteca de cintas
Bibliothèque de bandes

Tape lifter
Dispositivo para levantar la cinta
Dispositif de soulèvement de la
    bande

Tape limited
Limitado por la velocidad de la
    cinta
Limité par la vitesse de la bande

Tape loader
Cartucho, Cargador de cinta
Chargeur de bande

Tape loading
Colocación de la cinta
Mise en place de la bande

Tape mark; T.M.
Marca de cinta
Marque sur bande

Tape mode
Modo de registro en cinta
Mode d'enregistrement sur bande

Tape motion
Movimiento de la cinta
Défilement de la bande

Tape movement
Desarrollo de la cinta
Défilement de la bande

(to) Tape out
Salir sobre cinta
Sortir sur bande

Tape path
Pista de la cinta
Chemin de la bande

Tape player
Lector de cinta
Lecteur de bande

Tape processing system; T.P.S.
Sistema de proceso para cintas
Système de traitement pour
    bandes

Tape programming system
Sistema de programación para
    cintas
Système de programmation pour
    bandes

Tape punch(er)
Perforador de cinta
Perforateur de bande

Tape punching machine
Máquina perforadora de cinta
Machine perforatrice de bande

Tape punchings
Confetis
Confettis

Tape rack
Mueble para cintas
Meuble à bandes

Tape reader
Lector de cinta
Lecteur de bande

Tape reel
Carrete de cinta
Bobine de bande

Tape reel cabinet
Armario de carretes de cintas
Armoire de bobines de bandes

Tape reel rack
Mueble para carretes de cintas
Meuble de bobines de bandes

Tape reel truk
Carro para carretes de cintas
Chariot pour bobines de bandes

Tape record
Registro de cinta
Enregistrement sur bande

Tape recorder
Grabador de cinta
Enregistreur de bande

Tape reproducer
Reproductora de cinta
Reproductrice de bande

Tape reservoir
Depósito de cinta
Contenant de bande

Tape roll
Rollo de cinta
Rouleau de bande

Tape search
Búsqueda sobre cinta
Recherche sur bande

Tape sensing
Lectura de cinta
Lecture de bande

Tape serial number
Número de orden de la cinta
Numéro d'ordre de la bande

Tape servo
Unidad de cinta, Procesador
Dérouleur de bande

Tape skew
Oblicuidad de la cinta
Obliquité de la bande

Tape skip
Salto de cinta
Saut de bande

Tape sort
Clasificación sobre cinta
Tri sur bande

Tape splicer
Empalmadora de cinta
Colleuse de bande

Tape spool
Carrete de cinta
Bobine de bande

Tape spooler
Bobinadora de cinta
Bobineuse de bande

Tape spooling
Arrollamiento de cinta
Bobinage de bande

Tape station cluster
Bloque de unidades de cinta
Bloc de dérouleurs de bande

Tape swapping
Alternancia de las unidades (de
    cinta)
Alternance des dérouleurs de
    bande

Tape switching unit
Unidad de alternación de las
    unidades de cinta
Unité d'alternance des dérouleurs
    de bande

Tape synchronizer
Sincronizador de cintas
Synchroniseur de bandes

Tape systems
Sistemas con cintas
Systèmes à bandes

Tape thickness
Espesor de cinta
Epaisseur de bande

Tape threading
Colocación de la cinta
Mise en place de la bande

Tape track
Pista de cinta
Piste de bande

Tape trailer
Fin de cinta
Fin de bande

Tape transport
Arrastre de la cinta
Entraînement de la bande

Tape transport mechanism
Mecanismo de arrastre de la cinta
Mécanisme d'entraînement de la
    bande

Tape truck
Carro para cintas
Chariot pour bandes

Tape unit switching
Alternancia de las unidades (de
    cinta)
Alternance des dérouleurs de
    bande

Tape Unit; T.U.
Unidad de cinta
Unité à bande

Tape unwinder
Unidad de cinta, Procesador
Dérouleur de bande

Tape vault
Sala-archivo de cintas
Salle-archives de bandes

Tape verifier
Verificadora de cinta
Vérificatrice de bande

Tape width
Anchura de cinta
Largeur de bande

Tape winder
Bobinadora de cinta
Bobineuse de bande

Tape winding
Arrollamiento de cinta
Bobinage de bande

Tape-controlled
Controlado por cinta
Contrôle par bande

Tape-controlled typewriter
Máquina de escribir con cinta
Machine à écrire à bande

Tape-correcting punch
Perforador de corrección manual
    de cinta
Perforateur de correction manuelle
    de bande

Tape-loop column
Columna de bucle de cinta
Colonne de bande vide

Tape-loop layout sheet
Impreso para cinta piloto
Imprimé pour bande pilote

Tape-operated typewriter
Máquina de escribir con cinta
Machine à écrire à bande

Tape-operating system; T.O.S.
Sistema de trabajo sobre cinta
Système de travail sur bande

Tape-oriented computer
Ordenador basado en cintas
Ordinateur à bandes

Tape-plotting system
Sistema trazador para cinta
Système traceur pour bande

Tape-print program
Programa de impresión de cinta
Programme d'impression de
    bande

Tape-recorded
Grabado sobre cinta
Enregistré sur bande

Tape-to card conversion
Conversión cinta / fichas
Conversion bande / cartes

Tape-to card converter
Convertidor cinta / fichas
Convertisseur bande / cartes

Tape-to printer routine
Rutina de conversión cinta
    impresora
Sous-programme de conversion
    bande / imprimante

Tape-to tape conversion
Conversión cinta / cinta
Conversion bande / bande

Tape-wound core
Núcleo arrollado
Tore enroulé

**Tapped potentiometer function
    generator**
Generador de funciones con
    potenciómetros con tomas
Générateur de fonctions à
    potentiomètres à prises

Target computer
Ordenador objeto, Ordenador final
    (meta)
Calculateur objet

Target configuration
Configuración objeto
Configuration objet

Target language
Lenguaje objeto
Langage objet

Target program
Programa objeto
Programme objet

Target routine
Rutina objeto
Routine objet

Task
Tarea
Tâche

Task control block
Bloque de control de las tareas
Bloc de contrôle des tâches

Task control character; T.C.C.
Carácter de control de las tareas
Caractère de contrôle des tâches

Task dispatcher
Distribuidor de tareas
Distributeur de tâches

Task dispatching
Distribución de tareas
Distribution de tâches

Task management
Gestión de las tareas
Gestion des tâches

Task queue
Cola de las tareas
File d'attente des tâches

Task scheduling
Programación de las tareas
Programmation des tâches

Task switch
Conmutación de las tareas
Commutation des tâches

T.C.B.
Bloque de control de las tareas
Bloc de contrôle des tâches

T.C.C.
Carácter de control de las tareas
Caractère de contrôle des tâches

T.C.U.
Unidad de control de las
    transmisiones
Unité de contrôle des
    transmissions

T.D.M.
Multiplexión en tiempo
   compartido
Multiplexage en temps partagé

Teaching machine
Máquina de enseñar
Machine à enseigner

Tear line
Trepado, Línea punteada
Ligne pointillée

Tear strip
Tira lateral de arrastre
Bande latérale d'entraînement

Technical
Técnico
Technique

Technical change status
Nivel técnico
Niveau technique

Technical writer
Redactor técnico
Rédacteur technique

Technique
(la) Técnica
(la) Technique

Technology
Tecnología
Technologie

Teleautograph
Teleautógrafo
Téléautographe

Telecenter
Centro de teleproceso
Centre de télétraitement

Telecommunication
Telecomunicación
Télécommunication

Telecomputing
Telegestión
Télégestion

Telegraph
Telégrafo
Télégraphe

Telegraph alphabet
Alfabeto telegráfico
Alphabet télégraphique

Telegraph center
Centro telegráfico
Centre télégraphique

Telegraph circuit
Circuito telegráfico
Circuit télégraphique

Telegraph code
Código telegráfico
Code télégraphique

Telegraph connection
Enlace telegráfico
Liaison télégraphique

Telegraph demodulator
Demodulador telegráfico
Démodulateur télégraphique

Telegraph distortion
Distorsión telegráfica
Distorsion télégraphique

Telegraph line
Línea telegráfica
Ligne télégraphique

Telegraph modulation
Modulación telegráfica
Modulation télégraphique

Telegraph modulator
Modulador telegráfico
Modulateur télégraphique

Telegraph relay
Relé telegráfico
Relais télégraphique

Telegraph service
Servicio telegráfico
Service télégraphique

Telegraph signal
Señal telegráfica
Signal télégraphique

Telegraph speed
Velocidad telegráfica
Vitesse télégraphique

Telegraph word
Palabra telegráfica
Mot télégraphique

Telegraphy
Telegrafía
Télégraphie

(to) Telemeter
Telemedir
Télémesurer

Telemeter
Telémetro
Télémètre

Telemetering
Telemedida
Télémesure

Telemetering circuit
Circuito de telemedida
Circuit de télémesure

Telemetering receiver
Receptor de telemedida
Récepteur de télémesure

Telemetering system
Sistema de telemedida
Système de télémesure

Telemetering transmitter
Emisor de telemedida
Emetteur de télémesure

Telemetering transmitter / receiver
Emisor / receptor de telemedida
Emetteur / récepteur de
   télémesure

Telephone
Teléfono
Téléphone

Telephone amplifier
Amplificador telefónico
Amplificateur téléphonique

Telephone cable link
Enlace telefónico con cable
Liaison téléphonique par câble

Telephone channel
Canal telefónico
Canal téléphonique

Telephone circuit
Circuito telefónico
Circuit téléphonique

Telephone connection
Enlace telefónico
Liaison téléphonique

Telephone coupler
Acoplador telefónico
Coupleur téléphonique

Telephone data set
Unidad de transmisión telefónica
   de datos
Unité de transmission
   téléphonique de données

Telephone frequency
Frecuencia telefónica
Fréquence téléphonique

Telephone line
Línea telefónica
Ligne téléphonique

Telephone link
Enlace telefónico
Liaison téléphonique

Telephone network
Red telefónica
Réseau téléphonique

Telephone operator
Telefonista
Standardiste

Telephone receiver
Receptor telefónico
Récepteur téléphonique

Telephone relay
Relé telefónico
Relais téléphonique

Telephone repeater
Repetidor telefónico
Répétiteur téléphonique

Telephone service
Servicio telefónico
Service téléphonique

Telephone set
Aparato telefónico
Appareil téléphonique

Telephone station
Estación telefónica
Poste téléphonique

Telephone subscriber
Abonado al teléfono
Abonné au téléphone

Telephone traffic
Tráfico telefónico
Trafic téléphonique

Telephone-telegraph circuit
Enlace telefónico-telegráfico
Liaison téléphonique-
télégraphique

Telephonic transmission
Transmisión telefónica
Transmission téléphonique

Telephony
Telefonía
Téléphonie

Teleprinter
Teleimpresora
Téléimprimante

Teleprinter circuit
Enlace por teleimpresora
Liaison par téléimprimante

Teleprinter connection
Enlace por teleimpresora
Liaison par téléimprimante

Teleprinter line
Línea de teleimpresora
Ligne de téléimprimante

Teleprinter network
Red de teleimpresora
Réseau de téléimprimante

Teleprinter signal
Señal de teleimpresora
Signal de téléimprimante

Teleprinter system
Sistema (de enlace) por
teleimpresora
Système (de liaison) par
téléimprimante

Teleprinter transmission
Transmisión por teleimpresora
Transmission par téléimprimante

Teleprinter transmitter
Emisor de teleimpresora
Emetteur de téléimprimante

Teleprinting
Enlace por teleimpresora
Liaison par téléimprimante

(to) Teleprocess
Procesar a distancia
Traiter à distance

Teleprocessing station
Estación de teleproceso
Poste de télétraitement

Teleprocessing terminal
Terminal de teleproceso
Terminal de télétraitement

Teleprocessing; T.P.
Teleproceso
Télétraitement

Teleprocession
Teleprocesamiento
Téléinformatique

Teleprocessor
Teleprocesador
Téléprocesseur

Teletape
Telecinta
Télébande

Teletype (unit)
Teletipo
Téléscripteur

Teletype grade
Frecuencia de telescriptor
Fréquence de téléscripteur

Teletype input / output unit
Telescriptor de entrada / salida
Téléscripteur d'entrée / sortie

Teletype machine; T.T.Y.
Teletipo
Téléscripteur

Teletype operator
Operador de telescriptor
Opérateur de téléscripteur

Teletype paper
Papel para telescriptor
Papier pour téléscripteur

(to) Teletypewrite
Imprimir sobre teleimpresora
Imprimer sur téléimprimante

Teletypewriter
Teleimpresora
Téléimprimante

Television
Televisión
Télévision

Television like screen
Pantalla tipo televisión
Ecran type télévision

Telewriter
Teleautógrafo
Téléautographe

(to) telex
Enviar un telex
Envoyer un télex

Telex
Telex
Télex

Telex call
Comunicación telex
Communication télex

Telex circuit
Circuito telex
Circuit télex

Telex communication
Comunicación telex
Communication télex

Telex connection
Enlace telex
Liaison télex

Telex correspondance
Mensaje telex
Message télex

Telex network
Red telex
Réseau télex

Telex station
Estación telex
Poste télex

Telex subscriber
Abonado al telex
Abonné au télex

Telex switchboard
Conmutador telex
Commutateur télex

Telex tape
Cinta telex
Bande télex

Telex traffic
Tráfico telex
Trafic télex

Telex transmission
Transmisión telex
Transmission télex

Telex user
Usuario del telex
Usager du télex

Teller terminal
Terminal de ventanilla
Terminal de guichet

Temperature controller
Regulador de temperatura
Régulateur de température

Temporary
Temporal
Temporaire

Temporary connection
Enlace momentáneo
Liaison temporaire

Temporary fix
Modificación momentánea,
    Reparación provisional
Modification temporaire

Temporary storage
Memoria temporal
Mémoire de transit

Ten-key keyboard
Teclado con diez teclas
Clavier à dix touches

Ten's complement
Complemento a diez
Complément à dix

Tension arm
Brazo amortiguador
Bras amortisseur

Tentative address
Dirección de ensayo
Adresse d'essai

Terminal (unit)
Terminal
Terminal

Terminal blank
Espacio a derecha
Espace à droite

Terminal block
Última casilla de un organigrama
Dernière case d'un organigramme

Terminal computer
Ordenador terminal
Ordinateur terminal

Terminal control
Control de terminales
Contrôle de terminaux

Terminal control unit
Unidad de gestión de los
    terminales
Unité de gestion des terminaux

Terminal device
Dispositivo terminal
Appareil terminal

Terminal dump
Vaciado final
Vidage final

Terminal impedance
Impedancia terminal
Impédance terminale

Terminal manager
Gestionador de terminales
Gestionnaire de terminaux

Terminal operator
Operador sobre terminal
Opérateur sur terminal

Terminal oriented software
Conjunto de programas de
    telegestión
Ensemble de programmes de
    télégestion

Terminal originated
Emitido por terminal
Emis par terminal

Terminal session
Enlace por terminal
Liaison par terminal

Terminal space
Espacio a derecha
Espace à droite

Terminal status
Estado al final de una operación
Etat à la fin d'une opération

Terminal symbol
Símbolo de fin
Symbole de fin

(to) Terminate
Terminar
Terminer

Terminating card
Ficha de fin
Carte de fin

Terminating department
Departamento destinatario
Service destinataire

Terminating status
Estado al final de una operación
Etat à la fin d'une opération

Terminating symbol
Símbolo de fin
Symbole de fin

Termination
Fin de actividad
Fin d'activité

Termination rack
Repartidor
Répartiteur

Terminator
Carácter de parada
Caractère d'arrêt

Ternary
Ternario
Ternaire

Ternary incremental representation
Representación incremental ternaria
Représentation incrémentielle ternaire

Ternary notation
Numeración ternaria
Numération ternaire

Test(ing)
Ensayo
Essai

(to) Test
Ensayar
Tester

Test board
Tabla de ensayo
Table d'essai

Test case
Casilla de ensayo
Case d'essai

Test data
Datos de ensayo
Données d'essai

Test data dispersion
Constitución de datos de ensayo
Constitution de données d'essai

Test data generator
Generador de datos de ensayo
Générateur de données d'essai

Test data set
Juego de datos de ensayo
Jeu de données d'essai

Test deck
Juego de ensayo
Jeu d'essai

Test mode
Diagnóstico
Diagnostic

Test pack
Juego de fichas de ensayo
Jeu de cartes d'essai

Test panel
Panel de ensayo
Panneau d'essai

Test probe
Sonda de ensayo
Sonde d'essai

Test problem
Problema de ensayo
Problème d'essai

Test program
Programa de ensayo
Programme d'essai

Test run
Pasada (ejecución) de ensayo
Passage d'essai

Test shot
Ensayo sobre máquina
Essai sur machine

Test tone
Señal de ensayo
Signal d'essai

Tester
Controlador
Contrôleur

Testing cycle
Ciclo de ensayo
Cycle d'essai

Testing techniques
Técnicas de ensayo
Techniques d'essai

Testing time
Tiempo de ensayo
Temps d'essai

Test(ing) routine
Rutina de ensayo
Routine d'essai

Tetrode
Tétrodo
Tétrode

Text
Texto
Texte

Text character
Carácter de texto
Caractère de texte

Text editing
Edición de texto
Edition de texte

Texteditor, text editor
Editor de textos
Editeur de textes

Text message
Mensaje con texto
Message avec texte

Text mode
Modo texto
Mode texte

Textual data
Datos texto
Données texte

Textual file
Fichero texto
Fichier texte

Textual information
Información de texto
Information avec texte

Theory of congestion
Teoría de colas
Théorie des files d'attente

Theory of queues
Teoría de colas
Théorie des files d'attente

Thermal imaging
Termografía
Thermographie

Thermal printer
Impresora térmica
Imprimante thermique

Thermionic
Termiónico
Thermionique

Thermionic relay
Relé termiónico
Relais thermionique

Thermistor
Termistor
Thermistor

Thermocard
Termoficha
Thermocarte

Thermocopier
Termocopiador
Thermocopieur

Thickness
Espesor
Epaisseur

Thin film
Filme delgado
Film mince

Thin film memory
Memoria con filme delgado
Mémoire à film mince

Thin film storage
Memoria con filme delgado
Mémoire à film mince

Thin film store
Memoria con filme delgado
Mémoire à film mince

Thinking machine
Máquina pensadora
Machine pensante

Third generation computer
Ordenador de tercera generación
Ordinateur de troisième
    génération

Thousandth of a second
Milésima de segundo; ms
Millième de seconde

(to) Thread
Colocar
Mettre en place

Three address
Con tres direcciones
A trois adresses

Three address code
Código con tres direcciones
Code à trois adresses

Three address instruction
Instrucción con tres direcciones
Instruction à trois adresses

Three address instruction format
Formato de instrucción con tres
    direcciones
Format d'instruction à trois
    adresses

Three input adder
Adicionador con tres entradas
Additionneur à trois entrées

Three input subtracter
Sustractor con tres entradas
Soustracteur à trois entrées

Three level address
Dirección con tres niveles
Adresse à trois niveaux

Three level addressing
Direccionamiento con tres niveles
Adressage à trois niveaux

Three level subroutine
Subrutina con tres niveles
Sous-programme à trois niveaux

Three plus one address
Con tres direcciones más una
A trois adresses plus one

Three row keyboard
Teclado con tres filas de teclas
Clavier à trois rangées de touches

Three way compare
Comparación con tres vías
Comparaison à trois voies

Threshold
Umbral
Seuil

Threshold element
Elemento-umbral
Elément-seuil

Threshold value
Valor-umbral
Valeur-seuil

Throat
Hilera
Filière

Throughput
Rendimiento efectivo
Rendement effectif

Throw
Salto
Saut

Throw-away character
Carácter de relleno
Caractère de remplissage

Thruput
Rendimiento efectivo
Rendement effectif

T.I.C.
Transferencia en el canal
Transfert dans le canal

Ticker tape
Cinta de teleimpresora
Bande de téléimprimante

Ticket converter
Convertidor de ticket
Convertisseur de tickets

Ticket issuing machine
Distribuidor de tickets
Distributeur de tickets

Ticket roll
Rollo de tickets
Rouleau de tickets

Tie trunk
Línea privada
Ligne privée

(to) Tie up
Inmovilizar
Immobiliser

Tilt
Inclinar, Poner atravesado
Mise en travers

Tilt and rotate code
Código de mando del elemento de
    impresión
Code de commande de l'élément
    d'impression

Time
Duración
Durée

Time
Tiempo
Temps

Time base
Base de tiempo
Base de temps

Time constant
Constante de tiempo
Constante de temps

Time consuming
Tiempo empleado
Temps employé

Time dependent
Dependiente del tiempo
Asservi au temps

Time division multiplexing; T.D.M.
Multiplexión en tiempo
    compartido
Multiplexage en temps partagé

Time division multiplier
Multiplicador en tiempo
    compartido
Multiplicateur en temps partagé

Time filling
Temporización
Temporisation

Time origin
Instante de referencia
Instant de référence

Time out
Exceso del tiempo permitido
Dépassement du temps imparti

Time pulse distributor
Distribuidor de impulsos del reloj
Distributeur d'impulsions
    d'horloge

Time recorder
Grabador de tiempo
Enregistreur de temps

Time relay
Relé temporizado
Relais temporisé

Time scale
Escala de los tiempos
Echelle des temps

Time scale factor
Factor de escala de los tiempos
Facteur d'échelle des temps

Time series
Series temporales
Séries d'échelles des temps

(to) Time share
Utilizar (un ordenador) en tiempo
    compartido
Utiliser (un ordinateur) en temps
    partagé

Time sharer
Usuario (de un ordenador) en
    tiempo compartido
Utilisateur (d'un ordinateur) en
    temps partagé

Time sharing
Subdivisión de tiempo
Partage de temps

Time sharing; T.S.
Tiempo compartido
Temps partagé

(on a) Time sharing basis
En tiempo compartido
En temps partagé

(on a) Time sharing basis
En tiempo compartido
En temps partagé

Time sharing center
Centro de trabajo en tiempo
    compartido
Centre de travail en temps partagé

Time sharing console
Pupitre de trabajo en tiempo
    compartido
Pupitre de travail en temps
    partagé

Time sharing customer
Utilizador (de un ordenador) en
    tiempo compartido
Utilisateur (d'un ordinateur) en
    temps partagé

Time sharing firm
Sociedad de trabajo en tiempo
    compartido
Société de travail en temps
    partagé

Time sharing monitor system
Sistema supervisor de
    funcionamiento en tiempo
    compartido
Système superviseur de
    fonctionnement en temps
    partagé

**Time sharing operating system;
    T.S.O.S.**
Sistema de trabajo en tiempo
    compartido
Système de travail en temps
    partagé

Time sharing system; T.S.S.
Sistema en tiempo compartido
Système en temps partagé

Time sharing terminal
Terminal (que trabaja) en tiempo
    compartido
Terminal (qui travaille) en temps
    partagé

Time sharing user
Usuario (de un ordenador) en
    tiempo compartido
Utilisateur (d'un ordinateur) en
    temps partagé

Time slice
Cuota de tiempo
Tranche de temps

Time slicing
Repartición del tiempo
Répartition du temps

Time slot
Cuota de tiempo
Tranche de temps

Time stamping
Impresión de la fecha y de la hora
Impression de la date et de l'heure

Time study
Estudio de los tiempos
Etude des temps

Time table
Tabla de tiempos
Tableau des temps d'utilisation

Time-derived channel
Vía derivada en tiempo
Voie dérivée en temps

Time-of-day clock
Reloj interno
Horloge interne

Timer
Generador de ritmo
Générateur de rythme

Timer
Minutero
Minuterie

Timer
Ritmador
Rythmeur

(on a) Time-shared basis
En tiempo compartido
En temps partagé

Time-shared computer
Ordenador (que trabaja) en tiempo
    compartido
Ordinateur (qui travaille) en temps
    partagé

Time-shared input / output system
Sistema de entrada / salida en
    tiempo compartido
Système d'entrée / sortie en temps
    partagé

Time-shared system
Sistema en tiempo compartido
Système en temps partagé

Timing
Descomposición del tiempo
Décomposition du temps

Timing chart
Organigrama de los tiempos
Organigramme des temps

Timing considerations
Evaluación de los tiempos
Evaluation des temps

Timing disk
Disco de sincronización
Disque de synchronisation

Timing error
Error de cálculo de los tiempos
Erreur de calcul des temps

Timing formula
Fórmula de cálculo de los tiempos
Formule de calcul des temps

Timing mark
Marca de sincronización
Marque de synchronisation

Timing mark check
Comprobación de las marcas de
  sincronización
Contrôle des marques de
  synchronisation

Timing mechanism
Mecanismo de sincronización
Mécanisme de synchronisation

Timing pulse
Impulso de sincronización
Impulsion de synchronisation

Timing relay
Relé de temporización
Relais de temporisation

Timing signals
Señales de sincronización
Signaux de synchronisation

Timing track
Pista de sincronización
Piste de synchonisation

T.L.A.B.
Repertorio de las páginas activas
Répertoire des pages actives

T.M.
Marca sobre cinta
Marque sur bande

To address
Direccionar
Adresse de destination

Today's date
Fecha del día
Date du jour

(to) Toggle into memory
Introducir en la memoria
Introduire en mémoire

Toggle switch
Interruptor con dos posiciones
Interrupteur à deux positions

Token
Ficha
Jeton

Token reader
Lector de fichas
Lecteur de jetons

Tolerance
Tolerancia
Tolérance

Tool free
Gratuitamente
Gratuitement

Tone
Tonalidad
Tonalité

Top copy
Copia original
Copie originale

Top level flowchart
Organigrama general
Organigramme général

Torn tape relay
Transición intermedia por cinta
  perforada
Transit par bande perforée

Torn tape switching
Conmutación por cinta perforada
Commutation par bande perforée

Torn tape switching center
Centro de conmutación por cinta
  perforada
Centre de commutation par bande
  perforée

Torn-out size
Anchura después de corte de los
  bordes
Largeur après enlèvement des
  bords

T.O.S.
Sistema de trabajo sobre cinta
Système de travail sur bande

Total
Total
Total

(to) Total
Totalizar
Totaliser

Total check
Comprobación por totalización
Contrôle par totalisation

Total error count
Contador de errores de totales
Compteur d'erreurs de totaux

Total system
Sistema global
Système global

Total time
Tiempo total
Temps total

Total transfer
Transferencia de totales
Transfert de totaux

(to) Total up
Acumular, Sumar
Totaliser

Totaling
Totalización
Totalisation

Totaling accumulator
Totalizador
Totalisateur

T.P.
Teleproceso
Télétraitement

T.P.S.
Sistema de proceso para cintas
Système de traitement pour
  bandes

(to) Trace
Trazar el camino de un programa
Tracer le chemin d'un programme

Trace program
Programa de traza
Programme de traçage du chemin

Tracing
Trazado, dibujo
Traçage

Tracing program
Programa de traza
Programme de traçage du chemin

Tracing routine
Programa de traza
Programme de traçage du chemin

Track
Pista
Piste

(to) Track down
Rebuscar en una pista
Rechercher dans une piste

Track hold
Bloqueo de pista
Verrouillage de piste

Track index
Índice de las pistas
Index des pistes

Track labels
Etiquetas de pista
Etiquettes de piste

Track number
Número de pista
Numéro de piste

Track pitch
Paso entre pistas
Entraxe de pistes

Tracking
Visualización inmediata
Visualisation immédiate

Tractor
Tractor
Entraîneur

Tractor feed margin
Tira marginal de arrastre
Bande marginale d'entraînement

Traffic
Tráfico
Trafic

Traffic pattern
Estructura del tráfico
Structure du trafic

Trail
Pista
Piste

Trailer block
Bloque de fin
Bloc de fin

Trailer card
Ficha de fin
Carte de fin

Trailer end
Fin de cinta
Fin de bande

Trailer label
Etiqueta de fin
Etiquette de fin

Trailer record
Registro de final
Enregistrement de fin

Trailling zero
Cero a la derecha
Zéro à droite

Trailling edge
Borde posterior
Bord arrière

Train
Tren
Train

Training time
Tiempo de formación
Temps de formation

Transaction
Movimiento en un fichero
Mouvement dans un fichier

Transaction card
Ficha movimiento
Carte mouvement

Transaction code
Código de movimiento, Código de
transacción
Code mouvement

Transaction data
Datos de movimiento
Données de mouvement

Transaction date
Fecha de movimiento
Date de mouvement

Transaction deck
Paquete de fichas movimiento
Paquet de cartes mouvement

Transaction file
Fichero movimientos
Fichier mouvements

Transaction record
Registro de movimientos
Enregistrement de mouvements

Transaction recorder
Grabador de movimientos
Enregistreur de mouvements

Transceiver
Emisor / receptor
Emetteur / récepteur

(to) Transcode
Transcodificar
Transcoder

Transcoder
Transcodificador
Transcodeur

Transcoding
Conversión de código
Conversion de code

(to) Transcribe
Transcribir
Transcrire

Transcriber
Aparato de transcripción
Appareil de transcription

Transcription
Transcriptora
Transcription

Transcription error
Error de transcripción
Erreur de transcription

Transducer
Transductor
Transducteur

(to) Transfer
Transferir
Transférer

Transfer
Transferencia
Transfert

Transfer address
Dirección de transferencia
Adresse de transfert

Transfer card
Ficha de transferencia
Carte de transfert

Transfer check
Comprobación de transferencia
Contrôle de transfert

Transfer function
Función de transferencia
Fonction de transfert

Transfer in channel
Transferencia en el canal
Transfert dans le canal

Transfer instruction
Instrucción de transferencia
Instruction de transfert

Transfer interpreter
Intérprete
Reporteuse

Transfer of control card
Ficha de transferencia de control
Carte de transfert de contrôle

Transfer of data to and from peripherals
Transferencia de datos entre periféricos
Echange de données entre périphériques

Transfer operation
Operación de transferencia
Opération de transfert

(to) Transfer out
Extraer
Extraire

Transfer rate
Velocidad de transferencia
Vitesse de transfert

Transfer time
Tiempo de transferencia
Temps de transfert

(to) Transform
Transformar
Transformer

Transformation
Transformación
Transformation

Transformator
Transformador
Transformateur

Transient
Transitorio
Transitoire

Transient area
Zona transitoria
Zone transitoire

Transient data
Datos transitorios
Données transitoires

Transient directory
Repertorio de las rutinas transitorias
Répertoire des routines transitoires

Transient reader
Lector transitorio
Lecteur transitoire

Transient routine
Rutina transitoria
Routine transitoire

Transition
Transición
Transition

Transition card
Ficha de transición
Carte de transition

(to) Translate
Traducir
Traduire

Translater
Traductor
Traducteur

Translating / assigning program
Programa de traducción y de asignación
Programme de traduction et d'affectation

Translating program
Programa traductor
Programme traducteur

Translation
Traducción
Traduction

Translation algorithm
Algorítmo de traducción
Algorithme de traduction

Translation look-aside buffer; T.L.A.B.
Repertorio de las páginas activas
Répertoire des pages actives

Translation table
Tabla de traducción
Table de traduction

Translator
Traductor
Traducteur

Translator routine
Programa traductor
Programme traducteur

(to) Transliterate
Transponer
Transposer

Transliteration
Transposición
Transposition

Transmission
Transmisión
Transmission

Transmission adapter; X.A.
Adaptador de transmisión
Adaptateur de transmission

Transmission area
Zona de transmisión
Zone de transmission

Transmission channel
Canal de transmisión
Canal de transmission

Transmission code
Código de transmisión
Code de transmission

Transmission control
Mando de transmisión
Commande de transmission

Transmission control character
Carácter de mando de transmisión
Caractère de commande de transmission

Transmission controller
Controlador de transmisión
Contrôleur de transmission

Transmission count
Número de transmisiones
Nombre de transmissions

Transmission frame
Bloque de transmisión
Bloc de transmission

Transmission interface converter;
X.I.C.
Convertidor de acoplamiento
mutuo de transmisión
Convertisseur d'interface de
transmission

Transmission line
Línea de transmisión
Ligne de transmission

Transmission log
Diario de las transmisiones
Journal des transmissions

Transmission loss
Pérdida de transmisión
Perte de transmission

Transmission performance
Rendimiento de transmisión
Qualité de transmission

Transmission speed
Velocidad de transmisión
Vitesse de transmission

Transmissions control unit; T.C.U.
Unidad de control de las
transmisiones
Unité de contrôle des
transmissions

(to) Transmit
Transmitir
Transmettre

Transmittal batch
Lote de transmisión
Lot de transmission

Transmittal tape
Cinta de transmisión
Bande de transmission

Transmitter
Transmisor
Transmetteur

Transmitter / distributor
Distribuidor / transmisor
Distributeur / transmetteur

Transmitting devices
Dispositivos de transmisión
Appareils de transmission

Transmitting station
Estación de transmisión
Station de transmission

Transmitting system
Sistema de transmisión
Système de transmission

Transmitting terminal
Terminal de transmisión
Terminal de transmission

Transmitting typewriter
Máquina de escribir de
transmisión
Machine à écrire de transmission

Transparency
Transparencia
Transparence

Transparent
Transparente
Transparent

Transparent data
Datos en modo transparente
Données en mode transparent

Transparent mode
Modo transparente
Mode transparent

Transport
Arrastre
Entraînement

Transport mechanism
Mecanismo de arrastre
Mécanisme d'entraînement

Transport time
Tiempo de arrastre
Temps d'entraînement

Transport unit
Unidad de transporte
Unité d'entraînement

Transposition
Transposición
Transposition

Transposition error
Error de transposición
Erreur de transposition

Transput process
Transferencia radial
Transfert radial

Transversal parity
Paridad transversal
Parité transversale

Transverse check
Comprobación transversal
Contrôle transversal

Trap(ing)
Desvío, Interrupción
Déroutement

(to) Trap
Desviar, Interrumpir
Dérouter

Trap handling routine
Rutina de gestión de las
interrupciones
Routine de gestion des
déroutements

Trap setting
Establecimiento de un desvío (con
interrupción)
Etablissement d'un déroutement

Trapezoidal integration
Integración trapezoidal
Intégration trapézoïdale

Travel
Desplazamiento
Déplacement

(to) Travel
Desplazar
Déplacer

(to) Travel past
Llegar hasta más allá de
Défiler devant

Traveler card
Ficha viajera
Carte d'accompagnement

(to) Traverse
Desfilar delante
Défiler devant

(to) Traverse the head
Desfilar delante de la cabeza de
lectura
Défiler devant la tête de lecture

Tray chip
Depósito para confetis
Bac à confettis

Tray truck
Carro para fichas
Chariot à cartes

Tree
Árbol, Eje
Arbre

Tree(-like) structure
Estructura arborescente
Structure arborescente

Tree-structured
Arborescente
Arborescent

Tributary circuit
Circuito tributario
Circuit tributaire

Tributary station
Estación tributaria
Station tributaire

(to) Trigger
Disparar
Déclencher

(to) Trim
Poner en orden
Mettre en ordre

Trimmed size
Dimensiones después de corte
Dimensions après massicotage

Triple error
Error triple
Erreur triple

Triple length working
Funcionamiento en triple longitud
Fonctionnement en triple longueur

Triple precision
Triple precisión
Triple précision

Triple spacing
Triple espacio
Triple espace

Triprocessor
Triprocesador
Triprocesseur

Trouble
Incidente
Incident

Trouble area
Zona de incidente
Zone d'incident

Trouble free
Sin incidente
Sans incident

Trouble hunting
Búsqueda de anomalía
Recherche de l'anomalie

Trouble location problem
Problema de localización de la
   anomalía
Problème de localisation de
   l'anomalie

Trouble report
Informe de incidente
Rapport d'incident

Trouble shooting
Búsqueda de las causas del
   incidente
Recherche des causes de l'incident

Trouble tracing
Búsqueda de las causas del
   incidente
Recherche des causes de l'incident

(to) Troubles shoot
Buscar las causas del incidente
Rechercher les causes de l'incident

True complement
Complemento a la base
Complément à la base

True time
Tiempo verdadero, Tiempo actual,
   Tiempo real
Temps réel

(to) Truncate
Truncar
Tronquer

Truncation
Truncamiento
Coupure

Truncation error
Error de truncado
Erreur de coupure

Trunk circuit
Circuito intermedio
Circuit intermédiaire

Trunk junction
Enlace intermedio
Liaison intermédiaire

Truth table
Tabla de verdad
Table de vérité

T.S.
Tiempo compartido
Temps partagé

T.S.O.S.
Sistema de trabajo en tiempo
   compartido
Système de travail en temps
   partagé

T.S.S.
Sistema en tiempo compartido
Système en temps partagé

T.T.Y.
Telescriptor
Téléscripteur

T.U.
Unidad con cinta
Unité à bande

Tub file
Fichero perforado
Fichier perforé

Tube
Válvula electrónica
Tube

Tuning
Ajuste
Adaptation

Turing machine
Máquina de Turing
Machine de Turing

Turn around
Rotación
Rotation

Turn around channel
Canal de rotación
Canal de rotation

Turn around document
Documento lanzadera
Document navette

Turn around form
Impreso lanzadera
Imprimé navette

Turn around time
Tiempo de respuesta
Temps de réponse

(to) Turn off
Apagar
S'éteindre

(to) Turn on
Encenderse, Conectar
S'allumer

Turnover
Rotación
Rotation

Turnover rate
Tasa de rotación
Taux de rotation

Turnover roll
Rollo de rotación
Rouleau de rotation

Tutorial
Introducción, tutoría
Tuteur

Twelve position
Posición 'doce'
Position 'douze'

Twelve punch
Perforación 'doce'
Perforation 'douze'

Twelve row punched card
Ficha perforada doce líneas
Carte perforée douze lignes

Twenty-nine feature
Sistema veintinueve
Système vingt neuf

Twin
Doble
Double

Twin check
Doble comprobación
Double contrôle

Two address
Dos direcciones
Deux adresses

Two address code
Código con dos direcciones
Code à deux adresses

Two address instruction
Instrucción con dos direcciones
Instruction à deux adresses

Two address instruction format
Formato de instrucción con dos
    direcciones
Format d'instruction à deux
    adresses

Two core per bit storage
Memoria con dos núcleos por bit
Mémoire à deux tores par bit

Two dimensional storage
Memoria con dos dimensiones
Mémoire à deux dimensions

Two gap head
Cabeza con dos puntos
    magnetosensibles
Tête à deux points
    magnetosensibles

Two input adder
Adicionador con dos entradas
Additionneur à deux entrées

Two input subtracter
Sustractor con dos entradas
Soustracteur à deux entrées

Two level address
Dirección con dos niveles
Adresse à deux niveaux

Two level addressing
Direccionamiento con dos niveles
Adressage à deux niveaux

Two level subroutine
Subrutina con dos niveles
Sous-programme à deux niveaux

Two out of five count code
Código dos sobre cinco
Code deux sur cinq

Two plus one address
Con dos direcciones más una
A deux adresses plus une

Two plus one address instruction
Instrucción con dos direcciones
    más una
Instruction à deux adresses plus
    une

Two state variable
Variable binaria
Variable binaire

Two stream
Doble flujo
Double mouvement

Two up
Sobre dos líneas
Sur deux lignes

Two valued variable
Variable con dos valores
Variable à deux valeurs

Two way address chain
Sistema de direccionamiento con
    dos vías
Système d'adressage à deux voies

Two way merge
Fusión de dos vías
Fusion à deux voies

Two wire channel
Canal con dos hilos
Canal à deux voies

Two's complement
Complemento a dos
Complément à deux

(to) Type
Escribir a máquina
Taper à la machine

Type
Tipo (Carácter de impresión)
Type (Caractère d'imprimerie)

Type array
Juego de caracteres
Jeu de caractères

Type bar
Barra de impresión
Barre d'impression

Type bearing drum
Cilindro portacaracteres
Cylindre porte-caractères

Type chain
Cadena de caracteres
Chaîne à caractères

Type drum
Tambor de impresión
Tambour d'impression

Type font
Placa de caracteres
Police de caractères

Type of run
Tipo de proceso
Type de traitement

Type roll
Cilindro de impresión
Cylindre d'impression

Type slug
Placa portatipos
Plaque porte-caractères

Type sphere
Esfera con caracteres de impresión
Boule d'impression

Type style
Estilo de carácter
Style de caractères

Type wheel
Rueda de impresión
Roue d'impression

Type-in
Introducción desde teclado
Introduction par clavier

(to) Type-in
Introducir por teclado,
  Teclear
Introduire par clavier

Type-out
Extracción desde teclado
Extraction par clavier

(to) Type-out
Extraer por teclado
Extraire par clavier

Typerwriter ball
Esfera de impresión de máquina
  de escribir
Boule d'impression de machine à
  écrire

Typesetting
Composición
Composition

Typesetting computer
Ordenador de composición
Ordinateur de composition

Typewriter
Máquina de escribir
Machine à écrire

Typewriter log
Diario de máquina de escribir
Journal de machine à écrire

Typewriter-like terminal
Terminal con teclado
Terminal à clavier

Typing
Toque sobre teclado, Tecleo
Frappe sur clavier

Typing element
Esfera con caracteres de impresión
Boule d'impression

Typing error
Error de tecleo
Erreur de frappe

Typing reperforator
Reperforador de cinta
Reperforateur de bande

Typing tape punch
Perforadora impresora
Perforatrice imprimante

U

U E Unit exception
Anomalía de la unidad
Anomalie sur l'unité

U.C.S.
Juego de caracteres universales
Jeu de caractères universels

U.C.W.
Palabra de control de la unidad
Mot de contrôle de l'unité

U.D.C.
Clasificación decimal universal
Classement décimal universel

U.D.S.
Juego de datos universales
Jeu de données universelles

U.H.F.
Ultra alta frecuencia
Ultra haute fréquence

U.H.L.
Etiqueta-principio del utilizador
Etiquette-début de l'utilisateur

U.L.C.
Circuito lógico universal
Circuit logique universel

Ultra high frequency; U.H.F.
Frecuencia ultra alta
Ultra haute fréquence

Ultrasonic
Ultrasónico
Ultra-sonore

Ultrasonics
Acústica ultra-sonora, Ultrasonidos
Acoustique ultra-sonore

Unacceptable condition
Condición inaceptable
Condition inacceptable

Unallocated
No asignado
Non affecté

Unaltered
Inalterado
Inaltéré

Unassigned
No asignado
Non affecté

(to) Unassion
Anular una asignación
Annuler une affectation

Unattended answering
Respuesta no vigilada
Réponse automatique

Unattended operation
Funcionamiento automático (no
  vigilado)
Fonctionnement automatique

Unaudited
No vigilado
Non surveillé

Unavailable
Indisponible
Indisponible

Unavailable time
Tiempo de indisponibilidad
Temps d'indisponibilité

(to) Unblock
Desbloquear
Dégrouper

Unblocked
No bloqueado
Non groupó

Unblocking
Desbloqueo
Dégroupage

Unbroken sequence
Secuencia ininterrumpida
Séquence ininterrompue

Unbuffered
Desprovisto de memoria
  intermedia
Dépourvu de mémoire
  intermédiaire

(to) Unbundle
Facturar separadamente
Facturer séparément

Unbundling
Facturación separada
Facturation séparée

Unburst
No separado
Non séparé

Uncertified
No certificado
Non certifié

Unchanged
No modificado
Inchangé

Uncharged time
Tiempo no imputado
Temps non imputé

Unchecked
No controlado
Non contrôlé

Uncoded
No codificado
Non codé

Uncomplemented
No acabado
Inachevé

Uncompleted
No acabado
Inachevé

Uncompressed
No condensado
Non condensé

Unconditional
Incondicional
Inconditionnel

Unconditional assignment
Asignación incondicional
Affectation inconditionnelle

Unconditional branch
Salto incondicional
Saut inconditionnel

Unconditional branch instruction
Instrucción de salto incondicional
Instruction de saut inconditionnel

Unconditional control field
Campo de control incondicional
Zone de contrôle inconditionnel

Unconditional control transfer
Transferencia de control
  incondicional
Transfert de contrôle
  inconditionnel

**Unconditional control transfer
  instruction**
Instrucción de transferencia de
  control incondicional
Instruction de transfert de contrôle
  inconditionnel

Unconditional detail line
Línea de detalle incondicional
Ligne de détail inconditionnelle

Unconditional jump
Salto incondicional
Saut inconditionnel

Unconditional jump instruction
Instrucción de salto incondicional
Instruction de saut inconditionnel

Unconditional total line
Línea de total incondicional
Ligne de total inconditionnel

Unconditional transfer
Transferencia incondicional
Transfert inconditionnel

Unconditional transfer instruction
Instrucción de transferencia
    incondicional
Instruction de transfert
    inconditionnel

Unconditional transfer of control
Transferencia incondicional del
    control
Transfert inconditionnel du
    contrôle

Unconditionally
Incondicionalmente
Inconditionnellement

Uncontrolled
Ilimitado (No restringido)
Illimité (Non restreint)

(to) Uncover
Descubrir
Découvrir

(to) Uncrossbar
Suprimir la posibilidad de
    conmutación
Supprimer la possibilité de
    commutation

Undebugged
No depurado
Non mis au point

Undecipherable
Indescifrable
Indéchiffrable

Undefined
No definido
Non défini

Under the floor cabling
Cableado bajo el falso suelo
Liaison en sous-sol

Underflow
Desbordamiento inferior
Dépassement négatif en capacité

Underload
Subcarga
Sous-charge

Underpunch
Perforación en las posiciones
    inferiores
Perforation dans les positions
    inférieures

(to) Underscore
Subrayar
Souligner

Underscoring
Subrayado
Soulignement

Undetected error rate
Tasa de errores no detectados
Taux d'erreurs non détectées

Undisturbed
No perturbado
Non perturbé

Undisturbed one output signal
Señal de salida no perturbada
Signal de sortie non perturbé

Undisturbed output signal
Señal de salida 'un' no perturbado
Signal de sortie 'un' non perturbé

Undisturbed response voltage
Tensión de respuesta no
    perturbada
Tension de réponse non perturbée

Undisturbed zero output signal
Señal de salida cero no
    perturbado
Signal de sortie zéro non perturbé

Undocumented
No documentado
Non documenté

Unedited
No editado
Non édité

Unequal comparison
Desigualdad
Inégalité

Unerased
No borrado
Non effacé

Unexpected halt
Parada imprevista
Arrêt imprévu

Unformatted
Sin formato, A granel
En vrac

Unformatted
No puesto en forma
Non mis en forme

Unformatted document
Documento de paginación libre,
    Documento sin formato
Document à mise en page libre

Unformatted input / output
Entrada / salida sin puesta en
    marcha
Entrée / sortie sans mise en forme

Unidirectional
Unidireccional
Unidirectionnel

Uniform earnings
Beneficios constantes
Entrées constantes

Uniformly accessible storage
Memoria con acceso uniforme
Mémoire à accès direct

Unindexed
Sin índice
Non indexé

Uninterpreted
No traducido
Non traduit

Univentoriable
No inventariable
Impossible à inventorier

Union
Operación o inclusivo
Opération ou inclusif

Union gate
Puerta unión, Puerta o inclusivo
Porte ou inclusif

Unipolar
Unipolar
Unipolaire

Uniprocessing
Proceso con una sola unidad
Traitement avec une seule unité

Uniprocessor
Unidad única de proceso
Unité unique

Uniprogramming
Monoprogramación
Monoprogrammation

Unipunch
Perforadora con perforación única
Perforatrice à perforation unique

Unit
Unidad
Unité

Unit check
Error de unidad
Erreur d'unité

Unit control word; U.C.W.
Palabra de control de la unidad
Mot de contrôle de l'unité

Unit element
Elemento unitario
Elément unitaire

Unit exception
Anomalía de la unidad
Anomalie sur unité

Unit interval
Intervalo unitario
Intervalle unitaire

Unit meter
Contador de la unidad
Compteur de l'unité

Unit name
Nombre de la unidad
Nom de l'unité

Unit of data
Unidad de información
Unité d'information

Unit of measure
Unidad de medida
Unité de mesure

Unit price
Precio unitario
Prix unitaire

Unit record
Registro unitario
Article unitaire; UR

Unit separation
Separación de unidades
Séparation d'unités

Unit separator character
Carácter separador de unidades
Caractère séparateur d'unités

Unit separator; U.S.
Separador de unidades
Séparateur d'unités

Unit set
Legajo de impresos no en
  continuo
Liasse d'imprimés non en continu

Unit status information
Información sobre el estado de la
  unidad
Information sur l'état de l'unité

Unit string
Tira unitaria
Chaîne unitaire

Unit switching
Alternancia de las unidades (de
  cinta)
Alternance des dérouleurs

Uniterm
Descriptor
Descripteur

Uniterm system
Sistema con descriptores
Système à descripteurs

Uniterming
Elección de los descriptores
Choix des descripteurs

Units position
Posición de las unidades
Position des unités

Universal
Universal
Universel

Universal character set; U.C.S.
Juego universal de caracteres
Jeu de caractéres universels

Universal data set; U.D.S.
Juego de datos universales
Jeu de données universelles

**Universal decimal classification;
  U.D.C.**
Clasificación decimal universal
Classement décimal universel

Universal language
Lenguaje universal
Langage universel

Universal logic circuit; U.L.C.
Circuito lógico universal
Circuit logique universel

Unjustified
No sangrado
Non cadré

Unlabelled
Sin etiqueta
Non étiqueté

(to) Unlatch
Desbloquear
Débloquer

Unload(ing)
Descarga
Déchargement

(to) Unload
Descargar
Décharger

Unload rewind
Rebobinado y descarga
Rebobinage

Unmarked
No marcado
Non marqué

Unmasked
No enmascarado
Non masqué

Unmatched
Sin correspondiente
Sans correspondant

Unmodified instruction
Instrucción no modificada
Instruction non modifiée

Unmodified
No modificado
Non modifié

(to) Unmount
Desmontar
Démonter

Unmoved
No movido
Non mouvementé

Unnormalized
No normalizado
Non normalisé

Unnotched
Sin muescas
Non encoché

Unordered
No ordenado
Non classé

(to) Unpack
Desbloquear
Dégrouper

Unpacking
Desbloqueo
Dégroupage

Unpaged
No paginado
Non mis en page

Unperforated
No perforado
Non perforé

(to) Unplug
Desconectar
Déconnecter

Unplugged
Desenchufado
Non connecté

Unposted
No colocado
Non mis en place

Unprinted
No impreso
Non imprimé

Unprocessable
No procesable
Non traitable

Unprocessed
No procesado
Non traité

Unproductive time
Tiempo improductivo
Temps improductif

Unprogrammable
No programable
Non programmable

Unprogrammed
No programado, No planificado
Non programmé

Unpunched
No perforado
Non perforé

Unrecognizable
No identificable
Non identifiable

Unrecorded
No registrado
Non enregistré

Unrecoverable
No recuperable
Non corrigible

(to) Unreel
Desarrollar
Dérouler

Unreleased
No lanzado
Non lancé

Unrestricted
No limitado
Non limité

Unrestricted file
Fichero utilizable por todos
Fichier utilisable par tous

Unrounded
No redondeado
Non arrondi

(to) Unsave
Destruir
Détruire

Unscaled
Sin escala
Non échelonné

Unscheduled
No programado, No planificado
Non programmé

Unscheduled interruption
Interrupción no programada
Interruption non programmée

Unscheduled issue
Salida no programada
Sortie non programmée

Unscheduled maintenance
Mantenimiento no programado
Maintenance non programmée

Unscheduled maintenance time
Tiempo de manutención no
   programado
Temps de maintenance non
   programmé

Unsegmented
No segmentado
Non segmenté

Unserviceable
Inutilizable
Inutilisable

(to) Unset
Reponer al estado inicial
Remettre à l'état initial

Unsigned
Sin signo
Sans signe

Unsophisticated
No elaborado
Non élaboré

Unsorted
No ordenado
Non trié

Unspecified length record
Registro en longitud no definida
Enregistrement en longueur non
   définie

Unsprocketted
No perforado
Non perforé

Unstapled
Sin grapas
Non agrafé

Untested
No ensayado
Non essayé

Untruncated
No truncado
Non tronqué

Unused time
Tiempo no utilizado
Temps non utilisé

Unusual condition routine
Rutina de proceso inhabitual
Routine de traitement inhabituel

Unverified
No verificado
Non vérifié

Unweighed
Imponderado
Impondéré

(to) Unwind
Desarrollar
Débobiner

Unwinder
Desarrollo medio
Dérouleur

Unworkable
No procesable
Non traitable

Up
Encendido - En funcionamiento
Allumé (En fonctionnement)

Up arrow
Flecha vertical
Flèche verticale

(to) Update
Actualizar
Mettre à jour

Update
Actualización
Mise à jour

Update in place
Actualización por sustitución
Mise à jour par substitution

Updated work
Conjunto-programa
Ensemble-programme

Updated
Actualizado
Mis à jour

Updated master file
Fichero maestro actualizado
Fichier permanent mis à jour

Updating
Actualización
Mise à jour

Updating and file maintenance
Actualización y manutención de
  los ficheros
Mise à jour et maintenance des
  fichiers

Updating routine
Rutina de actualización
Routine de mise à jour

Updating run
Fase de actualización
Phase de mise à jour

(to) Upgrade
Mejorar la calidad
Améliorer la qualité

Upgrading capability
Posibilidad de mejora
Possibilité d'amélioration

Upper case
Parte superior de la casilla
Partie supérieure de la case

Upper case letter
Letra mayúscula
Lettre majuscule

Upper curtate
Parte superior
Partie supérieure

Upper disk
Disco superior
Disque supérieur

Upper (core) memory
Parte superior de la memoria
Partie supérieure de la mémoire

Upper positions
Posiciones superiores
Positions supérieures

Upper shift
Carácter superior (de teclado)
Caractère supérieur (de clavier)

Upper storage
Parte superior de la memoria
Partie supérieure de la mémoire

Upper store
Parte superior de la memoria
Partie supérieure de la mémoire

Upward compatibility
Compatibilidad hacia arriba
Compatibilité vers le haut

Upward compatible
Compatible hacia arriba
Compatible vers le haut

Urgent orders
Órdenes urgentes
Ordres urgents

U.S.
Separador de unidades
Séparateur d'unités

Usable
Utilizable
Utilisable

Usage
Utilización, Uso
Utilisation

Usage
Uso
Utilisation

Usage meter
Contador
Compteur

Usage time
Tiempo de utilización
Temps d'utilisation

Use
Utilización, Uso
Utilisation

Used computer
Ordenador de segunda mano
Ordinateur d'occasion

User
Usuario
Utilisateur

User code
Código del usuario
Code de l'utilisateur

User coded
Codificado por el usuario
Codé par l'utilisateur

User coded macro
Macro codificada por el usuario
Macro codée par l'utilisateur

User coding
Codificación del usuario
Codage de l'utilisateur

User generated
Creado por el usuario
Créé par l'utilisateur

User oriented
Concebido para el usuario
Conçu pour l'utilisateur

User program
Programa del utilizador
Programme de l'utilisateur

User program library
Biblioteca de programas del
  usuario
Bibliothèque de programmes de
  l'utilisateur

User supplied
Suministrado por el usuario
Fourni par l'utilisateur

User trailer label; U.T.L.
Etiqueta de cola del usuario
Etiquette-fin de l'utilisateur .

User written
Escrito por el usuario
Ecrit par l'utilisateur

User written program
Programa escrito por el usuario
Programme écrit par l'utilisateur

User-controlled
Controlado por el usuario
Dépendant de l'utilisateur

User-header label; U.H.L.
Etiqueta de cabecera del usuario
Etiquette-début de l'utilisateur

Users association
Asociación de usuarios
Association d'utilisateurs

Users group
Asociación de usuarios
Association d'utilisateurs

Users library
Biblioteca de los usuarios
Bibliothèque des utilisateurs

(to) Usher in
Introducir en la memoria
Introduire en mémoire

(to) Usher out
Extraer de la memoria
Extraire de la mémoire

Utility
Utilidad
Utilité

Utility band
Banda de utilidad
Bande utilitaire

Utility company
Servicio público
Service public

Utility program
Programa de utilidad
Programme utilitaire

Utility routine
Subrutina de utilidad
Sous-programme utilitaire

Utilization
Utilización, Uso
Utilisation

Utilization ratio
Tasa de utilización
Taux d'utilisation

U.T.L.
Etiqueta-fin del utilizador
Etiquette-fin de l'utilisateur

V

V Format
Formato en longitud variable
Format en longueur variable

V Operation
Operación V
Opération V

Vacant
Disponible
Disponible

Vacant
Vacante
Vacant

(to) Vacate
Liberar
Libérer

Vacuum
Aspirador
Aspirateur

Vacuum actuated switch
Válvula neumática
Soupape pneumatique

Vacuum bin
Casilla de vacío
Case vide

Vacuum cell
Célula vacía
Cellule vide

Vacuum column
Columna de vacío
Colonne à dépression

Vacuum pocket
Depósito de vacío
Puits à dépression

Vacuum tube
Válvula de vacío
Tube à vide

(to) Validate
Validar
Valider

Validate file
Fichero comprobado
Fichier de validation

Validation
Validez
Validation

Validation process
Proceso de control de validez
Procédure de contrôle de validité

Validity
Validez
Validité

Validity check
Comprobación de validez
Contrôle de validité

(to) Value
Evaluar
Evaluer

Value
Valor
Valeur

Value added network
Red con valor añadido
Réseau à valeur ajoutée

(to) Value returned
Tomar el valor por referencia
Prendre la valeur pour référence

Valve
Válvula
Lampe

Valve computer
Calculador con válvulas
Calculateur à lampes

Van-mounted computer center
Centro móvil de proceso
Centre mobile de traitement

Variable
Variable
Variable

Variable address
Dirección variable
Adresse variable

Variable block
Bloque de longitud variable
Bloc de longueur variable

Variable block format
Formato a bloque variable
Format à bloc variable

Variable connector
Conector variable
Connecteur variable

Variable data
Datos variables
Données variables

Variable field
Campo variable
Champ variable

Variable format
Formato variable
Format variable

Variable function generator
Generador de funciones variables
Générateur de fonctions variables

Variable information
Información variable
Information variable

Variable length
Longitud variable
Longueur variable

Variable length record
Registro en longitud variable
Enregistrement en longueur
    variable

Variable length record system
Sistema de registro en longitud
    variable
Système d'enregistrement en
    longueur variable

Variable length word
Palabra de longitud variable
Mot de longueur variable

Variable logic
Lógica variable
Logique variable

Variable long precision
Precisión variable
Précision variable

Variable multiplier
Multiplicador analógico
Multiplicateur analogique

Variable point representation
Representación en coma móvil
Représentation à virgule mobile

Variable speed machine
Unidad de velocidad variable
Unité à vitesse variable

Variable word length
Longitud de palabra variable
Longueur de mot variable

Variable word length computer
Ordenador con palabras de
longitud variable
Ordinateur à mots de longueur
variable

Vat
Cuba
Cuve

V.D.U.
Visual, Representación visual
Visu

V.D.U.
Unidad de visualización
Unité de visualisation

Vector
Vector
Vecteur

Vector generator
Generador de vectores
Générateur de vecteurs

Vector mode display
Localizador con coordenadas
polares
Localisation à coordonnées
polaires

Vector quantity
Magnitud vectorial
Grandeur vectorielle

Veith chart
Diagrama de Veith
Diagramme de Veith

Veith diagram
Diagrama de Veith
Diagramme de Veith

Venn diagram
Diagrama de Venn
Diagramme de Venn

(to) Ventilate
Ventilar
Ventiler

Ventilation
Ventilación
Ventilation

Verge
Borde
Bord

Verge-punched card
Ficha con perforación marginal
Carte à perforation marginale

Verification
Verificación
Vérification

Verification notch
Muesca de verificación
Encoche de vérification

Verified data base
Base de datos unificada
Données de base vérifiées

Verified failure
Fallo, Avería controlada
Défaillance contrôlée

Verifier
Verificador
Vérificateur

Verifier
Verificadora
Vérificatrice

Verifier operation
Verificación
Vérification

Verifier operator
Verificador
Vérificateur

Verify(ing)
Verificación
Vérification

(to) Verify
Verificar
Vérifier

Verify non-compare
No correspondencia a la
verificación
Non correspondance à la
vérification

Verify wait station
Estación de espera de verificación
Poste d'attente de vérification

Verifying punch; V.P.
Perforadora verificadora
Perforatrice vérificatrice

Versatility
Versatilidad
Versatilité

Version
Versión
Version

Vertex matrix
Matriz con gráfico
Matrice avec graphe

Vertical
Vertical
Vertical

Vertical adjustment knob
Botón de ajuste vertical (del papel)
Bouton d'ajustage vertical (du
papier)

Vertical bar
Barra vertical
Bâtonnet vertical

Vertical feed
Alimentación vertical
Alimentation verticale

Vertical format control unit
Unidad de control de la cinta
piloto
Unité de contrôle de la bande
pilote

Vertical format unit punch
Perforador de cinta piloto
Perforateur de bande pilote

Vertical format unit; V.F.U.
Unidad con cinta piloto
Unité à bande pilote

Vertical misalignment
Desalineamiento vertical
Désalignement vertical

Vertical parity check
Control de paridad vertical
Contrôle de parité verticale

Vertical perforation
Perforación vertical
Perforation verticale

Vertical redundancy check; V.R.C.
Comprobación vertical por
redundancia
Contrôle vertical par redondance

Vertical tab(ulation)
Tabulación vertical
Tabulation verticale

Vertical tabulation character; V.T.
Carácter de tabulación vertical
Caractère de tabulation verticale

Very high frequency
Frecuencia muy alta
Très haute fréquence

Very low frequency
Frecuencia muy baja
Très basse fréquence

Vestigial sideband
Banda residual
Bande résiduelle

(to) Vet
Habilitar
Valider

Vetting
Validez
Validation

Vetting routine
Rutina de validez
Routine de validation

Vetting run
Pasada por validación
Passage pour validation

V.F.
Frecuencia vocal
Fréquence vocale

V.F.U.
Unidad con cinta piloto
Unité à bande pilote

V.H.F.
Muy alta frecuencia
Très haute fréquence

V.H.F.
Frecuencia muy alta
Très haute fréquence

Vibrator
Vibrador
Vibreur

Video circuit
Circuito video
Circuit vidéo

Video printer
Impresora video
Imprimante vidéo

Video signal
Señal video
Signal vidéo

Video tape
Cinta video
Bande vidéo

Video terminal
Terminal video
Terminal vidéo

Video tube
Tubo video
Tube vidéo

Video-chip
Micro-imagen magnética
Micro-image magnétique

Viewer
Visualizadora
Visionneuse

Viewing hood
Capucha de observación
Bonnette de visée

Viewing screen
Pantalla de visualización
Ecran de visualisation

Viewing unit
Unidad de visualización
Unité de visualisation

Viewing window
Visor
Viseur

Virgin
Virgen
Vierge

Virgin coil
Bobina virgen
Bobine vierge

Virgin medium
Soporte virgen
Support vierge

Virgin paper
Papel virgen
Papier vierge

Virgin spool
Bobina virgen
Bobine vierge

Virgin tape
Cinta virgen
Bande vierge

Virgule
Coma
Virgule

Virtual address
Dirección virtual
Adresse virtuelle

Virtual addressing
Direccionamiento virtual
Adressage virtuel

Virtual configuration
Configuración virtual
Configuration virtuelle

Virtual data
Datos virtuales
Données virtuelles

Virtual environment
Contexto virtual
Contexte virtuel

Virtual equals real storage
Memoria virtual - real
Mémoire virtuelle - réelle

Virtual machine
Máquina virtual
Machine virtuelle

Virtual memory system; V.M.S.
Sistema con memoria virtual
Système à mémoire virtuelle

Virtual memory; V.M.
Memoria virtual
Mémoire virtuelle

**Virtual storage access method;
  V.S.A.M.**
Método de acceso a un
  almacenamiento virtual
Méthode d'accès à une mémoire
  virtuelle

Virtual storage address
Dirección de memoria virtual
Adresse de mémoire virtuelle

Virtual storage partition
Partición de memoria virtual
Partition de mémoire virtuelle

Virtual storage region
Región de memoria virtual
Région de mémoire virtuelle

Virtual storage; V.S.
Memoria virtual
Mémoire virtuelle

Virtual system
Sistema virtual
Système virtuel

**Virtual telecommunications access
  method; V.T.A.M.**
Método de acceso virtual para
  telecomunicaciones
Méthode d'accès virtuel par
  télécommunications

Visible record computer
Ordenador con soporte aparente
Ordinateur à support visible

Visual
Visual
Visuel

Visual check
Comprobación visual
Contrôle visuel

Visual display console
Pupitre de visualización
Pupitre de visualisation

Visual display terminal
Terminal con pantalla de
    visualización
Terminal à écran de visualisation

Visual display unit; V.D.U.
Unidad de visualización
Unité de visualisation

Visual scanner
Analizador óptico
Analyseur optique

V.L.F.
Muy baja frecuencia
Très basse fréquence

V.M.
Memoria virtual
Mémoire virtuelle

V.M.S.
Sistema con memoria virtual
Système à mémoire virtuelle

Voice answer-back
Respuesta devuelta
Réponse vocale

Voice answer-back unit
Unidad con respuesta vocal
Unité à réponse vocale

Voice channel
Canal vocal
Canal vocal

Voice frequency; V.F.
Frecuencia vocal
Fréquence vocale

Voice grade channel
Canal de frecuencia vocal
Canal à fréquence vocale

Voice grade circuit
Circuito con frecuencia vocal
Circuit à frequence vocale

Voice grade line
Línea con frecuencia vocal
Ligne à fréquence vocale

Voice response unit
Unidad de respuesta vocal
Unité de réponse vocale

Void
Sin tinta
Sans encre

Void date
Fecha de caducidad
Date de prescription

Volatile storage
Memoria volátil
Mémoire volatile

Volatility
Volatilidad
Volatilité

Voltage
Tensión
Tension

Voltage drop
Caída de tensión
Chute de tension

Voltage regulation
Regulación de tensión
Régulation de tension

Voltage surge
Sobretensión
Surtension

Volume
Volumen
Volume

Volume label
Etiqueta de volumen
Etiquette de volume

Volume manufacturing
Fabricación en serie
Fabrication en série

**Volume table of contents;
    V.T.O.C.**
Índice del volumen
Table des matières du volume

Volume test
Ensayo con datos reales
Essai avec des données réelles

Volume unit
Unidad de volumen
Unité de volume

V.P.
Perforadora verificadora
Perforatrice vérificatrice

V.R.C.
Control vertical por redundancia
Contrôle vertical par redondance

V.S.
Memoria virtual
Mémoire virtuelle

V.S.A.M.
Método de acceso a una memoria
    virtual
Méthode d'accès à une mémoire
    virtuelle

V.T.
Carácter de tabulación vertical
Caractère de tabulation verticale

V.T.A.M.
Método de acceso virtual por
    telecomunicaciones
Méthode d'accès virtuel par
    télécommunications

V.T.O.C.
Indice del volumen
Table des matières du volume

W

Wad
Paquete de fichas
Paquet de cartes

Wafer
Oblea de semiconductor
Plaque de contact

(to) Wait
Esperar
Attendre

Wait condition
Estado de espera
Etat d'attente

Wait position
Posición de espera
Position d'attente

Wait station
Estación de espera
Poste d'attente

Waiting line
Línea de espera
Ligne d'attente

Waiting loop
Ciclo de espera
Cycle d'attente

Waiting state
Estado de espera
Etat d'attente

Waiting time
Tiempo de espera
Temps d'attente

(to) Waive
Renunciar a
Renoncer à

Walk down
Pérdida de información
Perte d'information

(to) Walk down
Detener
Ralentir

Warm start
Lanzamiento en caliente
Démarrage à chaud

Warning
Advertencia
Avertissement

Warning lamp
Lámpara de señalización
Lampe de signification

Warning message
Mensaje de atención
Message d'attention

Warrant
Garantía
Warrant

(to) Warrant
Depositar mercancías en garantía
Warranter

Warsaw notation
Notación polaca
Notation polonaise

Waste instruction
Instrucción superflua
Instruction superflue

Watch dog
Controlador de secuencia
Contrôleur de séquence

Waterproof
Impermeable
Imperméable

Watertight
Estanco
Etanche

Waveform
Forma de onda
Forme d'onde

Waveshape
Forma de onda
Forme d'onde

Wavy
Ondulante
Onduleux

Way
Vía
Voie

Way in
Entrada
Entrée

Way line of printing
Alineamiento defectuoso de los caracteres
Mauvais alignement des caractères

Way out
Salida
Sortie

(two) Way sort
Clasificación a dos vías
Tri à deux voies

W.D.
Esquema de cableado
Schéma de câblage

W.D.C.
Error de datos en escritura
Erreur de données en écriture

Weak
Débil, Bajo
Faible

(to) Weaken
Debilitar
Affaiblir

(to) Wear
Gastar
User

Wear resistance
Resistencia al desgaste
Résistance à l'usure

(to) Weave
Fusionar
Fusionner

Web
Trama
Trame

Weekly
Semanal
Hebdomadaire

Weight
Peso
Poids

Weighted
Ponderado
Pondéré

Weighted area mask
Máscara con zonas ponderadas
Masque à zones pondérées

Weighted average
Media ponderada
Moyenne pondérée

Wide
Ancho
Large

Wideband
Banda ancha
Bande large

Wideband amplifier
Amplificador de banda ancha
Amplificateur à bande large

Wideband circuit
Circuito de banda ancha
Circuit à bande large

Width
Anchura
Largeur

Williams tube
Tubo de William
Tube de William

Williams tube storage
Memoria con tubo de William
Mémoire à tube de William

Wind(ing)
Enrollamiento
Enroulement

(to) Wind
Enrollar
Enrouler

Window
Ventana
Fenêtre

Window machine
Máquina de ventanilla
Machine de guichet

Winning record
Artículo elegido después de
comparación
Article retenu après comparaison

(to) Wipe
Vaciar una memoria
Vider une mémoire

Wiper
Cursor
Curseur

(to) Wire
Conectar
Connecter

Wire
Hilo
Fil

Wire brush
Escobilla metálica
Balai métallique

Wire channel
Paso de hilo
Passage de fil

Wire matrix printer
Impresora con matriz
Imprimante à matrice

Wire printer
Impresora con hilos
Imprimante à fils

Wire wrap
Conexión enrollada
Connexion enroulée

Wired program
Programa cableado
Programme câblé

Wired program counter
Contador con programa cableado
Compteur à programme câblé

Wired-in check
Vigilancia cableada
Contrôle câblé

Wireless
Sin hilo
Sans fil

Wire-wrapped connection
Conexión enrollada
Connexion enroulée

Wiring
Cableado
Câblage

Wiring board
Cuadro de cableado
Tableau de câblage

Wiring diagram; W.D.
Esquema de cableado
Schéma de câblage

Withholdings
Retenciones
Retenues

Within
En el interior de
A l'intérieur de

Without
Sin
Sans

Womp
Sobreintensidad luminosa
inesperada
Surintensité lumineuse brusque

Word
Palabra
Mot

(to) Word
Redactar
Rédiger

Word buffered channel
Canal con tampón de una palabra
Canal à tampon d'un mot

Word count
Recuento de palabras
Comptage de mots

Word gap
Espacio entre palabras
Espace entre mots

Word length
Longitud de palabra
Longueur de mot

Word mark
Marca de palabras
Marque de mot

Word organized storage
Memoria organizada por palabras
Mémoire organisée par mots

Word oriented
Organizado con palabras
Organisé par mots

Word oriented computer
Ordenador de palabras
Ordinateur à mots

Word processing
Proceso de las palabras
Traitement des mots

Word processing equipment
Equipo de proceso de las palabras
Matériel de traitement des mots

Word separator
Separador de palabras
Séparateur de mots

Word time
Período-palabra
Période-mot

Words per minute; W.P.M.
Palabras por minuto
Mots à la minute

Words per second
Palabras por segundo
Mots à la seconde

(to) Work
Trabajar
Travailler

Work assembly
Preparación de los trabajos
Préparation des travaux

Work assignment
Asignación de trabajo
Commande de travail

Work board
Mesa de trabajo
Table de travail

Work center
Centro de trabajo
Centre de travail

Work disk
Disco de trabajo
Disque de travail

Work file
Fichero de trabajo
Fichier de travail

Work flow
Flujo de trabajo
Débit de travail

Work in process
Trabajo en curso
Travail en cours

Work load
Carga de trabajo
Charge de travail

Work location
Puesto de trabajo
Poste de travail

Work lot
Lote de trabajo
Lot de travail

Work measurement
Medición de los trabajos
Estimation des travaux

(to) Work on
Procesar simultáneamente
Traiter simultanément

Work on hand
Trabajo en curso
Travail en cours

Work sheet
Hoja de programación de los
trabajos
Feuille de programmation des
travaux

Work shift
Turno de trabajo
Roulement de travail

Work station
Puesto de trabajo
Poste de travail

Work station start-up
Activación de un puesto de trabajo
Mise en route d'un poste de travail

Workability
Viabilidad
Viabilité

Workaday
Común, Cotidiano
Quoditien

Work(ing) area
Zona de trabajo
Zone de travail

Working accumulator
Acumulador de servicio
Accumulateur de service

Working copy
Copia de trabajo
Copie de travail

Working data
Datos en curso de proceso
Données en cours de traitement

Working document
Documento de trabajo
Document de travail

Working length
Longitud de trabajo
Longueur de travail

Working medium
Soporte de trabajo
Support de travail

Working register
Registro de trabajo
Registre de travail

Working routine
Rutina de trabajo
Routine de travail

Working set
Parte activa de un programa
Partie active d'un programme

Working space
Superficie de trabajo
Surface de travail

Working storage
Almacenamiento de trabajo
Mémoire de travail

Working storage area
Zona de memoria de trabajo
Zone de mémoire de travail

Work(ing) tape
Cinta de trabajo
Bande de travail

Worst case print speed
Velocidad de impresión más
favorable
Vitesse d'impression la plus
favorable

W.P.M.
Palabras por minuto
Mots à la minute

Wrap
Enrollamiento
Enroulement

Wrap around
Bucle; morderse la cola
Bouclage

(to) Wrap-around
Dar vueltas
Boucler

Wrap around list
Lista que se muerde la cola
Liste bouclée

Wrapped
Enrollado
Entortillé

Wreck
Atascamiento
Bourrage

**Writable store (Br.) Writeable
storage (Amer.)**
Memoria alterable, Memoria activa
Mémoire active

(to) Write
Escribir
Ecrire

Write
Escritura
Ecriture

Write authorisation (Br.)
authorization (Amer.)
Autorización de escritura
Autorisation d'écriture

(to) Write back
Reescribir
Re-écrire

(to) Write check
Comprobar una escritura
Contrôler une écriture

Write coil
Bobina de escritura
Bobine d'enregistrement

Write data check; W.D.C.
Error de datos en escritura
Erreur de données en écriture

Write enable ring
Anillo de seguridad de la cinta de
escritura
Anneau de sûreté de la bobine
d'écriture

Write gate
Cierre del contacto de escritura
Fermeture du contact d'écriture

Write inhibit ring
Anillo de prohibición de escritura
Anneau d'interdiction d'écriture

(to) Write into
Introducir una escritura
Introduire une écriture

Write latch
Activación del contacto de
escritura
Mise en fonction du contact
d'écriture

Write lockout
Prohibición de escritura
Interdiction d'écriture

(to) Write out
Extraer una escritura
Extraire une écriture

Write permit ring
Anillo de autorización de escritura
Anneau d'autorisation d'écriture

(to) Write protect
Proteger la escritura
Protéger l'écriture

Write protect tape
Cinta de protección de escritura
Bande de protection d'écriture

Write protection
Protección de escritura
Protection de l'enregistrement

Write pulse
Impulso de escritura
Impulsion d'écriture

Write ready
Listo para la escritura
Prêt pour l'écriture

Write ring
Anillo de escritura
Anneau d'écriture

Write strobe
Impulso de fin de escritura
Impulsion de fin d'écriture

Write time
Tiempo de registro
Temps d'enregistrement

(to) Write up
Actualizar
Mettre à jour

Write winding
Hilo de escritura
Fil d'écriture

Writeable control storage
Memoria de control programable
o alterable
Mémoire de contrôle
programmable

(to be) Write-inhibited
Estar en prohibición de escritura
Etre en interdiction d'écriture

Writer
Redactor
Rédacteur

Writing
Escritura
Ecriture

Writing head
Cabeza de escritura
Tête d'écriture

Writing pulse
Impulso de escritura
Impulsion d'écriture

Wrong
Erróneo
Erroné

Wrong
Falso
Faux

Wry
Torcido
Tordu

X

X box
Casilla a llenar con una X
Case à remplir par un X

X Position
Posición X
Position X

X Punch
Perforación X
Perforation X

X Register
Registro X
Registre X

X.A.
Adaptador de transmisión
Adaptateur de transmission

Xerographic printer
Impresora xerográfica
Imprimante xérographique

Xerography
(la) Xerografía
(la) Xérographie

(to) Xerox
Imprimir en xerografía
Imprimer en xérographie

X.I.C.
Convertidor de acoplamiento
    mutuo de transmisión
Convertisseur d'interface de
    transmission

X.Y. Plotter
Trazador (de curvas)
Traceur de courbes

Y

Y Edge leading
Alimentación de los doce en cabeza
Alimentation des douze en tête

Y Plate
Placa desviadora vertical
Plaque déviatrice verticale

Y Position
Posición Y
Position Y

Y Punch
Perforación Y
Perforation Y

Yearly
Anual
Annuel

Yearly
Anualmente
Annuellement

Yearly earnings report
Informe de los beneficios anuales
Etat des déclarations annuelles

(to) Yield
Producir
Produire

Yield
Rendimiento
Rendement

(to) Yield control
Ceder el control
Arrêter l'exécution

Yield point
Límite de resistencia
Limite de résistance

Z

Z fold paper
Papel con plegado acordeón
Papier à pliage accordéon

(to) Zero
Reponer a cero
Remettre à zéro

Zero
Cero
Zéro

Zero access storage
Memoria con tiempo de acceso
   nulo
Mémoire à temps d'accès nul

Zero address
Sin dirección
Sans adresse

Zero address instruction
Instrucción sin dirección
Instruction sans adresse

Zero address instruction format
Formato de instrucción sin
   dirección
Format d'instruction sans adresse

(to) Zero and add
Poner a cero y sumar
Mettre à zéro et additionner

(to) Zero and substrat
Poner a cero y restar
Mettre à zéro et soustraire

Zero balance
Saldo a cero
Solde à zéro

Zero complement
Complemento a cero
Complément à zéro

Zero condition
Condición cero
Condition zéro

Zero elimination
Eliminación de los ceros
Elimination des zéros

(to) Zero fill
Llenar de ceros
Remplir par des zéros

Zero fill
Relleno con ceros
Remplissage par des zéros

Zero level address
Dirección de nivel cero
Adresse de niveau zéro

Zero level addressing
Direccionamiento de nivel cero
Adressage de niveau zéro

Zero output
Salida cero
Sortie zéro

Zero output signal
Señal de salida cero
Signal de sortie zéro

Zero relative address
Dirección en relación a cero
Adresse par rapport à zéro

Zero state
Estado cero
Etat zéro

(to) Zero suppress
Eliminar los ceros (no
   significativos)
Eliminer les zéros (non
   significatifs)

Zero suppression
Eliminación de los ceros
Elimination des zéros

Zeroing
Reponer a cero
Remettre à zéro

(to) Zeroout
Poner a cero, Anular
Mettre à zéro

Zig-zag folded
Plegado en acordeón
Plié en accordéon

Zig-zag folding
Plegadura en acordeón
Pliage en accordéon

Zip code
Código postal
Code postal

Zone
Zona, Campo
Zone

Zone bit
Bit de zona
Bit de zone

Zone digit
Dígito de zona
Chiffre de zone

Zone portion
Porción de zona
Portion de zone

Zone position
Posición de zona
Position de zone

Zone punch(ing)
Perforación de zona
Perforation de zone

Zone row
Línea de zona
Ligne de zone

Zoned decimal
Decimal dividido en zonas
Décimal divisé en zones

Zoning
División por zonas
Division de zone

Español
Inglés
Francés

A

A datos inexactos, resultados erróneos
G.I.G.O. (Garbage In, Garbage Out)
A données inexactes, résultats erronés

A granel
Unformatted
En vrac

A la hora
On time
A l'heure

A precio reducido
Cut-price
A prix réduit

A prueba de manchas
Smudge proof
Anti-maculage

A tiempo
In time
A temps

A una dirección
One address
A une adresse

Abaco
Abacus
Abaque

Abaco japonés
Japanese abacus
Abaque japonais

Abandonar
(to) Abort, (to) Discard
Abandonner

Abandono
Abort
Abandon

Abastecimiento
Supply
Approvisionnement

Abcisa
Abscissa
Abscisse

Aberración
Aberration
Aberration

Abertura
Opening
Ouverture

Abonado
Subscriber
Abonné

Abonado al teléfono
Telephone subscriber
Abonné au téléphone

Abonado al telex
Telex subscriber
Abonné au télex

Abrasividad
Abrasivness
Abrasivité

Abreviado
Epitome
Abrégé

Abreviar-Acortar
(to) Shorten
Abréger-Raccourcir

Abrir
(to) Open
Ouvrir

Abrir un fichero
(to) Open a file
Ouvrir un fichier

Absoluto - Real
Absolute
Absolu - Réel

Absorbencia
Absorbency
Absorptivité

Abstenerse de
(to) Keep from
S'abstenir de

Abstracto
Abstract
Abstrait

Acarreo
Carry
Report

Acarreo bloqueado en nueve
Standing-on-nines carry
Report bloqué à neuf

Acarreo circular
End around carry
Report circulaire

Acarreo completo
Complete carry
Report complet

Acarreo en cascada
Cascaded carry
Report en cascade

Acarreo negativo
Borrow
Report négatif

Acarreo parcial
Partial carry
Report partiel

Acarreo rápido
High-speed carry
Report rapide

Acarreo simultáneo
Ripple through carry,
        Simultaneous carry
Report simultané

Acceder
(to) Access
Accéder

Accesibilidad
Accessibility
Accessibilité

Accesible
Accessible
Accessible

Acceso
Access, Accession
Accès, Consultation

Acceso aleatorio
Direct access, Random access
Accès aléatoire, Accès direct

Acceso de cola de espera
Queued access
Accès par file d'attente

Acceso de sólo lectura
Read only access
Accès pour simple lecture

Acceso dinámico
Dynamic access
Accès dynamique

Acceso directo
Direct access, Random access
Accès aléatoire, Accès direct

Acceso directo por claves
Keyed direct access
Accès direct par clé

Acceso en serie
Serial access
Accès en série

Acceso inmediato
Immediate access
Accès immédiat

Acceso instantáneo
Instantaneous access
Accès instantané

Acceso múltiple
Multiple access
Accès multiple

Acceso paralelo
Parallel access
Accès parallèle

Acceso rápido
Fast access
Accès rapide

Acceso remoto a distancia
Remote access
Accès à distance

Acceso secuencial
Sequential access, Serial access
Accès séquentiel

Acceso selectivo
Random access
Accès sélectif

Acceso simultáneo
Simultaneous access
Accès simultané

Accidental
Casual
Accidentel

Acción
Act
Action

Accionado por teclado
Key-controlled, Key-driven
Actionné par clavier

Accionar
(to) Activate
Actionner

Aceleración
Acceleration
Accélération

Acelerar
(to) Expedit, (to) Speed up
Accélérer

Acento circunflejo (^)
Caret
Symbole (^) (Signe d'omission)

Acentuar
(to) Emphasize
Accentuer

Acíclico
Acyclic
Acyclique

Acondicionamiento
Conditioning
Conditionnement

Acondicionamiento de aire
Air conditioning
Conditionnement d'air

Acondicionamiento de señales
Signal conditioning
Conditionnement de signaux

Acondicionamiento de un fichero
File conditioning
Conditionnement d'un fichier

Acondicionar
(to) Condition
Conditionner

Acontecimiento
Event
Evénement

Acontecimiento precedente
Predecessor event
Evénement précédent

Acontecimiento sucesivo
Successor event
Evénement successif

Acoplado acústicamente
Acoustically coupled
Couplé acoustiquement

Acoplado ópticamente
Optically coupled
Couplé optiquement

Acoplador acústico
Acoustic coupler
Coupleur acoustique

Acoplador de datos
Data coupler
Coupleur de données

Acoplador telefónico
Telephone coupler
Coupleur téléphonique

Acoplamiento
Coupling
Couplage

Acoplamiento acústico
Acousting coupling
Couplage acoustique

Acoplamiento mutuo
Interface
Interface

Acoplamiento mutuo estándar
Standard interface
Interface standard

Acoplamiento mutuo híbrido
Hybrid interface
Interface hybride

Acoplar
(to) Couple
Coupler

Acrecentar
(to) Increase
Accroître

Activación
Activation, Actuation
Mise en activité

Activación (Puesta en tensión)
Energization
Excitation (Mise sous tension)

Activación de los martillos
Hammer firing
Excitation des marteaux

Activación de un puesto de trabajo
Work station start-up
Mise en route d'un poste de travail

Activación del contacto de escritura
Write latch
Mise en fonction du contact d'écriture

Actividad
Activity
Activité

Actividad ficticia
Dummy activity
Activité fictive

Activo
Active
Actif

Actual
Current, (in) Process
En cours d'exécution

Actualización
Update, Updating
Mise à jour

Actualización de fichero
File maintenance, File update
Mise à jour de fichier

Actualización de la situación
Status updating
Mise à jour de la situation

Actualización de los programas
Maintenance of programs
Mise à jour des programmes

Actualización de un circuito o programa
Engineering change
Modification technique

Actualización por sustitución
Update in place
Mise à jour par substitution

Actualización y manutención de los ficheros
Updating and file maintenance
Mise à jour et maintenance des fichiers

Actualizado
(to be) Current, Updated
Etre à jour, Mis à jour

Actualizar
(to) Maintain, (to) Update, (to) Write up
Mettre à jour

Acumulación
Accumulation
Accumulation

Acumulación de detalles
Detail accumulation
Cumul de détails

Acumulación de mensajes
Message accumulation
Accumulation de messages

Acumulador
Accumulator
Accumulateur

Acumulador circulante
Running accumulator
Accumulateur circulant

Acumulador de servicio
Working accumulator
Accumulateur de service

Acumular
(to) Accumulate, (to) Add, (to) Build up, (to) Cumulate, (to) Total up
Accumuler, Totaliser, Cumuler

Acumulativamente
Accumulatively
Cumulativement

Acusar recepción
(to) Acknowledge
Accuser réception

Acuse de recepción y parada
S.A.K., Stop acknowledge, S.A.K.
Accusé de réception et arrêt

Acuse de recibo
Acknowledgment
Accusé de réception

(La) Acústica
Acoustics
(L') Acoustique

Acústica ultra-sonora
Ultrasonics
Acoustique ultra-sonore

Acústicamente
Acoustically
Acoustiquement

Acústico
Acoustic
Acoustique

Adaptabilidad
Adaptability
Faculté l'adaptation

Adaptable
Adaptative
Adaptable

Adaptable a la matemática
Mathematical mating
Adaptable à la mathématique

Adaptable al utilizador
Customizable
Adaptable à l'utilisateur

Adaptación
Adapting, Adjustment, Fitting
Adaptation, Ajustage

Adaptación al utilizador
Customization
Adaptation à l'utilisateur

Adaptación especial
Tailoring
Adaptation spéciale

Adaptado al usuario
Custom designed
Adapté à la demande

Adaptado especialmente
Tailor made
Adapté spécialement

Adaptador
Adaptator, Adapter, Adaptor
Adaptateur

Adaptador canal-canal
Channel-to channel adapter
Adaptateur canal-canal

Adaptador de acoplamiento con un periférico
Peripheral interface adapter, P.I.A., P.I.A.
Adaptateur de liaison avec un périphérique

Adaptador de canal
Channel adapter
Adaptateur de canal

Adaptador de línea
Communication adapter, L.A., Line adapter, L.A.
Adaptateur de ligne

Adaptador de línea de comunicación
Communication line adapter
Adaptateur de ligne de communication

Adaptador de transmisión
Transmission adapter, X.A., X.A.
Adaptateur de transmission

Adaptador de transmisión integrado
I.C.A.
Adaptateur de transmission intégré

Adaptador de vía de transmisión en paralelo
Parallel data adapter, P.D.A.
Adaptateur de voie de transmission en parallèle

Adaptador integrado
Integrated adapter
Adaptateur intégré

Adaptador integrado de transmisión
Integrated communications adapter, I.C.A.
Adaptateur de transmission intégré

Adaptadores asíncronos (Start-Stop)
Start-stop adapters
Adaptateurs arythmiques

Adaptar
(to) Adapt
Adapter

Adaptar al usuario
(to) Customize
Adapter à l'utilisateur

Adaptar especialmente
(to) Tailor
Adapter spécialement

Adelantamiento
Advancement
Avancement

Adelantamiento de una interlínea
L.F.
Avancement d'un interligne

Adelantamiento del papel
Paper feed
Avancement du papier

Adelantamiento rápido
Fast forward
Avancement rapide

Adelantar
(to) Feed past
Faire avancer

Adelantar paso a paso
(to) Inch, (to) Step
Avancer pas à pas, Faire avancer pas à pas

Adherencia
Anchorage
Adhérence

Adición
Add, Adding, Addition
Addition

Adición booleana
Boolean add
Addition booléenne

Adición con borrado
Destructive addition
Addition avec effacement

Adición en serie
Serial addition
Addition en série

Adición no destructiva
Non-destructive addition
Addition non destructive

Adición paralela
Parallel addition
Addition parallèle

Adición sin acarreo
Addition without carry, False add
Addition sans report

Adicionador
Adder
Additionneur

Adicionador analógico
Analog adder, Summer
Additionneur analogique

Adicionador binario
Binary adder
Additionneur binaire

Adicionador completo
Full adder
Additionneur complet

Adicionador con dos entradas
Two input adder
Additionneur à deux entrées

Adicionador con tres entradas
Three input adder
Additionneur à trois entrées

Adicionador en serie
Serial full adder
Additionneur en série

Adicionador numérico
Digital adder
Additionneur numérique

Adicionador paralelo
Parallel adder
Additionneur parallèle

Adicionador-sustractor
Adder-subtracter
Additionneur-soustracteur

Adicionadora impresora
Add listing machine, Adding lister
Additionneuse imprimante

Adicionar
(to) Add
Additionner

Adicionar horizontalmente
(to) Cross add
Additionner horizontalement

Adicionar un dígito demasiado grande
(to) Add over
Additionner un chifre trop élevé

Adicionar un dígito demasiado pequeño
(to) Add short
Additionner un chifre trop faible

Aditivo
Additive
Additif

Administrativo
Administrative
Administratif

Admitancia
Admittance
Admittance

Admitir
(to) Accept
Admettre

Adquisición automática de los datos
A.D.A., Automatic data acquisition, A.D.A.
Saisie automatique des données

Adquisición de datos
Data acquisition
Saisie de données

Adquisición de los datos
Data capture
Saisie des données

Advenimiento
Advent
Avènement

Advertencia
Warning
Avertissement

Adyacente
Adjacent
Adjacent

Agotamiento
Depletion
Epuisement

Agotamiento próximo de la cinta
Low tape supply
Epuisement de la bande

Agresivo
Aggressive
Agressif

Agrupado
Grouped
Groupé

Agrupamiento
Clustering, Consolidation ,
Gathering, Grouping,
Regrouping
Groupage, Regroupement

Agrupamiento de artículos
Grouping of records
Groupage d'articles

Agrupamiento de ficheros
File batching, File blocking
Groupage de fichiers

Agrupamiento de las operaciones
Operation grouping
Groupage des opérations

Agrupamiento en lotes
Batching
Groupage en lots

Agrupar
(to) Assemble, (to) Cluster, (to)
Consolidate, (to) Gather, (to)
Groupe, (to) Link
Assembler, Grouper, Regrouper

Agrupar (Bloquear)
(to) Block
Grouper (Bloquer)

Aguja
Needle, Printing pin
Aiguille, Aiguille d'imprimante

Aguja de clasificación
Sorting needle, Sorting rod
Aiguille de tri

Aguja de impresión
Printing stylus
Aiguille d'impression

Aguja impresora
Printing pin
Aiguille d'imprimante

Agujero
Hole
Trou

Agujero con ranura
Slotted hole
Trou ouvert

Agujero de guía
Pilot hole
Trou de guidage

Agujero de perforación
Punch hole
T ou de perforation

Agujero metalizado
Plated through hole
Trou métallisé

Agujeros de arrastre
Sprocket holes
Trous d'entraînement

Agujeros marginales de arrastre
Sprocket hole margin
Trous marginaux d'entraînement

Aire
Air
Air

Aireación
Fanning, Riffling
Aération

Aislado
Insulated
Isolé

Aislamiento sonoro
Sound insulation
Isolation phonique

Aislar
(to) Insulate
Isoler

Ajustable
Adjustable
Ajustable

Ajustar
(to) Adjust, (to) Fit
Ajuster, Régler

Ajuste
Adjustment, Ajustment, Fitting,
Tuning
Ajustage, Adaptation

Ajuste de la curva
Curve fitting
Ajustement de la courbe

Al sesgo
Askew
De biais

Al vuelo
On the fly
A la volée

Alargar
(to) Lengthen
Allonger

Alarma sonora
Audible alarm
Alarme sonore

Alcance dinámico
Dynamic range
Portée dynamique

Alcance global de los canales
Aggregate channel data rate
Portée globale des canaux

Alcanzar el fin normal
(to) Reach normal termination
Terminer l'exécution normale

Aleatoriamente
Randomly
Aléatoirement

Aleatorio
Aleatory
Aléatoire

Aleatorización
Hash
Information parasite

Alejarse de
(to) Depart from
S'écarter de

Alerta
Alert
Alerte

Alfa
Alpha
Alpha

Alfabético
Alphabetic(al)
Alphabétique

Alfabeto
Alphabet
Alphabet

Alfabeto telegráfico
Telegraph alphabet
Alphabet télégraphique

Alfanumérico
Alphanumeric(al)
Alphanumérique

Álgebra
Algebra
Algèbre

Álgebra booleana
Boolean algebra
Algèbre booléenne

Algebra matricial
Matrix algebra
Algèbre matricielle

Algebraicamente
Algebrically
Algébriquement

Algebraico
Algebraic
Algébrique

Algorítmico
Algorithmic
Algorithmique

Algoritmo
Algorithm
Algorithme

Algorítmo de traducción
Translation algorithm
Algorithme de traduction

Aligerar
(to) Alleviate
Alléger

Alimentación
Advancement, Feed(ing)
Avancement, Alimentation

Alimentación acelerada en fichas
Accelerated card feed
Alimentation accélérée en cartes

Alimentación acíclica
Acyclic feeding
Alimentation acyclique

Alimentación automática
Automatic feed
Alimentation automatique

Alimentación cara boca abajo
Face down feed
Alimentation face en dessous

Alimentación cara boca arriba
Face up feed
Alimentation face en dessus

Alimentación cíclica
Cyclic feed
Alimentation cyclique

Alimentación columna por columna
Endwise feed
Alimentation colonne par colonne

Alimentación con ciclos múltiples
Multi cycle feeding
Alimentation à cycles multiples

Alimentación (de fichas) con lectura múltiple
Multi read feeding
Alimentation (de cartes) à lecture múltiple

Alimentación de cinta
Tape feed
Alimentation de bande

Alimentación de impresos
Form feed(ing), Form feedout
Alimentation d'imprimés

Alimentación de impresos dobles
Dual form feed
Alimentation d'imprimés doubles

Alimentación de la cinta
Tape feeding
Avancement du papier

Alimentación de los doce en cabeza
Y Edge leading
Alimentation des douze en tête

Alimentación de una línea
Line feed, L.F.
Avancement d'un interligne

Alimentación en fichas
Card feed(ing)
Alimentation en cartes

Alimentación en hojas
Sheet feed
Alimentation en feuilles

Alimentación en paralelo
Parallel feed
Alimentation en parallèle

Alimentación en serie
Serial feed
Alimentation en série

Alimentación frontal
Front feed
Alimentation frontale

Alimentación horizontal
Horizontal feed
Alimentation horizontale

Alimentación intempestiva
Sneak feed
Alimentation intempestive

Alimentación línea por línea
Sideways feed(ing)
Alimentation ligne par ligne

Alimentación manual
Hand feed
Alimentation manuelle

Alimentación por patillas
Pin feed
Entraînement par ergots

Alimentación por rueda con patillas
Pin wheel feed
Entraînement par roue à ergots

Alimentación sector
Mains supply
Alimentation secteur

Alimentación vertical
Vertical feed
Alimentation verticale

Alimentado por ordenador
Computer feed
Alimenté par ordinateur

Alimentadora de cinta
Ribbon spool
Bobine de ruban

Alimentar
(to) Feed, (to) Supply
Alimenter

Alimentar una bobina de salida
(to) Feed into a take-up reel
Enrouler sur une bobine d'alimentation

Alineado a la derecha
Justified right, Right justified
Aligné à droite

Alineado a la izquierda
Justified left, Left justified
Aligné à gauche

Alineamiento
Alignment, Justification
Alignement

Alineamiento a la derecha
Right adjust
Alignement à droite

Alineamiento de contactos
Contact alignment
Alignement de contacts

Alineamiento de documentos
Document alignment
Alignement de documents

Alineamiento defectuoso de los caracteres
Way line of printing
Mauvais alignement des caractères

Alineamiento sobre la coma decimal
Decimal point alignment
Alignement sur la virgule décimale

Alinear
(to) Align, (to) Array, (to) Line up
Aligner, Mettre en ligne

Alinear a la derecha
(to) Right justify
Aligner à droite

Alinear a la izquierda
(to) Left justify
Aligner à gauche

Alinear por la coma decimal
(to) Align by decimal point
Aligner sur la virgule décimale

Alisado
Smoothing
Lissage

Alisar
(to) smooth
Lisser

Almacén
Shop, Stock room
Magasin

Almacén de alimentación
Feed hopper, Feed tray, Feeder bin, Hopper
Magasin d'alimentation

Almacén de alimentación auxiliar
Auxiliary hopper
Magasin d'alimentation auxiliaire

Almacén de alimentación de las entradas
Input feeder, Input hopper, Input magazine, Input stacker
Magasin d'alimentation des entrées

Almacén de recepción a la salida
Output magazine
Magasin de réception à la sortie

Almacén para fichas
Card hopper, Card magazine
Magasin à cartes

Almacenable
Storable
Mémorisable

Almacenado
Stored
Mémorisé

Almacenado en memoria
Stored permanently
Résidant en mémoire

Almacenado permanentemente
Permanently stored
Mémorisé en permanence

Almacenado por máquina
Machine stored
Enregistré par machine

Almacenado por ordenador
Computer stored
Mémorisé par ordinateur

Almacenamiento
Memorization, Read(ing)-in, Storing
Mémorisation

Almacenamiento con ahorro de espacio
Economical storing
Recherche de gain de place

Almacenamiento de las instrucciones
Instruction storage
Stockage des instructions

Almacenamiento de los datos
Data storage
Mémorisation des données

Almacenamiento de sola lectura
Read only memory, R.O.M., Read only storage, R.O.S.
Mémoire à simple lecture

Almacenamiento de trabajo
Scratch (pad) memory, Working storage
Mémoire de travail

Almacenamiento electrónico
Electronic storage
Mémoire électronique

Almacenamiento electrostático
Electrostatic storage
Mémoire électrostatique

Almacenamiento intermedio de los datos
Data buffering
Mémorisation provisoire des donnés

Almacenamiento magnético
Magnetic storage
Mémoire magnétique

Almacenamiento previo a la utilización
Anticipatory buffering
Mémorisation préalable à l'utilisation

Alojar
(to) House, (to) Inhabit
Loger

Alquiler
Let, Renting
Location

Alta frecuencia
H.F., High frequency, H.F.
Haute fréquence

Altavoz
Loud speacker
Haut-parleur

Alternancia
Alternation, Flip-flop, Ping-pong
Alternance

Alternancia de las unidades (de cinta)
Tape swapping, Tape unit switching, Unit switching
Alternance des dérouleurs de bande, Alternance des dérouleurs

Alternar
(to) Flip, (to) Ping-pong
Alterner

Alternativa relativa al estado del programa
Program state alternative
Alternative relative à l'état du programme

Alternativo
Alternate, Alternating
Alternatif

Alto
High
Haut

Altura del impreso
Form depth
Hauteur de l'imprimé

Ambiente
Ambient, Environment
Ambiant, Environnement

Ambigüedad
Ambiguity
Ambiguïté

Ambiguo
Ambiguous
Ambigü

Ambos
Both
Tous les deux à la fois

Aminorar
(to) Slow (down)
Ralentir

Amortiguación
Damping
Amortissement

Amovible
Detachable, Mobile, Removable
Amovible

Amovilidad
Removability
Amovibilité

Amperímetro
Ammeter
Ampèremètre

Ampliar
(to) Extend
Etendre

Amplificación
Amplification
Amplification

Amplificador
Amplifier, Magnifier
Amplificateur

Amplificador baja frecuencia
Audio amplifier
Amplificateur basse fréquence

Amplificador calculador
Computing amplifier
Amplificateur calculateur

Amplificador con acoplamiento directo
Directly coupled amplifier
Amplificateur à couplage direct

Amplificador con ganancia elevada
High-gain amplifier
Amplificateur à gain élevé

Amplificador con inversión de signo
Inverting amplifier, Sign-reversing amplifier
Amplificateur à inversion de signe

Amplificador con salida simple
Single-ended amplifier
Amplificateur à sortie simple

Amplificador de acoplamiento por resistencias
Resistance-coupled amplifier
Amplificateur à couplage par résistances

Amplificador de audio
Audio amplifier
Amplificateur basse fréquence

Amplificador de banda ancha
Wideband amplifier
Amplificateur à bande large

Amplificador de compensación de deriva
Drift-corrected amplifier
Amplificateur à compensation de dérive

Amplificador de corriente continua
Amplifier, D.C. Amplifier, Direct current amplifier, D.C.
Amplificateur à courant continu

Amplificador de potencia
Line driver
Amplificateur de puissance

Amplificador de totalización
Summing amplifier
Amplificateur de totalisation

Amplificador diferenciador
Differentiating amplifier
Amplificateur différentiateur

Amplificador diferencial
Differential amplifier
Amplificateur différentiel

Amplificador en contrafase
Push-pull amplifier
Amplificateur en contre phase

Amplificador estabilizado con interruptor
Chopper-stabilized amplifier
Amplificateur stabilisé à interrupteur

Amplificador integrador
Integrating amplifier
Amplificateur intégrateur

Amplificador intermedio
Buffer amplifier
Amplificateur intermédiaire

Amplificador multiganancia
Multirange amplifier
Amplificateur multi-gain

Amplificador operacional
Op. amp., Operational amplifier
Amplificateur opérationnel

Amplificador realimentado
Feedback amplifier
Amplificateur à réaction

Amplificador-relé
Relay amplifier
Amplificateur-relais

Amplificador simétrico
Double-ended amplifier
Amplificateur symétrique

Amplificador telefónico
Telephone amplifier
Amplificateur téléphonique

Amplificar
(to) Magnify
Amplifier

Amplitud
Amplitude
Amplitude

Análisis
Analysis
Analyse

Análisis de clase, de prueba
Class test
Analyse de classe

Análisis de costes
Cost analysis
Analyse des coûts

Análisis de factores
Factor analysis
Analyse de facteurs

Análisis de flujo de la información
Information flow analysis
Analyse de la circulation de
l'information

Análisis de la competencia
Competitive analysis
Analyse comparative

Análisis de las operaciones
Operations analysis
Analyse des opérations

Análisis de los procedimientos
Procedure analysis
Analyse des procédures

Análisis de los rendimientos
Performance analysis
Analyse des rendements

Análisis de los rendimientos netos
Analysis by net return
Analyse des rendements nets

Análisis de red
Network analysis
Analyse de réseau

Análisis de símbolos
Symbol analysis
Analyse de symboles

Análisis de sistemas
Systems analysis
Analyse de systèmes

Análisis del camino crítico
C.P.A., Critical path analysis, C.P.A.
Analyse du chemin critique

Análisis discriminante
Discriminent analysis
Analyse discriminante

Análisis espectral
Spectral analysis
Analyse spectrale

Análisis lógico
Logic analysis
Analyse logique

Análisis matemático
Mathematical analysis
Analyse mathématique

Análisis matricial
Matrix analysis
Analyse matricielle

Análisis numérico
Numerical analysis
Analyse numérique

Análisis por trazos elementales
Stroke analysis
Analyse par traits élémentaires

Análisis preliminar
Preanalysis
Analyse préliminaire

Análisis simbólico
Symbolic analysis
Analyse symbolique

Analista
Abstractor, Analyst, File designer
Analyste

Analista de sistemas
Systems designer
Analyste de systèmes

Analista en informática
Computer analyst
Analyste en informatique

Analizable
Scannable
Analysable

Analizador
Analyser (Br.) , Analyzer (Amer.) ,
Scanner
Analyseur

Analizador con rayo de luz
Flying spot scanner
Analyseur à spot mobile

Analizador de códigos de barras
Bar code scanner
Analyseur de codes à bâtonnets

Analizador de comunicaciones
Communications scanner
Analyseur de communications

Analizador de imagen
Image dissector
Analyseur d'image

Analizador de red
Network analyzer
Analyseur de réseau

Analizador diferencial
Differential analyser
Analyseur différentiel

Analizador diferencial electrónico
Electronic differential analyser
Analyseur différentiel électronique

Analizador diferencial mecánico
Mechanical differential analyser
Analyseur différentiel mécanique

Analizador diferencial numérico
D.D.A., Digital differential analyser,
D.D.A.
Analyseur différentiel numérique

Analizador mecánico
Mechanical scanner
Analyseur mécanique

Analizador óptico
Optical scanner, Visual scanner
Analyseur optique

Analógico
Analog
Analogique

Anclaje
Anchorage
Adhérence

Anchura
Width
Largeur

Anchura de campo
Field width
Longueur de champ

Anchura de cinta
Bandwidth, Tape width
Largeur de bande

Anchura de la línea de impresión
Print span
Largeur de la ligne d'impression

Anchura de la línea de impresión
Printing width
Largeur de la ligne d'impression

Anchura de segmento
Stroke width
Largeur de segment

Anchura después de corte de los bordes
Torn-out size
Largeur après enlèvement des bords

Angulo
Angle, Corner
Angle

Anidamiento
Nesting
Emboîtement

Anillo
Loop, Ring
Boucle, Anneau

Anillo de autorización de escritura
Write permit ring
Anneau d'autorisation d'écriture

Anillo de escritura
Write ring
Anneau d'écriture

Anillo de prohibición de escritura
Write inhibit ring
Anneau d'interdiction d'écriture

Anillo de protección de fichero
File protection ring
Anneau de protection de fichier

Anillo de seguridad
Safety ring
Bague de sécurité

Anillo de seguridad de la cinta de escritura
Write enable ring
Anneau de sûreté de la bobine d'écriture

Anomalía
Abnormal condition
Anomalie

Anomalía de la unidad
U E Unit exception, Unit exception
Anomalie sur l'unité, Anomalie sur unité

Anormal
Abnormal
Anormal

Anotación
Annotation
Annotation

Anotar
(to) Annotate
Annoter

Antena
Aerial
Antenne

Antiatasco
Antiblocking, Antijamming
Anti-bourrage

Antibloqueo
Antiblocking, Antijamming
Anti-bourrage

Anticipar
(to) Anticipate
Anticiper

Antiguo fichero maestro
Old master file
Ancien fichier permanent

Antiparásitas
Interference suppressor
Antiparasites

Antiparásitos
Parasitic suppressor
Anti-parasites

Anual, Anualmente
Yearly, Yearly
Annuel, Annuellement

Anulación
Cancellation, Nullification
Annulation

Anular
Annular, (to) Cancel, (to) Nullity, (to) Set zero, (to) Zeroout
Annulaire, Annuler, Mettre à zéro

Anular una asignación
(to) Unassion
Annuler une affectation

Anunciador
Annunciator
Annonciateur

Añadir
Append
Ajouter

Apagar
(to) Go off, (to) Turn off
S'éteindre

Apantallar
(to) Shield
Cacher

Aparato
Apparatus
Appareil

Aparato asíncrono (Start-stop)
Start-stop apparatus
Appareil arythmique

Aparato con teclado
Keyboard device
Appareil à clavier

Aparato de acceso selectivo
Random access device
Appareil à accès sélectif

Aparato de interrogación de teclado
Keyboard inquiry device
Appareil d'interrogation par clavier

Aparato de medida
Measuring instrument
Appareil de mesure

Aparato de registro
Posting machine
Appareil d'enregistrement

Aparato de registro sobre cinta
Tape encoder
Appareil d'enregistrement sur bande

Aparato de transcripción
Transcriber
Appareil de transcription

Aparato dotado de memoria de gran capacidad
Bulk storage device
Appareil doté de mémoire de grande capacité

Aparato duplex
Duplex apparatus
Appareil duplex

Aparato frontal
Front-end machine
Appareil frontal

Aparato para el borrado de los registros sobre cinta
Tape eraser
Appareil d'effacement des enregistrements sur bande

Aparato para listar
List device
Appareil à lister

Aparato telefónico
Telephone set
Appareil téléphonique

Aparecer sobre
(to) Impinge on
Apparaître sur

Aparente
Apparent
Apparent

Aperiódico
Aperiodic
Apériodique

Apertura de un fichero
Opening a file
Ouverture d'un fichier

Apilable
Stackable
Empilable

Apilamiento
Pile up
Empilage

Apilar
(to) Stack
Empiler

Aplicabilidad
Applicability
Applicabilité

Aplicable
Applicable
Applicable

Aplicación
Application
Application

Aplicación científica
Scientific application
Application scientifique

Aplicación con sistema de reserva
Standby application
Application avec système de réserve

Aplicación en modo esclavo
Slave application
Application en mode asservi

Aplicación informática
Computer application
Application de l'ordinateur

Aplicación preprogramada
Preplaned application
Application pré-programmée

Aplicar
(to) Apply
Appliquer

Apóstrofo
Apostrophe
Apostrophe

Apoyar de nuevo
(to) Press again
Appuyer de nouveau

Aprendizaje de la máquina
Machine learning
Apprentissage de la machine

Apretar
(to) Press
Appuyer sur (Enfoncer)

Apretar una tecla
(to) Depress
Appuyer sur une touche

Aproximación combinatoria
Brute force approach
Approximation élémentaire

Aproximación elemental
Brute force approach
Approximation élémentaire

Apuntador
Pointer
Pointeur

Árbol
Shaft, Tree
Arbre

Árbol de decisión
Decision tree
Arbre de décision

Arborescente
Tree-structured
Arborescent

Arcón
Cubicle
Caisson

Archivador
File girl, Filing clerk
Archiviste

Archivar
(to) File, (to) File away, (to) Infile
Classer, Mettre aux archives

Archivo
Archival storage
Mise aux archives

Archivos
Archival records, Records
Archives

Argumento
Argument
Argument

Aritmérico
Arithmetic(al)
Arithmétique

Aritmética binaria
Binary arithmetic
Arithmétique binaire

Aritmética de doble precisión
Double precision arithmetic
Arithmétique en double précision

Aritmética de modo mixto
Mixed mode arithmetic
Arithmétique à base multiple

Aritmética de precisión múltiple
Multi precision arithmetic
Arithmétique précision multiple

Aritmética decimal con coma flotante
Floating decimal arithmetic
Arithmétique décimale à virgule flottante

Aritmética en coma fija
Fixed decimal arithmetic
Arithmétique en virgule fixe

Aritmética en coma flotante
Floating point arithmetic
Arithmétique en virgule flottante

Aritmética en longitud múltiple
Multiple length arithmetic
Arithmétique en longueur multiple

Aritmética en serie
Serial arithmetic
Arithmétique en série

Aritmética interna
Internal arithmetic
Arithmétique interne

Aritmética paralela
Parallel arithmetic
Arithmétique parallèle

Armario
Cabinet
Armoire

Armario de carretes de cintas
Tape reel cabinet
Armoire de bobines de bandes

Armazón
Frame, Rack
Châssis, Bâti

Arrancar
(to) Initiate, (to) Start, (to) Start-up
Démarrer

Arrancar de nuevo en frío
(to) Cold restart
Redémarrer à froid

Arrancar en frío
(to) Cold start
Démarrer à froid

Arranque
Star(ing), Start(ing)-up
Démarrage

Arrastre
Transport
Entraînement

Arrastre de la cinta
Tape transport
Entraînement de la bande

Arrastre de la cinta magnética
Magnetic tape transport
Entraînement de la bande
    magnétique

Arrastre de las fichas
Card drive, Card handling
Entraînement des cartes

Arrastre de los documentos
Document transportation
Entrainement des documents

Arrastre del papel
Paper drive
Entraînement du papier

Arrastre por doble polea
Dual capstan drive
Entrainement par double poulie

Arreglos preferenciales
Preferred arrangements
Arrangements préférentiels

Arriesgar
(to) Jeopardise
Risquer

Arrollamiento
Reeling, Spooling
Bobinage

Arrollamiento de cinta
Tape spooling, Tape winding
Bobinage de bande

Articular
(to) Build around
Articuler

Artículo
Item
Article

Artículo correspondiente
Matching record
Article correspondant

Artículo de existencias
Stock item
Article de stock

Artículo de poco movimiento
Low usage item
Article peu mouvementé

Artículo-detalle
Detail record
Article-détail

**Artículo elegido después de
    comparación**
Winning record
Article retenu après comparaison

Artículo sin existencias
Out of stock item
Article en rupture de stock

Artículos agrupados
Grouped records
Articles groupés

Artificial
Artificial
Artificiel

Asegurar el servicio
(to) Service
Assurer le service

Asignable
Assignable
Affectable

Asignación
Allocation, Assignment, Tagging
Affectation

Asignación condicional
Conditional assignment
Affectation conditionnelle

Asignación de conjuntos de datos
Allocation of data sets
Affectation d'ensembles de
    données

Asignación de dirección
Address assignment
Affectation d'adresse

Asignación de grupos
Group allocation
Affectation de groupes

Asignación de grupos secundarios
Supergroup allocation
Affectation de groupes
    secondaires

Asignación de memoria
Storage allocation
Affectation de mémoire

**Asignación de memoria basada
    (con apuntador)**
Based storage allocation
Affectation enregistrée en
    mémoire

Asignación de trabajo
Work assignment
Commande de travail

Asignación dinámica
Dynamic allocation
Affectation dynamique

**Asignación dinámica de la
    memoria**
Dynamic storage allocation
Mise en place dynamique de la
    mémoire

Asignación dinámica de memoria
Dynamic allocation of memory
Affectation dynamique de
    mémoire

Asignación directa
Direct allocation
Affectation directe

Asignación incondicional
Unconditional assignment
Affectation inconditionnelle

Asignación por defecto
Default assignment
Affectation par défaut

Asignación que anula la precedente
Cancel prior assignment
Affectation qui annule la précédente

Asignar
(to) Allocate, (to) Assign
Affecter

Asimétrico
Asymmetrical
Asymètrique

Asimilable por máquina
Machine acceptable, Machine recognizable
Assimilable par machine

Asimilable por ordenador
Computer acceptable
Assimilable par ordinateur

Asimilable por varios tipos de ordenadores
Computer compatible
Assimilable par différents types d'ordinateurs

Asíncrono
Asynchronous
Asynchrone

Asociación de usuarios
Users association, Users group
Association d'utilisateurs

Aspirador
Vacuum
Aspirateur

Asterisco
Asterisk
Astérisque

Atascamiento
Jam, Wreck
Bourrage

Atascamiento de fichas
Card wreck / Jam, Jamming, Muddle of cards
Bourrage de cartes

Atascamiento de papel
Paper jam
Bourrage de papier

Atasco de fichas
Card wreck / Jam, Jamming, Muddle of cards
Bourrage de cartes

Atasco en memoria de núcleos
Core usage
Encombrement en mémoire à tores

Atenuación
Attenuation
Atténuation

Atenuación de eco
Echo attenuation
Atténuation d'écho

Atenuación de señales
Signal attenuation
Atténuation de signaux

Atenuación por interferencia
Cross talk attenuation
Atténuation diaphonique

Atenuador
Attenuator
Atténuateur

Atenuar
(to) Attenuate
Atténuer

Atrasado
Delayed
Retardé

Atrasar
(to) Delay
Retarder

Atraso
Delay, Lag
Retard

Atraso diferencial
Differential delay
Retard différentiel

Atraso por consecuencia externa
External delay
Retard pour raison externe

Atrasos de ejecución
Operating delays
Retards d'exécution

Atribución
Allotment
Attribution

Atribuir
(to) Allot
Attribuer

Atribuir una referencia
(to) Reference
Attribuer une référence

Atributo
Attribute
Attribut

Atributo de validez
Scope attribute
Attribut de validité

Atributo por defecto
Default attribute
Attribut par défaut

Audio frecuencia
Audio frequency, A.F.
Fréquence acoustique

Aumentador
Augmenter
Augmentateur

Aumentar
(to) Augment
Augmenter

Aumento
Increasing
Augmentation

Aumento de una unidad
(to) Increase by one, (to) Increment by one
Augmenter d'une unité

Aumento del volumen del fichero
File growth
Augmentation du volume du fichier

Ausencia de impresión
Print holidays
Absence d'impression

Autoadaptable
Self-adaptive
Auto-adaptable

Autoadaptativo
Self-adapting
Auto-adaptateur

Autocargador
Bootstrap loader
Chargeur d'instructions initiales

Autocodificador
Autocoder
Autocodeur

Autocódigo
Autocode
Autocode

Autocomplementación
Self-complementing
Auto-complementation

Autocontrol
Self-checking
Auto-contrôle

Autocontrolador
Automonitor
Auto-contrôleur

Autocorrección
Autocorrection
Autocorrection

Autocorrelación
Autocorrelation
Autocorrelation

Automático
Automatic
Automatique

(El) Automatismo
Automatic operation, Automatics
(L') Automatisme

Automatización
Automation, Automatization, Robotization
Automation, Automatisation

Automatización de los datos de la fuente
Source data automation
Automatisation des données de source

Automatización de oficinas
Office automation
Bureautique

Automatización del diseño
Design automation
Automatisation du dessin

Automatizado
Automated
Automatisé

Automatizar
(to) Automatize, (to) Computerize, (to) Robotize
Automatiser

Autónomo
Free standing, Home-loop, Off-line
Autonome

Autorización
Allowance
Autorisation

Autorización de escritura
Write authorisation (Br.)
    authorization (Amer.)
Autorisation d'écriture

Auxiliar
Ancillary, Auxiliary
Auxiliaire

Avería
Failure, Fault
Défaillance, Panne

Avería controlada
Verified failure
Défaillance contrôlée

Avería de máquina
Equipment failure
Panne de machine

Avería esporádica
Sporadic fault
Panne sporadique

Avería importante
Primary failure
Défaillance importante

Avería menor
Minor failure, Secondary failure
Défaillance mineure

Avería progresiva
Drift failure
Défaillance progressive

Averiarse
(to) Breakdown
Tomber en panne

Avisador de fin de bobina
End of reel sentinel
Avertisseur de fin de bobine

Avisador de fin de cinta
End of tape sentinel
Avertisseur de fin de bande

Ayudado por un ordenador
Computer assisted
Avec le concours d'un ordinateur

Ayudas
Aids
Aides

Ayudas a la programación
Programming aids
Aides à la programmation

B

Baja frecuencia
Low frequency
Basse fréquence

Bajas frecuencias
Lows
Basses fréquences

Bajo
Low, Weak
Faible

Balance
Balance
Balance

Balance de apertura
Opening balance
Situation d'overture

Balance de cierre
Closing balance
Balance de clôture, Situation finale

Balancear
(to) Balance
Balancer

Banana de conexión
Jack, Jackplug, Jumper
Fiche de connexion

Banco
Bank
Banque

Banco de datos
Data bank
Banque de données

Banco de informaciones
Information bank
Banque d'informations

Banco de memoria
Memory bank
Banque de mémoire

Banco de memorias de núcleos
Core bank
Banque de mémoires à tores

Banco de programas
Program bank
Banque de programmes

Banda
Band, Strip, Tape
Bande

Banda ancha
Broadband, Wideband
Bande large

Banda de base
Baseband
Bande de base

Banda de frecuencia
Frequency band
Bande de fréquence

Banda de protección
Guard band
Bande de protection

Banda de utilidad
Utility band
Bande utilitaire

Banda lateral
Sideband
Bande latérale

Banda marginal de arrastre por púas
Pin feed margin
Bande marginale d'entraînement par ergots

Banda pasante
Pass band
Bande passante

Banda residual
Vestigial sideband
Bande résiduelle

Barra
Bar
Barre

Barra de espaciado
Space bar
Barre d'espacement

Barra de fracción - Signo '/'
Slash
Barre de fraction - Signe '/'

Barra de fracción - Signo '/'
Slash mark
Barre de fraction - Signe '/'

Barra de impresión
Print bar, Type bar
Barre d'impression

Barra de impresión fija
Fixed type bar
Barre d'impression fixe

Barra de impresión intercambiable
Interchangeable type bar
Barre d'impression interchangeable

Barra oblicua '/'
Solidus
Barre oblique '/'

Barra oblicua inversa ''
Reverse slant
Barre oblique inverse ''

Barra vertical
Vertical bar
Bâtonnet vertical

Barrado - Signo b
Slashed b
Barré - Signe b

Barrido de líneas
Line polling
Balayage de lignes

Base
Base, Radix
Base

Base con coma flotante
Floating point base , Floating point radix
Base à virgule flottante

Base de datos
Data base
Base de données

Base de datos compartida
Shared data base
Données de base utilisées en commun

Base de datos unificada
Verified data base
Données de base vérifiées

Base de numeración
Number base, Radix number
Base de numérotation, Base de numération

Base de tiempo
Time base
Base de temps

Base del complemento
Complement base
Base du complément

Base lógica de datos
Logical data base
Base logique de données

Base múltiple
Mixed base
Base multiple

Básico
Basic
De base

Bastoncillo
Bar
Bâtonnet

Batido de las fichas (para alineamiento)
Jogging
Battage des cartes (pour alignement)

Batidor de fichas
Joggler
Batteur de cartes

Batimiento
Beat
Battement

Batir las fichas
(to) Joggle
Battre les cartes

Baudio
Baud
Baud

Beneficios constantes
Uniform earnings
Entrées constantes

Biblioteca
Library
Bibliothèque

Biblioteca de cintas
Tape library
Bibliothèque de bandes

Biblioteca de datos
Data library, Library of data
Bibliothèque de données

Biblioteca de instrucciones fuente
Source statement library
Bibliothèque d'instructions source

Biblioteca de las macroinstrucciones
Macro library
Bibliothèque des macroinstructions

Biblioteca de las rutinas de entradas / salidas
Input / output library
Bibliothèque des routines d'entrées / sorties

Biblioteca de los programas de aplicación
Application library
Bibliothèque des programmes d'application

Biblioteca de los subprogramas
Routine library, Subprogram library
Bibliothèque des sousprogrammes, Bibliothèque des sous-programmes

Biblioteca de los trabajos
Job library
Bibliothèque des travaux

Biblioteca de los usuarios
Users library
Bibliothèque des utilisateurs

Biblioteca de programas
Pac, Program library
Bibliothèque de programmes

Biblioteca de programas del usuario
User program library
Bibliothèque de programmes de l'utilisateur

Biblioteca de programas montados
Link library
Bibliothèque de programmes assemblés

Biblioteca de referencia de los sistemas
Systems reference library
Bibliothèque de référence des systèmes

Biblioteca (de programas) del sistema
System library
Bibliothèque (de programmes) du système

Biblioteca (de programas) fuente
Source library, Source program library
Bibliothèque (de programmes) source

Biblioteca imágenes-memoria de núcleos
C.I.L., Core image library, C.I.L.
Bibliothèque images-mémoire à tores

Biblioteca-lenguaje fuente
S S L (Source Statement Library)
Bibliothèque-langage source

Biblioteca reposicionable
Relocatable library
Bibliothèque translatable

Biblioteca sobre cintas magnéticas
Magnetic tape library
Bibliothèque sur bandes magnétiques

Bibliotecario
Librarian
Bibliothécaire

Biestable
Bistable
Bistable

Bifurcación
Branching, Jump
Branchement

Bifurcación condicional
Conditional jump
Branchement conditionnel

Bifurcarse sobre un subprograma
(to) Jump into a subroutine
Se brancher sur un sous programme

Binario
Binary
Binaire

Binario por columna
Chinese binary, Column binary
Binaire par colonne

Binario por fila
Row binary
Binaire par rangée

Binario puro
Normal binary, Regular binary, Straight binary
Binaire pur

(La) Biónica
Bionics
(La) Bionique

Bipolar
Bipolar
Bipolaire

Biprocesador
Biprocessor
Biprocesseur

Biquinario
Biquinary
Biquinaire

Bit de control
Check bit
Bit de contrôle

Bit de control de paridad
Parity check bit
Bit de contrôle de parité

Bit de datos
Data bit
Bit de données

Bit de delimitación
Frame bit
Bit de délimitation

Bit de imparidad
Odd parity bit
Bit d'imparité

Bit de información
Information bit, Intelligence bit
Bit d'information

Bit de lanzamiento
Start bit
Bit de démarrage

Bit de no disponibilidad
Not capable bit
Bit d'indisponibilité

Bit de parada
Stop bit
Bit d'arrêt

Bit de paridad
Even parity bit, Parity bit
Bit de parité

Bit de presencia
Presence bit
Bit de présence

Bit de puntuación
Punctuation bit
Bit de ponctuation

Bit de referencia
Tag bit
Bit de référence

Bit de relleno
Filler bit
Bit de remplissage

Bit de separación
Fence bit
Bit de séparation

Bit de signo
Sign bit
Bit de signe

Bit de zona
Zone bit
Bit de zone

Bit del orden más elevado
High order bit
Bit d'ordre le plus élevé

Bit del orden menor
Low order bit
Bit d'ordre moindre

Bit erróneo
Erroneous bit
Bit erroné

Bit indicador
Flag bit
Bit indicateur

Bit más significativo
M S B (Most Significant Bit)
Bit le plus significatif

Bit menos significativo
Least significant bit, L.S.B., L.S.B.
Bit le moins significatif

Bit suplementario
Overhead bit
Bit supplémentaire

Bits de delimitación
Framing bits
Bits de délimitation

Bits de servicio
Service bits
Bits de service

Bits de sincronización
Sync bits, Synchronization bits
Bits de synchronisation

Bits por pulgada
Bits per inch, B.P.I., B.P.I.
Bits par pouce

Bits por segundo
B.P.S. (Bits Per Second)
Bits par seconde

Blanco
Blank
Blanc

Bloque
Block
Bloc

Bloque común
Common block
Bloc commun

Bloque de control
Control block
Bloc de contrôle

Bloque de control de canal
C.C.B., Channel control block,
C.C.B.
Bloc de contrôle de canal

Bloque de control de las líneas
L C B (Line Control Block)
Bloc de contrôle des lignes

Bloque de control de las tareas
Task control block, T.C.B.
Bloc de contrôle des tâches

**Bloque de control de los ficheros
de trabajo**
J F C B (Job File Control Block)
Bloc de contrôle des fichiers de
travail

Bloque de control de los trabajos
Job control block, J.C.B.
Bloc de gestion des travaux

Bloque de control de proceso
Process control block
Bloc de contrôle de processus

Bloque de control de suceso
E.C.B. (Event Control block)
Bloc de contrôle d'événement

**Bloque de control de suceso de
datos**
Data event control block
Bloc de contrôle d'événement de
données

**Bloque de control del conjunto de
datos**
Data set control block, D.S.C.B.,
D.S.C.B.
Bloc de contrôle de l'ensemble de
données

Bloque de control del proceso
P C B (Process Control Block)
Bloc de contrôle du processus

Bloque de decisión
Diamond-shaped box, Lozenge
Losange

Bloque de discos
Disk block
Bloc de disques

Bloque de entrada
Input block
Bloc d'entrée

Bloque de entrada / salida
Input / output block, I.O.B.
Bloc d'entrée / sortie

Bloque de entrada/salida
I.O.B.
Bloc d'entrée/sortie

Bloque de fin
Trailer block
Bloc de fin

Bloque de gestión de las colas
Queue control block, Q.C.B.
Bloc de gestion des files d'attente

Bloque de gestión de las filas de espera
Q.C.B.
Bloc de gestion des files d'attente

Bloque de gestión de los trabajos
J.C.B.
Bloc de gestion des travaux

Bloque de impresión
Print yoke
Bloc d'impression

Bloque de introducción
Entry block
Bloc d'introduction

Bloque de la cabeza
Head assembly
Bloc de la tête

Bloque de la unidad física
Physical unit block, P.U.B., P.U.B.
Bloc de l'unité physique

Bloque de longitud variable
Block variable, Variable block
Bloc de longueur variable

Bloque de memoria
Storage block, Storage stack
Bloc de mémoire

Bloque de memoria de núcleos
Core stack
Bloc de mémoire à tores

Bloque de perforación
Punch block, Punching block
Bloc de perforation

Bloque de petición de interrupción
Interrupt request block, I.R.B., I.R.B.
Bloc de demande d'interruption

Bloque de principio
Begin block
Bloc de début

Bloque de reserva
Standby block
Bloc de réserve

Bloque de transmisión
Transmission frame
Bloc de transmission

Bloque de unidad lógica
Logical unit block, L.U.B., L.U.B.
Bloc d'unité logique

Bloque de unidades de cinta
Tape station cluster
Bloc de dérouleurs de bande

Bloque de verificación de datos
Data control block, D.C.B., D.C.B.
Bloc de vérification de données

Bloque del programa de canal
Channel program block, C.P.B., C.P.B.
Bloc du programme de canal

Bloque descriptivo de elemento de datos
Data element descriptor
Bloc descriptif d'élément de données

Bloque emisor
Source block
Bloc émetteur

Bloque erróneo
Erroneous block
Bloc erroné

Bloque fijo
Fixed block
Bloc fixe

Bloque móvil de caracteres
Moving character set
Bloc mobile de caractères

Bloque (o disco) sistema
System pack
Bloc système

Bloqueado
Latched
Bloqué

Bloqueado sobre un ciclo
(to be) Stalled in a loop
Etre bloqué sur une boucle

Bloquear
(to) Interlock, (to) Latch, (to) Lock
Bloquer

Bloquearse
(to) Stop dead
Se bloquer

Bloqueo
Interlock, Lock(ing), Lock out
Blocage

Bloqueo / desbloqueo
Lock / unlock
Blocage / déblocage

Bloqueo de pista
Track hold
Verrouillage de piste

Bloqueo de registros
Record blocking
Groupage d'enregistrements

Bloqueo del supervisor
Supervisor lock
Verrouillage du superviseur

Bloqueo en bloques
Blocking
Groupage en blocs

Bloqueo fatal
Deadly embrace
Blocage fatal

Bloqueo fijo
Fixed blocking
Blocage fixe

Bloqueo interbloques
Interblock condition
Blocage inter-blocs

Bobina
Coil, Reel, Spool
Bobine

Bobina de desvío
Deflection yoke
Bobine de déviation

Bobina de escritura
Write coil
Bobine d'enregistrement

Bobina de inducción
Induction coil
Bobine d'induction

Bobina híbrida
Hybrid coil
Bobine hybride

Bobina repetidora
Repeating coil
Translateur

Bobina virgen
Blank spool, Virgin coil, Virgin spool
Bobine vierge

Bobinadora
Spooler
Bobineuse

Bobinadora de cinta
Tape spooler, Tape winder
Bobineuse de bande

Bobinadora de cinta de papel
Paper tape spooler, Paper tape winder
Bobineuse de bande de papier

Bobina de entrada
Input spool
Bobine d'entrée

Booleano, lógico
Boolean
Booléen

Borde
Edge, Verge
Bord

Borde de alineamiento
Aligned edge
Bord d'alignement

Borde de carácter
Character edge
Bord de caractère

Borde de ficha
Card edge
Bord de carte

Borde de referencia
Guide edge, Reference edge
Bord de référence

Borde de referencia de un documento
Document reference edge
Bord de référence d'un document

Borde de segmento
Stroke edge
Bord de segment

Borde delantero
Leading edge
Bord avant

Borde delantero de documento
Document leading edge
Bord avant de document

Borde inferior de una ficha
Card trailing edge
Bord inférieur d'une carte

Borde posterior
Trailling edge
Bord arrière

Borde superior de una ficha
Card leading edge
Bord supérieur d'une carte

Borrable
Erasable
Effaçable

Borrado
Clearing, Erase, Erasement, Erasing, Erasure
Effacement

Borrado de campo
Field erasing
Effacement de zone

Borrar
(to) Blank, (to) Cancel, (to) Clear, (to) Delete, (to) Erase, (to) Make null, (to) Scratch
Effacer

Bosquejo
Crude
Ebauche

Botón
Button, Handwheel, Knob
Bouton

Botón con doble función
Alternate function switch (Multi-function key)
Bouton à double fonction

Botón de activación
Initiate button
Bouton de démarrage

Botón de ajuste vertical (del papel)
Vertical adjustment knob
Bouton d'ajustage vertical (du papier)

Botón de bloqueo
Locking knob
Bouton de blocage

Botón de borrado
Clear button
Bouton d'effacement

Botón de lanzamiento
Start button
Bouton de démarrage

Botón de mando
Control knob
Bouton de commande

Botón de reglaje lateral
Lateral adjustment knob
Bouton de réglage latéral

Botón selector de columna de ficha
Card column selector knob
Bouton sélecteur de colonne de carte

Brazo
Arm
Bras

Brazo amortiguador
Tension arm
Bras amortisseur

Brazo de acceso
Access arm
Bras d'accès

Brazo de alimentación
Picker arm
Bras d'alimentation

Brazo de posicionado
Positioning arm
Bras de positionnement

Brazo portacabezas
Head carrying arm
Bras porte-têtes

Brillar
(to) Glow
Luire

Bucle, morderse la cola
Wrap around
Bouclage

Burbuja
Bubble
Bulle

Busca operacional
O.R.
Recherche opérationnelle

Buscador de línea
Line finder
Chercheur de ligne

Buscar
(to) Look for
Chercher

Buscar en una tabla
(to) Look up
Chercher dans une table

Buscar las averías
(to) Shoot troubles
Rechercher les pannes

Buscar las causas del incidente
(to) Troubles shoot
Rechercher les causes de l'incident

Buscar y corregir los errores
(to) Debug
Rechercher et corriger les erreurs

Búsqueda
Research, Retrieval, Search
Recherche, Récupération

Búsqueda binaria
Binary search
Recherche binaire

Búsqueda de anomalía
Trouble hunting
Recherche de l'anomalie

Búsqueda de datos
Data retrieval
Recherche des données

Búsqueda de errores
Bug shooting
Recherche d'erreurs

Búsqueda de Fibonacci
Fibonacci search
Recherche de Fibonacci

Búsqueda de información documental
Document information retrieval
Recherche d'information documentaire

Búsqueda de la información
Information retrieval
Recherche de l'information

Búsqueda de las causas del incidente
Trouble shooting, Trouble tracing
Recherche des causes de l'incident

Búsqueda dicotómica
Dichotomizing search
Recherche dichotomique

Búsqueda documental
Document retrieval
Recherche documentaire

Búsqueda en cadena
Chaining search
Recherche en chaîne

Búsqueda en una tabla
Look up
Recherche dans une table

Búsqueda física
Seek
Recherche physique

Búsqueda por zona
Area search
Recherche par zone

Búsqueda sobre cinta
Tape search
Recherche sur bande

Búsqueda y corrección de los errores
Debugging
Recherche et correction des erreurs

Byte de relleno
Padding byte
Byte de remplissage

C

Caballete de conexión
Cordless plug
Cavalier de connexion

Cabecera
Heading
En-tête

Cabecera de columnas
Column headings
En-têtes de colonnes

Cabecera de informe
Report heading
En-tête d'état

Cabecera de lote
Batch header
En tête de lot

Cabestrante
Capstan
Cabestan

Cabeza
Head
Tête

Cabeza con dos puntos
magnetosensibles
Two gap head
Tête à deux points
    magnétosensibles

Cabeza de borrado
Erase head, Erasing head
Tête d'effacement

Cabeza de escritura
Writing head
Tête d'écriture

Cabeza de impresión
Print head
Tête d'impression

Cabeza de lectura
Read(ing) head
Tête de lecture

Cabeza de lectura-escritura
Read-write head
Tête de lecture-écriture

Cabeza de lectura-escritura
combinadas
Combined read-write head
Tête de lecture-écriture combinées

Cabeza de lectura previa
Pre-read head
Tête de lecture préalable

Cabeza de magnetización
Magnetizing head
Tête de magnétisation

Cabeza de perforación
Punch head
Tête de perforation

Cabeza de registro
Record(ing) head
Tête d'enregistrement

Cabeza de registro magnético
Magnetic recording head
Tête d'enregistrement magnétique

Cabeza de reproducción
Playback head
Tête de reproduction

Cabeza flotante
Floating head
Tête flottante

Cabeza magnética
Magnetic head
Tête magnétique

Cabeza magnetizada
Magnetized head
Tête magnétisée

Cabeza para cinta magnética
Magnetic tape head
Tête pour bande magnétique

Cable aéreo
Aerial cable
Câble aérien

Cable coaxial
Coaxial cable, Concentric cable
Câble coaxial

Cable de alimentación
Feeder cable
Câble d'alimentation

Cable de bifurcación
Branch cable
Câble de branchement

Cable de cuartas
Quadded cable
Câble à quartes

Cable de puesta a tierra
Ground bus
Câble de mise à la terre

Cable plano
Flat cable, Tape cable
Câble ruban

Cable subterráneo
Buried cable
Câble souterrain

Cableado
Hardwired, Wiring
Câblé, Câblage

Cableado bajo el falso suelo
Under the floor cabling
Liaison en sous-sol

Cablear
(to) Hardwire
Câbler

Cadena
Chain, Stream, String
Chaîne, Chaîne

Cadena de caracteres
Type chain
Chaîne à caractères

Cadena de caracteres móviles
Drifting string
Chaine de caractères mobiles

Cadena de impresión
Print chain
Chaîne d'impression

Cadena de impresión sin fin
Endless print chain
Chaîne d'impression en continu

Cadena de los registros
disponibles de un cilindro
Cylinder record availability chain
Chaîne des enregistrements
    disponibles d'un cylindre

Cadena de Markov
Markov chain
Chaîne de Markov

Cadena de transmisión
Driving chain
Chaîne de transmission

Cadena vacía
Null string
Chaîne vide

Cadencia de modulación
Modulation rate
Rapidité de modulation

Cadencia de producción
Production rate
Cadence de production

Caer
(to) Drop
Tomber

Caída de tensión
Voltage drop
Chute de tensión

Caja
Box, Container
Boîte, Boîte

Caja de derivación
Junction box
Boîte de dérivation

Caja negra
Black box
Boîte noire

Caja para fichas
Card box, Card holder, Tab-card,
Tab-card box
Boîte à cartes, Boîte à cartes

Caja registradora
Cash register
Caisse enregistreuse

Caja registradora electrónica
E.C.R., Electronic cash register,
E.C.R.
Recherche de gain de place,
Caisse enregistreuse
électronique

Cajetín de confetis
Bit box, Chip box, Chip tray
Boîte à confettis, Boîte à confettis

Cajón
Drawer
Tiroir

Calculable
Computable
Calculable

Calculador
Computer, Computor
Calculateur

Calculador analógico
Analog computer
Calculateur analogique

Calculador analógico electrónico
Electronic analog computer
Calculateur analogique
électronique

Calculador aritmético
Arithmetic(al) computer
Calculateur arithmétique

Calculador asíncrono
Asynchronous computer
Calculateur asynchrone

Calculador automático
Automatic computer
Calculateur automatique

**Calculador automático con
secuencias controladas**
Automatic sequence controlled
calculator
Calculateur automatique à
sequences contrôlées

Calculador booleano
Boolean calculator
Calculateur booléen

Calculador comandado por teclado
Key-driven computer
Calculateur actionné par clavier

Calculador con acceso múltiple
M.A.C., Multiple access computer,
M.A.C.
Calculateur à accès multiple

Calculador con cinta magnética
Magnetic tape computer
Calculateur à bande magnétique

Calculador con fichas-programa
Card program calculator
Calculateur à cartes-programme

**Calculador con programa
almacenado**
Stored program computer
Calculateur à programme
mémorisé

Calculador con programa fijo
Fixed program computer
Calculateur à programme fixe

Calculador con relés
Relay calculator, Relay computer
Calculateur à relais

Calculador con teclado
Keyboard computer
Calculateur à clavier

Calculador con válvulas
Valve computer
Calculateur à lampes

Calculador controlado con fichas
Card controlled calculator
Calculateur à cartes

Calculador de bolsillo
Hand held calculator
Calculatrice de poche

Calculador de pequeña escala
Small scale computer
Calculateur à petite échelle

**Calculador de secuencia
controlada**
Sequence-controlled calculator
Calculateur à séquence contrôlée

Calculador de sobremesa
Desk top calculator
Calculateur de bureau

**Calculador de sobremesa con
cuatro funciones**
Four function desk calculator
Calculateur de table à quatre
fonctions

Calculador lógico
Automatic sequence controlled
calculator, Boolean calculator
Calculateur automatique à
sequences contrôlées,
Calculateur booléen

Calculador perforador
Multiplying punch
Calculateur perforateur

Calculador perforador electrónico
Electronic calculating punch
Calculateur perforateur
électronique

Calculador polivalente
G.P.C.
Calculateur polyvalent

Calculadora
Calculator, Comptometer,
Computing machine, Number
cruncher
Machine à calculer

Calculadora con fichas perforadas
Punched card calculator
Machine à calculer à cartes
perforées

Calculadora de sobremesa
Desk calculating machine, Desk
calculator
Machine à calculer de bureau

Calculadora impresora
Printing calculating machine,
  Printing calculator
Machine à calculer imprimante

Calculadora manual
Hand calculator, Mechanical desk
  calculator
Machine à calculer mécanique

Calculadora mecánica
Hand calculator, Mechanical desk
  calculator
Machine à calculer mécanique

Calculadora perforadora
Calculating punch
Calculatrice perforatrice

Calculadora sin impresora
Non printing calculating machine
Machine à calculer non
  imprimante

Calcular
(to) Calculate, (to) Compute
Calculer

Cálculo
Calculus, Computing, Number
  crunching
Calcul

Cálculo booleano
Boolean calculus
Calcul booléen

Cálculo científico
Scientific computation
Calcul scientifique

Cálculo con varios resultados
Multiple arithmetic
Calcul avec plusieurs résultats

Cálculo de dirección
Address computation, Address
  development
Calcul d'adresse

Cálculo distribuido
Distributed computing
Calcul réparti

Cálculo en coma fija
Fixed point calculation
Calcul en virgule fixe

Cálculo en coma flotante
Floating point computation
Calcul en virgule flottante

Cálculo por fichas-programa
Card programmed calculating
Calcul par cartes-programme

Cálculos de las necesidades netas
Gross-to net requirements
Calculs des besoins nets

Cálculos técnicos
Engineering calculations
Calculs techniques

Calendario de las entregas
Delivery schedule
Calendrier des livraisons

Calendario de los trabajos
Schedule of services
Calendrier des travaux

Calendario de mantenimiento
Maintenance schedule
Calendrier des maintenances

Calibración
Calibration
Calibrage

Calibrar
(to) Calibrate
Calibrer

Calibre de ajuste de las fichas
Card gauge
Jauge de cadrage des cartes

Calidad
Quality
Qualité

Calificación de los nombres
Qualification of names
Qualification des noms

Calificado
Qualified
Qualifié

Calificador
Qualifier
Qualificateur

Calificar
(to) Qualify
Qualifier

Calor
Heat
Chaleur

Cambiar
(to) Change, (to) Exchange
Changer, Evoluer, Echanger

Cambiar de sitio
(to) Resite
Replacer

Cambio
Change, Escapement, Exchange
Changement, Echange

Cambio de control
Control change
Changement de contrôle

Cambio de cinta
Ribbon shift
Changement de ruban

Cambio de código
Escape code
Changement de code

Cambio de control de nivel inferior
Minor control change
Changement de contrôle de niveau
  inférieur

**Cambio de control de orden
  intermedio**
Intermediate control change
Changement de contrôle d'ordre
  intermédiaire

Cambio de control de primer nivel
Major control change
Changement de contrôle de
  premier niveau

**Cambio de control por
  comparación**
Comparing control change
Changement de contrôle par
  comparaison

Cambio de indicativo
Key change
Changement d'indicatif

Cambio de juego de caracteres
Shifted character set conversion
Changement de jeu de caractères

Cambio de modo
Mode change
Changement de mode

Cambio de página
Page break, Page change, Page
  turning
Changement de page

Cambio de prioridad
Change priority value
Changement de priorité

Cambio de programa en memoria
Storage swap
Changement de programme en
mémoire

Cambio de soportes
Media conversion
Changement de supports

Cambio facultativo
Optional changing
Changement facultatif

Camino
Path
Chemin

Camino alternativo
Alternate path
Circuit de remplacement

Camino crítico
Critical path
Chemin critique

Camino de control
Control path
Parcours de contrôle

Camino de la ficha
Bed, Card path, Card track
Chemin de la carte

Camino de los datos
Data path
Chemin des données

Camino del papel
Paper track
Chemin du papier

Camino lógico de los datos
Logical data path
Chemin logique des données

Camino principal
Main path
Chemin principal

Campo
Area, Field, Zone
Zone

Campo alfabético
Alphabetic(al) field
Zone alphabétique

Campo alfanumérico
Alphanumeric(al) field
Zone alphanumérique

Campo autocontrolado
Self-check field
Zone auto-contrôlée

Campo clave
Key field
Zone clé

Campo con signo
Signed field
Zone marquée

Campo de borradura
Erasing field
Zone d'effacement

Campo de clasificación
Ordering field, Sort field
Zone de classement, Zone de tri

Campo de comparación
Match(ing) field
Zone de comparaison

Campo de control
Check field, Control field
Zone de contrôle

Campo de control de primer nivel
Major control field
Zone de contrôle de premier
niveau

Campo de control ficticio
Dummy match field
Champ de contrôle muet

Campo de control fraccionado
Split control field
Zone de contrôle fractionnée

Campo de control incondicional
Unconditional control field
Zone de contrôle inconditionnel

Campo de control obligatorio
Forced control field
Zone de contrôle obligatoire

Campo de control opuesto
Opposite control field
Zone de contrôle opposé

Campo de datos con totalización
Summary data field
Champ de données avec
totalisation

Campo de datos de control
Control data field
Zone de données de contrôle

Campo de destino
Destination field
Zone de destination

Campo de dirección
Address field
Zone d'adresse

Campo de encadenamiento
Linkage field
Zone de chaînage

Campo de ficha
Card field
Zone de carte

Campo de identificación
Identifying field
Zone d'identification

Campo de la informática
Data processing field, Information
processing world
Domaine de l'informatique

Campo de perforación
Punch area, Punching field
Zone de perforation

Campo de recuento
Count field
Zone de comptage

Campo de referencia
Reference field
Zone de référence

Campo de registro de datos
Data sheet field
Zone d'enregistrement de données

Campo de saturación
Saturated field
Champ de saturation

Campo de secuencia
Sequence field
Zone de séquence

Campo de signo
Sign field
Zone de signe

Campo de varias palabras
Multi word field
Zone de plusieurs mots

Campo emisor
Sending field
Champ émetteur

Campo en el interior de una zona
Field within the area
Sous-zone à l'intérieur d'une zone

Campo fijo
Fixed area, Fixed field
Zone fixe

Campo individual
Individual field
Zone individuelle

Campo libre
Free field
Zone libre

Campo magnético
Magnetic field
Champ magnétique

Campo normal de control
Normal control field
Zone normale de contrôle

Campo numérico
Numerical field
Zone numérique

**Campo numérico en forma
condensada**
Packed numeric field
Zone numérique en forme
condensée

Campo variable
Variable field
Champ variable

Canal
Bus, Channel
Canal

Canal adyacente
Adjacent channel
Canal adjacent

Canal analógico
Analog channel
Canal analogique

Canal con cuatro hilos
Four wire channel
Canal à quatre fils

Canal con dos hilos
Two wire channel
Canal à deux voies

Canal con tampón de dos palabras
Double buffered word channel
Canal avec tampon de deux mots

Canal con tampón de una palabra
Word buffered channel
Canal à tampon d'un mot

Canal de acceso a la memoria
S.A.C., Storage access channel,
S.A.C.
Canal d'accès à la mémoire

**Canal de acoplamiento con un
periférico**
Peripheral interface channel
Canal de liaison avec un
périphérique

Canal de acoplamiento mutuo
Interface channel
Canal d'interface

Canal de alto rendimiento
High performance channel
Canal à haute performance

Canal de arrastre
Sprocket channel, Sprocket hole
channel
Canal d'entraînement

Canal de banda ancha
Broadband canal
Canal à bande large

Canal de cinta
Tape channel
Canal de bande

Canal de comunicación
Communication channel
Canal de communication

Canal de entrada
Input channel
Canal d'entrée

Canal de entrada / salida
Input / output channel
Canal d'entrée / sortie

Canal de entrada / salida en serie
Serial input / output channel
Canal d'entrée / sortie en série

Canal de frecuencia vocal
Voice grade channel
Canal à fréquence vocale

Canal de lectura-escritura
Read-write channel
Canal de lecture-écriture

Canal de microondas
Microwave channel
Canal à micro-ondes

Canal de recepción de las fichas
Card chute
Goulotte de réception des cartes

Canal de registro
Recording channel
Canal d'enregistrement

Canal de rotación
Turn around channel
Canal de rotation

Canal de salida
Output channel
Canal de sortie

Canal de supervisión
Supervision channel, Supervisory
channel
Canal de supervision

Canal de transmisión
Transmission channel
Canal de transmission

Canal de transmisión de datos
Data communication channel, Data
transmission channel, D.T.C.,
D.T.C.
Canal de transmission de données

**Canal de transmisión de
informaciones**
Information channel
Canal de transmission
d'informations

Canal duplex
Duplex channel
Canal duplex

Canal multiplexor
Multiplexor channel
Canal multiplexeur

Canal multiplexor por bloque
Block multiplexor channel
Canal multiple par bloc

Canal ocupado
Engaged channel
Canal occupé

Canal selector
Selector channel
Canal sélecteur

Canal semiduplex
Half duplex channel
Canal semi-duplex

Canal simétrico binario
Binary symmetric channel
Canal symétrique binaire

Canal simplex
Simplex channel
Canal simplex

Canal telefónico
Telephone channel
Canal téléphonique

Canal vocal
Voice channel
Canal vocal

Canalizar
(to) Channel
Canaliser

Canasta de alimentación del papel
Paper input basket
Corbeille d'alimentation du papier

Cancelación
Abort
Abandon

Cancelar
(to) Abort, (to) Discard
Abandonner

Cantidad
Amount, Deal, Quantity
Montant, Quantité

Cantidad de pedido
Quantity on order
Quantité en commande

Cantidad de reaprovisionamiento
Order quantity
Quantité de réapprovisionnement

Cantidad en doble precisión
Double precision quantity
Quantité en double précision

Cantidad escalar
Scalar quantity
Grandeur scalaire

Cantidad pedida
Quantity ordered
Quantité commandée

Cañón regenerador
Holding gun
Canon régénérateur

Capa
Layer
Couche

Capacidad
Capacity
Capacité

Capacidad de almacenamiento de la información
Information storage capacity
Capacité de mémorisation de l'information

Capacidad de cálculo
Computational ability, Computing efficiency, Computing power
Capacité de calcul

Capacidad de circulación
Flow capacity
Capacité de circulation

Capacidad de conservación
Hold facility
Capacité de conservation

Capacidad de la memoria de núcleos
Core size
Capacité de la mémoire à tores

Capacidad de manipulación de los datos
Data handling capacity
Capacité de manipulation des données

Capacidad de memoria
Memory capacity, Memory size
Capacité de mémoire

Capacidad de registro
Register capacity
Capacité de registre

Capacidad de un depósito de alimentación
Hopper full
Capacité d'un magasin d'alimentation

Capacidad de un disco
Disk capacity
Capacité d'un disque

Capacidad de una ficha
Card capacity
Capacité d'une carte

Capacidad del canal
Channel capacity
Capacité du canal

Capacidad ilimitada
Infinite capacity
Capacité illimitée

Capacidad limitada
Limited capacity
Capacité limitée

Capaz de utilizar varios lenguajes
Multilingual
Capable d'utiliser plusieurs langages

Capítulo
Chapter
Chapitre

Capucha de observación
Viewing hood
Bonnette de visée

Cara anterior de una ficha
Card face
Recto d'une carte

Cara boca abajo
Face down
Face dirigée vers le bas

Cara boca abajo y línea de los doce en adelante
Face down and twelve row first
Face dirigée vers le bas et ligne des douze en avant

Cara de una ficha
Face
Face d'une carte

Cara inferior
Bottom surface
Face inférieure

Carácter
Character
Caractère

Carácter acuse de recepción
A.C.K., Acknowledge character, A.C.K.
Caractère accusé de réception

Carácter acuse de recepción negativo
N.A.K., Negative acknowledge character, N.A.K.
Caractère accusé de réception négatif

Carácter alfabético
Alphabetic(al) character
Caractère alphabétique

Carácter alfanumérico
Alphanumeric(al) character
Caractère alphanumérique

Carácter binario
Binary character
Caractère binaire

Carácter blanco
Blank character
Caractère espace

Carácter blanco (espacio) de separación
Separating blank character
Caractère espace de séparation

Carácter clave
Key character
Caractère clé

Carácter codificado
Coded character
Caractère codé

Carácter codificado en binario
Binary coded character
Caractère codé en binaire

Carácter código de borrado
Delete code character
Caractère code d'effacement

Carácter complementario
Follower character
Caractère complémentaire

Carácter con tinta magnética
Magnetic ink character,
  Magnetized ink character
Caractère à encre magnétique,
  Caractère à encre magnétisée

Carácter de adelantamiento de una interlínea
Line feed character
Caractère d'avancement d'un interligne

Carácter de ajuste
Effector, Formating character
Caractère de mise en page

Carácter de alimentación de impresos
Form feed character
Caractère d'alimentation d'imprimés

Carácter de anulación
C.A.N., Cancel character, C.A.N.,
  Error character
Caractère d'annulation

Carácter de anulación de bloque
Block cancel character
Caractère d'annulation de bloc

Carácter de borrado
Delete character, D.E.L., Erase
  character, Rub-out character
Caractère d'effacement

Carácter de borradura
D.E.L.
Caractère d'effacement

Carácter de cabeza
Leading character
Caractère de tête

Carácter de cambio de caracteres
Fount change character (Br.) Font
  change character (Amer.)
Caractère de changement de caractères

Carácter de cambio de código
Code extention character, E.S.C.,
  Escape character, E.S.C.
Caractère de changement de code

Carácter de cambio del medio de transmisión de datos
Data link escape character, D.L.E.,
  D.L.E.
Caractère de changement du moyen de transmission de données

Carácter de código
Code character
Caractère de code

Carácter de código especial
Shift-out character
Caractère de code spécial

Carácter de código normal
Shift-in character, S.I., S.I.
Caractère de code normal

Carácter de control
Check character
Caractère de contrôle

Carácter de control de comunicación
Communication control character
Caractère de contrôle de communication

Carácter de control de las tareas
Task control character, T.C.C.,
  T.C.C.
Caractère de contrôle des tâches

Carácter de control de los errores
Error control character
Caractère de contrôle des erreurs

Carácter de control de precisión
Accuracy control character
Caractère de contrôle de précision

Carácter de control longitudinal
Longitudinal check character
Caractère de contrôle longitudinal

Carácter de control longitudinal por redundancia
Longitudinal redundancy check character
Caractère de contrôle longitudinal par redondance

Carácter de control por bloques
B.C.C., Block check character, B.C.C.
Caractère de contrôle par blocs

Carácter de delimitación
Demarcation character
Caractère de délimitation

Carácter de edición
Editing character
Caractère d'edition

Carácter de espaciado horizontal
Horizontal skip character
Caractère d'espacement horizontal

Carácter de fin de bloque de transmisión
End of transmission block character
Caractère de fin de bloc de transmission

Carácter de fin de mensaje
End of message character
Caractère de fin de message

Carácter de fin de soporte
End of medium character
Caractère de fin de support

Carácter de fin de texto
End of text character
Caractère de fin de texte

Carácter de fin de transmisión
End of transmission character
Caractère de fin de transmission

Carácter de función
Function character
Caractère de fonction

Carácter de inicio
Initial start character
Caractère d'initialisation

Carácter de instrucción
Instruction character
Caractère d'instruction

Carácter de interrogación
Question mark
Point d'interrogation

Carácter de llamada
B.E.L., Bell character, B.E.L.
Caractère d'appel

Carácter de mando
Command character, Control
  character
Caractère de commande

Carácter de mando de dispositivo
Device control character
Caractère de commande de
  dispositif

Carácter de mando de impresión
Print control character
Caractère de commande
  d'impression

Carácter de mando de transmisión
Transmission control character
Caractère de commande de
  transmission

Carácter de omisión
Ignore character
Caractère d'omission

Carácter de omisión de bloque
Block ignore character
Caractère d'omission de bloc

Carácter de paginación
F.E., Format effector, F.E.
Caractère de mise en page

Carácter de parada
Terminator
Caractère d'arrêt

Carácter de posicionamiento
Character position
Caractère de positionnement

**Carácter de principio de
  encabezamiento**
Start of heading character
Caractère de début d'en-tête

Carácter de principio de texto
Start of text character
Caractère de début de texte

Carácter de protección
Protection character
Caractère de protection

Carácter de relleno
Fill character, Pad(ing) character,
  Throw-away character
Caractère de remplissage

**Carácter de retroceso de un
  espacio**
Backspace character
Caractère de régression d'un
  espace

Carácter de salto
Skip character, Slew character
Caractère de saut

Carácter de salto del papel
Paper trow character
Caractère de saut du papier

Carácter de separación
Break character, Delimiter
  character, Separating character
Caractère de séparation

Carácter de separación de ficheros
File separator character
Caractère de séparation de fichiers

Carácter de separación de grupos
Group separator character
Caractère de séparation de
  groupes

**Carácter de separación de
  registros**
Record separator character
Caractère de séparation
  d'enregistrements

Carácter de signo
Sign character
Caractère de signe

Carácter de sincronización
S.Y.N., Synchronizing character,
  Synchronous idle character,
  S.Y.N.
Caractère de synchronisation

Carácter de sustitución
S.U.B.
Caractère de remplacement

Carácter de sustitución
Substitute character, S.U.B.
Caractère de remplacement

Carácter de tabulación
Tabulation character
Caractère de tabulation

Carácter de tabulación horizontal
Horizontal tabulation character
Caractère de tabulation horizontale

Carácter de tabulación vertical
Vertical tabulation character, V.T.,
  V.T.
Caractère de tabulation verticale

Carácter de texto
Text character
Caractère de texte

Carácter de vuelta del carro
Carriage return character
Caractère de retour du chariot

Carácter decimal binario
Binary character decimal
Caractère décimal binaire

Carácter dotado de tampón
Character buffered
Caractère doté de tampon

Carácter espacio
Blank character, S.P., Space
  character, S.P.
Caractère espace

Carácter espacio (o de separación)
Gap character
Caractère espace

Carácter especial
Special character
Caractère spécial

Carácter especializado
Special purpose character
Caractère spécialisé

Carácter funcional
Functional character
Caractère fonctionnel

Carácter gráfico
Graphic character
Caractère graphique

Carácter indicador
Cue
Caractère indicateur

Carácter inválido
False code
Caractère invalide

Carácter magnético
Magnetic character
Caractère magnétique

Carácter magnético codificado a siete barras
Seven stroke coded magnetic character
Caractère magnétique codé à sept bâtonnets

Carácter más significativo
Most significant character, Senior character
Caractère le plus significatif

Carácter menos significativo
Junior character, Least significant character, L.S.C., L.S.C.
Caractère le moins significatif

Carácter móvil
Drifting character, Floating character
Caractère mobile

Carácter neutro
Idle character
Caractère neutre

Carácter no numérico
Non numeric character
Caractère non numérique

Carácter nulo
N.U.L., Null character, N.U.L.
Caractère nul

Carácter numérico
Numeric character
Caractère numérique

Carácter operacional
Operational character
Caractère opérationnel

Carácter polivalente
General purpose character
Caractère polyvalent

Carácter prohibido
Forbidden character, Illegal character, Improper character
Caractère interdit

Carácter que no se imprime
Non printing character
Caractère qui ne s'imprime pas

Carácter redundante
Redundant character
Caractère redondant

Carácter separador
Separator character
Caractére séparateur

Carácter separador de unidades
Unit separator character
Caractère séparateur d'unités

Carácter superior (de teclado)
Upper shift
Caractère supérieur (de clavier)

Carácter suplementario
Additional character
Caractère supplémentaire

Carácter transmitido
Line character
Caractère transmis

Caracteres de direccionamiento
Addressing characters, Code directing characters
Caractères d'adressage, Caractères d'acheminement

Caracteres en dígitos binarios
Binary digit characters
Caractères en chiffres binaires

Caracteres gran formato
Large size characters
Caractères grand format

Caracteres lineales
Gothic font
Caractères linéaux

Caracteres para lector óptico
Optically read characters
Caractères pour lecteur optique

Caracteres por segundo
Characters per second, C.H.P.S., C.H.P.S.
Caractères par seconde

Características de una secuencia
Sequence characteristic
Caractéristique d'une séquence

Característico
Characteristic
Caractéristique

Carbón intercalado
Carbon interleave
Carbone intercalaire

Carga
Load
Charge

Carga - Cargamento
Loading, Loading process
Chargement

Carga de entrada
Input loading
Charge d'entrée

Carga de la memoria de núcleos
Core load
Charge de la mémoire à tores

Carga de página
Page-in
Chargement de page

Carga de potenciómetro
Potentiometer loading
Charge de potentiomètre

Carga de trabajo
Work load
Charge de travail

Carga de una máquina
Machine load
Charge d'une machine

Carga del programa
Program load
Chargement du programme

Carga dispersa
Scatter loading
Chargement fractionné

Carga ficticia
Artificial load
Charge fictive

Carga por bloques
Block loading
Chargement par blocs

Carga y ejecución
Load and go
Chargement et exécution

Cargable
Loadable
Chargeable

Cargador
Cartridge, Loader
Chargeur

Cargador de cinta
Tape cartridge, Tape loader
Chargeur de bande

Cargador de datos
Data cartridge
Chargeur de données

Cargador de fichas
Card loader
Chargeur de cartes

Cargador de filme
Film magazine
Chargeur de film

Cargador de programa absoluto
Absolute program loader
Chargeur de programme absolu

Cargador de programa inicial
Initial program loader
Chargeur de programme initial

Cargador de programa inicial sobre disco
Disk initial program loader
Chargeur de programme initial sur disque

Cargador de programa trasladable
Relocatable program loader
Chargeur de programme translatable

Cargador de sistema
System loader
Chargeur du système

Cargador del editor de enlaces
Linkage loader
Chargeur d'éditeurs de liens

Cargador imágenes-memoria de núcleos
Core image loader
Chargeur images-mémoire à tores

Cargamento del fichero
File feed
Chargement du fichier

Cargamento del programa inicial
Initial program loading
Chargement du programme initial

Cargamento dinámico de programas
Dynamic program loading
Chargement dynamique de programmes

Cargar
(to) Load
Charger

Cargar el tiempo máquina
(to) Charge time to
Imputer le temps machine

Cargar una página
(to) Page in
Charger une page

Carrete
Coil, Reel, Spool
Bobine

Carrete alimentador
Delivery spool, Pay out reel, Supply reel
Bobine débitrice

Carrete de alimentación
Feed reel
Bobine d'alimentation

Carrete de cinta
Tape reel, Tape spool
Bobine de bande

Carrete de cinta magnética
Magnetic tape reel
Bobine de bande magnétique

Carrete de cinta virgen
Blank coil
Bobine de bande vierge

Carrete fichero
File reel
Bobine fichier

Carrete monofichero
Single file reel
Bobine monofichier

Carrete multifichero
Multi file reel
Bobine multi-fichier

Carrete receptor
Rewind spool, Take-up reel, Take-up spool
Bobine réceptrice

Carro
Car, Carriage, Cart
Chariot

Carro automático
Automatic carriage
Chariot automatique

Carro de alimentación frontal
Front feed carriage
Chariot à alimentation frontale

Carro de izquierda
Left carriage
Chariot de gauche

Carro lanzadera
Shuttle carriage
Chariot navette

Carro para carretes de cintas
Tape reel truk
Chariot pour bobines de bandes

Carro para cintas
Tape truck
Chariot pour bandes

Carro para cintas magnéticas
Magnetic tape truck
Chariot pour bandes magnétiques

Carro para fichas
Tab-card truck, Tray truck
Chariot à cartes

Carro portabobinas
Reel truck
Chariot porte-bobines

Carro portacasetes
Cassette carrier
Chariot porte-cassettes

Carro portadocumentos
Document carriage
Chariot porte-documents

Carro portafichas
Card truck
Chariot porte-cartes

Cartucho
Cartridge, Loader, Tape cartridge, Tape loader
Chargeur, Chargeur de bande

Cartucho de disco
Disk cartridge
Chargeur de disque

Cartucho hermético al polvo
Dust resistant cartridge
Chargeur hermétique à la poussière

Cartucho principal
Master cartridge
Cartouche principale

Casete
Cassette
Cassette

Casilla
Pocket
Case

Casilla a llenar con una X
X box
Case à remplir par un X

Casilla de control
Check box
Case de contrôle

Casilla de decisión
Decision box
Case de décision

Casilla de ensayo
Test case
Case d'essai

Casilla de ordenación
Sorter pocket, Sorting pocket
Case de tri

Casilla de recepción
Accept stacker, Stacker, Stacking
  bin
Case de réception

Casilla de recepción de las fichas
Card stacker
Case de réception des cartes

Casilla de recepción de salida
Output hopper, Output pocket,
  Output stacker
Case de réception à la sortie

Casilla de rechazo
Reject bin, Reject pocket, Reject
  stacker
Case de rebut

Casilla de selección
Selective stacker
Case de sélection

Casilla de vacío
Vacuum bin
Case vide

Casilla inferior
Lower case
Case inférieure

Casilla para fichas
Card bin, Card pocket
Case à cartes

Caso (Ejemplo)
Instance
Cas (Exemple)

Caso de error
Error condition
Cas d'erreur

Catalogar
(to) Catalog
Cataloguer

Catálogo
Call-out list, Catalog, List price,
  Part list
Nomenclature, Catalogue,
  Catalogue-prix

Cátodo
Cathode
Cathode

Ceder el control
(to) Yield control
Arrêter l'exécution

Célula
Cell
Cellule

Célula binaria
Binary cell
Cellule binaire

Célula de almacenamiento
Storage cell
Cellule de mémoire

**Célula de almacenamiento de
  datos**
Data cell
Cellule de mémoire de données

Célula de equilibrado
Ballast cell
Cellule d'équilibrage

Célula de lectura
Read cell
Cellule de lecture

Célula fotoeléctrica
Photocell, Photoelectric cell
Cellule photoélectrique

Célula fotovoltaica
Photovoltaic cell
Cellule photovoltaique

Célula magnética
Magnetic cell
Cellule magnétique

Célula magnética estática
Static magnetic cell
Cellule magnétique statique

Célula seleccionada
Selected cell
Cellule sélectionnée

Célula vacía
Vacuum cell
Cellule vide

Central manual
Manual exchange
Centrale manuelle

Central telefónica
Central office
Centrale téléphonique

Centrar
(to) Center
Centrer

Centro de cálculo
Computation center, Computing
  center
Centre de calcul

Centro de cálculo electrónico
Electronic computer center
Centre de calcul électronique

Centro de comunicación
Communication center
Centre de communication

**Centro de conmutación
  automática**
Automatic switching center
Centre de conmutation
  automatique

**Centro de conmutación
  automática de datos**
Automatic data switching center
Centre de commutation
  automatique des données

**Centro de conmutación
  automática de mensajes**
Automatic message switching
  center
Centre de commutation
  automatique de messages

**Centro de conmutación de los
  mensajes**
Message switching center
Centre de commutation des
  messages

**Centro de conmutación por cinta
  perforada**
Torn tape switching center
Centre de commutation par bande
  perforée

Centro de conmutaciones
Switching center
Centre de commutations

Centro de datos
Data center
Centre de données

Centro de investigación
Research establishment
Centre de recherches

Centro de línea
Middle of the line
Milieu de ligne

Centro de perforación
Keypunch center
Centre de perforation

Centro de proceso
Computer center, Data
   (processing) center, Processing
   center
Centre de traitement

Centro de proceso de datos
Data processing center, D.P.C.
Centre de traitement des données

**Centro de proceso de la
   información**
Computer service center,
   Computer system center,
   Information processing center
Centre de traitement de
   l'information

Centro de proceso de los datos
D.P.C.
Centre de traitement des données

**Centro de proceso electrónico de
   datos**
Electronic data processing center
Centre de traitement électronique
   des données

Centro de reducción de datos
Data reduction center
Centre de réduction de données

Centro de reparación
Service center
Centre de réparation

Centro de teleproceso
Telecenter
Centre de télétraitement

Centro de trabajo
Work center
Centre de travail

**Centro de trabajo en tiempo
   compartido**
Time sharing center
Centre de travail en temps partagé

Centro intermedio
Intermediate center
Centre intermédiaire

Centro móvil de proceso
Van-mounted computer center
Centre mobile de traitement

Centro relé
Relay center
Centre relais

**Centro semiautomático de
   conmutación**
Semi-automatic switching center
Centre semi-automatique de
   commutation

**Centro semiautomático de
   conmutación de mensajes**
Semi-automatic message
   switching center
Centre semi-automatique de
   commutation de messages

Centro telegráfico
Telegraph center
Centre télégraphique

Centro telex automático
Automatic telex exchange
Centrale télex automatique

Cerebro electrónico
Electronic brain
Cerveau électronique

Cero
Naught, Zero
Zéro

Cero a la derecha
Trailling zero
Zéro à droite

Cero binario
Binary zero
Zéro binaire

Cero en cabeza
Leading zero
Zéro en tête

Cerradura de seguridad
Keylock
Serrure de sécurité

Cerrar
(to) Close
Fermer

Certificación
Certification
Certification

Certificador de cinta
Tape certifier
Certifieur de bande

Certificador de cinta magnética
Magnetic tape certifier
Certifieur de bande magnétique

Cesar
(to) Cease
Cesser

Cesar de funcionar
(to) Pack up
Cesser de fonctionner

(La) Cibernética
Cybernetics
(La) Cybernétique

Ciclo
Cycle, Loop
Cycle

Ciclo cerrado
Closed loop
Cycle fermé

Ciclo controlado por contador
Count controlled loop
Cycle contrôlé par compteur

Ciclo de acceso
Access cycle
Cycle d'accès

Ciclo de acceso rápido
Rapid access loop
Cycle à accès rapide

Ciclo de autorestauración
Self-resetting loop
Boucle à auto-rétablissement

Ciclo de base de la máquina
Basic machine cycle
Cycle de base de la machine

Ciclo de búsqueda
Search cycle
Cycle de recherche

Ciclo de carga
Loading cycle
Cycle de chargement

**Ciclo de conservación en tres
   generaciones**
Grandfather cycle
Cycle de conservation sur trois
   générations

Ciclo de control
Control loop
Cycle de contrôle

Ciclo de control de orden intermedio
Intermediate control cycle
Cycle de contrôle d'ordre intermédiaire

Ciclo de control de primer nivel
Major control cycle
Cycle de contrôle de premier niveau

Ciclo de ejecución
Execute cycle, Execution cycle, Operation cycle
Cycle d'exécution

Ciclo de ensayo
Testing cycle
Cycle d'essai

Ciclo de ensayo del programa
Program test cycle
Cycle d'essai du programme

Ciclo de espera
Busy loop, Waiting loop
Cycle d'attente

Ciclo de histéresis
Hysteresis loop
Cycle d'hystérisis

Ciclo de instalación
Installation cycle
Cycle d'installation

Ciclo de instrucción
Instruction cycle
Cycle d'instruction

Ciclo de memoria
Memory cycle, Storage cycle
Cycle de mémoire

Ciclo de operación
Operation routing
Cycle de l'opération

Ciclo de proceso
Processing cycle
Cycle de traitement

Ciclo de programa
Program cycle, Program loop
Cycle de programme

Ciclo de reloj
Clock cycle
Cycle rythmeur

Ciclo de una ficha
Card cycle
Cycle d'une carte

Ciclo máquina
Machine cycle
Cycle machine

Ciclo mayor
Major cycle
Cycle majeur

Ciclo menor
Minor cycle
Cycle mineur

Ciclo operatorio
Control cycle, Intercycle
Cycle opératoire

Ciclos encajados
Nesting loops
Boucles emboîtées

Ciclos por segundo
Cycles per second
Cycles par seconde

Científico
Scientific
Scientifique

Cierre
Closing, Closure
Clôture

Cierre del contacto de escritura
Write gate
Fermeture du contact d'écriture

Cifrado
Ciphering
Chiffrage

Cifrar
(to) Cipher, (to) Code, (to) Codify, (to) Encipher, (to) Encode
Chiffrer, Coder

Cilindro
Cylinder, Platen, Roller
Cylindre

Cilindro de impresión
Print barrel, Type roll
Cylindre d'impression

Cilindro de lectura
Read roller
Cylindre de lecture

Cilindro en dos partes
Split platen
Cylindre en deux parties

Cilindro portacaracteres
Character cylinder, Type bearing drum
Cylindre porte-caractères

Cima
Quote
Sommet

Cinética
Kinetic
Cinétique

Cinta
Band, Ribbon, Strip, Tape
Bande, Ruban

Cinta actualizada
Son file or tape
Bande mise à jour

Cinta adhesiva
Splicing tape
Bande adhésive

Cinta alternativa
Alternate tape, Tape alternation
Alternance des bandes

Cinta biblioteca
Library tape
Bande bibliothèque

Cinta blanca
Clear bande
Bande blanche

Cinta certificada
Certified tape
Bande certifiée

Cinta con agujeros de arrastre adelantados
Advanced feed tape
Bande à trous d'entraînement avancés

Cinta con confetis desprendidos
Chad tape, Chadded tape
Bande à confettis détachés

Cinta con confetis sin desprender
Chadless tape
Bande à confettis non détachés

Cinta con dos pistas
Dual track tape
Bande à deux pistes

Cinta con etiqueta
Labelled tape
Bande étiquetée

Cinta con perforación central de arrastre
Center feed tape
Bande à perforation centrale d'entraînement

Cinta con segmentos de superposición
Overlay tape
Bande avec segments de superposition

Cinta de alta densidad
High density tape
Bande à haute densité

Cinta de audio
Audio tape
Bande sonore

Cinta de baja densidad
Low density tape
Bande à basse densité

Cinta de biblioteca principal
Master library tape
Bande de bibliothèque principale

Cinta de caja registradora
Cash register tape
Bande de caisse enregistreuse

Cinta de control
Control tape
Bande de contrôle

Cinta de control de las existencias
Stock control tape
Bande de contrôle des stocks

Cinta de control del carro
Carriage tape
Bande de contrôle du chariot

Cinta de control del formato
Format tape
Bande de contrôle du format

Cinta de datos
Data tape
Bande de données

Cinta de ejecución
Operating tape
Bande d'exécution

Cinta de entrada
In tape, Input tape
Bande d'entrée

Cinta de errores
Reject tape
Bande d'erreurs

Cinta de estadísticas
Statistical tape
Bande statistiques

Cinta de facturación
Billing tape
Bande de facturation

Cinta de fichero
File tape
Bande de fichier

Cinta de fichero de datos
Data file tape
Bande de fichier de données

Cinta de fichero principal
Main file tape, Master file tape
Bande de fichier principal

Cinta de impresora
Print tape
Bande d'imprimante

Cinta de intercalación
Collation tape
Bande d'interclassement

Cinta de las entradas
Input tape
Bande des entrées

Cinta de listado
Listing tape
Bande de listage

Cinta de llamada
Calling band
Bande d'appel

Cinta de mando numérico
Numerical control tape, Numerical tape
Bande de commande numérique

Cinta de movimientos
Amendment tape, Change tape, Detail tape
Bande mouvements

Cinta de múltiples ficheros
Multiple file tape
Bande de fichier multiple

Cinta de ocho pistas
Eight level tape
Bande à huit niveaux

Cinta de ordenador
Computer ribbon, Computer tape
Ruban d'ordinateur, Bande d'ordinateur

Cinta de papel
Paper tape
Bande de papier

Cinta de papel con confetis desprendidos
Chadded paper tape
Bande de papier à confettis détachés

Cinta de papel perforada
Punched paper tape
Bande de papier perforée

Cinta de primera generación
Grandfather tape
Bande de première génération

Cinta de programa
Program tape, Software tape
Bande de programme

Cinta de protección de escritura
Write protect tape
Bande de protection d'écriture

Cinta de referencia
Reference tape
Bande de référence

Cinta de registro de los errores
Error tape
Bande d'enregistrement des erreurs

Cinta de registro de los puntos de control
Checkpoint tape
Bande d'enregistrement des points de contrôle

Cinta de reserva
Back-up tape
Bande de réserve

Cinta de salida
Out tape, Output tape
Bande de sortie

Cinta de salida del sistema
System output tape
Bande de sortie du système

Cinta de segunda generación
Father tape
Bande de deuxième génération

Cinta de sincronización
Clock belt
Bande de synchronisation

Cinta de teleimpresora
Ticker tape
Bande de téléimprimante

Cinta de trabajo
Scratch tape, Work(ing) tape
Bande de travail

Cinta de transmisión
Transmittal tape
Bande de transmission

Cinta de verificación
Audit roll
Bande de vérification

Cinta de volcado
Dump tape
Bande de vidage

Cinta del sistema
System tape
Bande du système

Cinta diario
Journal tape
Bande journal

Cinta emisora
Originating tape
Bande émettrice

Cinta entintada
Ink ribbon, Inked ribbon
Ruban encreur, Ruban encré

Cinta entintada de impresora
Print ribbon, Printer ribbon
Ruban d'impression, Ruban
    d'imprimante

Cinta estándar
Standard tape
Bande standard

Cinta histórica
History tape
Bande historique

Cinta instrucciones
Instruction tape
Bande instructions

Cinta maestra de instrucciones
Master instruction tape, M.I.T.,
    M.I.T.
Bande maîtresse d'instructions,
    Bande maîtresse d'instructions

Cinta magnética
M T (Magnetic Tape), Magnetic
    band, Magtape
Bande magnétique

Cinta mal etiquetada
Mislabelled tape
Bande mal étiquetée

Cinta multifichero
Multi file tape
Bande multi-fichier

Cinta o fichero hijo
Son file or tape
Bande mise à jour

Cinta para reproducir
Plot tape
Bande à reproduire

Cinta perforada
Perforated tape, P.T., Punch tape,
    P.T.
Bande perforée

**Cinta perforada con confetis
    desprendidos**
Fully-perforated tape
Bande perforée à confettis
    détachés

Cinta piloto
Carriage control tape, Paper
    control tape
Bande pilote

Cinta principal
Master tape
Bande principale

**Cinta protegida por una
    contraseña**
Security protected tape
Bande protégée par un mot de
    passe

Cinta semiperforada
Semi-perforated tape
Bande semi-perforée

Cinta sin fin
Endless tape
Bande sans fin

Cinta sonora
Audio tape
Bande sonore

Cinta telex
Telex tape
Bande télex

Cinta utilizada en alternación
Overflow tape
Bande utilisée en alternance

Cinta video
Video tape
Bande vidéo

Cinta virgen
Blank tape, Virgin tape
Bande vierge

Circuito
Circuit
Circuit

Circuito abierto
Open circuit, Open loop
Circuit ouvert

Circuito adicionador
Adder circuit, Adding counter,
    Addition circuit
Circuit additionneur

Circuito amplificador
Amplifier circuit
Circuit amplificateur

Circuito antiatascamiento
Jam circuit
Circuit anti-bourrage

Circuito biestable
Bistable circuit
Circuit bistable

Circuito cargado
Loaded circuit
Circuit chargé

Circuito combinacional
Combinational circuit
Circuit combinatoire

Circuito combinatorio
Side circuit
Circuit combinant

Circuito con cuatro hilos
Four wire circuit
Circuit à quatre fils

Circuito con frecuencia vocal
Voice grade circuit
Circuit à frequence vocale

Circuito de anticoincidencia
Anticoincidence circuit
Circuit de non-équivalence

Circuito de banda ancha
Wideband circuit
Circuit à bande large

Circuito de bloqueo
Blocking circuit
Circuit de blocage

Circuito de coincidencia
Coincidence circuit
Circuit de coïncidence

Circuito de comunicaciones
Communications path
Circuit de communications

Circuito de conmutación
Switching circuit
Circuit de commutation

Circuito de disparo biestable
Bistable trigger circuit
Circuit à déclenchement bistable

Circuito de Eccles Jordan
Eccles Jordan circuit
Circuit d'Eccles Jordan

Circuito de entrada
Incoming circuit, Input circuit
Circuit d'entrée

Circuito de identidad
Identity gate
Circuit d'identité

Circuito de igualdad
Equality circuit
Circuit d'égalité

Circuito de limitación
Clamping circuit
Circuit de limitation

Circuito de localización
Isolating circuit
Circuit de localisation

Circuito de llamada
Calling circuit
Circuit d'appel

Circuito de negación
Not circuit
Circuit non

Circuito de no equivalencia
Non equivalence circuit
Circuit de non équivalence

Circuito de proceso
Flow path
Circuit de traitement

Circuito de puesta a la masa
Frame grounding circuit
Circuit de mise à la masse

Circuito de puesta en forma
Shaping circuit
Circuit de mise en forme

Circuito de realimentación
Feedback loop
Circuit à réaction

Circuito de rechazo
Rejection gate
Circuit de rebut

Circuito de reserva
Reserve circuit
Circuit de réserve

Circuito de retroceso
Back circuit
Circuit de retour arrière

Circuito de salida
Outgoing circuit, Output circuit
Circuit de sortie

Circuito de seguridad
Fallback circuit, Safety interlock
Circuit de sécurité

Circuito de selección
Selecting circuit
Circuit de sélection

Circuito de selección por impulso
Pulse selection circuit
Circuit de sélection à impulsions

Circuito de servicio
Order wire
Circuit de service

Circuito de telemedida
Telemetering circuit
Circuit de télémesure

Circuito decodificador
Decoding circuit
Circuit décodeur

Circuito defectuoso
Faulty circuit
Circuit défectueux

Circuito diferenciador
Differentiating circuit
Circuit différenciateur

Circuito equilibrado
Balanced circuit
Circuit équilibré

Circuito equivalente
Equivalent circuit
Circuit équivalent

Circuito fantasma
Phantom circuit
Circuit fantôme

Circuito impreso
P.C., Printed circuit, P.C.
Circuit imprimé

Circuito integrado
I.C., Integrated circuit, I.C.
Circuit intégré

Circuito integrado híbrido
Hybrid integred circuit
Circuit intégré hybride

Circuito integrado monolítico
Monolithic integrated circuit
Circuit intégré monolithique

Circuito integrador
Integrating circuit
Mécanisme intégrateur

Circuito intermedio
Trunk circuit
Circuit intermédiaire

Circuito inversor
Seesaw circuit
Circuit inverseur

Circuito lógico
Logical circuit
Circuit logique

Circuito lógico universal
U.L.C., Universal logic circuit, U.L.C.
Circuit logique universel

Circuito miniaturizado
Miniaturized circuit
Circuit miniaturisé

Circuito monoestable
Monostable circuit, One shot circuit, Single shot circuit
Circuit monostable

Circuito monolítico
Monolithic circuit
Circuit monolithique

Circuito multipunto
Multidrop circuit, Multipoint circuit
Circuit multipoint

Circuito no-o
Join-gate, Nor circuit
Circuit non-ou

Circuito O
Or circuit
Circuit OU

Circuito o lógico
Logical or circuit
Circuit ou logique

Circuito pasivo
Passive circuit
Circuit passif

Circuito precableado
Prewired circuit
Circuit pré-câblé

Circuito punto a punto
Point to point circuit
Circuit point par point

Circuito regenerador
Holding circuit
Circuit régénérateur

Circuito semiduplex
Half duplex circuit, Single circuit
Circuit semi-duplex

Circuito simplex
Simplex circuit
Circuit simplex

Circuito superpuesto
Superposed circuit
Circuit superposé

Circuito telefónico
Telephone circuit
Circuit téléphonique

Circuito telegráfico
Telegraph circuit
Circuit télégraphique

Circuito telex
Telex circuit
Circuit télex

Circuito tributario
Tributary circuit
Circuit tributaire

Circuito utilizado en los dos sentidos
Both-way circuit (two way circuit)
Circuit utilisé dans les deux sens

Circuito video
Video circuit
Circuit vidéo

Circuito Y
AND circuit
Circuit ET

Circuitos aritméticos / decimales
Decimal metic circuits
Circuits arithmétiques décimaux

Circuitos de control
Checking circuitry
Circuits de contrôle

Circuitos de control de los errores
Error checking circuitry
Circuits de contrôle des erreurs

Circuitos de mando
Control circuitry
Circuits de commande

Circuitos de mandos electrónicos
Control electronics
Circuits de commandes électroniques

Circuitos electrónicos
Electronic circuitry
Circuits électroniques

Circuitos emuladores
Emulator circuits
Circuits émulateurs

Circulación
Flow
Circulation

Clase de trabajo
Job class
Classe de travail

Clasificación
Filing, Ordering, Sort(ing)
Classement, Tri

Clasificación a dos vías
(two) Way sort
Tri à deux voies

Clasificación a facetas
Facetted classification
Classification à facettes

Clasificación aritmética
Arithmetic(al) sort
Tri arithmétique

Clasificación binaria
Binary sort
Tri binaire

Clasificación creciente
Forward sort
Tri croissant

Clasificación decimal universal
U.D.C., Universal decimal classification, U.D.C.
Classement décimal universel

Clasificación decreciente
Backward sort
Tri décroissant

Clasificación invertida
Inverted filing
Classement inversé

Clasificación mediante intercalación
Sequencing by merging
Rangement par interclassement

Clasificación numérica
Digital sort, Numerical sorting
Tri numérique

Clasificación polifásica
Polyphase sort
Tri polyphase

Clasificación por bloques
Block sort
Tri par blocs

Clasificación por intercalación
Merging sort
Tri par interclassement

Clasificación por intercalado
Ordering by merging
Classement par interclassement

Clasificación por lotes
Batch sort
Tri par lots

Clasificación previa
Presort(ing)
Tri préalable

Clasificación sobre cinta
Tape sort
Tri sur bande

Clasificación sobre disco
Disk sort
Tri sur disque

Clasificado con aguja
Needle sorted
Trié à l'aiguille

Clasificadora
Sorter
Trieuse

Clasificadora / fusión
Sort / merge
Tri / fusion

Clasificadora / lectora
Sorter / reader
Trieuse / lectrice

Clasificadora-contadora
Counting sorter
Trieuse-compteuse

**Clasificadora de caracteres
    magnéticos**
Magnetic character sorter
Trieuse de caractères magnétiques

Clasificadora de cheques
Check sorter
Trieuse de chèques

Clasificadora de documentos
Document sorter
Trieuse de documents

Clasificadora de fichas
Card prover, Card sorting machine
Trieuse de cartes

Clasificadora de fichas perforadas
Punched card sorter
Trieuse de cartes perforées

Clasificar
(to) Classify, (to) Sort
Classifier, Trier

Clasificar manualmente
(to) Hand sort
Trier manuellement

Clasificar previamente
(to) Pre-collate
Classer préalablement

Cláusula
Clause
Clause

Clave
Key
Clé

Clave común
Mutual key
Critère commun

Clave de seguridad
Security lock
Clé de sécurité

Clave mayor
Major key, Primary key
Indicatif majeur

Clave primaria
Major key, Primary key
Indicatif majeur

Clave registrada
Recorded key
Clé enregistrée

Clavija doble
Squid
Cheville double

Clientela de base
Customer base
Clientèle de base

Cociente
Quotient
Quotient

Codificación
Codification, Coding, Coding
    process
Codage

Codificación absoluta
Absolute coding
Codage absolu

Codificación alfabética
Alphabetic(al) coding
Codage alphabétique

Codificación alfanumérica
Alphanumeric(al) coding
Codage alphanumérique

Codificación automática
Automatic coding
Codage automatique

Codificación binaria
Binary coding
Codage binaire

**Codificación con tiempo de acceso
    mínimo**
Minimum access coding,
    Minimum delay coding,
    Minimum latency coding
Codage à temps d'accès minimum

Codificación con zonas fijas
Fixed form coding
Codage à zones fixes

Codificación de base
Basic coding
Codage de base

Codificación de fase
Phase encoding, P.E.
Codage en phases

Codificación de máquina
Machine coding
Codage machine

Codificación de posición angular
Shaft position encoder
Codeur de position angulaire

Codificación del usuario
User coding
Codage de l'utilisateur

Codificación directa
Direct coding
Programmation directe

**Codificación duodecimal sobre
    una columna**
Single column duodecimal coding
Codage duodécimal sur une
    colonne

Codificación en fases
P.E.
Codage en phases

Codificación específica
Specific coding
Codage spécifique

Codificación esquemática
Skeleton coding
Codage schématique

Codificación fuente
Source coding
Codage source

Codificación fuera línea
Out of line coding
Séquence hors ligne

Codificación Hash
Hash coding
Adressage calculé

Codificación numérica
Numeric coding
Codage numérique

Codificación óptima
Optimum coding
Codage optimum

Codificación real
Actual coding
Codage réel

Codificación rectilínea
Straight coding
Codage rectiligne

Codificación reentrante
Reentrant coding
Codage rentrant

Codificación relativa
Relative coding
Codage relatif

Codificación simbólica
Symbolic coding
Codage symbolique

Codificado
Coded
Codé

Codificado en binario
Binary coded
Codé en binaire

Codificado en Cobol, en Fortran
Coded in Cobol, in Fortran
Codé en Cobol, en Fortran

Codificado por el usuario
User coded
Codé par l'utilisateur

Codificador
Coder
Codeur

Codificador-decodificador
Codec
Codificateur-décodificateur

Codificar
(to) Code, (to) Codify, (to)
  Encipher, (to) Encode
Coder

Código
Code
Code

Código absoluto
Absolute code
Code absolu

Código abstracto
Abstract code
Code abstrait

Código alfabético
Alphabetic(al) code
Code alphabétique

Código alfanumérico
Alphanumeric(al) code
Code alphanumérique

Código alfanumérico con seis bits
Six bit alphanumeric code
Code alphanumérique à six bits

Código alfanumérico de ocho bits
Eight bit alphanumeric code
Code alphanumérique à huit bits

Código autocorrector
Self-correcting code
Code auto-correcteur

Código autodelimitado
Self-demarcating code
Code auto-délimité

Código automático
Automatic code
Code automatique

Código Baudot
Baudot code
Code Baudot

Código binario
Binary code
Code binaire

Código binario por columna
Chinese binary code, Column
  binary code
Code binaire par colonne

Código binario por fila
Row binary code
Code binaire par rangée

Código binario reflejado
Reflected binary code
Code binaire réfléchi

Código biquinario
Biquinary code
Code biquinaire

Código cíclico
Cyclic code
Code cyclique

Código cíclico binario
Cyclic binary code
Code cyclique binaire

Código clave
Lock code
Code clé

Código con cuatro direcciones
Four address code
Code à quatre adresses

Código con dirección múltiple
Multiple address code
Code à adresse multiple

Código con dos direcciones
Two address code
Code à deux adresses

Código con relación fija
Fixed ratio code
Code à rapport fixe

**Código con tiempo de acceso
  mínimo**
Minimum access code
Code à temps d'accès minimum

Código con tres direcciones
Three address code
Code à trois adresses

Código con un nivel
One level code
Code à un niveau

Código con una dirección
Single address code
Code à une adresse

Código condición
Condition code
Code condition

Código corrector de errores
E.C.C., Error correcting code,
  E.C.C.
Code correcteur d'erreurs

Código de acabado
Completion code
Code d'achèvement

Código de acceso
Access code
Code d'accès

Código de alimentación de cinta
Tape feed code
Code d'alimentation de bande

Código de autocontrol
Self-checking code
Code d'auto-contrôle

Código de barras
Bar code
Code à bâtonnets

Código de cambio de línea
Line feed code
Code de changement de ligne

Código de carácter prohibido
Forbidden character code
Code de caractères interdits

Código de caracteres
Character code
Code à caractères

Código de cinco canales
Five channel code
Code à cinq canaux

Código de cinco niveles
Five level code
Code à cinq niveaux

Código de cinta
Tape code
Code de bande

Código de cinta de papel
Paper tape code
Code de bande de papier

Código de combinación prohibida
Forbidden combination code
Code de combinaison interdite

Código de control
Check code
Code de contrôle

Código de control de los errores
Error checking code, Systematic
error checking code
Code de contrôle des erreurs

Código de control de paridad
Even parity code
Code de contrôle de parité

Código de conversión
Conversion code
Code de conversion

Código de datos alfabéticos
Alphabetic(al) data code
Code de données alphabétiques

Código de datos alfanuméricos
Alphanumeric(al) data code
Code de données
alphanumériques

Código de datos numéricos
Numerical data code
Code de données numériques

Código de dirección
Address code
Code d'adresse

Código de error
Error code
Code d'erreur

Código de espaciado
Space code
Code d'espacement

Código de exceso de tres
Excess three code
Code majoré de trois

Código de función
Function code
Code de fonction

Código de Gray
Gray code, Reflected binary code
Code Gray, Code binaire réfléchi

Código de grupos
Group code
Code de groupes

Código de Hamming
Hamming code
Code de Hamming

Código de identificación
Identifying code
Code d'identification

Código de identificación de mensaje
Message identification code,
M.I.C., M.I.C.
Code d'identification de message

Código de identificación del programa
Program identification code
Code d'identification du
programme

Código de impresión
Edit code, Print code
Code d'impression

Código de instrucción
Instruction code, Statement code
Code d'instruction

Código de instrucción de entrada
Input instruction code
Code d'instruction d'entrée

Código de instrucción máquina
Machine instruction code
Code d'instruction machine

Código de instrucciones en forma condensada
Condensed instruction code
Code d'instruction sous forme
condensée

Código de interrupción
Interruption code
Code d'interruption

Código de intervención
Action code
Code d'intervention

Código de longitud de la instrucción
I.L.C., Instruction lenght code,
I.L.C.
Code de longueur de l'instruction

Código de llamada selectiva
Call directing code
Code d'appel sélectif

Código de mando
Command code
Code de commande

Código de mando del elemento de impresión
Tilt and rotate code
Code de commande de l'élément
d'impression

Código de modulación
Modulation code
Code de modulation

Código de movimiento
Transaction code
Code mouvement

Código de N direcciones
N address code
Code à N adresses

Código de no impresión
Non-print code
Code de non impression

Código de ocho canales
Eight channel code
Code à huit canaux

Código de ocho niveles
Eight level code
Code à huit niveaux

Código de operación
Op code, Operation code
Code d'opération

Código de operación mnemónica
Mnemonic operation code
Code d'opération mnémonique

Código de parada
Stop code
Code d'arrêt

Código de perforación
Punch code
Code de perforation

Código de perforación de cinta
Punch tape code
Code de perforation de bande

Código de registro
Record code
Code d'enregistrement

Código de reproducción
Reproduction code
Code de reproduction

Código de retorno
Return code
Code de renvoi

Código de selección
Dialling code, Selection code
Code de sélection

Código de transacción
Transaction code
Code mouvement

Código de transmisión
Transmission code
Code de transmission

Código decimal codificado en binario
Binary coded decimal code
Code décimal codé en binaire

Código decimal codificado en binario ampliado
Extended binary coded decimal interchange code
Code décimal codé en binaire étendu

Código decimal de ocho bits
Eight bit decimal code
Code décimal à huit bits

Código del más bajo nivel
Low level code
Code de plus bas niveau

Código del usuario
User code
Code de l'utilisateur

Código detector de errores
Error detecting code
Code détenteur d'erreurs

Código directo
Direct code
Code direct

Código dos sobre cinco
Two out of five count code
Code deux sur cinq

Código en cadena
Chain code
Code en chaîne

Código en lenguaje máquina
Machine language code
Code en langage machine

Código específico
Specific code
Code spécifique

Código esquemático
Skeletal code
Code schématique

Código ficha
Card code
Code carte

Código fichero
File code
Code fichier

Código fuente
Source code
Code source

Código funcional
Functional code
Code fonctionnel

Código Hollerith
Hollerith code
Code Hollerith

Código indicador de programa
Program indicator code
Code indicateur de programme

Código inválido
Invalid code
Code invalide

Código máquina
Computer code, Machine code
Code machine

Código mnemónico
Mnemonic code
Code mnémonique

Código mnemónico ampliado
Extended mnemonic code
Code mnémonique étendu

Código numérico
Numeric(al) code
Code numérique

Código objeto
Object code
Code objet

Código operación
Order code
Code opération

Código optimizado
Optimum code
Code optimum

Código por exceso de cincuenta
Excess fifty code
Code majoré de cinquante

Código postal
Zip code
Code postal

Código prohibido
Illegal code, Improper code
Code interdit

Código quibinario
Quibinary code
Code quibinaire

Codigo real
Actual code
Code réel

Código redundante
Redundant code
Code redondant

Código relativo
Relative code
Code relatif

Código simbólico
Symbolic code
Code symbolique

Código telegráfico
Telegraph code
Code télégraphique

Código transmisión con seis bits
S.B.T., Six bit transcode, S.B.T.
Code transmission à six bits

Códigos de no reproducción
Non reproducing codes
Codes de non reproduction

Coeficiente
Coefficient
Coefficient

Coeficiente de acoplamiento
Coupling coefficient
Coefficient de couplage

Coeficiente de atenuación
Attenuation coefficient
Coefficient d'atténuation

Coeficiente de contracción
Shrinkage factor
Coefficient de rebut

Coeficiente de graduación
Scale coefficient
Coefficient de graduation

Coeficiente matricial
Matrix coefficient
Coefficient matriciel

Coherencia de modulación
Modulation coherence
Cohérence de modulation

Coherente
Consistent
Cohérent

Cola
Queue
File d'attente

Cola de las operaciones
Operations queue
File d'attente des opérations

Cola de las páginas activas
Active page queue
File d'attente des pages actives

Cola de las tareas
Task queue
File d'attente des tâches

Cola de los mensajes no distribuidos
Dead letter queue
File d'attente des messages non distribués

Cola de los trabajos en entrada
Input work queue
File d'attente des travaux en entrée

Cola de los trabajos en salida
Output work queue
File d'attente des travaux en sortie

Cola de páginas disponibles
Available page queue
Suite de pages disponibles

Cola no secuencial
Non-sequential queue
File d'attente non séquentielle

Colección
Compendium
Recueil

Colocación
Arrangement, Layout
Disposition

Colocación de la cinta
Tape loading, Tape threading
Mise en place de la bande

Colocación en cola
Enqueuing, Queuing
Mise en file d'attente

Colocar
(to) Arrange, (to) Layout, (to) Place, (to) Thread
Disposer, Mettre en place

Colocar en colas
(to) Enqueue, (to) Queue
Mettre en file d'attente

Colocar los topes de tabulación
(to) Insert tab stops
Placer les taquets de tabulation

Colocar progresivamente
(to) Phase in
Mettre en place progressivement

Columna
Column
Colonne

Columna binaria
Binary column
Colonne binaire

Columna de bucle de cinta
Tape-loop column
Colonne de bande vide

Columna de cinta
Tape frame
Colonne de bande

Columna de ficha
Card column
Colonne de carte

Columna de perforación
Punch column
Colonne de perforation

Columna de unos en cabeza
Column one leading
Colonne un en tête

Columna de vacío
Vacuum column
Colonne à dépression

Columna transversal
Frame
Colonne transversale

Columna virgen
Blank column
Colonne vierge

Coma
Arithmetic(al) point, Comma, Radix point, Virgule
Virgule

Coma ajustable
Adjustable point
Virgule déplaçable

Coma binaria
Binary point
Virgule binaire

Coma de separación
Comma delimiter, Delimiting comma
Virgule de séparation

Coma decimal
Decimal comma, Decimal point
Virgule décimale

Coma decimal implícita
Assumed decimal point
Virgule décimale implicite

Coma decimal real
Actual decimal point
Virgule décimale réelle

Coma fija
Fixed point
Virgule fixe

Coma flotante
Floating point
Virgule flottante

Coma flotante con precisión ampliada
Extended precision floating point
Virgule flottante à précision étendue

Combinación binaria
Binary pattern, Bit combination
Combinaison binaire

Combinación de perforaciones
Code pattern, Combination of punchs, Hole pattern, Pattern of punchs
Combinaison de perforations

Combinación prohibida
Forbidden combination
Combinaison interdite

Combinar
(to) Combine
Combiner

Combinatorio
Combinatorial
Combinatoire

Comentario
Comment, Narrative
Commentaire

Comercializar
(to) Market
Commercialiser

Comienzo
Inception
Commencement

Comillas
Quotation mark
Guillemets

Compacidad
Compactness, Packing
Compacité

Compacidad del sistema
Compactness of the system
Compacité du système

Comparación
Comparison, Match condition
Comparaison

Comparación con tres vías
Three way compare
Comparaison à trois voies

Comparación de máscaras
Mask matching
Comparaison de masques

Comparación lógica
Logical comparison
Comparaison logique

Comparador
Comparator, Comparing unit
Comparateur

Comparador analógico
Analog comparator
Comparateur analogique

Comparador de cintas
Tape comparator
Comparateur de bandes

Comparador (medidor) de cuadrante
Dial gauge
Comparateur à cadran

Comparador de igualdades
Equality unit
Comparateur d'égalités

Comparador numérico
Digital comparator
Comparateur numérique

Comparar
(to) Compare
Comparer

Comparar a
(to) Compare with, (to) Liken
Comparer à

Comparativo
Comparative
Comparatif

Compartible
Sharable
Utilisable en commun

Compartimiento
Bucket, Compartment
Compartiment

Compartimiento para fichas
Card rack, Card tray
Compartiment à cartes, Compartiment pour fiches

Compartir
(to) Share
Utiliser en commun

Compatibilidad
Compatibility
Compatibilité

Compatibilidad de los equipos
Equipment compatibility
Compatibilité des matériels

Compatibilidad de programas
Program compatibility
Compatibilité de programmes

Compatibilidad decreciente
Downward compatibility
Compatibilité décroissante

Compatibilidad hacia arriba
Upward compatibility
Compatibilité vers le haut

Compatibilidad siete pistas
Seven track compatibility
Compatibilité sept pistes

Compatible
Compatible
Compatible

Compatible hacia arriba
Upward compatible
Compatible vers le haut

Compensación
Offsetting
Compensation

Compensador
Compensator
Compensateur

Compensador de atenuación
Attenuation equalizer
Compensateur d'atténuation

Compensador de fase
Phase equalizer
Compensateur de phase

Compensador de nivel
Level compensator
Compensateur de niveau

Compensar
(to) Compensate for
Compenser

Competitividad
Competitiveness
Compétitivité

Compilación
Compilation, Compiling
Compilation

Compilación de programa
Program compilation
Compilation de programme

Compilación y ejecución
Compile and run
Compilation et exécution

Compilación y lanzamiento
Compile and go
Compilation et lancement

Compilador
Compiler, Language processor
Compilateur

Compilador científico
Scientific compiler
Compilateur scientifique

Compilador conversacional
Conversational compiler
Compilateur conversationnel

Compilador de múltiples pasadas
Multi pass compiler
Compilateur multi-passages

Compilador de programa
Program compiler
Compilateur de programme

Compilador de programas científicos
Scientific oriented language processor
Compilateur de programmes scientifiques

Compilador de programas de gestión
Business compiler
Compilateur de programmes de gestion

Compilador de programas en lenguaje de gestión
Business (oriented) language processor
Compilateur de programmes en langage de gestion

Compilador de una pasada
One pass compiler
Compilateur monopassage

Compilar
(to) Compile
Compiler

Complejo
Compound
Complexe

Complementario
Complementary
Complémentaire

Complemento
Complement
Complément

Complemento a cero
Zero complement
Complément à zéro

Complemento a diez
Complement-on ten, Ten's complement
Complément à dix

Complemento a dos
Complement-on-two, Two's complement
Complément à deux

Complemento a la base
Radix complement, True complement
Complément à la base

Complemento a la base menos uno
Radix minus-one complement
Complément à la base moins un

Complemento a nueve
Complement-on-nine, Nine's complement, Nines complement
Complément à neuf

Complemento a uno
Complement-on-one, One's complement
Complément à un

Complemento de instrucción
Instruction complement
Complément d'instructions

Complemento restringido
Complement-on-one, One's complement
Complément à un

Complemento restringido a la base
Diminished radix complement
Complément à la base restreint

Completamente
Quite
Complément

Completar
(to) Complement, (to) Complete
Compléter

Completo
Complete, Exhaustive, Full
Complet

Componente
Component
Composant

Componente electrónico
Electronic component
Composant électronique

Componentes con semiconductores
Solid state components
Composants à semi-conducteurs

Componentes defectuosos de la unidad
Faulty hardware media
Composants défectueux de l'unité

Componentes discretos
Discrete components
Composants discrets

Componentes físicos, máquinas y equipo
Hardware
Matériel

Composición
Typesetting
Composition

Composición automática
Automatic type setting, Computer typesetting
Composition automatique

Composición automatizada
Computerized typesetting
Composition automatisée

Composición de un paquete de fichas
Deck arrangement, Deck set-up
Composition d'un paquet de cartes

Comprensivo
Comprehensive
Compréhensif

Compresión
Compac(ting), Compaction, Compression
Compression

Compresión de datos
Data compaction, Data
   compression
Compression de données

Compresión de fichero
File compression
Compression de fichier

Compresión de los dígitos
Digit compression
Compression des chiffres

Compresor
Compressor
Compresseur

**Compresor automático de
   volumen**
Automatic volume contractor
Compresseur automatique de
   volume

Compresor - Extensor
Compander
Compresseur - Extenseur

Comprimido
Pressure blocked
Comprimé

Comprimir
(to) Compact, (to) Compress
Compresser, Comprimer

Comprobación automática
Automatic check(ing)
Contrôle automatique

Comprobación de bucle
Loop check(ing)
Contrôle par comparaison

Comprobación de carácter inválido
False code check
Contrôle de caractère invalide

**Comprobación de carácter
   prohibido**
Illegal command check
Contrôle de caractère interdit

Comprobación de código
Code check
Contrôle de code

**Comprobación de comando
   impropio**
Improper command check
Contrôle de caractère interdit

Comprobación de consistencia
Consistency check
Contrôle de conformité

Comprobación de dígito prohibido
Forbidden digit check
Contrôle de chiffre interdit

**Comprobación de las marcas de
   sincronización**
Timing mark check
Contrôle des marques de
   synchronisation

Comprobación de lectura-escritura
Read-write check
Contrôle de lecture-écriture

Comprobación de los márgenes
Bias check, Bias test(ing)
Contrôle par les marges

**Comprobación de los números de
   orden de los bloques**
Block serial number checking
Contrôle des numéros d'ordre des
   blocs

Comprobación de solvencia
Credit checking
Contrôle de solvabilité

Comprobación de transferencia
Transfer check
Contrôle de transfert

Comprobación de vaciado
Dump check
Contrôle de vidage

Comprobación de validez
Validity check
Contrôle de validité

Comprobación de verosimilitud
Absurdity check, Credibility check,
   Plausibility check,
   Reasonableness check
Contrôle de vraisemblance

Comprobación estática
Static check, Static test
Contrôle statique

**Comprobación intermedia de
   bloque**
Intermediate block check(ing)
Contrôle intermédiaire de bloc

Comprobación lógica
Reasonability check
Contrôle logique

Comprobación marginal
Marginal checking, Marginal
   testing
Contrôle des marges

Comprobación módulo N
Module N check
Contrôle module N

Comprobación por bloques
Block check
Contrôle par bloc

Comprobación por carácter
Character check
Contrôle par caractère

Comprobación por diagnóstico
Diagnostic check
Contrôle par diagnostic

Comprobación por eco
Echo check(ing), Echo testing
Contrôle par écho

**Comprobación por lectura
   después de escritura**
Read after write check
Contrôle par lecture après écriture

**Comprobación por medio de
   duplicación**
Copy check, Duplication check
Contrôle par duplication

Comprobación por redundancia
Redundancy check
Contrôle par redondance

**Comprobación por repetición de
   lectura**
Read back check
Contrôle par relecture

Comprobación por rutina
Routine check
Contrôle par routine

Comprobación por sonda
Random check, Spot check
Contrôle par sondage

Comprobación por totalización
Check totaling, Sum(mation)
   check, Total check
Contrôle par totalisation

Comprobación programada
Programmed check
Contrôle programmé

Comprobación redundante
Redundant check
Contrôle redondant

Comprobación transversal
Transverse check
Contrôle transversal

Comprobación vertical por redundancia
Vertical redundancy check, V.R.C.
Contrôle vertical par redondance

Comprobación visual
Batten check, Cordonnier check
Contrôle visuel

Comprobación visual
Peek a boo check, Sight check, Visual check
Contrôle visuel

Comprobador de cinta magnética
Magnetic tape tester
Testeur de bande magnétique

Comprobar al pupitre
(to) Desk check
Contrôler au pupitre

Comprobar por relectura
(to) Read check
Contrôler par relecture

Comprobar una escritura
(to) Write check
Contrôler une écriture

Comprobar una secuencia
(to) Sequence check
Contrôler une séquence

Comprobar visualmente
(to) Sight check
Contrôler visuellement

Común
Workaday
Quoditien

Comunicación
Communication
Communication

Comunicación binaria síncrona
Binary synchronous communication
Communication binaire synchrone

Comunicación duplex en telex
Duplex telex call
Communication télex en duplex

Comunicación en los dos sentidos
Both-way communication (two-way communication)
Communication dans les deux sens

Comunicación entre memorias de núcleos
Core-to core communication
Communication entre mémoires à tores

Comunicación establecida por el operador
Operator connected call
Communication établie par l'opérateur

Comunicación local
Local call
Communication locale

Comunicación telex
Telex call, Telex communication
Communication télex

Comunicaciones agrupadas
Batched communications
Communications groupées

Comunicaciones eléctricas
Electric(al) communications
Communications électriques

Comunicaciones entre sistemas
Intersystem communications
Communications entre systèmes

Comunicar
(to) Communicate
Communiquer

Con cualquier modalidad
Any mode
Multi-possibilités

Con cuatro direcciones
Four address
A quatre adresses

Con cuatro direcciones más una
Four plus one address
A quatre adresses plus une

Con dos direcciones más una
Two plus one address
A deux adresses plus une

Con escasa tasa de movimiento
Slow moving
A faible taux de mouvement

Con éxito
Successfully
Aboutissement satisfaisant

Con perforación de arrastre
Sprocket punched
Avec perforation d'entraînement

Con prioridad absoluta
Non overridable
A priorité absolue

Con tres direcciones
Three address
A trois adresses

Con tres direcciones más una
Three plus one address
A trois adresses plus one

Concatenar
(to) Concatenate
Enchaîner, Enchaîner

Concebido en función de los trabajos
Job oriented
Conçu en fonction des travaux

Concebido para cintas
Tape based
Conçu pour bandes

Concebido para el usuario
User oriented
Conçu pour l'utilisateur

Conceder
(to) Allow
Allouer

Concentración
Concentration, Focusing
Concentration

Concentración de líneas
Line concentration
Concentration de lignes

Concentrador
Concentrator
Concentrateur

Concentrador a distancia
Remote concentrator
Concentrateur à distance

Concentrador de datos
Data concentrator
Concentrateur de données

Concentrador de datos sobre cinta
Tape data pooler
Concentrateur de données sur
bande

Concepción automatizada
C.A.D. (Computer Aided Design)
Conception automatisée

Concepción de sistemas
Systems design
Conception de systèmes

Concepción funcional
Functional design
Conception fonctionnelle

Concepto
Concept
Concept

Conciso
Compendious
Concis

Condensación
Compression
Condensation

Condensado
Packed
Condensé

Condensador
Capacitor
Condensateur

Condensar
(to) Crowd, (to) Implode, (to) Pack
Condenser

Condensar en memoria
(to) Implode into memory
Condenser en mémoire

Condición
Condition, Plight
Condition

Condición cero
Zero condition
Condition zéro

Condición compuesta
Compound condition
Condition composée

**Condición de búsqueda
infructuosa**
No record fund condition
Condition de recherche
infructueuse

Condición de fin de existencias
Stockout
Condition de rupture de stock

Condición de fin de volumen
End of volume condition
Condition de fin de volume

**Condición de intervención
requerida**
Intervention required condition
Condition d'intervention
demandée

Condición de introducción
Entry condition
Condition d'introduction

Condición de no listo
Not ready condition
Condition non prêt

Condición desactivada
Disabled condition
Condition désaffectée

Condición habilitada
Enabled condition
Condition validée

Condición inaceptable
Unacceptable condition
Condition inacceptable

Condición inicial
Initial condition
Condition initiale

Condición uno
One condition
Condition un

Condicional
Conditional
Conditionnel

Condiciones de ambiente
Environmental (conditions)
Conditions d'environnement

Condiciones de ejecución
Operating environment
Conditions d'exécution

Condiciones de funcionamiento
Operational environment
Conditions de fonctionnement

**Condiciones de simulación de
trabajo**
Simulated job environment
Conditions de simulation de travail

**Condiciones significativas de una
modulación**
Significant conditions of a
modulation
Conditions significatives d'une
modulation

**Condiciones significativas de una
restitución**
Significant conditions of a
restitution
Conditions significatives d'une
restitution

Conducto
Chute, Duct
Conduit

Conducto de confetis
Chad duct
Conduit de confettis

Conductor
Conductive, Conductor
Conducteur

Conectable
Pluggable
Connectif

Conectado
On line
Connecté

Conectar
(to) Attach, (to) Connect, (to) Hitch,
(to) Hook into, (to) Plug, (to)
Switch on, (to) Turn on, (to)
Wire
Connecter, Mettre en circuit,
S'allumer

Conectar con banana
(to) Jackplug
Connecter par fiche

Conectarse
(to) Sign on
Se connecter

Conector
Connector, Patchcord
Connecteur

Conector de carrete de fichero
File reel connector
Connecteur de bobine de fichier

Conector de cinta
Tape connector
Raccordeur de bande

Conector de organigrama
Flowchart connector
Connecteur d'organigramme

Conector de patillas múltiples
Multi pin connector
Connecteur multi-broches

Conector de respuesta
Answering jack
Jack de réponse

Conector exterior
External connector
Connecteur extérieur

Conector lateral
Edge connector
Connecteur latéral

Conector macho
Leader connector
Connecteur mâle

Conector múltiple
Multiple connector, Split wire
Connecteur multiple, Fiche
multiple

Conector variable
Variable connector
Connecteur variable

Conexión
Attachment, Connect(ion)
Connexion

Conexión con banana
Jackplugging
Connexion par fiche

Conexión de base
Attachment base
Connexion de base

Conexión defectuosa
Faulty connection
Connexion défectueuse

Conexión en paralelo
Radial attachment
Connexion en parallèle

Conexión enrollada
Wire wrap, Wire-wrapped
connection
Connexion enroulée

Confetis
Card chips, Chad, Chip, Chips,
Tape punchings
Confettis

Configuración
Configuration
Configuration

Configuración binaria
Binary configuration, Bit
configuration, Bit pattern
Configuration binaire

Configuración de máquina
Machine configuration
Configuration de machine

Configuración de sistema
System configuration
Configuration de système

Configuración del equipo
Hardware configuration
Configuration du matériel

Configuración del ordenador
Computer configuration
Configuration de l'ordinateur

Configuración del teclado
Keyboard layout
Configuration du clavier

Configuración interna
Lobby configuration
Configuration intérieure

Configuración mínima
Minimum configuration
Configuration minimale

Configuración objeto
Object configuration, Target
configuration
Configuration objet

Configuración virtual
Virtual configuration
Configuration virtuelle

Configurar
(to) Configure
Configurer

**Conflicto a nivel del brazo de
acceso**
Arm contention
Conflit au niveau du bras d'accès

Conflicto de acceso
Access conflict
Conflit d'accès

Confundir con
(to) Merge with
Confondre avec

Conjunción
Conjunction
Conjonction

Conjunto
Array, Set
Ensemble

Conjunto con un nivel
Single level assembly
Ensemble à un niveau

Conjunto de caracteres
Character array, Font, Fount (Br.)
Font (Amer.)
Ensemble de caractères

**Conjunto de caracteres
matemáticos**
Math set
Ensemble de caractères
mathématiques

Conjunto de caracteres ópticos
Optical type fount (Br.) font
(Amer.)
Ensemble de caractères optiques

Conjunto de circuitos
Circuitry
Ensemble de circuits

Conjunto de componentes
Componentry, Components
Ensemble de composants

Conjunto de datos
Data array, Data set, D.S., D.S.,
Packet
Ensemble de données

Conjunto de datos catalogados
Catalogued data set
Ensemble de données cataloguées

**Conjunto de datos
compartimentado**
P.D.S.
Ensemble de données
compartimenté

**Conjunto de datos constituidos en
páginas**
Page data set
Ensemble de données constituées
en pages

**Conjunto de datos en secuencia
por claves**
Key-sequenced data set, K.S.D.S.,
K.W.D.S. (Key Word Data
Sequence)
Ensemble de données en
séquence par clés

Conjunto de datos gráficos
G.D.S., Graphic data set, G.D.S.
Ensemble de données graphiques

Conjunto de datos particionado
Partitioned data sed, P.D.S.
Ensemble de données
  compartimenté

Conjunto de elementos de código
Code set
Ensemble d'éléments de code

Conjunto de estructuras
Array of structures
Ensemble de structures

Conjunto de instrucciones
Instruction set
Série d'instructions

Conjunto de piezas
Kit
Ensemble de pièces

Conjunto de proceso de la
  información
Information processing utility
Ensemble de traitement de
  l'information

Conjunto de programas
Package, Program package,
  Software package
Ensemble de programmes

Conjunto de programas adaptados
  a la configuración
Middleware
Logical adapté à la configuración

Conjunto de programas de
  aplicación
Application software
Ensemble de programmes
  d'application

Conjunto de programas de control
Control software
Ensemble de programmes de
  contrôle

Conjunto de programas de
  telegestión
Terminal oriented software
Ensemble de programmes de
  télégestion

Conjunto de programas
  opcionales
Optional programming package
Ensemble de programmes
  facultatifs

Conjunto emisor-receptor
  automático
Automatic send-receive set
Ensemble émetteur-récepteur
  automatique

Conjunto microrreceptor
  telefónico
Handset
Combiné téléphonique

Conjunto portaescobillas
Brush assembly
Ensemble porte-balais

Conjunto-programa
Updated work
Ensemble-programme

Conmutable
Switchable
Commutable

Conmutación
Switching, Switching-over
Commutation

Conmutación automática de
  mensajes
Automatic message switching
Commutation automatique de
  messages

Conmutación de circuitos
Circuit switching
Commutation de circuits

Conmutación de las cabezas
Head switching
Commutation des têtes

Conmutación de las tareas
Task switch
Commutation des tâches

Conmutación de líneas
Line switching
Commutation de lignes

Conmutación de los canales de
  entrada / salida
Input / output switching
Commutation des canaux d'entrée
  / sortie

Conmutación de los mensajes
Message switching
Commutation des messages

Conmutación por barras cruzadas
Cross bar switch
Commutation à barres croisées

Conmutación por cinta perforada
Torn tape switching
Commutation par bande perforée

Conmutación programada
Programmed switch
Commutation programmée

Conmutador (detectable por
  programa)
Sense switch
Déviateur

Conmutador con varias
  direcciones
N Way switch
Commutateur à plusieurs
  directions

Conmutador de alimentación de
  cinta
Tape feed switch
Commutateur d'alimentation de
  bande

Conmutador de mando
Control switch
Commutateur de commande

Conmutador de pupitre
Console switch
Déviateur de pupitre

Conmutador electrónico
Electronic switch
Commutateur électronique

Conmutador paso a paso
Step by step switch
Commutateur pas à pas

Conmutador telex
Telex switchboard
Commutateur télex

Conmutadores de entrada del
  pupitre
Console entry switches
Commutateurs d'entrée du pupitre

Conmutadores de prefijos
Prefix switches
Commutateurs de préfixes

Conmutar
(to) Switch, (to) Switch over
Commuter, Intervertir

Consecutivo
Subsequent
Consécutif

Conservación
Retention
Conservation

Conservar
(to) Hold, (to) Retain
Conserver

Consola
Display (console)
Console de visualisation

Constante aritmética
Arithmetic(a) constant
Constante arithmétique

Constante de comparación
Criterion
Constante de comparaison

Constante de tiempo
Time constant
Constante de temps

Constante de traslación
Relocation constant
Constante de translation

Constante entera
Integer constant
Constante entière

Constante figurativa
Figurative constant
Constante figurative

Constante no numérica
Non numeric literal
Constante non numérique

Constante numérica
Numerical literal
Constante numérique

Constante real
Real constant
Constante réelle

Constantes
Constants
Constantes

Constitución
Construction, Setting up
Constitution

Constitución de cadena
String building
Constitution de chaîne

Constitución de datos de ensayo
Test data dispersion
Constitution de données d'essai

Constituir
(to) Build, (to) Construct
Constituer

Constituir un punto de reanudación
(to) Take a checkpoint
Constituer un point de reprise

Construcción de modelos
Model building
Construction de modèles

Construcción modular
Modular construction
Construction modulaire

Consulta
Accession, Enquiry, Inquiry, Querry
Consultation, Interrogation

Consulta de tabla
Table look-up
Consultation de table

Consultar
(to) Inquire, (to) Interrogate, (to) Querry, (to) Search in
Interroger, Consulter

Consultar una tabla
(to) Table look-up
Consulter une table

Consultor en informática
Computer consultant
Conseiller en informatique

Consumo eléctrico
Power drain
Consommation électrique

Contabilidad
Accountancy, Accounting, Bookkeeping
Comptabilité

Contabilidad de costes
Cost accounting
Comptabilité des prix de revient

Contabilidad general
General accounting
Comptabilité générale

Contabilidad mecanográfica
Computer accounting, Machine accounting
Comptabilité mécanographique

Contabilidad por partida doble
Double entry book-keeping
Comptabilité en partie double

Contabilización de los trabajos
Job accounting
Comptabilisation des travaux

Contable
Accountant
Comptable

Contacto emisor
Emitter spot
Contact émetteur

Contador
Counter, Meter, Usage meter
Compteur

Contador aditivo
Adding counter
Compteur additif

Contador auxiliar
Subsequence counter
Compteur auxiliaire

Contador binario
Binary counter
Compteur binaire

Contador con programa cableado
Wired program counter
Compteur à programme câblé

Contador de ciclos
Cycle counter, Cycle index counter
Compteur de cycles

Contador de control
Control counter
Compteur de contrôle

Contador de control de secuencias
Sequence control counter
Compteur de contrôle de séquences

Contador de décadas
Decade counter
Compteur à décades

Contador de direcciones de instrucción
Instruction address counter
Compteur d'adresses d'instruction

Contador de direcciones del programa
Program address counter
Compteur d'adresses du programme

Contador de errores de totales
Total error count
Compteur d'erreurs de totaux

Contador de fases
Step counter
Compteur de phases

Contador de fichas
Card counter
Compteur de cartes

Contador de impulsos
Pulse counter, Scaler
Compteur d'impulsions

Contador de instrucciones
Instruction counter, P. Counter
Compteur d'instructions

Contador de intervalos
Interval timer
Compteur d'intervalles

Contador de la instrucción en curso
Current instruction counter
Compteur de l'instruction en cours

Contador de la unidad
Unit meter
Compteur de l'unité

Contador de máquina
Computer meter
Compteur de machine

Contador de operaciones horizontales
Crossfooter
Compteur d'opérations horizontales

Contador de posiciones
Location counter
Compteur de positions

Contador de programa
Program counter
Compteur de programmes

Contador de secuencias
Sequence counter
Compteur de séquences

Contador electromecánico
Electromechanical counter
Compteur électromécanique

Contador en anillo
Ring counter
Compteur à anneau

Contador interno de los errores de la unidad
Internal device error count
Compteur interne des erreurs de l'unité

Contador progresivo
Count up counter
Compteur progressif

Contador progresivo-regresivo
Forward-backward counter
Compteur progressif-régressif

Contador regresivo
Count down counter
Compteur régressif

Contador reversible
Reversible counter
Compteur réversible

Contador totalizador
Accumulating counter, Summation counter
Compteur totalisateur

Contar
(to) Count
Compter

Contar al revés
(to) Count down, (to) Count down counter
Compter à rebours, Décompter à rebours

Contar en módulo n
(to) Count mode n
Compter en module n

Contar progresando
(to) Tally up
Compter en progressant

Contar progresivamente
(to) Count up
Compter progressivement

Contención
Contention
Contestation

Contenedor
Container
Coffret

Contenedor de cinta magnética
Magnetic tape cartridge
Cartouche de bande magnétique

Contenido
Content
Contenu

Contexto virtual
Virtual environment
Contexte virtuel

Contiguo
Contiguous
Contigu

Continuación
Continuation
Continuation

Continuar
(to) Go on, (to) Keep on
Continuer

Continuo
Endless
Continu

Contorno de un carácter
Character outline
Contour d'un caractère

Contrario
Adverse
Contraire

Contrato
Agreement
Contrat

Contrato de mantenimiento
Maintenance agreement, Maintenance contract
Contrat de maintenance

Contraverificar
(to) Countercheck, (to) Cross check
Contre-vérifier

Control
Check(ing)
Contrôle

Control al pupitre
Desk check(ing)
Contrôle au pupitre

Control aritmético
Arithmetic(al) check
Contrôle arithmétique

Control automático
Automatic control
Contrôle automatique

Control automático de la ganancia
Automatic gain control
Contrôle automatique du gain

Control automático de las conmutaciones
Automatic switching control
Contrôle automatique des commutations

Control cíclico por redundancia
C.R.C., Cyclic redundancy check, C.R.C.
Contrôle cyclique par redondance

Control contable
Accounting control
Contrôle comptable

Control de acceso
Access control
Contrôle d'accès

Control de alimentación de dos documentos
Double document test
Contrôle d'alimentation de deux documents

Control de calidad
Q.C., Quality control, Q.C.
Contrôle de qualité

Control de cinta
Reeler control, Tape control
Contrôle de bande

Control de climatización
Environmental control
Contrôle de la climatisation

Control de disco integrado
Integrated storage control
Contrôle de disque intégré

Control de formato
Format control
Contrôle de format

Control de imparidad
Odd parity check
Contrôle d'imparité

Control de impresión mediante célula fotoeléctrica
Photocell print control
Contrôle d'impression par cellule photoélectrique

Control de instrucciones
Instruction control
Contrôle des instructions

Control de las entradas / salidas
Input / output control
Contrôle des entrées / sorties

Control de las operaciones
Operation control
Contrôle des opérations

Control de las tolerancias
High low bias test
Contrôle des tolérances

Control de los ceros a la izquierda
Left zero control
Contrôle des zéros de gauche

Control de los indicativos numéricos
C.D.V.
Contrôle des indicatifs numériques

Control de los márgenes programados
Programmed marginal check
Contrôle des marges programmé

Control de mantenimiento
Maintenance control
Contrôle de maintenance

Control de mensaje
Message control
Contrôle de message

Control de paridad
Even parity check, Odd even check, Parity check
Contrôle de parité

Control de paridad / imparidad
Even / odd check
Contrôle de parité / imparité

Control de paridad longitudinal
Horizontal parity check, Longitudinal parity check
Contrôle de parité longitudinale

Control de paridad simple
Simple parity check
Contrôle de parité simple

Control de paridad transversal
Lateral parity check, Row parity check
Contrôle de parité transversale

Control de paridad vertical
Vertical parity check
Contrôle de parité verticale

Control de procedimiento
Procedure control
Contrôle de procédure

Control de proceso
Process control
Contrôle de processus

Control de producción
Production control
Contrôle de production

Control de programa
Program control
Contrôle de programme

Control de recepción
Acceptance check
Contrôle de réception

Control de secuencia
Sequence check(ing), Sequence control
Contrôle de séquence

Control de seguridad
Confidence check
Contrôle de sécurité

Control de selección
Selection check, Selection control
Contrôle de sélection

Control de sincronización
Sync check
Contrôle de synchronisation

Control de sistema
System check
Contrôle de système

Control de supervisión
Supervisory control
Contrôle de supervision

Control de terminales
Terminal control
Contrôle de terminaux

Control de visualización
Display control
Contrôle de visualisation

Control del canal de datos
Data channel control
Contrôle du canal de données

Control del desarrollo de los trabajos
Job flow control
Contrôle du déroulement des travaux

Control del medio de transmisión de datos
Data link control
Contrôle du moyen de transmission de données

Control del número de perforaciones
Hole count check
Contrôle du nombre de perforations

Control dinámico
Dynamic check
Contrôle dynamique

Control directo
Direct control
Contrôle direct

Control en cascada
Cascade control
Contrôle en cascade

Control en ciclo cerrado
Closed loop control
Contrôle en cycle fermé

Control en circuito abierto
Open loop control
Contrôle en circuit ouvert

Control en tiempo real
Real time control
Contrôle en temps réel

Control incorporado
Built-in check
Contrôle incorporé

Control indirecto
Indirect control
Contrôle indirect

Control interno
Internal audit
Contrôle interne

Control longitudinal
Longitudinal check
Contrôle longitudinal

Control longitudinal por redundancia
Longitudinal redundancy check, L.R.C., L.R.C.
Contrôle longitudinal par redondance

Control manual
Manual control
Contrôle manuel

Control matemático
Mathematical check
Contrôle mathématique

Control por medio de comparación de escobillas
Brush compare check
Contrôle par comparaison de balais

Control por reacción
Feedback control
Contrôle par réaction

Control vertical por redundancia
V.R.C.
Contrôle vertical par redondance

Controlado numéricamente
Digitally controlled
Contrôlé numériquement

Controlado por cinta
Tape-controlled
Contrôle par bande

Controlado por el usuario
User-controlled
Dépendant de l'utilisateur

Controlado por programa
Program controlled
Contrôle par programme

Controlador
Controller, Tester
Contrôleur

Controlador analógico
Analog controller
Contrôleur analogique

Controlador automático
Automatic controller
Contrôleur automatique

Controlador bicanal
Dual channel controller
Contrôleur bi-canal

Controlador con doble densidad
Dual density controller
Contrôleur à double densité

Controlador de base
Basic controller
Contrôleur de base

Controlador de cinta
Tape control unit
Contrôleur de bande

Controlador de cinta magnética
Magnetic tape controller, M.T.C., M.T.C.
Contrôleur de bande magnétique

Controlador de comunicación
Communication controller
Contrôleur de communication

Controlador de la unidad de proceso
Processor controller
Contrôleur de l'unité de traitement

Controlador de las entradas / salidas
Input / output controller, I.O.C.
Contrôleur des entrées / sorties

Controlador de las entradas/ salidas
I.O.C.
Contrôleur des entrées/sorties

Controlador de memoria de discos
Disk storage controller, D.S.C., D.S.C.
Contrôleur de mémoire à disques

Controlador de programa
Program controller
Contrôleur de programme

Controlador de secuencia
Watch dog
Contrôleur de séquence

Controlador de transmisión
Transmission controller
Contrôleur de transmission

Controlador de transmisión de datos
Data communication controller
Contrôleur de transmission de données

Controlador monocanal
Single channel controller
Contrôleur monocanal

Controlador multilínea
Multi line controller
Contrôleur multi-ligne

Controlador unilínea
Single line controller
Contrôleur uniligne

Controlar
(to) Check, (to) Control
Contrôler

Controlar de nuevo
(to) Check again
Recontrôler

Convencional
Conventional
Conventionnel

Conversación
Conversation
Conversation

Conversacional
Conversational
Conversationnel

Conversacional, dialogado
Conversational
De dialogue, dialogue

Conversión
Conversion
Conversion

Conversión a decimal
Decimalization
Conversion en décimal

Conversión aritmética
Arithmetic(al) conversion
Conversion arithmétique

Conversión binario / decimal
Binary-to decimal conversion
Conversion binaire / décimal

Conversión cinta / cinta
Tape-to tape conversion
Conversion bande / bande

Conversión cinta / fichas
Tape-to card conversion
Conversion bande / cartes

Conversión de código
Code conversion, Code translation, Transcoding
Conversion de code

Conversión de datos
Data conversion, Data interchange utility
Conversion de données

Conversión de dirección
Address conversion
Conversion d'adresse

Conversión de fichas a cinta
Card-to tape conversion
Conversion cartes / bande

Conversión de fichero
File conversion, File translation
Conversion de fichier

Conversión decimal a binario
Decimal-to binary conversion
Conversion décimal / binaire

Conversión en dígitos
Digitization
Conversion en chiffres

Conversión fichas / disco
Card-to disk conversion
Conversion cartes / disque

Conversión serie / paralelo
Staticizing
Conversion série / parallèle

Conversión simultánea
Concurrent conversion
Conversion simultanée

Convertidor
Converter
Convertisseur

Convertidor analógico-digital
Analog to-digital converter, A.D.C., Digitizer
Convertisseur analogique-numérique

Convertidor analógico-numérico
A.D.C.
Convertisseur analogique-numérique

Convertidor cinta / fichas
Tape-to card converter
Convertisseur bande / cartes

Convertidor cinta de papel a fichas
Paper tape-to card converter
Convertisseur bande de papier / cartes

Convertidor de acoplamiento mutuo de transmisión
Transmission interface converter, X.I.C., X.I.C.
Convertisseur d'interface de transmission

Convertidor de agrupamiento
Regrouping converter
Convertisseur de regroupement

Convertidor de binario a decimal
Binary-to decimal converter
Convertisseur binaire / décimal

Convertidor de cintas magnéticas
Magnetic tape converter
Convertisseur de bandes magnétiques

Convertidor de código
Code converter, Code translator
Convertisseur de code

Convertidor de serie en paralelo
Staticizer
Convertisseur de série en parallèle

Convertidor de soportes de datos
Data media converter
Convertisseur de supports de données

Convertidor de ticket
Ticket converter
Convertisseur de tickets

Convertidor digital / analógico
D.A.C., Digital-to analog converter
Convertisseur numérique analogique, Convertisseur numérique / analogique

Convertidor fichas / cinta magnética
Card-to magnetic tape converter
Convertisseur cartes / bande magnétique

Convertidor fichas/cinta
Card-to tape converter
Convertisseur cartes/bande

Convertidor impresor
Printing digitizer
Convertisseur imprimeur

Convertidor numérico/analógico
D.A.C.
Convertisseur numérique/ analogique

Convertidor paralelo / serie
Dynamicizer (Br.) Dynamiciser (Amer.), Parallel to serial converter
Convertisseur parallèle / série

Convertidor serie / paralelo
Serial-to parallel converter
Convertisseur série / parallèle

Convertir
(to) Convert
Convertir

Convertir de serie en paralelo
(to) Staticize
Convertir de série en parallèle

Convertir en decimal
(to) Decimalize
Convertir en décimal

Convertir en dígitos
(to) Digitalize, (to) Digitize
Convertir en chiffres

Copia de seguridad
Back-up
Copie de secours

Copia de trabajo
Working copy
Copie de travail

Copia impresa
Hard copy
Fac-sim

Copia legible
Hard copy
Tirage

Copia original
Top copy
Copie originale

Copiar
(to) Copy
Copier

Corchetes
Square brackets
Crochets

Correa
Belt
Courroie

Correa de alimentación
Picker belt
Courroie d'alimentation

Correa de separación
Separator belt
Courroie de séparation

Correa de transmisión
Drive belt
Courroie de transmission

Corrección
Correction, Patch
Correction

Corrección automática de los errores
Automatic error correction
Correction automatique des erreurs

Corrección de no alineación
Deskew
Correction du désalignement

Corrección fuera línea
Off line correction
Correction hors ligne

Corregir
(to) Correct, (to) Path
Corriger

Corregir de nuevo
(to) Repatch
Corriger de nouveau

Correlación
Correlation
Corrélation

Correo
Mail
Courrier

Correspondencia
Hit, Match
Correspondance

Correspondencia uno a uno
One-to-one correspondance
Correspondance un pour un

Corriente alterna
A.C., Alternating current, A.C.
Courant alternatif

Corriente continua
D.C., Direct current, D.C.
Courant continu

Corriente de borrado
Erasure current
Courant d'effacement

Corriente de cresta
Peak current
Courant de crête

Corriente eléctrica
Electric(al) current
Courant électrique

Corriente parásita
Parasitic current
Courant parasite

Cortamárgenes
Edge cutter, Edge trimmer
Coupe-marges

Cortar la corriente
(to) Cripple
Couper le courant

Cortar longitudinalmente
(to) Center slit, (to) Slit
Couper longitudinalement

Cortar progresivamente
(to) Cycle down
Couper progressivement

Corte de corriente
A.C. Dump, Power dump
Coupure de courant

Corte de corriente continua
D.C. Dump
Coupure de courant continu

Corte de esquina
Corner cut
Coupe d'angle

Corte de la corriente alterna
Alternating current dump
Coupure de courant alternatif

Corte longitudinal
Center cutting, Center slitting
Coupe longitudinale

Corto
Short
Court

Cortocircuitar
(to) By-pass, (to) Shunt-out
Court-circuiter

Cortocircuito
By-pass, Short circuit
Court-circuit

Coste
Crash cost
Coût

Coste de escasez
Shortage cost
Coût de la pénurie

Coste medio
Average cost
Coût moyen

Coste unitario
Cost per unit
Coût unitaire

Costes acumulativos
Cumulative costs
Coûts cumulatifs

Costes de ejecución
Operating costs
Coûts d'exécution

Costes de tratamiento
Handling costs
Coûts de traitement

Cotidiano
Workaday
Quoditien

Creación
Creation, Origination
Création

Creado por el usuario
User generated
Créé par l'utilisateur

Creador
Originator
Créateur

Crear
(to) Spawn
Créer

Crecer
(to) Grow
Croître

Creciente
Ascending, Incrementing
Croissant

Crecimiento
Growth
Croissance

Credibilidad
Credibility
Crédibilité

(La) Criogenia
Cryogenics
(La) Cryogénie

Criogénico
Cryogenic
Cryogénique

Cristal líquido
Liquid crystal
Cristal liquide

Criterio de decisión
Decision criterion
Critère de décision

Cronometrado de las etapas de trabajo
Job step timing
Chronométrage des étapes de travail

Croquis
Sketch
Croquis

Cuadrante
Dial
Cadran

Cuadrante rotativo
Rotary dial
Cadran rotatif

Cuadro
Board
Tableau

Cuadro de cableado
Wiring board
Tableau de câblage

Cuadro de conexiones
Connection box, Patch panel, Patchboard, Plugboard
Boîtier de connexions, Tableau de correction, Tableau de connexions

Cuadro de conexiones removibles
Removable plugboard
Tableau de connexion amovible

Cuadro de conmutaciones
Switchboard
Tableau de commutations

Cuadro de Karnaugh
Karnaugh map
Tableau de Karnaugh

Cuadro de mando
Control board
Tableau de commande

Cuantificación
Quantification , Quantization
Quantification

Cuantificador
Quantizer
Quantificateur

Cuantificar
(to) Quantize
Quantifier

Cuanto
Quantum
Quantum

Cuarta
Quad
Quarte

Cuarteto
Four-bit byte
Quartet

Cuarto
Quarter
Quart

Cuba
Vat
Cuve

Cubierta
Cap, Cover, Lid
Couvercle, Carter

Cubierta exterior
Cabinet skin
Carter extérieur

Cubo
Hub
Moyeu

Cubo portacarrete
Reel hub
Moyeu porte-bobine

Cuchilla
Cutter, Knife, Slitter
Couteau

Cuchilla de alimentación
Feed knife, Picker knife
Couteau d'alimentation

Cuchilla de alimentación de fichas
Card feed knife
Couteau d'alimentation de cartes

Cuchilla para corte longitudinal
Center slitter
Couteau pour coupe longitudinale

Cuenta
Account, Count
Compte

Cuenta al revés
Count down
Compte à rebours

Cuenta corriente
Current account
Compte courant

Cuenta-fichas auxiliar
Auxiliary card counter
Compte-cartes auxiliaire

Cuenta nueva
New account
Nouveau compte

Cuentas a cobrar
Accounts receivable
Sommes à percevoir

Cuentas a pagar
Accounts payable
Sommes à payer

Cuestión / respuesta
Q.A.
Question / réponse

Cuestionable
Questionable
Contestable

Cumplir
(to) Fulfill
Accomplir

Cumulativamente
Cumulatively
Cumulativement

Cuota de tiempo
Time slice, Time slot
Tranche de temps

Curso a tiempo pleno
Residential course
Cours à temps
    complet

Curso acelerado
Crash course
Cours accéléré

Curso de informática
Computer course
Cours d'informatique

Curso de perfeccionamiento
Refresher course
Cours de perfectionnement

Cursor
Cursor, Entry marker, Slide
    contact, Slider, Wiper
Curseur

Curva
Curve
Courbe

Curva de crecimiento
Growth path
Courbe de croissance

Curva de magnetización
B.H. Curve
Courbe de magnétisation

Curvatura de la cinta
Cupping of tape
Courbure de la bande

CH

Chasis
Frame
Châssis

D

Dador
Donor
Donneur

Dar
(to) Give
Donner

Dar apoyo
(to) Support
Prendre en charge

Dar vueltas
(to) Wrap around
Boucler

Dato
Data, Datum, Item
Donnée

Dato alfabético
Alphabetic(al) item
Donnée alphabétique

Dato alfanumérico
Alphanumeric(al) item
Donnée alphanumérique

Dato binario
Binary item
Donnée binaire

Dato clave
Key data
Donnée clé

Dato compuesto
Group item
Donnée composée

Dato de base
Base item
Donnée de base

Dato decimal externo
External decimal item
Donnée décimale externe

Dato decimal interno
Internal decimal item
Donnée décimale interne

Dato en coma flotante externa
External floating point item
Donnée en virgule flottante
  externe

Dato en coma flotante interna
Internal floating point item
Donnée en virgule flottante interne

Datos
Data, Item
Données

Datos absolutos
Absolute data
Données absolues

Datos alfabéticos
Alphabetic(al) data
Données alphabétiques

Datos alfanuméricos
Alphanumeric(al) data
Données alphanumériques

Datos almacenados por ordenador
Computer stored data
Données mémorisées par
  ordinateur

Datos analógicos
Analog data
Données analogiques

Datos aritmético-codificados
Coded arithmetic data
Données arithmétiques codées

Datos aritméticos
Arithmetic(al) data
Données arithmétiques

Datos auxiliares
Auxiliary data
Données auxiliaires

Datos constantes
Constant data, Data master, Fixed
  data
Données constantes

Datos de base
Master data
Données de base

Datos de control
Control data
Données de contrôle

Datos de control de nivel inferior
Minor control data
Données de contrôle de niveau
  inférieur

Datos de control de nivel intermedio
Intermediate control data
Données de contrôle d'ordre
  intermédiaire

Datos de control de nivel superior
Major control data
Données de contrôle de premier
  niveau

Datos de ensayo
Sample data, Test data
Données d'essai

Datos de entrada
Entry data, Imput data, Incoming
  data
Données d'entrée, Données en
  entrée

Datos de gestión
Business data
Données de gestion

Datos de movimiento
Transaction data
Données de mouvement

Datos del tipo localizador
Locator data
Données du type localisateur

Datos del tipo suceso
Event data
Données du type événement

Datos discretos
Discrete data
Données discrètes

Datos elementales
Elementary items
Données élémentaires

Datos emisores
Sending data
Données émettrices

Datos en coma fija
Fixed point data, Fixed point items
Données en virgule fixe

Datos en coma flotante
Floating point data, Floating point
  items
Données en virgule flottante

Datos en curso de proceso
Working data
Données en cours de traitement

Datos en modo binario
Binary picture data
Données en mode binaire

Datos en modo transparente
Transparent data
Données en mode transparent

Datos en salida
Output data
Données en sortie

Datos estáticos
Permanent data, Static data
Données permanentes

Datos ficticios
Pseudo data
Données fictives

Datos fuente
Source data
Données de source

Datos mecanográficos
Computerized data
Données mécanographiques

Datos no procesados
Raw data
Données non traitées

Datos numéricos
Digital data, Numeric(al) data
Données numériques

Datos o artículos
Data item
Données

Datos organizados en campos
Field oriented data
Données organisées en zones

Datos permanentes
Permanent data, Static data
Données permanentes

Datos procesables por máquina
Machine readable data
Données exploitables par machine

Datos receptores
Receiving data
Données réceptrices

Datos referencia
Marked data
Données repères

**Datos sin significación,
    desperdicio**
Garbage
Données sans signification

Datos texto
Textual data
Données texte

Datos transitorios
Transient data
Données transitoires

Datos tratados
Manipulated data
Données traitées

Datos variables
Variable data
Données variables

Datos virtuales
Virtual data
Données virtuelles

De base
Basic
De base

De carácter repetitivo
Repetitiveness
A caractère répétitif

De gestión
Managerial
De gestion

De manera algorítmica
Algorithmically
De façon algorithmique

De manera asíncrona
Asynchronously
De façon asynchrone

De manera repetitiva
Repetitively
De façon répétitive

De peso menor
Rightmost
De poids mineur

De reserva
Back up, Standby
De réserve

De reserva, de emergencia
Back-up
De secours

De través
Askew
De travers

Débil
Low, Weak
Faible

Debilitar
(to) Weaken
Affaiblir

Década
Decade
Décade

Deceleración
Deceleration
Décélération

Decibelio
Decibel
Décibel

Decimal
Decimal
Décimal

Decimal codificado
Coded decimal
Décimal codé

Decimal codificado en binario
B.C.D., Binary coded decimal,
    B.C.D.
Décimal codé en binaire

Decimal condensado
Packed decimal
Décimal condensé

Decimal dividido en zonas
Zoned decimal
Décimal divisé en zones

Decimal empaquetado
Packed decimal
Décimal condensé

Decisión
Decision
Décision

Decisión lógica
Logical decision
Décision logique

Declaración
Declaration
Déclaration

Declaración contextual
Contextual declaration
Déclaration contextuelle

Declaración de la carga
Load sheet
Manifeste de chargement

Declarar
(to) Declare
Déclarer

Decodificación
Decoding
Décodage

Decodificación de la instrucción
Instruction decoding
Décodage de l'instruction

Decodificador
Decoder
Décodeur

Decodificador de dirección
Address decoder
Décodeur d'adresse

Decodificador de operación
Operation decoder
Décodeur d'opération

Decodificar
(to) Decode
Décoder

Decreciente
Descending
Décroissant

Decremento logarítmico
Logarithmic decrement
Décrément logarithmique

Deducción
Deduction
Déduction

Deducir
(to) Deduct
Déduire (soustraire)

Deducir - (Concluir)
(to) Infer
Déduire - (Conclure)

Defecto
Bug, Flaw
Défaut

Defecto de alimentación
Feed failure, Misfeed(ing)
Défaut d'alimentation

Defecto de alineación
Misalignment
Défaut d'alignement

Defecto de registro
Drop-out
Défaut d'enregistrement

Defecto permanente
Permanent fault
Défaut permanent

Defectuoso
Faulty
Défectueux

Definición
Definition
Définition

Definición de campo
Field definition
Délimitation de zone

Definición de datos
Data definition, D.D., D.D.
Définition de données

Definición de los sistemas
Systems definition
Définition des systèmes

Definición de macroinstrucción
Macro definition
Définition de macro-instruction

Definición de problema
Problem definition
Définition de problème

Definición de programa
Program definition
Définition de programme

Definición por correspondencia
Correspondance defining
Définition par correspondance

Definir
(to) Define
Définir

Deformación
Garbling, Glitching
Déformation

Deformado
Garbled
Déformé

Deformar
(to) Garb
Déformer

Degradación
Degradation
Dégradation

Degradación progresiva, degradación relativa
Graceful degradation
Dégradation relative

Degradar
(to) Degrade, (to) Massage
Réduire

Delimitación
Demarcation, Framing
Délimitation

Delimitación de grupo
Group mark
Délimitation de groupe

Delimitador
Delimiter
Délimiteur

Delimitador inferior
Low delimiter
Délimiteur inférieur

Delimitador superior
High delimiter
Délimiteur supérieur

Delimitar
(to) Delimit, (to) Demarcate, (to) Frame
Délimiter

Demodificador
Demodifier
Démodificateur

Demodulación
Demodulation
Démodulation

Demodulación analógica
Analog demodulation
Démodulation analogique

Demodulador
Demodulator
Démodulateur

Demodulador telegráfico
Telegraph demodulator
Démodulateur télégraphique

Demodular
(to) Demodulate
Démoduler

Demora de rotación
Rotational delay
Temps de rotation

Demostrador
Demonstrator
Démonstrateur

Denominación interna
Internal name
Dénomination interne

Denominador
Denominator
Dénominateur

Denominador común
Common denominator
Dénominateur commun

Densidad
Compactness, Density
Densité

Densidad binaria
Bit density
Densité binaire

Densidad de almacenamiento
Storage density
Densité de mémoire

Densidad de compacidad
Packing density
Densité de compacité

Densidad de condensación
Packaging density
Densité de condensation

Densidad de grabación
Recording density
Densité d'enregistrement

Densidad de grabación de datos
Data density
Densité d'enregistrement de
données

**Densidad de grabación de la
información**
Information packing density
Densité d'enregistrement de
l'information

Densidad de grabación en bits
Bit packing density
Densité d'enregistrement en bits

Densidad de grabación sobre cinta
Tape density
Densité d'enregistrement sur
bande

Densidad de las marcas
Mark density
Densité des marques

Densidad en caracteres
Character density
Densité en caractères

Departamento de archivo
Filing department
Service des archives

Departamento de contabilidad
Accounting department
Service comptabilité

**Departamento de control de la
producción**
Production control department
Service de contrôle de la
production

Departamento de perforación
Keypunch department
Service de perforation

**Departamento de proceso de los
datos**
Data processing department
Service de traitement des données

Departamento de programación
Programming department
Service de programmation

**Departamento de transcripción de
los datos**
Data transcription department
Service de transfert des données

Departamento destinatario
Terminating department
Service destinataire

Departamento emisor
Originating department
Service émetteur

Departamento informática
Computer department, Information
department
Service informatique

Departamento mecanográfico
Machine accounting department,
Punch(ed) card department,
Tabulating department
Service mécanographique

Dependiente de la configuración
Configuration dependent
Dépendant de la configuration

Dependiente de la instalación
Installation dependent
Dépendant de l'installation

Dependiente de un dispositivo
Device dependent
Dépendant d'un dispositif

Dependiente del tiempo
Time dependent
Asservi au temps

Depositar mercancías en garantía
(to) Warrant
Warranter

Depósito
Tank
Réservoir

Depósito de alimentación de papel
Input paper bin
Alimentation des entrées sur
support papier

Depósito de cinta
Tape reservoir
Contenant de bande

Depósito de entrega
Delivery Hopper
Magasin de livraison

Depósito de mercurio
Mercury tank
Réservoir à mercure

Depósito de vacío
Vacuum pocket
Puits à dépression

Depósito para confetis
Chad box, Tray chip
Bac à confettis

Depósito secundario
Secondary hopper
Magasin secondaire

**Depósitos del almacén de
alimentación**
Hopper posts
Plateaux du magasin
d'alimentation

Depreciación lineal
Straight line depreciation
Dépréciation constante

Depresión
Depression
Abaissement

Depuración del programa
Program checkout
Mise au point du programme

Depuración en mesa
Table top debugging
Mise au point de l'organigramme

Depuración simbólica
Symbolic debugging
Mise au point symbolique

Deriva
Drift
Dérive

Derivación
Branching, Shunt
Dérivation

Derivación múltiple
Multidrop
Dérivation multiple

Derivado de, Obtenido a partir de
Derived from
Obtenu à partir de

Desactivar
(to) Disable
Mettre hors service

Desajustar
(to) Detune
Réduire les possibilités d'un
appareil

Desalineación del impreso
Form skew
Désalignement de l'imprimé

Desalineado
Out of alignment
Désaligné

Desalineamiento
Gap scatter, Misalignment
Désalignement

Desalineamiento vertical
Vertical misalignment
Désalignement vertical

Desarrollador de filme magnético
M.F.H.
Dérouleur de film magnétique

Desarrollar
(to) Develop, (to) Unreel, (to)
Unwind
Développer, Dérouler, Débobiner

Desarrollar paso a paso
(to) Single step
Dérouler pas à pas

Desarrollo
Course, Development, Progress
Déroulement, Développement

Desarrollo de cinta numérica
Digital tape transport
Dérouleur de bande numérique

Desarrollo de la cinta
Tape movement
Défilement de la bande

**Desarrollo de los trabajos en
paralelo**
Parallel work-flow
Déroulement des travaux en
parallèle

Desarrollo del programa
Program flow
Déroulement du programme

**Desarrollo en serie (de los
trabajos)**
Serial flow
Déroulement en série (des
travaux)

Desarrollo medio
Tape deck, Unwinder
Dérouleur

Desbloquear
(to) Deblock, (to) Latch trip, (to)
Unblock, (to) Unlatch, (to)
Unpack
Débloquer, Dégrouper

Desbloqueo
Deblocking, Unblocking,
Unpacking
Déblocage, Dégroupage

Desbordamiento
Overdraw, Overkill, Overshoot
Dépassement, Débordement

**Desbordamiento aritmético
inferior**
Arithmetic(al) underflow
Dépassement arithmétique négatif

**Desbordamiento aritmético
superior**
Arithmetic(al) overflow
Dépassement arithmétique positif

Desbordamiento de capacidad
Overflow, Overrun
Dépassement de capacité

**Desbordamiento de capacidad de
almacenamiento**
Memory overflow
Dépassement de capacité de la
mémoire

Desbordamiento de grabación
Record overflow
Dépassement d'enregistrement

Desbordamiento del tiempo
Overtime
Dépassement du temps

**Desbordamiento en capacidad
decimal**
Decimal overflow
Dépassement en capacité décimale

Desbordamiento inferior
Underflow
Dépassement négatif en capacité

**Desbordamiento negativo de la
característica**
Characteristic underflow
Dépassement négatif de la
caractéristique

**Desbordamiento superior de la
característica**
Characteristic overflow
Dépassement positif de la
caractéristique

Desbordar
(to) Exceed, (to) Overdraw, (to)
Overshoot
Dépasser, Déborder

Desbordar en capacidad
(to) Overflow
Dépasser en capacité

Descarga
Unload(ing)
Déchargement

Descargar
(to) Unload
Décharger

Descargar una página
(to) Page out
Evacuer une page

Descentrado
Off center
Excentré

Descifrado
Decipherment
Déchiffrage

Descifrar
(to) Decipher
Déchiffrer

Desclasificado
Misplaced, Out of order
Déclassé

Descomponer
(to) Break-up into, (to) Dissect, (to)
 Explode
Décomposer

Descomposición
Explosion
Décomposition

Descomposición acumulativa
Summarized explosion
Décomposition cumulative

Descomposición con un nivel
Single level explosion
Décomposition à un niveau

Descomposición del tiempo
Timing
Décomposition du temps

Desconectado
Out of contact
Déconnecté

Desconectar
(to) Branch off, (to) De-activate,
 (to) Declutch, (to) Disconnect,
 (to) Inactive, (to) Switch off, (to)
 Unplug
Déconnecter, Mettre hors circuit

Desconexión
Declutching, Disconnect
Déconnexion

Descripción de datos
Data description
Description de données

Descripción de formato
Format description
Description de tracé

Descripción de los sistemas
Architecture, Systems description
Description des systèmes

Descripción de problema
Problem description
Description de problème

Descripción de programa
Program description
Description de programme

**Descripción (impresa) del
 programa**
Program write up
Description du programme

Descriptor
Describer, Descriptor, Uniterm
Descripteur

Descubierto (bancario)
Overdraft
Découvert

Descubrir
(to) Uncover
Découvrir

Descuento
Discount
Rabais

Desde el plano de la informática
Informationally
Sur le plan de l'informatique

Desechar
(to) Junk, (to) Scrap
Mettre au rebut

Desembrague
Clutch disengaging
Débrayage

Desenchufado
Off-line, Unplugged
Non connecté

Desenlazar
(to) Branch off, (to) Declutch
Déconnecter

Desexcitación
Deenergization
Désexcitation

Desexcitar
(to) Deenergize
Désexciter

Desfilar delante
(to) Traverse
Défiler devant

**Desfilar delante de la cabeza de
 lectura**
(to) Traverse the head
Défiler devant la tête de lecture

Desfile
Scrolling
Défilement

Desglosar
(to) Break-up into, (to) Dissect, (to)
 Explode
Décomposer

Deshilachado de la cinta
Ribbon lint
Effilochure du ruban

Deshumidificador
Dehumidifier
Déshumidificateur

**Designación del espectro de
 frecuencias**
Frequency spectrum designation
Désignation du spectre de
 fréquences

Desigual
Compare unequal
Inégalité

Desigualdad
Unequal comparison
Inégalité

Desincronizado
Out of step
Désynchronisé

Desincronizarse
(to) Drop from synchronism
Se désynchroniser

Deslizamiento
Glide, Slide
Glissement

Deslizamiento libre
Free float
Glissement libre

Desmagnetización
Demagnetization
Démagnétisation

Desmagnetizador
Bulk eraser
Démagnétiseur

Desmagnetizar
(to) Demagnetize
Démagnétiser

Desmontaje
Disassembly, Takedown
Démontage

Desmontar
(to) Disassemble, (to) Dismount,
 (to) Unmount
Démonter

Desmultiplexión
Demultiplexing
Démultiplexage

Desordenado
Mistaken
Mal rangé

Desperdicio
Scrap
Déchet

Desplazamiento
Displacement, Motion, Offset,
   Shift, Travel
Déplacement, Décalage, Décalé

Desplazamiento a la derecha
Right shift
Décalage à droite

Desplazamiento a la izquierda
Left shift
Décalage à gauche

Desplazamiento alfabético
Alphabetic(al) shift
Décalage alphabétique

Desplazamiento aritmético
Arithmetic(al) shift
Décalage arithmétique

Desplazamiento binario
Binary shift
Décalage binaire

Desplazamiento cíclico
Cyclic shift
Décalage cyclique

Desplazamiento circular
Circular shift, Cycle shift, End
   around shift, Ring shift
Décalage circulaire

Desplazamiento de frecuencia
Frequency shift
Déplacement de fréquence

Desplazamiento lateral
Lateral displacement
Déplacement latéral

Desplazamiento lógico
Logic(al) shift
Décalage logique

Desplazamiento no aritmético
Non arithmetic shift
Décalage non arithmétique

Desplazamientos numéricos
Numerical shifts
Décalages numériques

Desplazar
(to) Offset, (to) Remove, (to) Shift,
   (to) Travel
Décaler, Déplacer

Desplazar circularmente
(to) Cycle shift
Décaler circulairement

**Desprovisto de memoria
   intermedia**
Unbuffered
Dépourvu de mémoire
   intermédiaire

Después de la escritura
Postwrite
Après écriture

Destacar
(to) Emphasize
Accentuer

Destinatario
Addressee
Destinataire

Destruir
(to) Unsave
Détruire

Desunido
Asyndetic
Asyndétique

Desviado
Skew
Biais

Desviador de interrupción
Interrupt trap
Déviateur d'interruption

Desviar
(to) Deflect, (to) Skew, (to) Trap
Dévier, Mettre en biais, Dérouter

Desvío
Bias, Deviation, Discrepancy,
   Trap(ing)
Déviation, Ecart, Déroutement

Desvío de frecuencia
Frequency deviation
Déviation de fréquence

Desvío medio
Average deviation
Ecart moyen

Desvío periódico de frecuencia
Frequency swing
Déviation de fréquence

Detallar
(to) Itemize
Détailler

Detalle
Itemization
Détail

Detección
Detection, Sensing
Détection

**Detección automática de los
   errores**
Automatic error detection
Détection automatique des erreurs

Detección de avería
Fault finding
Détection de panne

Detección de errores
Error detection
Détection d'erreurs

Detección de posición angular
Rotational position sensing, R.P.S.,
   R.P.S.
Détection de position angulaire

Detección lineal
Linear detection
Détection linéaire

Detección magnética
Magneting sensing
Détection magnétique

Detección parabólica
Square-law detection
Détection parabolique

Detectable por máquina
Machine sensible
Détectable par machine

Detectar
(to) Detect, (to) Sense
Détecter

Detector
Detector, Finder, Sensing device,
   Sensor
Détecteur

Detector de columnas vírgenes
Blank column detector
Détecteur de colonnes vierges

Detector de fin de cinta
End of tape sensor, Out of tape
   sensor
Détecteur de fin de bande

Detector de modulación de amplitud
Amplitude modulation detector
Détecteur de modulation d'amplitude

Detector de nivel de la cinta
Tape level sensor
Détecteur de niveau de la bande

Detector de principio de cinta
Beginning of tape sensor
Détecteur de début de bande

Detector de proximidad del fin del papel
Paper low sensor
Détecteur de fin de papier

Detector de ruptura de cinta
Tape break sensor
Détecteur de rupture de bande

Detector fotoeléctrico
Photosensor
Détecteur photoélectrique

Detener
(to) Walk down
Ralentir

Deteriorado
Mutilated
Détérioré

Deteriorar
(to) Mutilate
Détériorer

Deterioro
Mutilation
Détérioration

Determinación de modo
Set mode
Détermination de mode

Determinar
(to) Determinate
Déterminer

Devolución a un punto de control
Checkpoint recovery
Renvoi à un point de contrôle

Día de lanzamiento
Start-up day
Jour de démarrage

Día de lectura del contador
Meter reading day
Jour de relevé de compteur

Diafonía
Cross talk
Diaphonie

Diagnosis
Diagnosis
Diagnose

(La) Diagnóstica
Diagnostics
(La) Diagnostique

Diagnosticar
(to) Diagnose
Diagnostiquer

Diagnóstico
Diagnostic, Test mode
Diagnostic

Diagnóstico de errores
Error diagnostic
Diagnostic d'erreurs

Diagnósticos del compilador
Compiler diagnostics
Diagnostics du compilateur

Diagrama
Diagram
Diagramme

Diagrama de barras
Bar chart, Gantt chart
Diagramme de Gantt

Diagrama de bloques
Major block diagram
Schéma fonctionnel principal

Diagrama de ejecución
Run chart, Run diagram
Organigramme des phases

Diagrama de Gantt
Bar chart, Gantt chart
Diagramme de Gantt

Diagrama de nivel
Level diagram
Hypsogramme

Diagrama de Veith
Veith chart, Veith diagram
Diagramme de Veith

Diagrama de Venn
Venn diagram
Diagramme de Venn

Diagrama energético
Energy level diagram
Diagramme énergétique

Diagrama funcional
Action chart
Diagramme fonctionnel

Diagrama recapitulativo
Summary chart
Tableau récapitulatif

Dialogado
Conversational
Dialogué

Dialogar
(to) Converse
Dialoguer

Dialogar con
(to) Interact with
Dialoguer avec

Diálogo
Conversation, Dialogue
Dialogue

Diálogo hombre-máquina
Man-machine communications
Dialogue homme-machine

Diámetro de la bobina
Reel size
Diamètre de bobine

Diario
Log
Journal

Diario de las transmisiones
Transmission log
Journal des transmissions

Diario de mantenimiento
Maintenance log
Journal de maintenance

Diario de máquina de escribir
Typewriter log
Journal de machine à écrire

Diario de máquina de escribir de pupitre
Console typewriter log
Journal de machine à écrire de pupitre

Diario del sistema
SYSLOG, System log
Journal du système

Diario general
General ledger, General register
Registre général

Diario máquina
Computer log, Console operating log, Machine log
Journal machine

Días laborables
Shop days
Jours ouvrables

Dibujar
(to) Chart, (to) Map
Tracer un diagramme, Projeter

Dibujo
Drawing
Dessin

Dibujo
Plotting, Tracing
Traçage

Diccionario
Dictionary
Dictionnaire

Diccionario automático
Automatic dictionary
Dictionnaire automatique

Diccionario de control del montador de enlaces
Linkage editor control dictionary
Dictionnaire de contrôle de l'éditeur de liens

Diccionario de las traslaciones
Relocation dictionary, R.L.D., R.L.D.
Dictionnaire des translations

Diccionario de los códigos
Dictionary code
Dictionnaire des codes

Diccionario de los códigos inversos
Reverse code dictionary
Dictionnaire des codes inverses

Diccionario de los datos
Data dictionary
Dictionnaire des données

Diccionario de los símbolos externos
E.S.D., External symbol dictionary, E.S.D.
Dictionnaire des symboles externes

Dicotomía
Dichotomy
Dichotomie

Dictáfono
Dictating machine
Dictaphone

Diferencia
Difference, Discrepancy
Différence

Diferencia lógica
Logical difference
Différence logique

Diferencia simétrica
Symmetric difference
Différence symétrique

Diferenciador
Differentiator
Différentiateur

Diferente de cero
Non zero
Différent de zéro

Diferir
(to) Defer
Différer

Difundir
(to) Broadcast, (to) Disperse, (to) Scatter
Diffuser

Difusión
Broadcast, Dispersal, Dispersion
Diffusion

Difusión de datos
Data dispersal, Data dissemination
Diffusion de données

Dígito
Cipher, Digit, Figure
Chiffre

Dígito binario
Binary digit, B.I.T.
Chiffre binaire

Dígito codificado en binario
Binary coded decimal digit, Binary coded digit
Chiffre décimal codé en binaire, Chiffre codé en binaire

Dígito codificado en decimal
Decimal coded digit
Chiffre codé en décimal

Dígito de control
Check digit
Chiffre de contrôle

Dígito de control contable
Accounting check digit
Chiffre de contrôle comptable

Dígito de control por totalización
Sum check digit
Chiffre de contrôle par totalisation

Dígito de orden más elevado
High order digit
Chiffre d'ordre le plus élevé

Dígito de resonancia
Noisy digit
Chiffre de résonance

Dígito de signo
Sign digit
Chiffre de signe

Dígito de zona
Zone digit
Chiffre de zone

Dígito decimal
Decimal digit, Decimal numeral
Chiffre décimal

Dígito decimal codificado
Coded decimal digit
Chiffre décimal codé

Dígito hexadecimal
Hexadecimal digit
Chiffre hexadécimal

Dígito más significativo
Most significant digit, M.S.D., M.S.D.
Chiffre le plus significatif, Chiffre le plus significatif

Dígito N áreas
N Ary digit
Chiffre N aires

Dígito prohibido
Forbidden digit
Chiffre interdit

Dígitos
Numerics
Chiffres

Dígitos binarios equivalentes
Equivalent binary digits
Chiffres binaires équivalents

Dígitos de separación
Gap digits
Chiffres de séparation

Dígitos significativos
Significant digits
Chiffres significatifs

Dimensión ajustable
Adjustable extent
Dimension ajustable

Dimensiones después de corte
Trimmed size
Dimensions après massicotage

Dinámico
Dynamic
Dynamique

Diodo
Diode
Diode

Diodo electroluminiscente
L.E.D., Light emitting diode, L.E.D.
Diode électroluminiscente

Dirección
Address
Adresse

Dirección absoluta
Absolute address
Adresse absolue

Dirección aritmética
Arithmetic(al) address
Adresse arithmétique

Dirección calculada
Calculated address
Adresse calculée

Dirección codificada en binario
Binary coded address
Adresse codée en binaire

Dirección compuesta
Address syllable
Adresse composée

Dirección con dos niveles
Two level address
Adresse à deux niveaux

Dirección con tres niveles
Three level address
Adresse à trois niveaux

Dirección con un nivel
Single level address
Adresse à un niveaux

Dirección constante
Address constant
Adresse constante

Dirección de base
Base address
Adresse de base

Dirección de bifurcación
Branch address
Adresse de branchement

Dirección de búsqueda
Seek address
Adresse de recherche

Dirección de encadenamiento
Link address
Adresse de chaînage

Dirección de ensayo
Tentative address
Adresse d'essai

Dirección de introducción
Entry address
Adresse d'introduction

Dirección de la instrucción
Instruction address
Adresse de l'instruction

Dirección de memoria real
Real storage address
Adresse de mémoire réelle

Dirección de memoria virtual
Virtual storage address
Adresse de mémoire virtuelle

Dirección de nivel cero
Zero level address
Adresse de niveau zéro

Dirección de origen
From address, Original address
Adresse émettrice, Adresse
    d'origine

Dirección de primer nivel
First level address
Adresse de premier niveau

Dirección de reanudación
Restart address
Adresse de reprise

Dirección de referencia
Reference address
Adresse de référence

Dirección de región
Regional address
Adresse de région

Dirección de registro
Record address
Adresse d'enregistrement

Dirección de retorno
Return address
Adresse de renvoi

Dirección de segundo nivel
Second level address
Adresse de deuxième niveau

Dirección de transferencia
Transfer address
Adresse de transfert

Dirección del comando
Command address
Adresse de la directive

Dirección detectable por máquina
Machine sensible address
Adresse détectable par machine

Dirección directa
Direct address
Adresse directe

Dirección efectiva
E.A., Effective Address, E.A.
Adresse effective

Dirección emisora
From address
Adresse émettrice

Dirección en relación a cero
Zero relative address
Adresse par rapport à zéro

Dirección específica
Specific address
Adresse spécifique

Dirección explícita
Explicit address
Adresse explicite

Dirección externa de página
External page address
Adresse externe de page

Dirección física
Hardware address
Adresse automatique

Dirección generada
Generated address
Adresse générée

Dirección indexada
Indexed address
Adresse indexée

Dirección indirecta
Indirect address
Adresse indirecte

Dirección inmediata
Immediate address
Adresse immédiate

Dirección inválida
Invalid address
Adresse invalide

Dirección máquina
Machine address
Adresse machine

Dirección múltiple
Multiple address
Adresse multiple

Dirección pista
Home address
Adresse piste

Dirección real
Actual address
Adresse réelle

Dirección red
Network address
Adresse réseau

Dirección relativa
Floating address, Relative address
Adresse relative

Dirección reposicionable
Relocatable address
Adresse translatable

Dirección simbólica
Symbolic address
Adresse symbolique

Dirección sintética
Synthetic address
Adresse synthétique

Dirección supuesta
Presumptive address
Adresse supposée

Dirección una más una
One plus one address
Adresse une plus une

Dirección usual (actual)
Current address
Adresse usuelle

Dirección variable
Variable address
Adresse variable

Dirección virtual
Virtual address
Adresse virtuelle

Direccionable
Addressable
Adressable

Direccionado
Addressed
Adressé

Direccionamiento
Addressing
Adressage

Direccionamiento absoluto
Absolute addressing
Adressage absolu, Adressage réel

Direccionamiento calculado
Hash coding
Adressage calculé

Direccionamiento con dos niveles
Two level addressing
Adressage à deux niveaux

**Direccionamiento con progresión
automática adelantada**
Implied addressing
Adressage à progression
automatique avancée

**Direccionamiento con progresión
automática**
One ahead addressing
Adressage à progression
automatique

**Direccionamiento con progresión
automática adelantada**
Stepped addressing
Adressage à progression
automatique avancée

Direccionamiento con tres niveles
Three level addressing
Adressage à trois niveaux

Direccionamiento de grupo
Group addressing
Adressage de groupe

Direccionamiento de nivel cero
Zero level addressing
Adressage de niveau zéro

**Direccionamiento de segundo
nivel**
Second level addressing
Adressage de deuxième niveau

Direccionamiento diferido
Deferred addressing
Adressage différé

Direccionamiento directo
Direct addressing
Adressage direct

Direccionamiento específico
Specific addressing
Adressage spécifique

Direccionamiento general
Broadcast addressing
Adressage général

Direccionamiento indirecto
Indirect addressing
Adressage indirect

Direccionamiento inmediato
Immediate addressing
Adressage immédiat

Direccionamiento multinivel
Multi level addressing
Adressage multi-niveau

Direccionamiento relativo
Relative addressing
Adressage relatif

Direccionamiento repetitivo
Repetitive addressing
Adressage répétitif

Direccionamiento simbólico
Symbolic addressing
Adressage symbolique

Direccionamiento sintético
Synthetic addressing
Adressage synthétique

Direccionamiento virtual
Virtual addressing
Adressage virtuel

Direccionar
(to) Address, To address
Adresser, Adresse de destination

Directiva
Command
Directive

Directiva del operador
Operator command
Directive de l'opérateur

Directo
On line
Connecté

Directorio
Directory, Repertoire, Repertory
Répertoire

Directorio del sistema
System directory
Répertoire du système

Directorio por defecto
Default directory
Répertoire par dèfaut

Dirigido por ordenador
Computer backed, Computer based, Computer directed, Computer driven, Computer managed
Géré par ordinateur, Dirigé par ordinateur

Dirigido por sistema
System maintained
Géré par système

Dirigir
(to) Address
Adresser

Disco analizador
Scanner disk
Disque analyseur

Disco biblioteca
Library disk
Disque bibliothèque

Disco codificador
Code disk, Code wheel
Disque codeur

Disco de datos
Data disk
Disque de données

Disco de embrague
Clutch disk
Disque d'embrayage

Disco de evacuación
Switch disk
Disque d'évacuation

Disco de sincronización
Clock disk, Timing disk
Disque de synchronisation

Disco de trabajo
Scratch disk, Work disk
Disque de travail

Disco del sistema
System disk
Disque système

Disco fijo
Fixed disk
Disque fixe

Disco flexible
Diskette, Diskette flexible or floppy disk, Flexible or floppy disk, Floppy disk, Minnow disk
Disque souple, Disquette

Disco inferior
Lower disk
Disque inférieur

Disco magnético
Magnetic disk
Disque magnétique

Disco óptico
Optical disk
Disque optique

Disco principal
Master disk
Disque principal

Disco residente
Resident disk
Disque résidant

Disco superior
Upper disk
Disque supérieur

Discontinuidad del entintado
Breakthrough
Discontinuité d'encrage

Discontinuo
Chopped
Discontinu

Discos con cabeza fija
Fixed head disks
Disques à tête fixe

Discoteca
Library of disk packs
Discothèque

Discretamente
Discretely
Discrètement

Diseño automatizado
Computer aided design
Dessin automatisé

Diseño de carácter
Character design
Dessin de caractère

Diseño de una ficha
Card design
Dessin d'une carte

Diseño del documento
Document design
Tracé de document

Diseño del fichero
File design
Définition du fichier

Diseño del registro de un fichero
File record design
Définition de l'enregistrement d'un fichier

Diseño o codificación de un subprograma
Subroutining
Mise sous forme de sous-programme

Diseño y análisis
Design and analysis
Etude et analyse

Disipador térmico
Heat sink
Dissipateur thermique

Disminución
Decrease, Decrement
Diminution

Disminución exponencial
Exponential decline
Diminution exponentielle

Disminución lineal
Declining balance
Diminution rectiligne

Disminución rectilínea
Straight line decline
Diminution rectiligne

Disminuir
(to) Decrement, (to) Detract from
Diminuer

Disminuir en una unidad
(to) Decrement by one
Diminuer d'une unité

Disparar
(to) Trigger
Déclencher

Dispersión
Stray
Dispersion

Dispersión / agrupamiento
Scatter / gather
Diffusion / regroupement

Disponer
(to) Arrange, (to) Layout
Disposer

Disponibilidad
Availability
Disponibilité

Disponibilidad de las existencias
Inventory availability
Disponibilité des stocks

Disponibilidad intrínseca
Intrinsic availability
Disponibilité intrinsèque

Disponible
Available, Free, Vacant
Disponible

Disponible en almacén
Off the shelf
Disponible en stock

Disposición
Arrangement, Layout
Disposition

Disposición de almacenamiento
Storage disposition
Disposition de la mémoire

Disposición física (Modelo) del circuito
Land pattern
Modèle de circuit

Disposición o diseño de la ficha
Card layout
Tracé de carte

Disposición o diseño del fichero
File layout
Tracé de fichier

Disposición o diseño del registro
Record layout
Tracé d'enregistrement

Dispositivo
Device, Feature
Dispositif

Dispositivo accionador
Drive, Magnetic disk drive
Dispositif d'entraînement,
   Dispositif d'entraînement de
   disque magnétique

Dispositivo accionador de los documentos
Document tractor
Dispositif d'entrainement des
   documents

Dispositivo analógico
Analog device
Dispositif analogique

Dispositivo asíncrono
Asynchronous device
Dispositif asynchrone

Dispositivo automático
Hardware device
Dispositif automatique

Dispositivo automático de llamada
Automatic dialling unit, A.D.U.
Dispositif automatique de
   sélection

Dispositivo automático de marcado de números
Automatic dialling unit, A.D.U.
Dispositif automatique de
   sélection

Dispositivo automático de selección
A.D.U.
Dispositif automatique de
   sélection

Dispositivo con acceso directo
Direct access device
Dispositif à accès direct

Dispositivo con discos
Disk device
Dispositif à disques

Dispositivo con doble alimentación
Dual feed device
Dispositif à double entrainement

Dispositivo con doble carro
Dual carriage feature
Dispositif à double chariot

Dispositivo con fichas múltiples
Multiple spread card feature
Dispositif à cartes multiples

Dispositivo con lámina magnética
Magnetic strip device
Dispositif à ruban magnétique

Dispositivo con rayos catódicos
Cathode ray tube device
Unité à rayons cathodiques

Dispositivo con semiconductores
Solid state device
Dispositif à semi-conducteurs

Dispositivo de activación
Actuator
Dispositif de mise en activité

Dispositivo de adquisición de datos
Data capturing device
Dispositif de saisie de données

Dispositivo de alarma
Invigilator
Dispositif d'alarme

Dispositivo de alimentación
Feeding device
Dispositif d'alimentation

Dispositivo de alimentación de documentos
Document feeder
Dispositif d'alimentation de
   documents

Dispositivo de alimentación de papel
Above platen device
Dispositif d'alimentation de papier

Dispositivo de alimentación en fichas
Card feed attachment
Dispositif d'alimentation en cartes

Dispositivo de alineamiento
Aligner
Dispositif d'alignement

Dispositivo de alineamiento de las fichas
Card aligner
Dispositif d'alignement des cartes

Dispositivo de almacenamiento
Storage device
Dispositif de mémoire

Dispositivo de almacenamiento de masa
Mass storage device
Dispositif doté de mémoire de
   masse

Dispositivo de comparación
Matching device
Dispositif de comparaison

Dispositivo de control
Control device, Device controller
Dispositif de contrôle

Dispositivo de control directo
D.C.F., Direct control feature,
D.C.F.
Dispositif de contrôle direct

Dispositivo de conversión
Conversion device
Dispositif de conversion

Dispositivo de entrada al sistema
System input device
Dispositif d'introduction du
système

Dispositivo de entrada por punzón
Stylus input device
Dispositif d'entrée par stylet

Dispositivo de fijación
Clamping device
Dispositif de blocage

Dispositivo de identidad
Identity unit
Dispositif d'identité

Dispositivo de impresión sobre fichas
Card print assembly
Dispositif d'impression sur cartes

Dispositivo de indicación de sector independiente
Independent sector designating
device
Dispositif d'indication de secteur
indépendant

Dispositivo de inscripción
Inscriber
Dispositif d'inscription

Dispositivo de inversión de las fichas
Card reversing device
Dispositif de retournement des
cartes

Dispositivo de lectura de fichas
Ledger card device
Dispositif de lecture des cartes

Dispositivo de lectura óptica de filme
Film optical scanning device
Dispositif de lecture optique de
film

Dispositivo de llamada automática
A.C.U., Automatic calling unit,
A.C.U.
Dispositif d'appel automatique

Dispositivo de llamada de atención
Attention device
Dispositif d'appel d'attention

Dispositivo de palabra segmentada
Segmented word feature
Dispositif de mot segmenté

Dispositivo de protección
Guard
Dispositif de protection

Dispositivo de protección de la memoria
Memory protect device
Dispositif de protection de la
mémoire

Dispositivo de reconocimiento de caracteres
Character recognition device
Dispositif de reconnaissance de
caractères

Dispositivo de recuperación del papel carbón
Carbon saver, Carbon saving
device
Dispositif de récupération du
papier carbone

Dispositivo de retardo de dígitos
Digit delay device
Dispositif retardateur de chiffres

Dispositivo de salida del sistema
System output device
Dispositif de sortie du système

Dispositivo de salidas numéricas y analógicas
Digital and analog output basic
Dispositif de sorties numériques et
analogiques

Dispositivo de seguridad
Safety device
Dispositif de sécurité

Dispositivo de substitución
Alternate device
Dispositif de remplacement

Dispositivo de trabajo
Scratch device
Appareil de travail

Dispositivo de vigilancia
Surveying monitor
Dispositif de surveillance

Dispositivo de vigilancia del funcionamiento
Operation monitor
Dispositif de surveillance du
fonctionnement

Dispositivo especial
Special device, Special feature
Dispositif spécial

Dispositivo limpiador de cinta
Tape cleaner
Dépoussiereur de bande

Dispositivo opcional
Optional device
Dispositif facultatif

Dispositivo para levantar la cinta
Tape lifter
Dispositif de soulèvement de la
bande

Dispositivo terminal
End instrument, Terminal device
Appareil terminal

Dispositivos de entrada
Input devices
Appareils d'entrée

Dispositivos de comunicación
Communication devices
Appareils de communication

Dispositivos de entrada / salida
Input / output devices
Appareils d'entrée / sortie

Dispositivos de transmisión
Transmitting devices
Appareils de transmission

Dispuesto en un orden cualquiera
Randomly arranged
Disposé dans un ordre quelconque

Disquete
Diskette, Diskette flexible or floppy
disk, Flexible or floppy disk,
Floppy disk, Mini disk, Minnow
disk
Disque souple, Disquette,
Minidisque

Distancia
Distance
Distance

Distancia de Hamming
Hamming distance
Distance de Hamming

Distancia entre señales
Signal distance
Distance entre signaux

Distorsión armónica
Harmonic distortion
Distorsion harmonique

Distorsión asimétrica
Asymmetrical distortion
Distorsion asymétrique

Distorsión característica
Characteristic distortion
Distorsion caractéristique

Distorsión de amplitud
Amplitude distortion
Distorsion d'amplitude

Distorsión de atenuación
Attenuation distortion
Distorsion d'atténuation

Distorsión de cuantificación
Quantization distortion
Distorsion de quantification

Distorsión de fase
Phase distortion
Distorsion de phase

Distorsión de frecuencia
Frequency distortion
Distorsion de fréquence

Distorsión disimétrica
Bias distortion
Distorsion dissymétrique

Distorsión en el circuito
Circuit skew
Distorsion dans le circuit

Distorsión fortuita
Fortuitous distortion
Distorsion fortuite

Distorsión telegráfica
Telegraph distortion
Distorsion télégraphique

Distribución
Dispatching, Distribution
Distribution

Distribución de tareas
Task dispatching
Distribution de tâches

Distribuidor
Dispatcher, Dispenser, Distributor
Distributeur

Distribuidor / emisor
T D (Transmitter-Distributor)
Distributeur / émetteur

Distribuidor / transmisor
Transmitter / distributor
Distributeur / transmetteur

Distribuidor de cinta
Tape dispenser
Distributeur de bande

Distribuidor de impulsos del reloj
Time pulse distributor
Distributeur d'impulsions
    d'horloge

Distribuidor de tareas
Task dispatcher
Distributeur de tâches

Distribuidor de tickets
Ticket issuing machine
Distributeur de tickets

Distribuir
(to) Dispatch, (to) Dispense, (to)
    Distribute
Distribuer

Disyuntor
Breaker
Disjoncteur

Diversidad
Diversity
Diversité

Diversidad de frecuencia
Frequency diversity
Diversité de fréquence

Diversidad en el espacio
Space diversity
Diversité dans l'espace

Dividendo
Dividend
Dividende

Dividir
(to) Divide
Diviser

Dividir B por A
(to) Divide A into B
Diviser B par A

División
Division
Division

División de los datos
Data division
Division des données

División por zonas
Zoning
Division de zone

División 'procedimientos'
Procedure division
Division 'procédures'

Divisor
Divisor
Diviseur

Divisor analógico
Analog divisor
Diviseur analogique

Divisor numérico
Digital divider
Diviseur numérique

Doble
Dual, Duplicate, Twin
Double

Doble alimentación
Double feed
Double alimentation

Doble camino de la ficha
Dual card path
Double chemin de la carte

Doble canal
Dual channel
Double canal

Doble comprobación
Dual control, Twin check
Double contrôle

Doble comprobación cruzada
Double and cross checking
Double contrôle croisé

Doble controlador
Dual controller
Double contrôleur

Doble de registro
Duplicate record
Double d'enregistrement

Doble densidad
Dual density
Double densité

Doble fila de trabajos
Dual job stream
Double file de travaux

Doble flujo
Two stream
Double mouvement

Doble longitud
Double length
Double longueur

Doble modulación
Double modulation
Double modulation

Doble precisión
Double precision
Double précision

Doble velocidad
Dual speed
Double vitesse

Documentación
Documentation
Documentation

Documentación de las fases
Run book
Documentation des phases

Documentación de los programas
Program documentation
Documentation des programmes

Documentación de los sistemas
Systems documentation
Documentation des systèmes

Documentación del sistema
System documentation
Documentation du système

Documento
Document
Document

Documento codificado en código de barras
Bar coded document
Document codé en code à bâtonnets

Documento con marcas
Hand marked document
Document porteur de marques

Documento con marcas ópticas
Mark scanning document
Document à marques optiques

Documento de control de formato
Format document
Document de contrôle de format

Documento de entrada
Input document
Document à l'entrée

Documento de paginación libre
Unformatted document
Document à mise en page libre

Documento de trabajo
Working document
Document de travail

Documento fuente
Source document
Document source

Documento impreso
Hard copy
Document imprimé

Documento lanzadera
Turn around document
Document navette

Documento original
Original document
Document original

Documento procesable por máquina
Machine processable form
Document exploitable par machine

Documento referencia
Marked document
Document repère

Documento sin formato
Unformatted document
Document à mise en page libre

Documentos contables
Accounting documents
Documents comptables

Dos direcciones
Two address
Deux adresses

Dotado de memoria intermedia
Buffered
Doté de mémoire intermédiaire

Dotado de teclado
Key-based
Doté de clavier

Drenaje
Bleed
Imbibition

Dualidad
Dualling
Dualité

Duodecimal
Duodecimal
Duodécimal

Duplex integral
Full-duplex
Duplex intégral

Duplicación
Copying, Duplicating, Duplication
Duplication

Duplicación automática
Auto duplication, Auto-dup.,
    Automatic duplication
Duplication automatique

Duplicación auxiliar
Auxiliary duplication
Duplication auxiliaire

Duplicación de cinta
Tape duplication
Duplication de bande

Duplicación de fichas perforadas
Punched card duplicating
Duplication de cartes perforées

Duplicación de nudos
Node splitting
Duplication de noeuds

Duplicado de cinta
Copy tape, Tape copy
Duplicata de bande

Duplicar
(to) Duplicate, (to) Playback
Reproduire

Duración
Duration, Life time, Time
Durée

Duración (de una cinta)
Playing
Durée (d'une bande)

Duración de establecimiento de impulso
Pulse rise time
Durée d'établissement de l'impulsion

Duración de impulso
Pulse duration, Pulse length, Pulse width
Durée de l'impulsion

Duración de la avería
Fault time
Durée de la panne

Duración de la compilación
Compile duration, Compiling
    duration
Durée de compilation

Duración de la fase
Run duration
Durée des phases

Duración de la operación
Operation duration
Durée de l'opération

Duración de respuesta
Response duration
Durée de réponse

Duración de un ciclo
Cycle time
Durée d'un cycle

Duración del ciclo de memoria
Store cycle time
Durée du cycle de mémoire

Duración del primer turno
Prime time
Durée du premier roulement

Durante las veinticuatro horas
Around the clock
Vingt-quatre heures sur vingt-
    quatre

E

(La) Econometría
Econometrics
(L') Économétrie

Economía de espacio
Conservation of space
Economie d'espace

Ecuación
Equation
Equation

Ecuación diferencial
Differential equation
Equation différentielle

Ecuación exponencial
Exponential equation
Equation exponentielle

Ecuación lineal
Linear equation
Equation linéaire

Ecuación matricial
Matrix equation
Equation matricielle

Edición de enlaces
Linkage edit
Edition de liens

Edición de informes
Report writing
Edition d'état

Edición de los resultados
Output editing
Edition des résultats

Edición de texto
Text editing
Edition de texte

Edición posterior
(to) Post edit
Post éditer

Editar
(to) Edit
Editer

Editor
Editor
Editeur

Editor de informes
Report writer
Editeur d'état

Editor de salida
Output writer
Editeur de sortie

Editor de salida residente
Resident output writer
Editeur de sortie résidant

Editor de textos
Texteditor, text editor
Editeur de textes

Efecto de electrostricción
Electrostrictive effect
Effet d'électrostriction

Efecto parásito
Parasitic effect
Effet parasite

Efecto piezoeléctrico
Piezoelectric effect
Effet piezoélectrique

Efecto retroactivo
Kick back
Effet rétroactif

Efectuar
(to) Effect
Effectuer

Efectuar iteraciones
(to) Iterate
Effectuer des itérations

Efectuar un tratamiento
(to) Act upon data
Effectuer un traitement

Efectuar un vaciado
(to) Take a dump
Effectuer un vidage

Efectuar una bifurcación, un salto
(to) Jump
Effectuer un branchement, un saut

Efectuar una nueva pasada
(to) Rollback
Effectuer un nouveau passage

Eficiencia
Efficiency
Efficacité

Eficiente
Efficient
Performant

Eje
Shaft, Spindle, Tree
Arbre, Axe

Eje de referencia
Reference axis
Axe de référence

Eje de salida
Exit hub
Plot de sortie

Eje ideal de la línea de impresión
Ideal print center line
Axe idéal de la ligne d'impression

Eje portadiscos
Disk support shaft
Arbre porte-disques

Ejecución
Execution
Exécution

Ejecución del programa de canal
Execute channel program
Exécution du programme canal

Ejecutar
(to) Carry, (to) Carry out, (to)
    Execute, (to) Obey, (to) Perform
Exécuter

**Ejecutar el procedimiento de fin
de proceso**
(to) Sign off, (to) Sign out
Exécuter la procédure de fin de
    traitement

**Ejecutar el procedimiento de
principio de proceso**
(to) Sign in
Exécuter la procédure de début de
    traitement

Ejecutar en totalidad
(to) Go through
Exécuter en totalité

Ejecutar un programa paso a paso
(to) Step through a program
Exécuter un programme pas à pas

Ejemplar
Copy, Ply
Exemplaire

Ejemplo de programación
Sample coding
Modèle de programmation

Elaboración
Sophistication
Elaboration

Elección de los descriptores
Uniterming
Choix des descripteurs

Electroimán
Electromagnet
Electro-aimant

Electromagnético
Electromagnetic
Electromagnétique

Electromecánico
Electromechanical
Electromécanique

(La) Electrónica
Electronics
(L') Electronique

Electrónica industrial
Industrial electronics
Electronique industrielle

Electrónico
Electronic
Electronique

Electrostático
Electrostatic
Electrostatique

Elemental
Elementary
Elémentaire

Elemento
Element, Item
Elément, Article

Elemento activo
Active element
Elément actif

Elemento aritmético
Arithmetic(al) element
Elément arithmétique

Elemento binario
Binary element
Elément binaire

Elemento de base
Base element
Elément de base

Elemento de código
Code element
Elément de code

Elemento de coincidencia
Coincidence element
Elément de coïncidence

Elemento de control del formato
Control format item
Article de contrôle du format

Elemento de datos
Data element, Item of data
Elément de données, Données
d'articles

Elemento de decisión
Decision element
Elément de décision

Elemento de equivalencia
Equivalence element, Equivalent-to
element
Elément d'équivalence

Elemento de fichero maestro
Master file item
Elément de fichier principal

Elemento de identidad
Identity element
Elément d'identité

Elemento de impresión
Print member
Elément d'impression

Elemento de información
Piece of information
Elément d'information

Elemento de informe
Report item
Elément d'état

**Elemento de interrupción de
programa**
Program interruption element
Elément d'interruption de
programme

**Elemento de lanzamiento o
arranque**
Start element
Elément de démarrage

Elemento de modulación
Modulation element
Elément de modulation

Elemento de negación
Negation element
Elément de négation

Elemento de no coincidencia
Anticoincidence element
Elément de non-équivalence

Elemento de no equivalencia
Non equivalence element
Elément de non équivalence

Elemento de parada
Stop element
Elément d'arrêt

Elemento de programa opcional
Optional programming material
Elément de programme facultatif

Elemento de retardo de dígitos
Digit delay element
Elément retardateur de chiffres

Elemento de señal
Signal element
Elément de signal

Elemento de tabla
Table item
Elément de table

Elemento de una matriz (tabla)
Array element
Elément d'un ensemble

Elemento gunoh
Goneh element
Elément gunh

Elemento lógico
Functor, Logic(al) element
Elément logique

Elemento lógico combinacional
Combinational logic element
Elément logique combinatoire

Elemento NO
Negator, NOT element
Elément NON

Elemento NO-O
NOR element
Elément NON-OU

Elemento NO-Y
NAND element, NOT AND element
Elément NON-ET

Elemento O
OR element
Elément OU

Elemento O exclusivo
Exclusion OR element
Elément OU exclusif

Elemento pasivo
Passive element
Elément passif

Elemento-umbral
Threshold element
Elément-seuil

Elemento unitario
Unit element
Elément unitaire

Elemento Y
AND element
Elément ET

Elementos conectivos
Connective elements
Eléments connectifs

Elevación a potencia
Exponentiation
Elévation à une puissance

Elevado a una potencia
Exponentiated
Elevé à une puissance

Elevar
(to) Raise
Elever

Elevar a potencia
(to) Exponentiate, (to) Raise to a
power
Elever à une puissance

Eliminación
Deletion, Elimination
Elimination

Eliminación de los ceros
Zero elimination, Zero suppression
Elimination des zéros

Eliminar
(to) Purge, (to) Sort out, (to) Strip
off
Eliminer

**Eliminar los ceros (no
significativos)**
(to) Zero suppress
Eliminer les zéros (non
significatifs)

Eliminar por desplazamiento
(to) Shift-out
Eliminer par décalage

Eliminar por filtración
(to) Filter out
Eliminer par filtrage

Eliminar por máscara
(to) Mask out
Eliminer par masque

Embrague
Clutch
Embrayage

Embrague del carro
Carriage clutch
Embrayage du chariot

Embrague magnético
Magnetic clutch
Embrayage magnétique

Emisión de datos
Data origination
Emission de données

**Emisión de una ráfaga de
caracteres de relleno**
Idle burst transmission
Emission de groupes de caractères
neutres

Emisor
Emitter, Issuing, Originator,
Sender
Emetteur

Emisor / receptor con fichas
Card transceiver
Emetteur / récepteur à cartes

Emisor / receptor sincrónico
S.T.R.
Emetteur / récepteur synchrone

Emisor / receptor síncrono
Synchronous transmitter /
receiver, S.T.R.
Emetteur / récepteur synchrone

Emisor / selector de dígitos
Selective digit emitter
Emetteur sélecteur de chiffres

Emisor de caracteres
Character emitter
Emetteur de caractères

Emisor de datos
Data originator
Emetteur de données

Emisor de dígitos
Digit emitter
Emetteur de chiffres

Emisor de impulso
Pulse transmitter
Emetteur d'impulsions

Emisor de teleimpresora
Teleprinter transmitter
Emetteur de téléimprimante

Emisor de telemedida
Telemetering transmitter
Emetteur de télémesure

Emisor-receptor automático
A.S.R., Automatic send-receive,
A.S.R.
Emetteur-récepteur automatique,
Emetteur-récepteur
automatique

Emisor / receptor
Transceiver
Emetteur / récepteur

Emisor / receptor de telemedida
Telemetering transmitter / receiver
Emetteur / récepteur de
télémesure

Emitido por terminal
Terminal originated
Emis par terminal

Emitir
(to) Give off, (to) Issue, (to) Send
back out
Emettre

Empalmadora
Splicer, Splicing block
Colleuse

Empalmadora de cinta
Tape splicer
Colleuse de bande

Empapado de tinta
Ink bleed
Imbibé d'encre

Empapamiento
Bleed
Imbibition

Emparejado
Pairing
Appariement

**Empezar el procedimiento de
registro**
(to) Log-in
Entamer la procédure
d'enregistrement

Empujar
(to) Push
Pousser

Empuje
Push
Poussée

Emulación
Emulation
Emulation

Emulador
Emulator
Emulateur

Emulador integrado
Integrated emulator
Emulateur intégré

Emular
(to) Emulate
Emuler

En actividad
Active
En cours d'activité

En cabeza
Leading
De tête

En curso
On going
En cours

En curso de asignación
(in) Allocation
En cours d'affectation

En curso de ejecución
Current, (in) Process, (to be in)
Progress
En cours d'exécution, Etre en
cours d'exécution

En el interior de
Within
A l'intérieur de

En el mismo sitio
In-plant, Inside plant
Sur place

En el sentido de las columnas
Columnwise
Dans le sens des colonnes

En forma condensada
(in) Packed form(at)
En forme condensée

En forma de tabla
(in) Tabulated form
Sous forme de table

En forma ejecutable
(in) Runnable form
Sous forme exécutable

En forma lineal
Linearly
En forme linéaire

En forma rápida
Fast core format
En forme rapide

En forma reposicionable
(in) Relocatable form
Sous forme translatable

En línea
In-line, Line Loop, On line, On-line
En ligne, Connecté

En masa
In bulk
En bloc

En minutos enteros
Full minutes
En minutes entières

En orden
Orderly
En ordre

En orden inverso
(in) Reverse order
Dans l'ordre inverse

En paralelo por bit
Bit parallel form
En parallèle par bit

En pausa
Quiescent
Au repos

En prueba
On trial
A l'essai

En secuencia inversa
(in)Reverse sequence
En séquence inverse

En secuencia no ordenada (al azar)
(in) Random sequence
En séquence non ordonnée

En serie
Serial
En série

En serie por bit
Bit serial form, Serial by bit
En série par bit

En serie por carácter
Serial by character
En série par caractère

En serie por palabra
Serial by word
En série par mot

En sincronismo
Step in
En synchronisme

En suspenso
Outstanding, Pending
En suspens

En tensión
Power on
Sous tension

En tiempo compartido
(on a) Time sharing basis, (on a)
Time-shared basis
En temps partagé

En un orden cualquiera
(in) Random order
Dans un ordre quelconque

En valor absoluto
Absolutely
En valeur absolue

Enarenar
Sand blast
Sablage

Encadenamiento
Concatenation, Chaining
Enchaînement, Enchaînement

**Encadenamiento cronológico de
las operaciones**
Forward routing chain
Chaînage chronologique des
opérations

Encadenamiento de los trabajos
Job sequency
Enchaînement des travaux

Encadenamiento de mandos
Command chaining
Chaînage de commandes

Encadenamiento inverso
Backward chain
Chaînage inverse

Encaminamiento
Routing
Acheminement

Encaminamiento de los mensajes
Message routing
Acheminement des messages

Encaminar
(to) Convey, (to) Route
Acheminer

Encargo en espera
Stock on order
Commande en attente

Encenderse
(to) Turn on
S'allumer

Encendido - En funcionamiento
Up
Allumé (En fonctionnement)

Encoladora de cinta de papel
Paper tape splicer
Colleuse de bande de papier

Encuadernación de hojas con perforación marginal
Marginal punched binder
Reliure pour feuilles à perforation marginale

Encuadrar
(to) Delimit, (to) Demarcate, (to) Frame
Délimiter

Encuadre
Demarcation, Framing
Délimitation

Enchufable
Pluggable
Connectif

Enchufe
Outlet, Plug socket, Socket
Prise de courant

Enderezador antirregreso
Polarity trap
Redresseur anti-retour

Endosante
Endorser
Endosseur

Endosar
(to) Endorse
Endosser

Engranaje diferencial
Differential gear
Engrenage différentiel

Enlace
Bonding, Splice, Linkage, Linking
Liaison, Raccordement

Enlace a distancia
Remote attachment
Liaison à distance

Enlace automático por medio de teleimpresora
Automatic teleprinter service
Liaison automatique par téléimprimante

Enlace canal-canal
Channel-to channel connexion (Br.) connection (Amer.)
Liaison canal-canal

Enlace de base
Basic linkage
Liaison de base

Enlace de grupos
Group link
Liaison de groupes

Enlace de grupos secundarios
Supergroup link
Liaison de groupes secondaires

Enlace de transmisión de la información
Information link
Liaison de transmission de l'information

Enlace desde cuadrante
Dial up
Liaison par cadran

Enlace en comunicación
Communication link
Liaison en communication

Enlace en línea
Line link
Liaison en ligne

Enlace en tiempo real
O.L.R.T., On line real time, O.L.R.T.
Liaison en temps réel

Enlace intermedio
Trunk junction
Liaison intermédiaire

Enlace momentáneo
Temporary connection
Liaison temporaire

Enlace multipunto
Multipoint link
Liaison multipoint

Enlace permanente
Permanent connection
Liaison permanente

Enlace por teleimpresora
Teleprinter circuit, Teleprinter connection, Teleprinting
Liaison par téléimprimante

Enlace por terminal
Terminal session
Liaison par terminal

Enlace punto por punto
Point to point link
Liaison point par point

Enlace telefónico
Telephone connection, Telephone link
Liaison téléphonique

Enlace telefónico con cable
Telephone cable link
Liaison téléphonique par câble

Enlace telefónico-telegráfico
Telephone-telegraph circuit
Liaison téléphonique-télégraphique

Enlace telegráfico
Telegraph connection
Liaison télégraphique

Enlace telex
Telex connection
Liaison télex

Enlazar
(to) Branch, (to) Link, (to) Splice
Raccorder, Réunir

Enmascaramiento
Masking
Masquage

Enmascarar
(to) Mask
Masquer

Enrollado
Wrapped
Entortillé

Enrollamiento
Wind(ing), Wrap
Enroulement

Enrollar
(to) Reel, (to) Spool, (to) Wind
Bobiner, Enrouler

Ensamblador
Assembler, Basic assembler,
 Linker
Assembleur, Assembleur de base

Ensamblador uno a uno
One for one assembler, One-to-
 one assembler
Assembleur un pour un

Ensamblaje
Assembly, Assembly process
Assemblage

Ensamblar
(to) Assemble, (to) Link
Assembler

Ensamblar y ejecutar
(to) Assemble and go
Assembler et démarrer

Ensayar
(to) Test
Tester

Ensayo
Attempt, Test(ing)
Essai

Ensayo a distancia
Remote testing
Essai à distance

Ensayo con datos reales
Volume test
Essai avec des données réelles

Ensayo condicional
Conditional test
Essai conditionnel

Ensayo de comparación
Comparison test
Essai de comparaison

Ensayo de detección de avería
Fault finding test
Essai de détection de panne

Ensayo de diagnóstico
Diagnostic check
Test de diagnostic

Ensayo de duración
Life test
Test de durée

Ensayo de localización de avería
Fault locating test
Essai de localisation de panne

Ensayo de ocupación
Busy test, Engaged test
Essai d'occupation

Ensayo de programa
Program proving, Program testing
Essai de programme

Ensayo de recepción
Acceptance test
Essai de réception

Ensayo de resistencia
Endurance test
Essai de résistance

Ensayo de sistema
System test
Essai de système

Ensayo dinámico
Dynamic test
Essai dynamique

Ensayo por impulsión
Pulse test
Essai par impulsions

Ensayo real
Live test
Essai réel

Ensayo selectivo
Leapfrog test
Essai sélectif

Ensayo sobre máquina
Test shot
Essai sur machine

**Enseñanza Asistida por
 Ordenador, E.A.O.**
Computer aided instruction,
 Computer assisted instruction,
 Computer based instruction
Instruction automatisée

Enseñanza automatizada
Computer aided instruction,
 Computer aided teaching,
 Computer assisted instruction,
 Computer based instruction
Instruction automatisée,
 Enseignement automatisé

**Enseñanza controlada por
 ordenador**
Computer managed instruction
Instruction contrôlée par
 ordinateur

Enseñanza programada
Programmed learning
Etude programmée

Entintado
Inking
Encrage

Entintadora compacta
Ink squeezeout
Encrage compact

Entrada
Entrance, Entry, Infeed, Ingress,
 Input, Way in
Entrée

Entrada / Salida
Input / Output. I.O.
Entrée / Sortie

Entrada / salida asimétrica
Asymmetric input / output
Entrée / sortie asymétrique

Entrada / salida en tiempo real
Real time input / output
Entrée / sortie en temps réel

Entrada / salida gráfica
Graphic input / output
Entrée sortie graphique

Entrada / salida simultáneas
Simultaneous input / output
Entrée / sortie simultanées

**Entrada / salida sin puesta en
 marcha**
Unformatted input / output
Entrée / sortie sans mise en forme

Entrada a distancia por lotes
Remote batch entry
Introduction à distance par lots

Entrada a un contador
Counter entry
Entrée à un compteur

Entrada de canal
Channel entry
Entrée de canal

Entrada de datos
Data entry, Data input
Introduction de données

Entrada de índice
Index entry
Rubrique d'index

Entrada de pedidos
Order entry
Enregistrement des commandes

Entrada de trabajos a distancia
Remote job entry, R.J.E.
Introduction de travaux à distance

Entrada diferida
Deffered entry
Entrée différée

Entrada en vigor
Effectivity
Entrée en vigueur

Entrada ficticia
Dummy entry
Entrée fictive

Entrada por cinta
Tape input
Entrée par bande

Entrada/salida
I.O.
Entrée/sortie

Entrar en comunicación
(to) Log-on
Entrer en communication

Entrar en servicio
(to) Go and Stream
Entrer en service

Entrecruzar
(to) Crisscross
Entrecroiser

Entrehierro
Head gap
Entrefer

Entrelazamiento
Interlacing
Entrelacement

Entrelazar
(to) Interlace
Entrelacer

Envejecimiento
Ageing
Vieillissement

Enviar
(to) Send
Envoyer

Enviar a una casilla de clasificación
(to) Select into a pocket
Envoyer dans une case de classement

Enviar en un sobre
(to) Pocket
Envoyer dans une case

Enviar un impulso
(to) Impulse
Envoyer une impulsion

Enviar un telex
(to) telex
Envoyer un télex

Envío de señales al teclado
Key sending
Envoi de signaux au clavier

Envío en un sobre
Pocketing
Envoi dans une case

Equilibrado
Balanced, Escalation
Equilibré, Equilibrage

Equilibrar
(to) Balance
Balancer

Equilibrar la carga
(to) Level load
Equilibrer la charge

Equipo
Equipment, Gang, Hardware, Pool, Staff
Equipement, Equipe

Equipo accesorio
Accessory equipment, Ancillary equipment, Auxiliary equipment
Matériel auxiliaire

Equipo automático
Automatic equipment
Matériel automatique

Equipo autónomo
Off line equipment
Matériel autonome

Equipo auxiliar de tratamiento de formularios
Auxiliary forms handling equipment
Matériel auxiliaire de traitement

Equipo clásico
Tab gear
Matériel classique

Equipo con fichas Hollerith
Hollerith equipment
Matériel à cartes Hollerith

Equipo con fichas perforadas
Punch card machinery, Punched card equipment, Punched card machinery
Matériel à cartes perforées, Equipement à cartes perforées

Equipo conectado
On line equipment
Matériel connecté

Equipo contable
Book-keeping equipment
Matériel comptable

Equipo convencional
Conventional equipment
Matériel conventionnel

Equipo convencional con fichas perforadas
Conventional punched card equipment
Matériel conventionnel à cartes perforées

Equipo de aire acondicionado
Air conditioned equipment
Installation d'air conditionné

Equipo de alquiler
Rental equipment
Matériel de location

Equipo de alto rendimiento
High performance equipment
Matériel à haute performance

Equipo de comunicaciones de datos
Data communications equipment, D.C.E.
Matériel de transmissions de données

Equipo de conmutación automática
Automatic switching equipment
Matériel de commutation automatique

Equipo de conversión
Conversion equipment
Matériel de conversion

Equipo de conversión de señales
Signal conversion equipment
Equipement de conversion de signaux

Equipo de entrada
Input equipment
Matériel d'entrée

Equipo de fichas
Card operated equipment, Tab
  equipment, UR
Matériel à cartes

Equipo de impresión
Printing equipment
Matériel d'impression

**Equipo de impresión sobre
  impresos**
Forms writing equipment
Matériel d'impression sur
  imprimés

**Equipo de introducción desde
  teclado**
Keying equipment
Matériel d'introduction par clavier

Equipo de manipulación de datos
Data handling equipment
Matériel de manipulation de
  données

Equipo de preparación de datos
Data preparation equipment
Matériel de préparation des
  données

**Equipo de preparación de las
  entradas**
Input preparation equipment
Matériel de préparation des
  entrées

**Equipo de preparación de los
  impresos**
Forms handling equipment
Matériel de préparation des
  imprimés

Equipo de proceso
Computer equipment, Computer
  machinery
Matériel de traitement

**Equipo de proceso automático de
  los datos**
A.D.P.E., Automatic data
  processing equipment, A.D.P.E.
Matériel de traitement
  automatique des données

Equipo de proceso de datos
Data processing equipment
Matériel de traitement des
  données

Equipo de proceso de las palabras
Word processing equipment
Matériel de traitement des mots

Equipo de programación
Programming team
Equipe de programmation

Equipo de recogida de datos
Data collection equipment
Matériel de collecte de données

**Equipo de recogida de datos
  fuente**
Source data collection equipment
Matériel de saisie de données de
  source

Equipo de reserva
Standby equipment
Matériel de réserve

Equipo de salida
Output equipment
Matériel de sortie

Equipo de transmisión de datos
Data transmission equipment
Matériel de transmission de
  données

Equipo de transmisiones de datos
D.C.E.
Matériel de transmissions de
  données

Equipo electromecanográfico
Electric(al) accounting machine
  equipment
Matériel électromécanographique

**Equipo electrónico de proceso de
  datos**
Electronic data processing
  equipment, E.D.P.E.
Matériel électronique de
  traitements des données

**Equipo electrónico de proceso de
  los datos**
E.D.P.E.
Matériel électronique de
  traitement des données

Equipo emisor de datos
Data originating equipment
Matériel émetteur de données

Equipo en línea
On line equipment
Matériel connecté

Equipo fuera de línea
Off line equipment
Matériel autonome

Equipo lógico
Software
Programmes

Equipo mecanográfico
Computing equipment, Tabulating
  equipment
Matériel mécanographique

Equipo periférico
Peripheral equipment, Peripheral
  gear
Matériel périphérique, Equipement
  périphérique

Equipo telecomandado
Remote control equipment
Matériel télécommandé

**Equipo terminal de proceso de
  datos**
Data terminal equipment, D.T.E.,
  D.T.E.
Equipement terminal de traitement
  de données

Equipos
Appointments
Aménagements

Equivalencia
Equivalence
Equivalence

Equivalente
Equivalent
Equivalent

Equívoco
Equivocal
Equivoque

Era de los ordenadores
Computer age
Ere des ordinateurs

(La) Ergonomía
Ergonomics
(L') Ergonomie

Ergonomista
Ergonomicist, Ergonomist
Ergonomiste

Erróneo
Erroneous, Mistaken, Wrong
Erroné, Mal rangé

Error
Bug, Check, ERR, Error, Flaw,
Mistake
Défaut, Erreur

Error absoluto
Absolute error
Erreur absolue

Error acumulado
Accumulated error
Erreur cumulée

Error acumulativo
Cumulative error
Erreur cumulative

Error compensado
Balanced error
Erreur compensée

Error de acumulación
Accumulative error
Erreur de cumul

Error de alimentación
Feed check
Erreur d'alimentation

Error de ambigüedad
Ambiguity error
Erreur d'ambiguïté

Error de cálculo
Computational error,
Miscalculation
Erreur de calcul

Error de cálculo de los tiempos
Timing error
Erreur de calcul des temps

Error de carga
Loading error
Erreur de chargement

Error de clasificación
Misfiling, Misplacement
Erreur de classement

Error de codificación
Coding error
Erreur de codage

Error de coincidencia
Coincidence error
Erreur de coïncidence

Error de comparación
Comparison error, Mismatch(ing)
Erreur relevée par comparaison,
Erreur d'assortissement

Error de compensación
Balance error, Compensating error
Erreur de compensation

Error de control de acoplamiento mutuo
Interface control check
Erreur de contrôle d'interface

Error de correspondencia
Matching error
Erreur de correspondance

Error de datos
Data error
Erreur de données

Error de datos en escritura
W.D.C., Write data check, W.D.C.
Erreur de données en écriture

Error de datos en lectura
R.D.C., Read data check, R.D.C.
Erreur de données en lecture

Error de deriva
Drift error
Erreur de dérive

Error de encadenamiento en el canal
Channel chaining check
Erreur de chaînage dans le canal

Error de formato
Format error
Erreur de format

Error de identificación
Misidentifying
Erreur d'identification

Error de impresión
Print check
Erreur d'impression

Error de la unidad de proceso
Processor check
Erreur de l'unité de traitement

Error de lectura
Read error
Erreur de lecture

Error de linealidad
Linearity error
Erreur de linéarité

Error de máquina
Machine error
Erreur de machine

Error de operación horizontal
Crossfoot error
Erreur d'opération horizontale

Error de paridad
Parity error
Erreur de parité

Error de perforación
Keypunch(ing) error, Punching
error
Erreur de perforation

Error de procedimiento
Procedural error
Erreur de procédure

Error de programa
Program check, Program error
Erreur de programme

Error de programación
Miscoding, Programming error,
Software bug
Erreur de programmation

Error de recuento
Miscount
Erreur de comptage

Error de redondeo
Round-off error, Runding error
Erreur d'arrondi

Error de registro
Posting error
Erreur d'enregistrement

Error de resolución
Resolution error
Erreur de résolution

Error de secuencia
Sequence error
Erreur de séquence

Error de tecleo
Keystroking error, Typing error
Erreur de frappe

Error de transcripción
Transcription error
Erreur de transcription

Error de transposición
Transposition error
Erreur de transposition

Error de truncado
Truncation error
Erreur de coupure

Error de unidad
Unit check
Erreur d'unité

Error debido a un componente
Component error
Erreur due à un composant

Error detectable por programa
Program sensitive error
Erreur décelable par programme

Error detector de errores con realimentación
Error detecting and feedback system
Système détecteur d'erreur avec demande de répétition

Error dinámico
Dynamic error
Erreur dynamique

Error doble
Double error
Erreur double

Error en un programa
Program bug
Erreur dans un programme

Error estático
Static error
Erreur statique

Error heredado
Inherited error
Erreur héritée

Error inherente
Inherent error
Erreur inhérente

Error irrecuperable
Non recoverable error
Erreur irrémédiable

Error lógico
Logical error
Erreur logique

Error máquina
Machine check
Erreur machine

Error permanente
Permanent error
Erreur permanente

Error por falta de eco
No echo error
Erreur par manque d'écho

Error propagado
Propagated error
Erreur propagée

Error relativo
Relative error
Erreur relative

Error residual
Residual error
Erreur résiduelle

Error semántico
Semantic error
Erreur sémantique

Error simple
Single error
Erreur simple

Error sobre cinta
Tape error
Erreur sur bande

Error tolerado
Error supported
Erreur tolérée

Error triple
Triple error
Erreur triple

Escala
Scale
Echelle

Escala binaria
Binary scale, Scale of two
Gamme binaire, Echelle binaire

Escala de las prioridades
Priority rating
Echelle des priorités

Escala de los tiempos
Time scale
Echelle des temps

Escalonar
(to) Stagger
Echelonner

Escaso
Scarce
Rare

Esclavizar
(to) Slave
Asservir

Esclavo
Non control
Asservi

Escobilla
Brush
Brosse

Escobilla de control
Control brush
Balai de contrôle

Escobilla de control de salto
Slew control brush
Balai de commande de saut

Escobilla de lectura
Reading brush
Balai de lecture

Escobilla de selección
Sort brush
Balai de tri

Escobilla metálica
Wire brush
Balai métallique

Escoger
(to) Pick
Choisir

Escribir
(to) Write
Ecrire

Escribir a máquina
(to) Type
Taper à la machine

Escribir agrupando
(to) Gather write
Ecrire en regroupant

Escrito con teclado
Stroke written
Enregistrer par clavier

Escrito en caracteres de imprenta
Hand printed
Ecrit en caractères d'imprimerie

Escrito por el usuario
User written
Ecrit par l'utilisateur

Escrito por ordenador
Computer written
Ecrit par ordinateur

Escritorio
Desk
Table-bureau

Escritura
Write, Writing
Ecriture

Escritura con agrupamiento
Gather writing
Ecriture avec regroupement

Escritura de las etiquetas
Label writting
Ecriture des étiquettes

Escritura de los números de orden de los bloques
Block serial number writing
Ecriture des numéros d'ordre des blocs

Escritura de programas
Software writer
Ecriture de programmes

Escritura en claro
Plain writing
Ecriture en clair

Escuadra de posicionamiento
Locating angle plate
Equerre de positionnement

Escuchar
(to) Listen
Ecouter

Escudriñar
Scrutinize
Scruter

Escuela
School
Ecole

Escuela de perforación
Keypunch school
Ecole de perforation

Esfera con caracteres de impresión
Globe shaped, Type sphere, Typing element
Boule d'impression

Esfera de impresión de máquina de escribir
Typewriter ball
Boule d'impression de machine à écrire

Espaciado
Spacing
Espacement

Espaciado del impreso
Form skip
Ejection de l'imprimé

Espaciado diferido
Delayed spacing
Interligne différé

Espaciado simple
Single space
Simple interligne

Espaciar
(to) Space
Espacer

Espacio
Gap, Space
Espace

Espacio a derecha
Terminal blank, Terminal space
Espace à droite

Espacio de borrado
Erase gap
Espace d'effacement

Espacio de conmutación
Switching space
Espace de commutation

Espacio de dirección
Address space
Espace d'adresse

Espacio de ordenamiento
Filing space
Espace de rangement

Espacio entre bloques
I.B.G.
Espace entre blocs

Espacio entre bloques (cinta)
Block gap, I.B.G., Interblock gap, Interblock space
Espace entre blocs

Espacio entre caracteres
Character spacing
Espace entre caractères

Espacio entre ficheros
File gap
Espace entre fichiers

Espacio entre impulsos
Pulse spacing
Espacement entre impulsions

Espacio entre palabras
Word gap
Espace entre mots

Espacio entre registros
Interrecord gap, Record gap
Espace entre enregistrements

Espacio hacia atrás
Backspace
Espace arrière

Espacio intercalado
Embedded blank
Espace intercalé

Especial
Non standard, Special
Spécial

Especialista en cibernética
Cybernatician
Spécialiste en cybernétique

Especialista en informática
Computer scientist
Spécialiste en informatique

Especialista en sistemas
Systems specialist
Spécialiste en systèmes

Especialización
Specialization
Spécialisation

Especializado
Special purpose, Specialized
Spécialisé

Especializar
(to) Specialize
Spécialiser

Especificación
Specification
Spécification

Especificación de control
Control specification, Control statement
Spécification de contrôle

Especificación de intervención
Action specification
Spécification d'intervention

Especificación de los sistemas
Systems specification
Spécification des systèmes

Especificación de programa
Program specification
Spécification de programme

Especificación de secuencia global
Catch all sequence entry
Spécification de séquence globale

Especificaciones
Specs
Spécifications

Especificaciones de cálculo
Calculation specifications
Spécifications de calcul

Especificaciones de descripción de los campos
Field description specifications
Spécifications de description des zones

Especificaciones de descripción del fichero
File description specifications
Spécifications de description du fichier

Especificaciones de emisión
Output specifications
Spécifications d'émission

Especificaciones de entrada
Input specifications
Spécifications d'entrée

Especificaciones de las cabeceras
Header specifications, Header statements
Spécifications des en-têtes

Especificaciones de procedimiento de línea
Line procedure specifications, L.P.S., L.P.S.
Spécifications de procédure de ligne

Especificaciones de secuencia
Sequence specifications
Spécifications de séquence

Especificaciones del formato de salida
Output format specifications
Spécifications du format de sortie

Especificaciones del tipo de registro
Record type specifications
Spécifications du type d'enregistrement

Especificaciones para la ficha de control
Control card specifications
Spécifications pour la carte de contrôle

Especificar
(to) Specify
Spécifier

Específico
Specific
Spécifique

Espectro
Spectrum
Spectre

Espectro de impulsos
Pulse spectrum
Spectre d'impulsions

Espera
Latency
Attente

Espera de fin sobre un dispositivo
Device end significant
Attente de fin sur un dispositif

Esperar
(to) Await, (to) Wait
Attendre

Espesor
Thickness
Epaisseur

Espesor de cinta
Tape thickness
Epaisseur de bande

Espiga
Spigot
Ergot

Esquema
Chart, Scheme, Sketch
Schéma, Schéma, Graphique, Croquis

Esquema de cableado
W.D., Wiring diagram, W.D.
Schéma de câblage

Esquema de codificación
Coding scheme
Schéma de programmation

Esquema de montaje
Setup diagram
Schéma de montage

Esquema de organización
Organization chart
Schéma d'organisation

Esquema de prioridades
Priority scheme
Schéma de priorités

Esquema funcional
Functional diagram
Schéma fonctionnel

Esquemáticamente
Diagrammatically
Schématiquement

Esquemático
Schematic
Schématique

Esquematizar
(to) Diagram, (to) Graph
Représenter par graphique

Esquina
Angle, Corner
Angle

Estabilidad
Stability
Stabilité

Establecer
(to) Establish
Etablir

Establecer correspondencias
(to) Cross reference
Etablir des correspondances

Establecer un índice
(to) Index
Etablir un index

Establecimiento
Settlement
Etablissement

Establecimiento de organigrama
Flow diagramming, Flowcharting
Etablissement d'organigramme

Establecimiento de organigrama horizontal
Horizontal flowcharting
Etablissement d'organigramme horizontal

Establecimiento de un desvío (con interrupción)
Trap setting
Etablissement d'un déroutement

Establecimiento de un organigrama por bloques
Block diagramming
Etablissement d'un organigramme par blocs

Estación
Station
Station

Estación a distancia
Remote station
Poste à distance

Estación auxiliar
Auxiliary station
Poste auxiliaire

Estación con cinta magnética
Magnetic tape station
Poste à bande magnétique

Estación de análisis óptica
Optical scanning station
Poste d'analyse optique

Estación de cambio de dirección
Cornering station
Poste de changement de direction

Estación de comparación
Comparison station
Poste de comparaison

Estación de coordinación de la red
Net control station
Station de coordination du réseau

Estación de datos
Data station
Poste de données

Estación de datos a distancia
Remote data station
Poste de données à distance

Estación de espera
Wait station
Poste d'attente

Estación de espera de verificación
Verify wait station
Poste d'attente de vérification

Estación de impresión
Printing station
Poste d'impression

Estación de información sobre los trabajos
J.I.S. (Job Information Station),
   Job information station, J.I.S.
Poste d'information sur les travaux

Estación de interrogación
Desk debugging, Enquiry station
Poste d'interrogation

Estación de interrogación a distancia
Remote inquiry station
Poste d'interrogation à distance

Estación de lectura
Read(ing) station, Sensing station
Poste de lecture

Estación de lectura antes de perforación
Punch feed read station
Poste de lecture avant perforation

Estación de lectura de fichas
Card read station
Poste de lecture de cartes

Estación de lectura por medio de cepillos
Brush station
Poste de lecture par balais

Estación de mando
Control station
Poste de commande

Estación de perforación
Punch(ing) station
Poste de perforation

Estación de preperforación
Pre-punch station
Poste de pré-perforation

Estación de recepción
Accepting station
Poste de réception

Estación de recogida de los datos en entrada
Input station
Poste de saisie des données en entrée

Estación de salida
Out station
Poste terminal

Estación de teleproceso
Teleprocessing station
Poste de télétraitement

Estación de transmisión
Transmitting station
Station de transmission

Estación de visualización
Display station
Poste de visualisation

Estación después de perforación
Postpunch station
Poste après perforation

Estación emisora
Sending station
Station émettrice

Estación esclava
Slave station
Station asservie

Estación multiplex (de transmisión de datos)
Multiplex data station
Station multiplex (de transmission) de données

Estación principal
Master station
Poste principal

Estación telefónica
Telephone station
Poste téléphonique

Estación telex
Telex station
Poste télex

Estación tributaria
Tributary station
Station tributaire

Estación vigilada
Attended station
Poste surveillé

Estadística de los errrores de comunicaciones
Communications errors statistics, C.E.S.
Statistiques des erreurs de communications

Estadísticas de los errores de comunicaciones
C.E.S.
Statistiques des erreurs de communications

Estadísticas elementales
Elementary statistics
Statistiques élémentaires

Estadístico
Statistical
Statistique

Estadístico (persona)
Statistician
Statisticien

Estado (Condición)
State, Status
Etat (Condition)

Estado al final de una operación
Terminal status, Terminating
   status
Etat à la fin d'une opération

Estado cero
Nought state, Zero state
Etat zéro

Estado contable
Accounting form
Etat comptable

Estado de disponibilidad
Ready condition
Etat de disponibilité

Estado de emergencia
Emergency
Etat d'urgence

Estado de espera
Wait condition, Waiting state
Etat d'attente

Estado de funcionamiento
Operating state
Etat de fonctionnement

Estado de inactividad
Dormant state, Idle state,
   Inoperable condition
Etat d'inactivité

Estado de inicio
Initiation status
Etat d'initialisation

Estado de interrupción
Freeze mode, Interrupt mode
Etat d'interruption

Estado de los trabajos
Statement of work
Etat des travaux

Estado de marcha
Running state
Etat de marche

Estado de parada
Stopped state
Etat d'arrêt

Estado de referencia
Clared condition
Etat de référence

Estado de supervisión
Supervision state, Supervisory
   state
Etat de supervision

**Estado del progreso de los
   trabajos**
Progress status
Etat de déroulement des travaux

Estado final
Ending status
Etat final

Estado gunoh
Goneh state
Etat gunh

Estado secundario
Substatus
Etat secondaire

Estanco
Watertight
Etanche

Estándar
Standard
Standard

Estar en error
(to be in) Error
Etre en erreur

Estar en prohibición de escritura
(to be) Write-inhibited
Etre en interdiction d'écriture

Estar inestable
(to) Jitter
Etre instable

Estar lanzado (activo)
(to receive) Control
Etre lancé

Estático
Static
Statique

**Estation de numeración
   progresiva**
Serial numbering station
Poste de numérotation progressive

Estilete
Printing stylus, Stylus
Aiguille d'impression, Stylet

Estilo
Style
Style

Estilo de carácter
Type style
Style de caractères

Estimación
Appraisal
Estimation

Estimar
(to) Appraise
Estimer

Estimulante
Incentive
Stimulant

Estocástico
Stochastic
Stochastique

Estructura
Structure
Structure

Estructura arborescente
Tree(-like) structure
Structure arborescente

Estructura de cinta
Tape format
Structure de bande

Estructura de la instrucción
Order structure
Structure de l'instruction

Estructura de lista
List structure
Structure de liste

Estructura de los datos
Data structure
Structure des données

Estructura del proceso
Computer design
Structure du traitement

Estructura del sistema
System structure
Structure du système

Estructura del tráfico
Traffic pattern
Structure du trafic

Estructura lógica
Logic design, Logical design
Structure logique, Structure
   logique

Estudio
Study
Etude

Estudio automatizado
Computer assisted learning
Etude automatisée

Estudio de aplicación
Application study
Etude d'application

Estudio de los métodos
Method study
Etude des méthodes

Estudio de los tiempos
Time study
Etude des temps

Estudio de mercado
Market survey
Etude de marché

Estudio de que es factible
Feasibility study
Etude de réalisation

Estudio de sistemas
Systems study
Etude de systèmes

Estudio preliminar
Preliminary study
Etude préliminaire

Etapa de trabajo
Job step
Etape de travail

Etiqueta
Decal, Label, Tag
Coupon adhésif, Etiquette

Etiqueta de cabecera del usuario
User-header label, U.H.L.
Etiquette-début de l'utilisateur

Etiqueta de cabeza
Header label
Etiquette de tête

Etiqueta de carrete
Reel label
Etiquette de bobine

Etiqueta de cola del usuario
User trailer label, U.T.L.
Etiquette-fin de l'utilisateur

Etiqueta de error
Error tag
Etiquette d'erreur

Etiqueta de fichero
File label
Etiquette de fichier

Etiqueta de fin
Ending label, Trailer label
Etiquette de fin

Etiqueta de fin de cinta
End of tape label, Ending tape
label
Etiquette de fin de bande

**Etiqueta de fin de cinta de las
entradas**
Input trailer label
Etiquette de fin de bande des
entrées

Etiqueta de fin de cinta de salida
Output trailer label
Etiquette de fin de bande de sortie

Etiqueta de fin de fichero
End of file label, Ending file label
Etiquette de fin de fichier

Etiqueta de identificación
Identification label
Etiquette d'identification

Etiqueta de la cabecera de entrada
Input header label
Etiquette de début des entrées

Etiqueta de principio de cinta
Beginning tape label, B.T.L., B.T.L.
Etiquette de début de bande

**Etiqueta de principio de cinta de
salida**
Output header label
Etiquette de début de bande de
sortie

Etiqueta de principio de fichero
Beginning file label
Etiquette de début de fichier

Etiqueta de referencia de la ficha
Card reference strip
Etiquette de référence de la carte

Etiqueta de un conjunto de datos
Data set label, D.S.L., D.S.L.
Etiquette d'un ensemble de
données

Etiqueta de volumen
Volume label
Etiquette de volume

Etiqueta en continuo
Tab(ulating) label
Etiquette en continu

Etiqueta equivalente (adicional)
Alias
Etiquette équivalente

Etiqueta estándar
Standard label
Etiquette standard

Etiqueta exterior
Exterior label
Etiquette extérieure

Etiqueta-fin del utilizador
U.T.L.
Etiquette-fin de l'utilisateur

Etiqueta interna
Interior label
Etiquette intérieure

Etiqueta perforada
Punched tag
Etiquette perforée

Etiqueta-principio del utilizador
U.H.L.
Etiquette-début de l'utilisateur

Etiqueta reflectiva
Sticker
Etiquette réfléchissante

Etiqueta simbólica
Symbolic tag
Etiquette symbolique

Etiquetar
(to) Label, (to) Lag
Etiqueter

Etiquetas (empleo)
Labelling
Etiquetage

Etiquetas de cinta
Tape labels
Etiquettes de bande

Etiquetas de pista
Track labels
Etiquettes de piste

**Etiquetas en continuo con arrastre
por púas**
Pin feed label
Etiquettes en continu à
entraînement par ergot

Etiquetas múltiples
Mixed labels
Etiquettes multiples

Evaluación
Estimate, Evaluation
Evaluation

Evaluación de costes
Costing
Evaluation des prix des revient

Evaluación de datos
Data evaluation
Evaluation des données

Evaluación de los rendimientos
Performance evaluation
Evaluation des rendements

Evaluación de los tiempos
Timing considerations
Evaluation des temps

Evaluación de un nuevo sistema
Evaluating a new system
Evaluation d'un nouveau système

Evaluación del sistema
System evaluation
Evaluation du système

Evaluar
(to) Evaluate, (to) Value
Evaluer

Eventual
Possibly, Prospection
Eventuel

Eventualidad
Contingency
Eventualité

Evidencia
Evidence
Evidence

Evidenciar
(to) Bring out
Mettre en évidence

Evitar
(to) Avoid
Eviter

Evolucionar
(to) Change
Evoluer

Evolutivo
Evolutionary
Evolutif

Examen de diseño
Design review
Examen de projet

Examen de la pista
Surface analysis
Examen de la piste

Examinar
(to) Go into
Examiner

Excedentes
Overs
Excédents

Excepto
Except for
Excepté

Exceso
Excess
Excès

Exceso del tiempo permitido
Time out
Dépassement du temps imparti

Excitar (Poner en tensión)
(to) Energize
Exciter (Mettre sous tension)

Excluir
(to) Count out
Exclure

Exclusión
Exclusion
Exclusion

Exento de error
Bug free, Error free
Exempt d'erreur

Existencias
Quantity on hand, Stock
Stocks, Stock

Existencias actuales
Actual stock
Stock actuel

Existencias de seguridad
Safety stock
Stock de sécurité

Existencias disponibles
On hand inventory, Stock on hand
Stock disponible

Existencias excesivas
Overstock
Stocks excessifs

Exito
Successful
Aboutissement

Expedición
Shipment, Shipping
Expédition

Expedición directa
Drop shipment
Expédition directe

Expedir
(to) Ship
Expédier

Explicación
Explanation
Explication

Explicar
(to) Explain
Expliquer

Explícito
Explicit
Explicite

Exploración
Scanning
Exploration

Exploración de un fichero
File scan
Examen d'un fichier

Exploración óptica
Optical scanning
Analyse optique

Explorador
Screener
Sérigraphe

Explorar
(to) Scan
Explorer

Explosión o listado de piezas
Parts explosion
Rupture de nomenclature

Exponencial
Exponential
Exponentiel

Exponente
Exponent, Superscript
Exposant, Indice supérieur

Exponente negativo
Negative exponent
Exposant négatif

Exponente positivo
Positive exponent
Exposant positif

Expresión
Expression, Phrase
Expression

Expresión aritmética
Arithmetic(al) expression,
Arithmetic(al) term
Expression arithmétique

Expresión con estructura
Structure expression
Expression avec structure

Expresión con matrices (tablas)
Array expression
Expression avec ensembles

Expresión con subíndices
Subscript expression
Expression d'indice inférieur

Expresión de relación
Relational expression
Expression de relation

Expresión estructurada
Aggregate expression
Expression structurée

Expresión lógica
Logical expression
Expression logique

Expresión normalizada
Normalized expression
Expression normalisée

Expulsar
(to) Bump, (to) Eject
Ejecter

Expulsar de la memoria
(to) Bump from core
Ejecter de la mémoire

Expulsión
Ejection
Ejection

Expulsión automática
Automatic ejection
Ejection automatique

Extensibilidad
Expandability, Expansibility
Extensibilité

Extensible
Expandable, Expansible, Open
ended
Extensible

Extensión
Extension
Extension

Extensión (Alcance)
Extent
Etendue (Portée)

Extensor
Expander
Extenseur

Extensor automático de volumen
Automatic volume expander
Extenseur automatique de volume

Exterior
Out of house, outside, Out plant,
Outer, Outside
Extérieur

Externo
External
Externe

Extracción
Read(ing)-out, Swap-out
Extraction

Extracción de fichas
Card pulling
Extraction de cartes

Extracción de una cola de espera
Dequeuing
Retrait d'une file d'attente

Extracción desde teclado
Type-out
Extraction par clavier

Extracción manual
Hand pulling
Extraction manuelle

Extracto
Extract
Extrait

Extracto de cuenta
Statement of account
Extrait de compte

Extractor
Extractor
Extracteur

Extractora de fichas
Card puller
Extractice de cartes

Extraer
(to) Extract, (to) Move out, (to)
Pull, (to) Read-out, (to) Swap-
out, (to) Transfer out
Extraire

Extraer de
(to) Kick out
Extraire de

Extraer de la memoria
(to) Bring from memory, (to)
Usher out
Extraire de la mémoire

Extraer por clasificación
(to) Outsort
Extraire par tri

Extraer por teclado
(to) Type-out
Extraire par clavier

Extraer una escritura
(to) Write out
Extraire une écriture

Extralimitar
(to) Exceed, (to) Overdraw
Dépasser

Extrapolación
Extrapolation
Extrapolation

Extrapolar
(to) Extrapolate
Extrapoler

Extremidad final inutilizable
Dead end
Bout final inutilisable

Extremidades de delimitación
Framing quote
Extrémités de délimitation

F

Fabricación
Manufacturing
Fabrication

Fabricación en serie
Volume manufacturing
Fabrication en série

Faceta
Facet
Facette

Facilidad de borrado
Ease of erasure
Tolérance d'effacement

Facilidad de mantenimiento
Maintainability
Maintenabilité

Facilidad de servicio
Serviceability
Disponibilité au service

Facsímile
Fax
Fac-similé

Factibilidad
Feasibility
Réalisation

Factor
Factor
Facteur

Factor constante
Constant factor
Facteur constant

Factor de actividad
Activity factor
Facteur d'activité

Factor de amplificación
Amplification factor
Facteur d'amplification

Factor de asignación
Allocation factor
Facteur d'affectation

Factor de bloqueo
B.K.F., Blocking factor, B.K.F.
Facteur de blocage

Factor de cantidad
Quantity factor
Facteur de quantité

Factor de compacidad
Packing factor
Facteur de compacité

Factor de comprobación
Checking factor
Facteur de côntrole

Factor de control
Checking factor
Facteur de côntrole

Factor de duplicación
Duplication factor
Facteur de duplication

Factor de entrada
Fan-in
Facteur d'entrée

Factor de escala
Scale factor, Scaling factor
Facteur de graduation

Factor de escala de los tiempos
Time scale factor
Facteur d'échelle des temps

Factor de iteración
Iteration factor
Facteur d'itération

Factor de modulación
Modulation factor
Facteur de modulation

Factor de rendimiento
Efficiency factor
Facteur de rendement

Factor de repetición
Repetition factor, Replication factor
Facteur de répétition

Factor de salida
Fan-out
Facteur de sortie

Factor de seguridad
Safety factor
Facteur de sécurité

Factura
Bill, Invoice
Facture

Facturación
Billing, Invoicing
Facturation

Facturación separada
Unbundling
Facturation séparée

Facturar
(to) Bill, (to) Invoice
Facturer

Facturar separadamente
(to) Unbundle
Facturer séparément

Facultativo
Optional
Facultatif

Falsa maniobra
Mishandling
Fausse manoeuvre

Falso
Wrong
Faux

Falso contacto
Poor contact
Faux contact

Falso suelo
False floor, Floating floor, Raised floor
Faux plancher

Falso techo
False ceiling
Faux plafond

Falta
Lack
Manque

Falta de existencias
Out of stock condition
Rupture de stock

Falta de flexibilidad
Inflexibility
Manque de souplesse

Falta de precisión
Inaccuracy
Manque de précision

Fallo
Drift failure, Failure, Fault, Minor
failure, Primary failure,
Secondary failure, Verified
failure
Défaillance progressive,
Défaillance, Défaillance
mineure, Défaillance
importante, Défaillance
contrôlée

Fallo de energía (sector)
Mains failure
Panne de secteur

Fallo de máquina
Machine faiiure
Panne de machine

Fase
Phase, Stage
Phase

Fase de actualización
Updating run
Phase de mise à jour

Fase de base
Root phase
Phase de base

Fase de clasificación externa
String merging phase
Phase de classement extérieur

Fase de clasificación interna
String generation phase
Phase de classement intérieur

**Fase de colocación de los
caracteres**
Character phase
Phase de mise en place des
caracteres

Fase de compilación
Compile phase
Phase de compilation

Fase de depuración
Debugging phase
Phase de recherche et correction
des erreurs

Fase de ejecución
Execute phase, Run phase
Phase d'exécution

Fase de ensamblaje
Assembling phase, Assembly run
Phase d'assemblage

Fase de generación
Generation phase
Phase de génération

Fase de montaje
Assembling phase, Assembly run
Phase d'assemblage

Fase de procedimiento
Procedural step
Phase de procédure

Fase de proceso
Processing step
Phase de traitement

Fase de proceso de datos
Data processing run
Phase de traitement de données

Fase de producción
Production run(ning)
Phase de production

Fase preparatoria
Housekeeping run
Phase préparatoire

Fecha
Date
Date

Fecha de caducidad
Void date
Date de prescription

Fecha de compilación
Date compiled
Date de compilation

Fecha de congelación
Frozen date
Date de figeage

Fecha de conservación
Retention date
Date de conservation

Fecha de creación
Creation date
Date de création

Fecha de entrada en vigor
From date
Date d'entrée en vigueur

Fecha de entrega
Delivery date
Date de livraison

Fecha de expiración
Scratch date
Date d'expiration

Fecha de extracto de cuenta
Statement date
Date d'extrait de compte

Fecha de inicio
Begin date
Date d'initiation

Fecha de instalación
Installation date
Date d'installation

Fecha de lectura del contador
Reading date
Date de relevé de compteur

Fecha de movimiento
Transaction date
Date de mouvement

Fecha de puesta en servicio
Cut-over date
Date de mise en service

Fecha de redacción
Date written
Date de rédaction

Fecha del cierre contable
Cut-off date
Date de l'arrêté comptable

Fecha del día
Current date, Today's date
Date du jour

Fecha límite de validez
Purge date
Date limite de validité

Felpa
Lint
Peluche

Ferrita
Ferrite
Ferrite

Ferroeléctrico
Ferroelectric
Ferroélectrique

Ferromagnético
Ferromagnetic
Ferromagnétique

Ferromagnetismo
Ferromagnetics
Ferromagnétisme

Fiabilidad
Dependability
Fiabilité

Fiabilidad de los datos
Data reliability
Fiabilité des données

Fiabilidad del sistema
System reliability
Fiabilité du système

Fibra óptica
Fiber optic
Optique à fibre

Ficticio
Dummy, Mock
Fictif, Factice

Ficha
Badge, Card, Plug, Slip, Token
Jeton, Carte, Fiche

Ficha / cinta
Card-to tape
Carte / bande

Ficha artículo
Item card
Carte article

Ficha binaria
Binary card
Carte binaire

Ficha binaria por columna
Column binary card
Carte binaire par colonne

Ficha binaria por hilera
Row binary card
Carte binaire par rangée

Ficha codificada en código Hollerith
Hollerith coded card
Carte codée en code Hollerith

Ficha codificada sobre los bordes
Edge-coded card
Carte codée sur les bords

Ficha comentarios
Comments card
Carte commentaires

Ficha con doble función
Dual card
Carte à double fonction

Ficha con esquina cortada
Corner cut card
Carte à angle coupé

Ficha con esquinas redondeadas
Round cornered card
Carte à coins arrondis

Ficha con microfilm
Aperture card
Fiche à microfilm

Ficha con muescas marginales
Edge-notched card, Margin(al) notched card
Carte à encoches marginales

Ficha con perforación marginal
Border punched card, Edge card, Margin(al) perforated card, Verge-punched card
Carte à perforation marginale

Ficha con perforación para encuadernación
Binder hole card
Carte à perforation pour reliure

Ficha con pista magnética
Magnetic ledger card, M.L.C., Magnetic stripe card, M.L.C.
Carte à piste magnétique

Ficha con ventana
Aperture card
Fiche à fenêtre

Ficha cheque
Tab-card check
Carte-chèque

Ficha datos
Data card
Carte données

Ficha datos-imágenes de la cadena
Chain image data card
Carte données-images de la chaîne

Ficha de acumulación
Accumulative card
Carte de cumul

Ficha de autocarga
Bootstrap card
Carte d'amorçage

Ficha de búsqueda
Asped card, Search card
Carte de recherche

Ficha de cabecera
Heading card
Carte d'en tête

Ficha de cabeza
Header card, Leader card
Carte de tête

Ficha de carga
Load card
Carte de chargement

Ficha de continuación
Continuation card
Carte de continuation

Ficha de control
Check card, Control card, Control slip
Carte de contrôle, Fiche de contrôle

Ficha de control de programa
Program control card
Carte de contrôle de programme

Ficha de control visual
Batten card
Carte de contrôle visuel

Ficha de corrección
Correct card, Patch card
Carte de correction

Ficha de cuenta
Account card
Fiche de compte

Ficha de deducción
Deduction card
Carte de déduction

Ficha de delimitación de datos
Data delimiter card
Carte de délimitation de données

Ficha de delimitación de sector
Sector break card
Carte de délimitation de secteur

Ficha de demostración
Demonstration card
Carte de démonstration

Ficha de detalles
Detail card
Carte détails

Ficha de entrada
Input card
Carte d'entrée

Ficha de entrada en las existencias
Stock receipt card
Carte d'entrée en stock

Ficha de existencias
Bin card, Stock card
Carte stock

Ficha de fin
Terminating card, Trailer card
Carte de fin

Ficha de fin de fichero
End of file card
Carte de fin de fichier

Ficha de fin de trabajo
End of job card
Carte de fin de travail

Ficha de formato normalizado
Standard size card
Carte de format normalisé

Ficha de imprimir
(to) Print a card
Carte à imprimer

Ficha de llamada de agenda
Agenda call card
Carte d'appel d'agenda

Ficha de noventa columnas
Ninety column card
Carte à quatre vingt dix colonnes

Ficha de ochenta columnas
Eighty column card
Carte à quatre vingts colonnes

Ficha de perforación manual (con punzón)
Port-a-punch card
Carte type perfostyl

Ficha de proceso de los datos
Data processing card
Carte de traitement des données

Ficha de recepción
Receipt card
Carte de réception

Ficha de registro
Posting card
Carte d'enregistrement

Ficha de registro de control
Control record card
Carte d'enregistrement de contrôle

Ficha de salida
Issue card
Carte de sortie

Ficha de salida de las existencias
Stock issue card
Carte de sortie des stocks

Ficha de selección
Selection card
Carte de sélection

Ficha de separación
Separator card
Carte de séparation

Ficha de talón
Stub card
Carte à talon

Ficha de tiempos
Clock card
Fiche de pointage

Ficha de transferencia
Transfer card
Carte de transfert

Ficha de transferencia de control
Transfer of control card
Carte de transfert de contrôle

Ficha de transición
Transition card
Carte de transition

Ficha de utilización múltiple
Multiple use card
Carte à usage multiple

Ficha errónea
Error card
Carte erronée

Ficha excluida
Omitted card
Carte exclue

Ficha extracto de cuenta
Ledger card
Carte extrait de compte

Ficha ganancias
Earnings card
Carte gains

Ficha histórica
History card
Carte historique

Ficha Hollerith
Hollerith card
Carte Hollerith

Ficha índice
Index card
Carte index

Ficha instrucciones
Instruction card, Statement card
Carte instructions

Ficha intercalada
Flimsy
Carte intercalée

Ficha maestra
Master card
Carte maîtresse

Ficha magnética
Mag card, Magnetic card
Fiche magnétique, Carte
    magnétique

Ficha mecanográfica
Tabulating card
Carte mécanographique

Ficha movimiento
Accounting detail card,
    Transaction card
Carte mouvement

Ficha normalizada
Standard card
Carte normalisée

Ficha parámetro
Parameter card
Carte paramètre

Ficha perforada
Punch(ed) card, Tab card
Carte perforée

Ficha perforada doce líneas
Twelve row punched card
Carte perforée douze lignes

Ficha perforada en binario
Binary punched card
Carte perforée en binaire

Ficha perforada sobre el borde
Edge-perforated card, Edge-
    punched card
Carte perforée sur le bord

Ficha por ficha
Card-to card
Carte par carte

Ficha preperforada
Pre-scored card
Carte pré-enconchée

Ficha reducida
Short card
Carte réduite

Ficha rejilla
Laced card
Carte grille

Ficha selectiva
Selector card
Carte sélective

Ficha sumaria
Summary card
Carte récapitulative

Ficha-tabla
Table card
Carte-table

**Ficha-tabla para secuencia
    alternada**
Alternate sequence table card
Carte-table pour séquence
    alternative

Ficha viajera
Traveler card
Carte d'accompagnement

Ficha virgen
Blank card
Carte vierge

Fichas bloqueadas
Jammed cards
Cartes bloquées

Fichas de programación
Program cards
Cartes de programmation

Fichas en continuo
Card set, Continuous cards
Cartes en continu

**Fichas mecanográficas en
    continuo**
Continuous tabulating card forms
Cartes mécanographiques en
    continu

Fichas por minuto
Cards per minute
Cartes par minute

Fichero
File
Fichier

Fichero activo
Active file
Fichier actif

Fichero automático
Computerized file
Fichier automatique

Fichero auxiliar
Backing file, Spill file
Fichier auxiliaire

Fichero-carrete de disco
Disk storage file
Fichier-mémoire à disque

Fichero central
Central data base
Fichier central

Fichero central en línea
On line central file
Fichier central en ligne

Fichero comprobado
Validate file
Fichier de validation

Fichero con acceso directo
Direct files
Fichier à accès direct

Fichero con etiqueta
Labelled file
Fichier étiqueté

**Fichero con tasa de movimiento
    elevado**
High activity file
Fichier à taux de mouvement
    élevé

Fichero confidencial
Private data file
Fichier confidentiel

Fichero de acceso al azar
Random (access) file
Fichier à accès sélectif

Fichero de clasificación
Sort file
Fichier de tri

Fichero de clientes
Customer file
Fichier de clients

Fichero de continuación
Continuation file
Fichier de continuation

Fichero de datos
Data file
Fichier de données

Fichero de destino
Destination file
Fichier de destination

Fichero de direcciones
Address file
Fichier d'adresses

Fichero de direcciones de registro
Record address file
Fichier d'adresses
    d'enregistrement

**Fichero de direcciones
    seleccionadas**
Addrout file
Fichier d'adresses sélectionnées

Fichero de entrada
Input file
Fichier d'entrée

Fichero de estructura
Design file
Fichier de structuration

Fichero de existencias
Inventory file, Stock file
Fichier des stocks

Fichero de formato especial
Non standard format file
Fichier de format spécial

Fichero de gestión de los trabajos
Job control file
Fichier de gestion des travaux

Fichero de impresora
Printer file
Fichier d'imprimante

Fichero de intercalación
Collation file
Fichier d'interclassement

**Fichero de introducción de las
    tablas**
Table input file
Fichier d'introduction des tables

Fichero de las comunicaciones
Communications file
Fichier des communications

Fichero de las supresiones
Deletion file
Fichier des suppressions

Fichero de los artículos
Item file
Fichier des articles

Fichero de los estados de imprimir
Report file
Fichier d'états à imprimer

Fichero de los impresos
Forms file
Fichier des imprimés

Fichero de los puntos de control
Checkpoint file
Fichier des points de contrôle

Fichero de los trabajos
Job stream file
Fichier des travaux

Fichero de llamada
From file
Fichier d'appel

Fichero de programas
Program file
Fichier de programmes

Fichero de salida
Output file
Fichier de sortie

Fichero de substitución
Swap file
Fichier de remplacement

Fichero de trabajo
Batch file, Scratch file, Work file
Fichier de travail

Fichero en cinta
File tape reel, Tape file
Bobine de bande de fichier, Fichier
   sur bande

Fichero en cinta de papel
Paper tape file
Fichier sur bande de papier

Fichero en cinta magnética
Magnetic tape file
Fichier sur bande magnétique

Fichero en disco
Disk file
Fichier sur disques

Fichero en disco magnético
Magnetic disk file
Fichier sur disque magnétique

Fichero en fichas
Card file
Fichier sur cartes

Fichero en fichas magnéticas
Magnetic card file
Fichier sur cartes magnétiques

Fichero en fichas perforadas
Punch(ed) card file
Fichier sur cartes perforées

Fichero en filme
Film file
Fichier sur film

Fichero en filme magnético
Magnetic film file
Fichier sur film magnétique

Fichero en imágenes de ficha
Card image file
Fichier en images de carte

Fichero en microfichas
Micro-fiche file
Fichier sur micro-fiches

**Fichero en secuencias
   encadenadas**
Chained sequential file
Fichier en séquences chaînées

Fichero en tambor
Drum file
Fichier sur tambour

Fichero encadenado
Chained file
Fichier chaîné

Fichero histórico
History file
Fichier historique

Fichero inactivo
Dormant file, Inactive file
Fichier inactif

Fichero indexado
Indexed file
Fichier indexé

Fichero invertido
Inverted file
Fichier inversé

Fichero maestro
Main file, Master file
Fichier principal

Fichero maestro actualizado
Updated master file
Fichier permanent mis à jour

Fichero maestro de entrada
Master input file
Fichier permanent d'entrée

Fichero maestro de los programas
Master program file
Fichier général des programmes

Fichero mecanográfico
Computer file, Machine file
Fichier mécanographique

Fichero monocarrete
Single reel file
Fichier monobobine

Fichero movimientos
Amendment file, Change file,
   Detail file, Transaction file
Fichier mouvements

Fichero multicarrete
Multi reel file
Fichier à bandes multiple

Fichero múltiple
Multiple file
Fichier multiple

Fichero multivolumen
Multi volume file
Fichier multi-volume

Fichero organizado en páginas
Paged file
Fichier organisé en pages

Fichero particionado
Partitioned file
Fichier compartimenté

Fichero perforado
Tub file
Fichier perforé

Fichero permanente
Permanent file
Fichier permanent

**Fichero reservado a determinados
   usuarios**
Restricted file
Fichier réservé à certains
   utilisateurs

Fichero resultados
Result file
Fichier résultats

Fichero secuencial
Sequentially ordered file,
   Sequentially organized file
Fichier séquentiel

Fichero secuencial encadenado
Linked sequential file
Fichier séquentiel chaîné

Fichero secuencial indexado
Indexed sequential file
Fichier séquentiel indexé

Fichero standard de entrada
SYSIN
Opération d'entrée

Fichero standard de salida
SYSOUT
Opération de sortie

Fichero texto
Textual file
Fichier texte

Fichero utilizable por todos
Unrestricted file
Fichier utilisable par tous

Figurativo
Figurative
Figuratif

Fijar (Atar)
(to) Fasten, (to) Fix
Fixer (Attacher)

Fila de martillos
Hammer bank
Rangée de marteaux

Filme (Película)
Film
Film (Pellicule)

Filme delgado
Thin film
Film mince

Filme magnético
Magnetic film
Film magnétique

Filme magnético delgado
Magnetic thin film
Film magnétique mince

Filtración
Screening
Filtrage

Filtrar
(to) Filter
Filtrer

Filtro
Filter
Filtre

Fin
End, Purpose
Fin, But

Fin anormal
Abend (Abnormal End)
Fin anormale

Fin de actividad
Termination
Fin d'activité

Fin de bloque
End of block, E.O.B., E.O.B.
Fin de bloc

Fin de bloque de transmisión
End of transmission block, E.T.B., E.T.B.
Fin de bloc de transmission

Fin de campo
End of field
Fin de zone

Fin de carrete
End of reel
Fin de bobine

Fin de cinta
End of tape, Tape trailer, Trailer end
Fin de bande

Fin de datos
End of data, E.O.D., E.O.D.
Fin de données

Fin de fase
End of run, Run-out
Fin de phase

Fin de fichas
End of card, E.O.C., E.O.C.
Fin de cartes

Fin de fichero
End of file, E.O.F.
Fin de fichier

Fin de impresos
End of form
Fin d'imprimés

Fin de línea
End of line, E.O.L., E.O.L.
Fin de ligne

Fin de mensaje
End of message, E.O.M., E.O.M.
Fin de message

Fin de programa
End of program, E.O.P., E.O.P.
Fin de programme

Fin de registro
End of record, E.O.R., Ξ.O.R.
Fin d'enregistrement

Fin de soporte
E.M., End of medium, E.M.
Fin de support

Fin de texto
End of text, E.T.X., E.T.X.
Fin de texte

Fin de trabajo
End of job, E.O.J., E.O.J.
Fin de travail

Fin de transmisión
End of transmission, E.O.T., E.O.T.
Fin de transmission

Fin efectivo de la cinta
Physical end of tape
Fin effective de la bande

Fin próximo de papel
Paper low (condition), Paper out condition
Fin de papier

Fin sobre unidad de control
Control unit end, C.U.E., C.U.E.
Fin sur unité de contrôle

Final
Final
Final

Finalidad
Finality
Finalité

Físico
Physical
Physique

Flanco
Flange, Rim, Side casting
Flasque, Flasque latérale

Flecha vertical
Up arrow
Flèche verticale

Flexibilidad
Flexibility
Flexibilité

Flexibilidad de proceso
Processing flexibility
Souplesse de traitement

Flexibilidad de utilización
Operational flexibility
Souplesse d'utilisation

Flotante
Floating
Flottant

Fluidez
Fluidics
(La) Fluidique

(La) Fluídica
Fluidics
(La) Fluidique

Fluir
(to) Flow
Circuler

Flujo
Flow, Flux
Circulation, Flux

Flujo asíncrono
Asynchronous flow
Débit asynchrone

Flujo binario
Bit rate
Débit binaire

Flujo de datos
Data flow, Data stream
Circulation de données, Débit de
  données

Flujo de entrada
Input stream
Séquence d'entrée

Flujo de la información
Information flow
Circulation de l'information

Flujo de resultados en salida
Output stream
Débit de résultats en sortie

Flujo de trabajo
Work flow
Débit de travail

Flujo de trabajos
Job stack, Job stream
Suite de travaux

Flujo magnético
Magnetic flux
Flux magnétique

Folleto
Booklet, Notice
Notice

Fondo
Bottom
Fond

Fonema
Phoneme
Phonéme

Forma de los impulsos
Pulse shape
Forme des impulsions

Forma de onda
Waveform, Waveshape
Forme d'onde

Forma decimal
Decimal form
Forme décimale

Forma numérica
Numerical form
Forme numérique

Formación sobre el trabajo
On the job training
Formation sur le travail

Formatear un disco
Format a disk
Formatter un disque

Formato a bloque variable
Variable block format
Format à bloc variable

Formato binario
Binary format
Forme binaire

Formato de datos sobre ficha
Card data format
Format de données sur carte

Formato de dirección
Address format
Format d'adresse

Formato de entrada
Input format
Format d'entrée

Formato de etiqueta
Tag format
Format d'étiquette

Formato de ficha
Card format
Format de carte

Formato de impresión
Print(ing) format
Format d'impression

Formato de instrucción
Instruction format, Order format
Format de l'instruction, Format
  d'instruction

**Formato de instrucción con dos
  direcciones**
Two address instruction format
Format d'instruction à deux
  adresses

**Formato de instrucción con tres
  direcciones**
Three address instruction format
Format d'instruction à trois
  adresses

**Formato de instrucción con una
  dirección**
One address instruction format
Format d'instruction à une adresse

**Formato de instrucción de N
  direcciones**
N Address instruction format
Format d'instruction à N adresses

**Formato de instrucción sin
  dirección**
Addressless instruction format,
  Zero address instruction format
Format d'instruction sans adresse

Formato de los datos
Data format, Data layout
Format des données

Formato de registro
Record format
Format d'enregistrement

Formato de salida
Output format
Format de sortie

Formato de tabulación
Tabulation sequential format
Format de tabulation

Formato del sistema con discos
Disk system format
Format du système à disques

Formato del sistema con fichas
Card system format
Format du système à cartes

Formato en longitud fija
F Format
Format en longueur fixe

Formato en longitud variable
V Format
Format en longueur variable

Formato imagen-memoria sobre disco
Disk core image format
Format image-mémoire sur disque

Formato interno
Internal format
Format interne

Formato libre
Free format
Format libre

Formato memoria-imagen sobre ficha
Card core-image format
Format mémoire-image sur carte

Formato no impuesto
Formatless
Format non imposé

Formato normalizado
Standard form
Format normalisé

Formato variable
Variable format
Format variable

Fórmula
Formula
Formule (mathématique)

Fórmula de cálculo de los tiempos
Timing formula
Formule de calcul des temps

Formulario
Form, Imprinted, Printed, Printed form
Formulaire (imprimé), Imprimé

Formulario de formatos
Layout form
Présentation de l'imprimé

Formulario preimpreso
Pre-printed form
Formulaire pré-imprimé

Formulario virgen
Blank form
Formule vierge

Formularios en papel continuo
Continuous stationery
Formulaires en papier continu

Forzar
(to) Force
Forcer

Fotocomposición
Phototypeseting
Photocomposition

Fotoeléctrico
Photoelectric
Photoélectrique

Fotograbado
Photogravure
Photogravure

Fracción
Fixed point part, Fraction, Fractional part, Mantissa
Mantisse, Fraction

Fraccionamiento
Partitioning, Split(ting)
Fractionnement

Fraccionar
(to) Scatter, (to) Split
Fractionner

Fragmentación
Fragmenting
Fragmentation

Fragmentar
(to) Fragment
Fragmenter

Fragmento
Fragment
Fragment

Frase
Sentence
Phrase

Frecuencia
Frequency
Fréquence

Frecuencia acústica
A.F.
Fréquence acoustique

Frecuencia audible
Audio frequency, A.F.
Fréquence acoustique

Frecuencia de base
Base frequency
Fréquence de base

Frecuencia de exploración
Scan rate
Fréquence d'exploration

Frecuencia de impulsos
Pulse frequency
Fréquence d'impulsions

Frecuencia de llamada
Calling frequency
Fréquence d'appel

Frecuencia de modulación
M.F., Modulation frequency, M.F.
Fréquence de modulation

Frecuencia de muestreo
Sampling rate
Fréquence d'échantillonnage

Frecuencia de puntos
Dot cycle
Fréquence de points

Frecuencia de repetición
Repetition rate
Fréquence de répétition

Frecuencia de repetición de las impulsiones
P.R.F.
Fréquence de répétition des impulsions

Frecuencia de repetición de los impulsos
Pulse repetition frequency, P.R.F.
Fréquence de répétition des impulsions

Frecuencia de telescriptor
Teletype grade
Fréquence de téléscripteur

Frecuencia del reloj de ritmo
Clock frequency
Fréquence de l'horloge de rythme

Frecuencia instantánea
Instantaneous frequency
Fréquence instantanée

Frecuencia muy alta
Very high frequency, V.H.F.
Très haute fréquence

Frecuencia muy baja
Very low frequency
Très basse fréquence

Frecuencia nominal
Nominal frequency
Fréquence nominale

Frecuencia telefónica
Telephone frequency
Fréquence téléphonique

Frecuencia ultra alta
Ultra high frequency, U.H.F.
Ultra haute fréquence

Frecuencia vocal
V.F., Voice frequency, V.F.
Fréquence vocale

Frecuenciómetro
Frequency meter
Fréquencemètre

Fuente
Source
Source

Fuente de datos
Data source
Source de données

Fuente de energía.
Power supply
Source d'énergie

Fuera de circuito
Off circuit
Hors circuit

Fuera de límites
Out of bounds
Hors limites

Fuera de tensión
Power off
Hors tension

Fuera línea
Off line
Hors ligne

Fuera uso
Out of use
Hors d'usage

Función
Facility, Function
Fonctions, Fonction

Función algebraica
Algebraic function
Fonction algébrique

Función de borradura
Delete function
Fonction d'effacement

Función de cálculo externo
External arithmetic
Fonction de calcul externe

Función de cambio de nombre
Rename function
Fonction de changement de nom

Función de conmutación
Switching function
Fonction de commutation

Función de control
Control function
Fonction de contrôle

Función de registro cronológico
Log function
Fonction d'enregistrement

Función de transferencia
Transfer function
Fonction de transfert

Función explícita
Explicit function
Fonction explicite

Función exponencial
Exponential function
Fonction exponentielle

Función implícita
Implicit function
Fonction implicite

Función lógica
Logical function
Fonction logique

Función recurrente
Recursive function
Fonction récurrente

Funcional
Functional
Fonctionnel

Funcionamiento alternado
Alternate operation
Fonctionnement alterné

Funcionamiento alterno
Alternating operation
Fonctionnement alternatif

Funcionamiento automático (no vigilado)
Unattended operation
Fonctionnement automatique

Funcionamiento autónomo
Autonomous working, Off line working
Fonctionnement autonome

Funcionamiento en continuo
Continuous operation
Fonctionnement en continu

Funcionamiento en curso
On line working
Fonctionnement en cours

Funcionamiento en longitud múltiple
Multiple length working
Fonctionnement en longueur multiple

Funcionamiento en multiprogramación
Multi program operation
Fonctionnement en multi-programmation

Funcionamiento en semi-duplex
Half duplex operation, Semi-duplex operation
Fonctionnement en semi-duplex

Funcionamiento en serie
Serial operation
Fonctionnement en série

Funcionamiento en tiempo real
Real time operation, Real time working
Fonctionnement en temps réel

Funcionamiento en triple longitud
Triple length working
Fonctionnement en triple longueur

Funcionamiento paso a paso
One shot operation, Single shot operation, Single step operation, Step by step operation
Fonctionnement pas à pas

Funcionamiento secuencial automático
Automatic sequential operation
Fonctionnement séquentiel automatique

Funcionamiento simultáneo
Concurrent working
Fonctionnement simultané

Funcionamiento síncrono
Synchronous operation, Synchronous working
Fonctionnement synchrone

Funcionamiento vigilado
Attended operation
Fonctionnement surveillé

Funcionar
(to) Function, (to) Operate
Fonctions, Fonctionner

Funcionar de manera cíclica
(to) Cycle
Fonctionner de façon cyclique

Funciones de base
Basic functions
Fonctions de base

Fusible
Fuse
Fusible

Fusión
Amalgamation, Merge, Merging
Fusion

Fusión de dos vías
Two way merge
Fusion à deux voies

Fusión de ficheros
File consolidation
Fusion de fichiers

Fusionar
(to) Amalgamate, (to) Coalesce,
(to) Merge, (to) Weave
Fusionner

G

Gama
Range
Gamme

Gama de frecuencias
Frequency range
Gamme de fréquences

Ganancia
Gain
Gain

Ganancia de un amplificador
Amplifier gain
Gain d'un amplificateur

Ganar
(to) Gain
Gagner

Garantía
Warrant
Warrant

Garantía de calidad
Quality assurance
Garantie de qualité

Garrucha motriz
Drive capstan
Poulie motrice

Gastar
(to) Wear
User

Generación
Generation
Génération

Generación automática de caracteres
Auto-fill character
Génération automatique de caractères

Generación automática de claves
Automatic key generation
Génération automatique des indicatifs

Generación de conjuntos de datos
Generation data group
Génération d'ensembles de données

Generación de dirección
Address generation
Génération d'adresse

Generación de estados
Report generation
Génération d'états

Generación de sistema
SYSGEN, System generation
Génération de système

Generación y lanzamiento
Generate and go
Génération et lancement

Generador
Generator
Générateur

Generador de caracteres
Character generator
Générateur de caractères

Generador (de programas) de clasificación
Sort(ing) routine generator
Générateur (de programmes) de tri

Generador de datos de ensayo
Test data generator
Générateur de données d'essai

Generador de errores
Error producing
Générateur d'erreur

Generador de estados
Report generator, R.G., R.G.
Générateur d'états

Generador de funciones
Function generator
Générateur de fonctions

Generador de funciones analíticas
Analytical function generator
Générateur de fonctions analytiques

Generador de funciones arbitrarias
Arbitrary function generator
Générateur de fonctions arbitraires

Generador de funciones con potenciómetros con tomas
Tapped potentiometer function generator
Générateur de fonctions à potentiomètres à prises

Generador de funciones generales
General purpose function generator
Générateur de fonctions polyvalentes

Generador de funciones naturales
Natural function generator
Générateur de fonctions naturelles

Generador de funciones variables
Variable function generator
Générateur de fonctions variables

Generador de fusión
Merge generator
Générateur de fusion

Generador de impulsiones ritmadas
Clock pulse generator
Générateur d'impulsions rythmées

Generador de impulsos
Pulse generator
Générateur d'impulsions

Generador de números aleatorios
Random number generator
Générateur de nombres aléatoires

Generador de programas
Program generator
Générateur de programmes

Generador de programas de clasificación
Sort program generator
Générateur de programmes de tri

Generador de programas de edición
Report program generator, R.P.G., R.P.G.
Générateur de programmes d'édition, Générateur de programmes d'édition

Generador de ritmo
Timer
Générateur de rythme

Generador de ruido parásito
Noise generator
Générateur de bruit parasite

Generador de rutinas de salida
Output routine generator
Générateur de routines de sortie

Generador de trenes de impulsos
Pulse train generator
Générateur de trains d'impulsions

Generador de vectores
Vector generator
Générateur de vecteurs

General
General
Général

Generalidades y funciones
Concepts and facilities
Généralités et fonctions

Generar
(to) Generate, (to) Make up, (to)
Originate
Générer

Gestión
Management
Gestion

Gestión automatizada
Automated management,
Computer assisted
management
Gestion automatisée

Gestión de las existencias
Inventory management, Stock
control, Stock management
Gestion des stocks

**Gestión de las interrupciones al
primer nivel**
First level interrupt handler
Gestion des interruptions au
premier niveau

Gestión de las tareas
Task management
Gestion des tâches

Gestión de las zonas intermedias
Buffer control
Gestion des zones intermédiaires

Gestión de líneas
Line control, Line discipline, Line
management, Line servicing
Gestion de lignes

Gestión de los datos
Data management
Gestion des données

Gestión de los pedidos
Order management
Gestion des commandes

Gestión de los trabajos
Job management
Gestion des travaux

Gestión de memoria auxiliar
Auxiliary storage management
Gestion de la mémoire auxiliaire

**Gestión de producción
automatizada**
Automated production
management
Gestion de production
automatisée

**Gestión de producción ayudada
por ordenador**
Computer aided production
control
Gestion de production assistée par
ordinateur (G.P.A.O.)

Gestión del sistema
System management
Gestion du système

Gestión por excepción
Management by exception
Gestion par exception

Gestionador de las colas
Queue manager, Q.M.
Gesteur des files d'attente

Gestionador de las filas de espera
Q.M.
Gesteur des files d'attente

Gestionador de terminales
Terminal manager
Gestionnaire de terminaux

Giga
Billi
Giga

Gigaciclo
Gigacycle
Gigacycle

Girar
(to) Slew
Faire sauter

Girar sobre un ciclo
(to) Cycle through, (to) Hang up in
a loop
Tourner sur une boucle, Tourner
sur un cycle

Global
Aggregate, Overall
Global

Glosario
Glossary
Glossaire

Golpe
Stroke
Frappe

Golpear
(to) Strike
Frapper

**Grabación acontecimientos del
programa**
P.E.R. (Program Event Recording)
Enregistrement d'événements de
programme

Grabación de datos
Data record(ing)
Enregistrement de données

**Grabación de la medida de un
contador**
Metering
Enregistrement au compteur

Grabación en modulación de fase
Phase encoded recording, Phase
modulation recording
Enregistrement en modulation de
phase

Grabación fuente
Source recording
Enregistrement source

Grabación magnética
Magnetic recording
Enregistrement magnétique

**Grabación polarizada con regreso
a cero**
Polarized return to zero recording
Enregistrement polarisé avec
retour à zéro

**Grabación por grupos de
caracteres**
Group coded recording, G.C.R.
Enregistrement par groupes de
caractères

Grabación sin regreso a cero
Non return to zero recording
Enregistrement sans retour à zéro

**Grabación sin regreso a un nivel
de referencia**
Non return to reference recording
Enregistrement sans retour à un
niveau de référence

Grabado con doble frecuencia
Frequency doubling recording
Enregistrement à double
fréquence

Grabado con haces de electrones
Electron beam recording, E.B.R.
Enregistrement à faisceaux
d'électrons

Grabado con regreso al estado determinado de antemano
Return to bias recording
Enregistrement avec retour à l'état
prédéterminé

Grabado sobre cinta
Tape-recorded
Enregistré sur bande

Grabador
Recorder
Enregistreur

Grabador automático de los movimientos
Automatic transaction recorder
Enregistreur automatique des
mouvements

Grabador con teclado
Key encoder
Enregistreur à clavier

Grabador con tinta
Ink recorder
Enregistreur à encre

Grabador de acontecimientos de programa
Program event recording
Enregistreur d'événements de
programme

Grabador de casete
Cassette recorder
Enregistreur à cassette

Grabador de cinta
Tape recorder
Enregistreur de bande

Grabador de datos
Data encoder, Data inscriber, Data
recorder, Data transcriber
Enregistreur de données

Grabador de datos estadísticos
Statistical data recorder, S.D.R.
Enregistreur de données
statistiques

Grabador de datos magnéticos
Magnetic data inscriber
Enregistreur de données
magnétiques

Grabador de movimientos
Transaction recorder
Enregistreur de mouvements

Grabador de tiempo
Time recorder
Enregistreur de temps

Grabador electromecánico
Electromechanical recorder
Enregistreur électromécanique

Grabador magnético
Magnetic recorder
Enregistreur magnétique

Grabador sobre cinta magnética
Magnetic tape encoder, Magnetic
tape inscriber
Enregistreur sur bande
magnétique

Grabador sobre filme
Film recorder
Enregistreur sur film

Grado de prioridad
Level of priority
Degré de priorité

Graduar
(to) Scale
Graduer

Gráfico
Arrow diagram, Chart, Graph(ic)
Graphique, Schéma, Graphique

Gráfico de la carga
Load graph
Graphique de la charge

Gráfico del camino de la cinta
Ribbon path diagram
Graphique du parcours du ruban

Gráfico no orientado
Non oriented graph
Graphique non orienté

Gráfico orientado
Oriented graph
Graphe orienté

Grande
Large
Grand

Gratuitamente
Tool free
Gratuitement

Grifo
Spigot
Ergot

Grupo
Group, Pool
Groupe

Grupo de 8 bits
Byte
Groupe de 8 bits

Grupo de alimentación
Power pack
Groupe d'alimentation

Grupo de base
Base cluster, Base group
Groupe de base

Grupo de cabezas de lectura / escritura
Head stack
Groupe de têtes de lecture /
écriture

Grupo de casillas
Slot group
Groupe de cases

Grupo de cintas de trabajo
Scratch pool
Groupe de bandes de travail

Grupo de cintas magnéticas
Magnetic tape cluster
Dérouleur de bande magnétique

Grupo de control
Control group
Groupe de contrôle

Grupo de desenrolladores de cinta magnética
Magnetic tape group
Groupe de dérouleurs de bande
magnétique

Grupo de enlaces
Link group
Groupe de liaisons

Grupo de errores
Error burst
Groupe d'erreurs

Grupo de multipletos
Gulp
Groupe de multiplets

Grupo de respuestas
Response set
Groupe de réponses

Grupo de segmentos
Segment set
Groupe de segments

Grupo de unidades de cinta
Tape cluster, Tape group
Groupe de dérouleurs de bande

Grupo secundario
Supergroup
Groupe secondaire

Grupos múltiples
Multiple groups
Groupes multiples

Guía
Guide
Guide

Guía (Conducto)
Slide bar
Guide (Glissière)

Guía cinta
Ribbon guide
Guide ruban

Guía-cinta
Tape guide
Guide-bande

Guía operador
Operator guidance
Guide opérateur

Guía papel
Paper guide
Guide papier

Guías verticales internas
Inner upright guides
Guides verticaux internes

Guillotina
Guillotine, Paper cutter, Paper
trimmer
Massicot

**Guillotina para impresos
continuos**
Continuous form guillotine
Massicot pour imprimés en
continu

Guión
Hyphen
Trait d'union

H

Habilitar
(to) Enable, (to) Vet
Valider

Hacer automáticamente un índice
(to) Auto index
Etablir automatiquement un index

Hacer espaciados
(to) Space fill, (to) Space pad
Faire des espacements

Hacer estadísticas
(to) Compile statistics
Faire des statistiques

Hacer la prueba de los nueve
(to) Cast out nines
Faire la preuve par neuf

Hacer muescas
(to) Notch
Encocher

Hacer obsoleto
(to) Obsolete
Mettre hors d'usage

Hacer pedido
(to) Call for
Faire appel

Hacer perforaciones múltiples
(to) Multi punch
Faire des perforations multiples

Hacer un acarreo
(to) Carry
Faire un report

Hacer un ciclo
(to) Loop
Faire une boucle

Hacer un ensayo
(to) Prove
Faire un essai

Hacer un error de cálculo
(to) Miscalculate
Faire une erreur de calcul

Hacer un error de clasificación
(to) Misfile, (to) Misplace, (to)
   Missort
Faire une erreur de classement,
   Faire une erreur de tri

Hacer un error de comparación
(to) Mismatch
Faire une erreur d'assortiment

Hacer un error de recuento
(to) Miscount
Faire une erreur de comptage

Hacer un espaciado hacia adelante
(to) Space forward
Faire un espacement en avant

Hacer un espaciado hacia atrás
(to) Space backward
Faire un espacement arrière

Hacer un inventario
(to take a) Inventory
Faire un inventaire

Hacer un organigrama de bloques
(to) Block diagram
Faire un organigramme par blocs

Hacer un resumen automático
(to) Auto-abstract
Faire un résumé automatique

**Hacer un salto después de
   impresión**
(to) Postlew
Faire un saut après impression

Hacer un salto o espacio adelante
(to) Forward space
Faire un saut en avant

Hacer un volcado o vaciado
(to) Dump
Faire un vidage

Hacer una bifurcación
(to take a) Branch, (to) Take a
   branch
Exécuter un branchement, Faire un
   branchement

**Hacer una comprobación por
   sondeo**
(to) Spot check
Faire un contrôle par sondage

Hacer una falsa maniobra
(to) Mishandle
Faire une fausse manoeuvre

Hacer una intersección lógica
(to) And
Faire une intersection logique

Hacer una inversión
(to) Negate
Faire une inversion

Hacer una lectura hacia atrás
(to) Read backward
Faire une lecture arrière

Hacer una lectura no destructiva
(to) Regeneratively read
Faire une lecture non destructive

Hacer una operación horizontal
(to) Crossfoot
Faire une opération horizontale

Hacer una perforación sumaria
(to) Summary punch
Faire une perforation récapitulative

Hacer una reunión lógica
(to) Or
Faire une réunion logique

Hacer uso de
(to) Make use of
Faire usage de

Hacia la izquierda
Leftward
Vers la gauche

Haz
Beam
Faisceau

Haz regenerador
Holding beam
Faisceau régénérateur

Hecho a medida
Tailor made
Adapté spécialement

Hendidura
Gash
Fente

Heredado
Inherited
Hérité

(La) Heurística
Heuristics
(L') Heuristique

Heurístico
Heuristic
Heuristique

Hexadecimal
Hexadecimal, Sexadecimal
Hexadécimal

Híbrido
Hybrid
Hybride

Hilera
Throat
Filière

Hilera
Row
Rangée

Hilera de control
Check row
Rangée de contrôle

Hilera de errores
Error range
Rangée d'erreurs

Hilo
Wire
Fil

Hilo con tensión
Live wire
Fil sous tension

Hilo de conexión
Plug cord
Fil de connexion

Hilo de escritura
Write winding
Fil d'écriture

Hilo de ficha de conexión
Jumper wire
Fil de fiche de connexion

Hilo de inhibición
Inhibit(ing) wire
Fil d'interdiction

Hilo de lectura
Read wire, Sense winding, Sense
wire
Fil de lecture

Hilo de mando
Drive winding, Drive wire
Fil de mise en marche

Hilo de tierra
Ground conductor
Fil de terre

Hilo magnético
Magnetic wire
Fil magnétique

Histéresis
Hysteresis
Hystérisis

Histograma
Histogram
Histogramme

Histórico
History
Historique

Hoja
Sheet
Feuille

Hoja de organigrama
Flowcharting worksheet
Feuille d'établissement
d'organigramme

Hoja de control
Control sheet
Feuille de contrôle

**Hoja de definición de los registros
y de las zonas**
Record and field definition form
Feuille de définition des
enregistrements et des zones

Hoja de diario máquina
Crunch
Feuille de journal machine

Hoja de disposición física
Layout sheet
Présentation de la feuille

Hoja de especificaciones
Specification sheet
Feuille de spécifications

**Hoja de especificaciones de
cálculo**
Calculation specifications sheet
Feuille de spécifications de calcul

**Hoja de especificaciones del
formato de salida**
Output format specifications sheet
Feuille des spécifications du
format de sortie

Hoja de grabación de los errores
Console error log sheet
Feuille de signalement des erreurs

Hoja de organigrama de datos
Data flow sheet
Feuille d'organigramme de
données

Hoja de programación
Code sheet, Coding form, Coding
sheet, Programming form,
Program(ming) sheet
Feuille de programmation

**Hoja de programación de las
etiquetas**
Label information coding sheet
Feuille de programmation des
étiquettes

**Hoja de programación de los
trabajos**
Work sheet
Feuille de programmation des
travaux

Hoja de referencia
Master answer sheet
Feuille de référence

Hoja de trabajo
Run sheet
Feuille de travail

Hoja-documento
Data sheet
Feuille-document

Hoja-modelo
Format sheet
Feuille-modèle

Hoja para trazado de registro
Record layout form
Feuille pour tracé
d'enregistrement

**Hoja recapitulativa de los
indicativos**
Indicator summary form
Feuille récapitulative des
indicatifs

Hojas de diario máquina
Console run sheets
Feuilles de journal
machine

Holografía
Holography
Holographie

Holográfico
Holographic
Holographique

Holograma
Hologram
Hologramme

Homeostasis
Homeostasis
Homéostasie

Homogéneo
Homogeneous
Homogène

Hora de cierre
Closing time
Heure de fermeture

Hora punta
Busy hour
Heure de pointe

Horas de utilización
Service hours
Heures d'utilisation

Horas efectivas
Clock hours
Heures effectives

Horizontal
Horizontal
Horizontal

Humedad
Humidity
Humidité

Hundimiento
Depression
Enfoncement

I

Identificable
Recognizable
Identifiable

Identificación
Identification
Identification

Identificación de fichero
File identification, Identification file
Identification de fichier

Identificación de la interrupción de las entradas / salidas
Input / output interrupt identification
Identification d l'interruption des entrées / sorties

Identificador
Identifier
Identificateur

Identificador de comunicación
Communication identifier
Identificateur de communication

Identificador del espacio de dirección
Address space identifier
Identificateur d'espace d'adresse

Identificador del uso de los datos
Data use identifier
Identificateur de l'emploi des données

Identificar
(to) Identify, (to) Recognize
Identifier

Igual
Equal
Egal

Igualación
Equalization
Egalisation

Igualar
(to) Equalize, (to) Equate, (to) Even, (to) Match
Egaliser, Egaler

Igualdad
Compare equal, Equal comparison, Evenness
Egalité

Igualmente
Evenly
A parité

Ilegalmente
Illegally
Illégalement

Ilimitado (No restringido)
Uncontrolled
Illimité (Non restreint)

Imagen
Image, Picture
Image

Imagen binaria
Binary image
Image binaire

Imagen codificada
Coded image
Image codée

Imagen de ficha
Card image, Card record
Image de carte

Imagen de filme montada sobre ficha con ventana
Card mounted film image
Image de film montée sur carte à fenêtre

Imagen de la cadena
Chain image
Image de la chaîne

Imagen de la marca
Company image
Image de marque

Imagen de la memoria de núcleos
Core storage image
Image de la mémoire à tores

Imagen-memoria sobre disco
D.C.I., Disk core image, D.C.I.
Image-mémoire sur disque

Imagen residente
Resident image
Image résidante

Imán anular
Annular magnet
Aimant annulaire

Imbricado
Nested
Imbriqué

Imbricar
(to) Nest
Imbriquer

Impar
Odd
Impair

Imparidad
Odd (ones) parity
Imparité

Impedancia
Impedance
Impédance

Impedancia de entrada
Input impedance
Impédance d'entrée

Impedancia de reacción
Feedback impedance
Impédance de réaction

Impedancia de salida
Output impedance
Impédance de sortie

Impedancia terminal
Terminal impedance
Impédance terminale

Impedir
(to) Disenable, (to) Inhibit, (to) Prevent
Empêcher

Impedir el acceso a
(to) Deny access to
Empêcher l'accès à

Impermeable
Waterproof
Imperméable

Implantación
Siting
Implantation

Implantar
(to) Plant, (to) Site
Implanter

Implicación
Implication
Implication

Implicación material
Material implication
Implication matérielle

Implicado
Involved
Impliqué

Implicar
(to) Imply, (to) Involve
Impliquer

Implícito
Implicit
Implicite

Imponderado
Unweighed
Impondéré

Importe
Amount
Montant

Impresión
Print(ing)
Impression

Impresión al vuelo
On the fly printing
Impression à la volée

Impresión de detalles
Detail printing
Impression de détails

Impresión de dirección
Address printing
Impression d'adresse

Impresión de la fecha y de la hora
Time stamping
Impression de la date et de l'heure

Impresión de la memoria
Memory print, Storage print
Impression de la mémoire

Impresión de símbolos de protección
Protective printing
Impression de symboles de protection

Impresión de un fichero
File print
Impression d'un fichier

Impresión del contenido de la memoria
Memory print out
Impression du contenu de la mémoire

Impresión del diario
Journal printing
Impression du journal

Impresión del fondo
Background printing
Impression du fond

Impresión diferida
Deferred printing
Impression différée

Impresión dinámica
Dynamic print-out
Impression dynamique

Impresión en el extremo de la ficha
End printing
Impression en bout de carte

Impresión estática
Static printout
Impression statique

Impresión línea a línea
Line (at a time) printing
Impression ligne par ligne

Impresión no alineada
Print skew
Impression non alignée

Impresión no prioritaria
Background printing
Impression du fond

Impresión por grupos
Group printing
Impression par groupes

Impresión por puntos
Dot printing
Impression par points

Impresión selectiva
Snapshot printout
Impression sélective

Impresión sobre fichas
Card printing
Impression sur cartes

Impresión sobre varias líneas
M.L.P., Multiple line printing, M.L.P.
Impression sur plusieurs lignes

Impreso
Form, Imprinted, Printed, Printed form
Formulaire (imprimé), Imprimé

Impreso de demostración
Demonstration form
Imprimé de démonstration

Impreso de descripción de un informe
Report description form, Report format form
Imprimé de description d'un état

Impreso de dibujo de ficha
Card form
Imprimé de dessin de carte

Impreso de extracto de cuenta
Account form
Imprimé de relevé de compte

Impreso en continuo
Continuous form, Endless form
Imprimé en continu

Impreso especial
Custom form
Imprimé spécial

Impreso lanzadera
Turn around form
Imprimé navette

Impreso mecanográfico
Business form
Imprimé mécanographique

Impreso normalizado
Normalized form
Imprimé normalisé

Impreso para cinta piloto
Tape-loop layout sheet
Imprimé pour bande pilote

Impreso para programación
Program form
Imprimé pour programmation

Impreso utilizable por ordenador
Computer ready form, Computer usable form
Imprimé exploitable par ordinateur

Impresora
Imprinter, Printer, PRT, PRT
Imprimante

Impresora al vuelo
Hit on the fly printer, Hit on the run printer, On the fly printer
Imprimante à la volée

Impresora carácter por carácter
Single character printer
Imprimante caractère par caractère

Impresora con barra horizontal
Incremental bar printer
Imprimante à barre horizontale

Impresora con barras
Bar printer
Imprimante à bâtonnets

Impresora con cadena
Chain printer
Imprimante à chaîne

Impresora con cilindro
Print wheel printer
Imprimante à cylindre

Impresora con chorro de tinta
Ink jet printer
Imprimante à jet d'encre

Impresora con doble alimentación de papel
Dual paper feed printer
Imprimante à double alimentation de papier

Impresora con esfera
Golf ball printer
Imprimante à boule

Impresora con estilete
Stylus printer
Imprimante à stylet

Impresora con hilos
Wire printer
Imprimante à fils

Impresora con lanzadera
Shuttle printer
Imprimante à navette

Impresora con matriz
Matrix printer, Wire matrix printer
Imprimante à matrice

Impresora con percusión
Impact printer
Imprimante à percussion

Impresora de control
Monitor printer
Imprimante de contrôle

Impresora de documentos en hojas separadas
Document cut form printer
Imprimante de documents en feuilles séparées

Impresora de pupitre
Console printer
Imprimante de pupitre

Impresora de salida
Output printer
Imprimante de sortie

Impresora de supervisión
Supervisory printer
Imprimante de supervision

Impresora de tambor
Drum printer
Imprimante à tambour

Impresora digital
Digital output printer
Imprimante numérique

Impresora electrostática
Electrostatic printer
Imprimante électrostatique

Impresora en serie
Serial printer
Imprimante en série

Impresora línea a línea
Line (at a time) printer
Imprimante ligne par ligne

Impresora multicinta
Multiple tape lister
Imprimante multi-bande

Impresora página por página
Page (at-a-time) printer
Imprimante page par page

Impresora paralela
Parallel printer
Imprimante parallèle

Impresora por puntos
Dot printer, Mosaic printer
Imprimante par points

Impresora rápida
High-speed printer, H.S.P., H.S.P.
Imprimante rapide

Impresora sin percusión
Impactless printer, Non impact printer
Imprimante sans percussion, Imprimante non à percussion

Impresora sobre fichas
Card printer
Imprimante sur cartes

Impresora sobre microfilme
Microfilm printer
Imprimante sur micro-film

Impresora térmica
Thermal printer
Imprimante thermique

Impresora video
Video printer
Imprimante vidéo

Impresora xerográfica
Xerographic printer
Imprimante xérographique

Impresos mecanográficos
Computer forms, Tab(ulating) forms
Imprimés mécanographiques

Impresos separados
Burst forms
Imprimés séparés

Imprimir
(to) Impress, (to) Imprint, (to) Print
Imprimer

Imprimir en xerografía
(to) Xerox
Imprimer en xérographie

Imprimir sobre teleimpresora
(to) Teletypewrite
Imprimer sur téléimprimante

Imprimir únicamente los totales
(to) Print totals only
Imprimer uniquement les totaux

Imprimir varias veces seguidamente
(to) Continue reappear
Imprimer plusieurs fois de suite

Impulsador del papel
Paper jogger
Taqueuse

Impulsión
Impulse, Poop
Impulsion

Impulsión de mando de intensidad integral
Full drive pulse
Impulsion de commande d'intensité intégrale

Impulsión de mando de lectura integral
Full read pulse
Impulsion de commande de lecture intégrale

Impulsión de mando de registro integral
Full write pulse
Impulsion de commande d'enregistrement intégral

Impulsión de perturbación después de escritura
Postwrite disturb pulse
Impulsion de perturbation après écriture

Impulsión de semi-intensidad
Half pulse
Impulsion de semi-intensité

Impulsiones por pulgada
P.P.I.
Impulsions par pouce

Impulso de arrastre
Sprocket pulse
Impulsion d'entraînement

Impulso de arrastre parcial
Partial drive pulse
Impulsion d'entraînement partiel

Impulso de conmutación
Commutator pulse, Switching pulse
Impulsion de commutation

Impulso de dígito
Digit pulse
Impulsion de chiffre

Impulso de emisión
Emitter pulse
Impulsion d'émission

Impulso de escritura
Write pulse, Writing pulse
Impulsion d'écriture

Impulso de fin de escritura
Write strobe
Impulsion de fin d'écriture

Impulso de habilitación
Enable pulse
Impulsion de validation

Impulso de inhibición
Inhibit pulse
Impulsion d'interdiction

Impulso de interrogación
Interrogating pulse
Impulsion d'interrogation

Impulso de lectura
Read(ing) pulse
Impulsion de lecture

Impulso de lectura parcial
Partial read pulse
Impulsion de lecture partielle

Impulso de mando
Drive pulse, Set pulse
Impulsion de mise en marche

Impulso de posición
P Pulse
Impulsion de position

Impulso de restauración
Reset pulse
Impulsion de rétablissement

Impulso de sincronización
Synchronizing pulse, Timing pulse
Impulsion de synchronisation

Impulso de supresión
Blanking pulse
Impulsion de suppression

Impulso de transmisión
Drive impulse
Impulsion de transmission

Impulso eléctrico
Electric(al) pulse
Impulsion électrique

Impulso parcial de escritura
Partial write pulse
Impulsion partielle d'écriture

Impulso por pulgada
Pulses per inch, P.P.I.
Impulsions par pouce

Impulso que permite el paso de una parte de señal
Strobe pulse
Impulsion qui permet le passage d'une partie de signal

Impulso sonoro
Sound pulse
Impulsion sonore

Impureza
Impurity
Impureté

Inaccesible
Irretrievable
Inaccessible

Inactividad
Idle
Inactivité

Inactivo
Inactive, Inoperative
Inactif

Inadecuado
Inadequate
Inadéquat

Inalterado
Unaltered
Inaltéré

Incalculable
Sumless
Incalculable

Incidente
Failure, Fault, Hitch, Incident, Trouble
Incident

Incidente de la cabeza de lectura
Head crash
Incident de la tête de lecture

Incidente de lectura
Read alert
Incident de lecture

Incidente de máquina
Hardware failure, Machine fault
Incident de machine

Incidente de perforación
Punch alert
Incident de perforation

Incidente detectable por programa
Program sensitive fault
Incident décelable par programme

Incidente detectado por una determinada disposición de los datos
Pattern sensitive fault
Incident détecté de par une certaine disposition des données

Incidente intermitente
Intermittent fault / failure
Incident intermittent

Incidente técnico sobre cinta magnética
Cinching
Incident technique sur bande magnétique

Inclinación de la línea
Line skew
Inclinaison de la ligne

Inclinar
Tilt
Mise en travers

Incluir
(to) Count in, (to) Include, (to) Nest, (to) Sum
Inclure, Ajouter

Inclusión
Inclusion
Inclusion

Inclusión condicional
Conditional implication operation
Inclusion conditionnelle

Inclusivo
Inclusive
Inclusif

Incoherente
Inconsistent
Incohérent

Incompatibilidad
Conflicting, Inconsistency
Incompatibilité

Incompleto
Incomplete
Incomplet

Incondicional
Unconditional
Inconditionnel

Incondicionalmente
Unconditionally
Inconditionnellement

Incorporado
Built-in, Self-contained
Incorporé

Incorporar a
(to) Build into
Incorporer à

Incremental
Incremental
Incrémentiel

Incrementar
(to) Increase, (to) Increment
Incrémenter

Incremento
Increment, Incrementation, Interval
Incrément, Pas de progression

Indemnización
Indemnity
Indemnité

Independiente
Independent, Stand-alone
Indépendant

Independiente de la configuración
Configuration independent
Indépendant de la configuration

Independiente de un dispositivo
Device independent
Indépendant d'un dispositif

Independiente del tipo de máquina
Machine-independent
Indépendant du type de machine

Independiente del tipo de ordenador
Computer independent
Indépendant du type d'ordinateur

Indescifrable
Undecipherable
Indéchiffrable

Indexación
Indexing
Indexation

Indexación en fichas
Card indexing
Mise sur cartes

Indexado
Indexed
Indexé

Indicación
Designation, Indication
Indication

Indicación de base
Base notation, Defining base
Indication de base

Indicación de grupo
First item list, Group indicate
Indication de groupe

Indicación de signo negativo
Negative indication
Indication de signe négatif

Indicador
Designator, Indicator
Indicateur

Indicador de acondicionamiento de un fichero
File conditioning indicator
Indicateur de conditionnement d'un fichier

Indicador de anulación
Cancel indicator
Indicateur d'annulation

Indicador de columna
Column indicator
Indicateur de colonne

Indicador de condición
Condition indicator
Indicateur de condition

Indicador de continuación
Continuation indicator
Indicateur de continuation

Indicador de control
Check indicator
Indicateur de contrôle

Indicador de control de lectura-escritura
Read-write check indicator
Indicateur de contrôle de lecture-écriture

Indicador de control de signo
Sign check indicator
Indicateur de contrôle de signe

Indicador de desbordamiento de capacidad
Overflow indicator
Indicateur de dépassement de capacité

Indicador de duplicación automática
Auto-dup indicator
Indicateur de duplication automatique

Indicador de encadenamiento
Routing indicator
Indicateur d'acheminement

Indicador de encadenamiento de los comandos
Chain command flag
Indicateur de chaînage des commandes

Indicador de encadenamiento de los datos
Chain data flag
Indicateur de chaînage des données

Indicador de error
Error flag
Indicateur d'erreur

Indicador (luz) de fase
Phase light
Indicateur de phase

Indicador de fin de campo
End field indicator, End of field
   marker
Indicateur de fin de zone

Indicador de fin de cinta
End of tape marker
Indicateur de fin de bande

Indicador de fin de datos
End of data marker
Indicateur de fin de données

Indicador de fin de fichero
End of file indicator
Indicateur de fin de fichier

Indicador de función
Role indicator
Indicateur de fonction

Indicador de igual a cero
Equal zero indicator
Indicateur de égal à zero

Indicador de nivel
Level indicator
Indicateur de niveau

Indicador de nivel de control
Control level indicator
Indicateur de niveau de contrôle

Indicador de nivel inferior
Lower level indicator
Indicateur de niveau inférieur

Indicador de nivel superior
Higher level indicator
Indicateur de niveau supérieur

Indicador de parada
Halt indicator
Indicateur d'arrêt

Indicador de petición
Bid indicator
Indicateur de demande

Indicador de pila
Stack pointer
Indicateur de pile

Indicador de prioridad
Priority indicator
Indicateur de priorité

Indicador de registro
Register designator
Indicateur de registre

Indicador de registro coincidente
Matching record indicator
Indicateur d'article correspondant

Indicador de ruptura de cinta
Broken tape indicator
Indicateur de rupture de bande

Indicador de salida
Output indicator
Indicateur de sortie

Indicador de signo negativo
Negative indicator
Indicateur de signe négatif

Indicador de zona
Definer, Field definer, Field
   indicator
Indicateur de zone

Indicador de zona válida
Field valid Bit
Indicateur de zone valide

Indicador externo
External indicator
Indicateur externe

Indicador luminoso
Signal lamp, Signal light
Voyant lumineux

Indicador luminoso en dos partes
Split field light
Voyant en deux parties

Indicador positivo
Positive indicator
Indicateur positif

**Indicadores de interrupción de las
   entradas / salidas**
Input / output interrupt indicators
Indicateurs d'interruption des
   entrées / sorties

Indicar
(to) Designate, (to) Flag, (to)
   Indicate
Indiquer

Indicativo
Indicative, Key, Signal
Indicatif

Indicativo de búsqueda
Search key
Indicatif de recherche

Indicativo de fin de fichero
End of file spot
Indicatif de fin de fichier

Indicativo de fin de zona
End of area flag
Indicatif de fin de zone

Indicativo de fusión
Merge key
Indicatif de fusion

Indicativo de intervención
Action indicator
Indicatif d'intervention

**Indicativo (de protección) de la
   memoria**
Storage key
Indicatif (de protection) de la
   mémoire

Indicativo de llamada
Call(ing) signal
Indicatif d'appel

Indicativo de mando
Command key
Indicatif de commande

Indicativo de ordenación
Sort (control) key
Indicatif de tri

Indicativo de perforación
Punching key
Indicatif de perforation

Indicativo de protección
Protection key, Punching key
Indicatif de protection

Indicativo de secuencia
Sequence key
Indicatif de séquence

Indicativo menor
Minor key
Indicatif mineur

Indicativo real
Actual key
Indicatif réel

Índice
Index
Index

Índice acumulativo
Cumulative index
Index cumulatif

Índice automático
Auto-index
Index automatique

Índice de calidad
Quality index
Indice de qualité

Índice de las páginas
Page directory
Index des pages

Índice de las pistas
Track index
Index des pistes

Índice de los cilindros
Cylinder index
Index des cylindres

Índice de permutación
Permutation index
Index de permutation

Índice del volumen
Volume table of contents, V.T.O.C.
Table des matières du volume

Indice del volumen
V.T.O.C.
Table des matières du volume

Índice detallado
Fine index
Index détaillé

Índice general
Gross index
Index général

Índice maestro
Master index
Index principal

Índice secundario
Secondary index
Index secondaire

Indirecto
Indirect
Indirect

Indisponible
Unavailable
Indisponible

Individual
Individual
Individuel

Inducción
Induction
Induction

Inducción magnética
Magnetic induction
Induction magnétique

Inducir
(to) Induce
Induire

Inductancia
Inductance
Inductance

Inductor
Inductor
Inducteur

Inestabilidad
Hunting
Instabilité

Inestabilidad de una señal
Jitter
Instabilité d'un signal

Inestable
Fickle
Instable

Inferencia
Inference
Inférence

Información
INFO, Information
Information

Información alfanumérica
Alphanumeric(al) information
Information alphanumérique

Información cuantjficada
Quantitative information
Masse d'informations

Información de control
Control information
Information de contrôle

Información de gestión
Administrative information
Information de gestion

Información de secuencia
Sequence information
Information de séquence

Información de texto
Textual information
Information avec texte

**Información detectable por
    máquina**
Machine sensible information
Information détectable par
    machine

Información en código máquina
Machine script, Script
Information en code machine

Información errónea
Misinformation
Information erronée

Información fuente
Source information
Information de source

Información indicativa
Indicative information
Information indicative

Información intermedia
Pass information
Information intermédiaire

Información maestra
Master information
Information majeure

Información numérica
Numerical information
Information numérique

**Información que no hay que
    procesar**
Non data information
Information à ne pas traiter

**Información sobre el estado de la
    unidad**
Unit status information
Information sur l'état de l'unité

**Información varia, información
    miscelánea**
Miscellaneous information
Informations diverses

Información variable
Variable information
Information variable

(La) Informática
Data processing (world),
    Information science
(L') Informatique

Informática (como ciencia)
Computer engineering, Computer
    science, Information science
Génie informatique

Informática de gestión
Business computing
Informatique de gestion

Informática industrial
Industrial data processing
Informatique industrielle

Informe (Estado)
Report
Rapport (Etat)

Informe de desarrollo de los trabajos
Progress report
Rapport de déroulement des travaux

Informe de incidente
Trouble report
Rapport d'incident

Informe de las existencias
Stock status report
Etat des stocks

Informe de los beneficios anuales
Yearly earnings report
Etat des déclarations annuelles

Informe de malfuncionamiento
Malfunction report
Rapport de mauvais fonctionnement

Informe de progreso de los trabajos
Job progress report
Etat d'avancement des travaux

Informe de salida
Output report
Rapport en sortie

Informe estadístico
Statistical report
Etat statistique

Informe mecanografiado
Computerized report
Rapport mécanographié

Informe mecanográfico
Computer produced report, Machine prepared report
Etat mécanographique, Etat mécanographié

Informe recapitulativo
Summary report
Etat récapitulatif

Ingeniero de programación
Software engineer
Ingénieur de programmation

Ingeniero en informática
Computer engineer, Information engineer
Ingénieur en informatique

Ingeniero en lógica
Logic engineer
Ingénieur logicien

Inherente
Inherent
Inhérent

Inhibición
Inhibiting
Interdiction

Iniciador
Initiator
Initiateur

Inicial
Inceptive, Initial
Initial

Inicialización
Initialization, Initiation
Initialisation

Inicialización de la memoria
Storage initialization
Initialisation de la mémoire

Inicialización de un programa único
Single program initiation, S.P.I., S.P.I.
Initialisation d'un programme unique

Inicialización del contador de posiciones
Set location counter, S.L.C., S.L.C.
Initialisation du compteur de positions

Inicialización primaria
Primary initialization
Initilisation primaire

Inicializar
(to) Initialize
Initialiser

Inicializar a un valor
(to) Initialize to a value
Initialiser à une valeur

Inmediato
Immediate
Immédiat

Inminente
Impending
Imminent

Inmovilización
Look up, Standstill
Immobilisation

Inmovilizar
(to) Tie up
Immobiliser

Inscribir
(to) Book, (to) Inscribe, (to) Post
Inscrire

Inscripción-máquina
Idiomatic feature
Inscription-machine

Inserción
Insert, Insertion
Insertion

Insertar
(to) Insert, (to) Switch in
Insérer

Insertar en una línea
(to) Edit into a line
Insérer dans une ligne

Insonorización
Acoustic treatment, Sound proofing
Insonorisation

Insonorizado
Quieted
Insonorisé

Insonoro
Sound proof
Insonore

Instalación
Installation
Installation

Instalación de los ordenadores
Installation of computers
Installation des ordinateurs

Instalación interna
Lobby
Installation intérieure

Instalaciones
Facilities
Installations

Instalaciones de proceso de los datos
Data processing facilities
Installations de traitement des données

Instalaciones de seguridad
Back-up facilities
Installations de secours

Instalar
(to) Fix up, (to) Install
Installer

Instante de referencia
Reference time, Time origin
Instant de référence

Instantes significativos
Significant instants
Instants significatifs

Instrucción
Instruction, Statement
Instruction

Instrucción absoluta
Absolute instruction
Instruction absolue

Instrucción alfanumérica
Alphanumeric(al) instruction
Instruction alphanumérique

Instrucción aritmética
Arithmetic(al) instruction,
Arithmetic(al) statement
Instruction arithmétique

Instrucción con cuatro direcciones
Four address instruction
Instruction à quatre adresses

Instrucción con dirección múltiple
Multi(ple) address instruction
Instruction à adresse multiple

Instrucción con dos direcciones
Two address instruction
Instruction à deux adresses

Instrucción con dos direcciones más una
Two plus one address instruction
Instruction à deux adresses plus une

Instrucción con operando directo
Direct instruction
Instruction à opérande directe

Instrucción con recuento condicional
Count conditional statement
Instruction avec comptage

Instrucción con tres direcciones
Three address instruction
Instruction à trois adresses

Instrucción con una dirección
One address instruction, Single address instruction
Instruction à une adresse

Instrucción con una dirección más una
One over one address instruction
Instruction à une adresse plus une

Instrucción condicional
Discrimination instruction
Instruction conditionnelle

Instrucción de adición
Add instruction
Instruction d'addition

Instrucción de asignación
Assignment statement
Instruction d'affectation

Instrucción de base
Basic instruction
Instruction de base

Instrucción de bifurcación
Branch instruction
Instruction de branchement

Instrucción de bifurcación (de salto)
Jump instruction
Instruction de branchement (de saut)

Instrucción de bifurcación condicional
Conditional jump instruction
Instruction de branchement conditionnel

Instrucción de código máquina
Machine code instruction
Instruction de code machine

Instrucción de conservación
Hold instruction
Instruction de conservation

Instrucción de consulta de tabla
Table look-up instruction
Instruction de consultation de table

Instrucción de decisión
Decision instruction
Instruction de décision

Instrucción de declaración
Declarative statement
Instruction de déclaration

Instrucción de definición de datos
Data definition statement
Instruction de définition de données

Instrucción de desplazamiento del acumulador
Accumulator shift instruction
Instruction de décalage émise par l'accumulateur

Instrucción de dirección una más una
One plus one address instruction
Instruction d'adresse une plus une

Instrucción de ejecución
Executable statement, Execution instruction
Instruction d'exécution

Instrucción de extracción
Extraction instruction
Instruction d'extraction

Instrucción de inicialización
Initializing instruction
Instruction d'initialisation

Instrucción de introducción
Entry instruction
Instruction d'introduction

Instrucción de llamada
Call instruction
Instruction d'appel

Instrucción de mando
Command statement
Instruction de commande

Instrucción de N direcciones más una
N Plus one address instruction
Instruction à N adresses plus une

Instrucción de no impresión
Non-print instruction
Instruction de non impression

Instrucción de no operación
No notching instruction, No op instruction, Non operation(al) instruction
Instruction de non opération

Instrucción de organización
Specification statement
Instruction d'organisation

Instrucción de parada
Halt instruction, Stop instruction
Instruction d'arrêt

Instrucción de parada condicional
Conditional stop instruction
Instruction d'arrêt conditionnel

Instrucción de parada facultativa
Optional halt instruction, Optional
stop instruction
Instruction d'arrêt facultatif

Instrucción de programa
Program instruction
Instruction de programme

**Instrucción de punto de
interrupción**
Breakpoint instruction
Instruction de point d'interruption

**Instrucción de punto de
interrupción condicional**
Conditional breakpoint instruction
Instruction de point d'interruption
conditionnel

Instrucción de repetición
Repetition instruction
Instruction de répétition

Instrucción de retorno
Return instruction
Instruction de renvoi

Instrucción de salto
Skip instruction
Instruction de saut

**Instrucción de salto (o bifurcación)
condicional**
Conditional branch instruction
Instruction de saut (ou
branchement) conditionnel

**Instrucción de salto emitida por el
acumulador**
Accumulator jump instruction
Instruction de saut émise par
l'accumulateur

Instrucción de salto incondicional
Unconditional branch instruction,
Unconditional jump instruction
Instruction de saut inconditionnel

Instrucción de supervisión
Supervisory instruction
Instruction de supervision

Instrucción de transferencia
Move instruction, Transfer
instruction
Instruction de transfert

**Instrucción de transferencia
condicional**
Conditional transfer instruction
Instruction de transfert
conditionnel

**Instrucción de transferencia de
control condicional**
Conditional control transfer
instruction
Instruction de transfert de contrôle
conditionnel

**Instrucción de transferencia de
control**
Control transfer instruction
Instruction de transfert de contrôle

**Instrucción de transferencia de
control incondicional**
Unconditional control transfer
instruction
Instruction de transfert de contrôle
inconditionnel

**Instrucción de transferencia de la
información**
Information moving instruction
Instruction de transfert de
l'information

**Instrucción de transferencia del
acumulador**
Accumulator transfer instruction
Instruction de transfert émise par
l'accumulateur

**Instrucción de transferencia
incondicional**
Unconditional transfer instruction
Instruction de transfert
inconditionnel

Instrucción efectiva
Effective instruction
Instruction effective

Instrucción ficticia
Blank instruction, Do-nothing
instruction, Dummy instruction
Instruction fictive, Instruction
factice

Instrucción imperativa
Imperative statement
Instruction impérative

Instrucción indicada
Subject instruction
Instruction indiquée

Instrucción inmediata
Immediate instruction
Instruction immédiate

Instrucción lógica
Logic(al) instruction
Instruction logique

Instrucción manuscrita
Hand written instruction
Instruction manuscrite

Instrucción máquina
Computer instruction, Machine
instruction
Instruction machine

Instrucción no modificada
Unmodified instruction
Instruction non modifiée

Instrucción no privilegiada
Non privileged instruction
Instruction non privilégiée

Instrucción nula
Do-nothing instruction
Instruction factice

Instrucción operacional
Operational instruction
Instruction opérationnelle

Instrucción primaria
Primary instruction
Instruction primaire

Instrucción programada
P.I., Programmed instruction, P.I.
Instruction programmée

Instrucción prototipo
Prototype statement
Instruction prototype

Instrucción real
Actual instruction
Instruction réelle

Instrucción simbólica
Symbolic instruction
Instruction symbolique

Instrucción sin dirección
Addressless instruction, No
  address instruction, Zero
  address instruction
Instruction sans adresse

Instrucción superflua
Waste instruction
Instruction superflue

Instrucción supuesta
Presumptive instruction
Instruction supposée

Instrucción única
Many for one
Instruction unique

**Instrucciones de anulación de
  toma en carga**
Disable request instructions
Instructions d'annulation de prise
  en charge

Instrucciones de ejecución
Operating instructions
Instructions d'exécution

Instrucciones de perforación
Punching instructions
Instructions de perforation

Instrucciones de preparación
Housekeeping instructions
Instructions de préparation

Instrucciones de tratamiento
Manipulative statements
Instructions de traitement

Instrucciones iniciales
Initial instructions
Instructions initiales

Instructor
Instructor
Instructeur

Instruir
(to) Instruct
Instruire

Instrumento de gestión
Management tool
Instrument de gestion

Integración
Integration
Intégration

Integración a gran escala
Large scale integration, L.S.I.
Intégration à grande échelle

Integración a media escala
Medium scale integration, M.S.I.,
  Middle scale integration, M.S.I.
Intégration à moyenne échelle

Integración analógica
Analog integration
Intégration analogique

Integración de gran escala
L.S.I.
Intégration à grande échelle

Integración de pequeña escala
Small scale integration
Intégration à petite échelle

Integración numérica
Numerical integration
Intégration numérique

Integración rectangular
Rectangular integration
Intégration rectangulaire

Integración trapezoidal
Trapezoidal integration
Intégration trapézoîdale

Integrado
Integrated
Intégré

Integrador
Integrator
Intégrateur

Integrador adicionador
Summing integrator
Intégrateur additionneur

Integrador de impulsos
Pulse integrator
Intégrateur d'impulsions

Integrador de sistemas
Systems integrator
Intégrateur de systèmes

Integrador incremental
Incremental integrator
Intégrateur incrémentiel

Integrador numérico
Digital integrator
Intégrateur numérique

Integrador reducido
Limited integrator
Intégrateur réduit

Integral
Integral
Intégral

Integrar
(to) Bundle, (to) Integrate
Intégrer

Integridad
Integrity
Intégrité

Inteligencia
Intelligence
Intelligence

Inteligencia artificial
Artificial intelligence
Intelligence artificielle

Intensidad
Intensity
Intensité

Intensidad de impresión
Penetration of hammers
Intensité d'impression

Intensidad magnética
Magnetic intensity
Intensité magnétique

Interactividad
Interactiveness
Interactivité

Interactivo
Interactive
Interactif

Intercalación
Collating, Collation, Interleaving
Interclassement, Intercalation

Intercalado
Embedded, Interspersed
Intercalé

Intercaladora
Collating machine, Collator
Interclasseuse

Intercaladora de fichas
Card collator
Interclasseuse de cartes

Intercalar
(to) Collate, (to) Cue, (to)
  Intercalate, (to) Interfile, (to)
  Intersperse
Interclasser, Intercaler

Intercalculador
Intercomputer
Intercalculateur

Intercambiable
Exchangeable, Interchangeable
Interchangeable

Intercambiar
Change out, Swap(ing)
Remplacement

Intercambio (de datos) en memoria
Storage exchange
Echange (de données) en mémoire

Intercambio en transmisión de datos
Data communication exchange
Echange en transmission de données

Intercanal
Interchannel
Intercanal

Interceptar
(to) Intercept
Intercepter

Intercomunicación automática
Automatic exchange
Intercommunication automatique

Interconectable
Interconnectable
Interconnectable

Interconectar
(to) Hook up, (to) Interconnect
Interconnecter

Interconexión
Hook up, Interconnection
Interconnexion

Interdependencia
Control relationship
Interdépendance

Interfaz
Interface
Interface

Interferencia
Cross stalk, Cross talk, Interference
Interférence, Diaphonie

Interferencia de canal adyacente
Adjacent channel interference
Interférence de canal adjacent

Interferencias
Strays
Interférences

Interferir
(to) Interfere
Interférer

Interferir con
(to) Interfere with
Interférer avec

Interlinea
Row pitch
Interligne

Interlineamiento
Line spacing
Interlinéage

Intermedio
Intervening
Intermédiaire

Intermitente
Erratic, Intermittent
Intermittent

Interno
In-house, Inner, Inside, Internal, Inward
Interne, Intérieur

Interpolador
Interpolator
Interpolateur

Interpolar
(to) Interpole
Interpoler

Interponer
(to) Interpose
Interposer

Intérprete
Transfer interpreter
Reporteuse

Intérprete de fichas
Card interpreter
Traducteur de cartes

Intérprete de fichas perforadas
Punched card interpreter
Interprète de cartes perforées

Interrogación
Enquiry, Inquiry, Querry
Interrogation

Interrogación a distancia
Remote inquiry
Interrogation à distance

Interrogación a distancia en tiempo real
Real time remote inquiry
Interrogation à distance en temps réel

Interrogación desde teclado
Keyboard inquiry
Interrogation par clavier

Interrogador
Inquirer
Interrogateur

Interrogar
(to) Inquire, (to) Interrogate, (to) Querry
Interroger

Interrumpir
(to) Break, (to) Cut off, (to) Interrupt, (to) Shut (down), (to) Trap
Interrompre, Dérouter

Interrupción
Breakdown, Cut-off, Interrupt, Interruption, Outage, Shut down, Stoppage, Trap(ing)
Interruption, Déroutement

Interrupción a consecuencia de error
Error interrupt
Interruption par suite d'erreur

Interrupción automática
Automatic interrupt
Interruption automatique

Interrupción automática del programa
Automatic program interrupt
Interruption automatique du programme

Interrupción controlada por programa
Program controlled interruption, P.C.I.
Interruption commandée par programme

Interrupción de corriente
Power failure
Panne de courant

Interrupción de la operación
Operation interruption
Interruption de l'opération

Interrupción de las entradas / salidas
Input / output interrupt
Interruption des entrées / sorties

Interrupción de llamada de atención
Attention interruption
Interruption d'appel d'attention

Interrupción de máquina
Machine interruption
Interruption de machine

Interrupción de programa
Program interrupt(ion)
Interruption de programme

Interrupción debida a la unidad de proceso
Processor error interrupt
Interruption due à l'unité de traitement

Interrupción en transmisión de datos
Data transmission trap
Déroutement en transmission de données

Interrupción ignorada
Ignorate interrupt
Interruption ignorée

Interrupción mandada por programa
P.C.I.
Interruption commandée par programme

Interrupción no programada
Unscheduled interruption
Interruption non programmée

Interrupción permitida
Interruption enabled
Interruption voulue

Interrupción por inversión
Reverse interrupt
Interruption par inversion

Interrupción provocada por el operador
Operator initiated interrupt
Interruption provoquée par l'opérateur

Interruptor
Switch
Interrupteur

Interruptor con dos posiciones
Toggle switch
Interrupteur à deux positions

Interruptor de emergencia
Emergency switch
Interrupteur de secours

Interruptor de lanzamiento
Initiate key, Start key
Interrupteur de démarrage

Interruptor general
Main line switch, Master switch
Interrupteur général

Interruptor periódico
Chopper
Interrupteur périodique

Intersección
Intersection
Intersection

Intersección lógica
Logical product
Intersection logique

Intersector
And element
Intersecteur

Interunión
Interfix
Interunion

Intervalo
Gap, Interval, Space, Span
Intervalle

Intervalo significativo
Significant interval
Intervalle significatif

Intervalo unitario
Unit interval
Intervalle unitaire

Intervención
Action
Intervention

Intervención del operador
Operator action, Operator intervention
Intervention de l'opérateur

Intervención para reparación
Service call
Intervention pour réparation

Intervenir
(to) Cut-in
Intervenir

Introducción
Introduction, Swap-in, Tutorial
Introduction, Tuteur

Introducción de las instrucciones iniciales
Bootstrapping
Introduction des instructions initiales

Introducción de señales parásitas
Drop-in
Introduction de signaux parasites

Introducción de trabajos a distancia
R.J.E.
Introduction de travaux à distance

Introducción del sistema
System input
Introduction du système

Introducción desde teclado
Keyboard entry, Keying, Keying-in, Type-in
Introduction par clavier

Introducción e interrogación desde teclado
Keyboard entry and inquiry
Introduction et interrogation par clavier

Introducción en tiempo real
Real time input
Introduction en temps réel

Introducción manual
Manual input
Introduction manuelle

Introducción por conmutador
Switch insertion
Introduction par commutateur

Introducir
(to) Bring in, (to) Carry in, (to) Ensure, (to) Enter, (to) Feed in, (to) Input, (to) Introduce, (to) Move in, (to) Swap-in
Introduire

Introducir en la memoria
(to) Bring in memory, (to) Toggle
into memory, (to) Usher in
Introduire en mémoire

**Introducir las instrucciones
iniciales**
(to) Bootstrap
Introduire les instructions initiales

Introducir por cinta
(to) Tape in
Introduire par bande

Introducir por desplazamiento
(to) Shift-in
Introduire par décalage

Introducir por dial
(to) Dial into
Introduire par cadran

Introducir por intersección lógica
(to) And into
Introduire par intersection logique

Introducir por reunión
(to) Or into
Introduire par réunion

Introducir por teclado
(to) Key in, (to) Keyboard, (to)
Stroke in, (to) Type-in
Introduire par clavier

Introducir una escritura
(to) Write into
Introduire une écriture

**Introducir y extraer
alternativamente**
(to) Shuttle in and out, (to) Swap
back and forth
Introduire et extraire
alternativement, Introduire et
extraire alternativement

Inutilizable
Inoperable, Unserviceable
Inutilisable

Invalidar
(to) Disallow, (to) Invalidate
Invalider

Invalidar algunas condiciones
(to) Disable a condition
Invalider certaines conditions

Inválido
Invalid
Invalide

Inventario
Inventory, Physical inventory
Inventaire

Inventario permanente
Cyclical inventory
Inventaire permanent

Inversión
Inversion, Seesaw
Inversion

Inversión de dígitos
Figures shift
Inversion de chiffres

Inversión de letras
Letters shift
Inversion de lettres

Inversión de matriz
Matrix inversion
Inversion de matrice

Inversor
Alternation switch
Inverseur

Inversor de punto de interrupción
Breakpoint switch
Inverseur de point d'interruption

Invertidor
Inverter, Negater
Inverseur

Invertidor de prefijo
Prefix trigger
Inverseur de préfixe

Invertidor de signo
Changer sign, Sign reverser, Sign
changer
Inverseur de signe

**Invertidor interno de
encadenamiento**
Internal chaining switch
Inverseur interne de chaînage

Invertir
(to) Invert, (to) Reverse
Inverser

Investigación operativa
Operational research, O.R.
Recherche opérationnelle

Investigar
(to) Fetch, (to) Investigate, (to)
Research, (to) Seek
Rechercher

Inyectar
(to) Inject
Injecter

Inyectar en una línea
(to) Emit into a line
Injecter dans une ligne

Ionización
Ionization
Ionisation

Ir paso a paso
(to) Single step
Dérouler pas à pas

Irreversible
Irreversible
Irréversible

Isócrono
Isochronous
Isochrone

Iteración
Cycling, Iteration, Loop(ing)
Itération

Iterativo
Iterative, Recurring
Itératif

Itinerario
Route
Itinéraire

J

Jefe
Leader
Chef

Jefe de equipo
Shift leader
Chef d'équipe

Jefe de equipo de programación
Programming team leader
Chef d'équipe de programmation

Jefe de mecanografía
Tabulating supervisor
Chef de la mécanographie

Jefe de proyectos
Project leader
Chef de projets

Jefe perforista
Keypunch leader
Chef perforatrice

Jerarquía
Hierarchy
Hiérarchie

Jerga de la informática
Computerese
Jargon de l'informatique

Juego
Array, Backslash, Game, Set
Jeu

Juego de caracteres
Character set, M.C.S., Type array
Jeu de caractères, Jeu multiple de
    caractères

Juego de caracteres alfabéticos
Alphabetic(al) character set
Jeu de caractères alphabétiques

Juego de caracteres alfanuméricos
Alphanumeríc(al) character set
Jeu de caractères
    alphanumériques

**Juego de caracteres codificados
    alfabéticos**
Alphabetic(al) coded character set
Jeu de caractères codés
    alphabétiques

**Juego de caracteres codificados
    alfanuméricos**
Alphanumeric(al) coded character
    set
Jeu de caractères codés
    alphanumériques

**Juego de caracteres codificados
    numéricos**
Numeric coded character set
Jeu de caractères codés
    numériques

Juego de caracteres no standard
Non standard character set
Jeu de caractères spéciaux

Juego de caracteres numéricos
Numeric character set
Jeu de caractères numériques

Juego de caracteres universales
U.C.S.
Jeu de caractères universels

Juego de datos de ensayo
Test data set
Jeu de données d'essai

Juego de datos universales
U.D.S., Universal data set, U.D.S.
Jeu de données universelles

Juego de ensayo
Test deck
Jeu d'essai

Juego de escobillas de lectura
Brush set
Jeu de brosses de lecture

Juego de fichas
Tab-card set
Jeu de cartes

Juego de fichas de ensayo
Test pack
Jeu de cartes d'essai

Juego de listas
List deck
Jeu de listes

Juego múltiple de caracteres
Multiple character set, M.C.S.
Jeu multiple de caractères

Juego parcial
Sub deck
Jeu partiel

**Juego parcial de caracteres
    alfabéticos**
Alphabetic(al) character subset
Jeu partiel de caractères
    alphabétiques

**Juego parcial de caracteres
    alfanuméricos**
Alphanumeric(al) character subset
Jeu partiel de caractères
    alphanumériques

**Juego parcial de caracteres
    numéricos**
Numeric character subset
Jeu partiel de caractères
    numériques

Juego reducido
Restricted set
Jeu réduit

Juego reducido de caracteres
Reduced type font
Jeu réduit de caractères

Juego universal de caracteres
Universal character set, U.C.S.
Jeu de caractéres universels

Junción
Interface, Joining, Junction
Jonction

Juntar
(to) Joint, (to) Sum
Joindre, Ajouter

Justificación
Justification
Justification

Justificar
(to) Justify
Justifier

Juzgar
(to) Deem
Juger

K

Kilobaudio
Kilobaud
Kilobaud

Kilociclo
Kilocycle
Kilocycle

Kilomega
Kilomega
Kiloméga

Kilomegaciclo
Billicycle, Kilomegacycle
Kilomégacycle

L

Lado
Side
Côté

Lado de encuadernación
Stub edge
Côté reliure

Lado externo
Outer face
Côté extérieur

Lado línea
Line side
Côté ligne

Lado salida
Outfeed
Côté sortie

Lámina de guía
Chute blade
Lame de guidage

Lámpara de respuesta
Answer lamp
Lampe de réponse

Lámpara de señalización
Control light, Display light,
    Indicator light, Warning lamp
Lampe témoin, Voyant de
    signalisation, Lampe de
    signalisation, Lampe de
    signification

Lámpara de visualización
Pilot light
Lampe témoin

Lanzamiento
Launching, Start(ing), Start(ing)-up
Lancement, Démarrage

Lanzamiento en caliente
Warm start
Démarrage à chaud

Lanzar
(to) Initiate, (to) Launch, (to)
    Release, (to) Start, (to) Start-up
Démarrer, Lancer

Lanzar (un programa)
(to give) Control to
Lancer (un programme)

Lápiz
Pencil
Crayon

Lápiz conductor
Conductive pencil
Crayon conducteur

Lápiz emisor de señal
Sense probe
Crayon émetteur

**Las direcciones más elevadas de
    la memoria**
High main storage
Adresses les plus élevées de la
    mémoire

Lateral
Lateral
Latéral

Lector
Reader
Lecteur

**Lector / clasificador de códigos
    con trazos**
Bar code reader / sorter
Lecteur / trieur de codes á
    bâtonnets

**Lector / ordenador de documentos
    con tinta magnética**
Magnetic ink document reader /
    sorter
Lecteur / trieur de documents à
    encre magnétique

Lector / perforador
Read punch unit
Lecteur / perforateur

Lector automático de fichas
Ledger card auto reader
Lecteur automatique de cartes

Lector con escobillas
Brush type reader
Lecteur à brosse

Lector de caracteres
Character reader
Lecteur de caractères

**Lector de caracteres con tinta
    magnética**
Magnetic ink character reader
Lecteur de caractères à encre
    magnétique

Lector de caracteres magnéticos
Magnetic character reader
Lecteur de caractères magnétiques

Lector de caracteres manuscritos
Hand printed character reader
Lecteur de caractères manuscrits

Lector de cinta
Tape player, Tape reader
Lecteur de bande

Lector de cinta de papel
Paper tape reader
Lecteur de bande de papier

Lector de cinta diario
Journal roll reader
Lecteur de bande journal

Lector de cinta magnética
Magnetic tape reader
Lecteur de bande magnétique

Lector de cinta perforada
Perforated tape reader, Punched
    tape reader
Lecteur de bande perforée

Lector de contador
Meter reader
Lecteur de compteur

Lector de curvas
Curve follower
Lecteur de courbes

**Lector de diferentes tipos de
    caracteres**
Multi font reader
Lecteur de différents types de
    caractères

Lector de documentos
Document handler, Document
    reader
Lecteur de documents

**Lector de documentos con tinta
    magnética**
Magnetic ink document reader
Lecteur de documents à encre
    magnétique

Lector de documentos magnéticos
Magnetic document reader,
    M.D.R., M.D.R.
Lecteur de documents
    magnétiques

Lector de documentos sobre microfilme
Document viewer
Lecteur de documents sur microfilm

Lector de entrada
Input reader
Lecteur d'entrée

Lector de entrada residente
Resident input reader
Lecteur d'entrée résidant

Lector de etiquetas
Tag reader
Lecteur d'étiquettes

Lector de fichas
Badge reader, Card reader unit, Fiche reader, Tab reader, Token reader
Lecteur de jetons, Lecteur de cartes, Lecteur de fiches

Lector de fichas con pista magnética
Magnetic stripe reader
Lecteur de cartes à piste magnétique

Lector de fichas perforadas
Punched card reader
Lecteur de cartes perforées

Lector de filme
Film reader
Lecteur de film

Lector de gráficos
Graph follower
Lecteur de graphiques

Lector de lista de control
Tally reader
Lecteur de liste de contrôle

Lector de marcas
Mark reader
Lecteur de marques

Lector de microfichas
Micro-fiche reader
Lecteur de micro-fiches

Lector de páginas
Page reader
Lecteur de pages

Lector de rollo de lista de control
Tally roll reader
Lecteur de rouleau de liste de contrôle

Lector en serie
Serial reader
Lecteur en série

Lector fotoeléctrico
Photoelectric reader
Lecteur photoélectrique

Lector-intérprete
Reader-interpreter
Lecteur interprète

Lector magnético
Magnetic reader
Lecteur magnétique

Lector óptico
Optical reader
Lecteur optique

Lector óptico de caracteres
O.C.R., Optical character reader, O.C.R.
Lecteur optique de caractères

Lector óptico de códigos con trazos
Optical bar code reader
Lecteur optique de codes à bâtonnets

Lector óptico de marcas
Optical mark reader
Lecteur optique de marques

Lector-perforador de fichas
Card reader punch
Lecteur-perforateur de cartes

Lector rápido
High-speed reader, H.S.R.
Lecteur rapide

Lector residente
Resident reader
Lecteur résidant

Lector-seleccionador
Reader-sorter
Lecteur-trieur

Lector transitorio
Transient reader
Lecteur transitoire

Lectura
Read(ing)
Lecture

Lectura antes de perforación
P.F.R., Punch feed read
Lecture avant perforation

Lectura de caracteres
Character reading
Lecture de caractères

Lectura de cinta
Tape sensing
Lecture de bande

Lectura de contador
Meter reading
Lecture de compteur

Lectura de control
Check reading
Lecture de contrôle

Lectura de marcas
Mark reading, Mark sensing
Lecture de marques

Lectura de perforaciones marginales
Edge punch read
Lecture de perforations marginales

Lectura destructiva
Destructive reading
Lecture avec effacement

Lectura-escritura
Read-write, R.W., R.W.
Lecture-écriture

Lectura fotoeléctrica
Photosensing
Lecture photoélectrique

Lectura fraccionada
Scatter reading
Lecture fractionnée

Lectura inversa
Reverse reading
Lecture inverse

Lectura magnética
Magnetic readout
Lecture magnétique

Lectura no destructiva
N.D.R.O., Non destructive read(out)
Lecture non destructive, Lecture non destructive

Lectura o escritura sobre demanda
Demand reading or writing
Lecture ou enregistrement sur demande

Lectura óptica de marcas
Mark scanning, O.M.R., Optical mark reading
Lecture optique de marques

Lectura parcial
Partial read
Lecture partielle

Lectura por doble impulsión
Double pulse reading
Lecture par double impulsion

Lectura previa
Pre-read
Lecture préalable

Lectura regenerativa
Regenerative reading
Lecture régénérative

Lectura y escritura simultáneas
Read while writing, Reading while
    writing
Lecture et écriture simultanées

Leer
(to) Read
Lire

Leer en memoria
(to) Read into storage
Envoyer en mémoire

Leer ópticamente
(to) Mark scan
Lire optiquement

Legajo de impresos
Form set, Forms pack, Multi part
    forms, Multi part set
Liasse d'imprimés

**Legajo de impresos con carbón
    intercalado**
Carbon interleaved forms or set
Liasse d'imprimés à carbone
    intercalé

**Legajo de impresos con papel
    carbón intercalado**
Interleaved carbon set, Interleaved
    stationery
Liasse carbonée

**Legajo de impresos no en
    continuo**
Unit set
Liasse d'imprimés non en continu

**Legajo de papel continuo
    perforado sobre los márgenes**
Marginally punched set
Liasse en continu perforée sur les
    marges

Legajo de papel en continuo
Continuous stationery set
Liasse de papier en continu

Legajo en seis ejemplares
Ply form (six), (six) Ply form
Liasse en six exemplaires

Legible
Legible
Lisible

Legible a simple vista
Human readable
Lisible à oeuil nu

Lenguage orientado al problema
P.O.L., Problem oriented language,
    P.O.L.
Langage orienté au problème

Lenguaje
Language, Report program
    generator, R.P.G.
Langage, Générateur de
    programmes d'édition

Lenguaje absoluto
Absolute language
Langage absolu

Lenguaje algebraico
Algebraic language
Langage algébrique

Lenguaje algebraico internacional
I.A.L., International algebraic
    language, I.A.L.
Langage algébrique international

Lenguaje algorítmico
Algol, Algorithmic language
Langage algorithmique

Lenguaje artificial
Artificial language
Langage artificiel

Lenguaje científico
Scientific language
Langage scientifique

Lenguaje común
Common language
Langage commun

**Lenguaje común a los problemas
    de gestión**
Cobol, Common business oriented
    language
Langage commun aux problèmes
    de gestion

Lenguaje de bajo nivel
Low level language
Langage non évolué

Lenguaje de base
Basic language
Langage de base

**Lenguaje de control de los
    trabajos**
J.C.L., Job control language, J.C.L.
Langage de contrôle des travaux

Lenguaje de descripción de datos
Data description language, D.D.L.,
    D.D.L.
Langage de description de
    données

Lenguaje de ejecución
Effective language
Langage d'exécution

Lenguaje de gestión
Business language, Commercial
    language, Control language
Langage de gestion

Lenguaje de mando
Command language
Langage de commande

**Lenguaje de manipulación de los
    datos**
Data manipulation language,
    D.M.L., D.M.L.
Langage de manipulation des
    données

Lenguaje de nivel intermedio
Intermediate language
Langage de niveau intermédiaire

Lenguaje de procedimiento
Procedure oriented language
Langage de procédure

Lenguaje de proceso
Problem solving language
Langage de traitement

Lenguaje de programación
P.L., Programming language, P.L.
Langage de programmation

**Lenguaje de programación de alto
    nivel**
High level programming language
Langage de programmation
    évolué

Lenguaje de programación de aplicaciones
Application programming language
Langage de programmation d'applications

Lenguaje ensamblador
ASS, Assembler language, BAL
Langage assembleur

Lenguaje evolucionado
High(er) level language, High(er) order language
Langage évolué

Lenguaje Fortran
Formula translator
Langage Fortran

Lenguaje FORTRAN
FORTRAN (FORmula TRANslation)
Fortran

Lenguaje fuente
Source language
Langage source

Lenguaje independiente del tipo de máquina
Machine-independent language
Langage indépendant du type de machine

Lenguaje independiente del tipo de ordenador
Computer independent language
Langage indépendant du type d'ordinateur

Lenguaje macroensamblador
Macro-assembly language, M.A.L., M.A.L.
Langage macro-assembleur

Lenguaje máquina
Computer language, Machine language, M.L., M.L.
Langage machine

Lenguaje natural
Natural language
Langage naturel

Lenguaje objeto
Object language, Target language
Langage objet

Lenguaje orientado hacia la máquina
Computer oriented language, Machine oriented language
Langage orienté vers la machine

Lenguaje original
Original language
Langage original

Lenguaje para sistema de proceso a distancia
Remote computing system language
Langage pour système de traitement à distance

Lenguaje propio de un ordenador específico
Computer dependent language
Langage propre à un ordinateur

Lenguaje requerido para una aplicación
Application required language
Langage requis pour une application

Lenguaje simbólico
Symbolic language
Langage symbolique

Lenguaje sintético
Synthetic language
Langage synthétique

Lenguaje tabular
Tabular language
Langage tabulaire

Lenguaje universal
Multi purpose language, Universal language
Langage universel

Lenguajes de programación
Program languages
Langages de programmation

Lengüeta de salto
Skip bar
Languet de saut

Lento
Slow
Lent

Letra
Letter
Lettre

Letra (carácter) cerrada
Closed letter
Lettre (caractère) fermée

Letra impresa por ordenador
Computer letter
Lettre imprimée par ordinateur

Letra mayúscula
Capital letter, Upper case letter
Lettre majuscule

Letra minúscula
Small letter, lower case letter
Lettre minuscule

Letras en relieve
Raised letters
Lettres en relief

Levantar
(to) Remove
Enlever

Léxico
Lexicon
Lexique

Ley
Law
Loi

Liberación
Release
Libération

Liberar
(to) Release, (to) Vacate
Libérer

Libre
Free
Libre

Libro
Book
Livre

Libro mayor
Ledger
Grand livre

Ligadura
Link
Lien

Limitado
Limited
Limité

Limitado a la salida
Output limited
Limité à la sortie

Limitado por el tiempo de cálculo
Compute limited
Limité par le temps de calcul

Limitado por la duración de las entradas
Input limited
Limité par la durée des entrées

Limitado por la velocidad de la cinta
Tape limited
Limité par la vitesse de la bande

Limitado por la velocidad de la cinta magnética
Magnetic tape limited
Limité par la vitesse de la bande magnétique

Limitado por la velocidad de la unidad central
Central processor limited
Limité par la vitesse de l'unité centrale

Limitado por la velocidad de la unidad de proceso
Processor limited
Limité par la vitesse de l'unité de traitement

Limitado por la velocidad de las entradas / salidas
Input / output bound, Input / output limited
Limité par la vitesse des entrées / sorties, Limité par la vitesse des entrées / sorties

Limitado por la velocidad de las entradas
Input bound
Limité par la vitesse des entrées

Limitado por la velocidad de los periféricos
Peripheral limited
Limité par la vitesse des périphériques

Limitado por la velocidad de proceso
Process limited
Limité par la vitesse de traitement

Limitado por la velocidad del ordenador
Computer limited
Limité par la vitesse de l'ordinateur

Limitador
Limiter
Limiteur

Limitador con puente
Bridge limiter
Limiteur à pont

Limitar
(to) Bound, (to) Limit
Limiter

Límite
Bound(ary), Limit
Limite

Límite de alineamiento
Boundary alignment
Limite d'alignement

Límite de carácter
Character boundary
Limite de caractère

Límite de resistencia
Yield point
Limite de résistance

Limpiador de cinta magnética
Magnetic tape cleaner
Nettoyeur de bande magnétique

Limpieza
Cleaning
Nettoyage

Línea
Line
Ligne

Línea a línea
Line for line
Ligne par ligne

Línea activa
Active line
Ligne active

Línea acústica
Audio line
Ligne acoustique

Línea alquilada
Leased line
Ligne en location

Línea artificial
Artificial line
Ligne artificielle

Línea auxiliar
Secondary line
Ligne auxiliaire

Línea compartida
Party line, Shared line
Ligne partagée

Línea con frecuencia vocal
Voice grade line
Ligne à fréquence vocale

Línea conmutada
Switched line
Ligne commutée

Línea de abonado
Local loop, Subscriber line
Ligne d'abonné

Línea de acceso
Access line
Ligne d'accès

Línea de acceso directo
Direct in line
Ligne d'accès direct

Línea de alimentación primaria
Primary feed path
Ligne d'alimentation primaire

Línea de alimentación secundaria
Secondary feed path
Ligne d'alimentation secondaire

Línea de comunicación
Communication line
Ligne de communication

Línea de continuación
Continuation line
Ligne de continuation

Línea de contorno media
Average edge line
Ligne de contour moyenne

Línea de corriente alterna
A.C. Line
Ligne de courant alternatif

Línea de desbordamiento de capacidad
Overflow line
Ligne de dépassement de capacité

Línea de detalle incondicional
Unconditional detail line
Ligne de détail inconditionnelle

Línea de detalles
Detail line
Ligne de détails

Línea de encabezamiento
Header line, Heading line
Ligne d'en-tête

Línea de enlace
Flowline
Ligne de liaison

Línea de ensamblaje
Assembly line
Ligne d'assemblage

Línea de especificaciones
Specifications line
Ligne de spécifications

Línea de espera
Waiting line
Ligne d'attente

Línea de excepción
Exception line
Ligne d'exception

Línea de exclusión
Omit line
Ligne d'exclusion

Línea de ficha
Card row
Ligne de carte

Línea de impresión
Print line, Print row
Ligne d'impression

Línea de inclusión
Include line
Ligne d'inclusion

Línea de lectura
Sense line
Ligne de lecture

Línea de los nueve en cabeza
Nine edge leading
Ligne des neuf en tête

Línea de mando
Control line
Ligne de commande

Línea de pie de página
Page footing line
Ligne de bas de page

Línea de programa
Code line
Ligne de programme

Línea de programación
Coding line, Program line
Ligne de programmation

Línea de referencia
Guide line
Ligne de référence

Línea de retardo
Delay line
Ligne à retard

Línea de retardo a magnetostricción
Magnetostrictive delay line
Ligne à retard à magnétostriction

Línea de retardo acústico
Acoustic delay line, Sonic delay line
Ligne à retard acoustique

Línea de retardo acústico a magnetostricción
Magnetostrictive acoustic delay line
Ligne à retard acoustique à magnétostriction

Línea de retardo con mercurio
Mercury delay line
Ligne à retard à mercure

Línea de retardo de cuarzo
Quartz delay line
Ligne à retard à quartz

Línea de retardo de níquel
Nickel delay line
Ligne à retard à nickel

Línea de retardo eléctrica
Electric(al) delay line
Ligne à retard électrique

Línea de retardo electromagnética
Electromagnetic delay line
Ligne à retard électromagnétique

Línea de retardo magnética
Magnetic delay line
Ligne à retard magnétique

Línea de teleimpresora
Teleprinter line
Ligne de téléimprimante

Línea de total incondicional
Unconditional total line
Ligne de total inconditionnel

Línea de transmisión
Transmission line
Ligne de transmission

Línea de zona
Zone row
Ligne de zone

Línea de zona de control
Control field line
Ligne de zone de contrôle

Línea duplex
Duplex circuit, Duplex line
Ligne duplex

Línea en tensión
Hot line
Ligne sous tension

Línea fuera secuencia
Out of sequence line
Ligne en location

Línea individual
Individual line, Individual trunk
Ligne individuelle

Línea mediana de un segmento
Stroke centerline
Ligne médiane d'un segment

Línea multipunto
Multidrop link
Ligne multipoint

Línea no audible
Non audio line
Ligne non audible

Línea no conmutada
Non switched line
Ligne non commutée

Línea numérica
Digit row
Ligne numérique

Línea particular
Dedicaded line
Ligne particulière

Línea privada
Private line, Tie trunk
Ligne privée

Línea punteada
Dotted line, Tear line
Ligne pointillée

Línea simplex
Simplex line
Ligne simplex

Línea telefónica
Speech line, Telephone line
Ligne téléphonique

Línea telegráfica
Telegraph line
Ligne télégraphique

Línea vacía
Blank line
Ligne vide

Lineal
Linear
Linéaire

Linealidad
Linearity
Linéarité

Linealización
Linearisation (Br.) Linearization
  (Amer.)
Linéarisation

Líneas de red de entrada
Incoming trunk lines
Lignes de réseau en arrivée

Líneas por minuto
Lines per minute, L.P.M., L.P.M.
Lignes par minute, Lignes par
  minute

Lista
List
Liste

Lista apilada
Push down list
Liste inversée

Lista de carga
Load list
Liste de chargement

Lista de control
Check list, Tally
Liste de contrôle

Lista de difusión
Mailing list
Liste de diffusion

Lista de direcciones de envío
Mailing list
Liste de diffusion

**Lista de ejecución de las
  operaciones**
Operation dispatch list
Liste d'exécution des opérations

Lista de ensamblaje
Assembly list(ing)
Liste d'assemblage

Lista de impresora
Printer listing
Liste d'imprimante

Lista de introducción directa
Push-up list
Liste à introduction directe

Lista de las correspondencias
Cross reference list(ing)
Liste des correspondances

**Lista de las utilizaciones
  acumuladas**
Summarized where used
Liste des utilisations cumulées

**Lista de lenguajes ensambladores
  simbólicos**
Symbolic assembly language
  listing
Liste de langages assembleurs
  symboliques

Lista de los argumentos
Argument list
Liste des arguments

Lista de los errores
Error list, Error report
Liste des erreurs

Lista de los parámetros
Parameter list
Liste des paramètres

Lista de los programas
Program listing
Liste des programmes

Lista de llamadas selectivas
Poll list
Liste d'appels

Lista de piezas
Call-out list, Part list
Nomenclature

Lista de precios
List price
Catalogue-prix

Lista de referencia
Reference listing
Liste de référence

Lista de salida
Output listing
Liste de sortie

Lista de verificación
Audit list
Liste de vérification

Lista directa
Pop-up list
Liste directe

Lista (de los datos) en entrada
List of input
Liste (des données) en entrée

Lista encadenada
Chained list
Liste chaînée

Lista LIFO
Push down list
Liste inversée

Lista que se muerde la cola
Wrap around list
Liste bouclée

Listado
Listing
Listage

Listar
(to) List
Lister

Listo para emitir
Clear to send
Prêt à émettre

Listo para la escritura
Write ready
Prêt pour l'écriture

Lisura
Smoothness
Lissé

Literal
Literal
Littéral

Local
Local
Local

Local de archivos
File vault, Storage vault
Local d'archives

Localización
Isolation
Localisation

Localización de avería
Fault isolation
Localisation de panne

**Localizador con coordenadas
  polares**
Vector mode display
Localisation à coordonnées
  polaires

Localizar
(to) Isolate, (to) Locate, (to)
  Pinpoint
Localiser

Localmente
Locally
Localement

Logarítmico
Logarithmic
Logarithmique

Logaritmo
Logarithm
Logarithme

Logaritmo natural
Natural logarithm
Logarithme naturel

Logaritmo neperiano
Naperian logarithm
Logarithme népérien

Lógica booleana
Boolean logic
Logique booléenne

Lógica común
Common logic
Logique commune

Lógica con N niveles
N Level logic
Logique à N niveaux

Lógica con resistencia,
condensadores y transistores
Resistor capacitor transistor logic
Logique à résistences,
condensateurs et transistors

Lógica con resistencias y
transistores
Resistor-transistor logic, R.T.L.,
R.T.L.
Logique à résistences et
transistors, Logique à
résistances et transistors

Lógica con umbral elevado
High-threshold logic, H.T.L., H.T.L.
Logique à seuil élevé

Lógica de diodos
Diode logic, D.L., D.L.
Logique à diodes

Lógica de diodos y transistores
Diode transistor logic, D.T.L.,
D.T.L.
Logique à diodes et transistors

Lógica de fluidos
Fluid logic
Logique à fluides

Lógica de máquina
Machine logic
Logique de machine

Lógica matemática
Mathematical logic
Logique mathématique

Lógica programada
Programmed logic
Logique programmée

Lógica simbólica
Symbolic logic
Logique symbolique

Lógica variable
Variable logic
Logique variable

Lógico
Boolean calculus, Logic(al)
Calcul booléen, Logique

(La) Logística
Logistics
(La) Logistique

Longitud
Length
Longueur

Longitud de bloque
Block length, Block size
Longueur de bloc

Longitud de cadena
String length
Longueur de chaîne

Longitud de campo
Field length
Longueur de zone

Longitud de la clave
Key length
Longueur de la clé

Longitud de la palabra máquina
Machine word length
Longueur du mot machine

Longitud de la pregunta
Question length
Longueur de réponse

Longitud de línea
Line length
Longueur de ligne

Longitud de palabra
Word length
Longueur de mot

Longitud de palabra
variable
Variable word length
Longueur de mot variable

Longitud de registro
Record lenght, Register
length
Longueur d'enregistrement,
Longueur de registre

Longitud de trabajo
Working length
Longueur de travail

Longitud del carro
Carriage length
Longueur du chariot

Longitud diferente de la
palabra
Non word size
Longueur différente du
mot

Longitud en pies
Footage
Longueur en pieds

Longitud fija de bloque
Fixed block length
Longueur fixe de bloc

Longitud fija de palabra
Fixed word length
Longueur fixe de mot

Longitud real
Actual length
Longueur réelle

Longitud simple
Single length
Longueur simple

Longitud variable
Variable length
Longueur variable

Longitudinal
Longitudinal
Longitudinal

Longitudinalmente
Length wise
Longitudinalement

Lote
Lot
Lot

Lote de trabajo
Work lot
Lot de travail

Lote de transmisión
Transmittal batch
Lot de transmission

Lucir
(to) Glow
Luire

Lugar
Site
Endroit

Lugar de proceso
Processing area, Processing site
Lieu de traitement

Lugar geométrico
Locus
Lieu géométrique

LL

Llamada
Call, Called party, Invoking
Appel, Demandé

Llamada a distancia directa
D.D.D.
Appel à distance direct

Llamada automática
Automatic calling
Appel automatique

Llamada cíclica
Polling
Appel cyclique

Llamada de entrada
Incoming call
Appel d'entrée

Llamada de macroinstrucción
Macro-call
Appel de macro-instruction

Llamada de procedimiento
Call for procedure
Appel de procédure

Llamada de un subprograma
Subroutine call
Appel d'un sous-programme

Llamada directa a distancia
Direct distance dialling, D.D.D.
Appel à distance direct

Llamada mediante pulsador
Push down dialling
Appel par bouton poussoir

Llamada selectiva
Polling, Selective calling, Selective
ringing
Appel cyclique, Appel sélectif

Llamada selectiva automática
Automatic polling, Autopolling
Appel sélectif automatique

Llamar
(to) Call, (to) Call for, (to) Invoke,
(to) Poll, (to) Request
Appeler, Demander, Faire appel

**Llamar a un ordenador marcando
un número**
(to) Dial a computer
Appeler un ordinateur par cadran

Llegar a
(to) Flow in
Arriver à

Llegar hasta más allá de
(to) Travel past
Défiler devant

Llenado con espacios
Blank filled
Rempli d'espaces

Llenar
(to) Fill, (to) Pad
Remplir, Garnir (Remplir)

Llenar con
(to) Fill with
Remplir par

Llenar con caracteres
(to) Character fill
Remplir de caractères

Llenar con espacios
(to) Blank fill
Remplir d'espaces

Llenar de ceros
(to) Zero fill
Remplir par des zéros

Lleno
Full
Plein

Lleno de errores
Bug ridden
Plein d'erreurs

M

Macro codificada por el usuario
User coded macro
Macro codée par l'utilisateur

Macrocodificación
Macro-coding
Macro-codage

Macrocódigo
Macro-code
Macro-code

Macroensamblador
Macro-assembler
Macro-assembleur

Macrogenerador
Macro generator
Macro-générateur

Macroinstrucción
Macro instruction, Macro
  statement
Macro-instruction

Macroinstrucción con palabras
  clave
Key-word macro instruction
Macro-instruction à mot clé

Macroinstrucción de acabado
Completion macro instruction
Macro-instruction d'achèvement

Macroinstrucción imperativa
Imperative macro instruction
Macro-instruction impérative

Macroprograma
Macro program
Macro-programme

Macroprogramación
Macro programming
Macro-programmation

Magnético
Magnetic
Magnétique

Magnetizable
Magnetizable
Magnétisable

Magnetización
Magnetization
Magnétisation

Magnetización cíclica simétrica
Symmetrical cyclically magnetized
  condition
Magnétisation cyclique symétrique

Magnetización irreversible
Irreversible magnetic process
Magnétisation irréversible

Magnetizar
(to) Magnetize
Magnétiser

Magnetofón
Magnetic tape recorder
Magnétophone

Magnetostricción
Magnetostriction
Magnétostriction

Magnitud
Magnitude
Grandeur

Magnitud vectorial
Vector quantity
Grandeur vectorielle

Mal clasificado
Mistaken
Mal classé

Mal funcionamiento
(to) Malfunction, Malfunction
Mal fonctionner, Mauvais
  fonctionnement

Mala interpretación
(to) Misinterpret
Mal interpréter

Mancha
Smudge
Bavochure

Mancha de tinta
Ink smudge
Bavochure d'encre

Manchado
(to) Smudge, Smudging
Maculage

Manchar
(to) Smudge, Smudging
Maculage

Mandado por cinta
Tape driven
Commandé par bande

Mando
Command
Commande

Mando de avance del papel
Paper feed control
Commande d'avancement du
  papier

Mando de escritura con
  paginación
Format write command
Commande d'écriture avec mise
  en page

Mando de modificación de
  procedimiento
Procedure override statement
Commande de modification de
  procédure

Mando de no operación
No op(eration) command
Commande de non opération

Mando de transmisión
Transmission control
Commande de transmission

Mando electrónico
Electronic control
Commande électronique

Mando numérico
N.C., Numerical control, N.C.
Commande numérique

Mando numérico directo
D.D.C. (Direct Digital Control),
  Direct numerical control,
  D.N.C., D.N.C.
Commande numérique directe

Mando y control
C. & C., Command and control
Commande et contrôle

Mandos manuales
Hands-on
Commandes manuelles

Manipulación
Handling
Manipulation

Manipulación de los datos
Data handling, Data manipulation
Manipulation des données

Manipular
(to) Handle, (to) Manipulate
Manipuler

Mantener
(to) Hold down
Maintenir

Mantener el mismo ritmo
(to) Keep pace with
Maintenir la même allure

Mantenimiento
Maintenance
Maintenance

Mantenimiento de los programas
Program maintenance
Maintenance des programmes

Mantenimiento de reparación
Remedial maintenance
Maintenance de dépannage

Mantenimiento no programado
Unscheduled maintenance
Maintenance non programmée

Mantenimiento planificado
Scheduled maintenance
Maintenance planifiée

Mantenimiento preventivo
Preventive maintenance
Maintenance préventive

Mantenimiento suplementario
Supplementary maintenance
Manutention supplémentaire

Mantenimiento y reparación
Servicing
Manutention et réparation

Mantisa
Fixed point part, Fractional part,
Mantissa
Mantisse

Manual de documentación
Documentation book
Notice de documentation

Manual de instrucciones
Instruction manual
Notice d'instructions

Manual de mantenimiento
Service manual
Notice de manutention

Manuscrito
Hand written
Manuscrit

Mapa de la memoria
Memory map
Plan de la mémoire

Maqueta
Mock up
Maquette

Máquina
Engine, Machine
Machine

Máquina alfanumérica
Alphanumeric(al) machine
Machine alphanumérique

Máquina asíncrona
Asynchronous machine
Machine asynchrone

Máquina automática para dibujar
Automatic drafting machine
Machine à dessiner automatique

Máquina con fichas perforadas
P.C.M., Punched card machine,
P.C.M.
Machine à cartes perforées

Máquina contable
Accounting machine, Book-
keeping machine
Machine comptable

**Máquina contable con fichas
perforadas**
P.C.A.M., Punch card accounting
machine, P.C.A.M.
Machine comptable à cartes
perforées

Máquina contable con teclado
Keyboard accounting machine
Machine comptable à clavier

Máquina contable eléctrica
E.A.M., Electric(al) accounting
machine, E.A.M.
Machine comptable électrique

Máquina contable electrónica
Electronic accounting machine
Machine comptable électronique

Máquina de base
Basic machine
Machine de base

Máquina de control
Proof machine
Machine de contrôle

Máquina de enseñar
Teaching machine
Machine à enseigner

Máquina de escribir
Typewriter
Machine à écrire

Máquina de escribir automática
Automatic typewriter
Machine à écrire automatique

Máquina de escribir con cinta
Tape-controlled typewriter, Tape-
operated typewriter
Machine à écrire à bande

Máquina de escribir con esfera
Golf ball typewriter
Machine à écrire à boule

Máquina de escribir de control
Monitor typewriter
Machine à écrire de contrôle

**Máquina de escribir de entrada /
salida**
Input / output typewriter
Machine à écrire d'entrée / sortie

**Máquina de escribir de
interrogación o consulta**
Interrogating typewriter
Machine à écrire d'interrogation

Máquina de escribir de pupitre
Console typewriter
Machine à écrire de pupitre

**Máquina de escribir de
supervisión**
Supervisory typewriter
Machine à écrire de supervision

**Máquina de escribir de
transmisión**
Transmitting typewriter
Machine à écrire de transmission

Máquina de escribir eléctrica
Electric(al) typewriter, E.T., E.T.
Machine à écrire électrique

Máquina de escribir en línea
One line typewriter
Machine à écrire connectée

Máquina de escribir receptora
Output typewriter
Machine à écrire réceptrice

Máquina de fichas
Card machine, UR
Machine à cartes

Máquina de gestión
Business machine
Machine de gestion

Máquina de perforar el papel
Paper drilling machine
Machine à perforer le papier

Máquina de proceso de datos
Data processing machine, D.P.M.,
D.P.M.
Machine de traitement de données

Máquina de Turing
Turing machine
Machine de Turing

Máquina de ventanilla
Window machine
Machine de guichet

Máquina destructora de documentos
Paper shredder, Paper shredding
machine, Shredder, Shredding
machine
Machine à détruire les documents

Máquina electrónica de proceso de datos
Electronic data processing
machine, E.D.P.M.
Machine électronique de
traitement des données

Máquina electrónica de proceso de los datos
E.D.P.M.
Machine électronique de
traitement des données

Máquina facturadora
Invoice machine
Machine à facturer

Máquina fuente
Source machine
Machine source

Máquina numérica
Numerical machine
Machine numérique

Máquina objeto
Object machine
Machine objet

Máquina para direcciones
Addressing machine
Machine à adresser

Máquina para encuadernar
Binding
Machine à relier

Máquina para enseñanza
Learning machine
Machine d'enseignement

Máquina para hacer muescas
Grooving machine, Slotting punch
Encocheuse

Máquina para resolver las ecuaciones
Equation solver
Machine à résoudre les équations

Máquina pensadora
Thinking machine
Machine pensante

Máquina perforadora de cinta
Tape punching machine
Machine perforatrice de bande

Máquina plegadora
Folding machine
Machine à plier

Máquina síncrona
Synchronous machine
Machine synchrone

Máquina virtual
Virtual machine
Machine virtuelle

Máquinas herramientas con programa automático
Automatically programmed tools
Machines-outils à programme
automatique

Marca
Flag, Mark
Marque

Marca de bloque
Block mark
Marque de bloc

Marca de cinta
Tape mark, T.M.
Marque sur bande

Marca de fichero
File mark
Marque de fichier

Marca de fin
End mark
Marque de fin

Marca de fin de carrete
End of reel mark
Marque de fin de bobine

Marca de fin de fichero
End of file marker
Marque de fin de fichier

Marca de fin de zona
End of field spot, Ending field
mark
Marque de fin de zone

Marca de grupo
Group marker
Marque de groupe

Marca de memoria
Store mark
Marque de mémoire

Marca de palabras
Word mark
Marque de mot

Marca de principio de cinta
Beginning of tape marker
Marque de début de bande

Marca de principio de información
Beginning of information marker
Marque de début d'information

Marca de registro
Record mark
Marque d'enregistrement

Marca de segmento
Segment mark
Marque de segment

Marca de sincronización
Timing mark
Marque de synchronisation

Marca de zona
Field mark
Marque de zone

Marca reflectora
Reflective foil
Marque réfléchissante

Marca reflectora de principio de cinta
Reflective load point marker,
Beginning of tape reflective
marker
Marque réfléchissante de début de
bande

Marca sobre cinta
T.M.
Marque sur bande

Marca sobre un tambor
Drum mark
Marque sur un tambour

Marcado
Set mark
Repére

Marcador
Marker
Marqueur

Marcador luminoso
Light pen, Light sensor
Photostyle, Marqueur lumineux

Marcar
(to) Mark, (to) Scribe
Marquer

Marcar el disco de teléfono
Dialling
Appel par cadran

Marcar un número
(to) Dial into
Introduire par cadran

Marcar un número telefónico
(to) Dial
Composer un numéro au cadran

Marcha en vacío
Free motion
Marche à vide

Margen
Edge, Margin
Marge

Margen de recepción
Receiving margin
Marge de réception

Margen para encuadernación
Bindery edge
Marge pour reliure

Margen perforado de arrastre
Sprocket (punched) margin
Marge perforée d'entraînement

Marginador
Guide margin, Margin stop
Margeur

Martillo
Hammer
Marteau

Martillo de impresión
Print hammer, Striking hammer
Marteau d'impression

Masa (volumen) de datos
Mass data
Données de masse

Máscara
Keymask, Mask
Masque

Máscara con zonas ponderadas
Weighted area mask
Masque à zones pondérées

Máscara de edición
Edit mask
Masque d'édition

Máscara de interrupción
Interrupt mask
Masque d'interruption

Máscara de programa
Program mask
Masque de programme

Máscara perforada
Peephole mask
Masque perforé

(La) Matemática
Math
(La) Mathématique

Matemático
Mathematical
Mathématique

Matriculación
Prenumbering
Immatriculation

Matriz
Array, Die, Master form, Matrix
Matrice

Matriz con gráfico
Vertex matrix
Matrice avec graphe

Matriz de correlación
Correlation matrix
Matrice de corrélation

Matriz de datos
Data matrix
Matrice de données

Matriz de decodificación
Decode matrix
Matrice de décodage

Matriz de incidencia
Adjacency matrix
Matrice d'incidence

Matriz de núcleos
Core array, Core matrix
Matrice à tores

Matriz de perforación
Punch(ing) die
Matrice de perforation

Matriz fotoeléctrica
Photocell matrix
Matrice photoélectrique

Matriz semántica
Semantic matrix
Matrice sémantique

Máximo
Maximal, Peak
Maximal, Maximum

Mayoría
Majority
Majorité

Mecánico
Mechanical
Mécanique

Mecanismo
Device, Mechanism
Mécanisme

Mecanismo de acceso
Access mechanism
Mécanisme d'accès

Mecanismo de arrastre
Transport mechanism
Mécanisme d'entraînement

Mecanismo de arrastre de cinta magnética
Magnetic tape handler, Magnetic tape drive
Mécanisme d'entraînement de la bande magnétique

Mecanismo de arrastre de la cinta
Ribbon drive, Tape transport mechanism
Mécanisme d'entraînement du ruban, Mécanisme d'entraînement de la bande

Mecanismo de arrastre de las fichas
Card handling mechanism
Mécanisme d'entraînement des cartes

Mecanismo de arrastre de los impresos
Forms tractor
Mécanisme d'entraînement des imprimés

Mecanismo de arrastre en cruz de Malta
Geneva drive mechanism
Mécanisme d'entraînement en croix de Malte

Mecanismo de avance del papel
Paper advance mechanism, Paper feed mechanism
Mécanisme d'avancement du papier

Mecanismo de los martillos
Hammer assembly
Mécanisme des marteaux

Mecanismo de perforación
Punching mechanism
Mécanisme de perforation

Mecanismo de puesta en servicio
Actuating machine
Mécanisme de mise en service

Mecanismo de sincronización
Timing mechanism
Mécanisme de synchronisation

Mecanismo integrador
Integrating gear
Mécanisme intégrateur

Mecanización
Mechanization
Mécanisation

Mecanizado
Machine based
Mécanisé

Mecanizar
(to) Mechanize
Mécaniser

Media palabra
Half word
Demi-mot

Media ponderada
Weighted average
Moyenne pondérée

Medición de los trabajos
Work measurement
Estimation des travaux

Medio
Base film, Carrier, Means, Medium
Support, Moyen

Medio de transmisión de datos
Data link
Moyen de transmission de données

Megabit
Megabit
Mégabit

Mejora
Improvement
Amélioration

Mejorar
(to) Improve
Améliorer

Mejorar la calidad
(to) Upgrade
Améliorer la qualité

Memoria
Memory, Storage, Store
Mémoire

Memoria activa
Active store, Writable store (Br.) Writeable storage (Amer.)
Mémoire active

Memoria acústica
Acoustic memory, Acoustic storage
Mémoire acoustique

Memoria alterable
Writable store (Br.) Writeable storage (Amer.)
Mémoire active

Memoria aneja
Bump
Mémoire annexe

Memoria asociativa
Associative storage, Searching storage
Mémoire associative

Memoria automática
Automatic storage
Mémoire automatique

Memoria auxiliar
Auxiliary store, Backing storage, Brackboard storage, Secondary memory
Mémoire auxiliaire

Memoria borrable
Erasable storage
Mémoire effaçable

Memoria cache
Cache storage
Mémoire de petite capacité à accès rapide

Memoria central
Central memory, Central storage
Mémoire centrale

Memoria cíclica
Cyclic storage, Cyclic store
Mémoire cyclique

Memoria circulante
Circulating storage
Mémoire circulante

Memoria compartida
Shared memory
Mémoire utilisée en commun

Memoria complementaria del reloj interno
Internal timer backup storage
Mémoire complémentaire de l'horloge interne

Memoria con acceso de alta velocidad
Fast access store, High-speed storage. Quick access storage. Rapid access storage
Mémoire à accès rapide

Memoria con acceso inmediato
Immediate access storage
Mémoire à accès immédiat

Memoria con acceso rápido o a alta velocidad
High-speed store
Mémoire à accès rapide

Memoria con acceso secuencial
Sequence access storage, Sequential access storage
Mémoire à accès séquentiel

Memoria con acceso selectivo
R.A.M., Random access memory, R.A.M., Random access storage, R.A.S., R.A.S.
Mémoire à accès sélectif

Memoria con acceso uniforme
Uniformly accessible storage
Mémoire à accès direct

Memoria con bolas magnéticas
Magnetic bull storage
Mémoire à bulles magnétiques

Memoria con burbujas magnéticas
Magnetic bubble storage
Mémoire à bulles magnétiques

Memoria con cinta magnética
Magnetic tape memory, Magnetic tape storage
Mémoire à bande magnétique

Memoria con cinta múltiple
Multi tape memory
Mémoire a bande multiple

Memoria con condensadores
Capacitor storage, Capacitor store
Mémoire à condensateurs

Memoria con coordenadas
Coordinate memory, Coordinate storage
Mémoire à coordonnées

Memoria con discos
Disk storage, Juke-box storage
Mémoire à disques

Memoria con discos fijos
Fixed disk store
Mémoire à disques fixes

Memoria con discos intercambiables
Exchangeable disk storage, Interchangeable disk storage
Mémoire à disques interchangeables

Memoria con discos magnéticos
Magnetic disk storage
Mémoire à disques magnétiques

Memoria con dos dimensiònes
Two dimensional storage
Mémoire à deux dimensions

Memoria con dos núcleos por bit
Two core per bit storage
Mémoire à deux tores par bit

Memoria con fichas magnéticas
Magnetic card store
Mémoire à cartes magnétiques

Memoria con filme delgado
Thin film memory, Thin film storage, Thin film store
Mémoire à film mince

Memoria con filme magnético
Magnetic film store
Mémoire à film magnétique

Memoria con filme magnético delgado
Magnetic thin film storage
Mémoire à film magnétique mince

Memoria con hilo magnético
Magnetic wire storage
Mémoire à fil magnétique

Memoria con hilo metalizado
Plated wire memory
Mémoire à fil métallisé

Memoria con láser
Laser memory
Mémoire à laser

Memoria con línea de retardo
Delay line storage
Mémoire à ligne à retard

Memoria con lista de introducción directa
Push-up storage
Mémoire à introduction directe

Memoria con matriz
Matrix storage, Matrix store
Mémoire à matrice

Memoria con mercurio
Mercury memory, Mercury store
Mémoire à mercure

Memoria con N núcleos por bit
N Core per bit storage
Mémoire à N tores par bit

Memoria con núcleos magnéticos
Magnetic core storage
Mémoire à tores magnétiques

Memoria con rayos catódicos
Cathode ray storage
Mémoire à rayons cathodiques

Memoria con semiconductores
Semi-conductor memory
Mémoire à semi-conducteurs

Memoria con soporte movible
Data carrier store
Mémoire à support amovible

Memoria con tambor magnético
Magnetic drum store
Mémoire à tambour magnétique

Memoria con tiempo de acceso nulo
Zero access storage
Mémoire à temps d'accès nul

Memoria con tubo catódico
Cathode ray tube storage
Mémoire à tube cathodique

Memoria con tubo de William
Williams tube storage
Mémoire à tube de William

Memoria con un núcleo por bit
One core per bit store
Mémoire à un core par bit

Memoria controlada
Controlled memory
Mémoire contrôlée

Memoria criogénica
Cryogenic storage
Mémoire cryogénique

Memoria de acceso al azar
R.A.M., Random access memory, R.A.M.
Mémoire vive

Memoria de acceso directo
Direct access storage
Mémoire à accès direct

Memoria de acceso instantáneo
Instantaneous storage
Mémoire à accès instantané

Memoria de acceso lento
Slow access storage
Mémoire à accès lent

Memoria de alta velocidad
High-speed memory, H.S.M.
Mémoire rapide

Memoria de apilamiento
Cellar
Mémoire à empilage

Memoria de burbujas
Bubble memory
Mémoire à bulles

Memoria de búsqueda paralela
Parallel search storage
Mémoire de recherche parallèle

Memoria de control
Control storage
Mémoire de contrôle

**Memoria de control de sola
 lectura**
Read only control storage
Mémoire de contrôle de simple
 lecture

**Memoria de control programable
 o alterable**
Writeable control storage
Mémoire de contrôle
 programmable

Memoria de control recargable
R.C.S., Reloadable control storage,
 R.C.S.
Mémoire de contrôle rechargeable

Memoria de fichero
File store
Mémoire à fichier

Memoria de gran capacidad
Bulk (date) Storage (facilities),
 Large capacity storage, L.C.S.,
 L.C.S.
Mémoire de grande capacité

Memoria de haces
Beam store
Mémoire à faisceaux

Memoria de la unidad de proceso
Processor storage
Mémoire de l'unité de traítement

Memoria de lectura-escritura
Read-write memory, R.W.M.,
 R.W.M.
Mémoire de lecture-écriture

Memoria de masa
Mass memory, Mass storage
Mémoire de masse

Memoria de núcleos
Core memory, Core storage
Mémoire à tores

Memoria de núcleos de ferrita
Ferrite bead memory, Ferrite core
 storage
Mémoire à tores de ferrite

Memoria de ordenador
Computer store
Mémoire d'ordinateur

**Memoria de pequeña capacidad
 con acceso rápido**
Cache storage
Mémoire de petite capacité à
 accès rapide

Memoria de pila
Push down store
Mémoire à liste inversée

Memoria de programa
Program storage, Program store
Mémoire à programme

Memoria de reserva
Back-up storage
Mémoire de réserve

Memoria de sola lectura
Read mostly storage, R.O.M.,
 R.O.S.
Mémoire de simple lecture,
 Mémoire à simple lecture

Memoria de tambor
Drum memory, Drum store
Mémoire à tambour

Memoria de uso general
General purpose storage
Mémoire à usage général

Memoria dinámica
Dynamic memory
Mémoire dynamique

Memoria direccionable
Addressable memory
Mémoire adressable

Memoria en línea
On line storage
Mémoire connectée

Memoria en serie
Serial memory, Serial storage
Mémoire en série

Memoria en tránsito
In transit storage
Mémoire en transit

Memoria enteramente monolítica
All monolithic storage
Mémoire entièrement
 monolithique

Memoria especializada
Local store
Mémoire spécialisée

Memoria estática
Static storage
Mémoire statique

Memoria externa
External storage
Mémoire externe

Memoria fuera de línea
Off line storage
Mémoire non connectée

Memoria holográfica
Holographic memory
Mémoire holographique

Memoria inalterable
Read-only memory, R.O.M.
Mémoire morte

Memoria indexada
Indexed storage
Mémoire indexée

Memoria inherente
Inherent memory, Inherent store
Mémoire inhérente

Memoria intermedia
Buffer (storage), Intermediate
 memory, Storage buffer,
 Storage, core
Mémoire intermédiaire

**Memoria intermedia con línea de
 retardo**
Delay line buffer storage
Mémoire intermédiaire à ligne à
 retard

Memoria interna
Internal storage
Mémoire interne

Memoria jerárquica
Hierarchical storage
Mémoire hiérarchique

Memoria lenta
Low speed storage, Slow storage
Mémoire lente

Memoria matricial
Matrix memory
Mémoire matricielle

Memoria modular
Bridge memory
Mémoire modulaire

Memoria monolítica
Monolithic storage
Mémoire monolithique

Memoria muerta
R.O.M.
Mémoire morte

Memoria no borrable
Non erasable store
Mémoire non effaçable

Memoria no volátil
Non volatile storage
Mémoire non volatile

Memoria óptica
Optical memory
Mémoire optique

Memoria organizada por palabras
Word organized storage
Mémoire organisée par mots

Memoria paralela
Parallel store
Mémoire parallèle

Memoria permanente
Fixed storage, Permanent memory
Mémoire permanente

Memoria principal
General storage, Main memory,
    Primary storage
Mémoire principale

Memoria rápida
H.S.M.
Mémoire rapide

Memoria real
Real storage
Mémoire réelle

Memoria real óptima
Optimal real storage, O.R.S.,
    Parachore
Mémoire réelle optimale

Memoria real optimal
O.R.S.
Mémoire réelle optimale

Memoria regenerativa
Refresh memory, Regenerative
    storage
Mémoire régénérative

**Memoria sobre discos con cabezas
    fijas**
Head per-track disk memory
Mémoire sur disques à têtes fixes

Memoria sobre fichas
Tab-card storage
Mémoire sur cartes

Memoria temporal
Temporary storage
Mémoire de transit

Memoria virtual
Virtual memory, V.M., Virtual
    storage, V.S., V.M., V.S.
Mémoire virtuelle

Memoria virtual - real
Virtual equals real storage
Mémoire virtuelle - réelle

Memoria volátil
Volatile storage
Mémoire volatile

Memorizable
Storable
Mémorisable

Memorización
Data storage, Memorization,
    Read(ing)-in, Storing
Mémorisation des données,
    Mémorisation

Memorizado
Stored
Mémorisé

Memorizar
(to) Memorize, (to) Read-in, (to)
    Safe store, (to) Store
Mémoriser

Memorizar en un registro
(to) Copy into a register
Mémoriser dans un registre

Mensaje alfabético de entrada
Alpha type-in
Message alphabétique d'entrée

Mensaje con dirección múltiple
Multi(ple) address message
Message à adresse multiple

Mensaje con respuesta audible
Audio response message
Message à réponse vocale

Mensaje con texto
Text message
Message avec texte

Mensaje con una dirección
Single address message
Message à une adresse

Mensaje de atención
Warning message
Message d'attention

Mensaje de desmontaje
Desmount message
Message de démontage

Mensaje de diagnóstico
Diagnostic message
Message de diagnostic

Mensaje de diálogo
Handshake message
Message de dialogue

Mensaje de entrada
Input message
Message d'entrée

Mensaje de error
Error message
Message d'erreur

Mensaje de intervención
Action message
Message d'intervention

Mensaje de salida
Output message
Message de sortie

Mensaje de segundo nivel
Second level message
Message de deuxième niveau

Mensaje funcional
Functional message
Message fonctionnel

Mensaje privilegiado
Dedicaded message
Message privilégié

Mensaje sin texto
Non text message
Message sans texte

Mensaje telex
Telex correspondance
Message télex

Menú principal
Main menu
Menu principal

Mesa de trabajo
Job table, Work board
Table de travail

Mesa de trazado
Plotting board
Table de traçage

Método básico de acceso directo
Basic direct access method,
    B.D.A.M.
Méthode d'accès direct de base

Método básico de acceso secuencial
Basic Sequential Access Method, B.S.A.M.
Méthode d'accès séquentiel de base

Método de acceso
Access method
Méthode d'accès

Método de acceso a emisión / recepción sincrónica
Synchronous transmit / receive access method, S.T.R.A.M.
Méthode d'accès en émission / réception synchrone

Método de acceso a las telecomunicaciones con filas de espera.
Q.T.A.M.
Méthode d'accès aux télécommunications avec files d'attente

Método de acceso a las telecomunicaciones con colas
Queued telecommunications access method, Q.T.A.M.
Méthode d'accès aux télécommunications avec files d'attente

Método de acceso a un almacenamiento virtual
Virtual storage access method, V.S.A.M.
Méthode d'accès à une mémoire virtuelle

Método de acceso a una memoria virtual
V.S.A.M.
Méthode d'accès à une mémoire virtuelle

Método de acceso básico
Basic access method
Méthode d'accès de base

Método de acceso básico a los conjuntos de los particionados
Basic Partitioned Access Method, B.P.A.M.
Méthode d'accès de base aux ensembles de données cloisonnées

Método de acceso básico a los ficheros secuenciales indexados
Basic indexed sequential access method, B.I.S.A.M.
Méthode d'accès de base aux fichiers séquentiels indexés

Método de acceso básico en telecomunicación
Basic Telecommunication Access Method, B.T.A.M.
Méthode d'accès de base en télécommunication

Método de acceso con colas
Queued access method
Méthode d'accès aves files d'attente

Método de acceso de base a los conjuntos de datos compartimentados
B.P.A.M.
Méthode d'accès de base aux ensembles de données cloisonnées

Método de acceso de base a los ficheros secuenciales con índice
B.I.S.A.M.
Méthode d'accès de base aux fichiers séquentiels indexés

Método de acceso directo de base
B.D.A.M.
Méthode d'accès direct de base

Método de acceso en emisión / recepción sincrónica
S.T.R.A.M.
Méthode d'accès en émission / réception synchrone

Método de acceso en telecomunicación
B.T.A.M.
Méthode d'accès de base en télécommunication

Método de acceso residente en memoria
Resident access method
Méthode d'accès résidante en mémoire

Método de acceso secuencial
S.A.M., Sequential access method, S.A.M.
Méthode d'accès séquentiel

Método de acceso secuencial con colas
Queued sequential access method, Q.S.A.M.
Méthode d'accès séquentiel avec files d'attente

Método de acceso secuencial con filas de espera
Q.S.A.M.
Méthode d'accès séquentiel avec files d'attente

Método de acceso secuencial de base
B.S.A.M.
Méthode d'accès séquentiel de base

Método de acceso secuencial indexado
Indexed sequential access method, I.S.A.M., I.S.A.M.
Méthode d'accès séquentiel indexé

Método de acceso secuencial indexado con filas de espera
Q.I.S.A.M.
Méthode d'accès séquentiel indexé avec files d'attente

Método de acceso secuencial indexado con colas
Queued indexed sequential access method, Q.I.S.A.M.
Méthode d'accès séquentiel indexé avec files d'attente

Método de acceso virtual para telecomunicaciones
Virtual telecommunications access method, V.T.A.M.
Méthode d'accès virtuel par télécommunications

Método de acceso virtual por telecomunicaciones
V.T.A.M.
Méthode d'accès virtuel par télécommunications

Método de control
Control method
Méthode de contrôle

Método de estudio de los sistemas
Systems approach
Méthode d'accès aux systèmes

Método de Monte-Carlo
Monte Carlo method
Méthode de Monte-Carlo

Método del camino crítico
C.P.M., Critical path method,
C.P.M.
Méthode du chemin critique

Método heurístico
Heuristic approach
Méthode heuristique

Método procesable por máquina
Machine readable method
Méthode exploitable par machine

Método secuencial con colas.
Queued sequential method
Méthode séquentielle avec files
d'attente

Mezcla
Mix
Mélange

Mezcla de trabajos
Job mix
Groupe de travaux

Mezclador
Mixer
Mélangeur

Mezclar
(to) Mix
Mélanger

Micro
Micro
Micro

Micro-imagen magnética
Video-chip
Micro-image magnétique

Microcalculador
Micro-computer
Micro-calculateur

Microcircuito
Micro-circuit
Micro-circuit

Microcodificación
Micro-coding
Micro-codage

Microcódigo
Micro-code
Micro-code

Microcopiadora
Micro-copier
Micro-copieuse

Microelectrónico
Micro-electronic
Micro-électronique

Microensamblador
Micro-assembler
Micro-assembleur

Microensamblaje
Microbrunding
Micro-assemblage

Microficha
Micro-fiche
Micro-fiche

Microfilmar
(to) Microfilm
Micro-filmer

Microfilme
Micro-film
Micro-film

Microfilme de salida de ordenador
C.O.M., Computer output
microfilm C.O.M.
Microfilm de sortie d'ordinateur

Microinstrucción
Micro-instruction
Micro-instruction

Microinstrucción de programador
Programmer defined micro
Micro-instruction de programmeur

Microminiaturización
Micro-miniaturization
Micro-miniaturisation

Micromódulo
Micro-module
Micro-module

Microonda
Microwave
Micro-onde

Microperforador
Micro-punch
Micro-perforateur

Microprocesador
Microprocessor
Microprocesseur

Microprograma
Microprogram
Micro-programme

Microprogramación
Firmware, Microprogramming
Microprogrammation

Microprogramar
(to) Microprogram
Micro-programmer

**Microprogramas de control de los
circuitos máquina**
Hardware bring-up tests
Micro-programmes de contrôle
des circuits machine

Microsegundo
Microsecond
Microseconde

Miembro
Member
Membre

Miembro de biblioteca, libro
Library member
Membre-bibliothèque

Miembro fuente
Source member
Membre source

**Miembro mensaje de segundo
nivel**
Second level message member
Membre message de deuxième
niveau

Milésima de segundo, ms
Thousandth of a second
Millième de seconde

Milésimas
Mills
Millièmes

Milisegundo
Millisecond
Milliseconde

Millonésima de segundo
Millionth of a second
Millionième de seconde

Miniaturización
Miniaturization
Miniaturisation

Miniaturizar
(to) Miniaturize
Miniaturiser

Minicalculador
Minicomputer
Mini-calculateur

Minicarretes
Mini reel
Mini-bobine

Minidisco
Diskette, Mini disk
Minidisque

Minimización
Minimization
Minimisation

Minimizar
(to) Minimize
Minimiser

Minuendo
Minuend
Nombre duquel on soustrait

Minutero
Timer
Minuterie

Mirar
(to) Look
Regarder

(La) Mnemónica
Mnemonics
(La) Mnémonique

Mnemónico
Mnemonic
Mnémonique

Modelo
Format, Model
Modèle

Modelo bajo pedido
Custom made
Modèle sur demande

Modelo de aplicación
Model application
Modèle d'application

Modelo de impresión
Printing model
Modèle d'impression

Modelo de pre-serie
Pre-production model
Modèle de pré-série

Modelo matemático
Mathmathical model
Exemple mathématique

Modelo reducido
Scale model
Modèle réduit

Modelos de concepción
Conceptual modelling (Br.),
modeling (Amer.)
Modèles de conception

**Modem (Modulador /
demodulador)**
MODEM (MODulator /
DEModulator)
Modem (Modulateur /
démodulateur)

Modificación
Alteration, Modification
Modification

Modificación de dirección
Address modification
Modification d'adresse

Modificación de la configuración
Reconfiguration
Modification de la configuration

Modificación de la instrucción
Instruction modification
Modification de l'instruction

**Modificación de la representación
binaria**
Bit manipulation
Modification de la représentation
binaire

Modificación de programa
Program modification
Modification de programme

Modificación momentánea
Temporary fix
Modification temporaire

Modificación técnica
Engineering change
Modification technique

Modificador
Modifier
Modificateur

Modificador de carácter
Character modifier
Modificateur de caractère

Modificador de dirección
Address modifier
Modificateur d'adresse

Modificar
(to) Alter, (to) Modify
Modifier

Modificar la configuración
(to) Reconfigure
Modifier la configuration

Modo
Mode
Mode

Modo arítmico
Start-stop mode
Mode arythmique

Modo asíncrono
Asynchronous mode
Mode asynchrone

Modo básico
Basic mode
Mode de base

Modo básico de control
Basic control mode
Mode de contrôle de base

Modo binario
Binary mode
Mode binaire

Modo binario por columna
Column binary mode
Mode binaire par colonne

Modo byte a byte
Byte mode
Mode discontinu

Modo conversacional
Conversational mode
Mode conversationnel

Modo de acceso
Access mode
Mode d'accès

Modo de cálculo
Compute mode
Mode de calcul

Modo de cinta diario
Journal tape mode
Mode de bande journal

**Modo de comunicación
conversacional**
Conversational mode
Dialogué

**Modo de comunicación por
conversación**
Conversational mode
Mode dialogué

Modo de conservación
Hold mode
Mode de conservation

Modo de control
Control mode
Mode de contrôle

Modo de datos
Data mode
Mode de données

**Modo de desplazamiento
numérico**
Numerical shift mode
Mode de décalage numérique

Modo de direccionamiento
Addressing mode
Mode d'adressage

Modo de ejecución
Operating mode
Mode d'exécution

Modo de funcionamiento
Operating mode
Mode d'exécution

Modo de funcionamiento parcial
Crippled mode
Mode de fonctionnement partiel

**Modo de funcionamiento
simultáneo**
Simultaneous mode of working
Mode de fonctionnement
simultané

Modo de identificación del circuito
Circuit assurance mode
Mode d'identification du circuit

Modo de movimiento
Move mode
Mode transfert

Modo de operación
Mode of operation
Mode de travail

Modo de proceso
Processing mode
Mode de traitement

Modo de proceso por lotes
Batch processing mode
Mode de traitement par lots

Modo de registro
Recording mode
Mode d'enregistrement

Modo de registro en cinta
Tape mode
Mode d'enregistrement sur bande

Modo de resonancia
Noisy mode
Mode de résonance

Modo de sustitución
Substitute mode
Mode de remplacement

Modo de transmisión en paralelo
Parallel mode transmission
Mode de transmission en parallèle

Modo discontinuo
Byte mode
Mode discontinu

Modo eco
Echo mode
Mode écho

Modo emisión
Originate mode
Mode émission

Modo emulación
Emulation mode
Mode émulation

Modo esclavo
Slave mode
Mode asservi

Modo interactivo
Interactive mode
Mode interactif

Modo local
Local mode
Mode locale

Modo localización
Locate mode
Mode localisation

Modo natural
Native mode
Mode naturel

Modo normal
Normal mode
Mode normal

Modo paso a paso
Step mode
Mode pas à pas

**Modo (de transferencia) por
grupos de octetos**
Multiple byte mode
Mode (de transfert) par groupes
d'octets

Modo programa único
Single program mode
Mode programme unique

Modo ráfaga
Burst mode
Mode continu

Modo simplex
Simplex mode
Mode simplex

Modo sin recubrimiento
Non overlap mode
Mode sans chevauchement

Modo síncrono
Synchronous mode
Mode synchrone

Modo supervisor
Supervisor mode
Mode superviseur

Modo texto
Text mode
Mode texte

Modo transferencia
Move mode
Mode transfert

Modo transparente
Transparent mode
Mode transparent

Modulación
Modulation
Modulation

Modulación de amplitud
A.M., Amplitude modulation, A.M.
Modulation d'amplitude

Modulación de ángulo
Angle modulation
Modulation d'angle

Modulación de baja potencia
Low level modulation
Modulation de faible puissance

**Modulación de duración de
impulsos**
Pulse duration modulation, P.D.M.,
Pulse length modulation,
P.L.M., Pulse width modulation,
P.W.M.
Modulation d'impulsions en durée

Modulación de fase
Phase modulation, P.M., P.M.
Modulation de phase

Modulación de frecuencia
F.M., Frequency modulation, F.M.
Modulation de fréquence

Modulación de impulsiones en amplitud
P.A.M.
Modulation d'impulsions en amplitude

Modulación de impulsiones en duración
P.D.M., P.L.M., P.W.M.
Modulation d'impulsions en durée

Modulación de impulsiones en el tiempo
P.T.M.
Modulation d'impulsions dans le temps

Modulación de impulsiones en fase
P.P.M.
Modulation d'impulsions en phase

Modulación de impulsos en amplitud
Pulse Amplitude Modulation
P.A.M.
Modulation d'impulsions en amplitude

Modulación de impulsos en el tiempo
Pulse time modulation, P.T.M.
Modulation d'impulsions dans le temps

Modulación de impulsos en fase
Pulse phase modulation, P.P.M.
Modulation d'impulsions en phase

Modulación de impulsos en frecuencia
Pulse frequency modulation
Modulation d'impulsions en fréquence

Modulación de impulsos en número
Pulse number modulation
Modulation d'impulsions en nombre

Modulación de impulsos en posición
Pulse position modulation
Modulation d'impulsions en position

Modulación diferencial
Differential modulation
Modulation différentielle

Modulación isócrona
Isochronous modulation
Modulation isochrone

Modulación por desplazamiento de frecuencia
Frequency shift keying, F.S.K., F.S.K.
Modulation par déplacement de fréquence

Modulación por impulsiones
Pulse modulation
Modulation par impulsions

Modulación por inversión de fase
Phase inversion modulation
Modulation par inversion de phase

Modulación telegráfica
Telegraph modulation
Modulation télégraphique

Modulador
Modulator
Modulateur

Modulador de impulsos
Pulse modulator
Modulateur d'impulsions

Modulador-demodulador de datos
Data modem
Modulateur-démodulateur de donnés

Modulador telegráfico
Telegraph modulator
Modulateur télégraphique

Modulador/demodulador (modem)
MODulator/DEModulator (MODEM)
Modulateur/démodelateur (modem)

Modular
Modular
Modulaire

Modularidad
Modularity
Modularité

Modularización
Modularization
Modularisation

Modularizar
(to) Modularize
Modulariser

Módulo
Module
Module

Módulo con funciones múltiples
Multi function module
Module à fonctions multiples

Módulo de carga
L.M., Load module, L.M.
Module de chargement

Módulo de programa
Program module
Elément de programme

Módulo fuente
Source module
Module source

Módulo objeto
Object module
Module objet

Módulo receptor de papel carbón
Carbon rewind spindle
Module récepteur de papier carbone

Molde
Die, Master form
Matrice

Monitor - Dispositivo de vigilancia
Monitor
Moniteur - Dispositif de surveillance

Monitora de perforistas
Keypunch instructor
Monitrice de perforatrices

Monitora de sala de perforación
Punch room supervisor
Monitrice de salle de perforation

Monocanal
Single channel
Monocanal

Monocristal
Single crystal
Monocristal

Monoestable
Monostable
Monostable

Monolítico
Monolithic
Monolithique

Monoprogramación
Monoprogramming,
  Uniprogramming
Monoprogrammation

Montador
Assembler, Basic assembler,
  Linker
Assembleur, Assembleur de base

Montador (editor) de enlaces
Linkage editor
Editeur de liens

Montaje
Setup
Montage

Montaje experimental
Bread construction, Breadboard
Montage expérimental

Motor generador
Motor generator
Moteur générateur

Motor integrador
Messmotor
Moteur intégrateur

Motor paso a paso
Stepper, Stepping motor
Moteur pas à pas

**Mover la cinta alternativamente
en ambos sentidos**
(to) Rock the tape back and forth
Faire défiler la bande
  alternativement dans les deux
  sens

Movimiento
Motion, Movement
Mouvement

Movimiento de la cinta
Tape motion
Défilement de la bande

Movimiento en entrada
Input transaction
Mouvement en entrée

Movimiento en un fichero
Transaction
Mouvement dans un fichier

Movimiento incremental
Incremental movement
Mouvement incrémentiel

Movimiento rápido
Fast moving
Mouvement rapide

Mueble para carretes de cintas
Tape reel rack
Meuble de bobines de bandes

Mueble para cintas
Tape rack
Meuble à bandes

Mueble para fichas
Card index cabinet, Card-filing
  cabinet
Meuble à cartes

Muesca
Gash, Notch
Entaille, Encoche

Muesca de error
Error notched
Encoche d'erreur

Muesca de principio de cinta
Beginning of tape slot
Encoche de début de bande

Muesca de verificación
Verification notch
Encoche de vérification

Muesca variable
Notch coding
Encochement

Muestra
Sample
Echantillon

Muestra de bits
Bit sampling
Echantillonnage de bits

Multicalculador
Multi computer
Multi-calculateur

Multicálculo
Multi computing
Multi-calcul

Multicanal
Multi channel
Multi-canal

Multiestación
Multi station
Multi-poste

Multimetro
All-purpose meter
Multimètre

Multiperforación
Multi punching
Multi-perforation

**Multiperforación con matrices
intercaladas**
Interspersed gang punching
Multiperforation à matrices
  intercalées

Multiplexado
Multiplexing
Multiplexage

Multiplexar
(to) Multiplex
Multiplexer

**Multiplexión en tiempo
compartido**
T.D.M., Time division multiplexing,
  T.D.M.
Multiplexage en temps partagé

Multiplexor
Multiplex(or)
Multiplexeur

Multiplexor de canales de datos
Data channel multiplexor
Multiplexeur de canaux de
  données

Multiplicación
Multiplication
Multiplication

Multiplicación lógica
Logical multiply
Multiplication logique

Multiplicador
Multiplier
Multiplicateur

Multiplicador analógico
Analog multiplier, Variable
  multiplier
Multiplicateur analogique

Multiplicador-cociente
Multiplier quotient
Multiplicateur-quotient

**Multiplicador en tiempo
  compartido**
Time division multiplier
Multiplicateur en temps partagé

Multiplicando
Multiplicand
Multiplicande

Multiplicar
(to) Multiply
Multiplier

Multiprocesador
Multi processor, Multiple system,
  Multiprocessor
Multi-processeur, Multiprocesseur

Multiproceso
Multiprocessing
Multitraitement

Multiprogramación
Multiprogramming
Multiprogrammation

Multitarea
Multi tasking
Multi-tâche

Multiterminal
Multi terminal
Multi-terminal

Multivibrador
Multivibrator
Multivibrateur

Multivibrador astable
Free running multivibrator
Multivibrateur astable

Multivibrador biestable
Bistable multivibrator
Multivibrateur bistable

Multivibrador monoestable
Monostable multivibrator, One
  shot multivibrator, Single shot
  multivibrator
Multivibrateur monostable,
  Multivibrateur astable

Mutilado
Mute
Mutilé

Muy alta frecuencia
V.H.F.
Très haute fréquence

Muy baja frecuencia
V.L.F.
Très basse fréquence

N

N niveles de direccionamiento
N Level address
N niveaux d'adressage

Nanosegundo
Nanosecond
Nanoseconde

Necesidad de memoria
Storage requirement
Encombrement en mémoire

Necesidades
Requirements
Besoins

Necesidades planificadas
Scheduled requirements
Besoins planifiés

Negación
Negation
Négation

Negar
(to) Negate
Faire une inversion

Neperiano
Naperian
Népérien

Nexo
Nexus
Lien

Nivel
Level
Niveau

Nivel crítico de existencias
Critical stock level, Order point,
    Re-order level
Seuil de réapprovisionnement

Nivel de acceso
Access level
Niveau d'accès

**Nivel de actualización de un
    circuito o programa**
Engineering change level
Niveau de modification technique

Nivel de control
Control level
Niveau de contrôle

Nivel de direccionamiento
Addressing level
Niveau d'adressage

Nivel de fusión
Merge level
Niveau de fusion

Nivel de las interrupciones
Interrupt level
Niveau des interruptions

Nivel de los datos
Data level
Niveau des données

Nivel de modificación técnica
Engineering change level
Niveau de modification technique

Nivel de prioridad
Stringency level
Niveau de priorité

Nivel de referencia
Reference level
Niveau de référence

Nivel de ruido del circuito
Circuit noise level
Niveau de bruit du circuit

Nivel de señal
Signal level
Niveau de signal

Nivel de un programa
Program level
Niveau d'un programme

Nivel límite de sobrecarga
Overload level
Niveau limite de surcharge

Nivel medio de eficacia
Average effectiveness level
Niveau moyen d'efficacité

Nivel medio de las existencias
Average inventory level
Niveau moyen des stocks

Nivel relativo
Relative level
Niveau relatif

Nivel sonoro
Loudness
Niveau sonore

Nivel técnico
Engineering level, Technical
    change status
Niveau technique

Nivelación de la carga
Load levelling, Load smoothing
Nivellement de la charge

Nivelar
(to) Level
Niveler

No
Not
Non

No acabado
Uncomplemented, Uncompleted
Inachevé

No asignado
Unallocated, Unassigned
Non affecté

No automatizable
Non automatizable
Non automatisable

No bloqueado
Unblocked
Non groupé

No borrable
Non resettable
Non effaçable

No borrado
Unerased
Non effacé

No certificado
Uncertified
Non certifié

No circuito
Not circuit
Circuit non

No codificado
Uncoded
Non codé

No colocado
Unposted
Non mis en place

No condensado
Uncompressed
Non condensé

No conmutable
Non crossbarred
Non commutable

No consecutivo
Non continuous
Non consécutif

No controlado
Unchecked
Non contrôlé

**No correspondencia a la
  verificación**
Verify non-compare
Non correspondance à la
  vérification

No definido
Undefined
Non défini

No depurado
Undebugged
Non mis au point

No direccionable
Non addressable
Non adressable

No documentado
Undocumented
Non documenté

No dotado de tampón
Non buffered
Non doté de tampon

No editado
Unedited
Non édité

No elaborado
Unsophlstlcated
Non élaboré

No en estado de funcionar
Non operable
Non en état de fonctionner

No en tiempo real
Non real tIme
Non en temps réel

No enmascarado
Unmasked
Non masqué

No ensayado
Untested
Non essayé

No equivalencia
Non equivalence
Non équivalence

No especializado
Non dedicated
Non spécialisé

No identificable
Unrecognizable
Non identifiable

No impreso
Unprinted
Non imprimé

No inventariable
Univentoriable
Impossible à inventorier

No lanzado
Unreleased
Non lancé

No limitado
Unrestricted
Non limité

No marcado
Unmarked
Non marqué

No modificado
Unchanged, Unmodified
Inchangé, Non modifié

No movido
Unmoved
Non mouvementé

No normalizado
Unnormalized
Non normalisé

No numérico
Non numeric
Non numérique

No ordenado
Disordered, Unordered, Unsorted
Non ordonné, Non classé, Non trié

No paginable
Non pageable
Non paginable

No paginado
Unpaged
Non mis en page

No perforado
Punchless, Unperforated,
  Unpunched, Unsprocketted
Non perforé

No perturbado
Undisturbed
Non perturbé

No planificado
Unprogrammed, Unscheduled
Non programmé

No preparado
Non ready
Non prêt

No procesable
Unprocessable, Unworkable
Non traitable

No procesado
Unprocessed
Non traité

No programable
Unprogrammable
Non programmable

No programado
Unprogrammed, Unscheduled
Non programmé

No pronto
Not ready
Non prêt

No puesto en forma
Unformatted
Non mis en forme

No recuperable
Non recovery, Not recoverable,
  Unrecoverable
Non corrigible, Irrémédiable

No redondeado
Unrounded
Non arrondi

No registrado
Unrecorded
Non enregistré

No regreso a cero
N.R.Z.
Non retour à zéro

No sangrado
Unjustified
Non cadré

No segmentado
Unsegmented
Non segmenté

No separado
Unburst
Non séparé

No significativo
Insignificant
Non significatif

No simultáneo
Non concurrent
Non simultané

No traducido
Uninterpreted
Non traduit

No truncado
Untruncated
Non tronqué

No único
Non unique
Non unique

No verificado
Unverified
Non vérifié

No vigilado
Unaudited
Non surveillé

No virgen
Non blank
Non vierge

NO-Y
NOT AND
NON-ET

Nombre
Name
Nom

Nombre calificado
Qualified name
Nom qualifié

Nombre completo
Full name
Nom en entier

Nombre de condición
Condition name
Nom de condition

Nombre de documento
Docuterm
Nom de document

Nombre de la unidad
Unit name
Nom de l'unité

Nombre de párrafo
Paragraph name
Nom de paragraphe

Nombre de zona
Field name
Nom de zone

Nombre del fichero
File name
Nom de fichier

Nombre del procedimiento
Procedure name
Nom de la procédure

Nombre del programa
Program name
Nom du programme

Nombre del punto de entrada
Entry name
Nom du point d'entrée

Nombre del vector o matriz
Array name
Nom de l'ensemble

Nombre simbólico
Symbolic name
Nom symbolique

Nombres de los datos
Data names
Noms de données

Normalización
Normalization, Standardization
Normalisation

Normalización de las señales
Signal normalization
Normalisation des signaux

Normalización de los impulsos
Pulse standardization
Standardisation des impulsions

Normalizar
(to) Normalize, (to) Standardize
Normaliser

Normógrafo
Alignment chart, Lettering guide,
    Plastic template
Normographe

Normógrafo para trazar diagramas
Charting template
Normographe de traçage de
    diagrammes

Notación
Notation
Notation

Notación abreviada
Shorthand notation
Notation abrégée

Notación binaria
Binary notation
Notation binaire

Notación biquinaria
Biquinary notation
Notation biquinaire

Notación codificada en binario
Binary coded notation
Notation codée en binaire

Notación con base fija
Fixed radix notation
Notation à base fixe

Notación de base
Radix notation
Notation de base

Notación de posición
Positional notation
Notation de position

Notación decimal
Decimal notation
Notation décimale

**Notación decimal codificada en
    binario**
Binary coded decimal notation
Notation décimale codée en
    binaire

Notación hexadecimal
Hexadecimal notation
Notation hexadécimale

Notación infija
Infix notation
Notation infixée

Notación matricial
Matrix notation
Notation matricielle

Notación polaca
Polish notation, Warsaw notation
Notation polonaise

Notación polaca sin paréntesis
Lukasiewicz notation, Parentheses
    free notation, Prefix notation
Notation préfixée

Notación polivalente
Polyvalent notation
Notation polyvalente

Notación simbólica
Symbolic notation
Notation symbolique

Noticia de proceso por excepción
Exception notice
Notice de traitement par exception

Núcleo
Core, Nucleus
Tore, Noyau

Núcleo arrollado
Tape-wound core
Tore enroulé

Núcleo bobinado
Bobbin core
Tore bobiné

Núcleo de cinta
Tape core
Tore de bande

Núcleo de conmutación
Switch core
Tore de commutation

Núcleo de ferrita
Ferrite bead, Ferrite core
Tore de ferrite

Núcleo de memoria
Memory core, Storage core
Tore de mémoire

Núcleo magnético
Magnetic core
Tore magnétique

Núcleo magnético biestable
Binary core, Bistable magnetic
core
Tore magnétique bistable

Nudo
Node
Noeud

Nudo final
Finish node
Noeud final

Nudo inicial
Start node
Noeud initial

Nueva corrección
Repatching
Nouvelle correction

Nueva línea
New line, N.L., N.L.
Nouvelle ligne

Nuevo cliente
New customer
Nouveau client

Nuevo fichero permanente
Master output file, New master file
Nouveau fichier permanent

Nuevo llegado a la informática
New computer user
Nouveau venu à l'informatique

Nulo
Null
Nul

Numeración
Numbering, Numeration
Numérotage, Numération

Numeración binaria
Binary numeration
Numération binaire

Numeración codificada
Coded notation
Numération codée

Numeración con base fija
Fixed radix numeration
Numération à base fixe

Numeración con base mixta
Mixed radix notation
Numération à base mixte

Numeración con base múltiple
Mixed base notation
Numération à base multiple

Numeración de base
Radix numeration
Numération de base

Numeración decimal
Decimal numeration
Numération décimale

Numeración decimal codificada
Coded decimal notation
Numération décimale codée

Numeración decimal codificada en binario
Binary coded decimal
representation
Numération décimale codée en
binaire

Numeración en binario puro
Pure binary numeration
Numérotation en binaire
pure

Numeración hexadecimal
Sexadecimal notation
Numération héxadécimale

Numeración progresiva
Consecutive numbering, Crash
numbering, Serialization
Numérotage progressif,
Numérotation progressive

Numeración ternaria
Ternary notation
Numération ternaire

Numerado progresivamente
Serial(ly) numbered
Numéroté progressivement

Numerador
Numbering machine,
Serializer
Numéroteur

Numerador automático
Automatic numbering
transmitter
Numéroteur automatique

Numeral
Numeral
Numéral

Numerar
(to) Number
Numéroter

Numerar incorrectamente
(to) Misnumber
Numéroter incorrectement

Numerar progresivamente
(to) Serialize
Numéroter progressivement

Numéricamente
Digitally, Numerically
Numériquement

Numérico
Digital, Numeric(al)
Numérique

Número
Number
Nombre

Número aleatorio
Random number
Nombre aléatoire

Número binario
Binary number, Binary numeral
Nombre binaire

Número binario discontinuo
Discontinuous binary number
Nombre binaire discontinu

Número biquinario
Biquinary number
Nombre biquinare

Número codificado
Coded number
Nombre codé

Número con dígito-clave de protección
Self-checking number
Nombre à chiffre-clé de protection

Número de base
Base number
Nombre de base

Número de borrados
Erase counts
Nombre d'effacements

Número de carrete
Reel number
Número de bobine

Número de casilla
Slot number
Número de case

Número de ciclos
Cycle criterion
Nombre de cycles

Número de control
Check number
Número de contrôle

Número de cuenta
Account number
Número de compte

Número de diario
Journal number
Número de journal

Número de errores
Error count
Nombre d'erreurs

Número de generación
Generation number
Número de génération

Número de impreso
Form number
Número d'imprimé

Número de iteraciones
Iteration count
Nombre d'itérations

Número de la biblioteca
Library number
Número de la bibliothèque

Número de la instrucción
Statement number
Número de l'instruction

Número de la operación
Operation number
Número de l'opération

Número de la primera página
Beginning page number
Début de numérotation de pages

Número de línea
Line number
Número de ligne

Número de llamada
Call number, Dial number
Número d'appel

Número de orden
Order number
Número d'ordre

Número de orden de carrete
Reel file number, Reel serial number
Número d'ordre de bobine

Número de orden de la cinta
Tape serial number
Número d'ordre de la bande

Número de orden del bloque
Block serial number
Número d'ordre du bloc

Número de orden más bajo
Lower
Número d'ordre le moins élevé

Número de pista
Track number
Número de piste

Número de principio
Beginning number
Número de début

Número de protección
Protection number
Número de protection

Número de referencia
Accession number
Número de référence

Número de registros
Record count
Nombre d'enregistrements

Número de secuencia
Sequence number
Número de séquence

Número de selección, Número telefónico
Dialling number
Número de sélection

Número de serie
Serial number
Número de série

Número de transferencias
Number of moves
Nombre de transferts

Número de transmisiones
Transmission count
Nombre de transmissions

Número decimal
Decimal number
Nombre décimal

Número decimal codificado en biquinario
Biquinary coded decimal number
Nombre décimal codé en biquinaire

Número duodecimal
Duodecimal number
Nombre duodécimal

Número en coma fija
Fixed point number
Nombre en virgule fixe

Número en coma flotante
Floating point number
Nombre en virgule flottante

Número en doble precisión
Double precision number
Nombre en double précision

Número en longitud doble
Double length number, Double
  length numeral
Nombre en longueur double

Número en longitud múltiple
Multiple length number
Nombre en longueur multiple

Número entero
Integer, Integral number
Nombre entier, Nombre intégral

Número hexadecimal
Hexadecimal number
Nombre hexadécimal

Número mixto
Mixed number
Nombre mixte

Número negativo
Negative number
Nombre négatif

Número par
Even number
Nombre pair

Número polivalente
Polyvalent number
Nombre polyvalent

Número septenario
Septenary number
Nombre septénaire

Número simbólico
Symbolic number
Nombre symbolique

Número telefónico
Call number, Dial number
Numéro d'appel

O

O inclusive
Inclusive OR
Ou inclusif

Objeto
Object
Objet

Oblea de semiconductor
Wafer
Plaque de contact

Oblicuidad
Skew
Obliquité

Oblicuidad de la cinta
Tape skew
Obliquité de la bande

Oblicuo
Skew
Biais

Oblicuo - Signo ' / '
Slant
Oblique - Signe ' / '

Obligatorio
Compulsory, Mandatory, Required
Obligatoire

Observar
(to) Sight
Observer

Obsolescencia
Obsolescence
Obsolescence

Obstrucción
Clogging
Obstruction

Ocasional
Casual
Occassionnel

Octal codificado binario
B.C.O., Binary coded octal, B.C.O.
Octal codé binaire

Octeto
Byte, Eight bit byte
Groupe de 8 bits, Octet

Octeto de análisis
Sense byte
Octet d'analyse

**Octeto de pasaje mayúsculas /
minúsculas**
Shift byte
Octet de passage majuscules /
minuscules

Octeto indicador
Flag byte
Octet indicateur

Ocupado
Busy, Engaged
Occupé

Ocupar n octetos
(to) Inhabit n bytes
Occuper n octets

Oficina de perforación
Keypunch department, Punch
cardshop
Atelier de perforation

**Ofrecer un proceso en modalidad
reducida**
(to) Degrade gracefully
Offrir un traitement réduit

Ojo de entrada
Entry hub
Plot d'entrée

Omitir voluntariamente
(to) Ignore
Omettre volontairement

Onda
Wave
Onde

Onda modulada por impulsos
Pulse modulated wave
Onde modulée par impulsions

Onda piloto de conmutación
Switching control pilot
Onde pilote de commutation

Onda piloto de grupo secundario
Supergroup reference pilot
Onde pilote de groupe secondaire

Onda piloto de regulación
Regulating pilot
Onde pilote de régulation

Onda piloto de sincronización
Synchronizing pilot
Onde pilote de synchronisation

Onde portadora
Carrier wave
Onde porteuse

Ondulante
Wavy
Onduleux

Opción
Option
Option

Opción de visualización
Display option
Visualisation en option

Opción implícita
Assumed option
Option implicite

Opción no imputable
No charge option
Option non imputable

Opción por defecto
Default option
Option par défaut

Opcional
Optional
Facultatif

Opciones del programa de control
Control program options
Options du programme de
contrôle

Opciones facultativas
Optional features
Options facultatives

Operación
Operation
Opération

Operación aritmética
Arithmetic(al) operation
Opération arithmétique

Operación aritmética binaria
Binary arithmetic(al) operation
Opération arithmétique binaire

Operación asíncrona
Asynchronous operation
Opération asynchrone

Operación automática
Automatic operation, Off line
operation
Opération automatique, Opération
autonome

Operación auxiliar
Auxiliary operation
Opération auxiliaire

Operación bicondicional
Bi-conditional operation
Opération bi-conditionnelle

Operación binaria
Binary operation
Opération binaire

Operación booleana
Boolean operation
Opération booléenne

Operación booleana binaria
Binary boolean operation
Opération booléenne binaire

Operación booleana diádica
Dyadic boolean operation
Opération booléenne diadique

Operación complementaria
Complementary operation
Opération complémentaire

Operación completa
Complete operation
Opération complète

Operación con número fijo de ciclos
Fixed cycle operation
Opération à nombre fixe de cycles

Operación condicional
Conditional operation
Opération conditionnelle

Operación de adición
Add operation
Opération d'addition

Operación de anticoincidencia
Anticoincidence operation
Opération de non-équivalence

Operación de base
Fundamental operation
Opération de base

Operación de bifurcación
Jump operation
Opération de branchement

Operación de búsqueda
Searching process
Opération de recherche

Operación de cálculo
Calculating operation
Opération de calcul

Operación de cálculo medio
Average calculating operation
Opération de calcul moyenne

Operación de carga de los impresos
Format load operation
Opération de chargement des imprimés

Operación de control
Control operation
Opération de contrôle

Operación de corrección
Corrective action
Opération de correction

Operación de enlace en tiempo real
On line real time operation
Opération de liaison en temps réel

Operación de equivalencia
Equivalence operation, If and only if operation
Opération d'équivalence, Opération d'équivalence

Operación de implicación condicional
If then operation
Opération d'implication conditionnelle

Operación de memoria
Storage operation
Opération de mémoire

Operación de multiplicación
Multiply operation
Opération de multiplication

Operación de no equivalencia
Non equivalence operation
Opération de non équivalence

Operación de transferencia
Transfer operation
Opération de transfert

Operación de vaciamiento antes del acabado
Bumped operation
Opération de vidage avant achèvement

Operación diádica
Dyadic operation
Opération diadique

Operación dual
Dual operation
Opération parallèle

Operación en coma flotante
Floating point operation
Opération en virgule flottante

Operación en línea
On line operation
Opération en cours

Operación en los dos sentidos
Both-way operation (two-way operation)
Opération dans les deux sens

Operación en sala abierta
Open shop operation
Opération «porte ouverte»

Operación en sala cerrada
Closed shop operation
Opération en salle fermée

Operación en tiempo real
Real time operation
Opération en temps réel

Operación fuera de línea
Off line operation
Opération autonome

Operación horizontal
Crossfoot(ing)
Opération horizontale

Operación iterativa
Iterative operation
Opération iterative

Operación lógica
Logic(al) operation
Opération logique

Operación manual
Clerical operation, Manual operation
Opération manuelle

Operación máquina
Computer operation
Opération machine

Operación monádica
Monadic operation
Opération à une seule opérande

Operación multitarea
Multi task operation
Opération multi-tâche

Operación NO
NOT operation
Opération NON

Operación NO-O
Dagger operation, Joint denial,
NEITHER-NOR operation, NON
disjunction, NOR operation
Opération NON-OU

Operación NO-Y
Alternative denial, NAND
operation, NON conjunction,
NOT AND operation
Opération NON-ET

Operación O
OR operation
Opération OU

Operación O exclusivo
Exclusion OR operation, OR else
operation
Opération OU exclusif

Operación o inclusivo
Inclusive OR operation, Union
Opération ou inclusif

Operación paralela
Parallel operation
Opération parallèle

Operación planificada
Scheduled operation
Opération planifiée

Operación repetitiva
Repetitive operation
Opération répétitive

Operación simultánea
Concurrent operation,
Simultaneous operation
Opération simultanée

Operación sobre parte de palabra
Split word operation
Opération sur partie de mot

Operación trabajo-descanso
Make-break operation
Opération travail-repos

Operación V
V Operation
Opération V

Operación Y
AND operation, Meet operation
Opération ET

Operación Y-NO
AND NOT operation
Opération ET-NON

Operacional
Operational, Operative
Opérationnel

Operaciones auxiliares
Red-tape operations
Opérations auxiliaires

**Operaciones de control de los
trabajos sobre unidad gráfica**
Graphic job control operations
Opérations de contrôle des
travaux sur unité graphique

Operaciones de entrada / salida
Input / output operations
Opérations d'entrée / sortie

Operaciones de mantenimiento
Service operations
Opération de manutention

Operaciones incrementadas
Incremental operations
Opérations incrémentielles

Operaciones por minuto
Operations per minute, O.P.M.,
O.P.M.
Opérations par minute, Opérations
par minute

Operaciones preparadas
Housekeeping operations
Opérations préparatoires

Operador
Machine operator, Operator
Opérateur

Operador aritmético
Arithmetic(al) operator
Opérateur arithmétique

Operador binario
Binary operator
Opérateur binaire

Operador booleano
Boolean connective, Boolean
operator
Opérateur booléen

**Operador booleano monádico,
(unario)**
Monadic boolean operator
Opérateur booléen à une seule
opérande

Operador complementario
Complementary operator
Opérateur complémentaire

Operador de calculadora
Comptometer operator
Opérateur de machine à calculer

Operador de equipo auxiliar
Auxiliary equipment operator
Opérateur sur matériel auxiliaire

**Operador de equipo con fichas
perforadas**
Punched card equipment operator
Opérateur sur matériel à cartes
perforées

Operador de equipo periférico
Peripheral equipment operator
Opérateur sur matériel
périphérique

Operador de gestión
Administrative operator
Opérateur de gestion

Operador de prefijo
Prefix operator
Opérateur de préfixe

Operador de pupitre
Console operator
Pupitreur

Operador de pupitre de ordenador
Computer console operator
Opérateur de pupitre d'ordinateur

Operador de relación
Relational operator
Opérateur de relation

Operador de tabuladora
Tab man, Tab operator, Tabulating
machine operator
Mécanographe

Operador de telescriptor
Teletype operator
Opérateur de téléscripteur

Operador lógico
Logical connector, Logic(al)
operator
Opérateur logique

Operador mecanográfico
Book-keeping operator, Punched
card operator
Opérateur mécanographique

Operador no
Not operator
Opérateur non

Operador NO-Y
NAND operator
Opérateur NON-ET

Operador O
OR operator
Opérateur OU

Operador O exclusivo
Exclusion OR operator
Opérateur OU exclusif

Operador o inclusivo
Inclusive OR operator
Opérateur ou inclusif

Operador sobre terminal
Terminal operator
Opérateur sur terminal

Operador Y
AND operator
Opérateur ET

Operando
Operand
Opérande

Oportunidad
Opportunity
Opportunité

Opresión de una tecla
Key depression
Enfoncement d'une touche

Ópticamente
Optically
Optiquement

Óptico
Optical
Optique

Optimización
Optimation, Optimization
Optimisation

Optimización lineal
Linear optimatization
Optimisation linéaire

Optimización no lineal
Non linear optimization
Optimisation non linéaire

Optimizador
Optimizer
Optimiseur

Optimizar
(to) Optimize
Optimiser

Orden
Order
Ordre

Orden creciente
Ascending order, Increasing order
Ordre croissant

Orden de control de los trabajos
Job control statement
Ordre de contrôle des travaux

Orden de encadenamiento
Chain order
Ordre de chaînage

Orden de llegada
Order of appearence
Ordre d'arrivée

Orden de presencia
Order of presence
Ordre de présence

Orden de principio de trabajo
Job statement
Ordre de début de travaux

Orden de prioridad
Order of precedence, Priority order
Ordre de priorité

Orden de separación
Delimiter statement
Ordre de séparation

Orden decreciente
Decreasing order, Descending
order
Ordre décroissant

Orden el más elevado
High order
Ordre le plus élevé

Ordenación
Sort(ing)
Tri

Ordenación cronológica
Forward scheduling
Ordonnancement chronologique

Ordenada (de una curva)
Ordinate
Ordonnée (d'une courbe)

Ordenado
Ordered
Ordonné

Ordenador
Computer
Ordinateur

Ordenador basado en cintas
Tape-oriented computer
Ordinateur à bandes

Ordenador biprocesador
Dual processor computer
Ordinateur bi-processeur

Ordenador central
Central computer, Host computer,
Host processor
Ordinateur central

Ordenador científico
Scientific computer
Ordinateur scientifique

Ordenador con fichas
Card oriented computer,
Tabulating card computer
Ordinateur à cartes

Ordenador con fichas perforadas
Punched card computer
Ordinateur à cartes perforées

**Ordenador con palabras de
longitud variable**
Variable word length computer
Ordinateur à mots de longueur
variable

**Ordenador con secuencia
controlada por lógica**
Logic controlled sequential
computer
Ordinateur à séquence contrôlée
par logique

Ordenador con soporte aparente
Visible record computer
Ordinateur à support visible

Ordenador contable
Accounting computer, Billing
computer
Calculateur comptable

Ordenador criogénico
Cryogenic computer
Calculateur cryogénique

Ordenador de caracteres
Character oriented computer
Ordinateur à caractères

Ordenador de características generales
General purpose computer, G.P.C.
Calculateur polyvalent

Ordenador de coma fija
Fixed point computer
Calculateur en virgule fixe

Ordenador de coma flotante
Floating point computer
Calculateur en virgule flottante

Ordenador de compilación
Compiling computer
Calculateur de compilation

Ordenador de composición
Typesetting computer
Ordinateur de composition

Ordenador de comunicaciones
Communications oriented computer
Ordinateur de communications

Ordenador de control de procesos
Process control computer
Calculateur de contrôle de processus

Ordenador de control industrial
Industrial control computer
Calculateur de contrôle industriel

Ordenador de despacho
Desk sized computer, Desk top computer
Ordinateur de bureau

Ordenador de dibujo
Computerized drafting machine
Ordinateur de dessin

Ordenador de enseñanza
Instructional computer
Ordinateur d'enseignement

Ordenador de gestión
Business (oriented) computer, Commercial computer
Ordinateur de gestion

Ordenador de gestión de red
Network control processor
Ordinateur de gestion de réseau

Ordenador de gran capacidad
Large scale computer
Ordinateur de grande capacité

Ordenador de gran potencia
Super scale computer
Calculateur de grande puissance

Ordenador de media potencia
Medium-sized computer, Midicomputer
Ordinateur de moyenne puissance

Ordenador de palabras
Word oriented computer
Ordinateur à mots

Ordenador de primera generación
First generation computer
Calculateur de première génération

Ordenador de reserva
Back-up computer
Calculateur de réserve

Ordenador de segunda generación
Second generation computer
Ordinateur de deuxième génération

Ordenador de segunda mano
Used computer
Ordinateur d'occasion

Ordenador de tercera generación
Third generation computer
Ordinateur de troisième génération

Ordenador de transmisión de datos
Data communication processor
Ordinateur de transmission de données

Ordenador de valor absoluto
Absolute value computer
Calculateur en valeur absolue

Ordenador digital
Digital computer
Calculateur numérique

Ordenador dotado de memoria intermedia
Buffered computer
Calculateur doté de mémoire intermédiaire

Ordenador electromecánico
Electromechanical computer
Calculateur électromécanique

Ordenador electrónico
Electronic computer, Electronic data processor
Calculateur électronique, Ordinateur électronique

Ordenador electrónico digital
Electronic digital computer
Calculateur numérique électronique

Ordenador en serie
Serial computer
Calculateur en série

Ordenador (que trabaja) en tiempo compartido
Time-shared computer
Ordinateur (qui travaille) en temps partagé

Ordenador esclavo
Slave computer
Ordinateur asservi

Ordenador especializado
Special purpose computer
Calculateur spécialisé

Ordenador final (meta)
Object computer, Target computer
Calculateur objet

Ordenador frontal
Front ender, Front-end computer, Front-end processor
Calculateur frontal, Ordinateur frontal

Ordenador fuente
Source computer
Ordinateur source

Ordenador hacia atrás
Back scheduling
Ordonnancement en arrière

Ordenador incremental
Incremental computer
Calculateur incrémentiel

Ordenador modular
Modular computer
Ordinateur modulaire

Ordenador monoplaca
On chip computer
Ordinateur monoplaque

Ordenador neumático
Pneumatic computer
Ordinateur pneumatique

Ordenador objeto
Object computer, Target computer
Calculateur objet

Ordenador paralelo
Parallel computer
Calculateur parallèle

Ordenador periférico
Peripheral computer
Ordinateur périphérique

Ordenador polivalente
All-purpose computer
Calculateur polyvalent

Ordenador principal
Back end computer, Main
  computer, Master computer
Calculateur principal, Ordinateur
  principal

**Ordenador que trabaja en
  multiprogramación**
Multi program computer
Ordinateur qui travaille en multi-
  programmation

Ordenador remoto
Remote calculator, Remote
  computer
Calculateur de télégestion

Ordenador satélite
Satellite computer
Calculateur satellite

Ordenador secuencial
Sequential computer
Calculateur séquentiel

Ordenador simultáneo
Simultaneous computer
Calculateur simultané

Ordenador síncrono
Synchronous computer
Calculateur synchrone

Ordenador terminal
Terminal computer
Ordinateur terminal

Ordenador transistorizado
Solid state computer
Calculateur transistorisé

Ordenador universal
M.P.C., Multi purpose computer,
  M.P.C.
Ordinateur universel

**Ordenador utilizado en tiempo
  real**
Real time computer
Ordinateur utilisé en temps réel

Ordenadores híbridos
Hybrid computers
Calculateurs hybrides

Ordenamiento
Filing
Rangement

Ordenar
(to) Marshall, (to) Order, (to) Store
  away
Classer, Ordonner, Ranger

Ordenar en secuencias
(to) Arrange in sequence
Ordonner en séquences

Órdenes iniciales
Initial orders
Ordres initiaux

Órdenes inminentes
Imminent orders
Ordres imminents

Órdenes urgentes
Urgent orders
Ordres urgents

Organigrama
Flowchart
Organigramme

Organigrama de datos
Data flow diagram, Data flowchart
Organigramme de données

Organigrama de decisión
Decision flowchart
Organigramme de décision

Organigrama de detalle
Detail flowchart
Organigramme de détails

Organigrama de difusión
Scatter diagram
Organigramme de diffusion

Organigrama de flujo
Flow diagram
Organigramme de circulation

**Organigrama de flujo del
  programa**
Program flow diagram
Organigramme de déroulement du
  programme

Organigrama de función
Function chart
Organigramme de fonction

**Organigrama de funcionamiento
  secuencial**
Sequence chart
Organigramme de fonctionnement
  séquentiel

**Organigrama de los sistemas de
  proceso**
Flow process diagram
Organigramme des systèmes de
  traitement

Organigrama de los tiempos
Timing chart
Organigramme des temps

**Organigrama de
  macroprogramación**
Macro flowchart
Organigramme de macro-
  programmation

Organigrama de memoria
Memory diagram
Organigramme de mémoire

Organigrama de proceso
Process chart, Process flowchart
Organigramme de traitement

Organigrama de programación
Program (ming) (flow)chart
Organigramme de programmation

Organigrama de sistemas
Systems flowchart
Organigramme de systèmes

Organigrama del sistema
System flowchart
Organigramme du système

Organigrama detallado
Detailed flowchart
Organigramme détaillé

Organigrama dinámico
Dynamic flow diagram
Organigramme dynamique

Organigrama esquemático
Schematic diagram
Organigramme schématique

Organigrama general
Overall block diagram, Top level
flowchart
Organigramme général

Organigrama lógico
Logic(al) (flow)chart, Logic(al)
diagram
Organigramme logique

Organigrama por bloques
Block diagram
Organigramme par blocs

Organización
Organization
Organisation

Organización con discos
Disk organisation (Br.) Disk
organization (Amer.)
Organisation sur disques

**Organización de ficheros con
acceso directo**
Direct access file organization
Organisation des fichiers à accès
direct

**Organización del servicio de
proceso de los datos**
Data processing department
organization
Organisation du service de
traitement des données

Organización indexada
Indexed organisation (Br.) Indexed
organization (Amer.)
Organisation indexée

Organización jerárquica directa
Hierarchical direct organization
Organisation hiérarchique directe

Organización jerárquica secuencial
Hierarchical sequential
organization
Organisation hiérarchique
séquentielle

Organización particionada
Partitioned organization
Organisation compartimentée

Organización y métodos
O & M, Organization and methods,
Organization and methods
Organisation et méthodes,
Organisation et méthodes

Organizado con palabras
Word oriented
Organisé par mots

Organizador
O M Man
Organisateur

Organizar
(to) Organize
Organiser

Organo aritmético
Arithmetic(al) organ
Organe arithmétique

Órgano de control
Controller
Organe de contrôle

Órgano de decisión
Decision mechanism
Organe de décision

Órgano de la unidad de proceso
Processor section
Organe de l'unité de traitement

Órgano de posicionado
Detent
Organe de positionnement

Orientación
Orientation
Orientation

Orientado
Oriented
Orienté

Origen
Origin
Origine

Oscilador
Oscillator
Oscillateur

Oscilador con bloque de fase
Phase locked oscillator
Oscillateur à blocage de phase

Oscilador paramétrico
Parameter oscillator
Oscillateur paramétrique

Oscilar
(to) Sway
Osciller

Osciloscopio
Oscilloscope, Scope
Oscilloscope

Osciloscopio con rayos catódicos
C.R.O.
Oscilloscope à rayons cathodiques

Osciloscopio de rayos catódicos
Cathode ray oscilloscope, C.R.O.
Oscilloscope à rayons cathodiques

P

Página
Page
Page

Página activa
Active page
Page active

Página fija
Fixed page
Page fixe

Paginable
Pageable
Paginable

Paginación
Formating, Paging
Mise en page, Pagination

Paginación por petición
Demand paging
Pagination sur demande

Paginar
(to) Page
Paginer

Palabra
Word
Mot

Palabra alfabética
Alphabetic(al) word
Mot alphabétique

Palabra clave
Key-word
Mot clé

Palabra clave en el título
Keyword in title, K.W.I.T., K.W.I.T.
(Key Word in Title)
Mot clé dans le titre

Palabra clave en su contexto
Key-word in context, K.W.I.C.,
K.W.I.C. (Key Word In Context)
Mot clé dans son contexte, Mot clé
dans le titre

Palabra clave fuera de su contexto
Key-word out of context, K.W.O.C.,
K.W.O.C. (Key Word Out of
Context)
Mot clé en dehors de son contexte

Palabra compuesta sólo de unos
All ones word
Mot ne comportant que des 1

Palabra con blancos
All blank word
Mot espace

Palabra de bloqueo
Lockword
Mot de blocage

Palabra de búsqueda
Search word
Mot de recherche

Palabra de control
Check word, Control word
Mot de contrôle

Palabra de control de datos
Data control word, D.C.W.
Mot de vérification de données

Palabra de control de formato
Format control word
Mot de contrôle de format

Palabra de control de la unidad
U.C.W., Unit control word, U.C.W.
Mot de contrôle de l'unité

**Palabra de control de
sincronización**
Sync check word
Mot de contrôle de
synchronisation

Palabra de datos
Data word
Mot de données

Palabra de dirección del canal
C.A.W., Channel address word,
C.A.W.
Mot d'adresse du canal

Palabra de encadenamiento
Link word
Mot de chaînage

Palabra de estado
Status word
Mot d'état

Palabra de estado de canal
Channel status word, C.S.W.
Mot d'état du canal

**Palabra de estado de nivel de
interrupción**
I.L.S.W.
Mot d'état du niveau
d'interprétation

Palabra de estado del canal
C.S.W.
Mot d'état du canal

**Palabra de estado del nivel de
interrupción**
Interrupt level status word,
I.L.S.W.
Mot d'état du niveau d'interruption

Palabra de estado del programa
Program status word, P.S.W.,
P.S.W.
Mot d'état du programme

Palabra de fin de registro
End of record word
Mot de fin d'enregistrement

Palabra de índice
Index word
Mot d'index

Palabra de índice fijo
Fixed index word
Mot d'index fixe

Palabra de información
Information word
Mot d'information

Palabra de longitud fija
Fixed length word
Mot de longueur fixe

Palabra de longitud variable
Variable length word
Mot de longueur variable

Palabra de llamada
Call word
Mot d'appel

Palabra de mando de canal
C.C.W., Channel command word,
C.C.W.
Mot de commande de canal

Palabra de moda
Buzz-word
Mot à la mode

Palabra de paso
Password
Mot de passe

Palabra de recuento
Tally word
Mot de comptage

Palabra de verificado de datos
D.C.W.
Mot de vérification de données

Palabra estándar
Standard word
Mot standard

Palabra incompleta
Short word
Mot incomplet

Palabra instrucción
Instruction word
Mot instruction

Palabra máquina
Computer word, Machine word
Mot machine

Palabra numérica
Numeric word
Mot numérique

Palabra parámetro
Parameter word
Mot paramètre

Palabra reservada
Reserved word
Mot réservé

Palabra telegráfica
Telegraph word
Mot télégraphique

Palabra telegráfica convencional
Conventional telegraph word
Mot télégraphique conventionnel

Palabras por minuto
Words per minute, W.P.M., W.P.M.
Mots à la minute

Palabras por segundo
Words per second
Mots à la seconde

Palanca
Arun, Lever
Levier

Palanca de ajuste de los impresos
Forms adjusting lever
Levier d'ajustage des imprimés

Palanca de control de la impresión
Impression control level
Levier de contrôle de l'impression

Palanca de fichas
Card lever
Levier de cartes

Palanca de interlínea
Line space lever
Levier d'interligne

Palanca de inversión
Reversing lever
Levier d'inversion

Palanca de inversión de marcha de la cinta
Ribbon reverse lever
Levier d'inversion de marche du ruban

Palanca de liberación del cilindro
Platen release lever
Levier de dégagement du cylindre

Palanca de liberación del papel
Paper release lever
Levier de dégagement du papier

Palanca de presencia de ficha
Card sensor lever
Levier de présence de carte

Palpador
Feed finger, Pecker, Sensing finger, Sensing arm
Palpeur

Palpador de fin de papel
Out of paper arm, Paper out arm
Palpeur de fin de papier

Palpador de lectura
Feeler pin
Palpeur de lecture

Panel
Panel
Panneau

Panel amovible
Detachable plugboard
Panneau amovible

Panel con patillas
Pin board
Panneau à broches

Panel de conexiones
Jack panel
Panneau de connexions

Panel de control de contador
Metering panel
Panneau de contrôle de compteur

Panel de control del sistema
System control panel
Panneau de contrôle du système

Panel de control intercambiable
Interchangeable control panel
Panneau de contrôle interchangeable

Panel de ensayo
Test panel
Panneau d'essai

Panel de mando
Control panel
Panneau de commande

Panel de señalización
Display panel
Panneau de signalisation

Panel de visualización gráfica
Graphic panel
Panneau de visualisation graphique

Panel del pupitre del operador
Operator console panel
Panneau du pupitre de l'opérateur

Pantalla
Screen, Shield
Ecran, Cache

Pantalla catódica
Cathode screen
Ecran cathodique

Pantalla de visualización
Display screen, Viewing screen
Ecran de visualisation

Pantalla llana
Float-faced screen
Ecran plat

Pantalla tipo televisión
Television like screen
Ecran type télévision

Papel
Paper
Papier

Papel autocopiante
Carbonless paper
Papier autocopiant

Papel carbón
Carbon backed paper, Carbon loaded stationery, Carbon paper
Papier carboné, Papier carbone

Papel carbón a zonas
Spot carbon
Carbone zoné

Papel carbón intercalado
Interleaved carbon
Papier carbone intercalé

Papel con plegado acordeón
Z fold paper
Papier à pliage accordéon

Papel de copias (con carbón)
Carbonized paper, Carbonized
    stationery
Papier carboné

Papel en continuo con perforación de arrastre
Continuous sprocket holed
    stationery
Papier en continu avec perforation
    d'entraînement

Papel milimetrado
Plotting scale
Papier millimetré

Papel para telescriptor
Teletype paper
Papier pour téléscripteur

Papel perforado en continuo
Perforated continuous form
Papier perforé en continu

Papel simple (sin copias)
Single part set, Single ply
Papier simple exemplaire

Papel virgen
Virgin paper
Papier vierge

Papelería
Stationery store
Economat

Paquete de fichas
Card deck, Deck, Pack, Wad
Paquet de cartes

Paquete de fichas binarias
Binary deck
Paquet de cartes binaires

Paquete de fichas datos
Data deck
Paquet de cartes données

Paquete de fichas de control
Control deck
Paquet de cartes de contrôle

Paquete de fichas de demostración
Demonstration deck
Paquet de cartes de démonstration

Paquete de fichas de imprimir
Report deck
Paquet de cartes à imprimer sous
    forme d'état

Paquete de fichas en entrada
Input deck
Paquet de cartes en entrée

Paquete de fichas en lenguaje fuente
Source deck
Paquet de cartes en langage
    source

Paquete de fichas movimiento
Transaction deck
Paquet de cartes mouvement

Paquete de fichas objeto
Object deck
Paquet de cartes objet

Paquete de fichas-programa
Program deck
Paquet de cartes-programme

Paquete de fichas-programa en lenguaje máquina
Assembled card deck
Paquet de cartes-programme en
    langage machine

Paquete de fichas reducido
Compressed deck
Paquet de cartes réduit

Paquete de inicialización
Initialization deck
Paquet d'initialisation

Paquete de los programas de aplicación
Application package
Ensemble des programmes
    d'application

Paquete de programas
Package, Program package,
    Software package
Ensemble de programmes

Paquete de programas de soporte gráfico
Graphic support package
Ensemble de sous-programmes
    graphiques

Paquete de seis discos
Six high disk pack
Chargeur de six disques

Paquete-programa de busca y corrección de los errores
Debugging package
Paquet-programme de recherche
    et correction des erreurs

Par
Even, Even parity, Parity
Par, Parité

Par binario
Binary pair
Couple binaire

Par de impulsiones
Pulse pair
Paire d'impulsions

Para varios utilizadores
Multi user
Pour plusieurs utilisateurs

Parada
Halt, Stop
Arrêt

Parada automática
Automatic stop
Arrêt automatique

Parada con señal sonora
Hoot stop
Arrêt avec signal sonore

Parada definitiva
Dead halt, Dead Stop, Drop dead
    halt
Arrêt définitif

Parada del programa
Program stop
Arrêt du programme

Parada dinámica
Dynamic stop
Arrêt dynamique

Parada en un punto de interrupción
Breakpoint halt
Arrêt à un point d'interruption

Parada imprevista
Hang-up, Unexpected halt
Arrêt imprévu

Parada opcional
Optional halt, Optional stop
Arrêt facultatif

Parada por fin de impresos
Form stop
Arrêt pour fin de papier

Parada por información
Informative halt
Arrêt pour information

Parada programada
Coded stop, Orderly halt,
    Programmed stop
Arrêt programmé

Parada sobre un ciclo
Loop stop
Arrêt sur une boucle

Paralelo
Parallel
Parallèle

Paralelo / serie
Parallel / serial
Parallèle / série

Paramétrico
Parametric
Paramétrique

Parámetro
Parameter
Paramètre

Parámetro con palabra clave
Key-word parameter
Paramètre à mot clé

Parámetro de programa
Program parameter
Paramètre de programme

Parámetro descriptivo
Descriptive parameter
Paramètre descriptif

Parámetro efectivo
Actual parameter
Paramètre effectif

Parámetro predefinido
Preset parameter
Paramètre pré-défini

Parámetros de operación
Operating parameters
Paramétres d'exécution

Parar
(to) Halt, (to) Slow up, (to) Stop
Arrêter

Pararse
(to) Hang up
S'arrêter

Parásito
Parasitic, Spurious
Parasite

Parcial
Partial
Partiel

Parcialmente
Partially
Partiellement

**Pared lateral del almacén de
    alimentación**
Hopper side plate
Flasque latérale du magasin
    d'alimentation

Pareja par / impar
Even / odd pair
Un pair, l'autre impair

Paréntesis
Brackets, Round brackets
Parenthèses

Paridad
Even parity, Parity
Parité

Paridad de niveles
Levelness
Parité de niveaux

Paridad transversal
Lateral parity, Transversal parity
Parité transversale

Parpadear
(to) Blink
Clignoter

Parque
Population
Parc

Parque de máquinas
Installed base, Machine population
Parc de machines

Párrafo
Paragraph
Paragraphe

Parte activa de un programa
Working set
Partie active d'un programme

Parte de bloque
Blockette
Partie de bloc

Parte de dirección
Address part, Address portion
Partie d'adresse

Parte de expresión
Sub expression
Partie d'expression

Parte de fichero
Sub file
Partie de fichier

Parte en función
Function part
Partie en fonction

Parte inferior
Lower curtate
Partie inférieure

Parte inferior de la memoria
Lower storage
Partie inférieure de la mémoire

Parte que llama
Calling party, Requestor
Demandeur

Parte superior
Upper curtate
Partie supérieure

Parte superior de la casilla
Upper case
Partie supérieure de la case

Parte superior de la hoja
Head of form
Haut du feuillet

Parte superior de la memoria
Upper (core) memory, Upper
    storage, Upper store
Partie supérieure de la mémoire

Partición
Partition
Partition

Partición de memoria virtual
Virtual storage partition
Partition de mémoire virtuelle

Particionado
Partitioned
Compartimenté

Particular
Exotic, Proper
Particulier

Particularidades
Particulars
Particularités

Pasada
Pass
Passage

Pasada de compilación
Compilation run
Passage de compilation

Pasada de depuración
Debugging run
Passage pour recherche et
   correction des erreurs

Pasada (ejecución) de ensayo
Test run
Passage d'essai

Pasada (ejecución) de programa
Program run
Passage de programme

Pasada en máquina
Machine pass, Run
Passage en machine

Pasada para ordenación
Sort pass
Passage pour tri

**Pasada para puesta a punto de los
   datos**
Data vetting run
Passage pour mise au point des
   données

Pasada por validación
Vetting run
Passage pour validation

Pasada secuencial
Scrolling
Défilement

Pasaje de fichas
Card run
Passage de cartes

Pasar
(to) Pass
Passer

Pasar sobre 'off'
(to) Flip off
Passer sur 'off'

Pasar sobre 'on'
(to) Flip on
Passer sur 'on'

Pasivo
Passive
Passif

Paso
Step
Pas

Paso (tamaño)
Step size
Pas de progression

Paso a paso
Single step, Step by step
Pas à pas

Paso de arrastre
Feed pitch
Pas d'entraînement

Paso de hilo
Wire channel
Passage de fil

Paso de programa
Program step
Pas de programme

Paso de progresión
Increment, Interval
Pas de progression

Paso entre pistas
Track pitch
Entraxe de pistes

Paso longitudinal
Array pitch
Pas longitudinal

Patilla
Pin
Broche

Patilla de alineamiento
Guide pin
Broche d'alignement

Patilla de contacto
Contact pin
Broche de contact

Pausa
Hesitation
Pause

Pedido
Order
Ordre

Pedido de reabastecimiento
Replenishment order
Commande de
   réapprovisionnement

Pedir
(to) Call for, (to) Request
Demander

Pedir la intervención
(to) Request control
Demander à intervenir

**Pedir la introducción de una
   información**
(to) Request control information
Demander l'introduction d'une
   information

Peine
Comb
Peigne

Peine desmagnetizador
Degaussing comb
Peigne démagnétiseur

Pendiente
Outstanding, Pending
En suspens

Penúltima página
Next to last page
Avant dernière page

Penuria
Lack, Shortage
Pénurie

Pequeña escala
Small scale
Petite échelle

Perder el sincronismo
(to) Lose Synchronism
Détruire le synchronisme

Pérdida
Loss
Perte

Pérdida de dígitos significativos
Loss of significant digits
Perte de données significatives

Pérdida de información
Loss of information, Walk down
Perte d'information

Pérdida de tensión externa
External power loss
Baisse de tension extérieure

Pérdida de tensión interna
Internal power loss
Baisse de tension interne

Pérdida de transmisión
Transmission loss
Perte de transmission

Pérdida por histéresis
Hysteresis loss
Perte par hystérisis

Pérdidas acumulativas
Creep
Pertes cumulatives

Perfeccionamiento
Improving, Refresher
Perfectionnement

Perfeccionar
(to) Improve
Perfectionner

Perfil del programa
Program profile
Profil du programme

Perforación
Perforation, Punch(ing)
Perforation

Perforación automática
Automatic punching
Perforation automatique

Perforación binaria
Binary punch
Perforation binaire

Perforación de arrastre
Feed hole, Sprocket punching
Perforation d'entraînement

Perforación de arrastre por patillas
Pin (feed) hole
Perforation d'entraînement par
    ergots

Perforación de cambio de página
Page change hole
Perforation de changement de
    page

Perforación de cinta de papel
Paper tape punch(ing)
Perforation de bande de papier

Perforación de código
Code hole
Perforation de code

Perforación de control
Check punch, Control punch(ing),
    Function hole
Perforation de contrôle

Perforación de fichas
Card punch, C.P., Card punching,
    Punch card unit
Perforateur de cartes, Perforation
    de cartes

Perforación de paridad
Parity hole
Perforation de parité

Perforación de salto
Slew hole
Perforation de saut

Perforación de selección
Pigeon hole
Perforation de tri

Perforación de zona
Zone punch(ing)
Perforation de zone

Perforación desalineada
Off punch
Perforation désalignée

Perforación desde un teclado
Keypunching
Perforation à l'aide d'un clavier

Perforación 'doce'
Twelve punch
Perforation 'douze'

**Perforación en las posiciones
    inferiores**
Underpunch
Perforation dans les positions
    inférieures

Perforación en posición normal
Normal stage punching
Perforation en position normale

Perforación en rejilla
Lace punching
Perforation en grille

Perforación en serie
Gang punching, Serial punching
Perforation en série

Perforación fuera texto
Overpunch(ing)
Perforation hors texte

Perforación funcional
Designation punching
Perforation fonctionnelle

Perforación intercalada
Interstage punching
Perforation intercalée

Perforación longitudinal
Longitudinal perforation
Perforation longitudinale

Perforación marginal
Marginal punching
Perforation marginale

Perforación múltiple
Multiple punching
Perforation multiple

Perforación numérica
Digit punch, Numeric punch(ing)
Perforation numérique

Perforación once
Eleven punch
Perforation onze

Perforación para encuadernación
Bindery punching
Perforation pour reliure

Perforación rectangular
Rectangular hole
Perforation rectangulaire

Perforación significativa
Intelligence hole
Perforation significative

Perforación vertical
Vertical perforation
Perforation verticale

Perforación X
X Punch
Perforation X

Perforación Y
Y Punch
Perforation Y

Perforaciones
Perfs, Punchings
Perforations

Perforaciones de control
Control holes
Perforations de contrôle

Perforaciones funcionales
Designation holes
Perforations fonctionnelles

Perforaciones recapitulativas
Summary punching
Perforations récapitulatives

Perforado
Perforated, Punched
Perforé

Perforado sobre el borde
Edge-perforated
Perforé sur le bord

Perforado sobre los márgenes
Marginally punched
Perforé sur les marges

Perforador
Paper drill, Perforator, Puncher
Perforateur

Perforador automático
Automatic punch
Perforateur automatique

Perforador automático de cinta
Automatic tape punch
Perforateur automatique de bande

Perforador automático de cinta de papel
Automatic paper tape punch
Perforateur automatique de bande de papier

Perforador con alimentación automática
Automatic feed punch
Perforateur à alimentation automatique

Perforador de cinta
Perforated tape punch, Tape punch(er)
Perforateur de bande

Perforador de cinta de papel
Paper tape perforator
Perforateur de bande de papier

Perforador de cinta piloto
Vertical format unit punch
Perforateur de bande pilote

Perforador de corrección manual de cinta
Tape-correcting punch
Perforateur de correction manuelle de bande

Perforador de fichas
C.P.
Perforateur de cartes

Perforador de fichas con memoria intermedia
Buffered card punch
Perforateur de cartes à mémoire intermédiaire

Perforador de salida
Output punch
Perforateur de sortie

Perforador duplicador de fichas
Duplicating card punch
Perforateur duplicateur de cartes

Perforador en serie
Serial punch
Perforateur en série

Perforador-impresor
Printer perforator, Printing punch
Perforateur-imprimeur

Perforador-impresor con teclado
Printing keyboard perforator
Perforateur-imprimeur à clavier

Perforador manual
Manual perforator
Perforateur manuel

Perforador por columna
Column punch
Perforateur par colonne

Perforador por hilera
Row punch
Perforateur par rangée

Perforadora
Punching machine
Perforatrice (machine)

Perforadora agujero por agujero
Spot (hand) punch
Poinçonneuse trou par trou

Perforadora con alimentación manual
Hand feed punch
Perforatrice à alimentation manuelle

Perforadora con perforación única
Unipunch
Perforatrice à perforation unique

Perforadora con teclado
Key(board) perforator, Keypunch (machine)
Perforatrice à clavier

Perforadora de etiquetas
Tag punch machine
Perforatrice d'étiquettes

Perforadora de fichas
Card punch unit
Perforatrice de cartes (machine)

Perforadora de muescas de fichas
Card groover
Encocheuse de cartes

Perforadora en serie
Gang punch
Perforatrice en série

Perforadora impresora
Printing card punch, Typing tape punch
Perforatrice imprimante

Perforadora impresora con teclado
Keyboard typing punch
Perforatrice imprimante à clavier

Perforadora manual
Hand punch
Perforatrice manuelle

Perforadora reproductora
Reproducing punch
Perforatrice reproductrice

Perforadora sumaria
Summary punch
Perforatrice récapitulative

Perforadora verificadora
Verifying punch, V.P., V.P.
Perforatrice vérificatrice

Perforar
(to) Porforato, (to) Punch
Perforer

Perforar desde un teclado
(to) Keypunch
Perforer à l'aide d'un clavier

Perforar en rejilla
(to) Lace
Perforer en grille

Perforar en serie
(to) Gang punch
Perforer en série

Perforar fuera texto
(to) Overpunch
Perforer hors texte

Perforista
Keypuncher, Punch operator, Puncher
Perforatrice (personne)

Perforista de fichas
Card puncher
Perforatrice de cartes (personne)

Performance
Performance
Performance

Periférico
Peripheral
Périphérique

Periférico a distancia
Remote peripheral
Périphérique à distance

Periférico dotado de memoria intermedia
Buffered peripheral
Périphérique doté de mémoire intermédiaire

Periférico lento
Slow speed peripheral
Périphérique lent

Periodicidad media de las revisiones
Mean time between overhauls, M.T.B.O.
Périodicité moyenne des révisions

Período
Period
Période

Período de agregación parcial
Discrete aggregation period
Période d'agrégation partielle

Período de conservación
Retention period
Période de conservation

Período de exploración
Scan period
Période d'exploration

Período de funcionamiento en paralelo
Cut-over period
Période de fonctionnement en parallèle

Período de inactividad
Idle period
Période d'inactivité

Período de regeneración
Regeneration period
Période de régénération

Período de rodaje
Break-in period, Shake down period
Période de rodage

Período-palabra
Word time
Période-mot

Permanente
Permanent
Permanent

Permanentemente
Permanently
En permanence

Permitir
(to) Allow
Allouer

Permitir el paso de una parte de señal
(to) Strobe
Permettre le passage d'une partie de signal

Permutación
Interchange, Permutation
Permutation

Permutación circular
Rotate
Permutation circulaire

Permutar
(to) Interchange, (to) Rotate
Permuter

Perseguir
(to) Go on
Poursuivre

Personal de informática
Computer personnel, Peopleware
Personnel informaticien

Personal de operación
Operating personnel
Personnel d'exécution

Personal encargado del funcionamiento
Operations staff
Personnel préposé au fonctionnement

Perturbación
Disturbance
Dérangement, Perturbation

Perturbación de línea
Line hit
Perturbation de ligne

Perturbar
(to) Disturb, (to) Interfere with
Déranger, Perturber

Perturbar (una emisión)
(to) Scramble
Brouiller (une emission)

Peso
Weight
Poids

Peso binario
Binary weight
Poids binaire

Pestaña (saliente) del carrete
Reel flange
Disque de bobine

Petición
Bid, Request(ing)
Demande

Petición asíncrona
Asynchronous request
Demande asynchrone

Petición automática de repetición
Automatic request for repetition
Demande automatique de répétition

Petición de emitir
Request to send
Demande d'émettre

Petición de entrada
Input request
Demande d'entrée

Petición de interrogación
Inquiry request
Demande d'interrogation

Petición de intervención
Request for control
Demande d'intervention

Petición de línea
Line bid
Demande de ligne

Petición en espera
Request pending
Demande en attente

Pico de arrastre
Drive key, Feed pin
Picot d'entrainement, Picot d'entraînement

Picosegundo
Picosecond
Picoseconde

Pieza
Item
Article

Piezoeléctrico
Piezoelectric
Piezoélectrique

Pila
Stack
Pile

Pila de discos
Disk array, Disk pack, Disk stack
Pile de disques

Pila de entrada
Input stack
Pile d'entrée

Pila de fichas
Card stack
Pile de cartes

Pincel luminoso
Light beam, Light gun, Light pen
Pinceau lumineux

Pinza de eyección de fichas
Card gripper
Pince d'ejection de cartes

Pinza de perforación
Spot punch
Pince de perforation

Pista
Track, Trail
Piste

Pista de arrastre
Feed track
Piste d'entraînement

Pista de arrastre de las fichas
Card bed
Piste d'entraînement des cartes

Pista de base de tiempo
Clock track
Piste de base de temps

Pista de cinta
Tape track
Piste de bande

Pista de datos
Data track
Piste de données

Pista de desbordamiento en capacidad
Overflow track
Piste de dépassement en capacité

Pista de direcciones
Address track
Piste d'adresses

Pista de eyección
Ejection track
Piste d'éjection

Pista de índice
Index track
Piste d'index

Pista de información
Code track
Piste d'information

Pista de inserción
Insertion track
Piste d'insertion

Pista de la cinta
Tape path
Chemin de la bande

Pista de lectura
Reading track
Piste de lecture

Pista de perforación
Punch feed, Punch(ing) track
Piste de perforation

Pista de registro
Recordings track
Piste d'enregistrement

Pista de sincronización
Timing track
Piste de synchonisation

Pista de sustitución
Alternate track, Substitute track
Piste de remplacement

Pista de verificación contable
Audit trail
Piste de vérification

Pista defectuosa
Defective track
Piste défectueuse

Pista magnética
Magnetic track, Mag(netic) stripe
Piste magnétique

Pistas regenerativas
Regenerative tracks, Revolver tracks
Pistes régénératives

Placa
Plate
Plateau

Placa agujereada
Aperture plate
Plaque à trous

Placa de caracteres
Character font
Police de caractères

Placa de caracteres
Type font
Police de caractères

Placa de caracteres con trazos
Bar font
Police de caractères à bâtonnets

Placa de circuito impreso
Printed circuit board
Plaque à circuit imprimé

Placa de circuitos
Circuit card
Plaque de circuits

Placa de memoria magnética
Magnetic memory plate
Matrice de mémoire magnétique

Placa de recogida
Stacker plate
Plateau de réception

Placa desviadora vertical
Y Plate
Plaque déviatrice verticale

Placa para batir las fichas
Joggler, Joggling plate
Plaque pour battre les cartes

Placa portatipos
Type slug
Plaque porte-caractères

Placa prensa papel
Paper hold down plate
Plaque presse-papier

Plan de decisión
Decision plan
Plan de décision

Planificación
Planning, Scheduling
Planification

Planificación de la producción
Production planning
Planification de la production

Planificación de las necesidades
Requirements planning
Planification des besoins

Planificación de los productos
Product planning
Planification des produits

Planificación de los programas
Program scheduling
Planification des programmes

Planificación de los trabajos
Schedule of performance
Planification des travaux

Planificado
Scheduled
Planifié

Planificar
(to) Plan, (to) Schedule
Planifier

Plano
Schedule
Plan

Plano (unido)
Plane
Plan (uni)

Plano de fichero
File map
Plan de fichier

Plano de la memoria con núcleos magnéticos
Magnetic core storage plane
Plan de la mémoire à tores magnétiques

Plano de la memoria de núcleos
Core map
Plan de la mémoire à tores

Plano de las conexiones del panel
Control panel hub chart
Liste des connexions du panneau

Plano de núcleos
Core plane
Plan de tores

Plano de núcleos magnéticos
Magnetic core plane
Plan de tores magnétiques

Plano de trabajo diario
Daily work log
Plan de travail journalier

Plantilla
Alignment chart, Diagramming template, Flowcharter, Lettering guide, Plastic template
Normographe, Traceur d'organigramme

Plataforma de protección
Security base plate
Plateforme de protection

Plataforma de recogida
Stacking platform
Plateforme de réception

Plausibilidad
Plausibility
Plausibilité

Plegado en acordeón
Zig-zag folded
Plié en accordéon

Plegadura en acordeón
Zig-zag folding
Pliage en accordéon

Plegar
(to) Fold, (to) Interfold
Plier

Pluma
Pen
Plume

Poco preciso
Inaccurate
Peu précis

Poder de decisión
Decision making ability
Pouvoir de décision

Polaridad
Polarity
Polarité

Polarización
Bias
Polarisation

Polifásico
Polyphase
Polyphasé

Polímetro
All-purpose meter
Multimètre

Polivalencia
Polyvalence
Polyvalence

Polivalente
Polyvalent
Polyvalent

Ponderado
Weighted
Pondéré

Poner
(to) Apply
Apposer

Poner a cero
(to) Set zero, (to) Zeroout
Mettre à zéro

Poner a cero y restar
(to) Zero and substrat
Mettre à zéro et soustraire

Poner a cero y sumar
(to) Zero and add
Mettre à zéro et additionner

Poner a masa
(to) Ground
Mettre à la masse

Poner atravesado
Tilt
Mise en travers

Poner en aplicación
(to) Implement
Mettre en application

Poner en circuito
(to) Switch on
Mettre en circuit

Poner en común
(to) Pool
Mettre en commun

Poner en estado de funcionamiento
(to) Ready
Apprêter

Poner en forma de gráfico
(to) Graphitize
Mettre sous forme de graphique

Poner en memoria intermedia
(to) Buffer
Mettre en mémoire intermédiaire

Poner en nivel
(to) Retrofit
Mettre de niveau

Poner en orden
(to) Rank, (to) Trim
Mettre en ordre

Poner en reserva
(to) Deposit
Mettre en réserve

Poner en secuencia
(to) Sequence
Mettre en séquence

Poner en servicio
(to) Activate, (to) Actuate, (to)
   Bring on the air, (to) Cycle up
Mettre en service

Poner en tensión
(to) Apply power to, (to) Energize
Mettre sous tension

Poner entre paréntesis
(to) Bracket, (to) Parenthesize
Mettre entre parenthèses

Poner fuera de circuito
(to) Inactive, (to) Switch off
Mettre hors circuit

Poner fuera de servicio
(to) Disable
Mettre hors service

Poner fuera de uso
(to) Obsolete
Mettre hors d'usage

Poner signo
(to) Sign
Signer

Poner un guión
(to) Hyphenate
Mettre un trait d'union

Poner un índice inferior
(to) Subscript
Mettre un indice inférieur

Porción
Part
Partie

Porción de zona
Zone portion
Portion de zone

Porción horizontal de una ficha
Curtate
Portion horizontale d'une carte

Porción integrante
Part and parcel of
Partie intégrante

Porción numérica
Digit portion
Portion numérique

Portabilidad
Portability
Portabilité

Portadores mayoritarios
Majority carriers, Majority
   elements
Eléments majoritaires

Posibilidad
Possibility
Possibilité

Posibilidad de agregación
Add on facility
Possibilité d'adjonction

Posibilidad de borrado
Erasability
Possibilité d'effacement

Posibilidad de cambio de dirección
Relocatability
Possibilité de changement
   d'adresse

Posibilidad de comunicación
Communication facility
Possibilité de communication

Posibilidad de dirección
Addressability
Possibilité d'adressage

Posibilidad de ejecución
Runnability
Possibilité d'exécution

Posibilidad de evolución
Open endedness
Possibilité d'évolution

Posibilidad de interconexión
Interconnectability
Possibilité d'interconnexion

Posibilidad de mecanización
Mechanizability
Possibilité de mécanisation

Posibilidad de mejora
Upgrading capability
Possibilité d'amélioration

Posibilidad de memorización
Storability
Possibilité de mémorisation

Posibilidad de proceso
Processing capability
Possibilité de traitement

**Posibilidad de reanudación
   después punto de control**
Checkpoint restart facility
Possibilité de reprise après point
   de contrôle

Posibilidad de recuperación
Retrievability
Possibilité de récupération

Posibilidad de utilizar los símbolos
Symbolic capability
Possibilité d'utiliser les symboles

Posibilidad del paso a paso
Step wise feature
Possibilité du pas à pas

Posible
Possible
Possible

Posición
Location, Position
Position

Posición binaria
Binary position, Bit position
Position binaire

Posición de clasificación
Sort position
Position de tri

Posición de control
Check position
Position de contrôle

Posición de cuenta
Account status
Position de compte

**Posición de desbordamiento de
   capacidad**
Overflow position
Position de dépassement de
   capacité

Posición de dígito
Digit place
Position de chiffre

Posición de espera
Wait position
Position d'attente

Posición de impresión
Print position
Position d'impression

Posición de índice
Index position
Position d'index

Posición de la coma
Base point
Position de la virgule

Posición de la dirección de base
Base location
Position de l'adresse de base·

Posición de la memoria
Storage location
Position de la mémoire

Posición de la memoria de núcleos
Core storage position
Position de la mémoire à tores

Posición de lanzamiento
Starting position
Position de démarrage

Posición de las unidades
Units position
Position des unités

Posición de orden menor
Low order position
Position d'ordre moindre

Posición de perforación
Code position, Hole site,
   Punch(ing) position
Position de perforation

Posición de registro
Recording position
Position d'enregistrement

Posición de signo
Sign position
Position de signe

Posición de un bit
Bit location
Position d'un bit

Posición de zona
Zone position
Position de zone

Posición decimal
Decimal place
Position décimale

Posición del dígito decimal
Decimal digit position
Position du chiffre décimal

Posición del punto
Point location
Position du point

Posición del reloj de ritmo
Clock setting
Position de l'horloge de rythme

Posición disponible
Available point
Position disponible

Posición 'doce'
Twelve position
Position 'douzé'

Posición inicial
Home position, Leading position
Position initiale

Posición más significativa
M.S.P.
Position la plus significative

Posición más significativa
High order position, Highest
   significant position, M.S.P.
Position la plus significative

Posición menos significativa
Least significant position, L.S.P.,
   L.S.P.
Position la moins significative

Posición numérica
Numerical position
Position numérique

Posición o lugar de tabulación
Tab setting
Poste de tabulation

Posición once
Eleven position
Position onze

**Posición siguiente de orden
   superior**
Next higher order position
Position suivante d'ordre supérieur

Posición X
X Position
Position X

Posición Y
Y Position
Position Y

Posicionamiento
Setting
Positionnement

Posicionar
(to) Position
Positionner

Posiciones localizadas
Isolated locations
Positions localisées

Posiciones protegidas
Protected locations
Positions protégées

Posiciones reservadas en memoria
Dedicated core locations
Positions réservées en mémoire

Posiciones superiores
Upper positions
Positions supérieures

Postimpresión
Post printing
Post marquage

Postprocesador
Postprocessor
Postprocesseur

Postproceso
Postprocessing
Post-traitement

Potencia
Potency, Power
Puissance

Potencia aparente
Apparent power
Puissance apparente

Potencia de cálculo
Computational power
Puissance de calcul

Potencia de ejecución
Operating power
Puissance d'exécution

Potencia de la memoria
Memory power
Puissance de la mémoire

Potencia de proceso
Processing power
Puissance de traitement

Potencia de salida
Output power
Puissance de sortie

Potencia de salida de las
impulsiones
Pulse power output
Puissance de sortie des impulsions

Potencia disponible
Available power
Puissance disponible

Potencial
Potential
Potentiel

Potenciómetro
Potentiometer
Potentiomètre

Potenciómetro con variación
sinusoidal
Resolving potentiometer
Potentiomètre à variation
sinusoidal

Práctico
Practical
Pratique

Pragmatismo
Pragmatics
Pragmatisme

Preamplificador
Preamplifier
Pré-amplificateur

Preamplificador diferencial
Differential preamplifier
Préamplificateur différentiel

Preanálisis
Look-ahead
Pré-analyse

Precableado
Prewired, Prewiring
Pré-câblé, Pré-câblage

Precálculo
Pre-calculation
Pré-calcul

Precargar
(to) Pre-load
Pré-charger

Precaución
Caution
Précaution

Precio unitario
Unit price
Prix unitaire

Precisión
Accuracy, Precision
Précision

Precisión múltiple
Multiple precision
Précision multiple

Precisión variable
Variable long precision
Précision variable

Preciso
Accurate
Précis

Precodificado
Pre-coded
Pré-codé

Precompilación
Pre-compiling
Pré-compilation

Precompilador
Pre-compiler
Pré-compilateur

Precontrol
Pre-checking
Pré-contrôle

Predefinido
Preset
Pré-défini

Predefinir
(to) Preset
Pré-définir

Predicado
Predicate
Prédicat

Preeditar
(to) Pre-edit
Prééditer

Prefactura
Pre-invoice
Pré-facture

Prefacturación
Pre-billing, Pre-invoicing
Pré-facturation

Prefijo
Prefix
Préfixe

Prefijo de condición
Condition prefix
Préfixe de condition

Prefijo de condición de
habilitación
Enabling condition prefix
Préfixe de condition de validation

Prefijo de condición desafectada
Disabling condition prefix
Préfixe de condition désaffectée

Prefijo-etiqueta
Label prefix
Préfixe-étiquette

Pregunta / respuesta
Question / answer, Q.A.
Question / réponse

Pregunta o consulta codificada
Encoded question
Question codée

Preimpresión
Pre-printing
Pré-impression

Preimpreso
Pre-printed
Pré-imprimé

Preliminar
Preliminary
Préliminaire

Prememoria
Pre-store
Pré-mémoire

Prememorizar
(to) Prestore
Pré-mémoriser

Prensacinta
Tape depressor
Presse bande

Prensafichas
Card pusher plate, Card ram, Card
weight
Presse-cartes

Preparación
Preparation, Setup
Préparation, Montage

Preparación de los datos
Data preparation
Préparation des données

Preparación de los datos de
entrada
Input editing
Préparation des données d'entrée

Preparación de los trabajos
Job assembly, Work assembly
Préparation des travaux

Preparación del trabajo
Job setup
Organisation du travail

Preparación previa
Housekeeping
Préparation préalable

Preparar
(to) Ready
Apprêter

Preparar la edición
(to) Format
Préparer l'édition

Preperforación
Pre-keying, Pre-punch(ing)
Pré-perforation

Preperforado
Pre-punched
Pré-perforé

Preperforar
(to) Pre-punch
Pré-perforer

Preposicionar
(to) Pre-position
Pré-positionner

Preprocesador
Pre-processor
Pré-processeur

Preprocesar
(to) Pre-process
Pré-traiter

Preproceso
Pre-processing
Pré-traitement

Preprogramado
Pre-programmed
Pré-programmé

Preregistrar
(to) Pre-record
Pré-enregistrer

Presencia
Attendance
Présence

Presentación de un estado
Report layout
Présentation d'un état

Presentación sonora o visual
Soft copy
Présentation sonore ou visuelle

Presentar visualmente
(to) Display
Afficher

Preservar
(to) Save
Préserver

Presión
Pressure
Pression

Preventivo
Preventive
Préventif

Prever
(to) Allow for, (to) Provide
Prévoir

Previo
Prerequisite, Previous
Préalable

Previsión
Anticipation, Forecast
Prévision

Previsiones de las cargas
Load projections
Prévisions des charges

Primario aritmético
Arithmetic(al) primary
Unité arithmétique irréductible

Primer plano
Foreground
Premier plan

Primer sumando
Augend
Premier terme d'une somme

Primer turno
Prime shift
Premier roulement

Primero
Prime
Premier

Primero entrado, primero salido
First in first out, F.I.F.O.
Premier entré, premier sorti

Primero entrado, primero salido
F.I.F.O.
Premier entré, premier sorti

Primitivo
Primitive
Primitif

Primordial
Overriding
Primordial

Principal
Main
Principal

Principio
Beginning, Inception
Début

Principio de cinta
Beginning of tape, B.O.T.,
Lead(ing) end, Tape leader
Début de bande

Principio de encabezamiento
S.O.H., Start of heading, S.O.H.
Début d'en-tête

Principio de fichero
Beginning of file, B.O.F., B.O.F.
Début de fichier

Principio de mensaje
S.O.M., Start of message, S.O.M.
Début de message

Principio de registro
S.O.R., Start of record, S.O.R.
Début d'enregistrement

Principio de texto
Start of text, S.T.X., S.T.X.
Début de texte

Prioridad
Precedance, Priority
Priorité

Prioridad de programa
Program priority
Priorité de programme

Prioridad externa
External priority
Priorité externe

Probabilidad
Probability
Probabilité

Problema
Problem
Problème

Problema de colas
Queuing problem
Problème de mise en file d'attente

Problema de control
Check problem
Problème de contrôle

Problema de ensayo
Test problem
Problème d'essai

Problema de localización de la anomalía
Trouble location problem
Problème de localisation de l'anomalie

Problema programa
Problem program
Problème programme

Problema tipo
Benchmark problem
Problème type

Proceder
(to) Proceed
Procéder

Proceder a los registros
(to) Process records
Procéder aux enregistrements

Proceder a un desplazamiento circular
(to) Circulate
Procéder à un décalage circulaire

Proceder a un vaciamiento
(to take a) Dump
Procéder à un vidage

Proceder a una interrupción
(to) Take an interrupt
Procéder à une interruption

Proceder a una pasada en máquina
(to) Run
Procéder à un passage en machine

Proceder al montaje
(to) Setup
Procéder au montage

Procedimiento
Procedure
Procédure

Procedimiento automatizado
P.A., Process automation, P.A.
Procédure automatisée

Procedimiento catalogado
Catalogued procedure
Procédure cataloguée

Procedimiento de abandono
Aborting procedure
Procédure d'abandon

Procedimiento de adaptación
Customizing procedure
Procédure d'adaptation

Procedimiento de carga
Loading procedure
Procédure de chargement

Procedimiento de carga a breve término
Short range loading procedure
Procédure de chargement à brève échéance

Procedimiento de ejecución
Operating procedure
Procédure d'exécution

Procedimiento de emergencia
Emergency by-pass
Procédure d'urgence

Procedimiento de enlace
Sign-on procedure
Procédure de liaison

Procedimiento de fin de registro
Logging-out, Log(ging)-off
Procédure de fin d'enregistrement

Procedimiento de identificación
Signing on
Procédure d'identification

Procedimiento de interrupción
Interrupting procedure
Procédure d'interruption

Procedimiento de ordenación
Sorting procedure
Procédure de tri

Procedimiento de principio de registro
Log(ging-in), Logging-on
Procédure de début d'enregistrement

Procedimiento de reemplazo
Back-up procedure
Procédure de remplacement

Procedimiento encadenado
Chained procedure
Procédure chaînée

Procedimiento externo
External procedure
Procédure externe

Procedimiento interno
Internal procedure
Procédure interne

Procedimiento llamado
Invoked procedure
Procédure demandée

Procedimiento preparatorio
Housekeeping procedure
Procédure préparatoire

Procedimientos contables
Accounting procedure
Procédures comptables

Procesable por máquina
Machinable, Machine processable
Exploitable par machine

Procesador
Tape drive, Tape handler, Tape servo, Tape unwinder
Dérouleur de bande

Procesador de filme magnético
Magnetic film handler, M.F.H.
Dérouleur de film magnétique

Procesador de trabajos sobre unidad gráfica
G.J.P., Graphic job processor, G.J.P.
Processeur de travaux sur unité graphique

Procesador en programación
Processor
Processeur

Procesador satélite
Satellite processor
Processeur satellite

Procesar
(to) Process
Traiter

Procesar a distancia
(to) Teleprocess
Traiter à distance

Procesar de nuevo
(to) Reprocess
Traiter de nouveau

Procesar por lotes
(to) Batch process
Traiter par lots

Procesar simultáneamente
(to) Work on
Traiter simultanément

Proceso
Process, Processing
Processus, Traitement

Proceso a distancia
Remote computing, Remote (data)
   processing
Traitement à distance

Proceso a distancia por lotes
Remote batch processing
Traitement à distance par lots

Proceso al pedido
Demand processing
Traitement sur demande

Proceso automático de datos
Automatic data processing,
   Datamation
Traitement automatique des
   données

**Proceso automático de la
   información**
Automatic information processing
Traitement automatique de
   l'information

Proceso automático de los datos
A.D.P.
Traitement automatique des
   données

Proceso automatizado
Process automation
Traitement automatisé

Proceso autónomo
Off line processing
Traitement autonome

Proceso centralizado de los datos
Centralized data processing
Traitement centralisé des données

Proceso con una sola unidad
Uniprocessing
Traitement avec une seule unité

Proceso continuo
Continuous process
Processus continu

Proceso conversacional
Conversational processing
Traitement conversationnel

Proceso de control de validez
Validation process
Procédure de contrôle de validité

Proceso de conversión
Conversion process
Processus de conversion

Proceso de datos
Data processing
Traitement des données

Proceso de entrada
Input activity
Processus d'entrée

Proceso de las comunicaciones
Communications processing
Traitement des communications

Proceso de las palabras
Word processing
Traitement des mots

Proceso de los datos
D.P.
Traitement des données

Proceso de los datos de gestión
Administrative data processing,
   Business (oriented) data
   processing
Traitement des données de
   gestion

**Proceso de los datos
   descentralizados**
Decentralized data processing
Traitement des données
   décentralisé

Proceso de primer plano
Foreground (operation or)
   processing, Foregrounding
Traitement de premier plan

Proceso de restablecimiento
Recovery procedure
Procédure de rétablissement

Proceso de segundo plano
Background processing,
   Backgrounding
Traitement d'arrière plan

Proceso de un fichero
File processing
Traitement d'un fichier

Proceso electrónico de los datos
E.D.P., Electronic Data Processing
Traitement électronique des
   données

Proceso en curso
On line processing
Traitement en cours

Proceso en serie
Serial processing
Traitement en série

Proceso en tiempo real
Real time processing
Traitement en temps réel

Proceso gráfico de los datos
Graphic data processing
Traitement graphique des données

Proceso inmediato
Immediate processing
Traitement immédiat

**Proceso integrado de la
   información**
I.D.P., Integrated data processing
Traitement intégré de l'information

Proceso interno
Internal processing
Traitement interne

Proceso irreversible
Irreversible process
Processus irréversible

Proceso iterativo
Iterative process
Processus itératif

Proceso magnético reversible
Reversible magnetic process
Processus magnétique réversible

Proceso multitarea
Multi task processing
Traitement multi-tâche

Proceso no ordenado
Random processing
Traitement non ordonné

Proceso paralelo
Parallel printing
Traitement parallèle

Proceso por excepción
Exception processing
Traitement par exception

Proceso por lotes
Batch process(ing)
Traitement par lots

Proceso por prioridad
Priority processing
Traitement par priorité

Proceso por programas agrupados
Stacked job processing
Traitement par programmes
    groupés

Proceso predefinido
Predefined process
Processus pré-défini

Proceso recursivo
Recursive process
Processus récurrent

Proceso repartido
Distributed processing
Traitement réparti

Proceso reversible
Reversible process
Processus réversible

Proceso simulado
Dry running
Traitement simulé

Proceso simultáneo o concurrente
Concurrent processing
Traitement simultané

Proclive a errores
Error prono
Sujet à erreur

Producción
Production
Production

Producción de informes
Reporting
Production d'états

Producido mecánicamente
Mechanically produced
Produit mécaniquement

Producido por ordenador
Computer drawn, Computer
    generated, Computer prepared,
    Computer produced
Etabli par ordinateur

Producir
(to) Yield
Produire

Producto
Product
Produit

Producto aritmético
Arithmétic(al)product
Produit arithmétique

Producto parcial
Partial product
Produit partiel

Producto-programa
Program product
Produit-programme

Programa
Program, Schedule
Programme

Programa a punto
Fully tested program
Programme au point

Programa activo
Active program, Program in
    operation
Programme en cours d'exécution

Programa algorítmico
Algorithmic routine
Programme algorithmique

Programa almacenado
Stored program
Programme mémorisé

Programa autónomo
Stand-alone program
Programme autonome

Programa autoposicionable
Self-relocatable program
Programme auto-translatable

Programa bloqueado
Stalled program
Programme bloqué

Programa cableado
Wired program
Programme câblé

Programa codificado
Coded program
Programme codé

Programa con lanzamiento
    automático
Self-triggered program
Programme à lancement
    automatique

Programa de abandono
Abort routine
Programme d'abandon

Programa de análisis selectivo
Snapshot program
Programme d'analyse sélective

Programa de aplicación
Application program
Programme d'application

Programa de arranque en frío
Cold start program
Programme de démarrage à froid

Programa de asignación de las
    pistas alternativas
Alternate track assignment
    program
Programme d'affectation des
    pistes de remplacement

Programa de asignación de los
    recursos
R.A.P., Resource allocation
    processor, R.A.P.
Programme d'affectation des
    ressources

Programa de biblioteca
Library program, Library routine
Programme de bibliothèque

Programa de borrado de fichero
File delete program
Programme d'effacement de
    fichier

Programa de búsqueda
Fetch program
Programme de recherche

Programa de cálculo de la nómina
Payroll program
Programme de calcul de la paie

Programa de canal
Channel program
Programme de canal

Programa de carga
Load(ing) program
Programme de chargement

Programa de carga de una
    máquina
Machine loading schedule
Programme de charge d'une
    machine

Programa de carga del sistema
Load system program
Programme de chargement du
    système

**Programa de carga del sistema
sobre disco**
Load system disk program
Programme de chargement du
système sur disque

Programa de clasificación / fusión
Sort / collate program, Sort /
merge program
Programme de tri / fusion,
Programme de tri / fusion

**Programa de clasificación sobre
disco**
Disk sort program
Programme de tri sur disque

Programa de compilación
Compiling program
Programme de compilation

Programa de control
Checking program, Control
program, Program monitor
Programme de contrôle

**Programa de control de las
comunicaciones**
C.C.P., Communications control
program, C.C.P.
Programme de contrôle des
communications

**Programa de control de los
trabajos**
J.C.P., Job control program, J.C.P.
Programme de contrôle des
travaux

Programa de control principal
P.C.P., Primary control program,
P.C.P.
Programme du contrôle principal

Programa de conversión
Conversion program
Programme de conversion

**Programa de conversión de
lenguaje**
Language conversion program
Programme de conversion de
langage

Programa de demostración
Demonstration program
Programme de démonstration

**Programa de detección de los
errores**
Error detection routine
Programme de détection des
erreurs

Programa de diagnóstico
Diagnostic program, Diagnotor
Programme de diagnostic

Programa de edición
Report program
Programme d'édition

Programa de ejecución
Executive program
Programme d'exécution

Programa de ensamblaje
Assembly program
Programme d'assemblage

Programa de ensayo
Test program
Programme d'essai

Programa de entrada
Input program
Programme d'entrée

Programa de gestión
Software driver, Symbiont
Programme de gestion

Programa de gestión de ficheros
File handler
Programme de gestion de fichiers

**Programa de gestión de la
biblioteca**
Librarian program
Programme de gestion de la
bibliothèque

Programa de gestión de la red
N.C.P., Network control program,
N.C.P.
Programme de gestion du réseau

Programa de gestión de los discos
Disk driver program
Programme de gestion des
disques

**Programa de gestión de los
mensajes**
M.C.P., Message control program,
M.C.P.
Programme de gestion des
messages

**Programa de gestión de los
periféricos**
P.C.R., Peripheral control routine,
P.C.R.
Programme de gestion des
périphériques

Programa de impresión de cinta
Tape-print program
Programme d'impression de
bande

**Programa de inicialización de
cartucho de disco**
D.C.I.P., Disk cartridge initialization
program, D.C.I.P.
Programme d'initialisation de
cartouche de disque

**Programa de inicialización del
núcleo**
N.I.P.
Programme d'initialisation du
noyau

Programa de inicio de disco
Disk initialization program
Programme d'initialisation de
disque

**Programa de inicio del cargador
de disco**
Disk cartridge initialization
program
Programme d'initialisation du
chargeur de disque

Programa de inicio del núcleo
Nucleus initialization program,
N.I.P.
Programme d'initialisation du
noyau

**Programa de introducción de las
instrucciones iniciales**
Bootstrap input program
Programme d'introduction des
instructions initiales

Programa de llamada
Calling program
Programme d'appel

Programa de manutención
Maintenance program
Programme de maintenance

**Programa de manutención de los
programas**
Program maintenance program
Programme de maintenance des
programmes

Programa de ordenador
Computer program
Programme d'ordinateur

Programa de organización de las asignaciones
Allocation organization program
Programme d'organisation des affectations

Programa de proceso
Processing program
Programme de traitement

Programa de proceso de las aplicaciones
Application processing program
Programme de traitement des applications

Programa de proceso de los mensajes
Message process program
Programme de traitement des messages

Programa de proceso de mensajes
Message process program, M.P.P., M.P.P.
Programme de traitement de messages

Programa de producción
Production program
Programme de production

Programa de reanudación después de error
Error recovery routine
Programme de reprise après erreur

Programa de registro de la fecha
Dating routine
Programme d'enregistrement de la date

Programa de reproducción e interpretación
Reproduce and interpret program
Programme de reproduction et interprétation

Programa de salida
Output program
Programme de sortie

Programa de servicio
Service program
Programme de service

Programa de servicio de la biblioteca de las macroinstrucciones
Macro library service program
Programme de service de la bibliothèque des macro-instructions

Programa de servicio de la biblioteca imágenes-memoria de núcleos
Core image library service program
Programme de service de la bibliothèque images-memoire à tores

Programa de simulación
Simulating program
Programme de simulation

Programa de simulación de sistemas continuos
Continuous system modeling program
Programme de simulation en système continu

Programa de soporte
Support program
Programme de soutien

Programa de traducción y de asignación
Translating / assigning program
Programme de traduction et d'affectation

Programa de traza
Trace program, Tracing program, Tracing routine
Programme de traçage du chemin

Programa de traza selectiva
Selective trace program
Programme d'analyse sélective

Programa de uso general
General purpose program
Programme à usage général

Programa de utilidad
Utility program
Programme utilitaire

Programa de vaciamiento de la memoria de núcleos
Core dump program
Programme de vidage de la mémoire à tores

Programa de vaciamiento mediante duplicación de disco
Disk copy dump program
Programme de vidage par duplication du disque

Programa de visualización de los diagnósticos memorizados
Diagnostic storage display program
Programme de visualisation des diagnostics mémorisés

Programa del primer plano
Foreground program
Programme de premier plan

Programa del utilizador
User program
Programme de l'utilisateur

Programa emulador
Emulator program, E.P, E.P.
Programme émulateur

Programa en curso de ejecución
Active program, Program in operation
Programme en cours d'exécution

Programa ensamblador
Assembler program
Programme assembleur

Programa escrito por el usuario
Customer developed program, User written program
Programme écrit par l'utilisateur

Programa específico
Specific program
Programme spécifique

Programa fuente
Source program
Programme source

Programa generador
Generating program, Generation routine
Programme générateur

Programa general
General program
Programme général

Programa heurístico
Heuristic program
Programme heuristique

Programa-imagen de aplicación
Application program-image
Programme-image d'application

Programa incompleto
Incomplete program
Programme incomplet

Programa indicado
Subject program
Programme indiqué

Programa interpretativo y de traza
Interpretive trace program
Programme interprétatif et
d'impression du parcours

Programa iterativo
Iterative program
Programme itératif

Programa lineal
Linear program
Programme linéaire

Programa macroensamblador
Macro-assembly program, M.A.P.
M.A.P.
Programme macro-assembleur

Programa macrogenerador
Macro generating program
Programme macro-générateur

Programa maestro
Master control program
Programme superviseur

Programa montador de enlaces
Linkage editor program
Programme éditeur de liens

Programa no actualizado
Backlevel program
Programme non mis à jour

**Programa no residente en
memoria**
Non resident program
Programme non résidant en
mémoire

Programa objeto
Object program, Target program
Programme objet

Programa operacional
Operational program
Programme opérationnel

Programa organizado en páginas
Paged program
Programme organisé en pages

Programa paso a paso
Step by step program
Programme pas à pas

Programa post-mortem
Post-mortem program
Programme post-mortem

Programa preparatorio
Housekeeping program
Programme préparatoire

Programa principal
Main program, Master program
Programme principal

Programa prioritario
Priority program
Programme prioritaire

Programa-producto
Package
Progiciel, Programme-produit

**Programa provisto de puntos de
control**
Checkpoint(ed) program
Programme pourvu de points de
contrôle

**Programa que necesita varias
pasadas**
Multi pass program
Programme qui nécessite
plusieurs passages

Programa que se autograba
Self-recording program
Programme auto-translatable

Programa reentrante
Re-enterable program, Re-entrant
program
Programme rentrant

Programa registrado interiormente
Internally stored program
Programme enregistré
intérieurement

Programa reposicionable
Relocatable program
Programme translatable

Programa residente
Resident program
Programme résidant

Programa reutilizable en serie
Serially re-usable program
Programme réutilisable en série

Programa secundario
Background program
Programme secondaire

Programa segmentado
Segmented program
Programme segmenté

Programa simbólico
Symbolic program
Programme symbolique

Programa simulador
Simulator program
Programme simulateur

Programa sobre soporte externo
Externally stored program
Programme sur support externe

Programa software
Software program
Programme logiciel

Programa solicitante
Requesting program
Programme demandeur

Programa supervisor
Supervisory program
Programme superviseur

Programa traductor
Translating program, Translator
routine
Programme traducteur

**Programa utilitario de inicio de
cinta**
Initialize tape utility program
Programme utilitaire
d'initialisation de bande

Programable
Programmable
Programmable

Programación
Coding, Programming, Scheduling
Programmation

Programación absoluta
Absolute programming
Programmation absolue

Programación automática
Automatic programming
Programmation automatique

Programación cuadrática
Quadratic programming
Programmation quadratique

**Programación de control de
sistema**
System control programming,
S.C.P.
Programmation de contrôle du
système

Programación de control del sistema
S.C.P.
Programmation de contrôle du système

Programación de diagnósticos
Diagnostic programming
Programmation de diagnostics

Programación de las entradas / salidas
Input / output scheduling
Programmation des entrées / sorties

Programación de las tareas
Task scheduling
Programmation des tâches

Programación de los trabajos
Job scheduling
Programmation des travaux

Programación de prioridades
Priority scheduling
Programmation de priorités

Programación dinámica
Dynamic programming
Programmation dynamique

Programación en línea
In-line processing
Programmation en ligne

Programación en serie
Serial programming
Programmation en série

Programación estructurada
Structured programming
Programmation structurée

Programación exponencial
Exponential scheduling
Programmation exponentielle

Programación heurística
Heuristic programming
Programmation heuristique

Programación interpretativa
Interpretive programming
Programmation interprétative

Programación lineal
Linear programming, L.P., L.P.
Programmation linéaire,

Programación matemática
Mathematical programming
Programmation mathématique

Programación modular
Modular processing
Programmation modulaire

Programación no lineal
Non linear programming
Programmation non linéaire

Programación óptima
Optimum programming
Programmation optimum

Programación paralela
Parallel programming
Programmation parallèle

Programación simbólica
Symbolic programming
Programmation symbolique

Programado
Programmed
Programmé

Programador
Computer programmer,
    Programmer, Scheduler
Programmeur

Programador científico
Scientific programmer
Programmeur scientifique

Programador de aplicaciones
Application programmer
Programmeur d'applications

Programador de canal
Channel scheduler
Programmeur de canal

Programador de gestión
Business programmer,
    Commercial programmer
Programmeur de gestion

Programador de los mantenimientos
Maintenance programmer
Programmeur des maintenances

Programador de mandos
Command scheduler
Programmeur de commandes

Programador de prioridades
Priority scheduler
Programmeur de priorités

Programador de sistema
System programmer
Programmeur de système

Programador de trabajos
Job scheduler
Programmateur de travaux

Programador en prácticas
Programmer trainee
Elève programmeur

Programador principal
Master scheduler, M.S., M.S.
Programmeur principal

Programador reducido
Small scheduler
Programmeur réduit

Programadora
Female programmer
Programmeuse

Programar
(to) Program(me)
Programmer

Programas
Software
Programmes

Programas de actualización de la biblioteca
Library maintenance programs
Programmes de mise à jour de la bibliothèque

Programas en coma flotante
Floating point package
Programmes en virgule flottante

Programas propios
In-house software
Logiciel particulier à l'utilisateur

Programas utilitarios para sistema con discos
Disk utility programs
Programmes utilitaires pour systèmes à disques

Programas y sistemas de programación
Software
Logiciel

Programetría
Programmetry
Programmetrie

Progresar
(to) Advance, (to) Move forward
Progresser

Progresión
Advance, Stepping
Progression

Progresión de los pedidos
Order progress
Progression des commandes

Progresión por artículo
Item advance
Progression par article

Progresión regular
Incrementally
Progression régulière

Progresividad
Step wise feature
Possibilité du pas à pas

Progresivo
Gradual
Progressif

Prohibición de escritura
Write lockout
Interdiction d'écriture

Prohibido
Forbidden, Illegal
Interdit

Prohibir
(to) Prohibit
Interdire

Prolongar
(to) Extend
Prolonger

Pronto
Ready
Prêt

Propagado
Propagated
Propagé

Propio
Own, Proper
Propre

Proporción permitida de chatarra
Scrap allowance
Rebut autorisé

Proporción permitida de encogimiento
Shrinkage allowance
Rebut autorisé

Proporcional
Proportional
Proportionnel

Propulsar
(to) Propel
Propulser

Prorrateo
Prorated
Calculé 'prorata temporis'

Protección
Protection
Protection

Protección de escritura
Write protection
Protection de l'enregistrement

Protección de la memoria
Memory guard, Storage protection
Protection de la mémoire

Protección de los datos
Data integrity, Data safety
Protection des données

Protección de un fichero
File protection
Protection d'un fichier

Protección mediante asteriscos
Asterisk protection
Protection par astérisques

Protección reforzada
Security enclosure
Protection renforcée

Proteger
(to) Guard, (to) Preserve, (to) Protect, (to) Secure
Protéger

Proteger la escritura
(to) Write protect
Protéger l'écriture

Protegido
Protected, Secure
Protégé

Protegido contra los atascos
Jam proof
Protégé contre les bourrages

Prototipo
Bread construction, Breadboard
Montage expérimental

Proveer
(to) Furnish, (to) Provide, (to) Supply
Fournir, Pourvoir

Provocar
(to) Cause
Provoquer

Proximidad de fin de cinta
Low tape condition
Approche de fin de bande

Proximidad de fin de papel
Low paper condition
Approche de fin de papier

Proyectar
(to) Map
Projeter

Proyecto
Project
Projet

Prueba automática
Automatic testing
Contrôle automatique

Prueba de capacidad
Aptitude test
Essai d'aptitude

Prueba de funcionamiento
Functional test, Proving
Essai de fonctionnement

Prueba de los nueves
Casting out nines
Preuve par neuf

Prueba de relación
Relation test
Analyse de rapport

Prueba de signo
Sign test
Analyse de signe

Prueba de símbolos
Symbol test
Analyse de symboles

Prueba del nombre de condición
Condition name test
Analyse du nom de condition

Prueba parcial de funcionamiento interno
Crippled leapfrog test
Preuve partielle de fonctionnement interne

Prueba T
T type
Test T

Pseudo-variable
Pseudo-variable
Pseudo-variable

Pseudocódigo
Pseudo code
Pseudo-code

Pseudoinstrucción
Pseudo instruction, Quasi
   instruction
Pseudo-instruction

Pseudooperación
Pseudo operation
Pseudo-opération

Pseudoregistro
Pseudo register
Pseudo-registre

Puerta
Gate
Porte

Puerta de anticoincidencia
Anticoincidence gate
Porte de non-équivalence

Puerta de coincidencia
Coincidence gate
Porte de coïncidence

Puerta de diferencia simétrica
Symmetric difference gate
Porte de différence symétrique

Puerta de equivalencia
Equivalence gate
Porte d'équivalence

Puerta NI exclusivo
Bi-conditional gate
Porte NI exclusif

Puerta NO
NOT gate
Porte NON

Puerta NO-O
NOR gate
Porte NON-OU

Puerta NO-Y
Alternative denial gate
Porte NON-ET

Puerta O
Alternation gate, OR gate
Porte OU

Puerta O exclusivo
Except gate
Porte OU exclusif

Puerta o inclusivo
Union gate
Porte ou inclusif

Puerta unión
Union gate
Porte ou inclusif

Puerta 'uno'
One gate
Porte 'un'

Puerta Y
AND gate
Porte ET

**Puesta a cero después de
   reimpresión**
Blank after printing
Remise à zéro après impression

Puesta a masa
Grounding
Mise à la masse

Puesta a punto a distancia
Remote debugging
Mise au point à distance

Puesta en aplicación
Implementation
Mise en application

Puesta en atención
Camp-on
Mise en garde

Puesta en cola de los mensajes
Message queuing
Mise en file d'attente des
   messages

Puesta en común
Pooling
Mise en commun

Puesta en espera
Camp-on
Mise en attente

Puesta en fase
Clocking, Phasing,
   Sync(hronization),
   Synchronizing
Synchronisation

Puesta en memoria intermedia
Buffering
Mise en mémoire intermédiaire

Puesta en memoria y visualización
Store and display
Mise en mémoire et visualisation

Puesta en paralelo
Parallelization
Mise en parallèle

Puesta en secuencia
Sequencing
Mise en séquence

**Puesta en secuencias de las
   operaciones**
Operation sequencing
Mise en séquences des opérations

Puesta en servicio
Actuating, Put-in operation
Mise en service

**Puesta en servicio de una
   biblioteca**
Library release
Mise en service d'une bibliothèque

Puesta en tensión
Energization, Powering up
Mise sous tension

Puesto de trabajo
Work location, Work station
Poste de travail

Puesto en cola
Queued
Mise en file d'attente

Pulsación
Keystroking
Frappe

Pulsación de una tecla
Keystroke
Frappe d'une touche

Pulsador
Press button, Push button
Bouton poussoir

Pulsador luminoso
Backlighted
Bouton poussoir lumineux

Pulsar
(to) Press
Appuyer sur (Enfoncer)

Punto
Point, Spot
Point

Punto de admiración
Exclamation point
Point d'exclamation

Punto de bifurcación
Branch point
Point de branchement

Punto de carga
Load point
Point de chargement

Punto de conexión
Attachment point
Point de connexion

Punto de conmutación
Switch point
Point de commutation

Punto de consigna
Set point
Point de consigne

Punto de control
Checkpoint
Point de contrôle

Punto de creación
Point of origination
Point de création

Punto de decisión de embrague
Clutch decision point
Point de décision d'enclenchement

Punto de embrague
Clutch point
Point d'embrayage

Punto de emisión
Originating point
Point d'émission

Punto de entrada
Entry point
Point d'entrée

Punto de entrada o asíncrono
Asynchronous entry point
Point d'entrée asynchrone

Punto de fusión
Melting point
Point de fusion

Punto de índice
Index point
Point d'index

Punto de interrupción
Breakpoint
Point d'interruption

Punto de interrupción condicional
Conditional breakpoint
Point d'interruption conditionnel

Punto de luz móvil
Flying spot
Spot mobile

Punto de llamada
Point of invocation
Point d'appel

Punto de reanudación
Restart point
Point de reprise

Punto de reaprovisionamiento
Re-order point
Point de réapprovisionnement

Punto de referencia
Benchmark, Spot mark
Point de référence, Point de repère

Punto de reintroducción
Re-entry point
Point de reintroduction

Punto de restablecimiento
Recovery point
Point de rétablissement

Punto de salida
Exit point
Point de sortie

Punto de vaciamiento
Dump point
Point de vidage

Punto de venta
Point of sale, P.O.S.
Point de vente

Punto luminoso
Pip
Point lumineux

Punto muerto
Dead center
Point mort

Punto por punto
Point to point, P.T.P., P.T.P.
Point par point

Punto y coma
Semicolon
Point virgule

Puntuación
Punctuation
Ponctuation

Punzón de perforación
Punch knife
Poinçon de perforation

Pupitre
Console
Pupitre

Pupitre común a dos ordenadores
Duplex console
Pupitre commun à deux
  ordinateurs

Pupitre con teclado
Keyboard console
Pupitre à clavier

Pupitre de estación de datos
Data station console
Pupitre de poste de données

Pupitre de mando
Console desk, Control console,
  Display (console)
Pupitre de commande, Console de
  visualisation

Pupitre de mando del sistema
System (operator) console
Pupitre de commande du système

Pupitre de ordenador
Computer console
Pupitre d'ordinateur

Pupitre de proceso a distancia
Remote console
Pupitre de traitement à distance

**Pupitre de trabajo en tiempo
  compartido**
Time sharing console
Pupitre de travail en temps
  partagé

Pupitre de visualización
Display console, Visual display
  console
Pupitre de visualisation

Pupitre del operador
Operator console
Pupitre de l'opérateur

Pupitre principal
Primary console
Pupitre principal

Q

Que contiene errores
Buggy
Qui contient des erreurs

Que puede ser superpuesto
Overlayable
Superposable

Quinario
Quinary
Quinaire

Quinteto
Five-bit byte, Quintet
Quintet

Quíntuplo
Quintuple
Quintuple

R

Radial
Radial
Radial

Raíz
Root
Racine

Raíz cuadrada
Square root
Racine carrée

Rama
Path
Branche

Rampa de carga
Load(ing) tray
Rampe de chargement

Ranura
Key slot, Slot
Rainure, Elément de trame

Rápido
Fast, High-speed, Instant, Quick
Rapide, Urgent

Rayo
Beam
Rayon

Rayo catódico
Cathode ray
Rayon cathodique

Reacción
Feedback
Réaction

Reacondicionador de fichas
Card reconditioner, Card
  conditioner
Reconditionneur des cartes

Reacondicionamiento
Reconditioning
Re-conditionnement

Reacondicionar
(to) Recondition
Re-conditionner

Real
Actual
Réel

Realimentación
Feedback
Réaction

Realimentación de la información
Information feedback
Retour d'information

Realimentación regenerativa
Regenerative feedback
Re-alimentation régénérative

Realimentar
(to) Refeed
Re-alimenter

Realizable
Feasible, Practicable
Réalisable

Realización
Implementation
Mise en application

Realizar
(to) Fullfill, (to) Implement
Réaliser, Mettre en application

Reanudación
Rerun, Restart, Rollback
Reprise

Reanudación después de error
Error recovery
Reprise après erreur

Reanudación después de incidente
Alert recovery
Reprise après incident

**Reanudación después punto de
  control**
Checkpoint restart, Deferred restart
Reprise après point de contrôle,
  Reprise différée

Reanudación diferida
Deferred restart
Reprise différée

Reanudar
(to) Restart
Reprendre

Reaprovisionamiento
Replenishment
Réapprovisionnement

Reaprovisionar
(to) Replenish
Réapprovisionner

Reasignación
Reallocation, Reassignment
Re-allocation, Re-affectation

Reasignar
(to) Reallocate, (to) Reassign
Re-affecter

Rebaba
Smudge
Bavochure

Rebaja
Discount
Rabais

Rebatir (las fichas)
(to) Rejoggle
Rebattre (les cartes)

Rebobinado rápido
High-speed rewind
Rebobinage rapide

Rebobinado y descarga
Rewind(ing), Unload rewind
Rebobinage

Rebobinar
(to) Respool, (to) Rewind
Rebobiner

Rebuscar en una pista
(to) Track down
Rechercher dans une piste

Recalcular
(to) Recalculate, (to) Recompute
Recalculer, Re-calculer

Recálculo
Recomputation
Re-calcul

Recapitulación
Recap(ping)
Récapitulation

Recapitular
(to) Recap
Récapituler

Recargar
(to) Reload
Recharger

Recepción
Acceptance, Aural reception,
  Receipt, Receiving
Réception, Réception acoustique

Recepción con alternación de las casillas
Overflow stacking
Réception avec alternance des cases

Recepción de fichas
Card stacking
Réception des cartes

Recepción por diversidad en el espacio.
Space diversity reception
Réception par diversité dans l'espace

Receptáculo de cinta
Tape container
Boîte de bande

Receptor
Receiver
Récepteur

Receptor / emisor de datos
Data transceiver
Récepteur / émetteur de données

Receptor de datos
Data receiver
Récepteur de données

Receptor de fichas
Card receiver
Récepteur de cartes

Receptor de impresos
Forms cart, Forms stacker
Récepteur d'imprimés

Receptor de telemedida
Telemetering receiver
Récepteur de télémesure

Receptor telefónico
Telephone receiver
Récepteur téléphonique

Recertificación
Recertification
Re-certification

Recertificar
(to) Recertify
Re-certifier

Recibir
(to) Receive
Recevoir

Recién llegado a la informática
First time computer user
Nouveau venu à l'informatique

Reclasificación
Refiling
Reclassement

Reclasificar
(to) Refile
Reclasser

Recodificar
(to) Recode
Re-coder

Recogedor
Collector
Collecteur

Recogedor de datos
Data sink
Collecteur de données

Recogedor de papel
Paper stacker
Récepteur de papier

Recoger
(to) Acquire, (to) Capture, (to) Collect, (to) Grab
Saisir, Collecter

Recogida
Acquisition, Capture, Collection
Saisie, Collecte

Recogida de datos de fuente
S.D.A., Source data acquisition, S.D.A., Source data collection
Saisie de données de source

Recogida de la información
Data collection, Data gathering, Information gathering
Collecte de données, Collecte de l'information

Recogida y análisis de los datos
Data collection and analysis
Collecte et analyse des données

Recolocación del programa
Program relocation, Program reset
Remise en place du programme

Recolocar
(to) Restack
Remettre en place

Recolocar en cola
(to) Requeue
Remettre en file d'attente

Recompilación
Recompilation, Recompiling
Re-compilation

Recompilar
(to) Recompile
Re-compiler

Recomplementación
Recomplementation, Recomplementing
Re-complémentation

Recomponer
(to) Retype
Recomposer

Recomponer un número
(to) Redial
Recomposer un numéro

Reconfiguración dinámica de las unidades
Dynamic device reconfiguration
Reconfiguration dynamique des unités

Reconocer
(to) Identify, (to) Recognize
Identifier

Reconocimiento
Recognition
Reconnaissance

Reconocimiento automático del volumen
Automatic volume recognition
Reconnaissance automatique du volume

Reconocimiento de caracteres
Character recognition
Reconnaissance de caractères

Reconocimiento de caracteres con tinta magnética
Magnetic ink character recognition, M.I.C.R.
Reconnaissance de caractères à encre magnétique

Reconocimiento de caracteres magnéticos
Magnetic character recognition
Reconnaissance de caractères magnétiques

Reconocimiento de formas
Pattern recognition
Reconnaissance de structures

Reconocimiento óptico de los caracteres
O.C.R., Optical character recognition
Reconnaissance optique des caractères

Reconstitución
Reconstruction, Recreation,
    Refurbishing
Reconstitution

Reconstituir
(to) Reconstruct, (to) Recreate, (to)
    Restore
Reconstituer

Reconstruir
(to) Rebuilt, (to) Refurbish
Reconstruire

Reconversión
Reconversion
Reconversion

Reconvertir
(to) Convert back, (to) Reconvert
Reconvertir

Recorrer un ciclo
(to) Pass through a loop
Parcourir une boucle

Recortar
(to) Cut out
Découper

Recorte
Cutting
Découpe

Rectangular
Rectangular
Rectangulaire

Rectificable
Rectifiable
Rectifiable

Rectificación
Rectification
Rectification

Rectificación negativa
Adjustment minus
Rectification négative

Rectificación positiva
Adjustment plus
Rectification positive

Rectificador
Rectifier
Redresseur

Rectificar
(to) Fit, (to) Grind in, (to)
    Straighten
Rectifier

Recto
Straight
Droit

Recuento
Counting
Comptage

Recuento de bloques
Block count
Comptage de blocs

Recuento de ciclos
Cycle count
Comptage de cycles

Recuento de fichas
Card count
Comptage de cartes

Recuento de impresos
Forms tracking
Comptage d'imprimés

**Recuento de las zonas de
    memoria**
Storage accounting
Comptage des zones de mémoire

Recuento de palabras
Word count
Comptage de mots

Recuento progresivo
Count up
Comptage progressif

Recuperable
Retrievable
Récupérable

Recuperación
Retrieval
Récupération

Recuperación de asignación
Allocation recovery
Substitution d'affectation

**Recuperación de las posiciones
    inutilizadas**
Garbage collection
Récupération des positions
    inutilisées

Recuperar
(to) Retrieve, (to) Salvage
Récupérer

Recurrente
Recursive
Récurrent

Recursividad
Recursion, Recursivity
Récurrence

Recursos de capacidad
Capacity resources
Ressources de capacité

Rechazar
(to) Reject
Rejeter

Rechazo
Rejection
Rebut

Red
Network
Réseau

Red analógica
Analog network
Réseau analogique

Red compensadora
Compensating network
Réseau compensateur

Red común
Common network
Réseau commun

Red con derivaciones múltiples
Multidrop network, Multipoint
    network
Réseau à dérivations multiples

Red con valor añadido
Value added network
Réseau à valeur ajoutée

Red conmutada
Switched network
Réseau commuté

**Red conmutada de cambio de
    mensajes**
Switched message network
Réseau commuté d'échange de
    messages

Red de comunicaciones
Communication network
Réseau de communications

Red de conmutación
Switching network
Réseau de commutation

Red de conmutación de paquetes
Packed switched network
Réseau de commutation par lots

Red de equilibrado
Balancing network
Réseau d'equilibrage

Red de ordenadores
Computer network
Réseau d'ordinateurs

Red de teleimpresora
Teleprinter network
Réseau de téléimprimante

Red de transmisión de datos
Data (communication) net(work)
Réseau de transmission de
  données

Red dirigida por ordenador
Computer controlled network
Réseau géré par ordinateur

Red equivalente
Equivalent network
Réseau équivalent

Red Informática
Computing network, Information
  network
Réseau informatique

Red lógica
Logic network
Réseau logique

Red parcial
Partial network
Réseau partiel

Red punto por punto
Point to point network
Réseau point par point

Red telefónica
Telephone network
Réseau téléphonique

Red telex
Telex network
Réseau télex

Redactar
(to) Word
Rédiger

Redactor
Writer
Rédacteur

Redactor técnico
Technical writer
Rédacteur technique

Redondeado
Half adjusted, Round, Round-off
Arrondi

Redondear
(to) Half-adjust, (to) Round, (to)
  Round-off
Arrondir

Redondear a la unidad inferior
(to) Round down
Arrondir à l'unité inférieure

Redondear a la unidad superior
(to) Round-up
Arrondir à l'unité supérieure

Redondeo
Half adjust
Arrondissement

Reducción
Reduction
Réduction

Reducción de datos
Data reduction
Réduction de données

Reducción de datos conectada
On line data reduction
Réduction de données connectées

Reducir las posibilidades de un
  aparato
(to) Detune
Réduire les possibilités d'un
  appareil

Reductor de ruido parásito
Noise reducer
Réducteur de bruit parasite

Reductor de velocidad de
  alimentación
Speed reducing feed
Réducteur de vitesse
  d'alimentation

Redundancia
Redundancy
Redondance

Redundante
Redundant
Redondant

Reemitir
(to) Reissue
Re-émettre

Reemplazable
Replaceable
Reemplaçable

Reencadenar
(to) Relink
Re-enchaîner

Reencaminar
(to) Redirect, (to) Reroute
Re-acheminer

Reenrollamiento del papel carbón
Carbon rewind
Réenroulement du papier carbone

Reensamblado
Reassembly
Re-assemblage

Reensamblar
(to) Reassemble
Re-assembler

Reentrante
Reenterable, Reentrant
Rentrant

Reenviar a
(to) Branch back to
Renvoyer à

Reescribir
(to) Rewrite, (to) Write back
Re-écrire

Reescritura
Rewriting
Re-écriture

Reetiquetar
(to) Relabel
Re-étiquetter

Reextracción
Refetching
Re-extraction

Referencia
Reference
Référence

Referencia ambigua
Ambiguous reference
Référence ambigue

Referencia de dirección
Address reference
Référence d'adresse

Referencia de los símbolos
Symbol reference
Référence des symboles

Referencia de un fichero
File reference
Référence d'un fichier

Referencia externa
External reference
Référence externe

Referirse a
(to) Refer to
Se référer à

Reflejado
Reflected
Réfléchi

Reflexibilidad
Reflectance
Réflexibilité

Reflexibilidad de la tinta
Ink reflectance
Réflexibilité de l'encre

Reflexibilidad del fondo
Background reflectance
Réflexibilité du fond

Reflexibilidad media
Brightness
Réflexibilité moyenne

Regeneración
Refresh, Regeneration
Régénération

Regeneración de las señales
Signal regeneration
Régénération des signaux

Regenerador
Regenerator
Régénérateur

Regenerador de impulsos
Pulse regenerator
Régénérateur d'impulsions

Regenerar
(to) Refresh, (to) Regenerate
Régénérer

Región de memoria virtual
Virtual storage region
Région de mémoire virtuelle

Región de proceso de los mensajes
Message processing region
Région de traitement des messages

Registrable
Recordable
Enregistrable

Registrador cronológico
Logger
Enregistreur chronologique

Registrador cronológico de datos
Data logger
Enregistreur chronologique de données

Registrador de datos estadísticos
S.D.R.
Enregistreur de données statistiques

Registrador de presencia
Attendance recorder
Pendule de pointage

Registrar
(to) Can, (to) Record, (to) Recorder, (to) Register
Enregistrer

Registrar de nuevo
(to) Rerecord
Enregistrer de nouveau

Registrar de nuevo en memoria
(to) Store back
Re-enregistrer en mémoire

Registrar en un diario
(to) Journalize, (to) Log
Enregistrer dans un journal

Registrar sobre cinta
(to) Tape
Enregistrer sur bande

Registro
Posting, Record, Recording, Register
Enregistrement, Registre

Registro acumulador
Accumulator register
Registre accumulateur

Registro aditivo
Addition record
Enregistrement additif

Registro aritmético
Arithmetic(al) register
Registre arithmétique

Registro circulante
Circulating register
Registre circulant

Registro con haces de electrones
E.B.R.
Enregistrement à faisceaux d'électrons

Registro con líneas de retardo
Delay line register
Registre à ligne à retard

Registro (grabación) cronológico
Logging
Enregistrement chronologique

Registro cronológico de datos
Data logging, Logging data
Enregistrement chronologique de données

Registro cronológico de los errores
Error logging
Enregistrement des erreurs

Registro cronológico de los errores de máquina
Failure logging
Enregistrement chronologique des erreurs de machine

Registro cronológico de los mensajes
Message logging
Enregistrement chronologique des messages

Registro cronológico de máquina
Console log book
Registre de machine

Registro de acontecimientos de programa
P.E.R. (Program Event Recording)
Enregistrement d'événements de programme

Registro de acumulación
Accumulating register
Registre de cumul

Registro de base
Base register, B.R., B.R.
Registre de base

Registro de capacidad
Capacity record
Enregistrement de capacité

Registro de cinta
Tape record
Enregistrement sur bande

Registro de control
Check register, Control record,
Control register
Registre de contrôle,
Enregistrement de contrôle

Registro de control de secuencias
Sequence control register
Registre de contrôle de séquences

Registro de control del contador de instrucciones
Instruction counter control register
Registre de contrôle du compteur d'instructions

Registro de desbordamiento de capacidad
Overflow register
Registre de dépassement de capacité

Registro de desplazamiento
Shift register
Registre à décalage

Registro de desplazamiento magnético
Magnetic shift register
Registre à décalage magnétique

Registro de detalles
Detail entry
Enregistrement de détails

Registro de dirección de instrucción
Instruction address register
Registre d'adresse d'instruction

Registro de dirección de memoria
Memory address register
Registre d'adresse de mémoire

Registro de direcciones
Address register, A.R., A.R.
Registre d'adresses

Registro de direcciones de base
Base address register
Registre d'adresses de base

Registro de ejecución
Operating register
Registre d'éxécution

Registro de enmascaramaiento
Mask register
Registre de masquage

Registro de entrada
Input record, Input register
Enregistrement d'entrée, Registre d'entrée

Registro de entrada / salida
Input / output register
Registre d'entrée / sortie

Registro de estado del programa
Program status register
Registre d'état du programme

Registro de final
Trailer record
Enregistrement de fin

Registro de índice
B. box, B. Line, B. register, Index register
Registre d'index

Registro de instrucciones
Instruction register
Registre d'instructions

Registro de la instrucción en curso
Current instruction register
Registre de l'instruction en cours

Registro de las entradas
Incoming record
Enregistrement des entrées

Registro de las gamas de direcciones
Address range register
Registre des gammes d'adresses

Registro de los encabezamientos
Header record, Heading record
Enregistrement des en-têtes

Registro de los movimientos
Change record
Enregistrement des mouvements

Registro de los pedidos
Order entry
Enregistrement des commandes

Registro de los puntos de control
Checkpoint record
Enregistrement des points de contrôle

Registro de llamada automática
A.C.R., Automatic call recording, A.C.R.
Enregistrement d'appel automatique

Registro de memoria
Memory register
Registre de mémoire

Registro de mensaje
Message text statement
Enregistrement de message

Registro de movimientos
Amendment record, Transaction record
Enregistrement de mouvements

Registro de operaciones
Operation register
Registre d'opérations

Registro de programa
Program register
Registre de programme

Registro de referencia
Reference record
Enregistrement de référence

Registro de reserva
Standby register
Registre de réserve

Registro de secuencias
Sequence register
Registre de séquences

Registro de supresión
Deletion record
Enregistrement des suppressions

Registro de trabajo
Working register
Registre de travail

Registro de uso general
General purpose register
Registre à usage général

Registro de visualización del pupitre
Console display register
Registre de visualisation du pupitre

Registro del fichero maestro
Master file record
Enregistrement du fichier principal

Registro directo
Home record
Enregistrement direct

Registro dividido
Spanned record
Enregistrement morcelé

Registro duplicado
Duplicated record
Enregistrement reproduit

Registro en longitud fija
Fixed length record
Enregistrement en longueur fixe

Registro en longitud no definida
Unspecified length record
Enregistrement en longueur non
définie

Registro en longitud variable
Variable length record
Enregistrement en longueur
variable

Registro encadenado
Chained record
Enregistrement chaîné

Registro estadístico
Measurement record
Enregistrement statistique

Registro excedentario
Overflow record
Enregistrement excédentaire

Registro fraccionable
Split register
Registre fractionnable

Registro indirecto
No home record
Enregistrement indirect

Registro intermedio de memoria
Memory buffer register
Registre intermédiaire de mémoire

Registro interno
Hardware register
Registre interne

Registro lógico
Logical record
Enregistrement logique

Registro maestro
Master record
Enregistrement principal

Registro modificador
Modifier register
Registre modificateur

Registro multiplicador
Multiplier register
Registre multiplicateur

Registro por grupos de caracteres
G.C.R.
Enregistrement par groupes de
caractères

Registro receptor
Receiving register
Registre récepteur

Registro sobre lámina magnética
Magnetic stripe recording
Enregistrement sur piste
magnétique

Registro unitario
Unit record
Article unitaire, UR

Registro X
X Register
Registre X

Registros
Archival records, Records
Archives

Regla de cálculo
Slide rule
Règle à calculer

Regleta graduada
Column marker
Règle graduée

Regresar
(to) Return, (to) Send back
Retourner

Regresión
Decrementation, Regression
Régression

**Regresión de una longitud de
bloque**
Backspace block
Régression d'une longueur de bloc

Regresión lineal
Linear regression
Régression linéaire

Regresión múltiple
Multiple regression
Régression multiple

Regresión paso a paso
Step wise regression
Régression pas à pas

Regresión polinominal
Polynominal regression
Régression polynominale

Regreso
Return
Retour

Regreso a cero
Return to zero, R.Z., R.Z.
Retour à zéro

Regreso al principio del fichero
Backspace file, B.S.F., B.S.F.
Retour au début du fichier

Regreso en caso de error
Error return
Retour en cas d'erreur

Regulable
Adjustable
Réglable

Regulación
Regulation
Régulation

Regulación (de tráfico)
Pacing
Régulation (de trafic)

Regulación de tensión
Voltage regulation
Régulation de tension

Regulador
Governor, Regulator
Régulateur

Regulador de temperatura
Temperature controller
Régulateur de température

Rehacer un organigrama
(to) Redo a flowchart
Refaire un organigramme

Reimprimir
(to) Reprint
Re-imprimer

Reinicialización
Reinitialization, Reinitiation
Reinitialisation, Re-initialisation

**Reinicialización de contador de
ciclos**
Cycle reset
Reinitialisation du compteur de
cycles

Reiniciar
(to) Reinitialize, (to) Reinitiate
Re-initialiser

Reinserción
Reinsertion
Re-introduction

Reintroducción
Reentry, Reinsertion
Re-introduction

Reintroducir
(to) Reenter, (to) Reinsert, (to)
Rekey
Re-introduire

Rejilla
Grid
Grille

Rejilla de control
Control grid
Grille de contrôle

Relación (Proporción)
Ratio
Rapport (Proportion)

Relación aritmética
Arithmetic(al) relation
Rapport arithmétique

Relación de pedidos sin servir
Backlog
Travail arriéré

Relación de reducción
Reduction ratio
Rapport de réduction

Relación de selección
Selection ratio
Rapport de sélection

Relación pleno / vacío
Mark to space ratio
Rapport plein / vide

Relación rendimiento / coste
Performance / cost ratio
Rapport rendement / coût

Relación rendimiento-precio
Cost-performance ratio
Rapport performance-prix

Relación señal / ruido
Signal / noise ration, S.N.
Rapport signal / bruit

Relación uno a cero
One-to zero ratio
Rapport un à zéro

Relación zona / registro
Field / record relationship
Relation zone registrement

Relaciones entre operaciones
Related facilities
Rapports entre opérations

Relanzamiento
Reactivation
Relance

Relanzar
(to) Reactivate
Relancer

Relativo
Relative
Relatif

Relativo a la información
Informational
Relatif à l'information

Relé
Relay
Relais

Relé de conmutación
Switching relay
Relais de commutation

Relé de temporización
Timing relay
Relais de temporisation

Relé electrónico
Electronic relay
Relais électronique

Relé telefónico
Telephone relay
Relais téléphonique

Relé telegráfico
Telegraph relay
Relais télégraphique

Relé temporizado
Time relay
Relais temporisé

Relé termiónico
Thermionic relay
Relais thermionique

Relectura
Reread
Re-lecture

Releer
(to) Read back, (to) Reread, (to)
Rescan
Relire, Re-lire

Reloj
Clock
Horloge

Reloj digital
Digit(al) clock
Horloge numérique

Reloj electrónico
Electronic clock
Horloge électronique

Reloj en tiempo real
Real time clock
Horloge en temps réel

Reloj interno
Internal timer, Time-of-day clock
Horloge interne

Reloj principal
Master clock
Horloge principale

Rellenar con ceros binarios
(to) Clear to binary zero
Remplir de zéros binaires

Relleno
Filling, Padded, Padding
Garni (Rempli), Remplissage

Relleno con ceros
Zero fill
Remplissage par des zéros

Relleno de la memoria
Memory fill
Remplissage de la mémoire

Relleno de memoria
Storage fill
Garnissage de mémoire

Relleno de zona
Field padding
Remplissage de zone

Relleno excesivo
Overfilling
Remplissage excessif

Remediar a
(to) Make good
Remédier à

Rendimiento
Yield
Rendement

Rendimiento de proceso
Processing efficiency
Rendement de traitement

Rendimiento de transmisión
Transmission performance
Qualité de transmission

Rendimiento del ordenador
Computer efficiency
Rendement de l'ordinateur

Rendimiento efectivo
Throughput, Thruput
Rendement effectif

Renumerar
(to) Reserialize
Re-numéroter

Renunciar
(to) Give up
Renoncer

Renunciar a
(to) Waive
Renoncer à

Reordenación
Resorting
Reclassement

Reordenado
Resequencing
Remise en ordre

Reordenar
(to) Rearrange, (to) Reorder, (to) Resort
Re-ordonner, Reordonner, Reclasser

Reparación
Repair, Shooting
Réparation, Dépannage

Reparación de la carga
Load distribution
Répartition de la charge

Reparación provisional
Temporary fix
Modification temporaire

Reparación provisional de un programa
Programming temporary fix
Modifications momentanées de programmation

Reparador
Repair man
Réparateur

Repartición
Apportionment
Répartition

Repartición de la carga
Load sharing
Répartition de la charge

Repartición del tiempo
Time slicing
Répartition du temps

Repartidor
Termination rack
Répartiteur

Repartidor de entradas
Main distributing frame
Répartiteur d'entrées

Repartidor intermedio
Intermediate distribution frame
Répartiteur intermédiaire

Repartir
(to) Apportion
Répartir

Repasar una cinta
(to) Replay
Repasser une bande

Reperforación
Repunching
Re-perforation

Reperforador
Reperforator
Re-perforateur

Reperforador de cinta
Typing reperforator
Reperforateur de bande

Reperforador impresor
Printing reperforator
Reperforateur imprimeur

Reperforar
(to) Repunch
Re-perforer

Repertorio
Directory, Repertoire, Repertory
Répertoire

Repertorio auxiliar
Auxiliary directory
Répertoire auxiliaire

Repertorio de instrucciones
Instruction repertory
Répertoire d'instructions

Repertorio de instrucciones máquina
Computer instruction set
Répertoire d'instruction machine

Repertorio de las macroinstrucciones
Macro directory
Répertoire des macro-instructions

Repertorio de las páginas activas
T.L.A.B., Translation look-aside buffer, T.L.A.B.
Répertoire des pages actives

Repertorio de las rutinas transitorias
Transient directory
Répertoire des routines transitoires

Repertorio de los caracteres
Character repertoire
Répertoire des caractères

Repetición
Repetition, Retry
Répétition

Repetición automática
Automatic repetition
Répétition automatique

Repetición de las operaciones de canal
Channel retry
Répétition des opérations de canal

Repetidamente
Repeatedly
A plusieurs reprises

Repetidor
Repeater
Répétiteur

Repetidor de impulsos
Pulse repeater
Répétiteur d'impulsions

Repetidor de línea
Line repeater
Répétiteur de ligne

Repetidor telefónico
Telephone repeater
Répétiteur téléphonique

Repetir
(to) Retry
Répéter

Repetitivo
Repetitive
Répétitif

Replanificación
Rescheduling
Re-planification

Replanificar
(to) Reschedule
Re-planifier

Replegar
(to) Refold
Replier

Reponer a cero
(to) Zero, Zeroing
Remettre à zéro

Reponer al estado inicial
(to) Unset
Remettre à l'état initial

Reponer en forma
(to) Reformat
Remettre en forme

Reponer en orden
(to) Resequence
Remettre en ordre

Reposición
Repositioning
Re-positionnement

Reposicionable
Relocatable
Translatable

Reposicionado
Relocation
Translation

Reposicionado dinámico
Dynamic relocation
Remise en place dynamique

Reposicionado dinámico de la memoria
Dynamic memory relocation
Remise en place dynamique de la mémoire

Reposicionar
(to) Recalibrate, (to) Relocate, (to) Reposition
Repositionner, Translater, Re-positionner

Reposo
Standstill
Immobilisation

Representación
Representation
Représentation

Representación analógica
Analog representation
Représentation analogique

Representación binaria
Binary representation
Représentation binaire

Representación binaria en palabras fijas
Binary representation in fixed words
Représentation binaire en mots fixes

Representación codificada
Coded representation
Représentation codée

Representación de datos
Data representation
Représentation de données

Representación de datos binarios por columnas
Column binary data representation
Représentation de données binaires par colonnes

Representación de datos binarios por hilera
Row binary data representation
Représentation de données binaires par rangée

Representación de las correspondencias
Mapping
Représentation des correspondances

Representación decimal
Decimal representation
Représentation décimale

Representación discreta
Discrete representation
Représentation discrète

Representación en coma fija
Fixed point representation
Représentation en virgule fixe

Representación en coma flotante
Floating point representation
Représentation en virgule flottante

Representación en coma móvil
Variable point representation
Représentation à virgule mobile

Representación en valor absoluto
Absolute value representation
Représentation en valeur absolue

Representación incremental
Incremental representation
Représentation incrémentielle

Representación incremental binaria
Binary incremental representation
Représentation incrémentielle binaire

Representación incremental ternaria
Ternary incremental representation
Représentation incrémentielle ternaire

Representación nula
Null representation
Représentation nulle

Representación numérica
Digital representation, Numeric representation
Représentation numérique

Representación por exceso de cincuenta
Excess fifty representation
Représentation majorée de cinquante

Representación posicional
Positional representation
Représentation de position

Representación visual
C.R.T., Display, Display device, V.D.U., C.R.T., V.D.U.
Visu (n.f.), Visuel (n.m.)

Representar con gráfico
(to) Diagram, (to) Graph
Représenter par graphique

Reproducción
Dub, Reproducing
Reproduction

Reproducción con desplazamiento
Offset reproducing
Reproduction à décalage

Reproducción en nuevo formato
Reformatting
Reproduction en nouveau format

Reproducir
(to) Dup, (to) Reproduce
Reproduire

Reproducir mediante perforación
(to) Duplicate punch
Reproduire par perforation

Reproductora
Reproducer
Reproductrice

Reproductora de cinta
Tape reproducer
Reproductrice de bande

Reproductora de cinta de papel
Paper tape reproducer
Reproductrice de bande de papier

Reproductora de fichas
Card reproducer
Reproductrice de cartes

Reproductora de marcas
Mark sensing reproducer
Reproductrice de marques

Reprografía
Reprography
Reprographie

Reprográfico
Reprographic
Reprographique

Reprogramación
Reprogramming
Re-programmation

Reprogramar
(to) Reprogram
Re-programmer

Requerido en algunas condiciones
Conditionally required
Requis dans certaines conditions

Requisitos de proceso
Processing requirements
Impératifs de traitement

Reserva
Reservation
Réservation

Reservar
(to) Reserve
Réserver

Residencia del sistema
System residence
Résidence du système

Residente
Resident
Résidant

Residente en la memoria de núcleos
Core memory resident
Résidant dans la mémoire à tores

Residente sobre disco
Disk resident
Résidant sur disque

Resistencia
Resistance, Resistor
Résistance

Resistencia a la maculación
Smudge resistance
Résistance au maculage

Resistencia al desgaste
Wear resistance
Résistance à l'usure

Resistente a los fallos
Fault tolerant
Insensible aux défaillances

Resolución
Resolution
Résolution

Resolver
(to) Solve
Résoudre

Responder
(to) Answer
Répondre

Responsabilidad
Liability
Résponsabilité

Responsable de la perforación
Keypunch supervisor
Responsable de la perforation

Respuesta
Answer, Response
Réponse

Respuesta automática
Auto-answer(ing)
Réponse automatique

Respuesta devuelta
Answerback, Voice answer-back
Réponse en retour, Réponse vocale

Respuesta diferida
Delayed response
Réponse différée

Respuesta en frecuencia
Frequency response
Réponse en fréquence

Respuesta espectral
Spectral response
Réponse spectrale

Respuesta ficticia
Dummy answer
Réponse fictive

Respuesta no vigilada
Unattended answering
Réponse automatique

Restablecer
(to) Recover, (to) Reset
Rétablir

Restablecimiento
Recovery
Rétablissement

Restablecimiento automático
Automatic reset
Rétablissement automatique

Restablecimiento después de incidente
Recovery from fallback
Rétablissement après incident

Restar
(to) Deduct
Déduire (soustraire)

Restauración
Reset
Rétablissement

Restaurar
Clear, (to) Restore
Remise à blanc, Restaurer

Restaurar un ciclo
(to) Reset cycle
Rétablir un cycle

Restitución isócrona
Isochronous restitution
Restitution isochrone

Resto
Remainder, Residue
Reste

Resto (de una división) módulo N
Module N residue
Reste (d'une division) module N

Resultado
Result
Résultat

Resultado después de impresión
Edited result
Résultat après impression

Resultado final
End result, Final result
Résultat final

Resultado intermedio
Intermediate result
Résultat intermédiaire

Resultado parcial
Partial result
Résultat partiel

Resumen
Epitome, Summary
Résumé

Resumen automático
Auto(matic) abstract
Résumé automatique

Resumen descriptivo
Descriptive abstract
Résumé descriptif

Resumido
Abstract
Résumé

Resumir
(to) Abstract, (to) Brief, (to)
   Summarize
Résumer

Retardar
(to) Defer
Différer

Retenciones
Withholdings
Retenues

Retícula
Graticula
Réticule

Retirar de una cola de espera
(to) Dequeue
Retirer d'une file d'attente

Retirar del servicio
(to) Disinstall
Retirer du service

Retirar progresivamente
(to) Phase out
Retirer progressivement

Retraer de...a
(to) Step, down from...to
Ramener de...à

Retransmisión
Retransmission
Retransmission

Retransmisor
Retransmitter
Retransmetteur

Retransmisor con cinta perforada
Perforated tape retransmitter
Retransmetteur à bande perforée

Retransmitir
(to) Retransmit
Retransmettre

Retrasar
(to) Back off
Retourner en arrière

Retroceder
(to) Backspace, (to) Regress
Rétrograder d'un espace,
   Régresser

Retroceso
Back and forth
Retour arrière

Reusable
Reusable
Re-utilisable

Reverso de una ficha
Back of a card, Card back
Verso d'une carte

Revestimiento
Coating
Revêtement

Rígido
Inflexible
Rigide

Ritmador
Timer
Rythmeur

Robo de ciclo
Cycle steal
Vol de cycle

Robot
Robot
Robot

Robótica
Robotics
Robotique

Rodaje
Shake down
Rodage

Rodillo
Roll(er)
Rouleau

Rodillo alimentador de cinta
Supply roll
Rouleau de bobine débitrice

Rodillo de alimentación
Feed roll
Rouleau d'alimentation

Rodillo de alimentación de papel
Roll-feed paper
Rouleau d'alimentation de papier

Rodillo de presión
Pressure roller
Rouleau à pression

Rodillo tintador
Ink roller
Rouleau encreur

Rollo de cinta
Tape roll
Rouleau de bande

Rollo de impresión
Print roll
Rouleau d'impression

Rollo de lista de control
Tally roll
Rouleau de liste de contrôle

Rollo de papel
Scroll
Rouleau de papier

Rollo de rotación
Turnover roll
Rouleau de rotation

Rollo de tickets
Ticket roll
Rouleau de tickets

Rombo
Diamond-shaped box, Lozenge
Losange

Rotación
Revolution, Turn around, Turnover
Rotation

Rotación de las cintas
Rotation of tapes
Alternance des bandes

Rotación de las existencias
Inventory turnover
Rotation des stocks

Rueda con patillas
Pin wheel
Roue à ergots

Rueda de contador
Counter wheel
Roue de compteur

Rueda de impresión
Character wheel, Print wheel, Type
wheel
Roue d'impression

Rueda del separador
Separator wheel
Roue du séparateur

Rueda dentada
Sprocket wheel
Roue dentée

Ruido ambiental
Ambient noise
Bruit ambiant

Ruido de fondo
Background noise, Ground noise
Bruit de fond

Ruido de impulso
Impulsion noise
Bruit d'impulsion

Ruido de línea
Line noise
Bruit de lïgne

Ruido parásito
Chatter, Noise
Bruit parasite

Ruidoso
Loud
Bruyant

Ruptor
Detacher
Rupteur

Ruptura de cadena
String break
Ruptura de chaîne

Ruptura de control
Control break, Group control
change
Rupture de contrôle

Ruptura de secuencia
Sequence break
Rupture de séquence

Rutina
Routine
Routine

Rutina abierta
Open routine
Routine ouverte

Rutina automática
Automatic routine
Routine automatique

Rutina auxiliar
Auxiliary routine
Routine auxiliaire

Rutina cerrada
Closed routine
Programme fermé

Rutina de acoplamiento mutuo
Interface routine
Routine d'interface

Rutina de actualización
Updating routine
Routine de mise à jour

Rutina de análisis de los errores
Error analysis routine
Routine d'analyse des erreurs

Rutina de apertura de fichero
File opening routine
Routine d'ouverture de fichier

**Rutina de ayuda a la búsqueda y
corrección de los errores**
Debugging aid routine
Routine d'aide à la recherche et
correction des erreurs

Rutina de carga
Loading routine
Routine de chargement

Rutina de clasificación
Sorting routine
Programme de tri

Rutina de compilación
Compiling routine
Routine de compilation

Rutina de compresión
Condensing routine
Routine de compression

**Rutina de constitución de
ficheros**
File building routine
Sous-programme de constitution
de fichiers

**Rutina de contabilidad del tiempo
máquina**
Accounting routine
Sous-programme de calcul du
temps machine

Rutina de control
Check(ing) routine
Routine de contrôle

**Rutina de control de las
interrupciones**
Interrupt control routine
Routine de vérification des
interruptions

**Rutina de control de los
errores**
Error checking routine
Routine de contrôle des
erreurs

**Rutina de control de una
secuencia**
Sequence checking routine
Routine de contrôle d'une
séquence

Rutina de conversión
Conversion routine
Routine de conversion

**Rutina de conversión cinta
impresora**
Tape-to printer routine
Sous-programme de conversion
bande / imprimante

Rutina de corrección
Patch routine
Routine de correction

Rutina de corrección de los errores
Error correction routine
Routine de correction des erreurs

Rutina de diagnóstico
Diagnostic routine
Routine de diagnostic

Rutina de empleo de etiquetas
Labelling routine
Routine d'étiquetage

Rutina de encaminamiento de los mensajes
Message routine
Sous-programme d'acheminement des messages

Rutina de ensamblaje
Assembly routine
Routine d'assemblage

Rutina de ensayo
Check out routine, Test(ing) routine
Routine d'essai

Rutina de entrada
Input routine
Routine d'entrée

Rutina de entrada / salida
Input / output routine
Routine d'entrée / sortie

Rutina de fin de cinta
End of tape routine
Routine de fin de bande

Rutina de fin de fase
End of run routine
Routine de fin de phase

Rutina de fin de fichero
End of file routine
Routine de fin de fichier

Rutina de fusión
Merge routine
Routine de fusion

Rutina de gestión de las interrupciones
Trap handling routine
Routine de gestion des déroutements

Rutina de impresión
Printing routine
Routine d'impression

Rutina de inicio
Heading routine
Routine d'initialisation

Rutina de mantenimiento
Routine maintenance
Routine de maintenance

Rutina de proceso en caso de error
Error routine
Routine de traitement en cas d'erreur

Rutina de proceso inhabitual
Unusual condition routine
Routine de traitement inhabituel

Rutina de programación principal
Master scheduling routine
Routine de programmation principale

Rutina de reanudación
Restart routine, Rollback routine
Routine de reprise

Rutina de reanudación del trabajo después de incidente
Disaster continue routine
Routine de poursuite du travail après incident

Rutina de salida
Output routine
Routine de sortie

Rutina de servicio
Service routine
Routine de service

Rutina de simulación
Simulation routine
Routine de simulation

Rutina de trabajo
Working routine
Routine de travail

Rutina de tratamiento de las interrupciones
Interrupt processing routine, Interrupt service subroutine, I.S.S., I.S.S.
Programme de traitement des interruptions, Routine de traitement des interruptions

Rutina de tratamiento de los errores
Handling error routine
Routine de traitement des erreurs

Rutina de validez
Vetting routine
Routine de validation

Rutina en caso de malfuncionamiento
Malfunction routine
Routine en cas de mauvais fonctionnement

Rutina en coma flotante
Floating point routine
Programme en virgule flottante

Rutina específica
Specific routine
Routine spécifique

Rutina estándar
Standard routine
Routine standard

Rutina estándar de corrección de los errores
Standard error correction routine
Routine standard de correction des erreurs

Rutina fija
Fixed routine
Programme fixe

Rutina generalizada
Generalized routine
Routine généralisée

Rutina heurística
Heuristic routine
Routine heuristique

Rutina interpretativa
Interpretive routine
Routine interpretative

Rutina no residente en memoria
Non resident routine
Routine non résidante en mémoire

Rutina objeto
Object routine, Target routine
Routine objet

Rutina post-mortem
Post-mortem routine
Routine post-mortem

Rutina preliminar
Interlude
Routine préliminaire

Rutina preparatoria
Housekeeping routine
Routine préparatoire

Rutina principal
General routine, Main routine,
   Master routine
Routine principale

Rutina principal de control
Master control routine
Routine principale de contrôle

Rutina residente
Resident routine
Routine résidante

Rutina transitoria
Transient routine
Routine transitoire

S

Sacudida
Jerk
Saccade

Sacudir
(to) Shake
Secouer

Sala
Room
Salle

Sala abierta
Open shop
Porte ouverte

Sala-archivo de cintas
Tape vault
Salle-archives de bandes

Sala climatizada
Environmental chamber
Salle climatisée

Sala de cálculo
Computing room
Salle de calcul

Sala de conmutación
Switch room
Salle de commutation

Sala de mecanografía
Tab(ulating) room
Salle de mécanographie

Sala de ordenador
Computer room
Salle d'ordinateur

Sala de perforación
Keypunch(ing) room, Punch(ing)
   room
Salle de perforation

Sala de preparación de los datos
Data preparation room
Salle de préparation des données

Sala máquinas
Machines room
Salle machines

Saldar
(to) Settle
Solder

Saldo
Amount due, Balance (due)
Solde

Saldo a cero
Zero balance
Solde à zéro

Saldo precedente
Previous balance
Solde précédent

Salida
Exit, Issue, Output process, Way
   out
Sortie

Salida anormal
Abnormal exit
Sortie anormale

Salida cero
Zero output
Sortie zéro

Salida de datos
Data output
Sortie de donées

Salida de datos-detalles
Detail output
Sortie de données-détails

Salida de impresora
Printer output, Printout
Sortie d'imprimante

Salida de lectura
Read output
Sortie de lecture

Salida de ordenador
Computer output
Sortie d'ordinateur

Salida de un contador
Counter exit
Sortie d'un compteur

Salida del sistema
System output
Sortie du système

Salida directa
Direct output
Sortie directe

Salida en tiempo real
Real time output
Sortie en temps réel

Salida esclava
Slave output
Sortie asservie

Salida no programada
Unscheduled issue
Sortie non programmée

Salir
(to) Exit, (to) Flow out, (to) Grind
   out
Sortir

Salir de un bucle
(to) Branch out of a loop
Sortir d'une boucle

Salir de un subprograma
(to) Jump out of a subroutine
Sortir d'un sous-programme

Salir sobre cinta
(to) Tape out
Sortir sur bande

Salir sobre impresora
(to) Print out
Sortir sur imprimante

Saltar
(to) Skip, (to) Slew
Sauter, Faire sauter

Salto
Skip, Slew(ing), Throw
Saut

Salto al bloque siguiente
Forward space block, F.S.B.
Saut au bloc suivant

Salto al fichero siguiente
Forward space file, F.S.F., F.S.F.
Saut au fichier suivant

**Salto al principio de la hoja
   siguiente**
Overflow skip
Passage au début du feuillet
   suivant

Salto antes de impresión
Preslew
Saut avant impression

Salto automático
Automatic skip
Saut automatique

Salto (o bifurcación) condicional
Conditional branch
Saut (ou branchement)
   conditionnel

Salto de bloque siguiente
F.S.B.
Saut au bloc suivant

Salto de cinta
Tape skip
Saut de bande

Salto de página
Page ejection
Saut de page

Salto del impreso
Form skip
Ejection de l'imprimé

Salto del papel
Paper slew, Paper trow
Saut du papier

Salto después de impresión
Postlew
Saut après impression

Salto incondicional
Unconditional branch,
    Unconditional jump
Saut inconditionnel

Salto ininterrumpido del papel
Runaway slewing
Saut ininterrompu du papier

Saturación
Saturation
Saturation

Saturado
Exhausted
Saturé

Sección
Section
Section

Sección aritmética
Arithmetic(al) section
Section arithmétique

Sección de control
Control section, C.S.E.C.T.,
    C.S.E.C.T.
Section de contrôle

Sección de entrada
Input section
Section d'entrée

Sección de grupo
Group section
Section de groupe

Sección de grupo secundario
Supergroup section
Section de groupe secondaire

Sección de perforación
Keypunch section, Punching
    section
Section de perforation

**Sección de preparación de las
    entradas**
Input preparation section
Section de préparation des entrées

**Sección de preparación de los
    datos**
Data preparation section
Section de préparation des
    données

Sección de salida
Output section
Section de sortie

Sección funcional
Functional section
Section fonctionnelle

Sección mecanográfica
Computer section
Section mécanographique

Sector
Mains, Sector
Secteur

Sector de sustitución
Alternate sector
Secteur de remplacement

Secuencia
Sequence
Séquence, Suite

**Secuencia añadida por el
    utilizador**
Own coding
Séquence ajoutée par l'utilisateur

Secuencia creciente
Ascending sequence
Séquence croissante

Secuencia de clasificación
Marshalling sequence, Sort
    sequence
Séquence de classement,
    Séquence de tri

Secuencia de control
Control sequence
Séquence de contrôle

Secuencia de corrección
Hand coded patchwork
Séquence de correction

Secuencia de datos ordenados
Ordered sequence or set
Séquence de données ordonnées

Secuencia de fases
Phase sequence
Séquence de phases

Secuencia de instrucciones
P Sequence
Séquence d'instructions

**Secuencia de instrucciones
    iniciales**
Bootstrap
Séquence d'instructions initiales

Secuencia de intercalación
Collating sequence, Collation
    sequence
Séquence d'interclassement

Secuencia de los bloques
Block of coding
Séquence des blocs

**Secuencia de los trabajos en
    entrada**
Input job stream
Séquence des travaux en entrée

Secuencia de llamada
Calling sequence
Séquence d'appel

Secuencia de números aleatorios
Random numbers sequence
Séquence de nombres aléatoires

**Secuencia de números
    pseudoaleatorios**
Pseudo random sequence
Séquence de nombres pseudo-
    aléatoires

Secuencia de operaciones
Sequence of operations
Séquence d'opérations

Secuencia de proceso
Processing sequence
Séquence de traitement

Secuencia de proceso de datos
Data processing sequence
Séquence de traitement de
    données

Secuencia de programa
Program sequence
Séquence de programme

Secuencia de programa en línea
In-line coding
Séquence de programme en ligne

Secuencia de programación
Coding sequence
Séquence de programmation

Secuencia de puesta en tensión
Power up sequence
Séquence de mise sous tension

Secuencia de sincronización
Sync pattern
Séquence de synchronisation

Secuencia de trabajo
Job sequence
Séquence de travail

Secuencia descendente
Descending sequence
Séquence décroissante

Secuencia en línea
In-line sequence
Séquence en ligne

Secuencia ininterrumpida
Unbroken sequence
Séquence ininterrompue

Secuencia intercalada
Mixed sequencing
Séquence intercalée

Secuencia natural
Natural sequence
Séquence naturelle

Secuencia no ordenada
Orderless sequence
Séquence non ordonnée

Secuencia normal
Normal sequence
Séquence normale

Secuencia obligatoria
Forced sequence
Séquence obligatoire

Secuencia opuesta
Opposite sequence, Reverse
   sequence
Séquence opposée

Secuencial
Sequential
Séquentiel

Secuencial indexado
Indexed sequential
Séquentiel indexé

Secundario
Secondary
Secondaire

Segar
(to) Skew
Mettre en biais

Segmentación
Segmentation, Segmenting
Segmentation

Segmentar
(to) Partition, (to) Section, (to)
   Segment, (to) Segmentize
Segmenter

Segmento
Chapter, Segment
Segment

Segmento común
Common segment
Segment commun

Segmento de base
Root segment
Segment de base

Segmento de carácter
Character stroke
Segment de caractère

Segmento de programa
Program segment
Segment de programme

Segmento de sobreposición
Overlay
Segment de superposition

Segmento subordinado
Dependent segment
Segment subordonné

Segmento vacío
Blank segment
Segment vide

Segmentos inclusive
Inclusive segments
Segments inclusifs

Segundo
Second
Second

**Segundo nivel de gestión de las
   interrupciones**
Second level interrupt handler,
   S.L.I.H., S.L.I.H.
Second niveau de gestion des
   interruptions

Segundo plano
Background
Arrière plan

Segundo sumando
Addend
Second terme d'une somme

Seguridad
Safety
Sécurité

Seguridad de funcionamiento
Reliability
Sûreté de fonctionnement

Seguridad y secreto de los datos
Data security and privacy
Sécurité et secret des données

Selección
Selecting, Selection
Sélection

Selección alfanumérica
Alphanumeric(al) sorting
Tri alphanumérique

Selección automática de línea
Automatic line selection
Sélection automatique de ligne

Selección con aguja
Needle sort
Tri à l'aiguille

**Selección de canales de la cinta
   piloto**
Carriage channel selection
Sélection de canaux de la bande
   pilote

Selección de datos
Data selection
Sélection de données

Selección de direcciones
Address selection, Addrout sort
Sélection d'adresses

Selección de documentos
Document sorting
Sélection de documents

Selección de estación
Station selection
Sélection de poste

Selección de etiquetas
Tag sort
Tri d'étiquettes

Selección de programa
Program selection
Sélection de programme

Selección de una frecuencia
Frequency descrimination
Sélection d'une fréquence

Selección de zona
Field selection
Sélection de zone

Selección desde teclado
Keyboard selection
Sélection par clavier

Selección en salida
Select out
Sélection en sortie

Selección múltiple
Multiple selection
Sélection multiple

Selección numérica
Digit selection
Sélection numérique

Seleccionadora de fichas
Card proving machine, Card sorter
Trieuse de cartes

Seleccionar
(to) Screen, (to) Select
Selectionner

Selectividad
Selectivity
Sélectivité

Selector
Selector
Sélecteur

Selector de canal
Channel selector
Sélecteur de canal

Selector de dígitos
Digit filter, Digit selector
Sélecteur de chiffres

Selector de sensibilidad
Scale switch
Sélecteur de sensibilité

Semáforo
Semaphore
Sémaphore

Semanal
Weekly
Hebdomadaire

Semantema
Semanteme
Sémantème

(la) Semántica
Semantics
(la) Sémantique

Semejante
Alike
Semblable

Semiadicionador en serie
Serial half-adder
Semi-additionneur en série

Semiautónomo
Off host
Semi-autonome

Semiconductor
Semi-conductor
Semi-conducteur

Semiconductor intrínseco
Intrinsic semi-conductor
Semi-conducteur intrinsèque

Semiduplex
Half duplex
Semi-duplex

Semilla
Seed
Germe cristallin

Semirrestador
Half subtracter
Demi-soustracteur

Semirrestador paralelo
Parallel half subtracter
Demi-soustracteur parallèle

Semisumador
Half adder
Demi-additionneur.

Semisumador binario
Binary half adder
Demi-additionneur binaire

Semisumador paralelo
Parallel half adder
Demi-additionneur parallèle

Semisustractor
One digit subtracter
Semi-soustracteur

Semisustractor en serie
Serial half-subtractor
Semi-soustracteur en série

Sensibilidad
Sensitivity
Sensibilité

Sensor
Detector, Finder, Sensing device, Sensor
Détecteur

Sentencia compuesta
Compound statement
Proposition composée

Sentencia de acción
Action statement
Clause de décision

Sentencia nula
Null instruction, Null statement
Instruction nulle

Sentido de enlace
Flow direction
Sens de liaison

Sentido de la clasificación
Direction of sort
Sens du tri

Sentido de marcha de la máquina
Machine direction
Sens de marche de la machine

Señal
Signal
Signal

Señal acústica
Aural signal
Signal acoustique

Señal alfabética
Alphabetic(al) signal
Signal alphabétique

Señal binaria
Bit stream
Signal binaire

Señal con un nivel
One level signal
Signal à un niveau

Señal de acarreo completo
Carry complete signal
Signal de report complet

Señal de acuse de recepción
Acknowledgement signal
Signal d'accusé de réception

Señal de atención
Attention signal
Signal d'attention

Señal de carácter
Character signal
Signal de caractère

Señal de conmutación
Switching signal
Signal de commutation

**Señal de control por
   realimentación**
Feedback control signal
Signal de contrôle par réaction

Señal de datos
Data signal
Signal de données

Señal de ensayo
Test tone
Signal d'essai

Señal de error
Error signal
Signal d'erreur

Señal de fin de bloque
End of block signal
Signal de fin de bloc

Señal de fin de llamada
End of call signal
Signal de fin de conversion

Señal de guarda
Guard signal
Signal de garde

Señal de impulsión
Impulsing signal, Pulse signal
Signal d'impulsion

**Señal de incidente de
   alimentación**
Feed alert
Signal d'incident d'alimentation

Señal de inhibición
Inhibiting signal
Signal d'interdiction

Señal de interrupción
Interrupt signal
Signal d'interruption

Señal de invitación a seleccionar
Proceed-to-select signal
Signal d'invitation à numéroter

Señal de invitacion a transmitir
Proceed-to-send signal, Start
   dialling signal
Signal d'invitation à transmettre

Señal de lanzamiento
Start signal
Signal de démarrage

Señal de lectura
Sense signal
Signal de lecture

Señal de mando
Command signal, Control signal
Signal de commande

Señal de ocupado
Busy tone, Engaged signal
Signal d'occupation

Señal de permiso
Enabling signal
Signal de validation

Señal de principio de bloque
Start-of block sign
Signal de début de bloc

Señal de principio de cinta
Sync signal
Signal de début de bande

Señal de respuesta
Answer signal
Signal de réponse

**Señal de respuesta en selección
   parcial con perturbación**
Partial disturbed response signal
Signal de réponse en sélection
   partielle avec perturbation

**Señal de respuesta en selección
   parcial sin perturbación**
Partial undisturbed response
   signal
Signal de réponse en sélection
   partielle sans perturbation

Señal de salida cero
Nought output signal, Zero output
   signal
Signal de sortie zéro

**Señal de salida cero en selección
   parcial con perturbación**
Partial disturbed zero output signal
Signal de sortie zéro en sélection
   partielle avec perturbation

**Señal de salida cero en selección
   parcial sin perturbación**
Partial undisturbed zero output
   signal
Signal de sortie zéro en sélection
   partielle sans perturbation

**Señal de salida cero no
   perturbado**
Undisturbed zero output signal
Signal de sortie zéro non perturbé

Señal de salida de lectura
Read output signal
Signal de sortie de lecture

Señal de salida no perturbada
Undisturbed one output signal
Signal de sortie non perturbé

**Señal de salida o en selección
   parcial con perturbación**
Partial disturbed one output signal
Signal de sortie 'un' en sélection
   partielle avec perturbation

**Señal de salida 'un' en selección
   parcial sin perturbación**
Partial undisturbed one output
   signal
Signal de réponse en sélection
   partielle sans perturbation

Señal de salida 'un' no perturbado
Undisturbed output signal
Signal de sortie 'un' non perturbé

Señal de selección o llamada
Dialling signal
Signal de sélection

Señal de supervisión
Supervisory signal
Signal de supervision

Señal de telecomando
Remote control signal
Signal de télécommande

Señal de teleimpresora
Teleprinter signal
Signal de téléimprimante

Señal de toma
Seizing signal
Signal de prise

Señal de transmisión
Line signal
Signal de transmission

Señal de vuelta del carro
Carriage return signal
Signal de retour de chariot

Señal deformada
Distorted signal
Signal déformé

Señal del reloj de ritmo
Clock signal
Signal de l'horloge de rythme

Señal errónea
Faulty signal
Signal erroné

Señal multicanal
Multi channel signal
Signal multi-canal

Señal numérica
Digital signal
Signal numérique

Señal parásita
Interfering signal, Parasitic signal
Signal parasite

Señal portadora de información
Information bearing signal
Signal porteur d'information

Señal sonora
Audible tone signal, Beep
Signal sonore

Señal telegráfica
Telegraph signal
Signal télégraphique

Señal video
Video signal
Signal vidéo

Señalamiento
Signalling
Signalisation

Señalar
(to) Point out, (to) Signal
Signaler

Señales acústicas
Audio tones
Signaux acoustiques

Señales de sincronización
Timing signals
Signaux de synchronisation

Señales deformadas
Glitches
Signaux déformés

Señalización
Signalling
Signalisation

Separable
Fenceable
Séparable

Separable en hojas
Burstable
Séparable en feuilles

Separación
Disjunction, Fencing, Pitch,
  Separating
Séparation, Pas (Ecartement)

Separación de canal
Channel separation
Séparation de canal

Separación de columna
Column split
Séparation de colonne

Separación de hojas
Bursting
Séparation de feuilles

Separación de las hojas
Decollating, Decollation, Deleaving
Déliassage

**Separación de una palabra con un
  guión**
Hyphenation
Séparation d'un mot par un trait
  d'union

Separación de unidades
Unit separation
Séparation d'unités

Separadamente
Singly
Séparément

Separado
Disjoint, Separate
Séparé

Separador
Delimiter, Resolver, Separator
Séparateur

Separador de datos
Data delimiter
Séparateur de données

Separador de ficheros
File separator, F.S., F.S.
Séparateur de fichiers

Separador de impresos
Forms decollator
Séparateur d'imprimés

Separador de informaciones
Information separator, I.S., I.S.
Séparateur d'informations

Separador de lotes
Batch separator
Séparateur de lots

Separador de palabras
Word separator
Séparateur de mots

Separador de registros
Record separator, R.S., R.S.
Séparateur d'enregistrements

Separador de unidades
Unit separator, U.S., U.S.
Séparateur d'unités

Separadora de hojas
Burster, Decollating machine,
  Decollator, Deleaver, Deleaving
  machine
Rupteuse, Déliasseuse

Separadora de impresos
Form separator
Déliasseuse d'imprimés

Separadora de impresos continuos
Continuous form burster
Rupteuse d'imprimés en continu

Separadora impresora
Burster imprinter
Rupteuse imprimante

Separar
(to) Delink, (to) Fence, (to) Part
Séparer

Separar las hojas
(to) Burst, (to) Decollate, (to)
  Deleave
Séparer les feuilles, Déliasser

Ser útil a
(to) Serve
Etre utile à

Serie
String
Série

Serie / paralelo
Serial / parallel
Série / parallèle

Serie de acontecimientos
Sequence of events
Série d'événements

Serie de elementos binarios
Binary element string
Suite d'éléments binaires

Serie de líneas de exclusión
Omit set
Série de lignes d'exclusion

Series temporales
Time series
Séries d'échelles des temps

Servicio
Service
Service

Servicio al cliente
Customer service
Service clientèle

Servicio de búsqueda de la información
Information retrieval service, Server
Serveur

Servicio duplex integral
Full-duplex service
Service duplex intégral

Servicio informática común
S.I.S.
Service informatique commun

Servicio informático común
Shared information service, S.I.S.
Service informatique commun

Servicio público
Utility company
Service public

Servicio semiduplex
Half duplex service
Service semi-duplex

Servicio telefónico
Telephone service
Service téléphonique

Servicio telegráfico
Telegraph service
Service télégraphique

Servicios de introducción de trabajos a distancia
Remote entry services, R.E.S., R.E.S.
Services d'introduction de travaux à distance

Servomecanismo
Servomechanism
Servomécanisme

Sesión
Session
Session

Sexteto
Sextet, Six bit byte
Sextet

Sigla
Acronym
Sigle

Significación
Meaning, Significance
Signification

Significado
Significant
Significatif

Signo
Diagonal mark, Pound sign, Sign
Signe

Signo '/'
Oblique stroke, Slash
Signe '/'

Signo algebraico
Algebraic sign
Signe algébrique

Signo B
At sign, Hash sign, Number sign
Signe B

Signo de puntuación
Punctuation symbol
Signe de ponctuation

Signo especial
Special sign
Signe spécial

Signo igual
Equal sign
Signe égal

Signo más
Plus sign
Signe plus

Signo menos
Minus sign
Signe moins

Sílaba
Syllable
Syllabe

Simbólico
Symbolic
Symbolique

Simbolismo matemático
Mathematic symbolism
Symbolisme mathématique

Símbolo
Badge, Symbol
Symbole

Símbolo abstracto
Abstract symbol
Symbole abstrait

Símbolo de control
Check symbol, Control symbol
Symbole de contrôle

Símbolo de fin
Terminal symbol, Terminating symbol
Symbole de fin

Símbolo de organigrama
Flowchart symbol
Symbole d'organigramme

Símbolo de posición
Location symbol
Symbole de position

Símbolo de protección
Protective
Symbole de protection

Símbolo de punto de interrupción
Breakpoint symbol
Symbole de point d'interruption

Símbolo de referencia
Reference symbol
Symbole de référence

Símbolo definido varias veces
Multi(ply) defined symbol
Symbole défini plusieurs fois

Símbolo especial
Special symbol
Symbole spécial

Símbolo funcional
Functional symbol
Symbole fonctionnel

Símbolo gráfico
Graphic symbol
Symbole graphique

Símbolo lógico
Logic(al) symbol
Symbole logique

Símbolo mnemónico
Mnemonic symbol
Symbole mnémonique

Símbolo monetario
Currency symbol
Symbole monétaire

Simétrico
Symmetrical
Symétrique

Simple
Single
Simple

Simple interlínea
Single spacing
Simple interligne

Simple precisión
Single precision
Simple précision

Simulación
Simulation
Simulation

Simulación en tiempo real
Real time simulation
Simulation en temps réel

Simulado por ordenador
Computer simulated
Simulé par ordinateur

Simulador
Simulator
Simulateur

Simulador de red
Network analog
Simulateur de réseau

Simular
(to) Dummy up, (to) Simulate
Simuler

Simultáneamente
Concurrently
Simultanément

Simultaneidad
Concurrency, Simultaneity
Simultanéité

Simultáneo
Concurrent, Simultaneous
Simultané

Sin
Without
Sans

Sin correspondencia
Non hit condition
Sans correspondance

Sin correspondiente
Unmatched
Sans correspondant

Sin cubierta lateral
Flangeless
Sans flasque

Sin dirección
Addressless, Zero address
Sans adresse

Sin equivalente
Matchless
Sans équivalent

Sin escala
Unscaled
Non échelonné

Sin etiqueta
Unlabelled
Non étiqueté

Sin flanco
Flangeless
Sans flasque

Sin formato
Unformatted
En vrac

Sin grapas
Unstapled
Non agrafé

Sin hilo
Wireless
Sans fil

Sin incidente
Trouble free
Sans incident

Sin índice
Unindexed
Non indexé

Sin muescas
Unnotched
Non encoché

Sin parámetro
Parameterless
Sans paramètre

Sin perforación de arrastre
Sprocketless
Sans perforation d'entraînement

Sin referencia
Non based
Sans référence

Sin retorno
Non return to zero, N.R.Z.
Non retour à zéro

Sin signo
Signless, Unsigned
Sans signe

Sin tinta
Void
Sans encre

Sin trabajos en curso
Quiesced state
Sans travaux en cours

Sincronización
Clocking, Phasing,
    Sync(hronization),
    Synchronizing
Synchronisation

Sincronización de bits
Bit phase
Synchronisation de bits

Sincronizador
Synchronizer
Synchroniseur

Sincronizador de cintas
Tape synchronizer
Synchroniseur de bandes

Sincronizar
(to) Phase in, (to) Synchronize
Mettre en place progressivement,
    Synchroniser

Síncrono
Synchronous
Synchrone

Sinergia
Synergy
Synergie

Sinérgico
Synergic
Synergique

Sintáxico
Syntactical
Syntaxique

Sintaxis
Syntax
Syntaxe

Síntesis
Synthesis
Synthèse

Sistema
System
Système

Sistema arrítmico acompasado
Stepped-start-stop system
Système artythmique cadencé

Sistema automático
Automatic system
Système automatique

Sistema automático con relé
Relay automatic system
Système automatique à relais

Sistema compacto
Compact system
Système compact

Sistema con control adaptable
Adaptative control system
Système à contrôle adaptable

Sistema con descriptores
Uniterm system
Système à descripteurs

Sistema con discos
Disk based, Disk system
Système à disques

Sistema con dos ordenadores
Duplex computer system
Système à ordinateurs en double

Sistema con fichas
Card system
Système à cartes

Sistema con memoria virtual
Virtual memory system, V.M.S.,
V.M.S.
Système à mémoire virtuelle

Sistema con números duodecimales
Duodecimal number system
Système à nombres duodécimaux

Sistema con ordenadores principal y esclavo
Master slave system
Système à ordinateur principal et asservi

Sistema con secuencias múltiples
Multi sequential system
Système à séquences multiples

Sistema con teclado múltiple
Multiple keyboard system
Système à clavier multiple

Sistema corrector de errores
Error correcting system
Système correcteur d'erreurs

Sistema cuadruplex
Quadruplex system
Système quadruplex

Sistema de adquisición de los datos
D.A.S., Data acquisition system, D.A.S.
Système de saisie des données

Sistema de adquisición y control de los datos
Data acquisition and control system
Système de saisie et de contrôle des données

Sistema de búsqueda de la información
Information retrieval system
Système de recherche de l'information

Sistema de conmutación de los mensajes
Message switching system
Système de commutation des messages

Sistema de contabilidad mecanográfica
C.A.S., Computer accounting system, C.A.S.
Système de comptabilité mécanographique

Sistema de control
Executive system, Monitor system
Système d'exécution, Système de contrôle

Sistema de control de las entràdas / salidas
Input / output control system, I.D.C.S.
Système de contrôle des entrées / sorties

Sistema de control de las entradas-salidas por comunicaciones
Communications input-output control system
Système de contrôle des entrées / sorties par communications

Sistema de control de las entradas/salidas
I.D.C.S.
Système de contrôle des entrées/ sorties

Sistema de control de precisión
Accuracy control system
Système de contrôle de précision

Sistema de control de proyectos
Project control system
Système de contrôle de projets

Sistema de control visual
Peek a boo system
Système de contrôle visuel

Sistema de corrientes portadoras
Carrier system
Système à courants porteurs

Sistema de datos numéricos
D.D.S., Digital data system, D.D.S.
Système à données numériques

Sistema de direccionamiento
Addressing system
Système d'addressage

Sistema de direccionamiento con dos vías
Two way address chain
Système d'adressage à deux voies

Sistema de diseño modular
Modular design system
Système de conception modulaire

Sistema de doble proceso
Double processing system
Système de double traitement

Sistema de ensamblaje
Assembly system
Système d'assemblage

Sistema de ensamblaje simbólico
Symbolic assembly system
Système d'assemblage
symbolique

Sistema de entrada / salida en tiempo compartido
Time-shared input / output system
Système d'entrée / sortie en temps
partagé

Sistema de ficheros compartidos
Shared files system
Système à fichiers communs

Sistema de funcionamiento en tiempo real
Real time operating system,
R.T.O.S., R.T.O.S.
Système de fonctionnement en
temps réel

Sistema de gestión de datos
Data management system, D.M.S.
Système de gestion des données

Sistema de gestión de los datos
D.M.S.
Système de gestion des données

Sistema de gestión de los proyectos
Project management system
Système de gestion des projets

Sistema de gestión de un fichero
File management system
Système de gestion d'un fichier

Sistema de gestión del fichero secuencial indexado
Indexed sequential file
management system,
I.S.F.M.S., I.S.F.M.S.
Système de gestion du fichier
séquentiel indexé

Sistema de información y de gestión de la producción
Production information and
control system
Système d'information et de
gestion de la production

Sistema de interrupción externo
External interrupt system
Système d'interruption externe

Sistema de las entradas / salidas
Input / output system
Système des entrées / sorties

Sistema de lectura
Read system
Système de lecture

Sistema de llamada telefónica con fichas
Card dialling
Système d'appel téléphonique à
cartes

Sistema de multiproceso
Multi processing system
Système de multi-traitement

Sistema de numeración
Number system, Numbering
system, Numeration system
Système de numération, Système
de numérotage

Sistema de numeración binaria
Binary numeration system
Système de numération binaire

Sistema de paginación
Paging system
Système de pagination

Sistema de perforación doble por columna
Ducol
Système de perforation double par
colonne

Sistema de proceso
Computer system, Processing
system
Système de traitement

Sistema de proceso a distancia
Remote computing system
Système de traitement à distance

Sistema de proceso automático de datos
A.D.P.S., Automatic data
processing system, A.D.P.S.
Système de traitement
automatique des données

Sistema de proceso con redes integradas
Network integrated data
processing system
Système de traitement à réseaux
intégrés

Sistema de proceso de datos
Data processing system, D.P.S.,
D.P.S.
Système de traitement de données

Sistema de proceso de la información
Information processing system
Système de traitement de
l'information

Sistema de proceso para cintas
Tape processing system, T.P.S.,
T.P.S.
Système de traitement pour
bandes

Sistema de proceso por excepción
Exception principle system
Système de traitement par
exception

Sistema de programación
Programming system
Système de programmation

Sistema de programación con discos
Disk programming system
Système de programmation sur
disques

Sistema de programación con fichas
Card programming system, C.P.S.,
C.P.S.
Système de programmation à
cartes, Système de
programmation à cartes

Sistema de programación lineal
Linear programming system
Système de programmation
linéaire

Sistema de programación matemática
Mathematical programming
system, M.P.S., M.P.S.
Système de programmation
mathématique

Sistema de programación para cintas
Tape programming system
Système de programmation pour
bandes

Sistema de realimentación de la información
Information feedback system
Système correcteur d'erreurs par
retour de l'information

Sistema de recuento por impulsos
Pulse metering system
Système de comptage par
impulsions

SISTEMA

Sistema de registro en longitud fija
Fixed length record system
Système d'enregistrement en longueur fixe

Sistema de registro en longitud variable
Variable length record system
Système d'enregistrement en longueur variable

Sistema de telemedida
Telemetering system
Système de télémesure

Sistema de teleproceso interno
Internal teleprocessing system, I.T.P.S., I.T.P.S.
Système de télétraitement interne

Sistema de terminales de gestión
Administrative terminal system
Système de terminaux de gestion

Sistema de trabajo
Operating system, O.S., O.S.
Système de travail

Sistema de trabajo con discos
Disk operating system, D.O.S., D.O.S.
Système d'exploitation à disques

Sistema de trabajo con fichas
Card operating system
Système de travail à cartes

Sistema de trabajo de base
Basic operating system, B.O.S., B.O.S.
Système de travail de base

Sistema de trabajo en multiprogramación
Multi programming executive system
Système de travail en multi-programmation

Sistema de trabajo en tiempo compartido
Time sharing operating system, T.S.O.S., T.S.O.S.
Système de travail en temps partagé

Sistema de trabajo sobre cinta
Tape-operating system, T.O.S., T.O.S.
Système de travail sur bande

Sistema de transmisión
Transmitting system
Système de transmission

Sistema de transmisión mediante impulsos
Pulse transmission system
Système de transmission par impulsions

Sistema decimal codificado en binario
Binary coded decimal system
Système décimal codé en binaire

Sistema decimal de numeración
Decimal numbering system
Système décimal de numération

Sistema detector de errores
Error detecting system
Système détecteur d'erreurs

Sistema direccionado
Addressed system
Système adressé

Sistema Ducol de perforación de fichas
Ducol punched card system
Système Ducol de perforation de cartes

Sistema duplex
Duplex system
Système duplex

Sistema electrónico de proceso de datos
Electronic data processing system, E.D.P.S.
Système électronique de traitement des données

Sistema electrónico de proceso de los datos
E.D.P.S.
Système électronique de traitement des données

Sistema en números binarios
Binary number system
Système en nombres binaires

Sistema en tandem
Tandem system
Système en tandem

Sistema en tiempo compartido
Time sharing system, T.S.S., Time-shared system, T.S.S.
Système en temps partagé

Sistema enteramente con relés
All-relay system
Système tout à relais

Sistema esclavo
Slave system
Système asservi

Sistema evolucionado
Advanced system
Système évolué

Sistema exterior
Out plant system
Système extérieur

Sistema global
Total system
Système global

Sistema hexadecimal de numeración
Hexadecimal number system
Système hexadécimal de numération

Sistema híbrido
Hybrid system
Système mixte

Sistema informático común
Shared information system
Système informatique commun

Sistema informativo
Information system
Système informatique

Sistema integrado
Integrated system
Système intégré

Sistema integrado de gestión
Management information system
Système intégré de gestion

Sistema interno de interrupción
Internal interrupt system
Système interne d'interruption

Sistema manual
Manual system
Système manuel

Sistema monoprocesador
Single processor system
Système monoprocesseur

Sistema multicanal
Multi channel system
Système multi-canal

Sistema multiplex
Multiplex system
Système multiplex

Sistema multiprocesador asimétrico
Asymmetrical multiprocessing system
Système de multi-traitement asymétrique

Sistema numeral
Numeral system
Système numéral

Sistema operativo
Operating system
Système d'exploitation

Sistema paso a paso
Step by step system
Système pas à pas

Sistema polimorfo
Polymorphic system
Système polymorphe

Sistema (de enlace) por teleimpresora
Teleprinter system
Système (de liaison) par téléimprimante

Sistema residente
Resident system, SYSRES
Système résidant

Sistema semiautomático
Semi-automatic system
Système semi-automatique

Sistema síncrono
Synchronous system
Système synchrone

Sistema supervisor
Supervising system
Système superviseur

Sistema supervisor de funcionamiento en tiempo compartido
Time sharing monitor system
Système superviseur de fonctionnement en temps partagé

Sistema trazador para cinta
Tape-plotting system
Système traceur pour bande

Sistema veintinueve
Twenty-nine feature
Système vingt neuf

Sistema virtual
Virtual system
Système virtuel

Sistema visual
Cordonnier system
Système visuel

Sistemas con cintas
Tape systems
Systèmes à bandes

Sistemas de acceso múltiple
Multi access systems
Systèmes à accès multiple

Situación de las existencias
Inventory position, Stock position
Situation des stocks

Situación insoluble
Deadlock
Situation insoluble

Sobre dos líneas
Two up
Sur deux lignes

Sobre opción
Optionally
Sur option

Sobre una línea
One up
Sur une ligne

Sobrecarga
Congestion, Overload
Surcharge

Sobrecarga de datos
Data overrun
Surcharge de données

Sobrecargado
Overcrowded
Surchargé

Sobrecargar
(to) Overload
Surcharger

Sobreimpresión
Overprinting
Surimpression

Sobreimprimir
(to) Overprint
Surimprimer

Sobreintensidad luminosa inesperada
Womp
Surintensité lumineuse brusque

Sobres-Paga en continuo
Continuous wage envelopes
Enveloppes-paie en continu

Sobretensión
Boosting, Overvoltage, Surge, Voltage surge
Survoltage, Surtension

Sociedad de servicios y de consulta en informática
Consulting firm, Service bureau, Software house
Société de services et de conseil en informatique (S.S.C.I.)

Sociedad de trabajo en tiempo compartido
Time sharing firm
Société de travail en temps partagé

Solicitante
Calling party, Requestor
Demandeur

Solicitar una entrada
(to) Prompt
Suggérer

Solución gráfica
Graphic solution
Solution graphique

Sonda de ensayo
Test probe
Sonde d'essai

Sondar
(to) Probe
Sonder

Soporte
Base film, Bolster, Carrier, Cradle, Crutch, Medium, Support
Support, Soutien

Soporte de alimentación de papel
Paper bin
Plateau d'alimentation du papier

Soporte de almacenamiento de la información
Information storage medium
Support de mémorisation de l'information

Soporte de almacenamiento de los datos
Data storage medium
Support de mémorisation des données

Soporte de datos
Data carrier, Data medium
Support de données

Soporte de datos automatizado
Automated data medium
Support de données automatisé

Soporte de entrada
Input medium
Support d'entrée

Soporte de información
Information carrier
Support d'information

Soporte de las entradas / salidas
Input / output medium
Support des entrées / sorties

Soporte de memoria
Storage medium
Support de mémoire

Soporte de memoria magnética
Magnetic storage medium
Support de mémoire magnétique

Soporte de parámetros
Parameter medium
Support de paramètres

Soporte de proceso
Processing medium
Support de traitement

Soporte de programa
Program support
Support de programme

Soporte de programación
Programming support
Support de programmation

Soporte de registro
Recording medium
Support d'enregistrement

Soporte de registro continuo
Continuous recording medium
Support d'enregistrement en continu

Soporte de registro de datos
Data recording medium
Support d'enregistrement de données

Soporte de registro magnético
Magnetic recording medium
Support d'enregistrement magnétique

Soporte de salida
Output medium
Support de sortie

Soporte de trabajo
Working medium
Support de travail

Soporte exterior
Rolled out
Support extérieur

Soporte externo
External medium
Support externe

Soporte legible por máquina
Machine readable medium
Support exploitable par machine

Soporte portador de informaciones
Information carrying medium
Support porteur d'informations

Soporte procesable por máquina
Machine usable medium
Support exploitable par machine

Soporte virgen
Blank support, Empty medium, Virgin medium
Support vierge

Sub-lista
Sublist
Sous-liste

Sub-lote
Sublot
Sous-lot

Subcadena
Substring
Sous-chaîne

Subcanal
Sub channel
Sous-canal

Subcarga
Underload
Sous-charge

Subcentro
Sub center
Sous-centre

Subciclo
Subloop
Sous-cycle

Subcinta
Sub band
Sous-bande

Subconjunto
Sub assembly, Subset
Sous-ensemble

Subconjunto de caracteres
Character subset
Sous-ensemble de caractères

Subconjunto gráfico
Graphic subset
Sous-ensemble graphique

Subconjunto numérico
Digital subset
Sous-ensemble numérique

Subcuenta
Sub account
Sous-compte

Subdirectorio
Sub directory, subdirectory
Sous-répertoire

Subdividir
(to) Subdivise
Subdiviser

Subdivisión de campo
Field breakdown
Subdivision de zone

Subdivisión de tabla
Table block
Subdivision de table

Subdivisión de tiempo
Time sharing
Partage de temps

Subestructura
Substructure
Sous-structure

Subgrupo
Subpool
Sous-groupe

Subindicativo
Sub key
Sous-indicatif

Subíndice
Subscript
Indice inférieur

Subminiatura
Subminiature
Subminiature

Subordinado
Subordinate
Subordonné

Subordinado a la velocidad de impresión
Print bound
Subordonné à la vitesse d'impression

Subordinado a la velocidad de la impresora
Printer bound
Subordonné à la vitesse de l'imprimante

Subordinado a la velocidad de la unidad de proceso
Processor bound
Subordinné à la vitesse de l'unité de traitement

Subordinado a la velocidad de las cintas
Tape bound
Subordonné à la vitesse des bandes

Subordinado a la velocidad de los periféricos
Peripheral bound
Subordonné à la vitesse des périphériques

Subordinado a la velocidad del ordenador
Computer bound
Subordonné à la vitesse de l'ordinateur

Subordinado a la velocidad del tambor
Drum bound
Subordonné à la vitesse du tambour

Subordinado al tiempo de cálculo
Compute bound
Subordonné au temps de calcul

Subportadora
Subcarrier
Sous-porteur

Subportadora intermedia
Intermediate subcarrier
Sous-porteur intermédiaire

Subproducto
By-product
Sous-produit

Subprograma con introducción directa
Direct insert subroutine
Sous-programme à introduction directe

Subprograma de busca y corrección de los errores
Debugging routine
Sous-programme de recherche et correction des erreurs

Subprograma de carga
Flipper
Sous-programme de chargement

Subprograma de devolución a un punto de control
Checkpoint recovery routine
Sous-programme de renvoi à un point de contrôle

Subprograma de división
Division subroutine
Sous-programme de division

Subprograma de escritura de las etiquetas de cintas
Tape-labelling routine
Sous-programme d'écriture des étiquettes de bandes

Subprograma de gestión
Control routine
Sous-programme de gestion

Subprograma de gestión de las zonas intermedias
Buffer control routine
Sous-programme de gestion des zones intermédiaires

Subprograma de intervención
Action routine
Sous-programme d'intervention

Subprograma de introducción de las instrucciones iniciales
Bootstrap routine
Sous-programme d'introduction des instructions initiales

Subprograma de nivel de interrupción
I.L.S., Interrupt level subroutine, I.L.S.
Sous-programme de niveau d'interruption

Subprograma de ordenador
Computer routine
Sous-programme d'ordinateur

Subprograma de petición de intervención
Request control routine
Sous-programme de demande d'intervention

Subprograma de primer nivel
First remove subroutine
Sous-programme de premier niveau

Subprograma de proceso de las etiquetas
Label handling routine, Label processing routine
Sous-programme de traitement des étiquettes

Subprograma de reanudación
Rerun routine
Sous-programme de reprise

Subprograma de registro de la fecha
Dating subroutine
Sous-programme d'enregistrement de la date

Subprograma de registro de los puntos de control
Check-point routine
Sous-programme d'enregistrement des points de contrôle

Subprograma de segmento de carácter
Character stroke subroutine
Sous-programme de segment de caractère

Subprograma de segundo nivel
Second order subroutine
Sous-programme de deuxième niveau

Subprograma de sustitución
Swapping routine
Sous-programme de remplacement

Subprograma de tratamiento de las interrupciones
Interrupt servicing routine
Sous-programme de traitement des interruptions

Subprograma de vaciamiento
Dump subroutine
Sous-programme de vidage

Subprograma de vaciamiento de la memoria de núcleos
Core dump routine
Sous-programme de vidage de la mémoire à tores

Subprograma de verificación de las etiquetas
Label checking routine
Sous-programme de vérification des étiquettes

Subprograma decodificador
Decoding routine
Sous-programme décodeur

Subprograma Nocal
Nocal subprogram
Sous-programme Nocal

Subrayado
Underscoring
Soulignement

Subrayar
(to) Emphasize, (to) Underscore
Souligner

Subred
Subnet
Sous-réseau

Subrutina
Routine, Subprogram, Subroutine
Sous-programme

Subrutina abierta
Open subroutine
Sous-programme ouvert

Subrutina almacenada
Stored routine
Sous-programme mémorisé

Subrutina cerrada
Closed subroutine
Sous-programme fermé

Subrutina con dos niveles
Two level subroutine
Sous-programme à deux niveaux

Subrutina con tres niveles
Three level subroutine
Sous-programme à trois niveaux

Subrutina con un nivel
One level subroutine
Sous-programme á un niveau

Subrutina de aplicación
Application routine
Sous-programme d'application

Subrutina de biblioteca
Library subroutine
Sous-programme de bibliothèque

Subrutina de traza
Selective trace routine
Sous-programme d'analyse sélective

Subrutina de utilidad
Utility routine
Sous-programme utilitaire

Subrutina dinámica
Dynamic subroutine
Sous-programme dynamique

Subrutina en línea
In-line subroutine
Sous-programme en ligne

Subrutina encadenada
Linked subroutine
Sous-programme chaîné

Subrutina estándar
Standard subroutine
Sous-programme standard

Subrutina estática
Static subroutine
Sous-programme statique

Subrutina incompleta
Incomplete routine
Sous-programme incomplet

Subrutina lista para el uso
Canned routine
Sous-programme prêt à l'emploi

Subrutina matemática
Mathematical subroutine
Sous-programme mathématique

Subrutina reentrante
Reentrant subroutine
Sous-programme rentrant

Subrutina reutilizable
Reusable subroutine
Sous-programme réutilisable

Subrutina unidades
Nesting subroutines
Sous-programmes emboîtés

Subrutinas hechas localmente
Locally produced subroutines
Sous-programmes faits localement

Subsidiario
Subsidary
Subsidiaire

Subsistema
Subsystem
Sous-système

Subsistema central
Central subsystem
Sous-système central

Subsistema con cinta magnética
Magnetic tape subsystem
Sous-système à bande magnétique

Subsistema con un solo aparato
Single unit subsystem
Sous-système à un seul appareil

Subsistema de introducción de los trabajos
J.E.S., Job entry subsystem, J.E.S.
Sous-système d'introduction des travaux

Subsistema de memoria de discos
Disk storage subsystem
Sous-système de mémoire à disques

Subsistema periférico
Peripheral subsystem
Sous-système périphérique

Substrato
Substrate
Substrat

Subtotal
Subtotal
Sous-total

Subtratar
(to) Sub out
Sous-traiter

Subunidad
Subunit
Sous-unité

Subzona
Sub field, Subarea
Sous-zone

Sucesión de fases
Suite of runs
Succession de phases

Sucesión de programas
Suite of programs
Succession de programmes

Suelo
Floor
Plancher

Sugerir
(to) Prompt
Suggérer

Sugestión eliminada
Deleted suggestion
Suggestion éliminée

Suma
Sum
Somme

Suma lógica
Logical add, Logical sum
Réunion logique, Somme logique

Suma módulo dos
Modulo two sum
Somme modulo deux

Suma parcial
Partial sum
Somme partielle

Sumador de un dígito
One digit adder
Semi-additionneur

Sumadora
Adding machine
Machine à additionner

Sumar
(to) Add, (to) Cumulate, (to) Sum,
(to) Total up
Totaliser, Additionner, Ajouter

Sumario
Summary
Sommaire

**Sumisión de trabajos a distancia
por lotes**
R.B.E.
Soumission de travaux à distance
par lots

Suministrado por el usuario
User supplied
Fourni par l'utilisateur

Suministrar
(to) Furnish, (to) Supply
Fournir

Suministros
Appointments
Aménagements

**Sumisión de trabajos a distancia
por lotes**
Remote batch entry, R.B.E.
Soumission de travaux à distance
par lots

Superconductividad
Superconductivity
Superconductivité

Superconductor
Superconductor
Superconducteur

Superficie de registro
Recording surface
Surface d'enregistrement

Superficie de trabajo
Working space
Surface de travail

Superficie elemental de análisis
Cell area
Surface élémentaire d'analyse

Superponer
(to) Overlap, (to) Overlay
Superposer

Superponer la escritura
(to) Overwrite
Superposer les écritures

Superposición
Lap phasing, Overlap(ing)
Superposition

Superposición de programas
Program overlay
Superposition de programmes

Supervisión
Supervision
Supervision

Supervisión de los enlaces
Link management
Supervision des liaisons

Supervisor
Supervisor
Superviseur

Supervisor de entrada / salida
Input / output supervisor, I.O.S.
Superviseur d'entrée / sortie

Supervisor de entrada/salida
I.O.S.
Superviseur d'entrée/sortie

**Supervisor de terminales a
distancia**
Remote terminal supervisor,
R.T.S., R.T.S.
Superviseur de terminaux à
distance

Supervisor residente
Resident monitor
Superviseur résidant

Suplementario
Supplementary
Supplémentaire

Suponer
(to) Assume
Assumer (Revétir)

Supresión
Blanking, Chopping, Suppress(ion)
Suppression

Supresión de espacios
Space suppression
Suppression d'espaces

Supresión de los ceros de cabeza
Leading zero suppression
Suppression des zéros de tête

Supresión de señal sonora
Inhibit audible signal
Suppression du signal sonore

Supresor
Suppressor
Suppresseur

Supresor de eco
Echo suppressor
Suppresseur d'écho

Supresor de espacios
Blank deleter
Suppresseur d'espaces

Suprimir
(to) Kill, (to) Suppress
Supprimer

**Suprimir la posibilidad de
conmutación**
(to) Uncrossbar
Supprimer la possibilité de
commutation

Suspender (parar)
(to) Discontinue
Suspendre (arrêter)

Sustitución
Change out, Replacement,
   Swap(ing)
Remplacement

Sustitución de dirección
Address substitution
Substitution d'adresse

Sustituir
(to) Resite, (to) Supersede, (to)
   Swap
Replacer, Remplacer

Sustituir con espacios
(to) Blank out
Remplacer par des espaces

Sustracción
Subtraction
Soustraction

Sustractor
Subtracter
Soustracteur

Sustractor completo
Full subtracter
Soustracteur complet

Sustractor con dos entradas
Two input subtracter
Soustracteur à deux entrées

Sustractor con tres entradas
Three input subtracter
Soustracteur à trois entrées

Sustractor en serie
Serial full subtracter
Soustracteur en série

Sustractor numérico
Digital subtracter
Soustracteur numérique

Sustractor paralelo
Parallel full subtracter
Soustracteur parallèle

Sustraendo
Subtrahend
Quantité à soustraire

Sustraer
(to) Subtract
Soustraire

TABLA 510

T

Tabla
Table
Table

Tabla (Matriz)
Array
Tableau (Matrice)

Tabla completa
Full table
Table complète

Tabla de adición
Addition table
Table d'addition

Tabla de asignación de los periféricos
P.A.T., Peripheral assignment table, P.A.T.
Table d'affectation des périphériques

Tabla de bifurcación
Branch table
Table de branchement

Tabla de búsqueda
Look up table
Table de recherche

Tabla de cabeceras
Header table
Table des en-têtes

Tabla de clasificación
Sorting table
Table de tri

Tabla de contabilización
Accounting table
Table de comptabilisation

Tabla de control
Control table
Table de contrôle

Tabla de control contable
Accounting control table, A.C.T., A.C.T.
Table de contrôle comptable

Tabla de control de las etapas
S.C.T., Step control table, S.C.T.
Table de contrôle des étapes

Tabla de control de los trabajos
J.C.T., Job control table, J.C.T.
Table de contrôle des travaux

Tabla de conversión
Conversion table
Table de conversion

Tabla de conversión de fichero
File translation table
Table de conversion de fichier

Tabla de correspondencia
Table of correspondence
Table de correspondance

Tabla de correspondencia (traducción) dispositivo lógico / aparato físico
Logical to physical device translation table
Table de correspondance appareils logiques / appareils physiques

Tabla de decisión
Decision table
Table de décision

Tabla de descripción de datos
Data description table, D.D.T., D.D.T.
Table de description de données

Tabla de ensayo
Test board
Table d'essai

Tabla de equivalencia de las posiciones de la zona libre
Fixed location equivalence table
Table d'équivalence des positions de la zone libre

Tabla de equivalencia de posiciones
Location equivalence table
Table d'équivalence de positions

Tabla de estado del canal
Channel status table
Table d'état du canal

Tabla de ficheros
File table
Table de fichiers

Tabla de frecuencias
Frequency table
Table de fréquences

Tabla de funciones
Function table
Table de fonctions

Tabla de gestión de fichero
File control table
Table de gestion de fichier

Tabla de las entradas / salidas por paso
Step input / output table
Table des entrées / sorties pour une étape

Tabla de las etiquetas
Name table
Table des étiquettes

Tabla de las eventualidades
Contingency table
Table des éventualités

Tabla de las páginas
Page table, P.G.T., P.G.T.
Table des pages

Tabla de las páginas externas
External page table
Table des pages externes

Tabla de las prioridades
Precedence table
Table des priorités

Tabla de las referencias simbólicas
Symbolic reference table
Table des références symboliques

Tabla de lectura
Read board
Table de lecture

Tabla de los bloques de información sobre los trabajos
Job information block table
Table des blocs d'information sur les travaux

Tabla de los cilindros defectuosos
Defective cylinder table
Table des cylindres défectueux

Tabla de los ficheros activos
Active file table
Table des fichiers actifs

Tabla de los indicativos
Indicator chart
Table des indicatifs

Tabla de los niveles
Level table
Table des niveaux

Tabla de los nombres de segmentos
Segment name table
Table des noms de segments

Tabla de los programas de proceso
Processing program table
Table des programmes de traitement

Tabla de los segmentos
Segment table, S.G.T., S.G.T.
Table des segments

Tabla de los símbolos
Symbol table
Table des symboles

Tabla de multiplicación
Multiplication table
Table de multiplication

Tabla de operaciones booleanas
Boolean operation table
Table d'opérations booléennes

Tabla de perforación
Keypunch desk
Table de perforation

Tabla de referencia
Reference table
Table de référence

Tabla de referencias cruzadas
Cross reference table, Map
Table de correspondances

Tabla de salida
Output table
Table de sortie

Tabla de sincronización de los programas
Program synchronization table, P.S.T., P.S.T.
Table de synchronisation des programmes

Tabla de tiempos
Time table
Tableau des temps d'utilisation

Tabla de traducción
Translation table
Table de traduction

Tabla de verdad
Truth table
Table de vérité

Tabla incompleta
Short table
Table incomplète

Tabla simbólica
Symbolic table
Table symbolique

Tablas actuariales
Actuarial tables
Tables actuarielles

Tablas logarítmicas
Logarithmic tables
Tables logarithmiques

Tablas relacionadas
Related tables
Rapports entre tables

Tablero
Display board
Cadran de visualisation

Tablero con hojas arrancables
Flip chart
Tableau à feuilles détachables

Tablero de codificación
Code chart
Tableau de codage

Tablero de utilización del tiempo máquina
Machine usable chart
Tableau d'utilisation du temps machine

Tablilla gráfica
Graphic tablet
Tablette graphique

Tabulación
Tab(ulating), Tabbing, Tabulation
Tabulation

Tabulación cruzada
Cross tabulation
Tabulation en croix

Tabulación hacia atrás
Back tabulation
Tabulation en arrière

Tabulación horizontal
Horizontal tabulation
Tabulation horizontale

Tabulación vertical
Vertical tab(ulation)
Tabulation verticale

Tabulador
Tab(-control) key, Tabulator
Tabulateur

Tabuladora
Tab(ulating) machine
Tabulatrice

Tabuladora numérica
Digital tabulator
Tabulatrice numérique

Tabular
(to) Tab(ulate), Tabular
Tabuler, Tabulaire

Taca de alineamiento
Aligning pin
Broche d'alignement

Tacómetro óptico
Optical tachometer
Tachymètre optique

Talón
Stub
Talon

Tamaño de artículo
Item size
Grandeur d'article

Tamaño de la memoria
Memory size, Store capacity
Capacité de la mémoire

Tamaño de un fichero
File size
Volume d'un fichier

Tambor
Drum
Tambour

Tambor auxiliar
Backing drum
Tambour auxiliaire

Tambor de alimentación con púas
Feed sprocket
Tambour d'alimentation

Tambor de evacuación
Switch drum
Tambour d'évacuation

Tambor de impresión
Print drum, Type drum
Tambour d'impression

Tambor de programa
Program drum
Tambour de programme

Tambor de recogida
Stacking drum
Tambour de réception

Tambor magnético
Magnetic drum
Tambour magnétique

Tampón amortiguador
Attenuation pad
Tampon amortisseur

Tampón de entrada
Input buffer
Tampon d'entrée

Tampón de entrada / salida
Input / output buffer
Tampon d'entrée / sortie

Tampón de periférico
Peripheral buffer
Tampon de périphérique

Tampón intermedio común
Common buffer
Tampon intermédiaire commun

Tapadera de pila de discos
Disk pack canister
Couvercle de pile de disques

Tardío
Late
Tardif

Tarea
Task
Tâche

Tarea única
Single task
Tâche unique

Tasa
Rate
Taux

Tasa de aciertos
Hit ratio
Taux de mouvement

Tasa de actividad
Activity ratio
Taux d'activité

Tasa de actividad de un fichero
File activity ratio
Taux d'activité d'un fichier

Tasa de disponibilidad
Availability ratio
Taux de disponibilité

Tasa de disponibilidad del servicio
Serviceability ratio
Taux de disponibilité au service

Tasa de errores
Error rate, Error ratio
Taux d'erreurs

Tasa de errores de los bits
Bit error rate
Taux d'erreurs sur les bits

Tasa de errores de los bloques
Block error rate
Taux d'erreurs sur les blocs

Tasa de errores de los caracteres
Character error rate
Taux d'erreurs sur les caractères

Tasa de errores de los elementos
Element error rate
Taux d'erreurs sur les éléments

Tasa de errores de perforación
Keypunch error rate
Taux d'erreurs de perforation

Tasa de errores de pulsaciones
Keystroking error rate
Taux d'erreurs de frappe

Tasa de errores de tecleo
Error rate of keying
Taux d'erreurs d'une manipulation

Tasa de errores de una traducción
Error rate of a translation
Taux d'erreurs d'une traduction

Tasa de errores no detectados
Undetected error rate
Taux d'erreurs non détectées

Tasa de errores residuales
Residual error ratio
Taux d'erreurs résiduelles

Tasa de rectangularidad
Squareness ratio
Taux de rectangularité

Tasa de rechazos
Reject rate, ratio, Scrap rate
Taux de rebut

Tasa de repetición de las impulsiones
P.R.R.
Taux de répétition des impulsions

Tasa de repeticion de los impulsos
Pulse repetition rate, P.R.R.
Taux de répétition des impulsions

Tasa de rotación
Turnover rate
Taux de rotation

Tasa de utilización
Utilization ratio
Taux d'utilisation

Tasa de utilización efectiva
Operating ratio
Taux d'utilisation effective

Tecla
Key
Touche

Tecla con doble función
Alternate function key (multifunction switch)
Touche à double fonction

Tecla de anulación
Cancel key
Touche d'annulation

Tecla de arranque del programa
Program start key
Touche de départ du programme

Tecla de carácter mayúsculo sin bloqueo
Non locking shift character
Touche de caractère majuscule sans blocage

Tecla de carga
Load key
Touche de chargement

Tecla de datos
Data key
Touche de données

Tecla de dígito
Digit key
Touche de chiffre

Tecla de fase
Phase bar
Touche de phase

Tecla de función
Function key
Touche de fonction

Tecla de mando
Control key
Touche de commande

Tecla de parada
Pause control
Touche d'arrêt

Tecla de repetición
Automatic Repeating, Cursor
Touche de répétition

Tecla de retroceso
Backspace key
Touche de retour en arrière

Tecla de selección numérica
Digit select key
Touche de sélection numérique

Tecla de subtotal
Subtotal key
Touche de sous-total

Tecla de total general
Grand total key
Touche de total général

Tecla fija mayúscula
Shift lock key
Touche fixe majuscules

Tecla X
Crossfoot key
Touche X

Teclado
Keyboard, Keyset
Clavier

Teclado completo
Full keyboard
Clavier complet

Teclado con diez teclas
Ten-key keyboard
Clavier à dix touches

Teclado con tres filas de teclas
Three row keyboard
Clavier à trois rangées de touches

Teclado de entrada
Input keyboard
Clavier d'entrée

Teclado de función
Function keyboard
Clavier de fonction

Teclado de introducción de datos
Data entry keyboard
Clavier d'introduction de données

Teclado de memoria
Storage keyboard
Clavier de mémoire

Teclado de pupitre
Console keyboard
Clavier de pupitre

Teclado fraccionable
Split keyboard
Clavier fractionnable

Teclado numérico
Digital keyboard
Clavier numérique

Teclado personalizado
Customized keyboard
Clavier personnalisé

Teclado principal
Main keyboard
Clavier principal

Teclado reducido
Condensed keyboard
Clavier réduit

Teclear
(to) Key in, (to) Keyboard, (to)
Stroke in, (to) Type-in
Introduire par clavier

Tecleo
Typing
Frappe sur clavier

(la) Técnica
Technique
(la) Technique

**Técnica de evaluación y de
revisión de los programas**
P.E.R.T., Program evaluation and
review technique, P.E.R.T.
Technique d'évaluation et de
révision des programmes

**Técnica de los sistemas
monolíticos**
Monolithic systems technology,
M.S.T., M.S.T.
Technique des systèmes
monolithiques

Técnica de programación
Programming technique
Technique de programmation

**Técnicas de búsqueda de la
información**
Information retrieval techniques
Techniques de recherche de
l'information

Técnicas de ensayo
Testing techniques
Techniques d'essai

Técnicas de gestión
Management science
Techniques de gestion

Técnico
Engineer, Technical
Technicien, Technique

Técnico en informática
Information technologist
Technicien en informatique

Técnico en lógica
Logician
Logicien

Tecnología
Technology
Technologie

Tecnología de gráficos
Computer graphics
Infographie

**Tecnología de los circuitos lógicos
transistorizados**
S.L.T., Solid logic technology,
S.L.T.
Technologie des circuits logiques
transistorisés

Techo
Ceiling
Plafond

Teleautógrafo
Teleautograph, Telewriter
Téléautographe

Telecinta
Teletape
Télébande

**Telecomandado con operación
remota**
Remote controlled, Remote(ly)
operated
Télécommandé

Telecomando
Remote control
Télécommande

Telecomunicación
Telecommunication
Télécommunication

Telediafonía
Far-end crosstalk
Télédiaphonie

Telefonía
Telephony
Téléphonie

Telefonista
Telephone operator
Standardiste

Teléfono
Telephone
Téléphone

Telegestión
Telecomputing
Télégestion

Telegrafía
Telegraphy
Télégraphie

Telegrafía automática
Automatic telegraphy
Transmission automatique

Telegrafía por desplazamiento de frecuencia
Frequency shift telegraphy
Télégraphie par déplacement de fréquence

Telégrafo
Telegraph
Télégraphe

Teleimpresora
Teleprinter, Teletypewriter
Téléimprimante

Teleimpresora con cinta perforada
Perforated tape teletypewriter
Téléimprimante à bande perforée

Teleimpresora página por página
Page teleprinter
Téléimprimante page par page

Teleinformática
Datacom(munications)
Télématique

Telemedida
Remote measuring, Telemetering
Télémesure

Telemedir
(to) Telemeter
Télémesurer

Telémetro
Telemeter
Télémètre

Teleprocesador
Remote processor, Teleprocessor
Téléprocesseur

Teleprocesamiento
Teleprocession
Téléinformatique

Teleproceso
Teleprocessing, T.P., T.P.
Télétraitement

Telescriptor
T.T.Y.
Téléscripteur

Telescriptor de entrada / salida
Teletype input / output unit
Téléscripteur d'entrée / sortie

Teleseñalización
Remote signalling
Télésignalisation

Teletipo
Teletype (unit), Teletype machine, T.T.Y.
Téléscripteur

Teletratamiento por lotes
Remote batch
Télétraitement par lots

Televisión
Television
Télévision

Telex
Telex
Télex

Temporal
Temporary
Temporaire

Temporización
Time filling
Temporisation

Tener actualizado
(to) Keep current
Tenir à jour

Tensión
Voltage
Tension

Tensión de alimentación
Supply voltage
Tension d'alimentation

Tensión de cresta
Peak voltage
Tension de crête

Tensión de referencia
Reference supply
Tension de référence

Tensión de respuesta no perturbada
Undisturbed response voltage
Tension de réponse non perturbée

Tensión estabilizada
Controlled voltage
Tension stabilisée

Tentar
(to) Attempt
Tenter

Tentativa
Attempt
Tentative

Teoría
Theory
Théorie

Teoría de autómatas
Automation theory
Théorie des automates

Teoría de colas
Queuing theory, Theory of congestion, Theory of queues
Théorie de mises en file d'attente, Théorie des files d'attente

Teoría de decisión
Decisión theory
Théorie de décision

Teoría de grafos
Graph theory
Théorie des graphes

Teoría de la información
Information theory
Théorie de l'information

Teoría de las comunicaciones
Communication theory
Théorie des communications

Teoría de las conmutaciones
Switching theory
Théorie des commutations

Teoría de las probabilidades
Probability theory
Théorie des probabilités

Teoría de los grupos
Group theory
Théorie des groupes

Teoría de los juegos
Games theory, Set theory
Théorie des ensembles

Teoría de muestras
Sampling theory
Théorie de l'échantillonnage

Teórico
Conceptual
Théorique

Terminación
Completion
Achèvement

Terminación parcial
Partial completion
Achèvement partiel

Terminal
Terminal (unit)
Terminal

Terminal a distancia
Remote termine device
Terminal à distance

Terminal con funciones múltiples
Multi function terminal
Terminal à fonctions multiples

Terminal con pantalla de visualización
Visual display terminal
Terminal à écran de visualisation

Terminal con rendimiento elevado
High rate terminal
Terminal à rendement élevé

Terminal con teclado
Typewriter-like terminal
Terminal à clavier

Terminal concebido en función de los trabajos
Job oriented terminal
Terminal conçu en fonction des travaux

Terminal de adquisición de los datos
Data acquisition terminal
Terminal de saisie des données

Terminal de comunicación
Communication terminal
Terminal de communication

Terminal de comunicación de datos
Data communication terminal, Data transmission terminal
Terminal de transmission de données

Terminal de datos a distancia
Remote data terminal
Terminal de données à distance

Terminal de impresión
Hard copy terminal
Terminal d'impression

Terminal de interrogación
Inquiry terminal
Terminal d'interrogation

Terminal de interrogación / respuesta
Inquiry response terminal
Terminal d'interrogation / réponse

Terminal de interrogación con visualización
Inquiry display terminal
Terminal d'interrogation avec visualisation

Terminal de proceso de datos
Data terminal
Terminal de traitement de données

Terminal de recogida de datos
Data collection terminal
Terminal de collecte de données

Terminal de red
Network terminal
Terminal de réseau

Terminal de salida gráfica
Graphical output terminal
Terminal de sortie graphique

Terminal de supervisión
Supervisory terminal
Terminal de supervision

Terminal de telegestión
Remote communications terminal
Terminal de télégestion

Terminal de teleproceso
Teleprocessing terminal
Terminal de télétraitement

Terminal de transmisión
Transmitting terminal
Terminal de transmission

Terminal de transmision con cinta magnética
Magnetic tape transmission terminal
Terminal de transmision à bande magnétique

Terminal de ventanilla
Teller terminal
Terminal de guichet

Terminal de visualización con teclado
Keyboard display terminal
Terminal de visualisation à clavier

Terminal dotado de máquina de escribir con esfera
Bouncing ball terminal
Terminal doté de machine à écrire à boule

Terminal emisor
Originating terminal
Terminal émetteur

Terminal (que trabaja) en tiempo compartido
Time sharing terminal
Terminal (qui travaille) en temps partagé

Terminal gráfico
Graphic terminal
Terminal graphique

Terminal interactivo
Interactive terminal
Terminal interactif

Terminal lento
Low rate terminal
Terminal lent

Terminal local
Local terminal
Terminal local

Terminal maestro
Master terminal
Terminal pilote

Terminal multiplex (de transmisión) de datos
Multiplex data terminal
Terminal multiplex (de transmission) de données

Terminal programable
Intelligent terminal, Programmable terminal
Terminal programmable

Terminal programable dotado de memoria intermedia
Programmable buffered terminal
Terminal programmable doté de mémoire intermédiaire

Terminal rápido
High-speed terminal
Terminal rapide

Terminal receptor
Destination terminal, Receiving terminal
Terminal récepteur

Terminal sin posibilidad de cálculo
Idiot terminal
Terminal sans possibilité de calcul

Terminal sin programa
Idiot terminal
Terminal sans possibilité de calcul

Terminal video
Video terminal
Terminal vidéo

Terminar
(to) Go out, (to) Terminate
Terminer

Terminar el procedimiento de registro
(to) log-off
Terminer la procédure d'enregistrement

Terminar una fase
(to) Run-out
Terminer une phase

Término autodefinido
Self-defining term
Terme auto-défini

Término de comparación
Comparand
Terme de comparaison

Termiónico
Thermionic
Thermionique

Termistor
Thermistor
Thermistor

Termocopiador
Thermocopier
Thermocopieur

Termoficha
Thermocard
Thermocarte

Termografía
Thermal imaging
Thermographie

Ternario
Ternary
Ternaire

Tétrodo
Tetrode
Tétrode

Texto
Text
Texte

Texto integral
Full text
Texte intégral

Tiempo
Time
Temps

Tiempo actual
Actual time, Real time, R.T., True time
Temps réel

Tiempo compartido
Time sharing, T.S., T.S.
Temps partagé

Tiempo de acarreo
Carry time
Temps de report

Tiempo de acceso
Access time
Temps d'accès

Tiempo de aceleración
Acceleration time
Temps d'accélération

Tiempo de actividades accesorias
Incidental time
Temps d'activités accessoires

Tiempo de adición
Add time
Temps d'addition

Tiempo de adición-sustracción
Add-subtract time
Temps d'addition-soustraction

Tiempo de arrastre
Transport time
Temps d'entraînement

Tiempo de búsqueda
Search time
Temps de recherche

Tiempo de cálculo
Calculating time, Computing time
Temps de calcul

Tiempo de carga
Load time
Temps de chargement

Tiempo de cerradura
Make time
Temps de fermeture

Tiempo de circulación
Pass time
Temps de défilement

Tiempo de compilación
Compilation time, Compile time, Compiling time
Temps de compilation

Tiempo de conmutación
Switching time
Temps de commutation

Tiempo de correctivo
Corrective maintenance time, Repair (delay) time
Temps de réparation

Tiempo de deceleración
Deceleration time
Temps de décélération

Tiempo de desarrollo de la cinta
Tape handling time
Temps de déroulement de la bande

Tiempo de desmontaje
Takedown time
Temps de démontage

Tiempo de disponibilidad
Ready time
Temps de disponibilité

Tiempo de disponibilidad al servicio
Serviceable time
Temps de disponibilité au service

Tiempo de ejecución
Development time, Execution time, Operation time, Run(ning) time
Temps d'exécution

Tiempo de embrague
Clutch access time
Délai d'enclenchement

Tiempo de encaminamiento
Routing time
Temps d'acheminement

Tiempo de ensamblaje
Assembling time, Assembly time
Temps d'assemblage

Tiempo de ensayo
Proving time, Testing time
Temps d'essai

Tiempo de ensayo de un programa
Program testing time
Temps d'essai d'un programme

Tiempo de entrega
Delivery time
Délai de livraison

Tiempo de espera
Latency time, Waiting time
Temps d'attente

Tiempo de espera en cola
Queue time
Temps d'attente en file

Tiempo de espera en línea
Line time out
Délai d'attente en ligne

Tiempo de espera por reparación
Awaiting repair time
Temps d'attente pour réparation

Tiempo de establecimiento de una conexión
Connect time
Temps d'établissement d'une connexion

Tiempo de extinción
Decay time
Temps d'extinction

Tiempo de formación
Training time
Temps de formation

Tiempo de funcionamiento
Operating time
Temps de fonctionnement

Tiempo de inactividad
Idle time
Temps d'inactivité

Tiempo de inclusión total
Include all time
Temps d'inclusion totale

Tiempo de indisponibilidad
Unavailable time
Temps d'indisponibilité

Tiempo de instalación
Installation time
Temps d'installation

Tiempo de intervención planificado
Scheduled engineering time
Temps d'intervention planifié

Tiempo de lanzamiento
Release time, Start time
Temps de lancement, Temps de démarrage

Tiempo de lectura
Read time
Temps de lecture

Tiempo de mantenimiento
Maintenance time
Temps de maintenance

Tiempo de mantenimiento preventivo
Preventive maintenance time
Temps de maintenance préventive

Tiempo de mantenimiento suplementario
Supplementary maintenance time
Temps de manutention supplémentaire

Tiempo de mantenimiento y reparación
Servicing time
Temps de manutention et réparation

Tiempo de manutención no programado
Unscheduled maintenance time
Temps de maintenance non programmé

Tiempo de montaje
Setup hours, Setup time
Temps de montage

Tiempo de multiplicación
Multiplication time
Temps de multiplication

Tiempo de parada
Stop time
Temps d'arrêt

Tiempo de parada no imputable debido a una avería de máquina
No charge machine fault time
Temps d'arrêt non imputable dû à une panne de machine

Tiempo de parada no imputable no debido a una avería de máquina
No charge non-machine fault time
Temps d'arrêt non imputable non dû à une panne de machine

Tiempo de posicionamiento
Setting time
Temps de positionnement

Tiempo de presencia
Attendance time
Temps de présence

Tiempo de proceso
Mill time, Processing time
Temps de traitement

Tiempo de puesta en tensión
Power on time
Temps de mise sous tension

Tiempo de realización de un programa
Program development time
Temps de réalisation d'un programme

Tiempo de reaprovisionamiento
Replenishment lead time
Délai de réapprovisionnement

Tiempo de recuperación
Retrieval time
Temps de récupération

Tiempo de registro
Write time
Temps d'enregistrement

Tiempo de registro de las entradas
Entry time
Temps d'enregistrement des entrées

Tiempo de respuesta
Response time, Turn around time
Temps de réponse

Tiempo de respuesta de un receptor
Receiver response time
Temps de réponse d'un récepteur

Tiempo de rutina de mantenimiento
Routine maintenance time
Temps de routine de maintenance

Tiempo de sobreposición
Overlap time
Temps de superposition

Tiempo de subida
Rise time
Temps de montée

Tiempo de sustitución
Substitute time, Swap time
Temps de remplacement

Tiempo de toma en carga de la instrucción
Instruction timing
Temps de prise en charge de l'instruction

Tiempo de trabajo
Productive time
Temps de travail

Tiempo de transferencia
Move time, Transfer time
Temps de transfert

Tiempo de utilización
Service life, Usage time
Temps d'utilisation

Tiempo de verificación de la codificación
Code checking time
Temps de vérification du codage

Tiempo disponible
Available time
Temps disponible

Tiempo efectivo
Effective time
Temps effectif

Tiempo empleado
Time consuming
Temps employé

Tiempo fuera servicio
Out of service time
Temps hors service

Tiempo global de carga
Procurement lade time
Délai global d'obtention

Tiempo improductivo
Down time, Unproductive time
Temps improductif

Tiempo máquina
Computer time, Machine time
Temps machine

Tiempo máquina disponible
Available machine time
Temps machine disponible

Tiempo máximo de acceso
Maximum access time
Temps maximum d'accès

Tiempo medio de acceso
Average access time
Temps moyen d'accès

Tiempo medio de espera
Average queue time
Temps moyen d'attente

Tiempo medio de mantenimiento
Mean time to maintain, M.T.T.M.
Temps moyen de manutention

Tiempo medio de manutención
M.T.T.M.
Temps moyen de manutention

Tiempo medio de reparación
Mean repair time, Mean time to repair, M.T.T.R., M.T.T.R.
Temps moyen de réparation

Tiempo medio de trabajo
Average operation time
Temps moyen de travail

Tiempo medio entre averías
Mean time between failures, M.T.B.F., M.T.B.F.
Temps moyen entre pannes

Tiempo medio entre llamadas
Mean time between calls
Temps moyen entre appels

Tiempo medio hasta la avería
Mean time to failure, M.T.T.F., M.T.T.F.
Temps moyen jusqu'à la panne

Tiempo mínimo de ejecución
Minimum run time
Temps minimum d'exécution

Tiempo muerto
Dead time
Temps mort

Tiempo no imputable
Debatable time
Temps non imputable

Tiempo no imputado
Uncharged time
Temps non imputé

Tiempo no utilizado
Ineffective time, Unused time
Temps non utilisé

Tiempo perdido por consecuencia de incidente de máquina
Machine spoilt work time
Temps perdu en raison d'incident de machine

Tiempo propagado
Propagated time
Temps propagé

Tiempo real
Actual time, Real time, R.T., R.T., True time
Temps réel

Tiempo registrado por el contador
Meter time
Temps enregistré au compteur

Tiempo residual
Excess time
Temps résiduel

Tiempo-sistema
Overhead, System overhead
Temps-système

Tiempo total
Total time
Temps total

Tiempo transcurrido
Elapsed time
Temps passé

Tiempo verdadero
Actual time, Real time, R.T., True time
Temps réel

Tiempo vigilado
Attended time
Temps surveillé

Tierra (Masa)
Ground
Terre (Masse)

Timbre
Bell
Sonnerie

Tinta
Ink
Encre

Tinta en exceso
Extraneous ink
Encre excédentaire

Tinta magnética
Magnetic ink
Encre magnétique

Tinta no reflectora
Non reflective ink
Encre non reflexible

Tipo (Grado)
Grade
Type (Degré)

Tipo (Carácter de impresión)
Type
Type (Caractère d'imprimerie)

Tipo de circuito
Circuit grade
Type de circuit

Tipo de ficha
Card type
Type de carte

Tipo de fichero
File type
Type de fichier

Tipo de proceso
Type of run
Type de traitement

Tipo de registro
Record type
Type d'enregistrement

Tipografía
Letterpress
Typographie

Tira
Band, Chain, Stream, String, Strip,
   Tape
Bande, Chaîne

Tira de microfilme
Microfilm strip
Bande sur micro-film

Tira de símbolos
Symbol string
Chaîne de symboles

Tira lateral de arrastre
Tear strip
Bande latérale d'entraînement

Tira magnética
Magnetic strip
Ruban magnétique

**Tira marginal con agujeros de
   arrastre**
Sprocket hole tear strip
Bande marginale à trous
   d'entraînement

Tira marginal de arrastre
Tractor feed margin
Bande marginale d'entraînement

Tira mediana
Media strip
Bande médiane

Tira o cadena alfabética
Alphabetic(al) string
Suite alphabétique

Tira o cadena de bits
Bit string
Suite de bits

Tira o cadena de caracteres
Character string
Suite de caractères

**Tira o cadena de caracteres
   móviles**
Floating string
Suite de caractères mobiles

Tira o cadena de impulsos
Pulse string
Suite d'impulsions

Tira o cadena ordenada
Sequenced string
Suite ordonnée

Tira reflectora
Foil, Reflective, Reflective strip
Réflechissant, Réfléchissant, Bande
   réfléchissante

Tira unitaria
Unit string
Chaîne unitaire

Tirada
Hard copy
Tirage

Tiras de campos
Field strings
Suite de zones

Tolerancia
Tolerance
Tolérance

Tolerancia de frecuencia
Frequency tolerance
Tolérance de fréquence

Toma auxiliar
Convenience outlet
Prise auxiliaire

Toma de carga de la instrucción
Instruction fetching
Prise en charge de l'instruction

Toma de corriente
Outlet, Plug socket, Socket
Prise de courant

Toma de decisión
Decision making
Prise de décision

Toma de tierra
Ground connection
Prise de terre

Toma directa a la red
Direct outward dialling
Prise directe au réseau

Tomar el valor por referencia
(to) Value returned
Prendre la valeur pour référence

Tomar prestado
(to) Borrow
Emprunter

Tomar un punto de control
(to) Checkpoint, (to) take a
   Checkpoint
Marquer un point de contrôle,
   Enregistrer un point de contrôle

Tomar una muestra
(to) Sample
Echantillonner

Tonalidad
Dial tone, Tone
Tonalité

Tono
Loudness
Niveau sonore

Tope de no retroceso
Back stop
Butée de non retour arrière

Tope de tabulación
Tab(ulating) stop
Taquet de tabulation

Topograma de la memoria
Memory layout, Storage map
Topogramme de la mémoire

Toque
Stroke
Frappe

Toque sobre teclado
Typing
Frappe sur clavier

Torcido
Wry
Tordu

Total
Total
Total

Total acumulado
Accumulated total
Total cumulé

Total acumulado perforado
Accumulated total punching
Total cumulé perforé

Total aritmético
Arithmetic(al) sum
Total arithmétique

Total cumulativo
Cumulative total
Total cumulatif

Total de acumulación
Accumulative total
Total de cumul

Total de control
Check sum, Check total, Hash
    total, Proof total
Total de contrôle

Total de nivel inferior
Minor total
Total de niveau inférieur

Total de nivel superior
Major total
Total de niveau supérieur

Total efectivo
Actual total
Total effectif

Total general
Final total, Grand total, Sum total
Total général

Total horizontal
Cross(foot(ing)) total
Total horizontal

Total incoherente
Gibberish total
Total incohérent

Total intermedio
Intermediate total
Total intermédiaire

Total por lotes
Batch total
Total par lots

Total progresivo
Progressive total
Total progressif

Totales de control
Control totals
Totaux de contrôle

Totalización
Summarization, Summation,
    Totaling
Totalisation

Totalización automática
Automatic totalling
Totalisation automatique

Totalizador
Totaling accumulator
Totalisateur

Totalizador-sustractor
Balance counter
Totalisateur-soustracteur

Totalizar
(to) Take a total, (to) Total
Totaliser

Trabajar
(to) Work
Travailler

Trabajar en multiproceso
(to) Multi process
Travailler en multi-traitement

Trabajo
Job, Work(ing)
Travail

Trabajo a varias rotaciones
Multiple shift working
Travail en plusieurs rotations

Trabajo asíncrono
Asynchronous working
Travail asynchrone

Trabajo atrasado
Backlog
Travail arriéré

Trabajo de proceso de datos
Data processing task
Travail de traitement de données

Trabajo de segundo plano
Background job
Travail d'arrière plan

Trabajo en curso
Currently, Work in process, Work
    on hand
Travail en cours

Trabajo en duplex
Duplex operation
Travail en duplex

Trabajo en duplex completo
Full-duplex operation
Travail en duplex intégral

Trabajo en longitud doble
Double length working
Travail en longueur double

Trabajo en multiprogramación
Multi program working
Travail en multi-programmation

Trabajo en paralelo
Parallel running
Travail en parallèle

Trabajo en robo de ciclo
Cycle stealing
Exploitation en vol de cycle

Trabajo improductivo
Non productive work
Travail improductif

Trabajo por lotes
Batch(ed) job
Travail groupé

Trabajo principal
Main job
Travail principal

Trabajo productivo
Production job
Travail productif

Trabajo único
One time job
Travail unique

Trabajo urgente
Hot job
Travail urgent

Trabajos administrativos
Clerical duties
Travaux administratifs

Trabajos simultáneos o concurrentes
Concurrent jobs
Travaux simultanés

Tractor
Tractor
Entraîneur

Tractor con patillas
Pin feed tractor
Entraîneur par ergots

Tractor del lado de salida
Outfeed tractor
Entraîneur côte sortie

Tractor del papel
Paper tractor, Paper
Entraîneur du papier

Tractor superior
Output tractor
Entraîneur supérieur

Traducción
Translation
Traduction

Traducción algorítmica
Algorithm translation
Traduction algorithmique

Traducción automática
Mechanical translation
Traduction automatique

Traducción de dirección
Address translation
Traduction d'adresse

Traducción de lenguaje
Language translation
Traduction de langage

Traducción del programa de canal
Channel program translation
Traduction du programme de canal

Traducción dinámica de dirección
D.A.T., Dynamic address translation
Traduction dynamique d'adresse

Traducción mecánica
Machine translation
Traduction mécanique

Traducir
(to) Translate
Traduire

Traductor
Translater, Translator
Traducteur

Traductor de lenguaje
Language translator
Traducteur de langage

Traductor uno por uno
One for one translator, One-to-one translater
Traducteur un pour un

Traductora-transcriptora
Posting interpreter
Traductrice-reporteuse

Tráfico
Traffic
Trafic

Tráfico en recepción
Incoming traffic
Trafic en réception

Tráfico en salida
Outgoing traffic
Trafic en sortie

Tráfico telefónico
Telephone traffic
Trafic téléphonique

Tráfico telex
Telex traffic
Trafic télex

Trama
France, Raster, Web
Trame

Transcodificador
Transcoder
Transcodeur

Transcodificar
(to) Transcode
Transcoder

Transcribir
(to) Transcribe
Transcrire

Transcriptora
Facsimile posting machine, Transcription
Transcriptrice, Transcription

Transductor
Transducer
Transducteur

Transductor activo
Active transducer
Transducteur actif

Transferencia
Migration, Move, Transfer
Transfert

Transferencia bilateral
Bi-directional flow
Transfert bilatéral

Transferencia condicional
Conditional transfer
Transfert conditionnel

Transferencia controlada por símbolo
Symbol-controlled move
Transfert contrôle par symbole

Transferencia de control
Control transfer
Transfert de contrôle

Transferencia de control condicional
Conditional control transfer
Transfert de contrôle conditionnel

Transferencia de control incondicional
Unconditional control transfer
Transfert de contrôle inconditionnel

Transferencia de datos
Data movement, Data transfer
Transfert de données

Transferencia de datos entre periféricos
Data transfer to and from peripherals, Transfer of data to and from peripherals
Transfert de données entre périphériques, Echange de données entre périphériques

Transferencia de fichas
Card transfer
Transfert de cartes

Transferencia de informaciones
Information transfer
Transfert d'informations

Transferencia de página
Page migration
Transfert de page

Transferencia de totales
Total transfer
Transfert de totaux

Transferencia en el canal
T.I.C., Transfer in channel
Transfert dans le canal

Transferencia en serie
Serial transfer
Transfert en série

Transferencia entre memorias
Intra storage transfer
Transfert entre mémoires

Transferencia incondicional
Unconditional transfer
Transfert inconditionnel

Transferencia incondicional del control
Unconditional transfer of control
Transfert inconditionnel du contrôle

Transferencia instantánea de los datos
Instantaneous data transfer
Transfert instantané des données

Transferencia paralela
Parallel transfer
Transfert parallèle

Transferencia periférica
Peripheral transfer
Transfert périphérique

Transferencia por bloques
Block transfer
Transfert par blocs

Transferencia radial
Radial transfer, Transput process
Transfert radial

Transferencia registro / registro
Interregister transfer
Transfert registre / registre

Transferir
(to) Move, (to) Transfer
Transférer

Transformación
Transformation
Transformation

Transformación de señal
Signal transformation
Transformation de signal

Transformador
Transformator
Transformateur

Transformador de impulsos
Pulse transformer
Transformateur d'impulsions

Transformar
(to) Transform
Transformer

Transición
Change over, Cut(ing)-over, Transition
Transition

Transición intermedia automática por cinta
Automatic tape relay
Transition automatique par bande

Transición intermedia por cinta perforada
Torn tape relay
Transit par bande perforée

Transistor con efecto de campo
F.E.T., Field effect transistor
Transistor à effet de champ

Transitorio
Transient
Transitoire

Transmisión
Communication, Transmission
Transmission

Transmisión analógica
Analog transmission
Transmission analogique

Transmisión arrítmica de datos
Start-stop data transmission
Transmission arythmique de données

Transmisión asíncrona
Asynchronous transmission, Start-stop transmission
Transmission asynchrone, Transmission arythmique

Transmisión automática
Automatic transmission
Transmission automatique

Transmisión automática de señales
Automatic signalling
Transmission automatique de signaux

Transmisión binaria síncrona
Binary synchronous transmission
Transmission binaire synchrone

Transmisión bipolar
Bipolar transmission
Transmission bipolaire

Transmisión con banda lateral asimétrica
Asymmetrical sideband transmission
Transmission à bandes latérales asymétriques

Transmisión con banda lateral independiente
Independent sideband transmission
Transmission à bandes latérales indépendantes

Transmisión con supresión de onda portadora
Suppressed carrier transmission
Transmission à suppression d'onde porteuse

Transmisión de datos
Data transmission, D.T.
Transmission de données

Transmisión de datos asíncrona
Asynchronous data transmission
Transmission de données asynchrone

Transmisión dirigida por datos
Data directed transmission
Transmission dirigée par données

Transmisión dirigida por flujo
Stream oriented transmission
Transmission en continu

Transmisión dirigida por lista
List directed transmission
Transmission dirigée par liste

Transmisión en duplex
Duplexing
Transmission en duplex

Transmisión en serie
Serial transmission
Transmission en série

Transmisión mediante registros
Record oriented transmission
Transmission par enregistrements

Transmisión modulada por impulsos
Pulse modulated transmission
Transmission modulée par impulsions

Transmisión no simultánea
Non simultaneous transmission
Transmission non simultanée

Transmisión paralela
Parallel transmission
Transmission parallèle

Transmisión por doble corriente
Double current transmission
Transmission par double courant

Transmisión por grupos
Burst transmission
Transmission par groupes

Transmisión por simple corriente
Single current transmission
Transmission par simple courant

Transmisión por teleimpresora
Teleprinter transmission
Transmission par téléimprimante

Transmisión punto a punto
Point to point transmission
Transmission point par point

Transmisión simultánea
Simultaneous transmission
Transmission simultanée

Transmisión síncrona
Synchronous transmission
Transmission synchrone

Transmisión síncrona de datos
Synchronous data transmission
Transmission synchrone de données

Transmisión síncrona en serie
Serial synchronous transmission
Transmission synchrone en série

Transmisión sobre banda lateral única
Single sideband transmission
Transmission sur bande latérale unique

Transmisión start-stop
Start-stop transmission
Transmission arythmique

Transmisión telefónica
Telephonic transmission
Transmission téléphonique

Transmisión telex
Telex transmission
Transmission télex

Transmisor
Transmitter
Transmetteur

Transmisor automático
Automatic transmitter
Transmetteur automatique

Transmisor de datos
Data transmitter
Transmetteur de données

Transmitir
(to) Pass on, (to) Transmit
Transmettre

Transparencia
Transparency
Transparence

Transparente
Transparent
Transparent

Transponer
(to) Transliterate
Transposer

Transportador de dibujo
Protractor
Rapporteur de dessin

Transposición
Transliteration, Transposition
Transposition

Transposición de frecuencia
Frequency translation
Transposition de fréquence

Tratamiento
Manipulation
Traitement

Tratamiento de datos científicos
Scientific data processing
Traitement de données scientifiques

Tratamiento de la información
Information handling, Information processing
Traitement de l'information

Tratamiento de las cadenas
String manipulation
Traitement des chaînes

Tratamiento de las direcciones
Address manipulation
Traitement des adresses

Tratamiento de las imágenes
Image processing
Traitement des images

Tratamiento de las interrupciones
Interrupt handling
Traitement des interruptions

Tratamiento de las tablas
Table handling
Traitement des tables

Tratamiento de listas
List processing
Traitement de listes

Tratamiento de los errores de máquina
Machine check handler, M.C.H.
Traitement des erreurs de machine

Tratamiento de los mensajes
Message handling
Traitement des messages

Tratar mecánicamente
(to) Machine
Traiter mécaniquement

Trayecto de salida de datos diferido
Delayed data flow path
Trajet de sortie de données différé

Traza de las redes
Network tracing
Traçage des réseaux

Trazado
Plotting, Tracing
Traçage

Trazado preimpreso
Forms flash
Tracé pré-imprimé

Trazador (de curvas)
Curve plotter, Plotter, X.Y., X.Y.
Plotter
Traceur de courbes

Trazador de gráficos
Data plotter, Graph plotter
Traceur de graphiques

Trazador de organigrama
Diagramming template,
Flowcharter
Traceur d'organigramme

Trazador incremental
Incremental plotter, Incremental
step
Traceur incrémentiel

Trazador incremental numérico
Digital incremental plotter
Traceur incrémentiel numérique

Trazador numérico
Digital plotter
Traceur numérique

Trazador rápido
High-speed plotter
Traceur rapide

Trazar
(to) Mark out, (to) Plot
Tracer

Trazar el camino de un programa
(to) Trace
Tracer le chemin d'un programme

Trazar un diagrama
(to) Chart
Tracer un diagramme

Trazar un organigrama
(to) Flowchart
Tracer un organigramme

Trazo
Stroke
Trait

Tren
Chain, Stream, Train
Train

Tren de impulsos
Pulse train
Train d'impulsions

Trepado
Dotted line, Tear line
Ligne pointillée

Triple espacio
Triple spacing
Triple espace

Triple impulso
Pulse triple
Triple impulsion

Triple precisión
Triple precision
Triple précision

Triprocesador
Triprocessor
Triprocesseur

Truncamiento
Truncation
Coupure

Truncar
(to) Chop off, (to) Truncate
Tronquer

Tubo amplificador
Amplifier tube
Tube amplificateur

Tubo catódico
Display tube
Tube cathodique

Tubo de William
Williams tube
Tube de William

Tubo video
Video tube
Tube vidéo

Turno de trabajo
Work shift
Roulement de travail

Tutoría
Tutorial
Tuteur

U

Ubicación
Place, Placement, Site
Emplacement

Última casilla de un organigrama
Terminal block
Dernière case d'un organigramme

Última generación
Current generation
Dernière génération

Última línea de un informe
Report footing line
Dernière ligne d'un état

Última posición
End position
Dernière position

Último
Last, Latter
Dernier

Último entrado, primer salido
Last in, first out, L.I.F.O.
Dernier entré, premier sorti

Ultimo entrado, primer salido
L.I.F.O.
Dernier entré, premier sorti

Ultra alta frecuencia
U.H.F.
Ultra haute fréquence

Ultrasónico
Ultrasonic
Ultra-sonore

Ultrasonidos
Ultrasonics
Acoustique ultra-sonore

Umbral
Threshold
Seuil

Umbral de conmutación
Switching threshold
Seuil de commutation

Una sola dirección
Single address
Une seule adresse

Unidad
Drive, Unit
Dispositif d'entrainement, Unité

Unidad adaptadora de los datos
Data adapter unit
Unité d'adaptation des données

Unidad aritmética
Arithmetic(al) unit
Unité arithmétique

Unidad aritmética (circuito) en doble precisión
Double precision hardware
Unité arithmétique en double précision

Unidad aritmética irreducible
Arithmetic(al) primary
Unité arithmétique irréductible

Unidad aritmética y lógica
A.L.U., Arithmetic(al) and logical unit, A.L.U.
Unité arithmétique et logique

Unidad autónoma
Stand-alone unit
Unité autonome

Unidad binaria
Binary unit
Unité binaire

Unidad central de control
Central control unit
Unité centrale de commande

Unidad central de proceso
Central processing unit, C.P.U., Central processor, C.P.U.
Unité centrale de traitement

Unidad compartida
Shared device
Unité utilisée en commun

Unidad con almacenamiento auxiliar
Auxiliary storage unit
Unité à mémoire auxiliaire

Unidad con celdas magnéticas
Data cell drive
Unité à cellules

Unidad con cinta
T.U.
Unité à bande

Unidad con cinta de alta prestación
Hypertape drive
Unité à bande de haute performance

Unidad con cinta magnética
M.T.U.
Unité à bande magnétique

Unidad con cinta piloto
Vertical format unit, V.F.U., V.F.U.
Unité à bande pilote

Unidad con discos
Disk handler, Disk pack drive, Disk unit
Unité à disques

Unidad con fichas con funciones múltiples
M.F.C.U.
Unité à cartes à fonctions multiples

Unidad con filme magnético
Magnetic film unit
Unité à film magnétique

Unidad con respuesta audible
Audio response unit, A.R.U.
Unité à réponse vocale

Unidad con respuesta vocal
A.R.U., Voice answer-back unit
Unité à réponse vocale

Unidad de acceso directo compartida
Shared direct access device
Unité à accès direct utilisée en commun

Unidad de alimentación
Feed unit
Unité d'alimentation

Unidad de alternación de las unidades de cinta
Tape switching unit
Unité d'alternance des dérouleurs de bande

Unidad de búsqueda de los errores
Debugging processor
Unité de recherche et correction des erreurs

Unidad de cálculo
Calculating unit
Unité de calcul

Unidad de cinta
Tape drive, Tape handler, Tape servo, Tape Unit, T.U., Tape unwinder
Dérouleur de bande, Unité à bande

Unidad de cinta magnética
Magnetic tape unit, M.T.U.
Unité à bande magnétique

Unidad de conmutación de mensajes
Message exchange unit
Unité de commutation de messages

Unidad de conmutaciones de las cargas
Load unit switches
Unité de commutations des charges

Unidad de contacto con permuta
Change over contact unit
Unité de contact à permutation

Unidad de control
Control(ler) unit, Monitor unit
Unité de contrôle

Unidad de control de canal
Channel control unit, C.C.U.
Unité de commande de canal

Unidad de control de discos
Disk control unit
Unité de contrôle de disques

Unidad de control de dispositivo
Device control unit
Unité de commande de dispositif

Unidad de control de la cinta piloto
Vertical format control unit
Unité de contrôle de la bande pilote

Unidad de control de las comunicaciones
Communications control unit
Unité de contrôle des communications

Unidad de control de las transmisiones
T.C.U., Transmissions control unit, T.C.U.
Unité de contrôle des transmissions

Unidad de control de los periféricos
Peripheral control unit P.C.U.
Unité de commande des périphériques

Unidad de control de programa
Program control unit
Unité de contrôle de programme

Unidad de control de transmisión de datos
Data transmission control unit
Unité de contrôle de transmission de données

Unidad de control del contador
Metering unit
Unité de contrôle du compteur

Unidad de control ocupada
Control unit busy, C.U.B., C.U.B.
Unité de contrôle occupée

Unidad de control por bloques
Block control unit
Unité de contrôle par blocs

Unidad de disco magnético
Magnetic disk drive
Dispositif d'entraînement de disque magnétique

Unidad de discos con un eje
Single spindle drive
Unité à disques monopile

Unidad de ejecución
Operating unit
Unité d'exécution

Unidad de elemento de código
Code element unit
Unité d'élément de code

Unidad de endoso
Endorsing unit
Unité d'endossement

Unidad de enlace de base
Basic link unit
Unité de liaison de base

Unidad de ensamblaje
Assembly unit
Unité d'assemblage

Unidad de fichas con funciones múltiples
Multi function card unit, M.F.C.U.
Unité à cartes à fonctions multiples

Unidad de ficheros
File unit
Unité à fichiers

Unidad de gestión de las comunicaciones
Communication processor
Unité de gestion des communications

Unidad de gestión de las líneas
Line control unit
Unité de gestion des lignes

Unidad de gestión de los terminales
Terminal control unit
Unité de gestion des terminaux

Unidad de impresión
Print unit
Unité d'impression

Unidad de información
Unit of data
Unité d'information

Unidad de información básica
Basic information unit
Unité d'information de base

Unidad de interrogación
Desk inquiry unit, Inquiry unit
Unité d'interrogation

Unidad de introducción de datos
Data entry device, Data input device
Unité d'introduction de données

Unidad de introducción de datos con teclado
Keyboard data entry unit
Unité d'introduction de données à clavier

Unidad de introducción manual
Manual input unit
Unité à introduction manuelle

Unidad de lectura de etiquetas
Tag converting unit
Unité de lecture d'étiquettes

Unidad de mando de canal
C.C.U.
Unité de commande de canal

Unidad de mando de los periféricos
P.C.U.
Unité de commande des périphériques

Unidad de medida
Unit of measure
Unité de mesure

Unidad de memoria
Memory unit, Storage unit
Unité de mémoire

Unidad de memoria con discos intercambiables
Exchangeable disk storage unit, Removable disk storage unit
Unité de mémoire à disques interchangeables

Unidad de memoria con discos magnéticos
Magnetic disk storage unit
Unité de mémoire à disques magnétiques

Unidad de memoria con núcleos magnéticos
Magnetic core storage unit
Unité de mémoire à tores magnétiques

Unidad de memoria de acceso directo
D.A.S.D., Direct access storage device, D.A.S.D.
Unité de mémoire à accès direct

Unidad de memoria de discos
Disk storage unit
Unité de mémoire à disques

Unidad de memoria de núcleos
Core storage unit
Unité de mémoire à tores

Unidad de perforación
Punch(ing) unit
Unité de perforation

Unidad de petición-respuesta
Request-response unit, R.U., R.U.
Unité de demande-réponse

Unidad de proceso
Processing unit, Processor
Unité de traitement

Unidad de proceso de datos
Data processing step, Data processor
Unité de traitement de données

Unidad de proceso gráfico
Graphic processing unit
Unité de traitement graphique

Unidad de proceso periférica
Peripheral processor
Unité de traitement périphérique

Unidad de programa
Program unit
Unité à programme

Unidad de programación
Programming unit
Unité de programmation

Unidad de recogida de datos
Data collector
Unité de collecte de données

Unidad de registro de datos
Data encoding device
Unité d'enregistrement de données

Unidad de residencia del sistema
System residence unit
Unité de résidence du système

Unidad de respuesta en retorno
Answerback unit
Unité de réponse en retour

Unidad de respuesta vocal
Voice response unit
Unité de réponse vocale

Unidad de retardo
Delay unit
Unité à retard

Unidad de selección
Segregating unit
Unité de sélection

Unidad de sustitución
Alternate unit
Unité de remplacement

Unidad de tambor
Drum unit
Unité à tambour

Unidad de transmisión telefónica de datos
Telephone data set
Unité de transmission téléphonique de données

Unidad de transporte
Transport unit
Unité d'entraînement

Unidad de velocidad variable
Variable speed machine
Unité à vitesse variable

Unidad de verificación de datos
Data control unit
Unité de vérification de données

Unidad de video de análisis de los datos
Data analysis display unit
Unité vidéo d'analyse des données

Unidad de visualización
Display unit, D.T.U., V.D.U., Viewing unit, Visual display unit, V.D.U.
Unité de visualisation, Unité terminale de visualisation

Unidad de visualización con rayos catódicos
Cathode ray tube display
Unité de visualisation à rayons cathodiques

Unidad de visualización con teclado
Keyboard display unit
Unité de visualisation à clavier

Unidad de visualización de datos
Data display unit
Unité de visualisation de données

Unidad de visualización de los mensajes de control
Control message display
Unité de visualisation des messages de contrôle

Unidad de visualización de los registros
Register display unit
Unité de visualisation des registres

Unidad de visualización digital
Digital display unit
Unité à affichage numérique

Unidad de visualización gráfica
Graphic display unit
Unité de visualisation graphique

Unidad de volumen
Volume unit
Unité de volume

Unidad direccionable de la red
Network addressable unit
Unité adressable du réseau, NAU

Unidad dotada de memoria de gran capacidad
Bulk storage unit
Unité dotée de mémoire de grande capacité

Unidad emisora / receptora
Send / receive unit
Appareil récepteur / émetteur

Unidad emisora-receptora
automática
Automatic send / receive unit
Unité émettrice / réceptrice
automatique

Unidad funcional
Functional unit
Unité fonctionnelle

Unidad lenta
Low speed unit
Unité lente

Unidad lineal
Linear unit
Unité linéaire

Unidad lógica
Logical unit, L.U., L.U.
Unité logique

Unidad lógica de introducción del
sistema
System logical input device
Unité logique d'introduction du
système

Unidad lógica de perforación del
sistema
System logical punch device
Unité logique de perforation du
système

Unidad lógica de salida del
sistema
System logical output device
Unité logique de sortie du système

Unidad periférica
Peripheral device
Unité périphérique

Unidad principal
Main frame, Master unit
Unité principale

Unidad terminal de impresión
Hard copy device or terminal
Unité terminale d'impression

Unidad terminal de proceso de
datos
Data terminal unit
Unité terminale de traitement de
données

Unidad terminal de visualización
Display terminal unit, D.T.U.
Unité terminale de visualisation

Unidad única de proceso
Uniprocessor
Unité unique

Unidades autónomas
Off line units
Unités autonomes

Unidades conectadas
On line units
Unités connectées

Unidades de entrada
Input units
Unités d'entrée

Unidades de entrada / salida
Input / output units
Unités d'entrée / sortie

Unidades de salida
Output devices, Output units
Unités de sortie

Unidades en línea
On line units
Unités connectées

Unidades fuera de línea
Off line units
Unités autonomes

Unidades periféricas
Peripheral units, Peripherals
Unités périphériques

Unidireccional
One way, Single way,
Unidirectional
Unidirectionnel

Unión
Boolean add, Interface, Joining,
Junction
Addition booléenne, Jonction

Unión lógica
Logical add
Réunion logique

Unipolar
Unipolar
Unipolaire

Universal
All-purpose, General purpose,
G.P., G.P., Universal
Universel

Uno
One
Un

Uno binario
Binary one
Un binaire

Uno por uno
One for one
Un pour un

Urgente
Instant
Urgent

Uso
Usage, Use, Utilization
Utilisation

Uso dedicado
Dedicated use
Emplois spéciaux

Usuario
Customer, User
Utilisateur

Usuario del telex
Telex user
Usager du télex

Usuario (de un ordenador) en
tiempo compartido
Time sharer, Time sharing user
Utilisateur (d'un ordinateur) en
temps partagé

Usuario final
End user
Dernier utilisateur

Utilidad
Utility
Utilité

Utilizable
Operable, Usable
Utilisable

Utilización
Usage, Use, Utilization
Utilisation

Utilización comercial
Business application
Utilisation commerciale

Utilización de doble tampón
Double buffering
Utilisation de double tampon

Utilización de tampón único
Simple buffering
Utilisation de tampon unique

Utilización del tiempo máquina
Machine time usage
Utilisation du temps machine

Utilización en común
Joint use, Sharing
Utilisation en commun

Utilización en común de ficheros
File sharing
Utilisation en commun de fichiers

Utilización racional
Enhancement
Utilisation rationnelle

Utilizador (de un ordenador) en tiempo compartido
Time sharing customer
Utilisateur (d'un ordinateur) en temps partagé

Utilizar en común
(to)Share
Utiliser en commun

Utilizar (un ordenador) en tiempo compartido
(to) Time share
Utiliser (un ordinateur) en temps partagé

V

Vacante
Vacant
Vacant

Vaciado
Dump(ing)
Vidage

Vaciado de cinta
Tape dump
Vidage de bande

Vaciado de disco
Disk dump
Vidage de disque

Vaciado de la memoria
Memory dump, Store dump
Vidage de la mémoire

Vaciado de las zonas cambiadas
Change dump
Vidage des zones mouvementées

Vaciado de los puntos de control
Checkpoint dump
Vidage des points de contrôle

Vaciado de memoria de núcleos
Core dump
Vidage de la mémoire à tores

Vaciado del tambor
Drum dump
Vidage du tambour

Vaciado después de incidente
Disaster dump
Vidage après incident

Vaciado dinámico
Dynamic dump
Vidage dynamique

Vaciado dinámico selectivo
Snapshot dump
Vidage dynamique sélectif

Vaciado en binario
Binary dump
Vidage en binaire

Vaciado estático
Static dump
Vidage statique

Vaciado final
Terminal dump
Vidage final

Vaciado post-mortem
Post-mortem dump
Vidage post-mortem

Vaciado programado
Programmed dump
Vidage programmé

Vaciado selectivo
Selective dump
Vidage sélectif

Vaciado sin proceso
Non process run out
Vidage sans traitement

Vaciado y reanudación
Dump and restart
Vidage et reprise

Vaciamiento del almacenamiento
Storage dump
Vidage de la mémoire

Vaciar
(to) Strip
Vider

Vaciar una memoria
(to) Wipe
Vider une mémoire

Vacío
Empty
Vide

Validar
(to) Validate
Valider

Validez
Validation, Validity, Vetting
Validation, Validité

Validez de los datos
Data purification, Data validity
Validation des données, Validité des données

Valor
Value
Valeur

Valor absoluto
Absolute value
Valeur absolue

Valor acumulado
Accumulated value
Valeur cumulée

Valor contable
Book-value
Valeur comptable

Valor de un código
Code value
Elément d'un code

Valor de un contador
Count value
Valeur d'un compteur

Valor del alquiler
Rental value
Valeur locative

Valor inferior de la gama
Bottom of the line, Low end of a range
Bas de gamme

Valor inicial
Starting value
Valeur initiale

Valor límite
End value
Valeur limite

Valor nominal
Nominal cost
Valeur nominale

Valor numérico
Numerical value
Valeur numérique

Valor por defecto
Default value
Valeur par défaut

Valor real
Actual value
Valeur réelle

Valor residual
Residual value
Valeur résiduelle

Valor-umbral
Threshold value
Valeur-seuil

Válvula
Valve
Lampe

Válvula amplificadora
Amplifier valve
Lampe amplificatrice

Válvula de rayos catódicos
Cathode ray tube, C.R.T.
Tube à rayons cathodiques

Válvula de vacío
Vacuum tube
Tube à vide

Válvula electrónica
Tube
Tube

Válvula neumática
Vacuum actuated switch
Soupape pneumatique

Variable
Variable
Variable

Variable binaria
Binary variable, Two state variable
Variable binaire

Variable booleana
Boolean variable
Variable booléenne

Variable con dos valores
Two valued variable
Variable à deux valeurs

Variable del tipo localizador
Locator variable
Variable du type localisateur

Variable dependiente
Dependent variable
Variable dépendante

Variable independiente
Independent variable
Variable indépendante

Variable lógica
Logical variable
Variable logique

Variable tratada
Manipulated variable
Variable traitée

Variables cruzadas
Crossed variable
Variables croisées

Variación de frecuencia
Frequency drift
Variation de fréquence

Varilla de ferrita
Ferrite rod
Bâtonnet de ferrite

Vector
Array, Matrix, Vector
Matrice, Vecteur

Vector absoluto
Absolute vector
Vecteur absolu

Velocidad
Rate, Speed
Vitesse

Velocidad de alimentación
Feed rate
Vitesse d'entraînement

Velocidad de cálculo
Calculating speed, Computing
speed
Vitesse de calcul

Velocidad de circulación de los datos
Data speed
Vitesse de circulation des données

Velocidad de conmutación
Switching speed
Vitesse de commutation

Velocidad de consulta
Accession rate
Vitesse de consultation

Velocidad de crecimiento
Growth rate
Vitesse de croissance

Velocidad de desarrollo de la cinta
Forward tape speed, Tape feed
Vitesse de déroulement de la
bande

Velocidad de entrada
Input speed
Vitesse d'entrée

Velocidad de impresión
Printing rate, Printing speed
Vitesse d'impression

Velocidad de impresión más favorable
Worst case print speed
Vitesse d'impression la plus
favorable

Velocidad de introducción desde teclado
Keying speed
Vitesse d'introduction par clavier

Velocidad de lectura
Read(ing) rate, Read(ing) speed
Vitesse de lecture

Velocidad de los discos
Disk speed
Vitesse des disques

Velocidad de movimiento del papel
Paper (motion) speed
Vitesse de défilement du papier

Velocidad de paso de las fichas
Card speed
Vitesse de passage des cartes

Velocidad de perforación
Perforation rate, Punching rate
Vitesse de perforation

Velocidad de perforación de fichas
Card punching rate
Vitesse de perforation de cartes

Velocidad de pulsaciones
Key (depression) rate, Keystroking
rate
Vitesse de frappe

Velocidad de rebobinado
Rewind speed
Vitesse de rebobinage

Velocidad de regeneración
Refresh rate
Vitesse de régénération

Velocidad de salida
Output speed
Vitesse de sortie

Velocidad de salto
Slew rate
Vitesse de saut

Velocidad de salto del papel
Paper slipping rate
Vitesse de saut du papier

Velocidad de tabulación
Tab speed
Vitesse de tabulation

Velocidad de transferencia
Transfer rate
Vitesse de transfert

Velocidad de transferencia de los caracteres
Character transfer rate
Vitesse de transfert des caractères

Velocidad de transferencia de los datos
Data (transfer) rate, Data transfer speed
Vitesse de transfert des données

Velocidad de transmisión
Transmission speed
Vitesse de transmission

Velocidad de transmisión de las señales
Signalling rate
Vitesse de transmission des signaux

Velocidad de transmisión de los datos
Data signalling rate
Vitesse de transmission des données

Velocidad de transmisión instantánea
Instantenous transmission rate
Vitesse de transmission instantanée

Velocidad de tratamiento
Manipulation rate
Vitesse de traitement

Velocidad de tratamiento de los documentos
Document speed
Vitesse de traitement des documents

Velocidad de trazado
Drawing rate, Plotting speed
Vitesse de traçage

Velocidad (de impresión) de una línea
Line speed
Vitesse (d'impression) d'une ligne

Velocidad (de impresión) de una lista
List speed
Vitesse (d'impression) d'une liste

Velocidad del tambor
Drum speed
Vitesse du tambour

Velocidad efectiva
Effective speed
Vitesse effective

Velocidad efectiva de transferencia de los datos
Effective data transfer rate
Vitesse effective de transfert des données

Velocidad efectiva de transmisión
Effective transmission rate
Vitesse effective de transmission

Velocidad máxima
Full speed, Peak speed
Vitesse maximale

Velocidad media de la información
Average information rate
Vitesse moyenne de l'information

Velocidad media de transferencia
Average transmission rate
Vitesse moyenne de transfert

Velocidad media de transferencia de los datos
Average data transfer rate
Vitesse moyenne de transfert des données

Velocidad media de transformación
Average transformation rate
Vitesse moyenne de transformation

Velocidad nominal
Nominal speed, Rated speed
Vitesse nominale

Velocidad normal de funcionamiento
Free running speed
Vitesse normale de fonctionnement

Velocidad telegráfica
Telegraph speed
Vitesse télégraphique

Ventana
Window
Fenêtre

Ventilación
Fanning, Riffling, Ventilation
Aération, Ventilation

Ventilador
Air blower, Blower
Ventilateur

Ventilar
(to) Fan, (to) Riffle, (to) Ventilate
Aérer, Ventiler

Ventilar de nuevo
(to) Refan
Aérer de nouveau

Verbo de control del procedimiento
Procedure branching verb
Verbe de contrôle de la procédure

Verbo de entrada / salida
Input / output verb
Verbe d'entrée / sortie

Verificación
Audit, Autoverification, Verification, Verifier operation, Verify(ing)
Vérification, Vérification automatique

Verificación contable de una aplicación
Application audit
Vérification d'une application

Verificación contable interna
Auditing
Vérification interne

Verificación cruzada
Cross check
Contre-vérification

Verificación de cinta de papel
Paper tape verifying
Vérification de bande de papier

Verificación de fichas
Card verifying
Vérification de cartes

Verificación de la codificación
Coding check
Vérification du codage

Verificación de la preparación
Housekeeping check
Vérification de la préparation

Verificación de las etiquetas
Label checking
Vérification des étiquettes

Verificación de las existencias
Inventory control
Vérification des stocks

Verificación de los contornos
Contour analysis
Vérification des contours

Verificación de los datos
Data control
Vérification des données

Verificación de los datos a la entrada
Input auditing
Vérification des données à l'entrée

Verificación de los dígitos de comprobación
Check digit verification attachment, Check digit verification, C.D.V.
Dispositif de contrôle des indicatifs numériques, Contrôle des indicatifs numériques

Verificación horizontal
Crossfooting check
Vérification horizontale

Verificación por dígito-clave de protección
Self-check number verification
Vérification par chiffre-clé de protection

Verificación por máquina
Machine checking
Vérification par machine

Verificación y puesta a punto
Check(ing) out
Vérification et mise au point

Verificado con anterioridad
Pretested
Pré-vérifié

Verificado desde teclado
Key-verified
Vérifié par clavier

Verificador
Key verifier, Verifier, Verifier operator
Vérificateur

Verificador / duplicador de cinta
Tape checker / duplicator
Vérificateur / duplicateur de bande

Verificador automático
Automatic verifier
Vérificateur automatique

Verificador de los dígitos de comprobación
Check digit verifier
Contrôleur des indicatifs numériques

Verificadora
Verifier
Vérificatrice

Verificadora de cinta
Tape verifier
Vérificatrice de bande

Verificadora de cinta de papel
Paper tape verifier
Vérificatrice de bande papier

Verificadora de fichas
Card verifier
Vérificatrice de cartes

Verificadora de fichas perforadas
Punched card verifier
Vérificatrice de cartes perforées

Verificar
(to) Audit, (to) Go over, (to) Key verify, (to) Verify
Vérifier

Verificar la codificación
(to) Code check
Vérifier le codage

Verificar la perforación
(to) Check punch
Vérifier la perforation

Verificar por comparación
(to) Check against
Vérifier par comparaison

Verificar y poner a punto
(to) Check out
Vérifier et mettre au point

Verosímil
Likely
Vraisemblable

Verosimilitud
Likeliness
Vraisemblance

Versatilidad
Versatility
Versatilité

Versión
Version
Version

Versión a precio reducido
Cut-rate version
Version à prix réduit

Versión calendario
Calendar version
Version calendrier

Versión de base
Base version
Version de base

Versión mejorada
Beefed up version
Version améliorée

Versión no impresora
Non printing model
Version non imprimante

Versión reducida
Cut-down version, Downgraded version, Scaled down version, Stripped down version
Version réduite

Vertical
Vertical
Vertical

Vértice adyacente
Adjacent vertex
Sommet adjacent

Vía
Bus, Channel, Way
Voie

Vía auxiliar
Auxiliary route, Secondary route
Voie auxiliaire

Vía de desbordamiento
Overflow route
Voie de dépassement

Vía de emergencia
Emergency route
Voie de secours

Vía de entrada / salida
Input / output trunk
Voie d'entrée / sortie

Vía de ida
Forward channel
Voie d'allée

Vía de llamada
Calling channel
Voie d'appel

Vía de paridad transversal
Lateral parity track
Voie de parité transversale

Vía de sustitución
Alternate routing
Voie de remplacement

Vía de transferencia de dígitos
Digit transfer bus, Digit transfer trunk
Voie de transfert de chiffres

Vía de vuelta
Backward channel
Voie de retour

Vía derivada en frecuencia
Frequency derived channel
Voie dérivée en fréquence

Vía derivada en tiempo
Time-derived channel
Voie dérivée en temps

Vía principal
Highway, Primary route
Voie principale

Viabilidad
Workability
Viabilité

Vías múltiples
Multi way
Voies multiples

Vibrador
Vibrator
Vibreur

Vida
Life
Vie

Vigilancia
Monitoring
Surveillance

Vigilancia automática del sistema
Automatic monitoring of the system
Contrôle automatique du système

Vigilancia automática incorporada
Built-in automatic check
Contrôle automatique incorporé

Vigilancia cableada
Hardware check, Wired-in check
Contrôle câblé

Vigilancia cruzada
Cross checking
Contrôle croisé

Vigilancia de perforación
Punch check
Contrôle de perforation

Vigilancia de puesta en marcha
System check out
Contrôle de mise en marche du système

Vigilancia de signo
Sign check
Contrôle de signe

Vigilancia en base al resto
Residue check
Contrôle basé sur le reste

Vigilar
(to) Monitor, (to) Police, (to) Survey
Surveiller

Violación de la protección de la memoria
S.P.V., Storage (protect) violation, S.P.V.
Violation de la protection de la mémoire

Virgen
Blank, Virgin
Vierge

Visor
Viewing window
Viseur

Visor de control
Check window
Viseur de contrôle

Visual
C.R.T., Display device, V.D.U., C.R.T., V.D.U., Visual
Visu, Visuel

Visualización directa
Direct display
Affichage direct

Visualización inmediata
Tracking
Visualisation immédiate

Visualización por puntos
Point mode display
Affichage par points

Visualización sistemática
Forced display
Visualisation systématique

Visualizador de microfichas
Micro-fiche viewer
Visionneuse de micro-fiches

Visualizador de microfilme
Microfilm viewer
Visionneuse de micro-film

Visualizadora
Viewer
Visionneuse

Visualizar
(to) Display
Afficher, Visualiser

Volatilidad
Volatility
Volatilité

Volumen
Volume
Volume

Volumen de base
Base volume
Volume de base

Volumen de cálculo
Computational load
Volume de calcul

Volumen de control
Control volume
Volume de contrôle

Volumen de la información
Bulk of information
Volume de l'information

Volumen de la memoria
Storage volume
Volume de la mémoire

Volumen de la memoria de masa de base
Base mass storage volume
Volume de la mémoire de masse de base

Volumen de trabajo
Scratch volume
Volume de travail

Volumen del espacio disponible
Amount of space available
Volume de l'espace disponible

Volumen medio de transformación
Average transformation content
Volume moyen de transformation

Volver
(to) Return, (to) Send back
Retourner

Volver a
(to) Decrement to, (to) Switch back
Ramener à, Revenir à

Volver a dibujar
(to) Redraw a flowchart
Refaire un organigramme

Volver a llamar
(to) Call in
Rappeler

Volver atrás
(to) Jump back
Revenir en arrière

Vuelta del carro
Carriage return, C.R., C.R.
Retour du chariot

X

(la) Xerografía
Xerography
(la) Xérographie

Y

Y (Intersección lógica)
AND
ET (Intersection logique)

Yuxtaponer
(to) Concatenate
Enchaîner, Enchaîner

Yuxtaposición
Juxtaposition
Juxtaposition

Z

Zona
Area, Field, Zone
Zone

Zona común
Common area, Common field
Zone commune

Zona común de memoria
Common storage area
Zone commune de mémoire

Zona común de servicio
Common service area
Zone commune de service

Zona constante
Constant area
Zone constante

Zona de alineamiento
Aligner area
Zone d'alignement

Zona de alternación
Alternate area
Zone d'alternance

Zona de arreglo
Housekeeping area
Zone d'aménagement

Zona de búsqueda
Seek area
Zone de recherche

Zona de código de operación
Operation code field
Zone du code d'opération

Zona de comunicación
Communication area
Zone de communication

Zona de comunicaciones en memoria de núcleos
Core communications area
Zone de communications en mémoire à tores

Zona de comunicaciones sobre disco
D.C.O.M., Disk communications area, D.C.O.M.
Zone de communication sur disque, Zone de communications sur disque

Zona de construccion de la imagen
Image construction area
Zone de construction de l'image

Zona de control de clasificación
Sort control field
Zone de contrôle de tri

Zona de control por diagnóstico
Diagnostic layout area
Zone de contrôle par diagnostic

Zona de corrección
Patch area
Zone de correction

Zona de datos
Data field
Zone de données

Zona de datos primaria
Prime data area
Zone de données primaire

Zona de desbordamiento
Overflow area, Overflow bucket
Zone de dépassement

Zona de desbordamiento del cilindro
Cylinder overflow area
Zone de débordement du cylindre

Zona de desbordamiento independiente
Independent overflow area
Zone de débordement indépendante

Zona de entrada
Input area
Zone d'entrée

Zona de entrada / salida
Input / output area
Zone d'entrée / sortie

Zona de entrada de los trabajos
Input work area
Zone d'entrée des travaux

Zona de entrada desde teclado
Key entry area
Zone d'entrée par clavier

Zona de etapa de trabajo
Job pack area
Zone d'étape de travail

Zona de fondo
Background area
Zone de fond

Zona de impresión
Print area
Zone d'impression

Zona de incidente
Trouble area
Zone d'incident

Zona de información sobre las etiquetas
Label information area, L.I.A., L.I.A.
Zone d'information sur les étiquettes

Zona de instrucción
Instruction area
Zone de l'instruction

Zona de la clave de secuencia
Sequence key field
Zone de l'indicatif de séquence

Zona de las colas del sistema
System queue area, S.Q.A.
Zone des files d'attente du système

Zona de las filas de espera del sistema
S.Q.A.
Zone des files d'attente du système

Zona de memoria
Storage area
Zone de mémoire

Zona de memoria de trabajo
Working storage area
Zone de mémoire de travail

Zona de memoria dinámica
D.S.A., Dynamic storage area, D.S.A.
Zone de mémoire dynamique

Zona de no marcar
Clear area
Zone à ne pas marquer

Zona de primer plano
Foreground area
Zone de premier plan

Zona de relleno
Filler
Zone de remplissage

Zona de salida gráfica
G.D.O.A., Graphic data output area, G.D.O.A.
Zone de sortie graphique

Zona de trabajo
Operating area, Scratch area,
   Work(ing) area
Zone de travail

Zona de trabajo de la biblioteca
Library work area
Zone de travail de la bibliothèque

Zona de trabajo de registro sobre
   fichas
Card work area
Zone de travail d'enregistrement
   sur cartes

Zona de trabajo fraccionada
Split work area
Zone de travail fractionnée

Zona de trabajo sobre disco
Disk work area
Zone de travail sur disque

Zona de transmisión
Transmission area
Zone de transmission

Zona del sistema
System area
Zone du système

Zona dinámica
Dynamic area
Zone dynamique

Zona dinámica no paginable
Non pageable dynamic area
Zone dynamique non paginable

Zona-dirección
Abuk
Zone-adresse

Zona estática
Non dynamic area
Zone statique

Zona-imagen de la cadena
Chain image area
Zone-image de la chaîne

Zona inferior de la memoria
   central
Lower area of core storage
Zone inférieure de la mémoire
   centrale

Zona intermedia
Buffer area, Buffer stack
Zone intermédiaire

Zona intermedia imagen-memoria
   de núcleos
Core image buffer
Zone intermédiaire image-
   mémoire á tores

Zona menos
Minus zone
Zone moins

Zona neutra
Neutral zone
Zone neutre

Zona permanente de programa
Link pack area
Zone permanente de programme

Zona reposicionable
Relocatable area
Zone de translation

Zona reservada
Reserved area
Zone réservée

Zona transitoria
Transient area
Zone transitoire

Zona variable
Area variable
Zone variable

Francés
Inglés
Español

A

A caractère répétitif
Repetitiveness
De carácter repetitivo

A deux adresses plus une
Two plus one address
Con dos direcciones más una

A données inexactes, résultats erronés
G.I.G.O. (Garbage In, Garbage Out)
A datos inexactos, resultados erróneos

A faible taux de mouvement
Slow moving
Con escasa tasa de movimiento

A la volée
On the fly
Al vuelo

A l'essai
On trial
En prueba

A l'heure
On time
A la hora

A l'intérieur de
Within
En el interior de

A parité
Evenly
Igualmente

A plusieurs reprises
Repeatedly
Repetidamente

A priorité absolue
Non overridable
Con prioridad absoluta

A prix réduit
Cut-price
A precio reducido

A quatre adresses
Four address
Con cuatro direcciones

A quatre adresses plus une
Four plus one address
Con cuatro direcciones más una

A temps
In time
A tiempo

A trois adresses
Three address
Con tres direcciones

A trois adresses plus one
Three plus one address
Con tres direcciones más una

A une adresse
One address
A una dirección

Abaissement
Depression
Depresión

Abandon
Abort
Abandono, Cancelación

Abandonner
(to) Abort, (to) Discard
Abandonar, Cancelar

Abaque
Abacus
Abaco

Abaque japonais
Japanese abacus
Abaco japonés

Aberration
Aberration
Aberración

Abonné
Subscriber
Abonado

Abonné au téléphone
Telephone subscriber
Abonado al teléfono

Abonné au télex
Telex subscriber
Abonado al telex

Aboutissement
Successful
Exito

Aboutissement satisfaisant
Successfully
Con éxito

Abrasivité
Abrasivness
Abrasividad

Abrégé
Epitome
Abreviado

Abréger-Raccourcir
(to) Shorten
Abreviar-Acortar

Abscisse
Abscissa
Abcisa

Absence d'impression
Print holidays
Ausencia de impresión

Absolu - Réel
Absolute
Absoluto - Real

Absorptivité
Absorbency
Absorbencia

Abstrait
Abstract
Abstracto

Accéder
(to) Access
Acceder

Accélération
Acceleration
Aceleración

Accélérer
(to) Expedit, (to) Speed up
Acelerar

Accentuer
(to) Emphasize
Acentuar, Destacar

Accès
Access
Acceso

Accès à distance
Remote access
Acceso remoto a distancia

Accès aléatoire
Direct access, Random access
Acceso aleatorio, Acceso directo

Accès direct
Direct access, Random access
Acceso aleatorio, Acceso directo

Accès direct par clé
Keyed direct access
Acceso directo por claves

Accès dynamique
Dynamic access
Acceso dinámico

Accès en série
Serial access
Acceso en serie

Accès immédiat
Immediate access
Acceso inmediato

Accès instantané
Instantaneous access
Acceso instantáneo

Accès multiple
Multiple access
Acceso múltiple

Accès par file d'attente
Queued access
Acceso de cola de espera

Accès parallèle
Parallel access
Acceso paralelo

Accès pour simple lecture
Read only access
Acceso de sólo lectura

Accès rapide
Fast access
Acceso rápido

Accès sélectif
Random access
Acceso selectivo

Accès séquentiel
Sequential access, Serial access
Acceso secuencial

Accès simultané
Simultaneous access
Acceso simultáneo

Accessibilité
Accessibility
Accesibilidad

Accessible
Accessible
Accesible

Accidentel
Casual
Accidental

Accomplir
(to) Fulfill
Cumplir

Accroître
(to) Increase
Acrecentar

Accumulateur
Accumulator
Acumulador

Accumulateur circulant
Running accumulator
Acumulador circulante

Accumulateur de service
Working accumulator
Acumulador de servicio

Accumulation
Accumulation
Acumulación

Accumulation de messages
Message accumulation
Acumulación de mensajes

Accumuler
(to) Accumulate, (to) Build up
Acumular

Accusé de réception
Acknowledgment
Acuse de recibo

Accusé de réception et arrêt
S.A.K., Stop acknowledge, S.A.K.
Acuse de recepción y parada

Accuser réception
(to) Acknowledge
Acusar recepción

Acheminement
Routing
Encaminamiento

Acheminement des messages
Message routing
Encaminamiento de los mensajes

Acheminer
(to) Convey, (to) Route
Encaminar

Achèvement
Completion
Terminación

Achèvement partiel
Partial completion
Terminación parcial

Acoustique
Acoustic
Acústico

(L') Acoustique
Acoustics
(La) Acústica

Acoustique ultra-sonore
Ultrasonics
Acústica ultra-sonora, Ultrasonidos

Acoustiquement
Acoustically
Acústicamente

Actif
Active
Activo

Action
Act
Acción

Actionné par clavier
Key-controlled, Key-driven
Accionado por teclado

Actionner
(to) Activate
Accionar

Activité
Activity
Actividad

Activité fictive
Dummy activity
Actividad ficticia

Acyclique
Acyclic
Acíclico

Adaptable
Adaptative
Adaptable

Adaptable à la mathématique
Mathematical mating
Adaptable a la matemática

Adaptable à l'utilisateur
Customizable
Adaptable al utilizador

Adaptateur
Adaptator, Adapter, Adaptor
Adaptador

Adaptateur canal-canal
Channel-to channel adapter
Adaptador canal-canal

Adaptateur de canal
Channel adapter
Adaptador de canal

**Adaptateur de liaison avec un
  périphérique**
Peripheral interface adapter, P.I.A.,
  P.I.A.
Adaptador de acoplamiento con
  un periférico

Adaptateur de ligne
Communication adapter, L.A., Line
  adapter, L.A.
Adaptador de línea

**Adaptateur de ligne de
  communication**
Communication line adapter
Adaptador de línea de
  comunicación

Adaptateur de transmission
Transmission adapter, X.A., X.A.
Adaptador de transmisión

**Adaptateur de transmission
  intégré**
I.C.A., Integrated communications
  adapter, I.C.A.
Adaptador de transmisión
  integrado, Adaptador integrado
  de transmisión

**Adaptateur de voie de
  transmission en parallèle**
Parallel data adapter, P.D.A.
Adaptador de vía de transmisión
  en paralelo

Adaptateur intégré
Integrated adapter
Adaptador integrado

Adaptateurs arythmiques
Start-stop adapters
Adaptadores asíncronos (Start
  Stop)

Adaptation
Adapting, Ajustment, Fitting,
  Tuning
Adaptación, Ajuste

Adaptation à l'utilisateur
Customization
Adaptación al utilizador

Adaptation spéciale
Tailoring
Adaptación especial

Adapté à la demande
Custom designed
Adaptado al usuario

Adapté spécialement
Tailor made
Adaptado especialmente, Hecho a
  medida

Adapter
(to) Adapt
Adaptar

Adapter à l'utilisateur
(to) Customize
Adaptar al usuario

Adapter spécialement
(to) Tailor
Adaptar especialmente

Additif
Additive
Aditivo

Addition
Add, Adding, Addition
Adición

Addition avec effacement
Destructive addition
Adición con borrado

Addition booléenne
Boolean add
Adición booleana, Unión

Addition en série
Serial addition
Adición en serie

Addition non destructive
Non-destructive addition
Adición no destructiva

Addition parallèle
Parallel addition
Adición paralela

Addition sans report
Addition without carry, False add
Adición sin acarreo

Additionner
(to) Add, (to) Sum
Adicionar, Sumar

Additionner horizontalement
(to) Cross add
Adicionar horizontalmente

Additionner un chifre trop élevé
(to) Add over
Adicionar un dígito demasiado
  grande

Additionner un chifre trop faible
(to) Add short
Adicionar un dígito demasiado
  pequeño

Additionneur
Adder
Adicionador

Additionneur à deux entrées
Two input adder
Adicionador con dos entradas

Additionneur à trois entrées
Three input adder
Adicionador con tres entradas

Additionneur analogique
Analog adder, Summer
Adicionador analógico

Additionneur binaire
Binary adder
Adicionador binario

Additionneur complet
Full adder
Adicionador completo

Additionneur en série
Serial full adder
Adicionador en serie

Additionneur numérique
Digital adder
Adicionador numérico

Additionneur parallèle
Parallel adder
Adicionador paralelo

Additionneur-soustracteur
Adder-subtracter
Adicionador-sustractor

Additionneuse imprimante
Add listing machine, Adding lister
Adicionadora impresora

Adhérence
Anchorage
Adherencia, Anclaje

Adjacent
Adjacent
Adyacente

Admettre
(to) Accept
Admitir

Administratif
Administrative
Administrativo

Admittance
Admittance
Admitancia

Adressable
Addressable
Direccionable

Adressage
Addressing
Direccionamiento

Adressage à deux niveaux
Two level addressing
Direccionamiento con dos niveles

Adressage à progression automatique
One ahead addressing
Direccionamiento con progresión automática

Adressage à progression automatique avancée
Implied addressing, Stepped addressing
Direccionamiento con progresión automática adelantada

Adressage à trois niveaux
Three level addressing
Direccionamiento con tres niveles

Adressage absolu
Absolute addressing
Direccionamiento absoluto

Adressage calculé
Hash coding
Direccionamiento calculado, Codificación Hash

Adressage de deuxième niveau
Second level addressing
Direccionamiento de segundo nivel

Adressage de groupe
Group addressing
Direccionamiento de grupo

Adressage de niveau zéro
Zero level addressing
Direccionamiento de nivel cero

Adressage différé
Deferred addressing
Direccionamiento diferido

Adressage direct
Direct addressing
Direccionamiento directo

Adressage général
Broadcast addressing
Direccionamiento general

Adressage immédiat
Immediate addressing
Direccionamiento inmediato

Adressage indirect
Indirect addressing
Direccionamiento indirecto

Adressage multi-niveau
Multi level addressing
Direccionamiento multinivel

Adressage réel
Absolute addressing
Direccionamiento absoluto

Adressage relatif
Relative addressing
Direccionamiento relativo

Adressage répétitif
Repetitive addressing
Direccionamiento repetitivo

Adressage spécifique
Specific addressing
Direccionamiento específico

Adressage symbolique
Symbolic addressing
Direccionamiento simbólico

Adressage synthétique
Synthetic addressing
Direccionamiento sintético

Adressage virtuel
Virtual addressing
Direccionamiento virtual

Adresse
Address
Dirección

Adressé
Addressed
Direccionado

Adresse à deux niveaux
Two level address
Dirección con dos niveles

Adresse à trois niveaux
Three level address
Dirección con tres niveles

Adresse à un niveaux
Single level address
Dirección con un nivel

Adresse absolue
Absolute address
Dirección absoluta

Adresse arithmétique
Arithmetic(al) address
Dirección aritmética

Adresse automatique
Hardware address
Dirección física

Adresse calculée
Calculated address
Dirección calculada

Adresse codée en binaire
Binary coded address
Dirección codificada en binario

Adresse composée
Address syllable
Dirección compuesta

Adresse constante
Address constant
Dirección constante

Adresse de base
Base address
Dirección de base

Adresse de branchement
Branch address
Dirección de bifurcación

Adresse de chaînage
Link address
Dirección de encadenamiento

Adresse de destination
To address
Direccionar

Adresse de deuxième niveau
Second level address
Dirección de segundo nivel

Adresse de la directive
Command address
Dirección del comando

Adresse de l'instruction
Instruction address
Dirección de la instrucción

Adresse de mémoire réelle
Real storage address
Dirección de memoria real

Adresse de mémoire virtuelle
Virtual storage address
Dirección de memoria virtual

Adresse de niveau zéro
Zero level address
Dirección de nivel cero

Adresse de premier niveau
First level address
Dirección de primer nivel

Adresse de recherche
Seek address
Dirección de búsqueda

Adresse de référence
Reference address
Dirección de referencia

Adresse de région
Regional address
Dirección de región

Adresse de renvoi
Return address
Dirección de retorno

Adresse de reprise
Restart address
Dirección de reanudación

Adresse de transfert
Transfer address
Dirección de transferencia

Adresse d'enregistrement
Record address
Dirección de registro

Adresse d'essai
Tentative address
Dirección de ensayo

Adresse détectable par machine
Machine sensible address
Dirección detectable por máquina

Adresse d'introduction
Entry address
Dirección de introducción

Adresse directe
Direct address
Dirección directa

Adresse d'origine
Original address
Dirección de origen

Adresse effective
E.A., Effective Address, E.A.
Dirección efectiva

Adresse émettrice
From address
Dirección emisora, Dirección de
  origen

Adresse explicite
Explicit address
Dirección explícita

Adresse externe de page
External page address
Dirección externa de página

Adresse générée
Generated address
Dirección generada

Adresse immédiate
Immediate address
Dirección inmediata

Adresse indexée
Indexed address
Dirección indexada

Adresse indirecte
Indirect address
Dirección indirecta

Adresse invalide
Invalid address
Dirección inválida

Adresse machine
Machine address
Dirección máquina

Adresse multiple
Multiple address
Dirección múltiple

Adresse par rapport à zéro
Zero relative address
Dirección en relación a cero

Adresse piste
Home address
Dirección pista

Adresse réelle
Actual address
Dirección real

Adresse relative
Floating address, Relative address
Dirección relativa

Adresse réseau
Network address
Dirección red

Adresse spécifique
Specific address
Dirección específica

Adresse supposée
Presumptive address
Dirección supuesta

Adresse symbolique
Symbolic address
Dirección simbólica

Adresse synthétique
Synthetic address
Dirección sintética

Adresse translatable
Relocatable address
Dirección reposicionable

Adresse une plus une
One plus one address
Dirección una más una

Adresse usuelle
Current address
Dirección usual (actual)

Adresse variable
Variable address
Dirección variable

Adresse virtuelle
Virtual address
Dirección virtual

Adresser
(to) Address
Direccionar, Dirigir

**Adresses les plus élevées de la
  mémoire**
High main storage
Las direcciones más elevadas de
  la memoria

Aération
Fanning, Riffling
Ventilación, Aireación, Aireación

Aérer
(to) Fan
Ventilar

Aérer de nouveau
(to) Refan
Ventilar de nuevo

Affaiblir
(to) Weaken
Debilitar

Affectable
Assignable
Asignable

Affectation
Allocation, Assignment, Tagging
Asignación

Affectation conditionnelle
Conditional assignment
Asignación condicional

Affectation d'adresse
Address assignment
Asignación de dirección

Affectation de groupes
Group allocation
Asignación de grupos

**Affectation de groupes
secondaires**
Supergroup allocation
Asignación de grupos secundarios

Affectation de mémoire
Storage allocation
Asignación de memoria

**Affectation d'ensembles de
données**
Allocation of data sets
Asignación de conjuntos de datos

Affectation directe
Direct allocation
Asignación directa

Affectation dynamique
Dynamic allocation
Asignación dinámica

**Affectation dynamique de
mémoire**
Dynamic allocation of memory
Asignación dinámica de memoria

**Affectation enregistrée en
mémoire**
Based storage allocation
Asignación de memoria basada
(con apuntador)

Affectation inconditionnelle
Unconditional assignment
Asignación incondicional

Affectation par défaut
Default assignment
Asignación por defecto

**Affectation qui annule la
précédente**
Cancel prior assignment
Asignación que anula la
precedente

Affecter
(to) Allocate, (to) Assign
Asignar

Affichage direct
Direct display
Visualización directa

Affichage par points
Point mode display
Visualización por puntos

Afficher
(to) Display
Presentar visualmente, Visualizar

Agressif
Aggressive
Agresivo

Aides
Aids
Ayudas

Aides à la programmation
Programming aids
Ayudas a la programación

Aiguille
Needle
Aguja

Aiguille de tri
Sorting needle, Sorting rod
Aguja de clasificación

Aiguille d'impression
Printing stylus
Estilete, Aguja de impresión

Aiguille d'imprimante
Printing pin
Aguja, Aguja impresora

Aimant annulaire
Annular magnet
Imán anular

Air
Air
Aire

Ajouter
(to) Sum, append
Sumar, Incluir, Juntar, Añadir

Ajustable
Adjustable
Ajustable

Ajustage
Adjustment, Fitting
Ajuste, Adaptación, Ajuste

Ajustement de la courbe
Curve fitting
Ajuste de la curva

Ajuster
(to) Adjust, (to) Fit
Ajustar

Alarme sonore
Audible alarm
Alarma sonora

Aléatoire
Aleatory
Aleatorio

Aléatoirement
Randomly
Aleatoriamente

Alerte
Alert
Alerta

Algèbre
Algebra
Álgebra

Algèbre booléenne
Boolean algebra
Álgebra booleana

Algèbre matricielle
Matrix algebra
Algebra matricial

Algébrique
Algebraic
Algebraico

Algébriquement
Algebrically
Algebraicamente

Algorithme
Algorithm
Algoritmo

Algorithme de traduction
Translation algorithm
Algorítmo de traducción

Algorithmique
Algorithmic
Algorítmico

Aligné à droite
Justified right, Right justified
Alineado a la derecha

Aligné à gauche
Justified left, Left justified
Alineado a la izquierda

Alignement
Alignment, Justification
Alineamiento

Alignement à droite
Right adjust
Alineamiento a la derecha

Alignement de contacts
Contact alignment
Alineamiento de contactos

Alignement de documents
Document alignment
Alineamiento de documentos

Alignement sur la virgule décimale
Decimal point alignment
Alineamiento sobre la coma
  decimal

Aligner
(to) Align, (to) Array
Alinear

Aligner à droite
(to) Right justify
Alinear a la derecha

Aligner à gauche
(to) Left justify
Alinear a la izquierda

Aligner sur la virgule décimale
(to) Align by decimal point
Alinear por la coma decimal

Alimentation
Feed(ing)
Alimentación

Alimentation à cycles multiples
Multi cycle feeding
Alimentación con ciclos múltiples

**Alimentation (de cartes) à lecture
  múltiple**
Multi read feeding
Alimentación (de fichas) con
  lectura múltiple

Alimentation accélérée en cartes
Accelerated card feed
Alimentación acelerada en fichas

Alimentation acyclique
Acyclic feeding
Alimentación acíclica

Alimentation automatique
Automatic feed
Alimentación automática

Alimentation colonne par colonne
Endwise feed
Alimentación columna por
  columna

Alimentation cyclique
Cyclic feed
Alimentación cíclica

Alimentation de bande
Tape feed
Alimentación de cinta

Alimentation des douze en tête
Y Edge leading
Alimentación de los doce en
  cabeza

**Alimentation des entrées sur
  support papier**
Input paper bin
Depósito de alimentación de papel

Alimentation d'imprimés
Form feed(ing), Form feedout
Alimentación de impresos

Alimentation d'imprimés doubles
Dual form feed
Alimentación de impresos dobles

Alimentation en cartes
Card feed(ing)
Alimentación en fichas

Alimentation en feuilles
Sheet feed
Alimentación en hojas

Alimentation en parallèle
Parallel feed
Alimentación en paralelo

Alimentation en série
Serial feed
Alimentación en serie

Alimentation face en dessous
Face down feed
Alimentación cara boca abajo

Alimentation face en dessus
Face up feed
Alimentación cara boca arriba

Alimentation frontale
Front feed
Alimentación frontal

Alimentation horizontale
Horizontal feed
Alimentación horizontal

Alimentation intempestive
Sneak feed
Alimentación intempestiva

Alimentation ligne par ligne
Sideways feed(ing)
Alimentación línea por línea

Alimentation manuelle
Hand feed
Alimentación manual

Alimentation secteur
Mains supply
Alimentación sector

Alimentation verticale
Vertical feed
Alimentación vertical

Alimenté par ordinateur
Computer feed
Alimentado por ordenador

Alimenter
(to) Feed, (to) Supply
Alimentar

Alléger
(to) Alleviate
Aligerar

Allonger
(to) Lengthen
Alargar

Allouer
(to) Allow
Conceder, Permitir

Allumé (En fonctionnement)
Up
Encendido - En funcionamiento

Alpha
Alpha
Alfa

Alphabet
Alphabet
Alfabeto

Alphabet télégraphique
Telegraph alphabet
Alfabeto telegráfico

Alphabétique
Alphabetic(al)
Alfabético

Alphanumérique
Alphanumeric(al)
Alfanumérico

Alternance
Alternation, Flip-flop, Ping-pong
Alternancia

Alternance des bandes
Alternate tape, Rotation of tapes,
Tape alternation
Cinta alternativa, Rotación de las
cintas

Alternance des dérouleurs
Unit switching
Alternancia de las unidades (de
cinta)

**Alternance des dérouleurs de
bande**
Tape swapping, Tape unit
switching
Alternancia de las unidades (de
cinta)

Alternatif
Alternate, Alternating
Alternativo

**Alternative relative à l'état du
programme**
Program state alternative
Alternativa relativa al estado del
programa

Alterner
(to) Flip, (to) Ping-pong
Alternar

Ambiant
Ambient
Ambiente

Ambigü
Ambiguous
Ambiguo

Ambiguïté
Ambiguity
Ambigüedad

Amélioration
Improvement
Mejora

Améliorer
(to) Improve
Mejorar

Améliorer la qualité
(to) Upgrade
Mejorar la calidad

Aménagements
Appointments
Suministros, Equipos

Amortissement
Damping
Amortiguación

Amovibilité
Removability
Amovilidad

Amovible
Detachable, Mobile, Removable
Amovible

Ampèremètre
Ammeter
Amperímetro

Amplificateur
Amplifier, Magnifier
Amplificador

Amplificateur à bande large
Wideband amplifier
Amplificador de banda ancha

**Amplificateur à compensation de
dérive**
Drift-corrected amplifier
Amplificador de compensación de
deriva

Amplificateur à couplage direct
Directly coupled amplifier
Amplificador con acoplamiento
directo

**Amplificateur à couplage par
résistances**
Resistance-coupled amplifier
Amplificador de acoplamiento por
resistencias

Amplificateur à courant continu
Amplifier, D.C. Amplifier, Direct
current amplifier, D.C.
Amplificador de corriente continua

Amplificateur à gain élevé
High-gain amplifier
Amplificador con ganancia elevada

Amplificateur à inversion de signe
Inverting amplifier, Sign-reversing
amplifier
Amplificador con inversión de
signo

Amplificateur à réaction
Feedback amplifier
Amplificador realimentado

Amplificateur à sortie simple
Single-ended amplifier
Amplificador con salida simple

Amplificateur basse fréquence
Audio amplifier
Amplificador de audio,
Amplificador baja frecuencia

Amplificateur calculateur
Computing amplifier
Amplificador calculador

Amplificateur de puissance
Line driver
Amplificador de potencia

Amplificateur de totalisation
Summing amplifier
Amplificador de totalización

Amplificateur différentiateur
Differentiating amplifier
Amplificador diferenciador

Amplificateur différentiel
Differential amplifier
Amplificador diferencial

Amplificateur en contre phase
Push-pull amplifier
Amplificador en contrafase

Amplificateur intégrateur
Integrating amplifier
Amplificador integrador

Amplificateur intermédiaire
Buffer amplifier
Amplificador intermedio

Amplificateur multi-gain
Multirange amplifier
Amplificador multiganancia

Amplificateur opérationnel
Op. amp., Operational amplifier
Amplificador operacional

Amplificateur-relais
Relay amplifier
Amplificador-relé

**Amplificateur stabilisé à
interrupteur**
Chopper-stabilized amplifier
Amplificador estabilizado con
interruptor

Amplificateur symétrique
Double-ended amplifier
Amplificador simétrico

Amplificateur téléphonique
Telephone amplifier
Amplificador telefónico

Amplification
Amplification
Amplificación

Amplifier
(to) Magnify
Amplificar

Amplitude
Amplitude
Amplitud

Analogique
Analog
Analógico

Analysable
Scannable
Analizable

Analyse
Analysis
Análisis

Analyse comparative
Competitive analysis
Análisis de la competencia

Analyse de classe
Class test
Análisis de clase, de prueba

Analyse de facteurs
Factor analysis
Análisis de factores

Analyse de la circulation de l'information
Information flow analysis
Análisis de flujo de la información

Analyse de rapport
Relation test
Prueba de relación

Analyse de réseau
Network analysis
Análisis de red

Analyse de signe
Sign test
Prueba de signo

Analyse de symboles
Symbol analysis, Symbol test
Análisis de símbolos, Prueba de símbolos

Analyse de systèmes
Systems analysis
Análisis de sistemas

Analyse des coûts
Cost analysis
Análisis de costes

Analyse des opérations
Operations analysis
Análisis de las operaciones

Analyse des procédures
Procedure analysis
Análisis de los procedimientos

Analyse des rendements
Performance analysis
Análisis de los rendimientos

Analyse des rendements nets
Analysis by net return
Análisis de los rendimientos netos

Analyse discriminante
Discriminent analysis
Análisis discriminante

Analyse du chemin critique
C.P.A., Critical path analysis, C.P.A.
Análisis del camino crítico

Analyse du nom de condition
Condition name test
Prueba del nombre de condición

Analyse logique
Logic analysis
Análisis lógico

Analyse mathématique
Mathematical analysis
Análisis matemático

Analyse matricielle
Matrix analysis
Análisis matricial

Analyse numérique
Numerical analysis
Análisis numérico

Analyse optique
Optical scanning
Exploración óptica

Analyse par traits élémentaires
Stroke analysis
Análisis por trazos elementales

Analyse préliminaire
Preanalysis
Análisis preliminar

Analyse spectrale
Spectral analysis
Análisis espectral

Analyse symbolique
Symbolic analysis
Análisis simbólico

Analyseur
Analyser (Br.) , Analyzer (Amer.) , Scanner
Analizador

Analyseur à spot mobile
Flying spot scanner
Analizador con rayo de luz

Analyseur de codes à bâtonnets
Bar code scanner
Analizador de códigos de barras

Analyseur de communications
Communications scanner
Analizador de comunicaciones

Analyseur de réseau
Network analyzer
Analizador de red

Analyseur différentiel
Differential analyser
Analizador diferencial

Analyseur différentiel électronique
Electronic differential analyser
Analizador diferencial electrónico

Analyseur différentiel mécanique
Mechanical differential analyser
Analizador diferencial mecánico

Analyseur différentiel numérique
D.D.A., Digital differential analyser, D.D.A.
Analizador diferencial numérico

Analyseur d'image
Image dissector
Analizador de imagen

Analyseur mécanique
Mechanical scanner
Analizador mecánico

Analyseur optique
Optical scanner, Visual scanner
Analizador óptico

Analyste
Abstractor, Analyst, File designer
Analista

Analyste de systèmes
Systems designer
Analista de sistemas

Analyste en informatique
Computer analyst
Analista en informática

Ancien fichier permanent
Old master file
Antiguo fichero maestro

Angle
Angle, Corner
Esquina, Angulo

Anneau
Ring
Anillo

Anneau d'autorisation d'écriture
Write permit ring
Anillo de autorización de escritura

Anneau de protection de fichier
File protection ring
Anillo de protección de fichero

Anneau de sûreté de la bobine
d'écriture
Write enable ring
Anillo de seguridad de la cinta de
escritura

Anneau d'écriture
Write ring
Anillo de escritura

Anneau d'interdiction d'écriture
Write inhibit ring
Anillo de prohibición de escritura

Annonciateur
Annunciator
Anunciador

Annotation
Annotation
Anotación

Annoter
(to) Annotate
Anotar

Annuel
Yearly
Anual

Annuellement
Yearly
Anualmente

Annulaire
Annular
Anular

Annulation
Cancellation, Nullification
Anulación

Annuler
(to) Cancel, (to) Nullity
Anular

Annuler une affectation
(to) Unassion
Anular una asignación

Anomalie
Abnormal condition
Anomalía

Anomalie sur l'unité
U E Unit exception
Anomalía de la unidad

Anomalie sur unité
Unit exception
Anomalía de la unidad

Anormal
Abnormal
Anormal

Antenne
Aerial
Antena

Anti-bourrage
Antiblocking, Antijamming
Antiatasco, Antibloqueo

Anti-maculage
Smudge proof
A prueba de manchas

Anti-parasites
Parasitic suppressor
Antiparásitos

Anticiper
(to) Anticipate
Anticipar

Antiparasites
Interference suppressor
Antiparásitas

Apériodique
Aperiodic
Aperiódico

Apostrophe
Apostrophe
Apóstrofo

Apparaître sur
(to) Impinge on
Aparecer sobre

Appareil
Apparatus
Aparato

Appareil à accès sélectif
Random access device
Aparato de acceso selectivo

Appareil à clavier
Keyboard device
Aparato con teclado

Appareil à lister
List device
Aparato para listar

Appareil arythmique
Start-stop apparatus
Aparato asíncrono (Start-stop)

Appareil de mesure
Measuring instrument
Aparato de medida

Appareil de transcription
Transcriber
Aparato de transcripción

Appareil de travail
Scratch device
Dispositivo de trabajo

Appareil d'effacement des
enregistrements sur bande
Tape eraser
Aparato para el borrado de los
registros sobre cinta

Appareil d'enregistrement
Posting machine
Aparato de registro

Appareil d'enregistrement sur
bande
Tape encoder
Aparato de registro sobre cinta

Appareil d'interrogation par
clavier
Keyboard inquiry device
Aparato de interrogación de
teclado

Appareil doté de mémoire de grande capacité
Bulk storage device
Aparato dotado de memoria de gran capacidad

Appareil duplex
Duplex apparatus
Aparato duplex

Appareil frontal
Front-end machine
Aparato frontal

Appareil récepteur / émetteur
Send / receive unit
Unidad emisora / receptora

Appareil téléphonique
Telephone set
Aparato telefónico

Appareil terminal
End instrument, Terminal device
Dispositivo terminal

Appareils de communication
Communication devices
Dispositivos de comunicación

Appareils de transmission
Transmitting devices
Dispositivos de transmisión

Appareils d'entrée
Input devices
Dispositivos de entrada

Appareils d'entrée / sortie
Input / output devices
Dispositivos de entrada / salida

Apparent
Apparent
Aparente

Appariement
Pairing
Emparejado

Appel
Call, Invoking
Llamada

Appel à distance direct
D.D.D., Direct distance dialling, D.D.D.
Llamada a distancia directa, Llamada directa a distancia

Appel automatique
Automatic calling
Llamada automática

Appel cyclique
Polling
Llamada selectiva, Llamada cíclica

Appel de macro-instruction
Macro-call
Llamada de macroinstrucción

Appel de procédure
Call for procedure
Llamada de procedimiento

Appel d'entrée
Incoming call
Llamada de entrada

Appel d'un sous-programme
Subroutine call
Llamada de un subprograma

Appel par bouton poussoir
Push down dialling
Llamada mediante pulsador

Appel par cadran
Dialling
Marcar el disco de teléfono

Appel sélectif
Selective calling, Selective ringing
Llamada selectiva

Appel sélectif automatique
Automatic polling, Autopolling
Llamada selectiva automática

Appeler
(to) Call, (to) Invoke, (to) Poll
Llamar

Appeler un ordinateur par cadran
(to) Dial a computer
Llamar a un ordenador marcando un número

Applicabilité
Applicability
Aplicabilidad

Applicable
Applicable
Aplicable

Application
Application
Aplicación

Application avec système de réserve
Standby application
Aplicación con sistema de reserva

Application de l'ordinateur
Computer application
Aplicación informática

Application en mode asservi
Slave application
Aplicación en modo esclavo

Application pré-programmée
Prepланed application
Aplicación preprogramada

Application scientifique
Scientific application
Aplicación científica

Appliquer
(to)Apply
Aplicar

Apposer
(to) Apply
Poner

Apprentissage de la machine
Machine learning
Aprendizaje de la máquina

Apprêter
(to) Ready
Preparar, Poner en estado de funcionamiento

Approche de fin de bande
Low tape condition
Proximidad de fin de cinta

Approche de fin de papier
Low paper condition
Proximidad de fin de papel

Approvisionnement
Supply
Abastecimiento

Approximation élémentaire
Brute force approach
Aproximación elemental, Aproximación combinatoria

Appuyer de nouveau
(to) Press again
Apoyar de nuevo

Appuyer sur (Enfoncer)
(to) Press
Apretar, Pulsar

Appuyer sur une touche
(to) Depress
Apretar una tecla

Après écriture
Postwrite
Después de la escritura

Arborescent
Tree-structured
Arborescente

Arbre
Shaft, Tree
Árbol, Eje

Arbre de décision
Decision tree
Árbol de decisión

Arbre porte-disques
Disk support shaft
Eje portadiscos

Archives
Archival records, Records
Registros, Archivos

Archiviste
File girl, Filing clerk
Archivador

Argument
Argument
Argumento

Arithmétique
Arithmetic(al)
Aritmérico

Arithmétique à base multiple
Mixed mode arithmetic
Aritmética de modo mixto

Arithmétique binaire
Binary arithmetic
Aritmética binaria

Arithmétique décimale à virgule flottante
Floating decimal arithmetic
Aritmética decimal con coma flotante

Arithmétique en double précision
Double precision arithmetic
Aritmética de doble precisión

Arithmétique en longueur multiple
Multiple length arithmetic
Aritmética en longitud múltiple

Arithmétique en série
Serial arithmetic
Aritmética en serie

Arithmétique en virgule fixe
Fixed decimal arithmetic
Aritmética en coma fija

Arithmétique en virgule flottante
Floating point arithmetic
Aritmética en coma flotante

Arithmétique interne
Internal arithmetic
Aritmética interna

Arithmétique parallèle
Parallel arithmetic
Aritmética paralela

Arithmétique précision multiple
Multi precision arithmetic
Aritmética de precisión múltiple

Armoire
Cabinet
Armario

Armoire de bobines de bandes
Tape reel cabinet
Armario de carretes de cintas

Arrêt définitif
Dead Stop
Parada definitiva

Arrangements préférentiels
Preferred arrangements
Arreglos preferenciales

Arrêt
Halt, Stop
Parada

Arrêt à un point d'interruption
Breakpoint halt
Parada en un punto de interrupción

Arrêt automatique
Automatic stop
Parada automática

Arrêt avec signal sonore
Hoot stop
Parada con señal sonora

Arrêt définitif
Dead halt, Drop dead halt
Parada definitiva

Arrêt du programme
Program stop
Parada del programa

Arrêt dynamique
Dynamic stop
Parada dinámica

Arrêt facultatif
Optional halt, Optional stop
Parada opcional

Arrêt imprévu
Hang-up, Unexpected halt
Parada imprevista

Arrêt pour fin de papier
Form stop
Parada por fin de impresos

Arrêt pour information
Informative halt
Parada por información

Arrêt programmé
Coded stop, Orderly halt, Programmed stop
Parada programada

Arrêt sur une boucle
Loop stop
Parada sobre un ciclo

Arrêter
(to) Halt, (to) Slow up, (to) Stop
Parar

Arrêter l'exécution
(to) Yield control
Ceder el control

Arrière plan
Background
Segundo plano

Arriver à
(to) Flow in
Llegar a

Arrondi
Half adjusted, Round, Round-off
Redondeado

Arrondir
(to) Half-adjust, (to) Round, (to) Round-off
Redondear

Arrondir à l'unité inférieure
(to) Round down
Redondear a la unidad inferior

Arrondir à l'unité supérieure
(to) Round-up
Redondear a la unidad superior

Arrondissement
Half adjust
Redondeo

Article
Item
Artículo, Elemento, Pieza

Article correspondant
Matching record
Artículo correspondiente

**Article de contrôle du
   format**
Control format item
Elemento de control del
   formato

Article de stock
Stock item
Artículo de existencias

Article-détail
Detail record
Artículo-detalle

**Article en rupture de
   stock**
Out of stock item
Artículo sin existencias

Article peu mouvementé
Low usage item
Artículo de poco movimiento

Article retenu après comparaison
Winning record
Artículo elegido después de
   comparación

Article unitaire, UR
Unit record
Registro unitario

Articles groupés
Grouped records
Artículos agrupados

Articuler
(to) Build around
Articular

Artificiel
Artificial
Artificial

Aspirateur
Vacuum
Aspirador

Assemblage
Assembly, Assembly process
Ensamblaje

Assembler
(to) Assemble, (to) Link
Ensamblar, Agrupar

Assembler et démarrer
(to) Assemble and go
Ensamblar y ejecutar

Assembleur
Assembler, Linker
Ensamblador, Montador

Assembleur de base
Basic assembler
Ensamblador, Montador

Assembleur un pour un
One for one assembler, One-to-
   one assembler
Ensamblador uno a uno

Asservi
Non control
Esclavo

Asservi au temps
Time dependent
Dependiente del tiempo

Asservir
(to) Slave
Esclavizar

**Assimilable par différents types
   d'ordinateurs**
Computer compatible
Asimilable por varios tipos de
   ordenadores

Assimilable par machine
Machine acceptable, Machine
   recognizable
Asimilable por máquina

Assimilable par ordinateur
Computer acceptable
Asimilable por ordenador

Association d'utilisateurs
Users association, Users group
Asociación de usuarios

Assumer (Revétir)
(to) Assume
Suponer

Assurer le service
(to) Service
Asegurar el servicio

Astérisque
Asterisk
Asterisco

Asymètrique
Asymmetrical
Asimétrico

Asynchrone
Asynchronous
Asíncrono

Asyndétique
Asyndetic
Desunido

Atelier de perforation
Keypunch department, Punch
   cardshop
Oficina de perforación

Attendre
(to) Await, (to) Wait
Esperar

Attente
Latency
Espera

Attente de fin sur un dispositif
Device end significant
Espera de fin sobre un dispositivo

Atténuateur
Attenuator
Atenuador

Atténuation
Attenuation
Atenuación

Atténuation de signaux
Signal attenuation
Atenuación de señales

Atténuation d'écho
Echo attenuation
Atenuación de eco

Atténuation diaphonique
Cross talk attenuation
Atenuación por interferencia

Atténuer
(to) Attenuate
Atenuar

Attribuer
(to) Allot
Atribuir

Attribuer une référence
(to) Reference
Atribuir una referencia

Attribut
Attribute
Atributo

Attribut de validité
Scope attribute
Atributo de validez

Attribut par défaut
Default attribute
Atributo por defecto

Attribution
Allotment
Atribución

Au repos
Quiescent
En pausa

Augmentateur
Augmenter
Aumentador

Augmentation
Increasing
Aumento

Augmentation du volume du fichier
File growth
Aumento del volumen del fichero

Augmenter
(to) Augment
Aumentar

Augmenter d'une unité
(to) Increase by one, (to) Increment by one
Aumento de una unidad

Auto-adaptable
Self-adaptive
Autoadaptable

Auto-adaptateur
Self-adapting
Autoadaptativo

Auto-complementation
Self-complementing
Autocomplementación

Auto-contrôle
Self-checking
Autocontrol

Auto-contrôleur
Automonitor
Autocontrolador

Autocode
Autocode
Autocódigo

Autocodeur
Autocoder
Autocodificador

Autocorrection
Autocorrection
Autocorrección

Autocorrelation
Autocorrelation
Autocorrelación

Automation
Automation
Automatización

Automatique
Automatic
Automático

Automatisation
Automatization, Robotization
Automatización

Automatisation des données de source
Source data automation
Automatización de los datos de la fuente

Automatisation du dessin
Design automation
Automatización del diseño

Automatisé
Automated
Automatizado

Automatiser
(to) Automatize, (to) Computerize, (to) Robotize
Automatizar

(L') Automatisme
Automatic operation, Automatics
(El) Automatismo

Autonome
Free standing, Home-loop, Off-line
Autónomo

Autorisation
Allowance
Autorización

Autorisation d'écriture
Write authorisation (Br.)
authorization (Amer.)
Autorización de escritura

Auxiliaire
Ancillary, Auxiliary
Auxiliar

Avancement
Advancement
Adelantamiento, Alimentación

Avancement du papier
Paper feed, Tape feeding
Adelantamiento del papel,
Alimentación de la cinta

Avancement d'un interligne
L.F., Line feed, L.F.
Adelantamiento de una interlínea,
Alimentación de una línea

Avancement rapide
Fast forward
Adelantamiento rápido

Avancer pas à pas
(to) Inch
Adelantar paso a paso

Avant dernière page
Next to last page
Penúltima página

Avec le concours d'un ordinateur
Computer assisted
Ayudado por un ordenador

Avec perforation d'entraînement
Sprocket punched
Con perforación de arrastre

Avènement
Advent
Advenimiento

Avertissement
Warning
Advertencia

Avertisseur de fin de bande
End of tape sentinel
Avisador de fin de cinta

Avertisseur de fin de bobine
End of reel sentinel
Avisador de fin de bobina

Axe
Spindle
Eje

Axe de référence
Reference axis
Eje de referencia

Axe idéal de la ligne d'impression
Ideal print center line
Eje ideal de la línea de impresión

B

Bac à confettis
Chad box, Tray chip
Depósito para confetis

Bague de sécurité
Safety ring
Anillo de seguridad

Baisse de tension extérieure
External power loss
Pérdida de tensión externa

Baisse de tension interne
Internal power loss
Pérdida de tensión interna

Balai de commande de saut
Slew control brush
Escobilla de control de salto

Balai de contrôle
Control brush
Escobilla de control

Balai de lecture
Reading brush
Escobilla de lectura

Balai de tri
Sort brush
Escobilla de selección

Balai métallique
Wire brush
Escobilla metálica

Balance
Balance
Balance

Balance de clôture
Closing balance
Balance de cierre

Balancer
(to) Balance
Balancear, Equilibrar

Balayage de lignes
Line polling
Barrido de líneas

Bande
Band, Strip, Tape
Tira, Cinta, Banda

Bande à basse densité
Low density tape
Cinta de baja densidad

Bande à confettis détachés
Chad tape, Chadded tape
Cinta con confetis desprendidos

Bande à confettis non détachés
Chadless tape
Cinta con confetis sin desprender

Bande à deux pistes
Dual track tape
Cinta con dos pistas

Bande à haute densité
High density tape
Cinta de alta densidad

Bande à huit niveaux
Eight level tape
Cinta de ocho pistas

**Bande à perforation centrale
d'entraînement**
Center feed tape
Cinta con perforación central de
arrastre

Bande à reproduire
Plot tape
Cinta para reproducir

**Bande à trous d'entraînement
avancés**
Advanced feed tape
Cinta con agujeros de arrastre
adelantados

Bande adhésive
Splicing tape
Cinta adhesiva

**Bande avec segments de
superposition**
Overlay tape
Cinta con segmentos de
superposición

Bande bibliothèque
Library tape
Cinta biblioteca

Bande blanche
Clear bande
Cinta blanca

Bande certifiée
Certified tape
Cinta certificada

Bande d'appel
Calling band
Cinta de llamada

Bande de base
Baseband
Banda de base

Bande de bibliothèque principale
Master library tape
Cinta de biblioteca principal

Bande de caisse enregistreuse
Cash register tape
Cinta de caja registradora

Bande de commande numérique
Numerical control tape, Numerical
tape
Cinta de mando numérico

Bande de contrôle
Control tape
Cinta de control

Bande de contrôle des stocks
Stock control tape
Cinta de control de las existencias

Bande de contrôle du chariot
Carriage tape
Cinta de control del carro

Bande de contrôle du format
Format tape
Cinta de control del formato

Bande de deuxième génération
Father tape
Cinta de segunda generación

Bande de données
Data tape
Cinta de datos

Bande de facturation
Billing tape
Cinta de facturación

Bande de fichier
File tape
Cinta de fichero

Bande de fichier de données
Data file tape
Cinta de fichero de datos

Bande de fichier multiple
Multiple file tape
Cinta de múltiples ficheros

Bande de fichier principal
Main file tape, Master file tape
Cinta de fichero principal

Bande de fréquence
Frequency band
Banda de frecuencia

Bande de listage
Listing tape
Cinta de listado

Bande de papier
Paper tape
Cinta de papel

Bande de papier à confettis détachés
Chadded paper tape
Cinta de papel con confetis desprendidos

Bande de papier perforée
Punched paper tape
Cinta de papel perforada

Bande de première génération
Grandfather tape
Cinta de primera generación

Bande de programme
Program tape, Software tape
Cinta de programa

Bande de protection
Guard band
Banda de protección

Bande de protection d'écriture
Write protect tape
Cinta de protección de escritura

Bande de référence
Reference tape
Cinta de referencia

Bande de réserve
Back-up tape
Cinta de reserva

Bande de sortie
Out tape, Output tape
Cinta de salida

Bande de sortie du système
System output tape
Cinta de salida del sistema

Bande de synchronisation
Clock belt
Cinta de sincronización

Bande de téléimprimante
Ticker tape
Cinta de teleimpresora

Bande de transmission
Transmittal tape
Cinta de transmisión

Bande de travail
Scratch tape, Work(ing) tape
Cinta de trabajo

Bande de vérification
Audit roll
Cinta de verificación

Bande de vidage
Dump tape
Cinta de volcado

Bande d'enregistrement des erreurs
Error tape
Cinta de registro de los errores

Bande d'enregistrement des points de contrôle
Checkpoint tape
Cinta de registro de los puntos de control

Bande d'entrée
In tape, Input tape
Cinta de entrada

Bande d'erreurs
Reject tape
Cinta de errores

Bande des entrées
Input tape
Cinta de las entradas

Bande d'exécution
Operating tape
Cinta de ejecución

Bande d'imprimante
Print tape
Cinta de impresora

Bande d'interclassement
Collation tape
Cinta de intercalación

Bande d'ordinateur
Computer tape
Cinta de ordenador

Bande du système
System tape
Cinta del sistema

Bande émettrice
Originating tape
Cinta emisora

Bande étiquetée
Labelled tape
Cinta con etiqueta

Bande historique
History tape
Cinta histórica

Bande instructions
Instruction tape
Cinta instrucciones

Bande journal
Journal tape
Cinta diario

Bande large
Broadband, Wideband
Banda ancha

Bande latérale
Sideband
Banda lateral

Bande latérale d'entraînement
Tear strip
Tira lateral de arrastre

Bande maîtresse d'instructions
M.I.T.
Cinta maestra de instrucciones

Bande magnétique
M T (Magnetic Tape), Magnetic band, Magtape
Cinta magnética

Bande maîtresse d'instructions
Master instruction tape, M.I.T.
Cinta maestra de instrucciones

Bande mal étiquetée
Mislabelled tape
Cinta mal etiquetada

Bande marginale à trous d'entraînement
Sprocket hole tear strip
Tira marginal con agujeros de arrastre

Bande marginale d'entraînement
Tractor feed margin
Tira marginal de arrastre

Bande marginale d'entraînement par ergots
Pin feed margin
Banda marginal de arrastre por púas

Bande médiane
Media strip
Tira mediana

Bande mise à jour
Son file or tape
Cinta o fichero hijo, Cinta
  actualizada

Bande mouvements
Amendment tape, Change tape,
  Detail tape
Cinta de movimientos

Bande multi-fichier
Multi file tape
Cinta multifichero

Bande passante
Pass band
Banda pasante

Bande perforée
Perforated tape, P.T., Punch tape,
  P.T.
Cinta perforada

**Bande perforée à confettis
  détachés**
Fully-perforated tape
Cinta perforada con confetis
  desprendidos

Bande pilote
Carriage control tape, Paper
  control tape
Cinta piloto

Bande principale
Master tape
Cinta principal

**Bande protégée par un mot de
  passe**
Security protected tape
Cinta protegida por una
  contraseña

Bande réfléchissante
Reflective strip
Tira reflectora

Bande résiduelle
Vestigial sideband
Banda residual

Bande sans fin
Endless tape
Cinta sin fin

Bande semi-perforée
Semi-perforated tape
Cinta semiperforada

Bande sonore
Audio tape
Cinta sonora, Cinta de audio

Bande standard
Standard tape
Cinta estándar

Bande statistiques
Statistical tape
Cinta de estadísticas

Bande sur micro-film
Microfilm strip
Tira de microfilme

Bande télex
Telex tape
Cinta telex

Bande utilisée en alternance
Overflow tape
Cinta utilizada en alternación

Bande utilitaire
Utility band
Banda de utilidad

Bande vidéo
Video tape
Cinta video

Bande vierge
Blank tape, Virgin tape
Cinta virgen

Banque
Bank
Banco

Banque de données
Data bank
Banco de datos

Banque de mémoire
Memory bank
Banco de memoria

Banque de mémoires à tores
Core bank
Banco de memorias de núcleos

Banque de programmes
Program bank
Banco de programas

Banque d'informations
Information bank
Banco de informaciones

Barre
Bar
Barra

Barré - Signe b
Slashed b
Barrado - Signo b

Barre de fraction - Signe '/'
Slash, Slash mark
Barra de fracción - Signo '/', Barra
  de fracción - Signo '/'

Barre d'espacement
Space bar
Barra de espaciado

Barre d'impression
Print bar, Type bar
Barra de impresión

Barre d'impression fixe
Fixed type bar
Barra de impresión fija

**Barre d'impression
  interchangeable**
Interchangeable type bar
Barra de impresión intercambiable

Barre oblique '/'
Solidus
Barra oblicua '/'

Barre oblique inverse ''
Reverse slant
Barra oblicua inversa ''

Bas de gamme
Bottom of the line, Low end of a
  range
Valor inferior de la gama

Base
Base, Radix
Base

Base à virgule flottante
Floating point base , Floating point
  radix
Base con coma flotante

Base de données
Data base
Base de datos

Base de numération
Radix number
Base de numeración

Base de numérotation
Number base
Base de numeración

Base de temps
Time base
Base de tiempo

Base du complément
Complement base
Base del complemento

Base logique de données
Logical data base
Base lógica de datos

Base multiple
Mixed base
Base múltiple

Basse fréquence
Low frequency
Baja frecuencia

Basses fréquences
Lows
Bajas frecuencias

Bâti
Rack
Armazón

Bâtonnet
Bar
Bastoncillo

Bâtonnet de ferrite
Ferrite rod
Varilla de ferrita

Bâtonnet vertical
Vertical bar
Barra vertical

Battage des cartes (pour alignement)
Jogging
Batido de las fichas (para alineamiento)

Battement
Beat
Batimiento

Batteur de cartes
Joggler
Batidor de fichas

Battre les cartes
(to) Joggle
Batir las fichas

Baud
Baud
Baudio

Bavochure
Smudge
Rebaba, Mancha

Bavochure d'encre
Ink smudge
Mancha de tinta

Besoins
Requirements
Necesidades

Besoins planifiés
Scheduled requirements
Necesidades planificadas

Biais
Skew
Oblicuo, Desviado

Bibliothécaire
Librarian
Bibliotecario

Bibliothèque
Library
Biblioteca

Bibliothèque de bandes
Tape library
Biblioteca de cintas

Bibliothèque de données
Data library, Library of data
Biblioteca de datos

Bibliothèque de programmes
Pac, Program library
Biblioteca de programas

Bibliothèque de programmes assemblés
Link library
Biblioteca de programas montados

Bibliothèque de programmes de l'utilisateur
User program library
Biblioteca de programas del usuario

Bibliothèque de référence des systèmes
Systems reference library
Biblioteca de referencia de los sistemas

Bibliothèque des macroinstructions
Macro library
Biblioteca de las macroinstrucciones

Bibliothèque des programmes d'application
Application library
Biblioteca de los programas de aplicación

Bibliothèque des routines d'entrées / sorties
Input / output library
Biblioteca de las rutinas de entradas / salidas

Bibliothèque des sous-programmes
Subprogram library
Biblioteca de los subprogramas

Bibliothèque des sousprogrammes
Routine library
Biblioteca de los subprogramas

Bibliothèque des travaux
Job library
Biblioteca de los trabajos

Bibliothèque des utilisateurs
Users library
Biblioteca de los usuarios

Bibliothèque d'instructions source
Source statement library
Biblioteca de instrucciones fuente

Bibliothèque (de programmes) du système
System library
Biblioteca (de programas) del sistema

Bibliothèque images-mémoire à tores
C.I.L., Core image library, C.I.L.
Biblioteca imágenes-memoria de núcleos

Bibliothèque-langage source
S S L (Source Statement Library)
Biblioteca-lenguaje fuente

Bibliothèque (de programmes) source
Source library, Source program library
Biblioteca (de programas) fuente

Bibliothèque sur bandes magnétiques
Magnetic tape library
Biblioteca sobre cintas magnéticas

Bibliothèque translatable
Relocatable library
Biblioteca reposicionable

Binaire
Binary
Binario

Binaire par colonne
Chinese binary, Column binary
Binario por columna

Binaire par rangée
Row binary
Binario por fila

Binaire pur
Normal binary, Regular binary,
Straight binary
Binario puro

(La) Bionique
Bionics
(La) Biónica

Bipolaire
Bipolar
Bipolar

Biprocesseur
Biprocessor
Biprocesador

Biquinaire
Biquinary
Biquinario

Bistable
Bistable
Biestable

Bit d'arrêt
Stop bit
Bit de parada

Bit de contrôle
Check bit
Bit de control

Bit de contrôle de parité
Parity check bit
Bit de control de paridad

Bit de délimitation
Frame bit
Bit de delimitación

Bit de démarrage
Start bit
Bit de lanzamiento

Bit de données
Data bit
Bit de datos

Bit de parité
Even parity bit, Parity bit
Bit de paridad

Bit de ponctuation
Punctuation bit
Bit de puntuación

Bit de présence
Presence bit
Bit de presencia

Bit de référence
Tag bit
Bit de referencia

Bit de remplissage
Filler bit
Bit de relleno

Bit de séparation
Fence bit
Bit de separación

Bit de signe
Sign bit
Bit de signo

Bit de zone
Zone bit
Bit de zona

Bit d'imparité
Odd parity bit
Bit de imparidad

Bit d'indisponibilité
Not capable bit
Bit de no disponibilidad

Bit d'information
Information bit, Intelligence bit
Bit de información

Bit d'ordre le plus élevé
High order bit
Bit del orden más elevado

Bit d'ordre moindre
Low order bit
Bit del orden menor

Bit erroné
Erroneous bit
Bit erróneo

Bit indicateur
Flag bit
Bit indicador

Bit le plus significatif
M S B (Most Significant Bit)
Bit más significativo

Bit le moins significatif
Least significant bit, L.S.B., L.S.B.
Bit menos significativo

Bit supplémentaire
Overhead bit
Bit suplementario

Bits de délimitation
Framing bits
Bits de delimitación

Bits de service
Service bits
Bits de servicio

Bits de synchronisation
Sync bits, Synchronization bits
Bits de sincronización

Bits par pouce
Bits per inch, B.P.I., B.P.I.
Bits por pulgada

Bits par seconde
B.P.S. (Bits Per Second)
Bits por segundo

Blanc
Blank
Blanco

Bloc
Block
Bloque

Bloc commun
Common block
Bloque común

Bloc de contrôle
Control block
Bloque de control

Bloc de contrôle de canal
C.C.B., Channel control block,
C.C.B.
Bloque de control de canal

**Bloc de contrôle de l'ensemble de
données**
Data set control block, D.S.C.B.,
D.S.C.B.
Bloque de control del conjunto de
datos

Bloc de contrôle de processus
Process control block
Bloque de control de proceso

**Bloc de contrôle des fichiers de
travail**
J F C B (Job File Control Block)
Bloque de control de los ficheros
de trabajo

Bloc de contrôle des lignes
L C B (Line Control Block)
Bloque de control de las líneas

Bloc de contrôle des tâches
Task control block, T.C.B.
Bloque de control de las tareas

Bloc de contrôle d'événement
E.C.B. (Event Control block)
Bloque de control de suceso

Bloc de contrôle d'événement de données
Data event control block
Bloque de control de suceso de datos

Bloc de contrôle du processus
P C B (Process Control Block)
Bloque de control del proceso

Bloc de début
Begin block
Bloque de principio

Bloc de demande d'interruption
Interrupt request block, I.R.B., I.R.B.
Bloque de petición de interrupción

Bloc de dérouleurs de bande
Tape station cluster
Bloque de unidades de cinta

Bloc de disques
Disk block
Bloque de discos

Bloc de fin
Trailer block
Bloque de fin

Bloc de gestion des files d'attente
Q.C.B., Queue control block, Q.C.B.
Bloque de gestión de las filas de espera, Bloque de gestión de las colas

Bloc de gestion des travaux
J.C.B., Job control block, J.C.B.
Bloque de gestión de los trabajos, Bloque de control de los trabajos

Bloc de la tête
Head assembly
Bloque de la cabeza

Bloc de longueur variable
Block variable, Variable block
Bloque de longitud variable

Bloc de l'unité physique
Physical unit block, P.U.B., P.U.B.
Bloque de la unidad física

Bloc de mémoire
Storage block, Storage stack
Bloque de memoria

Bloc de mémoire à tores
Core stack
Bloque de memoria de núcleos

Bloc de perforation
Punch block, Punching block
Bloque de perforación

Bloc de réserve
Standby block
Bloque de reserva

Bloc de transmission
Transmission frame
Bloque de transmisión

Bloc de vérification de données
Data control block, D.C.B.
Bloque de verificación de datos

Bloc de vérification de données
D.C.B.
Bloque de verificación de datos

Bloc d'entrée
Input block
Bloque de entrada

Bloc d'entrée / sortie
Input / output block, I.O.B.
Bloque de entrada / salida

Bloc d'entrée/sortie
I.O.B.
Bloque de entrada/salida

Bloc descriptif d'élément de données
Data element descriptor
Bloque descriptivo de elemento de datos

Bloc d'impression
Print yoke
Bloque de impresión

Bloc d'introduction
Entry block
Bloque de introducción

Bloc du programme de canal
Channel program block, C.P.B., C.P.B.
Bloque del programa de canal

Bloc d'unité logique
Logical unit block, L.U.B., L.U.B.
Bloque de unidad lógica

Bloc émetteur
Source block
Bloque emisor

Bloc erroné
Erroneous block
Bloque erróneo

Bloc fixe
Fixed block
Bloque fijo

Bloc mobile de caractères
Moving character set
Bloque móvil de caracteres

Bloc système
System pack
Bloque (o disco) sistema

Blocage
Interlock, Lock(ing), Lock out
Bloqueo

Blocage / déblocage
Lock / unlock
Bloqueo / desbloqueo

Blocage fatal
Deadly embrace
Bloqueo fatal

Blocage fixe
Fixed blocking
Bloqueo fijo

Blocage inter-blocs
Interblock condition
Bloqueo interbloques

Bloqué
Latched
Bloqueado

Bloquer
(to) Interlock, (to) Latch, (to) Lock
Bloquear

Bobinage
Reeling, Spooling
Arrollamiento

Bobinage de bande
Tape spooling, Tape winding
Arrollamiento de cinta

Bobine
Coil, Reel, Spool
Carrete, Bobina

Bobine d'alimentation
Feed reel
Carrete de alimentación

Bobine de bande
Tape reel, Tape spool
Carrete de cinta

Bobine de bande de fichier
File tape reel
Fichero en cinta

Bobine de bande magnétique
Magnetic tape reel
Carrete de cinta magnética

Bobine de bande vierge
Blank coil
Carrete de cinta virgen

Bobine de déviation
Deflection yoke
Bobina de desvío

Bobine de ruban
Ribbon spool
Alimentadora de cinta

Bobine débitrice
Delivery spool, Pay out reel,
   Supply reel
Carrete alimentador

Bobine d'enregistrement
Write coil
Bobina de escritura

Bobine d'entrée
Input spool
Bobina de entrada

Bobine d'induction
Induction coil
Bobina de inducción

Bobine fichier
File reel
Carrete fichero

Bobine hybride
Hybrid coil
Bobina híbrida

Bobine monofichier
Single file reel
Carrete monofichero

Bobine multi-fichier
Multi file reel
Carrete multifichero

Bobine réceptrice
Rewind spool, Take-up reel, Take-
up spool
Carrete receptor

Bobine vierge
Blank spool, Virgin coil, Virgin
spool
Bobina virgen

Bobiner
(to) Reel, (to) Spool
Enrollar

Bobineuse
Spooler
Bobinadora

Bobineuse de bande
Tape spooler, Tape winder
Bobinadora de cinta

Bobineuse de bande de papier
Paper tape spooler, Paper tape
winder
Bobinadora de cinta de papel

Boîte
Box
Caja

Boîte
Container
Caja

Boîte à cartes
Card box, Card holder
Caja para fichas

Boîte à cartes
Tab-card, Tab-card box
Caja para fichas

Boîte à confettis
Bit box
Cajetín de confetis

Boîte à confettis
Chip box, Chip tray
Cajetín de confetis

Boîte de bande
Tape container
Receptáculo de cinta

Boîte de dérivation
Junction box
Caja de derivación

Boîte noire
Black box
Caja negra

Boîtier de connexions
Connection box
Cuadro de conexiones

Bonnette de visée
Viewing hood
Capucha de observación

Booléen
Boolean
Booleano, lógico

Bord
Edge, Verge
Borde

Bord arrière
Trailling edge
Borde posterior

Bord avant
Leading edge
Borde delantero

Bord avant de document
Document leading edge
Borde delantero de documento

Bord d'alignement
Aligned edge
Borde de alineamiento

Bord de caractère
Character edge
Borde de carácter

Bord de carte
Card edge
Borde de ficha

Bord de référence
Guide edge, Reference edge
Borde de referencia

Bord de référence d'un document
Document reference edge
Borde de referencia de un
documento

Bord de segment
Stroke edge
Borde de segmento

Bord inférieur d'une carte
Card trailing edge
Borde inferior de una ficha

Bord supérieur d'une carte
Card leading edge
Borde superior de una ficha

Bouclage
Wrap around
Bucle, morderse la cola

Boucle
Loop
Anillo

Boucle à auto-rétablissement
Self-resetting loop
Ciclo de autorestauración

Boucler
(to) Wrap around
Dar vueltas

Boucles emboîtées
Nesting loops
Ciclos encajados

Boule d'impression
Globe shaped, Type sphere,
Typing element
Esfera con caracteres de impresión

Boule d'impression de machine à écrire
Typewriter ball
Esfera de impresión de máquina
de escribir

Bourrage
Jam, Wreck
Atascamiento

Bourrage de cartes
Card wreck / Jam, Jamming,
Muddle of cards
Atascamiento de fichas, Atasco de
fichas

Bourrage de papier
Paper jam
Atascamiento de papel

Bout final inutilisable
Dead end
Extremidad final inutilizable

Bouton
Button, Handwheel, Knob
Botón

Bouton à double fonction
Alternate function switch (Multi-
function key)
Botón con doble función

Bouton d'ajustage vertical (du papier)
Vertical adjustment knob
Botón de ajuste vertical (del papel)

Bouton de blocage
Locking knob
Botón de bloqueo

Bouton de commande
Control knob
Botón de mando

Bouton de démarrage
Initiate button, Start button
Botón de activación, Botón de
lanzamiento

Bouton de réglage latéral
Lateral adjustment knob
Botón de reglaje lateral

Bouton d'effacement
Clear button
Botón de borrado

Bouton poussoir
Press button, Push button
Pulsador

Bouton poussoir lumineux
Backlighted
Pulsador luminoso

Bouton sélecteur de colonne de carte
Card column selector knob
Botón selector de columna de
ficha

Branche
Path
Rama

Branchement
Branching, Jump
Bifurcación

Branchement conditionnel
Conditional jump
Bifurcación condicional

Bras
Arm
Brazo

Bras amortisseur
Tension arm
Brazo amortiguador

Bras d'accès
Access arm
Brazo de acceso

Bras d'alimentation
Picker arm
Brazo de alimentación

Bras de positionnement
Positioning arm
Brazo de posicionado

Bras porte-têtes
Head carrying arm
Brazo portacabezas

Broche
Pin
Patilla

Broche d'alignement
Aligning pin, Guide pin
Taca de alineamiento, Patilla de
alineamiento

Broche de contact
Contact pin
Patilla de contacto

Brosse
Brush
Escobilla

Brouiller (une emission)
(to) Scramble
Perturbar (una emisión)

Bruit ambiant
Ambient noise
Ruido ambiental

Bruit de fond
Background noise, Ground noise
Ruido de fondo

Bruit de ligne
Line noise
Ruido de línea

Bruit d'impulsion
Impulsion noise
Ruido de impulso

Bruit parasite
Chatter, Noise
Ruido parásito

Bruyant
Loud
Ruidoso

Bulle
Bubble
Burbuja

Bureautique
Office automation
Automatización de oficinas

But
Purpose
Fin

Butée de non retour arrière
Back stop
Tope de no retroceso

Byte de remplissage
Padding byte
Byte de relleno

C

Cabestan
Capstan
Cabestrante

Câblage
Wiring
Cableado

Câblé
Hardwired
Cableado

Câble à quartes
Quadded cable
Cable de cuartas

Câble aérien
Aerial cable
Cable aéreo

Câble coaxial
Coaxial cable, Concentric cable
Cable coaxial

Câble d'alimentation
Feeder cable
Cable de alimentación

Câble de branchement
Branch cable
Cable de bifurcación

Câble de mise à la terre
Ground bus
Cable de puesta a tierra

Câble ruban
Flat cable, Tape cable
Cable plano

Câble souterrain
Buried cable
Cable subterráneo

Câbler
(to) Hardwire
Cablear

Cache
Shield
Pantalla

Cacher
(to) Shield
Apantallar

Cadence de production
Production rate
Cadencia de producción

Cadran
Dial
Cuadrante

Cadran de visualisation
Display board
Tablero

Cadran rotatif
Rotary dial
Cuadrante rotativo

Caisse enregistreuse
Cash register
Caja registradora

Caisse enregistreuse électronique
Electronic cash register, E.C.R.
Caja registradora electrónica

Caisson
Cubicle
Arcón

Calcul
Calculus, Computing, Number
crunching
Cálculo

Calcul avec plusieurs résultats
Multiple arithmetic
Cálculo con varios resultados

Calcul booléen
Boolean calculus
Cálculo booleano, Lógico

Calcul d'adresse
Address computation, Address
development
Cálculo de dirección

Calcul en virgule fixe
Fixed point calculation
Cálculo en coma fija

Calcul en virgule flottante
Floating point computation
Cálculo en coma flotante

Calcul par cartes-programme
Card programmed calculating
Cálculo por fichas-programa

Calcul réparti
Distributed computing
Cálculo distribuido

Calcul scientifique
Scientific computation
Cálculo científico

Calculable
Computable
Calculable

Calculateur
Computer, Computor
Calculador

Calculateur à accès multiple
M.A.C., Multiple access computer,
M.A.C.
Calculador con acceso múltiple

Calculateur à bande magnétique
Magnetic tape computer
Calculador con cinta magnética

Calculateur à cartes
Card controlled calculator
Calculador controlado con fichas

Calculateur à cartes-programme
Card program calculator
Calculador con fichas-programa

Calculateur à clavier
Keyboard computer
Calculador con teclado

Calculateur à lampes
Valve computer
Calculador con válvulas

Calculateur à petite échelle
Small scale computer
Calculador de pequeña escala

Calculateur à programme fixe
Fixed program computer
Calculador con programa fijo

**Calculateur à programme
mémorisé**
Stored program computer
Calculador con programa
almacenado

Calculateur à relais
Relay calculator, Relay computer
Calculador con relés

Calculateur à séquence contrôlée
Sequence-controlled calculator
Calculador de secuencia
controlada

Calculateur actionné par clavier
Key-driven computer
Calculador comandado por teclado

Calculateur analogique
Analog computer
Calculador analógico

Calculateur analogique électronique
Electronic analog computer
Calculador analógico electrónico

Calculateur arithmétique
Arithmetic(al) computer
Calculador aritmético

Calculateur asynchrone
Asynchronous computer
Calculador asíncrono

Calculateur automatique
Automatic computer
Calculador automático

Calculateur automatique à sequences contrôlées
Automatic sequence controlled calculator
Calculador automático con secuencias controladas, Calculador lógico

Calculateur booléen
Boolean calculator
Calculador booleano, Calculador lógico

Calculateur comptable
Accounting computer, Billing computer
Ordenador contable

Calculateur cryogénique
Cryogenic computer
Ordenador criogénico

Calculateur de bureau
Desk top calculator
Calculador de sobremesa

Calculateur de compilation
Compiling computer
Ordenador de compilación

Calculateur de contrôle de processus
Process control computer
Ordenador de control de procesos

Calculateur de contrôle industriel
Industrial control computer
Ordenador de control industrial

Calculateur de grande puissance
Super scale computer
Ordenador de gran potencia

Calculateur de première génération
First generation computer
Ordenador de primera generación

Calculateur de réserve
Back-up computer
Ordenador de reserva

Calculateur de table à quatre fonctions
Four function desk calculator
Calculador de sobremesa con cuatro funciones

Calculateur de télégestion
Remote calculator, Remote computer
Ordenador remoto

Calculateur doté de mémoire intermédiaire
Buffered computer
Ordenador dotado de memoria intermedia

Calculateur électromécanique
Electromechanical computer
Ordenador electromecánico

Calculateur électronique
Electronic computer
Ordenador electrónico

Calculateur en série
Serial computer
Ordenador en serie

Calculateur en valeur absolue
Absolute value computer
Ordenador de valor absoluto

Calculateur en virgule fixe
Fixed point computer
Ordenador de coma fija

Calculateur en virgule flottante
Floating point computer
Ordenador de coma flotante

Calculateur frontal
Front ender, Front-end computer
Ordenador frontal

Calculateur incrémentiel
Incremental computer
Ordenador incremental

Calculateur numérique
Digital computer
Ordenador digital

Calculateur numérique électronique
Electronic digital computer
Ordenador electrónico digital

Calculateur objet
Object computer, Target computer
Ordenador objeto, Ordenador final (meta)

Calculateur parallèle
Parallel computer
Ordenador paralelo

Calculateur perforateur
Multiplying punch
Calculador perforador

Calculateur perforateur électronique
Electronic calculating punch
Calculador perforador electrónico

Calculateur polyvalent
All-purpose computer, General purpose computer, G.P.C., G.P.C.
Ordenador polivalente, Ordenador de características generales, Calculador polivalente

Calculateur principal
Back end computer, Main computer
Ordenador principal

Calculateur satellite
Satellite computer
Ordenador satélite

Calculateur séquentiel
Sequential computer
Ordenador secuencial

Calculateur simultané
Simultaneous computer
Ordenador simultáneo

Calculateur spécialisé
Special purpose computer
Ordenador especializado

Calculateur synchrone
Synchronous computer
Ordenador síncrono

Calculateur transistorisé
Solid state computer
Ordenador transistorizado

Calculateurs hybrides
Hybrid computers
Ordenadores híbridos

Calculatrice de poche
Hand held calculator
Calculador de bolsillo

Calculatrice perforatrice
Calculating punch
Calculadora perforadora

Calculé 'prorata temporis'
Prorated
Prorrateo

Calculer
(to) Calculate, (to) Compute
Calcular

Calculs des besoins nets
Gross-to net requirements
Cálculos de las necesidades netas

Calculs techniques
Engineering calculations
Cálculos técnicos

Calendrier des livraisons
Delivery schedule
Calendario de las entregas

Calendrier des maintenances
Maintenance schedule
Calendario de mantenimiento

Calendrier des travaux
Schedule of services
Calendario de los trabajos

Calibrage
Calibration
Calibración

Calibrer
(to) Calibrate
Calibrar

Canal
Bus, Channel
Canal

Canal à bande large
Broadband canal
Canal de banda ancha

Canal à deux voies
Two wire channel
Canal con dos hilos

Canal à fréquence vocale
Voice grade channel
Canal de frecuencia vocal

Canal à haute performance
High performance channel
Canal de alto rendimiento

Canal à micro-ondes
Microwave channel
Canal de microondas

Canal à quatre fils
Four wire channel
Canal con cuatro hilos

Canal à tampon d'un mot
Word buffered channel
Canal con tampón de una palabra

Canal adjacent
Adjacent channel
Canal adyacente

Canal analogique
Analog channel
Canal analógico

Canal avec tampon de deux mots
Double buffered word channel
Canal con tampón de dos palabras

Canal d'accès à la mémoire
S.A.C., Storage access channel,
S.A.C.
Canal de acceso a la memoria

Canal de bande
Tape channel
Canal de cinta

Canal de communication
Communication channel
Canal de comunicación

Canal de lecture-écriture
Read-write channel
Canal de lectura-escritura

**Canal de liaison avec un
périphérique**
Peripheral interface channel
Canal de acoplamiento con un
periférico

Canal de rotation
Turn around channel
Canal de rotación

Canal de sortie
Output channel
Canal de salida

Canal de supervision
Supervision channel, Supervisory
channel
Canal de supervisión

Canal de transmission
Transmission channel
Canal de transmisión

Canal de transmission de données
Data communication channel, Data
transmission channel, D.T.C.,
D.T.C.
Canal de transmisión de datos

**Canal de transmission
d'informations**
Information channel
Canal de transmisión de
informaciones

Canal d'enregistrement
Recording channel
Canal de registro

Canal d'entraînement
Sprocket channel, Sprocket hole
channel
Canal de arrastre

Canal d'entrée
Input channel
Canal de entrada

Canal d'entrée / sortie
Input / output channel
Canal de entrada / salida

Canal d'entrée / sortie en série
Serial input / output channel
Canal de entrada / salida en serie

Canal d'interface
Interface channel
Canal de acoplamiento mutuo

Canal duplex
Duplex channel
Canal duplex

Canal multiple par bloc
Block multiplexor channel
Canal multiplexor por bloque

Canal multiplexeur
Multiplexor channel
Canal multiplexor

Canal occupé
Engaged channel
Canal ocupado

Canal sélecteur
Selector channel
Canal selector

Canal semi-duplex
Half duplex channel
Canal semiduplex

Canal simplex
Simplex channel
Canal simplex

Canal symétrique binaire
Binary symmetric channel
Canal simétrico binario

Canal téléphonique
Telephone channel
Canal telefónico

Canal vocal
Voice channel
Canal vocal

Canaliser
(to) Channel
Canalizar

Canon régénérateur
Holding gun
Cañón regenerador

Capable d'utiliser plusieurs langages
Multilingual
Capaz de utilizar varios lenguajes

Capacité
Capacity
Capacidad

Capacité de calcul
Computational ability, Computing efficiency, Computing power
Capacidad de cálculo

Capacité de circulation
Flow capacity
Capacidad de circulación

Capacité de conservation
Hold facility
Capacidad de conservación

Capacité de la mémoire
Memory size, Store capacity
Tamaño de la memoria

Capacité de la mémoire à tores
Core size
Capacidad de la memoria de núcleos

Capacité de manipulation des données
Data handling capacity
Capacidad de manipulación de los datos

Capacité de mémoire
Memory capacity, Memory size
Capacidad de memoria

Capacité de mémorisation de l'information
Information storage capacity
Capacidad de almacenamiento de la información

Capacité de registre
Register capacity
Capacidad de registro

Capacité du canal
Channel capacity
Capacidad del canal

Capacité d'un disque
Disk capacity
Capacidad de un disco

Capacité d'un magasin d'alimentation
Hopper full
Capacidad de un depósito de alimentación

Capacité d'une carte
Card capacity
Capacidad de una ficha

Capacité illimitée
Infinite capacity
Capacidad ilimitada

Capacité limitée
Limited capacity
Capacidad limitada

Caractère
Character
Carácter

Caractère à encre magnétique
Magnetic ink character
Carácter con tinta magnética

Caractère à encre magnétisée
Magnetized ink character
Carácter con tinta magnética

Caractère accusé de réception
A.C.K., Acknowledge character, A.C.K.
Carácter acuse de recepción

Caractère accusé de réception négatif
N.A.K., Negative acknowledge character, N.A.K.
Carácter acuse de recepción negativo

Caractère alphabétique
Alphabetic(al) character
Carácter alfabético

Caractère alphanumérique
Alphanumeric(al) character
Carácter alfanumérico

Caractère binaire
Binary character
Carácter binario

Caractère clé
Key character
Carácter clave

Caractère codé
Coded character
Carácter codificado

Caractère code d'effacement
Delete code character
Carácter código de borrado

Caractère codé en binaire
Binary coded character
Carácter codificado en binario

Caractère complémentaire
Follower character
Carácter complementario

Caractère d'alimentation d'imprimés
Form feed character
Carácter de alimentación de impresos

Caractère d'annulation
C.A.N., Cancel character, C.A.N., Error character
Carácter de anulación

Caractère d'annulation de bloc
Block cancel character
Carácter de anulación de bloque

Caractère d'appel
B.E.L., Bell character, B.E.L.
Carácter de llamada

Caractère d'arrêt
Terminator
Carácter de parada

Caractère d'avancement d'un interligne
Line feed character
Carácter de adelantamiento de una interlínea

Caractère de changement de caractères
Fount change character (Br.) Font change character (Amer.)
Carácter de cambio de caracteres

Caractère de changement de code
Code extention character, E.S.C., Escape character, E.S.C.
Carácter de cambio de código

Caractère de changement du moyen de transmission de données
Data link escape character, D.L.E., D.L.E.
Carácter de cambio del medio de transmisión de datos

Caractère de code
Code character
Carácter de código

Caractère de code normal
Shift-in character, S.I., S.I.
Carácter de código normal

Caractère de code spécial
Shift-out character
Carácter de código especial

Caractère de commande
Command character, Control character
Carácter de mando

Caractère de commande de dispositif
Device control character
Carácter de mando de dispositivo

Caractère de commande de transmission
Transmission control character
Carácter de mando de transmisión

Caractère de commande d'impression
Print control character
Carácter de mando de impresión

Caractère de contrôle
Check character
Carácter de control

Caractère de contrôle de communication
Communication control character
Carácter de control de comunicación

Caractère de contrôle de précision
Accuracy control character
Carácter de control de precisión

Caractère de contrôle des erreurs
Error control character
Carácter de control de los errores

Caractère de contrôle des tâches
Task control character, T.C.C., T.C.C.
Carácter de control de las tareas

Caractère de contrôle longitudinal
Longitudinal check character
Carácter de control longitudinal

Caractère de contrôle longitudinal par redondance
Longitudinal redundancy check character
Carácter de control longitudinal por redundancia

Caractère de contrôle par blocs
B.C.C., Block check character, B.C.C.
Carácter de control por bloques

Caractère de début de texte
Start of text character
Carácter de principio de texto

Caractère de début d'en-tête
Start of heading character
Carácter de principio de encabezamiento

Caractère de délimitation
Demarcation character
Carácter de delimitación

Caractère de fin de bloc de transmission
End of transmission block character
Carácter de fin de bloque de transmisión

Caractère de fin de message
End of message character
Carácter de fin de mensaje

Caractère de fin de support
End of medium character
Carácter de fin de soporte

Caractère de fin de texte
End of text character
Carácter de fin de texto

Caractère de fin de transmission
End of transmission character
Carácter de fin de transmisión

Caractère de fonction
Function character
Carácter de función

Caractère de mise en page
Effector, F.E., Format effector, F.E., Formating character
Carácter de ajuste, Carácter de paginación

Caractère de positionnement
Character position
Carácter de posicionamiento

Caractère de protection
Protection character
Carácter de protección

Caractère de régression d'un espace
Backspace character
Carácter de retroceso de un espacio

Caractère de remplacement
S.U.B., Substitute character, S.U.B.
Carácter de substitución, Carácter de sustitución

Caractère de remplissage
Fill character, Pad(ing) character, Throw away character
Carácter de relleno

Caractère de retour du chariot
Carriage return character
Carácter de vuelta del carro

Caractère de saut
Skip character, Slew character
Carácter de salto

Caractère de saut du papier
Paper trow character
Carácter de salto del papel

Caractère de séparation
Break character, Delimiter character, Separating character
Carácter de separación

Caractère de séparation de fichiers
File separator character
Carácter de separación de ficheros

Caractère de séparation de groupes
Group separator character
Carácter de separación de grupos

Caractère de séparation d'enregistrements
Record separator character
Carácter de separación de registros

Caractère de signe
Sign character
Carácter de signo

Caractère de synchronisation
S.Y.N., Synchronizing character, Synchronous idle character, S.Y.N.
Carácter de sincronización

Caractère de tabulation
Tabulation character
Carácter de tabulación

Caractère de tabulation horizontale
Horizontal tabulation character
Carácter de tabulación horizontal

Caractère de tabulation verticale
Vertical tabulation character, V.T., V.T.
Carácter de tabulación vertical

Caractère de tête
Leading character
Carácter de cabeza

Caractère de texte
Text character
Carácter de texto

Caractère décimal binaire
Binary character decimal
Carácter decimal binario

Caractère d'edition
Editing character
Carácter de edición

Caractère d'effacement
D.E.L., Delete character, D.E.L., Erase character, Rub-out character
Carácter de borradura, Carácter de borrado

Caractère d'espacement horizontal
Horizontal skip character
Carácter de espaciado horizontal

Caractère d'initialisation
Initial start character
Carácter de inicio

Caractère d'instruction
Instruction character
Carácter de instrucción

Caractère d'omission
Ignore character
Carácter de omisión

Caractère d'omission de bloc
Block ignore character
Carácter de omisión de bloque

Caractère doté de tampon
Character buffered
Carácter dotado de tampón

Caractère espace
Blank character, Gap character, S.P., Space character, S.P.
Carácter blanco, Carácter espacio, Carácter espacio (o de separación), Carácter espacio

Caractère espace de séparation
Separating blank character
Carácter blanco (espacio) de separación

Caractère fonctionnel
Functional character
Carácter funcional

Caractère graphique
Graphic character
Carácter gráfico

Caractère indicateur
Cue
Carácter indicador

Caractère interdit
Forbidden character, Illegal character, Improper character
Carácter prohibido

Caractère invalide
False code
Carácter inválido

Caractère le moins significatif
Junior character, Least significant character, L.S.C., L.S.C.
Carácter menos significativo

Caractère le plus significatif
Most significant character, Senior character
Carácter más significativo

Caractère magnétique
Magnetic character
Carácter magnético

Caractère magnétique codé à sept bâtonnets
Seven stroke coded magnetic character
Carácter magnético codificado a siete barras

Caractère mobile
Drifting character, Floating character
Carácter móvil

Caractère neutre
Idle character
Carácter neutro

Caractère non numérique
Non numeric character
Carácter no numérico

Caractère nul
N.U.L., Null character, N.U.L.
Carácter nulo

Caractère numérique
Numeric character
Carácter numérico

Caractère opérationnel
Operational character
Carácter operacional

Caractère polyvalent
General purpose character
Carácter polivalente

Caractère qui ne s'imprime pas
Non printing character
Carácter que no se imprime

Caractère redondant
Redundant character
Carácter redundante

Caractére séparateur
Separator character
Carácter separador

Caractère séparateur d'unités
Unit separator character
Carácter separador de unidades

Caractère spécial
Special character
Carácter especial

Caractère spécialisé
Special purpose character
Carácter especializado

Caractère supérieur (de clavier)
Upper shift
Carácter superior (de teclado)

Caractère supplémentaire
Additional character
Carácter suplementario

Caractère transmis
Line character
Carácter transmitido

Caractères d'acheminement
Code directing characters
Caracteres de direccionamiento

Caractères d'adressage
Addressing characters
Caracteres de direccionamiento

Caractères en chiffres binaires
Binary digit characters
Caracteres en dígitos binarios

Caractères grand format
Large size characters
Caracteres gran formato

Caractères linéaux
Gothic font
Caracteres lineales

Caractères par seconde
Characters per second, C.H.P.S.,
   C.H.P.S.
Caracteres por segundo

Caractères pour lecteur optique
Optically read characters
Caracteres para lector óptico

Caractéristique
Characteristic
Característico

Caractéristique d'une séquence
Sequence characteristic
Características de una secuencia

Carbone intercalaire
Carbon interleave
Carbón intercalado

Carbone zoné
Spot carbon
Papel carbón a zonas

Carte
Card
Ficha

Carte / bande
Card-to tape
Ficha / cinta

Carte à angle coupé
Corner cut card
Ficha con esquina cortada

Carte à coins arrondis
Round cornered card
Ficha con esquinas redondeadas

Carte à double fonction
Dual card
Ficha con doble función

Carte à encoches marginales
Edge-notched card, Margin(al)
   notched card
Ficha con muescas marginales

Carte à imprimer
(to) Print a card
Ficha de imprimir

Carte à perforation marginale
Border punched card, Edge card,
   Margin(al) perforated card,
   Verge-punched card
Ficha con perforación marginal

Carte à perforation pour reliure
Binder hole card
Ficha con perforación para
   encuadernación

Carte à piste magnétique
Magnetic ledger card, M.L.C.,
   Magnetic stripe card, M.L.C.
Ficha con pista magnética

Carte à quatre vingt dix colonnes
Ninety column card
Ficha de noventa columnas

Carte à quatre vingts colonnes
Eighty column card
Ficha de ochenta columnas

Carte à talon
Stub card
Ficha de talón

Carte à usage multiple
Multiple use card
Ficha de utilización múltiple

Carte article
Item card
Ficha artículo

Carte binaire
Binary card
Ficha binaria

Carte binaire par colonne
Column binary card
Ficha binaria por columna

Carte binaire par rangée
Row binary card
Ficha binaria por hilera

Carte-chèque
Tab-card check
Ficha cheque

Carte codée en code Hollerith
Hollerith coded card
Ficha codificada en código
   Hollerith

Carte codée sur les bords
Edge-coded card
Ficha codificada sobre los bordes

Carte commentaires
Comments card
Ficha comentarios

Carte d'accompagnement
Traveler card
Ficha viajera

Carte d'amorçage
Bootstrap card
Ficha de autocarga

Carte d'appel d'agenda
Agenda call card
Ficha de llamada de agenda

Carte de chargement
Load card
Ficha de carga

Carte de continuation
Continuation card
Ficha de continuación

Carte de contrôle
Check card, Control card
Ficha de control

Carte de contrôle de programme
Program control card
Ficha de control de programa

Carte de contrôle visuel
Batten card
Ficha de control visual

Carte de correction
Correct card, Patch card
Ficha de corrección

Carte de cumul
Accumulative card
Ficha de acumulación

Carte de déduction
Deduction card
Ficha de deducción

Carte de délimitation de données
Data delimiter card
Ficha de delimitación de datos

Carte de délimitation de secteur
Sector break card
Ficha de delimitación de sector

Carte de démonstration
Demonstration card
Ficha de demostración

Carte de fin
Terminating card, Trailer card
Ficha de fin

Carte de fin de fichier
End of file card
Ficha de fin de fichero

Carte de fin de travail
End of job card
Ficha de fin de trabajo

Carte de format normalisé
Standard size card
Ficha de formato normalizado

Carte de réception
Receipt card
Ficha de recepción

Carte de recherche
Asped card, Search card
Ficha de búsqueda

Carte de sélection
Selection card
Ficha de selección

Carte de séparation
Separator card
Ficha de separación

Carte de sortie
Issue card
Ficha de salida

Carte de sortie des stocks
Stock issue card
Ficha de salida de las existencias

Carte de tête
Header card, Leader card
Ficha de cabeza

Carte de traitement des données
Data processing card
Ficha de proceso de los datos

Carte de transfert
Transfer card
Ficha de transferencia

Carte de transfert de contrôle
Transfer of control card
Ficha de transferencia de control

Carte de transition
Transition card
Ficha de transición

Carte d'en tête
Heading card
Ficha de cabecera

Carte d'enregistrement
Posting card
Ficha de registro

Carte d'enregistrement de contrôle
Control record card
Ficha de registro de control

Carte d'entrée
Input card
Ficha de entrada

Carte d'entrée en stock
Stock receipt card
Ficha de entrada en las existencias

Carte détails
Detail card
Ficha de detalles

Carte données
Data card
Ficha datos

Carte données-images de la chaîne
Chain image data card
Ficha datos-imágenes de la cadena

Carte erronée
Error card
Ficha errónea

Carte exclue
Omitted card
Ficha excluida

Carte extrait de compte
Ledger card
Ficha extracto de cuenta

Carte gains
Earnings card
Ficha ganancias

Carte grille
Laced card
Ficha rejilla

Carte historique
History card
Ficha histórica

Carte Hollerith
Hollerith card
Ficha Hollerith

Carte index
Index card
Ficha índice

Carte instructions
Instruction card
Ficha instrucciones

Carte instructions
Statement card
Ficha instrucciones

Carte intercalée
Flimsy
Ficha intercalada

Carte magnétique
Magnetic card
Ficha magnética

Carte maîtresse
Master card
Ficha maestra

Carte mécanographique
Tabulating card
Ficha mecanográfica

Carte mouvement
Accounting detail card,
Transaction card
Ficha movimiento

Carte normalisée
Standard card
Ficha normalizada

Carte par carte
Card-to card
Ficha por ficha

Carte paramètre
Parameter card
Ficha parámetro

Carte perforée
Punch(ed) card, Tab card
Ficha perforada

Carte perforée douze lignes
Twelve row punched card
Ficha perforada doce líneas

Carte perforée en binaire
Binary punched card
Ficha perforada en binario

Carte perforée sur le bord
Edge-perforated card, Edge-
  punched card
Ficha perforada sobre el borde

Carte pré-enconchée
Pre-scored card
Ficha preperforada

Carte récapitulative
Summary card
Ficha sumaria

Carte réduite
Short card
Ficha reducida

Carte sélective
Selector card
Ficha selectiva

Carte stock
Bin card, Stock card
Ficha de existencias

Carte-table
Table card
Ficha-tabla

**Carte-table pour séquence
  alternative**
Alternate sequence table card
Ficha-tabla para secuencia
  alternada

Carte type perfostyl
Port-a-punch card
Ficha de perforación manual (con
  punzón)

Carte vierge
Blank card
Ficha virgen

Carter
Cover
Cubierta

Carter extérieur
Cabinet skin
Cubierta exterior

Cartes bloquées
Jammed cards
Fichas bloqueadas

Cartes de programmation
Program cards
Fichas de programación

Cartes en continu
Card set, Continuous cards
Fichas en continuo

**Cartes mécanographiques en
  continu**
Continuous tabulating card forms
Fichas mecanográficas en
  continuo

Cartes par minute
Cards per minute
Fichas por minuto

Cartouche de bande magnétique
Magnetic tape cartridge
Contenedor de cinta magnética

Cartouche principale
Master cartridge
Cartucho principal

Cas (Exemple)
Instance
Caso (Ejemplo)

Cas d'erreur
Error condition
Caso de error

Case
Pocket
Casilla

Case à cartes
Card bin, Card pocket
Casilla para fichas

Case à remplir par un X
X box
Casilla a llenar con una X

Case de contrôle
Check box
Casilla de control

Case de décision
Decision box
Casilla de decisión

Case de rebut
Reject bin, Reject pocket, Reject
  stacker
Casilla de rechazo

Case de réception
Accept stacker, Stacker, Stacking
  bin
Casilla de recepción

Case de réception à la sortie
Output hopper, Output pocket,
  Output stacker
Casilla de recepción de salida

Case de réception des cartes
Card stacker
Casilla de recepción de las fichas

Case de sélection
Selective stacker
Casilla de selección

Case de tri
Sorter pocket, Sorting pocket
Casilla de ordenación

Case d'essai
Test case
Casilla de ensayo

Case inférieure
Lower case
Casilla inferior

Case vide
Vacuum bin
Casilla de vacío

Cassette
Cassette
Casete

Catalogue
Catalog
Catálogo

Catalogue-prix
List price
Lista de precios, Catálogo

Cataloguer
(to) Catalog
Catalogar

Cathode
Cathode
Cátodo

Cavalier de connexion
Cordless plug
Caballete de conexión

Cellule
Cell
Célula

Cellule binaire
Binary cell
Célula binaria

Cellule de lecture
Read cell
Célula de lectura

Cellule de mémoire
Storage cell
Célula de aimacenamiento

Cellule de mémoire de données
Data cell
Célula de almacenamiento de datos

Cellule d'equilibrage
Ballast cell
Célula de equilibrado

Cellule magnétique
Magnetic cell
Célula magnética

Cellule magnétique statique
Static magnetic cell
Célula magnética estática

Cellule photoélectrique
Photocell, Photoelectric cell
Célula fotoeléctrica

Cellule photovoltaique
Photovoltaic cell
Célula fotovoltaica

Cellule sélectionnée
Selected cell
Célula seleccionada

Cellule vide
Vacuum cell
Célula vacía

Centrale manuelle
Manual exchange
Central manual

Centrale téléphonique
Central office
Central telefónica

Centrale télex automatique
Automatic telex exchange
Centro telex automático

Centre de calcul
Computation center, Computing center
Centre de cálculo

Centre de calcul électronique
Electronic computer center
Centro de cálculo electrónico

Centre de communication
Communication center
Centro de comunicación

Centre de commutation automatique
Automatic switching center
Centro de conmutación automática

Centre de commutation automatique de messages
Automatic message switching center
Centro de conmutación automática de mensajes

Centre de commutation automatique des données
Automatic data switching center
Centro de conmutación automática de datos

Centre de commutation des messages
Message switching center
Centro de conmutación de los mensajes

Centre de commutation par bande perforée
Torn tape switching center
Centro de conmutación por cinta perforada

Centre de commutations
Switching center
Centro de conmutaciones

Centre de données
Data center
Centro de datos

Centre de perforation
Keypunch center
Centro de perforación

Centre de recherches
Research establishment
Centro de investigación

Centre de réduction de données
Data reduction center
Centro de reducción de datos

Centre de réparation
Service center
Centro de reparación

Centre de télétraitement
Telecenter
Centro de teleproceso

Centre de traitement
Computer center, Data (processing) center, Processing center
Centro de proceso

Centre de traitement de l'information
Computer service center, Computer system center, Information processing center
Centro de proceso de la información

Centre de traitement des données
Data processing center, D.P.C., D.P.C.
Centro de proceso de datos, Centro de proceso de los datos

Centre de traitement électronique des données
Electronic data processing center
Centro de proceso electrónico de datos

Centre de travail
Work center
Centro de trabajo

Centre de travail en temps partagé
Time sharing center
Centro de trabajo en tiempo compartido

Centre intermédiaire
Intermediate center
Centro intermedio

Centre mobile de traitement
Van-mounted computer center
Centro móvil de proceso

Centre relais
Relay center
Centro relé

Centre semi-automatique de commutation
Semi-automatic switching center
Centro semiautomático de conmutación

Centre semi-automatique de commutation de messages
Semi-automatic message switching center
Centro semiautomático de conmutación de mensajes

Centre télégraphique
Telegraph center
Centro telegráfico

Centrer
(to) Center
Centrar

Certification
Certification
Certificación

Certifieur de bande
Tape certifier
Certificador de cinta

Certifieur de bande magnétique
Magnetic tape certifier
Certificador de cinta magnética

Cerveau électronique
Electronic brain
Cerebro electrónico

Cesser
(to) Cease
Cesar

Cesser de fonctionner
(to) Pack up
Cesar de funcionar

Chaînage chronologique des opérations
Forward routing chain
Encadenamiento cronológico de las operaciones

Chaînage de commandes
Command chaining
Encadenamiento de mandos

Chaînage inverse
Backward chain
Encadenamiento inverso

Chaîne
Chain
Cadena, Tira

Chaîne
Stream, String
Cadena, Tira

Chaîne à caractères
Type chain
Cadena de caracteres

Chaîne de caractères mobiles
Drifting string
Cadena de caracteres móviles

Chaîne de Markov
Markov chain
Cadena de Markov

Chaîne de symboles
Symbol string
Tira de símbolos

Chaîne de transmission
Driving chain
Cadena de transmisión

Chaîne des enregistrements disponibles d'un cylindre
Cylinder record availability chain
Cadena de los registros disponibles de un cilindro

Chaîne d'impression
Print chain
Cadena de impresión

Chaîne d'impression en continu
Endless print chain
Cadena de impresión sin fin

Chaîne unitaire
Unit string
Tira unitaria

Chaîne vide
Null string
Cadena vacía

Chaleur
Heat
Calor

Champ de contrôle muet
Dummy match field
Campo de control ficticio

Champ de données avec totalisation
Summary data field
Campo de datos con totalización

Champ de saturation
Saturated field
Campo de saturación

Champ émetteur
Sending field
Campo emisor

Champ magnétique
Magnetic field
Campo magnético

Champ variable
Variable field
Campo variable

Changement
Change, Escapement
Cambio

Changement de code
Escape code
Cambio de código

Changement de contrôle
Control change
Cambio de control

Changement de contrôle de niveau inférieur
Minor control change
Cambio de control de nivel inferior

Changement de contrôle de premier niveau
Major control change
Cambio de control de primer nivel

Changement de contrôle d'ordre intermédiaire
Intermediate control change
Cambio de control de orden intermedio

Changement de contrôle par comparaison
Comparing control change
Cambio de control por comparación

Changement de jeu de caractères
Shifted character set conversion
Cambio de juego de caracteres

Changement de mode
Mode change
Cambio de modo

Changement de page
Page break, Page change, Page turning
Cambio de página

Changement de priorité
Change priority value
Cambio de prioridad

Changement de programme en mémoire
Storage swap
Cambio de programa en memoria

Changement de ruban
Ribbon shift
Cambio de cinta

Changement de supports
Media conversion
Cambio de soportes

Changement d'indicatif
Key change
Cambio de indicativo

Changement facultatif
Optional changing
Cambio facultativo

Changer
(to) Change
Cambiar

Chapitre
Chapter
Capítulo

Charge
Load
Carga

Charge de la mémoire à tores
Core load
Carga de la memoria de núcleos

Charge de potentiomètre
Potentiometer loading
Carga de potenciómetro

Charge de travail
Work load
Carga de trabajo

Charge d'entrée
Input loading
Carga de entrada

Charge d'une machine
Machine load
Carga de una máquina

Charge fictive
Artificial load
Carga ficticia

Chargeable
Loadable
Cargable

Chargement
Loading, Loading process
Carga - Cargamento

Chargement de page
Page-in
Carga de página

Chargement du fichier
File feed
Cargamento del fichero

Chargement du programme
Program load
Carga del programa

Chargement du programme initial
Initial program loading
Cargamento del programa inicial

Chargement dynamique de programmes
Dynamic program loading
Cargamento dinámico de programas

Chargement et exécution
Load and go
Carga y ejecución

Chargement fractionné
Scatter loading
Carga dispersa

Chargement par blocs
Block loading
Carga por bloques

Charger
(to) Load
Cargar

Charger une page
(to) Page in
Cargar una página

Chargeur
Cartridge, Loader
Cartucho, Cargador

Chargeur de bande
Tape cartridge, Tape loader
Cartucho, Cargador de cinta

Chargeur de cartes
Card loader
Cargador de fichas

Chargeur de disque
Disk cartridge
Cartucho de disco

Chargeur de données
Data cartridge
Cargador de datos

Chargeur de film
Film magazine
Cargador de filme

Chargeur de programme absolu
Absolute program loader
Cargador de programa absoluto

Chargeur de programme initial
Initial program loader
Cargador de programa inicial

Chargeur de programme initial sur disque
Disk initial program loader
Cargador de programa inicial sobre disco

Chargeur de programme translatable
Relocatable program loader
Cargador de programa trasladable

Chargeur de six disques
Six high disk pack
Paquete de seis discos

Chargeur d'éditeurs de liens
Linkage loader
Cargador del editor de enlaces

Chargeur d'instructions initiales
Bootstrap loader
Autocargador

Chargeur du système
System loader
Cargador de sistema

Chargeur hermétique à la poussière
Dust resistant cartridge
Cartucho hermético al polvo

Chargeur images-mémoire à tores
Core image loader
Cargador imágenes-memoria de núcleos

Chariot
Car, Carriage, Cart
Carro

Chariot à alimentation frontale
Front feed carriage
Carro de alimentación frontal

Chariot à cartes
Tab-card truck, Tray truck
Carro para fichas

Chariot automatique
Automatic carriage
Carro automático

Chariot de gauche
Left carriage
Carro de izquierda

Chariot navette
Shuttle carriage
Carro lanzadera

Chariot porte-bobines
Reel truck
Carro portabobinas

Chariot porte-cartes
Card truck
Carro portafichas

Chariot porte-cassettes
Cassette carrier
Carro portacasetes

Chariot porte-documents
Document carriage
Carro portadocumentos

Chariot pour bandes
Tape truck
Carro para cintas

Chariot pour bandes magnétiques
Magnetic tape truck
Carro para cintas magnéticas

Chariot pour bobines de bandes
Tape reel truk
Carro para carretes de cintas

Châssis
Frame
Chasis, Armazón

Chef
Leader
Jefe

Chef de la mécanographie
Tabulating supervisor
Jefe de mecanografía

Chef de projets
Project leader
Jefe de proyectos

Chef d'équipe
Shift leader
Jefe de equipo

Chef d'équipe de programmation
Programming team leader
Jefe de equipo de programación

Chef perforatrice
Keypunch leader
Jefe perforista

Chemin
Path
Camino

Chemin critique
Critical path
Camino crítico

Chemin de la bande
Tape path
Pista de la cinta

Chemin de la carte
Bed, Card path, Card track
Camino de la ficha

Chemin des données
Data path
Camino de los datos

Chemin du papier
Paper track
Camino del papel

Chemin logique des données
Logical data path
Camino lógico de los datos

Chemin principal
Main path
Camino principal

Chercher
(to) Look for
Buscar

Chercher dans une table
(to) Look up
Buscar en una tabla

Chercheur de ligne
Line finder
Buscador de línea

Cheville double
Squid
Clavija doble

Chiffrage
Ciphering
Cifrado

Chiffre
Cipher, Digit, Figure
Dígito

Chiffre binaire
Binary digit, B.I.T.
Dígito binario

Chiffre codé en binaire
Binary coded digit
Dígito codificado en binario

Chiffre codé en décimal
Decimal coded digit
Dígito codificado en decimal

Chiffre de contrôle
Check digit
Dígito de control

Chiffre de contrôle comptable
Accounting check digit
Dígito de control contable

Chiffre de résonance
Noisy digit
Dígito de resonancia

Chiffre de signe
Sign digit
Dígito de signo

Chiffre de zone
Zone digit
Dígito de zona

Chiffre décimal
Decimal digit, Decimal numeral
Dígito decimal

Chiffre décimal codé
Coded decimal digit
Dígito decimal codificado

Chiffre décimal codé en binaire
Binary coded decimal digit
Dígito codificado en binario

Chiffre d'ordre le plus élevé
High order digit
Dígito de orden más elevado

Chiffre hexadécimal
Hexadecimal digit
Dígito hexadecimal

Chiffre interdit
Forbidden digit
Dígito prohibido

Chiffre le plus significatif
Most significant digit, M.S.D.
Dígito más significativo

Chiffre N aires
N Ary digit
Dígito N áreas

Chiffrer
(to) Cipher
Cifrar

Chiffres
Numerics
Dígitos

Chiffres binaires équivalents
Equivalent binary digits
Dígitos binarios equivalentes

Chiffres de séparation
Gap digits
Dígitos de separación

Chiffres significatifs
Significant digits
Dígitos significativos

Chifre de contrôle par totalisation
Sum check digit
Dígito de control por totalización

Choisir
(to) Pick
Escoger

Choix des descripteurs
Uniterming
Elección de los descriptores

Chriffre le plus significatif
M.S.D.
Dígito más significativo

Chronométrage des étapes de travail
Job step timing
Cronometrado de las etapas de trabajo

Chute de tensión
Voltage drop
Caída de tensión

Cinétique
Kinetic
Cinética

Circuit
Circuit
Circuito

Circuit à bande large
Wideband circuit
Circuito de banda ancha

Circuit à déclenchement bistable
Bistable trigger circuit
Circuito de disparo biestable

Circuit à frequence vocale
Voice grade circuit
Circuito con frecuencia vocal

Circuit à quatre fils
Four wire circuit
Circuito con cuatro hilos

Circuit à réaction
Feedback loop
Circuito de realimentación

Circuit additionneur
Adder circuit, Adding counter,
 Addition circuit
Circuito adicionador

Circuit amplificateur
Amplifier circuit
Circuito amplificador

Circuit anti-bourrage
Jam circuit
Circuito antiatascamiento

Circuit bistable
Bistable circuit
Circuito biestable

Circuit chargé
Loaded circuit
Circuito cargado

Circuit combinant
Side circuit
Circuito combinatorio

Circuit combinatoire
Combinational circuit
Circuito combinacional

Circuit d'appel
Calling circuit
Circuito de llamada

Circuit de blocage
Blocking circuit
Circuito de bloqueo

Circuit de coïncidence
Coincidence circuit
Circuito de coincidencia

Circuit de communications
Communications path
Circuito de comunicaciones

Circuit de commutation
Switching circuit
Circuito de conmutación

Circuit de limitation
Clamping circuit
Circuito de limitación

Circuit de localisation
Isolating circuit
Circuito de localización

Circuit de mise à la masse
Frame grounding circuit
Circuito de puesta a la masa

Circuit de mise en forme
Shaping circuit
Circuito de puesta en forma

Circuit de non-équivalence
Anticoincidence circuit
Circuito de anticoincidencia

Circuit de non équivalence
Non equivalence circuit
Circuito de no equivalencia

Circuit de rebut
Rejection gate
Circuito de rechazo

Circuit de remplacement
Alternate path
Camino alternativo

Circuit de réserve
Reserve circuit
Circuito de reserva

Circuit de retour arrière
Back circuit
Circuito de retroceso

Circuit de sécurité
Fallback circuit, Safety interlock
Circuito de seguridad

Circuit de sélection
Selecting circuit
Circuito de selección

Circuit de sélection à impulsions
Pulse selection circuit
Circuito de selección por impulso

Circuit de service
Order wire
Circuito de servicio

Circuit de sortie
Outgoing circuit, Output circuit
Circuito de salida

Circuit de télémesure
Telemetering circuit
Circuito de telemedida

Circuit de traitement
Flow path
Circuito de proceso

Circuit d'Eccles Jordan
Eccles Jordan circuit
Circuito de Eccles Jordan

Circuit décodeur
Decoding circuit
Circuito decodificador

Circuit défectueux
Faulty circuit
Circuito defectuoso

Circuit d'égalité
Equality circuit
Circuito de igualdad

Circuit d'entrée
Incoming circuit, Input circuit
Circuito de entrada

Circuit d'identité
Identity gate
Circuito de identidad

Circuit différenciateur
Differentiating circuit
Circuito diferenciador

Circuit équilibré
Balanced circuit
Circuito equilibrado

Circuit équivalent
Equivalent circuit
Circuito equivalente

Circuit ET
AND circuit
Circuito Y

Circuit fantôme
Phantom circuit
Circuito fantasma

Circuit imprimé
P.C., Printed circuit, P.C.
Circuito impreso

Circuit intégré
I.C., Integrated circuit, I.C.
Circuito integrado

Circuit intégré hybride
Hybrid integred circuit
Circuito integrado híbrido

Circuit intégré monolithique
Monolithic integrated circuit
Circuito integrado monolítico

Circuit intermédiaire
Trunk circuit
Circuito intermedio

Circuit inverseur
Seesaw circuit
Circuito inversor

Circuit logique
Logical circuit
Circuito lógico

Circuit logique universel
U.L.C., Universal logic circuit,
  U.L.C.
Circuito lógico universal

Circuit miniaturisé
Miniaturized circuit
Circuito miniaturizado

Circuit monolithique
Monolithic circuit
Circuito monolítico

Circuit monostable
Monostable circuit, One shot
  circuit, Single shot circuit
Circuito monoestable

Circuit multipoint
Multidrop circuit, Multipoint circuit
Circuito multipunto

Circuit non
Not circuit
No circuito, Circuito de negación

Circuit non-ou
Join-gate, Nor circuit
Circuito no-o

Circuit OU
Or circuit
Circuito O

Circuit ou logique
Logical or circuit
Circuito o lógico

Circuit ouvert
Open circuit, Open loop
Circuito abierto

Circuit passif
Passive circuit
Circuito pasivo

Circuit point par point
Point to point circuit
Circuito punto a punto

Circuit pré-câblé
Prewired circuit
Circuito precableado

Circuit régénérateur
Holding circuit
Circuito regenerador

Circuit semi-duplex
Half duplex circuit, Single circuit
Circuito semiduplex

Circuit simplex
Simplex circuit
Circuito simplex

Circuit superposé
Superposed circuit
Circuito superpuesto

Circuit télégraphique
Telegraph circuit
Circuito telegráfico

Circuit téléphonique
Telephone circuit
Circuito telefónico

Circuit télex
Telex circuit
Circuito telex

Circuit tributaire
Tributary circuit
Circuito tributario

Circuit utilisé dans les deux sens
Both-way circuit (two way circuit)
Circuito utilizado en los dos
  sentidos

Circuit vidéo
Video circuit
Circuito video

Circuits arithmétiques décimaux
Decimal metic circuits
Circuitos aritméticos / decimales

Circuits de commande
Control circuitry
Circuitos de mando

Circuits de commandes
  électroniques
Control electronics
Circuitos de mandos electrónicos

Circuits de contrôle
Checking circuitry
Circuitos de control

Circuits de contrôle des erreurs
Error checking circuitry
Circuitos de control de los errores

Circuits électroniques
Electronic circuitry
Circuitos electrónicos

Circuits émulateurs
Emulator circuits
Circuitos emuladores

Circulation
Flow
Circulación, Flujo

Circulation de données
Data flow
Flujo de datos

Circulation de l'information
Information flow
Flujo de la información

Circuler
(to) Flow
Fluir

Classe de travail
Job class
Clase de trabajo

Classement
Filing, Ordering
Clasificación

Classement décimal universel
U.D.C., Universal decimal
classification, U.D.C.
Clasificación decimal universal

Classement inversé
Inverted filing
Clasificación invertida

Classement par interclassement
Ordering by merging
Clasificación por intercalado

Classer
(to) File, (to) Infile, (to) Marshall
Archivar, Ordenar

Classer préalablement
(to) Pre-collate
Clasificar previamente

Classification à facettes
Facetted classification
Clasificación a facetas

Classifier
(to) Classify
Clasificar

Clause
Clause
Cláusula

Clause de décision
Action statement
Sentencia de acción

Clavier
Keyboard, Keyset
Teclado

Clavier à dix touches
Ten-key keyboard
Teclado con diez teclas

Clavier à trois rangées de touches
Three row keyboard
Teclado con tres filas de teclas

Clavier complet
Full keyboard
Teclado completo

Clavier de fonction
Function keyboard
Teclado de función

Clavier de mémoire
Storage keyboard
Teclado de memoria

Clavier de pupitre
Console keyboard
Teclado de pupitre

Clavier d'entrée
Input keyboard
Teclado de entrada

Clavier d'introduction de données
Data entry keyboard
Teclado de introducción de datos

Clavier fractionnable
Split keyboard
Teclado fraccionable

Clavier numérique
Digital keyboard
Teclado numérico

Clavier personnalisé
Customized keyboard
Teclado personalizado

Clavier principal
Main keyboard
Teclado principal

Clavier réduit
Condensed keyboard
Teclado reducido

Clé
Key
Clave

Clé de sécurité
Security lock
Clave de seguridad

Clé enregistrée
Recorded key
Clave registrada

Clientèle de base
Customer base
Clientela de base

Clignoter
(to) Blink
Parpadear

Clôture
Closing, Closure
Cierre

Codage
Codification, Coding, Coding
process
Codificación

Codage à temps d'accès minimum
Minimum access coding,
Minimum delay coding,
Minimum latency coding
Codificación con tiempo de acceso
mínimo

Codage à zones fixes
Fixed form coding
Codificación con zonas fijas

Codage absolu
Absolute coding
Codificación absoluta

Codage alphabétique
Alphabetic(al) coding
Codificación alfabética

Codage alphanumérique
Alphanumeric(al) coding
Codificación alfanumérica

Codage automatique
Automatic coding
Codificación automática

Codage binaire
Binary coding
Codificación binaria

Codage de base
Basic coding
Codificación de base

Codage de l'utilisateur
User coding
Codificación del usuario

Codage duodécimal sur une colonne
Single column duodecimal coding
Codificación duodecimal sobre una columna

Codage en phases
P.E., Phase encoding, P.E.
Codificación en fases, Codificación de fase

Codage machine
Machine coding
Codificación de máquina

Codage numérique
Numeric coding
Codificación numérica

Codage optimum
Optimum coding
Codificación óptima

Codage rectiligne
Straight coding
Codificación rectilínea

Codage réel
Actual coding
Codificación real

Codage relatif
Relative coding
Codificación relativa

Codage rentrant
Reentrant coding
Codificación reentrante

Codage schématique
Skeleton coding
Codificación esquemática

Codage source
Source coding
Codificación fuente

Codage spécifique
Specific coding
Codificación específica

Codage symbolique
Symbolic coding
Codificación simbólica

Code
Code
Código

Codé
Coded
Codificado

Code à adresse multiple
Multiple address code
Código con dirección múltiple

Code à bâtonnets
Bar code
Código de barras

Code à caractères
Character code
Código de caracteres

Code à cinq canaux
Five channel code
Código de cinco canales

Code à cinq niveaux
Five level code
Código de cinco niveles

Code à deux adresses
Two address code
Código con dos direcciones

Code à huit canaux
Eight channel code
Código de ocho canales

Code à huit niveaux
Eight level code
Código de ocho niveles

Code à N adresses
N address code
Código de N direcciones

Code à quatre adresses
Four address code
Código con cuatro direcciones

Code à rapport fixe
Fixed ratio code
Código con relación fija

Code à temps d'accès minimum
Minimum access code
Código con tiempo de acceso mínimo

Code à trois adresses
Three address code
Código con tres direcciones

Code à un niveau
One level code
Código con un nivel

Code à une adresse
Single address code
Código con una dirección

Code absolu
Absolute code
Código absoluto

Code abstrait
Abstract code
Código abstracto

Code alphabétique
Alphabetic(al) code
Código alfabético

Code alphanumérique
Alphanumeric(al) code
Código alfanumérico

Code alphanumérique à huit bits
Eight bit alphanumeric code
Código alfanumérico de ocho bits

Code alphanumérique à six bits
Six bit alphanumeric code
Código alfanumérico con seis bits

Code auto-correcteur
Self-correcting code
Código autocorrector

Code auto-délimité
Self-demarcating code
Código autodelimitado

Code automatique
Automatic code
Código automático

Code Baudot
Baudot code
Código Baudot

Code binaire
Binary code
Código binario

Code binaire par colonne
Chinese binary code, Column binary code
Código binario por columna

Code binaire par rangée
Row binary code
Código binario por fila

Code binaire réfléchi
Reflected binary code
Código binario reflejado, Código de Gray

Code biquinaire
Biquinary code
Código biquinario

Code carte
Card code
Código ficha

Code clé
Lock code
Código clave

Code condition
Condition code
Código condición

Code correcteur d'erreurs
E.C.C., Error correcting code,
    E.C.C.
Código corrector de errores

Code cyclique
Cyclic code
Código cíclico

Code cyclique binaire
Cyclic binary code
Código cíclico binario

Code d'accès
Access code
Código de acceso

Code d'achèvement
Completion code
Código de acabado

Code d'adresse
Address code
Código de dirección

Code d'alimentation de bande
Tape feed code
Código de alimentación de cinta

Code d'appel sélectif
Call directing code
Código de llamada selectiva

Code d'arrêt
Stop code
Código de parada

Code d'auto-contrôle
Self-checking code
Código de autocontrol

Code de bande
Tape code
Código de cinta

Code de bande de papier
Paper tape code
Código de cinta de papel

Code de caractères interdits
Forbidden character code
Código de carácter prohibido

Code de changement de ligne
Line feed code
Código de cambio de línea

Code de combinaison interdite
Forbidden combination code
Código de combinación prohibida

Code de commande
Command code
Código de mando

**Code de commande de l'élément
    d'impression**
Tilt and rotate code
Código de mando del elemento de
    impresión

Code de contrôle
Check code
Código de control

Code de contrôle de parité
Even parity code
Código de control de paridad

Code de contrôle des erreurs
Error checking code, Systematic
    error checking code
Código de control de los errores

Code de conversion
Conversion code
Código de conversión

Code de données alphabétiques
Alphabetic(al) data code
Código de datos alfabéticos

**Code de données
    alphanumériques**
Alphanumeric(al) data code
Código de datos alfanuméricos

Code de données numériques
Numerical data code
Código de datos numéricos

Code de fonction
Function code
Código de función

Code de groupes
Group code
Código de grupos

Code de Hamming
Hamming code
Código de Hamming

Code de longueur de l'instruction
I.L.C., Instruction lenght code,
    I.L.C.
Código de longitud de la
    instrucción

Code de l'utilisateur
User code
Código del usuario

Code de modulation
Modulation code
Código de modulación

Code de non impression
Non-print code
Código de no impresión

Code de perforation
Punch code
Código de perforación

Code de perforation de bande
Punch tape code
Código de perforación de cinta

Code de plus bas niveau
Low level code
Código del más bajo nivel

Code de renvoi
Return code
Código de retorno

Code de reproduction
Reproduction code
Código de reproducción

Code de sélection
Dialling code, Selection code
Código de selección

Code de transmission
Transmission code
Código de transmisión

Code décimal à huit bits
Eight bit decimal code
Código decimal de ocho bits

Code décimal codé en binaire
Binary coded decimal code
Código decimal codificado en
    binario

**Code décimal codé en binaire
    étendu**
Extended binary coded decimal
    interchange code
Código decimal codificado en
    binario ampliado

Code d'enregistrement
Record code
Código de registro

Code d'erreur
Error code
Código de error

Code d'espacement
Space code
Código de espaciado

Code détenteur d'erreurs
Error detecting code
Código detector de errores

Code deux sur cinq
Two out of five count code
Código dos sobre cinco

Code d'identification
Identifying code
Código de identificación

Code d'identification de message
Message identification code,
M.I.C., M.I.C.
Código de identificación de
mensaje

**Code d'identification du
programme**
Program identification code
Código de identificación del
programa

Code d'impression
Edit code, Print code
Código de impresión

Code d'instruction
Instruction code, Statement code
Código de instrucción

Code d'instruction d'entrée
Input instruction code
Código de instrucción de entrada

Code d'instruction machine
Machine instruction code
Código de instrucción máquina

**Code d'instruction sous forme
condensée**
Condensed instruction code
Código de instrucciones en forma
condensada

Code d'interruption
Interruption code
Código de interrupción

Code d'intervention
Action code
Código de intervención

Code direct
Direct code
Código directo

Code d'opération
Op code, Operation code
Código de operación

Code d'opération mnémonique
Mnemonic operation code
Código de operación mnémonica

Codé en binaire
Binary coded
Codificado en binario

Code en chaîne
Chain code
Código en cadena

Codé en Cobol, en Fortran
Coded in Cobol, in Fortran
Codificado en Cobol, en Fortran

Code en langage machine
Machine language code
Código en lenguaje máquina

Code fichier
File code
Código fichero

Code fonctionnel
Functional code
Código funcional

Code Gray
Gray code
Código de Gray

Code Hollerith
Hollerith code
Código Hollerith

Code indicateur de programme
Program indicator code
Código indicador de programa

Code interdit
Illegal code, Improper code
Código prohibido

Code invalide
Invalid code
Código inválido

Code machine
Computer code, Machine code
Código máquina

Code majoré de cinquante
Excess fifty code
Código por exceso de cincuenta

Code majoré de trois
Excess three code
Código de exceso de tres

Code mnémonique
Mnemonic code
Código mnemónico

Code mnémonique étendu
Extended mnemonic code
Código mnemónico ampliado

Code mouvement
Transaction code
Código de movimiento, Código de
transacción

Code numérique
Numeric(al) code
Código numérico

Code objet
Object code
Código objeto

Code opération
Order code
Código operación

Code optimum
Optimum code
Código optimizado

Codé par l'utilisateur
User coded
Codificado por el usuario

Code postal
Zip code
Código postal

Code quibinaire
Quibinary code
Código quibinario

Code redondant
Redundant code
Código redundante

Code réel
Actual code
Código real

Code relatif
Relative code
Código relativo

Code schématique
Skeletal code
Código esquemático

Code source
Source code
Código fuente

Code spécifique
Specific code
Código específico

Code symbolique
Symbolic code
Código simbólico

Code télégraphique
Telegraph code
Código telegráfico

Code transmission à six bits
S.B.T., Six bit transcode, S.B.T.
Código transmisión con seis bits

Coder
(to) Code, (to) Codify, (to)
   Encipher, (to) Encode
Codificar, Cifrar

Codes de non reproduction
Non reproducing codes
Códigos de no reproducción

Codeur
Coder
Codificador

Codeur de position angulaire
Shaft position encoder
Codificación de posición angular

Codificateur-décodificateur
Codec
Codificador-decodificador

Coefficient
Coefficient
Coeficiente

Coefficient d'atténuation
Attenuation coefficient
Coeficiente de atenuación

Coefficient de couplage
Coupling coefficient
Coeficiente de acoplamiento

Coefficient de graduation
Scale coefficient
Coeficiente de graduación

Coefficient de rebut
Shrinkage factor
Coeficiente de contracción

Coefficient matriciel
Matrix coefficient
Coeficiente matricial

Coffret
Container
Contenedor

Cohérence de modulation
Modulation coherence
Coherencia de modulación

Cohérent
Consistent
Coherente

Collecte
Collection
Recogida

Collecte de données
Data collection, Data gathering
Recogida de la información

Collecte de l'information
Information gathering
Recogida de la información

Collecte et analyse des données
Data collection and analysis
Recogida y análisis de los datos

Collecter
(to) Collect
Recoger

Collecteur
Collector
Recogedor

Collecteur de données
Data sink
Recogedor de datos

Colleuse
Splicer, Splicing block
Empalmadora

Colleuse de bande
Tape splicer
Empalmadora de cinta

Colleuse de bande de papier
Paper tape splicer
Encoladora de cinta de papel

Colonne
Column
Columna

Colonne à dépression
Vacuum column
Columna de vacío

Colonne binaire
Binary column
Columna binaria

Colonne de bande
Tape frame
Columna de cinta

Colonne de bande vide
Tape-loop column
Columna de bucle de cinta

Colonne de carte
Card column
Columna de ficha

Colonne de perforation
Punch column
Columna de perforación

Colonne transversale
Frame
Columna transversal

Colonne un en tête
Column one leading
Columna de unos en cabeza

Colonne vierge
Blank column
Columna virgen

Combinaison binaire
Binary pattern, Bit combination
Combinación binaria

Combinaison de perforations
Code pattern, Combination of
   punchs, Hole pattern, Pattern of
   punchs
Combinación de perforaciones

Combinaison interdite
Forbidden combination
Combinación prohibida

Combinatoire
Combinatorial
Combinatorio

Combiné téléphonique
Handset
Conjunto microrreceptor telefónico

Combiner
(to) Combine
Combinar

Commande
Command
Mando

Commande d'avancement du papier
Paper feed control
Mando de avance del papel

Commande de modification de procédure
Procedure override statement
Mando de modificación de procedimiento

Commande de non opération
No op(eration) command
Mando de no operación

Commande de réapprovisionnement
Replenishment order
Pedido de reabastecimiento

Commande de transmission
Transmission control
Mando de transmisión

Commande de travail
Work assignment
Asignación de trabajo

Commande d'écriture avec mise en page
Format write command
Mando de escritura con paginación

Commande électronique
Electronic control
Mando electrónico

Commande en attente
Stock on order
Encargo en espera

Commande et contrôle
Command and control, C. & C.
Mando y control

Commande numérique
N.C., Numerical control, N.C.
Mando numérico

Commande numérique directe
D.D.C. (Direct Digital Control),
    Direct numerical control,
    D.N.C., D.N.C.
Mando numérico directo

Commandé par bande
Tape driven
Mandado por cinta

Commandes manuelles
Hands-on
Mandos manuales

Commencement
Inception
Comienzo

Commentaire
Comment, Narrative
Comentario

Commercialiser
(to) Market
Comercializar

Communication
Communication
Comunicación

Communication binaire synchrone
Binary synchronous communication
Comunicación binaria síncrona

Communication dans les deux sens
Both-way communication (two-way communication)
Comunicación en los dos sentidos

Communication entre mémoires à tores
Core-to core communication
Comunicación entre memorias de núcleos

Communication établie par l'opérateur
Operator connected call
Comunicación establecida por el operador

Communication locale
Local call
Comunicación local

Communication télex
Telex call, Telex communication
Comunicación telex

Communication télex en duplex
Duplex telex call
Comunicación duplex en telex

Communications électriques
Electric(al) communications
Comunicaciones eléctricas

Communications entre systèmes
Intersystem communications
Comunicaciones entre sistemas

Communications groupées
Batched communications
Comunicaciones agrupadas

Communiquer
(to) Communicate
Comunicar

Commutable
Switchable
Conmutable

Commutateur à plusieurs directions
N Way switch
Conmutador con varias direcciones

Commutateur d'alimentation de bande
Tape feed switch
Conmutador de alimentación de cinta

Commutateur de commande
Control switch
Conmutador de mando

Commutateur électronique
Electronic switch
Conmutador electrónico

Commutateur pas à pas
Step by step switch
Conmutador paso a paso

Commutateur télex
Telex switchboard
Conmutador telex

Commutateurs de préfixes
Prefix switches
Conmutadores de prefijos

Commutateurs d'entrée du pupitre
Console entry switches
Conmutadores de entrada del pupitre

Commutation
Switching, Switching-over
Conmutación

Commutation à barres croisées
Cross bar switch
Conmutación por barras cruzadas

Commutation automatique de messages
Automatic message switching
Conmutación automática de mensajes

Commutation de circuits
Circuit switching
Conmutación de circuitos

Commutation de lignes
Line switching
Conmutación de líneas

**Commutation des canaux d'entrée
/ sortie**
Input / output switching
Conmutación de los canales de
entrada / salida

Commutation des messages
Message switching
Conmutación de los mensajes

Commutation des tâches
Task switch
Conmutación de las tareas

Commutation des têtes
Head switching
Conmutación de las cabezas

Commutation par bande perforée
Torn tape switching
Conmutación por cinta perforada

Commutation programmée
Programmed switch
Conmutación programada

Commuter
(to) Switch, (to) Switch over
Conmutar

Compacité
Compactness, Packing
Compacidad

Compacité du système
Compactness of the system
Compacidad del sistema

Comparaison
Comparison, Match condition
Comparación

Comparaison à trois voies
Three way compare
Comparación con tres vías

Comparaison de masques
Mask matching
Comparación de máscaras

Comparaison logique
Logical comparison
Comparación lógica

Comparateur
Comparator, Comparing unit
Comparador

Comparateur à cadran
Dial gauge
Comparador (medidor) de
cuadrante

Comparateur analogique
Analog comparator
Comparador analógico

Comparateur de bandes
Tape comparator
Comparador de cintas

Comparateur d'égalités
Equality unit
Comparador de igualdades

Comparateur numérique
Digital comparator
Comparador numérico

Comparatif
Comparative
Comparativo

Comparer
(to) Compare
Comparar

Comparer à
(to) Compare with, (to) Liken
Comparar a

Compartiment
Bucket, Compartment
Compartimiento

Compartiment à cartes
Card rack
Compartimiento para fichas

Compartiment pour fiches
Card tray
Compartimiento para fichas

Compartimenté
Partitioned
Particionado

Compatibilité
Compatibility
Compatibilidad

Compatibilité de programmes
Program compatibility
Compatibilidad de programas

Compatibilité décroissante
Downward compatibility
Compatibilidad decreciente

Compatibilité des matériels
Equipment compatibility
Compatibilidad de los equipos

Compatibilité sept pistes
Seven track compatibility
Compatibilidad siete pistas

Compatibilité vers le haut
Upward compatibility
Compatibilidad hacia arriba

Compatible
Compatible
Compatible

Compatible vers le haut
Upward compatible
Compatible hacia arriba

Compensateur
Compensator
Compensador

Compensateur d'atténuation
Attenuation equalizer
Compensador de atenuación

Compensateur de niveau
Level compensator
Compensador de nivel

Compensateur de phase
Phase equalizer
Compensador de fase

Compensation
Offsetting
Compensación

Compenser
(to) Compensate for
Compensar

Compétitivité
Competitiveness
Competitividad

Compilateur
Compiler, Language processor
Compilador

Compilateur conversationnel
Conversational compiler
Compilador conversacional

Compilateur de programme
Program compiler
Compilador de programa

Compilateur de programmes de gestion
Business compiler
Compilador de programas de gestión

Compilateur de programmes en langage de gestion
Business (oriented) language processor
Compilador de programas en lenguaje de gestión

Compilateur de programmes scientifiques
Scientific oriented language processor
Compilador de programas científicos

Compilateur monopassage
One pass compiler
Compilador de una pasada

Compilateur multi-passages
Multi pass compiler
Compilador de múltiples pasadas

Compilateur scientifique
Scientific compiler
Compilador científico

Compilation
Compilation, Compiling
Compilación

Compilation de programme
Program compilation
Compilación de programa

Compilation et exécution
Compile and run
Compilación y ejecución

Compilation et lancement
Compile and go
Compilación y lanzamiento

Compiler
(to) Compile
Compilar

Complément
Complement, Quite
Complemento, Completamente

Complément à deux
Complement-on-two, Two's complement
Complemento a dos

Complément à dix
Complement-on ten, Ten's complement
Complemento a diez

Complément à la base
Radix complement, True complement
Complemento a la base

Complément à la base moins un
Radix minus-one complement
Complemento a la base menos uno

Complément à la base restreint
Diminished radix complement
Complemento restringido a la base

Complément à neuf
Complement-on-nine, Nine's complement, Nines complement
Complemento a nueve

Complément à un
Complement-on-one, One's complement
Complemento a uno, Complemento restringido

Complément à zéro
Zero complement
Complemento a cero

Complément d'instructions
Instruction complement
Complemento de instrucción

Complémentaire
Complementary
Complementario

Complet
Complete, Exhaustive, Full
Completo

Compléter
(to) Complement, (to) Complete
Completar

Complexe
Compound
Complejo

Composant
Component
Componente

Composant électronique
Electronic component
Componente electrónico

Composants à semi-conducteurs
Solid state components
Componentes con semiconductores

Composants défectueux de l'unité
Faulty hardware media
Componentes defectuosos de la unidad

Composants discrets
Discrete components
Componentes discretos

Composer un numéro au cadran
(to) Dial
Marcar un número telefónico

Composition
Typesetting
Composición

Composition automatique
Automatic type setting, Computer typesetting
Composición automática

Composition automatisée
Computerized typesetting
Composición automatizada

Composition d'un paquet de cartes
Deck arrangement, Deck set-up
Composición de un paquete de fichas

Compréhensif
Comprehensive
Comprensivo

Compresser
(to) Compact, (to) Compress
Comprimir

Compresseur
Compressor
Compresor

Compresseur automatique de volume
Automatic volume contractor
Compresor automático de volumen

Compresseur - Extenseur
Compander
Compresor - Extensor

Compression
Compac(ting), Compaction, Compression
Compresión

588

Compression de données
Data compaction, Data
    compression
Compresión de datos

Compression de fichier
File compression
Compresión de fichero

Compression des chiffres
Digit compression
Compresión de los dígitos

Comprimé
Pressure blocked
Comprimido

Comprimer
(to) Compress
Comprimir

Comptabilisation des travaux
Job accounting
Contabilización de los trabajos

Comptabilité
Accountancy, Accounting, Book-
    keeping
Contabilidad

Comptabilité des prix de revient
Cost accounting
Contabilidad de costes

Comptabilité en partie double
Double entry book-keeping
Contabilidad por partida doble

Comptabilité générale
General accounting
Contabilidad general

Comptabilité mécanographique
Computer accounting, Machine
    accounting
Contabilidad mecanográfica

Comptable
Accountant
Contable

Comptage
Counting
Recuento

Comptage de blocs
Block count
Recuento de bloques

Comptage de cartes
Card count
Recuento de fichas

Comptage de cycles
Cycle count
Recuento de ciclos

Comptage de mots
Word count
Recuento de palabras

Comptage des zones de mémoire
Storage accounting
Recuento de las zonas de memoria

Comptage d'imprimés
Forms tracking
Recuento de impresos

Comptage progressif
Count up
Recuento progresivo

Compte
Account, Count
Cuenta

Compte à rebours
Count down
Cuenta al revés

Compte-cartes auxiliaire
Auxiliary card counter
Cuenta-fichas auxiliar

Compte courant
Current account
Cuenta corriente

Compter
(to) Count
Contar

Compter à rebours
(to) Count down
Contar al revés

Compter en module n
(to) Count mode n
Contar en módulo n

Compter en progressant
(to) Tally up
Contar progresando

Compter progressivement
(to) Count up
Contar progresivamente

Compteur
Counter, Meter, Usage meter
Contador

Compteur à anneau
Ring counter
Contador en anillo

Compteur à décades
Decade counter
Contador de décadas

Compteur à programme câblé
Wired program counter
Contador con programa cableado

Compteur additif
Adding counter
Contador aditivo

Compteur auxiliaire
Subsequence counter
Contador auxiliar

Compteur binaire
Binary counter
Contador binario

Compteur d'adresses d'instruction
Instruction address counter
Contador de direcciones de
    instrucción

**Compteur d'adresses du
    programme**
Program address counter
Contador de direcciones del
    programa

Compteur de cartes
Card counter
Contador de fichas

Compteur de contrôle
Control counter
Contador de control

**Compteur de contrôle de
    séquences**
Sequence control counter
Contador de control de secuencias

Compteur de cycles
Cycle counter, Cycle index counter
Contador de ciclos

Compteur de l'instruction en cours
Current instruction counter
Contador de la instrucción en
    curso

Compteur de l'unité
Unit meter
Contador de la unidad

Compteur de machine
Computer meter
Contador de máquina

Compteur de phases
Step counter
Contador de fases

Compteur de positions
Location counter
Contador de posiciones

Compteur de programmes
Program counter
Contador de programa

Compteur de séquences
Sequence counter
Contador de secuencias

Compteur d'erreurs de totaux
Total error count
Contador de errores de totales

Compteur d'impulsions
Pulse counter, Scaler
Contador de impulsos

Compteur d'instructions
Instruction counter, P. Counter
Contador de instrucciones

Compteur d'intervalles
Interval timer
Contador de intervalos

Compteur d'opérations horizontales
Crossfooter
Contador de operaciones horizontales

Compteur électromécanique
Electromechanical counter
Contador electromecánico

Compteur interne des erreurs de l'unité
Internal device error count
Contador interno de los errores de la unidad

Compteur progressif
Count up counter
Contador progresivo

Compteur progressif-régressif
Forward-backward counter
Contador progresivo-regresivo

Compteur régressif
Count down counter
Contador regresivo

Compteur réversible
Reversible counter
Contador reversible

Compteur totalisateur
Accumulating counter, Summation counter
Contador totalizador

Concentrateur
Concentrator
Concentrador

Concentrateur à distance
Remote concentrator
Concentrador a distancia

Concentrateur de données
Data concentrator
Concentrador de datos

Concentrateur de données sur bande
Tape data pooler
Concentrador de datos sobre cinta

Concentration
Concentration, Focusing
Concentración

Concentration de lignes
Line concentration
Concentración de líneas

Concept
Concept
Concepto

Conception automatisée
C.A.D. (Computer Aided Design)
Concepción automatizada

Conception de systèmes
Systems design
Concepción de sistemas

Conception fonctionnelle
Functional design
Concepción funcional

Concis
Compendious
Conciso

Conçu en fonction des travaux
Job oriented
Concebido en función de los trabajos

Conçu pour bandes
Tape based
Concebido para cintas

Conçu pour l'utilisateur
User oriented
Concebido para el usuario

Condensateur
Capacitor
Condensador

Condensation
Compression
Condensación

Condensé
Packed
Condensado

Condenser
(to) Crowd, (to) Implode, (to) Pack
Condensar

Condenser en mémoire
(to) Implode into memory
Condensar en memoria

Condition
Condition, Plight
Condición

Condition composée
Compound condition
Condición compuesta

Condition de fin de volume
End of volume condition
Condición de fin de volumen

Condition de recherche infructueuse
No record fund condition
Condición de búsqueda infructuosa

Condition de rupture de stock
Stockout
Condición de fin de existencias

Condition désaffectée
Disabled condition
Condición desactivada

Condition d'intervention demandée
Intervention required condition
Condición de intervención requerida

Condition d'introduction
Entry condition
Condición de introducción

Condition inacceptable
Unacceptable condition
Condición inaceptable

Condition initiale
Initial condition
Condición inicial

Condition non prêt
Not ready condition
Condición de no listo

Condition un
One condition
Condición uno

Condition validée
Enabled condition
Condición habilitada

Condition zéro
Zero condition
Condición cero

Conditionnel
Conditional
Condicional

Conditionnement
Conditioning
Acondicionamiento

Conditionnement d'air
Air conditioning
Acondicionamiento de aire

Conditionnement de signaux
Signal conditioning
Acondicionamiento de señales

Conditionnement d'un fichier
File conditioning
Acondicionamiento de un fichero

Conditionner
(to) Condition
Acondicionar

Conditions de fonctionnement
Operational environment
Condiciones de funcionamiento

Conditions de simulation de travail
Simulated job environment
Condiciones de simulación de trabajo

Conditions d'environnement
Environmental (conditions)
Condiciones de ambiente

Conditions d'exécution
Operating environment
Condiciones de ejecución

Conditions significatives d'une modulation
Significant conditions of a modulation
Condiciones significativas de una modulación

Conditions significatives d'une restitution
Significant conditions of a restitution
Condiciones significativas de una restitución

Conducteur
Conductive, Conductor
Conductor

Conduit
Chute, Duct
Conducto

Conduit de confettis
Chad duct
Conducto de confetis

Confettis
Card chips, Chad, Chip, Chips, Tape punchings
Confetis

Configuration
Configuration
Configuración

Configuration binaire.
Binary configuration, Bit configuration, Bit pattern
Configuración binaria

Configuration de l'ordinateur
Computer configuration
Configuración del ordenador

Configuration de machine
Machine configuration
Configuración de máquina

Configuration de système
System configuration
Configuración de sistema

Configuration du clavier
Keyboard layout
Configuración del teclado

Configuration du matériel
Hardware configuration
Configuración del equipo

Configuration intérieure
Lobby configuration
Configuración interna

Configuration minimale
Minimum configuration
Configuración mínima

Configuration objet
Object configuration, Target configuration
Configuración objeto

Configuration virtuelle
Virtual configuration
Configuración virtual

Configurer
(to) Configure
Configurar

Conflit au niveau du bras d'accès
Arm contention
Conflicto a nivel del brazo de acceso

Conflit d'accès
Access conflict
Conflicto de acceso

Confondre avec
(to) Merge with
Confundir con

Conjonction
Conjunction
Conjunción

Connecté
On line
Conectado, Directo, En línea

Connecter
(to) Attach, (to) Connect, (to) Hitch, (to) Hook into, (to) Plug, (to) Wire
Conectar

Connecter par fiche
(to) Jackplug
Conectar con banana

Connecteur
Connector, Patchcord
Conector

Connecteur de bobine de fichier
File reel connector
Conector de carrete de fichero

Connecteur d'organigramme
Flowchart connector
Conector de organigrama

Connecteur extérieur
External connector
Conector exterior

Connecteur latéral
Edge connector
Conector lateral

Connecteur mâle
Leader connector
Conector macho

Connecteur multi-broches
Multi pin connector
Conector de patillas múltiples

Connecteur multiple
Multiple connector
Conector múltiple

Connecteur variable
Variable connector
Conector variable

Connectif
Pluggable
Conectable, Enchufable

Connexion
Attachment, Connect(ion)
Conexión

Connexion de base
Attachment base
Conexión de base

Connexion défectueuse
Faulty connection
Conexión defectuosa

Connexion enroulée
Wire wrap, Wire-wrapped
connection
Conexión enrollada

Connexion en parallèle
Radial attachment
Conexión en paralelo

Connexion par fiche
Jackplugging
Conexión con banana

Consécutif
Subsequent
Consecutivo

Conseiller en informatique
Computer consultant
Consultor en informática

Conservation
Retention
Conservación

Conserver
(to) Hold, (to) Retain
Conservar

Console de visualisation
Display (console)
Consola, Pupitre de mando

Consommation électrique
Power drain
Consumo eléctrico

Constante arithmétique
Arithmetic(a) constant
Constante aritmética

Constante de comparaison
Criterion
Constante de comparación

Constante de temps
Time constant
Constante de tiempo

Constante de translation
Relocation constant
Constante de traslación

Constante entière
Integer constant
Constante entera

Constante figurative
Figurative constant
Constante figurativa

Constante non numérique
Non numeric literal
Constante no numérica

Constante numérique
Numerical literal
Constante numérica

Constante réelle
Real constant
Constante real

Constantes
Constants
Constantes

Constituer
(to) Build, (to) Construct
Constituir

Constituer un point de reprise
(to) Take a checkpoint
Constituir un punto de
reanudación

Constitution
Construction, Setting up
Constitución

Constitution de chaîne
String building
Constitución de cadena

Constitution de données d'essai
Test data dispersion
Constitución de datos de ensayo

Construction de modèles
Model building
Construcción de modelos

Construction modulaire
Modular construction
Construcción modular

Consultation
Accession
Consulta, Acceso

Consultation de table
Table look-up
Consulta de tabla

Consulter
(to) Search in
Consultar

Consulter une table
(to) Table look-up
Consultar una tabla

Contact émetteur
Emitter spot
Contacto emisor

Contenant de bande
Tape reservoir
Depósito de cinta

Contenu
Content
Contenido

Contestable
Questionable
Cuestionable

Contestation
Contention
Contención

Contexte virtuel
Virtual environment
Contexto virtual

Contigu
Contiguous
Contiguo

Continu
Endless
Continuo

Continuation
Continuation
Continuación

Continuer
(to) Go on, (to) Keep on
Continuar

Contour d'un caractère
Character outline
Contorno de un carácter

Contraire
Adverse
Contrario

Contrat
Agreement
Contrato

Contrat de maintenance
Maintenance agreement,
   Maintenance contract
Contrato de mantenimiento

Contre-vérification
Cross check
Verificación cruzada

Contre-vérifier
(to) Countercheck, (to) Cross check
Contraverificar

Contrôle
Check(ing)
Control

Contrôle arithmétique
Arithmetic(al) check
Control aritmético

Contrôle au pupitre
Desk check(ing)
Control al pupitre

Contrôle automatique
Automatic check(ing), Automatic
   control, Automatic testing
Comprobación automática, Control
   automático, Prueba automática

**Contrôle automatique des
   commutations**
Automatic switching control
Control automático de las
   conmutaciones

Contrôle automatique du gain
Automatic gain control
Control automático de la ganancia

Contrôle automatique du système
Automatic monitoring of the
   system
Vigilancia automática del sistema

Contrôle automatique incoporé
Built-in automatic check
Vigilancia automática incorporada

Contrôle basé sur le reste
Residue check
Vigilancia en base al resto

Contrôle câblé
Hardware check, Wired-in check
Vigilancia cableada

Contrôle comptable
Accounting control
Control contable

Contrôle croisé
Cross checking
Vigilancia cruzada

Contrôle cyclique par redondance
C.R.C., Cyclic redundancy check,
   C.R.C.
Control cíclico por redundancia

Contrôle d'accès
Access control
Control de acceso

**Contrôle d'alimentation de deux
   documents**
Double document test
Control de alimentación de dos
   documentos

Contrôle de bande
Reeler control, Tape control
Control de cinta

Contrôle de caractère interdit
Illegal command check, Improper
   command check
Comprobación de carácter
   prohibido, Comprobación de
   comando impropio

Contrôle de caractère invalide
False code check
Comprobación de carácter inválido

Contrôle de chiffre interdit
Forbidden digit check
Comprobación de dígito prohibido

Contrôle de code
Code check
Comprobación de código

Contrôle de conformité
Consistency check
Comprobación de consistencia

Contrôle de disque intégré
Integrated storage control
Control de disco integrado

Contrôle de format
Format control
Control de formato

Contrôle de la climatisation
Environmental control
Control de climatización

Contrôle de lecture-écriture
Read-write check
Comprobación de lectura-escritura

Contrôle de maintenance
Maintenance control
Control de mantenimiento

Contrôle de message
Message control
Control de mensaje

**Contrôle de mise en marche du
   système**
System check out
Vigilancia de puesta en marcha

Contrôle de parité
Even parity check, Odd even
   check, Parity check
Control de paridad

Contrôle de parité / imparité
Even / odd check
Control de paridad / imparidad

Contrôle de parité longitudinale
Horizontal parity check,
   Longitudinal parity check
Control de paridad longitudinal

Contrôle de parité simple
Simple parity check
Control de paridad simple

Contrôle de parité transversale
Lateral parity check, Row parity
   check
Control de paridad transversal

Contrôle de parité verticale
Vertical parity check
Control de paridad vertical

Contrôle de perforation
Punch check
Vigilancia de perforación

Contrôle de procédure
Procedure control
Control de procedimiento

Contrôle de processus
Process control
Control de proceso

Contrôle de production
Production control
Control de producción

Contrôle de programme
Program control
Control de programa

Contrôle de qualité
Q.C., Quality control, Q.C.
Control de calidad

Contrôle de réception
Acceptance check
Control de recepción

Contrôle de sécurité
Confidence check
Control de seguridad

Contrôle de sélection
Selection check, Selection control
Control de selección

Contrôle de séquence
Sequence check(ing), Sequence
control
Control de secuencia

Contrôle de signe
Sign check
Vigilancia de signo

Contrôle de solvabilité
Credit checking
Comprobación de solvencia

Contrôle de supervision
Supervisory control
Control de supervisión

Contrôle de synchronisation
Sync check
Control de sincronización

Contrôle de système
System check
Control de sistema

Contrôle de terminaux
Terminal control
Control de terminales

Contrôle de transfert
Transfer check
Comprobación de transferencia

Contrôle de validité
Validity check
Comprobación de validez

Contrôle de vidage
Dump check
Comprobación de vaciado

Contrôle de visualisation
Display control
Control de visualización

Contrôle de vraisemblance
Absurdity check, Credibility check,
Plausibility check,
Reasonableness check
Comprobación de verosimilitud

Contrôle des entrées / sorties
Input / output control
Control de las entradas / salidas

Contrôle des indicatifs numériques
C.D.V., Check digit verification,
C.D.V.
Control de los indicativos
numéricos, Verificación de los
dígitos de comprobación

Contrôle des instructions
Instruction control
Control de instrucciones

Contrôle des marges
Marginal checking, Marginal
testing
Comprobación marginal

Contrôle des marges programmé
Programmed marginal check
Control de los márgenes
programados

**Contrôle des marques de
synchronisation**
Timing mark check
Comprobación de las marcas de
sincronización

**Contrôle des numéros d'ordre des
blocs**
Block serial number checking
Comprobación de los números de
orden de los bloques

Contrôle des opérations
Operation control
Control de las operaciones

Contrôle des tolérances
High low bias test
Control de las tolerancias

Contrôle des zéros de gauche
Left zero control
Control de los ceros a la izquierda

Contrôle d'imparité
Odd parity check
Control de imparidad

**Contrôle d'impression par cellule
photoélectrique**
Photocell print control
Control de impresión mediante
célula fotoeléctrica

Contrôle direct
Direct control
Control directo

Contrôle du canal de données
Data channel control
Control del canal de datos

**Contrôle du déroulement des
travaux**
Job flow control
Control del desarrollo de los
trabajos

**Contrôle du moyen de
transmission de données**
Data link control
Control del medio de transmisión
de datos

**Contrôle du nombre de
perforations**
Hole count check
Control del número de
perforaciones

Contrôle dynamique
Dynamic check
Control dinámico

Contrôle en cascade
Cascade control
Control en cascada

Contrôle en circuit ouvert
Open loop control
Control en circuito abierto

Contrôle en cycle fermé
Closed loop control
Control en ciclo cerrado

Contrôle en temps réel
Real time control
Control en tiempo real

Contrôle incorporé
Built-in check
Control incorporado

Contrôle indirect
Indirect control
Control indirecto

Contrôle intermédiaire de bloc
Intermediate block check(ing)
Comprobación intermedia de
bloque

Contrôle interne
Internal audit
Control interno

Contrôle logique
Reasonability check
Comprobación lógica

Contrôle longitudinal
Longitudinal check
Control longitudinal

**Contrôle longitudinal par
redondance**
Longitudinal redundancy check,
L.R.C., L.R.C.
Control longitudinal por
redundancia

Contrôle manuel
Manual control
Control manual

Contrôle mathématique
Mathematical check
Control matemático

Contrôle module N
Module N check
Comprobación módulo N

Contrôlé numériquement
Digitally controlled
Controlado numéricamente

Contrôle par bande
Tape-controlled
Controlado por cinta

Contrôle par bloc
Block check
Comprobación por bloques

Contrôle par caractère
Character check
Comprobación por carácter

Contrôle par comparaison
Loop check(ing)
Comprobación de bucle

**Contrôle par comparaison de
balais**
Brush compare check
Control por medio de comparación
de escobillas

Contrôle par diagnostic
Diagnostic check
Comprobación por diagnóstico

Contrôle par duplication
Copy check, Duplication check
Comprobación por medio de
duplicación

Contrôle par écho
Echo check(ing), Echo testing
Comprobación por eco

Contrôle par lecture après écriture
Read after write check
Comprobación por lectura después
de escritura

Contrôle par les marges
Bias check, Bias test(ing)
Comprobación de los márgenes

Contrôle par programme
Program controlled
Controlado por programa

Contrôle par réaction
Feedback control
Control por reacción

Contrôle par redondance
Redundancy check
Comprobación por redundancia

Contrôle par relecture
Read back check
Comprobación por repetición de
lectura

Contrôle par routine
Routine check
Comprobación por rutina

Contrôle par sondage
Random check, Spot check
Comprobación por sonda

Contrôle par totalisation
Check totaling, Sum(mation)
check, Total check
Comprobación por totalización

Contrôle programmé
Programmed check
Comprobación programada

Contrôle redondant
Redundant check
Comprobación redundante

Contrôle statique
Static check, Static test
Comprobación estática

Contrôle transversal
Transverse check
Comprobación transversal

Contrôle vertical par redondance
Vertical redundancy check, V.R.C.,
V.R.C.
Comprobación vertical por
redundancia, Control vertical
por redundancia

Contrôle visuel
Batten check, Cordonnier check,
Peek a boo check, Sight check,
Visual check
Comprobación visual

Contrôler
(to) Check, (to) Control
Controlar

Contrôler au pupitre
(to) Desk check
Comprobar al pupitre

Contrôler par relecture
(to) Read check
Comprobar por relectura

Contrôler une écriture
(to) Write check
Comprobar una escritura

Contrôler une séquence
(to) Sequence check
Comprobar una secuencia

Contrôler visuellement
(to) Sight check
Comprobar visualmente

Contrôleur
Controller, Tester
Controlador

Contrôleur à double densité
Dual density controller
Controlador con doble densidad

Contrôleur analogique
Analog controller
Controlador analógico

Contrôleur automatique
Automatic controller
Controlador automático

Contrôleur bi-canal
Dual channel controller
Controlador bicanal

Contrôleur de bande
Tape control unit
Controlador de cinta

Contrôleur de bande magnétique
Magnetic tape controller, M.T.C.,
M.T.C.
Controlador de cinta magnética

Contrôleur de base
Basic controller
Controlador de base

Contrôleur de communication
Communication controller
Controlador de comunicación

Contrôleur de l'unité de traitement
Processor controller
Controlador de la unidad de proceso

Contrôleur de mémoire à disques
Disk storage controller, D.S.C.,
D.S.C.
Controlador de memoria de discos

Contrôleur de programme
Program controller
Controlador de programa

Contrôleur de séquence
Watch dog
Controlador de secuencia

Contrôleur de transmission
Transmission controller
Controlador de transmisión

Contrôleur de transmission de données
Data communication controller
Controlador de transmisión de datos

Contrôleur des entrées / sorties
Input / output controller, I.O.C.
Controlador de las entradas / salidas

Contrôleur des entrées/sorties
I.O.C.
Controlador de las entradas/ salidas

Contrôleur des indicatifs numériques
Check digit verifier
Verificador de los dígitos de comprobación

Contrôleur monocanal
Single channel controller
Controlador monocanal

Contrôleur multi-ligne
Multi line controller
Controlador multilínea

Contrôleur uniligne
Single line controller
Controlador unilínea

Conventionnel
Conventional
Convencional

Conversation
Conversation
Conversación

Conversationnel
Conversational
Conversacional

Conversion
Conversion
Conversión

Conversion arithmétique
Arithmetic(al) conversion
Conversión aritmética

Conversion bande / bande
Tape-to tape conversion
Conversión cinta / cinta

Conversion bande / cartes
Tape-to card conversion
Conversión cinta / fichas

Conversion binaire / décimal
Binary-to decimal conversion
Conversión binario / decimal

Conversion cartes / bande
Card-to tape conversion
Conversión de fichas a cinta

Conversion cartes / disque
Card-to disk conversion
Conversión fichas / disco

Conversion d'adresse
Address conversion
Conversión de dirección

Conversion de code
Code conversion, Code translation,
Transcoding
Conversión de código

Conversion de données
Data conversion, Data interchange utility
Conversión de datos

Conversion de fichier
File conversion, File translation
Conversión de fichero

Conversion décimal / binaire
Decimal-to binary conversion
Conversión decimal a binario

Conversion en chiffres
Digitization
Conversión en dígitos

Conversion en décimal
Decimalization
Conversión a decimal

Conversion série / parallèle
Staticizing
Conversión serie / paralelo

Conversion simultanée
Concurrent conversion
Conversión simultánea

Convertir
(to) Convert
Convertir

Convertir de série en parallèle
(to) Staticize
Convertir de serie en paralelo

Convertir en chiffres
(to) Digitalize, (to) Digitize
Convertir en dígitos

Convertir en décimal
(to) Decimalize
Convertir en decimal

Convertisseur
Converter
Convertidor

Convertisseur analogique-numérique
A.D.C., Analog to-digital converter,
A.D.C., Digitizer
Convertidor analógico-numérico,
Convertidor analógico-digital

Convertisseur bande / cartes
Tape-to card converter
Convertidor cinta / fichas

Convertisseur bande de papier / cartes
Paper tape-to card converter
Convertidor cinta de papel a fichas

Convertisseur binaire / décimal
Binary-to decimal converter
Convertidor de binario a decimal

Convertisseur cartes / bande magnétique
Card-to magnetic tape converter
Convertidor fichas / cinta magnética

Convertisseur cartes/bande
Card-to tape converter
Convertidor fichas/cinta

Convertisseur de bandes magnétiques
Magnetic tape converter
Convertidor de cintas magnéticas

Convertisseur de code
Code converter, Code translator
Convertidor de código

Convertisseur de regroupement
Regrouping converter
Convertidor de agrupamiento

Convertisseur de série en parallèle
Staticizer
Convertidor de serie en paralelo

Convertisseur de supports de données
Data media converter
Convertidor de soportes de datos

Convertisseur de tickets
Ticket converter
Convertidor de ticket

Convertisseur d'interface de transmission
Transmission interface converter, X.I.C., X.I.C.
Convertidor de acoplamiento mutuo de transmisión

Convertisseur imprimeur
Printing digitizer
Convertidor impresor

Convertisseur numérique / analogique
Digital-to analog converter
Convertidor digital / analógico

Convertisseur numérique analogique
D.A.C.
Convertidor digital / analógico

Convertisseur numérique/ analogique
D.A.C.
Convertidor numérico/analógico

Convertisseur parallèle / série
Dynamicizer (Br.) Dynamiciser (Amer.), Parallel to serial converter
Convertidor paralelo / serie

Convertisseur série / parallèle
Serial-to parallel converter
Convertidor serie / paralelo

Copie de réserve
Back-up copy
Copia de reserva

Copie de secours
Back-up
Copia de seguridad

Copie originale
Top copy
Copia original

Copier
(to) Copy
Copiar

Corbeille d'alimentation du papier
Paper input basket
Canasta de alimentación del papel

Copie de travail
Working copy
Copia de trabajo

Correction automatique des erreurs
Automatic error correction
Corrección automática de los errores

Correction du désalignement
Deskew
Corrección de no alineación

Correction hors ligne
Off line correction
Corrección fuera línea

Corrélation
Correlation
Correlación

Correspondance
Hit, Match
Correspondencia

Correspondance un pour un
One-to-one correspondance
Correspondencia uno a uno

Corriger
(to) Correct, (to) Path
Corregir

Corriger de nouveau
(to) Repatch
Corregir de nuevo

Côté
Side
Lado

Côté extérieur
Outer face
Lado externo

Côté ligne
Line side
Lado línea

Côté reliure
Stub edge
Lado de encuadernación

Côté sortie
Outfeed
Lado salida

Couche
Layer
Capa

Coupe d'angle
Corner cut
Corte de esquina

Coupe longitudinale
Center cutting, Center slitting
Corte longitudinal

Coupe-marges
Edge cutter, Edge trimmer
Cortamárgenes

Couper le courant
(to) Cripple
Cortar la corriente

Couper longitudinalement
(to) Center slit, (to) Slit
Cortar longitudinalmente

Couper progressivement
(to) Cycle down
Cortar progresivamente

Couplage
Coupling
Acoplamiento

Couplage acoustique
Acousting coupling
Acoplamiento acústico

Couplé acoustiquement
Acoustically coupled
Acoplado acústicamente

Couple binaire
Binary pair
Par binario

Couplé optiquement
Optically coupled
Acoplado ópticamente

Coupler
(to) Couple
Acoplar

Coupleur acoustique
Acoustic coupler
Acoplador acústico

Coupleur de données
Data coupler
Acoplador de datos

Coupleur téléphonique
Telephone coupler
Acoplador telefónico

Coupon adhésif
Decal
Etiqueta

Coupure
Truncation
Truncamiento

Coupure de courant
A.C. Dump, Power dump
Corte de corriente

Coupure de courant alternatif
Alternating current dump
Corte de la corriente alterna

Coupure de courant continu
D.C. Dump
Corte de corriente continua

Courant alternatif
A.C., Alternating current, A.C.
Corriente alterna

Courant continu
D.C., Direct current, D.C.
Corriente continua

Courant de crête
Peak current
Corriente de cresta

Courant d'effacement
Erasure current
Corriente de borrado

Courant électrique
Electric(al) current
Corriente eléctrica

Courant parasite
Parasitic current
Corriente parásita

Courbe
Curve
Curva

Courbe de croissance
Growth path
Curva de crecimiento

Courbe de magnétisation
B.H. Curve
Curva de magnetización

Courbure de la bande
Cupping of tape
Curvatura de la cinta

Courrier
Mail
Correo

Courroie
Belt
Correa

Courroie d'alimentation
Picker belt
Correa de alimentación

Courroie de séparation
Separator belt
Correa de separación

Courroie de transmission
Drive belt
Correa de transmisión

Cours à temps complet
Residential course
Curso a tiempo pleno

Cours accéléré
Crash course
Curso acelerado

Cours de perfectionnement
Refresher course
Curso de perfeccionamiento

Cours d'informatique
Computer course
Curso de informática

Court
Short
Corto

Court-circuit
By-pass, Short circuit
Cortocircuito

Court-circuiter
(to) By-pass, (to) Shunt-out
Cortocircuitar

Coût
Crash cost
Coste

Coût de la pénurie
Shortage cost
Coste de escasez

Coût moyen
Average cost
Coste medio

Coût unitaire
Cost per unit
Coste unitario

Couteau
Cutter, Knife, Slitter
Cuchilla

Couteau d'alimentation
Feed knife, Picker knife
Cuchilla de alimentación

Couteau d'alimentation de cartes
Card feed knife
Cuchilla de alimentación de fichas

Couteau pour coupe longitudinale
Center slitter
Cuchilla para corte longitudinal

Coûts cumulatifs
Cumulative costs
Costes acumulativos

Coûts de traitement
Handling costs
Costes de tratamiento

Coûts d'exécution
Operating costs
Costes de ejecución

Couvercle
Cap, Lid
Cubierta

Couvercle de pile de disques
Disk pack canister
Tapadera de pila de discos

Crayon
Pencil
Lápiz

Crayon conducteur
Conductive pencil
Lápiz conductor

Crayon émetteur
Sense probe
Lápiz emisor de señal

Créateur
Originator
Creador

Création
Creation, Origination
Creación

Crédibilité
Credibility
Credibilidad

Créé par l'utilisateur
User generated
Creado por el usuario

Créer
(to) Spawn
Crear

Cristal liquide
Liquid crystal
Cristal líquido

Critère commun
Mutual key
Clave común

Critère de décision
Decision criterion
Criterio de decisión

Crochets
Square brackets
Corchetes

Croissance
Growth
Crecimiento

Croissant
Ascending, Incrementing
Creciente

Croître
(to) Grow
Crecer

Croquis
Sketch
Croquis, Esquema

(La) Cryogénie
Cryogenics
(La) Criogenia

Cryogénique
Cryogenic
Criogénico

Cumul de détails
Detail accumulation
Acumulación de detalles

Cumulativement
Accumulatively, Cumulatively
Acumulativamente,
    Cumulativamente

Cumuler
(to) Cumulate
Acumular

Curseur
Cursor, Entry marker, Slide
    contact, Slider, Wiper
Cursor

Cuve
Vat
Cuba

(La) Cybernétique
Cybernetics
(La) Cibernética

Cycle
Cycle, Loop
Ciclo

Cycle à accès rapide
Rapid access loop
Ciclo de acceso rápido

Cycle contrôlé par compteur
Count controlled loop
Ciclo controlado por contador

Cycle d'accès
Access cycle
Ciclo de acceso

Cycle d'attente
Busy loop, Waiting loop
Ciclo de espera

Cycle de base de la machine
Basic machine cycle
Ciclo de base de la máquina

Cycle de chargement
Loading cycle
Ciclo de carga

**Cycle de conservation sur trois
    générations**
Grandfather cycle
Ciclo de conservación en tres
    generaciones

Cycle de contrôle
Control loop
Ciclo de control

**Cycle de contrôle de premier
    niveau**
Major control cycle
Ciclo de control de primer nivel

**Cycle de contrôle d'ordre
    intermédiaire**
Intermediate control cycle
Ciclo de control de orden
    intermedio

Cycle de l'opération
Operation routing
Ciclo de operación

Cycle de mémoire
Memory cycle, Storage cycle
Ciclo de memoria

Cycle de programme
Program cycle, Program loop
Ciclo de programa

Cycle de recherche
Search cycle
Ciclo de búsqueda

Cycle de traitement
Processing cycle
Ciclo de proceso

Cycle d'essai
Testing cycle
Ciclo de ensayo

Cycle d'essai du programme
Program test cycle
Ciclo de ensayo del programa

Cycle d'exécution
Execute cycle, Execution cycle,
    Operation cycle
Ciclo de ejecución

Cycle d'hystérisis
Hysteresis loop
Ciclo de histéresis

Cycle d'installation
Installation cycle
Ciclo de instalación

Cycle d'instruction
Instruction cycle
Ciclo de instrucción

Cycle d'une carte
Card cycle
Ciclo de una ficha

Cycle fermé
Closed loop
Ciclo cerrado

Cycle machine
Machine cycle
Ciclo máquina

Cycle majeur
Major cycle
Ciclo mayor

Cycle mineur
Minor cycle
Ciclo menor

Cycle opératoire
Control cycle, Intercycle
Ciclo operatorio

Cycle rythmeur
Clock cycle
Ciclo de reloj

Cycles par seconde
Cycles per second
Ciclos por segundo

Cylindre
Cylinder, Platen, Roller
Cilindro

Cylindre de lecture
Read roller
Cilindro de lectura

Cylindre d'impression
Print barrel, Type roll
Cilindro de impresión

Cylindre en deux parties
Split platen
Cilindro en dos partes

Cylindre porte-caractères
Character cylinder, Type bearing
  drum
Cilindro portacaracteres

D

Dans le sens des colonnes
Columnwise
En el sentido de las columnas

Dans l'ordre inverse
(in) Reverse order
En orden inverso

Dans un ordre quelconque
(in) Random order
En un orden cualquiera

Date
Date
Fecha

Date de compilation
Date compiled
Fecha de compilación

Date de conservation
Retention date
Fecha de conservación

Date de création
Creation date
Fecha de creación

Date de figeage
Frozen date
Fecha de congelación

Date de l'arrêté comptable
Cut-off date
Fecha del cierre contable

Date de livraison
Delivery date
Fecha de entrega

Date de mise en service
Cut-over date
Fecha de puesta en servicio

Date de mouvement
Transaction date
Fecha de movimiento

Date de prescription
Void date
Fecha de caducidad

Date de rédaction
Date written
Fecha de redacción

Date de relevé de compteur
Reading date
Fecha de lectura del contador

Date d'entrée en vigueur
From date
Fecha de entrada en vigor

Date d'expiration
Scratch date
Fecha de expiración

Date d'extrait de compte
Statement date
Fecha de extracto de cuenta

Date d'initiation
Begin date
Fecha de inicio

Date d'installation
Installation date
Fecha de instalación

Date du jour
Current date, Today's date
Fecha del día

Date limite de validité
Purge date
Fecha límite de validez

De base
Basic
De base, Básico

De biais
Askew
Al sesgo

De dialogue, dialogue
Conversational
Conversacional, dialogado

De façon algorithmique
Algorithmically
De manera algorítmica

De façon asynchrone
Asynchronously
De manera asíncrona

De façon répétitive
Repetitively
De manera repetitiva

De gestion
Managerial
De gestión

De poids mineur
Rightmost
De peso menor

De réserve
Back up, Standby
De reserva

De secours
Back-up
De reserva, de emergencia

De tête
Leading
En cabeza

De travers
Askew
De través

Débit asynchrone
Asynchronous flow
Flujo asíncrono

Débit binaire
Bit rate
Flujo binario

Débit de données
Data stream
Flujo de datos

Débit de résultats en sortie
Output stream
Flujo de resultados en salida

Débit de travail
Work flow
Flujo de trabajo

Déblocage
Deblocking
Desbloqueo

Débloquer
(to) Deblock, (to) Latch trip, (to) Unlatch
Desbloquear

Débobiner
(to) Unwind
Desarrollar

Débordement
Overshoot
Desbordamiento

Déborder
(to) Overshoot
Desbordar

Débrayage
Clutch disengaging
Desembrague

Début
Beginning, Inception
Principio

Début de bande
Beginning of tape, B.O.T.,
Lead(ing) end, Tape leader
Principio de cinta

Début de fichier
Beginning of file, B.O.F., B.O.F.
Principio de fichero

Début de message
S.O.M., Start of message, S.O.M.
Principio de mensaje

Début de numérotation de pages
Beginning page number
Número de la primera página

Début de texte
Start of text, S.T.X., S.T.X.
Principio de texto

Début d'en-tête
S.O.H., Start of heading, S.O.H.
Principio de encabezamiento

Début d'enregistrement
S.O.R., Start of record, S.O.R.
Principio de registro

Décade
Decade
Década

Décalage
Offset, Shift
Desplazamiento

Décalage à droite
Right shift
Desplazamiento a la derecha

Décalage à gauche
Left shift
Desplazamiento a la izquierda

Décalage alphabétique
Alphabetic(al) shift
Desplazamiento alfabético

Décalage arithmétique
Arithmetic(al) shift
Desplazamiento aritmético

Décalage binaire
Binary shift
Desplazamiento binario

Décalage circulaire
Circular shift, Cycle shift, End
around shift, Ring shift
Desplazamiento circular

Décalage cyclique
Cyclic shift
Desplazamiento cíclico

Décalage logique
Logic(al) shift
Desplazamiento lógico

Décalage non arithmétique
Non arithmetic shift
Desplazamiento no aritmético

Décalages numériques
Numerical shifts
Desplazamientos numéricos

Décalé
Offset
Desplazamiento

Décaler
(to) Offset, (to) Shift
Desplazar

Décaler circulairement
(to) Cycle shift
Desplazar circularmente

Décélération
Deceleration
Deceleración

Déchargement
Unload(ing)
Descarga

Décharger
(to) Unload
Descargar

Déchet
Scrap
Desperdicio

Déchiffrage
Decipherment
Descifrado

Déchiffrer
(to) Decipher
Descifrar

Décibel
Decibel
Decibelio

Décimal
Decimal
Decimal

Décimal codé
Coded decimal
Decimal codificado

Décimal codé en binaire
B.C.D., Binary coded decimal,
B.C.D.
Decimal codificado en binario

Décimal condensé
Packed decimal
Decimal condensado, Decimal
empaquetado

Décimal divisé en zones
Zoned decimal
Decimal dividido en zonas

Décision
Decision
Decisión

Décision logique
Logical decision
Decisión lógica

Déclaration
Declaration
Declaración

Déclaration contextuelle
Contextual declaration
Declaración contextual

Déclarer
(to) Declare
Declarar

Déclassé
Misplaced, Out of order
Desclasificado

Déclencher
(to) Trigger
Disparar

Décodage
Decoding
Decodificación

Décodage de l'instruction
Instruction decoding
Decodificación de la instrucción

Décoder
(to) Decode
Decodificar

Décodeur
Decoder
Decodificador

Décodeur d'adresse
Address decoder
Decodificador de dirección

Décodeur d'opération
Operation decoder
Decodificador de operación

Décomposer
(to) Break-up into, (to) Dissect, (to)
Explode
Descomponer, Desglosar

Décomposition
Explosion
Descomposición

Décomposition à un niveau
Single level explosion
Descomposición con un nivel

Décomposition cumulative
Summarized explosion
Descomposición acumulativa

Décomposition du temps
Timing
Descomposición del tiempo

Décompter à rebours
(to) Count down counter
Contar al revés

Déconnecté
Out of contact
Desconectado

Déconnecter
(to) Branch off, (to) De-activate,
(to) Declutch, (to) Disconnect,
(to) Unplug
Desenlazar, Desconectar,
Desconectar

Déconnexion
Declutching, Disconnect
Desconexión

Découpe
Cutting
Recorta

Découper
(to) Cut out
Recortar

Découvert
Overdraft
Descubierto (bancario)

Découvrir
(to) Uncover
Descubrir

Décrément logarithmique
Logarithmic decrement
Decremento logarítmico

Décroissant
Descending
Decreciente

Déduction
Deduction
Deducción

Déduire (soustraire)
(to) Deduct
Deducir, restar

Déduire - (Conclure)
(to) Infer
Deducir - (Concluir)

Défaillance
Failure, Fault
Fallo, Avería

Défaillance contrôlée
Verified failure
Fallo, Avería controlada

Défaillance importante
Primary failure
Fallo, Avería importante

Défaillance mineure
Minor failure, Secondary failure
Fallo, Avería menor

Défaillance progressive
Drift failure
Fallo, Avería progresiva

Défaut
Bug, Flaw
Defecto, Error

Défaut d'alignement
Misalignment
Defecto de alineación

Défaut d'alimentation
Feed failure, Misfeed(ing)
Defecto de alimentación

Défaut d'enregistrement
Drop-out
Defecto de registro

Défaut permanent
Permanent fault
Defecto permanente

Défectueux
Faulty
Defectuoso

Défilement
Scrolling
Desfile, Pasada secuencial

Défilement de la bande
Tape motion, Tape movement
Movimiento de la cinta, Desarrollo
de la cinta

Défiler devant
(to) Travel past, (to) Traverse
Llegar hasta más allá de, Desfilar
delante

Défiler devant la tête de lecture
(to) Traverse the head
Desfilar delante de la cabeza de
lectura

Définir
(to) Define
Definir

Définition
Definition
Definición

Définition de données
Data definition, D.D., D.D.
Definición de datos

Définition de l'enregistrement
d'un fichier
File record design
Diseño del registro de un fichero

Définition de macro-instruction
Macro definition
Definición de macroinstrucción

Définition de problème
Problem definition
Definición de problema

Définition de programme
Program definition
Definición de programa

Définition des systèmes
Systems definition
Definición de los sistemas

Définition du fichier
File design
Diseño del fichero

Définition par correspondance
Correspondance defining
Definición por correspondencia

Déformation
Garbling, Glitching
Deformación

Déformé
Garbled
Deformado

Déformer
(to) Garb
Deformar

Dégradation
Degradation
Degradación

Dégradation relative
Graceful degradation
Degradación progresiva,
   degradación relativa

Degré de priorité
Level of priority
Grado de prioridad

Dégroupage
Unblocking, Unpacking
Desbloqueo

Dégrouper
(to) Unblock, (to) Unpack
Desbloquear

Délai d'attente en ligne
Line time out
Tiempo de espera en línea

Délai de livraison
Delivery time
Tiempo de entrega

Délai de réapprovisionnement
Replenishment lead time
Tiempo de reaprovisionamiento

Délai d'enclenchement
Clutch access time
Tiempo de embrague

Délai global d'obtention
Procurement lade time
Tiempo global de carga

Déliassage
Decollating, Decollation, Deleaving
Separación de las hojas

Déliasser
(to) Decollate, (to) Deleave
Separar las hojas

Déliasseuse
Decollating machine, Decollator,
   Deleaver, Deleaving machine
Separadora de hojas

Déliasseuse d'imprimés
Form separator
Separadora de impresos

Délimitation
Demarcation, Framing
Delimitación, Encuadre

Délimitation de groupe
Group mark
Delimitación de grupo

Délimitation de zone
Field definition
Definición de campo

Délimiter
(to) Delimit, (to) Demarcate, (to)
   Frame
Delimitar, Encuadrar

Délimiteur
Delimiter
Delimitador

Délimiteur inférieur
Low delimiter
Delimitador inferior

Délimiteur supérieur
High delimiter
Delimitador superior

Démagnétisation
Demagnetization
Desmagnetización

Démagnétiser
(to) Demagnetize
Desmagnetizar

Démagnétiseur
Bulk eraser
Desmagnetizador

Demande
Bid
Petición

Demandé
Called party
Llamada

Demande
Request(ing)
Petición

Demande asynchrone
Asynchronous request
Petición asíncrona

Demande automatique de
   répétition
Automatic request for repetition
Petición automática de repetición

Demande de ligne
Line bid
Petición de línea

Demande d'émettre
Request to send
Petición de emitir

Demande d'entrée
Input request
Petición de entrada

Demande d'interrogation
Inquiry request
Petición de interrogación

Demande d'intervention
Request for control
Petición de intervención

Demande en attente
Request pending
Petición en espera

Demander
(to) Call for, (to) Request
Pedir, Llamar

Demander à intervenir
(to) Request control
Pedir la intervención

Demander l'introduction d'une
   information
(to) Request control information
Pedir la introducción de una
   información

Demandeur
Calling party, Requestor
Parte que llama, Solicitante

Démarrage
Start(ing), Start(ing)-up
Lanzamiento, arranque

Démarrage à chaud
Warm start
Lanzamiento en caliente

Démarrer
(to) Initiate, (to) Start, (to) Start-up
Lanzar, Arrancar

Démarrer à froid
(to) Cold start
Arrancar en frío

Demi-additionneur
Half adder
Semisumador

Demi-additionneur binaire
Binary half adder
Semisumador binario

Demi-additionneur parallèle
Parallel half adder
Semisumador paralelo

Demi-mot
Half word
Media palabra

Demi-soustracteur
Half subtracter
Semirrestador

Demi-soustracteur parallèle
Parallel half subtracter
Semirrestador paralelo

Démodificateur
Demodifier
Demodificador

Démodulateur
Demodulator
Demodulador

Démodulateur télégraphique
Telegraph demodulator
Demodulador telegráfico

Démodulation
Demodulation
Demodulación

Démodulation analogique
Analog demodulation
Demodulación analógica

Démoduler
(to) Demodulate
Demodular

Démonstrateur
Demonstrator
Demostrador

Démontage
Disassembly, Takedown
Desmontaje

Démonter
(to) Disassemble, (to) Dismount,
(to) Unmount
Desmontar

Démultiplexage
Demultiplexing
Desmultiplexión

Dénominateur
Denominator
Denominador

Dénominateur commun
Common denominator
Denominador común

Dénomination interne
Internal name
Denominación interna

Densité
Compactness, Density
Densidad

Densité binaire
Bit density
Densidad binaria

Densité de compacité
Packing density
Densidad de compacidad

Densité de condensation
Packaging density
Densidad de condensación

Densité de mémoire
Storage density
Densidad de almacenamiento

Densité d'enregistrement
Recording density
Densidad de grabación

**Densité d'enregistrement de
données**
Data density
Densidad de grabación de datos

**Densité d'enregistrement de
l'information**
Information packing density
Densidad de grabación de la
información

Densité d'enregistrement en bits
Bit packing density
Densidad de grabación en bits

**Densité d'enregistrement sur
bande**
Tape density
Densidad de grabación sobre cinta

Densité des marques
Mark density
Densidad de las marcas

Densité en caractères
Character density
Densidad en caracteres

Dépannage
Shooting
Reparación

Dépassement
Overdraw, Overkill
Desbordamiento

Dépassement arithmétique négatif
Arithmetic(al) underflow
Desbordamiento aritmético inferior

Dépassement arithmétique positif
Arithmetic(al) overflow
Desbordamiento aritmético
superior

Dépassement de capacité
Overflow, Overrun
Desbordamiento de capacidad

**Dépassement de capacité de la
mémoire**
Memory overflow
Desbordamiento de capacidad de
almacenamiento

Dépassement d'enregistrement
Record overflow
Desbordamiento de grabación

Dépassement du temps
Overtime
Desbordamiento del tiempo

Dépassement du temps imparti
Time out
Exceso del tiempo permitido

**Dépassement en capacité
décimale**
Decimal overflow
Desbordamiento en capacidad
decimal

**Dépassement négatif de la
caractéristique**
Characteristic underflow
Desbordamiento negativo de la
característica

Dépassement négatif en capacité
Underflow
Desbordamiento inferior

**Dépassement positif de la
caractéristique**
Characteristic overflow
Desbordamiento superior de la
característica

Dépasser
(to) Exceed, (to) Overdraw
Desbordar, Extralimitar

Dépasser en capacité
(to) Overflow
Desbordar en capacidad

Dépendant de la configuration
Configuration dependent
Dependiente de la configuración

Dépendant de l'installation
Installation dependent
Dependiente de la instalación

Dépendant de l'utilisateur
User-controlled
Controlado por el usuario

Dépendant d'un dispositif
Device dependent
Dependiente de un dispositivo

Déplacement
Displacement, Motion, Travel
Desplazamiento

Déplacement de fréquence
Frequency shift
Desplazamiento de frecuencia

Déplacement latéral
Lateral displacement
Desplazamiento lateral

Déplacer
(to) Remove, (to) Travel
Desplazar

Dépourvu de mémoire intermédiaire
Unbuffered
Desprovisto de memoria intermedia

Dépoussiereur de bande
Tape cleaner
Dispositivo limpiador de cinta

Dépréciation constante
Straight line depreciation
Depreciación lineal

Dérangement
Disturbance
Perturbación

Déranger
(to) Disturb
Perturbar

Dérivation
Branching, Shunt
Derivación

Dérivation multiple
Multidrop
Derivación múltiple

Dérive
Drift
Deriva

Dernier
Last, Latter
Último

Dernier entré, premier sorti
Last in, first out, L.I.F.O., L.I.F.O.
Último entrado, primer salido, Ultimo entrado, primer salido

Dernier utilisateur
End user
Usuario final

Dernière case d'un organigramme
Terminal block
Última casilla de un organigrama

Dernière génération
Current generation
Última generación

Dernière ligne d'un état
Report footing line
Última línea de un informe

Dernière position
End position
Última posición

Déroulement
Course, Progress
Desarrollo

Déroulement des travaux en parallèle
Parallel work-flow
Desarrollo de los trabajos en paralelo

Déroulement du programme
Program flow
Desarrollo del programa

Déroulement en série (des travaux)
Serial flow
Desarrollo en serie (de los trabajos)

Dérouler
(to) Unreel
Desarrollar

Dérouler pas à pas
(to) Single step
Ir paso a paso, Desarrollar paso a paso

Dérouleur
Tape deck, Unwinder
Desarrollo medio

Dérouleur de bande
Tape drive, Tape handler, Tape servo, Tape unwinder
Unidad de cinta, Procesador

Dérouleur de bande magnétique
Magnetic tape cluster
Grupo de cintas magnéticas

Dérouleur de bande numérique
Digital tape transport
Desarrollo de cinta numérica

Dérouleur de film magnétique
Magnetic film handler, M.F.H., M.F.H.
Procesador de filme magnético, Desarrollador de filme magnético

Déroutement
Trap(ing)
Desvío, Interrupción

Déroutement en transmission de données
Data transmission trap
Interrupción en transmisión de datos

Dérouter
(to) Trap
Desviar, Interrumpir

Désaligné
Out of alignment
Desalineado

Désalignement
Gap scatter, Misalignment
Desalineamiento

Désalignement de l'imprimé
Form skew
Desalineación del impreso

Désalignement vertical
Vertical misalignment
Desalineamiento vertical

Descripteur
Describer, Descriptor, Uniterm
Descriptor

Description de données
Data description
Descripción de datos

Description de problème
Problem description
Descripción de problema

Description de programme
Program description
Descripción de programa

Description de tracé
Format description
Descripción de formato

Description des systèmes
Architecture, Systems description
Descripción de los sistemas

Description du programme
Program write up
Descripción (impresa) del
    programa

Désexcitation
Deenergization
Desexcitación

Désexciter
(to) Deenergize
Desexcitar

Déshumidificateur
Dehumidifier
Deshumidificador

**Désignation du spectre de
    fréquences**
Frequency spectrum designation
Designación del espectro de
    frecuencias

Dessin
Drawing
Dibujo

Dessin automatisé
Computer aided design
Diseño automatizado

Dessin de caractère
Character design
Diseño de carácter

Dessin d'une carte
Card design
Diseño de una ficha

Destinataire
Addressee
Destinatario

Description de données
Out of step
Desincronizado

Désynchronisé
Out of step
Desincronizado

Détail
Itemization
Detalle

Détailler
(to) Itemize
Detallar

Détectable par machine
Machine sensible
Detectable por máquina

Détecter
(to) Detect, (to) Sense
Detectar

Détecteur
Detector, Finder, Sensing device,
    Sensor
Sensor, Detector

Détecteur de colonnes vierges
Blank column detector
Detector de columnas vírgenes

Détecteur de début de bande
Beginning of tape sensor
Detector de principio de cinta

Détecteur de fin de bande
End of tape sensor, Out of tape
    sensor
Detector de fin de cinta

Détecteur de fin de papier
Paper low sensor
Detector de proximidad del fin del
    papel

**Détecteur de modulation
    d'amplitude**
Amplitude modulation detector
Detector de modulación de
    amplitud

Détecteur de niveau de la bande
Tape level sensor
Detector de nivel de la cinta

Détecteur de rupture de bande
Tape break sensor
Detector de ruptura de cinta

Détecteur photoélectrique
Photosensor
Detector fotoeléctrico

Détection
Detection, Sensing
Detección

Détection automatique des erreurs
Automatic error detection
Detección automática de los
    errores

Détection de panne
Fault finding
Detección de avería

Détection de position angulaire
Rotational position sensing, R.P.S.,
    R.P.S.
Detección de posición angular

Détection d'erreurs
Error detection
Detección de errores

Détection linéaire
Linear detection
Detección lineal

Détection magnétique
Magneting sensing
Detección magnética

Détection parabolique
Square-law detection
Detección parabólica

Détérioration
Mutilation
Deterioro

Détérioré
Mutilated
Deteriorado

Détériorer
(to) Mutilate
Deteriorar

Détermination de mode
Set mode
Determinación de modo

Déterminer
(to) Determinate
Determinar

Détruire
(to) Unsave
Destruir

Détruire le synchronisme
(to) Lose Synchronism
Perder el sincronismo

Deux adresses
Two address
Dos direcciones

Développement
Development
Desarrollo

Développer
(to) Develop
Desarrollar

Déviateur
Sense switch
Conmutador (detectable por
programa)

Déviateur de pupitre
Console switch
Conmutador de pupitre

Déviateur d'interruption
Interrupt trap
Desviador de interrupción

Déviation
Bias, Deviation
Desvío

Déviation de fréquence
Frequency deviation, Frequency
swing
Desvío de frecuencia, Desvío
periódico de frecuencia

Dévier
(to) Deflect
Desviar

Diagnose
Diagnosis
Diagnosis

Diagnostic
Diagnostic, Test mode
Diagnóstico

Diagnostic d'erreurs
Error diagnostic
Diagnóstico de errores

Diagnostics du compilateur
Compiler diagnostics
Diagnósticos del compilador

(La) Diagnostique
Diagnostics
(La) Diagnóstica

Diagnostiquer
(to) Diagnose
Diagnosticar

Diagramme
Diagram
Diagrama

Diagramme de Gantt
Bar chart, Gantt chart
Diagrama de Gantt, Diagrama de
barras

Diagramme de Veith
Veith chart, Veith diagram
Diagrama de Veith

Diagramme de Venn
Venn diagram
Diagrama de Venn

Diagramme énergétique
Energy level diagram
Diagrama energético

Diagramme fonctionnel
Action chart
Diagrama funcional

Dialogue
Conversation
Diálogo

Dialogué
Conversational, Conversational
mode
Dialogado, Modo de comunicación
conversacional

Dialogue
Dialogue
Diálogo

Dialogue homme-machine
Man-machine communications
Diálogo hombre-máquina

Dialoguer
(to) Converse
Dialogar

Dialoguer avec
(to) Interact with
Dialogar con

Diamètre de bobine
Reel size
Diámetro de la bobina

Diaphonie
Cross talk
Diafonía, Interferencia

Dichotomie
Dichotomy
Dicotomía

Dictaphone
Dictating machine
Dictáfono

Dictionnaire
Dictionary
Diccionario

Dictionnaire automatique
Automatic dictionary
Diccionario automático

**Dictionnaire de contrôle de
l'éditeur de liens**
Linkage editor control dictionary
Diccionario de control del
montador de enlaces

Dictionnaire des codes
Dictionary code
Diccionario de los códigos

Dictionnaire des codes inverses
Reverse code dictionary
Diccionario de los códigos
inversos

Dictionnaire des données
Data dictionary
Diccionario de los datos

**Dictionnaire des symboles
externes**
E.S.D., External symbol dictionary,
E.S.D.
Diccionario de los símbolos
externos

Dictionnaire des translations
Relocation dictionary, R.L.D.,
R.L.D.
Diccionario de las traslaciones

Différence
Difference, Discrepancy
Diferencia

Différence logique
Logical difference
Diferencia lógica

Différence symétrique
Symmetric difference
Diferencia simétrica

Différent de zéro
Non zero
Diferente de cero

Différentiateur
Differentiator
Diferenciador

Différer
(to) Defer
Diferir, Retardar

Diffuser
(to) Broadcast, (to) Disperse, (to)
Scatter
Difundir

Diffusion
Broadcast, Dispersal, Dispersion
Difusión

Diffusion / regroupement
Scatter / gather
Dispersión / agrupamiento

Diffusion de données
Data dispersal, Data dissemination
Difusión de datos

Dimension ajustable
Adjustable extent
Dimensión ajustable

Dimensions après massicotage
Trimmed size
Dimensiones después de corte

Diminuer
(to) Decrement, (to) Detract from
Disminuir

Diminuer d'une unité
(to) Decrement by one
Disminuir en una unidad

Diminution
Decrease, Decrement
Disminución

Diminution exponentielle
Exponential decline
Disminución exponencial

Diminution rectiligne
Declining balance, Straight line
decline
Disminución lineal, Disminución
rectilínea

Diode
Diode
Diodo

Diode électroluminiscente
L.E.D., Light emitting diode, L.E.D.
Diodo electroluminiscente

Directive
Command
Directiva

Directive de l'opérateur
Operator command
Directiva del operador

Dirigé par ordinateur
Computer directed, Computer
driven
Dirigido por ordenador

Discontinu
Chopped
Discontinuo

Discontinuité d'encrage
Breakthrough
Discontinuidad del entintado

Discothèque
Library of disk packs
Discoteca

Discrètement
Discretely
Discretamente

Disjoncteur
Breaker
Disyuntor

Dispersion
Stray
Dispersión

Disponibilité
Availability
Disponibilidad

Disponibilité au service
Serviceability
Facilidad de servicio

Disponibilité des stocks
Inventory availability
Disponibilidad de las existencias

Disponibilité intrinsèque
Intrinsic availability
Disponibilidad intrínseca

Disponible
Available, Free, Vacant
Disponible

Disponible en stock
Off the shelf
Disponible en almacén

Disposé dans un ordre quelconque
Randomly arranged
Dispuesto en un orden cualquiera

Disposer
(to) Arrange, (to) Layout
Disponer, Colocar

Dispositif
Device, Feature
Dispositivo

Dispositif à accès direct
Direct access device
Dispositivo con acceso directo

Dispositif à cartes multiples
Multiple spread card feature
Dispositivo con fichas múltiples

Dispositif à disques
Disk device
Dispositivo con discos

Dispositif à double chariot
Dual carriage feature
Dispositivo con doble carro

Dispositif à double entrainement
Dual feed device
Dispositivo con doble alimentación

Dispositif à ruban magnétique
Magnetic strip device
Dispositivo con lámina magnética

Dispositif à semi-conducteurs
Solid state device
Dispositivo con semiconductores

Dispositif analogique
Analog device
Dispositivo analógico

Dispositif asynchrone
Asynchronous device
Dispositivo asíncrono

Dispositif automatique
Hardware device
Dispositivo automático

**Dispositif automatique de
sélection**
A.D.U., Automatic dialling unit,
A.D.U.
Dispositivo automático de
selección, Dispositivo
automático de llamada,
Dispositivo automático de
marcado de números

Dispositif d'alarme
Invigilator
Dispositivo de alarma

Dispositif d'alignement
Aligner
Dispositivo de alineamiento

Dispositif d'alignement des cartes
Card aligner
Dispositivo de alineamiento de las fichas

Dispositif d'alimentation
Feeding device
Dispositivo de alimentación

Dispositif d'alimentation de documents
Document feeder
Dispositivo de alimentación de documentos

Dispositif d'alimentation de papier
Above platen device
Dispositivo de alimentación de papel

Dispositif d'alimentation en cartes
Card feed attachment
Dispositivo de alimentación en fichas

Dispositif d'appel automatique
A.C.U., Automatic calling unit, A.C.U.
Dispositivo de llamada automática

Dispositif d'appel d'attention
Attention device
Dispositivo de llamada de atención

Dispositif de blocage
Clamping device
Dispositivo de fijación

Dispositif de comparaison
Matching device
Dispositivo de comparación

Dispositif de contrôle
Control device, Device controller
Dispositivo de control

Dispositif de contrôle des indicatifs numériques
Check digit verification attachment
Verificación de los dígitos de comprobación

Dispositif de contrôle direct
D.C.F., Direct control feature, D.C.F.
Dispositivo de control directo

Dispositif de conversion
Conversion device
Dispositivo de conversión

Dispositif de lecture des cartes
Ledger card device
Dispositivo de lectura de fichas

Dispositif de lecture optique de film
Film optical scanning device
Dispositivo de lectura óptica de filme

Dispositif de mémoire
Storage device
Dispositivo de almacenamiento

Dispositif de mise en activité
Actuator
Dispositivo de activación

Dispositif de mot segmenté
Segmented word feature
Dispositivo de palabra segmentada

Dispositif de protection
Guard
Dispositivo de protección

Dispositif de protection de la mémoire
Memory protect device
Dispositivo de protección de la memoria

Dispositif de reconnaissance de caractères .
Character recognition device
Dispositivo de reconocimiento de caracteres

Dispositif de récupération du papier carbone
Carbon savor, Carbon saving device
Dispositivo de recuperación del papel carbón

Dispositif de remplacement
Alternate device
Dispositivo de substitución

Dispositif de retournement des cartes
Card reversing device
Dispositivo de inversión de las fichas

Dispositif de saisie de données
Data capturing device
Dispositivo de adquisición de datos

Dispositif de sécurité
Safety device
Dispositivo de seguridad

Dispositif de sortie du système
System output device
Dispositivo de salida del sistema

Dispositif de sorties numériques et analogiques
Digital and analog output basic
Dispositivo de salidas numéricas y analógicas

Dispositif de soulèvement de la bande
Tape lifter
Dispositivo para levantar la cinta

Dispositif de surveillance
Surveying monitor
Dispositivo de vigilancia

Dispositif de surveillance du fonctionnement
Operation monitor
Dispositivo de vigilancia del funcionamiento

Dispositif d'entrainement
Drive
Dispositivo accionador, Unidad

Dispositif d'entraînement de disque magnétique
Magnetic disk drive
Dispositivo accionador, Unidad de disco magnético

Dispositif d'entrainement des documents
Document tractor
Dispositivo accionador de los documentos

Dispositif d'entrée par stylet
Stylus input device
Dispositivo de entrada por punzón

Dispositif d'identité
Identity unit
Dispositivo de identidad

Dispositif d'impression sur cartes
Card print assembly
Dispositivo de impresión sobre fichas

Dispositif d'indication de secteur indépendant
Independent sector designating device
Dispositivo de indicación de sector independiente

Dispositif d'inscription
Inscriber
Dispositivo de inscripción

Dispositif d'introduction du système
System input device
Dispositivo de entrada al sistema

Dispositif doté de mémoire de masse
Mass storage device
Dispositivo de almacenamiento de masa

Dispositif facultatif
Optional device
Dispositivo opcional

Dispositif retardateur de chiffres
Digit delay device
Dispositivo de retardo de dígitos

Dispositif spécial
Special device, Special feature
Dispositivo especial

Disposition
Arrangement, Layout
Disposición, Colocación

Disposition de la mémoire
Storage disposition
Disposición de almacenamiento

Disque
Disk
Disco

Disque analyseur
Scanner disk
Disco analizador

Disque bibliothèque
Library disk
Disco biblioteca

Disque codeur
Code disk, Code wheel
Disco codificador

Disque de bobine
Reel flange
Pestaña (saliente) del carrete

Disque de données
Data disk
Disco de datos

Disque de synchronisation
Clock disk, Timing disk
Disco de sincronización

Disque de travail
Scratch disk, Work disk
Disco de trabajo

Disque d'embrayage
Clutch disk
Disco de embrague

Disque d'évacuation
Switch disk
Disco de evacuación

Disque fixe
Fixed disk
Disco fijo

Disque inférieur
Lower disk
Disco inferior

Disque magnétique
Magnetic disk
Disco magnético

Disque optique
Optical disk
Disco óptico

Disque principal
Master disk
Disco principal

Disque résidant
Resident disk
Disco residente

Disque souple
Diskette, Flexible or floppy disk
Disco flexible, Disquete

Disque supérieur
Upper disk
Disco superior

Disque système
System disk
Disco del sistema

Disques à tête fixe
Fixed head disks
Discos con cabeza fija

Disquette
Diskette flexible or floppy disk,
    Floppy disk, Minnow disk
Disquete, Disco flexible

Dissipateur thermique
Heat sink
Disipador térmico

Distance
Distance
Distancia

Distance de Hamming
Hamming distance
Distancia de Hamming

Distance entre signaux
Signal distance
Distancia entre señales

Distorsion asymétrique
Asymmetrical distortion
Distorsión asimétrica

Distorsion caractéristique
Characteristic distortion
Distorsión característica

Distorsion d'amplitude
Amplitude distortion
Distorsión de amplitud

Distorsion dans le circuit
Circuit skew
Distorsión en el circuito

Distorsion d'atténuation
Attenuation distortion
Distorsión de atenuación

Distorsion de fréquence
Frequency distortion
Distorsión de frecuencia

Distorsion de phase
Phase distortion
Distorsión de fase

Distorsion de quantification
Quantization distortion
Distorsión de cuantificación

Distorsion dissymétrique
Bias distortion
Distorsión disimétrica

Distorsion fortuite
Fortuitous distortion
Distorsión fortuita

Distorsion harmonique
Harmonic distortion
Distorsión armónica

Distorsion télégraphique
Telegraph distortion
Distorsión telegráfica

Distribuer
(to) Dispatch, (to) Dispense, (to)
    Distribute
Distribuir

Distributeur
Dispatcher, Dispenser, Distributor
Distribuidor

Distributeur / émetteur
T D (Transmitter-Distributor)
Distribuidor / emisor

Distributeur / transmetteur
Transmitter / distributor
Distribuidor / transmisor

Distributeur de bande
Tape dispenser
Distribuidor de cinta

Distributeur de tâches
Task dispatcher
Distribuidor de tareas

Distributeur de tickets
Ticket issuing machine
Distribuidor de tickets

**Distributeur d'impulsions
d'horloge**
Time pulse distributor
Distribuidor de impulsos del reloj

Distribution
Dispatching, Distribution
Distribución

Distribution de tâches
Task dispatching
Distribución de tareas

Diversité
Diversity
Diversidad

Diversité dans l'espace
Space diversity
Diversidad en el espacio

Diversité de fréquence
Frequency diversity
Diversidad de frecuencia

Dividende
Dividend
Dividendo

Diviser
(to) Divide
Dividir

Diviser B par A
(to) Divide A into B
Dividir B por A

Diviseur
Divisor
Divisor

Diviseur analogique
Analog divisor
Divisor analógico

Diviseur numérique
Digital divider
Divisor numérico

Division
Division
División

Division de zone
Zoning
División por zonas

Division des données
Data division
División de los datos

Division 'procédures'
Procedure division
División 'procedimientos'

Document
Document
Documento

Document à l'entrée
Input document
Documento de entrada

Document à marques optiques
Mark scanning document
Documento con marcas ópticas

Document à mise en page libre
Unformatted document
Documento de paginación libre,
Documento sin formato

**Document codé en code à
bâtonnets**
Bar coded document
Documento codificado en código
de barras

Document de contrôle de format
Format document
Documento de control de formato

Document de travail
Working document
Documento de trabajo

**Document exploitable par
machine**
Machine processable form
Documento procesable por
máquina

Document imprimé
Hard copy
Documento impreso

Document navette
Turn around document
Documento lanzadera

Document original
Original document
Documento original

Document porteur de marques
Hand marked document
Documento con marcas

Document repère
Marked document
Documento referencia

Document source
Source document
Documento fuente

Documentation
Documentation
Documentación

Documentation des phases
Run book
Documentación de las fases

Documentation des programmes
Program documentation
Documentación de los programas

Documentation des systèmes
Systems documentation
Documentación de los sistemas

Documentation du système
System documentation
Documentación del sistema

Documents comptables
Accounting documents
Documentos contables

Domaine de l'informatique
Data processing field, Information
processing world
Campo de la informática

Donnée
Data, Datum, Item
Dato

Donnée alphabétique
Alphabetic(al) item
Dato alfabético

Donnée alphanumérique
Alphanumeric(al) item
Dato alfanumérico

Donnée binaire
Binary item
Dato binario

Donnée clé
Key data
Dato clave

Donnée composée
Group item
Dato compuesto

Donnée de base
Base item
Dato de base

Donnée décimale externe
External decimal item
Dato decimal externo

Donnée décimale interne
Internal decimal item
Dato decimal interno

Donnée en virgule flottante externe
External floating point item
Dato en coma flotante externa

Donnée en virgule flottante interne
Internal floating point item
Dato en coma flotante interna

Données
Data, Data item, Item
Datos, Datos o artículos

Données absolues
Absolute data
Datos absolutos

Données alphabétiques
Alphabetic(al) data
Datos alfabéticos

Données alphanumériques
Alphanumeric(al) data
Datos alfanuméricos

Données analogiques
Analog data
Datos analógicos

Données arithmétiques
Arithmetic(al) data
Datos aritméticos

Données arithmétiques codées
Coded arithmetic data
Datos aritmético-codificados

Données auxiliaires
Auxiliary data
Datos auxiliares

Données constantes
Constant data, Data master, Fixed data
Datos constantes

Données d'articles
Item of data
Elemento de datos

Données de base
Master data
Datos de base

Données de base utilisées en commun
Shared data base
Base de datos compartida

Données de base vérifiées
Verified data base
Base de datos unificada

Données de contrôle
Control data
Datos de control

Données de contrôle de niveau inférieur
Minor control data
Datos de control de nivel inferior

Données de contrôle de premier niveau
Major control data
Datos de control de nivel superior

Données de contrôle d'ordre intermédiaire
Intermediate control data
Datos de control de nivel intermedio

Données de gestion
Business data
Datos de gestión

Données de masse
Mass data
Masa (volumen) de datos

Données de mouvement
Transaction data
Datos de movimiento

Données de source
Source data
Datos fuente

Données d'entrée
Entry data
Datos de entrada

Données d'essai
Sample data, Test data
Datos de ensayo

Données discrètes
Discrete data
Datos discretos

Données du type événement
Event data
Datos del tipo suceso

Données du type localisateur
Locator data
Datos del tipo localizador

Données élémentaires
Elementary items
Datos elementales

Données émettrices
Sending data
Datos emisores

Données en cours de traitement
Working data
Datos en curso de proceso

Données en entrée
Imput data, Incoming data
Datos de entrada

Données en mode binaire
Binary picture data
Datos en modo binario

Données en mode transparent
Transparent data
Datos en modo transparente

Données en sortie
Output data
Datos en salida

Données en virgule fixe
Fixed point data, Fixed point items
Datos en coma fija

Données en virgule flottante
Floating point data, Floating point items
Datos en coma flotante

Données exploitables par machine
Machine readable data
Datos procesables por máquina

Données fictives
Pseudo data
Datos ficticios

Données mécanographiques
Computerized data
Datos mecanográficos

**Données mémorisées par
ordinateur**
Computer stored data
Datos almacenados por ordenador

Données non traitées
Raw data
Datos no procesados

Données numériques
Digital data, Numeric(al) data
Datos numéricos

Données organisées en zones
Field oriented data
Datos organizados en campos

Données permanentes
Permanent data, Static data
Datos permanentes, Datos
estáticos

Données réceptrices
Receiving data
Datos receptores

Données repères
Marked data
Datos referencia

Données sans signification
Garbage
Datos sin significación,
desperdicio

Données texte
Textual data
Datos texto

Données traitées
Manipulated data
Datos tratados

Données transitoires
Transient data
Datos transitorios

Données variables
Variable data
Datos variables

Données virtuelles
Virtual data
Datos virtuales

Donner
(to) Give
Dar

Donneur
Donor
Dador

Doté de clavier
Key-based
Dotado de teclado

Doté de mémoire intermédiaire
Buffered
Dotado de memoria intermedia

Double
Dual, Duplicate, Twin
Doble

Double alimentation
Double feed
Doble alimentación

Double canal
Dual channel
Doble canal

Double chemin de la carte
Dual card path
Doble camino de la ficha

Double contrôle
Dual control, Twin check
Doble comprobación

Double contrôle croisé
Double and cross checking
Doble comprobación cruzada

Double contrôleur
Dual controller
Doble controlador

Double d'enregistrement
Duplicate record
Doble de registro

Double densité
Dual density
Doble densidad

Double file de travaux
Dual job stream
Doble fila de trabajos

Double longueur
Double length
Doble longitud

Double modulation
Double modulation
Doble modulación

Double mouvement
Two stream
Doble flujo

Double précision
Double precision
Doble precisión

Double vitesse
Dual speed
Doble velocidad

Droit
Straight
Recto

Dualité
Dualling
Dualidad

Duodécimal
Duodecimal
Duodecimal

Duplex intégral
Full-duplex
Duplex integral

Duplicata de bande
Copy tape, Tape copy
Duplicado de cinta

Duplication
Copying, Duplicating, Duplication
Duplicación

Duplication automatique
Auto duplication, Auto-dup.,
Automatic duplication
Duplicación automática

Duplication auxiliaire
Auxiliary duplication
Duplicación auxiliar

Duplication de bande
Tape duplication
Duplicación de cinta

Duplication de cartes perforées
Punched card duplicating
Duplicación de fichas perforadas

Duplication de noeuds
Node splitting
Duplicación de nudos

Durée
Duration, Life time, Time
Duración

Durée (d'une bande)
Playing
Duración (de una cinta)

Durée de compilation
Compile duration, Compiling
  duration
Duración de la compilación

Durée de la panne
Fault time
Duración de la avería

Durée de l'impulsion
Pulse duration, Pulse length, Pulse
  width
Duración de impulso

Durée de l'opération
Operation duration
Duración de la operación

Durée de réponse
Response duration
Duración de respuesta

Durée des phases
Run duration
Duración de la fase

**Durée d'établissement de
  l'impulsion**
Pulse rise time
Duración de establecimiento de
  impulso

Durée du cycle de mémoire
Store cycle time
Duración del ciclo de memoria

Durée du premier roulement
Prime time
Duración del primer turno

Durée d'un cycle
Cycle time
Duración de un ciclo

Dynamique
Dynamic
Dinámico

E

Ebauche
Crude
Bosquejo

Ecart
Discrepancy
Desvío

Ecart moyen
Average deviation
Desvío medio

Echange
Exchange
Cambio

Echange de données entre
périphériques
Transfer of data to and from
peripherals
Transferencia de datos entre
periféricos

Echange (de données) en mémoire
Storage exchange
Intercambio (de datos) en
memoria

Echange en transmission de
données
Data communication exchange
Intercambio en transmisión de
datos

Echanger
(to) Exchange
Cambiar

Echantillon
Sample
Muestra

Echantillonnage de bits
Bit sampling
Muestra de bits

Echantillonner
(to) Sample
Tomar una muestra

Echelle
Scale
Escala

Echelle binaire
Scale of two
Escala binaria

Echelle des priorités
Priority rating
Escala de las prioridades

Echelle des temps
Time scale
Escala de los tiempos

Echelonner
(to) Stagger
Escalonar

Ecole
School
Escuela

Ecole de perforation
Keypunch school
Escuela de perforación

Economat
Stationery store
Papelería

(L') Econométrie
Econometrics
(La) Econometría

Economie d'espace
Conservation of space
Economía de espacio

Ecouter
(to) Listen
Escuchar

Ecran
Screen
Pantalla

Ecran cathodique
Cathode screen
Pantalla catódica

Ecran de visualisation
Display screen, Viewing screen
Pantalla de visualización

Ecran plat
Float-faced screen
Pantalla llana

Ecran type télévision
Television like screen
Pantalla tipo televisión

Ecrire
(to) Write
Escribir

Ecrire en regroupant
(to) Gather write
Escribir agrupando

Ecrit en caractères d'imprimerie
Hand printed
Escrito en caracteres de imprenta

Ecrit par l'utilisateur
User written
Escrito por el usuario

Ecrit par ordinateur
Computer written
Escrito por ordenador

Ecriture
Write, Writing
Escritura

Ecriture avec regroupement
Gather writing
Escritura con agrupamiento

Ecriture de programmes
Software writer
Escritura de programas

Ecriture des étiquettes
Label writting
Escritura de las etiquetas

Ecriture des numéros d'ordre des
blocs
Block serial number writing
Escritura de los números de orden
de los bloques

Ecriture en clair
Plain writing
Escritura en claro

Editer
(to) Edit
Editar

Editeur de liens
Linkage editor
Montador (editor) de enlaces

Editeur de sortie
Output writer
Editor de salida

Editeur de sortie résidant
Resident output writer
Editor de salida residente

Editeur de textes
Texteditor, text editor
Editor de textos

Editeur d'état
Report writer
Editor de informes

Edition
Editing
Edición

Edition de liens
Linkage edit
Edición de enlaces

Edition de texte
Text editing
Edición de texto

Edition des résultats
Output editing
Edición de los resultados

Edition d'état
Report writing
Edición de informes

Effaçable
Erasable
Borrable

Effacement
Clearing, Erase, Erasement,
  Erasing, Erasure
Borrado

Effacement de zone
Field erasing
Borrado de campo

Effacer
(to) Blank, (to) Cancel, (to) Clear,
  (to) Delete, (to) Erase, (to) Make
  null, (to) Scratch
Borrar

Effectuer
(to) Effect
Efectuar

Effectuer des itérations
(to) Iterate
Efectuar iteraciones

Effectuer un branchement, un saut
(to) Jump
Efectuar una bifurcación, un salto

Effectuer un nouveau passage
(to) Rollback
Efectuar una nueva pasada

Effectuer un traitement
(to) Act upon data
Efectuar un tratamiento

Effectuer un vidage
(to) Take a dump
Efectuar un vaciado

Effet d'électrostriction
Electrostrictive effect
Efecto de electrostricción

Effet parasite
Parasitic effect
Efecto parásito

Effet piezoélectrique
Piezoelectric effect
Efecto piezoeléctrico

Effet rétroactif
Kick back
Efecto retroactivo

Efficacité
Efficiency
Eficiencia

Effilochure du ruban
Ribbon lint
Deshilachado de la cinta

Egal
Equal
Igual

Egaler
(to) Match
Igualar

Egalisation
Equalization
Igualación

Egaliser
(to) Equalize, (to) Equate, (to)
  Even, (to) Match
Igualar

Egalité
Compare equal, Equal comparison,
  Evenness
Igualdad

Ejecter
(to) Bump, (to) Eject
Expulsar

Ejecter de la mémoire
(to) Bump from core
Expulsar de la memoria

Ejection
Ejection
Expulsión

Ejection automatique
Automatic ejection
Expulsión automática

Ejection de l'imprimé
Form skip
Salto del impreso, Espaciado del
  impreso

Elaboration
Sophistication
Elaboración

Electro-aimant
Electromagnet
Electroimán

Electromagnétique
Electromagnetic
Electromagnético

Electromécanique
Electromechanical
Electromecánico

Electronique
Electronic
Electrónico

(L') Electronique
Electronics
(La) Electrónica

Electronique industrielle
Industrial electronics
Electrónica industrial

Electrostatique
Electrostatic
Electrostático

Elément
Element
Elemento

Elément actif
Active element
Elemento activo

Elément arithmétique
Arithmetic(al) element
Elemento aritmético

Elément binaire
Binary element
Elemento binario

Elément d'arrêt
Stop element
Elemento de parada

Elément de base
Base element
Elemento de base

Elément de code
Code element
Elemento de código

Elément de coïncidence
Coincidence element
Elemento de coincidencia

Elément de décision
Decision element
Elemento de decisión

Elément de démarrage
Start element
Elemento de lanzamiento o
    arranque

Elément de données
Data element
Elemento de datos

Elément de fichier principal
Master file item
Elemento de fichero maestro

Elément de modulation
Modulation element
Elemento de modulación

Elément de négation
Negation element
Elemento de negación

Elément de non-équivalence
Anticoincidence element
Elemonto de no coincidencla

Elément de non équivalence
Non equivalence element
Elemento de no equivalencia

Elément de programme
Program module
Módulo de programa

Elément de programme facultatif
Optional programming material
Elemento de programa opcional

Elément de signal
Signal element
Elemento de señal

Elément de table
Table item
Elemento de tabla

Elément de trame
Slot
Ranura

Elément d'équivalence
Equivalence element, Equivalent-to
    element
Elemento de equivalencia

Elément d'état
Report item
Elemento de informe

Elément d'identité
Identity element
Elemento de identidad

Elément d'impression
Print member
Elemento de impresión

Elément d'information
Piece of information
Elemento de información

**Elément d'interruption de
    programme**
Program interruption element
Elemento de interrupción de
    programa

Elément d'un code
Code value
Valor de un código

Elément d'un ensemble
Array element
Elemento de una matriz (tabla)

Elément ET
AND element
Elemento Y

Elément gunh
Goneh element
Elemento gunoh

Elément logique
Functor, Logic(al) element
Elemento lógico

Elément logique combinatoire
Combinational logic element
Elemento lógico combinacional

Elément NON
Negator, NOT element
Elemento NO

Elément NON-ET
NAND element, NOT AND element
Elemento NO-Y

Elément NON-OU
NOR element
Elemento NO-O

Elément OU
OR element
Elemento O

Elément OU exclusif
Exclusion OR element
Elemento O exclusivo

Elément passif
Passive element
Elemento pasivo

Elément retardateur de chiffres
Digit delay element
Elemento de retardo de dígitos

Elément-seuil
Threshold element
Elemento-umbral

Elément unitaire
Unit element
Elemento unitario

Elémentaire
Elementary
Elemental

Eléments connectifs
Connective elements
Elementos conectivos

Eléments majoritaires
Majority carriers, Majority
    elements
Portadores mayoritarios

Elévation à une puissance
Exponentiation
Elevación a potencia

Elevé à une puissance
Exponentiated
Elevado a una potencia

Elève programmeur
Programmer trainee
Programador en prácticas

Elever
(to) Raise
Elevar

Elever à une puissance
(to) Exponentiate, (to) Raise to a
    power
Elevar a potencia

Elimination
Deletion, Elimination
Eliminación

Elimination des zéros
Zero elimination, Zero suppression
Eliminación de los ceros

Eliminer
(to) Purge, (to) Sort out, (to) Strip
off
Eliminar

Eliminer les zéros (non significatifs)
(to) Zero suppress
Eliminar los ceros (no significativos)

Eliminer par décalage
(to) Shift-out
Eliminar por desplazamiento

Eliminer par filtrage
(to) Filter out
Eliminar por filtración

Eliminer par masque
(to) Mask out
Eliminar por máscara

Emboîtement
Nesting
Anidamiento

Embrayage
Clutch
Embrague

Embrayage du chariot
Carriage clutch
Embrague del carro

Embrayage magnétique
Magnetic clutch
Embrague magnético

Emetteur
Emitter, Issuing, Originator,
Sender
Emisor

Emetteur / récepteur
Transceiver
Emisor / receptor

Emetteur / récepteur à cartes
Card transceiver
Emisor / receptor con fichas

Emetteur-récepteur automatique
Automatic send-receive, A.S.R.
Emisor-receptor automático

Emetteur / récepteur de télémesure
Telemetering transmitter / receiver
Emisor / receptor de telemedida

Emetteur / récepteur synchrone
S.T.R., Synchronous transmitter /
receiver, S.T.R.
Emisor / receptor sincrónico,
Emisor / receptor síncrono

Emetteur de caractères
Character emitter
Emisor de caracteres

Emetteur de chiffres
Digit emitter
Emisor de dígitos

Emetteur de données
Data originator
Emisor de datos

Emetteur de téléimprimante
Teleprinter transmitter
Emisor de teleimpresora

Emetteur de télémesure
Telemetering transmitter
Emisor de telemedida

Emetteur d'impulsions
Pulse transmitter
Emisor de impulso

Emetteur sélecteur de chiffres
Selective digit emitter
Emisor / selector de dígitos

Emettre
(to) Give off, (to) Issue, (to) Send
back out
Emitir

Emis par terminal
Terminal originated
Emitido por terminal

Emission de données
Data origination
Emisión de datos

Emission de groupes de caractères neutres
Idle burst transmission
Emisión de una ráfaga de
caracteres de relleno

Empêcher
(to) Disenable, (to) Inhibit, (to)
Prevent
Impedir

Empêcher l'accès à
(to) Deny access to
Impedir el acceso a

Empilable
Stackable
Apilable

Empilage
Pile up
Apilamiento

Empiler
(to) Stack
Apilar

Emplacement
Place, Placement, Site
Ubicación

Emplois spéciaux
Dedicaded use
Uso dedicado

Emprunter
(to) Borrow
Tomar prestado

Emulateur
Emulator
Emulador

Emulateur intégré
Integrated emulator
Emulador integrado

Emulation
Emulation
Emulación

Emuler
(to) Emulate
Emular

En bloc
In bulk
En masa

En cours
On going
En curso

En cours d'activité
Active
En actividad

En cours d'affectation
(in) Allocation
En curso de asignación

En cours d'exécution
Current, (in) Process
En curso de ejecución, Actual

En forme condensée
(in) Packed form(at)
En forma condensada

En forme linéaire
Linearly
En forma lineal

En forme rapide
Fast core format
En forma rápida

En ligne
In-line, Line Loop, On-line
En línea

En minutes entières
Full minutes
En minutos enteros

En ordre
Orderly
En orden

En parallèle par bit
Bit parallel form
En paralelo por bit

En permanence
Permanently
Permanentemente

En séquence inverse
(in)Reverse sequence
En secuencia inversa

En séquence non ordonnée
(in) Random sequence
En secuencia no ordenada (al azar)

En série
Serial
En serie

En série par bit
Bit serial form, Serial by bit
En serie por bit

En série par caractère
Serial by character
En serie por carácter

En série par mot
Serial by word
En serie por palabra

En suspens
Outstanding, Pending
En suspenso, Pendiente

En synchronisme
Step in
En sincronismo

En temps partagé
(on a) Time sharing basis, (on a)
 Time-shared basis
En tiempo compartido

En-tête
Heading
Cabecera

En tête de lot
Batch header
Cabecera de lote

En-tête d'état
Report heading
Cabecera de informe

En-têtes de colonnes
Column headings
Cabecera de columnas

En valeur absolue
Absolutely
En valor absoluto

En vrac
Unformatted
Sin formato, A granel

Enchaînement
Concatenation, Chaining
Encadenamiento

Enchaînement
Concatenation
Encadenamiento

Enchaînement des travaux
Job sequency
Encadenamiento de los trabajos

Enchaîner
(to) Concatenate
Concatenar, Yuxtaponer

Encoche
Notch
Muesca

Encoche de début de bande
Beginning of tape slot
Muesca de principio de cinta

Encoche de vérification
Verification notch
Muesca de verificación

Encoche d'erreur
Error notched
Muesca de error

Encochement
Notch coding
Muesca variable

Encocher
(to) Notch
Hacer muescas

Encocheuse
Grooving machine, Slotting punch
Máquina para hacer muescas

Encocheuse de cartes
Card groover
Perforadora de muescas de fichas

Encombrement en mémoire
Storage requirement
Necesidad de memoria

**Encombrement en mémoire à
 tores**
Core usage
Atasco en memoria de núcleos

Encrage
Inking
Entintado

Encrage compact
Ink squeezeout
Entintadora compacta

Encre
Ink
Tinta

Encre excédentaire
Extraneous ink
Tinta en exceso

Encre magnétique
Magnetic ink
Tinta magnética

Encre non reflexible
Non reflective ink
Tinta no reflectora

Endosser
(to) Endorse
Endosar

Endosseur
Endorser
Endosante

Endroit
Site
Lugar

Enfoncement
Depression
Hundimiento

Enfoncement d'une touche
Key depression
Opresión de una tecla

Engrenage différentiel
Differential gear
Engranaje diferencial

Enlever
(to) Remove
Levantar

Enregistrable
Recordable
Registrable

Enregistré par machine
Machine stored
Almacenado por máquina

Enregistré sur bande
Tape-recorded
Grabado sobre cinta

Enregistrement
Posting, Record, Recording
Registro

Enregistrement à double fréquence
Frequency doubling recording
Grabado con doble frecuencia

Enregistrement à faisceaux d'électrons
E.B.R., Electron beam recording, E.B.R.
Registro con haces de electrones, Grabado con haces de electrones

Enregistrement additif
Addition record
Registro aditivo

Enregistrement au compteur
Metering
Grabación de la medida de un contador

Enregistrement avec retour à l'état prédéterminé
Return to bias recording
Grabado con regreso al estado determinado de antemano

Enregistrement chaîné
Chained record
Registro encadenado

Enregistrement chronologique
Logging
Registro (grabación) cronológico

Enregistrement chronologique de données
Data logging, Logging data
Registro cronológico de datos

Enregistrement chronologique des erreurs de machine
Failure logging
Registro cronológico de los errores de máquina

Enregistrement chronologique des messages
Message logging
Registro cronológico de los mensajes

Enregistrement d'appel automatique
A.C.R., Automatic call recording, A.C.R.
Registro de llamada automática

Enregistrement de capacité
Capacity record
Registro de capacidad

Enregistrement de contrôle
Control record
Registro de control

Enregistrement de détails
Detail entry
Registro de detalles

Enregistrement de données
Data record(ing)
Grabación de datos

Enregistrement de fin
Trailer record
Registro de final

Enregistrement de message
Message text statement
Registro de mensaje

Enregistrement de mouvements
Amendment record, Transaction record
Registro de movimientos

Enregistrement de référence
Reference record
Registro de referencia

Enregistrement d'entrée
Input record
Registro de entrada

Enregistrement des commandes
Order entry
Registro de los pedidos, Entrada de pedidos

Enregistrement des en-têtes
Header record, Heading record
Registro de los encabezamientos

Enregistrement des entrées
Incoming record
Registro de las entradas

Enregistrement des erreurs
Error logging
Registro cronológico de los errores

Enregistrement des mouvements
Change record
Registro de los movimientos

Enregistrement des points de contrôle
Checkpoint record
Registro de los puntos de control

Enregistrement des suppressions
Deletion record
Registro de supresión

Enregistrement d'événements de programme
P.E.R. (Program Event Recording)
Grabación acontecimientos del programa, Registro de acontecimientos de programa

Enregistrement direct
Home record
Registro directo

Enregistrement du fichier principal
Master file record
Registro del fichero maestro

Enregistrement en longueur fixe
Fixed length record
Registro en longitud fija

Enregistrement en longueur non définie
Unspecified length record
Registro en longitud no definida

Enregistrement en longueur variable
Variable length record
Registro en longitud variable

Enregistrement en modulation de phase
Phase encoded recording, Phase modulation recording
Grabación en modulación de fase

Enregistrement excédentaire
Overflow record
Registro excedentario

Enregistrement indirect
No home record
Registro indirecto

Enregistrement logique
Logical record
Registro lógico

Enregistrement magnétique
Magnetic recording
Grabación magnética

Enregistrement morcelé
Spanned record
Registro dividido

Enregistrement par groupes de caractères
G.C.R., Group coded recording, G.C.R.
Registro por grupos de caracteres, Grabación por grupos de caracteres

Enregistrement polarisé avec retour à zéro
Polarized return to zero recording
Grabación polarizada con regreso a cero

Enregistrement principal
Master record
Registro maestro

Enregistrement reproduit
Duplicated record
Registro duplicado

Enregistrement sans retour à un niveau de référence
Non return to reference recording
Grabación sin regreso a un nivel de referencia

Enregistrement sans retour à zéro
Non return to zero recording
Grabación sin regreso a cero

Enregistrement source
Source recording
Grabación fuente

Enregistrement statistique
Measurement record
Registro estadístico

Enregistrement sur bande
Tape record
Registro de cinta

Enregistrement sur piste magnétique
Magnetic stripe recording
Registro sobre lámina magnética

Enregistrer
(to) Can, (to) Record, (to) Recorder, (to) Register
Registrar

Enregistrer dans un journal
(to) Journalize, (to) Log
Registrar en un diario

Enregistrer de nouveau
(to) Rerecord
Registrar de nuevo

Enregistrer par clavier
Stroke written
Escrito con teclado

Enregistrer sur bande
(to) Tape
Registrar sobre cinta

Enregistrer un point de contrôle
(to) take a Checkpoint
Tomar un punto de control

Enregistreur
Recorder
Grabador

Enregistreur à cassette
Cassette recorder
Grabador de casete

Enregistreur à clavier
Key encoder
Grabador con teclado

Enregistreur à encre
Ink recorder
Grabador con tinta

Enregistreur automatique des mouvements
Automatic transaction recorder
Grabador automático de los movimientos

Enregistreur chronologique
Logger
Registrador cronológico

Enregistreur chronologique de données
Data logger
Registrador cronológico de datos

Enregistreur de bande
Tape recorder
Grabador de cinta

Enregistreur de données
Data encoder, Data inscriber, Data recorder, Data transcriber
Grabador de datos

Enregistreur de données magnétiques
Magnetic data inscriber
Grabador de datos magnéticos

Enregistreur de données statistiques
S.D.R., Statistical data recorder, S.D.R.
Registrador de datos estadísticos, Grabador de datos estadísticos

Enregistreur de mouvements
Transaction recorder
Grabador de movimientos

Enregistreur de temps
Time recorder
Grabador de tiempo

Enregistreur d'événements de programme
Program event recording
Grabador de acontecimientos de programa

Enregistreur électromécanique
Electromechanical recorder
Grabador electromecánico

Enregistreur magnétique
Magnetic recorder
Grabador magnético

Enregistreur sur bande magnétique
Magnetic tape encoder, Magnetic tape inscriber
Grabador sobre cinta magnética

Enregistreur sur film
Film recorder
Grabador sobre filme

Enroulement
Wind(ing), Wrap
Enrollamiento

Enrouler
(to) Wind
Enrollar

Enrouler sur une bobine d'alimentation
(to) Feed into a take-up reel
Alimentar una bobina de salida

Enseignement automatisé
Computer aided teaching
Enseñanza automatizada

Ensemble
Array, Set
Conjunto

Ensemble à un niveau
Single level assembly
Conjunto con un nivel

Ensemble de caractères
Character array, Font, Fount (Br.)
Font (Amer.)
Conjunto de caracteres

Ensemble de caractères mathématiques
Math set
Conjunto de caracteres matemáticos

Ensemble de caractères optiques
Optical type fount (Br.) font (Amer.)
Conjunto de caracteres ópticos

Ensemble de circuits
Circuitry
Conjunto de circuitos

Ensemble de composants
Componentry, Components
Conjunto de componentes

Ensemble de données
Data array, Data set, D.S., D.S., Packet
Conjunto de datos

Ensemble de données cataloguées
Catalogued data set
Conjunto de datos catalogados

Ensemble de données compartimenté
Partitioned data sed, P.D.S., P.D.S.
Conjunto de datos particionado, Conjunto de datos compartimentado

Ensemble de données constituées en pages
Page data set
Conjunto de datos constituidos en páginas

Ensemble de données en séquence par clés
Key-sequenced data set, K.S.D.S., K.W.D.S. (Key Word Data Sequence)
Conjunto de datos en secuencia por claves

Ensemble de données graphiques
G.D.S., Graphic data set, G.D.S.
Conjunto de datos gráficos

Ensemble de pièces
Kit
Conjunto de piezas

Ensemble de programmes
Package, Program package, Software package
Paquete de programas, Conjunto de programas

Ensemble de programmes d'application
Application software
Conjunto de programas de aplicación

Ensemble de programmes de contrôle
Control software
Conjunto de programas de control

Ensemble de programmes de télégestion
Terminal oriented software
Conjunto de programas de telegestión

Ensemble de programmes facultatifs
Optional programming package
Conjunto de programas opcionales

Ensemble de sous-programmes graphiques
Graphic support package
Paquete de programas de soporte gráfico

Ensemble de structures
Array of structures
Conjunto de estructuras

Ensemble de traitement de l'information
Information processing utility
Conjunto de proceso de la información

Ensemble d'éléments de code
Code set
Conjunto de elementos de código

Ensemble des programmes d'application   *
Application package
Paquete de los programas de aplicación

Ensemble de données graphiques
Automatic send-receive set
Conjunto emisor-receptor automático

Ensemble émetteur-récepteur automatique
Automatic send-receive set
Conjunto emisor-receptor automático

Ensemble porte-balais
Brush assembly
Conjunto portaescobillas

Ensemble-programme
Updated work
Conjunto-programa

Entaille
Gash
Muesca

Entamer la procédure d'enregistrement
(to) Log-in
Empezar el procedimiento de registro

Entortillé
Wrapped
Enrollado

Entraîneur côte sortie
Outfeed tractor
Tractor del lado de salida

Entraînement
Transport
Arrastre

Entraînement de la bande
Tape transport
Arrastre de la cinta

Entraînement de la bande magnétique
Magnetic tape transport
Arrastre de la cinta magnética

Entraînement des cartes
Card drive, Card handling
Arrastre de las fichas

Entrainement des documents
Document transportation
Arrastre de los documentos

Entraînement du papier
Paper drive
Arrastre del papel

Entrainement par double poulie
Dual capstan drive
Arrastre por doble polea

Entraînement par ergots
Pin feed
Alimentación por patillas

Entraînement par roue à ergots
Pin wheel feed
Alimentación por rueda con
patillas

Entraîneur
Tractor
Tractor

Entraîneur du papier
Paper tractor, Paper
Tractor del papel

Entraîneur par ergots
Pin feed tractor
Tractor con patillas

Entraîneur supérieur
Output tractor
Tractor superior

Entraxe de pistes
Track pitch
Paso entre pistas

Entrecroiser
(to) Crisscross
Entrecruzar

Entrée
Entrance, Entry, Infeed, Ingress,
Input, Way in
Entrada

Entrée / Sortie
Input / Output. I.O.
Entrada / Salida

Entrée / sortie asymétrique
Asymmetric input / output
Entrada / salida asimétrica

Entrée / sortie en temps réel
Real time input / output
Entrada / salida en tiempo real

Entrée / sortie sans mise en forme
Unformatted input / output
Entrada / salida sin puesta en
marcha

Entrée / sortie simultanées
Simultaneous input / output
Entrada / salida simultáneas

Entrée à un compteur
Counter entry
Entrada a un contador

Entrée de canal
Channel entry
Entrada de canal

Entrée différée
Deffered entry
Entrada diferida

Entrée en vigueur
Effectivity
Entrada en vigor

Entrée fictive
Dummy entry
Entrada ficticia

Entrée par bande
Tape input
Entrada por cinta

Entrée sortie graphique
Graphic input / output
Entrada / salida gráfica

Entrées constantes
Uniform earnings
Beneficios constantes

Entrefer
Head gap
Entrehierro

Entrelacement
Interlacing
Entrelazamiento

Entrelacer
(to) Interlace
Entrelazar

Entrer en communication
(to) Log-on
Entrar en comunicación

Entrer en service
(to) Go and Stream
Entrar en servicio

Enveloppes-paie en continu
Continuous wage envelopes
Sobres-Paga en continuo

Environnement
Environment
Ambiente

Envoi dans une case
Pocketing
Envío en un sobre

Envoi de signaux au clavier
Key sending
Envío de señales al teclado

Envoyer
(to) Send
Enviar

Envoyer dans une case
(to) Pocket
Enviar en un sobre

Envoyer dans une case de classement
(to) Select into a pocket
Enviar a una casilla de
clasificación

Envoyer en mémoire
(to) Read into storage
Leer en memoria

Envoyer un télex
(to) telex
Enviar un telex

Envoyer une impulsion
(to) Impulse
Enviar un impulso

Epaisseur
Thickness
Espesor

Epaisseur de bande
Tape thickness
Espesor de cinta

Epuisement
Depletion
Agotamiento

Epuisement de la bande
Low tape supply
Agotamiento próximo de la cinta

Equation
Equation
Ecuación

Equation différentielle
Differential equation
Ecuación diferencial

Equation exponentielle
Exponential equation
Ecuación exponencial

Equation linéaire
Linear equation
Ecuación lineal

Equation matricielle
Matrix equation
Ecuación matricial

Equerre de positionnement
Locating angle plate
Escuadra de posicionamiento

Equilibrage
Escalation
Equilibrado

Equilibré
Balanced
Equilibrado

Equilibrer la charge
(to) Level load
Equilibrar la carga

Equipe
Gang, Pool, Staff
Equipo

Equipe de programmation
Programming team
Equipo de programación

Equipement
Equipment, Hardware
Equipo

Equipement à cartes perforées
Punched card machinery
Equipo con fichas perforadas

Equipement de conversion de signaux
Signal conversion equipment
Equipo de conversión de señales

Equipement périphérique
Peripheral gear
Equipo periférico

Equipement terminal de traitement de données
Data terminal equipment, D.T.E., D.T.E.
Equipo terminal de proceso de datos

Equivalence
Equivalence
Equivalencia

Equivalent
Equivalent
Equivalente

Equivoque
Equivocal
Equívoco

Ere des ordinateurs
Computer age
Era de los ordenadores

(L') Ergonomie
Ergonomics
(La) Ergonomía

Ergonomiste
Ergonomicist, Ergonomist
Ergonomista

Ergot
Spigot
Espiga, Grifo

Erreur
Check, ERR, Error, Mistake
Error

Erreur absolue
Absolute error
Error absoluto

Erreur compensée
Balanced error
Error compensado

Erreur cumulative
Cumulative error
Error acumulativo

Erreur cumulée
Accumulated error
Error acumulado

Erreur d'alimentation
Feed check
Error de alimentación

Erreur d'ambiguïté
Ambiguity error
Error de ambigüedad

Erreur dans un programme
Program bug
Error en un programa

Erreur d'arrondi
Round-off error, Runding error
Error de redondeo

Erreur d'assortissement
Mismatch(ing)
Error de comparación

Erreur de calcul
Computational error, Miscalculation
Error de cálculo

Erreur de calcul des temps
Timing error
Error de cálculo de los tiempos

Erreur de chaînage dans le canal
Channel chaining check
Error de encadenamiento en el canal

Erreur de chargement
Loading error
Error de carga

Erreur de classement
Misfiling, Misplacement
Error de clasificación

Erreur de codage
Coding error
Error de codificación

Erreur de coïncidence
Coincidence error
Error de coincidencia

Erreur de compensation
Balance error, Compensating error
Error de compensación

Erreur de comptage
Miscount
Error de recuento

Erreur de contrôle d'interface
Interface control check
Error de control de acoplamiento mutuo

Erreur de correspondance
Matching error
Error de correspondencia

Erreur de coupure
Truncation error
Error de truncado

Erreur de cumul
Accumulative error
Error de acumulación

Erreur de dérive
Drift error
Error de deriva

Erreur de données
Data error
Error de datos

Erreur de données en écriture
W.D.C., Write data check, W.D.C.
Error de datos en escritura

Erreur de données en lecture
R.D.C., Read data check, R.D.C.
Error de datos en lectura

Erreur de format
Format error
Error de formato

Erreur de frappe
Keystroking error, Typing error
Error de tecleo

Erreur de lecture
Read error
Error de lectura

Erreur de linéarité
Linearity error
Error de linealidad

Erreur de l'unité de traitement
Processor check
Error de la unidad de proceso

Erreur de machine
Machine error
Error de máquina

Erreur de parité
Parity error
Error de paridad

Erreur de perforation
Keypunch(ing) error, Punching
    error
Error de perforación

Erreur de procédure
Procedural error
Error de procedimiento

Erreur de programmation
Miscoding, Programming error,
    Software bug
Error de programación

Erreur de programme
Program check, Program error
Error de programa

Erreur de résolution
Resolution error
Error de resolución

Erreur de séquence
Sequence error
Error de secuencia

Erreur de transcription
Transcription error
Error de transcripción

Erreur de transposition
Transposition error
Error de transposición

Erreur décelable par programme
Program sensitive error
Error detectable por programa

Erreur d'enregistrement
Posting error
Error de registro

Erreur d'identification
Misidentifying
Error de identificación

Erreur d'impression
Print check
Error de impresión

Erreur d'opération horizontale
Crossfoot error
Error de operación horizontal

Erreur double
Double error
Error doble

Erreur due à un composant
Component error
Error debido a un componente

Erreur d'unité
Unit check
Error de unidad

Erreur dynamique
Dynamic error
Error dinámico

Erreur héritée
Inherited error
Error heredado

Erreur inhérente
Inherent error
Error inherente

Erreur irrémédiable
Non recoverable error
Error irrecuperable

Erreur logique
Logical error
Error lógico

Erreur machine
Machine check
Error máquina

Erreur par manque d'écho
No echo error
Error por falta de eco

Erreur permanente
Permanent error
Error permanente

Erreur propagée
Propagated error
Error propagado

Erreur relative
Relative error
Error relativo

Erreur relevée par comparaison
Comparison error
Error de comparación

Erreur résiduelle
Residual error
Error residual

Erreur sémantique
Semantic error
Error semántico

Erreur simple
Single error
Error simple

Erreur statique
Static error
Error estático

Erreur sur bande
Tape error
Error sobre cinta

Erreur tolérée
Error supported
Error tolerado

Erreur triple
Triple error
Error triple

Erroné
Erroneous, Wrong
Erróneo

Espace
Gap, Space
Espacio

Espace à droite
Terminal blank, Terminal space
Espacio a derecha

Espace arrière
Backspace
Espacio hacia atrás

Espace d'adresse
Address space
Espacio de dirección

Espace de commutation
Switching space
Espacio de conmutación

Espace de rangement
Filing space
Espacio de ordenamiento

Espace d'effacement
Erase gap
Espacio de borrado

Espace entre blocs
Block gap, I.B.G., I.B.G., Interblock
gap, Interblock space
Espacio entre bloques (cinta),
Espacio entre bloques

Espace entre caractères
Character spacing
Espacio entre caracteres

Espace entre enregistrements
Interrecord gap, Record gap
Espacio entre registros

Espace entre fichiers
File gap
Espacio entre ficheros

Espace entre mots
Word gap
Espacio entre palabras

Espace intercalé
Embedded blank
Espacio intercalado

Espacement
Spacing
Espaciado

Espacement entre impulsions
Pulse spacing
Espacio entre impulsos

Espacer
(to) Space
Espaciar

Essai
Attempt, Test(ing)
Ensayo

Essai à distance
Remote testing
Ensayo a distancia

Essai avec des données réelles
Volume test
Ensayo con datos reales

Essai conditionnel
Conditional test
Ensayo condicional

Essai d'aptitude
Aptitude test
Prueba de capacidad

Essai de comparaison
Comparison test
Ensayo de comparación

Essai de détection de panne
Fault finding test
Ensayo de detección de avería

Essai de fonctionnement
Functional test, Proving
Prueba de funcionamiento

Essai de localisation de panne
Fault locating test
Ensayo de localización de avería

Essai de programme
Program proving, Program testing
Ensayo de programa

Essai de réception
Acceptance test
Ensayo de recepción

Essai de résistance
Endurance test
Ensayo de resistencia

Essai de système
System test
Ensayo de sistema

Essai d'occupation
Busy test, Engaged test
Ensayo de ocupación

Essai dynamique
Dynamic test
Ensayo dinámico

Essai par impulsions
Pulse test
Ensayo por impulsión

Essai réel
Live test
Ensayo real

Essai sélectif
Leapfrog test
Ensayo selectivo

Essai sur machine
Test shot
Ensayo sobre máquina

Estimation
Appraisal
Estimación

Estimation des travaux
Work measurement
Medición de los trabajos

Estimer
(to) Appraise
Estimar

ET (Intersection logique)
AND
Y (Intersección lógica)

Etabli par ordinateur
Computer drawn, Computer
generated, Computer prepared,
Computer produced
Producido por ordenador

Etablir
(to) Establish
Establecer

Etablir automatiquement un index
(to) Auto index
Hacer automáticamente un índice

Etablir des correspondances
(to) Cross reference
Establecer correspondencias

Etablir un index
(to) Index
Establecer un índice

Etablissement
Settlement
Establecimiento

Etablissement d'organigramme
Flow diagramming, Flowcharting
Establecimiento de organigrama

**Etablissement d'organigramme
horizontal**
Horizontal flowcharting
Establecimiento de organigrama
horizontal

Etablissement d'un déroutement
Trap setting
Establecimiento de un desvío (con
interrupción)

**Etablissement d'un organigramme
par blocs**
Block diagramming
Establecimiento de un
organigrama por bloques

Etanche
Watertight
Estanco

Etape de travail
Job step
Etapa de trabajo

Etat (Condition)
State, Status
Estado (Condición)

Etat à la fin d'une opération
Terminal status, Terminating
    status
Estado al final de una operación

Etat comptable
Accounting form
Estado contable

Etat d'arrêt
Stopped state
Estado de parada

Etat d'attente
Wait condition, Waiting state
Estado de espera

Etat d'avancement des travaux
Job progress report
Informe de progreso de los
    trabajos

Etat de déroulement des travaux
Progress status
Estado del progreso de los
    trabajos

Etat de disponibilité
Ready condition
Estado de disponibilidad

Etat de fonctionnement
Operating state
Estado de funcionamiento

Etat de marche
Running state
Estado de marcha

Etat de référence
Clared condition
Estado de referencia

Etat de supervision
Supervision state, Supervisory
    state
Estado de supervisión

Etat des déclarations annuelles
Yearly earnings report
Informe de los beneficios anuales

Etat des stocks
Stock status report
Informe de las existencias

Etat des travaux
Statement of work
Estado de los trabajos

Etat d'inactivité
Dormant state, Idle state,
    Inoperable condition
Estado de inactividad

Etat d'initialisation
Initiation status
Estado de inicio

Etat d'interruption
Freeze mode, Interrupt mode
Estado de interrupción

Etat d'urgence
Emergency
Estado de emergencia

Etat final
Ending status
Estado final

Etat gunh
Goneh state
Estado gunoh

Etat mécanographié
Machine prepared report
Informe mecanográfico

Etat mécanographique
Computer produced report
Informe mecanográfico

Etat récapitulatif
Summary report
Informe recapitulativo

Etat secondaire
Substatus
Estado secundario

Etat statistique
Statistical report
Informe estadístico

Etat zéro
Nought state, Zero state
Estado cero

Etendre
(to) Extend
Ampliar

Etendue (Portée)
Extent
Extensión (Alcance)

Etiquetage
Labelling
Etiquetas (empleo)

Etiqueter
(to) Label, (to) Lag
Etiquetar

Etiquette
Label, Tag
Etiqueta

Etiquette de bobine
Reel label
Etiqueta de carrete

Etiquette de début de bande
Beginning tape label, B.T.L., B.T.L.
Etiqueta de principio de cinta

**Etiquette de début de bande de
    sortie**
Output header label
Etiqueta de principio de cinta de
    salida

Etiquette de début de fichier
Beginning file label
Etiqueta de principio de fichero

Etiquette de début des entrées
Input header label
Etiqueta de la cabecera de entrada

Etiquette de fichier
File label
Etiqueta de fichero

Etiquette de fin
Ending label, Trailer label
Etiqueta de fin

Etiquette de fin de bande
End of tape label, Ending tape
    label
Etiqueta de fin de cinta

Etiquette de fin de bande de sortie
Output trailer label
Etiqueta de fin de cinta de salida

**Etiquette de fin de bande des
    entrées**
Input trailer label
Etiqueta de fin de cinta de las
    entradas

Etiquette de fin de fichier
End of file label, Ending file label
Etiqueta de fin de fichero

Etiquette de référence de la carte
Card reference strip
Etiqueta de referencia de la ficha

Etiquette de tête
Header label
Etiqueta de cabeza

Etiquette de volume
Volume label
Etiqueta de volumen

Etiquette-début de l'utilisateur
U.H.L., User-header label, U.H.L.
Etiqueta-principio del utilizador,
    Etiqueta de cabecera del
    usuario

Etiquette d'erreur
Error tag
Etiqueta de error

Etiquette d'identification
Identification label
Etiqueta de identificación

**Etiquette d'un ensemble de
    données**
Data set label, D.S.L., D.S.L.
Etiqueta de un conjunto de datos

Etiquette en continu
Tab(ulating) label
Etiqueta en continuo

Etiquette équivalente
Alias
Etiqueta equivalente (adicional)

Etiquette extérieure
Exterior label
Etiqueta exterior

Etiquette-fin de l'utilisateur
User trailer label, U.T.L., U.T.L.
Etiqueta de cola del usuario,
    Etiqueta-fin del utilizador

Etiquette intérieure
Interior label
Etiqueta interna

Etiquette perforée
Punched tag
Etiqueta perforada

Etiquette réfléchissante
Sticker
Etiqueta reflectiva

Etiquette standard
Standard label
Etiqueta estándar

Etiquette symbolique
Symbolic tag
Etiqueta simbólica

Etiquettes de bande
Tape labels
Etiquetas de cinta

Etiquettes de piste
Track labels
Etiquetas de pista

**Etiquettes en continu à
    entraînement par ergot**
Pin feed label
Etiquetas en continuo con arrastre
    por púas

Etiquettes multiples
Mixed labels
Etiquetas múltiples

Etre à jour
(to be) Current
Actualizado

Etre bloqué sur une boucle
(to be) Stalled in a loop
Bloqueado sobre un ciclo

Etre en cours d'exécution
(to be in) Progress
En curso de ejecución

Etre en erreur
(to be in) Error
Estar en error

Etre en interdiction d'écriture
(to be) Write-inhibited
Estar en prohibición de escritura

Etre instable
(to) Jitter
Estar inestable

Etre lancé
(to receive) Control
Estar lanzado (activo)

Etre utile à
(to) Serve
Ser útil a

Etude
Study
Estudio

Etude automatisée
Computer assisted learning
Estudio automatizado

Etude d'application
Application study
Estudio de aplicación

Etude de marché
Market survey
Estudio de mercado

Etude de réalisation
Feasibility study
Estudio de que es factible

Etude de systèmes
Systems study
Estudio de sistemas

Etude des méthodes
Method study
Estudio de los métodos

Etude des temps
Time study
Estudio de los tiempos

Etude et analyse
Design and analysis
Diseño y análisis

Etude préliminaire
Preliminary study
Estudio preliminar

Etude programmée
Programmed learning
Enseñanza programada

Evacuer une page
(to) Page out
Descargar una página

Evaluation
Estimate, Evaluation
Evaluación

Evaluation des données
Data evaluation
Evaluación de datos

Evaluation des prix des revient
Costing
Evaluación de costes

Evaluation des rendements
Performance evaluation
Evaluación de los rendimientos

Evaluation des temps
Timing considerations
Evaluación de los tiempos

Evaluation du système
System evaluation
Evaluación del sistema

Evaluation d'un nouveau système
Evaluating a new system
Evaluación de un nuevo sistema

Evaluer
(to) Evaluate, (to) Value
Evaluar

Evénement
Event
Acontecimiento

Evénement précédent
Predecessor event
Acontecimiento precedente

Evénement successif
Successor event
Acontecimiento sucesivo

Eventualité
Contingency
Eventualidad

Eventuel
Possibly, Prospection
Eventual

Evidence
Evidence
Evidencia

Eviter
(to) Avoid
Evitar

Evoluer
(to) Change
Cambiar, Evolucionar

Evolutif
Evolutionary
Evolutivo

Examen de la piste
Surface analysis
Examen de la pista

Examen de projet
Design review
Examen de diseño

Examen d'un fichier
File scan
Exploración de un fichero

Examiner
(to) Go into
Examinar

Excédents
Overs
Excedentes

Excentré
Off center
Descentrado

Excepté
Except for
Excepto

Excès
Excess
Exceso

Excitation (Mise sous tension)
Energization
Activación (Puesta en tensión)

Excitation des marteaux
Hammer firing
Activación de los martillos

Exciter (Mettre sous tension)
(to) Energize
Excitar (Poner en tensión)

Exclure
(to) Count out
Excluir

Exclusion
Exclusion
Exclusión

Exécuter
(to) Carry, (to) Carry out, (to)
    Execute, (to) Obey, (to) Perform
Ejecutar

Exécuter en totalité
(to) Go through
Ejecutar en totalidad

**Exécuter la procédure de début de
    traitement**
(to) Sign in
Ejecutar el procedimiento de
    principio de proceso

**Exécuter la procédure de fin de
    traitement**
(to) Sign off, (to) Sign out
Ejecutar el procedimiento de fin de
    proceso

Exécuter un branchement
(to take a) Branch
Hacer una bifurcación

Exécuter un programme pas à pas
(to) Step through a program
Ejecutar un programa paso a paso

Exécution
Execution
Ejecución

Exécution du programme canal
Execute channel program
Ejecución del programa de canal

Exemplaire
Copy, Ply
Ejemplar

Exemple mathématique
Mathmathical model
Modelo matemático

Exempt d'erreur
Bug free, Error free
Exento de error

Expédier
(to) Ship
Expedir

Expédition
Shipment, Shipping
Expedición

Expédition directe
Drop shipment
Expedición directa

Explication
Explanation
Explicación

Explicite
Explicit
Explícito

Expliquer
(to) Explain
Explicar

Exploitable par machine
Machinable, Machine processable
Procesable por máquina

Exploitation en vol de cycle
Cycle stealing
Trabajo en robo de ciclo

Exploration
Scanning
Exploración

Explorer
(to) Scan
Explorar

Exponentiel
Exponential
Exponencial

Exposant
Exponent
Exponente

Exposant négatif
Negative exponent
Exponente negativo

Exposant positif
Positive exponent
Exponente positivo

Expression
Expression, Phrase
Expresión

Expression arithmétique
Arithmetic(al) expression,
  Arithmetic(al) term
Expresión aritmética

Expression avec ensembles
Array expression
Expresión con matrices (tablas)

Expression avec structure
Structure expression
Expresión con estructura

Expression de relation
Relational expression
Expresión de relación

Expression d'indice inférieur
Subscript expression
Expresión con subíndices

Expression logique
Logical expression
Expresión lógica

Expression normalisée
Normalized expression
Expresión normalizada

Expression structurée
Aggregate expression
Expresión estructurada

Extenseur
Expander
Extensor

Extenseur automatique de volume
Automatic volume expander
Extensor automático de volumen

Extensibilité
Expandability, Expansibility
Extensibilidad

Extensible
Expandable, Expansible, Open
  ended
Extensible

Extension
Extension
Extensión

Extérieur
Out of house, outside, Out plant,
  Outer, Outside
Exterior

Externe
External
Externo

Extracteur
Extractor
Extractor

Extractice de cartes
Card puller
Extractora de fichas

Extraction
Read(ing)-out, Swap-out
Extracción

Extraction de cartes
Card pulling
Extracción de fichas

Extraction manuelle
Hand pulling
Extracción manual

Extraction par clavier
Type-out
Extracción desde teclado

Extraire
(to) Extract, (to) Move out, (to)
  Pull, (to) Read-out, (to) Swap-
  out, (to) Transfer out
Extraer

Extraire de
(to) Kick out
Extraer de

Extraire de la mémoire
(to) Bring from memory, (to)
  Usher out
Extraer de la memoria

Extraire par clavier
(to) Type-out
Extraer por teclado

Extraire par tri
(to) Outsort
Extraer por clasificación

Extraire une écriture
(to) Write out
Extraer una escritura

Extrait
Extract
Extracto

Extrait de compte
Statement of account
Extracto de cuenta

Extrapolation
Extrapolation
Extrapolación

Extrapoler
(to) Extrapolate
Extrapolar

Extrémités de délimitation
Framing quote
Extremidades de delimitación

F

Fabrication
Manufacturing
Fabricación

Fabrication en série
Volume manufacturing
Fabricación en serie

Fac-sim
Hard copy
Copia impresa

Fac-similé
Fax
Facsímile

Face dirigée vers le bas
Face down
Cara boca abajo

Face dirigée vers le bas et ligne des douze en avant
Face down and twelve row first
Cara boca abajo y línea de los doce en adelante

Face d'une carte
Face
Cara de una ficha

Face inférieure
Bottom surface
Cara inferior

Facette
Facet
Faceta

Facteur
Factor
Factor

Facteur constant
Constant factor
Factor constante

Facteur d'activité
Activity factor
Factor de actividad

Facteur d'affectation
Allocation factor
Factor de asignación

Facteur d'amplification
Amplification factor
Factor de amplificación

Facteur de blocage
B.K.F., Blocking factor, B.K.F.
Factor de bloqueo

Facteur de compacité
Packing factor
Factor de compacidad

Facteur de côntrole
Checking factor
Factor de control, Factor de comprobación

Facteur de duplication
Duplication factor
Factor de duplicación

Facteur de graduation
Scale factor, Scaling factor
Factor de escala

Facteur de modulation
Modulation factor
Factor de modulación

Facteur de quantité
Quantity factor
Factor de cantidad

Facteur de rendement
Efficiency factor
Factor de rendimiento

Facteur de répétition
Repetition factor, Replication factor
Factor de repetición

Facteur de sécurité
Safety factor
Factor de seguridad

Facteur de sortie
Fan-out
Factor de salida

Facteur d'échelle des temps
Time scale factor
Factor de escala de los tiempos

Facteur d'entrée
Fan-in
Factor de entrada

Facteur d'itération
Iteration factor
Factor de iteración

Factice
Mock
Ficticio

Facturation
Billing, Invoicing
Facturación

Facturation séparée
Unbundling
Facturación separada

Facture
Bill, Invoice
Factura

Facturer
(to) Bill, (to) Invoice
Facturar

Facturer séparément
(to) Unbundle
Facturar separadamente

Facultatif
Optional
Opcional, Facultativo

Faculté l'adaptation
Adaptability
Adaptabilidad

Faible
Low, Weak
Débil, Bajo

Faire appel
(to) Call for
Llamar, Hacer pedido

Faire avancer
(to) Feed past
Adelantar

Faire avancer pas à pas
(to) Step
Adelantar paso a paso

Faire défiler la bande alternativement dans les deux sens
(to) Rock the tape back and forth
Mover la cinta alternativamente en ambos sentidos

Faire des espacements
(to) Space fill, (to) Space pad
Hacer espaciados

Faire des perforations multiples
(to) Multi punch
Hacer perforaciones múltiples

Faire des statistiques
(to) Compile statistics
Hacer estadísticas

Faire la preuve par neuf
(to) Cast out nines
Hacer la prueba de los nueve

Faire sauter
(to) Slew
Saltar, Girar

Faire un branchement
(to) Take a branch
Hacer una bifurcación

Faire un contrôle par sondage
(to) Spot check
Hacer una comprobación por
sondeo

Faire un espacement arrière
(to) Space backward
Hacer un espaciado hacia atrás

Faire un espacement en avant
(to) Space forward
Hacer un espaciado hacia adelante

Faire un essai
(to) Prove
Hacer un ensayo

Faire un inventaire
(to take a) Inventory
Hacer un inventario

Faire un organigramme par blocs
(to) Block diagram
Hacer un organigrama de bloques

Faire un report
(to) Carry
Hacer un acarreo

Faire un résumé automatique
(to) Auto-abstract
Hacer un resumen automático

Faire un saut après impression
(to) Postlew
Hacer un salto después de
impresión

Faire un saut en avant
(to) Forward space
Hacer un salto o espacio adelante

Faire un vidage
(to) Dump
Hacer un volcado o vaciado

Faire une boucle
(to) Loop
Hacer un ciclo

Faire une erreur d'assortiment
(to) Mismatch
Hacer un error de comparación

Faire une erreur de calcul
(to) Miscalculate
Hacer un error de cálculo

Faire une erreur de classement
(to) Misfile, (to) Misplace
Hacer un error de clasificación

Faire une erreur de comptage
(to) Miscount
Hacer un error de recuento

Faire une erreur de tri
(to) Missort
Hacer un error de clasificación

Faire une fausse manoeuvre
(to) Mishandle
Hacer una falsa maniobra

Faire une intersection logique
(to) And
Hacer una intersección lógica

Faire une inversion
(to) Negate
Negar, Hacer una inversión

Faire une lecture arrière
(to) Read backward
Hacer una lectura hacia atrás

Faire une lecture non destructive
(to) Regeneratively read
Hacer una lectura no destructiva

Faire une opération horizontale
(to) Crossfoot
Hacer una operación horizontal

**Faire une perforation
récapitulative**
(to) Summary punch
Hacer una perforación sumaria

Faire une réunion logique
(to) Or
Hacer una reunión lógica

Faire usage de
(to) Make use of
Hacer uso de

Faisceau
Beam
Haz

Faisceau régénérateur
Holding beam
Haz regenerador

Fausse manoeuvre
Mishandling
Falsa maniobra

Faux
Wrong
Falso

Faux contact
Poor contact
Falso contacto

Faux plafond
False ceiling
Falso techo

Faux plancher
False floor, Floating floor, Raised
floor
Falso suelo

Fenêtre
Window
Ventana

Fente
Gash
Hendidura

Fermer
(to) Close
Cerrar

Fermeture du contact d'écriture
Write gate
Cierre del contacto de escritura

Ferrite
Ferrite
Ferrita

Ferroélectrique
Ferroelectric
Ferroeléctrico

Ferromagnétique
Ferromagnetic
Ferromagnético

Ferromagnétisme
Ferromagnetics
Ferromagnetismo

Feuille
Sheet
Hoja

Feuille de contrôle
Control sheet
Hoja de control

**Feuille de définition des
enregistrements et des zones**
Record and field definition form
Hoja de definición de los registros
y de las zonas

Feuille de journal machine
Crunch
Hoja de diario máquina

Feuille de programmation
Code sheet, Coding form, Coding
sheet, Programming form,
Program(ming) sheet
Hoja de programación

**Feuille de programmation des
étiquettes**
Label information coding sheet
Hoja de programación de las
etiquetas

**Feuille de programmation des
travaux**
Work sheet
Hoja de programación de los
trabajos

Feuille de référence
Master answer sheet
Hoja de referencia

Feuille de signalement des erreurs
Console error log sheet
Hoja de grabación de los errores

Feuille de spécifications
Specification sheet
Hoja de especificaciones

Feuille de spécifications de calcul
Calculation specifications sheet
Hoja de especificaciones de
cálculo

Feuille de travail
Run sheet
Hoja de trabajo

**Feuille des spécifications du
format de sortie**
Output format specifications sheet
Hoja de especificaciones del
formato de salida

**Feuille d'établissement
d'organigramme**
Flowcharting worksheet
Hoja de organigrama

Feuille-document
Data sheet
Hoja-documento

**Feuille d'organigramme de
données**
Data flow sheet
Hoja de organigrama de datos

Feuille-modèle
Format sheet
Hoja-modelo

**Feuille pour tracé
d'enregistrement**
Record layout form
Hoja para trazado de registro

Feuille récapitulative des indicatifs
Indicator summary form
Hoja recapitulativa de los
indicativos

Feuilles de journal machine
Console run sheets
Hojas de diario máquina

Fiabilité
Dependability
Fiabilidad

Fiabilité des données
Data reliability
Fiabilidad de los datos

Fiabilité du système
System reliability
Fiabilidad del sistema

Fiche
Card, Plug, Slip
Ficha

Fiche à fenêtre
Aperture card
Ficha con ventana

Fiche à microfilm
Aperture card
Ficha con microfilm

Fiche de compte
Account card
Ficha de cuenta

Fiche de connexion
Jack, Jackplug, Jumper
Banana de conexión

Fiche de contrôle
Control slip
Ficha de control

Fiche de pointage
Clock card
Ficha de tiempos

Fiche magnétique
Mag card
Ficha magnética

Fiche multiple
Split wire
Conector múltiple

Fichier
File
Fichero

Fichier à accès direct
Direct files
Fichero con acceso directo

Fichier à accès sélectif
Random (access) file
Fichero de acceso al azar

Fichier à bandes multiple
Multi reel file
Fichero multicarrete

**Fichier à taux de mouvement
élevé**
High activity file
Fichero con tasa de movimiento
elevado

Fichier actif
Active file
Fichero activo

Fichier automatique
Computerized file
Fichero automático

Fichier auxiliaire
Backing file, Spill file
Fichero auxiliar

Fichier central
Central data base
Fichero central

Fichier central en ligne
On line central file
Fichero central en línea

Fichier chaîné
Chained file
Fichero encadenado

Fichier compartimenté
Partitioned file
Fichero particionado

Fichier confidentiel
Private data file
Fichero confidencial

Fichier d'adresses
Address file
Fichero de direcciones

**Fichier d'adresses
d'enregistrement**
Record address file
Fichero de direcciones de registro

Fichier d'adresses sélectionnées
Addrout file
Fichero de direcciones
seleccionadas

Fichier d'appel
From file
Fichero de llamada

Fichier de clients
Customer file
Fichero de clientes

Fichier de continuation
Continuation file
Fichero de continuación

Fichier de destination
Destination file
Fichero de destino

Fichier de données
Data file
Fichero de datos

Fichier de format spécial
Non standard format file
Fichero de formato especial

Fichier de gestion des travaux
Job control file
Fichero de gestión de los trabajos

Fichier de programmes
Program file
Fichero de programas

Fichier de remplacement
Swap file
Fichero de substitución

Fichier de sortie
Output file
Fichero de salida

Fichier de structuration
Design file
Fichero de estructura

Fichier de travail
Batch file, Scratch file, Work file
Fichero de trabajo

Fichier de tri
Sort file
Fichero de clasificación

Fichier de validation
Validate file
Fichero comprobado

Fichier d'entrée
Input file
Fichero de entrada

Fichier des articles
Item file
Fichero de los artículos

Fichier des communications
Communications file
Fichero de las comunicaciones

Fichier des imprimés
Forms file
Fichero de los impresos

Fichier des points de contrôle
Checkpoint file
Fichero de los puntos de control

Fichier des stocks
Inventory file, Stock file
Fichero de existencias

Fichier des suppressions
Deletion file
Fichero de las supresiones

Fichier des travaux
Job stream file
Fichero de los trabajos

Fichier d'états à imprimer
Report file
Fichero de los estados de imprimir

Fichier d'imprimante
Printer file
Fichero de impresora

Fichier d'interclassement
Collation file
Fichero de intercalación

Fichier d'introduction des tables
Table input file
Fichero de introducción de las
tablas

Fichier en images de carte
Card image file
Fichero en imágenes de ficha

Fichier en séquences chaînées
Chained sequential file
Fichero en secuencias
encadenadas

Fichier étiqueté
Labelled file
Fichero con etiqueta

Fichier général des programmes
Master program file
Fichero maestro de los programas

Fichier historique
History file
Fichero histórico

Fichier inactif
Dormant file, Inactive file
Fichero inactivo

Fichier indexé
Indexed file
Fichero indexado

Fichier inversé
Inverted file
Fichero invertido

Fichier mécanographique
Computer file, Machine file
Fichero mecanográfico

Fichier-mémoire à disque
Disk storage file
Fichero-carrete de disco

Fichier monobobine
Single reel file
Fichero monocarrete

Fichier mouvements
Amendment file, Change file,
Detail file, Transaction file
Fichero movimientos

Fichier multi-volume
Multi volume file
Fichero multivolumen

Fichier multiple
Multiple file
Fichero múltiple

Fichier organisé en pages
Paged file
Fichero organizado en páginas

Fichier perforé
Tub file
Fichero perforado

Fichier permanent
Permanent file
Fichero permanente

Fichier permanent d'entrée
Master input file
Fichero maestro de entrada

Fichier permanent mis à jour
Updated master file
Fichero maestro actualizado

Fichier principal
Main file, Master file
Fichero maestro

**Fichier réservé à certains
    utilisateurs**
Restricted file
Fichero reservado a determinados
    usuarios

Fichier résultats
Result file
Fichero resultados

Fichier séquentiel
Sequentially ordered file,
    Sequentially organized file
Fichero secuencial

Fichier séquentiel chaîné
Linked sequential file
Fichero secuencial encadenado

Fichier séquentiel indexé
Indexed sequential file
Fichero secuencial indexado

Fichier sur bande
Tape file
Fichero en cinta

Fichier sur bande de papier
Paper tape file
Fichero en cinta de papel

Fichier sur bande magnétique
Magnetic tape file
Fichero en cinta magnética

Fichier sur cartes
Card file
Fichero en fichas

Fichier sur cartes magnétiques
Magnetic card file
Fichero en fichas magnéticas

Fichier sur cartes perforées
Punch(ed) card file
Fichero en fichas perforadas

Fichier sur disque magnétique
Magnetic disk file
Fichero en disco magnético

Fichier sur disques
Disk file
Fichero en disco

Fichier sur film
Film file
Fichero en filme

Fichier sur film magnétique
Magnetic film file
Fichero en filme magnético

Fichier sur micro-fiches
Micro-fiche file
Fichero en microfichas

Fichier sur tambour
Drum file
Fichero en tambor

Fichier texte
Textual file
Fichero texto

Fichier utilisable par tous
Unrestricted file
Fichero utilizable por todos

Fictif
Dummy
Ficticio

Figuratif
Figurative
Figurativo

Fil
Wire
Hilo

Fil de connexion
Plug cord
Hilo de conexión

Fil de fiche de connexion
Jumper wire
Hilo de ficha de conexión

Fil de lecture
Read wire, Sense winding, Sense
    wire
Hilo de lectura

Fil de mise en marche
Drive winding, Drive wire
Hilo de mando

Fil de terre
Ground conductor
Hilo de tierra

Fil d'écriture
Write winding
Hilo de escritura

Fil d'interdiction
Inhibit(ing) wire
Hilo de inhibición

Fil magnétique
Magnetic wire
Hilo magnético

Fil sous tension
Live wire
Hilo con tensión

File d'attente
Queue
Cola

**File d'attente des messages non
    distribués**
Dead letter queue
Cola de los mensajes no
    distribuidos

File d'attente des opérations
Operations queue
Cola de las operaciones

File d'attente des pages actives
Active page queue
Cola de las páginas activas

File d'attente des tâches
Task queue
Cola de las tareas

**File d'attente des travaux en
    entrée**
Input work queue
Cola de los trabajos en entrada

**File d'attente des travaux en
    sortie**
Output work queue
Cola de los trabajos en salida

File d'attente non séquentielle
Non-sequential queue
Cola no secuencial

Filière
Throat
Hilera

Film (Pellicule)
Film
Filme (Película)

Film magnétique
Magnetic film
Filme magnético

Film magnétique mince
Magnetic thin film
Filme magnético delgado

Film mince
Thin film
Filme delgado

Filtrage
Screening
Filtración

Filtre
Filter
Filtro

Filtrer
(to) Filter
Filtrar

Fin
End
Fin

Fin anormale
Abend (Abnormal End)
Fin anormal

Fin d'activité
Termination
Fin de actividad

Fin de bande
End of tape, Tape trailer, Trailer
end
Fin de cinta

Fin de bloc
End of block, E.O.B., E.O.B.
Fin de bloque

Fin de bloc de transmission
End of transmission block, E.T.B.,
E.T.B.
Fin de bloque de transmisión

Fin de bobine
End of reel
Fin de carrete

Fin de cartes
End of card, E.O.C., E.O.C.
Fin de fichas

Fin de données
End of data, E.O.D., E.O.D.
Fin de datos

Fin de fichier
End of file, E.O.F.
Fin de fichero

Fin de ligne
End of line, E.O.L., E.O.L.
Fin de línea

Fin de message
End of message, E.O.M., E.O.M.
Fin de mensaje

Fin de papier
Paper low (condition), Paper out
condition
Fin próximo de papel

Fin de phase
End of run, Run-out
Fin de fase

Fin de programme
End of program, E.O.P., E.O.P.
Fin de programa

Fin de support
E.M., End of medium, E.M.
Fin de soporte

Fin de texte
End of text, E.T.X., E.T.X.
Fin de texto

Fin de transmission
End of transmission, E.O.T., E.O.T.
Fin de transmisión

Fin de travail
End of job, E.O.J., E.O.J.
Fin de trabajo

Fin de zone
End of field
Fin de campo

Fin d'enregistrement
End of record, E.O.R., E.O.R.
Fin de registro

Fin d'imprimés
End of form
Fin de impresos

Fin effective de la bande
Physical end of tape
Fin efectivo de la cinta

Fin sur unité de contrôle
Control unit end, C.U.E., C.U.E.
Fin sobre unidad de control

Final
Final
Final

Finalité
Finality
Finalidad

Fixer (Attacher)
(to) Fasten, (to) Fix
Fijar (Atar)

Flasque
Flange, Rim
Flanco

Flasque latérale
Side casting
Flanco

**Flasque latérale du magasin
d'alimentation**
Hopper side plate
Pared lateral del almacén de
alimentación

Flèche verticale
Up arrow
Flecha vertical

Flexibilité
Flexibility
Flexibilidad

Flottant
Floating
Flotante

(La) Fluidique
Fluidics
(La) Fluídica, Fluidez

Flux
Flux
Flujo

Flux magnétique
Magnetic flux
Flujo magnético

Fonction
Function
Función

Fonction algébrique
Algebraic function
Función algebraica

Fonction de calcul externe
External arithmetic
Función de cálculo externo

Fonction de changement de nom
Rename function
Función de cambio de nombre

Fonction de commutation
Switching function
Función de conmutación

Fonction de contrôle
Control function
Función de control

Fonction de transfert
Transfer function
Función de transferencia

Fonction d'effacement
Delete function
Función de borradura

Fonction d'enregistrement
Log function
Función de registro cronológico

Fonction explicite
Explicit function
Función explícita

Fonction exponentielle
Exponential function
Función exponencial

Fonction implicite
Implicit function
Función implícita

Fonction logique
Logical function
Función lógica

Fonction récurrente
Recursive function
Función recurrente

Fonctionnel
Functional
Funcional

Fonctionnement alternatif
Alternating operation
Funcionamiento alterno

Fonctionnement alterné
Alternate operation
Funcionamiento alternado

Fonctionnement automatique
Unattended operation
Funcionamiento automático (no vigilado)

Fonctionnement autonome
Autonomous working, Off line working
Funcionamiento autónomo

Fonctionnement en continu
Continuous operation
Funcionamiento en continuo

Fonctionnement en cours
On line working
Funcionamiento en curso

Fonctionnement en longueur multiple
Multiple length working
Funcionamiento en longitud múltiple

Fonctionnement en multi-programmation
Multi program operation
Funcionamiento en multiprogramación

Fonctionnement en semi-duplex
Half duplex operation, Semi-duplex operation
Funcionamiento en semi-duplex

Fonctionnement en série
Serial operation
Funcionamiento en serie

Fonctionnement en temps réel
Real time operation, Real time working
Funcionamiento en tiempo real

Fonctionnement en triple longueur
Triple length working
Funcionamiento en triple longitud

Fonctionnement pas à pas
One shot operation, Single shot operation, Single step operation, Step by step operation
Funcionamiento paso a paso

Fonctionnement séquentiel automatique
Automatic sequential operation
Funcionamiento secuencial automático

Fonctionnement simultané
Concurrent working
Funcionamiento simultáneo

Fonctionnement surveillé
Attended operation
Funcionamiento vigilado

Fonctionnement synchrone
Synchronous operation, Synchronous working
Funcionamiento síncrono

Fonctionner
(to) Operate
Funcionar

Fonctionner de façon cyclique
(to) Cycle
Funcionar de manera cíclica

Fonctions
Facility, (to) Function
Función, Funcionar

Fonctions de base
Basic functions
Funciones de base

Fond
Bottom
Fondo

Forcer
(to) Force
Forzar

Format
Format, Size
Formato

Format à bloc variable
Variable block format
Formato a bloque variable

Format d'adresse
Address format
Formato de dirección

Format de carte
Card format
Formato de ficha

Format de données sur carte
Card data format
Formato de datos sobre ficha

Format de l'instruction
Instruction format
Formato de instrucción

Format de sortie
Output format
Formato de salida

Format de tabulation
Tabulation sequential format
Formato de tabulación

Format d'enregistrement
Record format
Formato de registro

Format d'entrée
Input format
Formato de entrada

Format des données
Data format, Data layout
Formato de los datos

Format d'étiquette
Tag format
Formato de etiqueta

Format d'impression
Print(ing) format
Formato de impresión

Format d'instruction
Order format
Formato de instrucción

Format d'instruction à deux adresses
Two address instruction format
Formato de instrucción con dos direcciones

Format d'instruction à N adresses
N Address instruction format
Formato de instrucción de N direcciones

Format d'instruction à trois adresses
Three address instruction format
Formato de instrucción con tres direcciones

Format d'instruction à une adresse
One address instruction format
Formato de instrucción con una dirección

Format d'instruction sans adresse
Addressless instruction format,
    Zero address instruction format
Formato de instrucción sin dirección

Format du système à cartes
Card system format
Formato del sistema con fichas

Format du système à disques
Disk system format
Formato del sistema con discos

Format en longueur fixe
F Format
Formato en longitud fija

Format en longueur variable
V Format
Formato en longitud variable

Format image-mémoire sur disque
Disk core image format
Formato imagen-memoria sobre disco

Format interne
Internal format
Formato interno

Format libre
Free format
Formato libre

Format mémoire-image sur carte
Card core-image format
Formato memoria-imagen sobre ficha

Format non imposé
Formatless
Formato no impuesto

Format normalisé
Standard form
Formato normalizado

Format variable
Variable format
Formato variable

Formatter un disque
Format a disk
Formatear un disco

Formation sur le travail
On the job training
Formación sobre el trabajo

Forme binaire
Binary format
Formato binario

Forme décimale
Decimal form
Forma decimal

Forme des impulsions
Pulse shape
Forma de los impulsos

Forme d'onde
Waveform, Waveshape
Forma de onda

Forme numérique
Numerical form
Forma numérica

Formulaire (imprimé)
Form, Printed form
Impreso, Formulario, Impreso

Formulaire pré-imprimé
Pre-printed form
Formulario preimpreso

Formulaires en papier continu
Continuous stationery
Formularios en papel continuo

Formule (mathématique)
Formula
Fórmula

Formule de calcul des temps
Timing formula
Fórmula de cálculo de los tiempos

Formule vierge
Blank form
Formulario virgen

Fortran
FORTRAN (FORmula TRANslation)
Lenguaje FORTRAN

Fourni par l'utilisateur
User supplied
Suministrado por el usuario

Fournir
(to) Furnish, (to) Supply
Proveer, Suministrar

Fractionnement
Partitioning, Split(ting)
Fraccionamiento

Fractionner
(to) Scatter, (to) Split
Fraccionar

Fragment
Fragment
Fragmento

Fragmentation
Fragmenting
Fragmentación

Fragmenter
(to) Fragment
Fragmentar

Frappe
Keystroking, Stroke
Pulsación, Golpe, Toque

Frappe d'une touche
Keystroke
Pulsación de una tecla

Frappe sur clavier
Typing
Toque sobre teclado, Tecleo

Frapper
(to) Strike
Golpear

Fréquence
Frequency
Frecuencia

Fréquence acoustique
A.F., Audio frequency, A.F.
Frecuencia acústica, Audio
   frecuencia, Frecuencia audible

Fréquence d'appel
Calling frequency
Frecuencia de llamada

Fréquence de base
Base frequency
Frecuencia de base

Fréquence de l'horloge de rythme
Clock frequency
Frecuencia del reloj de ritmo

Fréquence de modulation
M.F., Modulation frequency, M.F.
Frecuencia de modulación

Fréquence de points
Dot cycle
Frecuencia de puntos

Fréquence de répétition
Repetition rate
Frecuencia de repetición

**Fréquence de répétition des
   impulsions**
P.R.F., Pulse repetition frequency,
   P.R.F.
Frecuencia de repetición de las
   impulsiones, Frecuencia de
   repetición de los impulsos

Fréquence de téléscripteur
Teletype grade
Frecuencia de telescriptor

Fréquence d'échantillonnage
Sampling rate
Frecuencia de muestreo

Fréquence d'exploration
Scan rate
Frecuencia de exploración

Fréquence d'impulsions
Pulse frequency
Frecuencia de impulsos

Fréquence instantanée
Instantaneous frequency
Frecuencia instantánea

Fréquence nominale
Nominal frequency
Frecuencia nominal

Fréquence téléphonique
Telephone frequency
Frecuencia telefónica

Fréquence vocale
V.F., Voice frequency, V.F.
Frecuencia vocal

Fréquencemètre
Frequency meter
Frecuenciómetro

Fusible
Fuse
Fusible

Fusion
Amalgamation, Merge, Merging
Fusión

Fusion à deux voies
Two way merge
Fusión de dos vías

Fusion de fichiers
File consolidation
Fusión de ficheros

Fusionner
(to) Amalgamate, (to) Coalesce,
   (to) Merge, (to) Weave
Fusionar

G

Gagner
(to) Gain
Ganar

Gain
Gain
Ganancia

Gain d'un amplificateur
Amplifier gain
Ganancia de un amplificador

Gamme
Range
Gama

Gamme binaire
Binary scale
Escala binaria

Gamme de fréquences
Frequency range
Gama de frecuencias

Garantie de qualité
Quality assurance
Garantía de calidad

Garni (Rempli)
Filling, Padded
Relleno

Garnir (Remplir)
(to) Fill, (to) Pad
Llenar

Garnissage de mémoire
Storage fill
Relleno de memoria

Général
General
General

Généralités et fonctions
Concepts and facilities
Generalidades y funciones

Générateur
Generator
Generador

Générateur de bruit parasite
Noise generator
Generador de ruido parásito

Générateur de caractères
Character generator
Generador de caracteres

Générateur de données d'essai
Test data generator
Generador de datos de ensayo

Générateur de fonctions
Function generator
Generador de funciones

Générateur de fonctions à potentiomètres à prises
Tapped potentiometer function generator
Generador de funciones con potenciómetros con tomas

Générateur de fonctions analytiques
Analytical function generator
Generador de funciones analíticas

Générateur de fonctions arbitraires
Arbitrary function generator
Generador de funciones arbitrarias

Générateur de fonctions naturelles
Natural function generator
Generador de funciones naturales

Générateur de fonctions polyvalentes
General purpose function generator
Generador de funciones generales

Générateur de fonctions variables
Variable function generator
Generador de funciones variables

Générateur de fusion
Merge generator
Generador de fusión

Générateur de nombres aléatoires
Random number generator
Generador de números aleatorios

Générateur de programmes
Program generator
Generador de programas

Générateur de programmes de tri
Sort program generator
Generador de programas de clasificación

Générateur de programmes d'édition
Report program generator, R.P.G.
Lenguaje, Generador de programas de edición

Générateur de programmes d'édition
R.P.G.
Generador de programas de edición

Générateur de routines de sortie
Output routine generator
Generador de rutinas de salida

Générateur de rythme
Timer
Generador de ritmo

Générateur de trains d'impulsions
Pulse train generator
Generador de trenes de impulsos

Générateur (de programmes) de tri
Sort(ing) routine generator
Generador (de programas) de clasificación

Générateur de vecteurs
Vector generator
Generador de vectores

Générateur d'erreur
Error producing
Generador de errores

Générateur d'états
Report generator, R.G., R.G.
Generador de estados

Générateur d'impulsions
Pulse generator
Generador de impulsos

Générateur d'impulsions rythmées
Clock pulse generator
Generador de impulsiones ritmadas

Génération
Generation
Generación

Génération automatique de caractères
Auto-fill character
Generación automática de caracteres

Génération automatique des indicatifs
Automatic key generation
Generación automática de claves

Génération d'adresse
Address generation
Generación de dirección

Génération de système
SYSGEN, System generation
Generación de sistema

Génération d'ensembles de données
Generation data group
Generación de conjuntos de datos

Génération d'états
Report generation
Generación de estados

Génération et lancement
Generate and go
Generación y lanzamiento

Générer
(to) Generate, (to) Make up, (to) Originate
Generar

Génie informatique
Computer engineering, Computer science, Information science
Informática (como ciencia)

Géré par ordinateur
Computer backed, Computer based, Computer managed
Dirigido por ordenador

Géré par système
System maintained
Dirigido por sistema

Germe cristallin
Seed
Semilla

Gesteur des files d'attente
Q.M., Queue manager, Q.M.
Gestionador de las filas de espera, Gestionador de las colas

Gestion
Management
Gestión

Gestion automatisée
Automated management, Computer assisted management
Gestión automatizada

Gestion de la mémoire auxiliaire
Auxiliary storage management
Gestión de memoria auxiliar

Gestion de lignes
Line control, Line discipline, Line management, Line servicing
Gestión de líneas

Gestion de production assistée par ordinateur (G.P.A.O.)
Computer aided production control
Gestión de producción ayudada por ordenador

Gestion de production automatisée
Automated production management
Gestión de producción automatizada

Gestion des commandes
Order management
Gestión de los pedidos

Gestion des données
Data management
Gestión de los datos

Gestion des interruptions au premier niveau
First level interrupt handler
Gestión de las interrupciones al primer nivel

Gestion des stocks
Inventory management, Stock control, Stock management
Gestión de las existencias

Gestion des tâches
Task management
Gestión de las tareas

Gestion des travaux
Job management
Gestión de los trabajos

Gestion des zones intermédiaires
Buffer control
Gestión de las zonas intermedias

Gestion du système
System management
Gestión del sistema

Gestion par exception
Management by exception
Gestión por excepción

Gestionnaire de terminaux
Terminal manager
Gestionador de terminales

Giga
Billi
Giga

Gigacycle
Gigacycle
Gigaciclo

Glissement
Glide, Slide
Deslizamiento

Glissement libre
Free float
Deslizamiento libre

Global
Aggregate, Overall
Global

Glossaire
Glossary
Glosario

Goulotte de réception des cartes
Card chute
Canal de recepción de las fichas

Graduer
(to) Scale
Graduar

Grand
Large
Grande

Grand livre
Ledger
Libro mayor

Grandeur
Magnitude
Magnitud

Grandeur d'article
Item size
Tamaño de artículo

Grandeur scalaire
Scalar quantity
Cantidad escalar

Grandeur vectorielle
Vector quantity
Magnitud vectorial

Graphe orienté
Oriented graph
Gráfico orientado

Graphique
Arrow diagram, Chart, Graph(ic)
Gráfico, Esquema, Gráfico

Graphique de la charge
Load graph
Gráfico de la carga

Graphique du parcours du ruban
Ribbon path diagram
Gráfico del camino de la cinta

Graphique non orienté
Non oriented graph
Gráfico no orientado

Gratuitement
Tool free
Gratuitamente

Grille
Grid
Rejilla

Grille de contrôle
Control grid
Rejilla de control

Groupage
Clustering, Grouping
Agrupamiento

Groupage d'articles
Grouping of records
Agrupamiento de artículos

Groupage de fichiers
File batching, File blocking
Agrupamiento de ficheros

Groupage d'enregistrements
Record blocking
Bloqueo de registros

Groupage des opérations
Operation grouping
Agrupamiento de las operaciones

Groupage en blocs
Blocking
Bloqueo en bloques

Groupage en lots
Batching
Agrupamiento en lotes

Groupe
Group
Grupo

Groupé
Grouped
Agrupado

Groupe
Pool
Grupo

Groupe d'alimentation
Power pack
Grupo de alimentación

Groupe de 8 bits
Byte
Octeto, Grupo de 8 bits

Groupe de bandes de travail
Scratch pool
Grupo de cintas de trabajo

Groupe de base
Base cluster, Base group
Grupo de base

Groupe de cases
Slot group
Grupo de casillas

Groupe de contrôle
Control group
Grupo de control

Groupe de dérouleurs de bande
Tape cluster, Tape group
Grupo de unidades de cinta

Groupe de dérouleurs de bande magnétique
Magnetic tape group
Grupo de desenrolladores de cinta magnética

Groupe de liaisons
Link group
Grupo de enlaces

Groupe de multiplets
Gulp
Grupo de multipletos

Groupe de réponses
Response set
Grupo de respuestas

Groupe de segments
Segment set
Grupo de segmentos

Groupe de têtes de lecture / écriture
Head stack
Grupo de cabezas de lectura / escritura

Groupe de travaux
Job mix
Mezcla de trabajos

Groupe d'erreurs
Error burst
Grupo de errores

Groupe secondaire
Supergroup
Grupo secundario

Grouper
(to) Cluster, (to) Groupe
Agrupar

Grouper (Bloquer)
(to) Block
Agrupar (Bloquear)

Groupes multiples
Multiple groups
Grupos múltiples

Guide
Guide
Guía

Guide (Glissière)
Slide bar
Guía (Conducto)

Guide-bande
Tape guide
Guía-cinta

Guide opérateur
Operator guidance
Guía operador

Guide papier
Paper guide
Guía papel

Guide ruban
Ribbon guide
Guía cinta

Guides verticaux internes
Inner upright guides
Guías verticales internas

Guillemets
Quotation mark
Comillas

H

Haut
High
Alto

Haut du feuillet
Head of form
Parte superior de la hoja

Haut-parleur
Loud speacker
Altavoz

Haute fréquence
H.F., High frequency, H.F.
Alta frecuencia

Hauteur de l'imprimé
Form depth
Altura del impreso

Hebdomadaire
Weekly
Semanal

Hérité
Inherited
Heredado

Heure de fermeture
Closing time
Hora de cierre

Heure de pointe
Busy hour
Hora punta

Heures d'utilisation
Service hours
Horas de utilización

Heures effectives
Clock hours
Horas efectivas

Heuristique
Heuristic
Heurístico

(L') Heuristique
Heuristics
(La) Heurística

Hexadécimal
Hexadecimal, Sexadecimal
Hexadecimal

Hiérarchie
Hierarchy
Jerarquía

Histogramme
Histogram
Histograma

Historique
History
Histórico

Hologramme
Hologram
Holograma

Holographie
Holography
Holografía

Holographique
Holographic
Holográfico

Homéostasie
Homeostasis
Homeostasis

Homogène
Homogeneous
Homogéneo

Horizontal
Horizontal
Horizontal

Horloge
Clock
Reloj

Horloge électronique
Electronic clock
Reloj electrónico

Horloge en temps réel
Real time clock
Reloj en tiempo real

Horloge interne
Internal timer, Time-of-day clock
Reloj interno

Horloge numérique
Digit(al) clock
Reloj digital

Horloge principale
Master clock
Reloj principal

Hors circuit
Off circuit
Fuera de circuito

Hors d'usage
Out of use
Fuera uso

Hors ligne
Off line
Fuera línea

Hors limites
Out of bounds
Fuera de límites

Hors tension
Power off
Fuera de tensión

Humidité
Humidity
Humedad

Hybride
Hybrid
Híbrido

Hypsogramme
Level diagram
Diagrama de nivel

Hystérisis
Hysteresis
Histéresis

I

Identifiable
Recognizable
Identificable

Identificateur
Identifier
Identificador

Identificateur de communication
Communication identifier
Identificador de comunicación

Identificateur de l'emploi des données
Data use identifier
Identificador del uso de los datos

Identificateur d'espace d'adresse
Address space identifier
Identificador del espacio de dirección

Identification
Identification
Identificación

Identification d l'interruption des entrées / sorties
Input / output interrupt identification
Identificación de la interrupción de las entradas / salidas

Identification de fichier
File identification, Identification file
Identificación de fichero

Identifier
(to) Identify, (to) Recognize
Identificar, Reconocer

Illégalement
Illegally
llegalmente

Illimité (Non restreint)
Uncontrolled
Ilimitado (No restringido)

Image
Image, Picture
Imagen

Image binaire
Binary image
Imagen binaria

Image codée
Coded image
Imagen codificada

Image de carte
Card image, Card record
Imagen de ficha

Image de film montée sur carte à fenêtre
Card mounted film image
Imagen de filme montada sobre ficha con ventana

Image de la chaîne
Chain image
Imagen de la cadena

Image de la mémoire à tores
Core storage image
Imagen de la memoria de núcleos

Image de marque
Company image
Imagen de la marca

Image-mémoire sur disque
D.C.I., Disk core image, D.C.I.
Imagen-memoria sobre disco

Image résidante
Resident image
Imagen residente

Imbibé d'encre
Ink bleed
Empapado de tinta

Imbibition
Bleed
Empapamiento, Drenaje

Imbriqué
Nested
Imbricado

Imbriquer
(to) Nest
Imbricar

Immatriculation
Prenumbering
Matriculación

Immédiat
Immediate
Inmediato

Imminent
Impending
Inminente

Immobilisation
Look up, Standstill
Inmovilización, Inmovilización, Reposo

Immobiliser
(to) Tie up
Inmovilizar

Impair
Odd
Impar

Imparité
Odd (ones) parity
Imparidad

Impédance
Impedance
Impedancia

Impédance de réaction
Feedback impedance
Impedancia de reacción

Impédance de sortie
Output impedance
Impedancia de salida

Impédance d'entrée
Input impedance
Impedancia de entrada

Impédance terminale
Terminal impedance
Impedancia terminal

Impératifs de traitement
Processing requirements
Requisitos de proceso

Imperméable
Waterproof
Impermeable

Implantation
Siting
Implantación

Implanter
(to) Plant, (to) Site
Implantar

Implication
Implication
Implicación

Implication matérielle
Material implication
Implicación material

Implicite
Implicit
Implícito

Impliqué
Involved
Implicado

Impliquer
(to) Imply, (to) Involve
Implicar

Impondéré
Unweighed
Imponderado

Impossible à inventorier
Univentoriable
No inventariable

Impression
Print(ing)
Impresión

Impression à la volée
On the fly printing
Impresión al vuelo

Impression d'adresse
Address printing
Impresión de dirección

Impression de détails
Detail printing
Impresión de detalles

Impression de la date et de l'heure
Time stamping
Impresión de la fecha y de la hora

Impression de la mémoire
Memory print, Storage print
Impresión de la memoria

Impression de symboles de protección
Protective printing
Impresión de símbolos de protección

Impression différée
Deferred printing
Impresión diferida

Impression du contenu de la mémoire
Memory print out
Impresión del contenido de la memoria

Impression du fond
Background printing
Impresión del fondo, Impresión no prioritaria

Impression du journal
Journal printing
Impresión del diario

Impression d'un fichier
File print
Impresión de un fichero

Impression dynamique
Dynamic print-out
Impresión dinámica

Impression en bout de carte
End printing
Impresión en el extremo de la ficha

Impression ligne par ligne
Line (at a time) printing
Impresión línea a línea

Impression non alignée
Print skew
Impresión no alineada

Impression par groupes
Group printing
Impresión por grupos

Impression par points
Dot printing
Impresión por puntos

Impression sélective
Snapshot printout
Impresión selectiva

Impression statique
Static printout
Impresión estática

Impression sur cartes
Card printing
Impresión sobre fichas

Impression sur plusieurs lignes
M.L.P., Multiple line printing, M.L.P.
Impresión sobre varias líneas

Imprimante
Imprinter, Printer, PRT, PRT
Impresora

Imprimante à barre horizontale
Incremental bar printer
Impresora con barra horizontal

Imprimante à bâtonnets
Bar printer
Impresora con barras

Imprimante à boule
Golf ball printer
Impresora con esfera

Imprimante à chaîne
Chain printer
Impresora con cadena

Imprimante à cylindre
Print wheel printer
Impresora con cilindro

Imprimante à double alimentation de papier
Dual paper feed printer
Impresora con doble alimentación de papel

Imprimante à fils
Wire printer
Impresora con hilos

Imprimante à jet d'encre
Ink jet printer
Impresora con chorro de tinta

Imprimante à la volée
Hit on the fly printer, Hit on the run printer, On the fly printer
Impresora al vuelo

Imprimante à matrice
Matrix printer, Wire matrix printer
Impresora con matriz

Imprimante à navette
Shuttle printer
Impresora con lanzadera

Imprimante à percussion
Impact printer
Impresora con percusión

Imprimante à stylet
Stylus printer
Impresora con estilete

Imprimante à tambour
Drum printer
Impresora de tambor

Imprimante caractère par caractère
Single character printer
Impresora carácter por carácter

Imprimante de contrôle
Monitor printer
Impresora de control

Imprimante de documents en feuilles séparées
Document cut form printer
Impresora de documentos en hojas separadas

Imprimante de pupitre
Console printer
Impresora de pupitre

Imprimante de sortie
Output printer
Impresora de salida

Imprimante de supervision
Supervisory printer
Impresora de supervisión

Imprimante électrostatique
Electrostatic printer
Impresora electrostática

Imprimante en série
Serial printer
Impresora en serie

Imprimante ligne par ligne
Line (at a time) printer
Impresora línea a línea

Imprimante multi-bande
Multiple tape lister
Impresora multicinta

Imprimante non à percussion
Non impact printer
Impresora sin percusión

Imprimante numérique
Digital output printer
Impresora digital

Imprimante page par page
Page (at-a-time) printer
Impresora página por página

Imprimante par points
Dot printer, Mosaic printer
Impresora por puntos

Imprimante parallèle
Parallel printer
Impresora paralela

Imprimante rapide
High-speed printer, H.S.P., H.S.P.
Impresora rápida

Imprimante sans percussion
Impactless printer
Impresora sin percusión

Imprimante sur cartes
Card printer
Impresora sobre fichas

Imprimante sur micro-film
Microfilm printer
Impresora sobre microfilme

Imprimante thermique
Thermal printer
Impresora térmica

Imprimante vidéo
Video printer
Impresora video

Imprimante xérographique
Xerographic printer
Impresora xerográfica

Imprimé
Imprinted, Printed, Printed form
Impreso, Formulario

Imprimé de démonstration
Demonstration form
Impreso de demostración

Imprimé de description d'un état
Report description form, Report format form
Impreso de descripción de un informe

Imprimé de dessin de carte
Card form
Impreso de dibujo de ficha

Imprimé de relevé de compte
Account form
Impreso de extracto de cuenta

Imprimé en continu
Continuous form, Endless form
Impreso en continuo

Imprimé exploitable par ordinateur
Computer ready form, Computer usable form
Impreso utilizable por ordenador

Imprimé mécanographique
Business form
Impreso mecanográfico

Imprimé navette
Turn around form
Impreso lanzadera

Imprimé normalisé
Normalized form
Impreso normalizado

Imprimé pour bande pilote
Tape-loop layout sheet
Impreso para cinta piloto

Imprimé pour programmation
Program form
Impreso para programación

Imprimé spécial
Custom form
Impreso especial

Imprimer
(to) Impress, (to) Imprint, (to) Print
Imprimir

Imprimer en xérographie
(to) Xerox
Imprimir en xerografía

Imprimer plusieurs fois de suite
(to) Continue reappear
Imprimir varias veces seguidamente

Imprimer sur téléimprimante
(to) Teletypewrite
Imprimir sobre teleimpresora

Imprimer uniquement les totaux
(to) Print totals only
Imprimir únicamente los totales

Imprimés mécanographiques
Computer forms, Tab(ulating) forms
Impresos mecanográficos

Imprimés séparés
Burst forms
Impresos separados

Impulsion
Impulse, Poop
Impulsión

Impulsion de semi-intensité
Half pulse
Impulsión de semi-intensidad

Impulsion de chiffre
Digit pulse
Impulso de dígito

Impulsion de commande de lecture intégrale
Full read pulse
Impulsión de mando de lectura integral

**Impulsion de commande
d'enregistrement intégral**
Full write pulse
Impulsión de mando de registro
integral

**Impulsion de commande
d'intensité intégrale**
Full drive pulse
Impulsión de mando de intensidad
integral

Impulsion de commutation
Commutator pulse, Switching
pulse
Impulso de conmutación

Impulsion de fin d'écriture
Write strobe
Impulso de fin de escritura

Impulsion de lecture
Read(ing) pulse
Impulso de lectura

Impulsion de lecture partielle
Partial read pulse
Impulso de lectura parcial

Impulsion de mise en marche
Drive pulse, Set pulse
Impulso de mando

**Impulsion de perturbation après
écriture**
Postwrite disturb pulse
Impulsión de perturbación
después de escritura

Impulsion de position
P Pulse
Impulso de posición

Impulsion de rétablissement
Reset pulse
Impulso de restauración

Impulsion de suppression
Blanking pulse
Impulso de supresión

Impulsion de synchronisation
Synchronizing pulse, Timing pulse
Impulso de sincronización

Impulsion de transmission
Drive impulse
Impulso de transmisión

Impulsion de validation
Enable pulse
Impulso de habilitación

Impulsion d'écriture
Write pulse, Writing pulse
Impulso de escritura

Impulsion d'émission
Emitter pulse
Impulso de emisión

Impulsion d'entraînement
Sprocket pulse
Impulso de arrastre

Impulsion d'entraînement partiel
Partial drive pulse
Impulso de arrastre parcial

Impulsion d'interdiction
Inhibit pulse
Impulso de inhibición

Impulsion d'interrogation
Interrogating pulse
Impulso de interrogación

Impulsion électrique
Electric(al) pulse
Impulso eléctrico

Impulsion partielle d'écriture
Partial write pulse
Impulso parcial de escritura

**Impulsion qui permet le passage
d'une partie de signal**
Strobe pulse
Impulso que permite el paso de
una parte de señal

Impulsion sonore
Sound pulse
Impulso sonoro

Impulsions par pouce
P.P.I., Pulses per inch, P.P.I.
Impulsiones por pulgada, Impulso
por pulgada

Impureté
Impurity
Impureza

Imputer le temps machine
(to) Charge time to
Cargar el tiempo máquina

Inaccessible
Irretrievable
Inaccesible

Inachevé
Uncomplemented, Uncompleted
No acabado

Inactif
Inactive, Inoperative
Inactivo

Inactivité
Idle
Inactividad

Inadéquat
Inadequate
Inadecuado

Inaltéré
Unaltered
Inalterado

Incalculable
Sumless
Incalculable

Inchangé
Unchanged
No modificado

Incident
Failure, Fault, Hitch, Incident,
Trouble
Incidente

Incident de la tête de lecture
Head crash
Incidente de la cabeza de lectura

Incident de lecture
Read alert
Incidente de lectura

Incident de machine
Hardware failure, Machine fault
Incidente de máquina

Incident de perforation
Punch alert
Incidente de perforación

Incident décelable par programme
Program sensitive fault
Incidente detectable por programa

**Incident détecté de par une
certaine disposition des
données**
Pattern sensitive fault
Incidente detectado por una
determinada disposición de los
datos

Incident intermittent
Intermittent fault / failure
Incidente intermitente

Incident technique sur bande magnétique
Cinching
Incidente técnico sobre cinta magnética

Inclinaison de la ligne
Line skew
Inclinación de la línea

Inclure
(to) Count in, (to) Include, (to) Nest
Incluir

Inclusif
Inclusive
Inclusivo

Inclusion
Inclusion
Inclusión

Inclusion conditionnelle
Conditional implication operation
Inclusión condicional

Incohérent
Inconsistent
Incoherente

Incompatibilité
Conflicting, Inconsistency
Incompatibilidad

Incomplet
Incomplete
Incompleto

Inconditionnel
Unconditional
Incondicional

Inconditionnellement
Unconditionally
Incondicionalmente

Incorporé
Built-in, Self-contained
Incorporado

Incorporer à
(to) Build into
Incorporar a

Incrément
Increment, Incrementation
Incremento

Incrémenter
(to) Increase, (to) Increment
Incrementar

Incrémentiel
Incremental
Incremental

Indéchiffrable
Undecipherable
Indescifrable

Indemnité
Indemnity
Indemnización

Indépendant
Independent, Stand-alone
Independiente

Indépendant de la configuration
Configuration independent
Independiente de la configuración

Indépendant du type de machine
Machine-independent
Independiente del tipo de máquina

Indépendant du type d'ordinateur
Computer independent
Independiente del tipo de ordenador

Indépendant d'un dispositif
Device independent
Independiente de un dispositivo

Index
Index
Índice

Index automatique
Auto-index
Índice automático

Index cumulatif
Cumulative index
Índice acumulativo

Index de permutation
Permutation index
Índice de permutación

Index des cylindres
Cylinder index
Índice de los cilindros

Index des pages
Page directory
Índice de las páginas

Index des pistes
Track index
Índice de las pistas

Index détaillé
Fine index
Índice detallado

Index général
Gross index
Índice general

Index principal
Master index
Índice maestro

Index secondaire
Secondary index
Índice secundario

Indexation
Indexing
Indexación

Indexé
Indexed
Indexado

Indicateur
Designator, Indicator
Indicador

Indicateur d'acheminement
Routing indicator
Indicador de encadenamiento

Indicateur d'annulation
Cancel indicator
Indicador de anulación

Indicateur d'arrêt
Halt indicator
Indicador de parada

Indicateur d'article correspondant
Matching record indicator
Indicador de registro coincidente

Indicateur de chaînage des commandes
Chain command flag
Indicador de encadenamiento de los comandos

Indicateur de chaînage des données
Chain data flag
Indicador de encadenamiento de los datos

Indicateur de colonne
Column indicator
Indicador de columna

Indicateur de condition
Condition indicator
Indicador de condición

**Indicateur de conditionnement
    d'un fichier**
File conditioning indicator
Indicador de acondicionamiento
    de un fichero

Indicateur de continuation
Continuation indicator
Indicador de continuación

Indicateur de contrôle
Check indicator
Indicador de control

**Indicateur de contrôle de lecture-
    écriture**
Read-write check indicator
Indicador de control de lectura-
    escritura

Indicateur de contrôle de signe
Sign check indicator
Indicador de control de signo

Indicateur de demande
Bid indicator
Indicador de petición

**Indicateur de dépassement de
    capacité**
Overflow indicator
Indicador de desbordamiento de
    capacidad

**Indicateur de duplication
    automatique**
Auto-dup indicator
Indicador de duplicación
    automática

Indicateur de égal à zero
Equal zero indicator
Indicador de igual a cero

Indicateur de fin de bande
End of tape marker
Indicador de fin de cinta

Indicateur de fin de données
End of data marker
Indicador de fin de datos

Indicateur de fin de fichier
End of file indicator
Indicador de fin de fichero

Indicateur de fin de zone
End field indicator, End of field
    marker
Indicador de fin de campo

Indicateur de fonction
Role indicator
Indicador de función

Indicateur de niveau
Level indicator
Indicador de nivel

Indicateur de niveau de contrôle
Control level indicator
Indicador de nivel de control

Indicateur de niveau inférieur
Lower level indicator
Indicador de nivel inferior

Indicateur de niveau supérieur
Higher level indicator
Indicador de nivel superior

Indicateur de phase
Phase light
Indicador (luz) de fase

Indicateur de pile
Stack pointer
Indicador de pila

Indicateur de priorité
Priority indicator
Indicador de prioridad

Indicateur de registre
Register designator
Indicador de registro

Indicateur de rupture de bande
Broken tape indicator
Indicador de ruptura de cinta

Indicateur de signe négatif
Negative indicator
Indicador de signo negativo

Indicateur de sortie
Output indicator
Indicador de salida

Indicateur de zone
Definer, Field definer, Field
    indicator
Indicador de zona

Indicateur de zone valide
Field valid Bit
Indicador de zona válida

Indicateur d'erreur
Error flag
Indicador de error

Indicateur externe
External indicator
Indicador externo

Indicateur positif
Positive indicator
Indicador positivo

**Indicateurs d'interruption des
    entrées / sorties**
Input / output interrupt indicators
Indicadores de interrupción de las
    entradas / salidas

Indicatif
Indicative, Key, Signal
Indicativo

Indicatif d'appel
Call(ing) signal
Indicativo de llamada

Indicatif de commande
Command key
Indicativo de mando

Indicatif de fin de fichier
End of file spot
Indicativo de fin de fichero

Indicatif de fin de zone
End of area flag
Indicativo de fin de zona

Indicatif de fusion
Merge key
Indicativo de fusión

**Indicatif (de protection) de la
    mémoire**
Storage key
Indicativo (de protección) de la
    memoria

Indicatif de perforation
Punching key
Indicativo de perforación

Indicatif de protection
Protection key, Punching key
Indicativo de protección

Indicatif de recherche
Search key
Indicativo de búsqueda

Indicatif de séquence
Sequence key
Indicativo de secuencia

Indicatif de tri
Sort (control) key
Indicativo de ordenación

Indicatif d'intervention
Action indicator
Indicativo de intervención

Indicatif majeur
Major key, Primary key
Clave primaria, Clave mayor

Indicatif mineur
Minor key
Indicativo menor

Indicatif réel
Actual key
Indicativo real

Indication
Designation, Indication
Indicación

Indication de base
Base notation, Defining base
Indicación de base

Indication de groupe
First item list, Group indicate
Indicación de grupo

Indication de signe négatif
Negative indication
Indicación de signo negativo

Indice de qualité
Quality index
Índice de calidad

Indice inférieur
Subscript
Subíndice

Indice supérieur
Superscript
Exponente

Indiquer
(to) Designate, (to) Flag, (to)
Indicate
Indicar

Indirect
Indirect
Indirecto

Indisponible
Unavailable
Indisponible

Individuel
Individual
Individual

Inductance
Inductance
Inductancia

Inducteur
Inductor
Inductor

Induction
Induction
Inducción

Induction magnétique
Magnetic induction
Inducción magnética

Induire
(to) Induce
Inducir

Inégalité
Compare unequal, Unequal
comparison
Desigual, Desigualdad

Inférence
Inference
Inferencia

Infographie
Computer graphics
Tecnología de gráficos

Information
INFO, Information
Información

Information à ne pas traiter
Non data information
Información que no hay que
procesar

Information alphanumérique
Alphanumeric(al) information
Información alfanumérica

Information avec texte
Textual information
Información de texto

Information de contrôle
Control information
Información de control

Information de gestion
Administrative information
Información de gestión

Information de séquence
Sequence information
Información de secuencia

Information de source
Source information
Información fuente

**Information détectable par
machine**
Machine sensible information
Información detectable por
máquina

Information en code machine
Machine script, Script
Información en código máquina

Information erronée
Misinformation
Información errónea

Information indicative
Indicative information
Información indicativa

Information intermédiaire
Pass information
Información intermedia

Information majeure
Master information
Información maestra

Information numérique
Numerical information
Información numérica

Information parasite
Hash
Aleatorización

Information sur l'état de l'unité
Unit status information
Información sobre el estado de la
unidad

Information variable
Variable information
Información variable

Informations diverses
Miscellaneous information
Información varia, información
miscelánea

(L') Informatique
Data processing (world),
Information science
(La) Informática

Informatique de gestion
Business computing
Informática de gestión

Informatique industrielle
Industrial data processing
Informática industrial

Ingénieur de programmation
Software engineer
Ingeniero de programación

Ingénieur en informatique
Computer engineer, Information
   engineer
Ingeniero en informática

Ingénieur logicien
Logic engineer
Ingeniero en lógica

Inhérent
Inherent
Inherente

Initial
Inceptive, Initial
Inicial

Initialisation
Initialization, Initiation
Inicialización

Initialisation de la mémoire
Storage initialization
Inicialización de la memoria

**Initialisation du compteur de
   positions**
Set location counter, S.L.C., S.L.C.
Inicialización del contador de
   posiciones

**Initialisation d'un programme
   unique**
Single program initiation, S.P.I.,
   S.P.I.
Inicialización de un programa
   único

Initialiser
(to) Initialize
Inicializar

Initialiser à une valeur
(to) Initialize to a value
Inicializar a un valor

Initiateur
Initiator
Iniciador

Initilisation primaire
Primary initialization
Inicialización primaria

Injecter
(to) Inject
Inyectar

Injecter dans une ligne
(to) Emit into a line
Inyectar en una línea

Inscription-machine
Idiomatic feature
Inscripción-máquina

Inscrire
(to) Book, (to) Inscribe, (to) Post
Inscribir

Insensible aux défaillances
Fault tolerant
Resistente a los fallos

Insérer
(to) Insert, (to) Switch in
Insertar

Insérer dans une ligne
(to) Edit into a line
Insertar en una línea

Insertion
Insert, Insertion
Inserción

Insonore
Sound proof
Insonoro

Insonorisation
Acoustic treatment, Sound
   proofing
Insonorización

Insonorisé
Quieted
Insonorizado

Instabilité
Hunting
Inestabilidad

Instabilité d'un signal
Jitter
Inestabilidad de una señal

Instable
Fickle
Inestable

Installation
Installation
Instalación

Installation d'air conditionné
Air conditioned equipment
Equipo de aire acondicionado

Installation des ordinateurs
Installation of computers
Instalación de los ordenadores

Installation intérieure
Lobby
Instalación interna

Installations
Facilities
Instalaciones

Installations de secours
Back-up facilities
Instalaciones de seguridad

**Installations de traitement des
   données**
Data processing facilities
Instalaciones de proceso de los
   datos

Installer
(to) Fix up, (to) Install
Instalar

Instant de référence
Reference time, Time origin
Instante de referencia

Instants significatifs
Significant instants
Instantes significativos

Instructeur
Instructor
Instructor

Instruction
Instruction, Statement
Instrucción

Instruction à adresse multiple
Multi(ple) address instruction
Instrucción con dirección múltiple

Instruction à deux adresses
Two address instruction
Instrucción con dos direcciones

**Instruction à deux adresses plus
   une**
Two plus one address instruction
Instrucción con dos direcciones
   más una

Instruction à N adresses plus une
N Plus one address instruction
Instrucción de N direcciones más
   una

Instruction à opérande directe
Direct instruction
Instrucción con operando directo

Instruction à quatre adresses
Four address instruction
Instrucción con cuatro direcciones

Instruction à trois adresses
Three address instruction
Instrucción con tres direcciones

Instruction à une adresse
One address instruction, Single
address instruction
Instrucción con una dirección

Instruction à une adresse plus une
One over one address instruction
Instrucción con una dirección más
una

Instruction absolue
Absolute instruction
Instrucción absoluta

Instruction alphanumérique
Alphanumeric(al) instruction
Instrucción alfanumérica

Instruction arithmétique
Arithmetic(al) instruction,
Arithmetic(al) statement
Instrucción aritmética

Instruction automatisée
Computer aided instruction,
Computer assisted instruction,
Computer based instruction
Enseñanza automatizada,
Enseñanza Asistida por
Ordenador, E.A.O.

Instruction avec comptage
Count conditional statement
Instrucción con recuento
condicional

Instruction conditionnelle
Discrimination instruction
Instrucción condicional

**Instruction contrôlée par
ordinateur**
Computer managed instruction
Enseñanza controlada por
ordenador

Instruction d'addition
Add instruction
Instrucción de adición

Instruction d'adresse une plus une
One plus one address instruction
Instrucción de dirección una más
una

Instruction d'affectation
Assignment statement
Instrucción de asignación

Instruction d'appel
Call instruction
Instrucción de llamada

Instruction d'arrêt
Halt instruction, Stop instruction
Instrucción de parada

Instruction d'arrêt conditionnel
Conditional stop instruction
Instrucción de parada condicional

Instruction d'arrêt facultatif
Optional halt instruction, Optional
stop instruction
Instrucción de parada facultativa

Instruction de base
Basic instruction
Instrucción de base

Instruction de branchement
Branch instruction
Instrucción de bifurcación

**Instruction de branchement (de
saut)**
Jump instruction
Instrucción de bifurcación (de
salto)

**Instruction de branchement
conditionnel**
Conditional jump instruction
Instrucción de bifurcación
condicional

Instruction de code machine
Machine code instruction
Instrucción de código máquina

Instruction de commande
Command statement
Instrucción de mando

Instruction de conservation
Hold instruction
Instrucción de conservación

**Instruction de consultation de
table**
Table look-up instruction
Instrucción de consulta de tabla

**Instruction de décalage émise par
l'accumulateur**
Accumulator shift instruction
Instrucción de desplazamiento del
acumulador

Instruction de décision
Decision instruction
Instrucción de decisión

Instruction de déclaration
Declarative statement
Instrucción de declaración

**Instruction de définition de
données**
Data definition statement
Instrucción de definición de datos

Instruction de non impression
Non-print instruction
Instrucción de no impresión

Instruction de non opération
No notching instruction, No op
instruction, Non operation(al)
instruction
Instrucción de no operación

Instruction de point d'interruption
Breakpoint instruction
Instrucción de punto de
interrupción

**Instruction de point d'interruption
conditionnel**
Conditional breakpoint instruction
Instrucción de punto de
interrupción condicional

Instruction de programme
Program instruction
Instrucción de programa

Instruction de renvoi
Return instruction
Instrucción de retorno

Instruction de répétition
Repetition instruction
Instrucción de repetición

Instruction de saut
Skip instruction
Instrucción de salto

**Instruction de saut (ou
branchement) conditionnel**
Conditional branch instruction
Instrucción de salto (o bifurcación)
condicional

Instruction de saut émise par l'accumulateur
Accumulator jump instruction
Instrucción de salto emitida por el acumulador

Instruction de saut inconditionnel
Unconditional branch instruction, Unconditional jump instruction
Instrucción de salto incondicional

Instruction de supervision
Supervisory instruction
Instrucción de supervisión

Instruction de transfert
Move instruction, Transfer instruction
Instrucción de transferencia

Instruction de transfert conditionnel
Conditional transfer instruction
Instrucción de transferencia condicional

Instruction de transfert de contrôle
Control transfer instruction
Instrucción de transferencia de control

Instruction de transfert de contrôle conditionnel
Conditional control transfer instruction
Instrucción de transferencia de control condicional

Instruction de transfert de contrôle inconditionnel
Unconditional control transfer instruction
Instrucción de transferencia de control incondicional

Instruction de transfert de l'information
Information moving instruction
Instrucción de transferencia de la información

Instruction de transfert émise par l'accumulateur
Accumulator transfer instruction
Instrucción de transferencia del acumulador

Instruction de transfert inconditionnel
Unconditional transfer instruction
Instrucción de transferencia incondicional

Instruction d'exécution
Executable statement, Execution instruction
Instrucción de ejecución

Instruction d'extraction
Extraction instruction
Instrucción de extracción

Instruction d'initialisation
Initializing instruction
Instrucción de inicialización

Instruction d'introduction
Entry instruction
Instrucción de introducción

Instruction d'organisation
Specification statement
Instrucción de organización

Instruction effective
Effective instruction
Instrucción efectiva

Instruction factice
Do-nothing instruction
Instrucción ficticia, Instrucción nula

Instruction fictive
Blank instruction, Dummy instruction
Instrucción ficticia

Instruction immédiate
Immediate instruction
Instrucción inmediata

Instruction impérative
Imperative statement
Instrucción imperativa

Instruction indiquée
Subject instruction
Instrucción indicada

Instruction logique
Logic(al) instruction
Instrucción lógica

Instruction machine
Computer instruction, Machine instruction
Instrucción máquina

Instruction manuscrite
Hand written instruction
Instrucción manuscrita

Instruction non modifiée
Unmodified instruction
Instrucción no modificada

Instruction non privilégiée
Non privileged instruction
Instrucción no privilegiada

Instruction nulle
Null instruction, Null statement
Sentencia nula

Instruction opérationnelle
Operational instruction
Instrucción operacional

Instruction primaire
Primary instruction
Instrucción primaria

Instruction programmée
P.I., Programmed instruction, P.I.
Instrucción programada

Instruction prototype
Prototype statement
Instrucción prototipo

Instruction réelle
Actual instruction
Instrucción real

Instruction sans adresse
Addressless instruction, No address instruction, Zero address instruction
Instrucción sin dirección

Instruction superflue
Waste instruction
Instrucción superflua

Instruction supposée
Presumptive instruction
Instrucción supuesta

Instruction symbolique
Symbolic instruction
Instrucción simbólica

Instruction unique
Many for one
Instrucción única

Instructions d'annulation de prise en charge
Disable request instructions
Instrucciones de anulación de toma en carga

Instructions de perforation
Punching instructions
Instrucciones de perforación

Instructions de préparation
Housekeeping instructions
Instrucciones de preparación

Instructions de traitement
Manipulative statements
Instrucciones de tratamiento

Instructions d'exécution
Operating instructions
Instrucciones de ejecución

Instructions initiales
Initial instructions
Instrucciones iniciales

Instruire
(to) Instruct
Instruir

Instrument de gestion
Management tool
Instrumento de gestión

Intégral
Integral
Integral

Intégrateur
Integrator
Integrador

Intégrateur additionneur
Summing integrator
Integrador adicionador

Intégrateur de systèmes
Systems integrator
Integrador de sistemas

Intégrateur d'impulsions
Pulse integrator
Integrador de impulsos

Intégrateur incrémentiel
Incremental integrator
Integrador incremental

Intégrateur numérique
Digital integrator
Integrador numérico

Intégrateur réduit
Limited integrator
Integrador reducido

Intégration
Integration
Integración

Intégration à grande échelle
Large scale integration, L.S.I., L.S.I.
Integración a gran escala,
  Integración de gran escala

Intégration à moyenne échelle
Medium scale integration, M.S.I.,
  Middle scale integration, M.S.I.
Integración a media escala

Intégration à petite échelle
Small scale integration
Integración de pequeña escala

Intégration analogique
Analog integration
Integración analógica

Intégration numérique
Numerical integration
Integración numérica

Intégration rectangulaire
Rectangular integration
Integración rectangular

Intégration trapézoïdale
Trapezoidal integration
Integración trapezoidal

Intégré
Integrated
Integrado

Intégrer
(to) Bundle, (to) Integrate
Integrar

Intégrité
Integrity
Integridad

Intelligence
Intelligence
Inteligencia

Intelligence artificielle
Artificial intelligence
Inteligencia artificial

Intensité
Intensity
Intensidad

Intensité d'impression
Penetration of hammers
Intensidad de impresión

Intensité magnétique
Magnetic intensity
Intensidad magnética

Interactif
Interactive
Interactivo

Interactivité
Interactiveness
Interactividad

Intercalation
Interleaving
Intercalación

Intercalculateur
Intercomputer
Intercalculador

Intercalé
Embedded, Interspersed
Intercalado

Intercaler
(to) Cue, (to) Intercalate, (to)
  Interfile, (to) Intersperse
Intercalar

Intercanal
Interchannel
Intercanal

Intercepter
(to) Intercept
Interceptar

Interchangeable
Exchangeable, Interchangeable
Intercambiable

Interclassement
Collating, Collation
Intercalación

Interclasser
(to) Collate
Intercalar

Interclasseuse
Collating machine, Collator
Intercaladora

Interclasseuse de cartes
Card collator
Intercaladora de fichas

Intercommunication automatique
Automatic exchange
Intercomunicación automática

Interconnectable
Interconnectable
Interconectable

Interconnecter
(to) Hook up, (to) Interconnect
Interconectar

Interconnexion
Hook up, Interconnection
Interconexión

Interdépendance
Control relationship
Interdependencia

Interdiction
Inhibiting
Inhibición

Interdiction d'écriture
Write lockout
Prohibición de escritura

Interdire
(to) Prohibit
Prohibir

Interdit
Forbidden, Illegal
Prohibido

Interface
Interface
Acoplamiento mutuo, Interfaz

Interface hybride
Hybrid interface
Acoplamiento mutuo híbrido

Interface standard
Standard interface
Acoplamiento mutuo estándar

Interférence
Cross stalk, Interference
Interferencia

Interférence de canal adjacent
Adjacent channel interference
Interferencia de canal adyacente

Interférences
Strays
Interferencias

Interférer
(to) Interfere
Interferir

Interférer avec
(to) Interfere with
Interferir con

Intérieur
Inside
Interno

Interligne
Row pitch
Interlínea

Interligne différé
Delayed spacing
Espaciado diferido

Interlinéage
Line spacing
Interlineamiento

Intermédiaire
Intervening
Intermedio

Intermittent
Erratic, Intermittent
Intermitente

Interne
In-house, Inner, Internal, Inward
Interno

Interpolateur
Interpolator
Interpolador

Interpoler
(to) Interpole
Interpolar

Interposer
(to) Interpose
Interponer

Interprète de cartes perforées
Punched card interpreter
Intérprete de fichas perforadas

Interrogateur
Inquirer
Interrogador

Interrogation
Enquiry, Inquiry, Querry
Interrogación, Consulta

Interrogation à distance
Remote inquiry
Interrogación a distancia

Interrogation à distance en temps réel
Real time remote inquiry
Interrogación a distancia en tiempo real

Interrogation par clavier
Keyboard inquiry
Interrogación desde teclado

Interroger
(to) Inquire, (to) Interrogate, (to) Querry
Interrogar, Consultar

Interrompre
(to) Break, (to) Cut off, (to) Interrupt, (to) Shut (down)
Interrumpir

Interrupteur
Switch
Interruptor

Interrupteur à deux positions
Toggle switch
Interruptor con dos posiciones

Interrupteur de démarrage
Initiate key, Start key
Interruptor de lanzamiento

Interrupteur de secours
Emergency switch
Interruptor de emergencia

Interrupteur général
Main line switch, Master switch
Interruptor general

Interrupteur périodique
Chopper
Interruptor periódico

Interruption
Breakdown, Cut-off, Interrupt, Interruption, Outage, Shut down, Stoppage
Interrupción

Interruption automatique
Automatic interrupt
Interrupción automática

Interruption automatique du programme
Automatic program interrupt
Interrupción automática del programa

Interruption commandée par programme
P.C.I., Program controlled interruption, P.C.I.
Interrupción mandada por programa, Interrupción controlada por programa

Interruption d'appel d'attention
Attention interruption
Interrupción de llamada de atención

Interruption de l'opération
Operation interruption
Interrupción de la operación

Interruption de machine
Machine interruption
Interrupción de máquina

Interruption de programme
Program interrupt(ion)
Interrupción de programa

Interruption des entrées / sorties
Input / output interrupt
Interrupción de las entradas / salidas

Interruption due à l'unité de traitement
Processor error interrupt
Interrupción debida a la unidad de proceso

Interruption ignorée
Ignorate interrupt
Interrupción ignorada

Interruption non programmée
Unscheduled interruption
Interrupción no programada

Interruption par inversion
Reverse interrupt
Interrupción por inversión

Interruption par suite d'erreur
Error interrupt
Interrupción a consecuencia de error

Interruption provoquée par l'opérateur
Operator initiated interrupt
Interrupción provocada por el operador

Interruption voulue
Interruption enabled
Interrupción permitida

Intersecteur
And element
Intersector

Intersection
Intersection
Intersección

Intersection logique
Logical product
Intersección lógica

Interunion
Interfix
Interunión

Intervalle
Gap, Interval, Space, Span
Intervalo

Intervalle significatif
Significant interval
Intervalo significativo

Intervalle unitaire
Unit interval
Intervalo unitario

Intervenir
(to) Cut-in
Intervenir

Intervention
Action
Intervención

Intervention de l'opérateur
Operator action, Operator intervention
Intervención del operador

Intervention pour réparation
Service call
Intervención para reparación

Intervertir
(to) Switch
Conmutar

Introduction
Introduction, Swap-in
Introducción

Introduction à distance par lots
Remote batch entry
Entrada a distancia por lotes

Introduction de données
Data entry, Data input
Entrada de datos

Introduction de signaux parasites
Drop-in
Introducción de señales parásitas

Introduction de travaux à distance
Remote job entry, R.J.E., R.J.E.
Entrada de trabajos a distancia, Introducción de trabajos a distancia

Introduction des instructions initiales
Bootstrapping
Introducción de las instrucciones iniciales

Introduction du système
System input
Introducción del sistema

Introduction en temps réel
Real time input
Introducción en tiempo real

Introduction et interrogation par clavier
Keyboard entry and inquiry
Introducción e interrogación desde teclado

Introduction manuelle
Manual input
Introducción manual

Introduction par clavier
Keyboard entry, Keying, Keying-in, Type-in
Introducción desde teclado

Introduction par commutateur
Switch insertion
Introducción por conmutador

Introduire
(to) Bring in, (to) Carry in, (to) Ensure, (to) Enter, (to) Feed in, (to) Input, (to) Introduce, (to) Move in, (to) Swap-in
Introducir

Introduire en mémoire
(to) Bring in memory, (to) Toggle into memory, (to) Usher in
Introducir en la memoria

Introduire et extraire alternativament
(to) Shuttle in and out
Introducir y extraer alternativamente

Introduire et extraire alternativement
(to) Swap back and forth
Introducir y extraer alternativamente

Introduire les instructions initiales
(to) Bootstrap
Introducir las instrucciones iniciales

Introduire par bande
(to) Tape in
Introducir por cinta

Introduire par cadran
(to) Dial into
Introducir por dial, Marcar un número

Introduire par clavier
(to) Key in, (to) Keyboard, (to)
   Stroke in, (to) Type-in
Introducir por teclado, Teclear

Introduire par décalage
(to) Shift-in
Introducir por desplazamiento

Introduire par intersection logique
(to) And into
Introducir por intersección lógica

Introduire par réunion
(to) Or into
Introducir por reunión

Introduire une écriture
(to) Write into
Introducir una escritura

Inutilisable
Inoperable, Unserviceable
Inutilizable

Invalide
Invalid
Inválido

Invalider
(to) Disallow, (to) Invalidate
Invalidar

Invalider certaines conditions
(to) Disable a condition
Invalidar algunas condiciones

Inventaire
Inventory, Physical inventory
Inventario

Inventaire permanent
Cyclical inventory
Inventario permanente

Inverser
(to) Invert, (to) Reverse
Invertir

Inverseur
Alternation switch, Inverter,
   Negater
Inversor, Invertidor

Inverseur de point d'interruption
Breakpoint switch
Inversor de punto de interrupción

Inverseur de préfixe
Prefix trigger
Invertidor de prefijo

Inverseur de signe
Changer sign, Sign reverser, Sign
   changer
Invertidor de signo

Inverseur interne de chaînage
Internal chaining switch
Invertidor interno de
   encadenamiento

Inversion
Inversion, Seesaw
Inversión

Inversion de chiffres
Figures shift
Inversión de dígitos

Inversion de lettres
Letters shift
Inversión de letras

Inversion de matrice
Matrix inversion
Inversión de matriz

Ionisation
Ionization
Ionización

Irrémédiable
Not recoverable
No recuperable

Irréversible
Irreversible
Irreversible

Isochrone
Isochronous
Isócrono

Isolation phonique
Sound insulation
Aislamiento sonoro

Isolé
Insulated
Aislado

Isoler
(to) Insulate
Aislar

Itératif
Iterative, Recurring
Iterativo

Itération
Cycling, Iteration, Loop(ing)
Iteración

Itinéraire
Route
Itinerario

J

Jack de réponse
Answering jack
Conector de respuesta

Jargon de l'informatique
Computerese
Jerga de la informática

Jauge de cadrage des cartes
Card gauge
Calibre de ajuste de las fichas

Jeton
Badge, Token
Ficha

Jeu
Array, Backslash, Game, Set
Juego

Jeu de brosses de lecture
Brush set
Juego de escobillas de lectura

Jeu de caractères
Character set, Type array
Juego de caracteres

Jeu de caractères alphabétiques
Alphabetic(al) character set
Juego de caracteres alfabéticos

Jeu de caractères alphanumériques
Alphanumeric(al) character set
Juego de caracteres alfanuméricos

Jeu de caractères codés alphabétiques
Alphabetic(al) coded character set
Juego de caracteres codificados alfabéticos

Jeu de caractères codés alphanumériques
Alphanumeric(al) coded character set
Juego de caracteres codificados alfanuméricos

Jeu de caractères codés numériques
Numeric coded character set
Juego de caracteres codificados numéricos

Jeu de caractères numériques
Numeric character set
Juego de caracteres numéricos

Jeu de caractères spéciaux
Non standard character set
Juego de caracteres no standard

Jeu de caractères universels
U.C.S.
Juego de caracteres universales

Jeu de caractéres universels
Universal character set, U.C.S.
Juego universal de caracteres

Jeu de cartes
Tab-card set
Juego de fichas

Jeu de cartes d'essai
Test pack
Juego de fichas de ensayo

Jeu de données d'essai
Test data set
Juego de datos de ensayo

Jeu de données universelles
U.D.S., Universal data set, U.D.S.
Juego de datos universales

Jeu de listes
List deck
Juego de listas · .

Jeu d'essai
Test deck
Juego de ensayo

Jeu multiple de caractères
M.C.S., Multiple character set, M.C.S.
Juego de caracteres, Juego múltiple de caracteres

Jeu partiel
Sub deck
Juego parcial

Jeu partiel de caractères alphabétiques
Alphabetic(al) character subset
Juego parcial de caracteres alfabéticos

Jeu partiel de caractères alphanumériques
Alphanumeric(al) character subset
Juego parcial de caracteres alfanuméricos

Jeu partiel de caractères numériques
Numeric character subset
Juego parcial de caracteres numéricos

Jeu réduit
Restricted set
Juego reducido

Jeu réduit de caractères
Reduced type font
Juego reducido de caracteres

Joindre
(to) Joint
Juntar

Jonction
Interface, Joining, Junction
Junción, Unión

Jour de démarrage
Start-up day
Día de lanzamiento

Jour de relevé de compteur
Meter reading day
Día de lectura del contador

Journal
Log
Diario

Journal de machine à écrire
Typewriter log
Diario de máquina de escribir

Journal de machine à écrire de pupitre
Console typewriter log
Diario de máquina de escribir de pupitre

Journal de maintenance
Maintenance log
Diario de mantenimiento

Journal des transmissions
Transmission log
Diario de las transmisiones

Journal du système
SYSLOG, System log
Diario del sistema

Journal machine
Computer log, Console operating
  log, Machine log
Diario máquina

Juger
(to) Deem
Juzgar

Justifier
(to) Justify
Justificar

Jours ouvrables
Shop days
Días laborables

Justification
Justification
Justificación

Juxtaposition
Juxtaposition
Yuxtaposición

K

Kilobaud
Kilobaud
Kilobaudio

Kiloméga
Kilomega
Kilomega

Kilocycle
Kilocycle
Kilociclo

Kilomégacycle
Billicycle, Kilomegacycle
Kilomegaciclo

L

Lame de guidage
Chute blade
Lámina de guía

Lampe
Valve
Válvula

Lampe amplificatrice
Amplifier valve
Válvula amplificadora

Lampe de réponse
Answer lamp
Lámpara de respuesta

Lampe de signalisation
Indicator light
Lámpara de señalización

Lampe de signification
Warning lamp
Lámpara de señalización

Lampe témoin
Control light, Pilot light
Lámpara de señalización, Lámpara
de visualización

Lancement
Launching
Lanzamiento

Lancer
(to) Launch, (to) Release
Lanzar

Lancer (un programme)
(to give) Control to
Lanzar (un programa)

Langage
Language
Lenguaje

Langage absolu
Absolute language
Lenguaje absoluto

Langage algébrique
Algebraic language
Lenguaje algebraico

Langage algébrique international
I.A.L., International algebraic
language, I.A.L.
Lenguaje algebraico internacional

Langage algorithmique
Algol, Algorithmic language
Lenguaje algorítmico

Langage artificiel
Artificial language
Lenguaje artificial

Langage assembleur
ASS, Assembler language, BAL
Lenguaje ensamblador

Langage commun
Common language
Lenguaje común

**Langage commun aux problèmes
de gestion**
Cobol, Common business oriented
language
Lenguaje común a los problemas
de gestión

Langage de base
Basic language
Lenguaje de base

Langage de commande
Command language
Lenguaje de mando

Langage de contrôle des travaux
J.C.L., Job control language, J.C.L.
Lenguaje de control de los
trabajos

**Langage de description de
données**
Data description language, D.D.L.,
D.D.L.
Lenguaje de descripción de datos

Langage de gestion
Business language, Commercial
language, Control language
Lenguaje de gestión

**Langage de manipulation des
données**
Data manipulation language,
D.M.L., D.M.L.
Lenguaje de manipulación de los
datos

Langage de niveau intermédiaire
Intermediate language
Lenguaje de nivel intermedio

Langage de procédure
Procedure oriented language
Lenguaje de procedimiento

Langage de programmation
P.L., Programming language, P.L.
Lenguaje de programación

**Langage de programmation
d'applications**
Application programming
language
Lenguaje de programación de
aplicaciones

**Langage de programmation
évolué**
High level programming language
Lenguaje de programación de alto
nivel

Langage de traitement
Problem solving language
Lenguaje de proceso

Langage d'exécution
Effective language
Lenguaje de ejecución

Langage évolué
High(er) level language, High(er)
order language
Lenguaje evolucionado

Langage Fortran
Formula translator
Lenguaje Fortran

**Langage indépendant du type de
machine**
Machine-independent language
Lenguaje independiente del tipo
de máquina

**Langage indépendant du type
d'ordinateur**
Computer independent language
Lenguaje independiente del tipo
de ordenador

Langage machine
Computer language, Machine
language, M.L., M.L.
Lenguaje máquina

Langage macro-assembleur
Macro-assembly language, M.A.L.,
M.A.L.
Lenguaje macroensamblador

Langage naturel
Natural language
Lenguaje natural

Langage non évolué
Low level language
Lenguaje de bajo nivel

Langage objet
Object language, Target language
Lenguaje objeto

Langage orienté au problème
P.O.L., Problem oriented language,
P.O.L.
Lenguage orientado al problema

Langage orienté vers la machine
Computer oriented language,
Machine oriented language
Lenguaje orientado hacia la
máquina

Langage original
Original language
Lenguaje original

**Langage pour système de
traitement à distance**
Remote computing system
language
Lenguaje para sistema de proceso
a distancia

Langage propre à un ordinateur
Computer dependent language
Lenguaje propio de un ordenador
específico

**Langage requis pour une
application**
Application required language
Lenguaje requerido para una
aplicación

Langage scientifique
Scientific language
Lenguaje científico

Langage source
Source language
Lenguaje fuente

Langage symbolique
Symbolic language
Lenguaje simbólico

Langage synthétique
Synthetic language
Lenguaje sintético

Langage tabulaire
Tabular language
Lenguaje tabular

Langage universel
Multi purpose language, Universal
language
Lenguaje universal

Langages de programmation
Program languages
Lenguajes de programación

Languet de saut
Skip bar
Lengüeta de salto

Large
Wide
Ancho

Largeur
Width
Anchura

**Largeur après enlèvement des
bords**
Torn-out size
Anchura después de corte de los
bordes

Largeur de bande
Bandwidth, Tape width
Anchura de cinta

Largeur de la ligne d'impression
Print span, Printing width
Anchura de la línea de impresión

Largeur de segment
Stroke width
Anchura de segmento

Latéral
Lateral
Lateral

Lecteur
Reader
Lector

Lecteur / perforateur
Read punch unit
Lector / perforador

**Lecteur / trieur de codes á
bâtonnets**
Bar code reader / sorter
Lector / clasificador de códigos
con trazos

**Lecteur / trieur de documents à
encre magnétique**
Magnetic ink document reader /
sorter
Lector / ordenador de documentos
con tinta magnética

Lecteur à brosse
Brush type reader
Lector con escobillas

Lecteur automatique de cartes
Ledger card auto reader
Lector automático de fichas

Lecteur de bande
Tape player, Tape reader
Lector de cinta

Lecteur de bande de papier
Paper tape reader
Lector de cinta de papel

Lecteur de bande journal
Journal roll reader
Lector de cinta diario

Lecteur de bande magnétique
Magnetic tape reader
Lector de cinta magnética

Lecteur de bande perforée
Perforated tape reader, Punched
tape reader
Lector de cinta perforada

Lecteur de caractères
Character reader
Lector de caracteres

**Lecteur de caractères à encre
magnétique**
Magnetic ink character reader
Lector de caracteres con tinta
magnética

**Lecteur de caractères
magnétiques**
Magnetic character reader
Lector de caracteres magnéticos

Lecteur de caractères manuscrits
Hand printed character reader
Lector de caracteres manuscritos

Lecteur de cartes
Card reader unit, Tab reader
Lector de fichas

**Lecteur de cartes à piste
magnétique**
Magnetic stripe reader
Lector de fichas con pista
magnética

Lecteur de cartes perforées
Punched card reader
Lector de fichas perforadas

Lecteur de compteur
Meter reader
Lector de contador

Lecteur de courbes
Curve follower
Lector de curvas

Lecteur de différents types de caractères
Multi font reader
Lector de diferentes tipos de caracteres

Lecteur de documents
Document handler, Document reader
Lector de documentos

Lecteur de documents à encre magnétique
Magnetic ink document reader
Lector de documentos con tinta magnética

Lecteur de documents magnétiques
Magnetic document reader, M.D.R., M.D.R.
Lector de documentos magnéticos

Lecteur de documents sur microfilm
Document viewer
Lector de documentos sobre microfilme

Lecteur de fiches
Fiche reader
Lector de fichas

Lecteur de film
Film reader
Lector de filme

Lecteur de graphiques
Graph follower
Lector de gráficos

Lecteur de jetons
Badge reader, Token reader
Lector de fichas

Lecteur de liste de contrôle
Tally reader
Lector de lista de control

Lecteur de marques
Mark reader
Lector de marcas

Lecteur de micro-fiches
Micro-fiche reader
Lector de microfichas

Lecteur de pages
Page reader
Lector de páginas

Lecteur de rouleau de liste de contrôle
Tally roll reader
Lector de rollo de lista de control

Lecteur d'entrée
Input reader
Lector de entrada

Lecteur d'entrée résidant
Resident input reader
Lector de entrada residente

Lecteur d'étiquettes
Tag reader
Lector de etiquetas

Lecteur en série
Serial reader
Lector en serie

Lecteur interprète
Reader-interpreter
Lector-intérprete

Lecteur magnétique
Magnetic reader
Lector magnético

Lecteur optique
Optical reader
Lector óptico

Lecteur optique de caractères
O.C.R., Optical character reader, O.C.R.
Lector óptico de caracteres

Lecteur optique de codes à bâtonnets
Optical bar code reader
Lector óptico de códigos con trazos

Lecteur optique de marques
Optical mark reader
Lector óptico de marcas

Lecteur-perforateur de cartes
Card reader punch
Lector-perforador de fichas

Lecteur photoélectrique
Photoelectric reader
Lector fotoeléctrico

Lecteur rapide
High-speed reader, H.S.R., H.S.R.
Lector rápido

Lecteur résidant
Resident reader
Lector residente

Lecteur transitoire
Transient reader
Lector transitorio

Lecteur-trieur
Reader-sorter
Lector-seleccionador

Lecture
Read(ing)
Lectura

Lecture avant perforation
P.F.R., Punch feed read, P.F.R.
Lectura antes de perforación

Lecture avec effacement
Destructive reading
Lectura destructiva

Lecture de bande
Tape sensing
Lectura de cinta

Lecture de caractères
Character reading
Lectura de caracteres

Lecture de compteur
Meter reading
Lectura de contador

Lecture de contrôle
Check reading
Lectura de control

Lecture de marques
Mark reading, Mark sensing
Lectura de marcas

Lecture de perforations marginales
Edge punch read
Lectura de perforaciones marginales

Lecture-écriture
Read-write, R.W., R.W.
Lectura-escritura

Lecture et écriture simultanées
Read while writing, Reading while writing
Lectura y escritura simultáneas

Lecture fractionnée
Scatter reading
Lectura fraccionada

Lecture inverse
Reverse reading
Lectura inversa

Lecture magnétique
Magnetic readout
Lectura magnética

Lecture non destructive
Non destructive read(out),
N.D.R.O.
Lectura no destructiva

Lecture optique de marques
Mark scanning, O.M.R., Optical
mark reading, O.M.R.
Lectura óptica de marcas

Lecture ou enregistrement sur demande
Demand reading or writing
Lectura o escritura sobre demanda

Lecture par double impulsion
Double pulse reading
Lectura por doble impulsión

Lecture partielle
Partial read
Lectura parcial

Lecture photoélectrique
Photosensing
Lectura fotoeléctrica

Lecture préalable
Pre-read
Lectura previa

Lecture régénérative
Regenerative reading
Lectura regenerativa

Lent
Slow
Lento

Lettre
Letter
Letra

Lettre (caractère) fermée
Closed letter
Letra (carácter) cerrada

Lettre imprimée par ordinateur
Computer letter
Letra impresa por ordenador

Lettre majuscule
Capital letter, Upper case letter
Letra mayúscula

Lettre minuscule
Small letter, lower case letter
Letra minúscula

Lettres en relief
Raised letters
Letras en relieve

Levier
Arun, Lever
Palanca

Levier d'ajustage des imprimés
Forms adjusting lever
Palanca de ajuste de los impresos

Levier de cartes
Card lever
Palanca de fichas

Levier de contrôle de l'impression
Impression control level
Palanca de control de la impresión

Levier de dégagement du cylindre
Platen release lever
Palanca de liberación del cilindro

Levier de dégagement du papier
Paper release lever
Palanca de liberación del papel

Levier de présence de carte
Card sensor lever
Palanca de presencia de ficha

Levier d'interligne
Line space lever
Palanca de interlínea

Levier d'inversion
Reversing lever
Palanca de inversión

Levier d'inversion de marche du ruban
Ribbon reverse lever
Palanca de inversión de marcha de
la cinta

Lexique
Lexicon
Léxico

Liaison
Bonding, Linkage, Linking
Enlace

Liaison à distance
Remote attachment
Enlace a distancia

Liaison automatique par téléimprimante
Automatic teleprinter service
Enlace automático por medio de
teleimpresora

Liaison canal-canal
Channel-to channel connexion
(Br.) connection (Amer.)
Enlace canal-canal

Liaison de base
Basic linkage
Enlace de base

Liaison de groupes
Group link
Enlace de grupos

Liaison de groupes secondaires
Supergroup link
Enlace de grupos secundarios

Liaison de transmission de l'information
Information link
Enlace de transmisión de la
información

Liaison en communication
Communication link
Enlace en comunicación

Liaison en ligne
Line link
Enlace en línea

Liaison en sous-sol
Under the floor cabling
Cableado bajo el falso suelo

Liaison en temps réel
O.L.R.T., On line real time, O.L.R.T.
Enlace en tiempo real

Liaison intermédiaire
Trunk junction
Enlace intermedio

Liaison multipoint
Multipoint link
Enlace multipunto

Liaison par cadran
Dial up
Enlace desde cuadrante

Liaison par téléimprimante
Teleprinter circuit, Teleprinter
connection, Teleprinting
Enlace por teleimpresora

Liaison par terminal
Terminal session
Enlace por terminal

Liaison permanente
Permanent connection
Enlace permanente

Liaison point par point
Point to point link
Enlace punto por punto

Liaison télégraphique
Telegraph connection
Enlace telegráfico

Liaison téléphonique
Telephone connection, Telephone link
Enlace telefónico

Liaison téléphonique par câble
Telephone cable link
Enlace telefónico con cable

Liaison téléphonique-télégraphique
Telephone-telegraph circuit
Enlace telefónico-telegráfico

Liaison télex
Telex connection
Enlace telex

Liaison temporaire
Temporary connection
Enlace momentáneo

Liasse carbonée
Interleaved carbon set, Interleaved stationery
Legajo de impresos con papel carbón intercalado

Liasse de papier en continu
Continuous stationery set
Legajo de papel en continuo

Liasse d'imprimés
Form set, Forms pack, Multi part forms, Multi part set
Legajo de impresos

Liasse d'imprimés à carbone intercalé
Carbon interleaved forms or set
Legajo de impresos con carbón intercalado

Liasse d'imprimés non en continu
Unit set
Legajo de impresos no en continuo

Liasse en continu perforée sur les marges
Marginally punched set
Legajo de papel continuo perforado sobre los márgenes

Liasse en six exemplaires
Ply form (six), (six) Ply form
Legajo en seis ejemplares

Libération
Release
Liberación

Libérer
(to) Release, (to) Vacate
Liberar

Libre
Free
Libre

Lien
Link, Nexus
Ligadura, Nexo

Lieu de traitement
Processing area, Processing site
Lugar de proceso

Lieu géométrique
Locus
Lugar geométrico

Ligne
Line
Línea

Ligne à fréquence vocale
Voice grade line
Línea con frecuencia vocal

Ligne à retard
Delay line
Línea de retardo

Ligne à retard à magnétostriction
Magnetostrictive delay line
Línea de retardo a magnetostricción

Ligne à retard à mercure
Mercury delay line
Línea de retardo con mercurio

Ligne à retard à nickel
Nickel delay line
Línea de retardo de níquel

Ligne à retard à quartz
Quartz delay line
Línea de retardo de cuarzo

Ligne à retard acoustique
Acoustic delay line, Sonic delay line
Línea de retardo acústico

Ligne à retard acoustique à magnétostriction
Magnetostrictive acoustic delay line
Línea de retardo acústico a magnetostricción

Ligne à retard électrique
Electric(al) delay line
Línea de retardo eléctrica

Ligne à retard électromagnétique
Electromagnetic delay line
Línea de retardo electromagnética

Ligne à retard magnétique
Magnetic delay line
Línea de retardo magnética

Ligne acoustique
Audio line
Línea acústica

Ligne active
Active line
Línea activa

Ligne artificielle
Artificial line
Línea artificial

Ligne auxiliaire
Secondary line
Línea auxiliar

Ligne commutée
Switched line
Línea conmutada

Ligne d'abonné
Local loop, Subscriber line
Línea de abonado

Ligne d'accès
Access line
Línea de acceso

Ligne d'accès direct
Direct in line
Línea de acceso directo

Ligne d'alimentation primaire
Primary feed path
Línea de alimentación primaria

Ligne d'alimentation secondaire
Secondary feed path
Línea de alimentación secundaria

Ligne d'assemblage
Assembly line
Línea de ensamblaje

Ligne d'attente
Waiting line
Línea de espera

Ligne de bas de page
Page footing line
Línea de pie de página

Ligne de carte
Card row
Línea de ficha

Ligne de commande
Control line
Línea de mando

Ligne de communication
Communication line
Línea de comunicación

Ligne de continuation
Continuation line
Línea de continuación

Ligne de contour moyenne
Average edge line
Línea de contorno media

Ligne de courant alternatif
A.C. Line
Línea de corriente alterna

Ligne de dépassement de capacité
Overflow line
Línea de desbordamiento de
    capacidad

Ligne de détail inconditionnelle
Unconditional detail line
Línea de detalle incondicional

Ligne de détails
Detail line
Línea de detalles

Ligne de lecture
Sense line
Línea de lectura

Ligne de liaison
Flowline
Línea de enlace

Ligne de programmation
Coding line, Program line
Línea de programación

Ligne de programme
Code line
Línea de programa

Ligne de référence
Guide line
Línea de referencia

Ligne de spécifications
Specifications line
Línea de especificaciones

Ligne de téléimprimante
Teleprinter line
Línea de teleimpresora

Ligne de total inconditionnel
Unconditional total line
Línea de total incondicional

Ligne de transmission
Transmission line
Línea de transmisión

Ligne de zone
Zone row
Línea de zona

Ligne de zone de contrôle
Control field line
Línea de zona de control

Ligne d'en-tête
Header line, Heading line
Línea de encabezamiento

Ligne des neuf en tête
Nine edge leading
Línea de los nueve en cabeza

Ligne d'exception
Exception line
Línea de excepción

Ligne d'exclusion
Omit line
Línea de exclusión

Ligne d'impression
Print line, Print row
Línea de impresión

Ligne d'inclusion
Include line
Línea de inclusión

Ligne duplex
Duplex circuit, Duplex line
Línea duplex

Ligne en location
Leased line, Out of sequence line
Línea alquilada, Línea fuera
    secuencia

Ligne individuelle
Individual line, Individual trunk
Línea individual

Ligne médiane d'un segment
Stroke centerline
Línea mediana de un segmento

Ligne multipoint
Multidrop link
Línea multipunto

Ligne non audible
Non audio line
Línea no audible

Ligne non commutée
Non switched line
Línea no conmutada

Ligne numérique
Digit row
Línea numérica

Ligne par ligne
Line for line
Línea a línea

Ligne partagée
Party line, Shared line
Línea compartida

Ligne particulière
Dedicaded line
Línea particular

Ligne pointillée
Dotted line, Tear line
Trepado, Línea punteada

Ligne privée
Private line, Tie trunk
Línea privada

Ligne simplex
Simplex line
Línea simplex

Ligne sous tension
Hot line
Línea en tensión

Ligne télégraphique
Telegraph line
Línea telegráfica

Ligne téléphonique
Speech line, Telephone line
Línea telefónica

Ligne vide
Blank line
Línea vacía

Lignes de réseau en arrivée
Incoming trunk lines
Líneas de red de entrada

Lignes par minute
L.P.M.
Líneas por minuto

Lignes par minute
Lines per minute, L.P.M.
Líneas por minuto

Limite
Bound(ary), Limit
Límite

Limité
Limited
Limitado

Limité à la sortie
Output limited
Limitado a la salida

Limite d'alignement
Boundary alignment
Límite de alineamiento

Limite de caractère
Character boundary
Límite de carácter

Limite de résistance
Yield point
Límite de resistencia

Limité par la durée des entrées
Input limited
Limitado por la duración de las
entradas

Limité par la vitesse de la bande
Tape limited
Limitado por la velocidad de la
cinta

**Limité par la vitesse de la bande
magnétique**
Magnetic tape limited
Limitado por la velocidad de la
cinta magnética

**Limité par la vitesse de
l'ordinateur**
Computer limited
Limitado por la velocidad del
ordenador

**Limité par la vitesse de l'unité
centrale**
Central processor limited
Limitado por la velocidad de la
unidad central

**Limité par la vitesse de l'unité de
traitement**
Processor limited
Limitado por la velocidad de la
unidad de proceso

Limité par la vitesse de traitement
Process limited
Limitado por la velocidad de
proceso

Limité par la vitesse des entrées
Input bound
Limitado por la velocidad de las
entradas

**Limité par la vitesse des entrées /
sorties**
Input / output bound
Limitado por la velocidad de las
entradas / salidas

**Limité par la vitesse des entrées /
sorties**
Input / output limited
Limitado por la velocidad de las
entradas / salidas

**Limité par la vitesse des
périphériques**
Peripheral limited
Limitado por la velocidad de los
periféricos

Limité par le temps de calcul
Compute limited
Limitado por el tiempo de cálculo

Limiter
(to) Bound, (to) Limit
Limitar

Limiteur
Limiter
Limitador

Limiteur à pont
Bridge limiter
Limitador con puente

Linéaire
Linear
Lineal

Linéarisation
Linearisation (Br.) Linearization
(Amer.)
Linealización

Linéarité
Linearity
Linealidad

Lire
(to) Read
Leer

Lire optiquement
(to) Mark scan
Leer ópticamente

Lisible
Legible
Legible

Lisible à oeuil nu
Human readable
Legible a simple vista

Lissage
Smoothing
Alisado

Lissé
Smoothness
Lisura

Lisser
(to) smooth
Alisar

Listage
Listing
Listado

Liste
List
Lista

Liste à introduction directe
Push-up list
Lista de introducción directa

Liste bouclée
Wrap around list
Lista que se muerde la cola

Liste chaînée
Chained list
Lista encadenada

Liste d'appels
Poll list
Lista de llamadas selectivas

Liste d'assemblage
Assembly list(ing)
Lista de ensamblaje

Liste de chargement
Load list
Lista de carga

Liste de contrôle
Check list, Tally
Lista de control

Liste de diffusion
Mailing list
Lista de difusión, lista de
   direcciones de envío

Liste de langages assembleurs
   symboliques
Symbolic assembly language
   listing
Lista de lenguajes ensambladores
   simbólicos

Liste de référence
Reference listing
Lista de referencia

Liste de sortie
Output listing
Lista de salida

Liste de vérification
Audit list
Lista de verificación

Liste des arguments
Argument list
Lista de los argumentos

Liste des connexions du panneau
Control panel hub chart
Plano de las conexiones del panel

Liste des correspondances
Cross reference list(ing)
Lista de las correspondencias

Liste des erreurs
Error list, Error report
Lista de los errores

Liste des paramètres
Parameter list
Lista de los parámetros

Liste des programmes
Program listing
Lista de los programas

Liste des utilisations cumulées
Summarized where used
Lista de las utilizaciones
   acumuladas

Liste d'exécution des opérations
Operation dispatch list
Lista de ejecución de las
   operaciones

Liste d'imprimante
Printer listing
Lista de impresora

Liste directe
Pop-up list
Lista directa

Liste (des données) en entrée
List of input
Lista (de los datos) en entrada

Liste inversée
Push down list
Lista LIFO, Lista apilada

Lister
(to) List
Listar

Littéral
Literal
Literal

Livre
Book
Libro

Local
Local
Local

Local d'archives
File vault, Storage vault
Local de archivos

Localement
Locally
Localmente

Localisation
Isolation
Localización

Localisation à coordonnées
   polaires
Vector mode display
Localizador con coordenadas
   polares

Localisation de panne
Fault isolation
Localización de avería

Localiser
(to) Isolate, (to) Locate, (to)
   Pinpoint
Localizar

Location
Let, Renting
Alquiler

Logarithme
Logarithm
Logaritmo

Logarithme naturel
Natural logarithm
Logaritmo natural

Logarithme népérien
Naperian logarithm
Logaritmo neperiano

Logarithmique
Logarithmic
Logarítmico

Loger
(to) House, (to) Inhabit
Alojar

Logical adapté à la configuración
Middleware
Conjunto de programas adaptados
   a la configuración

Logiciel
Software
Programas y sistemas de
   programación

Logiciel particulier à l'utilisateur
In-house software
Programas propios

Logicien
Logician
Técnico en lógica

Logique
Logic(al)
Lógico

Logique à diodes
Diode logic, D.L., D.L.
Lógica de diodos

Logique à diodes et transistors
Diode transistor logic, D.T.L.,
   D.T.L.
Lógica de diodos y transistores

Logique à fluides
Fluid logic
Lógica de fluidos

Logique à N niveaux
N Level logic
Lógica con N niveles

Logique à résistances et
   transistors
R.T.L.
Lógica con resistencias y
   transistores

**Logique à résistences,
    condensateurs et transistors**
Resistor capacitor transistor logic
Lógica con resistencia,
    condensadores y transistores

**Logique à résistences et
    transistors**
Resistor-transistor logic, R.T.L.
Lógica con resistencias y
    transistores

Logique à seuil élevé
High-threshold logic, H.T.L., H.T.L.
Lógica con umbral elevado

Logique booléenne
Boolean logic
Lógica booleana

Logique commune
Common logic
Lógica común

Logique de machine
Machine logic
Lógica de máquina

Logique mathématique
Mathematical logic
Lógica matemática

Logique programmée
Programmed logic
Lógica programada

Logique symbolique
Symbolic logic
Lógica simbólica

Logique variable
Variable logic
Lógica variable

(La) Logistique
Logistics
(La) Logística

Loi
Law
Ley

Longitudinal
Longitudinal
Longitudinal

Longitudinalement
Length wise
Longitudinalmente

Longueur de bloc
Block length, Block size
Longitud de bloque

Longueur de chaîne
String length
Longitud de cadena

Longueur de champ
Field width
Anchura de campo

Longueur de la clé
Key length
Longitud de la clave

Longueur de ligne
Line length
Longitud de línea

Longueur de mot
Word length
Longitud de palabra

Longueur de mot variable
Variable word length
Longitud de palabra variable

Longueur de registre
Register length
Longitud de registro

Longueur de réponse
Question length
Longitud de la pregunta

Longueur de travail
Working length
Longitud de trabajo

Longueur de zone
Field length
Longitud de campo

Longueur d'enregistrement
Record lenght
Longitud de registro

Longueur différente du mot
Non word size
Longitud diferente de la palabra

Longueur du chariot
Carriage length
Longitud del carro

Longueur du mot machine
Machine word length
Longitud de la palabra máquina

Longueur en pieds
Footage
Longitud en pies

Longueur fixe de bloc
Fixed block length
Longitud fija de bloque

Longueur fixe de mot
Fixed word length
Longitud fija de palabra

Longueur réelle
Actual length
Longitud real

Longueur simple
Single length
Longitud simple

Longueur variable
Variable length
Longitud variable

Losange
Diamond-shaped box, Lozenge
Rombo, bloque de decisión

Lot
Lot
Lote

Lot de transmission
Transmittal batch
Lote de transmisión

Lot de travail
Work lot
Lote de trabajo

Luire
(to) Glow
Lucir, Brillar

M

Machine
Engine, Machine
Máquina

Machine à additionner
Adding machine
Sumadora

Machine à adresser
Addressing machine
Máquina para direcciones

Machine à calculer
Calculator, Comptometer,
   Computing machine, Number
   cruncher
Calculadora

**Machine à calculer à cartes
   perforées**
Punched card calculator
Calculadora con fichas perforadas

Machine à calculer de bureau
Desk calculating machine, Desk
   calculator
Calculadora de sobremesa

Machine à calculer imprimante
Printing calculating machine,
   Printing calculator
Calculadora impresora

Machine à calculer mécanique
Hand calculator, Mechanical desk
   calculator
Calculadora mecánica, Calculadora
   manual

**Machine à calculer non
   imprimante**
Non printing calculating machine
Calculadora sin impresora

Machine à cartes
Card machine, UR
Máquina de fichas

Machine à cartes perforées
P.C.M., Punched card machine,
   P.C.M.
Máquina con fichas perforadas

Machine à dessiner automatique
Automatic drafting machine
Máquina automática para dibujar

Machine à détruire les documents
Paper shredder, Paper shredding
   machine, Shredder, Shredding
   machine
Máquina destructora de
   documentos

Machine à écrire
Typewriter
Máquina de escribir

Machine à écrire à bande
Tape-controlled typewriter, Tape-
   operated typewriter
Máquina de escribir con cinta

Machine à écrire à boule
Golf ball typewriter
Máquina de escribir con esfera

Machine à écrire automatique
Automatic typewriter
Máquina de escribir automática

Machine à écrire connectée
One line typewriter
Máquina de escribir en línea

Machine à écrire de contrôle
Monitor typewriter
Máquina de escribir de control

Machine à écrire de pupitre
Console typewriter
Máquina de escribir de pupitre

Machine à écrire de supervision
Supervisory typewriter
Máquina de escribir de
   supervisión

Machine à écrire de transmission
Transmitting typewriter
Máquina de escribir de
   transmisión

Machine à écrire d'entrée / sortie
Input / output typewriter
Máquina de escribir de entrada /
   salida

Machine à écrire d'interrogation
Interrogating typewriter
Máquina de escribir de
   interrogación o consulta

Machine à écrire électrique
Electric(al) typewriter, E.T., E.T.
Máquina de escribir eléctrica

Machine à écrire réceptrice
Output typewriter
Máquina de escribir receptora

Machine à enseigner
Teaching machine
Máquina de enseñar

Machine à facturer
Invoice machine
Máquina facturadora

Machine à perforer le papier
Paper drilling machine
Máquina de perforar el papel

Machine à plier
Folding machine
Máquina plegadora

Machine à relier
Binding
Máquina para encuadernar

Machine à résoudre les équations
Equation solver
Máquina para resolver las
   ecuaciones

Machine alphanumérique
Alphanumeric(al) machine
Máquina alfanumérica

Machine asynchrone
Asynchronous machine
Máquina asíncrona

Machine comptable
Accounting machine, Book-
   keeping machine
Máquina contable

**Machine comptable à cartes
   perforées**
P.C.A.M., Punch card accounting
   machine, P.C.A.M.
Máquina contable con fichas
   porforadao

Machine comptable à clavier
Keyboard accounting machine
Máquina contable con teclado

Machine comptable électrique
E.A.M., Electric(al) accounting
   machine, E.A.M.
Máquina contable eléctrica

Machine comptable électronique
Electronic accounting machine
Máquina contable electrónica

Machine de base
Basic machine
Máquina de base

Machine de contrôle
Proof machine
Máquina de control

Machine de gestion
Business machine
Máquina de gestión

Machine de guichet
Window machine
Máquina de ventanilla

Machine de traitement de données
Data processing machine, D.P.M., D.P.M.
Máquina de proceso de datos

Machine de Turing
Turing machine
Máquina de Turing

Machine d'enseignement
Learning machine
Máquina para enseñanza

Machine électronique de traitement des données
E.D.P.M., Electronic data processing machine, E.D.P.M.
Máquina electrónica de proceso de los datos, Máquina electrónica de proceso de datos

Machine numérique
Numerical machine
Máquina numérica

Machine objet
Object machine
Máquina objeto

Machine pensante
Thinking machine
Máquina pensadora

Machine perforatrice de bande
Tape punching machine
Máquina perforadora de cinta

Machine source
Source machine
Máquina fuente

Machine synchrone
Synchronous machine
Máquina síncrona

Machine virtuelle
Virtual machine
Máquina virtual

Machines-outils à programme automatique
Automatically programmed tools
Máquinas herramientas con programa automático

Macro-assembleur
Macro-assembler
Macroensamblador

Macro-codage
Macro-coding
Macrocodificación

Macro-code
Macro-code
Macrocódigo

Macro codée par l'utilisateur
User coded macro
Macro codificada por el usuario

Macro-générateur
Macro generator
Macrogenerador

Macro-instruction
Macro instruction, Macro statement
Macroinstrucción

Macro-instruction à mot clé
Key-word macro instruction-
Macroinstrucción con palabras clave

Macro-instruction d'achèvement
Completion macro instruction
Macroinstrucción de acabado

Macro-instruction impérative
Imperative macro instruction
Macroinstrucción imperativa

Macro-programmation
Macro programming
Macroprogramación

Macro-programme
Macro program
Macroprograma

Maculage
(to) Smudge, Smudging
Manchado, Manchar

Magasin
Shop, Stock room
Almacén

Magasin à cartes
Card hopper, Card magazine
Almacén para fichas

Magasin d'alimentation
Feed hopper, Feed tray, Feeder bin, Hopper
Almacén de alimentación

Magasin d'alimentation auxiliaire
Auxiliary hopper
Almacén de alimentación auxiliar

Magasin d'alimentation des entrées
Input feeder, Input hopper, Input magazine, Input stacker
Almacén de alimentación de las entradas

Magasin de livraison
Delivery Hopper
Depósito de entrega

Magasin de réception à la sortie
Output magazine
Almacén de recepción a la salida

Magasin secondaire
Secondary hopper
Depósito secundario

Magnétique
Magnetic
Magnético

Magnétisable
Magnetizable
Magnetizable

Magnétisation
Magnetization
Magnetización

Magnétisation cyclique symétrique
Symmetrical cyclically magnetized condition
Magnetización cíclica simétrica

Magnétisation irréversible
Irreversible magnetic process
Magnetización irreversible

Magnétiser
(to) Magnetize
Magnetizar

Magnétophone
Magnetic tape recorder
Magnetofón

Magnétostriction
Magnetostriction
Magnetostricción

Maintenabilité
Maintainability
Facilidad de mantenimiento

Maintenance
Maintenance
Mantenimiento

Maintenance de dépannage
Remedial maintenance
Mantenimiento de reparación

Maintenance des programmes
Program maintenance
Mantenimiento de los programas

Maintenance non programmée
Unscheduled maintenance
Mantenimiento no programado

Maintenance planifiée
Scheduled maintenance
Mantenimiento planificado

Maintenance préventive
Preventive maintenance
Mantenimiento preventivo

Maintenir
(to) Hold down
Mantener

Maintenir la même allure
(to) Keep pace with
Mantener el mismo ritmo

Majorité
Majority
Mayoría

Mal classé
Mistaken
Mal clasificado

Mal fonctionner
(to) Malfunction
Mal funcionamiento

Mal interpréter
(to) Misinterpret
Mala interpretación

Mal rangé
Mistaken
Erróneo, Desordenado

Manifeste de chargement
Load sheet
Declaración de la carga

Manipulation
Handling
Manipulación

Manipulation des données
Data handling, Data manipulation
Manipulación de los datos

Manipuler
(to) Handle, (to) Manipulate
Manipular

Manque
Lack
Falta

Manque de précision
Inaccuracy
Falta de precisión

Manque de souplesse
Inflexibility
Falta de flexibilidad

Mantisse
Fixed point part, Fractional part,
  Mantissa
Mantisa, Fracción

Manuscrit
Hand written
Manuscrito

Manutention et réparation
Servicing
Mantenimiento y reparación

Manutention supplémentaire
Supplementary maintenance
Mantenimiento suplementario

Maquette
Mock up
Maqueta

Marche à vide
Free motion
Marcha en vacío

Marge
Edge, Margin
Margen

Marge de réception
Receiving margin
Margen de recepción

Marge perforée d'entraînement
Sprocket (punched) margin
Margen perforado de arrastre

Marge pour reliure
Bindery edge
Margen para encuadernación

Margeur
Guide margin, Margin stop
Marginador

Marque
Flag, Mark
Marca

Marque de bloc
Block mark
Marca de bloque

Marque de début de bande
Beginning of tape marker
Marca de principio de cinta

Marque de début d'information
Beginning of information marker
Marca de principio de información

Marque de fichier
File mark
Marca de fichero

Marque de fin
End mark
Marca de fin

Marque de fin de bobine
End of reel mark
Marca de fin de carrete

Marque de fin de fichier
End of file marker
Marca de fin de fichero

Marque de fin de zone
End of field spot, Ending field
  mark
Marca de fin de zona

Marque de groupe
Group marker
Marca de grupo

Marque de mémoire
Store mark
Marca de memoria

Marque de mot
Word mark
Marca de palabras

Marque de segment
Segment mark
Marca de segmento

Marque de synchronisation
Timing mark
Marca de sincronización

Marque de zone
Field mark
Marca de zona

Marque d'enregistrement
Record mark
Marca de registro

Marque réfléchissante
Reflective foil
Marca reflectora

Marque réfléchissante de début de bande
Reflective load point marker,
  Beginning of tape reflective
  marker
Marca reflectora de principio de
  cinta

Marque sur bande
Tape mark, T.M., T.M.
Marca de cinta, Marca sobre cinta

Marque sur un tambour
Drum mark
Marca sobre un tambor

Marquer
(to) Mark, (to) Scribe
Marcar

Marquer un point de contrôle
(to) Checkpoint
Tomar un punto de control

Marqueur
Marker
Marcador

Marqueur lumineux
Light sensor
Marcador luminoso

Marteau
Hammer
Martillo

Marteau d'impression
Print hammer, Striking hammer
Martillo de impresión

Masquage
Masking
Enmascaramiento

Masque
Keymask, Mask
Máscara

Masque à zones pondérées
Weighted area mask
Máscara con zonas ponderadas

Masque de programme
Program mask
Máscara de programa

Masque d'édition
Edit mask
Máscara de edición

Masque d'interruption
Interrupt mask
Máscara de interrupción

Masque perforé
Peephole mask
Máscara perforada

Masquer
(to) Mask
Enmascarar

Masse d'informations
Quantitative information
Información cuantjficada

Massicot
Guillotine, Paper cutter, Paper
  trimmer
Guillotina

Massicot pour imprimés en continu
Continuous form guillotine
Guillotina para impresos continuos

Matériel
Hardware
Componentes físicos, máquinas y
  equipo

Matériel à cartes
Card operated equipment, Tab
  equipment, UR
Equipo de fichas

Matériel à cartes Hollerith
Hollerith equipment
Equipo con fichas Hollerith

Matériel à cartes perforées
Punch card machinery, Punched
  card equipment
Equipo con fichas perforadas

Matériel à haute performance
High performance equipment
Equipo de alto rendimiento

Matériel automatique
Automatic equipment
Equipo automático

Matériel autonome
Off line equipment
Equipo autónomo, Equipo fuera de
  línea

Matériel auxiliaire
Accessory equipment, Ancillary
  equipment, Auxiliary
  equipment
Equipo accesorio

Matériel auxiliaire de traitement
Auxiliary forms handling
  equipment
Equipo auxiliar de tratamiento de
  formularios

Matériel classique
Tab gear
Equipo clásico

Matériel comptable
Book-keeping equipment
Equipo contable

Matériel connecté
On line equipment
Equipo conectado, Equipo en línea

Matériel conventionnel
Conventional equipment
Equipo convencional

Matériel conventionnel à cartes perforées
Conventional punched card
  equipment
Equipo convencional con fichas
  perforadas

Matériel de collecte de données
Data collection equipment
Equipo de recogida de datos

Matériel de commutation automatique
Automatic switching equipment
Equipo de conmutación
  automática

Matériel de conversion
Conversion equipment
Equipo de conversión

Matériel de location
Rental equipment
Equipo de alquiler

Matériel de manipulation de données
Data handling equipment
Equipo de manipulación de datos

Matériel de préparation des données
Data preparation equipment
Equipo de preparación de datos

Matériel de préparation des entrées
Input preparation equipment
Equipo de preparación de las entradas

Matériel de préparation des imprimés
Forms handling equipment
Equipo de preparación de los impresos

Matériel de réserve
Standby equipment
Equipo de reserva

Matériel de saisie de données de source
Source data collection equipment
Equipo de recogida de datos fuente

Matériel de sortie
Output equipment
Equipo de salida

Matériel de traitement
Computer equipment, Computer machinery
Equipo de proceso

Matériel de traitement automatique des données
A.D.P.E., Automatic data processing equipment, A.D.P.E.
Equipo de proceso automático de los datos

Matériel de traitement des données
Data processing equipment
Equipo de proceso de datos

Matériel de traitement des mots
Word processing equipment
Equipo de proceso de las palabras

Matériel de transmission de données
Data transmission equipment
Equipo de transmisión de datos

Matériel de transmissions de données
Data communications equipment, D.C.E., D.C.E.
Equipo de comunicaciones de datos, Equipo de transmisiones de datos

Matériel d'entrée
Input equipment
Equipo de entrada

Matériel d'impression
Printing equipment
Equipo de impresión

Matériel d'impression sur imprimés
Forms writing equipment
Equipo de impresión sobre impresos

Matériel d'introduction par clavier
Keying equipment
Equipo de introducción desde teclado

Matériel électromécanographique
Electric(al) accounting machine equipment
Equipo electromecanográfico

Matériel électronique de traitement des données
E.D.P.E.
Equipo electrónico de proceso de los datos

Matériel électronique de traitements des données
Electronic data processing equipment, E.D.P.E.
Equipo electrónico de proceso de datos

Matériel émetteur de données
Data originating equipment
Equipo emisor de datos

Matériel mécanographique
Computing equipment, Tabulating equipment
Equipo mecanográfico

Matériel périphérique
Peripheral equipment
Equipo periférico

Matériel télécommandé
Remote control equipment
Equipo telecomandado

(La) Mathématique
Math
(La) Matemática

Mathématique
Mathematical
Matemático

Matrice
Array, Die, Master form, Matrix
Matriz, Vector, Matriz, Molde

Matrice à tores
Core array, Core matrix
Matriz de núcleos

Matrice avec graphe
Vertex matrix
Matriz con gráfico

Matrice de corrélation
Correlation matrix
Matriz de correlación

Matrice de décodage
Decode matrix
Matriz de decodificación

Matrice de données
Data matrix
Matriz de datos

Matrice de mémoire magnétique
Magnetic memory plate
Placa de memoria magnética

Matrice de perforation
Punch(ing) die
Matriz de perforación

Matrice d'incidence
Adjacency matrix
Matriz de incidencia

Matrice photoélectrique
Photocell matrix
Matriz fotoeléctrica

Matrice sémantique
Semantic matrix
Matriz semántica

Mauvais alignement des caractères
Way line of printing
Alineamiento defectuoso de los caracteres

Mauvais fonctionnement
Malfunction
Mal funcionamiento

Maximal
Maximal
Máximo

Maximum
Peak
Máximo

Mécanique
Mechanical
Mecánico

Mécanisation
Mechanization
Mecanización

Mécanisé
Machine based
Mecanizado

Mécaniser
(to) Mechanize
Mecanizar

Mécanisme
Device, Mechanism
Mecanismo

Mécanisme d'accès
Access mechanism
Mecanismo de acceso

Mécanisme d'avancement du papier
Paper advance mechanism, Paper feed mechanism
Mecanismo de avance del papel

Mécanisme de mise en service
Actuating machine
Mecanismo de puesta en servicio

Mécanisme de perforation
Punching mechanism
Mecanismo de perforación

Mécanisme de synchronisation
Timing mechanism
Mecanismo de sincronización

Mécanisme d'entraînement des imprimés
Forms tractor
Mecanismo de arrastre de los impresos

Mécanisme d'entraînement en croix de Malte
Geneva drive mechanism
Mecanismo de arrastre en cruz de Malta

Mécanisme d'entraînement
Transport mechanism
Mecanismo de arrastre

Mécanisme d'entraînement de la bande
Tape transport mechanism
Mecanismo de arrastre de la cinta

Mécanisme d'entraînement de la bande magnétique
Magnetic tape handler, Magnetic tape, drive
Mecanismo de arrastre de cinta magnética

Mécanisme d'entraînement des cartes
Card handling mechanism
Mecanismo de arrastre de las fichas

Mécanisme d'entraînement du ruban
Ribbon drive
Mecanismo de arrastre de la cinta

Mécanisme des marteaux
Hammer assembly
Mecanismo de los martillos

Mécanisme intégrateur
Integrating circuit, Integrating gear
Circuito integrador, Mecanismo integrador

Mécanographe
Tab man, Tab operator, Tabulating machine operator
Operador de tabuladora

Mégabit
Megabit
Megabit

Mélange
Mix
Mezcla

Mélanger
(to) Mix
Mezclar

Mélangeur
Mixer
Mezclador

Membre
Member
Miembro

Membre-bibliothèque
Library member
Miembro de biblioteca, libro

Membre message de deuxième niveau
Second level message member
Miembro mensaje de segundo nivel

Membre source
Source member
Miembro fuente

Mémoire
Memory, Storage, Store
Memoria

Mémoire à accès direct
Direct access storage, Uniformly accessible storage
Memoria de acceso directo, Memoria con acceso uniforme

Mémoire à accès immédiat
Immediate access storage
Memoria con acceso inmediato

Mémoire à accès instantané
Instantaneous storage
Memoria de acceso instantáneo

Mémoire à accès lent
Slow access storage
Memoria de acceso lento

Mémoire à accès rapide
Fast access store, High-speed storage
Memoria con acceso de alta velocidad

Mémoire à accès rapide
High-speed store
Memoria con acceso rápido o a alta velocidad

Mémoire à accès rapide
Quick access storage, Rapid access storage
Memoria con acceso de alta velocidad

Mémoire à accès sélectif
R.A.M., Random access memory, R.A.M., Random access storage, R.A.S., R.A.S.
Memoria con acceso selectivo

Mémoire à accès séquentiel
Sequence access storage, Sequential access storage
Memoria con acceso secuencial

Mémoire à bande magnétique
Magnetic tape memory, Magnetic tape storage
Memoria con cinta magnética

Mémoire a bande multiple
Multi tape memory
Memoria con cinta múltiple

Mémoire à bulles
Bubble memory
Memoria de burbujas

Mémoire à bulles magnétiques
Magnetic bubble storage,
    Magnetic bull storage
Memoria con burbujas
    magnéticas, Memoria con bolas
    magnéticas

Mémoire à cartes magnétiques
Magnetic card store
Memoria con fichas magnéticas

Mémoire à condensateurs
Capacitor storage, Capacitor store
Memoria con condensadores

Mémoire à coordonnées
Coordinate memory, Coordinate
    storage
Memoria con coordenadas

Mémoire à deux dimensions
Two dimensional storage
Memoria con dos dimensiones

Mémoire à deux tores par bit
Two core per bit storage
Memoria con dos núcleos por bit

Mémoire à disques
Disk storage, Juke-box storage
Memoria con discos

Mémoire à disques fixes
Fixed disk store
Memoria con discos fijos

**Mémoire à disques
    interchangeables**
Exchangeable disk storage,
    Interchangeable disk storage
Memoria con discos
    intercambiables

Mémoire à disques magnétiques
Magnetic disk storage
Memoria con discos magnéticos

Mémoire à empilage
Cellar
Memoria de apilamiento

Mémoire à faisceaux
Beam store
Memoria de haces

Mémoire à fichier
File store
Memoria de fichero

Mémoire à fil magnétique
Magnetic wire storage
Memoria con hilo magnético

Mémoire à fil métallisé
Plated wire memory
Memoria con hilo metalizado

Mémoire à film magnétique
Magnetic film store
Memoria con filme magnético

Mémoire à film magnétique mince
Magnetic thin film storage
Memoria con filme magnético
    delgado

Mémoire à film mince
Thin film memory, Thin film
    storage, Thin film store
Memoria con filme delgado

Mémoire à introduction directe
Push-up storage
Memoria con lista de introducción
    directa

Mémoire à laser
Laser memory
Memoria con láser

Mémoire à ligne à retard
Delay line storage
Memoria con línea de retardo

Mémoire à liste inversée
Push down store
Memoria de pila

Mémoire à matrice
Matrix storage, Matrix store
Memoria con matriz

Mémoire à mercure
Mercury memory, Mercury store
Memoria con mercurio

Mémoire à N tores par bit
N Core per bit storage
Memoria con N núcleos por bit

Mémoire à programme
Program storage, Program store
Memoria de programa

Mémoire à rayons cathodiques
Cathode ray storage
Memoria con rayos catódicos

Mémoire à semi-conducteurs
Semi-conductor memory
Memoria con semiconductores

Mémoire à simple lecture
Read only memory, R.O.M., Read
    only storage, R.O.S., R.O.M.,
    R.O.S.
Almacenamiento de sola lectura,
    Memoria de sola lectura

Mémoire à support amovible
Data carrier store
Memoria con soporte movible

Mémoire à tambour
Drum memory, Drum store
Memoria de tambor

Mémoire à tambour magnétique
Magnetic drum store
Memoria con tambor magnético

Mémoire à temps d'accès nul
Zero access storage
Memoria con tiempo de acceso
    nulo

Mémoire à tores
Core memory, Core storage
Memoria de núcleos

Mémoire à tores de ferrite
Ferrite bead memory, Ferrite core
    storage
Memoria de núcleos de ferrita

Mémoire à tores magnétiques
Magnetic core storage
Memoria con núcleos magnéticos

Mémoire à tube cathodique
Cathode ray tube storage
Memoria con tubo catódico

Mémoire à tube de William
Williams tube storage
Memoria con tubo de William

Mémoire à un core par bit
One core per bit store
Memoria con un núcleo por bit

Mémoire à usage général
General purpose storage
Memoria de uso general

Mémoire acoustique
Acoustic memory, Acoustic
    storage
Memoria acústica

Mémoire active
Active store, Writable store (Br.)
    Writeable storage (Amer.)
Memoria activa, Memoria
    alterable, Memoria activa

Mémoire adressable
Addressable memory
Memoria direccionable

Mémoire annexe
Bump
Memoria aneja

Mémoire associative
Associative storage, Searching
storage
Memoria asociativa

Mémoire automatique
Automatic storage
Memoria automática

Mémoire auxiliaire
Auxiliary store, Backing storage,
Brackboard storage, Secondary
memory
Memoria auxiliar

Mémoire centrale
Central memory, Central storage
Memoria central

Mémoire circulante
Circulating storage
Memoria circulante

**Mémoire complémentaire de
l'horloge interne**
Internal timer backup storage
Memoria complementaria del reloj
interno

Mémoire connectée
On line storage
Memoria en línea

Mémoire contrôlée
Controlled memory
Memoria controlada

Mémoire cryogénique
Cryogenic storage
Memoria criogénica

Mémoire cyclique
Cyclic storage, Cyclic store
Memoria cíclica

Mémoire de contrôle
Control storage
Memoria de control

**Mémoire de contrôle de simple
lecture**
Read only control storage
Memoria de control de sola lectura

**Mémoire de contrôle
programmable**
Writeable control storage
Memoria de control programable
o alterable

Mémoire de contrôle rechargeable
R.C.S., Reloadable control storage,
R.C.S.
Memoria de control recargable

Mémoire de grande capacité
Bulk (date) Storage (facilities),
Large capacity storage, L.C.S.,
L.C.S.
Memoria de gran capacidad

Mémoire de lecture-écriture
Read-write memory, R.W.M.,
R.W.M.
Memoria de lectura-escritura

Mémoire de l'unité de traîtement
Processor storage
Memoria de la unidad de proceso

Mémoire de masse
Mass memory, Mass storage
Memoria de masa

**Mémoire de petite capacité à
accès rapide**
Cache memory
Memoria de pequeña capacidad
con acceso rápido, Memoria
cache

Mémoire de recherche parallèle
Parallel search storage
Memoria de búsqueda paralela

Mémoire de réserve
Back-up storage
Memoria de reserva

Mémoire de simple lecture
Read mostly storage
Memoria de sola lectura

Mémoire de transit
Temporary storage
Memoria temporal

Mémoire de travail
Scratch (pad) memory, Working
storage
Almacenamiento de trabajo

Mémoire d'ordinateur
Computer store
Memoria de ordenador

Mémoire dynamique
Dynamic memory
Memoria dinámica

Mémoire effaçable
Erasable storage
Memoria borrable

Mémoire électronique
Electronic storage
Almacenamiento electrónico

Mémoire électrostatique
Electrostatic storage
Almacenamiento electrostático

Mémoire en série
Serial memory, Serial storage
Memoria en serie

Mémoire en transit
In transit storage
Memoria en tránsito

**Mémoire entièrement
monolithique**
All monolithic storage
Memoria enteramente monolítica

Mémoire externe
External storage
Memoria externa

Mémoire hiérarchique
Hierarchical storage
Memoria jerárquica

Mémoire holographique
Holographic memory
Memoria holográfica

Mémoire indexée
Indexed storage
Memoria indexada

Mémoire inhérente
Inherent memory, Inherent store
Memoria inherente

Mémoire intermédiaire
Buffer (storage), Intermediate
memory, Storage buffer,
Storage, core
Memoria intermedia

**Mémoire intermédiaire à ligne à
retard**
Delay line buffer storage
Memoria intermedia con línea de
retardo

Mémoire interne
Internal storage
Memoria interna

Mémoire lente
Low speed storage, Slow storage
Memoria lenta

Mémoire magnétique
Magnetic storage
Almacenamiento magnético

Mémoire matricielle
Matrix memory
Memoria matricial

Mémoire modulaire
Bridge memory
Memoria modular

Mémoire monolithique
Monolithic storage
Memoria monolítica

Mémoire morte
Read-only memory, R.O.M., R.O.M.
Memoria inalterable, Memoria
    muerta

Mémoire non connectée
Off line storage
Memoria fuera de línea

Mémoire non effaçable
Non erasable store
Memoria no borrable

Mémoire non volatile
Non volatile storage
Memoria no volátil

Mémoire optique
Optical memory
Memoria óptica

Mémoire organisée par mots
Word organized storage
Memoria organizada por palabras

Mémoire parallèle
Parallel store
Memoria paralela

Mémoire permanente
Fixed storage, Permanent memory
Memoria permanente

Mémoire principale
General storage, Main memory,
    Primary storage
Memoria principal

Mémoire rapide
High-speed memory, H.S.M.,
    H.S.M.
Memoria de alta velocidad,
    Memoria rápida

Mémoire réelle
Real storage
Memoria real

Mémoire réelle optimale
Optimal real storage, O.R.S.
Memoria real óptima

Mémoire réelle optimale
O.R.S.
Memoria real óptima

Mémoire réelle optimale
Parachore
Memoria real óptima

Mémoire régénérative
Refresh memory, Regenerative
    storage
Memoria regenerativa

Mémoire spécialisée
Local store
Memoria especializada

Mémoire statique
Static storage
Memoria estática

Mémoire sur cartes
Tab-card storage
Memoria sobre fichas

Mémoire sur disques à têtes fixes
Head per-track disk memory
Memoria sobre discos con cabezas
    fijas

Mémoire utilisée en commun
Shared memory
Memoria compartida

Mémoire virtuelle
Virtual memory, V.M., Virtual
    storage, V.S., V.M., V.S.
Memoria virtual

Mémoire virtuelle - réelle
Virtual equals real storage
Memoria virtual - real

Mémoire vive
R.A.M., Random access memory,
    R.A.M.
Memoria de acceso al azar

Mémoire volatile
Volatile storage
Memoria volátil

Mémorisable
Storable
Memorizable, Almacenable

Mémorisation
Memorization, Read(ing)-in,
    Storing
Memorización, Almacenamiento

Mémorisation des données
Data storage
Memorización, Almacenamiento
    de los datos

**Mémorisation préalable à
    l'utilisation**
Anticipatory buffering
Almacenamiento previo a la
    utilización

**Mémorisation provisoire des
    donnés**
Data buffering
Almacenamiento intermedio de los
    datos

Mémorisé
Stored
Almacenado, Memorizado

Mémorisé en permanence
Permanently stored
Almacenado permanentemente

Mémorisé par ordinateur
Computer stored
Almacenado por ordenador

Mémoriser
(to) Memorize, (to) Read-in, (to)
    Safe store, (to) Store
Memorizar

Mémoriser dans un registre
(to) Copy into a register
Memorizar en un registro

Menu principal
Main menu
Menú principal

Message à adresse multiple
Multi(ple) address message
Mensaje con dirección múltiple

Message à réponse vocale
Audio response message
Mensaje con respuesta audible

Message à une adresse
Single address message
Mensaje con una dirección

Message alphabétique d'entrée
Alpha type-in
Mensaje alfabético de entrada

Message avec texte
Text message
Mensaje con texto

Message d'attention
Warning message
Mensaje de atención

Message de démontage
Desmount message
Mensaje de desmontaje

Message de deuxième niveau
Second level message
Mensaje de segundo nivel

Message de diagnostic
Diagnostic message
Mensaje de diagnóstico

Message de dialogue
Handshake message
Mensaje de diálogo

Message de sortie
Output message
Mensaje de salida

Message d'entrée
Input message
Mensaje de entrada

Message d'erreur
Error message
Mensaje de error

Message d'intervention
Action message
Mensaje de intervención

Message fonctionnel
Functional message
Mensaje funcional

Message privilégié
Dedicaded message
Mensaje privilegiado

Message sans texte
Non text message
Mensaje sin texto

Message télex
Telex correspondance
Mensaje telex

Méthode d'accès
Access method
Método de acceso

Méthode d'accès à une mémoire virtuelle
Virtual storage access method,
V.S.A.M., V.S.A.M.
Método de acceso a un
almacenamiento virtual,
Método de acceso a una
memoria virtual

Méthode d'accès aux systèmes
Systems approach
Método de estudio de los sistemas

Méthode d'accès aux télécommunications avec files d'attente
Q.T.A.M., Queued
telecommunications access
method, Q.T.A.M.
Método de acceso a las
telecomunicaciones con filas de
espera., Método de acceso a
las telecomunicaciones con
colas

Méthode d'accès aves files d'attente
Queued access method
Método de acceso con colas

Méthode d'accès de base
Basic access method
Método de acceso básico

Méthode d'accès de base aux ensembles de données cloisonnées
Basic Partitioned Access Method,
B.P.A.M., B.P.A.M.
Método de acceso básico a los
conjuntos de los particionados,
Método de acceso de base a
los conjuntos de datos
compartimentados

Méthode d'accès de base aux fichiers séquentiels indexés
Basic indexed sequential access
method, B.I.S.A.M., B.I.S.A.M.
Método de acceso básico a los
ficheros secuenciales
indexados, Método de acceso
de base a los ficheros
secuenciales con índice

Méthode d'accès de base en télécommunication
Basic Telecommunication Access
Method, B.T.A.M., B.T.A.M.

Método de acceso básico en
telecomunicación, Método de
acceso en telecomunicación

Méthode d'accès direct de base
Basic direct access method,
B.D.A.M., B.D.A.M.
Método básico de acceso directo,
Método de acceso directo de
base

Méthode d'accès en émission / réception synchrone
S.T.R.A.M., Synchronous transmit /
receive access method,
S.T.R.A.M.
Método de acceso en emisión /
recepción sincrónica, Método
de acceso a emisión / recepción
sincrónica

Méthode d'accès résidante en mémoire
Resident access method
Método de acceso residente en
memoria

Méthode d'accès séquentiel
S.A.M., Sequential access method,
S.A.M.
Método de acceso secuencial

Méthode d'accès séquentiel avec files d'attente
Q.S.A.M., Queued sequential
access method, Q.S.A.M.
Método de acceso secuencial con
filas de espera, Método de
acceso secuencial con colas

Méthode d'accès séquentiel de base
Basic Sequential Access Method,
B.S.A.M., B.S.A.M.
Método básico de acceso
secuencial, Método de acceso
secuencial de base

Méthode d'accès séquentiel indexé
Indexed sequential access method,
I.S.A.M., I.S.A.M.
Método de acceso secuencial
indexado

Méthode d'accès séquentiel indexé avec files d'attente
Q.I.S.A.M., Queued indexed
sequential access method,
Q.I.S.A.M.

Método de acceso secuencial
indexado con filas de espera,
Método de acceso secuencial
indexado con colas

**Méthode d'accès virtuel par
télécommunications**
Virtual telecommunications access
method, V.T.A.M., V.T.A.M.
Método de acceso virtual para
telecomunicaciones, Método de
acceso virtual por
telecomunicaciones

Méthode de contrôle
Control method
Método de control

Méthode de Monte-Carlo
Monte Carlo method
Método de Monte-Carlo

Méthode du chemin critique
C.P.M., Critical path method,
C.P.M.
Método del camino crítico

Méthode exploitable par machine
Machine readable method
Método procesable por máquina

Méthode heuristique
Heuristic approach
Método heurístico

**Méthode sequentielle avec files
d'attente**
Queued sequential method
Método secuencial con colas.

Mettre à jour
(to) Maintain, (to) Update, (to)
Write up
Actualizar

Mettre à la masse
(to) Ground
Poner a masa

Mettre à zéro
(to) Set zero, (to) Zeroout
Poner a cero, Anular

Mettre à zéro et additionner
(to) Zero and add
Poner a cero y sumar

Mettre à zéro et soustraire
(to) Zero and substrat
Poner a cero y restar

Mettre au rebut
(to) Junk, (to) Scrap
Desechar

Mettre aux archives
(to) File away
Archivar

Mettre de niveau
(to) Retrofit
Poner en nivel

Mettre en application
(to) Implement
Poner en aplicación, Realizar

Mettre en biais
(to) Skew
Desviar, Segar

Mettre en circuit
(to) Switch on
Conectar, Poner en circuito

Mettre en commun
(to) Pool
Poner en común

Mettre en évidence
(to) Bring out
Evidenciar

Mettre en file d'attente
(to) Enqueue, (to) Queue
Colocar en colas

Mettre en ligne
(to) Line up
Alinear

Mettre en mémoire intermédiaire
(to) Buffer
Poner en memoria intermedia

Mettre en ordre
(to) Rank, (to) Trim
Poner en orden

Mettre en place
(to) Place, (to) Thread
Colocar

Mettre en place progressivement
(to) Phase in
Sincronizar, Colocar
progresivamente

Mettre en réserve
(to) Deposit
Poner en reserva

Mettre en séquence
(to) Sequence
Poner en secuencia

Mettre en service
(to) Activate, (to) Actuate, (to)
Bring on the air, (to) Cycle up
Poner en servicio

Mettre entre parenthèses
(to) Bracket, (to) Parenthesize
Poner entre paréntesis

Mettre hors circuit
(to) Inactive, (to) Switch off
Poner fuera de circuito,
Desconectar

Mettre hors d'usage
(to) Obsolete
Hacer obsoleto, Poner fuera de
uso

Mettre hors service
(to) Disable
Poner fuera de servicio, Desactivar

Mettre sous forme de graphique
(to) Graphitize
Poner en forma de gráfico

Mettre sous tension
(to) Apply power to, (to) Energize
Poner en tensión

Mettre un indice inférieur
(to) Subscript
Poner un índice inferior

Mettre un trait d'union
(to) Hyphenate
Poner un guión

Meuble à bandes
Tape rack
Mueble para cintas

Meuble à cartes
Card index cabinet, Card-filing
cabinet
Mueble para fichas

Meuble de bobines de bandes
Tape reel rack
Mueble para carretes de cintas

Micro
Micro
Micro

Micro-assemblage
Microbrunding
Microensamblaje

Micro-assembleur
Micro-assembler
Microensamblador

Micro-calculateur
Micro-computer
Microcalculador

Micro-circuit
Micro-circuit
Microcircuito

Micro-codage
Micro-coding
Microcodificación

Micro-code
Micro-code
Microcódigo

Micro-copieuse
Micro-copier
Microcopiadora

Micro-électronique
Micro-electronic
Microelectrónico

Micro-fiche
Micro-fiche
Microficha

Micro-film
Micro-film
Microfilme

Micro-filmer
(to) Microfilm
Microfilmar

Micro-image magnétique
Video-chip
Micro-imagen magnética

Micro-instruction
Micro-instruction
Microinstrucción

Micro-instruction de programmeur
Programmer defined micro
Microinstrucción de programador

Micro-miniaturisation
Micro-miniaturization
Microminiaturización

Micro-module
Micro-module
Micromódulo

Micro-onde
Microwave
Microonda

Micro-perforateur
Micro-punch
Microperforador

Micro-programme
Microprogram
Microprograma

Micro-programmer
(to) Microprogram
Microprogramar

Micro-programmes de contrôle des circuits machine
Hardware bring-up tests
Microprogramas de control de los circuitos máquina

Microfilm de sortie d'ordinateur
C.O.M., Computer output microfilm C.O.M.
Microfilme de salida de ordenador

Microprocesseur
Microprocessor
Microprocesador

Microprogrammation
Firmware, Microprogramming
Microprogramación

Microseconde
Microsecond
Microsegundo

Milieu de ligne
Middle of the line
Centro de línea

Millième de seconde
Thousandth of a second
Milésima de segundo, ms

Millièmes
Mills
Milésimas

Millionième de seconde
Millionth of a second
Millonésima de segundo

Milliseconde
Millisecond
Milisegundo

Mini-bobine
Mini reel
Minicarretes

Mini-calculateur
Minicomputer
Minicalculador

Miniaturisation
Miniaturization
Miniaturización

Miniaturiser
(to) Miniaturize
Miniaturizar

Minidisque
Diskette, Mini disk
Minidisco, Disquete

Minimisation
Minimization
Minimización

Minimiser
(to) Minimize
Minimizar

Minuterie
Timer
Minutero

Mis à jour
Updated
Actualizado

Mise à jour
Update, Updating
Actualización

Mise à jour de fichier
File maintenance, File update
Actualización de fichero

Mise à jour de la situation
Status updating
Actualización de la situación

Mise à jour des programmes
Maintenance of programs
Actualización de los programas

Mise à jour et maintenance des fichiers
Updating and file maintenance
Actualización y manutención de los ficheros

Mise à jour par substitution
Update in place
Actualización por sustitución

Mise à la masse
Grounding
Puesta a masa

Mise au point à distance
Remote debugging
Puesta a punto a distancia

Mise au point de l'organigramme
Table top debugging
Depuración en mesa

Mise au point du programme
Program checkout
Depuración del programa

Mise au point symbolique
Symbolic debugging
Depuración simbólica

Mise aux archives
Archival storage
Archivo

Mise en activité
Activation, Actuation
Activación

Mise en application
Implementation
Puesta en aplicación, Realización

Mise en attente
Camp-on
Puesta en espera

Mise en commun
Pooling
Puesta en común

Mise en file d'attente
Enqueuing, Queued, Queuing
Colocación en cola, Puesto en cola

Mise en file d'attente des messages
Message queuing
Puesta en cola de los mensajes

Mise en fonction du contact d'écriture
Write latch
Activación del contacto de escritura

Mise en garde
Camp-on
Puesta en atención

Mise en mémoire et visualisation
Store and display
Puesta en memoria y visualización

Mise en mémoire intermédiaire
Buffering
Puesta en memoria intermedia

Mise en page
Formating
Paginación

Mise en parallèle
Parallelization
Puesta en paralelo

Mise en place de la bande
Tape loading, Tape threading
Colocación de la cinta

Mise en place dynamique de la mémoire
Dynamic storage allocation
Asignación dinámica de la memoria

Mise en route d'un poste de travail
Work station start-up
Activación de un puesto de trabajo

Mise en séquence
Sequencing
Puesta en secuencia

Mise en séquences des opérations
Operation sequencing
Puesta en secuencias de las operaciones

Mise en service
Actuating, Put-in operation
Puesta en servicio

Mise en service d'une bibliothèque
Library release
Puesta en servicio de una biblioteca

Mise en travers
Tilt
Inclinar, Poner atravesado

Mise sous forme de sous-programme
Subroutining
Diseño o codificación de un subprograma

Mise sous tension
Energization, Powering up
Puesta en tensión

Mise sur cartes
Card indexing
Indexación en fichas

Mnémonique
Mnemonic
Mnemónico

(La) Mnémonique
Mnemonics
(La) Mnemónica

Mode
Mode
Modo

Mode arythmique
Start-stop mode
Modo arítmico

Mode asservi
Slave mode
Modo esclavo

Mode asynchrone
Asynchronous mode
Modo asíncrono

Mode binaire
Binary mode
Modo binario

Mode binaire par colonne
Column binary mode
Modo binario por columna

Mode continu
Burst mode
Modo ráfaga

Mode conversationnel
Conversational mode
Modo conversacional

Mode d'accès
Access mode
Modo de acceso

Mode d'adressage
Addressing mode
Modo de direccionamiento

Mode de bande journal
Journal tape mode
Modo de cinta diario

Mode de base
Basic mode
Modo básico

Mode de calcul
Compute mode
Modo de cálculo

Mode de conservation
Hold mode
Modo de conservación

Mode de contrôle
Control mode
Modo de control

Mode de contrôle de base
Basic control mode
Modo básico de control

Mode de décalage numérique
Numerical shift mode
Modo de desplazamiento
numérico

Mode de données
Data mode
Modo de datos

Mode de fonctionnement partiel
Crippled mode
Modo de funcionamiento parcial

**Mode de fonctionnement
simultané**
Simultaneous mode of working
Modo de funcionamiento
simultáneo

Mode de remplacement
Substitute mode
Modo de sustitución

Mode de résonance
Noisy mode
Modo de resonancia

Mode de traitement
Processing mode
Modo de proceso

Mode de traitement par lots
Batch processing mode
Modo de proceso por lotes

Mode de transmission en parallèle
Parallel mode transmission
Modo de transmisión en paralelo

Mode de travail
Mode of operation
Modo de operación

Mode d'enregistrement
Recording mode
Modo de registro

Mode d'enregistrement sur bande
Tape mode
Modo de registro en cinta

Mode d'exécution
Operating mode
Modo de ejecución, Modo de
funcionamiento

Mode dialogué
Conversational mode
Modo de comunicación por
conversación

Mode d'identification du circuit
Circuit assurance mode
Modo de identificación del circuito

Mode discontinu
Byte mode
Modo byte a byte, Modo
discontinuo

Mode écho
Echo mode
Modo eco

Mode émission
Originate mode
Modo emisión

Mode émulation
Emulation mode
Modo emulación

Mode interactif
Interactive mode
Modo interactivo

Mode locale
Local mode
Modo local

Mode localisation
Locate mode
Modo localización

Mode naturel
Native mode
Modo natural

Mode normal
Normal mode
Modo normal

**Mode (de transfert) par groupes
d'octets**
Multiple byte mode
Modo (de transferencia) por
grupos de octetos

Mode pas à pas
Step mode
Modo paso a paso

Mode programme unique
Single program mode
Modo programa único

Mode sans chevauchement
Non overlap mode
Modo sin recubrimiento

Mode simplex
Simplex mode
Modo simplex

Mode superviseur
Supervisor mode
Modo supervisor

Mode synchrone
Synchronous mode
Modo síncrono

Mode texte
Text mode
Modo texto

Mode transfert
Move mode
Modo de movimiento, Modo
transferencia

Mode transparent
Transparent mode
Modo transparente

Modèle
Format, Model
Modelo

Modèle d'application
Model application
Modelo de aplicación

Modèle de circuit
Land pattern
Disposición física (Modelo) del
circuito

Modèle de pré-série
Pre-production model
Modelo de pre-serie

Modèle de programmation
Sample coding
Ejemplo de programación

Modèle d'impression
Printing model
Modelo de impresión

Modèle réduit
Scale model
Modelo reducido

Modèle sur demande
Custom made
Modelo bajo pedido

Modèles de conception
Conceptual modelling (Br.),
modeling (Amer.)
Modelos de concepción

**Modem (Modulateur /
démodulateur)**
MODEM (MODulator /
DEModulator)
Modem (Modulador /
demodulador)

Modificateur
Modifier
Modificador

Modificateur d'adresse
Address modifier
Modificador de dirección

Modificateur de caractère
Character modifier
Modificador de carácter

Modification
Alteration, Modification
Modificación

Modification d'adresse
Address modification
Modificación de dirección

Modification de la configuration
Reconfiguration
Modificación de la configuración

Modification de la représentation binaire
Bit manipulation
Modificación de la representación binaria

Modification de l'instruction
Instruction modification
Modificación de la instrucción

Modification de programme
Program modification
Modificación de programa

Modification technique
Engineering change
Modificación técnica, Actualización de un circuito o programa

Modification temporaire
Temporary fix
Modificación momentánea, Reparación provisional

Modifications momentanées de programmation
Programming temporary fix
Reparación provisional de un programa

Modifier
(to) Alter, (to) Modify
Modificar

Modifier la configuration
(to) Reconfigure
Modificar la configuración

Modulaire
Modular
Modular

Modularisation
Modularization
Modularización

Modulariser
(to) Modularize
Modularizar

Modularité
Modularity
Modularidad

Modulateur
Modulator
Modulador

Modulateur-démodulateur de donnés
Data modem
Modulador-demodulador de datos

Modulateur d'impulsions
Pulse modulator
Modulador de impulsos

Modulateur télégraphique
Telegraph modulator
Modulador telegráfico

Modulateur/démodelateur (modem)
MODulator/DEModulator (MODEM)
Modulador/demodulador (modem)

Modulation
Modulation
Modulación

Modulation d'amplitude
A.M., Amplitude modulation, A.M.
Modulación de amplitud

Modulation d'angle
Angle modulation
Modulación de ángulo

Modulation de faible puissance
Low level modulation
Modulación de baja potencia

Modulation de fréquence
F.M., Frequency modulation, F.M.
Modulación de frecuencia

Modulation de phase
Phase modulation, P.M., P.M.
Modulación de fase

Modulation différentielle
Differential modulation
Modulación diferencial

Modulation d'impulsions dans le temps
P.T.M., Pulse time modulation, P.T.M.
Modulación de impulsiones en el tiempo, Modulación de impulsos en el tiempo

Modulation d'impulsions en amplitude
P.A.M., Pulse Amplitude Modulation P.A.M.
Modulación de impulsiones en amplitud, Modulación de impulsos en amplitud

Modulation d'impulsions en durée
P.D.M., P.L.M., Pulse duration modulation, P.D.M., Pulse length modulation, P.L.M., Pulse width modulation, P.W.M., P.W.M.
Modulación de impulsiones en duración, Modulación de duración de impulsos

Modulation d'impulsions en fréquence
Pulse frequency modulation
Modulación de impulsos en frecuencia

Modulation d'impulsions en nombre
Pulse number modulation
Modulación de impulsos en número

Modulation d'impulsions en phase
P.P.M., Pulse phase modulation, P.P.M.
Modulación de impulsiones en fase, Modulación de impulsos en fase

Modulation d'impulsions en position
Pulse position modulation
Modulación de impulsos en posición

Modulation isochrone
Isochronous modulation
Modulación isócrona

Modulation par déplacement de fréquence
Frequency shift keying, F.S.K., F.S.K.
Modulación por desplazamiento de frecuencia

Modulation par impulsions
Pulse modulation
Modulación por impulsiones

Modulation par inversion de phase
Phase inversion modulation
Modulación por inversión de fase

Modulation télégraphique
Telegraph modulation
Modulación telegráfica

Module
Module
Módulo

Module à fonctions multiples
Multi function module
Módulo con funciones múltiples

Module de chargement
L.M., Load module, L.M.
Módulo de carga

Module objet
Object module
Módulo objeto

Module récepteur de papier carbone
Carbon rewind spindle
Módulo receptor de papel carbón

Module source
Source module
Módulo fuente

Moniteur - Dispositif de surveillance
Monitor
Monitor - Dispositivo de vigilancia

Monitrice de perforatrices
Keypunch instructor
Monitora de perforistas

Monitrice de salle de perforation
Punch room supervisor
Monitora de sala de perforación

Monocanal
Single channel
Monocanal

Monocristal
Single crystal
Monocristal

Monolithique
Monolithic
Monolítico

Monoprogrammation
Monoprogramming, Uniprogramming
Monoprogramación

Monostable
Monostable
Monoestable

Montage
Setup
Preparación, Montaje

Montage expérimental
Bread construction, Breadboard
Montaje experimental, Prototipo

Montant
Amount
Importe, Cantidad

Mot
Word
Palabra

Mot à la mode
Buzz-word
Palabra de moda

Mot alphabétique
Alphabetic(al) word
Palabra alfabética

Mot clé
Key-word
Palabra clave

Mot clé dans le titre
Keyword in title, K.W.I.T., K.W.I.C. (Key Word In Context), K.W.I.T. (Key Word in Title)
Palabra clave en el título, Palabra clave en su contexto

Mot clé dans son contexte
Key-word in context, K.W.I.C.
Palabra clave en su contexto

Mot clé en dehors de son contexte
Key-word out of context, K.W.O.C., K.W.O.C. (Key Word Out of Context)
Palabra clave fuera de su contexto

Mot d'adresse du canal
C.A.W., Channel address word, C.A.W.
Palabra de dirección del canal

Mot d'appel
Call word
Palabra de llamada

Mot de blocage
Lockword
Palabra de bloqueo

Mot de chaînage
Link word
Palabra de encadenamiento

Mot de commande de canal
C.C.W., Channel command word, C.C.W.
Palabra de mando de canal

Mot de comptage
Tally word
Palabra de recuento

Mot de contrôle
Check word, Control word
Palabra de control

Mot de contrôle de format
Format control word
Palabra de control de formato

Mot de contrôle de l'unité
U.C.W., Unit control word, U.C.W.
Palabra de control de la unidad

Mot de contrôle de synchronisation
Sync check word
Palabra de control de sincronización

Mot de données
Data word
Palabra de datos

Mot de fin d'enregistrement
End of record word
Palabra de fin de registro

Mot de longueur fixe
Fixed length word
Palabra de longitud fija

Mot de longueur variable
Variable length word
Palabra de longitud variable

Mot de passe
Password
Palabra de paso

Mot de recherche
Search word
Palabra de búsqueda

Mot de vérification de données
Data control word, D.C.W., D.C.W.
Palabra de control de datos,
    Palabra de verificado de datos

Mot d'état
Status word
Palabra de estado

Mot d'état du canal
Channel status word, C.S.W.,
    C.S.W.
Palabra de estado de canal,
    Palabra de estado del canal

**Mot d'état du niveau
    d'interpretation**
I.L.S.W.
Palabra de estado de nivel de
    interrupción

**Mot d'état du niveau
    d'interruption**
Interrupt level status word,
    I.L.S.W.
Palabra de estado del nivel de
    interrupción

Mot d'état du programme
Program status word, P.S.W.,
    P.S.W.
Palabra de estado del programa

Mot d'index
Index word
Palabra de índice

Mot d'index fixe
Fixed index word
Palabra de índice fijo

Mot d'information
Information word
Palabra de información

Mot espace
All blank word
Palabra con blancos

Mot incomplet
Short word
Palabra incompleta

Mot instruction
Instruction word
Palabra instrucción

Mot machine
Computer word, Machine word
Palabra máquina

Mot ne comportant que des 1
All ones word
Palabra compuesta sólo de unos

Mot numérique
Numeric word
Palabra numérica

Mot paramètre
Parameter word
Palabra parámetro

Mot réservé
Reserved word
Palabra reservada

Mot standard
Standard word
Palabra estándar

Mot télégraphique
Telegraph word
Palabra telegráfica

Mot télégraphique conventionnel
Conventional telegraph word
Palabra telegráfica convencial

Moteur générateur
Motor generator
Motor generador

Moteur intégrateur
Messmotor
Motor integrador

Moteur pas à pas
Stepper, Stepping motor
Motor paso a paso

Mots à la minute
Words per minute, W.P.M., W.P.M.
Palabras por minuto

Mots à la seconde
Words per second
Palabras por segundo

Mouvement
Motion, Movement
Movimiento

Mouvement dans un fichier
Transaction
Movimiento en un fichero

Mouvement en entrée
Input transaction
Movimiento en entrada

Mouvement incrémentiel
Incremental movement
Movimiento incremental

Mouvement rapide
Fast moving
Movimiento rápido

Moyen
Means
Medio

**Moyen de transmission de
    données**
Data link
Medio de transmisión de datos

Moyenne pondérée
Weighted average
Media ponderada

Moyeu
Hub
Cubo

Moyeu porte-bobine
Reel hub
Cubo portacarrete

Multi-calcul
Multi computing
Multicálculo

Multi-calculateur
Multi computer
Multicalculador

Multi-canal
Multi channel
Multicanal

Multi-perforation
Multi punching
Multiperforación

Multi-possibilités
Any mode
Con cualquier modalidad

Multi-poste
Multi station
Multiestación

Multi-processeur
Multi processor
Multiprocesador

Multi-tâche
Multi tasking
Multitarea

Multi-terminal
Multi terminal
Multiterminal

Multimètre
All-purpose meter
Multímetro, polímetro

Multiperforation à matrices
intercalées
Interspersed gang punching
Multiperforación con matrices
intercaladas

Multiplexage
Multiplexing
Multiplexado

Multiplexage en temps partagé
T.D.M., Time division multiplexing,
T.D.M.
Multiplexión en tiempo
compartido

Multiplexer
(to) Multiplex
Multiplexar

Multiplexeur
Multiplex(or)
Multiplexor

Multiplexeur de canaux de
données
Data channel multiplexor
Multiplexor de canales de datos

Multiplicande
Multiplicand
Multiplicando

Multiplicateur
Multiplier
Multiplicador

Multiplicateur analogique
Analog multiplier, Variable
multiplier
Multiplicador analógico

Multiplicateur en temps partagé
Time division multiplier
Multiplicador en tiempo
compartido

Multiplicateur-quotient
Multiplier quotient
Multiplicador-cociente

Multiplication
Multiplication
Multiplicación

Multiplication logique
Logical multiply
Multiplicación lógica

Multiplier
(to) Multiply
Multiplicar

Multiprocesseur
Multiple system, Multiprocessor
Multiprocesador

Multiprogrammation
Multiprogramming
Multiprogramación

Multitraitement
Multiprocessing
Multiproceso

Multivibrateur
Multivibrator
Multivibrador

Multivibrateur astable
Free running multivibrator, Single
shot multivibrator
Multivibrador astable,
Multivibrador monoestable

Multivibrateur bistable
Bistable multivibrator
Multivibrador biestable

Multivibrateur monostable
Monostable multivibrator, One
shot multivibrator
Multivibrador monoestable

Mutilé
Mute
Mutilado

N

N niveaux d'adressage
N Level address
N niveles de direccionamiento

Nanoseconde
Nanosecond
Nanosegundo

Négation
Negation
Negación

Népérien
Naperian
Neperiano

Nettoyage
Cleaning
Limpieza

Nettoyeur de bande magnétique
Magnetic tape cleaner
Limpiador de cinta magnética

Niveau
Level
Nivel

Niveau d'accès
Access level
Nivel de acceso

Niveau d'adressage
Addressing level
Nivel de direccionamiento

Niveau de bruit du circuit
Circuit noise level
Nivel de ruido del circuito

Niveau de contrôle
Control level
Nivel de control

Niveau de fusion
Merge level
Nivel de fusión

Niveau de modification technique
Engineering change level
Nivel de modificación técnica,
    Nivel de actualización de un
    circuito o programa

Niveau de priorité
Stringency level
Nivel de prioridad

Niveau de référence
Reference level
Nivel de referencia

Niveau de signal
Signal level
Nivel de señal

Niveau des données
Data level
Nivel de los datos

Niveau des interruptions
Interrupt level
Nivel de las interrupciones

Niveau d'un programme
Program level
Nivel de un programa

Niveau limite de surcharge
Overload level
Nivel límite de sobrecarga

Niveau moyen d'efficacité
Average effectiveness level
Nivel medio de eficacia

Niveau moyen des stocks
Average inventory level
Nivel medio de las existencias

Niveau relatif
Relative level
Nivel relativo

Niveau sonore
Loudness
Tono, Nivel sonoro

Niveau technique
Engineering level, Technical
    change status
Nivel técnico

Niveler
(to) Level
Nivelar

Nivellement de la charge
Load levelling, Load smoothing
Nivelación de la carga

Noeud
Node
Nudo

Noeud final
Finish node
Nudo final

Noeud initial
Start node
Nudo inicial

Nom
Name
Nombre

Nom de condition
Condition name
Nombre de condición

Nom de document
Docuterm
Nombre de documento

Nom de fichier
File name
Nombre del fichero

Nom de la procédure
Procedure name
Nombre del procedimiento

Nom de l'ensemble
Array name
Nombre del vector o matriz

Nom de l'unité
Unit name
Nombre de la unidad

Nom de paragraphe
Paragraph name
Nombre de párrafo

Nom de zone
Field name
Nombre de zona

Nom du point d'entrée
Entry name
Nombre del punto de entrada

Nom du programme
Program name
Nombre del programa

Nom en entier
Full name
Nombre completo

Nom qualifié
Qualified name
Nombre calificado

Nom symbolique
Symbolic name
Nombre simbólico

Nombre
Number
Número

Nombre à chiffre-clé de protection
Self-checking number
Número con dígito-clave de
protección

Nombre aléatoire
Random number
Número aleatorio

Nombre binaire
Binary number, Binary numeral
Número binario

Nombre binaire discontinu
Discontinuous binary number
Número binario discontinuo

Nombre biquinare
Biquinary number
Número biquinario

Nombre codé
Coded number
Número codificado

Nombre de base
Base number
Número de base

Nombre de cycles
Cycle criterion
Número de ciclos

Nombre de transferts
Number of moves
Número de transferencias

Nombre de transmissions
Transmission count
Número de transmisiones

Nombre décimal
Decimal number
Número decimal

**Nombre décimal codé en
biquinaire**
Biquinary coded decimal number
Número decimal codificado en
biquinario

Nombre d'effacements
Erase counts
Número de borrados

Nombre d'enregistrements
Record count
Número de registros

Nombre d'erreurs
Error count
Número de errores

Nombre d'itérations
Iteration count
Número de iteraciones

Nombre duodécimal
Duodecimal number
Número duodecimal

Nombre duquel on soustrait
Minuend
Minuendo

Nombre en double précision
Double precision number
Número en doble precisión

Nombre en longueur double
Double length number, Double
length numeral
Número en longitud doble

Nombre en longueur multiple
Multiple length number
Número en longitud múltiple

Nombre en virgule fixe
Fixed point number
Número en coma fija

Nombre en virgule flottante
Floating point number
Número en coma flotante

Nombre entier
Integer
Número entero

Nombre hexadécimal
Hexadecimal number
Número hexadecimal

Nombre intégral
Integral number
Número entero

Nombre mixte
Mixed number
Número mixto

Nombre négatif
Negative number
Número negativo

Nombre pair
Even number
Número par

Nombre polyvalent
Polyvalent number
Número polivalente

Nombre septénaire
Septenary number
Número septenario

Nombre symbolique
Symbolic number
Número simbólico

Nomenclature
Call-out list, Part list
Catálogo, Lista de piezas

Noms de données
Data names
Nombres de los datos

Non
Not
No

Non adressable
Non addressable
No direccionable

Non affecté
Unallocated, Unassigned
No asignado

Non agrafé
Unstapled
Sin grapas

Non arrondi
Unrounded
No redondeado

Non automatisable
Non automatizable
No automatizable

Non cadré
Unjustified
No sangrado

Non certifié
Uncertified
No certificado

Non classé
Unordered
No ordenado

Non codé
Uncoded
No codificado

Non commutable
Non crossbarred
No conmutable

Non condensé
Uncompressed
No condensado

Non connecté
Off-line, Unplugged
Desenchufado

Non consécutif
Non continuous
No consecutivo

Non contrôlé
Unchecked
No controlado

Non correspondance à la vérification
Verify non-compare
No correspondencia a la verificación

Non corrigible
Non recovery, Unrecoverable
No recuperable

Non défini
Undefined
No definido

Non documenté
Undocumented
No documentado

Non doté de tampon
Non buffered
No dotado de tampón

Non échelonné
Unscaled
Sin escala

Non édité
Unedited
No editado

Non effaçable
Non resettable
No borrable

Non effacé
Unerased
No borrado

Non élaboré
Unsophisticated
No elaborado

Non en état de fonctionner
Non operable
No en estado de funcionar

Non en temps réel
Non real time
No en tiempo real

Non encoché
Unnotched
Sin muescas

Non enregistré
Unrecorded
No registrado

Non équivalence
Non equivalence
No equivalencia

Non essayé
Untested
No ensayado

NON-ET
NOT AND
NO-Y

Non étiqueté
Unlabelled
Sin etiqueta

Non groupé
Unblocked
No bloqueado

Non identifiable
Unrecognizable
No identificable

Non imprimé
Unprinted
No impreso

Non indexé
Unindexed
Sin índice

Non lancé
Unreleased
No lanzado

Non limité
Unrestricted
No limitado

Non marqué
Unmarked
No marcado

Non masqué
Unmasked
No enmascarado

Non mis au point
Undebugged
No depurado

Non mis en forme
Unformatted
No puesto en forma

Non mis en page
Unpaged
No paginado

Non mis en place
Unposted
No colocado

Non modifié
Unmodified
No modificado

Non mouvementé
Unmoved
No movido

Non normalisé
Unnormalized
No normalizado

Non numérique
Non numeric
No numérico

Non ordonné
Disordered
No ordenado

Non paginable
Non pageable
No paginable

Non perforé
Punchless, Unperforated, Unpunched, Unsprocketted
No perforado

Non perturbé
Undisturbed
No perturbado

Non prêt
Non ready, Not ready
No preparado, No pronto

Non programmable
Unprogrammable
No programable

Non programmé
Unprogrammed, Unscheduled
No programado, No planificado

Non retour à zéro
Non return to zero, N.R.Z., N.R.Z.
Sin retorno, No regreso a cero

Non segmenté
Unsegmented
No segmentado

Non séparé
Unburst
No separado

Non significatif
Insignificant
No significativo

Non simultané
Non concurrent
No simultáneo

Non spécialisé
Non dedicated
No especializado

Non surveillé
Unaudited
No vigilado

Non traduit
Uninterpreted
No traducido

Non traitable
Unprocessable, Unworkable
No procesable

Non traité
Unprocessed
No procesado

Non trié
Unsorted
No ordenado

Non tronqué
Untruncated
No truncado

Non unique
Non unique
No único

Non vérifié
Unverified
No verificado

Non vierge
Non blank
No virgen

Normalisation
Normalization, Standardization
Normalización

Normalisation des signaux
Signal normalization
Normalización de las señales

Normaliser
(to) Normalize, (to) Standardize
Normalizar

Normographe
Alignment chart, Lettering guide,
    Plastic template
Plantilla, Normógrafo

**Normographe de traçage de
    diagrammes**
Charting template
Normógrafo para trazar diagramas

Notation
Notation
Notación

Notation à base fixe
Fixed radix notation
Notación con base fija

Notation abrégée
Shorthand notation
Notación abreviada

Notation binaire
Binary notation
Notación binaria

Notation biquinaire
Biquinary notation
Notación biquinaria

Notation codée en binaire
Binary coded notation
Notación codificada en binario

Notation de base
Radix notation
Notación de base

Notation de position
Positional notation
Notación de posición

Notation décimale
Decimal notation
Notación decimal

**Notation décimale codée en
    binaire**
Binary coded decimal notation
Notación decimal codificada en
    binario

Notation hexadécimale
Hexadecimal notation
Notación hexadecimal

Notation infixée
Infix notation
Notación infija

Notation matricielle
Matrix notation
Notación matricial

Notation polonaise
Polish notation, Warsaw notation
Notación polaca

Notation polyvalente
Polyvalent notation
Notación polivalente

Notation préfixée
Lukasiewicz notation, Parentheses
    free notation, Prefix notation
Notación polaca sin paréntesis

Notation symbolique
Symbolic notation
Notación simbólica

Notice
Booklet, Notice
Folleto

Notice de documentation
Documentation book
Manual de documentación

Notice de manutention
Service manual
Manual de mantenimiento

**Notice de traitement par
    exception**
Exception notice
Noticia de proceso por excepción

Notice d'instructions
Instruction manual
Manual de instrucciones

Nouveau client
New customer
Nuevo cliente

Nouveau compte
New account
Cuenta nueva

Nouveau fichier permanent
Master output file, New master file
Nuevo fichero permanente

Nouveau venu à l'informatique
First time computer user, New
    computer user
Recién llegado a la informática,
    Nuevo llegado a la informática

Nouvelle correction
Repatching
Nueva corrección

Nouvelle ligne
New line, N.L., N.L.
Nueva línea

Noyau
Nucleus
Núcleo

Nul
Null
Nulo

Numéral
Numeral
Numeral

Numération
Numeration
Numeración

Numération à base fixe
Fixed radix numeration
Numeración con base fija

Numération à base mixte
Mixed radix notation
Numeración con base mixta

Numération à base multiple
Mixed base notation
Numeración con base múltiple

Numération binaire
Binary numeration
Numeración binaria

Numération codée
Coded notation
Numeración codificada

Numération de base
Radix numeration
Numeración de base

Numération décimale
Decimal numeration
Numeración decimal

Numération décimale codée
Coded decimal notation
Numeración decimal codificada

Numération décimale codée en binaire
Binary coded decimal representation
Numeración decimal codificada en binario

Numération héxadécimale
Sexadecimal notation
Numeración hexadecimal

Numération ternaire
Ternary notation
Numeración ternaria

Numérique
Digital, Numeric(al)
Numérico

Numériquement
Digitally, Numerically
Numéricamente

Numéro d'appel
Call number, Dial number
Número de llamada, Número telefónico

Número de bobine
Reel number
Número de carrete

Número de case
Slot number
Número de casilla

Número de compte
Account number
Número de cuenta

Número de contrôle
Check number
Número de control

Numéro de début
Beginning number
Número de principio

Numéro de génération
Generation number
Número de generación

Numéro de journal
Journal number
Número de diario

Numéro de la bibliothèque
Library number
Número de la biblioteca

Numéro de ligne
Line number
Número de línea

Numéro de l'instruction
Statement number
Número de la instrucción

Numéro de l'opération
Operation number
Número de la operación

Numéro de piste
Track number
Número de pista

Numéro de protection
Protection number
Número de protección

Numéro de référence
Accession number
Número de referencia

Numéro de sélection
Dialling number
Número de selección, Número telefónico

Numéro de séquence
Sequence number
Número de secuencia

Numéro de série
Serial number
Número de serie

Numéro d'imprimé
Form number
Número de impreso

Numéro d'ordre
Order number
Número de orden

Numéro d'ordre de bobine
Reel file number, Reel serial number
Número de orden de carrete

Numéro d'ordre de la bande
Tape serial number
Número de orden de la cinta

Numéro d'ordre du bloc
Block serial number
Número de orden del bloque

Numéro d'ordre le moins élevé
Lower
Número de orden más bajo

Numérotage
Numbering
Numeración

Numérotage progressif
Consecutive numbering, Crash numbering
Numeración progresiva

Numérotation en binaire pure
Pure binary numeration
Numeración en binario puro

Numérotation progressive
Serialization
Numeración progresiva

Numéroté progressivement
Serial(ly) numbered
Numerado progresivamente

Numéroter
(to) Number
Numerar

Numéroter incorrectement
(to) Misnumber
Numerar incorrectamente

Numéroter progressivement
(to) Serialize
Numerar progresivamente

Numéroteur
Numbering machine, Serializer
Numerador

Numéroteur automatique
Automatic numbering transmitter
Numerador automático

O

Objet
Object
Objeto

Obligatoire
Compulsory, Mandatory, Required
Obligatorio

Oblique - Signe ' / '
Slant
Oblicuo - Signo ' / '

Obliquité
Skew
Oblicuidad

Obliquité de la bande
Tape skew
Oblicuidad de la cinta

Observer
(to) Sight
Observar

Obsolescence
Obsolescence
Obsolescencia

Obstruction
Clogging
Obstrucción

Obtenu à partir de
Derived from
Derivado de, Obtenido a partir de

Occasionnel
Casual
Ocasional

Occupé
Busy, Engaged
Ocupado

Occuper n octets
(to) Inhabit n bytes
Ocupar n octetos

Octal codé binaire
B.C.O., Binary coded octal, B.C.O.
Octal codificado binario

Octet
Eight bit byte
Octeto

Octet d'analyse
Sense byte
Octeto de análisis

Octet de passage majuscules / minuscules
Shift byte
Octeto de pasaje mayúsculas / minúsculas

Octet indicateur
Flag byte
Octeto indicador

Offrir un traitement réduit
(to) Degrade gracefully
Ofrecer un proceso en modalidad reducida

Omettre volontairement
(to) Ignore
Omitir voluntariamente

Onde
Wave
Onda

Onde modulée par impulsions
Pulse modulated wave
Onda modulada por impulsos

Onde pilote de commutation
Switching control pilot
Onda piloto de conmutación

Onde pilote de groupe secondaire
Supergroup reference pilot
Onda piloto de grupo secundario

Onde pilote de régulation
Regulating pilot
Onda piloto de regulación

Onde pilote de synchronisation
Synchronizing pilot
Onda piloto de sincronización

Onde porteuse
Carrier wave
Onda portadora

Onduleux
Wavy
Ondulante

Opérande
Operand
Operando

Opérateur
Machine operator, Operator
Operador

Opérateur arithmétique
Arithmetic(al) operator
Operador aritmético

Opérateur binaire
Binary operator
Operador binario

Opérateur booléen
Boolean connective, Boolean operator
Operador booleano

Opérateur booléen à une seule opérande
Monadic boolean operator
Operador booleano monádico, (unario)

Opérateur complémentaire
Complementary operator
Operador complementario

Opérateur de gestion
Administrative operator
Operador de gestión

Opérateur de machine à calculer
Comptometer operator
Operador de calculadora

Opérateur de préfixe
Prefix operator
Operador de prefijo

Opérateur de pupitre d'ordinateur
Computer console operator
Operador de pupitre de ordenador

Opérateur de relation
Relational operator
Operador de relación

Opérateur de téléscripteur
Teletype operator
Operador de telescriptor

Opérateur ET
AND operator
Operador Y

Opérateur logique
Logical connector, Logic(al) operator
Operador lógico

Opérateur mécanographique
Book-keeping operator, Punched card operator
Operador mecanográfico

Opérateur non
Not operator
Operador no

Opérateur NON-ET
NAND operator
Operador NO-Y

Opérateur OU
OR operator
Operador O

Opérateur OU exclusif
Exclusion OR operator
Operador O exclusivo

Opérateur ou inclusif
Inclusive OR operator
Operador o inclusivo

Opérateur sur matériel à cartes perforées
Punched card equipment operator
Operador de equipo con fichas perforadas

Opérateur sur matériel auxiliaire
Auxiliary equipment operator
Operador de equipo auxiliar

Opérateur sur matériel périphérique
Peripheral equipment operator
Operador de equipo periférico

Opérateur sur terminal
Terminal operator
Operador sobre terminal

Opération
Operation
Operación

Opération à nombre fixe de cycles
Fixed cycle operation
Operación con número fijo de ciclos

Opération à une seule opérande
Monadic operation
Operación monádica

Opération arithmétique
Arithmetic(al) operation
Operación aritmética

Opération arithmétique binaire
Binary arithmetic(al) operation
Operación aritmética binaria

Opération asynchrone
Asynchronous operation
Operación asíncrona

Opération automatique
Automatic operation
Operación automática

Opération autonome
Off line operation
Operación fuera de línea,
    Operación automática

Opération auxiliaire
Auxiliary operation
Operación auxiliar

Opération bi-conditionnelle
Bi-conditional operation
Operación bicondicional

Opération binaire
Binary operation
Operación binaria

Opération booléenne
Boolean operation
Operación booleana

Opération booléenne binaire
Binary boolean operation
Operación booleana binaria

Opération booléenne diadique
Dyadic boolean operation
Operación booleana diádica

Opération complémentaire
Complementary operation
Operación complementaria

Opération complète
Complete operation
Operación completa

Opération conditionnelle
Conditional operation
Operación condicional

Opération d'addition
Add operation
Operación de adición

Opération dans les deux sens
Both-way operation (two-way operation)
Operación en los dos sentidos

Opération de base
Fundamental operation
Operación de base

Opération de branchement
Jump operation
Operación de bifurcación

Opération de calcul
Calculating operation
Operación de cálculo

Opération de calcul moyenne
Average calculating operation
Operación de cálculo medio

Opération de chargement des imprimés
Format load operation
Operación de carga de los impresos

Opération de contrôle
Control operation
Operación de control

Opération de correction
Corrective action
Operación de corrección

Opération de liaison en temps réel
On line real time operation
Operación de enlace en tiempo real

Opération de manutention
Service operations
Operaciones de mantenimiento

Opération de mémoire
Storage operation
Operación de memoria

Opération de multiplication
Multiply operation
Operación de multiplicación

Opération de non-équivalence
Anticoincidence operation
Operación de anticoincidencia

Opération de non équivalence
Non equivalence operation
Operación de no equivalencia

Opération de recherche
Searching process
Operación de búsqueda

Opération de sortie
SYSOUT
Fichero standard de salida

Opération de transfert
Transfer operation
Operación de transferencia

Opération de vidage avant achèvement
Bumped operation
Operación de vaciamiento antes del acabado

Opération d'entrée
SYSIN
Fichero standard de entrada

Opération d'équivalence
Equivalence operation
Operación de equivalencia

Opération d'équivalence
If and only if operation
Operación de equivalencia

Opération diadique
Dyadic operation
Operación diádica

Opération d'implication conditionnelle
If then operation
Operación de implicación condicional

Opération en cours
On line operation
Operación en línea

Opération en salle fermée
Closed shop operation
Operación en sala cerrada

Opération en temps réel
Real time operation
Operación en tiempo real

Opération en virgule flottante
Floating point operation
Operación en coma flotante

Opération ET
AND operation, Meet operation
Operación Y

Opération ET-NON
AND NOT operation
Operación Y-NO

Opération horizontale
Crossfoot(ing)
Operación horizontal

Opération itérative
Iterative operation
Operación iterativa

Opération logique
Logic(al) operation
Operación lógica

Opération machine
Computer operation
Operación máquina

Opération manuelle
Clerical operation, Manual operation
Operación manual

Opération multi-tâche
Multi task operation
Operación multitarea

Opération NON
NOT operation
Operación NO

Opération NON-ET
Alternative denial, NAND operation, NON conjunction, NOT AND operation
Operación NO-Y

Opération NON-OU
Dagger operation, Joint denial, NEITHER-NOR operation, NON disjunction, NOR operation
Operación NO-O

Opération OU
OR operation
Operación O

Opération OU exclusif
Exclusion OR operation, OR else operation
Operación O exclusivo

Opération ou inclusif
Inclusive OR operation, Union
Operación o inclusivo

Opération parallèle
Dual operation, Parallel operation
Operación dual, Operación paralela

Opération planifiée
Scheduled operation
Operación planificada

Opération «porte ouverte»
Open shop operation
Operación en sala abierta

Opération répétitive
Repetitive operation
Operación repetitiva

Opération simultanée
Concurrent operation, Simultaneous operation
Operación simultánea

Opération sur partie de mot
Split word operation
Operación sobre parte de palabra

Opération travail-repos
Make-break operation
Operación trabajo-descanso

Opération V
V Operation
Operación V

Opérationnel
Operational, Operative
Operacional

Opérations auxiliaires
Red-tape operations
Operaciones auxiliares

Opérations de contrôle des travaux sur unité graphique
Graphic job control operations
Operaciones de control de los trabajos sobre unidad gráfica

Opérations d'entrée / sortie
Input / output operations
Operaciones de entrada / salida

Opérations incrémentielles
Incremental operations
Operaciones incrementadas

Opérations par minute
Operations per minute, O.P.M.
Operaciones por minuto

Opérations préparatoires
Housekeeping operations
Operaciones preparadas

Opportunité
Opportunity
Oportunidad

Optimisation
Optimation, Optimization
Optimización

Optimisation linéaire
Linear optimatization
Optimización lineal

Optimisation non linéaire
Non linear optimization
Optimización no lineal

Optimiser
(to) Optimize
Optimizar

Optimiseur
Optimizer
Optimizador

Option
Option
Opción

Option implicite
Assumed option
Opción implícita

Option non imputable
No charge option
Opción no imputable

Option par défaut
Default option
Opción por defecto

Options du programme de contrôle
Control program options
Opciones del programa de control

Options facultatives
Optional features
Opciones facultativas

Optique
Optical
Óptico

Optique à fibre
Fiber optic
Fibra óptica

Optiquement
Optically
Ópticamente

Ordinateur
Computer
Ordenador

Ordinateur à bandes
Tape-oriented computer
Ordenador basado en cintas

Ordinateur à caractères
Character oriented computer
Ordenador de caracteres

Ordinateur à cartes
Card oriented computer,
  Tabulating card computer
Ordenador con fichas

Ordinateur à cartes perforées
Punched card computer
Ordenador con fichas perforadas

Ordinateur à mots
Word oriented computer
Ordenador de palabras

Ordinateur à mots de longueur variable
Variable word length computer
Ordenador con palabras de
  longitud variable

Ordinateur à séquence contrôlée par logique
Logic controlled sequential
  computer
Ordenador con secuencia
  controlada por lógica

Ordinateur à support visible
Visible record computer
Ordenador con soporte aparente

Ordinateur asservi
Slave computer
Ordenador esclavo

Ordinateur bi-processeur
Dual processor computer
Ordenador biprocesador

Ordinateur central
Central computer, Host computer,
  Host processor
Ordenador central

Ordinateur de bureau
Desk sized computer, Desk top
  computer
Ordenador de despacho

Ordinateur de communications
Communications oriented
  computer
Ordenador de comunicaciones

Ordinateur de composition
Typesetting computer
Ordenador de composición

Ordinateur de dessin
Computerized drafting machine
Ordenador de dibujo

Ordinateur de deuxième génération
Second generation computer
Ordenador de segunda generación

Ordinateur de gestion
Business (oriented) computer,
  Commercial computer
Ordenador de gestión

Ordinateur de gestion de réseau
Network control processor
Ordenador de gestión de red

Ordinateur de grande capacité
Large scale computer
Ordenador de gran capacidad

Ordinateur de moyenne puissance
Medium-sized computer,
  Midicomputer
Ordenador de media potencia

Ordinateur de transmission de données
Data communication processor
Ordenador de transmisión de
  datos

Ordinateur de troisième génération
Third generation computer
Ordenador de tercera generación

Ordinateur d'enseignement
Instructional computer
Ordenador de enseñanza

Ordinateur d'occasion
Used computer
Ordenador de segunda mano

Ordinateur électronique
Electronic data processor
Ordenador electrónico

Ordinateur (qui travaille) en temps partagé
Time-shared computer
Ordenador (que trabaja) en tiempo
  compartido

Ordinateur frontal
Front-end processor
Ordenador frontal

Ordinateur modulaire
Modular computer
Ordenador modular

Ordinateur monoplaque
On chip computer
Ordenador monoplaca

Ordinateur périphérique
Peripheral computer
Ordenador periférico

Ordinateur pneumatique
Pneumatic computer
Ordenador neumático

Ordinateur principal
Master computer
Ordenador principal

Ordinateur qui travaille en multi-programmation
Multi program computer
Ordenador que trabaja en multiprogramación

Ordinateur scientifique
Scientific computer
Ordenador científico

Ordinateur source
Source computer
Ordenador fuente

Ordinateur terminal
Terminal computer
Ordenador terminal

Ordinateur universel
M.P.C., Multi purpose computer, M.P.C.
Ordenador universal

Ordinateur utilisé en temps réel
Real time computer
Ordenador utilizado en tiempo real

Ordonnancement chronologique
Forward scheduling
Ordenación cronológica

Ordonnancement en arrière
Back scheduling
Ordenador hacia atrás

Ordonné
Ordered
Ordenado

Ordonnée (d'une courbe)
Ordinate
Ordenada (de una curva)

Ordonner
(to) Order
Ordenar

Ordonner en séquences
(to) Arrange in sequence
Ordenar en secuencias

Ordre
Order
Orden, Pedido

Ordre croissant
Ascending order, Increasing order
Orden creciente

Ordre d'arrivée
Order of appearence
Orden de llegada

Ordre de chaînage
Chain order
Orden de encadenamiento

Ordre de contrôle des travaux
Job control statement
Orden de control de los trabajos

Ordre de début de travaux
Job statement
Orden de principio de trabajo

Ordre de présence
Order of presence
Orden de presencia

Ordre de priorité
Order of precedence, Priority order
Orden de prioridad

Ordre de séparation
Delimiter statement
Orden de separación

Ordre décroissant
Decreasing order, Descending order
Orden decreciente

Ordre le plus élevé
High order
Orden el más elevado

Ordres imminents
Imminent orders
Órdenes inminentes

Ordres initiaux
Initial orders
Órdenes iniciales

Ordres urgents
Urgent orders
Úrdenes urgentes

Organe arithmétique
Arithmetic(al) organ
Organo aritmético

Organe de contrôle
Controller
Órgano de control

Organe de décision
Decision mechanism
Órgano de decisión

Organe de l'unité de traitement
Processor section
Órgano de la unidad de proceso

Organe de positionnement
Detent
Órgano de posicionado

Organigramme
Flowchart
Organigrama

Organigramme de circulation
Flow diagram
Organigrama de flujo

Organigramme de décision
Decision flowchart
Organigrama de decisión

Organigramme de déroulement du programme
Program flow diagram
Organigrama de flujo del programa

Organigramme de détails
Detail flowchart
Organigrama de detalle

Organigramme de diffusion
Scatter diagram
Organigrama de difusión

Organigramme de données
Data flow diagram, Data flowchart
Organigrama de datos

Organigramme de fonction
Function chart
Organigrama de función

Organigramme de fonctionnement séquentiel
Sequence chart
Organigrama de funcionamiento secuencial

Organigramme de macro-programmation
Macro flowchart
Organigrama de macroprogramación

Organigramme de mémoire
Memory diagram
Organigrama de memoria

Organigramme de programmation
Program (ming) (flow)chart
Organigrama de programación

Organigramme de systèmes
Systems flowchart
Organigrama de sistemas

Organigramme de traitement
Process chart, Process flowchart
Organigrama de proceso

Organigramme des phases
Run chart, Run diagram
Diagrama de ejecución

Organigramme des systèmes de traitement
Flow process diagram
Organigrama de los sistemas de proceso

Organigramme des temps
Timing chart
Organigrama de los tiempos

Organigramme détaillé
Detailed flowchart
Organigrama detallado

Organigramme du système
System flowchart
Organigrama del sistema

Organigramme dynamique
Dynamic flow diagram
Organigrama dinámico

Organigramme général
Overall block diagram, Top level flowchart
Organigrama general

Organigramme logique
Logic(al) (flow)chart, Logic(al) diagram
Organigrama lógico

Organigramme par blocs
Block diagram
Organigrama por bloques

Organigramme schématique
Schematic diagram
Organigrama esquemático

Organisateur
O M Man
Organizador

Organisation
Organization
Organización

Organisation compartimentée
Partitioned organization
Organización particionada

Organisation des fichiers à accès direct
Direct access file organization
Organización de ficheros con acceso directo

Organisation du service de traitement des données
Data processing department organization
Organización del servicio de proceso de los datos

Organisation du travail
Job setup
Preparación del trabajo

Organisation et méthodes
O & M, Organization and methods
Organización y métodos

Organisation et méthodes
Organization and methods
Organización y métodos

Organisation hiérarchique directe
Hierarchical direct organization
Organización jerárquica directa

Organisation hiérarchique séquentielle
Hierarchical sequential organization
Organización jerárquica secuencial

Organisation indexée
Indexed organisation (Br.) Indexed organization (Amer.)
Organización indexada

Organisation sur disques
Disk organisation (Br.) Disk organization (Amer.)
Organización con discos

Organisé par mots
Word oriented
Organizado con palabras

Organiser
(to) Organize
Organizar

Orientation
Orientation
Orientación

Orienté
Oriented
Orientado

Origine
Origin
Origen

Oscillateur
Oscillator
Oscilador

Oscillateur à blocage de phase
Phase locked oscillator
Oscilador con bloque de fase

Oscillateur paramétrique
Parameter oscillator
Oscilador paramétrico

Osciller
(to) Sway
Oscilar

Oscilloscope
Oscilloscope, Scope
Osciloscopio

Oscilloscope à rayons cathodiques
Cathode ray oscilloscope, C.R.O.
Osciloscopio de rayos catódicos

Ou inclusif
Inclusive OR
O inclusive

Ouverture
Opening
Abertura

Ouverture d'un fichier
Opening a file
Apertura de un fichero

Ouvrir
(to) Open
Abrir

Ouvrir un fichier
(to) Open a file
Abrir un fichero

P

Page
Page
Página

Page active
Active page
Página activa

Page fixe
Fixed page
Página fija

Paginable
Pageable
Paginable

Pagination
Paging
Paginación

Pagination sur demande
Demand paging
Paginación por petición

Paginer
(to) Page
Paginar

Paire d'impulsions
Pulse pair
Par de impulsiones

Palpeur
Feed finger, Pecker, Sensing
finger, Sensing arm
Palpador

Palpeur de fin de papier
Out of paper arm, Paper out arm
Palpador de fin de papel

Palpeur de lecture
Feeler pin
Palpador de lectura

Panne
Failure
Avería

Panne de courant
Power failure
Interrupción de corriente

Panne de machine
Equipment failure, Machine faiiure
Avería de máquina, Fallo de
máquina

Panne de secteur
Mains failure
Fallo de energía (sector)

Panne sporadique
Sporadic fault
Avería esporádica

Panneau
Panel
Panel

Panneau à broches
Pin board
Panel con patillas

Panneau amovible
Detachable plugboard
Panel amovible

Panneau de commande
Control panel
Panel de mando

Panneau de connexions
Jack panel
Panel de conexiones

Panneau de contrôle de compteur
Metering panel
Panel de control de contador

Panneau de contrôle du système
System control panel
Panel de control del sistema

**Panneau de contrôle
interchangeable**
Interchangeable control panel
Panel de control intercambiable

Panneau de signalisation
Display panel
Panel de señalización

**Panneau de visualisation
graphique**
Graphic panel
Panel de visualización gráfica

Panneau d'essai
Test panel
Panel de ensayo

Panneau du pupitre de l'opérateur
Operator console panel
Panel del pupitre del operador

Papier
Paper
Papel

Papier à pliage accordéon
Z fold paper
Papel con plegado acordeón

Papier autocopiant
Carbonless paper
Papel autocopiante

Papier carbone
Carbon paper
Papel carbón

Papier carboné
Carbon backed paper, Carbon
loaded stationery
Papel carbón

Papier carboné
Carbonized paper, Carbonized
stationery
Papel de copias (con carbón)

Papier carbone intercalé
Interleaved carbon
Papel carbón intercalado

**Papier en continu avec perforation
d'entrainement**
Continuous sprocket holed
stationery
Papel en continuo con perforación
de arrastre

Papier millimetré
Plotting scale
Papel milimetrado

Papier perforé en continu
Perforated continuous form
Papel perforado en continuo

Papier pour téléscripteur
Teletype paper
Papel para telescriptor

Papier simple exemplaire
Single part set, Single ply
Papel simple (sin copias)

Papier vierge
Virgin paper
Papel virgen

Paquet de cartes
Card deck, Deck, Pack, Wad
Paquete de fichas

**Paquet de cartes à imprimer sous
forme d'état**
Report deck
Paquete de fichas de imprimir

Paquet de cartes binaires
Binary deck
Paquete de fichas binarias

Paquet de cartes de contrôle
Control deck
Paquete de fichas de control

Paquet de cartes de démonstration
Demonstration deck
Paquete de fichas de demostración

Paquet de cartes données
Data deck
Paquete de fichas datos

Paquet de cartes en entrée
Input deck
Paquete de fichas en entrada

Paquet de cartes en langage source
Source deck
Paquete de fichas en lenguaje fuente

Paquet de cartes mouvement
Transaction deck
Paquete de fichas movimiento

Paquet de cartes objet
Object deck
Paquete de fichas objeto

Paquet de cartes-programme
Program deck
Paquete de fichas-programa

Paquet de cartes-programme en langage machine
Assembled card deck
Paquete de fichas-programa en lenguaje máquina

Paquet de cartes réduit
Compressed deck
Paquete de fichas reducido

Paquet d'initialisation
Initialization deck
Paquete de inicialización

Paquet-programme de recherche et correction des erreurs
Debugging package
Paquete-programa de busca y corrección de los errores

Par
Even
Par

Paragraphe
Paragraph
Párrafo

Parallèle
Parallel
Paralelo

Parallèle / série
Parallel / serial
Paralelo / serie

Paramètre
Parameter
Parámetro

Paramètre à mot clé
Key-word parameter
Parámetro con palabra clave

Paramètre de programme
Program parameter
Parámetro de programa

Paramètre descriptif
Descriptive parameter
Parámetro descriptivo

Paramètre effectif
Actual parameter
Parámetro efectivo

Paramètre pré-défini
Preset parameter
Parámetro predefinido

Paramétres d'exécution
Operating parameters
Parámetros de operación

Paramétrique
Parametric
Paramétrico

Parasite
Parasitic, Spurious
Parásito

Parc
Population
Parque

Parc de machines
Installed base, Machine population
Parque de máquinas

Parcourir une boucle
(to) Pass through a loop
Recorrer un ciclo

Parcours de contrôle
Control path
Camino de control

Parenthèses
Brackets, Round brackets
Paréntesis

Parité
Even parity, Parity
Paridad, Par

Parité de niveaux
Levelness
Paridad de niveles

Parité transversale
Lateral parity, Transversal parity
Paridad transversal

Partage de temps
Time sharing
Subdivisión de tiempo

Particularités
Particulars
Particularidades

Particulier
Exotic, Proper
Particular

Partie
Part
Porción

Partie active d'un programme
Working set
Parte activa de un programa

Partie d'adresse
Address part, Address portion
Parte de dirección

Partie de bloc
Blockette
Parte de bloque

Partie de fichier
Sub file
Parte de fichero

Partie d'expression
Sub expression
Parte de expresión

Partie en fonction
Function part
Parte en función

Partie inférieure
Lower curtate
Parte inferior

Partie inférieure de la mémoire
Lower storage
Parte inferior de la memoria

Partie intégrante
Part and parcel of
Porción integrante

Partie supérieure
Upper curtate
Parte superior

Partie supérieure de la case
Upper case
Parte superior de la casilla

Partie supérieure de la mémoire
Upper (core) memory, Upper
    storage, Upper store
Parte superior de la memoria

Partiel
Partial
Parcial

Partiellement
Partially
Parcialmente

Partition
Partition
Partición

Partition de mémoire virtuelle
Virtual storage partition
Partición de memoria virtual

Pas
Step
Paso

Pas (Ecartement)
Pitch
Separación

Pas à pas
Single step, Step by step
Paso a paso

Pas de programme
Program step
Paso de programa

Pas de progression
Increment, Interval, Step size
Paso de progresión, Incremento,
    Paso (tamaño)

Pas d'entraînement
Feed pitch
Paso de arrastre

Pas longitudinal
Array pitch
Paso longitudinal

Passage
Pass
Pasada

**Passage au début du feuillet
    suivant**
Overflow skip
Salto al principio de la hoja
    siguiente

Passage de cartes
Card run
Pasaje de fichas

Passage de compilation
Compilation run
Pasada de compilación

Passage de fil
Wire channel
Paso de hilo

Passage de programme
Program run
Pasada (ejecución) de programa

Passage d'essai
Test run
Pasada (ejecución) de ensayo

Passage en machine
Machine pass, Run
Pasada en máquina

**Passage pour mise au point des
    données**
Data vetting run
Pasada para puesta a punto de los
    datos

**Passage pour recherche et
    correction des erreurs**
Debugging run
Pasada de depuración

Passage pour tri
Sort pass
Pasada para ordenación

Passage pour validation
Vetting run
Pasada por validación

Passer sur 'on'
(to) Flip on
Pasar sobre 'on'

Passer
(to) Pass
Pasar

Passer sur 'off'
(to) Flip off
Pasar sobre 'off'

Passif
Passive
Pasivo

Pause
Hesitation
Pausa

Peigne
Comb
Peine

Peigne démagnétiseur
Degaussing comb
Peine desmagnetizador

Peluche
Lint
Felpa

Pendule de pointage
Attendance recorder
Registrador de presencia

Pénurie
Lack, Shortage
Penuria

Perfectionnement
Improving, Refresher
Perfeccionamiento

Perfectionner
(to) Improve
Perfeccionar

Perforateur
Paper drill, Perforator, Puncher
Perforador

**Perforateur à alimentation
    automatique**
Automatic feed punch
Perforador con alimentación
    automática

Perforateur automatique
Automatic punch
Perforador automático

Perforateur automatique de bande
Automatic tape punch
Perforador automático de cinta

**Perforateur automatique de bande
    de papier**
Automatic paper tape punch
Perforador automático de cinta de
    papel

Perforateur de bande
Perforated tape punch, Tape
punch(er)
Perforador de cinta

Perforateur de bande de papier
Paper tape perforator
Perforador de cinta de papel

Perforateur de bande pilote
Vertical format unit punch
Perforador de cinta piloto

Perforateur de cartes
Card punch, C.P., C.P., Punch card
unit
Perforación de fichas, Perforador
de fichas

**Perforateur de cartes à mémoire
intermédiaire**
Buffered card punch
Perforador de fichas con memoria
intermedia

**Perforateur de correction manuelle
de bande**
Tape-correcting punch
Perforador de corrección manual
de cinta

Perforateur de sortie
Output punch
Perforador de salida

Perforateur duplicateur de cartes
Duplicating card punch
Perforador duplicador de fichas

Perforateur en série
Serial punch
Perforador en serie

Perforateur-imprimeur
Printer perforator, Printing punch
Perforador-impresor

Perforateur-imprimeur à clavier
Printing keyboard perforator
Perforador-impresor con teclado

Perforateur manuel
Manual perforator
Perforador manual

Perforateur par colonne
Column punch
Perforador por columna

Perforateur par rangée
Row punch
Perforador por hilera

Perforation
Perforation, Punch(ing)
Perforación

Perforation à l'aide d'un clavier
Keypunching
Perforación desde un teclado

Perforation automatique
Automatic punching
Perforación automática

Perforation binaire
Binary punch
Perforación binaria

**Perforation dans les positions
inférieures**
Underpunch
Perforación en las posiciones
inferiores

Perforation de bande de papier
Paper tape punch(ing)
Perforación de cinta de papel

Perforation de cartes
Card punching
Perforación de fichas

**Perforation de changement de
page**
Page change hole
Perforación de cambio de página

Perforation de code
Code hole
Perforación de código

Perforation de contrôle
Check punch, Control punch(ing),
Function hole
Perforación de control

Perforation de parité
Parity hole
Perforación de paridad

Perforation de saut
Slew hole
Perforación de salto

Perforation de tri
Pigeon hole
Perforación de selección

Perforation de zone
Zone punch(ing)
Perforación de zona

Perforation d'entraînement
Feed hole, Sprocket punching
Perforación de arrastre

**Perforation d'entraînement par
ergots**
Pin (feed) hole
Perforación de arrastre por patillas

Perforation désalignée
Off punch
Perforación desalineada

Perforation 'douze'
Twelve punch
Perforación 'doce'

Perforation en grille
Lace punching
Perforación en rejilla

Perforation en position normale
Normal stage punching
Perforación en posición normal

Perforation en série
Gang punching, Serial punching
Perforación en serie

Perforation fonctionnelle
Designation punching
Perforación funcional

Perforation hors texte
Overpunch(ing)
Perforación fuera texto

Perforation intercalée
Interstage punching
Perforación intercalada

Perforation longitudinale
Longitudinal perforation
Perforación longitudinal

Perforation marginale
Marginal punching
Perforación marginal

Perforation multiple
Multiple punching
Perforación múltiple

Perforation numérique
Digit punch, Numeric punch(ing)
Perforación numérica

Perforation onze
Eleven punch
Perforación once

Perforation pour reliure
Bindery punching
Perforación para encuadernación

Perforation rectangulaire
Rectangular hole
Perforación rectangular

Perforation significative
Intelligence hole
Perforación significativa

Perforation verticale
Vertical perforation
Perforación vertical

Perforation X
X Punch
Perforación X

Perforation Y
Y Punch
Perforación Y

Perforations
Perfs, Punchings
Perforaciones

Perforations de contrôle
Control holes
Perforaciones de control

Perforations fonctionnelles
Designation holes
Perforaciones funcionales

Perforations récapitulatives
Summary punching
Perforaciones recapitulativas

Perforatrice (personne)
Keypuncher, Punch operator,
Puncher
Perforista

Perforatrice (machine)
Punching machine
Perforadora

**Perforatrice à alimentation
manuelle**
Hand feed punch
Perforadora con alimentación
manual

Perforatrice à clavier
Key(board) perforator, Keypunch
(machine)
Perforadora con teclado

Perforatrice à perforation unique
Unipunch
Perforadora con perforación única

Perforatrice de cartes (machine)
Card punch unit
Perforadora de fichas

Perforatrice de cartes (personne)
Card puncher
Perforista de fichas

Perforatrice d'étiquettes
Tag punch machine
Perforadora de etiquetas

Perforatrice en série
Gang punch
Perforadora en serie

Perforatrice imprimante
Printing card punch, Typing tape
punch
Perforadora impresora

Perforatrice imprimante à clavier
Keyboard typing punch
Perforadora impresora con teclado

Perforatrice manuelle
Hand punch
Perforadora manual

Perforatrice récapitulative
Summary punch
Perforadora sumaria

Perforatrice reproductrice
Reproducing punch
Perforadora reproductora

Perforatrice vérificatrice
Verifying punch, V.P., V.P.
Perforadora verificadora

Perforé
Perforated, Punched
Perforado

Perforé sur le bord
Edge-perforated
Perforado sobre el borde

Perforé sur les marges
Marginally punched
Perforado sobre los márgenes

Perforer
(to) Perforate, (to) Punch
Perforar

Perforer à l'aide d'un clavier
(to) Keypunch
Perforar desde un teclado

Perforer en grille
(to) Lace
Perforar en rejilla

Perforer en série
(to) Gang punch
Perforar en serie

Perforer hors texte
(to) Overpunch
Perforar fuera texto

Performance
Performance
Performance

Performant
Efficient
Eficiente

Période
Period
Período

Période d'agrégation partielle
Discrete aggregation period
Período de agregación parcial

Période de conservation
Retention period
Período de conservación

**Période de fonctionnement en
parallèle**
Cut-over period
Período de funcionamiento en
paralelo

Période de régénération
Regeneration period
Período de regeneración

Période de rodage
Break-in period, Shake down
period
Período de rodaje

Période d'exploration
Scan period
Período de exploración

Période d'inactivité
Idle period
Período de inactividad

Période-mot
Word time
Período-palabra

Périodicité moyenne des révisions
Mean time between overhauls,
M.T.B.O.
Periodicidad media de las
revisiones

Périphérique
Peripheral
Periférico

Périphérique à distance
Remote peripheral
Periférico a distancia

Périphérique doté de mémoire intermédiaire
Buffered peripheral
Periférico dotado de memoria intermedia

Périphérique lent
Slow speed peripheral
Periférico lento

Permanent
Permanent
Permanente

Permettre le passage d'une partie de signal
(to) Strobe
Permitir el paso de una parte de señal

Permutation
Interchange, Permutation
Permutación

Permutation circulaire
Rotate
Permutación circular

Permuter
(to) Interchange, (to) Rotate
Permutar

Personnel d'exécution
Operating personnel
Personal de operación

Personnel informaticien
Computer personnel, Peopleware
Personal de informática

Personnel préposé au fonctionnement
Operations staff
Personal encargado del funcionamiento

Perte
Loss
Pérdida

Perte de données significatives
Loss of significant digits
Pérdida de dígitos significativos

Perte de transmission
Transmission loss
Pérdida de transmisión

Perte d'information
Loss of information, Walk down
Pérdida de información

Perte par hystérisis
Hysteresis loss
Pérdida por histéresis

Pertes cumulatives
Creep
Pérdidas acumulativas

Perturbation
Disturbance
Perturbación

Perturbation de ligne
Line hit
Perturbación de línea

Perturber
(to) Interfere with
Perturbar

Petite échelle
Small scale
Pequeña escala

Peu précis
Inaccurate
Poco preciso

Phase
Phase, Stage
Fase

Phase d'assemblage
Assembling phase, Assembly run
Fase de ensamblaje, Fase de montaje

Phase de base
Root phase
Fase de base

Phase de classement extérieur
String merging phase
Fase de clasificación externa

Phase de classement intérieur
String generation phase
Fase de clasificación interna

Phase de compilation
Compile phase
Fase de compilación

Phase de génération
Generation phase
Fase de generación

Phase de mise à jour
Updating run
Fase de actualización

Phase de mise en place des caractères
Character phase
Fase de colocación de los caracteres

Phase de procédure
Procedural step
Fase de procedimiento

Phase de production
Production run(ning)
Fase de producción

Phase de recherche et correction des erreurs
Debugging phase
Fase de depuración

Phase de traitement
Processing step
Fase de proceso

Phase de traitement de données
Data processing run
Fase de proceso de datos

Phase d'exécution
Execute phase, Run phase
Fase de ejecución

Phase préparatoire
Housekeeping run
Fase preparatoria

Phonéme
Phoneme
Fonema

Photocomposition
Phototypeseting
Fotocomposición

Photoélectrique
Photoelectric
Fotoeléctrico

Photogravure
Photogravure
Fotograbado

Photostyle
Light pen
Marcador luminoso

Phrase
Sentence
Frase

Physique
Physical
Físico

Picoseconde
Picosecond
Picosegundo

Picot d'entraînement
Feed pin
Pico de arrastre

Picot d'entrainement
Drive key
Pico de arrastre

Piezoélectrique
Piezoelectric
Piezoeléctrico

Pile
Stack
Pila

Pile de cartes
Card stack
Pila de fichas

Pile de disques
Disk array, Disk pack, Disk stack
Pila de discos

Pile d'entrée
Input stack
Pila de entrada

Pince de perforation
Spot punch
Pinza de perforación

Pince d'ejection de cartes
Card gripper
Pinza de eyección de fichas

Pinceau lumineux
Light beam, Light gun, Light pen
Pincel luminoso

Piste
Track, Trail
Pista

Piste d'adresses
Address track
Pista de direcciones

Piste de bande
Tape track
Pista de cinta

Piste de base de temps
Clock track
Pista de base de tiempo

Piste de dépassement en capacité
Overflow track
Pista de desbordamiento en
  capacidad

Piste de données
Data track
Pista de datos

Piste de lecture
Reading track
Pista de lectura

Piste de perforation
Punch feed, Punch(ing) track
Pista de perforación

Piste de remplacement
Alternate track, Substitute track
Pista de sustitución

Piste de synchonisation
Timing track
Pista de sincronización

Piste de vérification
Audit trail
Pista de verificación contable

Piste défectueuse
Defective track
Pista defectuosa

Piste d'éjection
Ejection track
Pista de eyección

Piste d'enregistrement
Recordings track
Pista de registro

Piste d'entraînement
Feed track
Pista de arrastre

Piste d'entraînement des cartes
Card bed
Pista de arrastre de las fichas

Piste d'index
Index track
Pista de índice

Piste d'information
Code track
Pista de información

Piste d'insertion
Insertion track
Pista de inserción

Piste magnétique
Magnetic track, Mag(netic) stripe
Pista magnética

Pistes régénératives
Regenerative tracks, Revolver
  tracks
Pistas regenerativas

Placer les taquets de tabulation
(to) Insert tab stops
Colocar los topes de tabulación

Plafond
Ceiling
Techo

Plan
Schedule
Plano

Plan (uni)
Plane
Plano (unido)

Plan de décision
Decision plan
Plan de decisión

Plan de fichier
File map
Plano de fichero

Plan de la mémoire
Memory map
Mapa de la memoria

Plan de la mémoire à tores
Core map
Plano de la memoria de núcleos

**Plan de la mémoire à tores
  magnétiques**
Magnetic core storage plane
Plano de la memoria con núcleos
  magnéticos

Plan de tores
Core plane
Plano de núcleos

Plan de tores magnétiques
Magnetic core plane
Plano de núcleos magnéticos

Plan de travail journalier
Daily work log
Plano de trabajo diario

Plancher
Floor
Suelo

Planification
Planning, Scheduling
Planificación

Planification de la production
Production planning
Planificación de la producción

Planification des besoins
Requirements planning
Planificación de las necesidades

Planification des produits
Product planning
Planificación de los productos

Planification des programmes
Program scheduling
Planificación de los programas

Planification des travaux
Schedule of performance
Planificación de los trabajos

Planifié
Scheduled
Planificado

Planifier
(to) Plan, (to) Schedule
Planificar

Plaque à circuit imprimé
Printed circuit board
Placa de circuito impreso

Plaque à trous
Aperture plate
Placa agujereada

Plaque de circuits
Circuit card
Placa de circuitos

Plaque de contact
Wafer
Oblea de semiconductor

Plaque déviatrice verticale
Y Plate
Placa desviadora vertical

Plaque porte-caractères
Type slug
Placa portatipos

Plaque pour battre les cartes
Joggler, Joggling plate
Placa para batir las fichas

Plaque presse-papier
Paper hold down plate
Placa prensa papel

Plateau
Plate
Placa

Plateau d'alimentation du papier
Paper bin
Soporte de alimentación de papel

Plateau de réception
Stacker plate
Placa de recogida

Plateaux du magasin d'alimentation
Hopper posts
Depósitos del almacén de alimentación

Plateforme de protection
Security base plate
Plataforma de protección

Plateforme de réception
Stacking platform
Plataforma de recogida

Plausibilité
Plausibility
Plausibilidad

Plein
Full
Lleno

Plein d'erreurs
Bug ridden
Lleno de errores

Pliage en accordéon
Zig-zag folding
Plegadura en acordeón

Plié en accordéon
Zig-zag folded
Plegado en acordeón

Plier
(to) Fold, (to) Interfold
Plegar

Plot de sortie
Exit hub
Eje de salida

Plot d'entrée
Entry hub
Ojo de entrada

Plume
Pen
Pluma

Poids
Weight
Peso

Poids binaire
Binary weight
Peso binario

Poinçon de perforation
Punch knife
Punzón de perforación

Poinçonneuse trou par trou
Spot (hand) punch
Perforadora agujero por agujero

Point
Point, Spot
Punto

Point d'appel
Point of invocation
Punto de llamada

Point de branchement
Branch point
Punto de bifurcación

Point de chargement
Load point
Punto de carga

Point de commutation
Switch point
Punto de conmutación

Point de connexion
Attachment point
Punto de conexión

Point de consigne
Set point
Punto de consigna

Point de contrôle
Checkpoint
Punto de control

Point de création
Point of origination
Punto de creación

Point de décision d'enclenchement
Clutch decision point
Punto de decisión de embrague

Point de fusion
Melting point
Punto de fusión

Point de réapprovisionnement
Re-order point
Punto de reaprovisionamiento

Point de référence
Benchmark
Punto de referencia

Point de reintroduction
Re-entry point
Punto de reintroducción

Point de repère
Spot mark
Punto de referencia

Point de reprise
Restart point
Punto de reanudación

Point de rétablissement
Recovery point
Punto de restablecimiento

Point de sortie
Exit point
Punto de salida

Point de vente
Point of sale, P.O.S.
Punto de venta

Point de vidage
Dump point
Punto de vaciamiento

Point d'embrayage
Clutch point
Punto de embrague

Point d'émission
Originating point
Punto de emisión

Point d'entrée
Entry point
Punto de entrada

Point d'entrée asynchrone
Asynchronous entry point
Punto de entrada o asíncrono

Point d'exclamation
Exclamation point
Punto de admiración

Point d'index
Index point
Punto de índice

Point d'interrogation
Question mark
Carácter de interrogación

Point d'interruption
Breakpoint
Punto de interrupción

Point d'interruption conditionnel
Conditional breakpoint
Punto de interrupción condicional

Point lumineux
Pip
Punto luminoso

Point mort
Dead center
Punto muerto

Point par point
Point to point, P.T.P., P.T.P.
Punto por punto

Point virgule
Semicolon
Punto y coma

Pointeur
Pointer
Apuntador

Polarisation
Bias
Polarización

Polarité
Polarity
Polaridad

Police de caractères
Character font, Type font
Placa de caracteres

Police de caractères à bâtonnets
Bar font
Placa de caracteres con trazos

Polyphasé
Polyphase
Polifásico

Polyvalence
Polyvalence
Polivalencia

Polyvalent
Polyvalent
Polivalente

Ponctuation
Punctuation
Puntuación

Pondéré
Weighted
Ponderado

Portabilité
Portability
Portabilidad

Porte
Gate
Puerta

Porte de coïncidence
Coincidence gate
Puerta de coincidencia

Porte de différence symétrique
Symmetric difference gate
Puerta de diferencia simétrica

Porte de non-équivalence
Anticoincidence gate
Puerta de anticoincidencia

Porte d'équivalence
Equivalence gate
Puerta de equivalencia

Porte ET
AND gate
Puerta Y

Porte NI exclusif
Bi-conditional gate
Puerta NI exclusivo

Porte NON
NOT gate
Puerta NO

Porte NON-ET
Alternative denial gate
Puerta NO-Y

Porte NON-OU
NOR gate
Puerta NO-O

Porte OU
Alternation gate, OR gate
Puerta O

Porte OU exclusif
Except gate
Puerta O exclusivo

Porte ou inclusif
Union gate
Puerta unión, Puerta o inclusivo

Porte ouverte
Open shop
Sala abierta

Porte 'un'
One gate
Puerta 'uno'

Portée dynamique
Dynamic range
Alcance dinámico

Portée globale des canaux
Aggregate channel data rate
Alcance global de los canales

Portion de zone
Zone portion
Porción de zona

Portion horizontale d'une carte
Curtate
Porción horizontal de una ficha

Portion numérique
Digit portion
Porción numérica

Position
Location, Position
Posición

Position binaire
Binary position, Bit position
Posición binaria

Position d'attente
Wait position
Posición de espera

Position de chiffre
Digit place
Posición de dígito

Position de compte
Account status
Posición de cuenta

Position de contrôle
Check position
Posición de control

Position de démarrage
Starting position
Posición de lanzamiento

Position de dépassement de capacité
Overflow position
Posición de desbordamiento de capacidad

Position de la mémoire
Storage location
Posición de la memoria

Position de la mémoire à tores
Core storage position
Posición de la memoria de núcleos

Position de la virgule
Base point
Posición de la coma

Position de l'adresse de base
Base location
Posición de la dirección de base

Position de l'horloge de rythme
Clock setting
Posición del reloj de ritmo

Position de perforation
Code position, Hole site,
  Punch(ing) position
Posición de perforación

Position de signe
Sign position
Posición de signo

Position de tri
Sort position
Posición de clasificación

Position de zone
Zone position
Posición de zona

Position décimale
Decimal place
Posición decimal

Position d'enregistrement
Recording position
Posición de registro

Position des unités
Units position
Posición de las unidades

Position d'impression
Print position
Posición de impresión

Position d'index
Index position
Posición de índice

Position disponible
Available point
Posición disponible

Position d'ordre moindre
Low order position
Posición de orden menor

Position 'douzé'
Twelve position
Posición 'doce'

Position du chiffre décimal
Decimal digit position
Posición del dígito decimal

Position du point
Point location
Posición del punto

Position d'un bit
Bit location
Posición de un bit

Position initiale
Home position, Leading position
Posición inicial

Position la plus significative
High order position, Highest
  significant position, Most
  significant position, M.S.P.,
Posición más significativa,

Position la moins significative
Least significant position, L.S.P.,
Posición menos significativa

Position numérique
Numerical position
Posición numérica

Position onze
Eleven position
Posición once

Position suivante d'ordre supérieur
Next higher order position
Posición siguiente de orden superior

Position X
X Position
Posición X

Position Y
Y Position
Posición Y

Positionnement
Setting
Posicionamiento

Positionner
(to) Position
Posicionar

Positions localisées
Isolated locations
Posiciones localizadas

Positions protégées
Protected locations
Posiciones protegidas

Positions réservées en mémoire
Dedicaded core locations
Posiciones reservadas en memoria

Positions supérieures
Upper positions
Posiciones superiores

Possibilité
Possibility
Posibilidad

Possibilité d'adjonction
Add on facility
Posibilidad de agregación

Possibilité d'adressage
Addressability
Posibilidad de dirección

Possibilité d'amélioration
Upgrading capability
Posibilidad de mejora

Possibilité de changement d'adresse
Relocatability
Posibilidad de cambio de dirección

Possibilité de communication
Communication facility
Posibilidad de comunicación

Possibilité de mécanisation
Mechanizability
Posibilidad de mecanización

Possibilité de mémorisation
Storability
Posibilidad de memorización

Possibilité de récupération
Retrievability
Posibilidad de recuperación

Possibilité de reprise après point de contrôle
Checkpoint restart facility
Posibilidad de reanudación después punto de control

Possibilité de traitement
Processing capability
Posibilidad de proceso

Possibilité d'effacement
Erasability
Posibilidad de borrado

Possibilité d'évolution
Open endedness
Posibilidad de evolución

Possibilité d'exécution
Runnability
Posibilidad de ejecución

Possibilité d'interconnexion
Interconnectability
Posibilidad de interconexión

Possibilité du pas à pas
Step wise feature
Progresividad, Posibilidad del paso a paso

Possibilité d'utiliser les symboles
Symbolic capability
Posibilidad de utilizar los símbolos

Possible
Possible
Posible

Post éditer
(to) Post edit
Edición posterior

Post marquage
Post printing
Postimpresión

Post-traitement
Postprocessing
Postproceso

Poste à bande magnétique
Magnetic tape station
Estación con cinta magnética

Poste à distance
Remote station
Estación a distancia

Poste après perforation
Postpunch station
Estación después de perforación

Poste auxiliaire
Auxiliary station
Estación auxiliar

Poste d'analyse optique
Optical scanning station
Estación de análisis óptica

Poste d'attente
Wait station
Estación de espera

Poste d'attente de vérification
Verify wait station
Estación de espera de verificación

Poste de changement de direction
Cornering station
Estación de cambio de dirección

Poste de commande
Control station
Estación de mando

Poste de comparaison
Comparison station
Estación de comparación

Poste de données
Data station
Estación de datos

Poste de données à distance
Remote data station
Estación de datos a distancia

Poste de lecture
Read(ing) station, Sensing station
Estación de lectura

Poste de lecture avant perforation
Punch feed read station
Estación de lectura antes de perforación

Poste de lecture de cartes
Card read station
Estación de lectura de fichas

Poste de lecture par balais
Brush station
Estación de lectura por medio de cepillos

Poste de numérotation progressive
Serial numbering station
Estation de numeración progresiva

Poste de perforation
Punch(ing) station
Estación de perforación

Poste de pré-perforation
Pre-punch station
Estación de preperforación

Poste de réception
Accepting station
Estación de recepción

Poste de saisie des données en entrée
Input station
Estación de recogida de los datos en entrada

Poste de tabulation
Tab setting
Posición o lugar de tabulación

Poste de télétraitement
Teleprocessing station
Estación de teleproceso

Poste de travail
Work location, Work station
Puesto de trabajo

Poste de visualisation
Display station
Estación de visualización

Poste d'impression
Printing station
Estación de impresión

Poste d'information sur les travaux
J.I.S. (Job Information Station),
Job information station, J.I.S.
Estación de información sobre los trabajos

Poste d'interrogation
Desk debugging, Enquiry station
Estación de interrogación

Poste d'interrogation à distance
Remote inquiry station
Estación de interrogación a distancia

Poste principal
Master station
Estación principal

Poste surveillé
Attended station
Estación vigilada

Poste téléphonique
Telephone station
Estación telefónica

Poste télex
Telex station
Estación telex

Poste terminal
Out station
Estación de salida

Postprocesseur
Postprocessor
Postprocesador

Potentiel
Potential
Potencial

Potentiomètre
Potentiometer
Potenciómetro

Potentiomètre à variation sinusoidal
Resolving potentiometer
Potenciómetro con variación sinusoidal

Poulie motrice
Drive capstan
Garrucha motriz

Pour plusieurs utilisateurs
Multi user
Para varios utilizadores

Poursuivre
(to) Go on
Perseguir

Pourvoir
(to) Provide
Proveer

Poussée
Push
Empuje

Pousser
(to) Push
Empujar

Pouvoir de décision
Decision making ability
Poder de decisión

Pragmatisme
Pragmatics
Pragmatismo

Pratique
Practical
Práctico

Pré-amplificateur
Preamplifier
Preamplificador

Pré-analyse
Look-ahead
Preanálisis

Pré-câblage
Prewiring
Precableado

Pré-câblé
Prewired
Precableado

Pré-calcul
Pre-calculation
Precálculo

Pré-charger
(to) Pre-load
Precargar

Pré-codé
Pre-coded
Precodificado

Pré-compilateur
Pre-compiler
Precompilador

Pré-compilation
Pre-compiling
Precompilación

Pré-contrôle
Pre-checking
Precontrol

Pré-défini
Preset
Predefinido

Pré-définir
(to) Preset
Predefinir

Pré-enregistrer
(to) Pre-record
Preregistrar

Pré-facturation
Pre-billing, Pre-invoicing
Prefacturación

Pré-facture
Pre-invoice
Prefactura

Pré-impression
Pre-printing
Preimpresión

Pré-imprimé
Pre-printed
Preimpreso

Pré-mémoire
Pre-store
Prememoria

Pré-mémoriser
(to) Prestore
Prememorizar

Pré-perforation
Pre-keying, Pre-punch(ing)
Preperforación

Pré-perforé
Pre-punched
Preperforado

Pré-perforer
(to) Pre-punch
Preperforar

Pré-positionner
(to) Pre-position
Preposicionar

Pré-processeur
Pre-processor
Preprocesador

Pré-programmé
Pre-programmed
Preprogramado

Pré-traitement
Pre-processing
Preproceso

Pré-traiter
(to) Pre-process
Preprocesar

Pré-vérifié
Pretested
Verificado con anterioridad

Préalable
Prerequisite, Previous
Previo

Préamplificateur différentiel
Differential preamplifier
Preamplificador diferencial

Précaution
Caution
Precaución

Précis
Accurate
Preciso

Précision
Accuracy, Precision
Precisión

Précision multiple
Multiple precision
Precisión múltiple

Précision variable
Variable long precision
Precisión variable

Prédicat
Predicate
Predicado

Prééditer
(to) Pre-edit
Preeditar

Préfixe
Prefix
Prefijo

Préfixe de condition
Condition prefix
Prefijo de condición

Préfixe de condition de validation
Enabling condition prefix
Prefijo de condición de
   habilitación

Préfixe de condition désaffectée
Disabling condition prefix
Prefijo de condición desafectada

Préfixe-étiquette
Label prefix
Prefijo-etiqueta

Préliminaire
Preliminary
Preliminar

Premier
Prime
Primero

Premier entré, premier sorti
F.I.F.O., First in first out, F.I.F.O.
Primero entrado, primero salido,
   Primero entrada, primero salida

Premier plan
Foreground
Primer plano

Premier roulement
Prime shift
Primer turno

Premier terme d'une somme
Augend
Primer sumando

Prendre en charge
(to) Support
Dar apoyo

Prendre la valeur pour référence
(to) Value returned
Tomar el valor por referencia

Préparation
Preparation
Preparación

Préparation des données
Data preparation
Preparación de los datos

Préparation des données d'entrée
Input editing
Preparación de los datos de
   entrada

Préparation des travaux
Job assembly, Work assembly
Preparación de los trabajos

Préparation préalable
Housekeeping
Preparación previa

Préparer l'édition
(to) Format
Preparar la edición

Présence
Attendance
Presencia

Présentation de la feuille
Layout sheet
Hoja de disposición física

Présentation de l'imprimé
Layout form
Formulario de formatos

Présentation d'un état
Report layout
Presentación de un estado

Présentation sonore ou visuelle
Soft copy
Presentación sonora o visual

Préserver
(to) Save
Preservar

Presse-bande
Tape depressor
Prensacinta

Presse-cartes
Card pusher plate, Card ram, Card
   weight
Prensafichas

Pression
Pressure
Presión

Prêt
Ready
Pronto

Prêt à émettre
Clear to send
Listo para emitir

Prêt pour l'écriture
Write ready
Listo para la escritura

Preuve par neuf
Casting out nines
Prueba de los nueves

**Preuve partielle de
fonctionnement interne**
Crippled leapfrog test
Prueba parcial de funcionamiento
interno

Préventif
Preventive
Preventivo

Prévision
Anticipation, Forecast
Previsión

Prévisions des charges
Load projections
Previsiones de las cargas

Prévoir
(to) Allow for, (to) Provide
Prever

Primitif
Primitive
Primitivo

Primordial
Overriding
Primordial

Principal
Main
Principal

Priorité
Precedance, Priority
Prioridad

Priorité de programme
Program priority
Prioridad de programa

Priorité externe
External priority
Prioridad externa

Prise auxiliaire
Convenience outlet
Toma auxiliar

Prise de courant
Outlet, Plug socket, Socket
Enchufe, Toma de corriente

Prise de décision
Decision making
Toma de decisión

Prise de terre
Ground connection
Toma de tierra

Prise directe au réseau
Direct outward dialling
Toma directa a la red

Prise en charge de l'instruction
Instruction fetching
Toma de carga de la instrucción

Prix unitaire
Unit price
Precio unitario

Probabilité
Probability
Probabilidad

Problème
Problem
Problema

Problème de contrôle
Check problem
Problema de control

**Problème de localisation de
l'anomalie**
Trouble location problem
Problema de localización de la
anomalía

Problème de mise en file d'attente
Queuing problem
Problema de colas

Problème d'essai
Test problem
Problema de ensayo

Problème programme
Problem program
Problema programa

Problème type
Benchmark problem
Problema tipo

Procéder
(to) Proceed
Proceder

Procéder à un décalage circulaire
(to) Circulate
Proceder a un desplazamiento
circular

Procéder à un passage en machine
(to) Run
Proceder a una pasada en
máquina

Procéder à un vidage
(to take a) Dump
Proceder a un vaciamiento

Procéder à une interruption
(to) Take an interrupt
Proceder a una interrupción

Procéder au montage
(to) Setup
Proceder al montaje

Procéder aux enregistrements
(to) Process records
Proceder a los registros

Procédure
Procedure
Procedimiento

Procédure automatisée
P.A., Process automation, P.A.
Procedimiento automatizado

Procédure cataloguée
Catalogued procedure
Procedimiento catalogado

Procédure chaînée
Chained procedure
Procedimiento encadenado

Procédure d'abandon
Aborting procedure
Procedimiento de abandono

Procédure d'adaptation
Customizing procedure
Procedimiento de adaptación

Procédure de chargement
Loading procedure
Procedimiento de carga

**Procédure de chargement à brève
échéance**
Short range loading procedure
Procedimiento de carga a breve
término

Procédure de contrôle de validité
Validation process
Proceso de control de validez

**Procédure de début
d'enregistrement**
Log(ging-in), Logging-on
Procedimiento de principio de
registro

Procédure de fin d'enregistrement
Logging-out, Log(ging)-off
Procedimiento de fin de registro

Procédure de liaison
Sign-on procedure
Procedimiento de enlace

Procédure de remplacement
Back-up procedure
Procedimiento de reemplazo

Procédure de rétablissement
Recovery procedure
Proceso de restablecimiento

Procédure de tri
Sorting procedure
Procedimiento de ordenación

Procédure demandée
Invoked procedure
Procedimiento llamado

Procédure d'exécution
Operating procedure
Procedimiento de ejecución

Procédure d'identification
Signing on
Procedimiento de identificación

Procédure d'interruption
Interrupting procedure
Procedimiento de interrupción

Procédure d'urgence
Emergency by-pass
Procedimiento de emergencia

Procédure externe
External procedure
Procedimiento externo

Procédure interne
Internal procedure
Procedimiento interno

Procédure préparatoire
Housekeeping procedure
Procedimiento preparatorio

Procédures comptables
Accounting procedure
Procedimientos contables

Processeur
Processor
Procesador en programación

**Processeur de travaux sur unité
graphique**
G.J.P., Graphic job processor,
G.J.P.
Procesador de trabajos sobre
unidad gráfica

Processeur satellite
Satellite processor
Procesador satélite

Processus
Process
Proceso

Processus continu
Continuous process
Proceso continuo

Processus de conversion
Conversion process
Proceso de conversión

Processus d'entrée
Input activity
Proceso de entrada

Processus irréversible
Irreversible process
Proceso irreversible

Processus itératif
Iterative process
Proceso iterativo

Processus magnétique réversible
Reversible magnetic process
Proceso magnético reversible

Processus pré-défini
Predefined process
Proceso predefinido

Processus récurrent
Recursive process
Proceso recursivo

Processus réversible
Reversible process
Proceso reversible

Production
Production
Producción

Production d'états
Reporting
Producción de informes

Produire
(to) Yield
Producir

Produit
Product
Producto

Produit arithmétique
Arithmétic(al)product
Producto aritmético

Produit mécaniquement
Mechanically produced
Producido mecánicamente

Produit partiel
Partial product
Producto parcial

Produit-programme
Program product
Producto-programa

Profil du programme
Program profile
Perfil del programa

Progiciel
Package
Programa-producto

Programation linéaire
L.P.
Programación lineal

Programmable
Programmable
Programable

Programmateur de travaux
Job scheduler
Programador de trabajos

Programmation
Coding, Programming,
Scheduling
Programación

Programmation absolue
Absolute programming
Programación absoluta

Programmation automatique
Automatic programming
Programación automática

Programmation de contrôle du système
System control programming, S.C.P., S.C.P.
Programación de control de sistema, Programación de control del sistema

Programmation de diagnostics
Diagnostic programming
Programación de diagnósticos

Programmation de priorités
Priority scheduling
Programación de prioridades

Programmation des entrées / sorties
Input / output scheduling
Programación de las entradas / salidas

Programmation des tâches
Task scheduling
Programación de las tareas

Programmation des travaux
Job scheduling
Programación de los trabajos

Programmation directe
Direct coding
Codificación directa

Programmation dynamique
Dynamic programming
Programación dinámica

Programmation en ligne
In-line processing
Programación en línea

Programmation en série
Serial programming
Programación en serie

Programmation exponentielle
Exponential scheduling
Programación exponencial

Programmation heuristique
Heuristic programming
Programación heurística

Programmation interprétative
Interpretive programming
Programación interpretativa

Programmation linéaire
Linear programming, L.P.
Programación lineal

Programmation mathématique
Mathematical programming
Programación matemática

Programmation modulaire
Modular processing
Programación modular

Programmation non linéaire
Non linear programming
Programación no lineal

Programmation optimum
Optimum programming
Programación óptima

Programmation parallèle
Parallel programming
Programación paralela

Programmation quadratique
Quadratic programming
Programación cuadrática

Programmation structurée
Structured programming
Programación estructurada

Programmation symbolique
Symbolic programming
Programación simbólica

Programme
Program
Programa

Programmé
Programmed
Programado

Programme
Schedule
Programa

Programme à lancement automatique
Self-triggered program
Programa con lanzamiento automático

Programme à usage général
General purpose program
Programa de uso general

Programme algorithmique
Algorithmic routine
Programa algorítmico

Programme assembleur
Assembler program
Programa ensamblador

Programme au point
Fully tested program
Programa a punto

Programme auto-translatable
Self-recording program, Self-relocatable program
Programa que se autograba, Programa autoposicionable

Programme autonome
Stand-alone program
Programa autónomo

Programme bloqué
Stalled program
Programa bloqueado

Programme câblé
Wired program
Programa cableado

Programme codé
Coded program
Programa codificado

Programme d'abandon
Abort routine
Programa de abandono

Programme d'affectation des pistes de remplacement
Alternate track assignment program
Programa de asignación de las pistas alternativas

Programme d'affectation des ressources
R.A.P., Resource allocation processor, R.A.P.
Programa de asignación de los recursos

Programme d'analyse sélective
Selective trace program, Snapshot program
Programa de traza selectiva, Programa de análisis selectivo

Programme d'appel
Calling program
Programa de llamada

Programme d'application
Application program
Programa de aplicación

Programme d'assemblage
Assembly program
Programa de ensamblaje

Programme de bibliothèque
Library program, Library routine
Programa de biblioteca

Programme de calcul de la paie
Payroll program
Programa de cálculo de la nómina

Programme de canal
Channel program
Programa de canal

Programme de charge d'une machine
Machine loading schedule
Programa de carga de una máquina

Programme de chargement
Load(ing) program
Programa de carga

Programme de chargement du système
Load system program
Programa de carga del sistema

Programme de chargement du système sur disque
Load system disk program
Programa de carga del sistema sobre disco

Programme de compilation
Compiling program
Programa de compilación

Programme de contrôle
Checking program, Control program, Program monitor
Programa de control

Programme de contrôle des communications
C.C.P., Communications control program, C.C.P.
Programa de control de las comunicaciones

Programme de contrôle des travaux
J.C.P., Job control program, J.C.P.
Programa de control de los trabajos

Programme de contrôle principal
P.C.P., Primary control program,

Programa de control principal

Programme de conversion
Conversion program
Programa de conversión

Programme de conversion de langage
Language conversion program
Programa de conversión de lenguaje

Programme de démarrage à froid
Cold start program
Programa de arranque en frío

Programme de démonstration
Demonstration program
Programa de demostración

Programme de détection des erreurs
Error detection routine
Programa de detección de los errores

Programme de diagnostic
Diagnostic program, Diagnotor
Programa de diagnóstico

Programme de gestion
Software driver, Symbiont
Programa de gestión

Programme de gestion de fichiers
File handler
Programa de gestión de ficheros

Programme de gestion de la bibliothèque
Librarian program
Programa de gestión de la biblioteca

Programme de gestion des disques
Disk driver program
Programa de gestión de los discos

Programme de gestion des messages
M.C.P., Message control program, M.C.P.
Programa de gestión de los mensajes

Programme de gestion des périphériques
P.C.R., Peripheral control routine, P.C.R.
Programa de gestión de los periféricos

Programme de gestion du réseau
N.C.P., Network control program, N.C.P.
Programa de gestión de la red

Programme de l'utilisateur
User program
Programa del utilizador

Programme de maintenance
Maintenance program
Programa de manutención

Programme de maintenance des programmes
Program maintenance program
Programa de manutención de los programas

Programme de premier plan
Foreground program
Programa del primer plano

Programme de production
Production program
Programa de producción

Programme de recherche
Fetch program
Programa de búsqueda

Programme de reprise après erreur
Error recovery routine
Programa de reanudación después de error

Programme de reproduction et interprétation
Reproduce and interpret program
Programa de reproducción e interpretación

Programme de service
Service program
Programa de servicio

Programme de service de la bibliothèque images-mémoire à tores
Core image library service program
Programa de servicio de la biblioteca imágenes-memoria de núcleos

Programme de service de la bibliothèque des macro-instructions
Macro library service program
Programa de servicio de la biblioteca de las macroinstrucciones

Programme de simulation
Simulating program
Programa de simulación

Programme de simulation en système continu
Continuous system modeling program
Programa de simulación de sistemas continuos

Programme de sortie
Output program
Programa de salida

Programme de soutien
Support program
Programa de soporte

Programme de traçage du chemin
Trace program, Tracing program, Tracing routine
Programa de traza

Programme de traduction et d'affectation
Translating / assigning program
Programa de traducción y de asignación

Programme de traitement
Processing program
Programa de proceso

Programme de traitement de messages
Message process program, M.P.P., M.P.P.
Programa de proceso de mensajes

Programme de traitement des applications
Application processing program
Programa de proceso de las aplicaciones

Programme de traitement des interruptions
Interrupt processing routine
Rutina de tratamiento de las interrupciones

Programme de traitement des messages
Message process program
Programa de proceso de los mensajes

Programme de tri
Sorting routine
Rutina de clasificación

Programme de tri / fusion
Sort / collate program
Programa de clasificación / fusión

Programme de tri / fusion
Sort / merge program
Programa de clasificación / fusión

Programme de tri sur disque
Disk sort program
Programa de clasificación sobre disco

Programme de vidage de la mémoire à tores
Core dump program
Programa de vaciamiento de la memoria de núcleos

Programme de vidage par duplication du disque
Disk copy dump program
Programa de vaciamiento mediante duplicación de disco

Programme de visualisation des diagnostics mémorisés
Diagnostic storage display program
Programa de visualización de los diagnósticos memorizados

Programme d'édition
Report program
Programa de edición

Programme d'effacement de fichier
File delete program
Programa de borrado de fichero

Programme demandeur
Requesting program
Programa solicitante

Programme d'enregistrement de la date
Dating routine
Programa de registro de la fecha

Programme d'entrée
Input program
Programa de entrada

Programme d'essai
Test program
Programa de ensayo

Programme d'exécution
Executive program
Programa de ejecución

Programme d'impression de bande
Tape-print program
Programa de impresión de cinta

Programme d'initialisation de cartouche de disque
D.C.I.P., Disk cartridge initialization program, D.C.I.P.
Programa de inicialización de cartucho de disco

Programme d'initialisation de disque
Disk initialization program
Programa de inicio de disco

Programme d'initialisation du chargeur de disque
Disk cartridge initialization program
Programa de inicio del cargador de disco

Programme d'initialisation du noyau
N.I.P., Nucleus initialization program, N.I.P.
Programa de inicialización del núcleo, Programa de inicio del núcleo

Programme d'introduction des instructions initiales
Bootstrap input program
Programa de introducción de las instrucciones iniciales

Programme d'ordinateur
Computer program
Programa de ordenador

Programme d'organisation des affectations
Allocation organization program
Programa de organización de las asignaciones

Programme écrit par l'utilisateur
Customer developed program, User written program
Programa escrito por el usuario

Programme éditeur de liens
Linkage editor program
Programa montador de enlaces

Programme émulateur
Emulator program, E.P, E.P.
Programa emulador

Programme en cours d'exécution
Active program, Program in operation
Programa en curso de ejecución, Programa activo

Programme en virgule flottante
Floating point routine
Rutina en coma flotante

Programme enregistré intérieurement
Internally stored program
Programa registrado interiormente

Programme fermé
Closed routine
Rutina cerrada

Programme fixe
Fixed routine
Rutina fija

Programme général
General program
Programa general

Programme générateur
Generating program, Generation routine
Programa generador

Programme heuristique
Heuristic program
Programa heurístico

Programme-image d'application
Application program-image
Programa-imagen de aplicación

Programme incomplet
Incomplete program
Programa incompleto

Programme indiqué
Subject program
Programa indicado

Programme interprétatif et d'impression du parcours
Interpretive trace program
Programa interpretativo y de traza

Programme itératif
Iterative program
Programa iterativo

Programme linéaire
Linear program
Programa lineal

Programme logiciel
Software program
Programa software

Programme macro-assembleur
Macro-assembly program, M.A.P., M.A.P.
Programa macroensamblador

Programme macro-générateur
Macro generating program
Programa macrogenerador

Programme mémorisé
Stored program
Programa almacenado

Programme non mis à jour
Backlevel program
Programa no actualizado

Programme non résidant en mémoire
Non resident program
Programa no residente en memoria

Programme objet
Object program, Target program
Programa objeto

Programme opérationnel
Operational program
Programa operacional

Programme organisé en pages
Paged program
Programa organizado en páginas

Programme pas à pas
Step by step program
Programa paso a paso

Programme post-mortem
Post-mortem program
Programa post-mortem

Programme pourvu de points de contrôle
Checkpoint(ed) program
Programa provisto de puntos de control

Programme préparatoire
Housekeeping program
Programa preparatorio

Programme principal
Main program, Master program
Programa principal

Programme prioritaire
Priority program
Programa prioritario

Programme-produit
Package.
Programa-producto

Programme qui nécessite plusieurs passages
Multi pass program
Programa que necesita varias pasadas

Programme rentrant
Re-enterable program, Re-entrant program
Programa reentrante

Programme résidant
Resident program
Programa residente

Programme réutilisable en série
Serially re-usable program
Programa reutilizable en serie

Programme secondaire
Background program
Programa secundario

Programme segmenté
Segmented program
Programa segmentado

Programme simulateur
Simulator program
Programa simulador

Programme source
Source program
Programa fuente

Programme spécifique
Specific program
Programa específico

Programme superviseur
Master control program, Supervisory program
Programa maestro, Programa supervisor

Programme sur support externe
Externally stored program
Programa sobre soporte externo

Programme symbolique
Symbolic program
Programa simbólico

Programme traducteur
Translating program, Translator routine
Programa traductor

Programme translatable
Relocatable program
Programa reposicionable

Programme utilitaire
Utility program
Programa de utilidad

Programme utilitaire d'initialisation de bande
Initialize tape utility program
Programa utilitario de inicio de cinta

Programmer
(to) Program(me)
Programar

Programmes
Software
Programas, Equipo lógico

Programmes de mise à jour de la bibliothèque
Library maintenance programs
Programas de actualización de la biblioteca

Programmes en virgule flottante
Floating point package
Programas en coma flotante

Programmes utilitaires pour systèmes à disques
Disk utility programs
Programas utilitarios para sistema con discos

Programmetrie
Programmetry
Programetría

Programmeur
Computer programmer, Programmer, Scheduler
Programador

Programmeur d'applications
Application programmer
Programador de aplicaciones

Programmeur de canal
Channel scheduler
Programador de canal

Programmeur de commandes
Command scheduler
Programador de mandos

Programmeur de gestion
Business programmer, Commercial programmer
Programador de gestión

Programmeur de priorités
Priority scheduler
Programador de prioridades

Programmeur de système
System programmer
Programador de sistema

Programmeur des maintenances
Maintenance programmer
Programador de los mantenimientos

Programmeur principal
Master scheduler, M.S., M.S.
Programador principal

Programmeur réduit
Small scheduler
Programador reducido

Programmeur scientifique
Scientific programmer
Programador científico

Programmeuse
Female programmer
Programadora

Progresser
(to) Advance, (to) Move forward
Progresar

Progressif
Gradual
Progresivo

Progression
Advance, Stepping
Progresión

Progression des commandes
Order progress
Progresión de los pedidos

Progression par article
Item advance
Progresión por artículo

Progression régulière
Incrementally
Progresión regular

Projet
Project
Proyecto

Projeter
(to) Map
Dibujar, Proyectar

Prolonger
(to) Extend
Prolongar

Propagé
Propagated
Propagado

Proportionnel
Proportional
Proporcional

Proposition composée
Compound statement
Sentencia compuesta

Propre
Own, Proper
Propio

Propulser
(to) Propel
Propulsar

Protection
Protection
Protección

Protection de la mémoire
Memory guard, Storage protection
Protección de la memoria

Protection de l'enregistrement
Write protection
Protección de escritura

Protection des donées
Data integrity
Protección de los datos

Protection des données
Data safety
Protección de los datos

Protection d'un fichier
File protection
Protección de un fichero

Protection par astérisques
Asterisk protection
Protección mediante asteriscos

Protection renforcée
Security enclosure
Protección reforzada

Protégé
Protected, Secure
Protegido

Protégé contre les bourrages
Jam proof
Protegido contra los atascos

Protéger
(to) Guard, (to) Preserve, (to) Protect, (to) Secure
Proteger

Protéger l'écriture
(to) Write protect
Proteger la escritura

Provoquer
(to) Cause
Provocar

Pseudo-code
Pseudo code
Pseudocódigo

Pseudo-instruction
Pseudo instruction, Quasi
instruction
Pseudoinstrucción

Pseudo-opération
Pseudo operation
Pseudooperación

Pseudo-registre
Pseudo register
Pseudoregistro

Pseudo-variable
Pseudo-variable
Pseudo-variable

Puissance
Potency, Power
Potencia

Puissance apparente
Apparent power
Potencia aparente

Puissance de calcul
Computational power
Potencia de cálculo

Puissance de la mémoire
Memory power
Potencia de la memoria

Puissance de sortie
Output power
Potencia de salida

**Puissance de sortie des
impulsions**
Pulse power output
Potencia de salida de las
impulsiones

Puissance de traitement
Processing power
Potencia de proceso

Puissance d'exécution
Operating power
Potencia de ejecución

Puissance disponible
Available power
Potencia disponible

Puits à dépression
Vacuum pocket
Depósito de vacío

Pupitre
Console
Pupitre

Pupitre à clavier
Keyboard console
Pupitro con teclado

**Pupitre commun à deux
ordinateurs**
Duplex console
Pupitre común a dos ordenadores

Pupitre de commande
Console desk, Control console
Pupitre de mando

Pupitre de commande du système
System (operator) console
Pupitre de mando del sistema

Pupitre de l'opérateur
Operator console
Pupitre del operador

Pupitre de poste de données
Data station console
Pupitre de estación de datos

Pupitre de traitement à distance
Remote console
Pupitre de proceso a distancia

**Pupitre de travail en temps
partagé**
Time sharing console
Pupitre de trabajo en tiempo
compartido

Pupitre de visualisation
Display console, Visual display
console
Pupitre de visualización

Pupitre d'ordinateur
Computer console
Pupitre de ordenador

Pupitre principal
Primary console
Pupitre principal

Pupitreur
Console operator
Operador de pupitre

Q

Qualificateur
Qualifier
Calificador

Qualification des noms
Qualification of names
Calificación de los nombres

Qualifié
Qualified
Calificado

Qualifier
(to) Qualify
Calificar

Qualité
Quality
Calidad

Qualité de transmission
Transmission performance
Rendimiento de transmisión

Quantificateur
Quantizer
Cuantificador

Quantification
Quantification , Quantization
Cuantificación

Quantifier
(to) Quantize
Cuantificar

Quantité
Deal, Quantity
Cantidad

Quantité à soustraire
Subtrahend
Sustraendo

Quantité commandée
Quantity ordered
Cantidad pedida

Quantité de réapprovisionnement
Order quantity
Cantidad de reaprovisionamiento

Quantité en commande
Quantity on order
Cantidad de pedido

Quantité en double précision
Double precision quantity
Cantidad en doble precisión

Quantum
Quantum
Cuanto

Quart
Quarter
Cuarto

Quarte
Quad
Cuarta

Quartet
Four-bit byte
Cuarteto

Question / réponse
Q.A., Question / answer, Q.A.
Cuestión / respuesta, Pregunta /
respuesta

Question codée
Encoded question
Pregunta o consulta codificada

Qui contient des erreurs
Buggy
Que contiene errores

Quinaire
Quinary
Quinario

Quintet
Five-bit byte, Quintet
Quinteto

Quintuple
Quintuple
Quíntuplo

Quoditien
Workaday
Común, Cotidiano

Quotient
Quotient
Cociente

R

Rabais
Discount
Rebaja, Descuento

Raccordement
Splice
Enlace

Raccorder
(to) Branch, (to) Splice
Enlazar

Raccordeur de bande
Tape connector
Conector de cinta

Racine
Root
Raíz

Racine carrée
Square root
Raíz cuadrada

Radial
Radial
Radial

Rainure
Key slot
Ranura

Ralentir
(to) Slow (down), (to) Walk down
Aminorar, Detener

Ramener à
(to) Decrement to
Volver a

Ramener de...à
(to) Step, down from...to
Retraer de...a

Rampe de chargement
Load(ing) tray
Rampa de carga

Rangée
Row
Hilera

Rangée de contrôle
Check row
Hilera de control

Rangée de marteaux
Hammer bank
Fila de martillos

Rangée d'erreurs
Error range
Hilera de errores

Rangement
Filing
Ordenamiento

Rangement par interclassement
Sequencing by merging
Clasificación mediante
   intercalación

Ranger
(to) Store away
Ordenar

Rapide
Fast, High-speed, Quick
Rápido

Rapidité de modulation
Modulation rate
Cadencia de modulación

Rappeler
(to) Call in
Volver a llamar

Rapport (Etat)
Report
Informe (Estado)

Rapport (Proportion)
Ratio
Relación (Proporción)

Rapport arithmétique
Arithmetic(al) relation
Relación aritmética

**Rapport de déroulement des
   travaux**
Progress report
Informe de desarrollo de los
   trabajos

**Rapport de mauvais
   fonctionnement**
Malfunction report
Informe de malfuncionamiento

Rapport de réduction
Reduction ratio
Relación de reducción

Rapport de sélection
Selection ratio
Relación de selección

Rapport d'incident
Trouble report
Informe de incidente

Rapport en sortie
Output report
Informe de salida

Rapport mécanographié
Computerized report
Informe mecanografiado

Rapport performance-prix
Cost-performance ratio
Relación rendimiento-precio

Rapport plein / vide
Mark to space ratio
Relación pleno / vacío

Rapport rendement / coût
Performance / cost ratio
Relación rendimiento / coste

Rapport signal / bruit
Signal / noise ration, S.N.
Relación señal / ruido

Rapport un à zéro
One-to zero ratio
Relación uno a cero

Rapporteur de dessin
Protractor
Transportador de dibujo

Rapports entre opérations
Related facilities
Relaciones entre operaciones

Rapports entre tables
Related tables
Tablas relacionadas

Rare
Scarce
Escaso

Rayon
Beam
Rayo

Rayon cathodique
Cathode ray
Rayo catódico

Re-acheminer
(to) Redirect, (to) Reroute
Reencaminar

Re-affectation
Reassignment
Reasignación

Re-affecter
(to) Reallocate, (to) Reassign
Reasignar

Re-alimentation régénérative
Regenerative feedback
Realimentación regenerativa

Re-alimenter
(to) Refeed
Realimentar

Re-allocation
Reallocation
Reasignación

Re-assemblage
Reassembly
Reensamblado

Re-assembler
(to) Reassemble
Reensamblar

Re-calcul
Recomputation
Recálculo

Re-calculer
(to) Recompute
Recalcular

Re-certification
Recertification
Recertificación

Re-certifier
(to) Recertify
Recertificar

Re-coder
(to) Recode
Recodificar

Re-compilation
Recompilation, Recompiling
Recompilación

Re-compiler
(to) Recompile
Recompilar

Re-complémentation
Recomplementation,
    Recomplementing
Recomplementación

Re-conditionnement
Reconditioning
Reacondicionamiento

Re-conditionner
(to) Recondition
Reacondicionar

Re-écrire
(to) Rewrite, (to) Write back
Reescribir

Re-écriture
Rewriting
Reescritura

Re-émettre
(to) Reissue
Reemitir

Re-enchaîner
(to) Relink
Reencadenar

Re-enregistrer en mémoire
(to) Store back
Registrar de nuevo en memoria

Re-étiquetter
(to) Relabel
Reetiquetar

Re-extraction
Refetching
Reextracción

Re-imprimer
(to) Reprint
Reimprimir

Re-initialisation
Reinitiation
Reinicialización

Re-initialiser
(to) Reinitialize, (to) Reinitiate
Reiniciar

Re-introduction
Reentry, Reinsertion
Reintroducción, Reinserción

Re-introduire
(to) Reenter, (to) Reinsert, (to)
    Rekey
Reintroducir

Re-lecture
Reread
Relectura

Re-lire
(to) Reread, (to) Rescan
Releer

Re-numéroter
(to) Reserialize
Renumerar

Re-ordonner
(to) Rearrange
Reordenar

Re-perforateur
Reperforator
Reperforador

Re-perforation
Repunching
Reperforación

Re-perforer
(to) Repunch
Reperforar

Re-planification
Rescheduling
Replanificación

Re-planifier
(to) Reschedule
Replanificar

Re-positionnement
Repositioning
Reposición

Re-positionner
(to) Reposition
Reposicionar

Re-programmation
Reprogramming
Reprogramación

Re-programmer
(to) Reprogram
Reprogramar

Re-utilisable
Reusable
Reusable

Réaction
Feedback
Realimentación, Reacción

Réalisable
Feasible, Practicable
Realizable

Réalisation
Feasibility
Factibilidad

Réaliser
(to) Fullfill
Realizar

Réapprovisionnement
Replenishment
Reaprovisionamiento

Réapprovisionner
(to) Replenish
Reaprovisionar

Rebattre (les cartes)
(to) Rejoggle
Rebatir (las fichas)

Rebobinage
Rewind(ing), Unload rewind
Rebobinado y descarga

Rebobinage rapide
High-speed rewind
Rebobinado rápido

Rebobiner
(to) Respool, (to) Rewind
Rebobinar

Rebut
Rejection
Rechazo

Rebut autorisé
Scrap allowance, Shrinkage
   allowance
Proporción permitida de chatarra,
   Proporción permitida de
   encogimiento

Recalculer
(to) Recalculate
Recalcular

Récapitulation
Recap(ping)
Recapitulación

Récapituler
(to) Recap
Recapitular

Récepteur
Receiver
Receptor

Récepteur / émetteur de données
Data transceiver
Receptor / emisor de datos

Récepteur de cartes
Card receiver
Receptor de fichas

Récepteur de données
Data receiver
Receptor de datos

Récepteur de papier
Paper stacker
Recogedor de papel

Récepteur de télémesure
Telemetering receiver
Receptor de telemedida

Récepteur d'imprimés
Forms cart, Forms stacker
Receptor de impresos

Récepteur téléphonique
Telephone receiver
Receptor telefónico

Réception
Acceptance, Receipt, Receiving
Recepción

Réception acoustique
Aural reception
Recepción

**Réception avec alternance des
   cases**
Overflow stacking
Recepción con alternación de las
   casillas

Réception des cartes
Card stacking
Recepción de fichas

**Réception par diversité dans
   l'espace**
Space diversity reception
Recepción por diversidad en el
   espacio.

Recevoir
(to) Receive
Recibir

Recharger
(to) Reload
Recargar

Recherche
Research, Search
Búsqueda

Recherche binaire
Binary search
Búsqueda binaria

Recherche dans une table
Look up
Búsqueda en una tabla

Recherche de Fibonacci
Fibonacci search
Búsqueda de Fibonacci

Recherche de gain de place
Economical storing, E.C.R.
Almacenamiento con ahorro de
   espacio

Recherche de l'anomalie
Trouble hunting
Búsqueda de anomalía

Recherche de l'information
Information retrieval
Búsqueda de la información

Recherche d'erreurs
Bug shooting
Búsqueda de errores

Recherche des causes de l'incident
Trouble shooting, Trouble tracing
Búsqueda de las causas del
   incidente

Recherche des données
Data retrieval
Búsqueda de datos

Recherche dichotomique
Dichotomizing search
Búsqueda dicotómica

**Recherche d'information
   documentaire**
Document information retrieval
Búsqueda de información
   documental

Recherche documentaire
Document retrieval
Búsqueda documental

Recherche en chaîne
Chaining search
Búsqueda en cadena

**Recherche et correction des
   erreurs**
Debugging
Búsqueda y corrección de los
   errores

Recherche opérationnelle
Operational research, O.R., O.R.
Investigación operativa, Busca
   operacional

Recherche par zone
Area search
Búsqueda por zona

Recherche physique
Seek
Búsqueda física

Recherche sur bande
Tape search
Búsqueda sobre cinta

Rechercher
(to) Fetch, (to) Investigate, (to)
Research, (to) Seek
Investigar

Rechercher dans une piste
(to) Track down
Rebuscar en una pista

Rechercher et corriger les erreurs
(to) Debug
Buscar y corregir los errores

Rechercher les causes de l'incident
(to) Troubles shoot
Buscar las causas del incidente

Rechercher les pannes
(to) Shoot troubles
Buscar las averías

Reclassement
Refiling, Resorting
Reclasificación, Reordenación

Reclasser
(to) Refile, (to) Resort
Reclasificar, Reordenar

Recomposer
(to) Retype
Recomponer

Recomposer un numéro
(to) Redial
Recomponer un número

Reconditionneur des cartes
Card reconditioner, Card
conditioner
Reacondicionador de fichas

**Reconfiguration dynamique des
unités**
Dynamic device reconfiguration
Reconfiguración dinámica de las
unidades

Reconnaissance
Recognition
Reconocimiento

**Reconnaissance automatique du
volume**
Automatic volume recognition
Reconocimiento automático del
volumen

Reconnaissance de caractères
Character recognition
Reconocimiento de caracteres

**Reconnaissance de caractères à
encre magnétique**
Magnetic ink character
recognition, M.I.C.R., M.I.C.R.
Reconocimiento de caracteres con
tinta magnética

**Reconnaissance de caractères
magnétiques**
Magnetic character recognition
Reconocimiento de caracteres
magnéticos

Reconnaissance de structures
Pattern recognition
Reconocimiento de formas

**Reconnaissance optique des
caractères**
O.C.R., Optical character
recognition,
Reconocimiento óptico de los
caracteres

Reconstituer
(to) Reconstruct, (to) Recreate, (to)
Restore
Reconstituir

Reconstitution
Reconstruction, Recreation,
Refurbishing
Reconstitución

Reconstruire
(to) Rebuilt, (to) Refurbish
Reconstruir

Recontrôler
(to) Check again
Controlar de nuevo

Reconversion
Reconversion
Reconversión

Reconvertir
(to) Convert back, (to) Reconvert
Reconvertir

Rectangulaire
Rectangular
Rectangular

Rectifiable
Rectifiable
Rectificable

Rectification
Rectification
Rectificación

Rectification négative
Adjustment minus
Rectificación negativa

Rectification positive
Adjustment plus
Rectificación positiva

Rectifier
(to) Fit, (to) Grind in, (to)
Straighten
Rectificar

Recto d'une carte
Card face
Cara anterior de una ficha

Recueil
Compendium
Colección

Récupérable
Retrievable
Recuperable

Récupération
Retrieval
Recuperación, Búsqueda

**Récupération des positions
inutilisées**
Garbage collection
Recuperación de las posiciones
inutilizadas

Récupérer
(to) Retrieve, (to) Salvage
Recuperar

Récurrence
Recursion, Recursivity
Recursividad

Récurrent
Recursive
Recurrente

Rédacteur
Writer
Redactor

Rédacteur technique
Technical writer
Redactor técnico

Redémarrer à froid
(to) Cold restart
Arrancar de nuevo en frío

Rédiger
(to) Word
Redactar

Redondance
Redundancy
Redundancia

Redondant
Redundant
Redundante

Redresseur
Rectifier
Rectificador

Redresseur anti-retour
Polarity trap
Enderezador antirregreso

Réducteur de bruit parasite
Noise reducer
Reductor de ruido parásito

**Réducteur de vitesse
d'alimentation**
Speed reducing feed
Reductor de velocidad de
alimentación

Réduction
Reduction
Reducción

Réduction de données
Data reduction
Reducción de datos

Réduction de données connectées
On line data reduction
Reducción de datos conectada

Réduire
(to) Degrade, (to) Massage
Degradar

**Réduire les possibilités d'un
appareil**
(to) Detune
Desajustar, Reducir las
posibilidades de un aparato

Réel
Actual
Real

Reemplaçable
Replaceable
Reemplazable

Réenroulement du papier carbone
Carbon rewind
Reenrollamiento del papel carbón

Refaire un organigramme
(to) Redo a flowchart, (to) Redraw
a flowchart
Rehacer un organigrama, Volver a
dibujar

Référence
Reference
Referencia

Référence ambigue
Ambiguous reference
Referencia ambigua

Référence d'adresse
Address reference
Referencia de dirección

Référence des symboles
Symbol reference
Referencia de los símbolos

Référence d'un fichier
File reference
Referencia de un fichero

Référence externe
External reference
Referencia externa

Réfléchi
Reflected
Reflejado

Réflechissant
Foil
Tira reflectora

Réfléchissant
Reflective
Tira reflectora

Réflexibilité
Reflectance
Reflexibilidad

Réflexibilité de l'encre
Ink reflectance
Reflexibilidad de la tinta

Réflexibilité du fond
Background reflectance
Reflexibilidad del fondo

Réflexibilité moyenne
Brightness
Reflexibilidad media

Regarder
(to) Look
Mirar

Régénérateur
Regenerator
Regenerador

Régénérateur d'impulsions
Pulse regenerator
Regenerador de impulsos

Régénération
Refresh, Regeneration
Regeneración

Régénération des signaux
Signal regeneration
Regeneración de las señales

Régénérer
(to) Refresh, (to) Regenerate
Regenerar

Région de mémoire virtuelle
Virtual storage region
Región de memoria virtual

**Région de traitement des
messages**
Message processing region
Región de proceso de los
mensajes

Registre
Register
Registro

Registre à décalage
Shift register
Registro de desplazamiento

Registre à décalage magnétique
Magnetic shift register
Registro de desplazamiento
magnético

Registre à ligne à retard
Delay line register
Registro con líneas de retardo

Registre à usage général
General purpose register
Registro de uso general

Registre accumulateur
Accumulator register
Registro acumulador

Registre arithmétique
Arithmetic(al) register
Registro aritmético

Registre circulant
Circulating register
Registro circulante

Registre d'adresse de mémoire
Memory address register
Registro de dirección de memoria

Registre d'adresse d'instruction
Instruction address register
Registro de dirección de
instrucción

Registre d'adresses
Address register, A.R., A.R.
Registro de direcciones

Registre d'adresses de base
Base address register
Registro de direcciones de base

Registre de base
Base register, B.R., B.R.
Registro de base

Registre de contrôle
Check register, Control register
Registro de control

Registre de contrôle de séquences
Sequence control register
Registro de control de secuencias

**Registre de contrôle du compteur
d'instructions**
Instruction counter control register
Registro de control del contador
de instrucciones

Registre de cumul
Accumulating register
Registro de acumulación

**Registre de dépassement de
capacité**
Overflow register
Registro de desbordamiento de
capacidad

Registre de l'instruction en cours
Current instruction register
Registro de la instrucción en curso

Registre de machine
Console log book
Registro cronológico de máquina

Registre de masquage
Mask register
Registro de enmascaramaiento

Registre de mémoire
Memory register
Registro de memoria

Registre de programme
Program register
Registro de programa

Registre de réserve
Standby register
Registro de reserva

Registre de séquences
Sequence register
Registro de secuencias

Registre de travail
Working register
Registro de trabajo

**Registre de visualisation du
pupitre**
Console display register
Registro de visualización del
pupitre

Registre d'entrée
Input register
Registro de entrada

Registre d'entrée / sortie
Input / output register
Registro de entrada / salida

Registre des gammes d'adresses
Address range register
Registro de las gamas de
direcciones

Registre d'état du programme
Program status register
Registro de estado del programa

Registre d'éxécution
Operating register
Registro de ejecución

Registre d'index
B. box, B. Line, B. register, Index
register
Registro de índice

Registre d'instructions
Instruction register
Registro de instrucciones

Registre d'opérations
Operation register
Registro de operaciones

Registre fractionnable
Split register
Registro fraccionable

Registre général
General ledger, General register
Diario general

Registre intermédiaire de mémoire
Memory buffer register
Registro intermedio de memoria

Registre interne
Hardware register
Registro interno

Registre modificateur
Modifier register
Registro modificador

Registre multiplicateur
Multiplier register
Registro multiplicador

Registre récepteur
Receiving register
Registro receptor

Registre X
X Register
Registro X

Réglabe
Adjustable
Regulable

Règle à calculer
Slide rule
Regla de cálculo

Règle graduée
Column marker
Regleta graduada

Régler
(to) Fit
Ajustar

Régresser
(to) Regress
Retroceder

Régression
Decrementation, Regression
Regresión

Régression d'une longueur de bloc
Backspace block
Regresión de una longitud de
bloque

Régression linéaire
Linear regression
Regresión lineal

Régression multiple
Multiple regression
Regresión múltiple

Régression pas à pas
Step wise regression
Regresión paso a paso

Régression polynominale
Polynominal regression
Regresión polinominal

Regroupement
Consolidation , Gathering,
   Regrouping
Agrupamiento

Regrouper
(to) Consolidate, (to) Gather
Agrupar

Régulateur
Governor, Regulator
Regulador

Régulateur de température
Temperature controller
Regulador de temperatura

Régulation
Regulation
Regulación

Régulation (de trafic)
Pacing
Regulación (de tráfico)

Régulation de tension
Voltage regulation
Regulación de tensión

Reinitialisation
Reinitialization
Reinicialización

Reinitialisation du compteur de cycles
Cycle reset
Reinicialización de contador de ciclos

Rejeter
(to) Reject
Rechazar

Relais
Relay
Relé

Relais de commutation
Switching relay
Relé de conmutación

Relais de temporisation
Timing relay
Relé de temporización

Relais électronique
Electronic relay
Relé electrónico

Relais télégraphique
Telegraph relay
Relé telegráfico

Relais téléphonique
Telephone relay
Relé telefónico

Relais temporisé
Time relay
Relé temporizado

Relais thermionique
Thermionic relay
Relé termiónico

Relance
Reactivation
Relanzamiento

Relancer
(to) Reactivate
Relanzar

Relatif
Relative
Relativo

Relatif à l'information
Informational
Relativo a la información

Relation zone registrement
Field / record relationship
Relación zona / registro

Relire
(to) Read back
Releer

Reliure pour feuilles à perforation marginale
Marginal punched binder
Encuadernación de hojas con perforación marginal

Remédier à
(to) Make good
Remediar a

Remettre à l'état initial
(to) Unset
Reponer al estado inicial

Remettre à zéro
(to) Zero, Zeroing
Reponer a cero

Remettre en file d'attente
(to) Requeue
Recolocar en cola

Remettre en forme
(to) Reformat
Reponer en forma

Remettre en ordre
(to) Resequence
Reponer en orden

Remettre en place
(to) Restack
Recolocar

Remise à blanc
Clear
Restaurar

Remise à zéro après impression
Blank after printing
Puesta a cero después de reimpresión

Remise en ordre
Resequencing
Reordenado

Remise en place du programme
Program relocation, Program reset
Recolocación del programa

Remise en place dynamique
Dynamic relocation
Reposicionado dinámico

Remise en place dynamique de la mémoire
Dynamic memory relocation
Reposicionado dinámico de la memoria

Remplacement
Change out, Replacement, Swap(ing)
Intercambiar, Sustitución

Remplacer
(to) Supersede, (to) Swap
Sustituir

Remplacer par des espaces
(to) Blank out
Sustituir con espacios

Rempli d'espaces
Blank filled
Llenado con espacios

Remplir
(to) Fill
Llenar

Remplir de caractères
(to) Character fill
Llenar con caracteres

Remplir de zéros binaires
(to) Clear to binary zero
Rellenar con ceros binarios

Remplir d'espaces
(to) Blank fill
Llenar con espacios

Remplir par
(to) Fill with
Llenar con

Remplir par des zéros
(to) Zero fill
Llenar de ceros

Remplissage
Padding
Relleno

Remplissage de la mémoire
Memory fill
Relleno de la memoria

Remplissage de zone
Field padding
Relleno de zona

Remplissage excessif
Overfilling
Relleno excesivo

Remplissage par des zéros
Zero fill
Relleno con ceros

Rendement
Yield
Rendimiento

Rendement de l'ordinateur
Computer efficiency
Rendimiento del ordenador

Rendement de traitement
Processing efficiency
Rendimiento de proceso

Rendement effectif
Throughput, Thruput
Rendimiento efectivo

Renoncer
(to) Give up
Renunciar

Renoncer à
(to) Waive
Renunciar a

Rentrant
Reenterable, Reentrant
Reentrante

Renvoi à un point de contrôle
Checkpoint recovery
Devolución a un punto de control

Renvoyer à
(to) Branch back to
Reenviar a

Reordonner
(to) Reorder
Reordenar

Réparateur
Repair man
Reparador

Réparation
Repair
Reparación

Répartir
(to) Apportion
Repartir

Répartiteur
Termination rack
Repartidor

Répartiteur d'entrées
Main distributing frame
Repartidor de entradas

Répartiteur intermédiaire
Intermediate distribution frame
Repartidor intermedio

Répartition
Apportionment
Repartición

Répartition de la charge
Load distribution, Load sharing
Reparación de la carga,
    Repartición de la carga

Répartition du temps
Time slicing
Repartición del tiempo

Repasser une bande
(to) Replay
Repasar una cinta

Repére
Set mark
Marcado

Reperforateur de bande
Typing reperforator
Reperforador de cinta

Reperforateur imprimeur
Printing reperforator
Reperforador impresor

Répertoire
Directory, Repertoire, Repertory
Repertorio, Directorio

Répertoire auxiliaire
Auxiliary directory
Repertorio auxiliar

Répertoire des caractères
Character repertoire
Repertorio de los caracteres

Répertoire des macro-instructions
Macro directory
Repertorio de las
    macroinstrucciones

Répertoire des pages actives
T.L.A.B., Translation look-aside
    buffer, T.L.A.B.
Repertorio de las páginas activas

**Répertoire des routines
    transitoires**
Transient directory
Repertorio de las rutinas
    transitorias

Répertoire d'instruction machine
Computer instruction set
Repertorio de instrucciones
    máquina

Répertoire d'instructions
Instruction repertory
Repertorio de instrucciones

Répertoire du système
System directory
Directorio del sistema

Répertoire par défaut
Default Directory
Directorio por defecto

Répéter
(to) Retry
Repetir

Répétiteur de ligne
Line repeater
Repetidor de línea

Répétiteur d'impulsions
Pulse repeater
Repetidor de impulsos

Répétiteur téléphonique
Telephone repeater
Repetidor telefónico

Répétitif
Repetitive
Repetitivo

Répétition
Repetition, Retry
Repetición

Répétition automatique
Automatic repetition
Repetición automática

Répétition des opérations de canal
Channel retry
Repetición de las operaciones de canal

Replacer
(to) Resite
Sustituir, Cambiar de sitio

Replier
(to) Refold
Replegar

Répondre
(to) Answer
Responder

Réponse
Answer, Response
Respuesta

Réponse automatique
Auto-answer(ing), Unattended answering
Respuesta automática, Respuesta no vigilada

Réponse différée
Delayed response
Respuesta diferida

Réponse en fréquence
Frequency response
Respuesta en frecuencia

Réponse en retour
Answerback
Respuesta devuelta

Réponse fictive
Dummy answer
Respuesta ficticia

Réponse spectrale
Spectral response
Respuesta espectral

Réponse vocale
Voice answer-back
Respuesta devuelta

Report
Carry
Acarreo

Report bloqué à neuf
Standing-on-nines carry
Acarreo bloqueado en nueve

Report circulaire
End around carry
Acarreo circular

Report complet
Complete carry
Acarreo completo

Report en cascade
Cascaded carry
Acarreo en cascada

Report négatif
Borrow
Acarreo negativo

Report partiel
Partial carry
Acarreo parcial

Report rapide
High-speed carry
Acarreo rápido

Report simultané
Ripple through carry, Simultaneous carry
Acarreo simultáneo

Reporteuse
Transfer interpreter
Intérprete

Repositionner
(to) Recalibrate
Reposicionar

Reprendre
(to) Restart
Reanudar

Représentation
Representation
Representación

Représentation à virgule mobile
Variable point representation
Representación en coma móvil

Représentation analogique
Analog representation
Representación analógica

Représentation binaire
Binary representation
Representación binaria

Représentation binaire en mots fixes
Binary representation in fixed words
Representación binaria en palabras fijas

Représentation codée
Coded representation
Representación codificada

Représentation de données
Data representation
Representación de datos

Représentation de données binaires par colonnes
Column binary data representation
Representación de datos binarios por columnas

Représentation de données binaires par rangée
Row binary data representation
Representación de datos binarios por hilera

Représentation de position
Positional representation
Representación posicional

Représentation décimale
Decimal representation
Representación decimal

Représentation des correspondances
Mapping
Representación de las correspondencias

Représentation discrète
Discrete representation
Representación discreta

Représentation en valeur absolue
Absolute value representation
Representación en valor absoluto.

Représentation en virgule fixe
Fixed point representation
Representación en coma fija

Représentation en virgule flottante
Floating point representation
Representación en coma flotante

Représentation incrémentielle
Incremental representation
Representación incremental

Représentation incrémentielle binaire
Binary incremental representation
Representación incremental binaria

Représentation incrémentielle ternaire
Ternary incremental representation
Representación incremental ternaria

Représentation majorée de cinquante
Excess fifty representation
Representación por exceso de cincuenta

Représentation nulle
Null representation
Representación nula

Représentation numérique
Digital representation, Numeric representation
Representación numérica

Représenter par graphique
(to) Diagram, (to) Graph
Representar con gráfico, Esquematizar

Reprise
Rerun, Restart, Rollback
Reanudación

Reprise après erreur
Error recovery
Reanudación después de error

Reprise après incident
Alert recovery
Reanudación después de incidente

Reprise après point de contrôle
Checkpoint restart
Reanudación después punto de control

Reprise différée
Deferred restart
Reanudación después punto de control, Reanudación diferida

Reproduction
Dub, Reproducing
Reproducción

Reproduction à décalage
Offset reproducing
Reproducción con desplazamiento

Reproduction en nouveau format
Reformatting
Reproducción en nuevo formato

Reproductrice
Reproducer
Reproductora

Reproductrice de bande
Tape reproducer
Reproductora de cinta

Reproductrice de bande de papier
Paper tape reproducer
Reproductora de cinta de papel

Reproductrice de cartes
Card reproducer
Reproductora de fichas

Reproductrice de marques
Mark sensing reproducer
Reproductora de marcas

Reproduire
(to) Dup, (to) Duplicate, (to) Playback, (to) Reproduce
Reproducir, Duplicar

Reproduire par perforation
(to) Duplicate punch
Reproducir mediante perforación

Reprographie
Reprography
Reprografía

Reprographique
Reprographic
Reprográfico

Requis dans certaines conditions
Conditionally required
Requerido en algunas condiciones

Réseau
Network
Red

Réseau à dérivations multiples
Multidrop network, Multipoint network
Red con derivaciones múltiples

Réseau à valeur ajoutée
Value added network
Red con valor añadido

Réseau analogique
Analog network
Red analógica

Réseau commun
Common network
Red común

Réseau commuté
Switched network
Red conmutada

Réseau commuté d'échange de messages
Switched message network
Red conmutada de cambio de mensajes

Réseau compensateur
Compensating network
Red compensadora

Réseau de communications
Communication network
Red de comunicaciones

Réseau de commutation
Switching network
Red de conmutación

Réseau de commutation par lots
Packed switched network
Red de conmutación de paquetes

Réseau de téléimprimante
Teleprinter network
Red de teleimpresora

Réseau de transmission de données
Data (communication) net(work)
Red de transmisión de datos

Réseau d'equilibrage
Balancing network
Red de equilibrado

Réseau d'ordinateurs
Computer network
Red de ordenadores

Réseau équivalent
Equivalent network
Red equivalente

Réseau géré par ordinateur
Computer controlled network
Red dirigida por ordenador

Réseau informatique
Computing network, Information
 network
Red Informática

Réseau logique
Logic network
Red lógica

Réseau partiel
Partial network
Red parcial

Réseau point par point
Point to point network
Red punto por punto

Réseau téléphonique
Telephone network
Red telefónica

Réseau télex
Telex network
Red telex

Réservation
Reservation
Reserva

Réserver
(to) Reserve
Reservar

Réservoir
Tank
Depósito

Réservoir à mercure
Mercury tank
Depósito de mercurio

Résidant
Resident
Residente

Résidant dans la mémoire à tores
Core memory resident
Residente en la memoria de
 núcleos

Résidant en mémoire
Stored permanently
Almacenado en memoria

Résidant sur disque
Disk resident
Residente sobre disco

Résidence du système
System residence
Residencia del sistema

Résistance
Resistance, Resistor
Resistencia

Résistance à l'usure
Wear resistance
Resistencia al desgaste

Résistance au maculage
Smudge resistance
Resistencia a la maculación

Résolution
Resolution
Resolución

Résoudre
(to) Solve
Resolver

Résponsabilité
Liability
Responsabilidad

Responsable de la perforation
Keypunch supervisor
Responsable de la perforación

Ressources de capacité
Capacity resources
Recursos de capacidad

Restaurer
(to) Restore
Restaurar

Reste
Remainder, Residue
Resto

Reste (d'une division) module N
Module N residue
Resto (de una división) módulo N

Restitution isochrone
Isochronous restitution
Restitución isócrona

Résultat
Result
Resultado

Résultat après impression
Edited result
Resultado después de impresión

Résultat final
End result, Final result
Resultado final

Résultat intermédiaire
Intermediate result
Resultado intermedio

Résultat partiel
Partial result
Resultado parcial

Résumé
Abstract, Epitome, Summary
Resumido, Resumen

Résumé automatique
Auto(matic) abstract
Resumen automático

Résumé descriptif
Descriptive abstract
Resumen descriptivo

Résumer
(to) Abstract, (to) Brief, (to)
 Summarize
Resumir

Rétablir
(to) Recover, (to) Reset
Restablecer

Rétablir un cycle
(to) Reset cycle
Restaurar un ciclo

Rétablissement
Recovery, Reset
Restablecimiento, Restauración

Rétablissement après incident
Recovery from fallback
Restablecimiento después de
 incidente

Rétablissement automatique
Automatic reset
Restablecimiento automático

Retard
Delay, Lag
Atraso

Retard différentiel
Differential delay
Atraso diferencial

Retard pour raison externe
External delay
Atraso por consecuencia externa

Retardé
Delayed
Atrasado

Retarder
(to) Delay
Atrasar

Retards d'exécution
Operating delays
Atrasos de ejecución

Retenues
Withholdings
Retenciones

Réticule
Graticula
Retícula

Retirer du service
(to) Disinstall
Retirar del servicio

Retirer d'une file d'attente
(to) Dequeue
Retirar de una cola de espera

Retirer progressivement
(to) Phase out
Retirar progresivamente

Retour
Return
Regreso

Retour à zéro
Return to zero, R.Z., R.Z.
Regreso a cero

Retour arrière
Back and forth
Retroceso

Retour au début du fichier
Backspace file, B.S.F., B.S.F.
Regreso al principio del fichero

Retour d'information
Information feedback
Realimentación de la información

Retour du chariot
Carriage return, C.R., C.R.
Vuelta del carro

Retour en cas d'erreur
Error return
Regreso en caso de error

Retourner
(to) Return, (to) Send back
Volver, Regresar

Retourner en arrière
(to) Back off
Retrasar

Retrait d'une file d'attente
Dequeuing
Extracción de una cola de espera

Retransmetteur
Retransmitter
Retransmisor

Retransmetteur à bande perforée
Perforated tape retransmitter
Retransmisor con cinta perforada

Retransmettre
(to) Retransmit
Retransmitir

Retransmission
Retransmission
Retransmisión

Rétrograder d'un espace
(to) Backspace
Retroceder

Réunion logique
Logical add
Unión lógica, Suma lógica

Réunir
(to) Link
Enlazar

Revenir à
(to) Switch back
Volver a

Revenir en arrière
(to) Jump back
Volver atrás

Revêtement
Coating
Revestimiento

Rigide
Inflexible
Rígido

Risquer
(to) Jeopardise
Arriesgar

Robot
Robot
Robot

Robotique
Robotics
Robótica

Rodage
Shake down
Rodaje

Rotation
Revolution, Turn around, Turnover
Rotación

Rotation des stocks
Inventory turnover
Rotación de las existencias

Roue à ergots
Pin wheel
Rueda con patillas

Roue de compteur
Counter wheel
Rueda de contador

Roue dentée
Sprocket wheel
Rueda dentada

Roue d'impression
Character wheel, Print wheel, Type wheel
Rueda de impresión

Roue du séparateur
Separator wheel
Rueda del separador

Rouleau
Roll(er)
Rodillo

Rouleau à pression
Pressure roller
Rodillo de presión

Rouleau d'alimentation
Feed roll
Rodillo de alimentación

Rouleau d'alimentation de papier
Roll-feed paper
Rodillo de alimentación de papel

Rouleau de bande
Tape roll
Rollo de cinta

Rouleau de bobine débitrice
Supply roll
Rodillo alimentador de cinta

Rouleau de liste de contrôle
Tally roll
Rollo de lista de control

Rouleau de papier
Scroll
Rollo de papel

Rouleau de rotation
Turnover roll
Rollo de rotación

Rouleau de tickets
Ticket roll
Rollo de tickets

Rouleau d'impression
Print roll
Rollo de impresión

Rouleau encreur
Ink roller
Rodillo tintador

Roulement de travail
Work shift
Turno de trabajo

Routine
Routine
Rutina

Routine automatique
Automatic routine
Rutina automática

Routine auxiliaire
Auxiliary routine
Rutina auxiliar

Routine d'aide à la recherche et correction des erreurs
Debugging aid routine
Rutina de ayuda a la búsqueda y corrección de los errores

Routine d'analyse des erreurs
Error analysis routine
Rutina de análisis de los errores

Routine d'assemblage
Assembly routine
Rutina de ensamblaje

Routine de chargement
Loading routine
Rutina de carga

Routine de compilation
Compiling routine
Rutina de compilación

Routine de compression
Condensing routine
Rutina de compresión

Routine de contrôle
Check(ing) routine
Rutina de control

Routine de contrôle des erreurs
Error checking routine
Rutina de control de los errores

Routine de contrôle d'une séquence
Sequence checking routine
Rutina de control de una secuencia

Routine de conversion
Conversion routine
Rutina de conversión

Routine de correction
Patch routine
Rutina de corrección

Routine de correction des erreurs
Error correction routine
Rutina de corrección de los errores

Routine de diagnostic
Diagnostic routine
Rutina de diagnóstico

Routine de fin de bande
End of tape routine
Rutina de fin de cinta

Routine de fin de fichier
End of file routine
Rutina de fin de fichero

Routine de fin de phase
Fnd of run routine
Rutina de fin de fase

Routine de fusion
Merge routine
Rutina de fusión

Routine de gestion des déroutements
Trap handling routine
Rutina de gestión de las interrupciones

Routine de maintenance
Routine maintenance
Rutina de mantenimiento

Routine de mise à jour
Updating routine
Rutina de actualización

Routine de poursuite du travail après incident
Disaster continue routine
Rutina de reanudación del trabajo después de incidente

Routine de programmation principale
Master scheduling routine
Rutina de programación principal

Routine de reprise
Restart routine, Rollback routine
Rutina de reanudación

Routine de service
Service routine
Rutina de servicio

Routine de simulation
Simulation routine
Rutina de simulación

Routine de sortie
Output routine
Rutina de salida

Routine de traitement des erreurs
Handling error routine
Rutina de tratamiento de los errores

Routine de traitement des interruptions
Interrupt service subroutine, I.S.S., I.S.S.
Rutina de tratamiento de las interrupciones

Routine de traitement en cas d'erreur
Error routine
Rutina de proceso en caso de error

Routine de traitement inhabituel
Unusual condition routine
Rutina de proceso inhabitual

Routine de travail
Working routine
Rutina de trabajo

Routine de validation
Vetting routine
Rutina de validez

Routine de vérification des interruptions
Interrupt control routine
Rutina de control de las interrupciones

Routine d'entrée
Input routine
Rutina de entrada

Routine d'entrée / sortie
Input / output routine
Rutina de entrada / salida

Routine d'essai
Check out routine, Test(ing)
  routine
Rutina de ensayo

Routine d'étiquetage
Labelling routine
Rutina de empleo de etiquetas

Routine d'impression
Printing routine
Rutina de impresión

Routine d'initialisation
Heading routine
Rutina de inicio

Routine d'interface
Interface routine
Rutina de acoplamiento mutuo

Routine d'ouverture de fichier
File opening routine
Rutina de apertura de fichero

**Routine en cas de mauvais
  fonctionnement**
Malfunction routine
Rutina en caso de
  malfuncionamiento

Routine généralisée
Generalized routine
Rutina generalizada

Routine heuristique
Heuristic routine
Rutina heurística

Routine interpretative
Interpretive routine
Rutina interpretativa

Routine non résidante en mémoire
Non resident routine
Rutina no residente en memoria

Routine objet
Object routine, Target routine
Rutina objeto

Routine ouverte
Open routine
Rutina abierta

Routine post-mortem
Post-mortem routine
Rutina post-mortem

Routine préliminaire
Interlude
Rutina preliminar

Routine préparatoire
Housekeeping routine
Rutina preparatoria

Routine principale
General routine, Main routine,
  Master routine
Rutina principal

Routine principale de contrôle
Master control routine
Rutina principal de control

Routine résidante
Resident routine
Rutina residente

Routine spécifique
Specific routine
Rutina específica

Routine standard
Standard routine
Rutina estándar

**Routine standard de correction
  des erreurs**
Standard error correction routine
Rutina estándar de corrección de
  los errores

Routine transitoire
Transient routine
Rutina transitoria

Ruban
Ribbon
Cinta

Ruban d'impression
Print ribbon
Cinta entintada de impresora

Ruban d'imprimante
Printer ribbon
Cinta entintada de impresora

Ruban d'ordinateur
Computer ribbon
Cinta de ordenador

Ruban encré
Inked ribbon
Cinta entintada

Ruban encreur
Ink ribbon
Cinta entintada

Ruban magnétique
Magnetic strip
Tira magnética

Rubrique d'index
Index entry
Entrada de índice

Rupteur
Detacher
Ruptor

Rupteuse
Burster
Separadora de hojas

Rupteuse d'imprimés en continu
Continuous form burster
Separadora de impresos continuos

Rupteuse imprimante
Burster imprinter
Separadora impresora

Rupture de chaîne
String break
Ruptura de cadena

Rupture de contrôle
Control break, Group control
  change
Ruptura de control

Rupture de nomenclature
Parts explosion
Explosión o listado de piezas

Rupture de séquence
Sequence break
Ruptura de secuencia

Rupture de stock
Out of stock condition
Falta de existencias

Rythmeur
Timer
Ritmador

S

Sablage
Sand blast
Enarenar

S'abstenir de
(to) Keep from
Abstenerse de

Saccade
Jerk
Sacudida

Saisie
Acquisition, Capture
Recogida

Saisie automatique des données
A.D.A., Automatic data acquisition,
A.D.A.
Adquisición automática de los
datos

Saisie de données
Data acquisition
Adquisición de datos

Saisie de données de source
S.D.A., Source data acquisition,
S.D.A., Source data collection
Recogida de datos de fuente

Saisie des données
Data capture
Adquisición de los datos

Saisir
(to) Acquire, (to) Capture, (to) Grab
Recoger

Salle
Room
Sala

Salle-archives de bandes
Tape vault
Sala-archivo de cintas

Salle climatisée
Environmental chamber
Sala climatizada

Salle de calcul
Computing room
Sala de cálculo

Salle de commutation
Switch room
Sala de conmutación

Salle de mécanographie
Tab(ulating) room
Sala de mecanografía

Salle de perforation
Keypunch(ing) room, Punch(ing)
room
Sala de perforación

Salle de préparation des données
Data preparation room
Sala de preparación de los datos

Salle d'ordinateur
Computer room
Sala de ordenador

Salle machines
Machines room
Sala máquinas

S'allumer
(to) Turn on
Encenderse, Conectar

Sans
Without
Sin

Sans adresse
Addressless, Zero address
Sin dirección

Sans correspondance
Non hit condition
Sin correspondencia

Sans correspondant
Unmatched
Sin correspondiente

Sans encre
Void
Sin tinta

Sans équivalent
Matchless
Sin equivalente

Sans fil
Wireless
Sin hilo

Sans flasque
Flangeless
Sin flanco, Sin cubierta lateral

Sans incident
Trouble free
Sin incidente

Sans paramètre
Parameterless
Sin parámetro

Sans perforation d'entraînement
Sprocketless
Sin perforación de arrastre

Sans référence
Non based
Sin referencia

Sans signe
Signless, Unsigned
Sin signo

Sans travaux en cours
Quiesced state
Sin trabajos en curso

S'arrêter
(to) Hang up
Pararse

Saturation
Saturation
Saturación

Saturé
Exhausted
Saturado

Saut
Skip, Slew(ing), Throw
Salto

Saut après impression
Postlew
Salto después de impresión

Saut au bloc suivant
Forward space block, F.S.B., F.S.B.
Salto al bloque siguiente, Salto de
bloque siguiente

Saut au fichier suivant
Forward space file, F.S.F., F.S.F.
Salto al fichero siguiente

Saut automatique
Automatic skip
Salto automático

Saut avant impression
Preslew
Salto antes de impresión

Saut (ou branchement) conditionnel
Conditional branch
Salto (o bifurcación) condicional

Saut de bande
Tape skip
Salto de cinta

Saut de page
Page ejection
Salto de página

Saut du papier
Paper slew, Paper trow
Salto del papel

Saut inconditionnel
Unconditional branch,
　Unconditional jump
Salto incondicional

Saut ininterrompu du papier
Runaway slewing
Salto ininterrumpido del papel

Sauter
(to) Skip
Saltar

Schéma
Chart, Scheme
Esquema, Esquema, Gráfico

Schéma de câblage
W.D., Wiring diagram, W.D.
Esquema de cableado

Schéma de montage
Setup diagram
Esquema de montaje

Schéma de priorités
Priority scheme
Esquema de prioridades

Schéma de programmation
Coding scheme
Esquema de codificación

Schéma d'organisation
Organization chart
Esquema de organización

Schéma fonctionnel
Functional diagram
Esquema funcional

Schéma fonctionnel principal
Major block diagram
Diagrama de bloques

Schématique
Schematic
Esquemático

Schématiquement
Diagrammatically
Esquemáticamente

Scientifique
Scientific
Científico

Scruter
Scrutinize
Escudriñar

Se bloquer
(to) Stop dead
Bloquearse

Se brancher sur un sous programme
(to) Jump into a subroutine
Bifurcarse sobre un subprograma

Se connecter
(to) Sign on
Conectarse

Se désynchroniser
(to) Drop from synchronism
Desincronizarse

Se référer à
(to) Refer to
Referirse a

S'écarter de
(to) Depart from
Alejarse de

Second
Second
Segundo

Second niveau de gestion des interruptions
Second level interrupt handler,
　S.L.I.H., S.L.I.H.
Segundo nivel de gestión de las
　interrupciones

Second terme d'une somme
Addend
Segundo sumando

Secondaire
Secondary
Secundario

Secouer
(to) Shake
Sacudir

Secteur
Mains, Sector
Sector

Secteur de remplacement
Alternate sector
Sector de sustitución

Section
Section
Sección

Section arithmétique
Arithmetic(al) section
Sección aritmética

Section de contrôle
Control section, C.S.E.C.T.,
　C.S.E.C.T.
Sección de control

Section de groupe
Group section
Sección de grupo

Section de groupe secondaire
Supergroup section
Sección de grupo secundario

Section de perforation
Keypunch section, Punching
　section
Sección de perforación

Section de préparation des données
Data preparation section
Sección de preparación de los
　datos

Section de préparation des entrées
Input preparation section
Sección de preparación de las
　entradas

Section de sortie
Output section
Sección de salida

Section d'entrée
Input section
Sección de entrada

Section fonctionnelle
Functional section
Sección funcional

Section mécanographique
Computer section
Sección mecanográfica

Sécurité
Safety
Seguridad

Sécurité et secret des données
Data security and privacy
Seguridad y secreto de los datos

Segment
Chapter, Segment
Segmento

Segment commun
Common segment
Segmento común

Segment de base
Root segment
Segmento de base

Segment de caractère
Character stroke
Segmento de carácter

Segment de programme
Program segment
Segmento de programa

Segment de superposition
Overlay
Segmento de sobreposición

Segment subordonné
Dependent segment
Segmento subordinado

Segment vide
Blank segment
Segmento vacío

Segmentation
Segmentation, Segmenting
Segmentación

Segmenter
(to) Partition, (to) Section, (to)
    Segment, (to) Segmentize
Segmentar

Segments inclusifs
Inclusive segments
Segmentos inclusive

Sélecteur
Selector
Selector

Sélecteur de canal
Channel selector
Selector de canal

Sélecteur de chiffres
Digit filter, Digit selector
Selector de dígitos

Sélecteur de sensibilité
Scale switch
Selector de sensibilidad

Sélection
Selecting, Selection
Selección

Sélection automatique de ligne
Automatic line selection
Selección automática de línea

Sélection d'adresses
Address selection, Addrout sort
Selección de direcciones

**Sélection de canaux de la bande
    pilote**
Carriage channel selection
Selección de canales de la cinta
    piloto

Sélection de documents
Document sorting
Selección de documentos

Sélection de données
Data selection
Selección de datos

Sélection de poste
Station selection
Selección de estación

Sélection de programme
Program selection
Selección de programa

Sélection de zone
Field selection
Selección de zona

Sélection d'une fréquence
Frequency descrimination
Selección de una frecuencia

Sélection en sortie
Select out
Selección en salida

Sélection multiple
Multiple selection
Selección múltiple

Sélection numérique
Digit selection
Selección numérica

Sélection par clavier
Keyboard selection
Selección desde teclado

Selectionner
(to) Screen, (to) Select
Seleccionar

Sélectivité
Selectivity
Selectividad

Sémantème
Semanteme
Semantema

(la) Sémantique
Semantics
(la) Semántica

Sémaphore
Semaphore
Semáforo

Semblable
Alike
Semejante

Semi-additionneur
One digit adder
Sumador de un dígito

Semi-additionneur en série
Serial half-adder
Semiadicionador en serie

Semi-autonome
Off host
Semiautónomo

Semi-conducteur
Semi-conductor
Semiconductor

Semi-conducteur intrinsèque
Intrinsic semi-conductor
Semiconductor intrínseco

Semi-duplex
Half duplex
Semiduplex

Semi-soustracteur
One digit subtracter
Semisustractor

Semi-soustracteur en série
Serial half-subtractor
Semisustractor en serie

Sens de liaison
Flow direction
Sentido de enlace

Sens de marche de la machine
Machine direction
Sentido de marcha de la máquina

Sens du tri
Direction of sort
Sentido de la clasificación

Sensibilité
Sensitivity
Sensibilidad

Séparable
Fenceable
Separable

Séparable en feuilles
Burstable
Separable en hojas

Séparateur
Delimiter, Resolver, Separator
Separador

Séparateur de données
Data delimiter
Separador de datos

Séparateur de fichiers
File separator, F.S., F.S.
Separador de ficheros

Séparateur de lots
Batch separator
Separador de lotes

Séparateur de mots
Word separator
Separador de palabras

Séparateur d'enregistrements
Record separator, R.S., R.S.
Separador de registros

Séparateur d'imprimés
Forms decollator
Separador de impresos

Séparateur d'informations
Information separator, I.S., I.S.
Separador de informaciones

Séparateur d'unités
Unit separator, U.S., U.S.
Separador de unidades

Séparation
Disjunction, Fencing, Separating
Separación

Séparation de canal
Channel separation
Separación de canal

Séparation de colonne
Column split
Separación de columna

Séparation de feuilles
Bursting
Separación de hojas

Séparation d'un mot par un trait d'union
Hyphenation
Separación de una palabra con un guión

Séparation d'unités
Unit separation
Separación de unidades

Séparé
Disjoint, Separate
Separado

Séparément
Singly
Separadamente

Séparer
(to) Delink, (to) Fence, (to) Part
Separar

Séparer les feuilles
(to) Burst
Separar las hojas

Séquence
Sequence
Secuencia

Séquence ajoutée par l'utilisateur
Own coding
Secuencia añadida por el utilizador

Séquence croissante
Ascending sequence
Secuencia creciente

Séquence d'appel
Calling sequence
Secuencia de llamada

Séquence de classement
Marshalling sequence
Secuencia de clasificación

Séquence de contrôle
Control sequence
Secuencia de control

Séquence de correction
Hand coded patchwork
Secuencia de corrección

Séquence de données ordonnées
Ordered sequence or set
Secuencia de datos ordenados

Séquence de mise sous tension
Power up sequence
Secuencia de puesta en tensión

Séquence de nombres aléatoires
Random numbers sequence
Secuencia de números aleatorios

Séquence de nombres pseudo-aléatoires
Pseudo random sequence
Secuencia de números pseudoaleatorios

Séquence de phases
Phase sequence
Secuencia de fases

Séquence de programmation
Coding sequence
Secuencia de programación

Séquence de programme
Program sequence
Secuencia de programa

Séquence de programme en ligne
In-line coding
Secuencia de programa en línea

Séquence de synchronisation
Sync pattern
Secuencia de sincronización

Séquence de traitement
Processing sequence
Secuencia de proceso

Séquence de traitement de données
Data processing sequence
Secuencia de proceso de datos

Séquence de travail
Job sequence
Secuencia de trabajo

Séquence de tri
Sort sequence
Secuencia de clasificación

Séquence décroissante
Descending sequence
Secuencia descendente

Séquence d'entrée
Input stream
Flujo de entrada

Séquence des blocs
Block of coding
Secuencia de los bloques

Séquence des travaux en entrée
Input job stream
Secuencia de los trabajos en
entrada

Séquence d'instructions
P Sequence
Secuencia de instrucciones

Séquence d'instructions initiales
Bootstrap
Secuencia de instrucciones
iniciales

Séquence d'interclassement
Collating sequence, Collation
sequence
Secuencia de intercalación

Séquence d'opérations
Sequence of operations
Secuencia de operaciones

Séquence en ligne
In-line sequence
Secuencia en línea

Séquence hors ligne
Out of line coding
Codificación fuera línea

Séquence ininterrompue
Unbroken sequence
Secuencia ininterrumpida

Séquence intercalée
Mixed sequencing
Secuencia intercalada

Séquence naturelle
Natural sequence
Secuencia natural

Séquence non ordonnée
Orderless sequence
Secuencia no ordenada

Séquence normale
Normal sequence
Secuencia normal

Séquence obligatoire
Forced sequence
Secuencia obligatoria

Séquence opposée
Opposite sequence, Reverse
sequence
Secuencia opuesta

Séquentiel
Sequential
Secuencial

Séquentiel indexé
Indexed sequential
Secuencial indexado

Série
String
Serie

Série / parallèle
Serial / parallel
Serie / paralelo

Série de lignes d'exclusion
Omit set
Serie de líneas de exclusión

Série d'événements
Sequence of events
Serie de acontecimientos

Série d'instructions
Instruction set
Conjunto de instrucciones

Séries d'échelles des temps
Time series
Series temporales

Sérigraphe
Screener
Explorador

Serrure de sécurité
Keylock
Cerradura de seguridad

Serveur
Information retrieval service,
Server
Servicio de búsqueda de la
información

Service
Service
Servicio

Service clientèle
Customer service
Servicio al cliente

Service comptabilité
Accounting department
Departamento de contabilidad

**Service de contrôle de la
production**
Production control department
Departamento de control de la
producción

Service de perforation
Keypunch department
Departamento de perforación

Service de programmation
Programming department
Departamento de programación

Service de traitement des données
Data processing department
Departamento de proceso de los
datos

Service de transfert des données
Data transcription department
Departamento de transcripción de
los datos

Service des archives
Filing department
Departamento de archivo

Service destinataire
Terminating department
Departamento destinatario

Service duplex intégral
Full-duplex service
Servicio duplex integral

Service émetteur
Originating department
Departamento emisor

Service informatique
Computer department, Information
department
Departamento informática

Service informatique commun
Shared information service, S.I.S.,
S.I.S.
Servicio informático común,
Servicio informática común

Service mécanographique
Machine accounting department,
Punch(ed) card department,
Tabulating department
Departamento mecanográfico

Service public
Utility company
Servicio público

Service semi-duplex
Half duplex service
Servicio semiduplex

Service télégraphique
Telegraph service
Servicio telegráfico

Service téléphonique
Telephone service
Servicio telefónico

**Services d'introduction de travaux
  à distance**
Remote entry services, R.E.S.,
  R.E.S.
Servicios de introducción de
  trabajos a distancia

Servomécanisme
Servomechanism
Servomecanismo

Session
Session
Sesión

S'éteindre
(to) Go off, (to) Turn off
Apagar

Seuil
Threshold
Umbral

Seuil de commutation
Switching threshold
Umbral de conmutación

Seuil de réapprovisionnement
Critical stock level, Order point,
  Re-order level
Nivel crítico de existencias

Sextet
Sextet, Six bit byte
Sexteto

Sigle
Acronym
Sigla

Signal
Signal
Señal

Signal à un niveau
One level signal
Señal con un nivel

Signal acoustique
Aural signal
Señal acústica

Signal alphabétique
Alphabetic(al) signal
Señal alfabética

Signal binaire
Bit stream
Señal binaria

Signal d'accusé de réception
Acknowledgement signal
Señal de acuse de recepción

Signal d'attention
Attention signal
Señal de atención

Signal de caractère
Character signal
Señal de carácter

Signal de commande
Command signal, Control signal
Señal de mando

Signal de commutation
Switching signal
Señal de conmutación

Signal de contrôle par réaction
Feedback control signal
Señal de control por
  realimentación

Signal de début de bande
Sync signal
Señal de principio de cinta

Signal de début de bloc
Start-of block sign
Señal de principio de bloque

Signal de démarrage
Start signal
Señal de lanzamiento

Signal de données
Data signal
Señal de datos

Signal de fin de bloc
End of block signal
Señal de fin de bloque

Signal de fin de conversion
End of call signal
Señal de fin de llamada

Signal de garde
Guard signal
Señal de guarda

Signal de lecture
Sense signal
Señal de lectura

Signal de l'horloge de rythme
Clock signal
Señal del reloj de ritmo

Signal de prise
Seizing signal
Señal de toma

Signal de réponse
Answer signal
Señal de respuesta

**Signal de réponse en sélection
  partielle avec perturbation**
Partial disturbed response signal
Señal de respuesta en selección
  parcial con perturbación

**Signal de réponse en sélection
  partielle sans perturbation**
Partial undisturbed one output
  signal, Partial undisturbed
  response signal
Señal de salida 'un' en selección
  parcial sin perturbación, Señal
  de respuesta en selección
  parcial sin perturbación

Signal de report complet
Carry complete signal
Señal de acarreo completo

Signal de retour de chariot
Carriage return signal
Señal de vuelta del carro

Signal de sélection
Dialling signal
Señal de selección o llamada

Signal de sortie de lecture
Read output signal
Señal de salida de lectura

Signal de sortie non perturbé
Undisturbed one output signal
Señal de salida no perturbada

**Signal de sortie 'un' en sélection
  partielle avec perturbation**
Partial disturbed one output signal
Señal de salida o en selección
  parcial con perturbación

Signal de sortie 'un' non perturbé
Undisturbed output signal
Señal de salida 'un' no perturbado

Signal de sortie zéro
Nought output signal, Zero output
  signal
Señal de salida cero

**Signal de sortie zéro en sélection
  partielle avec perturbation**
Partial disturbed zero output signal
Señal de salida cero en selección
  parcial con perturbación

Signal de sortie zéro en sélection partielle sans perturbation
Partial undisturbed zero output signal
Señal de salida cero en selección parcial sin perturbación

Signal de sortie zéro non perturbé
Undisturbed zero output signal
Señal de salida cero no perturbado

Signal de supervision
Supervisory signal
Señal de supervisión

Signal de télécommande
Remote control signal
Señal de telecomando

Signal de téléimprimante
Teleprinter signal
Señal de teleimpresora

Signal de transmission
Line signal
Señal de transmisión

Signal de validation
Enabling signal
Señal de permiso

Signal déformé
Distorted signal
Señal deformada

Signal d'erreur
Error signal
Señal de error

Signal d'essai
Test tone
Señal de ensayo

Signal d'impulsion
Impulsing signal, Pulse signal
Señal de impulsión

Signal d'incident d'alimentation
Feed alert
Señal de incidente de alimentación

Signal d'interdiction
Inhibiting signal
Señal de inhibición

Signal d'interruption
Interrupt signal
Señal de interrupción

Signal d'invitation à numéroter
Proceed-to-select signal
Señal de invitación a seleccionar

Signal d'invitation à transmettre
Proceed-to-send signal, Start dialling signal
Señal de invitacion a transmitir

Signal d'occupation
Busy tone, Engaged signal
Señal de ocupado

Signal erroné
Faulty signal
Señal errónea

Signal multi-canal
Multi channel signal
Señal multicanal

Signal numérique
Digital signal
Señal numérica

Signal parasite
Interfering signal, Parasitic signal
Señal parásita

Signal porteur d'information
Information bearing signal
Señal portadora de información

Signal sonore
Audible tone signal, Beep
Señal sonora

Signal télégraphique
Telegraph signal
Señal telegráfica

Signal vidéo
Video signal
Señal video

Signaler
(to) Point out, (to) Signal
Señalar

Signalisation
Signalling
Señalamiento, Señalización

Signaux acoustiques
Audio tones
Señales acústicas

Signaux de synchronisation
Timing signals
Señales de sincronización

Signaux déformés
Glitches
Señales deformadas

Signe
Diagonal mark, Pound sign, Sign
Signo

Signe '/'
Oblique stroke, Slash
Signo '/'

Signe algébrique
Algebraic sign
Signo algebraico

Signe B
At sign, Hash sign, Number sign
Signo B

Signe de ponctuation
Punctuation symbol
Signo de puntuación

Signe égal
Equal sign
Signo igual

Signe moins
Minus sign
Signo menos

Signe plus
Plus sign
Signo más

Signe spécial
Special sign
Signo especial

Signer
(to) Sign
Poner signo

Significatif
Significant
Significado

Signification
Meaning, Significance
Significación

Simple
Single
Simple

Simple interligne
Single space, Single spacing
Espaciado simple, Simple interlínea

Simple précision
Single precision
Simple precisión

Simulateur
Simulator
Simulador

Simulateur de réseau
Network analog
Simulador de red

Simulation
Simulation
Simulación

Simulation en temps réel
Real time simulation
Simulación en tiempo real

Simulé par ordinateur
Computer simulated
Simulado por ordenador

Simuler
(to) Dummy up, (to) Simulate
Simular

Simultané
Concurrent, Simultaneous
Simultáneo

Simultanéité
Concurrency, Simultaneity
Simultaneidad

Simultanément
Concurrently
Simultáneamente

Situation des stocks
Inventory position, Stock position
Situación de las existencias

Situation d'overture
Opening balance
Balance de apertura

Situation finale
Closing balance
Balance de cierre

Situation insoluble
Deadlock
Situación insoluble

Société de services et de conseil en informatique (S.S.C.I.)
Consulting firm, Service bureau, Software house
Sociedad de servicios y de consulta en informática

Société de travail en temps partagé
Time sharing firm
Sociedad de trabajo en tiempo compartido

Solde
Amount due, Balance (due)
Saldo

Solde à zéro
Zero balance
Saldo a cero

Solde précédent
Previous balance
Saldo precedente

Solder
(to) Settle
Saldar

Solution graphique
Graphic solution
Solución gráfica

Sommaire
Summary
Sumario

Somme
Sum
Suma

Somme logique
Logical sum
Suma lógica

Somme modulo deux
Modulo two sum
Suma módulo dos

Somme partielle
Partial sum
Suma parcial

Sommes à payer
Accounts payable
Cuentas a pagar

Sommes à percevoir
Accounts receivable
Cuentas a cobrar

Sommet
Quote
Cima

Sommet adjacent
Adjacent vertex
Vértice adyacente

Sonde d'essai
Test probe
Sonda de ensayo

Sonder
(to) Probe
Sondar

Sonnerie
Bell
Timbre

Sortie
Exit, Issue, Output process, Way out
Salida

Sortie anormale
Abnormal exit
Salida anormal

Sortie asservie
Slave output
Salida esclava

Sortie de donées
Data output
Salida de datos

Sortie de données-détails
Detail output
Salida de datos-detalles

Sortie de lecture
Read output
Salida de lectura

Sortie d'imprimante
Printer output, Printout
Salida de impresora

Sortie directe
Direct output
Salida directa

Sortie d'ordinateur
Computer output
Salida de ordenador

Sortie du système
System output
Salida del sistema

Sortie d'un compteur
Counter exit
Salida de un contador

Sortie en temps réel
Real time output
Salida en tiempo real

Sortie non programmée
Unscheduled issue
Salida no programada

Sortie zéro
Zero output
Salida cero

Sortir
(to) Exit, (to) Flow out, (to) Grind out
Salir

Sortir d'un sous-programme
(to) Jump out of a subroutine
Salir de un subprograma

Sortir d'une boucle
(to) Branch out of a loop
Salir de un bucle

Sortir sur bande
(to) Tape out
Salir sobre cinta

Sortir sur imprimante
(to) Print out
Salir sobre impresora

Soulignement
Underscoring
Subrayado

Souligner
(to) Emphasize, (to) Underscore
Subrayar

Soumission de travaux à distance par lots
R.B.E., Remote batch entry, R.B.E.
Sumisión de trabajos a distancia por lotes, Sumisión de trabajos a distancia por lotes

Soupape pneumatique
Vacuum actuated switch
Válvula neumática

Souplesse de traitement
Processing flexibility
Flexibilidad de proceso

Souplesse d'utilisation
Operational flexibility
Flexibilidad de utilización

Source
Source
Fuente

Source de données
Data source
Fuente de datos

Source d'énergie
Power supply
Fuente de energía

Sous-bande
Sub band
Subcinta

Sous-canal
Sub channel
Subcanal

Sous-centre
Sub center
Subcentro

Sous-chaîne
Substring
Subcadena

Sous-charge
Underload
Subcarga

Sous-compte
Sub account
Subcuenta

Sous-cycle
Subloop
Subciclo

Sous-ensemble
Sub assembly, Subset
Subconjunto

Sous-ensemble de caractères
Character subset
Subconjunto de caracteres

Sous-ensemble graphique
Graphic subset
Subconjunto gráfico

Sous-ensemble numérique
Digital subset
Subconjunto numérico

Sous forme de table
(in) Tabulated form
En forma de tabla

Sous forme exécutable
(in) Runnable form
En forma ejecutable

Sous forme translatable
(in) Relocatable form
En forma reposicionable

Sous-groupe
Subpool
Subgrupo

Sous-indicatif
Sub key
Subindicativo

Sous-liste
Sublist
Sub-lista

Sous-lot
Sublot
Sub-lote

Sous-porteur
Subcarrier
Subportadora

Sous-porteur intermédiaire
Intermediate subcarrier
Subportadora intermedia

Sous-produit
By-product
Subproducto

Sous-programme
Routine, Subprogram, Subroutine
Subrutina

Sous-programme à deux niveaux
Two level subroutine
Subrutina con dos niveles

Sous-programme à introduction directe
Direct insert subroutine
Subprograma con introducción directa

Sous-programme à trois niveaux
Three level subroutine
Subrutina con tres niveles

Sous-programme á un niveau
One level subroutine
Subrutina con un nivel

Sous-programme chaîné
Linked subroutine
Subrutina encadenada

Sous-programme d'acheminement des messages
Message routine
Rutina de encaminamiento de los mensajes

Sous-programme d'analyse sélective
Selective trace routine
Subrutina de traza

Sous-programme d'application
Application routine
Subrutina de aplicación

Sous-programme de bibliothèque
Library subroutine
Subrutina de biblioteca

Sous-programme de calcul du temps machine
Accounting routine
Rutina de contabilidad del tiempo máquina

Sous-programme de chargement
Flipper
Subprograma de carga

Sous-programme de constitution de fichiers
File building routine
Rutina de constitución de ficheros

Sous-programme de conversion bande / imprimante
Tape-to printer routine
Rutina de conversión cinta impresora

Sous-programme de demande d'intervention
Request control routine
Subprograma de petición de intervención

Sous-programme de deuxième niveau
Second order subroutine
Subprograma de segundo nivel

Sous-programme de division
Division subroutine
Subprograma de división

Sous-programme de gestion
Control routine
Subprograma de gestión

Sous-programme de gestion des zones intermédiaires
Buffer control routine
Subprograma de gestión de las zonas intermedias

Sous-programme de niveau d'interruption
I.L.S., Interrupt level subroutine, I.L.S.
Subprograma de nivel de interrupción

Sous-programme de premier niveau
First remove subroutine
Subprograma de primer nivel

Sous-programme de recherche et correction des erreurs
Debugging routine
Subprograma de busca y corrección de los errores

Sous-programme de remplacement
Swapping routine
Subprograma de sustitución

Sous-programme de renvoi à un point de contrôle
Checkpoint recovery routine
Subprograma de devolución a un punto de control

Sous-programme de reprise
Rerun routine
Subprograma de reanudación

Sous-programme de segment de caractère
Character stroke subroutine
Subprograma de segmento de carácter

Sous-programme de traitement des étiquettes
Label handling routine, Label processing routine
Subprograma de proceso de las etiquetas

Sous-programme de traitement des interruptions
Interrupt servicing routine
Subprograma de tratamiento de las interrupciones

Sous-programme de vérification des étiquettes
Label checking routine
Subprograma de verificación de las etiquetas

Sous-programme de vidage
Dump subroutine
Subprograma de vaciamiento

Sous-programme de vidage de la mémoire à tores
Core dump routine
Subprograma de vaciamiento de la memoria de núcleos

Sous-programme décodeur
Decoding routine
Subprograma decodificador

Sous-programme d'écriture des étiquettes de bandes
Tape-labelling routine
Subprograma de escritura de las etiquetas de cintas

Sous-programme d'enregistrement de la date
Dating subroutine
Subprograma de registro de la fecha

Sous-programme d'enregistrement des points de contrôle
Check-point routine
Subprograma de registro de los puntos de control

Sous-programme d'intervention
Action routine
Subprograma de intervención

Sous-programme d'introduction des instructions initiales
Bootstrap routine
Subprograma de introducción de las instrucciones iniciales

Sous-programme d'ordinateur
Computer routine
Subprograma de ordenador

Sous-programme dynamique
Dynamic subroutine
Subrutina dinámica

Sous-programme en ligne
In-line subroutine
Subrutina en línea

Sous-programme fermé
Closed subroutine
Subrutina cerrada

Sous-programme incomplet
Incomplete routine
Subrutina incompleta

Sous-programme mathématique
Mathematical subroutine
Subrutina matemática

Sous-programme mémorisé
Stored routine
Subrutina almacenada

Sous-programme Nocal
Nocal subprogram
Subprograma Nocal

Sous-programme ouvert
Open subroutine
Subrutina abierta

Sous-programme prêt à l'emploi
Canned routine
Subrutina lista para el uso

Sous-programme rentrant
Reentrant subroutine
Subrutina reentrante

Sous-programme réutilisable
Reusable subroutine
Subrutina reutilizable

Sous-programme standard
Standard subroutine
Subrutina estándar

Sous-programme statique
Static subroutine
Subrutina estática

Sous-programme utilitaire
Utility routine
Subrutina de utilidad

Sous-programmes emboîtés
Nesting subroutines
Subrutina unidades

Sous-programmes faits localement
Locally produced subroutines
Subrutinas hechas localmente

Sous-réseau
Subnet
Subred

Sous-répertoire
Sub-directory, subdirectory
Subdirectorio

Sous-structure
Substructure
Subestructura

Sous-système
Subsystem
Subsistema

Sous-système à bande magnétique
Magnetic tape subsystem
Subsistema con cinta magnética

Sous-système à un seul appareil
Single unit subsystem
Subsistema con un solo aparato

Sous-système central
Central subsystem
Subsistema central

Sous-système de mémoire à disques
Disk storage subsystem
Subsistema de memoria de discos

Sous-système d'introduction des travaux
J.E.S., Job entry subsystem, J.E.S.
Subsistema de introducción de los trabajos

Sous-système périphérique
Peripheral subsystem
Subsistema periférico

Sous tension
Power on
En tensión

Sous-total
Subtotal
Subtotal

Sous-traiter
(to) Sub out
Subtratar

Sous-unité
Subunit
Subunidad

Sous-zone
Sub field, Subarea
Subzona

Sous-zone à l'intérieur d'une zone
Field within the area
Campo en el interior de una zona

Soustracteur à deux entrées
Two input subtracter
Sustractor con dos entradas

Soustracteur à trois entrées
Three input subtracter
Sustractor con tres entradas

Soustracteur complet
Full subtracter
Sustractor completo

Soustracteur en série
Serial full subtracter
Sustractor en serie

Soustracteur numérique
Digital subtracter
Sustractor numérico

Soustracteur parallèle
Parallel full subtracter
Sustractor paralelo

Soustraction
Subtraction
Sustracción

Soustraire
(to) Subtract
Sustraer

Soutien
Support
Soporte

Spécial
Non standard, Special
Especial

Spécialisation
Specialization
Especialización

Spécialisé
Special purpose, Specialized
Especializado

Spécialiser
(to) Specialize
Especializar

Spécialiste en cybernétique
Cybernatician
Especialista en cibernética

Spécialiste en informatique
Computer scientist
Especialista en informática

Spécialiste en systèmes
Systems specialist
Especialista en sistemas

Spécification
Specification
Especificación

Spécification de contrôle
Control specification, Control statement
Especificación de control

Spécification de programme
Program specification
Especificación de programa

Spécification de séquence globale
Catch all sequence entry
Especificación de secuencia global

Spécification des systèmes
Systems specification
Especificación de los sistemas

Spécification d'intervention
Action specification
Especificación de intervención

Spécifications
Specs
Especificaciones

Spécifications de calcul
Calculation specifications
Especificaciones de cálculo

Spécifications de description des zones
Field description specifications
Especificaciones de descripción de los campos

Spécifications de description du fichier
File description specifications
Especificaciones de descripción del fichero

Spécifications de procédure de ligne
Line procedure specifications, L.P.S., L.P.S.
Especificaciones de procedimiento de línea

Spécifications de séquence
Sequence specifications
Especificaciones de secuencia

Spécifications d'émission
Output specifications
Especificaciones de emisión

Spécifications d'entrée
Input specifications .
Especificaciones de entrada

Spécifications des en-têtes
Header specifications, Header statements
Especificaciones de las cabeceras

Spécifications du format de sortie
Output format specifications
Especificaciones del formato de salida

Spécifications du type d'enregistrement
Record type specifications
Especificaciones del tipo de registro

Spécifications pour la carte de contrôle
Control card specifications
Especificaciones para la ficha de control

Spécifier
(to) Specify
Especificar

Spécifique
Specific
Específico

Spectre
Spectrum
Espectro

Spectre d'impulsions
Pulse spectrum
Espectro de impulsos

Spot mobile
Flying spot
Punto de luz móvil

Stabilité
Stability
Estabilidad

Standard
Standard
Estándar

Standardisation des impulsions
Pulse standardization
Normalización de los impulsos

Standardiste
Telephone operator
Telefonista

Station
Station
Estación

Station asservie
Slave station
Estación esclava

Station de coordination du réseau
Net control station
Estación de coordinación de la red

Station de transmission
Transmitting station
Estación de transmisión

Station émettrice
Sending station
Estación emisora

Station multiplex (de transmission) de données
Multiplex data station
Estación multiplex (de transmisión de datos)

Station tributaire
Tributary station
Estación tributaria

Statique
Static
Estático

Statisticien
Statistician
Estadístico (persona)

Statistique
Statistical
Estadístico

Statistiques des erreurs de communications
C.E.S., Communications errors statistics, C.E.S.
Estadísticas de los errores de comunicaciones, Estadística de los errrores de comunicaciones

Statistiques élémentaires
Elementary statistics
Estadísticas elementales

Stimulant
Incentive
Estimulante

Stochastique
Stochastic
Estocástico

Stock
Stock
Existencias

Stock actuel
Actual stock
Existencias actuales

Stock de sécurité
Safety stock
Existencias de seguridad

Stock disponible
On hand inventory, Stock on hand
Existencias disponibles

Stockage des instructions
Instruction storage
Almacenamiento de las instrucciones

Stocks
Quantity on hand
Existencias

Stocks excessifs
Overstock
Existencias excesivas

Structure
Structure
Estructura

Structure arborescente
Tree(-like) structure
Estructura arborescente

Structure de bande
Tape format
Estructura de cinta

Structure de l'instruction
Order structure
Estructura de la instrucción

Structure de liste
List structure
Estructura de lista

Structure des données
Data structure
Estructura de los datos

Structure du système
System structure
Estructura del sistema

Structure du trafic
Traffic pattern
Estructura del tráfico

Structure du traitement
Computer design
Estructura del proceso

Structure logique
Logical design
Estructura lógica

Style
Style
Estilo

Style de caractères
Type style
Estilo de carácter

Stylet
Stylus
Estilete

Subdiviser
(to) Subdivise
Subdividir

Subdivision
Subdivision
Subdivisión

Subdivision de table
Table block
Subdivisión de tabla

Subdivision de zone
Field breakdown
Subdivisión de campo

Subminiature
Subminiature
Subminiatura

Subordinné à la vitesse de l'unité de traitement
Processor bound
Subordinado a la velocidad de la unidad de proceso

Subordonné
Subordinate
Subordinado

Subordonné à la vitesse de l'imprimante
Printer bound
Subordinado a la velocidad de la impresora

Subordonné à la vitesse de l'ordinateur
Computer bound
Subordinado a la velocidad del ordenador

Subordonné à la vitesse des bandes
Tape bound
Subordinado a la velocidad de las cintas

Subordonné à la vitesse des périphériques
Peripheral bound
Subordinado a la velocidad de los periféricos

Subordonné à la vitesse d'impression
Print bound
Subordinado a la velocidad de impresión

Subordonné à la vitesse du tambour
Drum bound
Subordinado a la velocidad del tambor

Subordonné au temps de calcul
Compute bound
Subordinado al tiempo de cálculo

Subsidiaire
Subsidary
Subsidiario

Substitution d'adresse
Address substitution
Sustitución de dirección

Substitution d'affectation
Allocation recovery
Recuperación de asignación

Substrat
Substrate
Substrato

Succession de phases
Suite of runs
Sucesión de fases

Succession de programmes
Suite of programs
Sucesión de programas

Suggérer
(to) Prompt
Sugerir, Solicitar una entrada

Suggestion éliminée
Deleted suggestion
Sugestión eliminada

Suite
Sequence
Secuencia

Suite alphabétique
Alphabetic(al) string
Tira o cadena alfabética

Suite de bits
Bit string
Tira o cadena de bits

Suite de caractères
Character string
Tira o cadena de caracteres

Suite de caractères mobiles
Floating string
Tira o cadena de caracteres móviles

Suite de pages disponibles
Available page queue
Cola de páginas disponibles

Suite de travaux
Job stack, Job stream
Flujo de trabajos

Suite de zones
Field strings
Tiras de campos

Suite d'éléments binaires
Binary element string
Serie de elementos binarios

Suite d'impulsions
Pulse string
Tira o cadena de impulsos

Suite ordonnée
Sequenced string
Tira o cadena ordenada

Sujet à erreur
Error prone
Proclive a errores

Superconducteur
Superconductor
Superconductor

Superconductivité
Superconductivity
Superconductividad

Superposable
Overlayable
Que puede ser superpuesto

Superposer
(to) Overlap, (to) Overlay
Superponer

Superposer les écritures
(to) Overwrite
Superponer la escritura

Superposition
Lap phasing, Overlap(ing)
Superposición

Superposition de programmes
Program overlay
Superposición de programas

Superviseur
Supervisor
Supervisor

Superviseur de terminaux à distance
Remote terminal supervisor, R.T.S., R.T.S.
Supervisor de terminales a distancia

Superviseur d'entrée / sortie
Input / output supervisor, I.O.S.
Supervisor de entrada / salida

Superviseur d'entrée/sortie
I.O.S.
Supervisor de entrada/salida

Superviseur résidant
Resident monitor
Supervisor residente

Supervision
Supervision
Supervisión

Supervision des liaisons
Link management
Supervisión de los enlaces

Supplémentaire
Supplementary
Suplementario

Support
Base film, Bolster, Carrier, Cradle, Crutch, Medium
Soporte, Medio, Soporte

Support de données
Data carrier, Data medium
Soporte de datos

Support de données automatisé
Automated data medium
Soporte de datos automatizado

Support de mémoire
Storage medium
Soporte de memoria

Support de mémoire magnétique
Magnetic storage medium
Soporte de memoria magnética

Support de mémorisation de l'information
Information storage medium
Soporte de almacenamiento de la información

Support de mémorisation des données
Data storage medium
Soporte de almacenamiento de los datos

Support de paramètres
Parameter medium
Soporte de parámetros

Support de programmation
Programming support
Soporte de programación

Support de programme
Program support
Soporte de programa

Support de sortie
Output medium
Soporte de salida

Support de traitement
Processing medium
Soporte de proceso

Support de travail
Working medium
Soporte de trabajo

Support d'enregistrement
Recording medium
Soporte de registro

Support d'enregistrement de données
Data recording medium
Soporte de registro de datos

Support d'enregistrement en continu
Continuous recording medium
Soporte de registro continuo

Support d'enregistrement magnétique
Magnetic recording medium
Soporte de registro magnético

Support d'entrée
Input medium
Soporte de entrada

Support des entrées / sorties
Input / output medium
Soporte de las entradas / salidas

Support d'information
Information carrier
Soporte de información

Support exploitable par machine
Machine readable medium, Machine usable medium
Soporte legible por máquina, Soporte procesable por máquina

Support extérieur
Rolled out
Soporte exterior

Support externe
External medium
Soporte externo

Support porteur d'informations
Information carrying medium
Soporte portador de
informaciones

Support vierge
Blank support, Empty medium,
Virgin medium
Soporte virgen

Suppresseur
Suppressor
Supresor

Suppresseur d'écho
Echo suppressor
Supresor de eco

Suppresseur d'espaces
Blank deleter
Supresor de espacios

Suppression
Blanking, Chopping, Suppress(ion)
Supresión

Suppression des zéros de tête
Leading zero suppression
Supresión de los ceros de cabeza

Suppression d'espaces
Space suppression
Supresión de espacios

Suppression du signal sonore
Inhibit audible signal
Supresión de señal sonora

Supprimer
(to) Kill, (to) Suppress
Suprimir

**Supprimer la possibilité de
commutation**
(to) Uncrossbar
Suprimir la posibilidad de
conmutación

Sur deux lignes
Two up
Sobre dos líneas

Sur le plan de l'informatique
Informationally
Desde el plano de la informática

Sur option
Optionally
Sobre opción

Sur place
In-plant, Inside plant
En el mismo sitio

Sur une ligne
One up
Sobre una línea

Surcharge
Congestion
Sobrecarga

Surchargé
Overcrowded
Sobrecargado

Surcharge
Overload
Sobrecarga

Surcharge de données
Data overrun
Sobrecarga de datos

Surcharger
(to) Overload
Sobrecargar

Sûreté de fonctionnement
Reliability
Seguridad de funcionamiento

Surface de travail
Working space
Superficie de trabajo

Surface d'enregistrement
Recording surface
Superficie de registro

Surface élémentaire d'analyse
Cell area
Superficie elemental de análisis

Surimpression
Overprinting
Sobreimpresión

Surimprimer
(to) Overprint
Sobreimprimir

Surintensité lumineuse brusque
Womp
Sobreintensidad luminosa
inesperada

Surtension
Overvoltage, Surge, Voltage surge
Sobretensión

Surveillance
Monitoring
Vigilancia

Surveiller
(to) Monitor, (to) Police, (to)
Survey
Vigilar

Survoltage
Boosting
Sobretensión

Suspendre (arrêter)
(to) Discontinue
Suspender (parar)

Syllabe
Syllable
Sílaba

Symbole
Badge, Symbol
Símbolo

Symbole (ˆ) (Signe d'omission)
Caret
Acento circunflejo (ˆ)

Symbole abstrait
Abstract symbol
Símbolo abstracto

Symbole de contrôle
Check symbol, Control symbol
Símbolo de control

Symbole de fin
Terminal symbol, Terminating
symbol
Símbolo de fin

Symbole de point d'interruption
Breakpoint symbol
Símbolo de punto de interrupción

Symbole de position
Location symbol
Símbolo de posición

Symbole de protection
Protective
Símbolo de protección

Symbole de référence
Reference symbol
Símbolo de referencia

Symbole défini plusieurs fois
Multi(ply) defined symbol
Símbolo definido varias veces

Symbole d'organigramme
Flowchart symbol
Símbolo de organigrama

Symbole fonctionnel
Functional symbol
Símbolo funcional

Symbole graphique
Graphic symbol
Símbolo gráfico

Symbole logique
Logic(al) symbol
Símbolo lógico

Symbole mnémonique
Mnemonic symbol
Símbolo mnemónico

Symbole monétaire
Currency symbol
Símbolo monetario

Symbole spécial
Special symbol
Símbolo especial

Symbolique
Symbolic
Simbólico

Symbolisme mathématique
Mathematic symbolism
Simbolismo matemático

Symétrique
Symmetrical
Simétrico

Synchrone
Synchronous
Síncrono

Synchronisation
Clocking, Phasing,
Sync(hronization),
Synchronizing
Sincronización, Puesta en fase

Synchronisation de bits
Bit phase
Sincronización de bits

Synchroniser
(to) Synchronize
Sincronizar

Synchroniseur
Synchronizer
Sincronizador

Synchroniseur de bandes
Tape synchronizer
Sincronizador de cintas

Synergie
Synergy
Sinergia

Synergique
Synergic
Sinérgico

Syntaxe
Syntax
Sintaxis

Syntaxique
Syntactical
Sintáxico

Synthèse
Synthesis
Síntesis

Système de programmation à cartes
C.P.S.
Sistema de programación con fichas

Système
System
Sistema

Système à cartes
Card system
Sistema con fichas

Système à clavier multiple
Multiple keyboard system
Sistema con teclado múltiple

Système à contrôle adaptable
Adaptative control system
Sistema con control adaptable

Système à courants porteurs
Carrier system
Sistema de corrientes portadoras

Système à descripteurs
Uniterm system
Sistema con descriptores

Système à disques
Disk based, Disk system
Sistema con discos

Système à données numériques
D.D.S., Digital data system, D.D.S.
Sistema de datos numéricos

Système à fichiers communs
Shared files system
Sistema de ficheros compartidos

Système à mémoire virtuelle
Virtual memory system, V.M.S.,
V.M.S.
Sistema con memoria virtual

Système à nombres duodécimaux
Duodecimal number system
Sistema con números duodecimales

Système à ordinateur principal et asservi
Master slave system
Sistema con ordenadores principal y esclavo

Système à ordinateurs en double
Duplex computer system
Sistema con dos ordenadores

Système à séquences multiples
Multi sequential system
Sistema con secuencias múltiples

Système adressé
Addressed system
Sistema direccionado

Système artythmique cadencé
Stepped-start-stop system
Sistema arrítmico acompasado

Système asservi
Slave system
Sistema esclavo

Système automatique
Automatic system
Sistema automático

Système automatique à relais
Relay automatic system
Sistema automático con relé

Système compact
Compact system
Sistema compacto

Système correcteur d'erreurs
Error correcting system
Sistema corrector de errores

Système correcteur d'erreurs par retour de l'information
Information feedback system
Sistema de realimentación de la información

Système d'adressage
Addressing system
Sistema de direccionamiento

Système d'adressage à deux voies
Two way address chain
Sistema de direccionamiento con
dos vías

Système d'appel téléphonique à cartes
Card dialling
Sistema de llamada telefónica con fichas

Système d'assemblage
Assembly system
Sistema de ensamblaje

Système d'assemblage symbolique
Symbolic assembly system
Sistema de ensamblaje simbólico

Système de commutation des messages
Message switching system
Sistema de conmutación de los mensajes

Système de comptabilité mécanographique
C.A.S., Computer accounting system, C.A.S.
Sistema de contabilidad mecanográfica

Système de comptage par impulsions
Pulse metering system
Sistema de recuento por impulsos

Système de conception modulaire
Modular design system
Sistema de diseño modular

Système de contrôle
Monitor system
Sistema de control

Système de contrôle de précision
Accuracy control system
Sistema de control de precisión

Système de contrôle de projets
Project control system
Sistema de control de proyectos

Système de contrôle des entrées / sorties par communications
Communications input-output control system
Sistema de control de las entradas-salidas por comunicaciones

Système de contrôle des entrées / sorties
Input / output control system, I.D.C.S.
Sistema de control de las entradas / salidas

Système de contrôle des entrées/ sorties
I.D.C.S.
Sistema de control de las entradas/salidas

Système de contrôle visuel
Peek a boo system
Sistema de control visual

Système de double traitement
Double processing system
Sistema de doble proceso

Système de fonctionnement en temps réel
Real time operating system, R.T.O.S., R.T.O.S.
Sistema de funcionamiento en tiempo real

Système de gestion des données
Data management system, D.M.S., D.M.S.
Sistema de gestión de datos, Sistema de gestión de los datos

Système de gestion des projets
Project management system
Sistema de gestión de los proyectos

Système de gestion du fichier séquentiel indexé
Indexed sequential file management system, I.S.F.M.S., I.S.F.M.S.
Sistema de gestión del fichero secuencial indexado

Système de gestion d'un fichier
File management system
Sistema de gestión de un fichero

Système de lecture
Read system
Sistema de lectura

Système de multi-traitement
Multi processing system
Sistema de multiproceso

Système de multi-traitement asymétrique
Asymmetrical multiprocessing system
Sistema multiprocesador asimétrico

Système de numération
Number system, Numeration system
Sistema de numeración

Système de numération binaire
Binary numeration system
Sistema de numeración binaria

Système de numérotage
Numbering system
Sistema de numeración

Système de pagination
Paging system
Sistema de paginación

Système de perforation double par colonne
Ducol
Sistema de perforación doble por columna

Système de programmation
Programming system
Sistema de programación

Système de programmation à cartes
Card programming system, C.P.S.
Sistema de programación con fichas

Système de programmation linéaire
Linear programming system
Sistema de programación lineal

Système de programmation mathématique
Mathematical programming system, M.P.S., M.P.S.
Sistema de programación matemática

Système de programmation pour bandes
Tape programming system
Sistema de programación para cintas

Système de programmation sur disques
Disk programming system
Sistema de programación con discos

Système de recherche de l'information
Information retrieval system
Sistema de búsqueda de la información

Système de saisie des données
D.A.S., Data acquisition system, D.A.S.
Sistema de adquisición de los datos

Système de saisie et de contrôle des données
Data acquisition and control system
Sistema de adquisición y control de los datos

Système de télémesure
Telemetering system
Sistema de telemedida

Système de télétraitement interne
Internal teleprocessing system, I.T.P.S., I.T.P.S.
Sistema de teleproceso interno

Système de terminaux de gestion
Administrative terminal system
Sistema de terminales de gestión

Système de traitement
Computer system, Processing system
Sistema de proceso

Système de traitement à distance
Remote computing system
Sistema de proceso a distancia

Système de traitement à réseaux intégrés
Network integrated data processing system
Sistema de proceso con redes integradas

Système de traitement automatique des données
A.D.P.S., Automatic data processing system, A.D.P.S.
Sistema de proceso automático de datos

Système de traitement de données
Data processing system, D.P.S., D.P.S.
Sistema de proceso de datos

Système de traitement de l'information
Information processing system
Sistema de proceso de la información

Système de traitement par exception
Exception principle system
Sistema de proceso por excepción

Système de traitement pour bandes
Tape processing system, T.P.S., T.P.S.
Sistema de proceso para cintas

Système de transmission
Transmitting system
Sistema de transmisión

Système de transmission par impulsions
Pulse transmission system
Sistema de transmisión mediante impulsos

Système de travail
Operating system, O.S., O.S.
Sistema de trabajo

Système de travail à cartes
Card operating system
Sistema de trabajo con fichas

Système de travail de base
Basic operating system, B.O.S., B.O.S.
Sistema de trabajo de base

Système de travail en multi-programmation
Multi programming executive system
Sistema de trabajo en multiprogramación

Système de travail en temps partagé
Time sharing operating system, T.S.O.S., T.S.O.S.
Sistema de trabajo en tiempo compartido

Système de travail sur bande
Tape-operating system, T.O.S., T.O.S.
Sistema de trabajo sobre cinta

Système décimal codé en binaire
Binary coded decimal system
Sistema decimal codificado en binario

Système décimal de numération
Decimal numbering system
Sistema decimal de numeración

Système d'enregistrement en longueur fixe
Fixed length record system
Sistema de registro en longitud fija

Système d'enregistrement en longueur variable
Variable length record system
Sistema de registro en longitud variable

Système d'entrée / sortie en temps partagé
Time-shared input / output system
Sistema de entrada / salida en tiempo compartido

Système des entrées / sorties
Input / output system
Sistema de las entradas / salidas

Système détecteur d'erreur avec demande de répétition
Error detecting and feedback system
Error detector de errores con realimentación

Système détecteur d'erreurs
Error detecting system
Sistema detector de errores

Système d'exécution
Executive system
Sistema de control

Système d'exploitation
Operating system
Sistema operativo

Système d'exploitation à disques
Disk operating system, D.O.S., D.O.S.
Sistema de trabajo con discos

Système d'information et de gestion de la production
Production information and control system
Sistema de información y de gestión de la producción

Système d'interruption externe
External interrupt system
Sistema de interrupción externo

Système Ducol de perforation de cartes
Ducol punched card system
Sistema Ducol de perforación de fichas

Système duplex
Duplex system
Sistema duplex

Système électronique de traitement des données
E.D.P.S., Electronic data processing system, E.D.P.S.
Sistema electrónico de proceso de los datos, Sistema electrónico de proceso de datos

Système en nombres binaires
Binary number system
Sistema en números binarios

Système en tandem
Tandem system
Sistema en tandem

Système en temps partagé
Time sharing system, T.S.S., Time-shared system, T.S.S.
Sistema en tiempo compartido

Système évolué
Advanced system
Sistema evolucionado

Système extérieur
Out plant system
Sistema exterior

Système global
Total system
Sistema global

Système hexadécimal de numération
Hexadecimal number system
Sistema hexadecimal de numeración

Système informatique
Information system
Sistema informativo

Système informatique commun
Shared information system
Sistema informático común

Système intégré
Integrated system
Sistema integrado

Système intégré de gestion
Management information system
Sistema integrado de gestión

Système interne d'interruption
Internal interrupt system
Sistema interno de interrupción

Système manuel
Manual system
Sistema manual

Système mixte
Hybrid system
Sistema híbrido

Système monoprocesseur
Single processor system
Sistema monoprocesador

Système multi-canal
Multi channel system
Sistema multicanal

Système multiplex
Multiplex system
Sistema multiplex

Système numéral
Numeral system
Sistema numeral

Système (de liaison) par téléimprimante
Teleprinter system
Sistema (de enlace) por teleimpresora

Système pas à pas
Step by step system
Sistema paso a paso

Système polymorphe
Polymorphic system
Sistema polimorfo

Système quadruplex
Quadruplex system
Sistema cuadruplex

Système résidant
Resident system, SYSRES
Sistema residente

Système semi-automatique
Semi-automatic system
Sistema semiautomático

Système superviseur
Supervising system
Sistema supervisor

Système superviseur de fonctionnement en temps partagé
Time sharing monitor system
Sistema supervisor de funcionamiento en tiempo compartido

Système synchrone
Synchronous system
Sistema síncrono

Système tout à relais
All-relay system
Sistema enteramente con relés

Système traceur pour bande
Tape-plotting system
Sistema trazador para cinta

Système vingt neuf
Twenty-nine feature
Sistema veintinueve

Système virtuel
Virtual system
Sistema virtual

Système visuel
Cordonnier system
Sistema visual

Systèmes à accès multiple
Multi access systems
Sistemas de acceso múltiple

Systèmes à bandes
Tape systems
Sistemas con cintas

TABLE 754

T

Table
Table
Tabla

Table-bureau
Desk
Escritorio

Table complète
Full table
Tabla completa

Table d'addition
Addition table
Tabla de adición

Table d'affectation des periphériques
P.A.T., Peripheral assignment table, P.A.T.
Tabla de asignación de los periféricos

Table de branchement
Branch table
Tabla de bifurcación

Table de comptabilisation
Accounting table
Tabla de contabilización

Table de contrôle
Control table
Tabla de control

Table de contrôle comptable
Accounting control table, A.C.T.
Tabla de control contable

Table de contrôle des étapes
S.C.T., Step control table, S.C.T.
Tabla de control de las etapas

Table de contrôle des travaux
J.C.T., Job control table, J.C.T.
Tabla de control de los trabajos

Table de conversion
Conversion table
Tabla de conversión

Table de conversion de fichier
File translation table
Tabla de conversión de fichero

Table de correspondance
Table of correspondence
Tabla de correspondencia

Table de correspondance appareils logiques / appareils physiques
Logical to physical device translation table
Tabla de correspondencia (traducción) dispositivo lógico / aparato físico

Table de correspondances
Cross reference table, Map
Tabla de referencias cruzadas

Table de décision
Decision table
Tabla de decisión

Table de description de données
Data description table, D.D.T., D.D.T.
Tabla de descripción de datos

Table de fichiers
File table
Tabla de ficheros

Table de fonctions
Function table
Tabla de funciones

Table de fréquences
Frequency table
Tabla de frecuencias

Table de gestion de fichier
File control table
Tabla de gestión de fichero

Table de lecture
Read board
Tabla de lectura

Table de multiplication
Multiplication table
Tabla de multiplicación

Table de perforation
Keypunch desk
Tabla de perforación

Table de recherche
Look up table
Tabla de búsqueda

Table de référence
Reference table
Tabla de referencia

Table de sortie
Output table
Tabla de salida

Table de synchronisation des programmes
Program synchronization table, P.S.T., P.S.T.
Tabla de sincronización de los programas

Table de traçage
Plotting board
Mesa de trazado

Table de traduction
Translation table
Tabla de traducción

Table de travail
Job table, Work board
Mesa de trabajo

Table de tri
Sorting table
Tabla de clasificación

Table de vérité
Truth table
Tabla de verdad

Table d'équivalence de positions
Location equivalence table
Tabla de equivalencia de posiciones

Table d'équivalence des positions de la zone libre
Fixed location equivalence table
Tabla de equivalencia de las posiciones de la zona libre

Table des blocs d'information sur les travaux
Job information block table
Tabla de los bloques de información sobre los trabajos

Table des cylindres défectueux
Defective cylinder table
Tabla de los cilindros defectuosos

Table des en-têtes
Header table
Tabla de cabeceras

Table des entrées / sorties pour une étape
Step input / output table
Tabla de las entradas / salidas por paso

Table des étiquettes
Name table
Tabla de las etiquetas

Table des éventualités
Contingency table
Tabla de las eventualidades

Table des fichiers actifs
Active file table
Tabla de los ficheros activos

Table des indicatifs
Indicator chart
Tabla de los indicativos

Table des matières du volume
Volume table of contents, V.T.O.C.,
   V.T.O.C.
Índice del volumen, Indice del
   volumen

Table des niveaux
Level table
Tabla de los niveles

Table des noms de segments
Segment name table
Tabla de los nombres de
   segmentos

Table des pages
Page table, P.G.T., P.G.T.
Tabla de las páginas

Table des pages externes
External page table
Tabla de las páginas externas

Table des priorités
Precedence table
Tabla de las prioridades

**Table des programmes de
   traitement**
Processing program table
Tabla de los programas de
   proceso

Table des références symboliques
Symbolic reference table
Tabla de las referencias simbólicas

Table des segments
Segment table, S.G.T., S.G.T.
Tabla de los segmentos

Table des symboles
Symbol table
Tabla de los símbolos

Table d'essai
Test board
Tabla de ensayo

Table d'état du canal
Channel status table
Tabla de estado del canal

Table d'opérations booléennes
Boolean operation table
Tabla de operaciones booleanas

Table incomplète
Short table
Tabla incompleta

Table symbolique
Symbolic table
Tabla simbólica

Tableau
Board
Cuadro

Tableau (Matrice)
Array
Tabla (Matriz)

Tableau à feuilles détachables
Flip chart
Tablero con hojas arrancables

Tableau de câblage
Wiring board
Cuadro de cableado

Tableau de codage
Code chart
Tablero de codificación

Tableau de commande
Control board
Cuadro de mando

Tableau de commutations
Switchboard
Cuadro de conmutaciones

Tableau de connexion amovible
Removable plugboard
Cuadro de conexiones removibles

Tableau de connexions
Patchboard, Plugboard
Cuadro de conexiones

Tableau de correction
Patch panel
Cuadro de conexiones

Tableau de Karnaugh
Karnaugh map
Cuadro de Karnaugh

Tableau des temps d'utilisation
Time table
Tabla de tiempos

**Tableau d'utilisation du temps
   machine**
Machine usable chart
Tablero de utilización del tiempo
   máquina

Tableau récapitulatif
Summary chart
Diagrama recapitulativo

Tables actuarielles
Actuarial tables
Tablas actuariales

Tables logarithmiques
Logarithmic tables
Tablas logarítmicas

Tablette graphique
Graphic tablet
Tablilla gráfica

Tabulaire
Tabular
Tabular

Tabulateur
Tab(-control) key, Tabulator
Tabulador

Tabulation
Tab(ulating), Tabbing, Tabulation
Tabulación

Tabulation en arrière
Back tabulation
Tabulación hacia atrás

Tabulation en croix
Cross tabulation
Tabulación cruzada

Tabulation horizontale
Horizontal tabulation
Tabulación horizontal

Tabulation verticale
Vertical tab(ulation)
Tabulación vertical

Tabulatrice
Tab(ulating) machine
Tabuladora

Tabulatrice numérique
Digital tabulator
Tabuladora numérica

Tabuler
(to) Tab(ulate)
Tabular

Tâche
Task
Tarea

Tâche unique
Single task
Tarea única

Tachymètre optique
Optical tachometer
Tacómetro óptico

Talon
Stub
Talón

Tambour
Drum
Tambor

Tambour auxiliaire
Backing drum
Tambor auxiliar

Tambour d'alimentation
Feed sprocket
Tambor de alimentación con púas

Tambour de programme
Program drum
Tambor de programa

Tambour de réception
Stacking drum
Tambor de recogida

Tambour d'évacuation
Switch drum
Tambor de evacuación

Tambour d'impression
Print drum, Type drum
Tambor de impresión

Tambour magnétique
Magnetic drum
Tambor magnético

Tampon amortisseur
Attenuation pad
Tampón amortiguador

Tampon de périphérique
Peripheral buffer
Tampón de periférico

Tampon d'entrée
Input buffer
Tampón de entrada

Tampon d'entrée / sortie
Input / output buffer
Tampón de entrada / salida

Tampon intermédiaire commun
Common buffer
Tampón intermedio común

Taper à la machine
(to) Type
Escribir a máquina

Taquet de tabulation
Tab(ulating) stop
Tope de tabulación

Taqueuse
Paper jogger
Impulsador del papel

Tardif
Late
Tardío

Taux
Rate
Tasa

Taux d'activité
Activity ratio
Tasa de actividad

Taux d'activité d'un fichier
File activity ratio
Tasa de actividad de un fichero

Taux de disponibilité
Availability ratio
Tasa de disponibilidad

Taux de disponibilité au service
Serviceability ratio
Tasa de disponibilidad del servicio

Taux de mouvement
Hit ratio
Tasa de aciertos

Taux de rebut
Reject rate, ratio, Scrap rate
Tasa de rechazos

Taux de rectangularité
Squareness ratio
Tasa de rectangularidad

Taux de répétition des impulsions
P.R.R., Pulse repetition rate, P.R.R.
Tasa de repetición de las
  impulsiones, Tasa de repeticion
  de los impulsos

Taux de rotation
Turnover rate
Tasa de rotación

Taux d'erreurs
Error rate, Error ratio
Tasa de errores

Taux d'erreurs de frappe
Keystroking error rate
Tasa de errores de pulsaciones

Taux d'erreurs de perforation
Keypunch error rate
Tasa de errores de perforación

Taux d'erreurs d'une manipulation
Error rate of keying
Tasa de errores de tecleo

Taux d'erreurs d'une traduction
Error rate of a translation
Tasa de errores de una traducción

Taux d'erreurs non détectées
Undetected error rate
Tasa de errores no detectados

Taux d'erreurs résiduelles
Residual error ratio
Tasa de errores residuales

Taux d'erreurs sur les bits
Bit error rate
Tasa de errores de los bits

Taux d'erreurs sur les blocs
Block error rate
Tasa de errores de los bloques

Taux d'erreurs sur les caractères
Character error rate
Tasa de errores de los caracteres

Taux d'erreurs sur les éléments
Element error rate
Tasa de errores de los elementos

Taux d'utilisation
Utilization ratio
Tasa de utilización

Taux d'utilisation effective
Operating ratio
Tasa de utilización efectiva

Technicien
Engineer
Técnico

Technicien en informatique
Information technologist
Técnico en informática

Technique
Technical
Técnico

(la) Technique
Technique
(la) Técnica

Technique de programmation
Programming technique
Técnica de programación

Technique des systèmes monolithiques
Monolithic systems technology, M.S.T., M.S.T.
Técnica de los sistemas monolíticos

Technique d'évaluation et de révision des programmes
P.E.R.T., Program evaluation and review technique, P.E.R.T.
Técnica de evaluación y de revisión de los programas

Techniques de gestion
Management science
Técnicas de gestión

Techniques de recherche de l'information
Information retrieval techniques
Técnicas de búsqueda de la información

Techniques d'essai
Testing techniques
Técnicas de ensayo

Technologie
Technology
Tecnología

Technologie des circuits logiques transistorisés
S.L.T., Solid logic technology, S.L.T.
Tecnología de los circuitos lógicos transistorizados

Téléautographe
Teleautograph, Telewriter
Teleautógrafo

Télébande
Teletape
Telecinta

Télécommande
Remote control
Telecomando

Télécommandé
Remote controlled, Remote(ly) operated
Telecomandado con operación remota

Télécommunication
Telecommunication
Telecomunicación

Télédiaphonie
Far-end crosstalk
Telediafonía

Télégestion
Telecomputing
Telegestión

Télégraphe
Telegraph
Telégrafo

Télégraphie
Telegraphy
Telegrafía

Télégraphie par déplacement de fréquence
Frequency shift telegraphy
Telegrafía por desplazamiento de frecuencia

Téléimprimante
Teleprinter, Teletypewriter
Teleimpresora

Téléimprimante à bande perforée
Perforated tape teletypewriter
Teleimpresora con cinta perforada

Téléimprimante page par page
Page teleprinter
Teleimpresora página por página

Téléinformatique
Teleprocession
Teleprocesamiento

Télématique
Datacom(munications)
Teleinformática

Télémesure
Remote measuring, Telemetering
Telemedida

Télémesurer
(to) Telemeter
Telemedir

Télémètre
Telemeter
Telémetro

Téléphone
Telephone
Teléfono

Téléphonie
Telephony
Telefonía

Téléprocesseur
Remote processor, Teleprocessor
Teleprocesador

Téléscripteur
Teletype (unit), Teletype machine, T.T.Y., T.T.Y.
Teletipo, Telescriptor

Téléscripteur d'entrée / sortie
Teletype input / output unit
Telescriptor de entrada / salida

Télésignalisation
Remote signalling
Teleseñalización

Télétraitement
Teleprocessing, T.P., T.P.
Teleproceso

Télétraitement par lots
Remote batch
Teletratamiento por lotes

Télévision
Television
Televisión

Télex
Telex
Telex

Temporaire
Temporary
Temporal

Temporisation
Time filling
Temporización

Temps
Time
Tiempo

Temps d'accélération
Acceleration time
Tiempo de aceleración

Temps d'accès
Access time
Tiempo de acceso

Temps d'acheminement
Routing time
Tiempo de encaminamiento

Temps d'activités accessoires
Incidental time
Tiempo de actividades accesorias

Temps d'addition
Add time
Tiempo de adición

Temps d'addition-soustraction
Add-subtract time
Tiempo de adición-sustracción

Temps d'arrêt
Stop time
Tiempo de parada

Temps d'arrêt non imputable dû à une panne de machine
No charge machine fault time
Tiempo de parada no imputable debido a una avería de máquina

Temps d'arrêt non imputable non dû à une panne de machine
No charge non-machine fault time
Tiempo de parada no imputable no debido a una avería de máquina

Temps d'assemblage
Assembling time, Assembly time
Tiempo de ensamblaje

Temps d'attente
Latency time, Waiting time
Tiempo de espera

Temps d'attente en file
Queue time
Tiempo de espera en cola

Temps d'attente pour réparation
Awaiting repair time
Tiempo de espera por reparación

Temps de calcul
Calculating time, Computing time
Tiempo de cálculo

Temps de chargement
Load time
Tiempo de carga

Temps de commutation
Switching time
Tiempo de conmutación

Temps de compilation
Compilation time, Compile time, Compiling time
Tiempo de compilación

Temps de décélération
Deceleration time
Tiempo de deceleración

Temps de défilement
Pass time
Tiempo de circulación

Temps de démarrage
Start time
Tiempo de lanzamiento

Temps de démontage
Takedown time
Tiempo de desmontaje

Temps de déroulement de la bande
Tape handling time
Tiempo de desarrollo de la cinta

Temps de disponibilité
Ready time
Tiempo de disponibilidad

Temps de disponibilité au service
Serviceable time
Tiempo de disponibilidad al servicio

Temps de fermeture
Make time
Tiempo de cerradura

Temps de fonctionnement
Operating time
Tiempo de funcionamiento

Temps de formation
Training time
Tiempo de formación

Temps de lancement
Release time
Tiempo de lanzamiento

Temps de lecture
Read time
Tiempo de lectura

Temps de maintenance
Maintenance time
Tiempo de mantenimiento

Temps de maintenance non programmé
Unscheduled maintenance time
Tiempo de manutención no programado

Temps de maintenance préventive
Preventive maintenance time
Tiempo de mantenimiento preventivo

Temps de manutention et réparation
Servicing time
Tiempo de mantenimiento y reparación

Temps de manutention supplémentaire
Supplementary maintenance time
Tiempo de mantenimiento suplementario

Temps de mise sous tension
Power on time
Tiempo de puesta en tensión

Temps de montage
Setup hours, Setup time
Tiempo de montaje

Temps de montée
Rise time
Tiempo de subida

Temps de multiplication
Multiplication time
Tiempo de multiplicación

Temps de positionnement
Setting time
Tiempo de posicionamiento

Temps de présence
Attendance time
Tiempo de presencia

Temps de prise en charge de l'instruction
Instruction timing
Tiempo de toma en carga de la instrucción

Temps de réalisation d'un programme
Program development time
Tiempo de realización de un programa

Temps de recherche
Search time
Tiempo de búsqueda

Temps de récupération
Retrieval time
Tiempo de recuperación

Temps de remplacement
Substitute time, Swap time
Tiempo de sustitución

Temps de réparation
Corrective maintenance time,
Repair (delay) time
Tiempo de correctivo

Temps de réponse
Response time, Turn around time
Tiempo de respuesta

Temps de réponse d'un récepteur
Receiver response time
Tiempo de respuesta de un
receptor

Temps de report
Carry time
Tiempo de acarreo

Temps de rotation
Rotational delay
Demora de rotación

Temps de routine de maintenance
Routine maintenance time
Tiempo de rutina de
mantenimiento

Temps de superposition
Overlap time
Tiempo de sobreposición

Temps de traitement
Mill time, Processing time
Tiempo de proceso

Temps de transfert
Move time, Transfer time
Tiempo de transferencia

Temps de travail
Productive time
Tiempo de trabajo

Temps de vérification du codage
Code checking time
Tiempo de verificación de la
codificación

Temps d'enregistrement
Write time
Tiempo de registro

**Temps d'enregistrement des
entrées**
Entry time
Tiempo de registro de las entradas

Temps d'entraînement
Transport time
Tiempo de arrastre

Temps d'essai
Proving time, Testing time
Tiempo de ensayo

Temps d'essai d'un programme
Program testing time
Tiempo de ensayo de un
programa

**Temps d'établissement d'une
connexion**
Connect time
Tiempo de establecimiento de una
conexión

Temps d'exécution
Development time, Execution time,
Operation time, Run(ning) time
Tiempo de ejecución

Temps d'extinction
Decay time
Tiempo de extinción

Temps d'inactivité
Idle time
Tiempo de inactividad

Temps d'inclusion totale
Include all time
Tiempo de inclusión total

Temps d'indisponibilité
Unavailable time
Tiempo de indisponibilidad

Temps d'installation
Installation time
Tiempo de instalación

Temps d'intervention planifié
Scheduled engineering time
Tiempo de intervención
planificado

Temps disponible
Available time
Tiempo disponible

Temps d'utilisation
Service life, Usage time
Tiempo de utilización

Temps effectif
Effective time
Tiempo efectivo

Temps employé
Time consuming
Tiempo empleado

Temps enregistré au compteur
Meter time
Tiempo registrado por el contador

Temps hors service
Out of service time
Tiempo fuera servicio

Temps improductif
Down time, Unproductive time
Tiempo improductivo

Temps machine
Computer time, Machine time
Tiempo máquina

Temps machine disponible
Available machine time
Tiempo máquina disponible

Temps maximum d'accès
Maximum access time
Tiempo máximo de acceso

Temps minimum d'exécution
Minimum run time
Tiempo mínimo de ejecución

Temps mort
Dead time
Tiempo muerto

Temps moyen d'accès
Average access time
Tiempo medio de acceso

Temps moyen d'attente
Average queue time
Tiempo medio de espera

Temps moyen de manutention
Mean time to maintain, M.T.T.M.,
M.T.T.M.
Tiempo medio de mantenimiento,
Tiempo medio de manutención

Temps moyen de réparation
Mean repair time, Mean time to
repair, M.T.T.R., M.T.T.R.
Tiempo medio de reparación

Temps moyen de travail
Average operation time
Tiempo medio de trabajo

Temps moyen entre appels
Mean time between calls
Tiempo medio entre llamadas

Temps moyen entre pannes
Mean time between failures,
M.T.B.F.
Tiempo medio entre averías

Temps moyen jusqu'à la panne
Mean time to failure, M.T.T.F.,
M.T.T.F.
Tiempo medio hasta la avería

Temps non imputable
Debatable time
Tiempo no imputable

Temps non imputé
Uncharged time
Tiempo no imputado

Temps non utilisé
Ineffective time, Unused time
Tiempo no utilizado

Temps partagé
Time sharing, T.S., T.S.
Tiempo compartido

Temps passé
Elapsed time
Tiempo transcurrido

Temps perdu en raison d'incident de machine
Machine spoilt work time
Tiempo perdido por consecuencia de incidente de máquina

Temps propagé
Propagated time
Tiempo propagado

Temps réel
Actual time, Real time, R.T., R.T.,
True time
Tiempo verdadero, Tiempo actual,
Tiempo real

Temps résiduel
Excess time
Tiempo residual

Temps surveillé
Attended time
Tiempo vigilado

Temps-système
Overhead, System overhead
Tiempo-sistema

Temps total
Total time
Tiempo total

Tenir à jour
(to) Keep current
Tener actualizado

Tension
Voltage
Tensión

Tension d'alimentation
Supply voltage
Tensión de alimentación

Tension de crête
Peak voltage
Tensión de cresta

Tension de référence
Reference supply
Tensión de referencia

Tension de réponse non perturbée
Undisturbed response voltage
Tensión de respuesta no perturbada

Tension stabilisée
Controlled voltage
Tensión estabilizada

Tentative
Attempt
Tentativa

Tenter
(to) Attempt
Tentar

Terme auto-défini
Self-defining term
Término autodefinido

Terme de comparaison
Comparand
Término de comparación

Terminal
Terminal (unit)
Terminal

Terminal à clavier
Typewriter-like terminal
Terminal con teclado

Terminal à distance
Remote termine device
Terminal a distancia

Terminal à écran de visualisation
Visual display terminal
Terminal con pantalla de visualización

Terminal à fonctions multiples
Multi function terminal
Terminal con funciones múltiples

Terminal à rendement élevé
High rate terminal
Terminal con rendimiento elevado

Terminal conçu en fonction des travaux
Job oriented terminal
Terminal concebido en función de los trabajos

Terminal de collecte de données
Data collection terminal
Terminal de recogida de datos

Terminal de communication
Communication terminal
Terminal de comunicación

Terminal de données à distance
Remote data terminal
Terminal de datos a distancia

Terminal de guichet
Teller terminal
Terminal de ventanilla

Terminal de réseau
Network terminal
Terminal de red

Terminal de saisie des données
Data acquisition terminal
Terminal de adquisición de los datos

Terminal de sortie graphique
Graphical output terminal
Terminal de salida gráfica

Terminal de supervision
Supervisory terminal
Terminal de supervisión

Terminal de télégestion
Remote communications terminal
Terminal de telegestión

Terminal de télétraitement
Teleprocessing terminal
Terminal de teleproceso

Terminal de traitement de données
Data terminal
Terminal de proceso de datos

Terminal de transmision à bande magnétique
Magnetic tape transmission terminal
Terminal de transmision con cinta magnética

Terminal de transmission
Transmitting terminal
Terminal de transmisión

Terminal de transmission de données
Data communication terminal, Data transmission terminal
Terminal de comunicación de datos

Terminal de visualisation à clavier
Keyboard display terminal
Terminal de visualización con teclado

Terminal d'impression
Hard copy terminal
Terminal de impresión

Terminal d'interrogation
Inquiry terminal
Terminal de interrogación

Terminal d'interrogation / réponse
Inquiry response terminal
Terminal de interrogación / respuesta

Terminal d'interrogation avec visualisation
Inquiry display terminal
Terminal de interrogación con visualización

Terminal doté de machine à écrire à boule
Bouncing ball terminal
Terminal dotado de máquina de escribir con esfera

Terminal émetteur
Originating terminal
Terminal emisor

Terminal (qui travaille) en temps partagé
Time sharing terminal
Terminal (que trabaja) en tiempo compartido

Terminal graphique
Graphic terminal
Terminal gráfico

Terminal interactif
Interactive terminal
Terminal interactivo

Terminal lent
Low rate terminal
Terminal lento

Terminal local
Local terminal
Terminal local

Terminal multiplex (de transmission) de données
Multiplex data terminal
Terminal multiplex (de transmisión) de datos

Terminal pilote
Master terminal
Terminal maestro

Terminal programmable
Intelligent terminal, Programmable terminal
Terminal programable

Terminal programmable doté de mémoire intermédiaire
Programmable buffered terminal
Terminal programable dotado de memoria intermedia

Terminal rapide
High-speed terminal
Terminal rápido

Terminal récepteur
Destination terminal, Receiving terminal
Terminal receptor

Terminal sans possibilité de calcul
Idiot terminal
Terminal sin posibilidad de cálculo, Terminal sin programa

Terminal vidéo
Video terminal
Terminal video

Terminer
(to) Go out, (to) Terminate
Terminar

Terminer la procédure d'enregistrement
(to) log-off
Terminar el procedimiento de registro

Terminer l'exécution normale
(to) Reach normal termination
Alcanzar el fin normal

Terminer une phase
(to) Run-out
Terminar una fase

Ternaire
Ternary
Ternario

Terre (Masse)
Ground
Tierra (Masa)

Test de diagnostic
Diagnostic check
Ensayo de diagnóstico

Test de durée
Life test
Ensayo de duración

Test T
T type
Prueba T

Tester
(to) Test
Ensayar

Testeur de bande magnétique
Magnetic tape tester
Comprobador de cinta magnética

Tête
Head
Cabeza

Tête à deux points magnétosensibles
Two gap head
Cabeza con dos puntos magnetosensibles

Tête de lecture
Read(ing) head
Cabeza de lectura

Tête de lecture-écriture
Read-write head
Cabeza de lectura-escritura

Tête de lecture-écriture combinées
Combined read-write head
Cabeza de lectura-escritura combinadas

Tête de lecture préalable
Pre-read head
Cabeza de lectura previa

Tête de magnétisation
Magnetizing head
Cabeza de magnetización

Tête de perforation
Punch head
Cabeza de perforación

Tête de reproduction
Playback head
Cabeza de reproducción

Tête d'écriture
Writing head
Cabeza de escritura

Tête d'effacement
Erase head, Erasing head
Cabeza de borrado

Tête d'enregistrement
Record(ing) head
Cabeza de registro

Tête d'enregistrement magnétique
Magnetic recording head
Cabeza de registro magnético

Tête d'impression
Print head
Cabeza de impresión

Tête flottante
Floating head
Cabeza flotante

Tête magnétique
Magnetic head
Cabeza magnética

Tête magnétisée
Magnetized head
Cabeza magnetizada

Tête pour bande magnétique
Magnetic tape head
Cabeza para cinta magnética

Tétrode
Tetrode
Tétrodo

Texte
Text
Texto

Texte intégral
Full text
Texto integral

Théorie
Theory
Teoría

Théorie de décision
Decisión theory
Teoría de decisión

Théorie de l'échantillonnage
Sampling theory
Teoría de muestras

Théorie de l'information
Information theory
Teoría de la información

Théorie de mises en file d'attente
Queuing theory
Teoría de colas

Théorie des automates
Automation theory
Teoría de autómatas

Théorie des communications
Communication theory
Teoría de las comunicaciones

Théorie des commutations
Switching theory
Teoría de las conmutaciones

Théorie des ensembles
Games theory, Set theory
Teoría de los juegos

Théorie des files d'attente
Theory of congestion, Theory of
    queues
Teoría de colas

Théorie des graphes
Graph theory
Teoría de grafos

Théorie des groupes
Group theory
Teoría de los grupos

Théorie des probabilités
Probability theory
Teoría de las probabilidades

Théorique
Conceptual
Teórico

Thermionique
Thermionic
Termiónico

Thermistor
Thermistor
Termistor

Thermocarte
Thermocard
Termoficha

Thermocopieur
Thermocopier
Termocopiador

Thermographie
Thermal imaging
Termografía

Tirage
Hard copy
Copia legible, Tirada

Tiroir
Drawer
Cajón

Tolérance
Tolerance
Tolerancia

Tolérance de fréquence
Frequency tolerance
Tolerancia de frecuencia

Tolérance d'effacement
Ease of erasure
Facilidad de borrado

Tomber
(to) Drop
Caer

Tomber en panne
(to) Breakdown
Averiarse

Tonalité
Dial tone, Tone
Tonalidad

Topogramme de la mémoire
Memory layout, Storage map
Topograma de la memoria

Tordu
Wry
Torcido

Tore
Core
Núcleo

Tore bobiné
Bobbin core
Núcleo bobinado

Tore de bande
Tape core
Núcleo de cinta

Tore de commutation
Switch core
Núcleo de conmutación

Tore de ferrite
Ferrite bead, Ferrite core
Núcleo de ferrita

Tore de mémoire
Memory core, Storage core
Núcleo de memoria

Tore enroulé
Tape-wound core
Núcleo arrollado

Tore magnétique
Magnetic core
Núcleo magnético

Tore magnétique bistable
Binary core, Bistable magnetic
core
Núcleo magnético biestable

Total
Total
Total

Total arithmétique
Arithmetic(al) sum
Total aritmético

Total cumulatif
Cumulative total
Total cumulativo

Total cumulé
Accumulated total
Total acumulado

Total cumulé perforé
Accumulated total punching
Total acumulado perforado

Total de contrôle
Check sum, Check total, Hash
total, Proof total
Total de control

Total de cumul
Accumulative total
Total de acumulación

Total de niveau inférieur
Minor total
Total de nivel inferior

Total de niveau supérieur
Major total
Total de nivel superior

Total effectif
Actual total
Total efectivo

Total général
Final total, Grand total, Sum total
Total general

Total horizontal
Cross(foot(ing)) total
Total horizontal

Total incohérent
Gibberish total
Total incoherente

Total intermédiaire
Intermediate total
Total intermedio

Total par lots
Batch total
Total por lotes

Total progressif
Progressive total
Total progresivo

Totalisateur
Totaling accumulator
Totalizador

Totalisateur-soustracteur
Balance counter
Totalizador-sustractor

Totalisation
Summarization, Summation,
Totaling
Totalización

Totalisation automatique
Automatic totalling
Totalización automática

Totaliser
(to) Add, (to) Cumulate, (to) Take a
total, (to) Total, (to) Total up
Acumular, Sumar, Totalizar

Totaux de contrôle
Control totals
Totales de control

Touche
Key
Tecla

Touche à double fonction
Alternate function key (multi-
function switch)
Tecla con doble función

Touche d'annulation
Cancel key
Tecla de anulación

Touche d'arrêt
Pause control
Tecla de parada

**Touche de caractère majuscule
sans blocage**
Non locking shift character
Tecla de carácter mayúsculo sin
bloqueo

Touche de chargement
Load key
Tecla de carga

Touche de chiffre
Digit key
Tecla de dígito

Touche de commande
Control key
Tecla de mando

Touche de départ du programme
Program start key
Tecla de arranque del programa

Touche de données
Data key
Tecla de datos

Touche de fonction
Function key
Tecla de función

Touche de phase
Phase bar
Tecla de fase

Touche de répétition
Automatic Repeating, Cursor
Tecla de repetición

Touche de retour en arrière
Backspace key
Tecla de retroceso

Touche de sélection numérique
Digit select key
Tecla de selección numérica

Touche de sous-total
Subtotal key
Tecla de subtotal

Touche de total général
Grand total key
Tecla de total general

Touche fixe majuscules
Shift lock key
Tecla fija mayúscula

Touche X
Crossfoot key
Tecla X

Tourner sur un cycle
(to) Hang up in a loop
Girar sobre un ciclo

Tourner sur une boucle
(to) Cycle through
Girar sobre un ciclo

Tous les deux à la fois
Both
Ambos

Traçage
Plotting, Tracing
Trazado, dibujo

Traçage des réseaux
Network tracing
Traza de las redes

Tracé de carte
Card layout
Disposición o diseño de la ficha

Tracé de document
Document design
Diseño del documento

Tracé de fichier
File layout
Disposición o diseño del fichero

Tracé d'enregistrement
Record layout
Disposición o diseño del registro

Tracé pré-imprimé
Forms flash
Trazado preimpreso

Tracer
(to) Mark out, (to) Plot
Trazar

Tracer le chemin d'un programme
(to) Trace
Trazar el camino de un programa

Tracer un diagramme
(to) Chart
Dibujar, Trazar un diagrama

Tracer un organigramme
(to) Flowchart
Trazar un organigrama

Traceur de courbes
Curve plotter, Plotter, X.Y., X.Y.
  Plotter
Trazador (de curvas)

Traceur de graphiques
Data plotter, Graph plotter
Trazador de gráficos

Traceur d'organigramme
Diagramming template,
  Flowcharter
Plantilla, Trazador de organigrama

Traceur incrémentiel
Incremental plotter, Incremental
  step
Trazador incremental

Traceur incrémentiel numérique
Digital incremental plotter
Trazador incremental numérico

Traceur numérique
Digital plotter
Trazador numérico

Traceur rapide
High-speed plotter
Trazador rápido

Traducteur
Translater, Translator
Traductor

Traducteur de cartes
Card interpreter
Intérprete de fichas

Traducteur de langage
Language translator
Traductor de lenguaje

Traducteur un pour un
One for one translator, One-to-one
  translater
Traductor uno por uno

Traduction
Translation
Traducción

Traduction algorithmique
Algorithm translation
Traducción algorítmica

Traduction automatique
Mechanical translation
Traducción automática

Traduction d'adresse
Address translation
Traducción de dirección

Traduction de langage
Language translation
Traducción de lenguaje

Traduction du programme de canal
Channel program translation
Traducción del programa de canal

Traduction dynamique d'adresse
D.A.T., Dynamic address
  translation
Traducción dinámica de dirección

Traduction mécanique
Machine translation
Traducción mecánica

Traductrice-reporteuse
Posting interpreter
Traductora-transcriptora

Traduire
(to) Translate
Traducir

Trafic
Traffic
Tráfico

Trafic en réception
Incoming traffic
Tráfico en recepción

Trafic en sortie
Outgoing traffic
Tráfico en salida

Trafic téléphonique
Telephone traffic
Tráfico telefónico

Trafic télex
Telex traffic
Tráfico telex

Train
Chain, Stream, Train
Tren

Train d'impulsions
Pulse train
Tren de impulsos

Trait
Stroke
Trazo

Trait d'union
Hyphen
Guión

Traitement
Manipulation, Processing
Tratamiento, Proceso

Traitement à distance
Remote computing, Remote (data)
    processing
Proceso a distancia

Traitement à distance par lots
Remote batch processing
Proceso a distancia por lotes

Traitement automatique de l'information
Automatic information processing
Proceso automático de la información

Traitement automatique des données
A.D.P., Automatic data processing, Datamation
Proceso automático de los datos, Proceso automático de datos

Traitement automatisé
Process automation
Proceso automatizado

Traitement autonome
Off line processing
Proceso autónomo

Traitement avec une seule unité
Uniprocessing
Proceso con una sola unidad

Traitement centralisé des données
Centralized data processing
Proceso centralizado de los datos

Traitement conversationnel
Conversational processing
Proceso conversacional

Traitement d'arrière plan
Background processing, Backgrounding
Proceso de segundo plano

Traitement de données scientifiques
Scientific data processing
Tratamiento de datos científicos

Traitement de l'information
Information handling, Information processing
Tratamiento de la información

Traitement de listes
List processing
Tratamiento de listas

Traitement de premier plan
Foreground (operation or) processing, Foregrounding
Proceso de primer plano

Traitement des adresses
Address manipulation
Tratamiento de las direcciones

Traitement des chaînes
String manipulation
Tratamiento de las cadenas

Traitement des communications
Communications processing
Proceso de las comunicaciones

Traitement des données
Data processing, D.P.
Proceso de datos, Proceso de los datos

Traitement des données de gestion
Administrative data processing, Business (oriented) data processing
Proceso de los datos de gestión

Traitement des données décentralisé
Decentralized data processing
Proceso de los datos descentralizados

Traitement des erreurs de machine
Machine check handler, M.C.H.
Tratamiento de los errores de máquina

Traitement des images
Image processing
Tratamiento de las imágenes

Traitement des interruptions
Interrupt handling
Tratamiento de las interrupciones

Traitement des messages
Message handling
Tratamiento de los mensajes

Traitement des mots
Word processing
Proceso de las palabras

Traitement des tables
Table handling
Tratamiento de las tablas

Traitement d'un fichier
File processing
Proceso de un fichero

Traitement électronique des données
E.D.P., Electronic Data Processing
Proceso electrónico de los datos

Traitement en cours
On line processing
Proceso en curso

Traitement en série
Serial processing
Proceso en serie

Traitement en temps réel
Real time processing
Proceso en tiempo real

Traitement graphique des données
Graphic data processing
Proceso gráfico de los datos

Traitement immédiat
Immediate processing
Proceso inmediato

Traitement intégré de l'information
I.D.P., Integrated data processing
Proceso integrado de la información

Traitement interne
Internal processing
Proceso interno

Traitement multi-tâche
Multi task processing
Proceso multitarea

Traitement non ordonné
Random processing
Proceso no ordenado

Traitement par exception
Exception processing
Proceso por excepción

Traitement par lots
Batch process(ing)
Proceso por lotes

Traitement par priorité
Priority processing
Proceso por prioridad

Traitement par programmes groupés
Stacked job processing
Proceso por programas agrupados

Traitement parallèle
Parallel printing
Proceso paralelo

Traitement réparti
Distributed processing
Proceso repartido

Traitement simulé
Dry running
Proceso simulado

Traitement simultané
Concurrent processing
Proceso simultáneo o concurrente

Traitement sur demande
Demand processing
Proceso al pedido

Traiter
(to) Process
Procesar

Traiter à distance
(to) Teleprocess
Procesar a distancia

Traiter de nouveau
(to) Reprocess
Procesar de nuevo

Traiter mécaniquement
(to) Machine
Tratar mecánicamente

Traiter par lots
(to) Batch process
Procesar por lotes

Traiter simultanément
(to) Work on
Procesar simultáneamente

Trajet de sortie de données différé
Delayed data flow path
Trayecto de salida de datos diferido

Trame
France, Raster, Web
Trama

Tranche de temps
Time slice, Time slot
Cuota de tiempo

Transcoder
(to) Transcode
Transcodificar

Transcodeur
Transcoder
Transcodificador

Transcription
Transcription
Transcriptora

Transcriptrice
Facsimile posting machine
Transcriptora

Transcrire
(to) Transcribe
Transcribir

Transducteur
Transducer
Transductor

Transducteur actif
Active transducer
Transductor activo

Transférer
(to) Move, (to) Transfer
Transferir

Transfert
Migration, Move, Transfer
Transferencia

Transfert bilatéral
Bi-directional flow
Transferencia bilateral

Transfert conditionnel
Conditional transfer
Transferencia condicional

Transfert contrôle par symbole
Symbol-controlled move
Transferencia controlada por símbolo

Transfert dans le canal
T.I.C., Transfer in channel
Transferencia en el canal

Transfert de cartes
Card transfer
Transferencia de fichas

Transfert de contrôle
Control transfer
Transferencia de control

Transfert de contrôle conditionnel
Conditional control transfer
Transferencia de control condicional

Transfert de contrôle incondicional
Unconditional control transfer
Transferencia de control incondicional

Transfert de données
Data movement, Data transfer
Transferencia de datos

Transfert de données entre périphériques
Data transfer to and from peripherals
Transferencia de datos entre periféricos

Transfert de page
Page migration
Transferencia de página

Transfert de totaux
Total transfer
Transferencia de totales

Transfert d'informations
Information transfer
Transferencia de informaciones

Transfert en série
Serial transfer
Transferencia en serie

Transfert entre mémoires
Intra storage transfer
Transferencia entre memorias

Transfert inconditionnel
Unconditional transfer
Transferencia incondicional

Transfert inconditionnel du contrôle
Unconditional transfer of control
Transferencia incondicional del control

Transfert instantané des données
Instantaneous data transfer
Transferencia instantánea de los datos

Transfert par blocs
Block transfer
Transferencia por bloques

Transfert parallèle
Parallel transfer
Transferencia paralela

Transfert périphérique
Peripheral transfer
Transferencia periférica

Transfert radial
Radial transfer, Transput process
Transferencia radial

Transfert registre / registre
Interregister transfer
Transferencia registro / registro

Transformateur
Transformator
Transformador

Transformateur d'impulsions
Pulse transformer
Transformador de impulsos

Transformation
Transformation
Transformación

Transformation de signal
Signal transformation
Transformación de señal

Transformer
(to) Transform
Transformar

Transistor à effet de champ
F.E.T., Field effect transistor
Transistor con efecto de campo

Transit par bande perforée
Torn tape relay
Transición intermedia por cinta
    perforada

Transition
Change over, Cut(ing)-over,
    Transition
Transición

Transition automatique par bande
Automatic tape relay
Transición intermedia automática
    por cinta

Transitoire
Transient
Transitorio

Translatable
Relocatable
Reposicionable

Translater
(to) Relocate
Reposicionar

Translateur
Repeating coil
Bobina repetidora

Translation
Relocation
Reposicionado

Transmetteur
Transmitter
Transmisor

Transmetteur automatique
Automatic transmitter
Transmisor automático

Transmetteur de données
Data transmitter
Transmisor de datos

Transmettre
(to) Pass on, (to) Transmit
Transmitir

Transmission
Communication, Transmission
Transmisión

**Transmission à bandes latérales
    asymétriques**
Asymmetrical sideband
    transmission
Transmisión con banda lateral
    asimétrica

**Transmission à bandes latérales
    indépendantes**
Independent sideband
    transmission
Transmisión con banda lateral
    independiente

**Transmission à suppression
    d'onde porteuse**
Suppressed carrier transmission
Transmisión con supresión de
    onda portadora

Transmission analogique
Analog transmission
Transmisión analógica

Transmission arythmique
Start-stop transmission
Transmisión asíncrona,
    Transmisión start-stop

**Transmission arythmique de
    données**
Start-stop data transmission
Transmisión arrítmica de datos

Transmission asynchrone
Asynchronous transmission
Transmisión asíncrona

Transmission automatique
Automatic telegraphy, Automatic
    transmission
Telegrafía automática,
    Transmisión automática

**Transmission automatique de
    signaux**
Automatic signalling
Transmisión automática de
    señales

Transmission binaire synchrone
Binary synchronous transmission
Transmisión binaria síncrona

Transmission bipolaire
Bipolar transmission
Transmisión bipolar

Transmission de données
Data transmission, D.T.
Transmisión de datos

**Transmission de données
    asynchrone**
Asynchronous data transmission
Transmisión de datos asíncrona

Transmission dirigée par données
Data directed transmission
Transmisión dirigida por datos

Transmission dirigée par liste
List directed transmission
Transmisión dirigida por lista

Transmission en continu
Stream oriented transmission
Transmisión dirigida por flujo

Transmission en duplex
Duplexing
Transmisión en duplex

Transmission en série
Serial transmission
Transmisión en serie

**Transmission modulée par
    impulsions**
Pulse modulated transmission
Transmisión modulada por
    impulsos

Transmission non simultanée
Non simultaneous transmission
Transmisión no simultánea

Transmission par double courant
Double current transmission
Transmisión por doble corriente

Transmission par enregistrements
Record oriented transmission
Transmisión mediante registros

Transmission par groupes
Burst transmission
Transmisión por grupos

Transmission par simple courant
Single current transmission
Transmisión por simple corriente

Transmission par téléimprimante
Teleprinter transmission
Transmisión por teleimpresora

Transmission parallèle
Parallel transmission
Transmisión paralela

Transmission point par point
Point to point transmission
Transmisión punto a punto

Transmission simultanée
Simultaneous transmission
Transmisión simultánea

Transmission sur bande latérale unique
Single sideband transmission
Transmisión sobre banda lateral única

Transmission synchrone
Synchronous transmission
Transmisión síncrona

Transmission synchrone de données
Synchronous data transmission
Transmisión síncrona de datos

Transmission synchrone en série
Serial synchronous transmission
Transmisión síncrona en serie

Transmission téléphonique
Telephonic transmission
Transmisión telefónica

Transmission télex
Telex transmission
Transmisión telex

Transparence
Transparency
Transparencia

Transparent
Transparent
Transparente

Transposer
(to) Transliterate
Transponer

Transposition
Transliteration, Transposition
Transposición

Transposition de fréquence
Frequency translation
Transposición de frecuencia

Travail
Job, Work(ing)
Trabajo

Travail arriéré
Backlog
Trabajo atrasado, Relación de pedidos sin servir

Travail asynchrone
Asynchronous working
Trabajo asíncrono

Travail d'arrière plan
Background job
Trabajo de segundo plano

Travail de traitement de données
Data processing task
Trabajo de proceso de datos

Travail en cours
Currently, Work in process, Work on hand
Trabajo en curso

Travail en duplex
Duplex operation
Trabajo en duplex

Travail en duplex intégral
Full-duplex operation
Trabajo en duplex completo

Travail en longueur double
Double length working
Trabajo en longitud doble

Travail en multi-programmation
Multi program working
Trabajo en multiprogramación

Travail en parallèle
Parallel running
Trabajo en paralelo

Travail en plusieurs rotations
Multiple shift working
Trabajo a varias rotaciones

Travail groupé
Batch(ed) job
Trabajo por lotes

Travail improductif
Non productive work
Trabajo improductivo

Travail principal
Main job
Trabajo principal

Travail productif
Production job
Trabajo productivo

Travail unique
One time job
Trabajo único

Travail urgent
Hot job
Trabajo urgente

Travailler
(to) Work
Trabajar

Travailler en multi-traitement
(to) Multi process
Trabajar en multiproceso

Travaux administratifs
Clerical duties
Trabajos administrativos

Travaux simultanés
Concurrent jobs
Trabajos simultáneos o concurrentes

Très basse fréquence
Very low frequency, V.L.F.
Frecuencia muy baja, Muy baja frecuencia

Très haute fréquence
Very high frequency, V.H.F.
Frecuencia muy alta, Muy alta frecuencia

Tri
Sort(ing)
Clasificación, Ordenación

Tri / fusion
Sort / merge
Clasificadora / fusión

Tri à deux voies
(two) Way sort
Clasificación a dos vías

Tri à l'aiguille
Needle sort
Selección con aguja

Tri alphanumérique
Alphanumeric(al) sorting
Selección alfanumérica

Tri arithmétique
Arithmetic(al) sort
Clasificación aritmética

Tri binaire
Binary sort
Clasificación binaria

Tri croissant
Forward sort
Clasificación creciente

Tri décroissant
Backward sort
Clasificación decreciente

Tri d'étiquettes
Tag sort
Selección de etiquetas

Tri numérique
Digital sort, Numerical sorting
Clasificación numérica

Tri par blocs
Block sort
Clasificación por bloques

Tri par interclassement
Merging sort
Clasificación por intercalación

Tri par lots
Batch sort
Clasificación por lotes

Tri polyphase
Polyphase sort
Clasificación polifásica

Tri préalable
Presort(ing)
Clasificación previa

Tri sur bande
Tape sort
Clasificación sobre cinta

Tri sur disque
Disk sort
Clasificación sobre disco

Trié à l'aiguille
Needle sorted
Clasificado con aguja

Trier
(to) Sort
Clasificar

Trier manuellement
(to) Hand sort
Clasificar manualmente

Trieuse
Sorter
Clasificadora

Trieuse / lectrice
Sorter / reader
Clasificadora / lectora

Trieuse-compteuse
Counting sorter
Clasificadora-contadora

Trieuse de caractères magnétiques
Magnetic character sorter
Clasificadora de caracteres
   magnéticos

Trieuse de cartes
Card proving machine, Card
   prover, Card sorter, Card
   sorting machine
Seleccionadora de fichas,
   Clasificadora de fichas

Trieuse de cartes perforées
Punched card sorter
Clasificadora de fichas perforadas

Trieuse de chèques
Check sorter
Clasificadora de cheques

Trieuse de documents
Document sorter
Clasificadora de documentos

Triple espace
Triple spacing
Triple espacio

Triple impulsion
Pulse triple
Triple impulso

Triple précision
Triple precision
Triple precisión

Triprocesseur
Triprocessor
Triprocesador

Tronquer
(to) Chop off, (to) Truncate
Truncar

Trou
Hole
Agujero

Trou de guidage
Pilot hole
Agujero de guía

Trou de perforation
Punch hole
Agujero de perforación

Trou métallisé
Plated through hole
Agujero metalizado

Trou ouvert
Slotted hole
Agujero con ranura

Trous d'entraînement
Sprocket holes
Agujeros de arrastre

Trous marginaux d'entraînement
Sprocket hole margin
Agujeros marginales de arrastre

Tube
Tube
Válvula electrónica

Tube à rayons cathodiques
Cathode ray tube, C.R.T.
Válvula de rayos catódicos

Tube à vide
Vacuum tube
Válvula de vacío

Tube amplificateur
Amplifier tube
Tubo amplificador

Tube cathodique
Display tube
Tubo catódico

Tube de William
Williams tube
Tubo de William

Tube vidéo
Video tube
Tubo video

Tuteur
Tutorial
Introducción, tutoría

Type (Degré)
Grade
Tipo (Grado)

Type (Caractère d'imprimerie)
Type
Tipo (Carácter de impresión)

Type de carte
Card type
Tipo de ficha

Type de circuit
Circuit grade
Tipo de circuito

Type de fichier
File type
Tipo de fichero

Type de traitement
Type of run
Tipo de proceso

Type d'enregistrement
Record type
Tipo de registro

Typographie
Letterpress
Tipografía

U

Ultra haute fréquence
U.H.F., Ultra high frequency,
    U.H.F.
Ultra alta frecuencia, Frecuencia
    ultra alta

Ultra-sonore
Ultrasonic
Ultrasónico

Un
One
Uno

Un binaire
Binary one
Uno binario

Un pair, l'autre impair
Even / odd pair
Pareja par / impar

Un pour un
One for one
Uno por uno

Une seule adresse
Single address
Una sola dirección

Unidirectionnel
One way, Single way,
    Unidirectional
Unidireccional

Unipolaire
Unipolar
Unipolar

Unité
Unit
Unidad

**Unité à accès direct utilisée en
    commun**
Shared direct access device
Unidad de acceso directo
    compartida

Unité à affichage numérique
Digital display unit
Unidad de visualización digital

Unité à bande
Tape Unit, T.U., T.U.
Unidad de cinta, Unidad con cinta

**Unité à bande de haute
    performance**
Hypertape drive
Unidad con cinta de alta
    prestación

Unité à bande magnétique
Magnetic tape unit, M.T.U., M.T.U.
Unidad de cinta magnética,
    Unidad con cinta magnética

Unité à bande pilote
Vertical format unit, V.F.U., V.F.U.
Unidad con cinta piloto

**Unité à cartes à fonctions
    multiples**
M.F.C.U., Multi function card unit,
    M.F.C.U.
Unidad con fichas con funciones
    múltiples, Unidad de fichas con
    funciones múltiples

Unité à cellules
Data cell drive
Unidad con celdas magnéticas

Unité à disques
Disk handler, Disk pack drive, Disk
    unit
Unidad con discos

Unité à disques monopile
Single spindle drive
Unidad de discos con un ojo

Unité à fichiers
File unit
Unidad de ficheros

Unité à film magnétique
Magnetic film unit
Unidad con filme magnético

Unité à introduction manuelle
Manual input unit
Unidad de introducción manual

Unité à mémoire auxiliaire
Auxiliary storage unit
Unidad con almacenamiento
    auxiliar

Unité à programme
Program unit
Unidad de programa

Unité à rayons cathodiques
Cathode ray tube device
Dispositivo con rayos catódicos

Unité à réponse vocale
A.R.U., Audio response unit,
    A.R.U., Voice answer-back unit
Unidad con respuesta vocal,
    Unidad con respuesta audible

Unité à retard
Delay unit
Unidad de retardo

Unité à tambour
Drum unit
Unidad de tambor

Unité à vitesse variable
Variable speed machine
Unidad de velocidad variable

Unité adressable du réseau, NAU
Network addressable unit
Unidad direccionable de la red

Unité arithmétique
Arithmetic(al) unit
Unidad aritmética

**Unité arithmétique en double
    précision**
Double precision hardware
Unidad aritmética (circuito) en
    doble precisión

Unité arithmétique et logique
A.L.U., Arithmetic(al) and logical
    unit, A.L.U.
Unidad aritmética y lógica

Unité arithmétique irréductible
Arithmetic(al) primary
Unidad aritmética irreducible,
    Primario aritmético

Unité autonome
Stand alone unit
Unidad autónoma

Unité binaire
Binary unit
Unidad binaria

Unité centrale de commande
Central control unit
Unidad central de control

Unité centrale de traitement
Central processing unit, C.P.U.,
    Central processor, C.P.U.
Unidad central de proceso

Unité d'adaptation des données
Data adapter unit
Unidad adaptadora de los datos

Unité d'alimentation
Feed unit
Unidad de alimentación

Unité d'alternance des dérouleurs de bande
Tape switching unit
Unidad de alternación de las unidades de cinta

Unité d'assemblage
Assembly unit
Unidad de ensamblaje

Unité de calcul
Calculating unit
Unidad de cálculo

Unité de collecte de données
Data collector
Unidad de recogida de datos

Unité de commande de canal
C.C.U., Channel control unit, C.C.U.
Unidad de mando de canal, Unidad de control de canal

Unité de commande de dispositif
Device control unit
Unidad de control de dispositivo

Unité de commande des périphériques
P.C.U., Peripheral control unit P.C.U.
Unidad de mando de los periféricos, Unidad de control de los periféricos

Unité de commutation de messages
Message exchange unit
Unidad de conmutación de mensajes

Unité de commutations des charges
Load unit switches
Unidad de conmutaciones de las cargas

Unité de contact à permutation
Change over contact unit
Unidad de contacto con permuta

Unité de contrôle
Control(ler) unit, Monitor unit
Unidad de control

Unité de contrôle de disques
Disk control unit
Unidad de control de discos

Unité de contrôle de la bande pilote
Vertical format control unit
Unidad de control de la cinta piloto

Unité de contrôle de programme
Program control unit
Unidad de control de programa

Unité de contrôle de transmission de données
Data transmission control unit
Unidad de control de transmisión de datos

Unité de contrôle des communications
Communications control unit
Unidad de control de las comunicaciones

Unité de contrôle des transmissions
T.C.U., Transmissions control unit, T.C.U.
Unidad de control de las transmisiones

Unité de contrôle du compteur
Metering unit
Unidad de control del contador

Unité de contrôle occupée
Control unit busy, C.U.B., C.U.B.
Unidad de control ocupada

Unité de contrôle par blocs
Block control unit
Unidad de control por bloques

Unité de demande-réponse
Request-response unit, R.U., R.U.
Unidad de petición-respuesta

Unité de gestion des communications
Communication processor
Unidad de gestión de las comunicaciones

Unité de gestion des lignes
Line control unit
Unidad de gestión de las líneas

Unité de gestion des terminaux
Terminal control unit
Unidad de gestión de los terminales

Unité de lecture d'étiquettes
Tag converting unit
Unidad de lectura de etiquetas

Unité de liaison de base
Basic link unit
Unidad de enlace de base

Unité de mémoire
Memory unit, Storage unit
Unidad de memoria

Unité de mémoire à accès direct
D.A.S.D., Direct access storage device, D.A.S.D.
Unidad de memoria de acceso directo

Unité de mémoire à disques
Disk storage unit
Unidad de memoria de discos

Unité de mémoire à disques interchangeables
Exchangeable disk storage unit, Removable disk storage unit
Unidad de memoria con discos intercambiables

Unité de mémoire à disques magnétiques
Magnetic disk storage unit
Unidad de memoria con discos magnéticos

Unité de mémoire à tores
Core storage unit
Unidad de memoria de núcleos

Unité de mémoire à tores magnétiques
Magnetic core storage unit
Unidad de memoria con núcleos magnéticos

Unité de mesure
Unit of measure
Unidad de medida

Unité de perforation
Punch(ing) unit
Unidad de perforación

Unité de programmation
Programming unit
Unidad de programación

Unité de recherche et correction des erreurs
Debugging processor
Unidad de búsqueda de los errores

Unité de remplacement
Alternate unit
Unidad de sustitución

Unité de réponse en retour
Answerback unit
Unidad de respuesta en retorno

Unité de réponse vocale
Voice response unit
Unidad de respuesta vocal

Unité de résidence du système
System residence unit
Unidad de residencia del sistema

Unité de sélection
Segregating unit
Unidad de selección

Unité de traitement
Processing unit, Processor
Unidad de proceso

Unité de traitement de données
Data processing step, Data
    processor
Unidad de proceso de datos

Unité de traitement graphique
Graphic processing unit
Unidad de proceso gráfico

Unité de traitement périphérique
Peripheral processor
Unidad de proceso periférica

**Unité de transmission
    téléphonique de données**
Telephone data set
Unidad de transmisión telefónica
    de datos

Unité de vérification de données
Data control unit
Unidad de verificación de datos

Unité de visualisation
Display unit, V.D.U., Viewing unit,
    Visual display unit, V.D.U.
Unidad de visualización

Unité de visualisation à clavier
Keyboard display unit
Unidad de visualización con
    teclado

**Unité de visualisation à rayons
    cathodiques**
Cathode ray tube display
Unidad de visualización con rayos
    catódicos

Unité de visualisation de données
Data display unit
Unidad de visualización de datos

**Unité de visualisation des
    messages de contrôle**
Control message display
Unidad de visualización de los
    mensajes de control

**Unité de visualisation des
    registres**
Register display unit
Unidad de visualización de los
    registros

Unité de visualisation graphique
Graphic display unit
Unidad de visualización gráfica

Unité de volume
Volume unit
Unidad de volumen

Unité d'élément de code
Code element unit
Unidad de elemento de código

Unité d'endossement
Endorsing unit
Unidad de endoso

**Unité d'enregistrement de
    données**
Data encoding device
Unidad de registro de datos

Unité d'entraînement
Transport unit
Unidad de transporte

Unité d'exécution
Operating unit
Unidad de ejecución

Unité d'impression
Print unit
Unidad de impresión

Unité d'information
Unit of data
Unidad de información

Unité d'information de base
Basic information unit
Unidad de información básica

Unité d'interrogation
Desk inquiry unit, Inquiry unit
Unidad de interrogación

Unité d'introduction de données
Data entry device, Data input
    device
Unidad de introducción de datos

**Unité d'introduction de données à
    clavier**
Keyboard data entry unit
Unidad de introducción de datos
    con teclado

**Unité dotée de mémoire de
    grande capacité**
Bulk storage unit
Unidad dotada de memoria de
    gran capacidad

**Unité émettrice-réceptrice
    automatique**
Automatic send / receive unit
Unidad emisora-receptora
    automática

Unité fonctionnelle
Functional unit
Unidad funcional

Unité lente
Low speed unit
Unidad lenta

Unité linéaire
Linear unit
Unidad lineal

Unité logique
Logical unit, L.U., L.U.
Unidad lógica

**Unité logique de perforation du
    système**
System logical punch device
Unidad lógica de perforación del
    sistema

**Unité logique de sortie du
    système**
System logical output device
Unidad lógica de salida del
    sistema

**Unité logique d'introduction du
    système**
System logical input device
Unidad lógica de introducción del
    sistema

Unité périphérique
Peripheral device
Unidad periférica

Unité principale
Main frame, Master unit
Unidad principal

**Unité terminale de traitement de
    données**
Data terminal unit
Unidad terminal de proceso de
    datos

Unité terminale de visualisation
Display terminal unit, D.T.U.,
 D.T.U.
Unidad terminal de visualización,
 Unidad de visualización

Unité terminale d'impression
Hard copy device or terminal
Unidad terminal de impresión

Unité unique
Uniprocessor
Unidad única de proceso

Unité utilisée en commun
Shared device
Unidad compartida

Unité vidéo d'analyse des données
Data analysis display unit
Unidad de video de análisis de los
 datos

Unités autonomes
Off line units
Unidades autónomas, Unidades
 fuera de línea

Unités connectées
On line units
Unidades conectadas, Unidades en
 línea

Unités de sortie
Output devices, Output units
Unidades de salida

Unités d'entrée
Input units
Unidades de entrada

Unités d'entrée / sortie
Input / output units
Unidades de entrada / salida

Unités périphériques
Peripheral units, Peripherals
Unidades periféricas

Universel
All-purpose, General purpose,
 G.P., G.P., Universal
Universal

Urgent
Instant
Rápido, Urgente

Usager du télex
Telex user
Usuario del telex

User
(to) Wear
Gastar

Utilisable
Operable, Usable
Utilizable

Utilisable en commun
Sharable
Compartible

Utilisateur
Customer, User
Usuario

**Utilisateur (d'un ordinateur) en
 temps partagé**
Time sharer, Time sharing
 customer, Time sharing user
Usuario (de un ordenador) en
 tiempo compartido, Utilizador
 (de un ordenador) en tiempo
 compartido

Utilisation
Usage, Use, Utilization
Utilización, Uso, Uso

Utilisation commerciale
Business application
Utilización comercial

Utilisation de double tampon
Double buffering
Utilización de doble tampón

Utilisation de tampon unique
Simple buffering
Utilización de tampón único

Utilisation du temps machine
Machine time usage
Utilización del tiempo máquina

Utilisation en commun
Joint use, Sharing
Utilización en común

Utilisation en commun de fichiers
File sharing
Utilización en común de ficheros

Utilisation rationnelle
Enhancement
Utilización racional

Utiliser en commun
(to)Share
Compartir, Utilizar en común

**Utiliser (un ordinateur) en temps
 partagé**
(to) Time share
Utilizar (un ordenador) en tiempo
 compartido

Utilité
Utility
Utilidad

V

Vacant
Vacant
Vacante

Valeur
Value
Valor

Valeur absolue
Absolute value
Valor absoluto

Valeur comptable
Book-value
Valor contable

Valeur cumulée
Accumulated value
Valor acumulado

Valeur d'un compteur
Count value
Valor de un contador

Valeur initiale
Starting value
Valor inicial

Valeur limite
End value
Valor límite

Valeur locative
Rental value
Valor del alquiler

Valeur nominale
Nominal cost
Valor nominal

Valeur numérique
Numerical value
Valor numérico

Valeur par défaut
Default value
Valor por defecto

Valeur réelle
Actual value
Valor real

Valeur résiduelle
Residual value
Valor residual

Valeur-seuil
Threshold value
Valor-umbral

Validation
Validation, Vetting
Validez

Validation des données
Data purification
Validez de los datos

Valider
(to) Enable, (to) Validate, (to) Vet
Habilitar, Validar

Validité
Validity
Validez

Validité des données
Data validity
Validez de los datos

Variable
Variable
Variable

Variable à deux valeurs
Two valued variable
Variable con dos valores

Variable binaire
Binary variable, Two state variable
Variable binaria

Variable booléenne
Boolean variable
Variable booleana

Variable dépendante
Dependent variable
Variable dependiente

Variable du type localisateur
Locator variable
Variable del tipo localizador

Variable indépendante
Independent variable
Variable independiente

Variable logique
Logical variable
Variable lógica

Variable traitée
Manipulated variable
Variable tratada

Variables croisées
Crossed variable
Variables cruzadas

Variation de fréquence
Frequency drift
Variación de frecuencia

Vecteur
Vector
Vector

Vecteur absolu
Absolute vector
Vector absoluto

Ventilateur
Air blower, Blower
Ventilador

Ventilation
Fanning, Riffling, Ventilation
Ventilación

Ventiler
(to) Fan, (to) Riffle, (to) Ventilate
Ventilar

Verbe de contrôle de la procédure
Procedure branching verb
Verbo de control del
procedimiento

Verbe d'entrée / sortie
Input / output verb
Verbo de entrada / salida

Vérificateur
Key verifier, Verifier, Verifier
operator
Verificador

Vérificateur / duplicateur de bande
Tape checker / duplicator
Verificador / duplicador de cinta

Vérificateur automatique
Automatic verifier
Verificador automático

Vérification
Audit, Verification, Verifier
operation, Verify(ing)
Verificación

Vérification automatique
Autoverification
Verificación

Vérification de bande de papier
Paper tape verifying
Verificación de cinta de papel

Vérification de cartes
Card verifying
Verificación de fichas

Vérification de la préparation
Housekeeping check
Verificación de la preparación

Vérification des contours
Contour analysis
Verificación de los contornos

Vérification des données
Data control
Verificación de los datos

Vérification des données à l'entrée
Input auditing
Verificación de los datos a la
entrada

Vérification des étiquettes
Label checking
Verificación de las etiquetas

Vérification des stocks
Inventory control
Verificación de las existencias

Vérification du codage
Coding check
Verificación de la codificación

Vérification d'une application
Application audit
Verificación contable de una
aplicación

Vérification et mise au point
Check(ing) out
Verificación y puesta a punto

Vérification horizontale
Crossfooting check
Verificación horizontal

Vérification interne
Auditing
Verificación contable interna

**Vérification par chiffre-clé de
protection**
Self-check number verification
Verificación por dígito-clave de
protección

Vérification par machine
Machine checking
Verificación por máquina

Vérificatrice
Verifier
Verificadora

Vérificatrice de bande
Tape verifier
Verificadora de cinta

Vérificatrice de bande papier
Paper tape verifier
Verificadora de cinta de papel

Vérificatrice de cartes
Card verifier
Verificadora de fichas

Vérificatrice de cartes perforées
Punched card verifier
Verificadora de fichas perforadas

Vérifié par clavier
Key-verified
Verificado desde teclado

Vérifier
(to) Audit, (to) Go over, (to) Key
verify, (to) Verify
Verificar

Vérifier et mettre au point
(to) Check out
Verificar y poner a punto

Vérifier la perforation
(to) Check punch
Verificar la perforación

Vérifier le codage
(to) Code check
Verificar la codificación

Vérifier par comparaison
(to) Check against
Verificar por comparación

Verrouillage de piste
Track hold
Bloqueo de pista

Verrouillage du superviseur
Supervisor lock
Bloqueo del supervisor

Vers la gauche
Leftward
Hacia la izquierda

Versatilité
Versatility
Versatilidad

Version
Version
Versión

Version à prix réduit
Cut-rate version
Versión a precio reducido

Version améliorée
Beefed up version
Versión mejorada

Version calendrier
Calendar version
Versión calendario

Version de base
Base version
Versión de base

Version non imprimante
Non printing model
Versión no impresora

Version réduite
Cut-down version, Downgraded
version, Scaled down version,
Stripped down version
Versión reducida

Verso d'une carte
Back of a card, Card back
Reverso de una ficha

Vertical
Vertical
Vertical

Viabilité
Workability
Viabilidad

Vibreur
Vibrator
Vibrador

Vidage
Dump(ing)
Vaciado

Vidage après incident
Disaster dump
Vaciado después de incidente

Vidage de bande
Tape dump
Vaciado de cinta

Vidage de disque
Disk dump
Vaciado de disco

Vidage de la mémoire
Memory dump, Storage dump,
Store dump
Vaciado de la memoria,
Vaciamiento del
almacenamiento

Vidage de la mémoire à tores
Core dump
Vaciado de memoria de núcleos

Vidage des points de contrôle
Checkpoint dump
Vaciado de los puntos de control

Vidage des zones mouvementées
Change dump
Vaciado de las zonas cambiadas

Vidage du tambour
Drum dump
Vaciado del tambor

Vidage dynamique
Dynamic dump
Vaciado dinámico

Vidage dynamique sélectif
Snapshot dump
Vaciado dinámico selectivo

Vidage en binaire
Binary dump
Vaciado en binario

Vidage et reprise
Dump and restart
Vaciado y reanudación

Vidage final
Terminal dump
Vaciado final

Vidage post-mortem
Post-mortem dump
Vaciado post-mortem

Vidage programmé
Programmed dump
Vaciado programado

Vidage sans traitement
Non process run out
Vaciado sin proceso

Vidage sélectif
Selective dump
Vaciado selectivo

Vidage statique
Static dump
Vaciado estático

Vide
Empty
Vacío

Vider
(to) Strip
Vaciar

Vider une mémoire
(to) Wipe
Vaciar una memoria

Vie
Life
Vida

Vieillissement
Ageing
Envejecimiento

Vierge
Blank, Virgin
Virgen

Vingt-quatre heures sur vingt-quatre
Around the clock
Durante las veinticuatro horas

Violation de la protection de la mémoire
S.P.V., Storage (protect) violation, S.P.V.
Violación de la protección de la memoria

Virgule
Arithmetic(al) point, Comma, Radix point, Virgule
Coma

Virgule binaire
Binary point
Coma binaria

Virgule de séparation
Comma delimiter, Delimiting comma
Coma de separación

Virgule décimale
Decimal comma, Decimal point
Coma decimal

Virgule décimale implicite
Assumed decimal point
Coma decimal implícita

Virgule décimale réelle
Actual decimal point
Coma decimal real

Virgule déplaçable
Adjustable point
Coma ajustable

Virgule fixe
Fixed point
Coma fija

Virgule flottante
Floating point
Coma flotante

Virgule flottante à précision étendue
Extended precision floating point
Coma flotante con precisión ampliada

Viseur
Viewing window
Visor

Viseur de contrôle
Check window
Visor de control

Visionneuse
Viewer
Visualizadora

Visionneuse de micro-fiches
Micro-fiche viewer
Visualizador de microfichas

Visionneuse de micro-film
Microfilm viewer
Visualizador de microfilme

Visu
C.R.T., Display device, V.D.U., C.R.T., V.D.U.
Visual, Representación visual

Visualisation en option
Display option
Opción de visualización

Visualisation immédiate
Tracking
Visualización inmediata

Visualisation systématique
Forced display
Visualización sistemática

Visualiser
(to) Display
Visualizar

Visuel
Visual
Visual

Visuel (n.m.)
Display
Representación visual

Vitesse
Rate, Speed
Velocidad

Vitesse de calcul
Calculating speed, Computing
speed
Velocidad de cálculo

Vitesse de circulation des données
Data speed
Velocidad de circulación de los
datos

Vitesse de commutation
Switching speed
Velocidad de conmutación

Vitesse de consultation
Accession rate
Velocidad de consulta

Vitesse de croissance
Growth rate .
Velocidad de crecimiento

Vitesse de défilement du papier
Paper (motion) speed
Velocidad de movimiento del
papel

**Vitesse de déroulement de la
bande**
Forward tape speed, Tape feed
Velocidad de desarrollo de la cinta

Vitesse de frappe
Key (depression) rate, Keystroking
rate
Velocidad de pulsaciones

Vitesse de lecture
Read(ing) rate, Read(ing) speed
Velocidad de lectura

Vitesse de passage des cartes
Card speed
Velocidad de paso de las fichas

Vitesse de perforation
Perforation rate, Punching rate
Velocidad de perforación

Vitesse de perforation de cartes
Card punching rate
Velocidad de perforación de fichas

Vitesse de rebobinage
Rewind speed
Velocidad de rebobinado

Vitesse de régénération
Refresh rate
Velocidad de regeneración

Vitesse de saut
Slew rate
Velocidad de salto

Vitesse de saut du papier
Paper slipping rate
Velocidad de salto del papel

Vitesse de sortie
Output speed
Velocidad de salida

Vitesse de tabulation
Tab speed
Velocidad de tabulación

Vitesse de traçage
Drawing rate, Plotting speed
Velocidad de trazado

Vitesse de traitement
Manipulation rate
Velocidad de tratamiento

**Vitesse de traitement des
documents**
Document speed
Velocidad de tratamiento de los
documentos

Vitesse de transfert
Transfer rate
Velocidad de transferencia

Vitesse de transfert des caractères
Character transfer rate
Velocidad de transferencia de los
caracteres

Vitesse de transfert des données
Data (transfer) rate, Data transfer
speed
Velocidad de transferencia de los
datos

Vitesse de transmission
Transmission speed
Velocidad de transmisión

**Vitesse de transmission des
données**
Data signalling rate
Velocidad de transmisión de los
datos

**Vitesse de transmission des
signaux**
Signalling rate
Velocidad de transmisión de las
señales

**Vitesse de transmission
instantanée**
Instantenous transmission rate
Velocidad de transmisión
instantánea

Vitesse d'entraînement
Feed rate
Velocidad de alimentación

Vitesse d'entrée
Input speed
Velocidad de entrada

Vitesse des disques
Disk speed
Velocidad de los discos

Vitesse d'impression
Printing rate, Printing speed
Velocidad de impresión

**Vitesse d'impression la plus
favorable**
Worst case print speed
Velocidad de impresión más
favorable

Vitesse d'introduction par clavier
Keying speed
Velocidad de introducción desde
teclado

Vitesse du tambour
Drum speed
Velocidad del tambor

Vitesse (d'impression) d'une ligne
Line speed
Velocidad (de impresión) de una
línea

Vitesse (d'impression) d'une liste
List speed
Velocidad (de impresión) de una
lista

Vitesse effective
Effective speed
Velocidad efectiva

**Vitesse effective de transfert des
données**
Effective data transfer rate
Velocidad efectiva de transferencia
de los datos

Vitesse effective de transmission
Effective transmission rate
Velocidad efectiva de transmisión

Vitesse maximale
Full speed, Peak speed
Velocidad máxima

Vitesse moyenne de l'information
Average information rate
Velocidad media de la información

Vitesse moyenne de transfert
Average transmission rate
Velocidad media de transferencia

Vitesse moyenne de transfert des données
Average data transfer rate
Velocidad media de transferencia
de los datos

Vitesse moyenne de transformation
Average transformation rate
Velocidad media de
transformación

Vitesse nominale
Nominal speed, Rated speed
Velocidad nominal

Vitesse normale de fonctionnement
Free running speed
Velocidad normal de
funcionamiento

Vitesse télégraphique
Telegraph speed
Velocidad telegráfica

Voie
Bus, Channel, Way
Vía

Voie auxiliaire
Auxiliary route, Secondary route
Vía auxiliar

Voie d'allée
Forward channel
Vía de ida

Voie d'appel
Calling channel
Vía de llamada

Voie de dépassement
Overflow route
Vía de desbordamiento

Voie de parité transversale
Lateral parity track
Vía de paridad transversal

Voie de remplacement
Alternate routing
Vía de sustitución

Voie de retour
Backward channel
Vía de vuelta

Voie de secours
Emergency route
Vía de emergencia

Voie de transfert de chiffres
Digit transfer bus, Digit transfer
trunk
Vía de transferencia de dígitos

Voie d'entrée / sortie
Input / output trunk
Vía de entrada / salida

Voie dérivée en fréquence
Frequency derived channel
Vía derivada en frecuencia

Voie dérivée en temps
Time-derived channel
Vía derivada en tiempo

Voie principale
Highway, Primary route
Vía principal

Voies multiples
Multi way
Vías múltiples

Vol de cycle
Cycle steal
Robo de ciclo

Volatilité
Volatility
Volatilidad

Volume
Volume
Volumen

Volume de base
Base volume
Volumen de base

Volume de calcul
Computational load
Volumen de cálculo

Volume de contróle
Control volume
Volumen de control

Volume de la mémoire
Storage volume
Volumen de la memoria

Volume de la mémoire de masse de base
Base mass storage volume
Volumen de la memoria de masa
de base

Volume de l'espace disponible
Amount of space available
Volumen del espacio disponible

Volume de l'information
Bulk of information
Volumen de la información

Volume de travail
Scratch volume
Volumen de trabajo

Volume d'un fichier
File size
Tamaño de un fichero

Volume moyen de transformation
Average transformation content
Volumen medio de transformación

Voyant de signalisation
Display light
Lámpara de señalización

Voyant en deux parties
Split field light
Indicador luminoso en dos partes

Voyant lumineux
Signal lamp, Signal light
Indicador luminoso

Vraisemblable
Likely
Verosímil

Vraisemblance
Likeliness
Verosimilitud

Warrant
Warrant
Garantía

Warranter
(to) Warrant
Depositar mercancías en garantía

(la) Xérographie
Xerography
(la) Xerografía

Z

Zéro
Naught, Zero
Cero

Zéro à droite
Trailling zero
Cero a la derecha

Zéro binaire
Binary zero
Cero binario

Zéro en tête
Leading zero
Cero en cabeza

Zone
Area, Field, Zone
Zona, Campo

Zone à ne pas marquer
Clear area
Zona de no marcar

Zone-adresse
Abuk
Zona-dirección

Zone alphabétique
Alphabetic(al) field
Campo alfabético

Zone alphanumérique
Alphanumeric(al) field
Campo alfanumérico

Zone auto-contrôlée
Self-check field
Campo autocontrolado

Zone clé
Key field
Campo clave

Zone commune
Common area, Common field
Zona común

Zone commune de mémoire
Common storage area
Zona común de memoria

Zone commune de service
Common service area
Zona común de servicio

Zone constante
Constant area
Zona constante

Zone d'adresse
Address field
Campo de dirección

Zone d'alignement
Aligner area
Zona de alineamiento

Zone d'alternance
Alternate area
Zona de alternación

Zone d'aménagement
Housekeeping area
Zona de arreglo

Zone de carte
Card field
Campo de ficha

Zone de chaînage
Linkage field
Campo de encadenamiento

Zone de classement
Ordering field
Campo de clasificación

Zone de communication
Communication area
Zona de comunicación

Zone de communication sur disque
D.C.O.M.
Zona de comunicaciones sobre disco

Zone de communications en mémoire à tores
Core communications area
Zona de comunicaciones en memoria de núcleos

Zone de communications sur disque
Disk communications area, D.C.O.M.
Zona de comunicaciones sobre disco

Zone de comparaison
Match(ing) field
Campo de comparación

Zone de comptage
Count field
Campo de recuento

Zone de construction de l'image
Image construction area
Zona de construccion de la imagen

Zone de contrôle
Check field, Control field
Campo de control

Zone de contrôle de premier niveau
Major control field
Campo de control de primer nivel

Zone de contrôle de tri
Sort control field
Zona de control de clasificación

Zone de contrôle fractionnée
Split control field
Campo de control fraccionado

Zone de contrôle inconditionnel
Unconditional control field
Campo de control incondicional

Zone de contrôle obligatoire
Forced control field
Campo de control obligatorio

Zone de contrôle opposé
Opposite control field
Campo de control opuesto

Zone de contrôle par diagnostic
Diagnostic layout area
Zona de control por diagnóstico

Zone de correction
Patch area
Zona de corrección

Zone de débordement du cylindre
Cylinder overflow area
Zona de desbordamiento del cilindro

Zone de débordement indépendante
Independent overflow area
Zona de desbordamiento independiente

Zone de dépassement
Overflow area, Overflow bucket
Zona de desbordamiento

Zone de destination
Destination field
Campo de destino

Zone de données
Data field
Zona de datos

Zone de données de contrôle
Control data field
Campo de datos de control

Zone de données primaire
Prime data area
Zona de datos primaria

Zone de fond
Background area
Zona de fondo

Zone de l'indicatif de séquence
Sequence key field
Zona de la clave de secuencia

Zone de l'instruction
Instruction area
Zona de instrucción

Zone de mémoire
Storage area
Zona de memoria

Zone de mémoire de travail
Working storage area
Zona de memoria de trabajo

Zone de mémoire dynamique
D.S.A., Dynamic storage area,
D.S.A.
Zona de memoria dinámica

Zone de perforation
Punch area, Punching field
Campo de perforación

Zone de plusieurs mots
Multi word field
Campo de varias palabras

Zone de premier plan
Foreground area
Zona de primer plano

Zone de recherche
Seek area
Zona de búsqueda

Zone de référence
Reference field
Campo de referencia

Zone de remplissage
Filler
Zona de relleno

Zone de séquence
Sequence field
Campo de secuencia

Zone de signe
Sign field
Campo de signo

Zone de sortie graphique
G.D.O.A., Graphic data output
area, G.D.O.A.
Zona de salida gráfica

Zone de translation
Relocatable area
Zona reposicionable

Zone de transmission
Transmission area
Zona de transmisión

Zone de travail
Operating area, Scratch area,
Work(ing) area
Zona de trabajo

Zone de travail de la bibliothèque
Library work area
Zona de trabajo de la biblioteca

**Zone de travail d'enregistrement
sur cartes**
Card work area
Zona de trabajo de registro sobre
fichas

Zone de travail fractionnée
Split work area
Zona de trabajo fraccionada

Zone de travail sur disque
Disk work area
Zona de trabajo sobre disco

Zone de tri
Sort field
Campo de clasificación

Zone d'effacement
Erasing field
Campo de borradura

**Zone d'enregistrement de
données**
Data sheet field
Campo de registro de datos

Zone d'entrée
Input area
Zona de entrada

Zone d'entrée / sortie
Input / output area
Zona de entrada / salida

Zone d'entrée des travaux
Input work area
Zona de entrada de los trabajos

Zone d'entrée par clavier
Key entry area
Zona de entrada desde teclado

**Zone des files d'attente du
système**
S.Q.A., System queue area, S.Q.A.
Zona de las filas de espera del
sistema, Zona de las colas del
sistema

Zone d'étape de travail
Job pack area
Zona de etapa de trabajo

Zone d'identification
Identifying field
Campo de identificación

Zone d'impression
Print area
Zona de impresión

Zone d'incident
Trouble area
Zona de incidente

**Zone d'information sur les
étiquettes**
Label information area, L.I.A.,
L.I.A.
Zona de información sobre las
etiquetas

Zone du code d'opération
Operation code field
Zona de código de operación

Zone du système
System area
Zona del sistema

Zone dynamique
Dynamic area
Zona dinámica

Zone dynamique non paginable
Non pageable dynamic area
Zona dinámica no paginable

Zone fixe
Fixed area, Fixed field
Campo fijo